한비자

제왕학의 창시자

한비자

제왕학의 창시자

김현주
문승용
이우용
정호준
홍병혜
옮김

HU:iNE

서문을 대신하여

우리 시대의 한비자 읽기, 법치문화(法治文化)와 수주대토(守株待兎)

근래 우리 사회는 인문학의 열풍과 더불어서 동서양의 고전 읽기에 푹 빠져 있다고 해도 지나치지 않다. 참으로 격세지감이 아닐 수 없다. 실제로 고전이란 학문이나 예술 방면에 있어서 예부터 내려오는 널리 모범이 될 만한 훌륭한 작품이라는 뜻에서 오랜 동안 많은 사람들의 입을 통해서 일컬어진 것으로 이미 그 나름의 생명력이 인정되어 지금까지도 여전히 존재할 가치가 있다는 뜻이다.

옛것을 잘 되새겨 새로이 올 것을 안다는 의미의 온고지신(溫故知新)이라는 말에서도 알 수 있듯이, 고전을 통한 온고(溫故)는 이미 지난 것을 단순한 호기심이나 흥밋거리로 알고 싶어서가 아니라 새로운 것을 알고 앞날을 새로이 열기 위한 바탕으로 삼아야 한다는 의미이다. 그렇다면 21세기를 사는 우리가 이천 수백 년 전의 공자(孔子), 노자(老子), 장자(莊子), 맹자(孟子), 순자(荀子), 한비자(韓非子)와 같은 이들의 말을 되새겨야 하는 이유는 무엇인가? 그들의 말 한 마디

한 마디는 오늘날에까지도 내내 우리들 가슴에 무언가 울림을 주기 때문이다. 다시 말해서 그 옛날부터 오늘에 이르기까지 인간이 어떻게 하면 바르게 또 행복하게 살아갈 수 있는가에 대한 우리의 고민을 해결할 방법을 제시해 주고 있다는 것이다. 이천 수백 년의 시대적인 차이에서 오는 역사적이며 문화적인 배경은 다를지라도 역시 사람들이 살아가는 바탕의 문제는 여전히 같은 것이기 때문에 그 해결책들이 지금까지도 빛을 바래지 않은 채 엄연히 쓸모가 있다고 할 것이다.

그런데 실제로 공자나 맹자가 제시한 인의(仁義)나 도덕률과 같은 관념적인 사유방식이 오늘날 물질 만능을 추구하는 자본주의시대에는 부적절한 측면이 있는데도 아직까지 많은 현대인들이 공자와 맹자에 이은 성리학적인 관념론에 얽매여 있는 경향이 있다. 이처럼 유가사상 일변도의 사유방법은 오늘날 우리들에게 보다 절실하고도 실질적인 도움이 될 수 있는 또 다른 고전들에 대한 기대까지도 막는 폐단을 낳았다고 할 수 있다.

흔히 중국 고전이라고 부르는 제자백가(諸子百家)의 여러 사상들은 대략 서기전 8세기 전부터 진시황(秦始皇)이 중국을 통일한 B.C.221년까지인 춘추(春秋)와 전국 시대(戰國時代)에 지어진 것들인 만큼 매우 오랜 동안 여러 지역에서 다양하게 발생되어 발전해 왔다. 그러므로 시대와 역사가 이처럼 달라진 오늘날의 우리들은 좀 더 다양한 방면에서 오늘의 우리들 실정에 맞는 고전들을 탐색해야 할 필요성이 있는 것이다.

한비자(韓非子, ? ~ B.C. 233)는 전국 시대 약소국이었던 한(韓)나라의 공자(公子) 출신으로 비(非)는 그의 이름이고, 자(子)는 선생님에 대한 존칭이다. 한비자는 순자(荀子)의 성악론(性惡論)을 계승하여 신상필벌(信賞必罰)의 엄중한 법률에 의거하고 모든 정책은 강력한 군주로부터 나와야 한다고 여겼다. 한비자는 이전까지 있었던 합리적인 법(法), 국왕의 통치술[術], 국왕의 권세[勢]와 같은 법가의 이념들을 유기적으로 결합하여 전제 왕조국가의 중앙집권적인 지배체제를 유지하게 하는 사상체계를 수립하였다. 그리하여 법가는 전국 시대를 마감한 중국 최초의 통일국가인 진(秦)나라의 건국이념이 되었다.

한비자의 핵심사상은 법(法)으로 세상을 다스려야 한다는 것인데, 이때 '法'자가 '물 수(氵, 水)'자와 '갈 거(去)'자가 합성되어 있다고 해서 흔히 '물이 흘러가듯이'라는 뜻으로 풀이하기도 하지만, 이것은 옳지 않다. 물은 늘 평평하게 있으려는 속성이 있는 것처럼 공평(公平)함을 의미하고 '갈 거'자는 본래 '제거한다'는 의미로 '처벌한다'는 뜻이다. 그러므로 합리적인 법이 누구에게나 공평하게 적용되어 처벌한다는 것이 법가의 주요 이념이다.

아주 오래 전 인류가 사회를 만들고 문화를 일구어 살기 시작하면서부터 오늘날과 같이 국가를 이루기까지 어느 시기이든 법치(法治)를 이념으로 지향하지 않은 적은 없었을 것이다. 그렇지만 이제껏 인류 사회에서 합리적인 법의 통치가 실현되었던 때가 또 얼마나 있었는지도 의아할 따름이다. 지난 역사를 돌이켜 볼 때, 왕조시대와 같이 불평등한 사회에서나 오늘날과 같은 시민사회에서도 법이 기득권자들의 지배논리를 대변하는 수단으로 악용되는 경우를 흔하다. 특히 인정(人情)을 앞세우는 우리나라나 중국과 같은 경우 한비자가 주장하였던 신상필벌의 합리적인 법치문화를 다시금 돌아볼 필요가 있을 것이다.

한편, 전국 시대 말기에 법가(法家)사상을 집대성한 한비자의 진보적이며 실증적인 역사관을 되새겨 보아야 될 것이다. 한비자는 자신의 사상체계를 설명하기 위해서 여러 가지 재미있는 우화(寓話)를 곁들여 소개하곤 하였다. 그 가운데에서 우리들이 흔히 아는 수주대토(守株待兎)와 같은 고사성어는 오늘날 우리들이 고전을 어떻게 읽어야 하는가와 관련하여 시사하는 점이 많다.

옛날 송(宋)나라의 한 농부가 어느 날 열심히 밭을 갈고 있었는데, 어디선가 토끼 한 마리가 내달려오더니 갑자기 나무 밑둥에 머리를 박고 죽었다. 농부는 죽은 토끼를 주어서 그날 저녁에 잘 끓여 먹고, 다음날부터는 아예 농사일을 접어두고 토끼만 기다렸다고 한다. 흔히 이 이야기는 아무 노력 없이 행운을 바라는 어리석은 농부를 비유한다는 내용으로 잘 알려져 있다.

그러나 이 이야기가 매우 간단명료한 듯이 보이지만, 달라진 시대와 사회 환경을 고려하지 않고 우연히 일어났던 지난날의 특수한 상황에만 집착하고자 했던 당시 유가의 보수적인 역사관을 꼬집고 있다는 점을 지나쳐서는 안 된다. 나무 밑둥에 머리를 박고 죽는 일은 매우 드물게 나타나는 것으로서 그러한 토끼와 같은 경우가 우리 사회의 보편적인 원리가 될 수 없는 것으로 매우 예외적으로 일어난 특이한 현상일 뿐인데, 인간사회에서 늘 보는 보편적인 법칙으로 삼으려는 것이야말로 참으로 어리석은 것이라는 점을 말하고 싶었던 것이다.

마치 당시 유가들이 까마득히 먼 옛날 요순(堯舜)의 시절을 매우 이상적인 시대라고 하여 그때로 돌아갈 것을 꿈꾸며, 요순의 도를 실천하자고 말하였지만, 이미 시대가 달라져 많은 것이 변한 지금까지도 그 옛날의 잣대를 들이대는 일은 참으로 어리석은 짓임을 깨달아야 한다는 것이다.

이것은 오늘날 우리들에게 고전에 대한 막연한 동경이나 답습은 안 된다는 교훈을 말한 것이기도 하다. 물론 법가사상이 인간의 감정적인 정서를 인정하지 않고 지나치게 형벌을 위주로 함으로써 법가사상을 근간으로 삼았던 진시황의 진(秦)나라가 오래 지속되지 못하고 망해버렸듯이, 오늘의 우리들에게는 어떠한 고전이든 한쪽만을 보는 편협한 사고를 과감히 접어야 한다는 교훈을 얻어야만 한다.

오늘날 우리들 앞에 산더미처럼 쌓여 있는 수많은 고전을 그저 닥치는 대로 머리에 쓸어 담으려고 하는 어리석음을 범해서는 안 될 것이다. 오늘의 나를 스스로 잘 판단하여 고전이 정작 우리들에게 어떤 시사점이나 의의를 던져주는지를 잘 헤아리는 지혜가 필요하다. 그러므로 우리는 고전 가운데 옥석을 가리는 작업에 신중을 기하지 않으면 안 된나. 왜냐하면 당시 고전들이 처했던 시대적인 한계가 분명 있기 마련이다. 특히 오늘날과 같이 물질문명이 첨예하게 발전한 사회에서는 더더욱 법치를 통한 합리적인 사고방식을 가지고 역사발전의 동력 원인을 철저하게 현실 방면에 집중하여야 할 것이다.

일러두기

이 책의 저본과 참고서적은 다음과 같다.

저본

· 왕선신(王先愼), 『한비자집해(韓非子集解)』, 중화서국(中華書局) 1998년

참고서적

· 진기유(陳奇猷), 『한비자신교주(韓非子新校注)』, 상해고적출판사(上海古籍出版社) 2000년
· 장각(張覺), 『한비자교소(韓非子校疏)』, 상해고적출판사(上海古籍出版社) 2010년
· 장각(張覺), 『한비자역주(韓非子譯注)』, 상해고적출판사(上海古籍出版社) 2007년
· 뇌염원(賴炎元)· 부무광(傅武光), 『신역한비자(新譯韓非子)』, 삼민서국(三民書局) 2007년

·『한비자』교주조(『韓非子』校注組), 『한비자교주(韓非子校注)』(修訂本), 봉황출판사(鳳凰出版社) 2009년
·『韓非子』 上, 下(全釋漢文大系 20,21卷), 小野澤精一 譯, 東京 集英社, 1982
· 진기유(陳奇猷), 『한비자집석(韓非子集釋)』, 상해인민출판사(上海人民出版社), 1974년

차 례

제1편 초견진(初見秦)

처음으로 진왕을 뵙다

解 題

이 글의 전개방식을 보건대, 한비자(韓非子)가 진(秦)나라 왕을 만나게 되면 바치려는 생각으로 지었던 것으로 보인다. 그렇지만, 한비자가 직접 지었다고 하기에는 의심스러운 점이 많아서 믿기 어렵다. 이 글은 『한비자』의 첫 편으로서 전체 내용을 개괄하는 성격을 가지고 있으며, 진나라가 중국을 통일하기 직전 제후국(諸侯國)들 사이에 치열하게 쟁패를 벌였던 전국(戰國)시대의 역사적·정치적 상황을 잘 설명하고 있다.

신(臣)이 듣기로는 "알지 못하면서 말하는 것은 지혜롭지 못하고, 알면서 말하지 않는 것은 충성스럽지 않다."라고 하였습니다. 신하가 되어서 충성스럽지 못하면 마땅히 죽어야 할 것이며, 말하는 것이 옳지 못하면 또한 마땅히 죽어야 할 것입니다. 비록 그러하더라도 신은 제가 아는 것을 다 말하고자 하오니, 대왕께서는 저의 죄를 헤아려주십시오.

臣聞，"不知而言，不智，知而不言，不忠。"爲人臣不忠，當死，言而不當，亦當死。雖然，臣願悉言所聞，唯大王裁其罪。

○○○

신은 듣건대, 세상이 연(燕)나라를 북쪽에 두고 위(魏)나라를 남으로 하고, 초(楚)나라와 연합하고 제(齊)나라와는 공고히 하고, 한(韓)나라를 거두어들여 합종책(合從策)을 이루어 장차 서쪽으로 향하여 강한 진(秦)나라와 쟁패를 다투어야 할 것이라고 합니다. 신은 속으로 웃었습니다. 세상에 망하는 길이 셋 있는데, 지금 천하가 그것에 당면해 있습니다. 그것이 아마도 이것이 아닌가 합니다. 제가 듣기로는 "어지러운 나라가 잘 다스려지는 나라를 공격하면 어지러운 나라가 망하고, 사악한 나라가 바른 나라를 공격하면 사악한 나라가 망하고, 포악한 나라가 질서 있는 나라를 공격하면 포악한 나라가 망한다."라고 합니다. 지금 세상의 재물 창고는 비어 있고, 곡식 창고 역시 텅 비어 있으면서 하층 사(士) 계급과 일반 백성들을 다 끌어다가 수십만에서 백만의 군대를 모았는데, 이 중 머리를 땅에 조아리며 새 깃을 꽂고 장군을 위해 결단코 그 앞에서 죽을 수 있는 이는 천 명도 되지 않으면서 말로만 죽는다고 하니, 앞에는 적의 시퍼런 칼날이 있고 뒤에는 허리를 베는 기구가 있지만, 몰래 도망쳐도 죽지 않을 수 있는 것입니다. 그 사(士) 계급들과 백성들이 죽지 않을 수 없어서가 아니라 임금이 죽을 수 없기 때문입니다. 상을 내린다고 말로만 하고는 내리지 않고, 벌을 내린다고 하고 시행하지 않으면 상과 벌을 믿지 않게 됩니다. 그러므로 사 계급과 일반 백성들은 죽지 않습니다. 지금 진나라가 명령을 내려서 상과 벌을 시행하면, 공이 있는 자나 공이 없는 자나 서로 힘껏 노력할 것입니다. 부모에게서 태어난 후 단 한 번도 적을 보지 못했을지라도, 전쟁이라는 말만 듣고 발을 구르며 뛰어올라 웃옷을 벗어젖히고는 시퍼런 칼날에 맞서고 시뻘건 화로의 불길에도 뛰어들어 곧바로 죽을 각오가 되어 있는 이는 모두 이들입니다. 무릇 죽을 각오를 한 자와 살려고 애쓰는 자는 같지 않으니, 죽을 각오를 한 이는 힘껏 싸우다가 죽는 것을 고귀하게 여기는 자입니다. 대개 한 사람이 힘껏 싸운다는 것은 열 명의 적과 겨룰 수 있다는 것이며, 열 사람이 힘껏 싸운다는 것은 백 명의 적과 겨룰 수 있다는 것이며, 백 명이 힘껏 싸운다는 것은 천 명의 적과 겨룰 수 있다는 것이며, 천 명이 힘껏 싸운다는 것은 만 명의 적과 겨룰 수 있다는 것이며, 만 명이 힘껏 싸울 수 있다는 것은 세상 모두와 겨루어도 이길 수 있다는 뜻입니다.

오늘날 진나라 땅은 긴 곳을 떼어 짧은 곳에 이어 붙이면 사방 수천 리이고, 뛰어난 군대가 수십만에서 백만이나 됩니다. 진나라에서는 법령을 내리고 상벌을 시행하였고, 지형의 이롭고 해로움이 어느 나라도 그만 못합니다. 진나라를 세상에 내주어도 세상 어느 나라도 이를 취하여 가지지 못합니다. 이런 이유 때문에 진나라는 싸우면 이기지 않는 경우가 없고, 공격하면 점령하지 않는 경우가 없으며, 맞부딪치면 격파하지 않는 경우가 없으니, 개척한 땅만 해도 수천 리나 되는 것은 모두 그러한 공적 때문입니다. 그런데도 병사와 무기가 파괴되고, 사 계급과 백성들은 병이 들고, 경작지는 황폐하고, 곡식 창고는 비고, 주변의 제후들은 복종하지 않으니, 패왕으로서의 명성을 이루지 못했습니다. 이것은 다른 이유가 아닙니다. 임금을 모시는 신하들이 모두 충성스럽지 않기 때문입니다.

臣聞，天下陰燕陽魏，連荊[1]固齊，收韓而成從[2]，將西面以與秦强[3]爲難[4]。臣竊笑之。世有三亡，而天下得之。其此之謂乎！臣聞之曰，"以亂攻治者亡，以邪攻正者亡，以逆攻順者亡。"今天下之府庫[5]不盈，囷倉[6]空虛，悉其士民[7]，張軍數十百萬，其頓首戴羽爲將軍，斷死於前，不至千[8]人，皆以言死。白刃在前，斧鑕[9]在後，而卻走不能死也。非其士民不能死也，上不能故也。言賞則不與，言罰則不行，賞罰不信，故士民不死也。今秦出號令而行賞罰，有功無功相事也。出其父母懷衽之中，生未嘗見寇耳。聞戰，頓足徒裼[10]，犯白刃，蹈鑪炭，斷死於前者，皆是也。夫斷死與斷生者不同，而民爲之者，是貴奮死也。夫一人奮死可以對十，十可以對百，百可以對千，千可以對萬，萬可以剋天下矣！今秦地折長補短，方數千里，名師數十百萬。秦之號令賞罰，地形利害，天下莫若也。以此與天下，天下不足兼而有也。是故秦戰未嘗不剋，攻未嘗不取，所當未嘗不破，開地數千里，此其大功也。然而兵甲頓[11]，士民病，蓄積索[12]，田疇荒，囷倉虛，四鄰諸侯不服，霸王之名不成。此無異故，其謀臣皆不盡其忠也。

○○○

신은 감히 말씀드립니다. 예전에 제(齊)나라는 남쪽으로는 초(楚)나라를 깨고, 동쪽으로는 송(宋)나라를 무찌르고, 서쪽으로는 진(秦)나라를 굴복시키고, 북쪽으로는 연(燕)나라를 정복하고, 가운데로는 한(韓)나라와 위(魏)나라를 부리며, 땅은 넓고 병사들은 강하여 싸우기만 하면 이기고 공격하기만 하면 승리를 거두어서 세상에 제나라의 명령이 두루 미쳤습니다. 제나라의 맑은 제수(濟水)와 탁한 황하(黃河)는 그대로 충분히 저지선이 되었으며, 만리장성과 거대한 제방은 그대로 충분한 요새의 역할을 해냈습니다. 제나라는 다섯 번 싸워서 다섯 번 모두 이긴 나라이지만, 연나라와는 한 번 싸워서 패배한 적이 있습니다. 이것으로 보건대 전쟁이라고 하는 것은 만승(萬乘)의 나라라고 해도 이기고 지는 일이 있기 마련입니다. 또 신이 듣기로는 "사물의 사취를 없애면서 그 뿌리를 남겨서는 안 된다. 화를 가까이 두지 말아야, 재난이 생기지 않는다."라고 하였습니다. 진나라는 초나라와 싸워 크게 이겨서 초나라의 수도 영(郢) 땅을 공격하여 동정(洞庭)과 오호(五湖) 그리고 강남(江南) 땅을 빼앗을 정도였습니다. 초나라의 왕과 신하들은 모두 도망쳤고, 옛 진(陳)나라 땅까지 굴복시켰습니다. 그 당시 군대를 이끌고 초나라를 쫓았다면 초나라는 이내 정복될 수 있었을 것이며, 초나라를 취했더라면 그 백성들도 뜻대로 할 수 있고 땅도 충분히 이익이 될 수 있었을 것이고, 동쪽으로는 제나라와 연나라를 약화시키고 중앙으로는 삼진(三晋)의 땅도 굴복시킬 수 있었을 것입니다. 그렇게 되면 단번에 패왕의 명성을 이룰 수 있게 되어 사방의 제후들도 조회에 참석할 수 있었을 것인데, 진(秦)의 신하들은 그리 따르지 않고 군대를 끌어다가 퇴각하고는 거듭 초나라와 화평을 맺었습니다. 이리하여 초나라로 하여금 잃어버린 나라를 찾고 흩어진 백성들을 모으고 사직의 신주를 세워 종묘의 제사를 치를 수 있게 함으로써, 세상의 제후들을 이끌고 서쪽에 맞대응하여 진나라와 쟁패를 겨루게 하였습니다. 이는 참으로 패왕이 되는 길을 놓치게 한 첫 번째 이유입니다.

천하의 군대가 또 연합하여서 화양(華陽) 땅까지 진격해 들어오자 대왕께서는 명령을 내려서 격퇴하였고, 진나라의 군대가 위(魏)의 수도 양(梁) 땅 성곽까지 진격해 갔습니다. 양의 성곽을 포위하기를 수십 일이 지나자, 양 땅을 함락시킬 수 있게 되었습니다. 양 땅이 함락되면 위나라도 취할 수 있게 되고, 위나라를 취하면 초나라와 조(趙)나라가 연합하려는 뜻도 꺾을 수 있게 됩니다. 초나라와 조나라의 연합하려는 뜻도 꺾을 수 있게 되면 조나라는 위험에 빠지게 됩니다. 조나라가 위험에 빠지면 초나라는 불안한 마음을 품게 될 것입니다. 동쪽으로는 제나라와 연나라를 약화시킬 수 있을 것이고, 가운데로는 한·위·조나라를 굴복시킬 수 있는 것입니다. 그렇게 되면 단번에 패왕의 명성을 이룰 수 있을 것이며, 사방의 제후들이 참조할 수 있을 것인데, 진(秦)의 신하들은 그리 따르지 않고 군대를 끌어다가 퇴각하고는 거듭 위나라와 화평을 맺었습니다. 이리하여 위나라에게 잃어버린 나라를 찾고 흩어진 백성들을 모으고 사직의 신주를 세워 종묘의 제사를 치를 수 있게 하였습니다. 이것이 참으로 패왕이 되는 길을 놓치게 한 두 번째 이유입니다.

예전에 양후(穰侯)가 진나라의 조정(朝廷)을 맡았을 때, 한 나라의 병사를 가지고서 진나라와 자신의 영토까지 지키려고 하였습니다. 이 때문에 병사들은 평생 변방에서 고생해야 했고, 나라 안에서는 사 계급과 백성들이 병에 시달려야 했으며, 패왕의 명성은 달성되지 않았습니다. 이것이 참으로 패왕이 되는 길을 놓치게 한 세 번째 이유입니다.

臣敢言之。往者齊南破荊，東破宋，西服秦，北破燕，中使韓、魏，土地廣而兵强，戰剋攻取，詔令天下。齊之淸濟濁河，足以爲限，長城巨防，足以爲塞。齊五戰之國也，一戰不剋[13]而無齊。由此觀之，夫戰者，萬乘[14]之存亡也。且聞之曰，“削迹無遺根，無與禍鄰，禍乃不存。”秦與荊人戰，大破荊，襲郢，取洞庭、五湖、江南。荊王君臣亡走，東服於陳[15]。當此時也，隨荊以兵，則荊可擧，荊可擧則其民足貪也，地足利也，東以弱齊、燕，中以凌三晉[16]。然則是一擧而霸王之名可成也，四鄰諸侯可朝也，而謀臣不爲，引軍而退，復與荊人爲和。令荊人得收亡國，聚散民，立社稷主，置宗廟，令率天下西面以與秦爲難。此固以失霸王之道一矣。天下又比周[17]而軍華下[18]，大王以詔破之，兵至梁郭下。圍梁數旬，則梁可拔。拔梁則魏可擧。擧魏則荊、趙之意絶。荊、趙之意絶則趙危。趙危而荊狐疑[19]。東以弱齊、燕，中以凌三晉。然則是一擧而霸王之名可成也，四鄰諸侯可朝也，而謀臣不爲，引軍而退，復與魏氏爲和。令魏氏反收亡國，聚散民，立社稷主，置宗廟令[20]。此固以失霸王之道二矣。前者穰侯之治秦也，用一國之兵，而欲以成兩國之功，是故兵終身暴露於外，士民疲病於內，霸王之名不成。此固以失霸王之道三矣。

○○○

조(趙)나라는 중앙의 나라로서 여러 지방 백성들이 와서 살기에, 그 백성들은 경박하여 부리기도 어렵습니다. 명령을 내려도 듣지 않고 상벌을 믿지 않으며 지형은 불리하여 나라에 백성들의 힘을 다 펼 수가 없습니다. 이 나라는 망할 형세인데도, 그 백성들을 걱정하지 않고 사 계급과 백성들을 모두 장평(長平)성 아래에 집결시키고는 한(韓)나라의 상당(上黨) 땅을 빼앗으려고만 했습니다. 대왕께서는 명령을 내려 이를 격퇴하고 무안(武安)을 항복시켰습니다. 당시 조나라는 위와 아래가 서로 화합하지 못하고, 귀하고 천한 자들이 서로 믿지 못하였습니다. 그러하였으니 수도인 한단(邯鄲)을 지켜내지 못했을 것입니다. 한단을 함락하면 산동(山東)과 하간(河間)의 지방을 지배할 수 있고, 군대를 빼서 서쪽으로 수무(修武) 땅을 공격하고, 구불구불한 언덕길을 뛰어넘어 상당 땅을 굴복시킨다면, 대(代) 지방에 속한 마흔여섯 개의 현과 상당에 속한 일흔 개의 현은, 병사들에게 갑옷을 입히지도 않고 사 계급과 병졸을 애써 부리지 않아도 모두 진나라의 차지가 될 것입니다. 대와 상당 땅이 싸움 없이도 모두 진나라 땅이 되면, 동양(東陽)과 황하 바깥 땅은 싸우지 않고도 모두 거꾸로 제(齊)나라 땅이 될 것이고, 중산(中山)과 호타(呼沲) 북쪽의 땅은 싸움 없이도 모두 연나라의 땅이 될 것입니다. 그렇게 되면 조나라를 차지하게 될 것이고, 조나라를 차지하게 되면 한나라는 위험해질 것입니다. 한나라가 위험해지면 초(楚)나라와 위(魏)나라는 독자적으로 행동하지 못할 것이고, 초나라와 위나라가 독자적으로 행동하지 못하면 단번에 한나라를 멸하고 위나라를 멸하고 초나라를 함락시킴으로써 동쪽으로 제나라와 연나라를 약화시키고, 백마(白馬) 땅의 건널목을 끊어서 위나라를 물로 공격하면 단번에 조·위·한나라는 망하고 합종의 동맹은 깨질 것입니다. 대왕께서는 옷을 늘어뜨리고 가만히 손을 모으고 기다리기만 하면, 천하의 제후들이 모두 와서 복종하게 될 것이며, 패왕의 명성도 이룰 수 있을 것입니다. 그런데 진(秦)의 신하들은 그리 따르지 않고 군대를 끌어다가 퇴각하고는 거듭 조나라와 화평을 맺었습니다.

대개 대왕과 같은 현명하심과 진나라 병사처럼 강한 군대를 가지고도 패왕의 업적을 이루지 못하고, 땅도 일찍이 늘리지 못하고, 망할 나라에 속기나 한 것은 모두 신하들이 졸렬해서입니다. 또한 조나라는 망했어야 하는데 망하지 않고, 진나라는 천하를 제패했어야 하는데 그러지 못하였습니다. 세상 사람들은 바로 이것이 진나라의 신하들이 그렇게 된 첫 번째 이유라고 굳게 믿고 있습니다.

급기야 거듭 군대가 사졸들을 끌어다가 한단을 공격해도 함락할 수 없게 되어, 갑옷을 버리고 무기를 등에 지고, 두려움에 떨며 퇴각하게 되었습니다. 세상 사람들은 바로 이것이 진나라의 힘이 이렇게 된 그 두 번째 이유라고 굳게 믿고 있습니다. 군대는 곧바로 퇴각시키고는 이하(李下)에 두었는데, 대왕께서 또 군대를 모아서 공격하기를 이르시더라도 싸워 이길 수는 없으며 되돌릴 수도 없어 결국 군대는 피로에 지쳐 떠나게 될 것입니다. 세상 사람들은 바로 이것을 진나라의 힘이 이렇게 된 그 세 번째 이유라고 믿고 있습니다.

안으로는 우리 신하들의 능력을 잘 헤아리고, 밖으로는 우리 병사들의 힘을 극대화해야 할 것입니다. 이것으로 보건대 신은 천하의 합종책도 거의 힘을 쓰지 못할 것이라 여깁니다. 안으로는 우리 병사들이 지치고, 사 계급과 백성들이 병들고, 재물 창고는 차지 않고, 경작지는 황폐하고, 곡식 창고는 비어 있습니다. 밖으로는 천하의 제후들이 모두 자신의 땅을 굳게 지키고자 합니다. 원컨대 대왕께서 이를 잘 헤아리시기 바랍니다.

趙氏, 中央之國也, 雜民所居也, 其民輕而難用也。號令不治, 賞罰不信, 地形不便, 下不能盡其民力。彼固亡國之形也, 而不憂民萌, 悉其士民軍於長平[21]之下, 以爭韓上黨[22]。大王以詔破之, 拔武安[23]。當是時也, 趙氏上下不相親也, 貴賤不相信也。然則邯鄲[24]不守。拔邯鄲, 筦[25]山東河間, 引軍而去, 西攻修武, 踰華[26],

絳上黨[27]。代四十六縣, 上黨七十縣[28], 不用一領甲, 不苦一士民, 此皆秦有也。代、上黨不戰而畢爲秦矣, 東陽[29]、河外不戰而畢反爲齊矣, 中山[30]、呼沲[31]以北不戰而畢爲燕矣。然則是趙擧, 趙擧則韓亡, 韓亡則荊、魏不能獨立, 荊、魏不能獨立則是一擧而壞韓、蠹魏、拔荊, 東以弱齊、燕, 決白馬之口[32]以沃[33]魏氏, 是一擧而三晉亡, 從者敗也。王垂拱[34]以須之, 天下編隨而服矣, 霸王之名可成。而謀臣不爲, 引軍而退, 復與趙氏爲和。夫以大王之明, 秦兵之强, 棄霸王之業, 地曾不可得, 乃取欺於亡國, 是謀臣之拙也。且夫趙當亡而不亡, 秦當霸而不霸, 天下固以量秦之謀臣一矣。乃復悉士卒以攻邯鄲, 不能拔也, 棄甲兵弩, 戰竦而卻, 天下固已量秦力二矣。軍乃引而退, 幷於李下[35], 大王又幷軍而至, 與戰不能剋之也, 又不能反運[36], 罷而去, 天下固量秦力三矣。內者量吾謀臣, 外者極吾兵力。由是觀之, 臣以爲天下之從, 幾不難矣。內者, 吾甲兵頓, 士民病, 蓄積索, 田疇荒, 囷倉虛。外者, 天下皆比意甚固。願大王有以慮之也。

○ ○ ○

또 신이 듣건대 "늘 두려워하며 매일 조심하기를 하루같이 하여 참으로 이치를 신중히 한다면, 세상을 다 차지할 것이다."라고 하였습니다. 어째서 그러한 줄 알겠습니까? 옛날에 주(紂)가 천자(天子)가 되어 천하의 군대 백만을 이끌 때, 좌군(左軍)은 기수(淇水) 계곡에서 물을 마시고, 우군(右軍)은 원수(洹水) 계곡에서 물을 마셨는데, 기수가 고갈되고 원수가 흐르지 않자, 주(周)나라 무왕(武王)과 쟁패하게 되었습니다. 무왕은 아버지가 돌아가셔서 흰 갑옷을 입은 군대 삼천을 이끌고 하루를 싸우고도 주(紂)의 은(殷)나라를 격파하고 그를 사로잡아 그 지역을 점령하고 백성들을 차지하였는데, 세상에서는 아무도 상나라를 애달파하지 않았습니다.

지백(知伯)은 자신과 한(韓)·위(魏) 세 나라의 군대를 이끌어 조(趙)나라 양주(襄主)를 진양(晋陽)에서부터 공격했는데, 물길을 터서 수공(水攻)을 펼치기를 석 달 만에 성이 함락되려 했습니다. 양주는 거북등을 태워 점을 쳐서 길한지를 헤아려 어느 나라에 항복해야 할지를 살폈습니다. 그러고는 신하 장맹담(張孟談)을 보내니, 그가 물길을 뚫고 나와서는 지백과의 약속을 뒤집고, 두 나라 무리를 자기 편으로 삼아 지백을 공격해 그를 사로잡고 양주 초기의 땅을 회복하였습니다.

오늘날 진나라 땅은 긴 곳을 떼어 짧은 곳에 이어 붙이면 사방 수천 리이고, 뛰어난 군대가 수십만에서 백만을 헤아립니다. 진나라에서는 법령을 내리고 상벌을 시행하였고, 지형의 이로움이 어느 나라도 그만 못합니다. 이를 토대로 세상 제후와 다투게 되면, 천하를 차지하여 소유할 수도 있을 것입니다. 신은 죽음을 무릅쓰고 대왕을 뵙고 바라는 바입니다. 천하의 합종책을 깨고, 조나라를 차지하여 한나라를 멸하고, 초나라와 위나라를 굴복시키고, 제나라와 연나라와는 친하게 지내어서 패왕의 명성을 이루시어, 사방 제후들을 조회(朝會)하게 하십시오. 대왕께서 신의 말을 따르시고도 단번에 천하의 합종책을 깨지 못하고, 조나라를 차지하지 못하고, 한나라가 망하지 않고, 초나라와 위나라가 신하로 굴복하지 않고, 제나라·연나라와 친하게 되지 않아 패왕의 명성을 이루지 못하고, 사방의 제후들도 조회하지 않는다면, 대왕께서는 신을 참형에 처하시어, 왕을 위한다면서 충성스럽지 못한 이의 본보기로 삼으십시오.

且臣聞之曰，“戰戰栗栗，日愼一日，苟愼其道，天下可有。”[37] 何以知其然也？昔者紂爲天子，將率天下甲兵百萬，左飮於淇溪，右飮於洹谿，淇水竭而洹水不流，以與周武王爲難。武王將素甲三千，戰一日，而破紂之國，禽其身，據其地而有其民，天下莫傷。知伯[38]率三國之衆以攻趙襄主於晉陽，決水而灌之三月，城且拔矣。襄主鑽龜筮占兆，以視利害，何國可降。乃使其臣張孟談，於是乃潛行而出，反知伯之約，得兩國之衆，以攻知伯，禽其身，以復襄主之初。今秦地折長補短，方數千里，名師數十百萬。秦國之號令賞罰，地形利害，天下莫如也。以此與天下，天下可兼而有也。臣昧死願望見大王，言所以破天下之從，擧趙、亡韓，臣荊、魏，親齊、燕，以成霸王之名，朝四鄰諸侯之道。大王誠聽其說，一擧而天下之從不破，趙不擧，韓不亡，荊、魏不臣，齊、燕不親，霸王之名不成，四鄰諸侯不朝，大王斬臣以徇國，以爲王謀不忠者也。

1) 荊(형): 초(楚)나라의 다른 이름.

2) 合縱策(합종책): 전국 시대 소진(蘇秦)이 여러 제후국들이 종(縱)으로 합쳐서 秦(진)을 견제해야 한다고 내놓은 계책.

3) 秦强(진강): 『전국책(戰國策)』에는 '强'자가 없다. 그리고 의미상 마땅히 '强秦'으로 고쳐야 한다.

4) 爲難(위난): 쟁패를 겨루다.

5) 府庫(부고): 문서와 재화를 함께 넣어두는 창고 또는 병기고.

6) 囷倉(균창): 곡식 창고.

7) 士民(사민): 통치 계급인 경·대부·사(卿·大夫·士) 가운데 말단 계층인 사(士)와 피지배 계급인 일반 백성(民)을 말한다. 중국 춘추(春秋)시대(B.C.770~476) 이전의 최하급 귀족 계층. 춘추 시대의 사 계급은 대부분 경과 대부의 가신(家臣)으로서 식읍(食邑)이나 봉록으로 생활했고, 춘추 시대 중엽 이후에는 지배 계층에서 분리, 일반 서민으로 신분이 하락해 공(工)·상(商)·농(農)과 함께 '평민' 또는 '국민'과 비슷한 계층을 형성했다. 이후 춘추 시대 말기부터는 상류 지식인을 통칭하는 개념으로 점차 변했다. 당시의 사는 대체로 제자백가의 학사(學士), 종횡가(縱橫家) 등의 책사(策士), 천문·역법·지리·의약·농업·기술 등과 관련된 방사(方士), 음양과 점술(占術) 등에 관련된 술사(術士)로 구분할 수 있다.

8) 頓首戴羽(돈수대우): 돈수(頓首)는 머리를 땅에 조아리는 예. 대우(戴羽)는 새의 깃을 머리에 꽂는 것이다.

9) 斧鑕(부질): 죄인의 허리를 베어 죽이는 요참(腰斬)의 형벌에 쓰는 기구.

10) 徒裼(도석): 도(徒)와 석(裼) 둘 다 모두 옷을 벗는다는 뜻이다.

11) 頓(돈): '무너질 괴(壞)'의 뜻이다.

12) 索(색): '다할 진(盡)'의 뜻이다.

13) 一戰不剋(일전불극): 제(齊)나라가 연(燕)나라의 악의(樂毅)에게 패한 것을 말한다.

14) 萬乘(만승): 만대의 전차라는 뜻으로, 모름지기 천자가 출동할 수 있는 군대의 규모로서 천자를 비유하여 이르는 말.

15) 陳(진): 지금의 하남성(河南省) 회양(淮陽) 지역으로 당시 초(楚)나라의 동북쪽.

16) 三晉(삼진): 춘추 시대의 진(晉)이 셋으로 나뉘어서 조(趙)·위(魏)·한(韓)이 된 것을 말한다.

17) 比周(비주): 무리를 짓다.

18) 軍華下(군화하): 여기에서 '화(華)'는 화양(華陽)으로 지금의 하남성 신정현(新鄭縣) 부근이다. 진(秦) 소양왕(昭襄王) 24년(B.C.273)에 위(魏)·한(韓)·조(趙)가 연합해 화양까지 진격했는데, 진나라는 백기(白起)를 장군으로 삼아 이를 격파하고 양(梁)을 포위하였다.

19) 狐疑(호의): 의심을 품다.

20) 위의 문장에는 '令' 다음에 "率天下西面以與秦爲難"이 쓰여 있는데, 여기에는 생략되어 있다.

21) 長平(장평): 지금의 산서성(山西省) 고평현(高平縣) 부근이다.

22) 上黨(상당): 지금의 산서성 장치현(長治縣) 부근이다.

23) 武安(무안): 지금의 하북성(河北省) 한단(邯鄲) 서쪽의 지명이다.

24) 邯鄲(한단): 지금의 하북성(河北省) 한단.

25) 筦(관): 관(管)과 같은 의미로 '지배하다'는 뜻이다.

26) 華(화): 『전국책(戰國策)』의 「진책(秦策)」에 의거해 '羊腸'으로 풀었다. 양장(羊腸)은 '구불구불하다'는 뜻으로, 여기에서는 산서성(山西省) 진성현(晋城縣)의 남쪽 태행산(太行山)의 판도(坂道, 언덕길)를 말한다.

27) 絳上黨(강상당): 강(絳)은 '항복하다'의 뜻이다. 왕선신(王先愼)은 『한비자집해(韓非子集解)』에서 고광기(顧廣圻)의 견해에 따라 "絳代, 上黨"이 되어야 한다고 하였다.

28) 代四十六縣, 上黨七十縣(대사십륙현, 상당칠십현): 『전국책』에 의하면 '三十六'과 '十七'이 옳다고 한다.

29) 東陽(동양): 지금의 하북성 은현(恩縣) 근처.

30) 中山(중산): 하북성 정현(定縣) 일대에 있었던 나라 이름. 옛날에 중산국은 둘이 있었는데, 하나는 춘추 시대 희성(姬姓) 나라로 위문후에 의해 멸망했다. 다른 하나는 전국 시대 위나라에 의해 봉해진 나라다. 문후가 중산을 멸망시키고 태자 격(擊)을 파견하여 지키게 했으나 태자 격이 위나라에 반란을 일으켜 막내아들인 지(摯)를 중산에 봉하였고, 후에 조(趙)나라 무령왕(武靈王)에게 멸망당했다. 여기서는 전자를 가리킨다.

31) 呼沲(호타): 산서성 북쪽 들판에서 발원하여 하북성 중부에서 황하와 만나는 강.

32) 白馬之口(백마지구): 지금의 항남성 골현(滑縣)근처에 있는 당시 황하의 건널목을 말한다.

33) 沃(옥): 여기에서는 注(주)의 뜻으로 물길을 따라가서 공격한다는 뜻이다.

34) 垂拱(수공): '垂'는 옷을 늘어뜨린다는 뜻이고, '拱'은 두 손을 가슴 앞에 포개둔다는 뜻이다.

35) 李下(이하): 지명으로 하내(河內)에 있었다고 하나, 지금은 어디인지 정확치 않다.

36) 運(운): 군(軍)의 잘못으로 아래 구에 붙어야 한다.

37) 戰戰栗栗(전전률률): '두려워 떤다'는 뜻이며, 『여씨춘추(呂氏春秋)·관세(觀世)』에는 이 다음 구절이 "日愼一日以終其世"라고 표기되어 있다.

38) 知伯(지백): 조(趙)·위(魏)·한(韓)과 함께 춘추 시대 말기 진(晋)의 육경(六卿) 가운데 한 사람이다.

제2편 존한(存韓)

한나라가 존속해야하는 이유

解題

한비자가 B.C. 233년에 진(秦)나라에 사신으로 와서 진시황(秦始皇)에게 올린 글로, 진나라가 한(韓)나라를 공격해서는 안 되는 이유를 밝히고 있기에 '존한(存韓)'이라는 제목을 붙였다.

본 편에는 이사(李斯)의 「상진왕서(上秦王書)」와 「상한왕서(上韓王書)」가 들어 있다. 이는 진나라 사관(史官)이 한비자가 「상진왕서」를 올린 일을 기록하면서 이에 대한 이사의 반박문인 「상진왕서」와 「상한왕서」를 뒤에 첨부했는데, 후대의 『한비자』 편찬자가 이를 분별하지 못하고 이사의 글을 잘못 포함시킨 것으로 보인다. 이 책에서는 이들 글을 구분해 표시했다.

한(韓)나라가 진(秦)나라를 섬긴 지 삼십여 년 동안, 한나라는 밖으로 진나라의 보호막이 되었고, 안으로는 진나라의 든든한 받침대가 되었습니다. 진나라가 홀로 정예 부대를 보내어 한나라의 땅을 차지하고 진나라를 따르게 해서, 한나라는 전국 여러 나라들과 원한을 사게 되었지만, 공은 언제나 강대한 진나라의 차지가 되었습니다. 또한 한나라가 진나라에 바치는 조공과 업무는 진나라의 군현과 크게 다르지 않습니다.

근래 신은 진나라가 대신들의 계략으로 군사를 일으켜 한나라를 공격하려 한다고 들었습니다. 조(趙)나라가 군사를 모으고 합종 연맹의 무리들을 규합하려는 것은 각 나라 군대를 연합하려는 것이며, 또한 조나라는, 진나라는 강하기에 각 제후국들은 반드시 멸망할 것이라고 전국을 돌아다니며 선전하고 있습니다. 이는 서쪽으로 진출하여 진나라를 약화시키려는 조나라의 의도로, 비단 어제오늘만의 일이 아닙니다. 지금 화근이 될 수 있는 조나라는 방치한 채 오히려 진나라의 신하나 다름없는 한나라를 없앤다면, 각 제후국들은 조나라의 합종책이 옳다고 여길 것입니다.

韓事秦三十餘年，出則爲扞蔽[1]，入則爲蓆薦[2]。秦特[3]出銳師取韓地而隨之，怨懸於天下，功歸於强秦。且夫韓入貢職，與郡縣無異也。今臣竊聞貴臣之計，擧兵將伐韓。夫趙氏聚士卒，養從徒，欲贅[4]天下之兵，明秦不弱，則諸侯必滅宗廟。欲西面行其意，非一日之計也。今釋趙之患，而攘[5]內臣之韓，則天下明趙氏之計矣。

○○○

한나라는 작은 나라로서 사방으로부터 공격을 당하여 군주와 신하들이 고난을 겪고 있으며, 근심하며 지내온 지가 매우 오래되었습니다. 그래서 한나라는 방어를 정비하여 주변의 강한 적들을 경계하고, 물자를 축적하고, 해자(垓字)를 파서 나라를 지키고 있습니다. 지금 한나라를 공격한다면 일 년 안에 멸망시키기는 어려울 것이며, 성 하나만 빼앗고 퇴각한다면 진나라의 군사력을 각 제후국들이 얕보게 되어, 진나라는 공격당해 궤멸될 것입니다.

한나라가 진나라를 배반하면 곧 위(魏)나라가 한나라와 가까워질 것이고, 조나라는 제(齊)나라를 후원으로 삼게 될 것입니다. 그렇게 되면 한나라와 위나라가 조나라를 돕게 되고, 조나라는 제나라의 힘을 빌릴 수 있게 되어, 합종 연맹은 더욱 공고해질 것이며, 결국 진나라와 결전을 벌이게 될 것입니다. 이는 조나라에게는 복이 되고 진나라에게는 화가 될 것이니, 앞으로 나아가 조나라를 공격해도 이길 수 없고 뒤로 물러나 한나라를 공격해도 함락할 수 없으며, 적진 깊숙이 들어간 군사들은 야전 중 고난을 겪을 것이며 물자를 운반하는 병사들도 극도로 지칠 것인즉, 피로에 지친 군사들을 데리고 조나라와 제나라 만승의 두 군대와 싸우게 될 것입니다. 이는 조나라를 물리치고자 하는 생각이라 볼 수 없습니다. 만일 대신들의 책략대로 한다면 진나라는 반드시 각 제후국들의 군사적 표적이 될 것입니다. 폐하께서 비록 금석과 같이 장수하신다 하여도 천하를 얻는 날은 오지 않을 것입니다.

夫韓， 小國也， 而以應天下四擊， 主辱臣苦， 上下相與同憂久矣。修守備， 戒强敵， 有蓄積， 築城池[6]以守固。今伐韓未可一年而滅，拔一城而退， 則權輕於天下， 天下摧我兵矣。韓叛則魏應之， 趙據齊以爲原。如此則以韓、魏資趙假齊以固其從， 而以與爭强。趙之福而秦之禍也。夫進而擊趙不能取， 退而攻韓弗能拔， 則陷銳之卒勲於野戰，負任之旅罷於內攻，則合羣苦弱以敵而共二萬乘[7]，非所以亡趙之心也。均[8]如貴人之計，則秦必爲天下兵質[9]矣。陛下雖以金石相弊[10]，則兼天下之日未也。

○○○

이제 신의 어리석은 계책을 말씀드리겠나이다. 진나라는 지금 사신을 초나라로 보내 후한 예물로 집정 대신들을 포섭하여 조나라가 진나라를 속이는 까닭을 설명하고, 폐하의 골육을 위나라에 볼모로 보내 그들의 마음을 진정시킨 다음, 한나라와 함께 조나라를 쳐야 합니다. 이렇게 하면 조나라가 제나라와 연합한다 해도 걱정할 필요가 없을 것입니다. 조나라와 제나라를 함락한 후 한나라는 한 장의 편지를 보내는 것만으로도 평정할 수 있을 것입니다. 이렇게 하면 우리는 일거에 조나라와 제나라를 멸망시키게 될 것이며, 초나라와 위나라 역시 자연스럽게 항복해올 것입니다. 그래서 "군사는 흉폭한 무기다."라고 말하는 것이니 반드시 신중하게 사용하지 않을 수 없는 것입니다.

진나라가 조나라와 대적하는 상황에서 제나라가 조나라에 가담하고 있는데 지금 진나라는 오히려 한나라를 배격하고, 초나라·위나라와의 연합을 공고히 하려는 마음도 없는 듯합니다. 이러한 때 만일 진나라가 한나라를 공격하여 승리하지 못한다면 진나라에 큰 화를 불러오게 될 것입니다. 계책은 일의 승패를 결정짓는 요인으로 신중하게 살피지 않으면 안 됩니다. 한나라와 진나라 중 누가 강하고 누가 약한지는 올해 안에 결정될 것입니다. 조나라가 각 제후국들과 진나라를 공략할 계책을 세운 지가 매우 오래되었습니다. 지금 군사를 동원하여 한나라를 공격하다가 각 나라 제후들에게 진나라의 약함을 보이는 것은 위험한 일이며, 잘못된 계책으로 제후들이 진나라를 공격하려는 마음을 가지게 하는 것은 더욱 위험한 일입니다. 한나라를 공격하려는 계책은 이미 이 두 가지의 소홀함을 보이고 있으며, 이는 결코 각 나라 제후들에게 진나라의 강함을 보여줄 수 있는 방법이 아닙니다. 폐하께서 신의 계책을 잘 살펴주시기를 간절히 바랍니다. 만일 한나라를 공격한다면 합종 연합국들에게 빈틈을 보이게 되며 그때는 후회해도 소용없을 것입니다.

今賤臣之愚計, 使人使荊, 重弊[11]用事之臣, 明趙之所以欺秦者, 與魏質以安其心, 從韓而伐趙, 趙雖與齊爲一, 不足患也。二國事畢, 則韓可以移書[12]定也。是我一擧, 二國有亡形, 則荊､魏又必自服矣。故曰, “兵者, 凶器也。” 不可不審用也。以秦與趙敵衡, 加以齊, 今又背韓而未有以堅荊､魏之心。夫一戰而不勝, 則禍搆[13]矣。計者, 所以定事也, 不可不察也。韓､秦强弱, 在今年耳。且趙與諸侯陰謀久矣。夫一動而弱於諸侯, 危事也, 爲計而使諸侯有意伐之心, 至殆也。見二疏, 非所以强於諸侯也。臣竊願陛下之幸熟圖之! 夫攻伐而使從者間焉, 不可悔也。

○○○

이사(李斯), 「**상진왕서**(上秦王書)」

대왕께서 한비(韓非)에게 상소를 올리도록 명하시어, 한비가 한나라를 아직 공격해서는 안 된다고 올린 글을 소신 이사가 보았습니다. 소신 이사는 한비의 주장이 매우 잘못되었다고 생각합니다. 진나라에 한나라가 있다는 것은 마치 사람이 심장에 병을 지니고 있는 것과 같아서 평소에 아무 일이 없을 때에도 이미 매우 힘이 드니, 마치 습한 곳에 있어서 병이 몸을 떠나지 않다가, 급하게 뛰어갈 때 바로 발작하는 것과 같습니다. 한나라가 비록 진나라의 신하라 말하고 있지만 일찍이 진나라에 화근이 되지 않은 적이 없으며, 당장 전쟁에 관한 급전이 왔다고 가정해보아도 역시 한나라는 믿을 수가 없습니다. 진나라는 조나라와 적대 관계인데 형소(荊蘇)를 제나라에 사신으로 보내 조나라와 관계를 끊으라고 한다면 그 결과가 어떻게 될지 모르겠습니다. 소신이 볼 때, 제나라와 조나라의 외교는 형소가 권유한다고 해도 결코 끊어지지 않을 것입니다. 만일 그들이 관계를 끊지 않는다면, 진나라는 모든 힘을 만승의 이 두 나라와 겨루는 데 소진해야 할 것입니다. 한나라는 진나라의 도의(道義)에 굴복한 것이 아니라 진나라의 강대함에 굴복하고 있는 것입니다. 진나라가 병력을 제나라와 조나라에만 집중한다면 한나라는 반드시 진나라의 우환이 될 것입니다. 한나라와 초나라가 공모하여 진나라를 공격한다면 제후국들도 호응할 것이며 결국 진나라는 반드시 효새지환(崤塞之患)을 다시 보게 될 것입니다.

詔以韓客之所上書， 書言韓之未可擧， 下臣斯。甚以爲不然。秦之有韓， 若人之有腹心之病也， 虛處則悏[14]然， 若居濕地， 著而不去， 以極走則發矣。 夫韓雖臣於秦， 未嘗不爲秦病， 今若有卒報之事， 韓不可信也。秦與趙爲難， 荊蘇[15]使齊， 未知何如。以臣觀之， 則齊、趙之交未必以荊蘇絶也。若不絶， 是悉趙[16]而應二萬乘也。夫韓不服秦之義而服於强也， 今專於齊、趙， 則韓必爲腹心之病而發矣。韓與荊有謀， 諸侯應之， 則秦必復見崤塞[17]之患。

○○○

한비가 온 것은 한나라를 보전하고 한나라에서 중용되기 위함입니다. 그는 뛰어난 말과 교묘한 언어로 현혹하여 진나라에서 이익을 챙겨가려는 속셈입니다. 또한 한나라의 이익을 위하여 폐하를 염탐하려는 것입니다. 진나라와 한나라가 가까워지면 한비의 지위도 중요해질 것입니다. 이는 바로 한비 자신을 위한 계책인 것입니다.

非之來也, 未必不以其能存韓也, 爲重於韓也。辯說屬辭, 飾非詐謀, 以釣利於秦, 而以韓利闚[18]陛下。夫秦、韓之交親, 則非重矣, 此自便之計也。

○○○

소신이 한비가 올린 글을 자세히 읽어보았는데 사람을 현혹하는 문사(文辭)와 화려한 언변으로 볼 때 재주가 매우 뛰어나 보입니다. 소신은 폐하께서 한비의 말에 현혹되어 그의 흑심을 믿고, 일의 진상을 제대로 살피지 못하실까 두렵습니다. 이제 소신의 미천한 의견을 말씀드리면, 진나라가 출병하면서 어느 나라를 토벌하는지 밝히지 않으면, 한나라의 집정자들은 진나라를 섬기는 일을 하나의 책략으로 삼을 것입니다. 신 이사는 대왕께서 한나라 왕을 만나기를 청합니다. 한나라 왕을 오게 하여 만나시고, 그를 만나면 바로 그를 억류하시고 이어서 한나라의 집정 대신들을 불러 한나라 왕을 인질로 홍정하면 한나라 영토의 대부분을 차지하게 될 것입니다.

곧이어 다시 몽무(蒙武)에게 동군(東郡)의 부대를 출동시키도록 하여 변경 지대에 주둔하면서 어디를 공격할지 말하지 않고 있으면 제나라는 두려워서 형소의 계책에 따라 조나라와 절교할 것입니다. 이렇게 되면 우리는 군대를 출동시키지 않고도 한나라는 진나라의 위세에 눌려 항복할 것이고, 제나라는 사정을 살펴본 즉 진나라에 대한 도의로서 항복할 것입니다. 이 일이 각 제후들에게 알려지면 조나라는 겁을 먹을 것이고, 초나라는 망설이다가 결국 진나라의 계책을 따르게 될 것입니다. 초나라가 병사를 움직이지 않으면 위나라도 걱정할 필요가 없습니다. 이렇게 되면 우리는 각 제후국들을 하나씩 제압할 수 있으며 조나라와 겨룰 수 있게 될 것입니다. 원컨대 폐하께서는 소신의 계책을 살피시어 일에 소홀함이 없기를 바랍니다.

臣視非之言, 文其淫[19]說, 靡辯才甚, 臣恐陛下淫非之辯而聽其盜心, 因不詳察事情。今以臣愚議, 秦發兵而未名所伐, 則韓之用事者以事秦爲計矣。臣斯請往見韓王, 使來入見, 大王見, 因內[20]其身而勿遣, 稍召其社稷之臣, 以與韓人爲市, 則韓可深割也。因令象武[21]發東郡之卒, 闚兵於境上而未名所之, 則齊人懼而從蘇之計。是我兵未出而勁韓以威擒、强齊以義從矣。聞於諸侯也, 趙氏破膽[22], 荊人狐疑[23], 必有忠計。荊人不動, 魏不足患也, 則諸侯可蠶食而盡, 趙氏可得與敵矣。願陛下幸察愚臣之計, 無忽。

진왕이 마침내 이사를 한나라에 사신으로 보냈다.

秦遂遣斯使韓也。

○ ○ ○

이사, 「상한왕서(上韓王書)」

이사가 한왕 뵙기를 청하였으나 만나지 못하고 글을 올려 다음과 같이 말하였다. "옛날 진나라와 한나라는 서로 한마음으로 협력하고 서로 침탈하지 않아 세상의 어느 나라도 우리를 감히 범하지 못했으며 이렇게 된 지가 이미 몇 대를 흘렀습니다. 과거 다섯 제후국이 연합하여 한나라를 공격할 때 진나라는 군대를 파견하여 한나라를 도왔습니다. 한나라는 중원에 위치해 땅이 천 리도 되지 않지만, 제후국들과 두루 맞서고 군신들이 보전될 수 있었던 것은 한나라가 대대로 진나라를 섬겼기 때문입니다.

그런데 과거 다섯 제후국이 연합하여 진나라를 공격했을 때 한나라는 오히려 그들보다 앞장서서 군대를 조직하여 함곡관(函谷關)에서 진나라 군대와 맞섰습니다. 제후국들은 전력이 소진되어 어쩔 수 없이 모두 퇴각하였습니다. 그 후 두창(杜倉)이 진나라의 재상이 되어 군대를 재정비하여 제후국들을 향한 원한을 갚았는데 그중에서도 가장 먼저 초나라를 공격하였습니다. 이때 초나라의 재상은 매우 걱정하며 말하기를 '한나라는 진나라가 불의하다고 여기면서 진나라와 연맹하여 천하의 여러 나라에 해를 입혔다. 그리고 이후 다시 진나라를 배반하고 군대를 조직하여 함곡관을 공격하였다. 이처럼 한나라는 중원에 위치하면서 변화가 심하여 종잡을 수 없는 나라다.'라고 하였습니다. 각 제후국들은 한나라 땅에 있는 열 개의 성을 떼어내어주며 진나라에 사죄하였으며 진나라 군사들을 풀어주었습니다. 한나라는 일찍이 단 한 번 진나라를 배반하였는데 이후 나라가 위협을 받고 국토가 침탈을 받았으며 병력이 쇠하게 된 채로 지금껏 이어져오고 있습니다. 이러한 국면이 초래된 것은 간신의 말을 믿으셨기 때문이며, 사실을 헤아리지 않았기 때문입니다. 그러므로 후에 간신을 죽였어도 한나라가 다시 강성해질 수 없었던 것입니다.

李斯往詔韓王, 未得見, 因上書曰, "昔秦、韓勠力[24]一意以不相侵,天下莫敢犯， 如此者數世矣。前時五諸侯[25]嘗相與共伐韓， 秦發兵以救之。韓居中國， 地不能滿千里， 而所以得與諸侯班位[26]於天下，君臣相保者， 以世世相教事秦之力也。先時五諸侯共伐秦， 韓反與諸侯先爲鴈[27]行， 以嚮[28]秦軍於關下矣。諸侯兵困力極， 無奈何，諸侯兵罷。杜倉[29]相秦， 起兵發將以報天下之怨， 而先攻荊。荊令尹[30]患之曰， '夫韓以秦爲不義， 而與秦兄弟共苦天下。已又背秦，先爲鴈行以攻關。韓則居中國， 展轉不可知。' 天下共割韓上地十城以謝秦， 解其兵。夫韓嘗一背秦而國迫地侵， 兵弱至今， 所以然者，聽姦臣之浮說， 不權事實， 故雖殺戮姦臣， 不能使韓復强。"

○○○

최근 조나라가 군사를 동원하여 진나라를 공격하기 위해 한나라에 사람을 보내 길을 내어줄 것을 청하며 말하기를 '진나라를 토벌하려 한다.'라고 하였습니다. 진나라를 토벌하기 위해 그들은 반드시 한나라를 먼저 점령하고 그 후에 진나라를 공격할 것입니다. 또한 소신은 '입술이 없어지면 이빨이 시리다.'라는 말을 들은 적이 있습니다. 무릇 진나라와 한나라는 동일한 우환을 함께 겪지 않을 수 없습니다. 이러한 상황은 이미 보아온 사실입니다. 위나라가 진나라에 사신을 보내 군사를 동원하여 함께 한나라를 공격하려 하였으나, 진나라는 사람을 시켜 위나라 사신을 한나라로 보냈습니다.

이번에 진왕은 소신 이사를 한나라로 보냈는데 폐하를 뵙지도 못했으니, 폐하 신변의 신하들이 과거 간신들의 계책을 답습하여 한나라가 또다시 영토를 잃어버리는 후환을 당할까 두렵습니다. 소신 이사가 만일 폐하를 뵙지 못하고 돌아가서 이 사실을 아뢰면 진나라와 한나라는 반드시 관계가 끊어질 것입니다. 제가 한나라에 사신으로 온 것은 진왕에게 기쁨을 드리고 폐하께 한나라에 유리한 계책을 알려드리기 위함인데, 어찌 폐하께서는 저를 이런 식으로 대하시나이까? 소신 이사는 폐하를 직접 뵙고 면전에서 저의 어리석은 계책을 말씀드리기를 바라오며, 진언 후 물러나 몸을 찢기는 벌을 받더라도 폐하께서 저의 호소를 받아주시기를 간절히 원합니다. 지금 소신이 한나라에서 죽는다 해도 대왕께서 강대해지지는 않을 것이며, 만일 저의 계책을 듣지 않는다면 한나라는 반드시 화를 당할 것입니다. 진나라가 만일 출병하여 계속 전진해온다면 한나라의 사직이 위태로워질 것입니다. 소신 이사의 시체가 한나라의 저잣거리에 버려지면 그때는 소신의 우매한 계책을 다시 고려하더라도 소용이 없을 것입니다. 변경이 무너지고 도성을 굳게 지키며 전쟁의 북소리와 종소리가 귓가에 울리게 되었을 때는 소신 이사의 계책을 받아들인다 해도 이미 너무 늦은 것입니다.

또한 한나라의 병력은 이미 여러 나라에 간파되어 있음에도 오히려 지금 다시 강대한 진나라를 배반하려 하고 있습니다. 한나라가 성읍을 포기하고 군사 또한 패한다면 내부의 반군들이 반드시 성읍을 차지하게 될 것입니다. 성읍들이 함락되면 백성들은 흩어지고, 백성들이 흩어지면 군대도 없어질 것입니다. 한나라가 성읍을 지키려 한다면 진나라는 반드시 군사를 내어 대왕이 있는 성곽을 포위하고 도로를 차단하여 필연적으로 한나라를 곤경에 처하게 할 것이며 이때는 계책을 내 놓는다 해도 이미 형세는 만회할 수가 없고 대왕 신변 대신들의 계략도 소용없게 될 것입니다. 폐하께서 굽어살피시기 바랍니다.

만일 소신의 말이 사실과 맞지 않는다면 대왕께서 제가 대왕 면전에서 말을 다 마친 다음 저를 옥리(獄吏)에게 맡겨 죽어도 늦지 않을 것입니다. 진왕은 음식을 먹어도 맛을 모르고, 유람을 하여도 즐거움을 느끼지 못하며, 마음속으로 온통 조나라 공격하는 것만 골몰하다 저를 보내 진언하도록 하였으니, 진심으로 폐하를 직접 뵙고 싶습니다. 급히 폐하께 말씀드릴 계책이 있습니다. 지금 사신으로 온 제가 폐하를 직접 뵙고 말씀드리지 못한다면 진왕이 한나라의 진나라에 대한 충성을 알 수가 없게 됩니다. 진나라는 조나라를 없애고 반드시 군사를 돌려 한나라를 공격할 것이니 원컨대 폐하께서는 다시 한 번 이 문제를 신중하게 살피신 후 결정하여 주시기 바랍니다."라고 하였다.

今趙欲聚兵[31]士卒, 以秦爲事, 使人來借道, 言欲伐秦, 欲伐秦, 其勢必先韓而後秦。且臣聞之, '脣亡則齒寒。' 夫秦、韓不得無同憂, 其形可見。魏欲發兵以攻韓, 秦使人將[32]使者於韓。今秦王使臣斯來而不得見, 恐左右襲曩[33]姦臣之計, 使韓復有亡地之患。臣斯不得見, 請歸報, 秦、韓之交必絶矣! 斯之來使, 以奉秦王之歡心, 願效便計, 豈陛下所以逆賤臣者邪! 臣斯願得一見, 前進道愚計, 退就葅戮[34], 願陛下有意焉! 今殺臣於韓, 則大王不足以强, 若不聽臣之計, 則禍必搆矣。秦發兵不留行, 而韓之社稷[35]憂矣。臣斯暴身於韓之市, 則雖欲察賤臣愚忠之計, 不可得已。邊鄙殘, 國固守, 鼓鐸之聲於耳, 而乃用臣斯之計, 晩矣,。夫韓之兵於天下可知也, 今又背强秦。夫棄城而敗軍, 則反掖之寇[36]必襲城矣。城盡則聚散, 聚散則無軍矣。城固守, 則秦必興兵而圍王一都, 道不通則難必謀, 其勢不救, 左右計之者不用, 願陛下熟圖之。若臣斯之所言有不應事實者, 願大王幸使得畢辭於前, 乃就吏誅不晩也。秦王飮食不甘, 遊觀不樂, 意專在圖趙, 使臣斯來言, 願得身見,因急與陛下有計也。今使臣不通，則韓之信未可知也，夫秦必釋趙之患而移兵於韓，願陛下幸復察圖之，而賜臣報決[37]。”

1) 扞蔽(한폐): 막아 가림.

2) 席薦(석천): 깔개. 남의 밑에 놓인 상황을 비유하기도 한다.

3) 特(특): 홀로.

4) 贅(췌): 연결함.

5) 攘(양): 물리침. 쫓아버림.

6) 城池(성지): 해지(垓字). 성곽 주위로 돌린 판 못.

7) 乘(승): 고대에 말 네 필이 끄는 마차 하나를 일 승(乘)이라 했다.

8) 均(균): 순(洵)과 같은 글자로 '진실로'라는 뜻의 부사로 쓰였다.

9) 質(질): 과녁, 표적.

10) 弊(폐): 괴(壞)와 같은 의미. 즉 '금석상폐(金石相弊)'는 '금석과 수명을 함께한다'는 뜻이다.

11) 重弊(중폐): 중폐(重幣), 후한 뇌물.

12) 移書(이서): 이문(移文), 편지를 보내다.

13) 搆(구): 끌어당기다.

14) 恔(해): 괴로워하다. 근심하고 두려워하다.

15) 荊蘇(형소): 인명, 인물 미상.

16) 趙(조): 진(秦)으로 보는 견해가 있다.

17) 崤塞(효새): 효산(중국 하남성(河南省) 낙녕현(洛寧县) 북쪽에 있는 산)의 험한 요새로 함곡관(函谷關)을 가리킨다. 제후국들이 진나라를 칠 때 반드시 거쳐야 할 요새였으므로 '효새지환(崤塞之患)'이라 불렸다.

18) 闚(규): 규(窺)와 같은 '엿보다'의 뜻이다.

19) 淫(음): 미혹하다.

20) 內(납): 납(納)과 같은 의미로 '들이다'의 뜻이다.

21) 象武(상무): 몽무(蒙武), 『사기(史記)·시황본기(始皇本紀)』와 『사기·몽염열전(蒙恬列傳)』에 보인다.

22) 破膽(파담): 크게 놀라다. 대단히 무서워하다.

23) 狐疑(호의): 의심하여 결정하지 못하다. 또는 그 사람.

24) 勠力(육력): 육력(戮力). 일치 협동하여 일을 하다.

25) 五諸侯(오제후): 한(韓)·조(趙)·위(魏)·연(燕)·초(楚)를 가리킨다. 초나라

대신 제(齊)나라를 넣기도 한다.

26) 班位(반위): 같은 지위에 있다.

27) 鴈行(안행): 줄지어 날아가는 기러기의 행렬을 군진(軍陣)에 비유한 말. 안(鴈)은 안(雁)과 같은 글자다.

28) 嚮(향): 향(向)과 같은 의미로 '향하다'의 뜻이다.

29) 杜倉(두창): 인명, 인물 미상.

30) 令尹(영윤): 주대(周代) 초나라의 관직. 당시 다른 제후국의 재상 지위에 해당한다.

31) 兵(병): 왕선신(王先愼)의 견해에 의하면, 글이나 문장에서 굳이 들어갈 필요가 없는 자리에 군더더기로 들어간 글자인 연자(衍字)인 듯 보인다.

32) 將(장): 송(送)과 같은 의미로 '보내다'의 뜻이다.

33) 曩(낭): 예전, 지난번.

34) 菹戮(저육): 저(菹)는 저(葅)와 같은 의미로, '살육(殺戮)'의 뜻이다.

35) 社稷(사직): 토지의 주신(主神)과 오곡의 신. 옛날에 천자와 제후는 반드시 사직단(社稷壇)을 세우고 제사를 지내 국가와 존망을 같이하였으므로 국가라는 뜻으로도 쓰였다.

36) 反掖之寇(반액지구): '겨드랑이 아래에서 모반하는 적'이라는 뜻으로 내란을 말한다.

37) 報決(보결): 판결(判決).

제3편 난언(難言)

군주에게 진언할 때의 어려움

解 題

군주에게 진언할 때의 어려움을 설명한 것으로, 자칫 군주의 오해를 일으켜 자신에게 재앙이 될 수 있음을 말하고 있다. 주제는 「세난(說難)」편과 유사하지만, 「세난」이 논설문이라면 본편은 상소문이라는 차이점이 있다. 이 글은 한비가 진나라에 사신으로 갔다가 옥에 갇혔을 때 진왕(秦王)에게 올린 것으로 보인다. 두 단으로 나누어지는데, 첫째 단은 군주에게 진언할 때 군주의 오해를 일으킬 수 있는 12가지 상황을 말하고 있고, 둘째 단에서 진언을 올리다 화를 당한 10여 명 성현들의 역사적 사실을 열거하고 있다.

신 한비가 말하는 것을 어려워하지 않으면서도 말하기를 삼가는 까닭은 이렇습니다. 저의 말이 군주의 뜻을 좇아서 유창하고 수식이 풍부하며 아름답고 조리 있게 이어진다면, 화려하지만 실속이 없다고 여겨질 것입니다. 돈후하고 공경하면서 강직하고 신중하면 질박하지만 조리가 없다고 여겨질 것입니다. 말이 많고 번잡하면서 빈번히 같은 부류의 사례를 들어 비유로 삼는다면, 공허하고 쓸모없다고 여겨질 것입니다. 세밀한 부분을 묶어 그 요지만 설명하면서 간략하게 말하고 수식하지 않는다면, 생소하고 말재주가 없다고 여겨질 것입니다. 군주의 측근을 공격하고, 다른 사람의 감정까지 살펴 알려 한다면 남을 비방하고 염치가 없다고 여겨질 것입니다. 말하는 내용이 넓고 크며, 오묘하고 깊어서 헤아릴 수 없으면, 과장되고 쓸모없는 것으로 여겨질 것입니다. 가정의 사소한 일을 말하면서 하나하나 구체적으로 설명한다면, 천박하다고 여겨질 것입니다. 말하는 것이 세속의 생각에 가까우면서도 군주의 뜻을 거스르지 않는 말만 한다면 목숨을 부지하려 군주께 아첨한다고 여겨질 것입니다. 말하는 것이 세속과 동떨어져서 기이하고 경박한 것만 세상에 드러낸다면, 허망한 것으로 여겨질 것입니다. 민첩하고 말재주가 뛰어나면서 문장이 화려하고 번다하다면 지나치게 꾸몄다고 여겨질 것입니다. 문사를 잘 가꾸려 하지 않고 사물의 본질만을 말한다면 비천하다 여겨질 것입니다. 수시로 『시경(詩經)』과 『서경(書經)』 같은 경전을 인용하고 옛 성왕들의 법도를 본보기로 삼아 따른다면 옛 사실만을 늘어놓는다고 여겨질 것입니다. 이것이 신 한비가 말하기를 삼가고 심히 염려하는 이유입니다.

臣非[1]非難言也， 所以難言者。 言順比滑澤[2]， 洋洋纚纚[3]然， 則見以爲華而不實。 敦厚恭祗[4]， 鯁固愼完[5]， 則見以爲拙而不倫。 多言繁稱，連類比物[6]，則見以爲虛而無用。揔微說約[7]，徑省而不飾，則見以爲劌而不辯[8]。激急親近[9]，探知人情，則見以爲僭而不讓。閎大廣博，妙遠不測，則見以爲夸而無用。家計小談，以具數言，則見以爲陋。言而近世，辭不悖逆，則見以爲貪生而諛上。言而遠俗，詭躁[10]人閒，則見以爲誕[11]。捷敏辯給，繁於文釆，則見以爲史。殊釋文學[12]，以質性言，則見以爲鄙。時稱詩書，道法往古，則見以爲誦[13]。此臣非之所以難言而重患也。

○○○

그러므로 의견을 올리는 법도가 비록 올바르다 해도 반드시 들어주는 것은 아니며, 도리가 비록 온전하다고 해서 반드시 쓰임을 받는 것도 아닙니다. 대왕께서 만약 이 말들을 믿지 못하겠다고 여기시면, 작게는 남을 헐뜯고 비방하는 자로 여기실 것이며, 크게는 재앙이나 죽음이 말한 이에게 미치게 될 것입니다. 그래서 옛날의 오자서(伍子胥)는 지략이 뛰어났지만 오나라가 그를 죽였고, 공자는 유세에 뛰어났지만 광(匡) 땅의 사람들은 그를 억류했으며, 관중(管仲)은 진실로 현명하였으나 노나라가 그를 죄인 취급했습니다. 이 세 대부가 어찌 현명하지 않았겠습니까! 세 임금이 명석하지 못했던 탓입니다.

상고시대에 탕(湯)왕은 매우 성명(聖明)하였고, 이윤(伊尹)은 매우 지혜로웠습니다. 뛰어난 지혜로 매우 성명한 군주를 설득하기 위해 일흔 번이나 유세했지만 받아들여지지 않았고, 그 자신이 솥과 도마를 들고 가 요리사가 되어 측근으로 익숙하고 친하게 되고 나서야 탕왕은 비로소 그의 현명함을 알고 등용했습니다. 그러므로 뛰어난 지혜를 가진 이가 성명한 군주에게 유세한다 해도 반드시 즉각 받아들여지지 않으리라는 말은 이윤이 탕왕을 설득한 이 일을 말하는 것입니다. 지혜로운 자가 어리석은 자를 설득하면 반드시 받아들여지지 않는 것으로는 문왕(文王)이 주왕(紂王)을 설득한 일이 있습니다. 문왕은 주왕을 설득하려 했지만 주왕은 그를 감옥에 가두었습니다.

익후(翼侯)는 불에 구워졌고, 귀후(鬼侯)는 포를 떠서 죽였고, 비간(比干)은 심장이 도려내어졌으며, 매백(梅伯)은 소금에 절여졌습니다. 관중은 구금되었고, 조기(曹羈)는 진(陳)나라로 달아났으며, 백리해(伯里奚)는 길에서 구걸을 하였고, 부열(傅說)은 여기저기 품팔이를 하고 다녔으며, 손자(孫子)는 위(魏)나라에서 다리를 잘렸습니다. 오기(吳起)는 안문(岸門)에서 눈물을 닦으며 서하(西河)가 진(秦)나라 땅이 된 것을 가슴 아파했지만, 끝내 초(楚)나라에서 몸뚱이가 찢기게 되었습니다. 공숙좌(公叔痤)는 나라의 인재로 생각되는 이를 추천했지만 오히려 거스르는 자로 여겨졌고 공손앙(公孫鞅)은 진(秦)나라로 달아났습니다. 관룡방(關龍逄)은 참수를 당하였고, 장굉(萇宏)은 배를 갈라 창자를 꺼내는 형벌을 당했으며, 윤자(尹子)는 가시덤불 속에 던져졌습니다. 사마자기(司馬子期)는 죽임을 당해 강에 던져졌고, 전명(田明)은 몸뚱이를 찢어 죽이는 형벌을 받았으며, 복자천(宓子賤)과 서문표(西門豹)는 남과 싸우지 않았는데도 다른 사람의 손에 죽임을 당했습니다. 동안우(董安于)는 죽어서 저잣거리에 내걸렸고, 재여(宰予)는 전상(田常)에게서 죽음을 면치 못하였으며, 범저(范雎)는 위(魏)나라에서 늑골이 부러졌습니다.

이 십 수 명의 사람들은 모두 세상에서 어질고 현명하고 충성되고 선량하며 도덕과 법술을 지닌 인재들이었는데, 불행히도 패역하고 어리석은 군주를 만나 죽임을 당한 것입니다. 그러면 어질고 성명하면서도 죽음과 굴욕을 피할 수 없었던 것은 무슨 까닭입니까? 어리석은 사람은 설득하기 어렵고, 그러므로 군자가 말하기를 삼가는 것입니다. 충성스런 말은 귀에 거슬리고 마음에 맞지 않으니, 어질고 현명하지 않으면 따를 수 없는 것입니다. 대왕께서는 이것을 깊이 생각하시기 바랍니다.

故度量[14]雖正, 未必聽也, 義理雖全, 未必用也。大王[15]若以此不信, 則小者以爲毁訾誹謗[16], 大者患禍災害死亡及其身。故子胥[17]善謀而吳戮之, 仲尼[18]善說而匡圍之, 管夷吾[19]實賢而魯囚之。故此三大夫豈不賢哉! 而三君不明也。上古有湯[20]至聖也, 伊尹[21]至智也。夫至智說至聖, 然且七十說而不受, 身執鼎俎爲庖宰, 昵近習親[22], 而湯乃僅知其賢而用之[23]。故曰, 以至智說至聖未必至而見受, 伊尹說湯是也。以智說愚必不聽, 文王[24]說紂是也。故文王說紂而紂囚之。翼侯炙, 鬼侯腊[25], 比干剖心[26], 梅伯醢[27]。夷吾束縛, 而曹羈奔陳[28], 伯里子道乞[29], 傅說轉鬻[30], 孫子臏脚於魏[31]。吳起[32]收泣於岸門, 痛西河之爲秦, 卒枝解[33]於楚。公叔痤[34]言國器, 反爲悖, 公孫鞅[35]奔秦。關龍逄[36]斬, 萇宏分胣[37], 尹子穽於棘[38]。司馬子期[39]死而浮於江, 田明辜射[40], 宓子賤[41]。西門豹[42]不鬪而死人手。董安于[43]死而陳於市, 宰予[44]不免於田常[45], 范雎[46]折脅於魏。此十數人者, 皆世之仁賢忠良有道術之士也, 不幸而遇悖亂闇惑[47]之主而死。然則雖賢聖不能逃死亡避戮辱者何也? 則愚者難說也, 故君子難言也。且至言忤於耳而倒於心, 非賢聖莫能聽。願大王熟察之也!

1) 臣非(신비): 군주에게 진언할 때 쓰인 한비(韓非)의 자칭.

2) 順比滑澤(순비활택): 순비(順比)는 상대방의 뜻을 순종하여 거스르지 않는 것이고, 활택(滑澤)은 말이 유창하고 수식이 풍부한 것이다.

3) 洋洋纚纚然(양양리리연): 양양(洋洋)은 성대한 모양이고, 리리(纚纚)는 질서 있는 모습으로 수식이 풍부하고 조리 있음을 이르는 말이다. 연(然)은 접미사로 의미가 없다.

4) 恭祇(공지): 공경의 뜻으로 지(祇)는 경(敬)의 의미다.

5) 鯁固愼完(경고신완): 경(鯁)은 경(硬)과 통한다. 강직하고 신중하여 변하지 않는다는 뜻이다.

6) 連類比物(연류비물): 연류(連類)는 동류(同類)와 같은 뜻으로, 비슷한 사례를 들어 비유로 삼는 것이다.

7) 摠微說約(총미설약): 총(摠)은 총괄의 뜻으로 세밀한 부분을 총괄하여 그 요점만 말하는 것이다.

8) 劌而不辯(귀이부변): 말이 생소하고 말재주가 없는 것. 귀(劌)는 '상처 입히다, 쪼개다'의 뜻인데, 여기서는 말이 감동을 주지 못하는 것을 비유한다.

9) 激急親近(격급친근): 격한 말로 군주의 측근을 공격하는 것. 격(激)은 '맹렬하다'의 뜻이고, 친근(親近)은 군주의 근신(近臣)을 가리킨다.

10) 詭躁(궤조): 기이하고 경박하다.

11) 誕(탄): 허망하다.

12) 殊釋文學(수석문학): 수(殊)는 단(斷)의 뜻이고, 석(釋)은 기(棄)의 뜻. 문학(文學)은 '화려하고 풍부한 문사(文辭)'를 가리킨다.

13) 誦(송): 진술하다.

14) 度量(도량): 법도.

15) 大王(대왕): 진시황(秦始皇)을 가리킨다.

16) 毁訾誹謗(훼자비방): 네 글자 모두 헐뜯는다는 뜻이다.

17) 子胥(자서): 춘추 시대 초(楚)나라 사람 오원(伍員, B.C. ?~B.C. 485)의 자(字)다. 부친 오사(伍奢)와 형 오상(伍尙)이 평왕(平王)에게 피살되자 오(吳)나라로 망명하였다. 오나라의 공자 광(光, 훗날의 합려闔閭)을 도와 왕위에 오르게 한 후, 그와 함께 초나라를 쳐서 원수를 갚았다. 이때 그는 이미 죽은 평왕의 무덤을 찾아가 시신을 파내고 매질을 했다고 한다. 합

려의 아들 부차(夫差)가 등극하자, 그를 도와 월(越)나라를 공격하여 패퇴시켰다. 후에 간신 백비(伯嚭)의 참소를 받아 부차의 신임을 잃었고, 끝내 자살로 생을 마감하였다. 『사기(史記)·오자서열전(伍子胥列傳)』이 있다.

18) 仲尼(중니): 공자(孔子)의 자(字)다. 정공(定公) 13년(B.C. 497) 공자가 위(衛)나라에서 진(陳)나라로 가는 길에 광(匡) 땅을 지나다 용모가 노(魯)나라의 양호(陽虎)와 흡사하여 그곳 사람에게 억류돼 고생한 적이 있었다. 『사기·공자세가(孔子世家)』에 이에 대한 기록이 있다.

19) 管夷吾(관이오): 춘추 시대 제(齊)나라의 명재상 관중(管仲, B.C. ?~B.C. 645)으로, 이오(夷吾)는 명(名)이다. 처음에는 제나라의 공자 규(糾)를 섬겨 규의 이복동생인 소백(小白)을 죽이고 규를 옹립하려 했으나 실패했다. 소백이 왕위에 올라 환공(桓公)이 되니, 노나라는 공자 규를 살해하고 관중을 옥에 가두었다가 제나라로 이송하였다. 그러나 어릴 때부터 절친했던 포숙(鮑叔)의 추천으로 재상의 자리인 상경(上卿)에 임명되었고, 훗날 환공이 춘추오패(春秋五霸)의 첫째로 부상하는 데 일등공신이 되었다. 내치에서는 세금을 알맞게 거두고 인재를 고루 등용했으며, 외치에서는 외교 활동에 주력하여 존왕양이(尊王攘夷)의 기치 아래 제나라의 위상을 제후국의 으뜸으로 끌어올렸다. 제환공은 마침내 그를 크게 신임하고 중부(仲父)로 받들었다. 포숙과의 우의가 두터워 관포지교(管鮑之交)라는 성어를 낳았다. 『관자(管子)』 86편이 현존하나 후세의 위서(僞書)로 알려져 있다. 『사기·관안열전(管晏列傳)』이 있다.

20) 有湯(유탕): 상(商) 왕조를 개국한 탕왕(湯王)을 말함. 유(有)는 접두사로 의미가 없다.

21) 伊尹(이윤): 상(商)나라 탕왕 때의 재상으로, 탕왕을 도와 하(夏)나라 걸왕(桀王)을 물리치고 상나라를 건국하는 데 큰 공을 세웠다. 탕왕이 죽고 손자 태갑(太甲)이 탕왕의 법제를 어그러뜨리자, 그를 동궁에 가두고 3년간의 섭정 후 다시 복위시켰다.

22) 昵近習親(닐근습친): 닐(昵)은 닐(暱)과 같은 의미로 '친근하다'는 뜻. 습(習)도 마찬가지로 친숙하다는 뜻이다.

23) 이 일은 『사기(史記)·은본기(殷本紀)』에 기록되어 있다.

24) 文王(문왕): 주(周) 왕실의 기틀을 다진 사람으로 무왕(武王)의 부친이다. 은나라 때 서백(西伯)의 직책에 봉해졌으므로 서백(西伯)이라고도 불렸다. 농업을 적극 장려하여 경제를 부흥시켰으며, 이로써 주족의 세력이 강해졌다. 한때 은나라 왕인 주(紂)에 의해 유리(羑里, 지금의 하남성(河

南省) 탕음(湯陰))에 감금되었으며, 옥중에서 『역경(易經)』을 저술했다고 전해진다. 출옥 후 은나라를 타도할 기초를 만들었다. 무왕이 주나라를 세운 후 그를 추존하여 문왕이라 하였다. 후세에 유가(儒家)로부터 성군으로 받들어졌다.

25) 『사기·은본기 』에 이 일에 대해 다음과 같이 기록되어 있다. "서백창(西伯昌), 구후(九侯), 악후(鄂侯)를 삼공(三公)으로 삼았다. 구후는 자신의 아름다운 딸을 주(紂)에게 바쳤다. 그러나 주는 구후의 딸이 음탕한 짓을 싫어하자 노하여 그녀를 죽이고, 구후는 죽여서 포를 떠서 소금에 절였다. 악후가 이를 만류하며 격렬한 어조로 따지자 그도 포를 떠서 죽였다. 서백창이 이를 듣고 혼자 탄식했는데, 숭후호(崇侯虎)가 이 사실을 알고는 주에게 고자질하여, 주는 서백을 유리(羑里)에 가두어버렸다."

26) 比干剖心(비간부심): 비간(比干)은 은나라 주왕의 숙부로 비(比) 땅에 봉하여져 비간(比干)이라 불려졌다. 『사기·은본기』에는 이 일에 대해 다음과 같이 기록하고 있다. "주왕은 갈수록 음란해져갔다. 미자(微子)가 몇 번이나 간언해도 주왕이 들으려고 하지 않자, 그는 태사(太師)·소사(少師)와 상의하고서 은나라를 떠났다. 그러나 비간은 '신하는 죽더라도 임금께 충간해야 한다'면서 계속 주왕에게 간언하였다. 그러자 주왕은 진노하여 '성인의 심장에는 구멍이 일곱 개나 있다고 들었다'라고 하면서 비간을 해부하여 심장을 꺼내 보았다."

27) 梅伯醢(매백해): 매백(梅伯)은 주왕의 제후로 귀후(鬼侯)의 딸이 훌륭하다고 이야기하였는데, 주왕은 달기(妲己)의 참소를 받아 그렇지 않다고 여겨 매백을 죽여서 그 시체를 소금에 절여 젓을 담갔다고 한다. 해(醢)는 시체를 소금에 절여서 젓 담그는 형벌이다. 이 일은 『여씨춘추(呂氏春秋)·과리(過理)』에 보인다.

28) 曹羈奔陳(조기분진): 조기(曹羈)는 조(曹)나라의 대부로, 노(魯)나라 장공(莊公) 24년(B.C. 670)에 융(戎)이 조나라를 침략해오자 조나라 왕은 친히 군사를 거느리고 나가 맞서 싸우려 하였다. 조기는 여러 차례 출진을 그만둘 것을 간언하였지만, 왕이 듣지는 않자 진(陳)나라로 도망가버렸다. 『춘추공양전(春秋公羊傳)·장공이십사년(莊公二十四年)』에 이 일이 기록되어 있다.

29) 伯里子道乞(백리자도걸): 백리자(伯里子)는 곧 백리해(百里奚)로, 백리혜(百里傒)라고도 한다. 자는 정백(井伯)으로 춘추 시대 우(虞)나라 사람이다. 우나라의 대부로 있다가 진(晉)나라에 우가 망하자 포로가 되었고 초나라로 도망갔다가 초나라 사람에게 사로잡혔다. 진(秦) 목공(穆公)이 그에 대한 소문을 듣고 오고양피(五羖羊皮, 검은 양 다섯 마리의 가죽)를

주고 속량하여 국정을 맡겼다. 이로써 그를 '오고대부'라 불렀다. 이때 그의 나이 70세였는데, 건숙(蹇叔)을 목공에게 추천해 함께 목공의 패업 성취를 도왔다. 도걸(道乞)은 길에서 걸식한다는 뜻으로 백리해가 제나라에서 곤경에 처해 길에서 걸식한 적이 있었다고 한다. 『사기·진본기(秦本紀)』에 이에 대한 기록이 있다.

30) 傅說轉鬻(부열전육): 부열(傅說)은 은(殷)의 무정(武丁)에게 발탁돼 토목공사장의 노예로부터 삼공(三公)의 자리에 오른 현인이다. 전육(轉鬻)은 '이리저리 품을 팔고 다니는 것'을 말한다.

31) 孫子臏脚於魏(손자빈각어위): 손자(孫子)는 곧 손빈(孫臏)으로 전국 시대 제(齊)나라 사람이다. 병가(兵家)의 대표적 인물로 손무(孫武)의 손자다. 동학(同學)인 방연(龐涓)이 위(魏)나라의 장군으로 있을 때, 자신의 재능이 손빈에 미치지 못함을 시기하여 그를 위나라를 끌어들인 후 형벌로 다리를 잘랐다. 이후 손빈은 제나라 사신의 도움으로 위나라를 탈출해 제나라의 장군 전기(田忌)의 문객이 되었다가 제나라 위왕(威王)에게 발탁돼 장군이 되었다. 위나라와의 전투(馬陵之戰)에서 위군을 크게 무찔렀으며, 방연을 살해하여 원수를 갚았다. 저서에 『손빈병법(孫臏兵法)』이 있다. 『사기·손자오기열전(孫子吳起列傳)』이 있다.

32) 吳起(오기): 전국 시대 위(衛)나라의 사상가, 군사가. 노나라에서 증자(曾子)에게 유학을 배우다 모친상 때 낙향하지 않아 불효자의 낙인이 찍힌 채 파문됐다. 이후 병법을 배워 일가를 이루자 위나라 문후(文侯)에 의해 서하수(西河守)에 임명되었다. 이때 모함으로 소환당해 돌아가는 도중 안문(岸門)을 지나면서 눈물을 흘리며 탄식하였다 한다. 후에 문후가 죽자, 위나라 상공(相公) 숙(叔)의 참소를 받게 되어 초나라로 망명하여 도왕(悼王)의 신임을 얻어 영윤(令尹)이 되었으며, 진(晉)·진(秦)을 무찌르는 데 큰 공을 세웠다. 오기는 장군이었을 때는 군사들과 동고동락하였고, 재상이었을 때는 법령을 엄히 집행하여 부국강병에 힘썼다. 그러나 초나라 권신 귀족들의 시기를 받아 도왕이 죽은 후 종실 대신에게 살해당했다. 저서로 『오자(吳子)』48편 중 6편이 현존하고 있는데 후인의 위작으로 여겨진다.

33) 枝解(지해): 오기가 초의 도왕에게 변법을 단행케 하자 원한을 품은 구 귀족에게 손발을 찢기는 형벌을 받았다. 지해(枝解)는 사지를 네 갈래로 찢는 극형.

34) 公叔痤(공숙좌): 위(魏)나라 혜왕(惠王) 때의 재상. 그가 병에 걸려 대신 공손앙(公孫鞅)을 추천하였으나 도리에 어긋난다 하여 받아들이지 않았다.

35) 公孫鞅(공손앙): 전국 시대 진(秦)나라의 사상가, 정치가. 법가(法家)의 대표적 인물. 진나라가 그를 상(商) 땅에 봉했으므로 상앙(商鞅)이라고도 부르고, 원래 위(衛)나라 출신이어서 위앙(衛鞅)이라고도 했다. 진나라 효공(孝公)이 널리 인재를 구한다는 소문을 듣고 나아가 개혁의 필요성을 역설해 변법을 시행하였다. 효공 3년(B.C. 359)에 실시한 1차 변법에서는 호적을 정리해 연좌제를 시행하고 형제간의 가정을 분리했으며, 농업 실적에 따라 상벌을 내리고 전쟁에서 적의 머리를 베어오는 자에게 상을 주었다. 효공 12년 함양(咸陽) 천도 후 시행한 2차 변법에서는 가족 제도와 지방 행정구역을 변화시키고 토지 제도를 정전제(井田制)에서 천맥제(阡陌制)로 바꾸었으며 도량형을 통일했다. 이 같은 변법으로 진나라는 사회 경제적인 변혁과 함께 중앙집권제의 기초를 다졌으며 부국강병을 이룩했다. 그러나 법이 너무 가혹해 백성들이 크게 시달렸다. 효공이 죽자 수구세력의 모함을 받아 거열형(車裂刑)을 받고 피살되었다. 『사기·상군열전(商君列傳)』이 있다.

36) 關龍逢(관룡방): 하(夏)나라의 폭군 걸(桀)을 섬겨 간하다가 참형당했다.

37) 萇宏分胣(장굉분이): 주(周)나라 경사(卿士) 유문공(劉文公)은 대대로 진(晉)나라의 대부 범씨(范氏)와 혼인 관계를 맺었다. 범씨가 중항씨(中行氏)와 함께 반란을 일으키자, 주나라는 범씨를 도왔다. 후에 진나라의 경(卿) 조앙(趙鞅)이 주나라 사람들이 도와주지 않은 것을 책망하자, 이때에 유문공은 이미 죽었기 때문에 주나라 사람들은 장굉을 죽여 사죄하였다. 이(胣)는 배를 갈라 창자를 꺼내는 형벌이다. 『좌전(左傳)·애공삼년(哀公三年)』에 보인다.

38) 尹子穽於棘(윤자정어극): 윤자(尹子)가 누구인지는 알 수 없다. 정(穽)은 함(陷, 빠질 함)의 의미이고, 극(棘)은 가시가 있는 식물을 가리킨다.

39) 司馬子期(사마자기): 초(楚)나라 영윤(令尹) 자서(子西)의 동생인 공자 결(公子結)이고, 사마(司馬)는 벼슬 이름이다. 백공(白公)이 자서에게 정(鄭)나라를 쳐서 아버지의 원수를 갚아달라 청하자 자서는 허락했지만 군사를 일으키지 않았다. 얼마 후 진(晉)나라가 정나라를 공격하자 초나라는 자서를 보내어 정나라를 구하고 동맹 관계를 맺었다. 이 일로 백공이 노하여 난을 일으키고 자서와 자기를 죽여 그 시체를 강에 던졌다고 한다. 『좌전·노애공십육년(魯哀公十六年)』에 이 일이 보인다.

40) 田明辜射(전명고사): 전명(田明)이 누구인지는 알 수 없다. 고사(辜射)는 몸뚱이를 찢어 죽이는 책형(磔刑)을 말한다.

41) 宓子賤(복자천): 공자의 제자로 이름은 부제(不齊)다.

42) 西門豹(서문표): 위(魏)나라 문후(文侯) 때 업(鄴) 땅의 수령을 지냈다.

43) 董安于(동안우): 춘추 시대 진(晉)나라 조간자(趙簡子)의 가신으로 동알우(董閼于)라고도 한다. 진나라에 내란이 일어나자, 동안우는 조간자에게 그 당시 경의 신분이던 범씨와 중항씨의 공격에 미리 대비하도록 권하였으나, 받아들여지지 않았다. 또한 지백은 동안우의 뛰어난 재능을 알아보고 내심 두려워했다. 그래서 자신에게 이롭지 않은 인물로 깨닫고는 조간자를 위협해 자살하도록 했다. 동안우는 죽은 뒤 저잣거리에 머리가 내걸렸다. 『좌전·정공십삼년(定公十三年)』에 보인다.

44) 宰予(재여): 춘추 시대 노(魯)나라 사람으로, 공자(孔子)의 제자였으며, 자(字)는 자아(子我)다. 언변에 뛰어났다고 한다. 제(齊)나라 임치(臨菑)에서 대부(大夫)를 지내다 전상(田常)이 난을 일으켰을 때 피살되었다. 『사기·중니제자열전(仲尼弟子列傳)』에 이에 대한 기록이 보인다.

45) 田常(전상): 전항(田恒) 또는 진항(陳恒)이라고도 한다. 춘추 시대 제나라의 권신으로 선조는 진(陳)나라의 공자 완(完)으로, 완이 제나라로 와서 성을 전(田)으로 고쳤다. 전상은 대두(大斗)로 곡식을 빌려주고 소두(小斗)로 환곡을 받아 제나라 사람들의 마음을 얻었다. 제나라 간공 4년에 간공을 죽이고 평공(平公)을 세우고는 자신은 재상이 되어 제나라의 권력을 장악했다. 시호는 전성자(田成子)다.

46) 范雎(범저): 전국 시대 위(魏)나라 사람. 젊어서 모함을 받고 위의 승상인 위제(魏齊)에 의해 허리뼈가 부러진 후 이름을 장록(張祿)으로 고치고 왕계(王稽)·정안평(鄭安平)의 도움을 받아 진(秦)나라로 도망쳤다. 진 소양왕(昭襄王)을 섬기며 상국(相國, 훗날의 재상에 해당한다)을 지냈다. 이때 원교근공(遠交近攻)을 통한 각개격파를 진언해 대외 전쟁에서 큰 효과를 거두었다. 장평(長平) 전쟁 후 명장 백기(白起)의 명성이 높아지자 그를 시기하여 자살하게 만들고 정안평을 대신 장군에 앉혔다. 정안평이 전쟁에 져 조나라에 항복하자 병을 핑계로 상국에서 물러났다. 일설에는 진왕에게 처형되었다고 한다. 『사기·범저채택열전(范雎蔡澤列傳)』이 있다.

47) 闇惑(암혹): 어리석고 똑똑치 못하다.

제4편 애신(愛臣)

신하를 사랑하여

解 題

군주가 신하를 제어하는 방법을 설명하고 있다. 본편의 처음 두 자를 편명으로 삼고 있다. 이 편은 두 단락으로 구성되어 있는데, 첫째 단락에서는 제후의 세력이 커져 신하들이 부유해지면 군주에게 큰 해가 됨을 설명하고 있다. 둘째 단에서는 군주는 법으로써 신하를 양성하고, 잘못을 바로잡아 온전하게 함으로 신하들을 제어해야 한다고 이야기하고 있다.

신하를 아끼는 것이 지나치면 반드시 군주 자신을 위태롭게 할 것입니다. 신하가 너무 귀하게 되면 반드시 임금의 자리를 바꾸려 할 것입니다. 왕비와 후궁 간에 차등이 없으면 반드시 적자(嫡子)를 위태롭게 합니다. 형제가 복종하지 않으면 반드시 사직을 위태롭게 할 것입니다. 신이 듣기에 천승의 군주가 방비하지 않으면 반드시 백승의 신하가 측근에 있어 백성을 빼앗아 나라를 기울게 할 것이고, 만승의 군주가 방비하지 않으면 반드시 천승의 신하가 측근에 있어 권세를 빼앗아 그 나라를 기울게 할 것입니다. 이로써 간신이 많아져서 임금의 도가 쇠하여 망하게 됩니다. 이런 까닭에 제후가 커져서 천자가 해롭게 되고, 여러 신하가 너무 부유하여 군주가 무너질 것입니다. 장군과 재상이 임금을 마음대로 하여 나라를 일으킨다면, 이로써 임금이 소외되는 것입니다. 모든 사물 가운데 자신만큼 지극히 귀한 것은 없고, 지극히 존엄한 자리가 없으며, 군주의 권위만큼 중대한 것이 없고, 군주의 세력만큼 융성한 것이 없습니다. 이 중요한 네 가지는 바깥에서 구하는 것이 아니고, 남에게 요청하는 것이 아니며, 단지 잘 생각하면 얻어지는 것입니다. 그러므로 '임금이 이 네 가지를 갖출 수 없다면 마침내 나라 밖에서 생을 마칠 것입니다.'라고 말하였습니다. 이를 임금이 알아야 합니다.

愛臣太親， 必危其身。人臣太貴， 必易主位。主妾無等， 必危嫡子。兄弟不服， 必危社稷。臣聞， 千乘之君無備， 必有百乘之臣在其側， 以徙[1]其民而傾其國， 萬乘之君無備， 必有千乘之家在其側， 以徙其威而傾其國。是以姦臣蕃息， 主道衰亡。是故諸侯之博大， 天子之害也， 羣臣之太富， 君主之敗也。將相之管主而隆國家[2]， 此君人者所外也。萬物莫如身之至貴也， 位之至尊也， 主威之重， 主勢之隆也。此四美者， 不求諸外， 不請於人， 議之而得之矣。故曰，人主不能用其富[3]，則終於外也。此君人者之所識也。

○ ○ ○

예전에 은나라 주왕이 망하고 주나라가 쇠하였는데, 모두 제후의 세력이 널리 커졌기 때문입니다. 진나라가 나뉘고 제나라가 빼앗긴 것은 여러 신하가 너무 부유하였기 때문입니다. 무릇 연나라·송나라가 그 군주를 죽인 것도 다 이런 이유입니다. 위로는 은나라·주나라를, 다음으로는 연나라·송나라를 비추어 보니 이런 길을 따르지 않은 것이 없었습니다. 이런 까닭에 훌륭한 임금이 신하를 양성하는데 법으로써 해야 하고, 잘못을 바로잡아 온전하게 해야 합니다. 그러므로 죽을죄를 용서하지 않고, 형벌을 없애주지 않습니다. 죽을죄를 용서해주고 형벌을 없애주면 이로써 군주의 권위가 흩어질 것이고, 사직은 위태로워지며 국가의 권세가 한쪽으로 기울게 될 것입니다. 이런 까닭에 대신들의 녹은 커지나 시중에서 세금을 거둘 수 없고, 무리들이 많지만 신하와 병사로 쓸 수 없습니다. 그러므로 신하들이 나라에 봉직함에 조정을 멋대로 할 수 없고, 군사를 거느림에 멋대로 출전할 수 없고, 창고의 재물을 멋대로 집에 가져다 쓸 수 없으니, 이는 훌륭한 임금이 사악함을 금지하는 것들입니다. 이런 까닭에 (신하가) 네 필의 말이 끄는 마차를 탈 수 없고, 정련된 병기를 실을 수 없으니, 전령 수레도 아니고 파발마도 아닌데 정련된 병기와 갑주를 싣는다면 죽음을 면할 수 없습니다. 이는 훌륭한 임금이 방비하여 근심을 없애는 것입니다.

昔者紂之亡[4]，周之卑[5]，皆從諸侯之博大也。晉之分[6]也，齊之奪[7]也，皆以羣臣之太富也。夫燕、宋之所以弑其君[8]者，皆以[9]類也。

故上比之殷、周, 中比之燕、宋[10], 莫不從此術也。是故明君之蓄其臣也, 盡之以法, 質之以備。故不赦死, 不宥刑。赦死宥刑, 是謂威淫,社稷將危, 國家偏威。是故大臣之祿雖大, 不得藉[11]威[12]城市, 黨與雖衆, 不得臣士卒。故人臣處國無私朝, 居軍無私交, 其府庫不得私貸於家。此明君之所以禁其邪。是故不得四從, 不載奇兵, 非傳非遽[13], 載奇兵革, 罪死不赦。此明君之所以備不虞[14]者也。

1) 徙(사): 빼앗다.

2) 將相之管主而隆國家(장상지관주이륭국가): 일본 포판원(蒲阪圓)본에는 '장상지후주이륭가(將相之後主而隆家)'로 기록되어 있다. 손이양(孫詒讓)은 관주(管主)·후주(後主) 모두 뜻이 없고, 관(管)은 영(營)이어야 하며, 모양이 비슷하여 틀린 것이라 하였다. 영주(營主)란 그 군주를 미혹되게 만든다는 뜻이다. (『회남자(淮南子)』「원도훈(原道訓)」 高注: 營, 惑也。) 융국가(隆國家)는 포판원본에 따라 국(國) 자를 없애야 한다. 융가(隆家)란 여러 대가의 사신들이 다툼을 말하며, 뒤의 「팔경편(八經篇)」에 상세히 기록되어 있다.

3) 富(부): 왕선신(王先愼)은 『한비자집해(韓非子集解)』에서 비(備)의 의미로 보았다.

4) 紂之亡(주지망): 은(殷)나라 주왕(紂王)이 주(周)나라 무왕(武王)에 의해 멸망당했다.

5) 周之卑(주지비): 주(周)나라 유왕(幽王)이 견융(犬戎)에게 피살되자 평왕(平王)이 낙양(洛陽)으로 천도했는데, 그 후 주나라가 날로 쇠미하졌다 전해진다.

6) 晉之分(진지분): 한(韓)·조(趙)·위(魏) 세 신하가 진(晉)나라를 나누다.

7) 齊之奪(저지탈): 진항(陳恒)이 제(齊)나라 간공(簡公)을 죽이고 제(齊)나라를 빼앗았다.

8) 燕, 宋之以弑其君(연, 송지이시기군): 연(燕)의 손조(孫操)가 혜왕(惠王)을 죽이고 송(宋)의 황희(皇喜)가 송의 임금을 위협한 일을 가리킨다.

9) 以(이): 차(此)의 오류.

10) 中比之燕, 宋(중비지연, 송): 송고원(松皐圓)에는 중(中) 아래 '비지제, 진하(比之齊, 晉下)'가 추가돼 있고 산(山)씨를 따랐다고 했는데, 진기유(陳奇猷)는 『한비자집해』에서 두 설이 모두 가능하다고 했다.

11) 藉(자): 적(籍)과 같은 의미로 '부과하여 징수한다'는 뜻이다. 진기유(陳奇猷)는 자(藉)를 차(借, 빌릴 차)로 보아, 즉 시중을 빌려 그 위세를 이룬다는 뜻이라 하였다.

12) 威(위): 유월(兪樾)은 연문(衍文)이라 보았다.

13) 非傳非遽(비전비거): 소식이나 물건을 긴급히 보낼 때 수레를 사용하면 전(傳), 말을 사용하면 거(遽)라 했다.

14) 虞(우): 려(慮)와 같은 의미로 '근심하다'의 뜻이다.

제5편 주도(主道)

군주의 도리

解題

주도(主道)는 '군주가 지켜야만 하는 도리'다. 「주도」 편에는 군주라면 군주 자신의 내심을 철저하게 드러내지 말 것을 강조하고 있다. 군주는 무언의 상태를 유지하며 묵묵히 신하를 장악해만 한다. 만약 군주가 본심을 드러내면 신하들은 군주의 마음을 얻기 위해 자신의 속내를 꾸미고 과장하여 군주의 환심을 사려 할 것이며, 이렇게 된다면 군주는 신하를 제대로 부릴 수 없다는 것이다.

탁월한 능력을 소유한 군주라 하더라도 항상 '비워서 조용한 허정(虛靜)이라는 단계'에서 대기하고 있어야 신하들을 용이하게 취급할 수 있음을 피력하고 있으며, 이를 통해 도가(道家)를 토대로 법가(法家)의 정치 원칙을 수립했음을 알 수 있다.

또한 주도를 유지하는 데 있어 군주를 어리석게 하는 다섯 가지 요소를 제시하고 있는데 '신하가 군주의 이목을 가리는 것', '신하가 재정을 제어하는 것', '신하가 군주를 무시하고 멋대로 명을 내리는 것', '신하가 상벌을 행사하는 것', '신하가 사적으로 다른 이들과 작당을 하는 것'으로 이를 단호히 차단해야 한다고 주장한다.

결국 군주가 지녀야 할 최선의 도리와 태도는 '조용히 물러나 있는 것'이며, 군주를 위협하는 여러 사항들을 방지하기 위해서는 신하가 진언한 내용의 실현여부를 살펴, 이에 따라 상벌을 시행해야만 한다.

○ ○ ○

도(道)는 만물의 근원이며 시비를 가리는 단초다. 그러므로 현명한 군주는 그 근원을 지켜 만물의 근원을 알고, 그 단초를 다스려 선악(善惡)과 성패(成敗)를 구별하는 실마리를 안다. 따라서 텅 비고 고요한 태도로 기다리며, 신하가 스스로 명분을 찾게 하고, 세상일이 저절로 정해지게 한다. 군주가 마음을 비우게 되면 실제 정황을 알게 되고, 고요하면 행동의 바름을 알게 된다. 진언할 것이 있으면 스스로 주장하고, 일할 것이 있으면 스스로 실적을 내는데, 실적과 주장이 같은가를 살핀다면, 군주가 일하지 않아도 모든 상황이 그 실정에 맞게 돌아갈 것이다. 그런 까닭에 이렇게 말하였다. "군주는 자신이 하고자 하는 것을 드러내지 않아야 하는데, 군주가 그것을 드러내면, 신하는 스스로 장차 군주가 하고자 하는 것에 따라 잘 보이려고 꾸밀 것이다. 군주는 자신의 의중을 드러내지 않아야 하는데, 군주가 의중을 드러내면, 신하는 스스로 자신과 다른 의견을 표현할 것이다." 이에 "군주가 좋아하고 싫어하는 것을 감추고 드러내지 않는다면, 신하는 이에 진심을 드러낼 것이다. 군주가 지략과 지혜를 감추고 드러내지 않는다면, 신하는 이에 스스로 신중하게 처신할 것이다."라 하였다. 그러므로 군주는 지혜가 있어도 생각이 없는 것처럼 보여서, 모두가 자신의 자리를 알게 하고, 생각했던 길이 있어도 짐짓 현명하지 않은 것처럼 보여서, 신하들이 그렇게 생각하는 원인을 살펴야 한다. 또한 용기가 있어도 독려하지 않아, 군신들이 그들의 용맹을 다하도록 해야 한다. 이런 까닭에 군주는 지혜를 드러내지 않고도 현명하게 되고, 현명함을 드러내지 않고도 공이 있게 되며, 용기를 사용하지 않고도 강해진다. 많은 신하들이 자신의 직무를 지키고 모든 관리들이 법규를 지키게 되어, 능력에 따라 그들을 부릴 수 있는 것을 불변의 도(道)라고 말한다. 그러므로 "군주는 고요히 군주의 자리에 없는 것같이 처해야 하고, 텅 비어 그가 있는 곳을 모르도록 해야 한다."라 하였다.

현명한 군주는 위에서 정치를 하지 않아도, 군신들이 아래에서 두려워한다. 현명한 군주의 도를 보면, 지혜로운 자들에게 자신의 생각을 다하게 하고, 군주가 그에 따라 일을 판단하니, 군주의 지혜는 무궁하다. 현명한 자들이 그의 재능을 바치고, 군주는 그에 따라서 임명하므로 군주의 재능은 무궁하다. 공이 있으면 군주가 현명하기 때문이라고 하고, 허물이 있으면 신하가 그 죄를 책임지게 되니, 따라서 군주의 명예가 무궁하다. 그러므로 군주는 현명하지 않아도 현명한 자의 스승이 될 수 있고, 지혜롭지 않아도 지혜로운 자의 우두머리가 될 수 있다. 신하는 수고만 하고, 군주는 그 성취만을 얻는 것이 현명한 군주가 지켜야 하는 영원한 법도라 말하는 것이다.

道者, 萬物之始, 是非之紀也。是以明君守始以知萬物之源, 治紀以知善敗之端。故虛靜以待令, 令名自命也, 令事自定也。虛則知實之情, 靜則知動者正。有言者自爲名, 有事者自爲形, 形名參同,君乃無事焉, 歸之其情。故曰, “君無見其所欲, 君見其所欲, 臣自將雕琢。君無見其意, 君見其意, 臣將自表異。”故曰, “去好去惡, 臣乃見素[1]。去舊去智, 臣乃自備。”故有智而不以慮, 使萬物知其處, 有行而不以賢, 觀臣下之所因。有勇而不以怒, 使羣臣盡其武。是故去智而有明, 去賢而有功, 去勇而有强。羣臣守職, 百官有常, 因能而使之, 是謂習常[2]。故曰, “寂乎其無位而處, 漻[3]乎莫得其所。”明君無爲於上, 羣臣竦懼乎下。明君之道, 使智者盡其慮, 而君因以斷事, 故君不窮於智。賢者敕[4]其材, 君因而任之, 故君不窮於能。有功則君有其賢, 有過則臣任其罪, 故君不窮於名。是故不賢而爲賢者師, 不智而爲智者正。臣有其勞, 君有其成功, 此之謂賢主之經[5]也。

○○○

도(道)는 신하가 볼 수 없는 곳에 있으며, 군주가 도를 운용하는 것은 신하가 알지 못하는 곳에 있다. 군주는 고요히 있으며 하는 일이 없는 것같이 하면서, 은밀히 신하의 허물을 살펴야 한다. 군주는 신하의 행동을 보고도 보지 않은 듯이 해야 하고, 신하의 말을 들어도 듣지 않은 듯이 해야 하며, 신하의 생각을 알아도 알지 못한 듯이 해야 한다. 신하가 예전에 한 말들을 알아두었다가 이를 변경하지 못하게 하고 고칠 수 없게 하여, 말이 실적에 부합하는가를 살펴야 한다. 관서에 한 사람을 두어 관리들이 서로 말을 주고받을 수 없게 한다면, 모든 것을 다 알게 된다. 종종 군주가 자취를 드러내지 않은 채 단초를 가린다면, 신하들이 군주의 속내를 알 수 없게 된다. 군주의 지혜를 버리고, 그 재능을 버린다면, 신하들이 군주의 마음을 알 수 없게 된다. 군주는 자신이 의도하는 것을 견지하여 신하의 실적이 그가 예전에 한 말과 같은지 살피고, 신중하게 권력을 지켜 굳게 그들을 장악해야 한다. 신하의 야망을 차단하고, 신하가 멋대로 하려는 것을 없애, 그들이 욕심껏 할 수 없도록 해야 한다. 군주가 빗장 지르는 데 신중하지 않고 문을 단속하지 않으면, 곧 호랑이가 나타날 것이다. 군주가 정사를 신중하게 처리하지 않고 마음을 감추지 않는다면, 역적이 곧 생길 것이다. 제위를 노리는 신하는 군주를 시해하고, 제위를 대신 차지하여, 백성들이 따르지 않을 수 없게 하는데, 이를 일컬어 호랑이라 한다. 군주의 곁에 있으면서 간신이 되어, 군주의 잘못을 엿듣는 자를 역적이라 한다.

간사한 무리들을 해산시키고, 나머시 무리들을 붙삽아 들여 문호를 막아서, 그들을 돕는 무리를 제거한다면, 나라 안에 곧 호랑이가 없어질 것이다. 군주가 나라를 다스리는 방법이 커서 헤아릴 수 없게 하고, 깊어서 예측할 수 없게 하여, 신하가 예전에 제시한 것과 언행이 일치하는지 점검하고, 법도와 격식을 심사하여 그가 하는 일이 효과적인지 살펴서 제멋대로 하는 자에게 벌을 내린다면, 나라에는 곧 역적이 없어질 것이다.

그러므로 군주를 어리석게 하는 다음과 같은 다섯 가지 요인이 있다. 신하가 군주의 이목을 가리는 것이 그중 하나이다. 신하가 재정을 제어하는 것이 그중 하나이다. 신하가 멋대로 명을 내리는 것이 그중 하나이다. 신하가 상벌을 행사하는 것이 그중 하나이다. 신하가 다른 이들과 서로 작당하는 것이 그중 하나이다. 신하가 군주의 이목을 가리게 되면, 군주는 지위를 잃는다. 신하가 재정을 제어하면, 군주는 덕을 베풀지 못하게 된다. 신하가 멋대로 명을 내리게 되면, 군주는 통제력을 잃는다. 신하가 상벌을 행사하게 되면, 군주는 명분을 잃는다. 신하가 다른 이들과 작당을 하면, 군주는 자신의 무리를 잃게 된다. 이러한 것들은 오직 군주만이 마음대로 할 수 있는 것으로, 신하가 잡고 움직여서는 안 된다.

道在不可見, 用在不可知。虛靜無事, 以闇見疵。見而不見, 聞而不聞, 知而不知。知其言以往, 勿變勿更, 以參[6]合閱[7]焉。官有一人, 勿令通言, 則萬物皆盡。函[8]掩其跡, 匿其端, 下不能原。去其智, 絶其能, 下不能意。保吾所以往[9]而稽[10]同之[11], 謹執其柄[12]而固握之。絶其望, 破其意, 毋使人欲之。不謹其閉, 不固其門, 虎[13]乃將存。不愼其事, 不掩其情, 賊乃將生。弑其主, 代其所, 人莫不與[14], 故謂之虎。處其主之側, 爲姦臣, 聞其主之忒[15], 故謂之賊。散其黨, 收其餘, 閉其門, 奪其輔, 國乃無虎。大不可量, 深不可測, 同合刑名[16], 審驗[17]法式, 擅爲者誅[18], 國乃無賊。是故人主有五壅[19]。臣閉其主曰壅, 臣制財利曰壅, 臣擅行令曰壅, 臣得行義[20]曰壅, 臣得樹[21]人曰壅。臣閉其主則主失位。臣制財利則主失德。臣擅行令則主失制。臣得行義則主失名。臣得樹人則主失黨。此人主之所以獨擅也, 非人臣之所以得操[22]也。

○○○

군주의 도리는 조용히 물러나 있는 것을 보배로 생각한다. 군주는 직접 정사를 움직이지는 않지만 못 되고 잘된 것을 알아야 하고, 직접 계획하거나 꾀하지는 않지만 복과 재앙을 알아야 한다. 그렇게 된다면 군주가 말하지 않아도 신하는 군주의 의도에 잘 대응하게 되어, 약속을 하지 않아도 일이 잘 처리된다. 신하가 이미 말을 하였다면, 그에 대한 계(契)를 받아두어야 한다. 신하의 일이 이미 처리되었다면, 그에 대한 부절(符節)을 가지고 있어야 한다. 부절과 계의 합치에 따라 상과 벌이 생기게 된다. 즉 군신들이 자신의 말을 진언하면, 군주는 그들의 말에 따라 일을 주고, 그 일을 공적으로 책임지도록 해야 한다. 공적이 맡은 일과 합당하고, 맡은 일이 진언한 말에 부합하면 상을 내린다. 공적이 그 맡은 일과 합당하지 않고, 맡은 일이 그 진언한 말과 부합하지 않으면 벌을 내린다.

현명한 군주의 도리는 신하가 진언한 말이 공적과 부합하지 않을 수 없게 하는 것이다. 그러므로 현명한 군주가 상을 내리는 것은 그 은밀함이 때맞춰 내리는 비와 같아서, 백성이 윤택해진다. 현명한 군주가 벌을 내리는 것은 그 두려움이 천둥과 같아서, 신성한 사람일지라도 헤어날 수 없다. 따라서 현명한 군주는 가볍게 상을 내리지 않고, 죄를 용서하지도 않는다. 가볍게 상을 내리면 공을 쌓은 신하들이 그 일을 태만히 할 것이며, 죄를 용서하면 간신들이 쉽게 잘못을 저지를 것이다. 그러므로 진실로 공이 있으면, 비록 친하지 않거나 천한 사람이더라도 반드시 상을 내려야 한다. 진실로 잘못이 있으면, 비록 가깝거나 총애하는 사람이더라도 반드시 벌을 내려야 한다. 가깝거나 총애하는 사람이더라도 반드시 벌을 내린다면, 친하지 않거나 천한 신하라 하더라도 태만하지 않을 것이며, 가깝거나 총애하는 신하라 하더라도 교만하지 않을 것이다.

人主之道, 靜退以爲寶。不自操事而知拙[23]與巧[24], 不自計慮而知福與咎[25]。是以不言而善應, 不約而善增。言已應[26]則執其契[27]。事已增則操其符[28]。符契之所合, 賞罰之所生也。故羣臣陳其言, 君以其言授其事, 事以責其功。功當其事, 事當其言則賞。功不當其事, 事不當其言則誅。明君之道, 臣不得陳言而不當。是故明君之行賞也, 曖[29]乎如時雨, 百姓利其澤。其行罰也, 畏乎如雷霆,神聖不能解也。故明君無偸賞[30]，無赦罰。賞偸則功臣墮其業，赦罰則姦臣易爲非。是故誠有功則雖疏賤必賞。誠有過則雖近愛必誅。近愛必誅，則疏賤者不怠，而近愛者不驕也。

1) 素(소): 바탕으로 본심 또는 진심.

2) 習常(습상): 영원불변의 상도(常道)를 가리킨다.

3) 漻(류): 료(廖)와 같은 의미로 '텅 비다'의 뜻이다.

4) 敕(칙): 효(效)와 같은 의미로 '바치다'의 뜻이다.

5) 經(경): 상도(常道) 또는 상법(常法)으로 영원한 법을 의미한다.

6) 參(참): 헤아리다.

7) 閱(열): 헤아리다.

8) 函(함): 극(亟)과 같은 의미로 '자주' 또는 '누차'의 뜻이다.

9) 往(왕): 군주가 가려고 하는 일에 대한 의도.

10) 稽(계): 헤아리다.

11) 之(지): 대명사로 신하가 이전에 한 말 또는 주장이나 의견을 말한다.

12) 柄(병): 권력 또는 권세.

13) 虎(호): 제위를 노리는 흉악한 악신(惡臣).

14) 與(여): 따르다.

15) 忒(특): 틀리다.

16) 刑名(형명): 형(刑)은 형(形)의 의미로 이름과 실질을 가리킨다.

17) 驗(험): 수행하는 직무가 본인에게 적합하지 아닌지의 효율성 여부를 살피는 것.

18) 誅(주): 죽이는 것으로 곧 벌을 내리는 것이다.

19) 壅(옹): 막다.

20) 行義(행의): 의로운 행동에 대해 상을 내리는 것으로 상벌권을 행사하는 것.

21) 樹(수): 담장을 치는 것으로 다른 사람들과 작당하는 것.

22) 操(조): 잡고 조종하는 것.

23) 拙(졸): 정치가 잘못된 것.

24) 巧(교): 정치가 잘된 것.

25) 咎(구): 재앙을 의미한다.

26) 應(응): 의견이 서로 응하여 맞는 것.

27) 契(계): 약속을 적어두었던 것.

28) 符(부): 군주가 믿음의 증거로 신하에게 주었던 부절(符節). 돌·대나무·옥 따위로 만들어 신분의 증거로 사용.

29) 曖(애): 은밀하다.

30) 偸賞(투상): 가볍게 기분대로 상을 주는 것.

제6편 유도(有度)

법도가 있어야

解題

유도(有度)의 도(度)는 법도(法度)의 뜻으로 사물을 헤아리는 척도로서 도량형(度量衡)에서 길이를 재는 도구인데, 여기에서 유도(有度)는 법도를 지킨다는 뜻이다. 『여씨춘추(呂氏春秋)』에도 같은 편명이 있다. 이 편에서는 법으로 나라를 다스려야 한다는 것을 주장하고 있다.

어떤 나라든 늘 강하지도 않으며, 늘 약하지도 않다. 법을 담당하는 이가 강하면 나라도 강해지고, 법을 담당하는 이가 약하면 나라도 약해진다. 초(楚) 장왕(莊王)은 26개국이나 병합하여 땅을 3,000리나 넓혔지만, 장왕이 죽어 사직을 통치하지 못하자 초나라는 망할 지경이었고, 제(齊) 환공(桓公)은 30개국을 병합하고 3,000리의 땅을 열었지만, 환공이 죽어 사직을 다스리지 못하자 제나라는 망할 지경이었다. 연(燕)나라의 양왕(襄王)은 황하를 경계로 삼고, 계(薊) 땅을 수도로 삼고, 탁(涿)과 방(方)에 성을 겹겹이 쌓고, 제나라를 무찌르고, 중산을 평정하였다. 연나라와 관련 있는 이는 중시되고 관련 없는 이는 경시되었는데, 양왕이 죽어 사직을 통치하지 못하게 되자 연나라는 망할 지경이 되었다. 위(魏)나라 안리왕(安釐王)은 조(趙)나라를 공격하여 연(燕)나라를 구하고, 연나라 하동(河東) 땅을 얻었다. 도(陶)와 위(魏)의 지역을 공격하여 거의 다 차지했고, 제나라에 병사를 보내 평륙(平陸)지역을 사사로이 취하였고, 한(韓)나라를 공격해 관(管) 땅을 빼앗았으며, 기성(淇城) 아래의 싸움에서 승리하였다. 수양(睢陽)의 싸움에서는 초나라 군대가 힘이 빠져 도망하였고, 채(蔡)와 소릉(召陵)의 싸움에서도 초나라 군대가 패하였다. 위나라 군대가 세상에 퍼지고 위세가 중원 지역에까지 미쳤지만, 안리왕이 죽자 위나라도 망하게 되었다.

초나라 장왕이나 제나라 환공이 있어서 초나라나 제나라가 패자가 될 수 있었고, 연나라 양왕이나 위나라 안리왕이 있어서 연나라나 위나라가 강해질 수 있었는데, 지금은 모두 망한 나라가 된 것은 뭇 신하와 관리들이 모두 어지럽히는 데에만 힘쓰고, 나라를 잘 다스리는 데에는 힘쓰지 않아서이다. 그 나라는 어지럽고 약한데, 모두가 나라의 법도를 버리고 그 밖의 일에만 사사로이 힘쓰면 마치 장작을 지고 불 속에 들어가 불을 끄려는 것과 같으니, 어지럽고 나약해지는 것이 심해질 따름이다.

國無常强， 無常弱。奉法者强則國强， 奉法者弱則國弱。荊莊王幷國二十六， 開地三千里。莊王之氓[1]社稷也， 而荊以亡。齊桓公幷國三十， 啓地三千里， 桓公之氓社稷也， 而齊以亡。燕襄王以河爲境， 以薊爲國， 襲[2]涿、方城[3]， 殘齊， 平中山， 有燕者重， 無燕者輕， 襄王之氓社稷也， 而燕以亡。魏安釐王攻趙救燕， 取地河東。攻盡陶、魏之地。加兵於齊， 私平陸之都[4]。攻韓拔管[5]， 勝於淇[6]下。睢陽[7]之事， 荊軍老而走。蔡、召陵[8]之事， 荊軍破， 兵四布於天下，威行於冠帶之國[9]， 安釐王死而魏以亡。故有荊莊、齊桓則荊、齊可以霸， 有燕襄、魏安釐則燕、魏可以强。今皆亡國者， 其羣臣官吏皆務所以亂而不務所以治也。其國亂弱矣， 又皆釋國法而私其外， 則是負薪而救火也， 亂弱甚矣!

○ ○ ○

그러므로 지금과 같은 때에 사사로움을 버리고 공적인 법도에 나아가면 백성들은 편안해지고 나라는 잘 다스려질 것이다. 사적인 행동을 없애고 공적인 법도를 행하면, 군대는 강해지고 적들은 약해질 것입니다. 잘잘못을 잘 살피고 법도가 있는 자를 뭇 신하들의 윗자리에 둔다면 거짓으로써 군주를 속일 수 없게 될 것이며, 잘잘못을 잘 살피고 저울처럼 고르게 살필 줄 아는 자에게 외국과의 일을 맡긴다면 세상의 가볍고 무거운 것으로써 군주를 속일 수 없게 될 것이다. 지금 만약 평판이 좋고 능력이 있다고 등용하면 신하는 군주를 등지고 백성들과 서로 어울릴 것이다. 만약 당파를 따져서 등용하면 백성들도 사람들과 관계를 맺는 데에만 힘쓰고, 법으로 등용되는 길을 추구하지 않아, 관리를 등용하는 데 능력 있는 자를 잃고 나라가 어지러워질 것이다. 세상 사람들이 훌륭하다고 해서 상을 주고 비난한다고 해서 벌을 내린다면, 상 받기를 좋아하고 벌 받기를 싫어하는 이가 공적인 법도를 버리고 사적인 재주만 부려서 서로 무리 짓는 데에만 힘쓸 것이다. 군주를 뒤로 하고 다른 이들과 사귀기만을 도모하여 같은 무리만 내세우면 아랫사람들 중 군주를 위하는 자가 드물게 될 것이다. 많은 이들과 사귀고 함께 어울리며 안팎으로 붕당(朋黨)을 삼으면, 비록 커다란 허물이 있더라도 덮어주려는 이가 많을 것이다. 그러므로 충신들은 죄가 없는데도 죽을 위험에 빠지니 훌륭한 신하는 쓰이지 않게 되고, 간사한 신하는 공을 세우지 않았는데도 편안하게 지내게 되며, 간신의 무리가 등용된다. 이것이 망하는 근본이다.

이와 같다면, 뭇 신하들은 법을 물리치고 사사로운 일에만 힘쓰고 공적인 법도는 가벼이 여길 것이다. 권력이 있는 신하의 집에는 자주 들락거리지만, 군주의 조정에는 한결같이 오려고 하지 않는다. 개인 집안의 편의는 늘 걱정하지만, 군주의 나라는 한결같이 챙기려 하지 않는다. 거느린 이들이 비록 많지만, 군주를 존경하지는 않는다. 뭇 관리들이 다 갖추어져 있지만, 나라를 위해서 일하지는 않는다. 그러하니 군주가 군주라는 이름은 갖고 있으되, 실제로는 뭇 신하들의 파벌에 기대고 있는 것이다. 그러므로 신하는 "망한 나라의 조정에는 사람이 없다."라고 말하는 것이다. 조정에 사람이 없다는 것은 조정이 완전히 쇠락해 버렸다는 것은 아니다. 파벌끼리는 서로 이익을 챙기는 데 힘쓰지만, 나라를 부강하게 하는 데에는 힘쓰지 않는다. 대신들은 서로 존중해주려고 애쓰지만, 군주를 높이는 데 힘쓰지는 않는다. 낮은 관리들은 봉록을 받아 사람들과 사귀려고나 하지 업무는 돌보지 않는다.

이렇게 된 까닭은 군주가 위에서 법으로 결단하지 않고, 아랫사람에게만 그것을 맡기기 때문이다. 그러므로 현명한 군주는 법에 의거하여 사람을 고르지, 혼자 멋대로 하지 않는다. 법에 의거하여 공을 헤아리지, 혼자 멋대로 헤아리지 않는다. 능력이 있는 자는 밖으로 드러나지 않을 수 없으며, 실패한 자는 꾸며댈 수 없다. 남들이 칭찬하는 자라도 자리에 들일 수 없으며, 비난받는 자라도 함부로 물리칠 수 없다. 그러니 군주와 신하 사이에도 분명한 구분이 있어서 다스리기가 쉽다. 그러므로 군주는 법에 의거하여야 될 것이다.

故當今之時，能去私曲就公法者，民安而國治。能去私行行公法者，則兵强而敵弱。故審得失有法度之制者加以羣臣之上，則主不可欺以詐僞。審得失有權衡之稱者以聽遠事，則主不可欺以天下之輕重。今若以譽進能，則臣離上而下比周。若以黨擧官，則民務交而不求用於法。故官之失能者其國亂。以譽爲賞，以毀爲罰也，則好賞惡罰之人釋公行，行私術，比周以相爲也。忘主外交，以進其與，則其下所以爲上者薄矣。交衆與多，外內朋黨，雖有大過，其蔽多矣。故忠臣危死於非罪，姦邪之臣安利於無功。忠臣危死而不以其罪，則良臣伏矣。姦邪之臣安利不以功，則姦臣進矣。此亡之本也。若是則羣臣廢法而行私重，輕公法矣。數[10]至能人[11]之門，不壹至主之廷。百慮私家之便，不壹圖主之國。屬數雖多，非所以尊君也。百官雖具，非所以任國也。然則主有人主之名，而實託於羣臣之家也。故臣曰，“亡國之廷無人焉。”廷無人者，非朝廷之衰也。家務相益，不務厚國。大臣務相尊，而不務尊君。小臣奉祿養交，不以官爲事。此其所以然者，由主之不上斷於法，而信[12]下爲之也。故明主使法擇人， 不自擧也。 使法量功， 不自度[13]也。 能者不可弊， 敗者不可飾， 譽者不能進， 非者弗能退， 則君臣之間明辯而易治， 故主讐[14]法則可也。

○○○

능력이 있는 자가 신하가 되어 제 자리에서 군주에게 예물을 바치게 되면 딴 마음을 먹지 않는다. 조정에서는 하찮은 일이라도 감히 마다하지 않고, 전쟁에 나아가서는 어렵다고 감히 꺼리지 않는다. 군주가 하는 일을 따르고, 군주의 법도를 좇아 욕심을 부리지 않고 명령을 받들며, 옳고 그르다고 따지는 일이 없다. 그러므로 입이 있어도 사사로이 말하지 않고, 눈이 있어도 사사로이 보지 않으니, 군주는 그를 온전히 제압하게 된다. 군주의 신하가 된 이는 마치 손과도 같은 존재이니, 위로는 머리를 다듬고 아래로는 발을 닦는다. 시원하거나 따스하거나 춥거나 더워도 해결하지 않으면 안 된다. 막야(鏌鎁)와 같은 명검을 몸에 둘렀다면 적을 치지 않을 수 없으니, 어질고 현명한 신하를 함부로 하지 않으며, 뛰어난 능력이 있는 인사를 사사로이 하지도 않는다. 그러므로 백성들은 자기 마을을 벗어나 친구를 사귈 일이 없으며, 백 리 밖의 근심도 없을 것이다. 귀한 이와 천한 자가 서로 넘보지 못하고, 어리석은 이와 지혜로운 이가 균형되게 자리를 지키는 것이야말로 가장 잘 다스려진 것이다.

오늘날 작위와 봉록을 가벼이 여기며, 쉽게 나라를 버리고 떠나 제 군주를 직접 선택하는 것을 신은 청렴(淸廉)이라 생각하지 않는다. 말을 거짓으로 꾸며 법을 어기고, 군주와 어그러지도록 억지로 간하려는 자를 충신이라 여기지 않는다. 은혜를 베풀고 이로움을 나누어

주어 백성들에게 명성을 얻는 자를 어질다고 여기지 않는다. 세속을 떠나 은거하면서 윗사람을 비난하는 자가 있는데, 신은 정의롭다고 여기지 않는다. 밖으로는 제후들과 친교를 맺고 안으로는 나라의 힘을 소모시키며 나라에 위험한 지경이 다다른 때를 엿보다가 군주를 위협하며 "다른 나라와 가깝게 지내는 것은 제가 아니면 안 되며, 원한도 제가 아니면 풀 수 없다."라고 말하면, 군주가 그를 믿고 나라가 온통 그의 말을 듣게 된다. 군주의 이름을 훼손하여 자신을 드높이고, 나라의 재물을 훔쳐서 자신 집안을 이롭게 하는 이를 신은 지혜롭다고 여기지 않는다. 이런 몇몇 일들은 험한 세상에서 흔히 거론되는 것들로, 선왕의 법도에서는 내쳐진 것들이다. 선왕의 법도에는 "신하는 혹시라도 위엄을 키우지 말며 이익을 추구하지 않고 군주의 뜻을 따르며, 악행을 짓지 말며 군주의 길을 좇을지어다."라고 하였다. 옛날에 잘 다스려지던 시절의 백성들은 공적인 법을 받들고, 사사로운 술법을 버리고, 마음을 오로지 하여 행동을 일관되게 함으로써 자신의 임무를 수행하였다.

賢者之爲人臣, 北面委質[15], 無有二心。朝廷不敢辭賤, 軍旅不敢辭難。順上之爲, 從主之法, 虛心以待令而無是非也。故有口不以私言, 有目不以私視, 而上盡制之。爲人臣者, 譬之若手, 上以脩頭, 下以脩足。淸暖寒熱, 不得不救入。鏌鎁[16]傅[17]體, 不敢弗搏, 無私賢哲之臣, 無私事能之士。故民不越鄕而交, 無百里之慼[18]。貴賤不相踰, 愚智提衡而立, 治之至也。今夫輕爵祿, 易去亡, 以擇其主, 臣不謂廉。詐說逆法, 倍主强諫, 臣不謂忠。行惠施利, 收下爲名, 臣不謂仁。離俗隱居, 而以非上, 臣不謂義。外使諸侯, 內耗其國, 伺其危險之陂以恐其主, 曰, "交非我不親, 怨非我不解。" 而主乃信之, 以國聽之。卑主之名以顯其身, 毁國之厚以利其家，臣不謂智。此數物者，險世之說也，而先王之法所簡[19]也。先王之法曰，“臣毋或作威，毋或作利，從王之指，毋或作惡，從王之路。”古者世治之民，奉公法，廢私術，專意一行，具以待任。

○○○

무릇 군주 된 이는 뭇 관리들을 몸소 살피니, 시간이 부족하고, 힘이 모자라기 마련이다. 또한 군주가 직접 살피면 아랫사람은 살피는 곳만 꾸미게 된다. 윗사람이 직접 알아보고 다니면 아랫사람은 그곳만 꾸미게 된다. 윗사람이 직접 간섭하고 다니면 아랫사람은 말을 꾸며낼 것이다. 선왕께서는 이 세 가지가 부족하다고 하여 자신의 능력을 버리고 법도에 따랐던 것이며, 상과 벌 내리는 것을 신중히 했던 것이다. 이것이 선왕이 지키신 요체이니, 법은 간략하더라도 아무도 넘보지 못하는 것이다. 홀로 온 세상을 다스리는데 총명하고 지혜로운 자라도 속일 수 없으며, 말을 매끄럽게 잘하는 자라도 군주의 재능을 막을 수는 없으며, 간사하고 사특한 이는 의지할 데가 없게 된다. 멀리 천 리밖에 있더라도 감히 말을 바꾸지 못한다. 측근의 벼슬자리에 있더라도 감히 선한 것을 가리고 잘못된 것을 꾸밀 수는 없다. 조정의 뭇 신하들이 미천한 백성들을 모았더라도 감히 자리를 넘볼 수 없다. 그러므로 다스리는 것은 부족하더라도 시간은 여유롭게 되니, 이것은 윗사람이 자리를 맡은 형세가 그렇게 하는 것이다.

夫爲人主而身察百官，則日不足力不給。且上用目則下飾觀。上用耳則下飾聲。上用慮則下繁辭。先王以三者爲不足，故舍己能而因法數，審賞罰。先王之所守要，故法省而不侵。獨制四海之內，聰智不得用其詐，險躁[20]不得關其佞，姦邪無所依。遠在千里外，不敢易其辭。勢在郎中，不敢蔽善飾非。朝廷羣下直湊[21]單微[22]，不敢相踰越。故治不足而日有餘，上之任勢使然也。

○○○

대체로 신하가 그의 군주를 해치는 것은 본디 그러한 지형(地形)과도 같다. 즉 점점 빠져들고 군주가 실마리를 놓쳐서 동쪽과 서쪽이 어그러지게 되어 어딘지 모르게 한다. 그러므로 훌륭한 선왕께서는 나침반을 세워서 아침저녁으로 바르게 하시었다. 그러므로 훌륭한 군주는 뭇 신하들이 법도의 밖으로 내닫게 하지 않으시고, 법도의 안에서 멋대로 은혜를 베풀지 못하게 하셨다. 행동 하나하나가 법도에 어긋나지 않았으니, 법은 사사로이 벗어나는 것을 바르게 하는 것이다. 형벌을 엄하게 하는 것은 법령을 완수하여 아랫사람들에게 보여주고자 하는 것이다. 위엄은 남에게 빌려주어 쓰게 하는 것이 아니며, 권력은 남과 함께 누리는 것이 아니다. 위엄과 권력을 함께하면, 온갖 사악한 일이 드러나게 된다. 법이 미덥지 않으면 군주의 행위가 위험해진다. 형벌을 결연히 하지 못하면 사악함을 이길 수 없다. 그러므로 "뛰어난 목수는 눈으로 먹줄을 칠 수 있지만, 반드시 우선 자로 법도를 삼는다. 지혜가 뛰어난 이는 자신이 한 일이 사리에 딱 맞더라도 반드시 선왕의 법도에 비겨본다."라고 말하는 것이다. 즉 먹줄이 곧아서 굽은 나무라도 바로 잡을 수 있으며, 수준기가 평평해서 높이 솟은 것도 깎아내는 것이다. 저울에 올려 보면 무거운 쪽과 가벼운 쪽이 균형을 이루고, 되로 재면 많은 쪽이 적은 쪽과 균형을 이룬다. 그러므로 법으로써 나라를 다스리는 것은 잘 조절만 하면 될 따름이다.

법은 신분이 귀한 이라 하더라도 아부하지 않고, 먹줄은 굽은 나무라 하더라도 휘지 않는다. 법이 행해지는 것에는 지혜로운 자라도 거부하지 못하며, 용기 있는 자라도 다투지 못한다. 잘못한 것에 벌을 내리는 것은 대신이더라도 피하지 못하며, 잘한 일에 상을 내리는 것은 보통 백성이더라도 빠뜨리지 않는다. 그러므로 윗사람의 실수를 고치며, 아랫사람의 잘못을 막으며, 어지러움을 바로잡고 얽힌 것을 풀며, 넘치는 것을 덜고 그른 것을 고르게 하고, 백성들을 하나 되게 하는 데에는 법만 한 것이 없다. 관리를 장려하고 백성을 단속하며, 음란한 행위를 물리치고, 거짓된 짓을 막는 것에는 형벌만 한 것이 없다. 형벌이 무거우면 귀한 것과 천한 것을 함부로 바꾸지 못한다. 법을 신중히 하면 윗사람은 존중받아서 신하가 함부로 대들지 못할 것이며, 군주가 존중받아서 신하가 함부로 대들지 못하면 군주가 강력해져서 주요한 강령을 잘 지킬 것이다. 그러므로 선왕들께서 법을 귀하게 여기시고, 세상에 전한 것이다. 군주가 법을 흐트러뜨려서 마음대로 하신다면, 위와 아래가 분별이 없어질 것이다.

夫人臣之侵其主也, 如地形焉, 卽漸以往, 使人主失端, 東西易面而不自知。 故先王立司南[23]以端朝夕。 故明主使其羣臣不遊意於法之外, 不爲惠於法之內, 動無非法。法, 所以凌過遊外私也。嚴刑, 所以遂令懲下也。 威不貸錯, 制不共門。 威制共則衆邪彰矣, 法不信則君行危矣。刑不斷則邪不勝矣。故曰, “巧匠目意中繩, 然必先以規矩爲度。上智捷擧中事, 必以先王之法爲比。” 故繩直而枉木斲, 準[24]夷而高科[25]削, 權衡縣而重益輕[26], 斗石[27]設而多益少。故以法治國, 擧措而已矣。法不阿貴, 繩不撓曲。法之所加, 智者弗能辭, 勇者弗敢爭。刑過不避大臣, 賞善不遺匹夫。故矯上之失,詰下之邪，治亂決繆，絀羨齊非，一民之軌，莫如法。厲[28]官威民，退淫殆，止詐僞，莫如刑。刑重則不敢以貴易賤，法審則上尊而不侵，上尊而不侵則主强而守要，故先王貴之而傳之。人主釋法用私，則上下不別矣。

1) 氓(맹): 미(泯)와 같은 의미로 '망하다' 뜻으로, 죽어서 나라를 직접 통치하지 못하게 되었다는 의미다.

2) 襲(습): 겹겹이 쌓는다.

3) 涿方城(탁방성): 오늘날 하북성에 있는 두 지명.

4) 平陸之都(평륙지도): 평륙(平陸)은 오늘날 산동성(山東省)의 문상현이고, 都(도)는 국도(國都)가 아니라 사도(私道)를 뜻한다.

5) 管(관): 오늘날 하남성의 정주(鄭州).

6) 淇(기): 오늘날 하남성에 있는 현.

7) 睢陽(수양): 오늘날 하남성의 상구현.

8) 蔡召陵(채소릉): 오늘날 하남성에 있는 지명.

9) 冠帶之國(관대지국): 의관과 속대를 하는 중화의 나라.

10) 數(삭): 부사로 쓰여서 '자주'의 뜻.

11) 能人(능인): 권력이 있는 신하로 군주가 능력이 있다고 인정해준 총신(寵臣)을 뜻한다.

12) 信(신): 임(任)과 같은 의미로 '맡기다'의 뜻이다.

13) 度(탁): 동사로서 '헤아리다'의 뜻이다.

14) 讐(수): 용(用)과 같은 의미로 쓰였다.

15) 委質(위지): 처음으로 벼슬하는 사람이 군주에게 예물을 바치는 일. 질(質)은 폐백 지(贄) 자와 같다.

16) 鏌鋣(막야): 간장(干將)과 더불어 전국 시대 오(吳)나라에서 만들어진 명검이다. 막야(莫耶)라고도 쓴다.

17) 傅(부): '시중들다'의 뜻으로 근(近)과 통한다.

18) 慼(척): 근심하다.

19) 簡(간): 사(捨)와 같은 의미로 '버리다'의 뜻이다.

20) 險躁(험조): 험(險)은 '말을 매끄럽게 잘한다'는 뜻이고, 조(躁)는 '말이 많다'는 뜻이다.

21) 湊(주): 회(會)와 같은 의미.

22) 單微(단미): 미천한 사람.

23) 司南(사남): 나침반

24) 準(준): 수준기(水準器).

25) 科(과): 혈(穴)과 통하는 자로서 '울퉁불퉁하다'는 뜻이다.

26) 重益輕(중익경): 무거운 쪽을 덜어서 가벼운 쪽과 균형이 되게 한다는 뜻이다.

27) 斗石(두석): 두(斗)는 1.94리터이고, 10두(斗)가 1석(石)이다.

28) 屬(속): 려(厲) 자의 잘못으로 장려할 려(勵)의 뜻이다.

제7편 이병(二柄)

두 가지 권력

解 題

이병(二柄)은 상과 벌 두 가지 권력을 가리킨다. 본편에서는 상과 벌이 군주가 신하를 제압하는 두 가지 권력임을 설명하면서, 군주가 이 두 가지를 어떻게 사용해야 하는지 이야기하고 있다. 본편은 세 부분으로 나누어지는데, 첫째 부분에서는 상과 벌 두 가지의 권력을 설명하면서 반드시 군주가 직접 지니고 있어야 한다고 설명하였다. 둘째 부분에서는 군주는 반드시 실제와 명칭이 잘 부합하는지 심사숙고해서 상벌을 시행해야 한다고 설명하였다. 셋째 부분에서는 군주는 반드시 좋아하는 것과 싫어하는 것을 드러내지 않아 신하들에 의해 이용당하는 것을 피해야한다고 설명하였다.

영명(英明)한 군주가 신하를 제압하는 데는 두 가지 권력이 있다. 두 가지 권력이란 바로 '형(刑)'과 '덕(德)'이다. '형(刑)'과 '덕(德)'은 무엇인가? 이르기를, 사형에 처하는 것을 '형'이라 하고 상을 내리는 것을 '덕'이라 한다. 신하 된 자는 벌을 두려워하고 상을 탐하는 것이 보통이니, 그러므로 군주가 그 형과 덕을 잘 사용하면 신하들은 그 위세를 두려워하게 되고 군주가 내리는 상을 받고자 노력하게 된다. 그런데 지금의 간신들은 그렇지 않아서 그들이 싫어하는 사람에 대해서는 군주의 '형'을 빌려 벌하고, 좋아하는 사람에 대해서는 군주의 '덕'을 빌려 상을 내리고 있다. 지금 만일 상벌에 대한 권위가 군주에게서 나온 것이 아니라 간신들의 말을 듣고 상벌을 행한다면, 백성들은 모두 간신들을 두려워하고 임금은 가볍게 보게 되어 간신들에게 의지하고 군주를 떠나게 될 것이다. 이것이 바로 군주가 상벌의 권위를 잃은 데서 빚어진 화근이다.

무릇 호랑이가 개를 제압할 수 있는 것은 날카로운 발톱과 이빨이 있기 때문이다. 만일 호랑이의 발톱과 이빨을 빼서 개가 사용하도록 한다면 호랑이가 오히려 개에게 제압당할 것이다. 군주는 형과 덕으로 신하를 제압하는 것인데 지금의 군주는 그 형과 덕을 신하에게 주어 사용하게 하고 있으니, 군주가 오히려 신하에게 제압당하고 있는 것이다. 옛날 전상(田常)이 위로는 군주에게 작위와 봉록을 청하여 그것을 신하들에게 주고, 아래로는 되의 용량을 크게 하여 백성들에게 양식을 나누어 주었는데, 이는 제(齊)나라 간공(簡公)이 덕을 잃고 전상이 그것을 사용하게 한 것이며 그래서 결국 간공이 살해된 것이다. 자한(子罕)이 송(宋)나라 환후(桓侯)에게 말하기를, "상 주는 것은 백성들이 좋아하므로 전하께서 스스로 하시고, 형벌을 주는 일은 백성들이 싫어하므로 제가 형벌을 내리도록 해주시기 바랍니다."라고 하였다. 그리하여 송 환후는 형벌을 주는 권위를 잃고 자한이 형벌을 행하게 되어, 결국 송 환후는 자리를 빼앗겼다. 전상은 단지 덕만을 사용해서 간공을 시해하였고, 자한은 단지 형만을 사용해서 환후를 내쳤다. 지금의 신하들은 형과 덕을 모두 사용하고 있으니 군주의 위험이 간공이나 환후보다 더 심각하다고 할 것이다. 자고로 신하들에 의해 내쳐지고 시해당하고 가려져 형과 덕을 모두 잃고 신하가 그것을 사용한 군주치고 멸망의 위험에 빠지지 않은 적은 일찍이 없었다.

明主之所導制其臣者, 二柄而已矣。二柄者, 刑､德也。何謂刑德? 曰, 殺戮之謂刑, 慶賞之謂德。爲人臣者畏誅罰而利[1]慶賞, 故人主自用其刑德, 則羣臣畏其威而歸其利矣。故[2]世之姦臣則不然, 所惡則能得之其主而罪之, 所愛則能得之其主而賞之。今人主非使賞罰之威利出於己也, 聽其臣而行其賞罰, 則一國之人皆畏其臣而易其君, 歸其臣而去其君矣。此人主失刑､德之患也。夫虎之所以能服狗者, 爪牙也。使虎釋其爪牙而使狗用之, 則虎反服於狗矣。人主者, 以刑､德制臣者也, 今君人者, 釋其刑､德而使臣用之, 則君反制於臣矣。故田常上請爵祿而行之羣臣, 下大斗斛[3]而施於百姓, 此簡公[4]失德而田常用之也, 故簡公見弑。子罕[5]謂宋君[6]曰, "夫慶賞賜予者, 民之所喜也, 君自行之, 殺戮刑罰者, 民之所惡也, 臣請當之。" 於是宋君失刑而子罕用之, 故宋君見劫。田常徒用德而簡公弑。子罕徒用刑而宋君劫。故今世爲人臣者兼刑､德而用之, 則是世主之危甚於簡公､宋君也。故劫殺擁[7]蔽之主, 非[8]失刑､德而使臣用之而不危亡者, 則未嘗有也。

○ ○ ○

군주가 간신을 물리치고자 한다면 실제와 명칭이 잘 부합하는지 심사숙고해야 하는데, 이는 바로 신하의 말과 행동이 일치하는지를 살피는 것이다. 신하 된 자가 진언을 하면 그에 근거하여 직무를 주고, 전적으로 그의 직무에 근거하여 그의 공을 책임 지운다. 공이 마땅히 직무에 근거하였고 직무가 그의 말과 부합되었으면 상을 내리고, 공이 직무에 맞지 않고 직무 또한 말과 부합되지 않을 때는 벌을 내려야 한다. 그러므로 뭇 신하들 중에 큰소리만 치고 공이 적은 자를 벌하는데, 이는 그의 공이 작아서 벌하는 것이 아니라 공이 직무와 부합하지 않기 때문이다. 신하들 중에 겸손하게 이야기하고 큰 공을 세운 자가 있으면 그 역시 벌해야 한다. 이는 그의 큰 공이 기쁘지 않아서가 아니라, 공이 직무와 부합하지 않는 해악이 그의 공적을 훨씬 뛰어넘기 때문이다. 옛날 한(韓)나라 소후(昭侯)가 술에 취하여 잠들었는데 전관(典冠)이 군주가 추울 것 같아 옷을 덮어 주었다. 군주가 잠에서 깨어나 매우 기뻐하며 주변 신하들에게 "누가 옷을 덮어 주었느냐?"라고 묻자, 주변의 신하들이 대답하기를, "전관이옵니다."라고 하였다. 이에 소후는 전의(典衣)를 벌하고 전관을 죽여 버렸다. 전의의 죄는 그 직무를 다하지 않았기 때문이고, 전관은 그 직무에 대해 월권을 했다고 여겼기 때문이었다. 소후는 추운 것을 싫어하지 않는 것이 아니라 월권의 해악이 추운 것보다 훨씬 심하다고 여겼기 때문이다. 그러므로 영명한 군주는 신하를 다룸에, 신하가 월권하며 공을 세우지 못하게 하며 자신이 한 말을 반드시 이행하도록 하는 것이다. 월권은 곧 죽음이요, 언행의 불일치는 곧 죄인 것이다. 자기 직분에 맞게 행동하고, 언행이 일치하여야, 뭇 신하들이 서로 무리 짓지를 않게 되는 것이다.

人主將欲禁姦， 則審合刑名者， 言與[9]事也。 爲人臣者陳而言， 君以其言授之事，專以其事責其功。功當其事，事當其言，則賞，功不當其事，事不當其言，則罰。故羣臣其言大而功小者則罰，非罰小功也，罰功不當名也。羣臣其言小而功大者亦罰，非不說[10]於大功也，以爲不當名也，害甚於有大功，故罰。昔者韓昭侯醉而寢，典冠[11]者見君之寒也，故加衣於君之上，覺寢而說，問左右曰，“誰加衣者?”左右答曰，“典冠。”君因兼罪典衣殺典冠。其罪典衣，以爲失其事也，其罪典冠，以爲越其職也。非不惡寒也，以爲侵官之害甚於寒。故明主之畜臣，臣不得越官而有功，不得陳言而不當。越官則死，不當則罪。守業其官，所言者貞[12]也，則羣臣不得朋黨相爲矣。

○○○

군주에게는 두 가지 근심이 있다. 하나는 현명한 자를 쓰면 장차 자신의 능력으로 군주를 내칠 수 있고, 그렇다고 아무나 뽑아 쓰면 일이 엉망이 될 것이다. 그러므로 군주가 현명한 자를 쓰기 좋아하면 신하들은 자신의 행위를 꾸며서 군주의 욕망에 영합하고 진심을 드러내지 않게 되며, 신하들이 진심을 드러내지 않게 되면 군주는 신하의 뜻을 구별해 낼 수 없게 된다. 과거 월(越)나라 왕 구천(勾踐)은 용맹을 좋아하여 백성들이 모두 죽음을 가볍게 여기게 되었으며, 초(楚)나라 영왕(靈王)이 가는 허리를 좋아하자 나라에는 굶는 사람들이 많아졌으며, 제나라 환공이 질투하며 후궁의 여색을 탐하자, 수조(豎刁)는 스스로 고환을 떼어내어 후궁들을 관리하였으며, 제나라 환공이 맛있는 것을 좋아하자 역아(易牙)는 자기 아들의 머리를 쪄서 바쳤으며, 연(燕)나라 왕 자쾌(子噲)는 명성을 좋아했기에 자지(子之)는 표면상으로 왕위를 받지 않았던 것이다. 그러므로 군주가 자신이 싫어하는 것을 보이게 되면 신하들은 군주가 싫어하는 것을 감추게 되고, 군주가 좋아하는 것을 보이게 되면 신하들은 자신의 재주를 꾸미게 된다. 다시 말해 군주가 의중을 드러내면 신하들은 자신의 마음을 표현하는 데 도움을 받게 되는 것이다. 그래서 자지는 군주가 명성을 좋아하는 것을 이용해서 왕위를 빼앗았고, 수조와 역아는 군주의 욕망을 이용해서 군주를 침해했던 것이다.

그들의 마지막을 보면, 자쾌는 난이 일어나 죽었고, 환공은 죽어서 시체 위의 벌레가 문밖으로 기어 나올 때까지도 장사를 지내지 못하였다. 이렇게 된 원인이 무엇인가? 그것은 바로 군주가 자신의 의중을 신하에게 내보임으로써 빚어진 우환이다. 신하가 반드시 진심으로 군주에게 충성을 다하는 것은 아니며, 자신의 이익을 위해 충성하는 척하는 것이다. 지금 군주가 자신의 진심을 가리지 않고 자신의 생각을 감추지 않는다면, 신하들에게 군주를 침해할 빌미를 제공하여 신하들이 자지나 전상이 되기 어렵지 않을 것이다. 그러므로 "군주가 좋아하는 것도 버리고 싫어하는 것도 버리면, 신하들은 진심을 드러낼 것이다."라고 말하는 것이다. 신하들이 진심을 드러내게 되면, 군주는 더 이상 가려지지 않을 것이다.

人主有二患。任賢，則臣將乘於賢以劫其君，妄擧，則事沮不勝。故人主好賢，則羣臣飾行以要君欲，則是羣臣之情不效[13]，羣臣之情不效，則人主無以異其臣矣。故越王好勇，而民多輕死，楚靈王好細腰，而國中多餓人，齊桓公妬而好內，故竪刁[14]自宮以治內，桓公好味，易牙[15]蒸其子首而進之，燕子噲好賢，故子之[16]明不受國。故君見惡則羣臣匿端[17]，君見好則羣臣誣能。人主欲見，則羣臣之情態得其資[18]矣。故子之託於賢以奪其君者也，竪刁、易牙因君之欲以侵其君者也。其卒子噲以亂死，桓公蟲流出戶而不葬。此其故何也？人君以情借臣之患也。人臣之情非必能愛其君也，爲重利之故也。今人主不掩其情，不匿其端，而使人臣有緣以侵其主，則羣臣爲子之、田常不難矣。故曰，“去好去惡，羣臣見素[19]。”羣臣見素，則大君不蔽矣。

1) 利(리): 탐하다.

2) 故(고): 고(顧)와 통하며 '도리어', '반대로'의 뜻이다.

3) 斛(곡): 10말의 용량.

4) 簡公(간공): 춘추 시대 제(齊)나라 도공(悼公)의 아들. 재위 4년 만에 전상(田常)에 의해 살해되었다. 「난언(難言)」편 주45 참조.

5) 子罕(자한): 전국 시대 황희(皇喜)의 자(字). 그는 B.C. 370년 송(宋)나라 환후(桓侯)를 폐하고 정권을 탈취했다.

6) 宋君(송군): 전국 시대 송(宋)나라의 국군(國君) 환후(桓侯)를 가리킨다.

7) 擁(옹): 옹(壅)과 통하며 '막다', ' 단절하다', '덮다'의 뜻이다.

8) 非(비): 겸(兼)의 괴자(壞字).

9) 與(여): 역대 주석에는 이(異)로 보는 견해가 있다.

10) 說(열): 열(悅)과 같은 의미로 '기쁘다'의 뜻이다.

11) 典冠(전관): 군주의 관(冠)을 담당하며 제왕을 곁에서 모시는 시종이다.

12) 貞(정): 당(當)의 의미로 '행동이 말과 상당해야 한다'는 뜻이다.

13) 效(효): 나타내다, 드러내다.

14) 豎刁(수조): 춘추 시대 제(齊)나라 사람. 제나라 환공(桓公)에게 아첨하며 섬겼는데 환공이 죽은 후 역아(易牙)·개방(開方)과 함께 반란을 일으켰다.

15) 易牙(역아): 제나라 환공이 총애하던 신하.

16) 子之(자지): 자쾌(子噲)의 재상(宰相).

17) 端(단): 생각, 마음.

18) 資(자): 도움, 자조(藉助).

19) 素(소): 소(愫)와 통용. 참된 마음, 진정(眞情).

제8편 양권(揚權)

군주의 권세를 드러내는 방법

解 題

주제는 대체로 「주도(主道)」와 비슷하여 도가의 이치로써 군주가 나라를 다스리고 신하를 제어하는 요지를 밝히고 있다. 전편은 크게 두 부분으로 나뉜다. 처음부터 '上下和調'까지가 1단으로 군주와 신하의 도리가 다름을 설명하고 있다. 즉 군주가 요체를 장악하면 신하들은 자연스레 충성을 다하게 되고, 군주가 명의(名義)를 으뜸으로 삼으면 신하는 전력을 다해 공적을 드러내게 된다는 것이다. '凡聽之道'부터 끝까지가 2단으로 군주가 신하의 진언을 들을 때에는 반드시 허정(虛靜)의 방법을 취해야 하고, 신하를 제어할 때에는 반드시 상벌을 분명히 하여야 하며, 권신들이 당을 만들지 못하게 한다고 설명하고 있다. 본편은 4언체의 운문으로 사상 면에서 도가의 이치를 취하여 치국의 방법을 설명했지만, 결론은 법가로 귀결된다.

하늘에는 일정한 법칙이 있으며, 인간 세계에도 일정한 법칙이 있다. 무릇 향기롭고 진한 술과 연하고 맛 좋은 기름진 고기는 입에는 좋지만 몸을 병들게 할 수 있다. 피부가 매끄럽고 이가 하얀 미인은 남자의 욕정을 기쁘게 하지만 정력을 해칠 수 있다. 그러므로 지나친 것을 삼간다면, 몸에 해가 없을 것이다. 군주는 권력을 남에게 드러내려 하지 않으면서, 항상 억지로 하려는 바가 없어야 한다. 모든 일은 사방의 신하에게 분담하고, 요체만을 중앙에서 군주가 장악해야 한다. 이상적인 군주가 요체만을 장악하고 있으면, 사방에서 신하들이 진력을 다하게 된다. 군주가 마음을 비우고 신하를 대하면, 그들은 스스로 자기의 재능을 발휘하게 된다. 사방의 일이 이미 군주의 마음속에 자리 잡고 있으니, 그는 은밀하게 뭇 신하들의 행동을 관찰한다. 군주는 좌우에 신하들을 세우고 언로(言路)를 열어 신하들의 건의를 받아들여야 한다. 태도를 바꾸지 않고 하늘의 규율과 사람의 규율을 함께 행하며 그만두지 않으면, 이것을 군주의 도리를 실천하는 것이라 말하는 것이다.

天有大命[1]，人有大命。夫香美脆味，厚酒肥肉，甘口而病形，曼理皓齒，說情而損精。故去甚去泰，身乃無害。權不欲見，素[2]無爲也。事在四方，要在中央。聖人執要，四方來效。虛而待之，彼自以之[3]。四海旣藏，道[4]陰見陽。左右旣立，開門而當。勿變勿易，與二[5]俱行，行之不已，是謂履理也。

○○○

대저 사물마다 합당한 곳이 있고 재능도 쓰일 데가 있으니, 각기 합당한 곳에 처해야 군주와 신하가 억지로 하려는 바가 없게 된다.

닭에게 새벽을 알리게 하고, 고양이에게 쥐를 잡게 하듯이, 각자가 그 능력을 발휘하게 하면 군주는 일이 없게 된다. 군주가 뛰어난 바가 있으면, 일이 균형을 잃게 된다. 군주가 자기 자랑이 심하고 자기의 재능을 드러내기를 좋아하면, 신하에게 속게 된다. 군주가 말을 잘하고 작은 지혜에만 마음을 쓰면, 신하는 그것을 이용해 사리사욕을 취하게 된다. 군주와 신하가 할 일을 바꾸면 나라는 그 때문에 잘 다스려지지 않게 된다.

夫物者有所宜， 材者有所施， 各處其宜， 故上下無爲。使雞司夜[6]， 令狸[7]執鼠， 皆用其能， 上乃無事。上有所長[8]， 事乃不方。矜而好能， 下之所欺。辯惠好生， 下因其材。上下易用， 國故不治。

○○○

군주가 법술(法術)을 사용하는 방법으로는 명의(名義)를 으뜸으로 삼아야 할 것이니, 명의가 바로 서면 실질도 안정되고, 명의가 치우쳐 바르지 못하면 실질도 동요하게 된다. 그러므로 이상적인 군주가 허정(虛靜)한 태도로 법술만 지니고 있으면 명의가 스스로 합당하게 되고, 실질도 스스로 안정된다. 군주가 자신의 명예와 재능을 드러내지 않으면, 신하는 스스로 정직할 수 있다. 신하의 재능에 따라 관직을 맡겨 그들 스스로 일을 처리하게 해야 한다. 신하의 능력에 따라 임무를 부여하여 그들 스스로 성과를 올리도록 해야 한다. 법술을 사용해서 신하들을 감찰하면 그들이 모두 자기의 책임을 완수하게 된다. 군주가 명성으로써 신하를 등용하는데, 그들의 명성을 모를 때에는 그들의 드러난 성과를 다시 살펴본다. 성과와 명성이 일치하는지 살펴서 그에 알맞은 상과 벌을 시행해야 한다. 상과 벌 두 가지가 확실하게 행해지면 신하들은 그 진심을 속속들이 드러낼 것이다.

用一[9]之道, 以名爲首, 名正物定, 名倚[10]物徙[11]。故聖人執一以靜[12], 使名自命, 令事自定。不見其采, 下故素正。因而任之, 使自事之。因而予之, 彼將自擧之。正與處之[13], 使皆自定之。上以名擧之, 不知其名, 復脩其形[14]。形名參同, 用其所生[15]。二者誠信, 下乃貢情。

○ ○ ○

군주가 신중히 해야 할 것은 하늘의 명에 따르는 것이다. 이 요체를 잃지 않아야 이상적인 군주가 될 수 있다. 이상적인 군주의 통치 방식은 지혜와 기교를 버려야 하는 것이니, 지혜와 기교를 버리지 않으면 상도(常道)를 세우기 어렵게 된다. 백성이 지혜와 기교를 사용하면 자신에게 많은 재앙이 다칠 것이며, 군주가 그것을 시용하면 나라가 위태롭고 망하게 될 것이다. 하늘의 법칙에 따라 인사(人事)의 법칙으로 돌아가서 관찰과 탐구를 하며, 끝나면 또 시작하듯이 멈추지 말아야 한다. 군주는 마음을 비우고 조용히 신하의 뒤에 있으면서 일찍이 자신의 의견과 행동을 표현하지 않아야 한다. 무릇 군주의 우환은 반드시 신하가 하는 일에 동조하는 데에서 일어나는 것이다. 신하를 믿어만 주고 동조하지 않으면 온 백성이 하나같이 따를 것이다.

謹脩所事, 待命於天。毋失其要, 乃爲聖人。聖人之道, 去智與巧, 智巧不去, 難以爲常。民人用之, 其身多殃, 主上用之, 其國危亡。因天之道, 反形之理, 督參鞠之[16], 終則有始。虛以靜後[17], 未嘗用己。凡上之患, 必同其端[18]。信而勿同, 萬民一從。

○○○

도라는 것은 넓고 커서 형상이 없으며, 덕이라는 것은 사물의 이치를 살펴보면 두루 미친다. 만물의 선악을 헤아려서 취사하여 그것을 적용하는 데에 이르면, 만물은 모두 이루어지지만 그들과 더불어 멈추지는 않는다. 도는 아래로 모든 일에 두루 존재하지만, 기탁하기에 명명되고, 시간과 더불어 명멸하는 것이다. 명칭을 살펴보면 사물은 차이가 있지만, 도로 관통되니 실제는 같은 것이다. 그러므로 "도는 만물을 구분하게 하고, 덕은 음양으로 구분되며, 저울대는 가볍고 무거운 것을 구분하고, 승묵(繩墨)은 곡직(曲直)을 구분하며, 조화는 건조하고 습한 것을 구분하고, 군주는 신하와 구분된다."고 한 것이다. 이 여섯 가지는 도에서 나온 것이다. 도는 둘이 아니기 때문에 하나(一)라고 한다. 이런 까닭에 훌륭한 군주는 오직 하나인 도의 법칙을 귀히 여긴다.

군주와 신하는 도가 다르니, 신하는 군주에게 명의를 구한다. 군주가 그 명의를 장악하면, 신하는 전력을 다해 공적을 드러내고, 공적과 명의가 일치하는지를 살펴서 군주와 신하가 조화롭게 되는 것이다.

夫道者, 弘大而無形, 德者, 覈[19]理而普至。至於羣生斟酌用之, 萬物皆盛而不與其寧[20]。道者, 下周於事, 因稽而命, 與時生死。參名異事, 通一[21]同情。故曰, 道不同於萬物, 德不同於陰陽, 衡不同於輕重, 繩不同於出入[22], 和不同於燥溼, 君不同於羣臣。凡此六者, 道之出也。道無雙, 故曰一。是故明君貴獨道之容[23]。君臣不同道, 下以名禱。君操其名, 臣效其形, 形名參同, 上下和調也。

○○○

군주가 신하의 의견을 청취하는 방법은 그들이 진언한 것으로써 그들의 성과를 돌이키는 것이다. 그러므로 그 명의를 세밀하게 검토하여 지위를 정해주고, 직분을 명확히 하여 일의 종류를 구별해야 한다. 신하의 말을 듣는 방법은 마치 술에 만취한 모습과 같다. 입술이여! 이여! 내가 먼저 움직이게 하지 말라. 이여! 입술이여! 더욱 어리석어져라. 저편에서 스스로 말해오면, 나는 그것을 통해 알게 되고, 시시비비 다른 의견들이 몰려들더라도 신하들과 더불어 논쟁하지 않는다. 허정한 자세로 인위적인 일을 하지 않는 것이 도의 진정한 모습이다. 여러 가지가 뒤섞여 서로 겨루는 것이 사물의 형상이다. 여러 가지를 뒤섞어 서로 겨룸으로써 허정 상태에 부합되게 해야 한다. 근간이 바뀌지 않는다면, 군주의 행위에 잘못이 있을 수 없다.

신하의 행동은 군주가 무위의 태도로써 고쳐나간다. 군주가 신하를 좋아하는 마음을 드러내면 신하는 아첨해 일을 많이 벌이고, 신하를 미워하는 마음을 드러내면 원망하는 마음이 생기게 된다. 그러므로 좋아하고 미워하는 마음을 버리고, 마음을 비워 도가 깃드는 장소가 되어야 한다. 군주가 신하와 드러내놓고 더불어 일하지 않으면 백성은 그를 존중하게 되므로, 군주가 신하와 더불어 의논하지 않으면서 신하가 그것을 처리하게 해야 한다. 군주가 문을 굳게 닫아 안쪽에 빗장을 지르고 방에서 바깥마당을 보듯이 한다면, 모든 일이 눈앞에 펼쳐져 모두 제자리에 놓이게 될 것이다. 상줄 자에게 상을 주고 벌할 자에게 벌을 내려, 그 행한 바에 따라 각자 스스로 보답을 받게 한다. 선에는 상을, 악에는 벌을 준다면 누가 감히 군주를 믿지 않겠는가! 법도가 이미 확립되어 있다면 다른 일도 그에 따라 정돈

될 것이다.

凡聽之道，以其所出，反以爲之入。故審名以定位，明分以辯類。聽言之道，溶若甚醉。脣乎齒乎，吾不爲始乎，齒乎脣乎，愈惛惛乎。彼自離之，吾因以知之，是非輻湊[24]，上不與構。虛靜無爲，道之情也。參伍比物，事之形也。參之以比物，伍之以合虛。根幹不革，則動泄[25]不失矣。動之溶之，無爲而改之。喜之則多事，惡之則生怨。故去喜去惡，虛心以爲道舍[26]。上不與共之，民乃寵之，上不與義之，使獨爲之。上固閉內扃[27]，從室視庭，參咫尺已具，皆之其處。以賞者賞，以刑者刑，因其所爲，各以自成。善惡必及，孰敢不信！規矩旣設，三隅乃列。

○○○

군주에게 신비함이 없으면 신하는 그것을 이용하려 들 것이고, 하는 일에 정당성이 없으면 신하는 기회를 틈타 상도(常道)를 바꾸려 들 것이다. 만약 군주가 하늘과 땅처럼 높고 두터워 측량할 수 없다면, 모든 근심이 이로써 사라지리라 말하는 것이다. 만약 군주가 땅과 하늘같이 관대하다면 누구를 멀리 하고 누구와 친하게 지낼 수 있겠는가?

능히 하늘과 땅을 본받을 수 있다면, 이를 이상적인 군주라 한다. 궁 안을 잘 다스리려면 전담자를 두되 가까이하지 말고, 국가의 정사(政事)를 잘 다스리려면 관직마다 전임자를 한 사람씩 두되 방자하게 굴지 못하게 한다면, 어찌 업무의 범위를 벗어나거나 다른 사람의 직무를 침범할 수 있겠는가? 다만 대신의 집으로 많은 사람들이 모여드는 것은 두려워해야 할 것이다. 다스림의 최고의 경지는 신하가 이 세 가지를 얻을 수 없게 하는 것이다. 군주가 형(刑)과 명(名)을 잘 일치시켜 나간다면 백성은 그 직분을 충실히 지키게 될 것인데, 이것을 버리고 다른 것을 구한다면 이를 일컬어 '대혹(大惑)'이라 한다. 교활한 백성이 점점 많아지고, 간사한 신하들이 옆을 가득 채우게 될 것이다. 그러므로 "신하를 부유하게 하여 백성에게 은혜를 베푸는 일이 일어나지 않게 하라. 신하를 귀하게 해서 군주와 맞먹게 되는 일이 일어나지 않도록 하라. 오로지 한 사람만을 신임해서 나라를 잃어버리는 일이 일어나지 않도록 하라."고 한 것이다.

장딴지가 허벅지보다 굵으면 빨리 달리기가 어렵다. 군주가 신비함을 잃으면 호랑이가 뒤를 쫓게 된다. 군주가 알아차리지 못하면 호랑이는 장차 개들을 모을 것이다. 군주가 빨리 그것을 막지 못하면 개의 무리가 점점 늘어 끝이 없을 것이다. 호랑이가 한 무리를 이루게 되면, 어미인 군주를 시해하게 될 것이다. 군주가 되었는데 신하가 없다면 어찌 나라가 있을 수 있겠는가! 군주가 법을 시행하면 큰 호랑이는 겁을 먹을 것이고, 군주가 형벌을 집행하면 큰 호랑이는 스스로 온순해질 것이다. 법과 형벌이 신실하게 시행되면 호랑이도 사람답게 변하여 다시 본래의 모습으로 돌아갈 것이다.

主上不神, 下將有因, 其事不當, 下考其常。若天若地, 是謂累解[28]。若地若天, 孰疏孰親? 能象天地, 是謂聖人。欲治其內[29], 置而勿親, 欲治其外, 官置一人, 不使自恣, 安得移幷[30]! 大臣之門, 唯恐多人。凡治之極, 下不能得[31]。周合刑名, 民乃守職, 去此更求, 是謂大惑。猾民愈衆, 姦邪滿側。故曰, 毋富人而貸焉, 毋貴人而逼焉, 毋專信一人而失其都國焉。腓大於股, 難以趣走。主失其神, 虎[32]隨其後。主上不知, 虎將爲狗[33]。主不蚤止, 狗益無已。虎成其羣, 以弑其母。爲主而無臣, 奚國之有! 主施其法, 大虎將怯，主施其刑，大虎自寧。法刑苟信，虎化爲人，復反其眞。

○○○

나라를 잘 다스리려면, 반드시 신하의 붕당(朋黨)을 쳐 없애야 한다. 붕당을 쳐 없애지 못하면, 그들이 장차 많은 무리를 모으게 될 것이다. 봉토를 잘 다스리려면, 반드시 땅을 하사하는 것이 적절해야 한다. 하사하는 것이 적절치 못하면 난신(亂臣)이 요구하는 바가 점점 많아질 것이다. 그들의 요구대로 군주가 주면, 적에게 도끼를 빌려주는 격이 된다. 도끼를 적에게 빌려줄 수는 없으니, 그들이 그것을 이용해서 군주를 칠 것이기 때문이다. 황제(黃帝)는 "군주와 신하 사이는 하루에도 백 번을 싸운다."고 말하였다. 신하는 그 사사로운 마음을 숨긴 채 군주의 마음을 살피고, 군주는 법도를 지니고 신하를 제재한다. 그러므로 법도를 확립하는 것은 군주에게 보배가 되고, 붕당을 결성하는 것은 신하에게 보배가 된다. 신하가 군주를 시해하지 못하는 것은 붕당을 결성하지 못하였기 때문이다. 그러므로 군주가 조금이라도 실수를 하면 신하는 몇 십 배의 이익을 얻게 될 것이다. 나라를 보존할 군주는 신하의 영지를 크게 하지 않는다. 도를 터득한 신하는 가읍을 귀하게 하지 않는다. 도를 터득한 군주는 신하를 귀하게 하지 않는데, 부귀하게 하면 모든 것을 갖추어 장차 군주의 자리를 대신하려 할 것이다. 위험에 대비하여 일찍 태자를 정하면 화가 일어나지 않을 것이다.

欲爲其國，必伐其聚。不伐其聚，彼將聚衆。欲爲其地，必適其賜。不適其賜，亂人求益。彼求我予，假仇人斧。假之不可，彼將用之以伐我。黃帝有言曰，"上下一日百戰。"下匿其私，用試其上，上操度量，以割其下。故度量之立，主之寶也，黨與之具，臣之寶也。臣之所不弑其君者，黨與不具也。故上失扶寸[34]，下得尋常[35]。有國之君，不大其都[36]。有道之臣[37]，不貴其家。有道之君，不貴其臣，貴之富之，備將代之。備危恐殆，急置太子，禍乃無從起。

○○○

조정 안에서는 위험의 싹을 찾아내고 조정 밖에서는 악함을 막아서 반드시 자신이 법도를 장악해야 한다. 형벌이 지나치게 무거운 자는 감해주고, 형벌이 지나치게 가벼운 자는 무겁게 한다. 경감과 가중에노 법도가 있어야 하니, 백성이 무리를 이뤄 군주를 속이지 못하게 해야 한다. 감해 주는 것은 달과 같이 하고, 더하는 것은 뜨거운 해와 같아야 한다. 법령을 간략히 하고, 벌 주는 것은 신중히 하되, 반드시 처벌은 다해야 한다.

內索出圉，必身自執其度量。厚者虧之，薄者靡之。虧、靡有量，毋使民比周同欺其上。虧之若月，靡之若熱。簡令謹誅，必盡其罰。

○○○

활시위를 느슨하게 한 채 활을 쏘아 하나의 둥지에 두 마리의 수컷이 깃들게 하지 마라. 하나의 둥지에 두 마리의 수컷이 깃들면 무서운 싸움이 일어날 것이다. 늑대가 같은 우리 안에 있으면 양은 번식하지 못한다. 한 집안에 두 주인이 있으면 일이 이루어지지 못할 것이다. 부부가 집안의 주도권을 다투면 자녀는 마땅히 따를 데가 없게 된다.

毋弛而弓[38]，一棲[39]兩雄[40]。一棲兩雄，其鬬嚬嚬[41]。豺狼[42]在牢

[43]，其羊[44]不繁。一家二貴，事乃無功。夫妻持政，子無適從。

○○○

군주 된 자는 자주 나무의 가지를 베어, 가지가 무성해지지 못하게 하여야 한다. 나무의 가지가 무성해지면 군주의 궁궐문을 막게 될 것이다. 권신의 집으로 사람들이 모여들면 조정 안은 텅 비어 군주는 가려지고 갇히게 될 것이다. 자주 그 나무의 가지를 베어 나뭇가지가 밖으로 뻗어나지 못하게 해야 한다. 나뭇가지가 밖으로 뻗어나면 장차 군주의 자리를 위협하게 될 것이다. 자주 나뭇가지를 베어 가지가 커지고 뿌리가 작아지지 않도록 해야 한다. 가지가 커지고 뿌리가 작아지면 장차 봄바람에도 버티지 못할 것이고, 봄바람에도 버티지 못하면 가지가 나무의 근간을 해치게 될 것이다. 공자(公子)의 수가 늘어나면, 군주의 적자에게는 근심과 탄식 소리가 나게 된다. 이것을 그치게 하는 방법은 자주 나무의 가지를 베어 무성해지지 않도록 하는 것이다. 나무 가지를 자주 베어버리면, 도당(徒黨)들이 흩어지게 된다. 뿌리를 파내 버리면, 나무가 자라지 못하게 될 것이다. 물이 솟는 근원을 메워, 물이 맑아지지 않도록 해야 한다. 신하의 마음속을 살펴서 위세를 빼앗아 버려야 한다. 군주가 이 방법을 사용하는 것이 마치 번개와 같고 우레와 같아야 한다.

爲人君者，數披其木[45]，毋使木枝扶疏[46]。木枝扶疏，將塞公閭。私門將實，公庭將虛，主將壅圍。數披其木，無使木枝外拒。木枝外拒，將逼主處。數披其木，毋使枝大本小[47]。枝大本小，將不勝春風，不勝春風，枝將害心[48]。公子[49]既衆，宗室[50]憂吟。止之之道，數披其木，毋使枝茂。木數披，黨與乃離。掘其根本，木乃不神[51]。塡其洶淵，毋使水淸。探其懷，奪之威。主上用之若電若雷。

1) 大命(대명): 일정한 법칙이나 규율을 말한다.

2) 素(소): '항상(常)'의 뜻이다.

3) 彼自以之(피자이지): '이(以)'는 '용(用)'의 뜻으로, 신하들이 스스로 능력을 발휘한다는 뜻이다.

4) 道(도): 유(由)와 같은 의미로 '말미암다'의 뜻이다.

5) 二(이): 하늘의 명령과 사람의 명령을 말한다.

6) 司夜(사야): 사신(司晨)과 같은 뜻으로 새벽 시각을 알리는 것을 말한다.

7) 狸(리): 묘(猫)와 같은 의미로 고양이를 말한다.

8) 上有所長, 事乃不方(상유소장, 사내불방): 진기유(陳奇猷)는 『한비자집석(韓非子集釋)』에서 「해로(解老)」의 "所謂方者, 內外相應也"를 인용해, 군주가 재능이 있으면 신하의 재능을 사용하지 않게 돼, 군주는 피곤해지고 신하는 게을러져 안팎이 서로 조화를 이루지 못하게 된다는 의미로 해석한다.

9) 一(일): 도(道)를 가리키는 것으로, 법가에서 말하는 도(道)는 대부분 군주가 국가를 다스리는 법술(法術)을 일컫는다.

10) 倚(의): 치우쳐서 바르지 못한 상태.

11) 徙(사): 안정이 안 되는 모양.

12) 靜(정): 허정(虛靜)의 의미로 마음에 잡념이나 망상이 없이 조용한 상태를 뜻한다.

13) 正與處之(정여처지): '정(正)'은 법술(法術)을 가리키고, '여(與)'는 용(用)의 뜻이다.

14) 復脩其形(복수기형): '수(脩)'는 '살펴본다'는 의미이고, '형(形)'은 '드러난 사실' 즉 성과를 말한다.

15) 用其所生(용기소생): 상벌을 사용하는 것을 가리킨다.

16) 督參鞠之(독참국지): '독참(督參)'은 '고찰하여 살핀다'는 뜻이고, '국(鞠)'은 '탐구한다'는 뜻이다.

17) 虛以靜後(허이정후): 군주가 자기의 의견과 행동을 드러내지 않고 신하의 뒤에서 관찰한다는 뜻이다. '허(虛)'는 의견을 드러내지 않는 것이고, '정(靜)'은 행동하지 않는 것이다.

18) 同其端(동기단): 군주와 신하가 서로 동조한다.

19) 覈(핵): 사실을 조사하여 밝히다.

20) 寧(녕): 멈추다, 정지하다.

21) 一(일): 도(道)를 가리킨다.

22) 出入(출입): 직선의 밖으로 나간 것을 출(出), 직선을 안으로 들어간 것을 입(入)이라 한 것으로 굽은 것과 곧은 것을 말한다.

23) 容(용): 법칙.

24) 輻湊(폭주): 바퀴살이 바퀴통에 모이는 것같이 사물이 한 곳으로 모이다.

25) 動泄(동설): 군주의 행위.

26) 舍(사): 장소.

27) 固閉內扃(고폐내경): 허정무위(虛靜無爲)를 비유하는 말이다.

28) 累解(누해): 근심을 없애다.

29) 內(내): 궁중.

30) 移幷(이병): 직무의 범위를 벗어나거나 다른 사람의 영역을 침범하는 것이다.

31) 下不能得(하부능득): 위에서 말한 신하가 군주의 신비함을 얻을 수 없는 것, 맘대로 관직을 범위를 벗어나거나 다른 사람의 영역을 침범할 수 없는 것, 자기의 당을 결성하지 못하는 것, 이 세 가지를 말한다.

32) 虎(호): 간신을 의미한다.

33) 爲狗(위구): '위(爲)'는 '모으다'는 뜻으로 해석하였고, '구(狗)'는 개로 간신을 비유한 것이다.

34) 扶寸(부촌): 고대의 길이를 나타내는 단위로, 매우 작거나 짧은 것을 말한다. 손가락 네 개의 폭이 부(扶)이고, 손가락 한 개의 폭이 촌(寸)이다.

35) 尋常(심상): 고대의 길이를 나타내는 단위로, 매우 길거나 큰 것을 말한다. 8척(八尺)이 일심(一尋)이고, 16척(尺)이 일상(一常)이다.

36) 都(도): 군주의 국(國)에 대하여 중신의 영지인 채읍(采邑)을 가리킨다.

37) 有道之臣(유도지신): 진기유는 『한비자집석』에서 '유도지군(有道之君)'으로 보아야 한다고 했다.

38) 弓(궁): 군주의 권위.

39) 棲(서): 나라.

40) 兩雄(양웅): 군주와 권신.

41) 噸噸(안안): 두 마리의 개가 서로 이빨을 드러내고 짓는 모양이다.

42) 豺狼(시랑): 난폭한 권신.

43) 牢(뇌): 나라를 가리킨다.

44) 羊(양): 백성을 가리킨다.

45) 披其木(피기목): 신하의 위세를 경감시키는 것을 비유한다.

46) 扶疏(부소): 나무의 가지가 무성한 모양.

47) 枝大本小(지대본소): '지(枝)'는 신하, '본(本)'은 군주를 의미한다.

48) 心(심): 수심(樹心)으로 군주를 가리킨다.

49) 公子(공자): 군주의 적자를 세자(世子)라 하고 나머지 아들은 공자(公子)라 한다.

50) 宗室(종실): 군주의 적자.

51) 木乃不神(목내불신): 권신의 세력이 팽창하지 못하는 것을 비유. '神(신)'은 '申(신)'으로 보아야 한다.(우성오(于省吾), 『쌍검치제자신증(雙劍誃諸子新證)』)

제9편 팔간(八姦)

여덟가지 간악한 술수

解 題

당시 군주가 강력한 통치를 행사하는데 장애가 되는 여러가지 요인들이 있었을 것이다. 여기서 姦이란 군주의 세력을 꺾으려는 惡한 것을 의미한다. 한비는 그 중 간악한 자들이 세력을 형성하게 되는 여덟가지 문제점을 역사적 사건들에 근거하여 지적하였다. 간악한 자들은 곧 군주의 최측근에 있는 가족부터임을 적시하고, 이들이 세력을 형성하기 위해 쓰는 여덟가지 술수를 막아내야 한다는 필요성을 강조하면서 그 방법에 대해 서술하고 있다.

무릇 신하가 간악하게 되는 연유로 여덟 가지 술수가 있다. 첫째는 동상(同牀)이다. 무엇을 동상이라 하는가? 말하자면 귀부인, 사랑하는 비빈, 총애하는 여인들인데, 이들은 군주가 미혹되는 자들이다. 군주가 한가롭게 즐기고, 취하고 배부른 때를 틈타 요구하는 바를 구하는데, 이는 반드시 들어주게끔 되어 있다. 신하는 암암리에 비빈들을 금과 옥으로 섬겨 군주를 미혹하도록 시키니, 이를 일컬어 동상이라 한다.

凡人臣之所道[1]成姦者有八術。 一曰在同牀。 何謂同牀? 曰, 貴夫人, 愛孺子[2], 便僻[3] 好色, 此人主之所惑也。 託於燕處之虞[4], 乘醉飽之時, 而求其所欲, 此必聽之術也。 爲人臣者內事之以金玉, 使惑其主, 此之謂同牀。

○○○

둘째는 재방(在旁)이다. 무엇을 재방이라 하는가? 말하자면 작고 우스꽝스런 광대와 좌우에서 시중드는 자인데, 이들은 군주가 명령을 하기도 전에 "네, 네." 하고, 아직 하기도 전에 "그렇습니다."라고 하고, 군주의 마음을 앞서 헤아리고 뜻을 받들며 모양과 낯빛을 살펴 군주의 마음을 앞서는 자들이다. 이들은 모두 함께 나아가고 물러나며, 함께 한소리로 응대하므로 같은 말 같은 행동으로 군주의 마음을 움직인다. 신하는 암암리에 금과 옥과 노리개로써 이들을 섬기고, 밖으로는 불법을 행하여, 이들로 하여금 군주의 마음을 바꾸게 하니, 이를 일컬어 재방이라 한다.

二曰在旁。 何謂在旁? 曰, 優笑侏儒[5], 左右近習[6], 此人主未命而唯唯[7], 未使而諾諾, 先意承旨, 觀貌察色, 以先主心者也。 此皆俱進俱退，皆應皆對，一辭同軌[8]以移主心者也。爲人臣者內事之以金玉玩好，外爲之行不法，使之化其主，此之謂在旁。

○ ○ ○

셋째는 부형(父兄)이다. 무엇을 부형이라 하는가? 이르기를, 측실이 낳은 공자이며, 군주가 총애하는 자다. 조정의 대신은 군주와 더불어 논의한다. 이들은 모두 힘써 군주에게 건의하고 군주는 반드시 따른다. 신하 된 자는 음악과 여색으로 공자를 섬기고, 꾸미는 말로써 조정대신을 끌어들여, 군주에게 건의할 것을 미리 약속한다. 일이 성공하면 곧 관직이 높아지고 봉록이 더하여지게하여 조정대신들의 마음을 고무시킴으로써 군주를 범하도록 한다. 이를 일컬어 부형이라 한다.

三曰父兄。何謂父兄? 曰，側室公子，人主之所親愛也。大臣廷吏[9]，人主之所與度計[10]也。此皆盡力畢議，人主之所必聽也。爲人臣者事公子側室以音聲子女，收大臣廷吏以辭言，處約言事，事成則進爵益祿以勸其心，使犯其主。此之謂父兄。

○ ○ ○

넷째는 양앙(養殃)이다. 무엇을 양앙이라 하는가? 이르기를, 군주는 궁궐과 누각과 연못을 아름답게 하는 것을 좋아하며, 여자와 개와 말을 단장하여 그 마음을 즐겁게 하는 것을 좋아하니, 이는 군주의 재앙이다. 신하 된 자는 백성의 노동력을 다하여 궁궐과 누각과 연못을 꾸미고, 부역과 세금을 가중시켜 여자와 개와 말을 단장시켜 군주를 즐겁게 하고 그 마음을 어지럽혀, 원하는 바를 마음대로 얻고 그사이에 사사로운 이득을 키우니, 이를 일컬어 재앙을 키운다고 한다.

四曰養殃。何謂養殃? 曰, 人主樂美宮室臺池[11], 好飾子女狗馬以娛其心, 此人主之殃也。爲人臣者盡民力以美宮室臺池, 重賦歛以飾子女狗馬, 以娛其主而亂其心, 從[12]其所欲而樹私利其間, 此謂養殃。

○○○

다섯째는 민맹(民萌)이다. 무엇을 민맹이라 하는가? 이르기를, 신하 된 자는 공적인 재물을 흩어서 백성을 기쁘게 하고, 작은 은혜를 행하여 백성을 취하고, 조정과 저잣거리에서 모두 자신을 칭찬하게 하여 군주에게 가림으로써 원하는 바를 이루니, 이를 민맹이라 일컫는다.

五曰民萌。何謂民萌[13]? 曰, 爲人臣者散公財以說民人, 行小惠以取百姓, 使朝廷市井皆勸譽己, 以塞其主而成其所欲, 此之謂民萌。

○○○

여섯째는 유행(流行)이다. 무엇을 유행이라 하는가? 이르기를, 군주 된 자는 진실로 말(여론)에 막혀 있어, 드물게 여론을 듣고 쉽게 변론에 넘어간다. 신하 된 자는 제후국에서 변사를 구하고 나라에서 유세에 능한 자를 배양하여 그로 하여금 자신을 위해 말하게 한다. 교묘한 말, 항간에 유행하는 말로 이로운 형세를 보여주고, 재난으로 두려워하게 하고 헛된말을 지어내어 군주를 망가뜨리는 것, 이것을 일컬어 유행이라 한다.

六曰流行。何謂流行? 曰, 人主者固壅其言談, 希於聽論議, 易移以辯說。爲人臣者求諸侯之辯士, 養國中之能說者, 使之以語其私, 爲巧文之言, 流行之辭, 示之以利勢, 懼之以患害, 施屬虛辭以壞其主, 此之謂流行。

○○○

일곱째는 위강(威强)이다. 무엇을 위강이라 하는가? 이르기를, 군주는 신하와 백성에 힘입어 그 위세를 떨친다. 뭇 신하와 백성이 좋아하는 바이면 군주가 좋아하고, 뭇 신하와 백성이 좋아하는 바가 아니면 군주는 좋아하지 않는다. 그런데 신하 된 자가 검객을 모으고 필사적으로 싸울 무사를 키워 위엄을 드러냄으로써, 지신을 위하는 자는 반드시 이득을 얻을 것이고 자신을 위하지 않는 자는 반드시 죽는다고 밝혀, 뭇 신하들과 백성을 두렵게 하여 사사로운 것을 행하니, 이를 일컬어 위강이라 한다.

七曰威强。何謂威强? 曰, 君人者, 以羣臣百姓爲威强者也。羣臣百姓之所善則君善之, 非羣臣百姓之所善則君不善之。爲人臣者聚帶劍之客, 養必死之士以彰其威, 明爲己者必利, 不爲己者必死, 以恐其羣臣百姓而行其私, 此之謂威强。

○○○

여덟째는 사방(四方)이다. 무엇을 사방이라 하는가? 이르기를, 군주는 나라가 작은즉 대국을 섬기고, 병사가 약한즉 강한 군대를 두려워한다. 대국이 요구하는 것은 소국이 반드시 따라야 하고, 강한 군대가 공격하면 약한 군대가 복종해야 한다. 그런데 신하 된 자가 부역과 세금을 가중시키고 나라의 창고를 비워가면서까지 대국을 섬기게 하고 그 위세를 이용해 군주를 미혹되게 하고, 심하게는 병사를 일으켜 변경에 모이게 하여 나라 안으로 끌어들이고, 가볍게는 여러 차례 대국의 사신이 들어와 군주를 위협하여 두려워하게 하니, 이를 사방이라 한다.

무릇 이 여덟 가지는 신하가 간악해지는 이유이고 군주가 갇히고 위협당하는 이유로, 가진 것은 잃게 될 것이므로 살피지 않을 수 없다.

八曰四方。何謂四方? 曰, 君人者, 國小則事大國, 兵弱則畏强兵, 大國之所索, 小國必聽, 强兵之所加, 弱兵必服。爲人臣者重賦斂, 盡府庫, 虛其國以事大國, 而用其威求誘其君, 甚者擧兵以聚邊境而制斂[14]於內, 薄者數內大使以震其君, 使之恐懼, 此之謂四方。凡此八者, 人臣之所以道成姦, 世主所以壅劫[15], 失其所有也, 不可不察焉。

○ ○ ○

명군은 안에서는 색을 즐기되 그들의 요구를 들어주지 않고 사사로운 요구를 하지 못하게 한다. 측근들에게는 반드시 자신의 말에 책임지게 하고 꾸민 말을 많이 하지 못하게 한다. 부형과 대신에게는 말을 듣되 후에 반드시 벌로써 책임지게 하여 망령되게 행하지 못하게 한다. 즐기고 좋아하는 것에 있어서는 반드시 명령에 근거가 있게 하며, 임의로 나아가지 못하고 물러나지 못하게 하여, 모든 신하가 그 뜻을 헤아려보게 한다. 덕이 베풀어지는 데 있어서는, 궁궐 재물을 흩어내고 큰 창고를 열어 백성들을 이롭게 하는 것은 반드시 군주에게서 나오게 하여, 신하가 그 덕을 사사로이 행하지 못하게 한다. 의론에 대하여는, 좋아하는 바를 칭찬하고 싫어하는 바는 없애 버리고, 반드시 능함을 확실하게 하고 잘못됨을 살펴서, 뭇 신하들이 서로 말을 만들지 않게 한다. 용감한 무사에 있어서는, 군대의 공은 지나친 상이 없게 하고, 마을에서의 싸움은 죄를 사면하지 않도록 하여, 여러 신하들이 사사로이 재물을 사용하지 못하게 한다. 제후가 요구하는 데에는, 법에 맞으면 듣고 맞지 않으면 거절한다. 망국의 군수는 나라가 없다는 것이 아니라, 있지만 자신이 소유하지 못하고 있다는 뜻이다. 신하로 하여금 외부의 힘으로써 나라 안을 통제하게 하면 군주는 망한 것이다. 대국의 요구를 듣는 것은 나라가 망하는 것을 구하기 위함이지만, 망하는 것이 듣지 않을 때보다 더 빠르다면 듣지 않게 된다. 군신이 대국을 따르지 않는다는 사실을 알면 나라 밖의 제후들과 교섭하지 않을 것이며, 제후들이 듣지 않으면 신하가 군주를 속인다 해도 당하지 않게 된다.

明君之於內[16]也, 娛其色而不行其謁, 不使私請。其於左右也, 使其身必責其言, 不使益辭。其於父兄大臣也, 聽其言也必使以罰任於後, 不令妄擧。其於觀樂玩好也, 必令之有所出, 不使擅[17]進, 不使擅退, 羣臣虞其意。其於德施也, 縱禁財, 發墳倉[18], 利於民者必出於君, 不使人臣私其德。其於說議也, 稱譽者所善, 毀疵者所惡, 必實其能, 察其過, 不使羣臣相爲語。其於勇力之士也, 軍旅之功無踰賞, 邑鬭之勇無赦罪, 不使羣臣行私財。其於諸侯之求索也, 法則聽之, 不法則距之。則謂亡君者, 非莫有其國也, 而有之者皆非己有也。令臣以外爲制於內，則是君人者亡也。聽大國，爲救亡也，而亡亟於不聽，故不聽。羣臣知不聽，則不外市諸侯，諸侯之不聽，則不受臣之誣其君矣。

○ ○ ○

명군이 관직과 봉록을 만드는 것은, 현명한 인재를 등용하고 공을 세우기를 권하기 때문이다. 그러므로 어진 인재는 후한 봉록을 차지하고 대관을 지내며, 공을 크게 세운 자는 귀한 작위를 얻고 많은 상을 받는다고 한다. 어진 자에게 관직을 줄 때 그 능력을 헤아리고, 봉록을 줄 때 그 공에 상응한다. 이에 어진 자는 능력을 속이면서 군주를 섬기지 않고, 공이 있는 자는 그 일을 즐거이 하니, 그러므로 일이 이루어지고 공이 세워지는 것이다. 지금은 그렇지 않음이여, 현명한지 아닌지를 고려하지 않고 공로가 있는지를 논하지 않아, 제후들이 중시하는 자를 등용하고 좌우시종이 천거하는 자를 따른다. 부형과 대관들은 위로는 군주에게 작위와 봉록을 구하고, 아래로는 그것을 팔아 재물을 거두고 사조직을 세운다. 그러므로 재물이 많은 자는 관직을 사서 귀하게 되고, 좌우에 있는 시종과 사귀는 자는 청탁을 하여 중하게 된다. 공로가 있는 신하는 헤아리지 않아 관직 승진을 그르친다. 이런 까닭으로 관리들은 관직을 등한시하고 다른 나라와 손잡으며, 직무를 버리고 재물을 가까이 한다. 이 때문에 현명한 자는 나태해져 노력하지 않고, 공을 세운 자는 게을러져 직무를 태만히 하니, 이는 망국의 풍조이다.

明主之爲官職爵祿也，所以進賢材勸有功也。故曰，賢材者處厚祿，任大官，功大者有尊爵，受重賞。官賢者量其能，賦祿者稱其功。

是以賢者不誣能以事其主，有功者樂進其業，故事成功立。今則不然，不課賢不肖，論有功勞，用諸侯之重，聽左右之謁。父兄大臣上請爵祿於上，而下賣之以收財利，及以樹私黨。故財利多者買官以爲貴，有左右之交者請謁以成重。功勞之臣不論，官職之遷失謬。是以吏偷官而外交，棄事而財親。是以賢者懈怠而不勸，有功者隳[19]而簡其業，此亡國之風也。

1) 道(도): 유(由), 종(從)의 의미로 '까닭'의 뜻이다.

2) 孺子(유자): 본래 어린아이를 가리키지만, 여기서는 군주의 사랑을 받는 비빈(妃嬪)을 지칭한다.

3) 便僻(편벽): 편폐(便嬖)로 총애를 받는 비천한 여자.

4) 燕處之虞(연처지우): 연(燕)은 안(安)과 같은 의미로 '편안하다'는 뜻이고, 여(餘)와 같은 의미로 여유의 뜻이다.

5) 優笑侏儒(우소주유): 우소(優笑)는 배우를 말하며, 주유(侏儒)는 난쟁이로 광대놀이하는 사람을 뜻한다.

6) 近習(근습): 압(狎)의 의미로 '익숙하다', '친숙하다'의 뜻이다.

7) 唯(유): 발어사로 '예'라고 대답하는 말.

8) 一辭同軌(일사동궤): 여러 사람의 입에서 나오는 말이 하나이고, 행동도 일치하는 것.

9) 大臣廷吏(대신정리): 조정의 고급 관리를 가리킨다.

10) 度計(도계): 계책을 짜내다.

11) 臺池(대지): 전망을 좋게 하기 위하여 만든 정원의 누각과 연못.

12) 從(종): 종(縱)과 같은 의미로 '마음대로 한다'는 뜻이다.

13) 民萌(민맹): 萌은 맹(氓)의 의미로 '어리석다'의 뜻이다. 즉 어리석은 백성.

14) 歛(감): 렴(斂)의 의미로 '모으다', '끌어들이다'의 뜻으로 보아야 할 것이다.

15) 壅劫(옹겁): 갇히고 위협당하다.

16) 內(내): 내인(內人)으로 후비와 부인을 가리킨다.

17) 擅(천): 멋대로, 마음대로.

18) 墳倉(분창): 곡식이 산처럼 쌓인 창고.

19) 隳(휴): 타(惰)와 같은 의미로 '게으름 피우다'는 뜻이다.

제10편 십과(十過)

열 가지의 잘못

解 題

십과(十過)는 '군주가 범할 수 있는 열 가지 잘못'이다. 한비는 열 가지의 사항을 제시하며, 군주가 통치하는 데 있어 다음과 같은 오류를 저지르게 된다면 나라가 패망할 가능성이 높다고 경고한다. 첫째는 '작은 충성을 행하려다 큰 충성을 해치는 것'으로 군주에게 있어 작은 충성은 큰 충성의 적이라는 것이다. 둘째는 '작은 이익에 연연하다 큰 이익을 해치는 것'으로 군주가 눈앞의 작은 이익에 현혹되면 큰 이익을 놓치게 된다는 것이다. 셋째는 '비뚤어지게 행동하고 멋대로 하면서 제후들에게 무례하게 굴다가 몸을 망치는 것'으로 군주조차도 결점을 가지고 있음을 인정하고 이를 돌아보며 반성해야하지만 이를 실천하지 않고 더욱이 제후에게 예를 갖추지 않는다면 패망하게 된다는 것이다. 넷째는 '정무에 힘쓰지 않고 음악만 좋아하다 곤궁한 상태에 빠지는 것'으로 군주가 방탕하게 생활하며 음악에 탐닉하면 앞

길이 막혀 신분을 잃게 된다는 것이다. 다섯째는 '탐욕스럽고 괴팍하게 이익을 밝히는 것이 나라가 망하고 군주가 목숨을 잃는 원인이 되는 것'으로 군주가 욕심 때문에 이익만을 생각하면 나라는 망하고 군주의 목숨도 위태롭다는 것이다. 여섯째는 '무희에게 빠져 국정을 돌보지 않는 것이 나라가 망하는 화근이 되는 것'으로 군주가 여악(女樂)에 빠져 국정을 도외시하면 나라가 패망한다는 것이다. 일곱째는 '궁궐을 떠나 먼 곳까지 유람하며 간언하는 사람을 소홀히 하다가 자신을 위험에 빠뜨리는 것'으로 군주가 일탈하여 먼 거리로 여행이나 수렵을 떠나거나 신하의 간언을 듣지 않는다면 군주의 지위를 상실하게 된다는 것이다. 여덟째는 '충신의 말을 듣지 않고 자신의 뜻대로 행동하다가 드높던 명성이 사라지고 사람들에게 비웃음을 사는 것'으로 군주가 과실을 행하면서도 충간을 듣지 않고 임의대로 행동하면 만인의 웃음거리가 된다는 것이다. 아홉째는 '안으로 자신의 역량을 헤아리지 않고 밖으로 제후들에게 의지하려 하다가 나라를 약해지게 하는 것'으로 군주가 자국의 능력을 불신하고 타국에 의지하게 되면 나라가 쇠약해진다는 것이다. 열째는 '나라가 작은데도 예의를 지키지 않고 신하의 간언을 받아들이지 않으면 대가 끊긴다는 것'으로 약소국의 군주가 강대국에 대해 예를 갖추지 않고 충신의 간언을 수용하지 않으면 사직(社稷)을 단절하는 상태에 이르게 된다는 것이다. 본 편은 항목을 열 가지로 구분하여 각각의 사항에 부합하는 설화를 제시하고 있는데, 이러한 구성은 생동감을 배가하고 있다.

○ ○ ○

군주가 범할 수 있는 열 가지 잘못이 있다. 첫째, 작은 충성을 행하다 큰 충성을 해치게 된다. 둘째, 작은 이익에 연연하다 큰 이익을 해치게 된다. 셋째, 비뚤어지게 행동하고 멋대로 하면서 제후들에게 무례하게 굴다 몸을 망치게 된다. 넷째, 정무에 힘쓰지 않고 음악만 좋아하다 곤궁한 상태에 빠지게 된다. 다섯째, 탐욕스럽고 괴팍하게 이익을 밝히는 것은 나라가 망하고 목숨을 잃게 되는 근본이 된다. 여섯째, 무희에게 빠져 국정을 돌보지 않는 것은 나라가 망하는 화근이 된다. 일곱째, 궁궐을 떠나 먼 곳까지 유람하며 간언하는 사람을 소홀히 하는 것은 자신을 위험하게 만드는 길이 된다. 여덟째, 잘못하면서 충신의 말을 듣지 않고 자신의 뜻대로 행동하는 것은 드높던 명성이 사라지고 사람들에게 비웃음을 사는 시초가 된다. 아홉째, 안으로 자신의 역량을 헤아리지 않고 밖으로 제후들에게 의지하려 하는 것은 나라를 약해지게 하는 우환이 된다. 열째, 나라가 작은데도 예의를 지키지 않고 간하는 신하의 말을 받아들이지 않는 것은 대가 끊기는 형세가 된다.

十過。一曰行小忠，則大忠之賊也。二曰顧小利，則人利之殘也。三曰行僻自用[1]，無禮諸侯，則亡身之至也。四曰不務聽治[2]而好五音，則窮身之事也。五曰貪愎[3]喜利，則滅國殺身之本也。六曰耽於女樂，不顧國政，則亡國之禍也。七曰離內遠遊而忽於諫士，則危身之道也。八曰過而不聽於忠臣，而獨行其意，則滅高名，爲人笑之始也。九曰內不量力，外恃諸侯，則削國之患也。十曰國小無禮[4]，不用諫臣，則絶世之勢也。

○○○

어떤 것을 작은 충성이라 하는가? 옛날 초(楚)나라의 공왕(共王)이 진(晉)나라의 여공(厲公)과 언릉(鄢陵)에서 전쟁을 벌였는데, 초나라 군대는 패배하고 공왕도 눈을 다쳤다. 한창 전투를 벌일 때, 사마(司馬)인 자반(子反)이 목이 말라 마실 것을 찾으니, 시중을 들던 곡양(穀陽)이 술 한 잔을 그에게 바쳤다. 자반이 말하기를 "아! 치워라. 술이잖은가!"라고 말했다. 곡양이 말하기를 "술이 아닙니다."라 하였다. 이에 자반이 그것을 받아 마셨다. 자반은 술을 좋아해 그것을 달다고 느껴, 입에서 떼지 못했고 마침내 취해 버렸다. 전투가 끝나고, 공왕이 다시 반격하려고 사람을 시켜 자반을 불렀으나 그는 가슴이 아프다는 핑계로 사양하였다. 공왕이 말을 타고 직접 가서, 막사 안으로 들어가 술 냄새를 맡고 돌아와서 말하기를 "오늘의 전투에서 나는 부상을 입었다. 믿을 자는 사마뿐인데 사마가 이처럼 취하였으니, 이는 초나라의 사직을 망각하고 백성들을 걱정하지 않은 것이다. 나는 다시 싸울 기력이 없다."라 하였다. 그리고 군사를 철수시키고 돌아와서는 사마의 목을 베어 본보기로 삼았다.

즉 곡양이 술을 바친 것은 자반에게 적의가 있어서가 아니라 충심으로 그를 사랑하였기 때문인데, 그것이 그를 죽게 했던 것이다. 그러므로 "작은 충성을 행하다 큰 충성을 해치게 된다."라고 말하는 것이다.

奚謂小忠? 昔者, 楚共王[5]與晉厲公[6]戰於鄢陵[7], 楚師敗而共王傷其目。酣戰之時, 司馬子反[8]渴而求飮, 豎穀陽[9]操觴酒而進之。子反曰, "嘻, 退! 酒也。" 穀陽曰, "非酒也。" 子反受而飮之。子反之爲人也, 嗜酒而甘之, 弗能絶於口, 而醉。戰旣罷, 共王欲復戰, 令人召司馬子反, 司馬子反辭以心疾。共王駕而自往, 入其幄中, 聞酒臭而還, 曰, "今日之戰, 不穀[10]親傷。所恃者司馬也。而司馬又醉如此, 是亡楚國之社稷而不恤[11]吾衆也。不穀無與復戰矣。" 於是還師而去, 斬司馬子反以爲大戮[12]。故豎穀陽之進酒, 不以讐子反也，其心忠愛之，而適足以殺之。故曰，“行小忠則大忠之賊也。”

○○○

어떤 것을 작은 이익에 연연한다고 말하는 것인가? 옛날에 진나라 헌공(獻公)이 괵(虢)나라를 치기 위해 우(虞)나라에 길을 빌리려 하였다. 순식(荀息)이 말하기를 "주군께서 수극(垂棘) 땅에서 나는 옥과 굴(屈) 땅에서 나는 말 네 마리를 우공(虞公)에게 뇌물로 주며 길을 빌리자고 하신다면, 반드시 우리에게 길을 빌려줄 것입니다."라 하였다. 헌공은 "수극 땅의 옥은 선왕의 보물이고 굴 땅의 말은 과인의 준마인데, 만약 내가 보낸 선물만 받고 길을 빌려주지 않는다면 장차 어찌할 것인가?"라 물었다. 순식이 말하기를 "저들이 우리에게 길을 빌려주지 않으려 한다면, 분명히 우리의 선물을 감히 받지 못할 것입니다. 만약 우리의 선물을 받고 우리에게 길을 빌려준다면, 이는 마치 안에 있는 보물을 창고에서 꺼내어 밖에 있는 창고에 두는 것과 같고, 안에 있는 말을 마구간에서 꺼내어 밖에 있는 마구간으로 옮겨 두는 것과 같습니다. 주군께서는 걱정하지 마십시오."라 하였다. 헌공이 그렇게 하라고 하였다.

이에 순식이 수극 땅의 옥과 굴 땅의 말 네 마리를 우공에게 보내고 길을 빌려달라고 요청하였다. 우공은 욕심이 많았기에 옥과 말을 탐내어 그것을 허락하려 하였다. 이때 궁지기(宮之奇)가 간언하기를 "허락해서는 안 됩니다. 우나라에 괵나라가 있다는 것은 수레가 덧방나무를 가지고 있어, 덧방나무는 수레를 의지하고 수레 역시 덧방나무를 의지하는 것과 같이, 우나라와 괵나라의 형세가 바로 그러합니다. 만약 길을 빌려준다면, 괵나라는 아침에 망하고 우나라는 저녁에 괵나라를 뒤따라서 망하게 될 것입니다. 안 됩니다. 바라건대 허락하지 마십시오."라 하였다. 우공은 궁지기의 말을 듣지 않고 마침내 진나라에게 길을 빌려주었다. 순식이 괵나라를 치고, 다시 진나라로 돌아온 지 3년 만에 군사를 일으켜 우나라를 쳐서 또 정복하였다. 순식은 말을 끌고 옥을 들고 헌공에게 알리니, 헌공이 말하기를 "옥은 여전한데 말은 더 늙었구나."라고 하였다.

그렇다면 우공의 병사가 격파되고 영토가 빼앗긴 것은 무엇 때문인가? 작은 이익을 좋아하여 그 해로움을 생각하지 않았기 때문인데, 그러므로 "작은 이익에 연연하다 큰 이익을 해치게 된다."라고 말하는 것이다.

奚謂顧小利? 昔者, 晉獻公[13]欲假道於虞[14]以伐虢[15]。荀息曰, "君其以垂棘之璧與屈産之乘[16]賂虞公, 求假道焉, 必假我道。" 君曰, "垂棘之璧, 吾先君之寶也。屈産之乘, 寡人之駿馬也。若受吾幣不假之道, 將奈何?" 荀息曰, "彼不假我道, 必不敢受我幣。若受我幣而假我道, 則是寶猶取之內府而藏之外府也, 馬猶取之內廄而著之外廄也。君勿憂。" 君曰, "諾。" 乃使荀息以垂棘之璧與屈産之乘賂虞公而求假道焉。虞公貪, 利其璧與馬而欲許之。宮之奇[17]諫曰, "不可許。夫虞之有虢也, 如車之有輔[18], 輔依車, 車亦依輔, 虞、虢之勢正是也。若假之道, 則虢朝亡而虞夕從之矣! 不可, 願勿許。" 虞公弗聽, 遂假之道。荀息伐虢之, 還反處三年, 興兵伐虞又剋之。荀息牽馬操璧而報獻公, 獻公說曰, "璧則猶是也。雖然, 馬齒亦益長矣。" 故虞公之兵殆而地削者何也? 愛小利而不慮其害, 故曰, "顧小利則大利之殘也。"

○ ○ ○

어떤 것을 비뚤어진 행동이라고 말하는가? 옛날에 초나라의 영왕(靈王)이 신(申) 지방에서 회맹(會盟)을 열었는데, 송(宋)나라의 태자가 늦게 도착하자 그를 잡아 가두고, 서(徐)나라의 왕에게는 모욕을 주었으며, 제(齊)나라의 경봉(慶封)은 구속하였다. 중야사(中射士)가 간언하기를 "제후들을 모으려면 예가 없어서는 안 되는데, 이는 나라 존망의 관건입니다. 옛날에 걸왕(桀王)이 유융(有戎) 지방에서 회맹을 열었으나 유민(有緡)이 배반하고, 주왕(紂王)이 여구(黎丘) 지방에서 군사 훈련을 할 때 서융(西戎)과 북적(北狄)이 반란을 일으켰던 것은 모두 무례 때문이었습니다. 수군께서는 이를 잘 생각해 보십시오."라 하였다. 영왕은 중야사의 말을 듣지 않고 마침내 자신의 뜻대로 하였다. 1년이 되지 않아 영왕이 남쪽으로 유람을 갔는데, 신하들이 따라가 그를 위협하니, 영왕은 건계(乾溪) 가에서 굶어죽었다. 그러므로 "비뚤어지게 행동하고 멋대로 하면서 제후들에게 무례하게 굴다 몸을 망치게 된다."라고 말하는 것이다.

奚謂行僻? 昔者, 楚靈王[19]爲申[20]之會[21], 宋太子後至, 執而囚之, 狎徐君, 拘齊慶封。中射士[22]諫曰, "合諸侯不可無禮, 此存亡之機也。昔者桀爲有戎之會而有緡叛之, 紂爲黎丘之蒐[23]而戎、狄叛之, 由無禮也。君其圖之。" 君不聽, 遂行其意。居未期年, 靈王南遊, 羣臣從而劫之, 靈王餓而死乾溪[24]之上。故曰, "行僻自用, 無禮諸侯, 則亡身之至也。"

○ ○ ○

어떤 것을 음악을 좋아한다고 말하는가? 옛날에 위(衛)나라의 영공(靈公)이 진(晉)나라로 가는데, 복수(濮水) 가에 이르러 수레를 풀어 말을 놓아주고 막사를 지어 하룻밤을 묵었다. 영공이 한밤중에 새로운 곡조를 타는 소리를 듣고 기뻐하며 사람들에게 물어보게 하니, 모두 들어본 적이 없다고 하였다. 이에 악사인 사연(師涓)을 불러 그에게 말하기를 "새로운 곡조를 타는 소리가 있어 사람들에게 물어보게 하여도 모두 들어본 적이 없다고 하니, 그 모양이 귀신과 같은데, 그대가 나를 대신하여 그 곡조를 적어주시오."라 하였다. 사연이 그렇게 하겠다고 대답하였다. 그러고는 조용히 앉아 거문고를 타며 그것을 적었다. 사연이 다음 날 아뢰기를 "제가 그것을 적었는데, 아직 익숙하지 못하니, 다시 하루를 더 묵으면서 익숙해지도록 해주십시오."라 말하였다. 영공이 그렇게 하라고 하여, 사연은 다시 하루를 더 묵었다가 다음 날 그것이 익숙해지자 진나라로 떠났다.

진나라 평공(平公)이 시이(施夷) 지방에 있는 누대에서 연회를 베풀었는데, 술자리가 무르익자 영공이 일어나 말하기를 "새로운 곡조가 있으니, 들려 드리고자 합니다."라 하였다. 평공이 좋다고 하자, 이에 사연을 불러 사광(師曠)의 곁에 앉아서 거문고를 가져다 그 곡조를 연주하게 하였다. 곡조가 아직 끝나지도 않았는데, 사광이 거문고를 잡으며 연주를 멈추게 하며 말하기를 "이 곡조는 나라를 망하게 하는 소리이니 끝까지 연주하게 할 수 없습니다."라 하였다. 평공이 "이것은 어디에서 나온 것인가?"라 물었다. 사광이 말하기를 "이 곡조는 사연(師延)이 만들어 주왕(紂王)에게 바친 음란한 음악입니다. 무왕(武王)이 주왕을 칠 때, 사연은 동쪽으로 달아나 복수에 몸을 던졌으니,

이 소리를 들은 것은 반드시 복수 가에서였을 것입니다. 예전에 이 소리를 들은 자는 반드시 나라를 잃었으므로 이 곡조를 끝까지 연주하게 할 수 없습니다." 평공이 말하기를 "과인이 좋아하는 것은 음악이니, 그대는 끝까지 하시오."라 하여 사연이 곡조를 다 마쳤다.

평공이 사광에게 "이것은 무슨 곡인가?"라 물었다. 사광이 말하기를 "이것은 청상곡(淸商曲)입니다."라 하였다. 평공이 "청상의 곡조가 진실로 가장 슬픈가?"라 물었다. 사광이 "청치곡(淸徵曲)만은 못합니다."라 하였다. 평공은 "청치의 곡조를 들어볼 수 있겠나?"라 하였다. 사광이 말하기를 "안 됩니다. 옛날에 청치의 곡을 들었던 자들은 모두 덕과 의를 갖춘 군주들이었습니다. 지금 주군께서는 덕이 부족하시니 들으실 수 없습니다."라 하였다. 평공이 말하기를 "과인이 좋아하는 것은 음악이니, 그것을 듣고 싶다."라 하였다. 사광은 하는 수 없이 거문고를 당겨 연주하였다.

한 번 그것을 연주하자 검은 학 여덟 마리가 두 줄로 남쪽에서 날아와 회랑의 용마루에 모여들었다. 다시 그것을 연주하자 학들이 열을 지었다. 세 번 그것을 연주하자 목을 길게 세우고 울며 날개를 펴고 춤을 추었는데 궁상의 곡조가 하늘에서 들려왔다. 평공은 크게 기뻐하였고, 앉아 있는 자들도 모두 기뻐하였다. 평공은 술잔을 들고 일어나 사광의 장수를 빌었다.

돌아와 앉으며 묻기를 "음악 중 청치곡보다 슬픈 것은 없는가?"라 하였다. 사광이 대답하기를 "청각곡만은 못합니다."라 하였다. 평공이 "청각의 곡조를 들어볼 수 있겠는가?"라 묻자 사광이 말하기를 "안 됩니다. 옛날에 황제(黃帝)께서 서태산의 위에서 귀신을 모았는데, 그때 황제께서는 상아로 장식한 수레를 타시니 여섯 마리의 교룡이 수레를 끌고, 필방(畢方)이라는 목신이 수레의 옆에서 보호하고, 치우(蚩尤)가 앞에 있고, 풍백(風伯)이 나아가 길을 쓸고, 우사(雨師)가 길에 물을 뿌리고, 호랑이와 이리가 앞서 가고, 귀신이 뒤따르고, 등사(騰蛇)가 땅에 엎드려 있고, 봉황이 하늘을 덮어, 귀신들을 크게 모으고 나서 청각의 곡조를 만들었습니다. 지금 주군께서는 덕이 부족하시니 그것을 들으실 수 없습니다. 그것을 들으셨다가 장차 재앙이 있을까 두렵습니다."라 하였다. 평공이 말하기를 "과인이 늙었고, 좋아하는 것은 음악이니, 그것을 꼭 들어보고 싶다."라 하자 사광은 하는 수 없이 그것을 연주하였다. 한 번 연주하자 검은 구름이 서북쪽으로부터 일어났다. 다시 그것을 연주하자 큰 바람이 불고 큰 비가 쏟아져 휘장을 찢고, 제기를 부수고, 회랑의 기와를 날려 떨어뜨리니, 앉아 있던 자들이 흩어져 달아났다. 평공은 두려워하며 회랑의 방 사이에 엎드렸다.

이후 진나라는 크게 가물고 농지가 벌거숭이인 상태가 3년이나 계속되었다. 평공은 마침내 중병에 걸렸다. 그러므로 "정무에 힘쓰지 않고 음악만 좋아하다 곤궁한 상태에 빠지게 된다."라고 말하는 것이다.

奚謂好音? 昔者, 衛靈公[25]將之晉, 至濮水[26]之上, 稅[27]車而放馬, 設舍以宿。夜分, 而聞鼓新聲者而說之, 使人問左右, 盡報弗聞。乃召師涓[28]而告之曰, "有鼓新聲者, 使人問左右, 盡報弗聞, 其狀似鬼神, 子爲我聽而寫之。" 師涓曰, "諾。" 因靜坐撫琴而寫之。師涓明日報曰, "臣得之矣, 而未習也, 請復一宿習之。" 靈公曰, "諾。" 因復留宿, 明日而習之, 遂去之晉。晉平[29]公觴[30]之於施夷[31]之臺, 酒酣, 靈公起曰, "有新聲, 願請以示。" 平公曰, "善。" 乃召師涓, 令坐師曠[32]之旁, 援琴鼓之。未終, 師曠撫止之, 曰, "此亡國之聲, 不可遂也。" 平公曰, "此道[33]奚出?" 師曠曰, “此師延[34]之所作, 與紂爲靡靡[35]之樂也。及武王伐紂, 師延東走, 至於濮水而自投, 故聞此聲者必於濮水之上。先聞此聲者其國必削, 不可遂。” 平公曰, “寡人所好者音也, 子其使遂之。” 師涓鼓究[36]之。平公問師曠曰, “此所謂何聲也?” 師曠曰, “此所謂清商[37]也。” 公曰, “清商固最悲乎?” 師曠曰, “不如清徵。” 公曰, “清徵可得而聞乎?” 師曠曰, “不可。古之聽清徵者, 皆有德義之君也。今吾君德薄, 不足以聽。” 平公曰, “寡人之所好者音也, 願試聽之。” 師曠不得已, 援琴而鼓。一奏之, 有玄鶴[38]二八道南方來, 集於郎門之垝。再奏之, 而列。三奏之, 延頸而鳴, 舒翼而舞, 音中宮商之聲, 聲聞于天。平公大說, 坐者皆喜。平公提觴而起, 爲師曠壽。反坐而問曰, “音莫悲於清徵乎?” 師曠曰, “不如清角。” 平公曰, “清角可得而聞乎?” 師曠曰, “不可。昔者黃帝[39]合鬼神於西泰山之上, 駕象車而六蛟龍, 畢方[40]竝鎋, 蚩尤[41]居前, 風伯[42]進掃, 雨師[43]灑道, 虎狼在前, 鬼神在後, 騰蛇[44]伏地, 鳳皇覆上, 大合鬼神, 作爲清角。今主君德薄, 不足聽之。聽之, 將恐有敗[45]。” 平公曰, “寡人老矣, 所好者音也, 願遂聽之。” 師曠不得已而鼓之。一奏, 而有玄雲從西北方起。再奏之, 大風至, 大雨隨之, 裂帷幕, 破俎豆[46], 隳[47]廊瓦, 坐者散走。平公恐懼, 伏于廊室之間。晉國大旱, 赤地三年。平公之身遂癃病[48]。故曰, “不務聽治而好五音不已, 則窮身之事也。”

○○○

어떤 것을 탐욕스럽고 괴팍하다 하는가? 옛날에 지백요(智伯瑤)라는 자가 조(趙)·한(韓)·위(魏)나라의 군사를 이끌고, 범씨(范氏)와 중항씨

(中行氏)를 쳐서 멸망시켰다. 돌아와서 병사를 쉬게 한 지 여러 해가 지난 후, 한나라에 사람을 보내 땅을 요구하였다. 한나라의 강자(康子)가 주지 않으려 하니, 단규(段規)가 간언하기를 "주지 않을 수 없습니다. 지백의 사람됨은 이로움을 좋아하고 성격이 거만하고 괴팍합니다. 그가 땅을 요구했는데 주지 않는다면, 병력을 동원하여 반드시 한나라를 공격할 것입니다. 주군께서는 그에게 땅을 주셔야 합니다. 주군께서 그에게 땅을 주면 그는 버릇처럼 또 장차 다른 나라에게도 땅을 요구할 것이며, 다른 나라 중에도 듣지 않으려는 나라가 있을 것인데, 듣지 않는다면 지백은 반드시 무력을 가하게 될 것입니다. 그렇게 된다면, 한나라는 근심을 면하고 사태의 변화를 지켜볼 수 있을 것입니다."라 하였다. 강자가 그렇게 하라 하였다. 이에 사자를 보내 만 가구가 되는 현 하나를 지백에게 바쳤다.

지백은 기뻐하며 또 위나라에 사람을 보내어 땅을 요구하였다. 위나라의 선자(宣子)가 주지 않으려 하니, 조가(趙葭)가 간언하기를 "그가 한나라에게 땅을 요구하였을 때 한나라는 그에게 땅을 주었고, 지금 위나라에게 땅을 요구하는데 위나라가 주지 않는다면, 위나라가 안으로는 스스로 강하다고 생각하면서 밖으로는 지백을 노하게 하는 것입니다. 만약 주지 않는다면 반드시 위나라에 군사를 보낼 것입니다."라 하였다. 선자가 그렇게 하라 하였다. 이에 사람을 보내 만 가구가 되는 현 하나를 지백에게 바쳤다.

지백이 또 조나라에 사람을 보내어 채(蔡)와 고랑(皐狼) 지방을 요구하였으나 조나라의 양자(襄子)는 주지 않았다. 지백은 이에 한나라·위나라와 밀약을 맺고 장차 조나라를 치려 하였다. 양자는 장맹담(張孟談)을 불러서 말하기를 "지백의 사람됨은 겉으로는 친한 척해도 속으로는 거리를 두어, 그가 세 번이나 한나라와 위나라에는 사신을 보내면서도 과인에게는 보내지 않았으니, 반드시 과인의 나라에 군사를 보낼 것이다. 이제 과인이 어디에 근거지를 두는 것이 좋겠는가?"라 하였다. 장맹담이 말하기를 "동알우(董閼于)는 부군인 간주(簡主)의 재주 있는 신하입니다. 그가 진양(晉陽) 지방을 다스리고 윤탁(尹鐸)이 그를 따라 계승하였기 때문에 아직 그 교화가 남아 있으니, 왕께서 정하실 수 있는 근거지는 진양 지방뿐입니다."라 하였다. 양자가 그렇게 하라 하였다.

이에 연릉생(延陵生)을 불러 장군으로 삼아 수레와 말을 이끌고 먼저 진양으로 가게 하고, 양자는 그 뒤를 따랐다. 양자가 진양에 이르러 성곽과 다섯 관아의 창고를 순시하였다. 성곽은 견고하지 않았고, 곡식창고에는 곡식이 없었으며, 재물창고에는 저축된 것이 없었고, 무기창고에는 갑옷과 병기가 없었으며, 성을 방어하는 시설도 갖추어지지 않았다. 양자가 두려워하며 장맹담에게 묻기를 "과인이 성곽과 다섯 관아의 창고를 순시해보니, 갖추어져 있는 것이라고는 아무것도 없는데, 우리가 장차 어찌 적을 상대할 수 있겠는가?"라 하였다. 장맹담이 말하기를 "제가 듣기로 성인들은 다스리면서 재물을 백성들에게 두지 창고에 두지 않는다고 하였으며, 교화에는 힘쓰지만 성곽은 견고히 하지 않는다고 합니다. 주군께서 지금 명령을 내리셔서, 백성들에게 스스로 3년 먹을 식량을 남기고 나머지 곡식은 곡식창고에 들이도록 하십시오. 3년 쓸 돈만 남기고 나머지 돈은 재물창고에 들이도록 하십시오. 남는 사람이 있으면 그들에게 성곽의 보수작업을 하도록 하십시오."라 하였다. 군주가 저녁에 명령을 내렸더니, 다음 날 곡식창고에는 곡식을 더 들일 수 없을 정도가 되었고, 재물창고에는 돈을 쌓을 수 없을 정도가 되었으며, 무기창고에는 갑옷과 병기를 더 둘 수 없을 정도가 되었다. 닷새 후에 성곽이 보수된 후, 방어 시설이 다 갖추어졌다.

양자가 장맹담을 불러 묻기를 "나는 성곽을 다 보수하고, 방어 시설도 다 갖추었으며, 돈과 곡식도 충분하고, 갑옷과 병기도 여유가 있는데, 내게 화살이 없으니 어찌 해야 하는가?"라 하였다. 장맹담이 말하기를 "제가 듣기로 동자(董子)가 진양을 다스릴 때 공관의 울타리를 모두 갈대쑥과 가시나무로 쳐서 높이가 한 길이나 된다고 하는데, 주군께서는 그것을 베어 사용해 보십시오. 화살이 여유가 있을 것입니다."라 하였다. 그래서 그것을 베어 시험해 보니, 딱딱하기가 오히려 대나무 줄기의 견고함이 미치지 못할 정도였다. 양자가 말하기를 "내게 화살은 충분한데, 화살촉이 없으니 어찌 해야 하는가?"라 하였다. 장맹담이 말하기를 "제가 듣기로 동자가 진양을 다스릴 때 공관과 관사를 모두 구리로 기둥의 주춧돌을 만들었다고 하는데, 주군께서는 그것을 뽑아 사용해 보십시오."라 하였다. 그래서 그것을 뽑아 써보니, 쓰고도 화살촉이 남았다.

군령이 정해지고 방어 준비도 갖추어지니, 삼국의 군대가 과연 이르렀다. 이르러 진양의 성을 공격하여 마침내 전쟁을 벌였는데, 3개월이 흘러도 함락시키지 못했다. 이에 삼국의 군대가 군사를 펼쳐 포위하고 진양의 강줄기를 터서 성 안으로 물을 흐르게 하여 진양을 포위한 지 3년이 되었다. 조나라 백성들은 성 안에서 둥지처럼 높이 집을 지어 살고, 솥을 걸어 밥을 지었으며, 재물과 식량도 다하였고, 관리들도 병들어갔다. 양자가 장맹담에게 말하기를 "식량은 바닥나고, 재물도 떨어지고, 관리들도 병들었으니, 나는 아마도 지켜낼 수 없을 것 같다. 항복하려고 하는데, 어느 나라에 항복하는 것이 좋겠는가?"라 하였다. 장맹담이 말하기를 "제가 듣기로 망하는 것을 존속시킬 수 없고, 위급한 것을 안전하게 할 수 없다면, 지혜를 소중히 할 필요가 없다고 합니다. 주군의 계획이 잘못되었으니, 제가 한 번 몰래 빠져나가서 한나라와 위나라의 주군을 만나보고자 합니다."라 하였다. 장맹담이 한나라와 위나라의 군주를 만나 말하기를 "제가 듣기로 입술이 없으면 이가 시리다고 합니다. 지금 지백이 두 주군을 이끌고 조나라를 쳐서, 조나라가 장차 망하려고 합니다. 조나라가 망하면 두 주군이 다음 차례가 될 것입니다."라 하였다. 두 군주가 말하기를 "우리도 그렇게 될 것이라는 것을 아네. 비록 그렇다 하더라도 지백의 사람됨은 마음이 거칠고 인정이 없어, 우리의 모의가 발각된다면 그 화가 반드시 미칠 것이니, 이를 어찌하면 좋겠나?"라 하였다. 장맹담이 말하기를 "모의는 두 주군의 입에서 나와 제 귀로 들어갔을 뿐이며, 아무도 아는 사람이 없습니다."라 하였다. 두 군주는 장맹담과 더불어 한·위·조 삼군이 모반할 것을 약속하고, 함께 그날을 정하였다.

밤이 되자 맹담을 진양에 들여보내 두 군주의 모반을 알렸다. 양자가 맹담을 맞아 그에게 두 번 절을 하고는 한편으로는 두려워하면서 한편으로는 기뻐하였다. 두 군주는 장맹담과 약속하고 그를 보낸 후에 지백에게 아침 인사를 하고 나오다가 군영의 문 밖에서 지과(智過)를 만났다. 지과가 그들의 안색이 이상하다고 여기며 들어가 지백을 만나 말하기를 "두 주군의 모습이 장차 변고가 있을 것 같습니다."라 하였다. 지백이 "어떠하기에 그런가?"라 물었다. 지과가 말하기를 "행동이 거만하고 마음이 들뜬 것이 여느 때의 태도와 같지 않습니다. 주군께서 먼저 손을 쓰시는 것이 좋을 것 같습니다."라 하였다. 지백이 말하기를 "나는 두 주군과의 약속을 신중하게 생각하니, 조나라를 격파하고 그 땅을 셋으로 나눌 것이다. 과인이 그들을 친하게 대하니, 결코 속이지 않을 것이다. 군대가 진양에 도착한 지가 3년이고,

이제 조만간 그것을 함락시키면 이득을 보게 되는데, 어찌 장차 다른 마음을 가지고 있겠는가? 결코 그렇지 않으니, 그대는 의심을 풀고 근심하지 말라. 두 번 다시 그런 소리를 입 밖에 내지 말라."라 하였다.

다음 날 아침에 두 군주는 지백에게 아침 인사를 하고 나오다가 다시 지과를 군영의 문 앞에서 만났다. 지과가 들어가 지백을 보고 말하기를 "주군께서는 제 말을 두 주군에게 하셨습니까?"라 하였다. 지백이 말하기를 "어찌 그것을 아는가?"라 하였다. 지과가 말하기를 "오늘 두 주군이 아침 인사를 하고 나오다가 저를 보자 안색이 변하고 시선이 제게서 떨어지지 않았는데, 이는 반드시 변고가 있는 것으로 주군께서는 그들을 죽이시는 것이 낫습니다."라 하였다. 지백이 말하기를 "그대는 더 이상 말하지 말라."라 하였다. 지과가 말하기를 "안 됩니다. 반드시 그들을 죽이십시오. 만약 죽일 수 없다면, 그들을 가까이 하십시오."라 하였다. 지백이 "그들을 가까이 하라니 어째서인가?"라 물었다. 지과가 말하기를 "위나라 선자의 모신(謀臣)은 조가이고, 한나라 강자의 모신은 단규인데, 이들은 모두 주군의 계략을 바꿀 수 있습니다. 주군께서는 두 주군에게 조나라를 치고 나면 두 주군에게 각각 만 가구가 되는 현 하나를 봉한다고 약속하십시오. 그렇게 하신다면 두 주군의 마음이 변하지 않을 것입니다."라 하였다. 지백이 말하기를 "조나라를 격파하고 그 땅을 셋으로 나눌 것인데, 또 두 사람에게 만 가구가 되는 현 하나씩을 봉한다면, 내가 얻는 것이 적으니 안 된다."라 하였다. 지과는 지백이 자신의 말을 듣지 않는 것을 보고, 떠나 일가의 성을 보씨(輔氏)로 고쳤다.

약속한 날의 밤이 되어, 조씨는 제방을 지키던 관리를 죽이고 물길을 지백의 군대 쪽으로 터지게 하였다. 지백의 군대가 물길을 막기 위해 혼란스러울 때 한나라와 위나라가 양쪽에서 지백의 군대를 공격하니, 양자가 군사를 이끌고 그 앞에서 덮쳐 지백의 군대를 대패시키고 지백을 생포하였다. 지백이 죽자 군대는 깨지고 나라는 삼분되니 세상의 웃음거리가 되었다. 그러므로 "탐욕스럽고 괴팍하게 이익을 밝히는 것은 나라가 망하고 목숨을 잃게 되는 근본이 된다."라고 말하는 것이다.

奚謂貪愎? 昔者, 智伯瑤[49]率趙韓魏而伐范、中行, 滅之。反歸, 休兵數年, 因令人請地於韓。韓康子欲勿與, 段規諫曰, "不可不與也。夫知伯之爲人也, 好利而驁愎[50]。彼來請地而弗與, 則移兵[51]於韓必矣。君其與之。與之彼狃[52], 又將請地他國, 他國且有不聽, 不聽則知伯必加之兵。如是, 韓可以免於患而待其事之變。" 康子曰, "諾。" 因令使者致萬家之縣一於知伯。知伯說, 又令人請地於魏。宣子欲勿與, 趙葭諫曰, "彼請地於韓, 韓與之, 今請地於魏, 魏弗與, 則是魏內自强而外怒知伯也。如弗予, 其措兵[53]於魏必矣。" 宣子, "諾。" 因令人致萬家之縣一於知伯。知伯又令人之趙請蔡、皐狼之地, 趙襄子弗與。知伯因陰約韓、魏, 將以伐趙。襄子召張孟談而告之曰, "夫知伯之爲人也, 陽規而陰疏, 三使韓、魏而寡人不與焉, 其措兵於寡人必矣。今吾安居而可?" 張孟談曰, "夫董閼于, 簡主[54]之才臣也。其治晉陽[55]而尹鐸循之, 其餘教猶存, 君其定居晉陽而已矣。" 君曰, "諾。" 乃召延陵生, 令將軍車騎先至晉陽, 君因從之。君至, 而行[56]其城郭及五官之藏。城郭不治, 倉[57]無積粟, 府[58]無儲錢, 庫[59]無甲兵, 邑無守具。襄子懼, 乃召張孟談曰, "寡人行城郭及五官之藏, 皆不備具, 吾將何以應敵?" 張孟談曰, "臣聞聖人之治, 藏於臣[60]不藏於府庫, 務修其教, 不治城郭。君其出令, 令民自遺三年之食, 有餘粟者入之倉。遺三年之用，有餘錢者入之府。遺有奇[61]人者使治城郭之繕[62]。”君夕出令，明日，倉不容粟，府無積錢，庫不受甲兵。居五日而城郭已治，守備已具。君召張孟談而問之曰，“吾城郭已治，守備已具，錢粟已足，甲兵有餘，吾奈無箭何?”張孟談曰，“臣聞董子之治晉陽也，公宮之垣皆以荻蒿楛楚[63]牆之，其高至于丈，君發而用之。有餘箭矣。”於是發而試之，其堅則雖菌幹之勁弗能過也。君曰，“吾箭已足矣，奈無金[64]何?”張孟談曰，“臣聞董子之治晉陽也，公宮公舍之堂皆以鍊銅爲柱質，君發而用之。”於是發而用之，有餘金矣。號令已定，守備已具，三國之兵果至。至則乘[65]晉陽之城，遂戰，三月弗能拔。因舒軍[66]而圍之，決晉陽之水以灌之，圍晉陽三年。城中巢居而處，懸釜而炊，財食將盡，士大夫羸病。襄子謂張孟談曰，“糧食匱，財力盡，士大夫羸病，吾恐不能守矣！欲以城下[67]，何國之可下?”張孟談曰，“臣聞之，亡弗能存，危弗能安，則無爲貴智矣。君失此計者，臣請試潛行而出，見韓、魏之君。”張孟談見韓、魏之君曰，“臣聞脣亡齒寒。今知伯率二君而伐趙，趙將亡矣。趙亡，則二君爲之次。”二君曰，“我知其然也。雖然，知伯之爲人也，麤中[68]而少親[69]，我謀而覺，則其禍必至矣，爲之柰何?”張孟談曰，“謀出二君之口而入臣之耳，人莫之知也。”二君因與張孟談約三軍之反，與之期日[70]。夜遣孟談入晉陽以報二君之反。襄子迎孟談而再拜之，且恐且喜。二君以約遣張孟談，因朝知伯而出，遇智過[71]於轅門[72]之外。智過怪其色，因入見知伯曰，“二君貌將有變。”君曰，“何如?”曰，“其行矜而意高，非他時之節也。君不如先之。”君曰，“吾與二主約謹矣，破趙而三分其地。寡人所以親之，必不侵欺。兵之著於晉陽三年，今旦暮將拔之而嚮其利，何乃將有他心? 必不然，子釋勿憂，勿出於口。”明旦，二主又朝而出，復見智過於轅門。智過入見曰, “君以臣之言告二主乎?” 君曰, “何以知之?” 曰, “今日二主朝而出, 見臣而其色動, 而視屬臣, 此必有變, 君不如殺之。” 君曰, “子置勿復言。” 智過曰, “不可, 必殺之。若不能殺, 遂親之。” 君曰, “親之奈何?” 智過曰, “魏宣子之謀臣曰趙葭, 韓康子之謀臣曰段規, 此皆能移其君之計。君與其二君約, 破趙國, 因封二子者各萬家之縣一。如是則二主之心可以無變矣。” 知伯曰, “破趙而三分其地, 又封二子者各萬家之縣一, 則吾所得者少, 不可。” 智過見其言之不聽也, 出, 因更其族爲輔氏。至於期日之夜, 趙氏殺其守隄之吏而決其水灌知伯軍。知伯軍救水而亂, 韓、魏翼而擊之, 襄子將卒犯其前, 大敗知伯之軍而擒知伯。知伯身死軍破, 國分爲三, 爲天下笑。故曰, “貪愎好利, 則滅國殺身之本也。”

○ ○ ○

어떤 것을 무희에게 빠진다고 말하는가? 옛날에 융왕(戎王)이 유여(由余)를 진나라 사절로 보낸 일이 있었는데 목공(穆公)이 그에게 묻기를 "과인이 일찍이 도에 대해 들었지만 아직 그것을 눈으로 보지는 못하였으니, 예전의 현명한 군주가 나라를 얻고 나라를 잃는 것은 항상 무엇 때문이었는지 듣고 싶네."라 하였다. 유여가 대답하기를 "제가 일찍이 들은 바에 의하면, 항상 검소 때문에 나라를 얻고 사치 때문에 나라를 잃는다고 합니다."라 하였다. 목공이 말하기를 "과인이 부끄러움을 무릅쓰고 그대에게 도를 물었는데, 그대는 과인에게 검소로 대답하는 것은 왜인가?"라 하였다. 유여가 대답하기를 "제가 듣기로 옛날 요(堯)임금께서 세상을 다스릴 때에는 흙그릇에 밥을 먹고 토기병에 물을 마셨다고 합니다. 이에 그 땅이 남쪽으로는 교지(交趾)에 이르고 북쪽으로는 유도(幽都)에 이르고, 동서로는 해와 달이 뜨고 지는 데까지 복종하지 않는 곳이 없었습니다. 요임금이 세상을 선양하고 우(虞)임금이 물려받았습니다. 식기를 새롭게 만들기 위해 산에서 나무를 베고, 그것을 재료로 삼아 칼과 톱으로 매끈하게 다듬어 그 위에 옻칠을 입혀 궁 안으로 들여가 식기로 사용하였는데, 제후국 가운데 이를 사치스럽다고 생각하며 불복하는 나라가 열세 나라였습니다. 순(舜)임금이 세상을 선양하여 우(禹)임금에게 이어지자 우임금은 제기를 만들어 겉에는 검은 옻칠을 하고 안에는 붉은색으로 그림을 그렸으며, 무늬 없는 명주로 방석을 만들었고, 장초(蔣草)로 자리를 엮어 짜고 가장자리에는 아름다운 술을 달았으며, 술잔에는 색칠을 하고 접시에는 장식을 하였는데, 이와 같이 사치스러워지자 불복하는 나라가 서른셋이나 되었습니다. 하나라가 망하고 은나라가 계승하자 천자의 수레가 지나다니는 큰 길을 만들어 아홉 개의 깃발을 세웠습니다. 그릇에는 조각을 했고, 술잔에도 조각을 하였으며, 네 벽면을 칠하고 자리와 침구에도 무늬를 넣었습니다. 이처럼 사치가 심해지자 쉰세 나라가 불복하게 되었습니다. 귀족들은 모두 훌륭히 치장하는 것만 알았으니 그에 복종하려는 사람들이 갈수록 줄었습니다. 그래서 저는 검소함이 나라를 얻는 도라고 말씀드린 것입니다."라 하였다.

유여가 나가자 목공은 내사(內史)인 요(寥)를 불러 말하기를 "과인이 듣기로는 이웃 나라에 성인이 있으면 상대국의 근심거리가 된다고 했다. 지금 보니 유여가 성인이라 과인은 그것이 염려되는데, 장차 어찌하면 좋겠는가?"라 하였다. 내사인 요가 대답하기를 "제가 듣기로는 융왕이 기거하는 곳은 외지고 누추하며 거리도 멀어서 중원의 음악을 들은 적이 없다고 합니다. 왕께서는 융왕에게 무희를 보내어 정치를 어지럽게 하고, 그 후 유여가 돌아갈 날을 늦추어 달라고 요청하여, 그가 융왕에게 간언할 시간이 없게 하십시오. 그렇게 하면 왕과 신하 사이에 틈이 생길 것이니 그런 후에 계책을 도모하십시오."라 하였다. 목공이 그렇게 하겠다고 하고는 내사인 요를 시켜 열여섯 명의 무희를 융왕에게 보내고, 유여가 돌아갈 기일을 늦추어 줄 것을 요청하자 융왕이 허락하였다. 무희들을 보자 크게 기뻐하며, 술자리를 마련하여 오래도록 마시는데, 매일 음악을 듣다가 마침내 한 해가 가도 목초지를 옮기지 않아 소와 말이 반이나 죽었다. 유여가 돌아와 융왕에게 간언하였으나 융왕은 듣지 않았고, 유여는 끝내 진나라로 떠났다. 신나라 목공은 유여를 맞이하여 상경(上卿)의 벼슬을 주고, 서융의 병력 정세와 지형을 물었다. 그 정황들을 파악하여, 군사를 일으켜 서융을 치고 열두 나라를 합쳐 사방 천리가 되는 영토를 개척하였다. 그러므로 "무희에게 빠져 국정을 돌보지 않는 것은 나라가 망하는 화근이 된다."라고 말하는 것이다.

奚謂耽於女樂? 昔者, 戎王使由余[73]聘於秦, 穆公[74]問之曰, "寡人嘗聞道而未得目見之也, 願聞古之明主得國失國何常以。" 由余對曰, "臣嘗得聞之矣, 常以儉得之, 以奢失之。" 穆公曰, "寡人不辱而問道於子, 子以儉對寡人何也?" 由余對曰, "臣聞昔者堯有天下, 飯於土簋[75], 飲於土鉶[76]。其地南至交趾、北至幽都, 東西至日月之所出入者, 莫不賓服。堯禪天下, 虞舜受之。作爲食器, 斬山木而財之, 削鋸修其迹, 流漆墨其上, 輸之於宮, 以爲食器, 諸侯以爲益侈, 國之不服者十三。舜禪天下而傳之於禹, 禹作爲祭器, 墨漆其外而朱畵其內, 縵帛[77]爲茵[78], 蔣席頗緣, 觴酌有采而樽俎有飾, 此彌侈矣, 而國之不服者三十三。夏后氏沒, 殷人受之, 作爲大路而建九旒[79]，食器雕琢，觴酌刻鏤，四壁堊墀[80]，茵席雕文，此彌侈矣，而國之不服者五十三。君子皆知文章矣，而欲服者彌少，臣故曰儉其道也。”由余出，公乃召內史[81]廖而告之曰，“寡人聞鄰國有聖人，敵國之憂也。今由余聖人也，寡人患之，吾將奈何?”內史廖曰，“臣聞戎王之居、僻陋而道遠，未聞中國之聲，君其遺之女樂以亂其政，而後爲由余請期以疏其諫，彼君臣有間而後可圖也。”乃使史廖以女樂二八遺戎王，因爲由余請期，戎王許諾。見其女樂而說之，設酒張飮，日以聽樂，終歲不遷[82]，牛馬半死。由余歸，因諫戎王，戎王弗聽，由余遂去之秦。秦穆公迎而拜之上卿，問其兵勢與其地形。旣以得之，擧兵而伐之，兼國十二，開地千里。故曰，“耽於女樂，不顧國政，亡國之禍也。”

○○○

어떤 것을 궁궐을 떠나 먼 곳까지 유람한다고 말하는가? 옛날에 전성자(田成子)가 바닷가에서 놀면서 즐거워하다가 모든 대부들에게 호령하기를 “돌아가자고 말하는 자는 죽이리라.”라고 하였다. 안탁취(顔涿聚)가 말하기를 “주군께서 바닷가에서 놀며 즐거워하시지만 이 나라를 엿보는 자가 있다면 어찌합니까? 주군께서 비록 즐기시려 한다고 해도 어찌 그렇게 하실 수 있겠습니까?”라 하였다. 전성자가 말하기를 “과인은 명을 내려 돌아가자고 하는 자는 죽일 것이라 했는데, 지금 그대가 과인의 명을 어겼네.”라 말하며, 창을 잡아서 그를 치려 하였다. 안탁취가 말하기를 “옛날에 걸왕이 관룡방(關龍逢)을 죽이고 주왕이 왕자 비간(比干)을 죽였는데, 지금 주군께서 저를 죽여 이처럼 간언하다 죽음을 당하는 세 번째 사례로 삼으셔도 좋습니다.

제가 말하는 것은 나라를 위한 것이지, 제 자신을 위한 것이 아닙니다."라 하며, 목을 길게 늘어뜨리고 앞에 나아가 "주군께서는 저를 치십시오."라 말하였다. 전성자는 이에 창을 버리고 수레를 몰아 돌아갔다. 3일 후에 백성 중 전성자를 궁궐로 돌아오지 못하게 하려고 모의한 자가 있었다는 것을 듣게 되었다. 전성자가 마침내 제나라를 지킬 수 있었던 까닭은 안탁취의 공이었다. 그러므로 "궁궐을 떠나 먼 곳까지 유람하며 간언하는 사람을 소홀히 하는 것은 자신을 위험하게 만드는 길이 된다."라고 말하는 것이다.

奚謂離內遠遊? 昔者, 田成子[83]遊於海而樂之, 號令諸大夫曰, "言歸者死。" 顏涿聚[84]曰, "君遊海而樂之, 奈臣有圖國者何? 君雖樂之, 將安得?" 田成子曰, "寡人布令曰 '言歸者死', 今子犯寡人之令。" 援戈將擊之。顏涿聚曰, "昔桀殺關龍逢而紂殺王子比干, 今君雖殺臣之身以三之可也。臣言爲國, 非爲身也。" 延頸而前曰, "君擊之矣!" 君乃釋戈趣駕而歸。至三日而聞國人有謀不內田成子者矣。田成子所以遂有齊國者, 顏涿聚之力也。故曰, "離內遠遊則危身之道也。"

○ ○ ○

어떤 것을 잘못하면서 충신의 말을 듣지 않는다고 말하는가? 옛날에 제나라 환공(桓公)은 제후들을 여러 번 규합하여 세상을 바로잡고 오패 가운데 첫째가 되었는데, 관중이 그를 보좌하였다. 관중이 늙어 일을 할 수 없어 집에서 쉬고 있는데, 환공이 찾아가 그에게 묻기를 "중부(仲父)께서 집에서 병들어 계신데, 불행하게 일어나지 못하신다면, 정사를 누구에게 맡기는 것이 좋겠소?"라 하였다. 관중이 말하기를 "저는 늙었기 때문에 제게 물어볼 것이 없습니다. 비록 그러나 제가 듣기로는 신하를 아는 것은 그가 섬기는 주군만 한 사람이 없으며, 자식을 아는 것은 그 자식의 아비만 한 사람이 없다고 합니다. 주군께서는 마음에 생각하셨던 것을 말씀해 보십시오."라 하였다. 환공이 말하기를 "포숙아(鮑叔牙)는 어떻겠소?"라 하였다. 관중이 말하기를 "안 됩니다. 포숙아는 사람됨이 곧고 고집스러워 사납습니다. 곧으면 백성에게 난폭하게 대할 것이고, 고집스러우면 민심을 얻지 못할 것이며, 사나우면 아랫사람을 부릴 수 없는데, 그의 마음은 두려워하지도 않습니다. 이에 패자의 보좌로는 안 됩니다."라 하였다. 환공이 말하기를 "수조(竪刁)는 어떻소?"라 하였다. 관중이 "안 됩니다. 사람의 본성은 자신의 몸을 아끼지 않는 자가 없는데, 왕께서 질투심이 강하고 여자를 좋아한다고 하자 수조는 스스로 거세하고 후궁을 관리하였으니, 자신의 몸을 아끼지 않으면서 또 어찌 주군을 아낄 수 있겠습니까?"라 말하였다.

환공이 말하기를 "위나라의 공자인 개방(開方)은 어떻소?"라 하였다. 관중이 말하기를 "안 됩니다. 제나라와 위나라 사이는 열흘 거리에 지나지 않습니다. 개방은 주군을 섬기기 위해 왕의 비위를 맞춘답시고 15년 동안 부모를 찾아가 뵙지 않았는데, 이는 사람의 본성에 어긋난 것입니다. 부모도 섬기지 않으면서, 또 어찌 주군을 섬기겠습니까?"라 하였다. 환공이 말하기를 "그렇다면 역아(易牙)는 어떻습니까?"라 하였다. 관중이 말하기를 "안 됩니다. 역아는 주군의 입맛만을 위하는데, 주군께서 일찍이 아직 맛보지 못한 것은 인육밖에 없다고 하시자 그가 자신의 맏아들을 삶아서 바친 것은 주군께서도 아시는 일입니다. 사람의 본성이 자식을 사랑하지 않는 자가 없는데, 지금 자신의 아들을 주군께 맛보게 하려고 생각한다면, 자신의 자식도 사랑하지 않으면서 또 어찌 주군을 사랑할 수 있겠습니까?"라 하였다. 환공이 말하기를 "그렇다면 누가 좋겠습니까?"라 하였다. 관중이 말하기를 "습붕(隰朋)이면 괜찮을 것 같습니다. 그의 사람됨은 안으로는 강직하고 밖으로는 청렴하며 욕심이 적고 신의가 두텁습니다. 안으로 강직하면 표준으로 삼을 만하고, 예의가 바르면 큰일을 맡길 수 있습니다. 욕심이 적으면 여러 사람 앞에 설 수 있고, 신의가 두터우면 이웃나라와 친하게 지낼 수 있습니다. 이는 패자를 보좌할 수 있는 조건이니, 주군께서는 그를 쓰십시오."라 하였다. 환공이 그렇게 하겠다 하였다.

1년여 만에 관중이 죽었는데, 환공은 습붕을 쓰지 않고 수조에게 자리를 주었다. 수조가 환공을 섬긴 지 3년이 되었을 때 환공이 남쪽으로 당부(堂阜) 지방을 유람하는데, 수조가 역아와 위나라의 공자인 개방 및 대신들을 이끌고 난을 일으키자 환공은 목마르고 굶주린 채 남문의 침궁에서 죽으니, 환공이 죽은 방에서 그 시체를 석 달 동안 거두어주지 않아 시체에서 생긴 벌레가 문 밖으로 나올 정도였다. 따라서 환공의 군대가 세상을 횡행하여 오패 가운데 첫째가 되었지만, 마침내 신하들에게 시해당하고 드높던 명성까지 잃고 세상의 웃음거리가 된 것은 무엇 때문인가? 관중의 말을 듣지 않은 잘못 때문이다. 그러므로 "잘못하면서 충신의 말을 듣지 않고 자신의 뜻대로 행동하는 것은 드높던 명성이 사라지고 사람들에게 비웃음을 사는 시초가 된다."라고 말하는 것이다.

奚謂過而不聽於忠臣? 昔者, 齊桓公九合[85]諸侯, 一匡天下, 爲五[86]伯長, 管仲佐之。管仲老, 不能用事, 休居於家, 桓公從而問之曰, "仲父[87]家居有病, 卽不幸而不起, 政安遷之?" 管仲曰, "臣老矣, 不可問也。雖然, 臣聞之, 知臣莫若君, 知子莫若父。君其試以心決之。”君曰，“鮑叔牙何如?”管仲曰，“不可。鮑叔牙爲人剛愎而上悍[88]。剛則犯民以暴，愎則不得民心，悍則下不爲用，其心不懼。非霸者之佐也。”公曰，“然則竪刁何如?”管仲曰，“不可。夫人之情莫不愛其身，公妬而好內，竪刁自獖[89]以爲治內，其身不愛，又安能愛君！”曰，“然則衛公子開方何如?”管仲曰，“不可。齊、衛之間，不過十日之行，開方爲事君，欲適君之故，十五年不歸見其父母，此非人情也。其父母之不親也，又能親君乎!”公曰，“然則易牙何如?”管仲曰，“不可。夫易牙爲君主味，君之所未嘗食唯人肉耳，易牙蒸其子首而進之，君所知也。人之情莫不愛其子，今蒸其子以爲膳於君，其子弗愛，又安能愛君乎!”公曰，“然則孰可?”管仲曰，“隰朋[90]可。其爲人也，堅中而廉外，少欲而多信。夫堅中則足以爲表，廉外則可以大任。少欲則能臨其衆，多信則能親鄰國。此霸者之佐也，君其用之。”君曰，“諾。”居一年餘，管仲死，君遂不用隰朋而與竪刁。刁涖[91]事三年，桓公南遊堂阜[92]，竪刁率易牙、衛公子開方及大臣爲亂，桓公渴餒而死南門之寢[93]，公守之室，身死三月不收，蟲出于戶。故桓公之兵橫行天下，爲五伯長，卒見弑於其臣而滅高名，爲天下笑者，何也？不用管仲之過也。故曰，“過而不聽於忠臣，獨行其意，則滅其高名，爲人笑之始也。”

○○○

어떤 것을 안으로 자신의 역량을 헤아리지 않는다고 말하는가? 옛날에 진나라가 한나라의 의양(宜陽) 지방을 공격하여 한나라 군주가 초조해하자, 공중붕(公仲朋)이 한나라 군주에게 말하기를 “동맹국도 믿을 수 없으니, 어찌 장의(張儀)를 통해 진나라에 화친을 구하는 것만 같겠습니까? 진나라에게 성읍을 뇌물로 바치면서 남쪽으로 함께 초나라를 치자고 한다면, 이는 우환을 진나라에서 풀어내고 해를 초나라에 넘기는 것입니다."라 하였다. 군주가 말하기를 좋다고 하였다. 곧 공중붕이 가도록 명하여 장차 서쪽으로 진나라와 화친을 맺도록 하였다.

초나라 군주가 그 소식을 듣고 걱정이 되어 진진(陳軫)을 불러 말하기를 "한나라의 공중붕이 진나라와 동맹을 맺기 위해 서쪽으로 갔다고 하는데, 이제 장차 어찌할까?"라 하였다. 진진이 말하기를 "진나라가 한나라에게 성읍을 하나 얻고 나서, 정예군대를 이끌고 진나라와 한나라가 하나가 되어 남쪽의 초나라를 복속시키는 것은 진나라 군주들이 종묘의 제사를 지내며 기원하던 것이기에 초나라가 피해를 입는 것은 당연합니다. 주군께서는 급히 사신을 보내어 많은 수레에 예물을 가득 싣고 한나라 군주에게 바친 뒤에 '우리나라는 비록 자지만 모든 군대를 일으켰으니, 귀국은 진나라에 대하여 뜻을 펴시기 바랍니다. 따라서 원컨대 귀국의 사신을 보내어 초나라가 군사를 일으킨 것을 살펴보시기 바랍니다.'라고 말씀하십시오."라 하였다. 한나라 사신이 초나라로 갔고, 군주는 수레와 말을 동원하여 북쪽의 한나라로 가는 길목에 정렬시키고 한나라의 사신에게 말하기를 "한나라 군주께 우리 군사들은 지금 국경으로 들어갈 것이라고 보고해 주시오."라 하였다. 사신이 돌아와 한나라 군주에게 보고하자 한나라 군주는 크게 기뻐하며, 공중붕이 진나라로 들어가는 것을 그만두게 하였다. 공중붕이 말하기를 "안 됩니다. 실제로 우리를 고통스럽게 하는 것은 진나라이고, 말로만 우리를 돕겠다고 하는 것은 초나라입니다. 초나라의 빈말만 듣고 강한 진나라의 실제적인 화를 경시한다면, 나라의 근본을 위태롭게 하는 것입니다."라 하였다. 한나라 군주가 듣지 않자, 공중붕은 화가 나서 돌아가 열흘 넘게 조정에 나아가지 않았다.

의양 지방의 상황이 더욱 긴급해지자, 한나라 군주는 사신을 보내 초나라에 군사를 보내줄 것을 재촉하였는데, 계속하여 사신을 보내도 군사는 오지 않았고, 마침내 의양은 함락되어 제후들의 웃음거리가 되었다. 그러므로 "안으로 자신의 역량을 헤아리지 않고 밖으로 제후들에게 의지하려 하는 것은 나라를 약해지게 하는 우환이 된다."고 말하는 것이다.

奚謂內不量力? 昔者, 秦之攻宜陽[94], 韓氏急, 公仲朋[95]謂韓君曰, "與國[96]不可恃也, 豈如因張儀[97]爲和於秦哉! 因賂以名都[98]而南與伐楚, 是患解於秦而害交於楚也。" 公曰, "善。" 乃警[99]公仲之行, 將西和秦。楚王聞之懼, 召陳軫[100]而告之曰, "韓朋將西和秦, 今將奈何?" 陳軫曰, "秦得韓之都一, 驅其練甲[101], 秦、韓爲一, 以南鄕楚, 此秦王之所以廟祠而求[102]也, 其爲楚害必矣。王其趣發[103]信臣, 多其車, 重其幣以奉韓曰, '不穀之國雖小, 卒已悉起, 願大國之信[104]意於秦也。因願大國令使者入境視楚之起卒也。' " 韓使人之楚, 楚王因發車騎陳之下路[105], 謂韓使者曰, "報韓君, 言弊邑之兵今將入境矣。" 使者還報韓君, 韓君大悅, 止公仲。公仲曰, "不可。夫以實告[106]我者秦也, 以名救我者楚也。聽楚之虛言而輕誣[107]强秦之實禍, 則危國之本也。" 韓君弗聽, 公仲怒而歸, 十日不朝。宜陽益急, 韓君令使者趣[108]卒於楚, 冠蓋相望[109]而卒無至者, 宜陽果拔, 爲諸侯笑。故曰, "內不量力, 外恃諸侯者, 則國削之患也。"

○ ○ ○

어떤 것을 나라가 작은데도 예의를 지키지 않는다고 말하는가? 옛날에 진나라 공자 중이(重耳)가 망명길에 오르다가 조나라에 들렀는데, 조나라 군주가 웃옷을 벗기고 그를 쳐다보았다. 이부기(釐負羈)와 숙첨(叔瞻)이 앞에서 시중을 들고 있다가 숙첨이 조나라 군주에게 말하기를 "제가 보기에 진나라 공자는 비범한 사람입니다. 그런데 주군께서는 무례하게 대하셨습니다. 그가 자신의 나라로 돌아갈 기회가 있다면 군사를 일으킬 것이니, 조나라가 해를 입을까 두렵습니다. 주군께서는 그를 죽여 버리는 것이 나을 듯합니다."라 하였으나, 조나라 군주는 듣지 않았다.

이부기가 집에 돌아와서도 걱정스러운 얼굴을 하고 있자 그의 아내가 묻기를 "밖에서 돌아오신 뒤로 걱정스러운 기색이 있는데, 무슨 일입니까?"라 하였다. 이부기가 말하기를 "내가 듣기로 군주의 복은 신하에까지 미치지 않으나 군주의 화는 신하에까지 미친다고 하오. 오늘 주군께서 진나라의 공자를 불러 무례하게 하셨는데, 나도 그 앞에 있었기 때문에 걱정스럽소."라 하였다. 그의 아내가 말하기를 "제가 보기에 진나라의 공자는 만승지국의 패자가 될 것이고 좌우에서 따르는 자들은 만승지국의 재상이 될 것이데, 지금 빈궁하여 망명길에 올라 조나라에 들렀다가 무례한 대우를 받았으니, 자신의 나라로 돌아가면 반드시 무례한 나라를 칠 것이며, 이에 조나라는 그 첫 대상이 될 것입니다. 당신은 왜 미리 그와 별도로 교분을 맺어 두지 않으십니까?"라 하였다. 이부기가 그렇게 하겠다고 하였다.

이에 항아리에 황금을 넣어 음식을 가득 채우고 그 위에 옥을 올려서, 밤에 사람을 시켜 진나라 공자에게 보냈다. 공자는 사신을 보고 두 번 예를 갖춘 후에 음식은 받고 옥은 거절하였다. 그 후 공자는 조나라에서 초나라로 갔다가, 다시 초나라에서 진(秦)나라로 갔다. 진나라로 들어간 지 3년이 되자 진나라의 목공은 여러 신하들을 불러 모의하며 말하기를 "지난날 진(晉)나라의 헌공과 과인의 친분에 대해서는 제후들 가운데 모르는 이가 없다. 그런데 헌공이 불행히도 신하들을 버리고 세상을 떠난 지 10년이나 되었는데도 후사가 변변치 못하니, 나는 장차 진(晉)나라가 종묘와 사직을 보존하지 못할까 두렵다. 사정이 이와 같은데 진(晉)나라를 안정시키지 못한다면, 다른 사람과 친교를 맺은 도리가 아닐 것이다. 나는 중이를 도와 진(晉)나라에 들려 보내려 하는데, 어떻게 생각하는가?"라 하였다. 신하들이 모두 좋다고 말하였다. 목공은 이에 군사를 일으켜 전차 5백대, 기마병 2천명, 보명 5만 명으로 중이를 도와 진(晉)나라로 들어가 군주로 세웠다.

중이는 즉위한 지 3년이 지나 군사를 일으켜 조나라를 쳤다. 그리고 사람을 보내 조나라 군주에게 말하기를 "숙첨을 묶어 내보내면, 내가 그를 죽여서 본보기로 삼을 것이다."라 하였다. 또 사람을 보내어 이부기에게 말하기를 "군사들이 성에 다가가고 있는데, 나는 그대가 나를 저버리지 않았던 일을 알고 있습니다. 그대가 사는 마을을 표시해 둔다면, 군사들에게 명을 내려 침범하지 못하도록 하겠습니다."라 하였다. 조나라 사람들이 그것을 듣고, 친척을 이끌고 와서 이부기가 사는 마을에서 보호를 받은 자들이 7백여 가구나 되었는데, 이는 예를 갖추었기 때문이다. 따라서 조나라는 작은 나라로 진나라와 초나라 사이에 눌려서 군주의 위태함이 마치 계란을 쌓아 올려둔 것과 같았는데도 무례하게 공자를 대하였으니, 이는 대가 끊긴 원인이다. 그러므로 "나라가 작은데도 예의를 지키지 않고 간하는 신하의 말을 받아들이지 않는 것은 대가 끊기는 형세가 된다."라고 말하는 것이다.

奚謂國小無禮? 昔者, 晉公子重耳[110]出亡, 過於曹, 曹君袒裼[111]而觀之。釐負羈與叔瞻侍於前, 叔瞻謂曹君曰, "臣觀晉公子非常人也。君遇之無禮, 彼若有時反[112]國而起兵, 卽恐爲曹傷, 君不如殺之。" 曹君弗聽。釐負羈歸而不樂, 其妻問之曰, "公從外來而有不樂之色, 何也?" 負羈曰, "吾聞之, 有福不及, 禍來連我。今日吾君召晉公子, 其遇之無禮, 我與在前, 吾是以不樂。" 其妻曰, "吾觀晉公子萬乘之主也, 其左右從者萬乘之相也, 今窮而出亡過於曹, 曹遇之無禮, 此若反國, 必誅無禮, 則曹其首也。子奚不先自貳[113]焉。" 負羈曰, "諾。" 乃盛黃金於壺, 充之以餐, 加璧其上, 夜令人遺公子。公子見使者再拜, 受其餐而辭其璧。公子自曹入楚, 自楚入秦。入秦三年, 秦穆公召羣臣而謀曰, "昔者晉獻公與寡人交[114], 諸侯莫弗聞。獻公不幸離羣臣, 出入十年矣。嗣子不善, 吾恐此將令其宗廟不拔除[115]而社稷不血食[116]也。如是弗定, 則非與人交之道。吾欲輔重耳而入之晉, 何如?" 羣臣皆曰, "善。" 公因起卒, 革車五百乘, 疇騎二千, 步卒五萬, 輔重耳入之于晉, 立爲晉君。重耳卽位三年, 擧兵而伐曹矣。因令人告曹君曰, "懸叔瞻而出之, 我且殺而以爲大戮。" 又令人告釐負羈曰, "軍旅薄[117]城, 吾知子不違也。其表子之閭, 寡人將以爲令, 令軍勿敢犯。" 曹人聞之, 率其親戚而保釐負羈之閭者七百餘家, 此禮之所用也。故曹小國也, 而迫於晉、楚之間, 其君之危猶累卵也, 而以無禮涖之, 此所以絶世也。故曰, 國小無禮, 不用諫臣, 則絶世之勢也。

1) 行僻自用(행벽자용): 정상적이지 않은 행동을 하고 자기 멋대로 하다.

2) 聽治(청치): 청정(聽政)과 같은 의미로 정무를 돌보는 것이다.

3) 貪愎(탐퍅): 탐욕스럽고 괴팍하다.

4) 國小無禮(국소무례): 소국이 대국을 섬기는 방법으로 예를 중시해야 하지만 그것과 역행하는 상황을 설명한다.

5) 共王(공왕): 춘추(春秋)시대에 벌어진 언릉(鄢陵) 전투에서 대패해 부왕인 장왕(莊王)이 이룩한 패자의 권위를 상실했다.

6) 厲公(여공): 언릉 전투에서 부왕인 경공(景公)이 잃었던 패자의 자리를 회복하였으나 신하에게 시해되었다.

7) 鄢陵(언릉): 오늘날 하남성(河南省) 개봉(開封)의 남쪽 땅.

8) 司馬子反(사마자반): 초(楚)나라 공자인 측(側)이다. 중군(中軍)의 장수였으며, 사마(司馬)는 관직명이다.

9) 穀陽(곡양): 인명.

10) 不穀(불곡): 원래는 불선(不善)이라는 의미의 겸사이지만 여기서는 제후의 자칭이다.

11) 恤(휼): 우(憂)의 의미.

12) 大戮(대륙): 본보기로 처형하는 큰 벌로 사형을 의미한다.

13) 獻公(헌공): 춘추 시대 진(晉)나라의 군주. 무공(武公)의 아들로 경(耿)·곽(霍)·우(虞)·괵(虢)나라를 멸망시켜 강성한 나라를 만들었다. B.C. 676년부터 B.C. 651년까지 26년간 제위에 있었다.

14) 虞(우): 하남성 평륙현의 동북부, 즉 진나라의 남쪽에 있던 작은 나라다.

15) 虢(괵): 하남성 섬현의 동남쪽에 있던 나라로 황하를 사이에 두고 우나라와 마주하고 있었다.

16) 屈産之乘(굴산지승): 굴(屈)은 산서성(山西省) 길현 근처로 말의 산지다.

17) 宮之奇(궁지기): 우나라의 대부로 간언이 받아들여지지 않아 우나라를 떠났다.

18) 輔(보): 수레에 무거운 짐을 실을 때 바퀴에 묶어 바퀴를 튼튼하게 해주는 나무로 덧방나무를 말한다.

19) 靈王(영왕): 이름이 위(圍)로 공왕의 둘째아들이다. 제후들의 미움을 받아 공자들로부터 배반당하자 자살했다.

20) 申(신): 하남성 남양현 지방. 춘추(春秋) 소공(昭公) 4년에 회합이 있었다.

21) 會(회): 회맹(會盟)으로 원래 제후들이 3년에 한 번씩 주(周)나라 천자(天子)의 조정에 가서 조회하며 모이는 것. 그러나 춘추 시대 이후 주나라의 권위가 약화되자 각 지역의 제후들이 모여서 패권을 잡은 맹주를 정하고 맹약하는 모임으로 변하였다.

22) 中射士(중야사): 군주의 측근에서 시중을 드는 관직.

23) 蒐(수): 수렵을 겸한 군사상의 훈련.

24) 乾溪(건계): 안휘성(安徽省) 박현(亳縣) 동남쪽에 위치.

25) 靈公(영공): 춘추 말기의 사람으로 무도한 군주.

26) 濮水(복수): 산동성(山東省) 복현(濮縣)의 남쪽으로 흐르는 황하의 지류.

27) 稅(세): 탈(脫)과 같은 뜻이다.

28) 師涓(사연): 위나라의 악사.

29) 平公(평공): 진나라 도공(悼公)의 아들 표(彪)로 음악을 좋아하여 악사인 사광(師曠)을 곁에 두었다.

30) 觴(상): 연회를 베풀다.

31) 施夷(시이): 중국 산서성(山西省) 곡옥(曲沃) 서쪽의 분수(汾水) 지역.

32) 師曠(사광): 진나라 악사로 귀가 밝아 음악에 뛰어났으며 소리로 길흉을 점쳤고, 평공의 참모 역할을 했다.

33) 道(도): 유(由)의 뜻이다.

34) 師延(사연): 은(殷)나라 주왕(紂王) 때의 악사.

35) 靡靡(미미): 음미(淫靡) 또는 음란(淫亂)의 의미로 건전하지 못한 아름다움을 말한다.

36) 究(구): 끝까지 하다.

37) 清商(청상): 청상곡(淸商曲)을 말한다. 고대 음악에는 오음(五音) 즉 궁·상·각·치·우(宮·商·角·徵·羽)가 있었는데, 이것은 현대 악보의 1·2·3·5·6(도·레·미·솔·라)음에 해당한다. 여기에서의 청(淸)은 변(變)과 구분하여 말하는 것으로 순수하고 바른 것을 의미한다. 청상(淸商)이란 주로 순수하고 바른 상음(商音)으로 이루어진 악곡을 가리킨다.

38) 玄鶴(현학): 학이 이천 년을 살면 검정색으로 변한다고 한다.

39) 黄帝(황제): 전설 속에 전하는 중화족의 시조.

40) 畢方(필방): 나무의 요정 즉 목신(木神).

41) 蚩尤(치우): 황제의 여섯 신하 중 한 사람. 후에 군신(軍神)으로 받들어졌다.

42) 風伯(풍백): 바람을 일으키는 신.

43) 雨師(우사): 비를 내리는 신.

44) 騰蛇(등사): 용의 한 종류로 뱀과 비슷하며 비늘이 있고 구름을 타고 날아오른다는 전설 속의 동물.

45) 敗(패): 재앙의 의미.

46) 俎豆(조두): 제기(祭器).

47) 隳(휴): 무너뜨리다.

48) 癰病(융병): 노인들이 수척해지는 병으로 중병을 뜻한다.

49) 智伯瑤(지백요): 순요(荀瑤)로 진나라의 육경(六卿) 가운데 최강자였다.

50) 驁愎(오퍅): 오(驁)는 오(傲)와 같은 의미로 '거만하다'는 뜻이고, 퍅(愎)은 '괴팍하다'의 뜻이다.

51) 移兵(이병): 병력을 동원하는 것.

52) 狃(뉴): 습(習)과 같은 의미로 익숙한 것 재미를 붙이는 것을 뜻한다.

53) 措兵(조병): 군사를 보내다.

54) 簡主(간주): 양자의 아버지.

55) 晉陽(진양): 산서성(山西省)의 태원(太原) 지역.

56) 行(행): 순시(巡視)하다.

57) 倉(창): 곡식을 쌓아두는 곳.

58) 府(부): 재화를 보관하는 곳.

59) 庫(고): 무기를 쌓아두는 곳.

60) 臣(신): 민(民)의 뜻이다.

61) 奇(기): 여(餘)의 뜻이다.

62) 繕(선): 보수·수선하는 것.

63) 荻蒿楛楚(적호고초): 적호(荻蒿)는 갈대쑥, 고초(楛楚)는 가시나무.

64) 金(금): 동(銅)으로 화살촉을 만드는 재료.

65) 乘(승): 의미(蟻附)의 뜻으로 개미떼처럼 성곽을 기어오르는 것이다.

66) 舒軍(서군): 군사를 성에서 멀리 떨어지게 하여 넓게 펼쳐 포위하는 전법.

67) 欲以城下(욕이성하): 하(下)는 항복한다는 의미로 성문을 열고 투항하는 것이다.

68) 麤中(추중): 추(麤)는 조(粗)와 같은 의미로, 추중(麤中)은 마음속이 거칠고 막된 것이다.

69) 少親(소친): 인정이 없다.

70) 期日(기일): 날을 잡아서 정하다.

71) 智過(지과): 지백의 일족으로 진나라의 대부.

72) 轅門(원문): 군대가 주둔하고 있는 진영의 문.

73) 由余(유여): 원래 진(晉)나라 사람이었으나 융(戎)으로 망명한 현인이다.

74) 穆公(목공): 진(秦)나라의 제후로 서융의 패자(霸者)다.

75) 簋(궤): 제사를 지낼 때 곡식을 담던 귀가 달린 되 모양의 그릇.

76) 鉶(형): 국을 담던 제기로 귀가 두 개이고 발이 세 개.

77) 縵帛(만백): 무늬 없는 비단.

78) 茵(인): 요 또는 방석.

79) 旒(류): 깃발.

80) 堊墀(악지): 악(堊)은 흰 흙을 말하고, 지(墀)는 궁전 돌계단 위의 뜰을 말한다.

81) 內史(내사): 왕을 도와서 책명(策命)이나 점(占)을 담당하는 관리다.

82) 終歲不遷(종세불천): 서융은 유목민으로 풀을 찾아 옮겨 다녀야 하지만 옮기지 않았음을 뜻한다.

83) 田成子(전성자): 전상(田常).「난언(難言)」의 주(註) 참조.

84) 顔涿聚(안탁취): 제나라의 대부로 충신이다.

85) 九合(구합): 구(九)는 수가 많음을 뜻하여 구합(九合)은 규합(糾合)을 의미한다.

86) 五(오): 춘추 시대에 차례로 패권을 차지한 다섯 제후로 오패(五霸) 즉, 춘추오패를 말한다. 구체적인 대상에 대해서는 예로부터 이설이 있다. 일설에는 제(齊)나라 환공(桓公)·송(宋)나라 양공(襄公)·진(晉)나라 문공(文公)·진(秦)나라 목공(穆公)·초(楚)나라 장왕(莊王)이다. 일설에는 제(齊)나

라 환공(桓公)·진(晉)나라 문공(文公)·초(楚)나라 장왕(莊王)·오(吳)나라 왕 합려(闔閭)·월(越)나라 왕 구천(勾踐)이다. 이 두 가지 설이 모두 통행하지만, 『묵자·소염(所染)』·『순자·왕패(王霸)』·『순자·의병(議兵)』·『여씨춘추·당염(當染)』등의 기록에 의하면 전국 시대 사람이 말하는 오패는 두 번째 설이 맞는다. 첫 번째 설은 동한(東漢) 조기(趙岐)『맹자·고자하(告子下)』주와 반고(班固)의 『백호통(白虎通)·호(號)』에 보이는데, 이것은 한대(漢代) 사람의 설이다. 한비는 전국 시대에 살았으므로 여기서의 '오패'는 두 번째 설에 해당된다고 보아야 한다.

87) 仲父(중부): 환공이 관중을 존중하여 부르는 칭호.

88) 上悍(한): 상(上)은 존귀하게 여기는 것을 의미하고, 한(悍)은 사나운 것 또는 거친 것을 의미한다.

89) 自豶(자분): 스스로 직접 거세하는 것이다.

90) 隰朋(습붕): 제나라 장공(莊公)의 증손자로 환공 때의 현명한 경대부로 알려지고 있을 뿐이다.

91) 涖(리): 임(臨)과 같은 의미로 '대하다', '임하다'의 뜻이다.

92) 堂阜(당부): 산동성 몽음현(蒙陰縣) 서북쪽 지방으로 제나라와 노나라의 경계다.

93) 南門之寢(남문지침): 환공의 별전(別殿)인 침궁(寢宮).

94) 宜陽(의양): 한나라의 성읍으로 하남성 낙하(洛河) 중류 근처다.

95) 公仲朋(공중붕): 재상으로 한나라의 일족.

96) 與國(여국): 자기편이 되는 나라로 우방국 또는 동맹국.

97) 張儀(장의): 소진(蘇秦)의 합종책(合縱策)에 대해 연횡책(連横策)을 주장하여 진나라의 국력을 신장시킨 위나라 사람. B.C. 322년에 위나라의 재상이 되었다.

98) 名都(명도): 훌륭한 큰 도성.

99) 警(경): 칙(飭)의 의미로 '명령하다'의 뜻이다.

100) 陳軫(진진): 유세가(遊說家)로 당시 초나라에서 벼슬을 하고 있었다.

101) 練甲(연갑): 훈련을 잘 받은 군사로 여기서는 정예부대를 의미한다.

102) 廟祠而求(묘사이구): 종묘에 제사를 지내며 소원을 비는 것이다.

103) 趣發(취발): 취(趣)는 급하게 재촉하는 것으로 취발(趣發)은 서둘러 사신을 보내는 것이다.

104) 信(신): 신(申)으로 소신을 펴는 것이다.

105) 下路(하로): 하(下)는 夏(하)로, 하로(夏路)는 초나라에서 중국의 북쪽으로 향하는 길을 의미한다.

106) 告(고): 고(苦)의 잘못된 표기로 '고통스럽게 하다'의 뜻이다.

107) 輕誣(경무): 무(誣)는 모(侮)로, 경무(輕誣)는 경시하고 깔보는 것이다

108) 趣卒(취졸): 취(趣)는 촉(促)으로, 취졸(趣卒)은 지원군을 보내달라고 재촉하는 것이다.

109) 冠蓋相望(관개상망): 사신의 행렬이 이어져 그 관과 수레덮개가 서로 바라다 보이는 것이다.

110) 重耳(중이): 헌공(獻公)의 아들. 헌공의 애첩 여희(驪姬)를 피해 19년 망명생활 끝에 왕의 자리에 올랐다.

111) 袒裼(단석): 웃옷을 벗기는 것. 즉 무례한 행동을 말한다.

112) 反(반): 반(返)과 같은 의미로 '돌아가다'의 뜻이다.

113) 自貳(자이): 이(貳)는 두 마음. 이부기가 진나라 공자에 대해 스스로 조나라 왕과 별개의 교분을 맺는 것.

114) 寡人交(과인교): 진(秦)나라 목공의 부인은 진(晉)나라 헌공의 장녀였기 때문에 친교가 깊었다.

115) 拔除(발제): 더러워진 곳을 털어 깨끗이 하는 것으로 제사지낸다는 뜻이다.

116) 血食(혈식): 희생의 피를 바치는 것으로 제사지내는 것을 의미한다.

117) 薄(박): 급박하다.

제11편 고분(孤憤)

홀로 울분에 차다

解 題

고분(孤憤)은 세상에 자신이 용납되지 못하는 것을 분하게 여긴다는 뜻이다. 법술(法術)의 도리를 잘 깨달은 선비가 강직하며, 식견이 있어 나라에 좋은 계책을 올리지만, 왕 측근의 간신들이 이를 막아서 끝내 중용되지 못해 마음으로 강개한 느낌을 갖게 된다는 것이다.

지혜로운 선비는 반드시 멀리 바라보고 밝게 살필 줄 안다. 밝게 살필 줄 모른다면 사사로움을 꿰뚫을 수 없다. 법대로 할 수 있는 선비는 반드시 의지가 꿋꿋하고 강직하다. 강직하지 않으면 간사함을 바로 잡을 수 없다. 신하로서 명령에 따라 임무를 다하고, 법에 따라 맡은 직분을 다하는 이를 중인(重人)이라 일컫지 않는다. 조정에서 권력을 잡은 이는 법령을 무시하여 함부로 하고, 법령을 파괴하여 사사로이 이익을 추구하고, 국력을 소비하여 자기 집안을 편안케 하고, 힘으로 자신의 군주를 멋대로 할 수 있는데, 이런 자가 중인이다. 지혜로운 선비가 밝게 살필 줄 알아서 의견이 받아들여지고 기용되면 권세 있는 자의 숨겨진 실체를 살필 수 있다. 법도를 따르는 선비가 강직하게 말씀을 올리고 이로써 기용되면 권세 있는 자의 간사함을 바로잡을 수 있게 된다. 지혜가 있으며 법도를 지키는 선비를 기용하면 권세를 중히 여기는 신하는 반드시 법도의 밖에 있게 될 것이다. 지혜가 있으며 법도를 지키는 선비와 요지만 차지하는 신하는 함께 하지 못하는 원수와 같은 존재이다.

智術之士，必遠見而明察，不明察不能燭私。能法之士，必强毅而勁直，不勁直不能矯姦。人臣循令而從事，案法而治官，非謂重人[1]也。重人也者，無令而擅爲，虧法以利私，耗國以便家，力能得其君，此所爲重人也。智術之士，明察聽用[2]，且燭重人之陰情。能法之士，勁直聽用，且矯重人之姦行。故智術能法之士用，則貴重之臣[3]必在繩之外[4]矣。是智法之士與當塗之人[5]不可兩存之仇也。

○○○

요직에 있는 신하가 권력을 장악하게 되면 안팎의 사람들이 모두 그를 위해 일할 것이다. 이런 까닭으로 제후들이 그와 연계하지 않으면 일이 진척되지 않아 상대방 나라에서 그를 칭찬하는 것이다. 조정의 여러 신하들도 그와 연계하지 않으면 일이 진전되지 않으므로 모든 신하들이 그를 위해 일하게 된다. 군주의 측근들도 그와 연계하지 않으면 군주를 가까이 하지 못하므로 주위의 모든 이들이 그의 허물을 덮어주려 한다. 학자들도 그와 연계하지 않으면 봉록도 적고 예우도 낮으므로 그들도 그를 위해서 변론을 하게 된다. 이들 네 종류는 사악한 신하의 죄악을 스스로 덮어주는 이들이다. 권세만 아는 신하는 군주에게 진심으로 충성을 다하지 않으니 자신의 적수가 될 만한 이를 천거할 리 없으며, 군주는 이 네 작당들을 물리치고 권세만 아는 신하를 꿰뚫어 살필 수 없다. 그러므로 군주가 더욱 뒤로 밀리고, 권세 있는 신하는 더욱 강해지는 것이다.

當塗之人擅事要， 則外內爲之用矣。 是以諸侯不因則事不應， 故敵國爲之訟。 百官不因則業不進， 故羣臣爲之用。 郞中[6]不因則不得近主， 故左右爲之匿。 學士不因則養祿薄禮卑， 故學士爲之談也。 此四助者， 邪臣之所以自飾也。 重人不能忠主而進其仇， 人主不能越四助而燭察其臣， 故人主愈弊而大臣愈重。

○○○

대개 요직에 있는 신하는 군주에게 믿음과 아낌을 받지 않는 이가 없으며, 예부터 서로 친하지 않은 바가 없다. 군주의 마음에 들려고 군주와 좋고 싫은 것을 함께함으로써 자신을 승진시킨다. 벼슬이 높아지면 모이는 무리들도 더욱 많아지며 온 나라가 그를 칭찬할 것이다. 그러니 법도를 아는 선비가 군주에게 가까이 가려 해도 군주의 진정한 아낌과 사랑을 받지 못하며 본디부터 친해서 입는 은혜도 받지 못한다. 또한 법도에 맞는 말씀으로써 군주의 편벽된 마음을 바로잡으려 하다 보면 군주와 서로 어긋나기 마련이다. 지위가 낮고 도와주는 이도 없어서 홀로 따돌림을 받는다. 군주와 소원한 신하가 군주의 총애를 받는 신하와 다투면 이겨낼 수가 없다. 군주의 뜻을 어기면서 이겨 보려고 하기 때문에 이겨낼 도리가 없는 것이다. 지위가 낮은 자가 권세 있는 이와 다투는 격이니 이길 수 없는 것이다. 자신의 입 하나만으로 온 나라와 싸우는 것이니 이겨낼 수가 없는 것이다. 법도를 아는 선비는 이와 같은 다섯 가지 불리한 형세를 가지고 있으니, 몇 해가 지나도록 군주를 만나볼 수도 없게 된다. 요직에 있는 신하는 이 다섯 가지 이점을 이용해 아침저녁으로 군주 앞에서 내내 설득하게 된다. 그러므로 법도를 아는 선비가 무슨 수로 군주에게 나아가겠으며 군주는 언제 깨우칠 수가 있겠는가? 그러므로 근본적으로 반드시 이기지 못하며, 형세로 보아서도 둘이 서로 존립할 수 없으니, 법도를 아는 선비가 어찌 위험하지 않다고 하겠는가? 허물이 있다고 죄를 뒤집어씌울 수 있으면 공법으로도 처벌할 수 있다. 죄과를 뒤집어씌우지 못한다면 사사롭게라도 처단하여 목숨을 앗아갈 수도 있다. 이것은 법도를 밝혀서 군주와 맞서는 이는 형리에게 죽음을 당하든지 아니면 사사롭게라도 죽음을 맞게 되어 있다는 말이다.

사적으로 파당을 만들고 패거리를 지어서 군주를 농락하고, 일을 왜곡하여 자신만 편안하게 하는 이는 반드시 권세가 있는 자에게 신임을 받는다. 그러므로 그가 공적이 있다는 구실을 삼아서 높은 벼슬로 그를 높여준다. 명성이 있다고 구실 삼을 만한 자는 외부의 권력으로라도 중용된다. 이로써 군주를 가리고 사적으로 패거리 짓는 자들은 높은 벼슬이 주어지지 않으면 반드시 외부의 권력으로라도 두터운 신임을 받는다.

오늘날 군주는 제대로 검증하지도 않고 처벌하고, 드러난 공적을 살피지도 않고 작위를 내린다. 그러므로 법술에 능한 선비가 어찌 죽음을 무릅쓰고 자신의 뜻을 올리겠는가? 간사한 신하들이 사사로이 이익을 다 취하고 있는데, 어찌 스스로 물러나려 하겠는가? 그러므로 군주는 더욱 비천해지고 패거리를 지은 자들은 더욱 존귀해지는 것이다.

凡當塗者之於人主也, 希不信愛也, 又且習故。若夫卽主心同乎好惡, 固其所自進也。官爵貴重, 朋黨又衆, 而一國爲之訟。則法術之士欲干上者, 非有所信愛之親, 習故之澤也。又將以法術之言矯人主阿辟之心, 是與人主相反也。處勢卑賤, 無黨孤特。夫以疏遠與近愛信爭, 其數不勝也。以新旅與習故爭, 其數不勝也。以反主意與同好爭, 其數不勝也。以輕賤與貴重爭, 其數不勝也。以一口與一國爭, 其數不勝也。法術之士操五不勝之勢, 以歲數而又不得見。當塗之人乘五勝之資, 而旦暮獨說於前。故法術之士奚道得進, 而人主奚時得悟乎? 故資必不勝而勢不兩存, 法術之士焉得不危! 其可以罪過誣者, 以公法而誅之。其不可被以罪過者, 以私劍而窮[7]之。是明法術而逆主上者, 不僇於吏誅[8], 必死於私劍矣。朋黨比周以弊主, 言曲以便私者, 必信於重人矣。故其可以功伐借者, 以官爵貴之。其可借以美名者, 以外權重之。是以弊主上而趨於私門者, 不顯於官爵, 必重於外權矣。今人主不合參驗而行誅, 不待見功而爵祿, 故法術之士安能蒙死亡而進其說, 姦邪之臣安肯乘利而退其身! 故主上愈卑, 私門益尊。

○○○

저 월(越)나라는 부귀하고 병사가 강한데도 중원 여러 나라들의 군주들은 모두 자신들에게 아무 보탬이 되지 않을 것이라고 여기고는, "내가 다스릴 만한 곳이 못 된다."라고 한다. 지금 나라를 차지한 자는 비록 땅이 넓고 사람도 많지만 군주가 뒤로 밀리고 대신들이 권력을 멋대로 하고 있으니, 나라꼴이 월나라처럼 되는 것이다. 자신의 나라가 월나라와 다르다는 것만 알 뿐, 나라꼴이 예전과 같지 않음은 알지 못하고 월나라와 같은 점을 살피지도 않는다. 군주가 제(齊)나라가 망했다고 하는 것은 그 땅과 성이 망한 것이 아니라 여(呂)씨가 제대로 다스리지 못하고 전(田)씨가 나라를 전횡하기 때문이다. 진(晉)나라가 망했다고 하는 것은 역시 땅과 성이 망했다는 것이 아니라 희(姬)씨가 국정을 장악하지 못하고 육경(六卿)이 멋대로 했기 때문이다. 지금 대신들이 권력을 장악하고 멋대로 구는데 군주는 수습할 줄 모르니, 이것은 군주가 명석하지 못한 것이다. 죽은 자와 같은 병에 걸리면 살아날 수 없다. 망한 나라와 똑같이 정사를 다스렸다가는 살아날 수 없다. 지금 제나라와 진나라의 전철을 밟으면서 살아남기를 바라는 것은 있을 수 없는 일이다.

夫越雖富兵彊，中國之主皆知無益於己也，曰，“非吾所得制也。” 今有國者雖地廣人衆，然而人主壅蔽，大臣專權，是國爲越也。智[9]不類越，而不智不類其國，不察其類者也。人主所以謂齊亡者，非地與城亡也，呂氏弗制而田氏用之[10]。所以謂晉亡者，亦非地與城亡也，姬氏[11]不制而六卿專之也。今大臣執柄獨斷而上弗知收，是人主不明也。與死人同病者，不可生也。與亡國同事者，不可存也。今襲迹於齊、晉，欲國安存，不可得也。

○○○

무릇 법술을 행하기 어렵기는 만승(萬乘)의 큰 나라만이 아니며, 천승(千乘)의 나라 역시 마찬가지이다. 군주 가까이 모시는 이가 반드시 지혜롭지는 않으며, 군주가 어떤 이를 지혜롭다고 여기고 그의 말을 귀 기울여 듣고는 측근들과 그 말을 논의한다면, 이는 어리석은 이들과 지혜를 논하는 셈이다. 군주의 측근에는 반드시 현명한 이만 있는 것이 아닌데, 군주가 어떤 이를 현명하다고 여기고 그를 예우해 주고는 측근들과 그의 행위를 논한다면, 이것은 못난 자들과 현명함을 논하는 것이다. 지혜로운 이가 어리석은 자들에 의해 결정되고, 현명한 이는 못난 자들에 의해서 행동이 평가받게 되니, 능력 있고 지혜로운 인사들이 부끄럽게 여기게 되고 군주의 논의는 어그러진다.

신하로서 관직에 오르려고 하는 자들 가운데 수사(修士)들은 정결(精潔)하게 몸을 굳게 지킬 줄 알고, 지사(智士)들은 말을 조리 있게 하는 것으로써 일을 진행시킬 줄 안다. 수사들은 뇌물로 사람을 섬길 줄 모르고 자신의 청렴함을 믿으며, 더욱이 잘못된 법을 가지고 다스리지 않는다. 수사나 지사들은 군주의 측근들을 모시지도 못하며, 남들의 간곡한 부탁도 들어줄 줄 모른다. 군주의 측근에 있는 자들은 행동이 백이(伯夷)처럼 청렴하지 않다. 사람들에게 무언가를 요구했다가 아무것도 얻을 수 없거나, 뇌물을 받지 못하면 정결(精潔)하고 조리 있게 말하는 이들의 공은 없어지고 오히려 그들을 비방하는 말이 생긴다. 어지러운 정황을 다스린 공은 왕의 측근들에게 막히고, 정결한 행동은 멋대로 평가받을 것이다. 그렇게 되면 정결하고 지혜로운 관리들은 버려지고, 군주의 지혜는 막혀 버린다. 공적을 가지고 지혜로운 행위인지를 결정하지 않고, 여러 가지 자료를 참고하여 조사하지 않고, 죄를 지었는지 살피지 않은 채 측근의 말만 듣는다면 무능한 자들이 조정에 있게 되고, 어리석고 부패한 관리들이 관직을 차지하게 된다.

凡法術之難行也, 不獨萬乘, 千乘亦然。人主之左右不必智也, 人主於人有所智而聽之, 因與左右論其言, 是與愚人論智也。人主之左右不必賢也, 人主於人有所賢而禮之, 因與左右論其行, 是與不肖論賢也。智者決策於愚人, 賢士程[12]行於不肖, 則賢智之士羞而人主之論悖矣。人臣之欲得官者, 其修士[13]且以精絜[14]固身, 其智士且以治辯進業。其修士不能以貨賂事人, 恃其精潔, 而更不能以枉法爲治, 則修智之士不事左右, 不聽請謁[15]矣。人主之左右, 行非伯夷也。求索[16]不得, 貨賂不至, 則精辯之功息, 而毁誣之言起矣。治亂之功制於近習[17], 精潔之行決於毁譽[18], 則修智之吏廢而人主之明塞矣。不以功伐[19]決智行, 不以參伍[20]審罪過, 而聽左右近習之言, 則無能之士在廷而愚汚之吏處官矣。

○ ○ ○

만승 대국의 근심은 대신들이 너무 힘이 세기 때문이고, 천승 나라의 근심은 측근들을 너무 믿는 데에 있으니, 이것은 군주가 늘 지니는 걱정이다. 신하들은 큰 죄를 짓게 되고, 군주는 큰 실책을 하게 된다.

신하와 군주가 이롭게 생각하는 것은 서로 다르기 마련이다. 어떻게 그것을 분명히 알겠는가? 말하자면, 군주는 유능한 이가 관직에 있는 것을 이롭게 여기고, 신하는 능력이 없으면서 일을 맡는 것을 이롭게 여긴다. 군주는 열심히 일한 이에게 관직과 봉록을 주는 것을 이롭게 여기는데, 신하는 공적이 없으면서 부귀한 것을 이롭게 여긴다. 군주는 걸출한 인재가 능력을 발휘하는 것을 이롭게 여기는데 신하는 파당을 짓고 사사로이 일을 꾸미는 것을 이롭게 여긴다. 이 때문에 나라의 땅은 줄어들고, 개인의 집안은 부귀하게 되며, 군주의 지위는 낮아지고 대신의 권력이 무거워진다. 그러므로 군주는 세력을 잃고, 신하가 나라를 차지하게 된다. 군주는 거꾸로 번신(藩臣)으로 불리게 되고, 대신은 제멋대로 관직을 남발하게 된다. 이것은 신하가 군주를 속여 제멋대로 하기 때문이다.

그러므로 지금의 중신들 가운데 상황이 달라져도 군주에게 원래의 총애를 받을 자는 열 가운데 둘 셋도 안 될 것이다. 그러한 까닭은 무엇이겠는가? 신하의 죄가 크다. 신하가 큰 죄를 짓는 것은 군주를 속이는 것이나 마찬가지이니, 그 죄를 지으면 죽어 마땅하다. 지사는 앞을 멀리 보고 죽음을 두려워하니 반드시 권력 있는 신하를 따르지 않는다. 현명한 선비는 청렴함으로 몸을 잘 닦고 간신들과 함께 군주를 속이는 것을 부끄럽게 여기니, 반드시 권력 있는 신하들을 따르지 않는다. 지금 권력을 잡아 멋대로 구는 자들은 어리석거나 근심할 줄 모르는 자들로서, 반드시 부패하거나 간사함을 피할 줄 모르는 자들이다. 대신은 어리석고 부패한 자들을 끌어 모아서 그들과 함께 위로는 군주를 속이고 아래로는 이익을 챙기며, 이익을 싹쓸이하려고 한 패거리가 되거나, 서로 무리를 지어 말 한마디로 군주를 속이거나 나라의 법도를 어지럽혀 선비와 백성들을 혼란에 빠뜨리고, 나라를 위태롭게 하여 땅을 줄어들게 하고, 군주는 고달파지고 욕을 당할 것이니, 이것은 커다란 죄이다. 신하가 큰 죄를 지었는데도 군주가 막지 못하는 것은 커다란 실책이다. 위로는 군주가 큰 실수를 하고 아래로는 신하가 큰 죄를 저지르는데, 나라가 망하지 않을 방법을 찾을 수는 없을 것이다.

萬乘之患大臣太重，千乘之患左右太信，此人主之所公[21]患也。且人臣有大罪，人主有大失，臣主之利與相異者也。何以明之哉? 曰，主利在有能而任官，臣利在無能而得事。主利在有勞而爵祿，臣利在無功而富貴。主利在豪傑使能，臣利在朋黨用私。是以國地削而私家富，主上卑而大臣重。故主失勢而臣得國，主更稱蕃臣[22]，而相室[23]剖符[24]。此人臣之所以譎主便私也。故當世之重臣，主變勢而得固寵者，十無二三。是其故何也? 人臣之罪大也。臣有大罪者，其行欺主也，其罪當死亡也，智士者遠見而畏於死亡，必不從重人矣。賢士者修廉而羞與姦臣欺其主，必不從重臣矣，是當塗者之徒屬[25]，非愚而不知患者，必汚而不避姦者也。大臣挾愚汚之人上與之欺主，下與之收利，侵漁[26]朋黨，比周相與，一口惑主敗法，以亂士民，使國家危削，主上勞辱，此大罪也。臣有大罪而主弗禁，此大失也。使其主有大失於上，臣有大罪於下，索國之不亡者，不可得也。

1) 重人(중인): 조정에서 권력을 잡은 대신.

2) 聽用(청용): 의견이 받아들여져서 기용되다.

3) 貴重之臣(귀중지신): 신분이 높고 권세를 중히 여기는 신하로서 중인(重人)과 같다.

4) 在繩之外(재승지외): 승(繩)은 법도로서 여기에서는 법도의 밖에 있다는 뜻이다.

5) 當塗之人(당도지인): 요직(要職)에 있는 신하로서 중인(重人)과 같다.

6) 郎中(낭중): 군주의 측근에 있는 자.

7) 窮(궁): 목숨을 끝장내다.

8) 僇於吏誅(륙어리주): 륙(僇)은 륙(戮)의 뜻으로, '형리에게 죽음을 당한다'는 의미다.

9) 智(지): 知(지)와 통용해서 쓴 것이다.

10) 제(齊)나라는 본디 여상(呂尙)이 분봉 받은 지역이기 때문에 여씨(呂氏)라고 일컬은 것이다. 전씨(田氏)는 본래 진(陳)의 공자(公子) 완(完)이 제(齊)로 도망갔던 것에서 시작되었다. 이 두 사건으로 권신인 전상(田常) 때에 간공(簡公)을 시해하고 권력을 탈취했으며 그의 증손인 화(和)가 자리를 찬탈하였다. 전(田)은 진(陳)과 발음이 통한다.

11) 진(晉)나라는 주(周) 초에 성왕(成王)의 동생인 강숙우(康叔虞)가 분봉을 받은 지역으로서 주(周)와 같은 성씨다.

12) 程(정): 헤아리다, 품평하다.

13) 修士(수사): 수양을 잘한 사람.

14) 絜(결): 결(潔)과 통하며 '깨끗하다'의 뜻이다.

15) 請謁(청알): 특별히 의뢰하다.

16) 求索(구색): 사람들에게 뇌물을 요구하는 일.

17) 近習(근습): 군주의 측근에서 가까이 섬기는 자.

18) 毀譽(훼예): 객관적인 기준 없이 좋고 나쁨을 함부로 평가하다.

19) 功伐(공벌): 공적(功績).

20) 參伍(참오): 여러 가지 자료를 참조하여 조사하다.

21) 公(공): 공(共)의 뜻이다.

22) 蕃臣(번신): 번신(藩臣)의 뜻으로 곁에서 군주를 보호하는 신하.

23) 相室(상실): 상국(相國)의 뜻으로 여기에서는 권력을 마음대로 하는 이.

24) 剖符(부부): 본래는 신표를 나누어주는 것으로 군주가 대신을 임명하거나 관직을 내릴 때 쓰는 것인데, 여기에서는 이것을 군주가 아닌 상실(相室)이 멋대로 행한다는 뜻이다.

25) 徒屬(도속): 사적으로 무리를 짓는 것.

26) 侵漁(침어): 그물질하듯이 이익을 싹쓸이하는 일.

제12편 세난(說難)

유세의 어려움

解題

유세의 어려움을 설명하면서 유세에 성공하는 방법을 제시하고 있다. 전국시대에는 종횡가(縱橫家)뿐 아니라 법가들도 유세를 통해 중용되기를 원했지만 성공한 사람은 매우 드물었다. 한비자 역시 한나라가 쇠퇴해가는 모습을 보고 여러 차례 한나라 왕에게 글로써 간언하였지만 받아들여지지 않았다.

무릇 유세가 어렵다는 것은 내가 사리를 알아서 임금을 설득할 근거를 찾아내기가 어렵다는 것도 아니고, 내가 변론을 통해 나의 뜻을 밝히는 것이 어렵다는 것도 아니며, 또한 내가 감히 거리낌 없이 내가 알고 있는 전부를 말하기가 어렵다는 것도 아니다. 무릇 유세의 어려움은 군주의 마음을 알고 그 마음에 맞추어 말하는 데 있다.

凡說之難, 非吾知之有以說之之難也, 又非吾辯之能明吾意之難也, 又非吾敢橫失而能盡之難也。凡說之難, 在知所說之心, 可以吾說當之。

○○○

군주가 고상한 명성을 추구하는 사람인데 큰 이익으로써 설득한다면, 품격이 낮은 사람으로 여겨져 비천한 대우를 받게 되고 반드시 멀리 내쳐질 것이다. 군주가 큰 이익을 추구하는 사람인데 고상한 명성으로 설득한다면, 생각이 없고 현실을 등한시하는 사람으로 여겨져 반드시 받아들여지지 않을 것이다. 군주가 속으로는 큰 이익을 추구하면서 겉으로는 고상한 명성을 추구하는 사람인데 고상한 명성으로써 설득한다면 그는 겉으로는 받아들이지만 실제로는 소원하게 대할 것이며, 큰 이익으로써 설득한다면 마음속으로 받아들이지만 겉으로는 그를 내칠 것이다. 이러한 상황을 잘 살피지 않으면 안 된다.

所說出於爲名高者也, 而說之以厚利, 則見下節而遇卑賤, 必棄遠矣。所說出於厚利者也, 而說之以名高, 則見無心而遠事情, 必不收矣。所說陰爲厚利而顯爲名高者也, 而說之以名高, 則陽收其身而實疏之, 說之以厚利, 則陰用其言顯棄其身矣。此不可不察也。

○○○

무릇 일은 비밀을 잘 유지함으로써 성공하고, 말은 비밀을 누설함으로써 실패하게 마련이다. 반드시 본인이 누설하려 한 것이 아니지만 말을 하다가 자기도 모르게 비밀을 누설하게 되는데, 이런 경우 목숨이 위태로워진다. 군주가 겉으로 도모하는 일은 실제로는 다른 어떤 일을 성사시키기 위한 것인데, 유세하는 자가 군주가 표면상으로 한 일만 알려 하지 않고 군주의 의도까지 알고자 한다면, 이러한 경우도 목숨이 위태롭게 될 것이다. 유세하는 자가 군주를 위해 특별한 일을 도모하여 군주의 마음에 영합하면, 지혜로운 사람들이 밖에서 이 일을 추측해 내고 결국 일이 밖으로 새어나가니 군주는 유세하는 자가 누설했다고 여길 것이며 이런 경우도 목숨이 위태울 것이다. 군주의 은택이 아직 깊지 않은데 자신이 알고 있는 것을 모두 말하게 되면, 말한 것이 통하여 공이 있더라도 그 공은 곧 잊혀지고, 말한 것이 통하지 않고 실패하면 군주는 의심을 품게 될 것이니, 이런 경우도 목숨이 위태롭다.

군주가 결점이 있는데 유세하는 자가 예의로써 그 잘못된 점을 밝히려 하면 이 또한 목숨을 위태롭게 하는 일이다. 군주가 간혹 계획을 꾸미고 스스로 공적으로 삼으려 하는데 유세하는 자가 그것을 알려고 하는 것, 이런 경우 역시 목숨이 위태롭다. 군주가 하기 힘든 일을 억지로 하게 하거나 군주가 그만두고 싶지 않은 일을 막는 것은 목숨을 위태롭게 하는 일이다. 그러므로 권신들에 대해 군주와 논하면 군주는 자신과 권신 사이를 갈라 놓으려 한다고 여길 것이며, 시종들에 대해 군주와 논한다면 군주는 유세자가 군주와 그들의 친밀한 관계를 이용하여 자신의 입지를 과시하는 것으로 여길 것이다.

군주가 좋아하는 사람들에 대해 논하면 군주는 그들을 유세자 자신의 배경으로 삼으려 한다고 생각할 것이며, 군주가 싫어하는 사람에 대해 논하면 군주는 유세자가 자신의 마음을 엿보려 한다고 여길 것이다. 말을 간단명료하게 하면 군주는 유세자가 총명하지 않다고 생각하여 멍청한 사람으로 여길 것이고, 잗달고 번거로운 변론을 하게 되면 군주는 유세자가 너무 말이 많고 혼잡스럽다고 여길 것이다. 유세자가 일의 대의를 간략하게 말하면 군주는 유세자가 겁이 많아 할 말을 다하지 않았다고 여길 것이며, 장황하게 자신의 견해를 말하면 군주는 유세자가 거칠고 오만하다고 여길 것이다. 이러한 유세의 어려움은 모르면 안 되는 것이다.

夫事以密成, 語以泄敗, 未必其身泄之也, 而語及所匿之事, 如此者身危。彼顯有所出事, 而乃以成他故, 說者不徒知所出而已矣, 又知其所以爲, 如此者身危。規異事而當, 知者揣之外而得之, 事泄於外, 必以爲己也, 如此者身危。周澤未渥也, 而語極知, 說行而有功則德忘, 說不行而有敗則見疑, 如此者身危。貴人有過端, 而說者明言禮義以挑其惡, 如此者身危。貴人或得計而欲自以爲功, 說者與知焉, 如此者身危。彊以其所不能爲, 止以其所不能已, 如此者身危。故與之論大人則以爲間己矣, 與之論細人[1], 則以爲賣重。論其所愛, 則以爲藉資, 論其所憎, 則以爲嘗己也。徑省其說, 則以爲不智而拙之, 米鹽博辯[2], 則以爲多而交之。略事陳意, 則曰怯懦而不盡, 慮事廣肆, 則曰草野而倨侮。此說之難, 不可不知也。

○○○

무릇 유세의 요령은 군주가 자랑으로 여기는 것을 미화하고, 치욕으로 여기는 것을 덮어주는 데 있다. 군주가 사사로이 급한 일이 있을 때 유세자는 반드시 그 일이 나라의 정의에 부합한다고 말하고 군주가 그 일을 힘써 하도록 해야 한다. 군주가 비천한 생각을 가지고 있고 또 그것을 그만둘 수 없다면, 유세자는 군주의 비천한 생각을 미화하여 아름다운 것으로 만들고 오히려 그 일을 하지 않는 것을 비난해야 한다. 군주가 원대한 꿈을 가지고 있으나 실제로 다다를 수 없다면, 유세자는 군주에게 그 꿈의 지나친 점을 지적하여 지나친 점을 보이고, 그가 행하지 않음을 칭찬해야 한다.

어떤 군주는 자신의 지혜와 능력을 과시하고 싶어 하는데, 그러면 유세자는 그를 위해 다른 유사한 일들을 드러내 그에게 많은 근거를 제공하고 군주가 나로부터 이야기 소재를 얻도록 하되, 오히려 유세자는 이렇게 군주의 지혜를 돕고 있다는 것을 모른 척해야 한다. 유세자가 군주의 사사로운 이익을 보전하는 말을 하고자 한다면, 반드시 아름다운 명분으로써 그것을 자세히 밝히고, 그것이 군주의 사사로운 이익과도 부합한다는 것을 넌지시 보여준다. 유세자는 군주가 위험하고 해로운 일을 하겠다고 말할 때에는 그 일에 대한 훼방과 비난에 대하여 자세히 밝히고 군주에게도 그 해로움이 미칠 것임을 넌지시 밝힌다. 유세자는 다른 사람이 군주와 같이 행하는 것을 칭찬하고, 군주가 도모하고 있는 계획과 동일한 다른 일을 도모해야 한다. 군주와 동일한 허물이 있는 사람이 있다면, 반드시 그 사람을 잘 치장하고 그러한 허물이 아무 해로움이 없다고 말해야 한다. 만일 군주와 동일한 실책을 한 사람이 있다면, 명확한 말로 그를 치장하고 그의 실책이 아무런 손실이 없다고 말해야 한다.

만일 군주가 자신의 능력이 뛰어나다고 여긴다면, 그가 하기 힘든 일로 그의 기를 꺾지 말아야 한다. 만일 군주가 자신이 용감하고 과감성이 있다고 여긴다면, 그 과감성 때문에 생긴 과실을 가지고 그를 화나게 하지 말아야 한다. 만일 군주 스스로 그의 계책이 뛰어나다고 여긴다면, 그의 실패를 가지고 그를 곤란하게 하지 말라. 유세의 기본은 군주의 뜻을 거스르지 않는 것이며, 언사에서 군주의 뜻에 저촉되지 않아야 자신의 지혜와 언사를 마음껏 펼칠 수 있다. 이러한 방법으로 군주와 가까워지고 의심받지 않게 되어 하고 싶은 이야기를 다 할 수 있게 된다.

凡說之務, 在知飾所說之所矜而滅其所恥。彼有私急也, 必以公義示而强[3]之。其意有下也, 然而不能已, 說者因爲之飾其美而少[4]其不爲也。其心有高也, 而實不能及, 說者爲之擧其過而見其惡而多其不行也。有欲矜以智能, 則爲之擧異事之同類者, 多爲之地, 使之資說於我, 而佯不知也以資其智。欲內相存之言, 則必以美名明之, 而微見其合於私利也。欲陳危害之事, 則顯其毁誹, 而微見其合於私患也。譽異人與同行者, 規異事與同計者。有與同汙者, 則必以大飾其無傷也。有與同敗者, 則必以明飾其無失也。彼自多其力, 則毋以其難概[5]之也。自勇其斷, 則無以其謫[6]怒之。自智其計, 則毋以其敗窮[7]之。大意無所拂悟[8], 辭言無所繫縻, 然後極騁智辯焉, 此道所得親近不疑而得盡辭也。

○○○

이윤(伊尹)이 요리사가 되고, 백리해가 종이 된 것은 모두 군주에게 중용되기 위한 수단이며, 이 두 사람은 모두 재주와 덕이 뛰어난 사람들이었다. 하지만 이들도 어쩔 수 없이 부림을 받는 사람들로 들어가 등용했으니, 그들의 욕됨이 이와 같았다. 비록 오늘 내가 하는 말이 요리사나 종이 하는 말로 취급받더라도, 다만 받아들여져 세상을 구할 수만 있다면 이는 능력 있는 자가 전혀 부끄러워할 일이 아니다. 무릇 많은 시간이 흘러 군주의 은택이 충분해져서 군주의 계획에 깊이 간여해도 의심을 품지 않고 논쟁하여도 죄를 묻지 않게 되면, 비로소 명확히 이해득실을 따져서 군주의 공적을 이루게 하고, 직접적으로 시비곡직을 밝혀 군주의 인품을 돋보이게 한다. 이와 같이 할 수 있다면, 그 유세는 성공이라 할 수 있다.

伊尹爲宰， 百里奚爲虜， 皆所以干其上也， 此二人者， 皆聖人也， 然猶不能無役身以進， 如此其汙也。 今以吾言爲宰虜， 而可以聽用而振世， 此非能仕之所恥也。 夫曠日彌久， 而周澤旣渥， 深計而不疑， 引爭而不罪， 則明割利害以致其功， 直指是非以飾其身， 以此相持， 此說之成也。

○○○

옛날 정나라 무공이 오랑캐를 치려 할 때, 고의로 먼저 자기 딸을 오랑캐 나라의 군주에게 시집보내 그를 기쁘게 하였다. 그런 후에 대신들에게 묻기를, "내가 군사를 쓰려 하는데, 어느 나라를 공격할 수 있겠는가?"라고 하였다. 대부 관기사가 대답하기를, "오랑캐 나라를 칠 수 있습니다."라고 하였다. 무공이 노하여 그를 죽이고 "오랑캐 나라는 형제의 나라인데, 그들을 치라고 말하는 이유가 무엇인가?"라고 하였다. 오랑캐 군주가 이 이야기를 듣고 정나라가 자신과 친하다고 여겨 정나라를 방비하지 않았고, 결국 정나라는 오랑캐를 급습하여 그들을 정벌했다.

송나라에 부자가 있었는데 비가 내려 집의 담장이 훼손되자 아들이 말하기를, "담장을 쌓지 않으면 반드시 도둑이 들 것입니다."라고 하였다. 그의 이웃집 노인도 그렇게 말하였다. 그날 밤 과연 그는 많은 재물을 도둑맞았다. 그 집에서는 아들이 매우 총명하다고 여긴 반면, 이웃집 노인에 대해서는 오히려 의심하였다.

관기사와 이웃집 노인 두 사람은 모두 맞는 말을 했지만 심하게는 죽음을 당하고 가볍게는 의심을 받았으니, 사실을 아는 것이 어려운 것이 아니고, 사실에 대처하는 것이 어렵다고 할 수 있다. 그러므로 요조가 신(秦)나라 상공(康公)에게 권한 말은 적절한 것으로, 그가 진(晋)나라에서는 현인으로 대접받았으나, 진(秦)나라에서는 죽음을 당하게 되었다. 이는 잘 살피지 않으면 안 된다.

昔者鄭武公[9]欲伐胡, 故先以其女妻胡君以娛其意。因問於羣臣, "吾欲用兵, 誰可伐者。" 大夫關其思對曰, "胡可伐。" 武公怒而戮之, 曰, "胡, 兄弟之國也。子言伐之何也。" 胡君聞之, 以鄭爲親己, 遂不備鄭, 鄭人襲胡, 取之。宋有富人, 天雨牆壞, 其子曰: "不築, 必將有盜。" 其鄰人之父[10]亦云。暮而果大亡其財。其家甚智其子, 而疑鄰人之父。此二人說者皆當矣, 厚者爲戮, 薄者見疑, 則非知之難也, 處之則難也。故繞朝[11]之言當矣, 其爲聖人於晉而爲戮於秦也。此不可不察。

○○○

옛날 미자하(彌子瑕)가 위(衛)나라 영공(靈公)의 총애를 받았다. 위나라의 법은 군주의 수레를 훔친 자는 발꿈치를 자르는 형벌을 내리게 하였다. 미자하의 어머니가 병이 났는데 어떤 사람이 듣고 밤에 몰래 와서 미자하에게 말하여, 미자하가 가짜로 군주의 명령을 빌려 군주의 수레를 몰고 나갔다. 군주가 이 말을 듣고 그가 덕행을 하였다고 여기며 말하기를, "효성이 지극하구나! 어머니를 위하여 월형도 잊어버렸구나."라고 하였다. 또 어느 날, 미자하가 군주와 과수원에서 유람하는데 미자하가 복숭아를 먹다가 매우 달다고 여겨 다 먹지 않고 남은 절반을 영공에게 주었는데, 영공이 말하기를, "정말 나를 아끼는구나! 그 맛을 잊고 과인에게 먹게 하는구나."라고 하였다. 미자하가 늙고 총애를 받지 못할 때 영공에게 죄를 짓게 되었는데, 영공이 말하기를, "미자하는 일찍이 가짜로 내 명령을 빌려 내 수레를 사용하고, 먹다 남은 복숭아를 내게 먹게 한 적이 있다."라고 하였다.

그러므로 미자하의 행위는 애초에 변한 것이 없는데 예전에는 덕행으로 보였고, 나중에는 죄를 얻게 되었으니 이는 군주의 미자하에 대한 애증이 바뀌었기 때문이다. 그러므로 군주의 총애를 받는다면 그 도모함은 적당하다고 여겨져 가깝게 될 것이고, 만일 군주의 미움을 받는다면 그 도모함 역시 부적절하다고 여겨지고 죄를 얻어 관계는 더 멀어질 것이다. 그러므로 군주에게 의견을 간할 때는 자신에 대한 군주의 애증을 잘 살핀 후에 진언하지 않으면 안 되는 것이다.

昔者彌子瑕有寵於衛君。 衛國之法, 竊駕君車者罪刖。 彌子瑕母病, 人聞, 有夜告彌子, 彌子矯駕君車以出。 君聞而賢之, 曰, "孝哉! 爲母之故, 忘其犯刖罪。" 異日, 與君遊於果園, 食桃而甘, 不盡, 以其半啗[12]君, 君曰, "愛我哉! 忘其口味, 以啖寡人。" 及彌子色衰愛弛, 得罪於君, 君曰, "是固嘗矯駕吾車, 又嘗啗我以餘桃。" 故彌子之行未變於初也, 而以前之所以見賢而後獲罪者,愛憎之變也。故有愛於主，則智當而加親，有憎於主，則智不當見罪而加疏。故諫說談論之士，不可不察愛憎之主而後說焉。

○○○

무릇 용은 동물로서 그가 유순할 때는 마음대로 놀리고 타면서 놀 수 있지만, 목 아래 거꾸로 난 한 자쯤 되는 역린(逆鱗)이 있어 만일 이 비늘을 건드리면 반드시 그 사람을 죽일 것이다. 군주 역시 역린(逆鱗)이 있으니, 유세자가 만일 그 역린을 건드리지 않을 수 있다면 대체로 유세를 잘하는 것이라 할 수 있다.

夫龍之爲虫[13]也，柔可狎而騎也，然其喉下有逆鱗徑尺，若人有嬰[14]之者，則必殺人。人主亦有逆鱗，說者能無嬰人主之逆鱗，則幾矣!

1) 細人(세인): 임금의 시중을 드는 낮은 관리. 시종.

2) 米鹽博辯(미염박변): 잗달고 번거로운 변론.

3) 强(강): 힘써 하도록 하다.

4) 少(소): 비난하다.

5) 概(개): 평미레. 여기서는 '깎아서 평평하게 하다'의 원뜻을 '좌절하게 하다'의 추상적 의미로 전용하여 쓰고 있다.

6) 讁(적): 과오. 과실.

7) 窮(궁): 괴롭히다. 난처하게 하다.

8) 拂悟(불오): 거스르다. 위배하다.

9) 鄭武公(정무공): 춘추 초기 정(鄭)나라의 군주.

10) 父(부): 늙은이. 노인.

11) 繞朝(요조): 춘추 시대 진(秦)나라의 대부.

12) 啗(담): 먹게 함. 담(啖)과 통용.

13) 虫(충): 고대에는 동물의 범칭으로 쓰였다.

14) 嬰(영): 닿다. 접촉하다.

제13편 화씨(和氏)

화씨의 구슬

解 題

춘추 시대 초나라의 '화씨지벽(和氏之璧)'의 고사를 사용해서 법술지사(法術之士)가 처한 어려움을 말하고 있다. 전편으로 세 단으로 나누어지는데, 첫째 단은 '화씨지벽'의 고사를 서술하고 있다. 둘째 단의 화씨지벽의 고사를 법술지사가 법술을 시행하는 것에 빗대어 법술지사가 죽음을 당해도 등용되기 어려운 상황을 설명하고 있다. 셋째 단은 초나라의 오기(吳起)와 진나라 상앙(商鞅)의 고사를 인용해서 법술지사가 생명의 위협을 무릅쓰고 군주를 보좌하여 패자로 만들려 하지 않는 현실을 설명하고 있다.

초(楚)나라 사람 화씨(和氏)가 초산(楚山)에서 옥덩어리를 발견하자, 그것을 받들어 여왕(厲王)에게 바쳤다. 여왕이 옥장(玉匠)에게 그것을 살펴보게 하자, 옥장은 "그냥 돌입니다."라고 말하였다. 왕은 화씨가 자기를 속였다고 여기고는 그의 왼쪽 발꿈치를 자르는 형벌을 내렸다.

여왕이 죽고 무왕(武王)이 즉위하자, 화씨는 또 그 옥덩어리를 받들어 무왕에게 바쳤다. 무왕이 옥장에게 그것을 살펴보게 하자, 또 "그냥 돌입니다."라고 말하였다. 왕은 또한 화씨가 자기를 속였다고 여기고는 그의 오른쪽 발꿈치를 자르는 형벌을 내렸다.

무왕이 죽고 문왕(文王)이 즉위하자 화씨는 그 옥덩어리를 껴안고 초산의 아래에서 곡을 하였다. 사흘 밤낮을 울어 눈물이 다 마르고 피가 흐를 정도였다. 왕이 그 소리를 듣고 사람을 보내 연유를 묻기를 "천하에 발꿈치를 잘리는 형벌을 당한 자가 많은데, 그대는 어찌도 그리 슬피 곡을 하는가?"라고 하였다. 화씨가 대답하기를, "저는 발꿈치가 잘린 것을 슬퍼하는 것이 아닙니다. 저 보옥(寶玉)이 그냥 돌로 여겨지고, 정직한 사람이 거짓말쟁이로 불리는 것을 슬퍼하는 것입니다. 이것이 제가 슬피 우는 까닭입니다."라고 하였다. 왕이 옥장에게 그 옥덩어리를 다듬게 하여 보옥을 얻고는 '화씨지벽(和氏之璧)'이라 이름 붙였다.

楚人和氏得玉璞[1]楚山[2]中， 奉而獻之厲王[3]。 厲王使玉人相[4]之， 玉人曰， "石也。" 王以和爲誑[5]， 而刖[6]其左足。 及厲王薨， 武王[7]卽位， 和又奉其璞而獻之武王。 武王使玉人相之， 又曰: "石也。" 王又以和爲誑， 而刖其右足。 武王薨[8]， 文王[9]卽位， 和乃抱其璞而哭於楚山之下。 三日三夜， 泣盡而繼之以血。 王聞之， 使人問其故， 曰， "天下之刖者多矣， 子奚哭之悲也?" 和曰， "吾非悲刖也， 悲夫寶玉而題[10]之以石，貞士而名之以誑。此吾所以悲也。" 王乃使玉人理其璞而得寶焉，遂命曰，"和氏之璧。"

○○○

대저 주옥은 군주가 간절히 갖고 싶어 하는 물건으로, 화씨가 바친 옥이 비록 아름답지는 않아도 군주에게 해가 되지는 않는 것이었다. 그러나 두 발이 잘리고 나서야 보옥이라는 판별을 받았으니, 보옥을 판별하기란 이처럼 어려운 것이다. 지금 군주의 법술(法術)에 대한 것은 화씨의 옥처럼 반드시 절박한 것은 아니지만, 신하들과 백성들의 사익힘을 금할 수 있다. 그러나 법술에 정통한 사람이 죽음을 당하지 않는 것은 단지 제왕의 보옥이라 할 법술을 아직 바치지 않았기 때문이다. 군주가 술(術)을 사용하면 대신들은 제멋대로 일을 결정할 수 없게 되고, 측근들은 감히 군주의 권세에 의지해 자기의 이익을 취할 수 없게 된다. 관리가 법률을 집행하면 부랑자들이 농사에 뛰어들게 되고, 유세가들은 전쟁터에서 위험을 무릅쓸 것이다. 그러므로 법술이라는 것은 신하와 백성들에게는 화가 되는 것이다. 군주가 대신들의 의론을 무시할 수 없고, 백성들의 비난을 넘겨버릴 수 없으면서, 홀로 법술을 주장하는 말에 동조할 수 없다면, 법술을 주장하는 사람이 죽음에 이른다 할지라도 법술은 반드시 평가를 받지 못할 것이다.

夫珠玉人主之所急也，和雖獻璞而未美，未爲王[11]之害也。然猶兩足斬而寶乃論[12]，論寶若此其難也。今人主之於法術也，未必和璧之急也，而禁羣臣士民之私邪。然則有道者之不僇[13]也，特帝王之璞[14]未獻耳。主用術則大臣不得擅斷[15]，近習[16]不敢賣重[17]。官行法則浮萌[18]趨於耕農，而遊士危[19]於戰陳。則法術者乃羣臣士民之所禍也。人主非能倍[20]大臣之議，越民萌之誹，獨周[21]乎道言也，則法術之士雖至死亡，道必不論矣。

○ ○ ○

옛날에 오기(吳起)는 초(楚) 도왕(悼王)에게 나라의 풍속을 가르치며 말하기를, "대신들의 권세가 지나치게 강하고 분봉(分封)받은 귀족이 너무 많습니다. 이와 같다면 위로는 군주를 핍박하고 아래로는 백성을 학대하는 것이니, 이것은 나라를 가난하게 만들고 군대를 약화시키는 길입니다. 분봉받은 귀족의 자손이 삼대째에 이르면 그 작위와 봉록을 회수하고, 모든 관리들의 녹봉(祿俸)을 삭감하며, 급히 필요치 않는 쓸데없는 관리를 줄여 정병을 선발하여 기르는 것만 못합니다."라고 하였다. 도왕이 그의 의견을 실행하다 1년 만에 죽자, 오기는 초나라에서 사지가 찢기는 형벌을 당하였다.

상군(商君)이 진(秦)효공(孝公)에게 건의하기를 백성을 다섯 가구 혹은 열 가구로 묶어서 고발하고 연좌하는 형벌을 만들고, 『시(詩)』와 『서(書)』를 불태워 법령을 밝히며, 귀족의 청탁을 막고 국가에 공이 있는 사람을 등용하고, 벼슬을 구하러 떠돌아다니는 것을 금하고 농사짓거나 전쟁터에 나가는 사람을 표창하게 하였다. 효공이 그대로 시행하여 군주의 지위가 존엄해지고 안정되어져 나라가 부강해졌으나, 8년이 지난 후에 죽자, 상군은 진나라에서 거열형(車裂刑)에 처해지게 되었다.

초나라는 오기의 의견을 받아들이지 않았기 때문에 영토가 줄어들고 나라가 혼란스러워졌으며, 진나라는 상군의 변법을 시행하여 부강해졌다. 두 사람의 말이 합당하였음에도 오기는 사지가 찢기고 상군은 거열형을 받은 것은 무슨 까닭인가? 대신들은 법이 바르게 행해지는 것을 고통스러워하고, 백성들은 정치가 안정되는 것이 싫었기 때문이다. 오늘날 대신들이 권력을 탐하고, 백성들이 혼란한 정치 속에서 편안함을 느끼는 것이 진나라·초나라의 정세보다 심하고, 군주는 신하의 의견을 받아들이는 데 도왕과 효공 같지 않으니, 법술에 능한 사람이 어찌 오기와 상군처럼 위험을 무릅쓰고 자기의 법술을 밝힐 수가 있겠는가? 이것이 세상이 혼란해지고 패왕(霸王)이 나타나지 않는 이유인 것이다.

昔者吳起敎楚悼王[22]以楚國之俗曰，“大臣太重， 封君[23]太衆， 若此則上偪主而下虐民， 此貧國弱兵之道也。 不如使封君之子孫三世而收爵祿， 絶滅百吏之祿秩[24]， 損不急之枝官[25]， 以奉選練之士。” 悼王行之期年而薨矣， 吳起枝解[26]於楚。 商君[27]敎秦孝公[28]以連什伍[29]， 設告坐之過[30]， 燔詩書而明法令， 塞私門[31]之請而遂公家之勞， 禁遊宦之民而顯耕戰之士。 孝公行之， 主以尊安， 國以富强， 八年而薨， 商君車裂[32]於秦。 楚不用吳起而削亂， 秦行商君法而富强。 二子之言也已當矣， 然而枝解吳起而車裂商君者何也? 大臣苦法而細民惡治也。 當今之世， 大臣貪重[33]， 細民安亂， 甚於秦、楚之俗， 而人主無悼王、孝公之聽， 則法術之士安能蒙二子之危也而明己之法術哉? 此世所亂無霸王也。

1) 璞(박): 아직 쪼거나 다듬지 않은 옥덩어리.

2) 楚山(초산): 형산(荊山)을 말하는 것으로 지금의 호북성(湖北省) 남장현(南漳縣)에서 서북쪽으로 80리 떨어진 곳에 있다.

3) 厲王(여왕): 『사기·초세가(楚世家)』에는 여왕(厲王)이 없으니, 아마도 초(楚) 무왕(武王)의 형 분모(蚡冒)의 시호가 여왕(厲王)인 것 같으나, 사서(史書)에 누락되어 기록이 없다. 본서에서 여왕·무왕·문왕(文王)이라 한 것들이 다른 책에서는 무왕·문왕·성왕(成王)으로 되어 있다.

4) 相(상): 살피다, 감정하다.

5) 誑(광): 속이다, 기만하다.

6) 刖(월): 발꿈치를 베는 고대의 형벌의 하나.

7) 武王(무왕): 초나라 분모(蚡冒)의 동생 웅통(熊通).

8) 薨(훙): 제후의 죽음을 뜻하는 것으로, 『예기(禮記)·곡례(曲禮)』에서 천자의 죽음은 붕(崩), 제후는 훙(薨), 대부는 졸(卒), 일반 백성은 사(死)라 한다고 하였다.

9) 文王(문왕): 초나라 무왕의 아들 웅자(熊貲)로 13년 동안 재위하였다.

10) 題(제): 보다, 여기다.

11) 王(왕): 진기유(陳奇猷)는 『한비자집석(韓非子集釋)』에서 왕(王)을 주(主)의 오기로 보았다.

12) 論(논): 판별하다, 판정하다.

13) 僇(륙): 戮(륙)과 같은 의미로 '죽인다'는 뜻이다.

14) 帝王之璞(제왕지박): 제왕의 법술을 얻은 것을 가리킴. 박(璞)은 옥으로 법술을 가리킨다.

15) 擅斷(천단): 마음대로 일을 결정하다.

16) 近習(근습): 군주의 측근에 있는 사람.

17) 賣重(매중): 군주의 권력에 의지해서 자기 이익을 취하다.

18) 浮萌(부맹): 직업 없이 떠도는 사람들을 말한다. 萌(맹)은 백성 맹(氓)의 가차자(假借字)다.

19) 危(위): 여기서는 동사로 위험을 무릅쓴다는 뜻이다.

20) 倍(배): 배(背)와 통하여 '버린다'는 뜻이다.

21) 周(주): 합(合)의 뜻으로 '동조한다'는 뜻이다.

22) 悼王(도왕): 초 성왕(聲王)의 아들 웅의(熊疑). 21년 재위함.

23) 封君(봉군): 맹상군(孟嘗君)·평원군(平原君)같이 분봉 받은 귀족.

24) 祿秩(녹질): 녹봉(祿俸).

25) 枝官(지관): 남아도는 불필요한 관원.

26) 枝解(지해): 사지(四肢)를 찢는 형벌. 지해(支解)·지해(肢解)라고도 한다.

27) 商君(상군): 공손앙(公孫鞅).

28) 孝公(효공): 목공(穆公)의 15세손. 헌공(獻公)의 아들로 이름은 거량(渠梁)이었다. 상앙을 등용해 변법을 단행하여 진나라를 부강하게 하였다. 24년간 재위하였다.

29) 什伍(십오): 고대의 호적과 군대의 기본 편제. 호적은 다섯 집으로 오(伍)를 삼아 서로 보증하면서 열 집을 묶었기 때문에 십오(什伍)라고 했다. 군대는 다섯 사람을 오(伍)라 하였고, 두 개의 오(伍)를 십(什)으로 편성했다.

30) 告坐之過(고좌지과): 다른 사람의 잘못을 고발하는 것과 연좌하는 형벌.

31) 私門(사문): 귀족의 가문.

32) 車裂(거열): 죄인의 신체를 두 수레의 중간에서 양쪽에 결박하고 좌우로 끌어 찢어 죽이는 형벌.

33) 貪重(탐중): 권력을 탐하다.

제14편 간겁시신(姦劫弑臣)

간사와 위협으로 군주를 시해하는 신하

解 題

간겁시신(姦劫弑臣)은 음모와 위협을 사용해서 군주를 시해하는 간신, 겁신, 시신을 말한다. 한비는 이 편에서 군주가 법술로써 국가를 다스려야 그 지위를 확고하게 할 수 있다고 주장한다. 즉, 군주의 권세를 가지고 명확한 법률을 만들고 엄격한 형벌을 시행함으로써, 간신들이 군주를 기만하지 못하게 하여야 패왕(□王)의 공업을 세울 수 있다는 것이다.

무릇 '간신'이란 모두 임금의 마음에 순응하여 신임과 총애의 권세를 얻으려는 자들이다. 그러므로 임금이 좋아하는 자가 있으면 신하들은 좇아서 그를 칭찬하고, 임금이 미워하는 자가 있으면 신하들도 따라서 그를 비방한다. 사람은 대체로 취하고 버리는 것이 같으면 서로 옳다 하고, 취하고 버리는 것이 다르면 서로 그르다고 한다. 지금 신하가 칭찬하는 것이 임금이 옳다 하는 것이면 이를 취하는 것이 같다고 하고, 신하가 비방하는 것이 임금이 그르다 하는 것이면 이를 버리는 것이 서로 같다고 한다. 대개 취하고 버림이 같은데도 서로 어긋나는 것은 들은 적이 없다. 이는 신하가 신임과 총애를 얻게 되는 이치이다.

무릇 간신이 신임과 총애의 세력을 빙자하여 군신을 비방하고 칭찬하고 나아가고 물러나게 하니, 임금이 술수로 그들을 다스리지 않고 증험을 참고하여 그들을 판단하지 않으며, 반드시 과거에 자신과 맞았던 것으로써 지금의 말을 믿으니, 이로써 총애받는 신하가 임금을 속여 사사로운 것을 이루게 된다. 그러므로 임금은 위에서 가리워질 것이고 신하는 아래서 권세를 잡을 것이니, 이는 임금을 마음대로 하는 신하라 할 것이다.

凡姦臣皆欲順人主之心， 以取信幸之勢者也。是以主有所善， 臣從而譽之， 主有所憎， 臣因而毁之。凡人之大體， 取舍同者則相是也， 取舍異者則相非也。今人臣之所譽者， 人主之所是也， 此之謂同取， 人臣之所毁者， 人主之所非也， 此之謂同舍。夫取舍合而相與逆者， 未嘗聞也。此人臣之所以取信幸之道也。夫姦臣得乘信幸之勢以毁譽進退羣臣者， 人主非有術數以御之也， 非參驗[1]以審之也， 必將以曩[2]之合己信今之言， 此幸臣之所以得欺主成私者也。故主必蔽於上而臣必重[3]於下矣。此之謂擅[4]主之臣。

○ ○ ○

나라에 임금을 마음대로 하는 신하가 있으면, 통치받는 무리는 지력을 다하여 충성을 펼치지 않을 것이며, 백관들은 법을 받들어 공을 이루지 않을 것이다. 어떻게 그것을 알겠는가? 무릇 편안하고 이로운 것은 취하고 두렵고 해로운 것은 버리는 것, 이는 사람의 일반적인 마음이다. 지금 힘써 공을 이루고 지혜를 다하여 충성을 다하는 신하는 벼슬길이 어렵고 집안이 가난하게 되어 아비와 자식이 함께 해를 당하게 되며, 임금을 속여 간교한 이익을 취하고 재물을 써서 권세있는 대신을 섬기는 자는, 벼슬이 높아지고 가세가 부유해지며 아비와 자식이 함께 윤택함을 입게된다. 사람이 어찌 능히 편안하고 이로운 길을 버리고 위험하고 해로운 것을 취하겠는가? 나라를 다스림에 이처럼 잘못을 범하면, 비록 위의 임금이 아래 신하들에 간교함이 없고 관리가 법을 받들기를 바라더라도 그것이 불가함은 또한 명백하다. 그러므로 좌우 신하들이 바르고 신임이 있어도 안정과 이로움을 얻지 못함을 알면 반드시 "나는 충성과 신뢰로써 임금을 섬겼고 공로를 쌓아 안정을 바랐으나, 이는 마치 눈이 어두운데 흑백의 상황을 알려고 하는 것이니 필시 기대하기 어렵지 않겠는가? 만약 도로써 교화하고 바른 이치를 행하며 부요와 귀함을 좇지 않고 군주를 섬기어 평안하기를 바라는 것은 마치 귀가 어두운데 맑고 탁한 소리를 판단하려고 하는 것이니 더욱 기대하기 어렵지 않겠는가? 이 두 가지로는 안정을 얻을 수 없는데, 나는 어찌 무리를 지어 임금을 속이고 간악하고 사사로운 것으로써 중신들에 영합하지 않을 수 있겠는가?"라고 할 것이다. 이러면 반드시 군주에 대한 의리는 살피지 않을 것이다.

많은 신하들 역시 행동을 바르게 하여도 안정을 얻을 수 없음을 알게되면 반드시 "나는 청렴함으로 임금을 섬기어 편안하기를 바랐지만, 그림쇠와 자없이 네모나 원을 만들려면 필시 기대할 수 없을 것이다. 만약 법을 지켜 당을 짓지 않고 다스리고 관리하여 편안하기를 바란다면, 이는 마치 발로 머리를 긁는 것 같으니 더 기대할 수 없다. 이 두 가지로는 안정을 얻을 수 없으니, 어찌 법을 무시하고 사사로이 행동하여 중신들에 영합하지 않을 수 있겠는가?" 라고 할 것이다. 이러면 반드시 군주가 정한 법을 살피지 않을 것이다. 이때문에 사적으로 중신을 위하는 자가 많아지고, 법을 지켜 군주를 섬기는 자는 적어진다. 이로써 군주는 위에서 고립되고 신하는 아래에서 당을 이루니, 이것이 바로 전상(田常)이 간공을 시해했던 이유이다.

國有擅主之臣, 則羣下不得盡其智力以陳其忠, 百官之吏不得奉法以致其功矣。何以明之? 夫安利者就之, 危害者去之, 此人之情也。今爲臣盡力以致功, 竭智以陳忠者, 其身困而家貧, 父子罹[5]其害, 爲姦利以弊人主, 行財貨以事貴重之臣者, 身尊家富, 父子被其澤。人焉能去安利之道而就危害之處哉! 治國若此其過也, 而上欲下之無姦, 吏之奉法, 其不可得亦明矣。故左右知貞信之不可以得安利也, 必曰, "我以忠信事上, 積功勞而求安, 是猶盲而欲知黑白之情, 必不幾[6]矣。若以道化行正理, 不趨[7]富貴事上而求安, 是猶聾而欲審淸濁之聲也, 愈不幾矣。二者不可以得安, 我安能無相比周[8]、蔽主上, 爲姦私以適重人哉!" 此必不顧人主之義矣。其百官之吏, 亦知方正之不可以得安也, 必曰, "我以淸廉事上而求安, 若無規矩[9]而欲爲方圓也, 必不幾矣。若以守法不朋黨治官而求安, 是猶以足搔頂也, 愈不幾也。二者不可以得安, 能無廢法行私以適重人哉![10]" 此必不顧君上之法矣。故以私爲重人者衆, 而以法事君者少矣。是以主孤於上而臣成黨於下，此田成[11]之所以弑簡公者也。

○○○

무릇 법술을 아는 사람이 신하가 되면 법도와 술수에 관한 말을 올려드려서, 위로는 임금의 법을 밝히고 아래로는 간신을 억제하여 임금을 높이고 나라를 평안히 하게 된다. 법도와 술수에 대한 말이 먼저 임금에게 진언되면 반드시 상벌이 그 뒤에 행해지게 된다. 임금이 진실로 성인의 술수에 밝으면 세속의 말에 구속되지 아니하고, 명의에 따라 실질을 좇고 옳고 그름을 판단하고, 경험을 참고하여서 말을 판단한다. 이로써 좌우 측근의 신하들이 허위와 조작으로는 편안함을 얻을 수 없다는 것을 알게 될 것이니, 반드시 "내가 간사함을 버리지 않고 사사로이 행동하고, 힘과 지혜를 다하지 않고 임금을 섬기고, 당을 지어 좇고 거짓되게 헐뜯고 칭찬하면서 편안함을 구하는 것은 마치 천근이나 되는 무거운 것을 지고 헤아릴 수 없이 깊은 물속으로 뛰어들면서 살기를 바라는 것과 마찬가지니, 필시 기대할 수 없다."라고 말할 것이다.

모든 관리들 또한 간교하게 취한 이익으로는 편안함을 얻을 수 없다는 것을 알게 되면 반드시 "내가 청렴하고 올바른 태도로 법을 지키지 않고, 탐욕스럽고 더러운 마음으로 법을 왜곡하여 사사로운 이득을 취하는 것은, 마치 높은 언덕 꼭대기에 올라 험준한 계곡 아래로 떨어지면서 살기를 구하는 것과 같으니, 필시 기대할 수 없다."라고 말할 것이다. 안전하고 위험한 길은 이처럼 분명한데, 좌우의 신하들이 어찌 허망한 말로써 임금을 속일 수 있겠으며, 모든 관리들이 감히 아랫사람들을 탐하고 수탈할 수 있겠는가? 신하는 충성함으로써 임금을 넘어뜨리지 않고, 아래로는 그 직무를 수행함으로써 원망하지 않음을 얻게 되니, 이는 관중이 제나라를 잘 다스리고, 상앙이 진나라를 강하게 만든 이유이다.

夫有術者之爲人臣也, 得效度數[12]之言, 上明主法, 下困姦臣, 以尊主安國者也。是以度數之言得效于前, 則賞罰必用于後矣。人主誠明於聖人之術, 而不苟於世俗之言, 循[13]名實而定是非, 因參驗而審言辭。是以左右近習之臣知僞詐之不可以得安也, 必曰, “我不去姦私之行, 盡力竭智以事主, 而乃以相與比周, 妄毁譽以求安, 是猶負千鈞之重, 陷於不測之淵而求生也, 必不幾矣。”百官之吏亦知爲姦利之不可以得安也, 必曰, “我不以淸廉方正奉法, 乃以貧汚之心枉法以取私利, 是猶上高陵之顚, 墮峻谿之下而求生, 必不幾矣。”安危之道若此其明也, 左右安能以虛言惑主, 而百官安敢以貪漁下! 是以臣得陳其忠而不弊[14], 下得守其職而不怨。此管仲之所以治齊, 而商君之所以强秦也。

○○○

이를 좇아 살펴보면 성인이 나라를 다스릴 때에는 사람들로 하여금 나를 아끼지 않을 수 없도록 하는 방법이 있는데, 남이 자신을 아껴주므로 자신을 위해 일해 주리라 믿지 않는 것이다. 남이 자신을 아껴 자신을 위해 주리라 믿는 것은 위험하고, 내가 (남으로 하여금) 하지 않을 수 없도록 함을 믿는 것은 편안하다. 무릇 임금과 신하는 혈육의 친근함이 있는 것이 아니므로 정직한 방법으로 이로움을 얻을 수 있다면 신하는 힘을 다해 임금을 섬길 것이고, 정직한 방법으로 편안함을 얻을 수 없다면 신하는 사사로이 행동하여 임금을 범할 것이다. 현명한 임금은 이를 알고, 이롭고 해로움을 구별하는 방법을 정하여 세상에 널리 나타내 보일 따름이다. 무릇 이런 까닭에 임금이 친히 많은 관리를 가르치지 않고 친히 간신을 색출하지 않더라도 나라가 잘 다스려지는 것이다.

임금이라고 눈이 이루처럼 밝은 것이 아니고 귀가 사광처럼 잘 들려 총명해지는 것도 아니다. 그러므로 법술에 의지하지 않고 눈으로 밝게 보기를 기대한다면, 보이는 것이 적으므로 군주의 눈을 가리지 못하게 하는 술수가 되지 못한다. 그 형세에 따르지 않고 자기귀로 들어서 귀가 밝아지기를 기대한다면 들리는 것이 적어지므로 속임을 당하지 않는 방법이 되지 못한다. 현명한 임금은 세상 사람들로 하여금 임금을 위하여 보지 않을 수 없게 하고 세상 사람들로 하여금 임금을 위하여 듣지 않을 수 없게 한다. 그리하여 몸은 깊은 궁궐에 있어도 세상을 모두 밝게 비추어 보니, 세상 사람들이 능히 가리지도 속이지도 못한다. 어째서인가? 어둡고 어지러운 방법은 폐하여지고 사물을 잘 보고 듣는 기세가 일어나기 때문이다. 그러므로 형세에 잘 맡기면 나라는 안전해질 것이고, 형세로 말미암음을 모르면 나라는 위태로워질 것이다.

옛날 진나라에 모든 신하가 법을 무시하고 사사로운 것을 좇으니, 나라는 어지러워지고 군대는 약해져 임금은 비루해졌다. 상앙은 진나라 임금 효공을 설득하여 법을 고치고 관습을 바꾸고 임금의 도를 명확히 하여, 죄를 범한 사람을 밀고한 이에게 상을 주고 상공업을 억제하고 농사 짓는 사람을 이롭게 했다. 그 당시 진나라 백성들은 죄를 지어도 형벌을 면할 수 있고, 공이 없어도 존귀한 지위에 오를 수 있었던 옛 풍속에 익숙해 있었기에, 새로운 법을 업수이 가볍게 여겼다. 이에 법을 어긴 자에는 반드시 무거운 형벌을 내리고, 그들을 고발한 자에게는 두터운 상을 내려 새 법을 믿게 했다. 따라서 간사한 행동을 하고도 벌을 피하는 자가 없어지자, 백성들은 두려워하고 원망하며 새 법의 과오를 말하는 의견이 매일 들려왔다. 그러나 효공(孝公)은 듣지 않고 상앙의 법을 시행하였다. 백성은 그 후에 죄가 있으면 반드시 죽임을 당한다는 것을 알고 죄를 범한 자를 고발하는 사람이 많아졌으니, 백성이 죄를 짓지 않아 형벌을 가할 자가 없게 되었다. 이로써 나라가 잘 다스려지고 군사가 강해져 땅이 넓어지고 군주는 존엄해졌다. 이렇게 된 까닭은 죄를 숨기면 벌이 무겁고 간사한 자를 고발하면 상이 후하기 때문이었다. 이 또한 세상 사람으로 하여금 반드시 자신을 위하여 보고 듣도록 만드는 이치인 것이다. 잘 다스려지는 법술이 이미 분명하지만 세상의 학자들은 알지 못한다.

從是觀之, 則聖人之治國也, 固有使人不得不愛我之道, 而不恃[15] 人之以愛爲我也。 恃人之以愛爲我者危矣, 恃吾不可不爲者安矣。 夫君臣非有骨肉之親, 正直之道可以得利, 則臣盡力以事主, 正直之道不可以得安, 則臣行私以干上。 明主知之, 故設利害之道以示天下而已矣。 夫是以人主雖不口教百官, 不目索姦衺[16], 而國已治矣。 人主者, 非目若離婁乃爲明也, 非耳若師曠乃爲聰也。 不任其數, 而待目以爲明, 所見者少矣, 非不弊之術也。 不因其勢, 而待耳以爲聰, 所聞者寡矣, 非不欺之道也。 明主者, 使天下不得不爲己視, 使天下不得不爲己聽。 故身在深宮之中, 而明照四海之內, 而天下弗能蔽、弗能欺者, 何也? 闇亂之道廢, 而聰明之勢興也。 故善任勢者國安, 不知因其勢者國危。 古秦之俗, 君臣廢法而服私, 是以國亂兵弱而主卑。 商君說秦孝公以變法易俗而明公道, 賞告姦, 困末作[17]而利本事。 當此之時, 秦民習故俗之有罪可以得免, 無功可以得尊顯也, 故輕犯新法。 於是犯之者其誅重而必, 告之者其賞厚而信。故姦莫不得而被刑者衆，民疾怨而衆過日聞。孝公不聽，遂行商君之法，民後知有罪之必誅，而私姦者衆也，故民莫犯，其刑無所加。是以國治而兵强，地廣而主尊。此其所以然者，匿罪之罰重，而告姦之賞厚也。此亦使天下必爲己視聽之道也。至治之法術已明矣，而世學者弗知也。

○ ○ ○

또한 세상의 어리석은 학문은 모두 나라가 잘 다스려지는지 어지러워지는지 실정을 모르고, 함부로 말을 지껄이고 옛글을 많이 외우면서 지금 세상의 정치를 어지럽히며, 지혜는 파놓은 함정에 빠질 위험을 피하지도 못하면서 법술을 가진 선비를 망령되이 비방한다. 그들의 말을 듣는 자는 위험해지고 그들의 계략을 쓰는 자는 혼란에 빠지니, 이것이야말로 가장 큰 어리석음이자 우환이다.

이들은 법술을 가진 선비와 더불어 유세를 잘하는 것으로 명성이 있지만 실상은 차이가 많으니, 이는 무릇 명성이 같아도 실제는 다르다는 것이다. 대체로 세상의 어리석은 학문을 하는 자가 법술을 가진 선비에 비교하는 것은 마치 개미무덤을 큰 구릉에 비교하는 것 같아서 높고 낮음에 서로 차이가 크다. 성인은 옳고 그름의 진실을 판단하고, 잘 다스림과 어지럽힘의 실정을 살핀다. 그러므로 나라를 다스리는 데에는 밝은 법을 바로세우고 엄중한 형벌을 펴서, 그것으로써 백성들을 혼란에서 구하고 세상의 재앙을 없애며, 강한 자가 약한 자를 기만하지 못하게 하고, 다수가 소수를 해치지 못하게 하고, 늙은 자가 여생을 다하게 하고, 어린 고아가 잘 자라게 하며, 국경은 적이 침입하지 않게 하고, 임금과 신하는 서로 화목하고, 아비와 아들이 서로 보호하고, 포로로 잡혀 죽는 우환이 없게 하면, 이 또한 공로가 지극히 두터운 것이다.

어리석은 자는 이것을 모르기 때문에 도리어 포악하다고 여긴다. 어리석은 자는 나라를 잘 다스리려 하지만 잘 다스려지는 방법을 싫어하며, 모두 위태로워지는 것을 싫어하지만 위태롭게 하는 길을 좋아한다. 어떻게 그것을 알 수 있는가? 무릇 엄한 형과 무거운 벌은 백성이 싫어하는 바이지만 나라가 잘 다스려지는 길이요, 백성을 불쌍히 여기고 형벌을 가벼이 함은 백성이 좋아하는 바이지만 나라가 위태로워지는 길이 된다. 성인이 나라의 법을 만들 때에는 반드시 세상에 거스르지만 도덕에 따른다. 그것을 아는 자는 의로운 것과 함께하고 세속적인 것에 달리하지만, 그것을 모르는 자는 의로운 것에 달리하고 세속적인 것과 함께한다. 세상에 그것을 아는 자가 적어서 의로운 것이 비방을 받게 된다.

且夫世之愚學，皆不知治亂之情，讘䛟[18]多誦先古之書，以亂當世之治，智慮不足以避穽井之陷，又妄非有術之士。聽其言者危，用其計者亂，此亦愚之至大而患之至甚者也。俱與有術之士，有談說之名，而實相去千萬也。此夫名同而實有異者也。夫世愚學之人比有術之士也，猶螘垤之比大陵也，其相去遠矣。而聖人者，審於是非之實，察於治亂之情也。故其治國也，正明法，陳嚴刑，將以救羣生之亂，去天下之禍，使强不陵[19]弱，衆不暴寡，耆老得遂，幼孤得長，邊境不侵，君臣相親，父子相保，而無死亡繫虜之患，此亦功之至厚者也。愚人不知，顧[20]以爲暴。愚者固欲治而惡其所以治，皆惡危而喜其所以危者。何以知之？夫嚴刑重罰者，民之所惡也，而國之所以治也，哀憐百姓，輕刑罰者，民之所喜，而國之所以危也。聖人爲法國者，必逆於世，而順於道德。知之者，同於義而異於俗，弗知之者，異於義而同於俗。天下知之者[21]少，則義非[22]矣。

○○○

권력이 없는 자리에 앉아서 뭇 사람들의 모함을 받으며 당대의 세속적인 말들에 둘러싸여 있으면서, 존엄한 천자를 세워 편안함을 구하려는 것은 어찌 또 어렵지 않겠는가! 이것은 무릇 지사가 죽을 때까지 세상에 드러나지 못하는 까닭이다.

초나라 장왕(莊王)의 동생 춘신군(春申君)에게 여(余)라는 애첩이 있었고, 춘신군의 정실의 아들은 갑(甲)이라 하였다. 여는 춘신군이 정실부인을 버리게 하려고 자신의 몸을 상하게 하고는 춘신군에게 보이고 울며 말하기를, "당신의 첩이 된 것은 심히 행복합니다. 비록 그렇기는 하지만, 부인에게 맞추면 당신을 섬기지 못하게 되고 당신에게 맞추면 부인을 섬기지 않게 됩니다. 저는 본래 못나서 두 주인을 따르기에는 힘이 모자라고, 그런 형세로는 모두에게 맞출 수 없으니 부인에게 죽는 바가 되느니보다 차라리 당신 앞에서 죽는 것이 낫습니다. 첩이 죽고 만약 다시 총애하는 자가 당신 곁에 있게 된다면 당신은 반드시 이를 살펴 다른 이의 웃음거리가 되지 않게 하시옵소서."라 하였다. 춘신군은 첩 여의 거짓말을 믿고 정실부인을 버렸다.

여는 또 갑을 죽여 자기 아들이 후사를 잇게 하려고 친히 자기 옷의 안쪽을 찢어 춘신군에게 보여 울며 말하기를, "여가 당신의 총애를 얻은 지 오래되었음을 갑이 모를 리 없는데, 지금 저를 강제로 희롱하려 합니다. 여는 그와 싸우다가 여의 옷이 찢어지게 되었으니, 자식의 불효가 이보다 더 클 수는 없습니다." 춘신군은 노하여 갑을 죽였다.

정실은 첩 여의 거짓말 때문에 버림받고 아들도 그 때문에 죽임을 당한 것이다. 이로써 아비가 자식을 사랑하지만 (남의) 훼방으로 인해 해할 수도 있음을 알 수 있다. 임금과 신하가 함께하는 것에는 아비와 자식 간의 친애함이 없고, 군신들의 모함의 말은 한 첩의 입에서 나오는 말이 아니니, 어찌 현인이나 성인 같은 자가 죽임을 당하는 것을 이상하다 하겠는가! 이것이 바로 상군이 진나라에서 마차에 매달려 찢긴 까닭이요, 오기가 초나라에서 사지가 잘린 까닭이다. 무릇 신하는 죄가 있어도 한결같이 죽지 않으려 하고, 공이 없어도 다 존귀히 드러나기를 바란다. 그러나 성인이 나라를 잘 다스리면 공이 없는 자에게 상을 더하지 않고, 죽임은 반드시 죄가 있는 자에게 행해진다. 그러한 즉 법술을 아는 자가 군주를 섬기면 반드시 주위의 간신들이 모함하므로, 밝은 군주가 아니면 들을 수 없을 것이다.

處非道之位，被衆口之譖，溺於當世之言，而欲當嚴天子而求安，幾不亦難哉！此夫智士所以至死而不顯於世者也。楚莊王之弟春申君[23]有愛妾曰余，春申君之正妻子曰甲，余欲君之棄其妻也，因自傷其身以視君而泣，曰，“得爲君之妾，甚幸。雖然，適夫人非所以事君也，適君非所以事夫人也。身故不肖，力不足以適二主，其勢不俱適，與其死夫人所者，不若賜死君前。妾以賜死，若復幸於左右，願君必察之，無爲人笑。”君因信妾余之詐，爲棄正妻。余又欲殺甲而以其子爲後，因自裂其親身衣之裏以示君而泣，曰，“余之得幸君之日久矣，甲非弗知也，今乃欲强戱余。余與爭之，至裂余之衣，而此子之不孝莫大於此矣。”君怒，而殺甲也。故妻以妾余之詐棄，而子以之死。從是觀之，父子愛子也，猶可以毁而害也。君臣之相與也，非有父子之親也，而羣臣之毁言，非特一妾之口也，何怪夫賢聖之戮死哉! 此商君之所以車裂於秦, 而吳起之所以枝解於楚者也。凡人臣者, 有罪固不欲誅, 無功者皆欲尊顯。而聖人之治國也, 賞不加於無功, 而誅必行於有罪者也。然則有術數者之爲人也, 固左右姦臣之所害, 非明主弗能聽也。

○○○

세상에 법술을 배운 자가 군주에게 유세할 때 "위엄의 권세를 이용하여 간사하고 악한 신하에게 고통을 줍니다."라고 말하지 않고, 모두 "인의와 은혜로운 자비로 할 따름입니다."라고 말한다. 세상의 군주는 인의의 이름만을 좋아하고 그 실질을 살피지 않으니 이로써 크게는 나라가 망하고 그 몸이 죽게 되며, 작게는 땅이 침범당하고 군주의 권위가 낮아진다. 어떻게 그것을 알 수 있겠는가? 무릇 빈곤한 자에게 베풀면 세상이 인의라 하고, 백성을 불쌍히 여겨 차마 벌하지 않으면 세상이 은혜로운 자비라 한다. 무릇 빈곤한 자에게 베풀면 공이 없는 자가 상을 얻게 되고, 차마 벌하지 않은즉 난폭한 것이 그치지 않게 된다. 나라에 공 없이 상을 얻는 자가 있으면 백성은 밖으로 적을 맞아 머리를 베려 하지 않고 안으로는 힘써 밭 갈고 힘써 일하지 않으면서, 모두 재화를 써서 부귀한 자를 섬겨 사사로이 착한 일을 하여 명성을 세워 높은 벼슬과 후한 봉록을 취하려 한다. 그러므로 간악한 사리를 취하는 신하가 더 많아지고 난폭한 무리가 더욱 기승을 부리니 망하지 않고 무엇을 기대하겠는가?

무릇 엄한 형은 백성이 두려워하고, 무거운 벌은 백성이 싫어한다. 그러므로 성인은 그 두려워하는 것을 펼쳐서 사특함을 금하고, 그 싫어하는 것을 만들어 간악함을 막으니 이런 까닭에 나라는 편안하고 난폭한 일이 사라진다. 나는 이로써 인의와 은혜로운 자비는 쓰기에 부족하고 엄한 형과 무거운 벌이 나라를 잘 다스릴 수 있음을 밝힌다. 채찍의 위협과 재갈의 도구가 없으면 조부(造父)라 할지라도 능히 말을 부릴 수 없고, 그림쇠의 규칙, 먹줄의 바로잡음이 없으면 비록 왕이라 할지라도 능히 네모나 원을 만들어 낼 수 없고, 강력한 권세, 상벌의 법이 없으면 비록 요순이라 할지라도 능히 잘 다스릴 수 없다.

지금 세상의 군주는 모두 무거운 벌과 엄한 형을 쉽게 버리고 자비를 행하여 패왕의 공을 이루려 하나, 이 또한 기대할 수 없는 것이다. 그러므로 좋은 군주는 상을 분명히 밝히고 이익을 제시함으로써 독려하고 백성으로 하여금 공로로써 상을 받게하고 인의로써는 베풀어지지 못하게 한다. 엄한 형과 무거운 벌로써 금지하고 백성으로 하여금 죄 때문에 벌을 받고 자비로써 면제받지 못하게 한다. 이런 까닭에 공이 없는 자가 바라지 않고 죄가 있는 자가 바라지 않게 된다.

世之學術者[24]說人主, 不曰, “乘威嚴之勢以困姦衺之臣”, 而皆曰, “仁義惠愛而已矣”。 世主美仁義之名而不察其實, 是以大者國亡身死, 小者地削主卑。 何以明之? 夫施與貧困者, 此世之所謂仁義, 哀憐百姓, 不忍誅罰者, 此世之所謂惠愛也。 夫有施與貧困, 則無功者得賞, 不忍誅罰, 則暴亂者不止。 國有無功得賞者, 則民不外務當敵斬首, 內不急力田疾作[25], 皆欲行貨財, 事富貴, 爲私善, 立名譽, 以取尊官厚俸。 故姦私之臣愈衆, 而暴亂之徒愈勝, 不亡何待! 夫嚴刑者, 民之所畏也, 重罰者, 民之所惡也。 故聖人陳其所畏以禁其衺, 設其所惡以防其姦, 是以國安而暴亂不起。 吾以是明仁義愛惠之不足用, 而嚴刑重罰之可以治國也。 無捶策之威, 銜橛[26]之備, 雖造父[27]不能以服馬, 無規矩之法, 繩墨之端, 雖王爾

28) 不能以成方圓，無威嚴之勢，賞罰之法，雖堯､舜不能以爲治。今世主皆輕釋重罰嚴誅，行愛惠，而欲霸王之功，亦不可幾也。故善爲主者，明賞設利以勸之，使民以功賞而不以仁義賜，嚴刑重罰以禁之，使民以罪誅而不以愛惠免。是以無功者不望，而有罪者不幸矣。

○○○

견고한 수레나 좋은 말 위에 몸을 맡기면 가히 땅에서 험한 언덕을 넘는 어려움을 헤쳐나갈 수 있고, 탄 배가 안전하고 가진 노가 편리하면 가히 물에서 장강과 황하를 건너는 어려움을 없앨 수 있으며, 법술의 방책을 손에 쥐고 무거운 벌과 엄한 형을 행하면 패왕의 공적을 다할 수 있게 된다. 나라를 다스리는 데 법술과 상벌이 있는 것은 마치 육지를 가는 데 견고한 수레나 좋은 말이 있고, 물을 건너는 데 가벼운 배와 편리한 노가 있는 것과 같아서 그것을 타면 마침내 이루고자 하는 바를 얻게 된다. 이윤이 그것을 얻으니 탕이 왕이 되었고, 관중이 그것을 얻으니 제나라가 강국이 되었고, 상군이 그것을 얻으니 진나라가 강해졌다. 이 세 사람은 모두 패왕의 법술에 밝았고 강하게 다스리는 방책을 살펴서 세속의 말에 끌려들지 않았다. 이들은 당시의 현명한 군주의 뜻에 부합하자 평민으로서 곧바로 임명되어 재상의 자리에 서게 되었고, 재상의 지위에 나아가 나라를 다스리니 군주를 높이고 영토를 넓히는 결실을 얻게 되었다. 이를 가리켜 존귀하게 여길만한 신하라 하는 것이다. 탕이 이윤을 얻어 백리 되는 땅으로 천자가 되었고, 환공이 관중을 얻어 오패의 우두머리가 되어 여러 제후를 모아 천하를 하나로 바로잡았고, 효공이 상군을 얻어 땅이 넓어지고 병력이 강해졌다. 그러므로 충신이 있으면 밖으로는 적국으로 인한 어려움이 없고 안으로는 난신으로 인한 어지러움이 없으니, 천하를 오래 안정시켜 이름은 후세에 전해지니 이를 충신이라 하는 것이다.

예양(豫讓)이 지백의 신하가 되었는데, 위로 능히 군주를 설득하여 군주로 하여금 법술과 도수의 이치를 깨달아 재난의 근심을 피할수 있도록 하지 못했고, 아래로는 능히 무리를 통솔하여 그 나라를 안정시키지 못하였다. 양자(襄子)가 지백을 죽이자 예양은 스스로 이마에 먹물을 들이고 코를 베어 얼굴 모양을 망가뜨려 지백을 위해 원수인 양자에게 보복하려고 하였다. 이는 비록 형체를 상하게 하고 몸을 숙여 군주를 위하는 명분은 있지만, 실제는 지백에게 털끝만큼도 이익이 없는 것이다. 이를 나는 낮게 보지만 세상의 군주들은 충성되다고 여겨 그를 높인다. 옛날에 백이와 숙제는 무왕이 천하를 물려주려 하나 받지 않고 두 사람은 수양산 구릉에서 굶어 죽었다. 이같은 신하는 무거운 벌을 두려워하지 않고 중한 상도 이롭다 하지 않아 벌로써는 금할 수 없고 상으로써도 시킬 수 없으니, 이를 가리켜 이익이 없는 신하라 하는 것이다. 나는 하찮게 여겨 물리치지만 세상의 군주는 중시하여 이런 자들을 얻으려 한다.

託於犀車[29]良馬之上, 則可以陸犯阪阻之患, 乘舟之安, 持檝[30]之利, 則可以水絶江河之難, 操法術之數, 行重罰嚴誅, 則可以致霸王之功。治國之有法術賞罰, 猶若陸行之有犀車良馬也, 水行之有輕舟便檝也, 乘之者遂得其成。伊尹得之湯以王, 管仲得之齊以霸, 商君得之秦以强。此三人者, 皆明於霸王之術, 察於治强之數, 而不以牽於世俗之言, 適當世明主之意, 則有直任布衣之士[31], 立爲卿相之處, 處位治國, 則有尊主廣地之實。此之謂足貴之臣。湯得伊尹, 以百里之地, 立爲天子, 桓公得管仲, 立爲五霸主, 九合諸侯, 一匡[32]天下, 孝公得商君, 地以廣, 兵以强。故有忠臣者, 外無敵國之患, 內無亂臣之憂, 長安於天下而名垂後世, 所謂忠臣也。若夫豫讓爲智伯臣也, 上不能說人主使之明法術度數之理, 以避禍難之患, 下不能領御其衆, 以安其國。及襄子之殺智伯也, 豫讓乃自黔劓[33], 敗其形容, 以爲智伯報襄子之仇[34]。是雖有殘刑殺身以爲人主之名, 而實無益於智伯, 若秋毫之末。此吾之所下也, 而世主以爲忠而高之。古有伯夷、叔齊者, 武王讓以天下而弗受, 二人餓死首陽之陵。若此臣者, 不畏重誅, 不利重賞, 不可以罰禁也, 不可以賞使也, 此之謂無益之臣也。吾所少而去也, 而世主之所多而求也。

○ ○ ○

속담에 이르기를 "문둥병자가 왕을 불쌍히 여긴다."고 하는데, 이는 공손하지 못한 말이다. 비록 그렇다 하지만, 옛날에 헛된 속담이 없으니 헤아려 보지 않을 수 없는 것인데, 이것은 협박당하고 시해되어 죽는 군주를 일컫는 말이다.

군주가 법술이 없이 신하를 제어하려 한다면, 비록 군주의 년수가 오래되고 재능이 뛰어나더라도 신하들은 오히려 권세를 장악해 마음대로 섬기고 멋대로 재단하여 각기 사사로운 일을 하는 데 급급할 것이다. 그러나 군주의 아비와 형과 법술을 갖춘 선비들이 군주의 권력을 빌려 자기를 눌러 죽일까 두려워하여, 현명하고 나이든 자는 죽이고 어리고 약한 자를 세우며 정실의 적자를 폐하고 의롭지 않은 자를 세울 것이다. 그러므로 『춘추(春秋)』에 기록하여 이르기를 "초의 왕자 위가 정나라 사신으로 가는데 국경을 넘지도 못했을 때 왕이 병이 났음을 듣고 되돌아왔다. 이어서 문병하고는 관끈으로 왕을 목졸라 죽이고 스스로 왕위에 올랐다. 제나라의 최서는 아내가 아름다웠는데 장공이 그녀와 통하여 여러 번 최서의 집에 갔다. 공이 갈 때 최서의 무리인 가거가 무리를 이끌고 공을 공격했다. 공이 집에 들어가서 나라를 나누어 주겠다고 청하였으나 최서는 듣지 않았고, 공이 조상의 묘실에서 자결하도록 청했으나 최서는 듣지 않았으니 공이 이에 달아나 북쪽 담장을 넘었다. 가거가 공을 쏘아 다리를 맞히니 공이 떨어졌고, 최서의 무리가 창으로 공을 찔러 죽이고 그 아우 경공을 세웠다."고 한다. 근래에 본 바로는 이태가 조나라를 이용하여 군주 주보를 백일 굶겨 죽이고, 낙지가 제나라를 이용하여 민왕의 근육을 뽑아내어 묘실의 들보에 매달아 하룻밤을 새우고 죽게 하였다. 그러므로 문둥병자가 비록 악창이 나고 머리가 헐지만 위로는 『춘추』에 비하면 목이 졸리거나 다리에 화살을 맞지는 않았고, 아래로는 근래에 비한다면 굶어 죽거나 근육이 발라지는 데까지 이르지는 않았다. 그러므로 협박당하고 시해되어 목숨을 잃은 군주는 마음의 걱정과 두려움, 육체의 고통이 필시 문둥병자보다 심한 것이었다. 이렇게 본다면 비록 "문둥병자가 왕을 불쌍히 여긴다."고 하여도 그럴 만하다.

諺曰, "厲[35]憐王。" 此不恭之言也。雖然, 古無虛諺, 不可不察也。此謂劫殺死亡之主言也。人主無法術以御其臣, 雖長年而美材, 大臣猶將得勢, 擅事主斷[36], 而各爲其私急。而恐父兄豪傑之士, 借人主之力以禁誅於己也。故弑賢長而立幼弱, 廢正的[37]而立不義。故春秋記之曰, "楚王子圍將聘於鄭, 未出境, 聞王病而反, 因入問病, 以其冠纓絞王而殺之, 遂自立也。齊崔杼[38]其妻美, 而莊公通之，數如[39]崔氏之室。及公往，崔子之徒賈擧率崔子之徒而攻公。公入室，請與之分國，崔子不許，公請自刃[40]於廟，崔子又不聽。公乃走，踰於北牆。賈擧射公，中其股，公墜，崔子之徒以戈斫公而死之，而立其弟景公。”近之所見，李兌[41]之用趙也，餓主父百日而死，卓齒[42]之用齊也，擢湣王之筋，懸之廟梁，宿昔而死。故厲雖癰腫疕瘍，上比於春秋，未至於絞頸射股也，下比於近世，未至餓死擢筋也。故劫殺死亡之君，此其心之憂懼，形之苦痛也，必甚於厲矣。由此觀之，雖“厲憐王”可也。

1) 參驗(참험): 참(參)은 간여하다, 뒤섞다. 험(驗)은 증거, 효능.

2) 曩(낭): 지난 날, 이전.

3) 重(중): 권세를 잡다.

4) 擅(천): 마음대로 하다, 차지하다.

5) 罹(이): 근심, 어려움, 병이나 재앙에 걸리다.

6) 幾(기): 조짐, 기망. 기(冀)와 같은 의미.

7) 趨(추): 좇다, 빨리 가다.

8) 比周(비주): 당을 지어 사사로움을 누리다.

9) 規矩(규구) : 規는 원을 그리는 그림쇠, 컴퍼스, 矩는 네모를 그리는 도구, 자.

10) 適重人(적중신): 중신의 마음에 합하다.

11) 田成(전성) : 제(齊)의 신하, 전상(田常). 군주인 간공(簡公)을 시해함.

12) 效度數(효도삭): 효(效)는 주다, 바치다. 도삭(度數)은 법도, 제도와 이치, 재주, 즉 법도와 술수를 말한다.

13) 循(순): 좇다, 돌다, 빙빙 돌다.

14) 弊(폐): 헤지다. 낡다. 넘어뜨리다.

15) 恃(시): 믿다.

16) 衺(사): 사특하다, 사악하다.

17) 末作(말작): 중요하지 않은 일, 상공업.

18) 讘詼(섭협): 섭(讘)은 속삭이다, 말을 많이 하다. 협(詼)은 지껄이다, 수다스럽다, 망령되게 말하다.

19) 陵(릉): 속이다, 침해하다.

20) 顧(고): 도리어, 반대로.

21) 天下知之者(천하지지자): 세상에 성인의 그러한 도를 아는 자.

22) 非(비): 반대하다, 거짓되다.

23) 春申君(춘신군): 『사기』에는 성(姓)은 황(黃), 이름이 헐(歇)이며, 초(楚)나라 사람으로 구변이 뛰어났으며 식객을 삼천이나 거느린 전국 시대 사군자(四君子) 중 하나라 적고 있다. 초나라 장왕과는 생존시기가 삼백 년이나 차이 나므로 경양왕(頃襄王)의 오기인 것 같다. 초장왕의 아우는 다

른 사람이고 황헐은 아닐 것이라는 일설도 있다.

24) 世之學術者(세지학술자): 삼민서국(三民書局)본에는 '술(術)'이 없다.

25) 力田疾作(역전질작): 역(力)과 질(疾)은 모두 힘쓴다는 의미다.

26) 銜橛(함궐): 함(銜)은 재갈이고, 궐(橛)은 말뚝이나 나무등걸이다. 여기서는 말에 재갈 물릴 때 쓰는 횡목을 말한다.

27) 造父(조보): 주나라에서 말을 잘 부리던 사람. 주나라 목왕(穆王)의 수레를 몬 공이 있어서 조성(趙城)에 봉해졌는데, 후에 진(晉)나라의 조(趙)씨는 여기서 나온 후손이다.

28) 王爾(왕이): 고대 유명한 공장이.

29) 犀車(서거): 외뿔소의 가죽으로 장비한 견고한 수레.

30) 檝(즙): 노 젓는 도(棹)와 같은 뜻.

31) 布衣之士(포의지사): 평민.포의의 선비

32) 一匡(일광): 하나로 바로잡다.

33) 黔劓(검의) : 검게 물들이고 코를 베다. 검(黔)은 경(黥)과 같은 뜻으로 죄인의 이마에 글자를 새겨 먹물을 들이는 형벌을 말한다.

34) 춘추 시대 진(晉)나라는 범(范)씨, 중항(中行)씨, 지(智)씨, 한(韓), 조(趙), 위(魏) 여섯 집안이 대대로 벼슬을 하며 국정을 장악했다. 훗날 범씨, 중항씨가 망하고 지백(智伯)이 강해져 한(韓)·위(魏)를 이끌고 조(趙)의 양자(襄子)를 진양(晉陽)에서 포위하니, 조의 양자가 한·위와 야합하여 지씨를 멸하였고, 지백이 죽자 그 신하 예양이 용모를 바꾸어 조의 양자를 죽이려다 오히려 잡혀 자결하였다.

35) 厲(려): 랄(瘌)의 뜻으로, 악창이 난 문둥병자를 말한다.

36) 主斷(주단): 재단. 결재를 마음대로 주장함.

37) 正的(정적): 정처의 적자. 적(的)은 적(適)의 의미.

38) 崔杼(최저): 춘추 시대 제나라 대부, 제의 장공을 죽이고 그 동생 저구(杵臼)를 옹립했다.

39) 如(여): 따르다, 좇다, ~에 미치다

40) 自刃(자인): 스스로 목숨을 끊다.

41) 李兌(이태) : 조나라의 무령왕이 어린 아들 하(何, 혜문왕)에게 왕위를 물려주니 혜문왕이 자칭 주부라 칭했다. 장자 장(章)을 안양군에 봉했으나 장이 난을 일으켜 공자 성(成)과 이태가 그를 쳤다. 장은 사구궁으로 도망

가서 주부에 의지하고자 했으나 공자 성과 이태가 병사를 끌고 와서 공자 장을 죽이고 주부도 성에서 굶어죽었다.

42) 卓齒(탁치): 제의 민왕 때 병력이 강해지니 연(燕)·진(秦)·진(晉)나라가 제를 공격해 제가 대패해 민왕이 도망쳤다. 초나라가 탁치를 보내 제나라를 구했다. 민왕은 제상에 명했으나 후에 탁치에게 죽임을 당했다.

제15편 망징(亡徵)

망할 징조

解 題

망징(亡徵)이란 '나라가 망할 징조'이다. 본 편에서는 한 나라가 멸망의 골로 추락하는 마흔일곱 가지의 조짐을 제시하였다. 이는 단순한 정치멸망에 대한 증후의 나열이 아닌, 통치하는 데 있어 다양한 분야에서 발생할 수 있는 열악한 문제점들을 폭넓게 개괄한 것이다. 따라서 이러한 한비의 예리한 분석과 통찰은 중국 역대 봉건왕조들의 붕괴요인을 탐색하는 토대로 작용한다.

본 편은 마흔일곱 가지의 조짐에 대해, 모두 우선 부각된 내재 현실을 제시하고 이를 조건화하면서 다시 또 발생 가능한 현실로 확정하고 있는데, 이러한 화법은 한비의 주장에 대한 합리성과 객관성을 더욱 상승시키고 있다. 특히 한비는 본 편의 말미에서 망조가 감지되는 나라를 병합하고 흡수할 수 있는 주체는 오로지 합법적으로 운영되고 관리되는 나라임을 밝히며, 나라는 철저히 법을 기저로 경영되어야함을 강조하였다.

무릇 군주의 나라는 작은데 대부(大夫)의 가읍(家邑)은 크고, 군주의 권력은 약한데 신하의 세력이 강하다면, 나라는 망할 수 있다. 금하는 법령(法令)을 소홀히 하고 모략에 힘쓰며, 나라의 안을 버려두고 나라 밖의 교제와 원조에 의지한다면, 나라는 망할 수 있다. 많은 신하들이 유가와 묵가 등의 쓸데없는 학문을 공부하고, 귀족의 자제들이 실속없는 논변을 좋아하며, 상인들이 나라 밖에 재화를 쌓고, 백성들은 안에서 곤궁하다면, 나라는 망할 수 있다. 군주가 궁실과 누대와 정자와 연못을 좋아하고, 거마와 복식과 기물과 애완품에 빠져서 백성을 피폐하게 하고 재화를 탕진한다면, 나라는 망할 수 있다. 한 해의 때와 날을 점쳐 길흉을 정하고, 귀신을 섬기며, 점괘를 믿고 제사 지내는 것을 좋아한다면, 나라는 망할 수 있다. 군주가 정사를 들을 때 작위의 높낮이를 기준으로 하고 여러 사람의 말을 참조하여 조사하지 않으며, 한 사람만 중용하여 의견을 듣는 창구로 삼는다면, 나라는 망할 수 있다. 중신들을 통해야만 관직을 구할 수 있고, 뇌물을 주어야만 작록(爵祿)을 얻을 수 있다면, 나라는 망할 수 있다. 군주의 마음이 해이하여 일을 이루지 못하고, 유약하여 결단력이 부족하며, 좋아하고 싫어하는 것을 결정하지 못하고 확실한 태도를 취하지 않는다면, 나라는 망할 수 있다. 탐욕에 싫증내지 않고 이익을 가까이 하며 얻기를 좋아한다면, 나라는 망할 수 있다. 멋대로 형벌 내리기 좋아하고 법을 준수하지 않으며, 논변을 좋아하며 실용성을 추구하지 않고, 겉멋에 빠져서 그 효용을 돌아보지 않는다면, 나라는 망할 수 있다. 군주의 인품이 천박하여 쉽게 의중을 꿰뚫어 볼 수 있고, 비밀을 누설하며 감추지 못하고, 주도면밀하지 못하여 여러 신하들의 의견을 말해 버린다면, 나라는 망할 수 있다. 군주가 사납고 고집이 세서 화합하지 못하고, 간하는 말에 너그럽지 못해 남을 이기고 싶어 하며, 사직을 돌보지 않고 경솔하게 자신감을 가지고 있다면, 나라는 망할 수 있다. 먼 나라와의 교류와 원조를 믿고 가까운 나라를 소홀히 하며, 강대한 나라의 구원을 의지하여 인접해 있는 나라를 업신여긴다면, 나라는 망할 수 있다. 다른 나라에서 와서 임시로 머무는 사람이 재산과 처자식은 다른 나라에 있으면서, 위로는 정사에 관여하고, 아래로는 백성의 일에 함께한다면, 나라는 망할 수 있다. 백성이 재상만 믿고, 아랫사람이 윗사람을 좋아하지 않으며, 군주 역시 재상만 총애하고 믿는 것을 그만둘 수 없다면, 나라는 망할 수 있다. 나라 안의 인재를 쓰지 않고, 나라 밖의 사람을 구하며, 공적으로 그 능력을 시험하지 않고, 명성과 평판으로 관직에 임면하기 좋아하며, 임시로 머무는 자가 출세하여 옛 신하를 업신여긴다면, 나라는 망할 수 있다. 적자를 경시하여 서자가 맞서서 겨루고, 태자가 정해지기 전에 군주가 사망한다면, 나라는 망할 수 있다. 군주가 대범하여 뉘우치지 않고, 나라가 어지러운데 자부심만 가지고 있으며, 나라 안의 상황을 헤아리지 않고 이웃나라의 적을 가볍게 여긴다면, 나라는 망할 수 있다. 나라가 작은 데도 낮추어 처신하지 않고, 힘이 작은데도 강한 나라를 두려워하지 않으며, 무례히 행동하면서 큰 이웃나라를 업신여기고, 탐욕스럽고 괴팍하게 굴며 외교를 서툴게 한다면, 나라는 망할 수 있다. 태자가 이미 세워졌는데, 강한 적국으로부터 후처를 들이게 되면 태자가 위태롭게 되고, 이러하여 신하들이 변심한다면, 나라는 망할 수 있다. 군주가 겁이 많아서 일을 소신대로 처리하지 못하고, 앞날을 빨리 예견하지만 마음이 약하여 결단을 내리지 못하며, 생각으로는 옳다고 말하려는 바가 있지만 결단력 있게 과감히 실행하지 못한다면, 나라는 망할 수 있다.

망명한 군주가 나라 밖에 있는데 나라 안에서 새로운 군주를 세우고, 인질로 잡혀간 태자가 돌아오지 않았는데 군주가 태자를 바꾸며, 이러하여 나라가 분리된다면, 나라는 망할 수 있다. 군주가 대신들을 굴욕스럽게 하고 함부로 대하며, 백성들을 엄하게 처벌하고 사역시키면서 법을 어기고, 분노를 안기고 수치스럽다는 생각이 들게 하면서 그를 다시 측근에 두면 역적이 생길 것이고, 역적이 생겨난다면, 나라는 망할 수 있다.

대신들이 권력을 양쪽으로 갈라 서로 대립하고, 군주의 숙부와 형제가 많아 세력이 강하여, 안으로는 파당을 만들고 밖으로는 원조를 받아 권세를 다툰다면, 나라는 망할 수 있다. 처첩의 말을 듣고, 희롱하는 신하의 지혜를 쓰며, 조정의 안팎에서 슬퍼하고 탄식하는데도 번번이 법을 어기는 것을 한다면, 나라는 망할 수 있다. 군주가 대신들을 업신여기고, 숙부들과 형제들을 무례히 대하며, 백성들을 피로하고 고통스럽게 하며, 무고한 사람을 죽인다면, 나라는 망할 수 있다. 군주가 자신의 지혜로 법을 왜곡시키고, 수시로 사적인 것에 공적인 것을 개입시켜 법령과 금령을 바꾸어, 자주 아랫사람에게 호령한다면, 나라는 망할 수 있다. 지세가 견고하지 못하고, 성곽이 허술하며, 비축한 식량이 없고, 재물이 부족하여, 전쟁으로부터 지켜낼 수 있는 대비도 없으면서 경솔하게 공격한다면, 나라는 망할 수 있다. 혈족이 수명이 짧아 군주가 자주 단명하여 어린아이가 군주로 세워지면 대신들이 권력을 휘둘러, 밖에서 들어와서 임시로 머무는 사람에게 관직을 주어 파당을 만들게 되는데, 번번이 영토를 떼어주며 다른 나라와의 교제를 지속하게 된다면, 나라는 망할 수 있다. 태자가 존귀하여 잘 알려져 있고 따르는 무리들의 세력이 강하며, 대국과의 교제를 활발히 하여 그 위세가 일찍 갖추어졌다면, 나라는 망할 수 있다. 군주가 성급하고 도량이 좁으며 마음이 거칠고 경박스러워

쉽게 일을 일으키며, 격분하여 앞뒤를 분간하지 못한다면, 나라는 망할 수 있다. 군주가 화를 잘 내고 군사 부리기를 좋아하며, 농사와 군대의 훈련을 소홀히 하고 경솔하게 적국을 공격한다면, 나라는 망할 수 있다. 귀족들이 서로 시기하고 대신들의 세력이 강성해져서, 밖으로 적국의 힘을 빌리고 안으로 백성을 괴롭히면서, 원수를 치는데도 군주가 처벌하지 못한다면, 나라는 망할 수 있다. 군주는 어리석은데 측실이 어질고, 태자의 위상은 낮은데 서자의 세력이 강하며, 관리의 능력은 약한데 백성들은 거칠고 사나우니, 이와 같다면 나라가 소란해지고, 나라가 소란해진다면, 나라는 망할 수 있다. 군주가 분노를 터트리지 않고 묻어두고, 죄를 알면서도 처벌하지 않아서, 여러 신하들로 하여금 속으로 증오하고 더욱 두려워하게 하며, 오랫동안 그 상황을 알 수 없게 한다면, 나라는 망할 수 있다. 출병시키면서 장수에게 주는 권한이 너무 크고, 변경을 수비하는 수령의 지위가 너무 높아서, 마음대로 재단하고 멋대로 명령하여, 직접 행동을 취하고 지시를 받들지 않고 임의대로 일을 처리한다면, 나라는 망할 수 있다. 후처가 음란하고 군주의 적모(嫡母)가 더러운 짓을 하여, 밖과 안이 어지러이 통하매 남녀의 구별이 없게 되는 것을 이르러 '양주(兩主)'라 하는데, 양주의 상황에 이르게 된다면, 나라는 망할 수 있다. 후처의 입지는 낮고 시첩의 입지는 높으며, 태자의 지위는 낮고 서자들의 지위는 높으며, 재상(宰相)의 권위는 경시되고 내관의 권위는 중시되니, 이와 같다면 나라의 안팎이 어그러지게 되는데, 나라의 안팎이 어그러지게 되면, 나라는 망할 수 있다. 대신들의 지위가 너무 높고 파당을 짓는 무리들이 많아져 그 세력이 강해서, 군주의 결단을 막고 거듭 나라의 권력을 제멋대로 한다면, 나라는 망할 수 있다. 가신들은 공이 없어도 관직에 등용되고, 군부의 장수는 공을 세워도 세상에서 배척당하며, 시골 마을의 선행은 드러내 표창하고, 관직의 수고는 무시하며, 사적인 행동은 중시하고 공적인 업적은 경시한다면, 나라는 망할 수 있다. 군주의 창고는 비어 있는데 대신들의 창고는 가득하고, 본래 그곳에서 살았던 사람은 가난한데 밖에서 와 임시로 머무는 사람은 부유하며, 농사를 지으며 전쟁에 참여하는 사람은 가난한데, 상공에 종사하는 사람은 이득을 보게 된다면, 나라는 망할 수 있다. 군주가 큰 이익을 볼 수 있는데도 추구하지 않고, 화근이 될 만한 것을 들었으면서도 대비하지 않으며, 전쟁과 방비를 소홀히 하고, 인과 의로 자신을 꾸미는 것에 힘쓴다면, 나라는 망할 수 있다. 군주가 군주로서의 효를 행하지 않고 필부의 효를 동경하며, 나라의 이익을 돌보지 않고 어머니의 명을 들으며, 여자가 국정을 움직이고 환관이 정사를 다스린다면, 나라는 망할 수 있다. 군주가 언변이 좋으나 법에 맞지 않고, 지혜로우나 계략이 없으며, 재능이 많으나 법도에 따라 일을 처리하지 못한다면, 나라는 망할 수 있다. 신참 신하가 승진하고 고참 신하가 물러나며, 어리석은 자가 정사를 움직이고 현명한 자가 몸을 숨기며, 공로가 없는 자가 귀해지고 노고가 많은 자가 천해지니, 이와 같다면 아랫사람들이 원한을 가지게 되는데, 아랫사람이 원한을 가지게 되면, 나라는 망할 수 있다. 군주의 숙부와 서형제 및 대신들의 봉록 서열이 공로가 있는 사람보다 높고, 복장이 그 신분을 넘어서며, 사는 곳과 먹는 것이 너무 사치스러운데도 군주가 이를 금하지 않는다면, 신하들의 욕심이 끝이 없게 되는데, 신하들의 욕심이 끝이 없게 된다면, 나라는 망할 수 있다. 군주의 사위나 자손들이 백성들과 같은 마을에 살면서, 이웃들에게 난폭하고 거만하게 군다면, 나라는 망할 수 있다.

凡人主之國小而家[1]大, 權輕而臣重者, 可亡也。 簡法禁[2]而務謀慮，荒封內[3]而恃交援[4]者，可亡也。羣臣爲學[5]，門子[6]好辯，商賈[7]外積，小民內困者，可亡也。好宮室臺榭[8]陂池[9]，事車服器玩好，罷露[10]百姓，煎靡[11]貨財者，可亡也。用時日[12]，事鬼神，信卜筮而好祭祀者，可亡也。聽以爵[13]不以衆言參驗，用一人爲門戶[14]者，可亡也。官職可以重[15]求，爵祿[16]可以貨得者，可亡也。緩心而無成，柔茹而寡斷，好惡無決而無所定立者，可亡也。饕貪而無饜，近利而好得者，可亡也。喜淫刑而不周[17]於法，好辯說而不求其用，濫於文麗[18]而不顧其功者，可亡也。淺薄而易見，漏泄而無藏，不能周密而通[19]羣臣之語者，可亡也。很剛而不和，愎諫[20]而好勝，不顧社稷而輕爲自信者，可亡也。恃交援而簡近鄰，怙[21]强大之救而侮所迫之國者，可亡也。羈旅[22]僑[23]士，重帑[24]在外，上間[25]謀計，下與民事者，可亡也。民信其相，下不能[26]其上，主愛信之而弗能廢者，可亡也。境內之傑不事，而求封外[27]之士，不以功伐[28]課試，而好以名問[29]擧錯[30]，羈旅起貴[31]以陵故常[32]者，可亡也。輕其適正[33]，庶子稱衡[34]，太子未定而主卽世[35]者，可亡也。大心而無悔，國亂而自多[36]，不料境內之資而易其鄰敵者，可亡也。國小而不處卑，力少而不畏强，無禮而侮大鄰，貪愎而拙交者，可亡也。太子已置，而娶於强敵以爲后妻，則太子危，如是，則羣臣易慮[37]者，可亡也。怯懾[38]而弱守[39]，蚤見[40]而心柔懦，知有謂可，斷而弗敢行者，可亡也。出君在外而國更置[41]，質太子未反而君易子[42]，如是則國攜[43]，國攜者，可亡也。挫辱[44]大臣而狎其身[45]，刑戮小民而逆其使[46]，懷怒思恥而專習[47]則賊生，賊生者，可亡也。大臣兩重[48]，父兄[49]衆强，內黨外援以爭事勢[50]者，可亡也。婢妾之言聽，愛玩[51]之智用，外內悲惋[52]而數行不法者，可亡也。簡侮大臣，無禮父兄，勞苦百姓，殺戮不辜者，可亡也。好以智矯[53]法，時以行褊[54]公，法禁變易，號令數下者，可亡也。無地固，城郭惡，無畜積，財物寡，無守戰之備而輕攻伐者，可亡也。種類不壽[55]，主數卽世，嬰兒爲君，大臣專制，樹[56]羈旅以爲黨，數割地以待交[57]者，可亡也。太子尊顯，徒屬衆强，多大國之交，而威勢蚤具者，可亡也。變褊[58]而心急，輕疾而易動發[59]，心悁忿[60]而不訾[61]前後者，可亡也。主多怒而好用兵，簡本敎[62]而輕戰攻者，可亡也。貴臣相妬，大臣隆盛，外藉敵國，內困百姓，以攻怨讎，而人主弗誅者，可亡也。君不肖而側室[63]賢，太子輕而庶子伉[64]，官吏弱而人民桀[65]，如此則國躁[66]，國躁者，可亡也。藏怒[67]而弗發，懸罪[68]而弗誅，使羣臣陰憎而愈憂懼，而久未可知者，可亡也。出軍命將太重，邊地任守太尊，專制擅命，徑爲[69]而無所請[70]者，可亡也。后妻淫亂，主母畜穢[71]，外內混通，男女無別，是謂兩主[72]，兩主者，可亡也。后妻賤而婢妾貴，太子卑而庶子尊，相室[73]輕而典謁[74]重，如此則內外乖，內外乖者，可亡也。大臣甚貴，偏黨衆强，壅塞主斷而重擅國者，可亡也。私門[75]之官用，馬府[76]之世，鄕曲之善擧[77]，官職之勞廢，貴私行而賤公功者，可亡也。公家虛而大臣實，正戶[78]貧而寄寓富，耕戰之士[79]困，末作之民[80]利者，可亡也。見大利而不趨，聞禍端而不備，淺薄於爭守之事，而務以仁義自飾者，可亡也。不爲人主之孝，而慕匹夫之孝，不顧社稷之利，而聽主母之令，女子用國，刑餘[81]用事者，可亡也。辭辯而不法，心智而無術，主多能而不以法度從事者，可亡也。親臣[82]進而故人[83]退，不肖用事而賢良伏，無功貴而勞苦賤，如是則下怨，下怨者，可亡也。父兄大臣祿秩過功，章服[84]侵等，宮室供養太侈，而人主弗禁，則臣心[85]無窮，臣心無窮者，可亡也。公壻公孫與民同門[86]，暴慠其鄰者，可亡也。

○○○

나라가 망할 징조라는 것은, 반드시 망한다는 뜻이 아니라, 망할 수 있다는 사실을 말하는 것이다. 무릇 요(堯)임금이 두 명이 있다 해도 모두 왕다운 왕이 되는 것은 아니고, 걸왕(桀王)이 두 명이 있다 해도 모두 망하는 것은 아니며, 망하거나 왕이 되는 계기는 반드시 그 나라의 다스려지는 상태와 어지러운 상태, 그 나라의 강한 상태와 약한 상태가 한쪽으로 치우칠 경우에 나타난다. 나무가 꺾이는 것은 반드시 벌레가 파먹기 때문이며, 담이 무너지는 것은 반드시 틈이 생겼기 때문이다. 그러나 나무에 비록 벌레가 먹었다 해도 강한 바람이 불지 않으면 꺾이지 않고, 담에 비록 틈이 났다 해도 큰 비가 내리지 않으면 무너지지 않는다. 만승의 천자가 계책을 이용하고 법을 행하여 망할 징조가 있는 군주에게 바람과 비가 되어 준다면, 장차 세상을 겸병하는 것이 어렵지는 않을 것이다.

亡徵者，非曰必亡，言其可亡也。夫兩堯不能相王，兩桀不能相亡，亡王之機[87]，必其治亂，其强弱相踦[88]者也。木之折也必通蠹[89]，牆之壞也必通隙。然木雖蠹，無疾風不折，牆雖隙，無大雨不壞。萬乘之主，有能服[90]術行法以爲亡徵之君風雨者，其兼天下不難矣。

1) 家(가): 제후(諸侯)의 국(國)에 대한 상대적인 대상으로 대부(大夫)의 가읍(家邑).

2) 法禁(법금): 법률로 금하는 일.

3) 封內(봉내): 영지(領地)의 안.

4) 交援(교원): 다른 나라와의 교제와 원조.

5) 學(학): 유가(儒家)와 묵가(墨家) 등의 학문.

6) 門子(문자): 경(卿)과 대부(大夫) 등 귀족들의 자제.

7) 商賈(상고): 장사.

8) 榭(사): 정자(亭子).

9) 陂池(피지): 물을 가두는 둑으로 여기서는 정원의 연못.

10) 罷露(파노): 피로하게 하는 것. 피폐하게 하는 것.

11) 煎靡(전미): 써서 다 없어지는 것. 탕진하는 것.

12) 用時日(용시일): 한 해의 때와 날을 점쳐서 길흉을 정하는 것.

13) 聽以爵(청이작): 다른 사람의 의견을 들을 때 그 작위의 높고 낮음을 기준으로 하는 것.

14) 爲門戶(위문호): 의견을 듣는 창구로 삼는 것.

15) 重(중): 중신(重臣) 또는 권신(權臣).

16) 爵祿(작록): 관작(官爵)과 봉록(俸祿)으로 관작은 관직과 작위이며 봉록은 관리들에게 봉급으로 주던 곡식·돈·피륙 등을 통틀어 이르는 것.

17) 周(주): 밀(密) 또는 합(合)의 의미로 빈틈없이 맞추는 것.

18) 濫於文麗(남어문려): 문식(文飾), 즉 겉으로 꾸미는 것에 빠지는 것.

19) 通(통): 말하다.

20) 愎諫(퍅간): 간하는 말에 대해 괴팍한 것, 즉 군주가 간하는 말에 대해 너그럽지 못한 것.

21) 怙(호): 남을 믿고 의지하는 것.

22) 羈旅(기려): 기우(寄寓)의 의미로 다른 나라에 와 임시로 거처하는 것을 뜻한다.

23) 僑(교): 역시 기우(寄寓)의 의미.

24) 重帑(중노): 중(重)은 재산이고, 노(帑)는 처자식이다.

25) 間(간): 관여하는 것.

26) 能(능): 친(親)의 의미.

27) 封外(봉외): 경내(境內)의 대칭으로 나라의 밖.

28) 伐(벌): 공을 쌓는 것.

29) 名問(명문): 문(問)은 문(聞)으로, 명문(名問)은 명성과 평판을 의미한다.

30) 擧錯(거조): 거조(擧措)로 관직의 진퇴(進退)와 임면(任免)을 의미한다.

31) 起貴(기귀): 기(起)는 초(超)로, 기귀(起貴)는 출세(出世) 또는 영달(榮達) 하는 것.

32) 陵故常(능고상): 능(陵)은 업신여기는 것. 고상(故常)은 이전의 신하.

33) 適正(적정): 정실(正室)이 낳은 적자(嫡子).

34) 稱衡(칭형): 서로 맞서서 대항하다.

35) 卽世(즉세): 사망하다.

36) 自多(자다): 자신의 재능을 자부하다.

37) 易慮(역려): 변심한다.

38) 怯懾(겁섭): 겁내고 두려워하다.

39) 弱守(약수): 유약하여 자신의 소신대로 일을 관철시키지 못하는 것.

40) 蚤見(조견): 앞날을 빨리 예견할 수 있는 것.

41) 更置(경치): 사람을 바꾸어 군주를 세우다.

42) 易子(역자): 태자를 바꾸는 것.

43) 攜(휴): 리(離)의 의미로 나라가 분리되고 갈라지는 것.

44) 挫辱(좌욕): 굴욕스럽게 한다.

45) 狎其身(압기신): 기신(其身)은 대신(大臣)들을 의미하여 압기신(狎其身)은 대신들을 허물없이 다루는 것을 가리킨다.

46) 逆其使(역기사): 백성들에게 사역을 시킬 때 법을 어기는 것.

47) 專習(전습): 습(習)은 '가까이 하여 친숙하다'는 뜻이다.

48) 兩重(양중): 권력이 양쪽으로 갈라져 서로 대결하는 것.

49) 父兄(부형): 숙부와 형제.

50) 事勢(사세): 사(事)는 정사(政事)로 사세(事勢)는 권세를 의미한다.

51) 愛玩(애완): 군주가 데리고 놀며 위안으로 삼는 농신(弄臣)을 의미.

52) 悲惋(비완): 슬퍼하고 탄식하는 것.

53) 矯(교): 칭탁(稱託), 즉 군명(君命)이라 사칭하는 것.

54) 行襍(행잡): 행(行)은 사(私), 잡(襍)은 잡(雜).

55) 種類不壽(종류불수): 종류(種類)는 군주의 혈족으로 종류불수(種類不壽)는 혈족들의 수명이 짧은 것.

56) 樹(수): 관직을 주다.

57) 待交(대교): 대(待)는 시(恃) 또는 지(持)의 의미로, 대교(待交)는 다른 나라와의 관계를 유지하는 것.

58) 變褊(변편): 변(變)은 급(急)으로 변편(變褊)은 '성질이 급하고 도량이 좁다'는 뜻이다.

59) 動發(동발): 일 또는 사건을 일으키는 것.

60) 悁忿(연분): 연(悁)과 분(忿)은 모두 성내는 것으로 연분(悁忿)은 격분하는 것.

61) 訾(자): 량(量)의 의미로 '헤아리다'는 뜻이다.

62) 本敎(本敎): 본(本)은 농사를 짓는 것, 교(敎)는 군대를 훈련시키는 것.

63) 側室(측실): 왕의 숙부나 서형제를 가리킨다.

64) 伉(항): 강하다.

65) 桀(걸): 매우 거칠고 사납다.

66) 躁(조): 소란하여 안정되지 않은 상태.

67) 藏怒(장노): 분노를 마음에 묻어두고 터뜨리지 않는 것.

68) 懸罪(현죄): 죄를 알면서도 처벌하지 않고 놓아두다.

69) 徑爲(경위): 직접 행동을 취하다.

70) 無所請(무소청): 지시를 받들지 않고 임의대로 일을 처리하는 것.

71) 主母畜穢(주모축예): 군주의 적모(嫡母)가 더러운 짓을 하다.

72) 兩主(양주): 군주의 후처와 적모 사이에 두 세력이 맞서는 것.

73) 相室(상실): 재상.

74) 典謁(전알): 궁중에서 안내를 담당하는 내관.

75) 私門(사문): 신하의 집.

76) 馬府(마부): 군사를 다루는 관서.

77) 善擧(선거): 선행을 드러내 표창하는 것.

78) 正戶(정호): 원래부터 그곳에 살아온 원주민의 호적.

79) 耕戰之士(경전지사): 농사를 짓다가 전시에는 종군하는 사람.

80) 末作之民(말작지민): 상공에 종사하는 사람.

81) 刑餘(형여): 거세한 환관.

82) 親臣(친신): 친(親)은 신(新)의 의미로 친신(親臣)은 신참 신하.

83) 故人(고인): 고참 신하.

84) 章服(장복): 신분을 표시하는 휘장이나 복장.

85) 臣心(신심): 신하의 욕심.

86) 同門(동문): 같은 마을 안에 함께 거주하는 것.

87) 亡王之機(망왕지기): 망하거나 왕이 되는 계기.

88) 相踦(상기): 한쪽으로 치우쳐 양립할 수 없는 상태.

89) 通蠹(통두): 통(通)은 유(由)의 의미로 원인을 말하고, 두(蠹)는 나무를 파먹는 벌레인 좀을 말한다.

90) 服(복): 이용하다.

제16편 삼수(三守)

세 가지 수칙(守則)

解題

삼수(三守)는 나라와 군주의 안정을 위하여 군주가 지켜야 할 세 가지 정치 원칙을 가리킨다. 첫 번째 원칙은, 군주는 신하의 의론을 누설해서는 안 되니, 그렇게 하지 않으면 신하의 충성스럽고 정직한 말을 들을 수 없게 된다. 두 번째 원칙은, 군주는 반드시 상벌(賞罰)의 대권(大權)을 장악해야 하니, 그렇게 하지 않으면 권위를 잃게 된다. 세 번째 원칙은, 군주는 반드시 친히 국정을 다스려야 하니, 그렇게 하지 않으면 대권이 남의 수중에 떨어지게 된다.

문장은 이어서 군주가 "세 가지 원칙을 온전하게 지키지 못해서[三守不完]" 발생하는 "삼겁(三劫)"을 제기하였는데, 그것은 간신(姦臣)이 군주를 협박하는 세 가지 수단이다. 첫째는 수중에 장악한 나라의 대권을 공개적으로 이용하여 뭇 신하들로 하여금 감히 "군주에 충성하고 나라를 걱정하지[忠主

憂國]" 못하게 하는 것이다. 둘째는 정사를 처리하는 기회를 이용하여 군주를 협박하는 것이다. 셋째는 수중에 장악한 형벌(刑罰)의 대권을 이용하여 군주를 협박하는 것이다.

"삼수"는 명군(明君)의 원칙이고, "삼겁"은 간신의 수단이다. 군주가 "세 가지 원칙을 온전하게 지키면[三守完]", 신하의 "세 가지 협박이 그치게 되어[三劫止]", 군주는 천하를 통치할 수 있다. 한비가 "삼수"를 제기하고 "삼겁"을 지적한 것은, 군주의 천하 겸병에 대한 이론적 참고를 제공하는 데 목적이 있다.

본편은 『한비자』가운데 편폭이 비교적 짧으며, "삼수"와 "삼겁"의 대비가 선명하고, 조리가 명확하다.

○ ○ ○

군주에게는 지켜야 할 세 가지 원칙이 있다. 지켜야할 세 가지 원칙이 온전하게 지켜지면, 나라가 안정되고 자신이 영화롭다. 지켜야 할 세 가지 원칙이 온전하게 지켜지지 않으면 나라가 위험하고 자신이 위태롭다. 무엇을 일컬어 지켜야 할 세 가지 원칙이라고 하는가? 신하 중 어떤 사람이 정권을 장악하는 중의 과실과, 정사를 처리하는 중의 잘못과, 신하를 발탁하는 실상에 대해 의견을 내놓았는데, 군주는 이 말을 마음속에 간직하지 않고 근신(近臣)과 간신에게 누설하니, 신하 중 군주에게 말을 하려고 하는 사람으로 하여금, 아래로는 근신과 간신의 마음에 감히 영합하지 않을 수 없고, 그런 뒤에야 위로는 군주에게 아뢰도록 한다. 그런즉 바른말을 하고 공정하게 일을 처리하는 사람은 군주가 볼 수 없고, 충직한 사람은 날로 멀어진다. 군주가 어떤 사람을 아끼는데 독자적으로 그를 이롭게 하는 것이 아니라, 주변 사람이 그를 칭찬하는 것을 기다린 뒤에야 그를 이롭게 하고, 군주가 어떤 사람을 미워하는데 독자적으로 그를 해롭게 하는 것이 아니라, 주변 사람이 그를 비방하는 것을 기다린 뒤에야 그를 해롭게 한다. 그런즉 군주는 권위가 없고, 권력은 주변 사람에게 있게 된다. 군주가 스스로 정사를 다스리는 수고로움을 싫어하여, 뭇 신하들로 하여금 중심에 모여드는 데 있어 변화가 생기게 하는데, 그리하여 권력이 옮겨지고 지위가 이동하며, 죽이고 살리는 관건과 빼앗고 주는 결정권이 대신(大臣)에게 있게 하니, 이와 같은 군주는 침해를 받는다. 이것을 일컬어 지켜야 할 세 가지 원칙이 온전하게 지켜지지 않았다고 하는 것이다. 지켜야 할 세 가지 원칙이 온전하게 지켜지지 않으면, 그것은 군주가 협박당하고 살해되는 징조이다.

人主有三守。三守完，則國安身榮。三守不完，則國危身殆。何謂三守？人臣有議當途[1]之失，用事之過，擧臣[2]之情，人主不心藏而漏之近習能人[3]，使人臣之欲有言者，不敢不下適近習能人之心，而乃上以聞人主。然則端言直道之人不得見，而忠直日疏。愛人不獨利也，待譽而後利之，憎人不獨害也，待非[4]而後害之。然則人主無威，而重[5]在左右矣。惡自治之勞憚[6]，使羣臣輻湊[7]用事[8]，因傳柄移藉[9]，使殺生之機[10]、奪予[11]之要在大臣，如是者侵。此謂三守不完。三守不完，則劫殺之徵也。

○○○

무릇 신하가 군주를 협박하는 경우는 세 가지가 있다. 공공연하게 협박하는 것이 있고, 정사(政事)를 통하여 협박하는 것이 있고, 형벌을 이용하여 협박하는 것이 있다. 신하에게 대신(大臣)이라는 존귀한 지위가 있어, 조정 밖에서 나라의 대권을 조종하여 뭇 신하들을 끌어 모아서, 조정 안팎의 일이 자기가 아니면 처리될 수 없도록 한다. 비록 어질고 뛰어난 사람이 있어도, 그를 거스르는 자는 반드시 재앙이 있고, 그에 순종하는 자는 반드시 복이 있다. 그런즉 뭇 신하들 가운데 아무도 감히 군주에 충성하고 나라를 걱정함으로써 나라의 이익과 손해에 대해 논쟁하지 않는다. 군주가 비록 현능하다고 해도, 혼자서 정책을 결정할 수는 없는데, 신하 또한 감히 군주에 충성하지 못하면, 이 나라는 군주가 권력을 상실하는 나라가 되는 것이다. 이것을 일컬어 나라에 신하가 없다고 하는 것이다. 나라에 신하가 없다는 것이, 어찌 낭중(郞中)의 자리가 비고 조정의 신하가 없는 것이겠는가! 뭇 신하들이 봉록을 받으며 도당(徒黨)을 기르고, 사사로운 이익을 도모하여 나라에 충성을 바치지 않으니, 이것을 일컬어 공공연하게 군주를 협박한다고 하는 것이다. 군주의 총애를 팔아먹고 권력을 독점하며, 외국 제후의 세력을 빌려 국내를 제압하고, 화복과 득실의 형세를 깜짝 놀라게 과장하고, 그로써 군주가 좋아하고 싫어하는 것에 영합한다. 군주가 그의 말을 듣고는, 신분을 낮추고 국가의 이익을 경시하며 재물로 그를 돕는데, 일이 잘못되면 군주와 그 재앙을 분담하고, 공이 이루어지면 신하가 그 성과를 독차지한다. 정사를 처리하는 여러 사람들은, 한마음 한 목소리로 그가 훌륭하다고 말하니, 그런즉 앞장서서 그가 나쁘다고 말하는 사람은 반드시 군주의 신뢰를 받지 못한다. 이것을 일컬어 정사를 통하여 군주를 협박한다고 하는 것이다. 감옥을 관리하고, 금령(禁令)과 형벌에 있어서, 신하가 이러한 권력을 독점하면, 이것을 일컬어 형벌을 이용하여 군주를 협박한다고 하는 것이다. 군주가 지켜야 할 세 가지 원칙이 온전하게 지켜지지 않으면, 군주를 협박하는 세 가지 경우가 발생한다.

군주가 지켜야 할 세 가지 원칙이 온전하게 지켜지면, 군주를 협박하는 세 가지 경우가 저지된다. 협박하는 세 가지 경우가 저지되고 막히면, 군주는 천하를 통치할 수 있게 된다.

凡劫有三。有明劫, 有事[12]劫, 有刑劫。人臣有大臣之尊, 外[13]操國要以資[14]羣臣, 使外內之事非己不得行。雖有賢良, 逆者必有禍, 而順者必有福。然則羣臣莫敢忠主憂國以爭社稷[15]之利害。人主雖賢, 不能獨計[16], 而人臣有[17]不敢忠主, 則國爲亡[18]國矣。此謂國無臣。國無臣者, 豈郞中[19]虛而朝臣少哉! 羣臣持祿養交[20], 行私道[21]而不效公忠[22], 此謂明劫。鬻寵擅權, 矯[23]外以勝[24]內, 險言禍福得失之形, 以阿[25]主之好惡。人主聽之, 卑身輕國以資之, 事敗與主分其禍, 而功成則臣獨專之。諸用事之人, 壹心同辭, 以語其美, 則主[26]言惡者必不信矣。此謂事劫。至於守司囹圄[27], 禁制[28]刑罰, 人臣擅之, 此謂刑劫。三守不完, 則三劫者起。三守完, 則三劫者止。三劫止塞, 則王[29]矣。

1) 當途(당도): 정권을 장악하다, 권력을 쥐다.

2) 擧臣(거신): 신하를 추천하고 골라 쓰다. '거(擧)'는 추천하다, 골라 쓰다. 왕선겸(王先謙)은 '거신(擧臣)'을 '중신(衆臣)'으로 풀이하였고, 도홍경(陶鴻慶)·송고원(松皐圓)·진기유는 '예신(譽臣)' 즉 도당(徒黨)을 널리 사귀고 '허예(虛譽)'로써 관직에 들어와 총애를 받는 신하라고 하였다. 장각은 '당도(當途)'·'용사(用事)'·'거신(擧臣)'이라는 동사 목적어 구조를 명사성 구조로 오해하여 이러한 잘못이 생겼다며, 『한비자』의 용례를 들어 설명하였다(『한비자교소』).

3) 能人(능인): 재능 있는 사람, 여기서는 도당을 이루어 사리사욕을 꾀하고 권력을 장악한 간신(奸臣)을 가리킨다. 그들이 군주를 기만해도 군주는 그들이 재능이 있다고 여기므로 '능인'이라고 한 것이다.

4) 非(비): '비(誹)'와 통한다. 비방하다.

5) 重(중): 권세(權勢)를 가리킨다.

6) 憚(탄): '단(癉)'과 통한다. 피로하다.

7) 輻湊(폭주): '폭주(輻輳)'와 같다. 바퀴살이 바퀴통에 모이는 것, 중심을 향하여 한곳에 모이는 것을 비유한다.

8) 用事(용사): 고광기(顧廣圻)는 금본(今本)에는 '지변(之變)'이 '용사(用事)'로 되어 있다고 했고, 왕선신은 이를 근거로 '용사(用事)'로 고쳤는데 (『한비자집해』), 잘못이다. '폭주지변(輻湊之變)'은 뭇 신하들이 군주 주위로 모여드는 것에서 측근과 간신 주위로 모여드는 것으로 변화하는 것을 가리킨다.

9) 藉(적): '조(阼)'와 통한다. 세위(勢位).

10) 機(기): 관건, 권력을 가리킨다.

11) 奪予(탈여): 벌과 상을 가리킨다.

12) 事(사): 정사(政事).

13) 外(외): 조정(朝廷) 밖을 가리킨다.

14) 資(자): 취(取).

15) 社稷(사직): 토지신과 곡신(穀神), 나라를 상징한다.

16) 獨計(독계): 혼자서 정책을 결정하다.

17) 有(유): '우(又)'와 통한다.

18) 亡(망): 군주가 나라의 대권을 통제하지 못하는 것을 가리킨다.

19) 郞中(랑중): 군주를 시종하는 근신(近臣).

20) 持祿養交(지록양교): 진기유는 군주의 봉록을 먹으며 사적인 교제를 기르는 것이라고 하였다(『한비자신교주』).

21) 私道(사도): 사사로운 이익을 도모하는 방법.

22) 公忠(공충): 충성을 다하여 나라를 보위하다.

23) 矯(교): 가탁(假託)하다. 빌다.

24) 勝(승): 제압하다.

25) 阿(아): 영합하다.

26) 主(주): 앞장서다. 선두에 서다. 고광기는 "우두머리가 되는 것이다.(爲主首也。)"라고 하였다(『한비자집해』).

27) 囹圄(어령): 감옥.

28) 制(제): 군주의 명령.

29) 王(왕): 왕으로 자처하다, 천하를 통치하다.

제17편 비내(備內)

내부를 방비해야

解 題

비내(備內)의 내(內)는 궁궐 안이나 군주 주변의 후비(后妃)·부인(夫人)·태자(太子) 등을 말한다. 비내는 군주가 자기 주변의 측근들을 너무 믿지 말며, 이들이 군주의 권력을 위협하거나 죽이려고 하는 것에 대비해야 한다는 뜻이다. 한비자는 전반부에서 군주의 권력을 강화하는 술책을 주로 논하고 있는데, 이것을 방해하는 이들이 군주의 측근일 수 있다는 점을 경계한 것이다.

군주의 근심은 남을 믿는 데 있는데, 남을 믿으면 그들에게 제압당한다. 신하는 군주에게 골육처럼 가까운 존재가 아니며, 다만 권세에 얽매여서 군주를 섬기지 않으면 안 될 뿐이다. 그러므로 신하 된 이는 군주의 마음을 살피며 잠시도 쉬지 않는데, 군주가 게으르고 오만하게 자리만 차지하고 있으면, 이것이 세상에서 군주를 위협하고 시해하려는 이유다. 군주가 아들을 너무 믿으면 간신들이 아들을 빌미로 사사로이 이득을 취하려 한다. 그러므로 이태(李兌)는 조(趙)왕을 지킨다는 빌미로 그의 주군을 굶어 죽였다. 군주가 자신의 처를 너무 믿으면 간신들이 처를 빌미로 사사로이 이득을 취하려 한다. 그러므로 광대였던 시(施)는 여희(麗姬)를 부추겨서 신생(申生)을 죽이고 여희의 아들인 해제(奚齊)를 세웠다. 무릇 아내처럼 가깝고 아들처럼 친하여도 오히려 믿을 수 없는데, 그 밖의 신하들은 정말 믿을 수 없다.

人主之患在於信人，信人則制於人。人臣之於其君，非有骨肉之親也，縛於勢而不得不事也。故爲人臣者，窺覘[1]其君心也，無須臾之休，而人主怠慠處其上，此世所以有劫君弑主也。爲人主而大信其子，則姦臣得乘於子以成其私，故李兌傅趙王而餓主父。[2]爲人主而大信其妻，則姦臣得乘於妻以成其私，故優施傅麗姬殺申生而立奚齊。[3]夫以妻之近與子之親而猶不可信，則其餘無可信者矣。

○○○

또한 만승의 군주나 천승의 군주의 후비나 부인, 그리고 적자(嫡子)로 태자가 된 자 가운데는 간혹 군주가 일찍 죽기를 바라는 이가 있다. 어찌하여 그러한 줄 아는가? 무릇 아내 된 이와는 골육의 은혜가 있지 않아서 아껴주면 가까워지고, 아껴주지 않으면 멀어지게 마련이다. 전하는 말에 "어미가 사랑을 받으면 그 아들도 감싸게 된다."고 한다. 그렇다면 반대의 경우, 어미가 미움을 받으면 그 자식도 내버리게 마련이다. 사내는 나이 오십이 되어도 여색 밝히기를 멈추지 않지만, 여인은 나이 서른이면 미색이 다하게 마련이다. 아름다움이 다한 부인이 여색을 밝히는 사내를 섬기게 되면 죽음을 당하거나 멀어지고 미천해지며, 자기 자식이 자리를 잇지 못할까 의심하게 되니, 이것이 후비나 부인이 그 군주가 죽기를 바라는 이유이다.

어미가 태후가 되고 아들이 군주가 되면, 명하면 행해지지 않는 것이 없고, 금지하면 그치지 않는 것이 없으며, 남녀간에 즐기이 지내는 것이 예전보다 덜한 것이 없으며, 만승의 나라를 멋대로 하여도 아무런 의심을 받지 않으니, 이것이 군주를 독살하거나 몰래 교살하려는 이유이다. 그러므로 『도좌춘추(桃左春秋)』에는 "군주가 병들어 죽는 것은 반도 되지 않을 것이다."라고 하였다. 군주가 이것을 모르면, 난이 자주 일어나는 빌미가 된다. 그러므로 "군주의 죽음을 이롭게 여기는 자가 많으면 군주는 위태롭다."라고 하는 것이다. 왕량(王良)이 말을 아끼고 월왕 구천(句踐)이 신하들을 아낀 것은 전쟁이 나면 죽음으로 내몰기 위한 것이었다. 의사가 환자의 상처를 기꺼이 빨아 그 사람의 피를 입에 머금는 것은 그와 골육 같은 친밀함이 있어서가 아니라 이익이 얻어지기 때문이다. 그러므로 수레를 만드는 이는 사람들이 부자가 되기를 바라며, 관을 짜는 장인은 사람들이 일찍 죽기를 바란다. 이것은 수레 만드는 이가 어질고 장인이 잔인해서가 아니라, 사람들이 부자가 되지 않으면 수레를 사지 않을 것이고, 사람들이 죽지 않으면 관을 사지 않을 것이기 때문이다. 심정적으로 사람들을 미워하는 것은 아니며, 사람들이 죽어야 이로움이 생기기 때문이다. 그러므로 후비나 부인 혹은 태자의 무리가 작당을 하여 군주가 죽기를 바라는 것이니, 군주가 죽지 않으면 권력이 무거워지지 않기 때문이다. 마음으로 군주를 미워하는 것은 아니며, 군주가 죽어야 이로움이 생기기 때문이다. 그러므로 군주는 자신이 죽는 것을 이롭게 여기는 이들을 경계하지 않으면 안 된다.

그러므로 해무리와 달무리는 궁궐 밖에 지지만 해치려는 자들은 궁궐 안에 있듯이, 미워하던 이들에 대비하지만 재앙은 아끼던 이들에게서 나오게 마련이다. 이런 까닭으로 훌륭한 군주는 검증할 수 없는 일은 거론하지 않으며, 평소에 먹지 않던 음식은 먹지 않고, 먼 곳의 일은 잘 듣고 가까운 것은 직접 보아서 안팎으로 잘못될지 모를 것을 살핀다. 같거나 다른 말들을 잘 헤아리고 붕당의 구분을 잘 파악하며, 이름과 실질을 잘 검증하여 맞추어 보아 진언한 말이 실효가 있는지 따져본다. 나중의 결과를 가지고 처음의 것에 맞추어보고, 법에 따라 백성들을 다스리고, 여러 가지 사실들을 가지고 대조해본다. 선비는 요행으로 상을 받는 일이 없어야 하고, 실제로 행한 것보다 지나쳐서는 안 되며, 처형은 반드시 저지른 죄에 합당해야 하며, 죄를 사면하지 않는다면, 간사한 이들은 그들의 사사로움을 용납받지 못하게 될 것이다.

且萬乘之主, 千乘之君, 后妃、夫人、適子爲太子者, 或有欲其君之蚤死者。何以知其然。夫妻者, 非有骨肉之恩也, 愛則親, 不愛則疏。語曰, “其母好者其子抱。” 然則其爲之反也, 其母惡者其子釋。丈夫年五十而好色未解也, 婦人年三十而美色衰矣。以衰美之婦人事好色之丈夫, 則身死見疏賤, 而子疑不爲後, 此后妃夫人之所以冀其君之死者也。唯母爲后而子爲主, 則令無不行, 禁無不止, 男女之樂不減於先君, 而擅萬乘不疑, 此鴆毒[4]扼昧[5]之所以用也。故桃左春秋[6]曰, “人主之疾死者不能處半。” 人主弗知則亂多資, 故曰, 利君死者衆則人主危。故王良[7]愛馬, 越王勾踐[8]愛人, 爲戰與馳。醫善吮人之傷, 含人之血, 非骨肉之親也, 利所加也。故輿人成輿, 則欲人之富貴, 匠人成棺, 則欲人之夭死也。非輿人仁而匠人賊也, 人不貴則輿不售, 人不死則棺不買。情非憎人也, 利在人之死也。故后妃、夫人、太子之黨成而欲君之死也, 君不死則勢不重。情非憎君也, 利在君之死也。故人主不可以不加心於利己死者。故日月暈圍[9]於外, 其賊在內, 備其所憎, 禍在所愛。是故明王不擧不參[10]之事, 不食非常之食, 遠聽而近視, 以審內外之失。省同異之言, 以知朋黨之分, 偶[11]參伍[12]之驗, 以責陳言之實。執後以應前, 按法以治衆, 衆端以參觀。士無幸賞, 無踰行, 殺必當罪不赦, 則姦邪無所容其私矣。

○○○

부역이 많으면 백성들은 힘겨워하고, 백성들이 고통스러워하면 권세 있는 자들이 들고 일어나게 되는데, 권세 있는 자들이 일어나면 무거운 과세를 거듭 덜어주려 할 것이며, 무거운 과세를 거듭 덜어주면 귀한 자리에 있는 자들만 부귀해질 것이다. 백성을 괴롭혀 귀인(貴人)을 부자가 되게 하거나, 권세 있는 이를 일으켜 신하들에게 그 힘을 실어주는 것은 세상에서 지속적인 이익이 못 된다. 그러므로 “부역이 적으면 백성이 편안하고, 백성이 편안하면 신하들은 막중한 권세를 잃고, 신하들이 막중한 권력을 잃으면 권세가 사그라질 것이고, 권세가 사그라지면 은덕이 군주에게 있게 될 것이다.

오늘날 저 물이 불을 이기는 이치 또한 명백하다. 솥이 그 사이에 있으면, 물이 팔팔 끓어올라도, 불이 활활 타올라 그 밑에서 여전히 성대히 타게 마련이니, 물은 불을 이기는 이치를 잃게 된다. 오늘날 간악한 이들을 다스리는 이치는 이보다 더 분명한데, 법을 지키고자 하는 신하가 솥과 같은 행위를 한다면, 법은 다만 군주의 가슴속에서만 밝게 비출 뿐이고, 간악한 이를 금지하는 도리는 잃게 된다. 예부터 전하는 말 가운데 『춘추(春秋)』의 기록에, 법을 거역하여 간악한 짓을 행하는 이들이라도 존귀한 신하들을 따르지 않는 이가 없었다고 한다. 그런데 법령이 적용되어 형벌이 가해지는 것은 늘 비천한 이들뿐이니, 이 때문에 백성들은 절망하고 어디 하소연할 데도 없다. 대신들은 서로 어울려서 군주를 속이는 일에 하나가 되어, 속으로는 서로 잘 지내면서도 겉으로는 사이가 나쁜 것처럼 하고는 사사로이 그러는 것이 아니라고 내보이지만, 서로 눈과 귀가 되어서 군주의 빈틈만 노린다. 군주는 주변이 가려 있어서 들을 수 있는 방법이 없고, 이름만 있고 실제 권한이 없으며, 신하가 법을 멋대로 행하니 주(周)나라의 천자가 이러하다. 지나치게 그 권세를 한쪽에 맡기면 군주와 신하가 뒤바뀌게 되는 것이니, 이것은 신하에게 권세를 맡겨서는 안 된다는 말이다.

徭役多則民苦, 民苦則權勢起, 權勢起則復除重, 復除重則貴人富。苦民以富貴人, 起勢以藉人臣, 非天下長利也。故曰, 徭役少則民安, 民安則下無重權, 下無重權則權勢滅, 權勢滅則德在上矣。今夫水之勝火亦明矣, 然而釜鬵閒之, 水煎沸竭盡其上, 而火得熾盛焚其下, 水失其所以勝者矣。今夫治之禁姦又明於此, 然守法之臣爲釜鬵之行, 則法獨明於胸中, 而已失其所以禁姦者矣。上古之傳言, 春秋所記, 犯法爲逆以成大姦者, 未嘗不從尊貴之臣也。而法令之所以備, 刑罰之所以誅, 常於卑賤, 是以其民絶望無所告愬。大臣比周[13]， 蔽上爲一， 陰相善而陽相惡以示無私， 相爲耳目以侯主隙。人主掩蔽， 無道得聞， 有主名而無實， 臣專法而行之， 周天子是也。偏借其權勢則上下易位矣， 此言人臣之不可借權勢。

1) 窺覘(규첨): 살피다.

2) 조(趙)의 무령왕(武靈王)은 자리를 혜문왕(惠文王)에게 물려주고 주군(主君)으로 불렀는데, 장자인 장(章)을 애도한다는 것을 빌미로 이태는 공자(公子) 성(成)과 함께 주군을 공격하여 굶어 죽게 하였다. 부(傅)는 '지킨다'는 뜻이다.

3) 우시(憂施)는 진(晉) 헌공(獻公) 시절의 광대다. 여희(麗姬)는 헌공이 정벌했던 여융(麗戎)의 딸로서 우시와 알고 지냈기 때문에 우시 무리의 음모로 부인(夫人)이 되어 태자인 신생(申生)을 스스로 죽게 하였고 자신의 아들인 해제(奚齊)를 태자로 세웠다. 해제 역시 태자의 무리에게 죽음을 당했다.

4) 鴆毒(짐독): 올빼미 비슷한 모양의 독조인 짐조의 날개를 담근 술을 마시게 하여 독살하는 것.

5) 扼昧(액매): 목매어 죽이는 것.

6) 桃左春秋(도좌춘추): 유월(俞越)은 좌(左)를 올(兀)의 살못이라고 하여, 도올(桃兀)은 『맹자』에 나오는 초(楚)나라 춘추(春秋)인 도올(檮兀)을 말한다고 여겼다.

7) 王良(왕량): 자(字)는 오기(於期)로서 춘추전국 시대 진(晉)의 조양자(趙襄子)를 모시던 수레꾼으로 유명했던 사람이다.

8) 勾踐(구천): 『사기·월세가(越世家)』에 의하면, 오(吳)에 패배한 수치심을 씻기 위해서 백성들과 고통을 함께 나누었다고 한다.

9) 暈圍(운위): 해나 달 주변에 둥글게 무리가 지다.

10) 參(참): 검증하다.

11) 偶(우): 합(合)의 뜻으로 '대조하다'의 의미다.

12) 參伍(참오): 이름과 실질 등 여러 가지 증거들을 잘 대조하고 검증하다.

13) 比周(비주): 사적으로 어울린다.

제18편 남면(南面)

군주의 통치

解題

'남면(南面)'은 '남쪽을 향하다'의 뜻으로 군주가 신하를 만날 때 북쪽을 등지고 남쪽을 향하여 앉는 것에서 유래한 말이다. 이후 '남면'은 군주의 통치를 일컫는 의미로 널리 쓰이게 되었다. 본 편에서는 군주가 신하를 통솔하고 나라를 통치하는 방법을 구체적인 예를 들어가며 상세하게 설명하고 있다.

군주의 잘못은 이미 어떤 일에 임명한 신하를 그 일과 무관한 신하를 시켜 감시하려는 데 있다. 감시를 맡은 신하의 의견은 반드시 그 일에 임명된 신하와 반대의 입장에 서게 될 것이며, 군주는 오히려 그 일에 임명되지 않은 신하에 의해 좌지우지될 것이다. 지금 군주와 함께 다른 사람을 감시하는 자 역시 예전에 군주의 감시를 받던 자이다.

군주가 법도를 밝혀 대신들의 위세를 제압하지 못한다면, 뭇 신하들의 믿음을 얻을 수 없게 된다. 군주가 법도를 버리고 신하를 가지고 신하를 감시하게 되면, 서로 친한 신하들은 더욱 친해져서 서로 치켜세울 것이고, 서로 미워하는 신하들은 각자 무리를 지어 서로 헐뜯을 것이다. 비방과 치켜세움이 서로 다투게 되면, 군주는 혼란스러워지게 된다.

신하는 명성을 과장하거나 청탁하지 않고서는 높은 관직에 나아갈 수 없고, 법을 위반하거나 전횡을 하지 않고서는 자신의 위엄을 세울 수 없으며, 자신의 충성과 믿음을 위장하지 않고서는 법의 제재를 피할 수 없는데, 이 세 가지가 바로 신하가 군주를 미혹하게 하여 법의 기강을 무너뜨리는 근본 원인이다. 군주는 신하가 비록 지혜를 지녔다고 하더라도 법을 어기며 전횡을 하게 해서는 안 되며, 신하에게 비록 훌륭한 공적이 있다 하더라도 그 공적을 넘어서는 상을 받게 해서는 안 되며, 신하가 비록 충성과 믿음이 뛰어나다 하더라도 법을 뛰어넘어 관용을 베풀어서는 안 된다. 이렇게 하는 것을 법을 밝히는 것이라고 말한다.

人主之過, 在已任在[1]臣矣, 又必反與其所不任者備[2]之, 此其說必與其所任者爲讐, 而主反制於其所不任者。今所與備人者, 且曩[3]之所備也。 人主不能明法而以制大臣之威, 無道[4]得小人[5]之信矣。 人主釋法而以臣備臣，則相愛者比周而相譽，相憎者朋黨而相非[6]，非譽交爭，則主惑亂矣。人臣者，非名譽[7]請謁[8]無以進取，非背法專制無以爲威，非假於忠信無以不禁，三者，惽[9]主壞法之資也。人主使人臣雖有智能不得背法而專制，雖有賢行不得踰功而先勞[10]，雖有忠信不得釋法而不禁，此之謂明法。

○ ○ ○

군주가 일에 미혹되는 것, 여론에 가려지는 것, 이 두 가지는 잘 살피지 않으면 안 된다.
人主有誘於事者，有壅[11]於言者，二者不可不察也。

○ ○ ○

신하가 어떤 일에 대해 쉽다고 말하고 그 일에 드는 비용도 아주 적게 든다고 하며, 이로써 군주를 속인다. 군주가 그들의 말에 유혹되어 잘 살피지 않고 그들을 칭찬하면, 오히려 신하들이 일을 가지고 군주를 마음대로 하게 된다. 이런 상황을 '일의 유혹'이라 하고, 일에 유혹된 군주는 어려움에 처하여 곤란을 겪게 되고, 신하들이 처음 말할 때는 아주 적었던 경비가 그들이 돌아가 일을 시작하면 엄청나에 늘어나니, 비록 그들이 한 일이 실효를 거둔다 해도 일을 처음 진언할 때에는 분명히 불성실한 것이었으니, 그 불성실함에 대하여 죄를 주고, 일에 공이 있는 것은 상을 준다면, 뭇 신하들은 더 이상 과장된 말로 군주를 미혹하게 하지 않을 것이다. 군주의 통치술이라 하는 것은 신하가 앞에 한 말과 뒤에 한 일이 다르고 뒤에 한 말이 앞의 일과 다르면, 비록 그 일에 공이 있다 하더라도 반드시 죄를 스스로 고하게 해야 하는 것이며, 이것이 바로 신하를 쓰는 방법이다

人臣易言事者, 少索[12]資, 以事誣主。主誘而不察, 因而多[13]之, 則是臣反以事制主也。如是者謂之誘, 誘於事者困於患, 其進言少, 其退費多, 雖有功, 其進言不信, 不信者有罪, 事有功者必賞[14], 則羣臣莫敢飾言以惛主。主道者, 使人臣前言不復於後, 後言不復於前, 事雖有功, 必伏其罪, 謂之任下。

○ ○ ○

신하는 군주를 위하여 일을 도모하면서 다른 사람들이 비난하는 것을 두려워하여 미리 군주에게 진언하기를, "이 일에 대해 왈가왈부하는 사람들은 바로 이 일을 질투하는 사람들일 것입니다."라고 한다. 이에 군주는 그 신하의 말만 마음에 새기고 뭇 신하들의 말을 믿지 않게 되며, 뭇 신하들은 그 말을 두려워하여 그 일에 대해 말하지 않게 되는데, 군주가 뭇 신하들의 말을 듣지 않는 것과 신하들이 말을 하지 않는 두 상황이 벌어지면, 곧 충신의 말은 듣지 않고 총애받는 신하만 신임을 얻게 된다. 이런 것을 여론에 가려졌다고 하고, 여론에 가려진 군주는 신하에 의해 휘둘리게 된다.

군주의 통치술은 신하에게 반드시 해야 할 말을 하지 않은 책임을 묻고, 또한 말하지 말아야 할 것을 말한 책임도 지워야 한다. 말이 조리가 없거나 근거 없는 말을 한 것에 대한 책임을 져야 한다. 책임지지 않으려고 말을 하지 않고 관직을 유지하려는 것은 바로 해야 할 말을 하지 않은 죄이다. 군주는 반드시 신하가 자신이 한 말을 기억하고 그 말에 책임지도록 해야 하며, 말을 하지 않은 신하에 대해서

는 반드시 그가 그 일에 대하여 찬성하는지 반대하는지를 물어 나중에 책임의 근거로 삼아야 신하들이 감히 함부로 말하지 못할 것이며, 또한 감히 침묵하지도 못할 것이다. 말을 하는 것이나 말을 하지 않는 것이나 모두 책임이 따르게 해야 한다.

臣爲主設事[15]而恐其非也，則先出說設言[16]曰，“議是事者，妒事者也。”人主藏是言，不更聽羣臣，羣臣畏是言，不敢議事，二勢者用，則忠臣不聽而譽臣[17]獨任。如是者謂之壅於言，壅於言者制於臣矣。主道者，使人臣有必言之責，又有不言之責。言無端末，辯無所驗者，此言之責也。以不言避責，持重位者，此不言之責也。人主使人臣言者必知其端以責其實，不言者必問其取舍以爲之責，則人臣莫敢妄言矣，又不敢默然矣，言、默則皆有責也。

○ ○ ○

군주가 어떤 일을 하고자 할 때, 그 일의 시작과 결과에 대해 잘 모르면서 자신의 생각을 노출시키고 일을 하려고 한다면, 이익을 얻을 수 없을 뿐 아니라 반드시 자신에게 해가 돌아올 것이다. 이러한 이치를 아는 군주는 사리에 맞게 일을 하고 자신의 욕망을 버린다. 모든 일에는 원칙이 있으니, 들어오는 것이 많고 나가는 것이 적은가를 따져서 해야 한다. 아둔한 군주는 그렇지 못해서 단지 수입만 계산하고 지출은 계산하지 않아, 설사 지출이 수입의 몇 배가 되어도 그 손해를 알지 못하니 명분만 얻고 실속은 잃게 되는데, 이렇게 되면 실적은 미미해지고 손실은 막대해지는 것이다. 무릇 수입이 많고 지출이 적어야 실속이 있다고 할 수 있다. 지금의 상황을 보면, 막대한 지출에 대해서는 죄를 묻지 않고 아주 적은 실적에 대하여 오히려 공이 있다고 여기니, 신하들이 막대한 비용을 지출하고 미미한 실적을 올리려 하는 것이다. 그 미미한 실적은 군주에게는 손실이 된다.

人主欲爲事, 不通其端末而以明其欲, 有爲之者, 其爲不得利, 必以害反, 知此者, 任理去欲。擧事有道, 計其入多, 其出少者, 可爲也。惑主不然, 計其入不計其出, 出雖倍其入, 不知其害, 則是名得而實亡, 如是者功小而害大矣。凡功者, 其入多, 其出少, 乃可謂功。今大費無罪而少得爲功, 則人臣出大費而成小功, 小功成而主亦有害。

○ ○ ○

나라를 다스릴 줄 모르는 사람은 언제나 "구제도는 바뀌지 않아야 하며, 풍속도 바꾸지 말아야 한다."라고 말한다. 바꾸는 것과 바꾸지 않는 것에 있어서, 성인들은 다른 사람의 말을 듣지 않고, 그저 잘 나스릴 따름이다. 구제도를 바꾸지 않는 것과 관례를 바꾸지 않는 것은 전적으로 구제도와 관습이 현재 실행하기에 적합한가 그렇지 않은가에 달려 있다. 만일 이윤(伊尹)이 상(商)나라의 제도를 바꾸지 않고, 강태공(姜太公)이 주(周)나라의 제도를 바꾸지 않았다면, 상나라의 탕왕이나 주나라의 무왕은 천하의 왕이 되지 못했을 것이다. 만일 관중(管仲)이 제(齊)나라의 구제도를 바꾸지 않고, 곽언(郭偃)이 진(晋)나라의 구제도를 개혁하지 않았다면, 제나라의 환공과 진나라의 문공은 패자가 되지 못했을 것이다.

무릇 구제도를 바꾸지 못하는 사람들은 구제도에 대한 백성들의 애착을 고치는 것이 두렵기 때문이다. 무릇 구제도를 바꾸지 않는 것은 혼란한 나라의 전철을 답습하는 것이며, 백성들의 기호에 영합하는 것은 방자하고 사악한 행위이다. 백성이 우둔해서 혼란이 뭔지 모르고, 군주가 나약하여 구제도를 개혁할 줄 모르면 이는 바로 잘못 다스리는 것이다. 군주는 지혜롭기가 능히 나라를 다스리는 방법을 알아야 하고, 엄격하기가 그 나라를 다스리는 방법을 실행할 수 있어야 한다. 그러므로 군주는 민심을 거스르더라도 나라를 다스리는 방법을 세울 수 있어야 한다. 예컨대 상앙(商鞅)이 변법을 시행할 때, 안팎에서 호위무사들이 창과 방패를 들고 철저히 경계한 것이 그렇다. 그러므로 곽언이 진나라를 다스리려 할 때 진나라 문공 주변에 호위무사들을 두어 경비한 것이나, 관중이 제나라를 다스릴 때 환공이 외출하면 무장한 수레가 뒤따르도록 한 것은 모두가 백성들을 경계하기 위한 조치였다. 그러므로 어리석고 게으른 사람들은 항상 적은 지출에 대해 근심하고 장차 큰 이익을 얻을 수 있다는 것을 잊고 있기 때문에, 인호(夤虎)는 질책과 비방을 받았다. 그리고 아주 작은 변화가 두려워 먼 장래의 큰 이익을 고려하지 못하여 추가(鄒賈)는 징병제도로 문책을 받게 되었다. 나라의 혼란에 습관이 되어 때맞춰 나라를 정돈할 줄 몰라서 결국 정(鄭)나라 사람들은 돌아갈 집이 없게 되었다.

不知治者，必曰，“無變古，毋易常。”變與不變，聖人不聽，正治而已。然則古之無變，常之毋易，在常、古之可與不可。伊尹毋變殷，太公毋變周，則湯、武不王矣。管仲毋易齊，郭偃[18]毋更晉，則桓、文不霸矣。凡人難變古者，憚[19]易民之安[20]也。夫不變古者，襲亂之迹，適[21]民心者，恣姦之行也。民愚而不知亂，上懦而不能更，是治之失也。人主者，明能知治，嚴必行之，故雖拂[22]於民心，立其治。說在商君之內外而鐵殳[23]重盾而豫戒也。故郭偃之始治也，文公有官卒，管仲始治也，桓公有武車，戒民之備也。是以愚贛[24]

窳惰[25]之民，苦小費而忘大利也，故夤虎[26]受阿[27]謗。而車辰[28]小變而失長便，故鄒賈非載旅[29]。狎[30]習於亂而容於治，故鄭人不能歸。

1) 在(재): 여기서는 연자(衍字)로 본다.

2) 備(비): 미리 방비하다. 예방하다.

3) 曩(낭): 이전.

4) 道(도): 유(由)의 의미로 '말미암다'는 뜻이다.

5) 小人(소인): 소신(小臣)의 뜻.

6) 非(비): 비(誹)와 통용한다.

7) 名譽(명예): 명성을 부풀리는 것.

8) 請謁(청알): 청탁.

9) 惛(혼): 마음이 혼미하다.

10) 勞(로): 수고한 것을 치사하다. 사(賜)의 의미로 쓰였다.

11) 壅(옹): 통하지 못하게 하다.

12) 索(색): 없애다. 소비하다.

13) 多(다): 칭찬하다. 아름답게 여기다.

14) 이 구절에 대해 '사수유공불상(事雖有功不賞)'의 잘못으로 보는 견해가 있다.

15) 設事(설사): 일을 계획하다.

16) 設言(설언): 가설로 말하다.

17) 譽臣(예신): 총애받는 신하.

18) 郭偃(곽언): 춘추 시대 진(晋)나라의 복대부(卜大夫).

19) 憚(탄): 꺼리다, 두려워하다.

20) 安(안): 습관(習慣)으로 해석하기도 하지만 선(善) 혹은 락(樂)의 의미가 더 정확하다고 본다.

21) 適(적): 맞추다. 영합하다.

22) 拂(불): 거스르다. 어기다.

23) 鐵殳(철수): 쇠몽둥이.

24) 愚戇(우공): 미련하다. 어리석다.

25) 窳惰(유타): 나태하다. 게으르다.

26) 夤虎(인호): 인물 미상. 혹자는 진(陳)대부 경인(慶寅)과 경호(慶虎)를 가

리킨다고 주장하기도 한다.

27) 阿(아): 가(訶)의 의미로 '큰 소리로 꾸짖다'는 뜻이다.

28) 軫(진): 떨다. 두려워하다. 진(震)과 통한다.

29) 이 구절의 해석은 근거가 없다. 다만 추가(鄒賈)는 인물, 재려(載旅)는 지역 출병을 하는 징병제도로 추정된다.

30) 狎(압): 익숙하다.

제19편 식사(飾邪)

사악함을 경계함

解題

식(飾)은 칙(飭)으로 '정비하다, 경계하다, 삼가다'의 의미이다. 식사(飾邪)란 복서성상(卜筮星象)을 믿고 대국의 힘에 의지하고 상벌에 법도가 없고 법을 어기고 지혜를 꾸며내고 공의를 내치고 사사로운 마음을 행하는 등과 같은 간사한 짓을 군주는 금지하고 이에 미혹되지 않도록 경계해야 한다는 것이다. 여기서 한비는 상벌을 엄하게 시행하는 것 외에, 특히 복서나 점술을 일삼는 미신을 타파해야 한다고 주장한다.

거북의 등을 뚫어 서죽(筮竹)을 세어 점괘가 대길이라고 나와 연나라를 친 것은 조나라이다. 거북의 등을 뚫어 서죽을 세어 점괘가 대길이라고 나와 조나라를 친 것은 연나라이다. 극신은 연나라를 섬겼으나 공을 세우지 못해 사직이 위태롭게 되었다. 추연도 연나라를 섬겼으나 공이 없어 국가의 도가 끊기고 말았다. 조나라는 먼저 연나라에게서 뜻을 이루고 뒤에 제나라에게서 뜻을 이루어 나라는 어지러웠으나 기세가 높아, 스스로 진나라와 맞선다고 여겼다. 이는 조나라의 거북이 신령하고 연나라의 거북이 기만한 것은 아니다.

조나라는 또 일찍이 거북의 등을 뚫고 서죽을 세어 북으로 연나라를 쳐서 장차 연나라를 위협하여 진나라를 거스르려고 하였는데 점괘가 대길이라고 나왔다. 처음에 대량을 공략하였는데, 진나라는 조나라의 상당으로 진출하고 조나라의 군대가 연나라의 이(釐) 땅에 이를 즈음 조나라의 육성이 진나라에게 점령되었으며, 다시 양성에 이르렀을 때는 진나라가 업성을 함락시켰다. 방원이 군대를 이끌고 (연나라에서) 남으로 돌아오니 조나라의 요새가 다 없어지고 말았다.

그래서 나는 조나라의 거북점이 비록 먼 연나라에 대해서 보지 못했더라도 가까운 진나라에 대해서는 마땅히 보았어야 한다고 말한다. 진나라는 대길의 점괘로써 땅을 넓혀 결실을 거두고 연나라를 구했다는 명분도 얻었다. 조나라는 대길이라는 점괘로써 땅이 깎이고 병사는 욕을 당하고 임금은 뜻을 얻지 못하고 죽으니, 이 또한 진나라 거북점이 신령하고 조나라 거북점이 기만했던 것은 아니다.

처음에 위(魏)나라가 여러 해 동안 동쪽으로 도(陶)와 위(衛) 땅을 완전히 공략하고, 여러 해에 걸쳐 서쪽은 이 때문에 국토를 잃고 말았다. 이는 풍륭·오행·태일·왕상·섭제·육신·오괄·천하·은창·세성 등 길성이 그 여러 해 동안 서쪽에 있었기 때문이 아니었다. 또 천결·호역·형성·형혹·규태 등 흉성이 여러 해 동안 동쪽에 있었기 때문도 아니었다. 그러므로 말하기를 거북점이나 서죽의 계시와 귀신의 영험이 승리를 이루는 데 족하지 않으며, 좌우 전후의 별자리도 그것으로 싸움에 전념하는 데 족하지 않다고 할 것이다. 그러한데도 그것을 의지한다면 그보다 더한 어리석음은 없다.

鑿龜[1]數筴[2]，兆曰大吉，而以攻燕者，趙也。鑿龜數筴，兆曰大吉，而以攻趙者，燕也。劇辛[3]之事，燕無功而社稷危，鄒衍[4]之事，燕無功而國道絕。趙代先得意於燕，後得意於齊，國亂節高，自以爲與秦提衡，非趙龜神而燕龜欺也。趙又嘗鑿龜數筴而北伐燕，將劫燕以逆秦，兆曰大吉。始攻大梁[5]而秦出上黨[6]矣，兵至釐[7]而六城拔矣，至陽城[8]，秦拔鄴[9]矣，龐援[10]揄兵而南，則鄣[11]盡矣。臣故曰，趙龜雖無遠見於燕，且宜近見於秦。秦以其大吉，辟地有實，救燕有有名。趙以其大吉，地削兵辱，主不得意而死。又非秦龜神而趙龜欺也。初時者，魏數年東鄕[12]攻盡陶、衛[13]，數年西鄕以失其國[14]，此非豐隆、五行、太一、王相、攝提、六神、五括、天河、殷搶、歲星非數年在西也，又非天缺、弧逆、刑星、熒惑、奎台非數年在東也。故曰，龜筴鬼神不足擧勝，左右背鄕不足以專戰。然而恃之，愚莫大焉。

○○○

옛날 선왕은 백성을 아끼고 사랑하는 데 힘을 다하고 법을 공명하게 하는데 더욱 힘썼다. 법이 공명하면 충신들이 힘쓰고, 벌이 반드시 행해지면 사악한 신하들이 근절된다. 충신들이 힘쓰고 사악한 신하들이 근절되니 영토가 넓혀지고 군주의 지위가 높아진 나라가 진

(秦)이다. 신하들이 당을 지어 서로 결탁하여 바른 도를 은폐하고 사사로이 바르지 않게 행하여 영토가 깎이고 군주의 지위가 낮아진 나라가 바로 산동(山東)육국이다. 어지러워지고 약해진 나라가 망하는 것은 인간사의 일반 도리이다. 잘 다스려져서 강해진 나라가 왕이 되는 것은 예부터 내려온 이치이다. 월왕 구천은 대붕이라는 거북의 계시를 믿고 오와 싸워 이기지 못하여 그 자신이 신하로 오에 들어가 섬기다가, 나라로 다시 돌아와 거북을 버리고 법을 공명하게 하고 백성을 아껴 사랑함으로써 오를 보복해 부차(夫差)가 포로가 되었다. 그러므로 귀신을 믿는 자는 법을 태만히 하게 되며 제후들을 믿는 자는 그 나라를 위태롭게 한다.

조(曹)나라는 제(齊)나라를 믿고서 송(宋)나라를 따르지 않았기에 제나라가 초(楚)나라를 공격할 때 송나라가 조나라를 멸망시켰다. 형(荊)나라는 오(吳)나라를 믿고서 제나라를 따르지 않았기 때문에 월(越)나라가 오나라를 칠 때 제나라가 형나라를 멸망시켰다. 허(許)나라는 초나라를 믿고서 위나라를 따르지 않았기 때문에 초나라가 송나라를 공격할 때 위나라가 허나라를 멸망시켰다. 정(鄭)나라는 위나라를 믿고서 한(韓)나라를 따르지 않았기 때문에 위나라가 초나라를 공격할 때 한나라가 정나라를 멸망시켰다. 지금 한나라는 작은데도 큰 나라만 믿고 있으며, 군주가 태만하여 진나라와 위나라를 따르고 제나라와 초나라의 도움만 믿고 있으니, 작은 한나라는 점점 망하게 될 것이다. 즉 남을 믿어서는 땅을 넓히기 어려운데도 한나라는 이를 보지 못하고 있다. 초나라가 위나라를 공격하려고 허나라·언(鄢)나라에 군대를 출병시키고, 제나라가 임(任)나라·호(扈)나라를 공격하여 위나라의 영토를 깎았다. 이것으로는 도읍 정(鄭)을 족히 보존시킬 수 없는데도 한(韓)나라는 이를 알지 못하고 있다. 이것은 모두 법과 금지령을 밝혀 나라를 다스리지 않고 다른 나라를 믿다가 사직을 멸망시킨 것들이다.

古者先王盡力於親民，加事於明法。彼法明則忠臣勸[15]，罰必則邪臣止。忠勸邪止，而地廣主尊者，秦是也。羣臣朋黨比周[16]，以隱正道，行私曲而地削主卑者，山東[17]是也。亂弱者亡，人之性也。治强者王，古之道也。越王勾踐恃大朋之龜[18]，與吳戰而不勝，身臣入宦於吳。反國棄龜，明法親民以報吳，則夫差[19]爲擒。故恃鬼神者慢於法，恃諸侯者危其國。曹恃齊而不聽宋，齊攻荊而宋滅曹[20]。荊[21]恃吳而不聽齊，越伐吳而齊滅荊。許恃荊而不聽魏，荊攻宋而魏滅許[22]。鄭恃魏而不聽韓，魏攻荊而韓滅鄭[23]。今者韓國小而恃大國，主慢而聽秦、魏，恃齊、荊爲用，而小國愈亡。故恃人不足以廣壤，而韓不見也。荊爲攻魏而加兵許、鄢[24]，齊攻任扈[25]而削魏，不足以存鄭[26]，而韓弗知也。此皆不明其法禁以治其國，恃外以滅其社稷者也。

○ ○ ○

그러므로 나는 말하기를, 군주가 다스리는 기술에 밝으면 나라가 비록 작더라도 부유해질 것이고, 상벌을 신중하고 확실하게 하면 백성이 비록 적더라도 강해질 것이다. 상벌에 법도가 없으면 나라가 비록 크다 하여도 군대가 약해지면 영토는 더 이상 자기 영토가 아니며 백성은 자기 백성이 아니다. 영토가 없고 백성이 없다면 요순이라도 왕이 될 수 없으며 하·은·주 삼대라도 강성할 수 없다. 군주는 또 지나치게 상을 주며 신하는 다시 또 공연히 받기만 한다. 법률을 내버려두고 선왕과 명군의 공만 말하는 자에게 군주가 국정을 맡긴다.

그러므로 나는 말하기를 이는 옛날의 공덕을 사모하는 것이며, 옛날에 상을 주던 것으로써 지금 사람에게 상을 주려는 것이다. 군주가 이런 까닭으로 과분하게 상을 주며 신하는 이 때문에 공연히 상만 받게 된다. 군주가 과분하게 상을 주면 신하는 요행을 노리게 되며, 신하가 공연히 받게 되면 공적은 존중받지 못하게 될 것이다. 공이 없는 자가 상을 받는다면 재정이 모자라 백성들이 원망할 것이다. 재정이 모자라 백성이 원망한다면 백성은 노력을 다하지 않게 될 것이다. 그러므로 상이 지나치면 백성을 잃게 되고, 형벌이 지나치면 백성이 두려워하지 않게 된다. 상을 주어도 족히 권면할 수 없고 형벌을 행해도 금할 수 없다면 나라가 비록 크다 할지라도 반드시 위험해진다.

臣故曰, 明於治之數, 則國雖小, 富。賞罰敬信, 民雖寡, 强。賞罰無度, 國雖大兵弱者, 地非其地, 民非其民也。無地無民, 堯、舜不能以王, 三代不能以强。人主又以過予, 人臣又以徒取。舍法律而言先王以明君之功者, 上任之以國。臣故曰, 是願古之功, 以古之賞賞今之人也。主以是過予, 而臣以此徒取矣。主過予則臣偸幸, 臣徒取則功不尊, 無功者受賞則財匱[27]而民望, 財匱而民望則民不盡力矣。故用賞過者失民, 用刑過者民不畏。有賞不足以勸, 有刑不足以禁, 則國雖大必危。

○○○

그러므로 말하기를 적게 아는 자에게 일을 도모하게 할 수 없고, 작은 충성을 하는 자에게 법을 다루게 할 수 없다고 하는 것이다. 초의 공왕이 진의 여공과 언릉에서 싸웠는데, 초군이 패하고 공왕은 상처를 입었다. 전쟁이 한창일 때 장수 사마자반이 목이 말라 마실 것을 찾았다. 그 시종 곡양이 잔에 담은 술을 받쳐서 내밀었다. 자반이 말하기를 "물려라. 이것은 술이다."라고 하였고, 곡양이 아니라고 하자 자반은 그것을 받아서 마셨다. 자반의 사람됨이 술을 즐겨 그것이 맛있으므로 입에서 뗄 수 없어서 취하여 드러누워 버렸다.

공왕이 다시 한 번 싸우려고 도모하고 사람을 시켜 자반을 불렀으나, 자반은 가슴이 아프다고 하며 사양하였다. 공왕이 수레를 몰아 그를 보러 갔으나 막사 안으로 들어갔다가 술냄새를 맡고는 돌아왔다. 말하기를 "오늘 싸움에서 나는 눈에 상처를 입었다. 믿을 사람은 사마인데 사마가 이와 같으니, 이것은 초나라 사직을 잊어버리고 내 백성을 걱정하지 않는 것이다. 나는 다시 싸울 수가 없구나."고 하였다. 군사를 파하고 돌아가서 자반을 목 베어 크게 벌하였다. 그러므로 말하기를, "곡양이 술을 바친 것은 일부러 자반을 미워해서가 아니라 진심으로 그에게 애정을 표시한 것이었으나, 그를 죽이기에 충분했을 뿐이다. 이것은 작은 충성을 행하려다가 큰 충성을 해치게 된 것이다. 그러므로 말하기를 작은 충성은 큰 충성의 적이다."라고 한다. 만일 작은 충성으로써 법을 다루게 된다면 반드시 사랑으로써 죄진 자를 용서하려 할 것이고, 이것은 아랫사람들과는 친숙해지겠지만 백성을 통치하는 데는 방해가 된다.

故曰, 小知不可使謀事, 小忠不可使主法。荊恭王與晉厲公戰於鄢陵, 荊師敗, 恭王傷[28]。酣戰[29]。而司馬子反渴而求飮, 其友豎穀陽奉巵酒而進之。子反曰, "去之, 此酒也。" 豎穀陽曰, "非也。" 子反受而飮之。子反爲人嗜酒, 甘之, 不能絶之於口, 醉而臥。恭王欲復戰而謀事, 使人召子反, 子反辭以心疾。恭王駕而往視之, 入幄中聞酒臭而還, 曰, "今日之戰, 寡人目親傷。所恃者司馬, 司馬又如此，是亡荊國之社稷而不恤吾衆也，寡人無與復戰矣!”罷師而去之，斬子反以爲大戮。故曰，豎穀陽之進酒也，非以端惡子反也，實心以忠愛之，而適足以殺之而已矣。此行小忠而賊大忠者也。故曰，小忠，大忠之賊也。若使小忠主法，則必將赦罪，赦罪以相愛，是與下安矣，然而妨害於治民者也。

○○○

위나라가 바야흐로 힘써 법제를 세우고 헌령을 받들던 때에는, 공적 있는 자는 반드시 상을 받고 죄 있는 자는 반드시 벌을 받아, 그 상세로 천하를 바로잡고 위엄이 사방 이웃나라에 미쳤다. 법이 태만해지고 상을 아무렇게나 주기에 이르러서는 영토가 날마다 줄었다. 조나라가 바야흐로 국법을 밝게 세우고 대군을 거느리던 때에는 백성이 많아지고 병력도 강하여 제나라와 연나라 쪽으로 토시를 넓혀 나갔다. 국법이 태만해지고 다스리는 자들이 나약해지자 나라 영토가 날마다 깎였다. 연나라가 바야흐로 법을 받들어 밝히고 관리가 법대로 신중히 하던 때에는 동쪽의 제나라를 현으로 삼고 남쪽은 중산 지역에까지 다하였다. 법 받들던 일이 없어지고 관리의 재단도 행하지 않자 군주의 측근들이 서로 다투고 상벌을 아래(신하)에서 논하니, 병력은 약해지고 영토가 깎여 나라가 이웃의 적에게 제압당했다. 그러므로 말하기를 법을 명확히 밝히는 자는 강하며 법을 태만히 하는 자는 약하다고 한다.

강약이 이와 같이 분명한데도 세상 군주들은 그리하지 않으려 하니, 나라가 멸망하는 것은 당연하다. 속담에 이르기를 “집안에 생업이 있으면 비록 기근이 든다 하여도 굶지 않으며, 나라에 정해진 법이 있으면 비록 위험할 때라도 망하지 않는다."고 했다. 대저 정해진 법을 버려두고 개인의 사적인 의견에 따르면 신하들이 지혜와 능력을 가장해 보이고, 신하들이 지혜나 능력을 가장해 보이면 법령과 금기가 바로 서지 못하게 된다. 이러하면 제멋대로 생각하는 방법이 횡행하고 나라를 바르게 다스리는 도가 없어지게 된다.

나라를 바르게 다스리는 도가 법을 해치는 자들을 물리친다면 거짓 지혜나 능력에 미혹되지 않고 명예에 속지 않게 된다. 옛날에 순이 관리를 시켜 홍수 물을 터서 흘려보낼 때 명령을 내리기도 전에 공을 세운 자가 있어서 순이 그를 사형시켰고, 우가 회계산 위에서 제후국 군주들을 조회할 때 방풍의 군주가 늦게 도착하자 우가 그의 목을 베었다. 이를 가지고 본다면 명령에 앞서는 자도 사형당하고 명령에 뒤늦은 자도 참형당하니, 곧 옛날에는 명령에 따르는 것을 소중히 하였던 것이다.

그러므로 거울이 깨끗한 채로 아무 흠이 없으면 아름답고 추함이 비교되며, 저울이 정확한 채로 아무 흔들림이 없으면 가벼움과 무거움이 측량된다. 대저 거울을 흔들면 형체를 알아볼 수 없고 저울을 흔들면 정확해질 수 없다는 것은 법을 일컫는 것이다. 그러므로 선왕은 도를 원칙으로 삼고, 법을 근본으로 삼는다. 근본을 잘 다루는 자는 명성이 높아지고, 근본을 어지럽히는 자는 명성이 끊긴다. 무릇 지혜나 재능이 총명하더라도 도법(道法)이 있어야 행하여지고, 그렇지 못하면 끊어진다. 그러므로 지혜와 재능은 다하더라도 도는 남에게 전할 수 없다. 도와 법은 모든 것을 온전하게 하지만, 지혜와 재능만으로는 잘못되는 것이 많을 수 있다. 대저 저울대를 매달아 평형을 알고, 그림쇠를 만들어 원형을 아는 일이 모든 것을 온전하게 하는 방법이다. 현명한 군주는 백성에게 도가 무엇인지 알게 하여 편안히 공을 이루게 한다. 그림쇠를 놓아버리고 재주에 맡기거나, 법을 버리고 지혜에 맡기는 것은 혼란에 미혹되는 방법이다. 나라를 어지럽게 만드는 군주는 백성이 재능만을 꾸며 보이도록 하고, 도가 무엇인지 알지 못하게 하기 때문에 수고로우면서도 공이 없는 것이다.

當魏之方明立辟, 從憲令行之時, 有功者必賞, 有罪者必誅, 强匡[30]天下, 威行四鄰, 及法慢, 妄予, 而國日削矣。當趙之方明國律, 從大軍之時, 人衆兵强, 辟地齊燕, 及國律慢, 用者弱, 而國日削矣。當燕之方明奉法, 審官斷[31]之時, 東縣齊國, 南盡中山之地, 及奉法已亡, 官斷不用, 左右交爭, 論從其下[32], 則兵弱而地削, 國制於鄰敵矣。故曰, 明法者强, 慢法者弱。强弱如是其明矣, 而世主弗爲, 國亡宜矣。語曰, "家有常業, 雖飢不餓, 國有常法, 雖危不亡。" 夫舍常法而從私意, 則臣下飾於智能, 臣下飾於智能, 則法禁不立矣。是妄意之道行, 治國之道廢也。治國之道, 去害法者, 則不惑於智能, 不矯於名譽矣。昔者舜使吏決鴻水[33], 先令有功而舜殺之, 禹朝諸侯之君會稽之上, 防風之君後至而禹斬之。以此觀之, 先令者殺, 後令者斬, 則古者先貴如令矣。故鏡執清而無事, 美惡從而比焉, 衡執正而無事, 輕重從而載焉。夫搖鏡則不得爲明, 搖衡則不得爲正, 法之謂也。故先王以道爲常, 以法爲本。本治者名尊, 本亂者名絶。凡智能明通, 有以則行, 無以則止。故智能單[34], 道不可傳於人。而道法萬全, 智能多失。夫懸衡而知平, 設規而知圓, 萬全之道也。明主使民飾[35]於道之故, 故佚而有功。釋規而任巧, 釋法而任智, 惑亂之道也。亂主使民飾於智, 不知道之故, 故勞而無功。

○○○

법령을 버려두고 청탁을 들어주면 뭇 신하들이 위에서는 관직을 팔고 아래에서는 이득을 취하게 될 것이다. 이런 까닭으로 이익은 개인 집안에 있게 되고 위세는 신하들에게 있게 된다. 그러므로 백성은 힘을 다하여 군주를 섬길 마음이 없어지고 윗사람과의 사귐만을 힘쓴다. 백성이 윗사람과의 교제를 좋아하게 되면 재화가 위로 흘러 아첨하는 자가 등용된다. 이와 같이 되면 공을 세우는 자가 점점 줄어들 것이다. 간악한 신하들이 점점 득세하고 재주 있는 신하들이 물러난다면, 군주는 미혹되어 행할 바를 모르며 백성이 모여들더라도 그 할 방도를 알지 못하게 될 것이다. 이는 법령을 폐하고 공로 있는 자를 뒤로 하고 명성 있는 자를 등용하여 청탁만을 들어준 잘못이다.

무릇 법을 깨뜨리는 자는 반드시 거짓 일을 꾸며서 재물을 주어 가까이 하려 하며, 또 세상에 희귀한 일을 말하기를 좋아한다. 이것이 폭군이나 어리석은 군주들이 미혹되는 이유이며, 신하들이 현명하게 보좌하여 군주를 침해하는 이유이다. 그러므로 신하가 이윤(伊尹)이나 관중(管仲)의 공적을 일컬어 말하는 것은 법을 어기고 지혜를 꾸며 보이려고 빙자하는 것이며, 비간(比干)과 오자서(伍子胥)가 충성스러웠지만 살해당한 것을 일컬어 말하는 것은 억지로 간하려고 핑계 대는 것이다. 대저 앞의 경우는 왕이 현명한 경우를 말한 것이고, 뒤의 경우는 군주가 난폭한 것을 말한 것으로, 그러한 유형은 취해서는 안되며 이와 같은 것은 금하여야 한다.

군주가 법을 세우는 것은 그것이 옳다고 여기기 때문이다. 지금 신하들은 모두 사사로운 지혜를 세워 법을 옳지 않다고 여긴다. 사사로운 지혜로써 법을 넘어 지혜를 세우려 하는데, 이러한 행위는 금하여야 하며 그것이 군주의 도이다.

釋法禁而聽請謁, 羣臣賣官於上, 取賞於下, 是以利在私家而威在羣臣。故民無盡力事主之心, 而務爲交於上。民好上交, 則貨財上流, 而巧說者用。若是則有功者愈少。姦臣愈進而材臣退, 則主惑而不知所行, 民聚而不知所道。此廢法禁, 後功勞, 擧名譽, 聽請謁之失也。凡敗法之人, 必設詐託物以來親, 又好言天下之所希有。此暴君亂主之所以惑也, 人臣賢佐之所以侵也。故人臣稱伊尹、管仲之功, 則背法飾智有資[36], 稱比干、子胥之忠而見殺, 則疾强諫有辭。夫上稱賢明, 下稱暴亂, 不可以取類, 若是者禁。君子立法, 以爲是也, 今人臣多立其私智, 以法爲非者是邪。以智過法立智, 如是者禁, 主之道也。

○○○

군주의 도는 반드시 공과 사를 명확히 구분하고 법제를 명시하여 사사로운 은혜를 물리치는 것이다. 무릇 명령은 반드시 행하게 하고, 금하는 것은 반드시 하지 못하게 하는 것이 군주의 공정한 도리이다.

사사로운 것으로 행하고 친구에게 신의를 지키며, 상으로도 권면할 수 없고 벌로도 막을 수 없는 것이 신하의 사사로운 의로움이다. 사사로운 의도가 행해지면 어지러워지고 공적인 도리가 행해지면 잘 다스려진다. 그러므로 공과 사의 구분이 있는 것이다. 신하에게는 사사로운 의도가 있으며, 또 공적인 도리가 있다. 자신의 몸을 깨끗하게 닦고 행동을 공정하게 하며 관직에서 사사로움을 없애는 것이 신하의 공적인 도리이다. 부정한 행동을 하고자 하는 대로 좇고 제 몸만 편하고 집안만 이롭게 하는 것이 신하의 사사로운 의로움이다. 현명한 군주가 위에 있으면 신하가 사적인 의도를 버리고 공적인 도리를 행하며, 어리석은 군주가 위에 있으면 신하가 공적인 도리를 버리고 사적인 의도를 행한다.

그러므로 군주와 신하는 서로 생각이 다르다. 군주는 계책을 가지고 신하를 기르고 신하도 계책을 가지고 군주를 섬기면, 군주와 신하의 사이는 계략으로 이루어진다. 신하는 자신이 손해 보면서 국가에 이익이 되는 일을 하지 않으며, 군주는 국가에 손실을 끼치면서 신하에게 이득이 되는 일을 하지 않는다. 신하의 생각은 자신에게 해로운 것은 이익이 안 된다는 것이고, 군주의 생각은 나라에 해로운 것은 가까이 할 수 없다는 것이다. 군주와 신하의 관계란 계략으로 결합되는 것이다.

어려움에 당하여 반드시 죽기를 각오하고 지혜를 다 짜고 힘을 다하기에 이르는 것은 법이 있기 때문이다. 그러므로 선왕은 상을 명확하게 하여 권면하고, 형벌을 엄하게 하여 위엄을 보였다. 상과 벌이 명확하면 백성은 죽을 힘을 다하며, 백성이 죽을 힘을 다하면 군대가 강해지고 군주의 권위가 오른다. 벌과 상이 분명하지 않으면 백성이 공도 없이 상을 구하고, 죄가 있어도 면하기를 바라면 군대는 약해지고 군주의 권위가 떨어진다. 그러므로 선왕의 뛰어난 보좌들은 있는 힘을 다하고 지혜를 다하였던 것이다. 그러므로 말하기를 공과 사를 분명히 구별하지 않을 수 없으며 법령을 상세히 살피지 않을 수 없다는 것, 선왕은 그것을 알았다는 것이다.

禁[37]主之道，必明於公私之分，明法制，去私恩。夫令必行，禁必止，人主之公義也。必行其私，信於朋友，不可爲賞勸，不可爲罰沮，人臣之私義也。私義行則亂，公義行則治，故公私有分。人臣有私心，有公義。修身潔白，而行公行正，居官無私，人臣之公義也，汙[38]行從欲，安身利家，人臣之私心也。明主在上，則人臣去私心行公義，亂主在上，則人臣去公義行私心。故君臣異心。君以計畜臣，臣以計事君，君臣之交，計也。害身而利國，臣弗爲也，害國而利臣，君不爲也。臣之情，害身無利，君之情，害國無親。君臣也者，以計合者也。至夫臨難必死，盡智竭力，爲法爲之。故先王明賞以勸之，嚴刑以威之。賞刑明則民盡死，民盡死則兵强主尊。刑賞不察則民無功而求得，有罪而幸免，則兵弱主卑。故先王賢佐盡力竭智。故曰，公私不可不明，法禁不可不審，先王知之矣。

1) 鑿龜(착구): 점술가가 거북껍질에 불로 구멍을 뚫고 열이 닿으면 무늬를 그리며 파열하는데, 그 무늬로써 길흉을 점친다.

2) 筴(협): 끼다. 점대, 대쪽. 책(策)과 같은 글자이고 복서(卜筮)에 쓰는 것이다. 산서(數筴), 서죽 산대가지를 배열하여 그 수를 세어서 점을 친다.

3) 劇辛(극신): 연의 장수, 조나라를 치다 패하여 방원(龐援)에게 피살되었다.

4) 鄒衍(추연): 음양오행이론을 내세운 사상가. 연나라의 소왕(昭王)을 섬겼다.

5) 大梁(대량): 위(魏)나라의 도성. 현재 하남성(河南省) 개봉(開封).

6) 上黨(상당): 한(韓)나라의 땅. 후에 조(趙)나라에 편입. 현재 중국 산서성(山西省) 장치시(長治市).

7) 釐(리): 제(齊)나라의 땅, 후에 연(燕)나라에 편입, 현재는 어디인지 알 수 없다.

8) 陽城(양성): 옛날 하북성(河北省)에서 발원하여 동쪽 청원(淸苑)현으로 흘러 양성하(陽城河)를 이루었던 넓은 강. 지금 청원현 동남쪽에 양성진에 있다.

9) 鄴(업) : 현재의 하남성 임장현(臨漳縣).

10) 龐援(방원): 조나라의 장군이다.

11) 鄣(장): 장(障)으로 조나라 수도인 한단(邯鄲)을 말한다.

12) 鄉(향): 향(向), 향(嚮)과 같은 의미다.

13) 陶·衛(도·위): 도(陶)는 도구(陶丘)로 주 무왕이 조(曹)에 봉한 땅의 도읍이다. 현재 산동성(河東省) 정도현(正陶縣). 위(衛)는 주 무왕이 강숙에게 봉한 땅으로 후에 문공이 초구(현재 하남성 기현)로 천도했다. 위(魏)나라 안리왕(案釐王) 때 동쪽으로 군사를 일으켰다.

14) 失其國(실기국): 위(魏)나라 경민왕(景湣王) 때 서쪽으로 군사를 일으켰는데 그 아들에 이르러 진(秦)나라에 망했다.

15) 勸(근): 근면하다. 노력하다.

16) 比周(비주): 서로 결탁하다.

17) 山東(산동): 육국, 즉 전국 시대 진(秦)나라를 제외한 나머지 여섯나라들이 효산(崤山) 동쪽에 있었기에 산동(山東)이라 했다.

18) 大朋之龜(대붕지구) : 고대에 화폐단위로서의 조개 다섯 개를 붕(朋)이라

함. 대붕(大朋)이란 매우 가치가 높다는 의미다.

19) 夫差(부차): 오(吳)나라 왕 합려(闔閭)의 아들이며 춘추말년 오나라의 군주로 재위했다(B.C. 495~B.C. 473). 처음 부초(夫椒, 현 강소성 오현 서남 태호 중간)에서 월(越)나라 군대를 물리친 뒤 승세를 타고 월나라 왕 구천(句踐)을 신하로 복종시켰다. 이어 북벌하여 애릉(艾陵, 현 산동성 내무현 동북)에서 제(齊)나라 군대를 대패시켰다. B.C. 482년 황지(黃池, 현 하남성 봉구현 서남)에서 제후와 회맹하고 진(晉)나라와 패자를 다투었는데, 월나라가 허를 틈타 오나라의 수도를 공격했다. B.C. 473년 월나라가 재차 군사를 일으켜 오나라를 멸하자 부차는 자살했다.

20) 曹恃齊而不聽宋, 齊攻荊而宋滅曹(조시제이불청송, 제공형이송멸조): 송(宋)나라 경공(景公) 30년에 조(曹)나라가 제나라를 믿고서 송나라와 진(晉)나라를 저버렸다. 송나라가 조나라를 치자, 진나라는 돕지 않으니 송나라는 조나라를 멸망시켰다.

21) 荊(형): 고광기(顧廣圻)는 이 구와 다음 구의 형(荊)이 형(邢)이 되어야 한다고 했다. 형나라는 희(姬)씨 성의 나라로, 지금의 하북성(河北省) 형대현(邢臺縣)에 있었다.

22) 許恃荊而不聽魏, 荊攻宋而魏滅許(허시형이불청위, 형공송이위멸허): 허(許)는 강(姜)씨 성의 나라로, 지금의 하남성(河南省) 허창현(許昌縣)에 있었다. 노(魯)나라 정공(定公) 6년에 정나라가 허나라를 멸망시켰다. 여기서 '위멸허(魏滅許)'는 아마도 전국 시대에 위나라가 허나라를 멸망시킨 것을 말하는 것 같다.

23) 鄭恃魏而不聽韓, 魏攻荊而韓滅鄭(정시위이불청한, 위공형이한멸정): 한(韓)나라 애후(哀侯) 2년에 정나라를 멸망시켰다.

24) 鄢(언): 정나라에 망하고 언릉(鄢陵)이라 고쳤다. 지금의 하남성 언릉현.

25) 任扈(임호): 임(任)은 지금의 산동성 제녕현이고, 호(扈)는 전국 시대 위(魏)나라 땅으로, 지금의 하남성 원무현.

26) 存鄭(존정) : 한(韓)나라 애후 2년에 정나라를 멸하고 정나라로 도읍을 옮겨 정나라로 국가명을 바꾸었다.

27) 財匱(재궤) : 재물이 결여되다.

28) 荊恭王與晉厲公戰鄢陵, 荊師敗, 恭王傷(형공왕여진려공전언능, 형사패, 공왕상) : 춘추 성공(成公) 16년 정나라는 진(晉)나라를 배신하고 초나라와 동맹을 맺으니, 진나라 여공(厲公)이 정나라를 공격했다. 초나라 공왕(共王)은 정나라를 도와 언릉에서 싸웠는데, 진나라가 초나라를 격파시

키고 공왕의 눈을 쏘아 다치게 하였다.

29) 酣戰(감전): 전쟁이 한창 극렬할 때.

30) 匡(광) : 바르다. 바로잡다.

31) 官斷(관단): 관리가 법대로 일을 처리하다.

32) 論從其下(논종기하) : 공과를 논하여 신하들의 영예를 결정하다.

33) 決鴻水(결홍수): 큰 물길을 터서 흘려보내다.

34) 單(단): 진(盡)의 의미다.

35) 飾(식): 飭(칙)의 뜻으로, '경계하다', '삼가다', '갖추다'의 의미다.

36) 資(자): '빙자하다'의 의미다.

37) 禁(금): 왕선신(王先愼)은 연자(衍字)로 보았다.

38) 汙(오): 오(汚)의 의미로 '더럽다', '부정하다'의 뜻이다.

제20편 해로(解老)

노자(老子)를 해설하다

解題

노자(老子)의 『도덕경(道德經)』을 해석한 경문(經文)이다. 오늘날 전해지는 해석 가운데 가장 오래된 문헌이다. 그러나 전체를 해석한 것이 아니고, 순서도 오늘날의 『노자(老子)』와는 차이가 있다. 한비는 노자에 대한 이해가 깊었고, 이를 통한 운용에도 뛰어났다고 알려져 있다.

덕(德)은 내적인 것이고, 득(得)은 외적인 것이다. "최상의 덕은 덕이 아니다."라는 것은 그 정신이 외부 사물에 미혹되지 않는다는 뜻이다. 정신이 외부 사물에 미혹되지 않으면 몸이 온전해진다. 몸이 온전해지는 것을 득(得)이라 한다. 득(得)이란 그 몸을 얻는 것이다.

무릇 덕이란 무위(無爲)로써 모이고, 무욕(無慾)으로써 이루며, 생각하지 않음으로써 안정되고, 정신을 낭비하지 않음으로써 공고해진다. 억지로 하거나 욕망을 일으키면, 덕은 거할 곳을 잃게 된다. 덕이 거할 곳을 잃으면 몸이 온전하지 못하다. 정신을 함부로 낭비하고 생각을 하면 덕이 공고해지지 못한다. 공고하지 못하면 효과가 없고, 효과가 없으면 덕을 구하는 마음이 생겨나게 된다. 덕이라고 하면 덕이 없는 것이고, 덕이 아니라고 하면 덕이 있는 것이다. 그러므로 말하기를 "최상의 덕은 덕이 아니고, 그런 까닭에 덕이 있는 것이다."라고 한 것이다.

德者，內也。得者，外也。上德不德[1]，言其神不淫[2]於外也。神不淫於外則身全。身全之謂得。得者，得[3]身也。凡德者，以無爲[4]集，以無欲[5]成，以不思安，以不用[6]固。爲之欲之，則德無舍。德無舍則不全。用之思之則不固。不固則無功，無功則生有德。德則無德，不德則有德。故曰，"上德不德，是以有德。"[7]

○○○

순리에 따라 억지로 일하지 않고 생각도 하지 않으며 마음을 비운 상태를 귀히 여기는 까닭은, 뜻이 구속당하지 않기 때문이다. 대저 인위적 방법을 갖지 않은 사람은, 일부러 억지로 일하지 않으려 하고 생각도 하지 않으려 하며, 마음을 비운 상태가 되려고 한다. 대저 일부러 억지로 일하지 않으려 하고 생각도 하지 않으려 하며, 마음을 비운 상태가 되려는 자는 그 뜻이 항상 마음을 비운 상태를 잊지 않는데, 이는 마음을 비운 상태가 되려는 것에 구속돼 있는 것이다. 마음을 비운다는 것은, 그 뜻이 구속당하지 않는 것을 말하는 것이다. 오늘날 마음을 비운 상태가 되려는 것에 구속당한다면, 이는 마음을 비운 것이 아니다. 마음을 비운 자의 무위(無爲)는, 무위를 항상 마음속에 두지 않는 것으로, 무위를 항상 마음에 두지 않으면 마음을 비울 수 있게 되고, 마음을 비우면 덕이 성하게 되니, 덕이 성한 것을 '상덕(上德, 최상의 덕)'이라 한다. 그러므로 말하기를, "최상의 덕은 하지 않고서도 하지 않는 것이 없다."라고 한 것이다.

所以貴無爲無思爲虛[8]者, 謂其意無所制也。夫無術者, 故[9]以無爲無思爲虛也。夫故以無爲無思爲虛者, 其意常不忘虛, 是制於爲虛也。虛者, 謂其意所無制也。今制於爲虛, 是不虛也。虛者之無爲也, 不以無爲爲有常, 不以無爲爲有常則虛, 虛則德盛, 德盛之謂上德。故曰, "上德無爲而無不爲也。"[10]

○ ○ ○

인(仁)이라는 것은, 마음속에서 다른 사람을 흔쾌히 아끼는 것을 말한다. 다른 사람에게 복이 있는 것을 기뻐하고 다른 사람에게 화가 미치는 것을 싫어하는 바는 마음에서 생겨나는 것으로 그만둘 수 없으며, 보답을 구하지도 않는다. 그러므로 말하기를, "최상의 인은 그것을 행하되 의도적으로 행하지 않는 것이다."라고 한 것이다.

仁者, 謂其中心欣然愛人也。其喜人之有福而惡人之有禍也, 生心之所不能已也, 非求其報也。故曰, "上仁爲之而無以爲也。"[11]

○ ○ ○

의(義)라는 것은, 군주와 신하 상하 간의 일이며, 부모와 자식, 귀한 사람과 천한 사람 사이의 차별이고, 마음을 터놓는 절친한 친구와의 교제의 도리이며, 친한 사람과 소원한 사람을 가까이하고 멀리 하는 분별이다. 신하는 군주를 섬기는 것이 마땅하며, 아랫사람이 윗사람을 따르는 것이 마땅하고, 자식이 부모를 섬기는 것이 마땅하며, 신분이 낮은 사람이 높은 사람을 공경하는 것이 마땅하고, 마음을 터놓는 절친한 친구끼리 서로 돕는 것이 마땅하고, 친숙한 사람을 가까이 하고 소원한 사람을 멀리하는 것이 마땅하다. 의라는 것은, 마땅함을 말하는 것이니, 마땅함을 취하여 그것을 행하는 것이다. 그러므로 말하기를, "최상의 의는 그것을 행하면서 의도적으로 하는 것이다."라고 한 것이다.

義者, 君臣上下之事, 父子貴賤之差也, 知交朋友之接也, 親疏內外之分也。臣事君宜, 下懷[12]上宜, 子事父宜, 賤敬貴宜, 知交友朋之相助也宜, 親者內而疏者外宜。義者, 謂其宜也, 宜而爲之。故曰, "上義爲之而有以爲也。"[13]

○ ○ ○

예(禮)라는 것은 감정을 드러내고, 여러 가지 의리(義理)의 예의 법도이며, 군주와 신하, 부모와 자식 사이의 사귀는 방법이며, 귀한 사람과 천한 사람, 현명한 사람과 불초한 사람을 구분하는 수단이다. 마음속으로만 생각을 품고 있으면 다른 사람이 알지 못하기에, 달려나가 몸을 낮추어 절하여 그것을 드러내는 것이다. 진심으로 아끼는

데 알아주지 않으니, 아름다운 말을 늘어놓아 그것을 믿게 하는 것이다. 예라는 것은 밖으로 드러내어 그 내심을 깨우치는 것이다. 그러므로 "예는 감정을 드러내는 것이다."라고 한 것이다.

무릇 사람은 외부 사물에 의해 움직이므로, 진정 그 자신을 위한 예는 알지 못한다. 뭇 사람들이 예를 행하는 것은 다른 사람을 높이기 위한 것이니, 그러므로 어떤 때는 힘쓰고 어떤 때는 게을리한다. 군자가 예를 행하는 것은 그 자신을 위해서이다. 자신을 위해서이기 때문에, 마음으로 기꺼이 하는 것을 최고의 예로 여기는 것이다. 최상의 예는 마음으로 기꺼이 하는 것인데, 뭇 사람들은 그것을 의심하기 때문에 서로 응할 수 없는 것이다. 서로 응할 수 없기 때문에, "최상의 예는 응하는 자가 없다."고 한 것이다. 뭇 사람들이 비록 의심하더라도, 성인은 공경을 행하고 손발의 예를 다하기를 게을리하지 않기 때문에 "팔을 걷어붙이고 그것으로 나아간다."고 한 것이다.

禮者, 所以貌情[14]也, 羣義之文章[15]也, 君臣父子之交也, 貴賤賢不肖之所以別也。中心懷而不諭, 故疾趨卑拜以明之。實心愛而不知, 故好言繁辭以信之。禮者, 外飾之所以諭內也。故曰, "禮以貌情也。" 凡人之爲外物動也, 不知其爲身之禮也。衆人之爲禮也, 以尊他人也, 故時勸時衰[16]。君子之爲禮, 以爲其身。以爲其身, 故神之爲上禮。上禮神而衆人貳[17], 故不能相應。不能相應, 故曰, "上禮爲之而莫之應。"[18] 衆人雖貳, 聖人之復恭敬盡手足之禮也不衰, 故曰, "攘臂[19]而仍[20]之。"

○○○

도(道)는 쌓임이 있으며, 쌓이면 효과가 있으니, 덕(德)은 도의 효과이다. 효과는 충실함이 있고, 충실하면 빛이 나게 되니, 인(仁)은 덕의 빛이다. 빛은 은택이 있고, 은택이 있으면 일이 생기니, 의는 인이 할 일을 말하는 것이다. 일에는 예가 있고, 예에는 형식이 있으니, 예는 의의 형식인 것이다. 그러므로 "도를 잃고 난 후에 덕을 잃게 되고, 덕을 잃고 난 후에 인을 잃게 되며, 인을 잃고 난 후에 의를 잃게 되고, 의를 잃고 난 후에 예를 잃게 된다."고 한 것이다.

道有積而德[21]有功, 德者道之功。功有實而實有光, 仁者德之光。光有澤[22]而澤有事, 義者仁之事也。事有禮而禮有文[23], 禮者義之文也。故曰, "失道而後失德, 失德而後失仁, 失仁而後失義, 失義而後失禮。"[24]

○○○

예는 속마음이 겉으로 드러나는 것이며, 문(文)은 바탕이 꾸며지는 것이다. 대저 군자는 속마음을 취하고 겉으로 드러내는 것을 버리며, 바탕을 좋아하고 꾸미는 것을 싫어한다. 겉으로 드러난 것에 의지하여 마음을 헤아리는 것은, 그 마음을 잘못되게 하는 것이다. 꾸밈을 가지고 바탕을 헤아리는 것은, 그 바탕을 박약하게 하는 것이다. 무엇을 가지고 그렇게 말할 수 있는가? 화씨의 옥돌은 오색으로 장식되지 않았고, 수후(隋侯)의 진주는 금이나 은으로 장식된 적이 없다. 그 바탕은 지극히 아름다워 어떤 것으로도 그것을 꾸밀 수 없는 것이다. 대저 물건이 꾸며진 이후에야 통용된다면 그 바탕이 아름다운 것이 아니다. 이런 까닭으로 아버지와 아들 사이에는 그 예가 소박하고 드러내지 않기에 "예는 엷다."고 한 것이다.

모든 사물이 동시에 번성하지 못하니, 음양(陰陽)이 그렇다. 이치가 서로 빼앗고 주는 관계이니, 위엄과 은덕이 그렇다. 실제 속마음이 두터운 자는 겉으로 드러나는 외형이 엷으니, 아버지와 아들 사이의 예가 그렇다. 이로부터 보건대, 예가 번다한 사람은 실제 속마음이 박한 것이다.

그러므로 예를 행한다는 것은 다른 사람의 순수하고 소박한 마음을 통하게 하는 데 힘쓰는 것이다. 일반 사람들이 예를 행하는 것은 남이 응해주면 쉽게 기뻐하고, 응해주지 않으면 꾸짖고 원망한다. 오늘날 예를 행하는 것이 사람의 소박한 마음을 통하게 하는 데 힘쓰는 것이면서도 서로 책망하는 구실을 주니, 어찌 다투지 않을 수 있겠는가? 다툼이 있으면 어지러워지기에 "대저 예라는 것은 진심이 약해져서 혼란이 시작되는 발단인 것이다."라고 한 것이다.

禮爲情貌者也, 文爲質飾者也。夫君子取情而去貌, 好質而惡飾。夫恃貌而論情者, 其情惡也。須飾而論質者, 其質衰也。何以論之? 和氏之璧[25]不飾以五采[26], 隋侯之珠[27]不飾以銀黃[28]。其質至美, 物不足以飾之。夫物之待飾而後行者, 其質不美也。是以父子之間, 其禮樸而不明, 故曰, "禮, 薄也。" 凡物不並盛, 陰陽是也。理相奪予, 威德是也。實厚者貌薄, 父子之禮是也。由是觀之, 禮繁者實心衰也。然則爲禮者, 事通人之樸心者也。衆人之爲禮也, 人應則輕歡, 不應則責怨。今爲禮者事通人之樸心, 而資[29]之以相責之分[30], 能毋爭乎? 有爭則亂, 故曰, "夫禮者, 忠信之薄也, 而亂之首乎。"[31]

○○○

사물이 변화하기 전에 행하고 이치가 드러나기 전에 움직이는 것을 전식(前識)이라 한다. 전식이란 어떠한 근거도 없이 제멋대로 헤아려 추측하는 것이다. 무엇을 가지고 그렇게 말할 수 있는가? 첨하(詹何)가 앉아 있고, 제자가 곁에서 모시고 있었는데, 문 밖에서 소울음 소리가 들렸다. 제자가 말하기를 "이것은 검정소인데, 이마만 흰색입니다."라고 하였다. 첨하가 말하기를, "그렇다. 이것은 검정소인데, 그 뿔이 흰색인 것이다."라고 하였다. 사람을 보내 보게 했더니 과연 검정소였는데, 흰 천으로 뿔을 싸매고 있었다. 첨하의 도술을 가지고 일반 사람들의 마음을 끌어당기는 것은 화려해 보이지만 위태로운 것이다. 그러므로 "도의 화려함이다."라고 한 것이다. 일찍이 시험삼아 첨하의 추측을 내버려두고 어리석은 아이를 시켜 그것을 보게 했다면, 또한 그것은 검정소이며 흰 천으로 뿔을 감싸고 있던 것을 알았을 것이다. 그러므로 첨하의 추측으로 마음을 괴롭히고 정신을 피곤케 한 이후에 어리석은 아이와 똑같은 효과를 얻었으니, 이런 까닭으로 "어리석음의 시작이다."라고 한 것이다. 그러므로 "전식이라는 것은 도의 화려함이지만, 어리석음의 시작이다."라고 한 것이다.

先物行先理動之謂前識。 前識者， 無緣而忘意度[32]也。 何以論之? 詹何[33]坐， 弟子侍， 有牛鳴於門外。弟子曰， "是黑牛也而白在其題[34]。" 詹何曰， "然， 是黑牛也， 而白在其角。" 使人視之， 果黑牛而以布裹其角。以詹子之術， 嬰[35]衆人之心， 華焉殆矣! 故曰， "道之華也。"[36] 嘗試釋詹子之察， 而使五尺之愚童子視之， 亦知其黑牛而以布裹其角也。 故以詹子之察， 苦心傷神而後與五尺之愚童子同功， 是以曰， "愚之首也。" 故曰， "前識者， 道之華也， 而愚之首也。"[37]

○ ○ ○

대장부(大丈夫)란 지혜가 큰 사람을 말한다. 후한 데에 머물고 박한 데에 머물지 않는다고 말하는 것은, 진실된 속마음을 행하고 표면적인 예의를 버린다는 것이다. 실질적인 데에 머물고 화려한 데에 머물지 않는다는 것은, 반드시 이치에 따르며 잘못된 길로 가지 않는다는 것이다. 저것을 버리고 이것을 취한다고 말하는 것은, 표면적인 예의와 잘못된 길을 버리고, 이치에 따르고 진실된 속마음을 표현하는 태도를 취한다는 것이다. 그러므로 "저것을 버리고 이것을 취한다." 고 한 것이다.

所謂大丈夫者, 謂其智之大也。所謂處其厚不處其薄者, 行情實而去禮貌也。所謂處其實不處其華者, 必緣理不徑絶[38]也。所謂去彼取此者, 去貌徑絶而取緣理好情實也。故曰, "去彼取此。"[39]

○ ○ ○

사람이 재앙을 당하면 마음이 두려워지고, 마음이 두려우면 행동이 바르게 되며, 행동이 바르면 생각이 성숙하게 되고, 생각이 성숙하면 사물의 이치에 부합하게 된다. 행동이 바르면 재해를 입지 않게 되고, 재해를 입지 않으면 천수를 다하게 된다. 사물의 이치에 부합하면 반드시 공을 이루게 된다. 천수를 다하게 되면 몸이 온전해지고 장수를 하게 된다. 반드시 공을 이루게 되어야만 부유해지고 귀하게 된다. 몸이 온전해지고 장수하며 부유해지고 귀하게 되는 것을 복(福)이라 한다. 복은 재앙에 뿌리를 두고 있기에 "화는 복이 의존하는 곳이다."라고 한 것이다. 이것으로써 공을 이루게 된다.

人有禍則心畏恐，心畏恐則行端直，行端直則思慮熟，思慮熟則得事理。行端直則無禍害，無禍害則盡天年。得事理則必成功。盡天年則全而壽。必成功則富與[40]貴。全壽富貴之謂福。而福本於有禍。故曰，“禍兮福之所倚。”[41] 以成其功也。

○○○

사람이 복이 있으면 부귀가 따르고, 부귀가 따르면 입고 먹는 것이 좋아지며, 입고 먹는 것이 좋아지면 교만한 마음이 생겨나게 되고, 교만한 마음이 생겨나면 행위가 도리에 맞지 않고 편벽되고 거동이 이치에 어긋나게 된다. 행위가 도리에 맞지 않고 편벽되면 그 몸이 일찍 죽게 되고, 거동이 이치에 어긋나면 공을 이룰 수 없게 된다. 대저 안으로는 일찍 죽는 재난이 있고, 밖으로는 공을 이룬 명성을 얻지 못하니, 큰 재앙이다. 그리하여 재앙은 복에 뿌리를 두고 있기 때문에 "복은 재앙이 숨어 있는 곳이다."라고 한 것이다.

人有福則富貴至，富貴至則衣食美，衣食美則驕心生，驕心生則行邪僻而動棄理。行邪僻則身死夭，動棄理則無成功。夫內有死夭之難，而外無成功之名者，大禍也。而禍本生於有福，故曰，“福兮禍之所伏。”[42]

○○○

대저 도리에 따라 일하는 사람은 이루지 못할 것이 없다. 이루지 못할 것이 없는 사람은, 크게는 천자의 높은 권세를 이룰 수 있고, 작게는 재상과 장군의 상과 봉록을 쉽게 얻을 수 있다. 도리를 버리고 경거망동하는 사람은 비록 위로 천자나 제후의 권세의 높음이 있거나, 아래로 의돈(倚頓)·도주(陶朱)·복축(卜祝)의 부를 지닐지라도, 오히려 백성을 잃고 재산을 잃게 된다. 일반 사람들이 가벼이 도리를 버리고 쉽게 경거망동하는 것은 화와 복의 깊고 큼과 도가 그토록 넓고 아득함이 이와 같다는 것을 알지 못하기 때문이다. 그러므로 사람을 깨우쳐 말하기를 "누가 그 지극함을 알겠는가?"라고 한 것이다.

夫緣道理以從事者, 無不能成。無不能成者, 大能成天子之勢尊, 而小易得卿相將軍之賞祿。夫棄道理而妄擧動者, 雖上有天子諸侯之勢尊, 而下有倚頓[43]、陶朱[44]卜祝[45]之富, 猶失其民人而亡其財資也。衆人之輕棄道理而易妄擧動者, 不知其禍福之深大而道闊遠若是也。故諭人曰, "孰知其極?"[46]

○ ○ ○

사람은 부유하고 존귀하며 몸이 온전하고 장수하기를 바라지 않는 이가 없지만, 아직까지 가난하고 미천하며 일찍 죽는 재앙을 면할 수 없었다. 마음으로는 부유하고 존귀하며 몸이 온전하고 장수하고 싶지만, 현실은 가난하고 미천하며 일찍 죽으니, 이것은 이르고자 하는 곳에 이를 수 없다는 것이다. 무릇 이르고자 하는 길을 잃어버리고 경거망동하는 것을 미(迷)라 하는데, 미(迷)는 이르고자 하는 곳에 이를 수 없는 것이다. 오늘날 많은 사람들이 이르고자 하는 곳에 이를 수 없기에 미(迷)라고 한 것이다. 많은 사람들이 이르고자 하는 곳에 이를 수 없는 것은, 천지가 나뉜 이래로 오늘날까지 계속되었다. 그러므로 "사람이 미혹된 지가 참으로 오래되었구나."라고 한 것이다.

人莫不欲富貴全壽, 而未有能免於貧賤死夭之禍也。心欲富貴全壽,而今貧賤死夭，是不能至於其所欲至也。凡失其所欲之路而妄行者之謂迷，迷則不能至於其所欲至矣。今衆人之不能至於其所欲至，故曰，“迷。”衆人之所不能至於其所欲至也，自天地之剖判[47]以至于今。故曰，“人之迷也，其日故以久矣。”[48]

○○○

방(方)이라는 것은 안팎이 서로 일치하고 말과 행동이 서로 부합하는 것을 말한다. 염(廉)이라는 것은 반드시 죽고 사는 것을 운명으로 받아들이고, 재물에 집착이 없는 것을 말한다. 직(直)이라는 것은 주장이 반드시 공정하고, 마음이 한쪽으로 치우치지 않고 무리 짓지 않는 것을 말한다. 광(光)이라는 것은 관작(官爵: 관직과 작위)이 높고 귀하여 의복이 장대하고 화려한 것을 말한다.

오늘날 도를 터득한 인사(人士)는 비록 조정 안팎에서 그를 신뢰하고 따르더라도, 그렇다고 해서 비뚤어지고 바르지 못한 사람을 비방하지 않는다. 비록 절개로써 죽을 각오로 하고 재물에 집착하지 않더라도, 그렇다고 해서 쇠약하고 탐욕스런 사람을 모욕하지 않는다. 비록 주장이 바르고 무리를 짓지 않더라도, 그렇다고 해서 사악한 사람을 물리치거나 사욕을 챙기는 사람을 벌주지 않는다. 비록 권세가 높고 의복이 아름답더라도, 그렇다고 해서 천한 사람에게 자랑하거나 가난한 사람을 업신여기지 않는다.

그 까닭은 무엇인가? 길 잃은 사람을 익숙한 이에게 듣고 잘 아는 이에게 묻게 한다면, 미혹되는 일이 없을 것이다. 오늘날 일반 사람들이 공을 이루고자 하지만 오히려 실패하는 것은, 도리를 알지 못하면서 아는 이에게 물어보려 하지 않고 능력 있는 이에게 들으려 하지 않기 때문이다. 일반 사람들이 아는 이에게 물어보려 하지 않거나 능력 있는 이에게 들으려 하지 않는데, 성인이 억지로 재앙과 실패를 가지고 그를 책망하면, 곧 원망을 하게 된다. 일반 사람은 많고 성인은 적은데, 적은 수가 많은 수를 이기지 못하는 것은 정해진 이치이다. 오늘날 살아가면서 행동 하나하나가 세상 사람들과 원수가 된다면 몸을 보전하여 오래 사는 방법이 아니니, 이런 까닭으로 행동이 법도에 맞게 행해야 하는 것이다. 그러므로 "반듯하지만 남을 해치지 않고, 깨끗하지만 남에게 상처 입히지 않으며, 곧고 바르다고 남에게 마음대로 하지 않고, 빛나지만 남에게 반짝거리지 않는다."고 한 것이다.

所謂方者, 內外相應也, 言行相稱也。所謂廉者, 必生死之命也, 輕恬[49]資財也。所謂直者, 義[50]必公正, 心不偏黨也。所謂光者, 官爵尊貴, 衣裘壯麗也。今有道之士, 雖中外[51]信順, 不以誹謗窮墮[52]。雖死節輕財, 不以侮罷羞貪。雖義端不黨, 不以去邪罪私。雖勢尊衣美, 不以夸賤欺貧[53]。其故何也? 使失路者而肯聽習問知, 卽不成迷也。今衆人之所以欲成功而反爲敗者, 生於不知道理而不肯問知而聽能。衆人不肯問知聽能, 而聖人强以其禍敗適[54]之, 則怨。衆人多而聖人寡, 寡之不勝衆, 數[55]也。今擧動而與天下之爲讎, 非全身長生之道也, 是以行軌節而擧之也。故曰, "方而不割, 廉而不劌[56], 直而不肆, 光而不耀[57]。"[58]

○ ○ ○

총명과 예지는 천부적인 것이며, 행동이나 생각은 인위적인 것이다. 사람은 하늘이 준 시력을 이용해서 보고, 하늘이 준 청력에 의지해 들으며, 하늘이 준 지혜에 의탁해 생각한다. 그러므로 시력을 지나치게 사용하면 눈이 잘 보이지 않게 되고, 청력을 심하게 쓰면 귀가 잘 듣지 못하게 되며, 생각을 지나치게 하면 지식이 혼란해진다. 눈이 잘 보이지 않으면 검은색과 흰색을 구분할 수 없고, 귀가 잘 들리지 않으면 맑은 소리와 탁한 소리를 분별할 수 없으며, 지식이 혼란해지면 이득과 손실이 되는 것을 가려낼 수 없다.

눈이 검은색과 흰색을 구분할 수 없는 것을 맹(盲)이라 하고, 귀가 맑은 소리와 탁한 소리를 분별할 수 없는 것을 농(聾)이라 하며, 마음이 이득과 손실을 보는 이유를 가려낼 수 없는 것을 광(狂)이라 한다. 맹(盲)하면 한낮의 위험도 피할 수 없고, 농(聾)하면 천둥 번개 치는 재해도 알 수가 없으며, 광(狂)하면 인간 세상 법령의 재앙을 면할 수 없게 된다. 『노자(老子)』에서 치인(治人)이라 한 것은 행동을 법도에 맞도록 하고, 생각에 낭비를 줄이는 것을 말한다. 사천(事天)이라는 것은 청력이나 시력을 다 쓰지 않고, 지식의 기능을 다하지 않는 것을 말한다. 만약 끝까지 다 쓰게 되면 정신적인 낭비가 많아지고, 정신적인 낭비가 많으면 눈이 멀고 귀가 먹고 도리에 어긋나고 광적인 화(禍)에 이르게 되니, 이런 까닭에 아껴야 한다. 아낀다는 것은 그 정신을 소중히 하고, 그 지식을 절제하여 쓴다는 것이다. 그러므로 "사람을 다스리고 하늘을 섬기는 데에는 아끼는 것만 한 것이 없다."고 한 것이다.

聰明睿智天也，動靜思慮人也。人也者，乘[59]於天明以視，寄於天聰以聽，託於天智以思慮。故視强則目不明，聽甚則耳不聰，思慮過度則智識亂。目不明則不能決黑白之分，耳不聰則不能別淸濁之聲，智識亂則不能審得失之地。目不能決黑白之色則謂之盲，耳不能別淸濁之聲則謂之聾，心不能審得失之地則謂之狂。盲則不能避晝日之險，聾則不能知雷霆之害，狂則不能免人間法令之禍。書[60]之所謂治人者，適動靜之節，省思慮之費也。所謂事天者，不極聰明之力，不盡智識之任。苟極盡則費神多，費神多則盲聾悖狂之禍至，是以嗇[61]之。嗇之者，愛其精神，嗇其智識也。故曰，"治人事天莫如嗇。"[62]

○○○

일반 사람들이 정신을 쓰는 것은 떠들썩한데, 떠들썩하면 낭비가 많게 되고, 낭비가 많은 것을 치(侈)라 한다. 성인이 정신을 쓰는 것은 고요한데, 고요하면 낭비가 적고, 낭비가 적은 것을 색(嗇)이라 한다. 아끼는 방법은 도리에서 생겨나는 것이다. 대저 아낄 수 있어야 도(道)에 따르며 이(理)에 복종하는 것이다. 일반 사람들은 우환을 만나고 재앙에 빠져도 아직 물러날 줄 모르고 도리를 따르려 하지 않는다. 성인은 비록 재앙과 우환이 드러나지 않더라고 허정(虛靜)의 자세로 도리에 따르려 하니, 이것을 조복(早服)이라 한다. 그러므로 "아낄 수 있기 때문에 일찍 도를 따를 수 있다."라고 한 것이다.

衆人之用神也躁[63]，躁則多費，多費之謂侈。聖人之用神也靜，靜則少費，少費之謂嗇。嗇之謂[64]術也，生於道理。夫能嗇也，是從於道而服於理者也。衆人離[65]於患，陷於禍，猶未知退，而不服從道理。聖人雖未見禍患之形，虛無[66]服從於道理，以稱早服。故曰，"夫謂嗇，是以早服。"[67]

○○○

남을 다스릴 줄 아는 사람은 생각이 고요하다. 하늘을 섬길 줄 아는 사람은 욕망이 텅 비어 있다. 생각이 고요하면 본래부터 지니고 있던 덕을 잃지 않는다. 욕망이 텅 비어 있으면 화기(和氣)가 날마다 들어온다. 그러므로 "거듭해서 덕을 쌓는다."고 한 것이다.

대저 본래부터 지니고 있던 덕을 잃지 않게 할 수 있고, 새로운 화기를 날마다 이르게 할 수 있는 자가 일찍 도를 따르는 자이다. 그러므로 "일찍 따르는 것을 거듭해서 덕을 쌓는다고 한다."라고 한 것이다. 덕을 쌓은 후에 정신이 침착해지고, 정신이 침착해진 이후에 화기가 많아지며, 화기가 많아진 이후에 계획한 것을 얻게 되고, 계획한 것을 얻은 이후에 만물을 제어할 수 있게 되며, 만물을 제어할 수 있게 된 이후에 전쟁에서 적에게 쉽게 이기게 되고, 전쟁에서 적에게 쉽게 이기게 되면 책략으로 반드시 세상을 뒤덮게 되니, 책략으로 세상을 뒤덮게 되기에, "이기지 못할 것이 없다."고 한 것이다. 이기지 못할 것이 없는 것은 거듭해서 덕을 쌓는 것에 근본을 두기에, "거듭해서 덕을 쌓게 되면 이기지 못할 것이 없다."라고 한 것이다.

전쟁에서 적에게 쉽게 이기게 되면 천하를 모두 차지할 수 있고, 책략으로 세상을 뒤덮게 된다면 백성이 따르게 된다. 나아가 천하를 차지하고 물러나 백성을 따르게 하는 방법은 심원하여 일반 사람들은 그 자초지종을 보지 못한다. 자초지종을 보지 못하기 때문에 그 궁극적인 것을 알지 못하는 것이다. 그러므로 "이기지 못할 것이 없으면 그 궁극적인 것을 알지 못한다."라고 한 것이다.

知治人者， 其思慮靜。 知事天者， 其孔竅[68]虛。 思慮靜， 故德[69]不去。 孔竅虛， 則和氣日入。 故曰， "重積德。" 夫能令故德不去， 新和氣日至者, 早服者也。故曰, "早服是謂重積德。"[70] 積德而後神靜, 神靜而後和多, 和多而後計得, 計得而後能御萬物, 能御萬物則戰易勝敵, 戰易勝敵而論[71]必蓋世, 論必蓋世故曰, "無不克。" 無不克本於重積德, 故曰, "重積德則無不克。"[72] 戰易勝敵則兼有天下, 論必蓋世則民人從。進兼天下而退從民人, 其術遠則衆人莫見其端末。莫見其端末, 是以莫知其極。故曰, "無不克則莫知其極。"

○ ○ ○

무릇 나라를 가지고 있다가 후에 그것을 망하게 하고, 몸을 보존하다가 후에 그것을 해친다면, 나라를 가질 수 있고 몸을 보존할 수 있다고 말할 수 없다. 대저 나라를 가질 수 있다면 반드시 사직을 안정시킬 수 있으며, 몸을 보존할 수 있다면 반드시 천수를 나할 수 있어야 한다. 그런 이후에 그 나라를 가질 수 있고, 그 몸을 보존할 수 있다고 말할 수 있다.

무릇 나라를 가질 수 있고 몸을 보존할 수 있는 사람은 반드시 도를 실천할 수 있게 된다. 도를 실천하면 지혜가 깊어지고, 지혜가 깊어지면 깨우침이 심원해지며, 깨우침이 심원해지면 일반 사람들은 그 궁극적인 것을 볼 수 없게 된다. 오직 사람들이 그 일의 궁극적인 것을 볼 수 없게 하는 것이니, 그 일의 궁극적인 것을 보지 못해야 몸을 보존하고 나라를 가질 수 있는 것이다. 그러므로 "그 궁극적인 것을 알지 못해야 하니, 그 궁극적인 것을 알지 못한다면 가진 것을 보유할 수 있다."라고 한 것이다.

凡有國而後亡之, 有身而後殃之, 不可謂能有其國, 能保其身。夫能有其國必能安其社稷，能保其身必能終其天年，而後可謂能有其國，能保其身矣。夫能有其國保其身者，必且體道[73]。體道則其智深，其智深則其會[74]遠，其會遠衆人莫能見其所極。唯夫能令人不見其事極，不見其事極者爲能保其身，有其國。故曰，“莫知其極，莫知其極則可以有國。”[75]

○ ○ ○

『노자(老子)』에서 "나라를 가지는 근원(有國之母)"이라 하였는데, 여기서 모(母)는 도(道)이다. 도라는 것은 나라를 가지는 방법을 만들어 내는데, 나라를 가지는 방법이기 때문에 '나라를 가지는 근원'이라 한 것이다. 대저 도를 지니고서 세상과 더불어 변화한다면 생명을 세우는 것이 길고, 녹을 지속시키는 것이 길기 때문에 "나라를 가질 수 있는 근본은 오래갈 수 있다."라고 한 것이다.

나무에는 가늘고 넓게 퍼진 뿌리가 있고 곧은 뿌리가 있다. 뿌리란 『노자』에서 말한 저(柢)이다. 저(柢)라는 것은 나무가 생명을 세우는 것이다. 가늘고 넓게 퍼진 뿌리는 나무가 생명을 유지하는 것이다. 덕이라는 것은 사람이 생명을 세우는 것이다. 녹이라는 것은 사람이 생명을 유지하는 것이다. 오늘날 이(理)에 기초해서 세울 수 있다면 녹을 오래 유지할 것이기 때문에 "그 뿌리를 깊게 하여야 한다."라고 한 것이다. 도를 실천하면 생명이 나날이 길어지기에 "그 뿌리를 단단히 하라."라고 한 것이다. 뿌리가 단단해지면 생명이 길어지고, 뿌리가 깊어지면 오래 살게 될 것이다. 그러므로 "그 뿌리를 깊게 하고, 뿌리를 단단하게 하는 것이 오래 사는 도이다."라고 한 것이다.

所謂有國之母，母者，道[76]也。道也者，生於所以有國之術，所以有國之術，故謂之有國之母。夫道以與世周旋者，其建生也長，持祿也久，故曰，“有國之母可以長久。”[77] 樹木有曼根，有直根。根者[78]，書之所謂柢也。柢也者，木之所以建生也。曼根者，木之所以持生也。德也者，人之所以建生也。祿也者，人之所以持生也。今建於理者，其持祿也久，故曰，“深其根。” 體其道者，其生日長，故曰，“固其柢。” 柢固則生長，根深則視[79]久，故曰，“深其根，固其柢，長生久視之道也。”[80]

○ ○ ○

직공(職工)이 업종을 자주 바꾸면 성과를 잃고, 농사 짓는 사람이 자주 옮겨다니면 성과를 망칠 것이다. 한 사람의 작업을 매일 반나절씩 손해보게 한다면, 열흘이면 다섯 사람의 성과를 손해보는 것이다. 만 사람이 작업을 매일 반나절씩 손해보게 한다면, 열흘이면 5만 명의 성과를 손해보는 것이다. 그런즉 자주 업종을 바꾸는 것은 인원이 많으면 많을수록 손실이 더욱 커질 것이다. 무릇 법령을 바꾸면 이해 관계가 바뀌게 되고, 이해 관계가 바뀌면 백성이 힘써야 할 일도 바뀌게 되며, 백성이 힘써야 할 일이 바뀌는 것을 업종을 바꾼다고 한다. 그러므로 이치에 따라 그것을 보건대, 많은 사람들에게 일을 시키면서 자주 바꾸면 성공하기 힘들고, 큰 그릇을 지니고 있으면서 자주 옮기면 깨지는 것이 많으며, 작은 물고기를 삶으면서 자주 뒤집으면 요리사의 성과를 잃게 되고, 큰 나라를 다스리면서 자주 법을 바꾸면 백성이 고통당하게 된다. 이런 까닭으로 도를 지닌 군주는 허정(虛靜)을 귀히 여기고, 법 바꾸기를 가볍게 여기지 않는다. 그러므로 “큰 나라를 다스리는 것은 작은 물고기를 굽는 것과 같다.”라고 한 것이다.

工人數[81]變業則失其功，作者[82]數搖徙[83]則亡其功。一人之作日亡半日，十日則亡五人之功矣。萬人之作日亡半日，十日則亡五萬人之功矣。然則數變業者其人彌衆，其虧彌大矣。凡法令更則利害易，利害易則民務變，民務變謂之變業。故以理觀之，事大衆而數搖之則少成功，藏大器而數徙之則多敗傷，烹小鮮[84]而數撓[85]之則賊其宰，治大國而數變法則民苦之。是以有道之君貴虛靜[86]而重[87]變法。故曰，"治大國者若烹小鮮。"[88]

○○○

사람이 병에 걸리면 의사를 귀히 여기게 되고, 재앙을 당하면 귀신을 두려워하게 된다. 성인이 군주의 자리에 있으면 백성은 욕심이 적어지고, 백성이 욕심이 적어지면 혈기가 잘 통하고 행동이 이치에 맞게 되며, 행동이 이치에 맞으면 재해가 적어질 것이다. 대저 몸 안에 부스럼·종기·열병·치질과 같은 질병의 피해가 없고, 밖으로는 형벌을 받는 화가 없는 사람은 귀신을 가볍고 편안하게 여길 것이다. 그러므로 "도로써 천하에 임하면, 귀신도 영험스럽지 못하게 된다."고 한 것이다. 잘 다스려진 세상의 백성은 귀신과 서로 해치지 않는다. 그러므로 "귀신이 영험하지 못한 것이 아니라, 그 영험함이 사람을 해치지 못한다."라고 한 것이다.

귀신이 재앙을 내려서 사람을 괴롭히는 것을 귀신이 사람을 해친다고 말하며, 사람이 그것을 물리치는 것을 사람이 귀신이 해친다고 말한다. 백성이 법령을 어기는 것을 백성이 군주를 해친다고 말하며, 군주가 백성을 처형하는 것을 군주가 백성을 해친다고 말한다. 백성이 법을 어기지 않으면 군주 또한 형벌을 집행하지 않으며, 군주가 형벌을 집행하지 않는 것을 군주가 사람을 해치지 않는다고 말하니, 그러므로 "성인은 또한 그 백성을 해치지 않는다."라고 한 것이다. 군주는 백성과 함께 서로 해치지 않으며, 사람도 귀신과 함께 서로 해치지 않기 때문에 "둘이 서로 해치지 않는다."라고 한 것이다. 백성이 감히 법을 어기지 않으면 군주는 안으로는 형벌을 집행하지 않고 밖으로는 백성의 생업에서 이익을 탐내는 데에 힘쓰지 않을 것이다. 군주가 안으로는 형벌을 집행하지 않고 밖으로는 백성의 생업에서 이익을 탐내는 데 힘쓰지 않으면, 백성이 번성하게 되고, 백성이 번성하면 축적한 것도 풍성해질 것이다. 백성이 번성하고 축적한 것이 풍성해지는 것을 덕이 있다고 한다. 무릇 재앙이라는 것은 혼백이 빠져나가고 정신이 혼란해지는 것이니, 정신이 혼란해지면 덕이 없다. 귀신이 사람에게 재앙을 내리지 않으면 혼백이 빠져나가지 않고, 혼백이 빠져나가지 않으면 정신이 혼란해지지 않게 되니, 정신이 혼란해지지 않은 것을 덕이 있다고 한다. 군주가 풍성하게 축적하도록 해주고 귀신이 정신을 혼란스럽게 하지 않으면, 덕이 백성에게 갖추어지게 될 것이다. 그러므로 "둘이 서로 해치지 않으므로 덕이 함께 돌아온다."라고 말한 것이다. 군주와 백성의 덕이 풍성하게 되면 모두 백성에게 돌아오게 된다는 말이다.

人處疾則貴醫， 有禍則畏鬼。 聖人在上則民少欲， 民少欲則血氣治而擧動理， 擧動理則少禍害。 夫內無痤疽癉痔[89]之害， 而外無刑罰法誅[90]之禍者， 其輕恬鬼也甚。 故曰， "以道莅[91]天下， 其鬼不神。" 治世之民不與鬼神相害也， 故曰， "非其鬼不神也， 其神不傷人也。"[92] 鬼祟[93]也疾人之謂鬼傷人， 人逐除之之謂人傷鬼也。 民犯法令之謂民傷上， 上刑戮民之謂上傷民。 民不犯法則上亦不行刑，上下[94]不行刑之謂上不傷人，故曰，“聖人亦不傷民。”[95] 上不與民相害，而人不與鬼相傷，故曰，“兩不相傷。”民不敢犯法，則上內不用刑罰而外不事利其產業。上內不用刑罰而外不事利其產業則民蕃息，民蕃息而[96]蓄積盛。民蕃息而蓄積盛之謂有德。凡所謂祟者，魂魄去而精神亂，精神亂則無德。鬼不祟人則魂魄不去，魂魄不去則精神不亂，精神不亂之謂有德。上盛蓄積而鬼不亂其精神，則德盡在於民矣。故曰，“兩不相傷則德交歸焉。”[97] 言其德上下交盛而俱歸於民也。

○ ○ ○

도가 있는 군주는 밖으로는 인접한 적과 원수를 맺지 않고, 안으로는 백성에게 은덕을 베푼다. 대저 밖으로 인접한 적과 원수를 맺지 않는다는 것은 제후를 대하는 데에 밖으로 예의가 있다는 것이다. 안으로 백성에게 은덕을 베푼다는 것은 백성을 다스리는 일에서 근본에 힘쓴다는 것이다. 제후를 대하는 데에 예의가 있으면 전쟁이 일어나는 일이 거의 없으며 백성을 다스리는 일에서 근본에 힘쓰게 되면 사치가 사라지게 된다.

무릇 말이 크게 사용되는 까닭은 밖으로 군대에게 공급하고 안으로는 사치한 생활에 쓰이기 때문이다. 이제 도가 있는 군주는 밖으로는 군대에 사용되는 것을 거의 없게 하고 안으로는 사치를 금한다. 군주는 말을 전투나 도망가는 적을 추격하는 데 쓰지 않고, 백성은 말을 멀리 사치품을 나르는 데 쓰지 않으면, 힘을 집중하는 곳은 오로지 논밭뿐이니, 논밭에 힘을 집중하면 반드시 밭을 일구고 관개를 하게 된다. 그러므로 "천하에 도가 있으면, 달리던 군마(軍馬)를 되돌려 밭을 일군다."고 한 것이다.

有道之君，外無怨讎於鄰敵，而內有德澤於人民。夫外無怨讎於鄰敵者，其遇諸侯也外有禮義。內有德澤於人民者，其治人事也務本。遇諸侯有禮義則役希起[98]，治民事務本則淫奢止。凡馬之所以大用者，外供甲兵而內給淫奢也。今有道之君，外希用甲兵，而內禁淫奢。上不事馬於戰鬭逐北[99]，而民不以馬遠通淫物，所積力唯田疇，積力於田疇，必且糞灌。故曰，"天下有道，卻走馬以糞也。"[100]

○○○

군주가 도가 없으면 안으로는 백성에게 포학(暴虐)하고 밖으로는 이웃나라를 침략한다. 안으로 포학하면 백성의 생업이 끊어지고, 밖으로 침략하면 군사를 자주 일으키게 된다. 백성의 생업이 끊어지면 가축이 줄어들고, 군사를 자주 일으키면 병졸들이 다 죽게 된다. 가축들이 줄어들면 군마가 부족해지고, 병졸이 다 죽게 되면 군대가 위태로워진다. 군마가 부족해지면 새끼를 밴 암말까지 전쟁터로 끌어내게 되고, 군대가 위태로워지면 군주의 근신(近臣)까지 출정하게 된다. 말이란 군대 안에서 크게 쓰이는 것이며, 교(郊)는 도성에서 가까운 곳을 말하는 것이다. 오늘날 군대에 공급되어야 하는 것이 새끼를 밴 암말이나 근신으로 갖추어지고 있기 때문에 "천하에 도가 없으면 군마가 근교에서 새끼를 낳는다."고 한 것이다.[101]

人君者無道，則內暴虐其民，而外侵欺其鄰國。內暴虐則民產絕，外侵欺則兵數起。民產絕則畜生少，兵數起則士卒盡。畜生少則戎馬乏，士卒盡則軍危殆。戎馬乏則將馬[102]出，軍危殆則近臣役。馬者，軍之大用，郊者，言其近也。今所以給軍之具於將馬近臣，故曰，“天下無道，戎馬生於郊矣。”

○ ○ ○

사람이 욕심이 있으면 생각이 혼란스러워지고, 생각이 혼란스러워지면 욕심이 더욱 심해지며, 욕심이 더욱 심해지면 사악한 마음이 모든 것을 이기게 되고, 사악한 마음이 모든 것을 이기면 비정상적인 방법으로 일을 처리하게 되고, 비정상적인 방법으로 일을 처리하면 재난이 닥치게 된다. 이로부터 보건대, 재난은 사악한 마음에서 생겨나고, 사악한 마음은 욕심 부릴 만한 것에 유혹된다. 욕심 부릴 만한 것들은 적극적으로는 착한 사람들을 간악하게 만들고, 소극적으로는 착한 사람에게 화를 입힌다. 간악한 일이 생기면 위로 유약한 군주를 침해하고, 화가 닥치면 백성이 많이 다친다. 그러므로 욕심 부릴 만한 것들은 위로 유약한 군주를 침해하고 아래로 백성을 상하게 하는 것이다. 대저 위로 유약한 군주를 침해하고 아래로 백성을 다치게 하는 것은 큰 죄다. 그러므로 "욕심을 부리는 것보다 더 큰 화가 없다."고 한 것이다. 이런 까닭으로 성인은 오색(五色)의 아름다움에 마음이 끌리지 않고, 음악에 빠져들지 않으며, 현명한 군주는 진기한 물건을 천시하고 사치스럽고 화려한 것을 물리친다.

人有欲則計會[103]亂，計會亂而[104]有欲甚，有欲甚則邪心勝，邪心勝則事經絶[105]，事經絶則禍難生。由是觀之，禍難生於邪心，邪心誘於可欲。可欲之類，進則教良民爲姦，退則令善人有禍。姦起則上侵弱君，禍至則民人多傷。然則可欲之類上侵弱君而下傷人民。夫上侵弱君而下傷人民者，大罪也。故曰，“禍莫大於可欲。”[106] 是以聖人不引五色，不淫於聲樂，明君賤玩好而去淫麗[107]。

○ ○ ○

사람에게는 털이나 깃이 없어서 옷을 입지 않으면 추위를 막을 수 없다. 위로는 하늘에 매달려 있지 못하고, 아래로는 땅에 붙어 있지 못하여, 장과 위를 근본으로 삼아 먹지 않으면 살아갈 수 없다. 이런 까닭으로 이익을 탐하는 마음에서 벗어나지 못하고, 이익을 탐하는 마음을 없애지 못하는 것이 몸의 근심이다.

그러므로 성인은 옷이 추위를 막는 데 족하고, 음식이 허기를 채우는 데 족하였다면 근심하지 않았다. 일반 사람들은 그렇지 않아 크게는 제후가 되고 작게는 천금이나 되는 재산을 남기더라도 이득을 얻으려는 근심을 없애지 못하였다. 죄수가 형을 면죄받고, 죽을죄라도 때로는 살아날 기회가 있지만, 오늘날 만족할 줄 모르는 사람의 근심은 평생토록 없앨 수가 없는 것이니, 그러므로 "화는 만족할 줄 모르는 것보다 큰 것이 없다."[108]고 한 것이다.

人無毛羽, 不衣則不犯寒。上不屬[109]天, 而下不著地, 以腸胃爲根本, 不食則不能活。是以不免於欲利之心, 欲利之心不除, 其身之憂也。故聖人衣足以犯寒, 食足以充虛, 則不憂矣。衆人則不然, 大爲諸侯, 小餘千金之資, 其欲得之憂不除也。胥靡[110]有免, 死罪時活, 今不知足者之憂, 終身不解, 故曰, "禍莫大於不知足。"

○ ○ ○

그러므로 이익을 탐하는 마음이 심하면 근심이 일어나고, 근심이 일어나면 질병이 생긴다. 질병이 생기면 지혜가 쇠하여지고, 지혜가 쇠하면 사물을 헤아리는 능력을 잃게 된다. 사물을 헤아리는 능력을 잃으면 경거망동하게 되고, 경거망동하면 재해가 이르게 된다. 재해가 이르면 질병이 몸을 둘러싸게 되고, 질병이 몸을 둘러싸게 되면 아프게 되며, 재해가 밖에서부터 닥치면 고통스러워진다. 고통이 장과 위 사이에 번갈아 생기면 사람을 상하게 하는 바가 대단히 심하고, 대단히 심하면 물러나 스스로를 꾸짖는데, 물러나 스스로를 꾸짖는 것은 이익을 탐하는 데에서 생겨나게 되니, 그러므로 "허물이 이익을 탐하는 것보다 더 심한 것은 없다."라고 한 것이다.

故欲利甚於憂，憂則疾生。疾生而智慧衰，智慧衰則失度量[111]。失度量則妄擧動，妄擧動則禍害至。禍害至而疾嬰內，疾嬰內則痛，禍薄外則苦。苦痛雜於腸胃之間，則傷人也憯[112]，憯則退而自咎，退而自咎也生於欲利，故曰，"咎莫憯於欲利。"[113]

○ ○ ○

도(道)라는 것은 만물이 스스로 그러한 것이며, 모든 이(理)가 함께 모이는 근원이다. 이(理)라는 것은 사물을 이루는 조리(條理)이다. 도는 만물을 이루게 하는 원리이다. 그러므로 "도는 조리라는 것이다."라고 한 것이다.

사물에는 조리가 있어 서로 침범할 수 없다. 사물에 조리가 있어 서로 침범할 수 없기에 조리가 만물의 법칙이 되는 것이다. 만물이 각기 조리를 달리하고 있다. 만물이 각기 조리를 달리하고 있어 도가 그것에 다 담겨 있는 것이다. 만물의 조리가 함께 모여 있기 때문에 변화하지 않을 수 없다. 변화하지 않을 수 없기 때문에 고정된 형태가 없는 것이다. 고정된 형태가 없는 까닭에 죽고 사는 타고난 성질과 품격에 의지하고, 모든 지혜가 저절로 생각의 기능을 발휘하게 되며, 모든 일이 자연스레 흥하고 폐하게 된다. 하늘은 도를 얻어 높아지고, 땅은 도를 얻어 만물을 간직하고, 북두칠성은 도를 얻어 그 위엄을 떨치고, 해와 달은 도를 얻어 빛이 항상 빛나고, 오륜(五倫)은 도를 얻어 그 지위를 유지하며, 많은 별들은 도를 얻어 운행을 바르게 하고, 사계절은 도를 얻어 기후의 변화를 통제하며, 헌원(軒轅)씨는 도를 얻어 사방에 군림했고, 적송자(赤松子)는 도를 얻어 천지와 시종을 함께하였으며, 성인은 도를 얻어 예악제도(禮樂制度)를 만들어냈다. 도는 요(堯)·순(舜)을 만나자 함께 지혜로와졌고, 접여(接輿)를 만나면 함께 미치광이가 되었으며, 걸(桀)·주(紂)를 만나자 함께 망하였고, 탕(湯)·무(武)를 만나면 함께 창성하였다.

가까이 있다고 여기면, 사방의 끝에 가 있다. 멀리 있다고 여기면 항상 내 옆에 있다. 어둡다고 여기면 그 빛이 밝게 빛난다. 밝다고 여기면 그 사물이 깜깜해진다. 그 작용이 천지를 이루고 그 화기(和氣)가 비바람을 융화시켜, 천지간의 모든 사물은 모두 그것에 의지해서 이루어진다. 무릇 도의 실체는 일정한 법칙도 없고 일정한 형태도 없으며, 유연하게 때에 따라 변하고, 이(理)와 서로 호응한다. 만물이 그것을 얻음으로써 죽고, 그것을 얻음으로써 산다. 만물이 그것을 얻음으로써 실패하고, 그것을 얻음으로써 성공한다.

도는 물에 비유할 수 있는데, 물에 빠진 사람이 그것을 많이 마시면 죽고, 목마른 사람이 그것을 적당히 마시면 산다. 칼과 창 같은 것에 비유할 수 있는데, 어리석은 사람이 그것을 가지고 분을 풀면 재앙이 생기고, 성인이 그것을 가지고 포악자를 처벌하면 복을 이룬다. 그러므로 "그것을 얻음으로써 죽고, 그것을 얻음으로써 살고, 그것을 얻음으로써 실패하고, 그것을 얻음으로써 성공한다."고 한 것이다.

사람이 살아 있는 코끼리를 본 적은 드물지만, 죽은 코끼리의 뼈를 발견하면, 그 모습에 의지하여 살아 있는 모습을 상상한다. 그러므로 일반 사람들이 속으로 상상한 것을 모두 상(象)이라 한다. 오늘의 도는 비록 듣고 볼 수는 없지만, 성인은 그 드러난 공적을 가지고 그것의 형상을 자세하게 보여준다. 그러므로 "형상이 없는 형상이며, 사물이 없는 모양이다."라고 한 것이다.

道者, 萬物之所然也, 萬理之所稽[114]也。理者, 成物之文也。道者, 萬物之所以成也。故曰, "道, 理之者也。"[115] 物有理, 不可以相薄[116], 物有理不可以相薄, 故理之爲物之制。萬物各異理, 萬物各異理而道盡。稽萬物之理, 故不得不化。不得不化, 故無常操[117]。無常操是以死生氣稟[118]焉, 萬智斟酌焉, 萬事廢興焉。天得之以高, 地得之以藏, 維斗[119]得之以成其威, 日月得之以恆其光, 五常[120]得之以常其位, 列星得之以端其行, 四時得之以御其變氣, 軒轅[121]得之以擅四方, 赤松[122]得之與天地統[123], 聖人得之以成文章[124]。道與堯、舜俱智, 與接輿[125]俱狂, 與桀、紂俱滅, 與湯、武俱昌。以爲近乎, 遊於四極。以爲遠乎, 常在吾側。以爲暗乎, 其光昭昭。以爲明乎, 其物冥冥。而功成天地, 和化雷霆[126], 宇內之物, 恃之以成。凡道之情, 不制不形, 柔弱隨時, 與理相應。萬物得之以死, 得之以生。萬事得之以敗, 得之以成。道譬諸若水, 溺者多飮之卽死, 渴者適飮之卽生。譬之若劍戟, 愚人以行忿則禍生, 聖人以誅暴則福成。故得之以死, 得之以生, 得之以敗, 得之以成。[127]人希見生象也, 而得死象之骨, 案其圖以想其生也。故諸人之所以意想者皆謂之象也。今道雖不可得聞見, 聖人執其見功以處[128]見其形。故曰, "無狀之狀, 無物之象。"[129]

○ ○ ○

무릇 이(理)라는 것은 모나고 둥근 것, 짧고 긴 것, 거칠고 가는 것, 단단하고 무른 것의 구분을 가리키는 것이니, 이의 형체가 정해진 이후에 설명할 수 있다. 그러므로 이의 형체가 정해진 이후에는 존속과 멸망이 있고, 죽음과 삶이 있으며, 성함과 쇠함이 있다. 대저 사물은 한 번 있다가 한 번 없어지고, 갑자기 죽고 갑자기 살아나며, 처음에는 성하다가 나중에는 쇠하게 되니 상(常)이라 말할 수 없다. 오직 천지가 나뉘어지는 것과 함께 생겨나고, 천지가 소멸되고 없어질 때에도 죽지 않고 쇠하지 않는 것을 상(常)이라 말할 수 있다. 상(常)이라는 것은 변하는 것이 없고, 정해진 이(理)가 없는 것이다. 정해진 이(理)가 없으니, 항상 정해진 자리에 있지 않으며, 이런 까닭으로 말할 수 없는 것이다. 성인은 도(道)의 유원(幽遠)한 허무(虛無)를 보고, 그것이 두루 움직여 나아가는 것을 억지로 이름 붙여 도(道)라 하여서, 이후에 논의를 할 수 있게 되었다. 그러므로 "도를 도라고 말할 수 있으면 항상된 도가 아니다."라고 한 것이다.

凡理者, 方圓、短長、麤靡[130]、堅脆之分也, 故理定而後物[131]可得道也。故定理有存亡, 有死生, 有盛衰。夫物之一存一亡, 乍死乍生, 初盛而後衰者, 不可謂常。唯夫與天地之剖判也俱生, 至天地之消散也不死不衰者謂常。而常者, 無攸易[132], 無定理。無定理, 非在於常, 是以不可道也。聖人觀其玄虛[133], 用其周行, 强字之曰道, 然而可論。故曰, "道之可道, 非常道也。"[134]

○○○

사람은 태어나는 데서 시작되어 죽는 데에서 끝난다. 시작하는 것을 출(出)이라 하고 죽는 것을 입(入)이라 한다. 그러므로 "태어나는 것에서 나왔다가 죽음으로 들어간다."라고 한 것이다. 사람의 몸에는 360개의 마디가 있는데, 사지와 아홉 개의 구멍이 가장 중요한 기관이다. 사지와 아홉 개의 구멍을 합하면 13개가 되는데, 13개의 움직임과 멈춤은 모두 생에 속하는 것이다. 속하는 것을 도(徒)라고 하였는데, 그러므로 "삶에 속하는 무리가 열셋이다."라고 한 것이다. 죽음에 이르면 13개의 기관이 모두 돌아가 죽음에 속하게 되는데, 죽음의 무리 또한 열셋이다. 그러므로 "삶에 속하는 무리가 열셋이요, 죽음에 속하는 무리가 열셋이다."라고 한 것이다.

무릇 사람이 삶을 산다는 것은, 태어나서 본래 움직이는 것인데, 움직임이 다하면 몸의 기력이 쇠하여진다. 그런데도 움직이는 것을 그만두지 않으면, 몸의 기력이 쇠하여지는 것이 멈추지 않는다. 몸의 기력이 쇠하여지는 것이 멈추면 삶이 다하게 되고, 삶을 다하는 것은 죽는다고 하는데, 열세 기관 모두 죽을 데에서 죽게 되는 것이다. 그러므로 "백성이 삶을 살면서 움직이고, 움직이면서 모두 죽을 곳으로 가는 것 또한 열셋이다."라고 한 것이다. 이런 까닭으로 성인은 정신을 아끼고 허정(虛靜)의 상태에 있는 것을 귀히 여긴다.

人始於生而卒於死。始之謂出，卒之謂入。故曰，"出生入死。"[135] 人之身三百六十節，四肢九竅，其大具[136]也。四肢與[137]九竅[138]十有三者，十有三者之動靜盡屬於生焉。屬之謂徒[139]也，故曰，"生之徒也，十有三者。"[140] 至其死也，十有三具者皆還而屬之於死，死之徒亦有十三。故曰，"生之徒十有三，死之徒十有三。" 凡民之生生，而生者固動，動盡則損也。而動不止，是損而不止也。損而不止則生盡，生盡之謂死，則十有三具者皆爲死死地也。故曰，“民之生生而動，動皆之死地，亦十有三。”[141] 是以聖人愛精神而貴處靜[142]。

○ ○ ○

이것(사지로 몰아대는 것)은 들소와 호랑이의 피해보다 더욱 심각하다. 대저 들소와 호랑이는 영역이 있고, 활동과 휴식에도 때가 있으니, 그 영역을 피하고 때를 살핀다면, 들소와 호랑이의 해를 면하게 된다. 사람들은 난지 들소와 호랑이에 발톱과 뿔이 있다는 것만 알고, 만물 모두 발톱과 뿔이 있다는 것을 몰라 만물의 해를 면하지 못한다. 무엇을 가지고 그렇게 말하는가? 때에 맞춰 오는 비가 내려 모이고, 넓은 들판은 고요한데, 밤부터 새벽까지 신친에 들이닥치면 바람과 이슬의 발톱과 뿔이 해를 끼칠 것이다. 군주를 섬기면서 충성되지 않고, 가벼이 법령을 어기면 형법이라는 발톱과 뿔이 해를 끼칠 것이다. 마을에 살면서 자제함이 없고, 애증(愛憎)에 절도가 없다면, 다투는 손톱과 뿔이 해를 끼칠 것이다. 기호와 욕심에 한도가 없고 행동에 절제가 없다면, 부스럼과 종기라는 발톱과 뿔이 해를 끼칠 것이다. 사사로운 지혜를 즐겨 사용하고 도리를 저버린다면 법령이라는 발톱과 뿔이 해를 끼칠 것이다. 들소와 호랑이는 영역이 있고, 모든 해에도 원인이 있다. 그 영역을 피하고 원인을 막는다면 모든 해를 면할 것이다. 무릇 무기나 갑옷은 해를 방비하는 것이다.

생명을 중히 여기는 사람은 비록 군대에 들어가더라도 성내어 다툴 마음이 없고, 성내어 다툴 마음이 없으면 해를 막아주는 방비를 쓸 데가 없다. 이것은 오로지 들판에 주둔하는 군대에 대해서만 하는 말이 아니다. 성인이 세상에서 유유자적하게 살아가는 것은 사람을 해칠 마음이 없어서이니, 사람을 해칠 마음이 없으면 반드시 다른 사람에게서 해가 없고, 다른 사람에게서 해가 없으면 다른 사람을 방비할 필요가 없으니, 그러므로 "길을 가더라도 들소와 호랑이를 만나지 않는다."고 한 것이다. 산 속에 들어가더라도 방비에 의지해 해를 막으려고 하지 않기 때문에 "군대에 들어가더라도 무기와 갑옷으로 방비를 하지 않는다."고 한 것이다. 여러 가지 해로부터 멀리 떨어져 있기 때문에 "들소는 그 뿔로 받을 곳이 없고, 호랑이는 그 발톱으로 할퀼 곳이 없으며, 병기는 그 칼날로 찌를 곳이 없다."라고 말한 것이다. 방비하지 않아도 반드시 해가 없는 것이 천지의 도리이다. 천지의 도를 체득하였기 때문에 "죽을 곳이 없다."라고 한 것이다. 움직여서 죽을 곳이 없다면 이를 가리켜 양생(養生)을 잘하는 것이라 한다.

此甚大於兕虎[143]之害。夫兕虎有域， 動靜有時， 避其域， 省其時， 則免其兕虎之害矣。民獨知兕虎之有爪角也， 而莫知萬物之盡有爪角也， 不免於萬物之害。何以論之? 時雨[144]降集， 曠野閒靜， 而以昏晨犯山川， 則風露之爪角害之。事上不忠， 輕犯禁令， 則刑法之爪角害之。處鄉不節， 憎愛無度， 則爭鬬之爪角害之。嗜慾無限， 動靜不節， 則痤疽之爪角害之。好用其私智而棄道理， 則網羅[145]之爪角害之。兕虎有域， 而萬害有原。避其域， 塞其原， 則免於諸害矣。凡兵革者， 所以備害也。重生者雖入軍無忿爭之心， 無忿爭之心則無所用救害之備。此非獨謂野處之軍也， 聖人之遊世也無害人之心， 無害人之心則必無人害， 無人害則不備人， 故曰， "陸行不遇兕虎。"[146] 入山不恃備以救害， 故曰， "入軍不備甲兵。"[147] 遠諸害，故曰，“兕無所投其角，虎無所錯其爪，兵無所容其刃。”[148] 不設備而必無害，天地之道理也。體天地之道，故曰，“無死地焉。”動無死地，而謂之善攝生[149]矣。

○ ○ ○

자식을 아끼는 사람은 자식을 사랑하고, 생명을 중시하는 사람은 그 몸을 사랑하며, 공을 귀히 여기는 사람은 일을 사랑한다. 자애로운 어머니는 어린 자식에게 복이 이르도록 힘쓰는데, 복이 이르도록 힘쓰면 화를 제거하는 것을 일삼으며, 화를 제거하는 것을 일삼으면 생각이 깊어지고, 생각이 깊어지면 사리를 알게 되고, 사리를 알게 되면 반드시 공을 이루게 되고, 반드시 공을 이루면 그것을 행하는 데 주저하지 않게 되며, 주저하지 않는 것을 용기라 한다. 성인이 모든 일을 대하는 것이 모두 마치 자애로운 어머니가 어린아이를 생각하는 것과 같았기 때문에 반드시 행해야 하는 도를 찾아내었다. 반드시 행해야 하는 도를 찾아내면 그 일을 행할 때 역시 주저하지 않게 되니, 주저하지 않는 것을 용기라고 한다. 주저하지 않는 것은 자애에서 생겨나니, 그러므로 "자애롭기 때문에 용감할 수 있다."라고 한 것이다.

愛子者慈於子，重生者慈於身，貴功者慈於事。慈母之於弱子也，務致其福，務致其福則事除其禍，事除其禍則思慮熟，思慮熟則得事理，得事理則必成功，必成功則其行之也不疑，不疑之謂勇。聖人之於萬事也，盡如慈母之爲弱子慮也，故見必行之道。見必行之道則其從事亦不疑，不疑之謂勇。不疑生於慈，故曰，“慈故能勇。”[150]

○○○

주공이 말하기를 "겨울날 얼음과 눈이 땅에 얼어붙은 것이 단단하지 않으면, 봄과 여름에 초목의 성장도 무성하지 않다."고 하였다. 천지도 항상 사치하고 항상 낭비할 수는 없는데, 하물며 사람에게 있어서랴. 그러므로 만물은 반드시 성함과 쇠함이 있고, 모든 일은 반드시 이완과 긴장이 있으며, 국가에는 반드시 문(文)과 무(武)가 있고, 관리의 다스림에는 반드시 상과 벌이 있다. 이런 까닭으로 지혜로운 사람이 재물을 아껴 쓰면 그 집안이 부유해지고, 성인이 정신을 아끼고 소중히 여기면 정신이 왕성해지며, 군주가 병졸을 가벼이 전쟁터에 내보내지 않으면 백성이 많아진다. 백성이 많아지면 땅이 넓어지니 이런 까닭으로 그것을 들어 말하기를 "절약하기 때문에 넓어질 수 있다."라고 한 것이다.

周公曰, "冬日之閉凍[151]也不固, 則春夏之長草木也不茂。" 天地不能常侈常費, 而況於人乎? 故萬物必有盛衰, 萬事必有弛張, 國家必有文武, 官治必有賞罰。 是以智士儉用其財則家富, 聖人愛寶其神則精盛, 人君重戰其卒則民衆。 民衆則國廣, 是以擧之曰, "儉故能廣。"[152]

○○○

무릇 물건에 형체가 있는 것은 마름질하기 쉽고 나누기도 쉽다. 무엇을 가지고 그렇게 말할 수 있는가? 형체가 있으면 짧거나 긴 것이 있고, 짧거나 긴 것이 있으면 작은 것과 큰 것이 있고, 작은 것과 큰 것이 있으면 모나거나 둥근 것이 있고, 모나거나 둥근 것이 있으면 단단하거나 무른 것이 있고, 단단하거나 무른 것이 있으면 가볍거나 무거운 것이 있고, 가볍거나 무거운 것이 있으면 희거나 검은 것이 있다. 짧거나 긴 것, 크거나 작은 것, 모나거나 둥근 것, 단단하거나 무른 것, 가볍거나 무거운 것, 희거나 검은 것을 이(理)라고 하는데, 이가 정해져 있어 물건을 나누기가 쉬운 것이다.

그러므로 조정에서 논의한 후에 말을 한다면 논리가 설 것이고, 임기응변에 뛰어난 사람은 그것을 알 것이다. 그러므로 네모나고 둥근 것을 그리려고 하면서 그림쇠를 따른다면 모든 일은 효과를 드러낼 것이다. 만물에 알맞은 법도가 없을 수 없다. 논의하고 의견을 말하는 사람은 그 법도를 고려해야 한다. 성인은 완전히 만물의 법도를 따르기 때문에 "감히 천하에 앞서려 하지 않는다."고 한 것이다. 감히 천하에 앞서려고 하지 않는다면 일을 하는 데 되지 않는 일이 없고, 공을 세우는 데 이루지 못할 공적이 없으며, 논의가 반드시 세상을 뒤덮게 될 것이니, 높은 자리에 처하지 않으려 하지만 어찌 그렇게 될 수 있겠는가! 높은 자리에 처하는 것을 천하의 수장이 되었다고 하는데, 이런 까닭으로 "감히 천하에 앞서려 하지 않기 때문에 능히 천하의 수장이 될 수 있다."라고 한 것이다.

凡物之有形者, 易裁也, 易割也。何以論之? 有形則有短長, 有短長則有小大, 有小大則有方圓, 有方圓則有堅脆, 有堅脆則有輕重, 有輕重則有白黑。短長、大小、方圓、堅脆、輕重、白黑之謂理, 理定而物易割也。故議於大庭而後言則立, 權議之士[153]知之矣。故欲成方圓而隨其規矩, 則萬事之功形矣。而萬物莫不有規矩。議言之士, 計會規矩也。聖人盡隨於萬物之規矩, 故曰, "不敢爲天下先。"[154] 不敢爲天下先, 則事無不事, 功無不功, 而議必蓋世, 欲無處大官, 其可得乎! 處大官之謂爲成事長[155], 是以故曰, "不敢爲天下先，故能爲成事長。”[156]

○○○

자식을 사랑하는 사람은 감히 입는 것과 먹는 것을 끊으려 하지 않고, 자기 몸을 사랑하는 사람은 감히 법도를 어기지 않으며, 네모난 것과 둥근 것을 소중히 여기는 사람은 감히 그림쇠를 버리지 않는다. 그러므로 전쟁터에 나아가 병사와 관리를 사랑하면 적에게 승리할 것이고, 무기를 귀하게 다루면 성곽을 견고하게 지킬 수 있을 것이다. 그러므로 "자애로써 전쟁에 임하면 이기게 되고, 자애로써 지키면 견고해진다."라고 한 것이다.

대저 스스로 온전하게 할 수 있으면서 만물의 이(理)를 완전히 따를 수 있는 사람은 반드시 하늘의 도움을 얻어 살게 될 것이다. 하늘이 도와주어 산다는 것은 자신의 마음에서 생기는 것이다. 그러므로 천하의 도가 만물의 생명을 다할 것인데, 마치 자애로써 그것을 지키는 것과 같다. 일이 반드시 모두 완전해지고 행동도 합당하지 않은 것이 없는 것을 보배라고 한다. 그러므로 "나에게 세 가지 보배가 있어 그것을 잘 간직하고 있다."라고 한 것이다.

慈於子者不敢絶衣食，慈於身者不敢離法度，慈於方圓者不敢舍[157]規矩。故臨兵而慈於士吏則戰勝敵，慈於器械則城堅固。故曰，“慈，於戰則勝，以守則固。”[158] 夫能自全也而盡隨於萬物之理者，必且有天生[159]。天生也者，生心[160]也。故天下之道盡之生也，若以慈衛之也。事必萬全而擧無不當，則謂之寶矣。故曰，“吾有三寶，持而寶之。”[161]

○ ○ ○

『노자』에서 '대도(大道)'라고 한 것은 정도(正道)를 말한다. 태도가 사악하고 편벽되다고 하는 것은 사도(邪道)를 말한다. 사악하고 편벽되다는 것은 복식(服飾)이 화려한 것을 말한다. 복식이 화려한 것은 사도(邪道)의 한 부류이다. 조정이 아주 깨끗이 치워져 있다는 것은 송사(訟事)가 빈번하다는 것이다. 송사가 빈번하면 논밭이 황폐해지고, 논밭이 황폐해지면 창고가 비게 되며, 창고가 비면 나라가 가난해지고, 나라가 가난해지면 백성의 풍속이 지나치게 사치해지며, 백성의 풍속이 지나치게 사치해지면 의식(衣食)을 얻는 생업이 끊어지게 되고, 의식을 얻는 생업이 끊어지면 백성은 거짓을 교묘하게 꾸미지 않을 수 없게 되고, 거짓을 교묘하게 꾸미면 화려한 장식을 사용할 줄 알게 되며, 화려한 장식을 사용할 줄 알면 화려한 장식의 옷을 입는다.

송사가 빈번하고 창고가 텅 비었는데, 또 지나치게 사치한 것을 풍속으로 삼으면 나라가 손상을 입게 되는데, 그것이 마치 예리한 칼로써 찌르는 것과 같기 때문에 "예리한 칼을 찬다."라고 한 것이다. 그 지혜와 기교로 장식하여 나라를 손상시키는 데에 이른다면, 개인의 집안은 반드시 부유해질 것이다. 개인의 집이 반드시 부유해지기 때문에 "재물이 남아돈다."라고 한 것이다. 나라가 이와 같은 상황이라면, 어리석은 백성이 그 방법으로 그것을 본받지 않을 수 없게 되고, 그것을 본받으면 작은 도둑이 생겨나는 것이다. 이로부터 보건대, 아주 간악한 일이 생겨나면 작은 도둑이 따르고, 아주 간악한 일이 이끌면 작은 도둑이 화답한다. 우(竽)라는 피리는 오성(五聲)의 우두머리이니, 그러므로 우가 앞서면 종과 거문고가 모두 따르고, 우가 이끌면 모든 악기가 화답한다. 오늘날 아주 간악한 일이 생겨나면 세상의 사람들이 이끌 것이고, 세상의 사람들이 이끌면 작은 도둑이 반드시 화답하게 될 것이니, 그러므로 "화려한 장식의 옷을 입고, 예리한 칼을 차고, 음식을 지겹도록 먹어도, 재물이 남아도는 것이 있다면 이를 도둑의 우두머리라 한다."고 한 것이다

書之所謂大道也者, 端道[162]也。所謂貌施[163]也者, 邪道也。所謂徑大[164]也者, 佳麗[165]也。佳麗也者, 邪道之分也。朝甚除也者, 獄訟繁也。獄訟繁則田荒, 田荒則府倉[166]虛, 府倉虛則國貧, 國貧而民俗淫侈, 民俗淫侈則衣食之業絶, 衣食之業絶則民不得無飾巧詐, 飾巧詐則知采文, 知采文之謂服文采。獄訟繁, 倉廩虛, 而有[167]以淫侈爲俗, 則國之傷也, 若以利劍刺之, 故曰, "帶利劍。"[168] 諸夫飾智故[169]以至於傷國者, 其私家必富。私家必富, 故曰, "資貨有餘。"[170] 國有若是者, 則愚民不得無術而效之, 效之則小盜生。由是觀之, 大姦作則小盜隨, 大姦唱則小盜和。竽也者, 五聲之長者也, 故竽先則鍾瑟皆隨, 竽唱則諸樂皆和。今大姦作則俗之民唱, 俗之民唱則小盜必和, 故"服文采, 帶利劍, 厭飮食, 而資貨有餘者, 是之謂盜竽矣。"[171]

○ ○ ○

사람은 어리석거나 지혜롭거나를 막론하고 복을 구하고 화를 피하지 않는 이가 없다. 마음에 욕심이 없고 평안하면 화나 복이 유래하는 원인을 모르는 이가 없다. 좋아하고 싫어하는 것에 사로잡히고, 음란한 물건에 유혹되면, 이후에 생각이 변하여 어지럽게 된다. 그렇게 되는 까닭은 외부 사물에 끌리고 즐기고 좋아하는 물건에 마음이

어지러워지기 때문이다. 마음에 욕심이 없고 복을 구하고 화를 피하는 도리가 있으면서 마음이 평안하면 화와 복의 계획을 알게 된다. 오늘날 즐기고 좋아하는 물건이 그를 변하게 하고, 외부 사물이 그를 끌어들여, 그를 잡아끌고는 계속 이끌어나가기 때문에 발(拔)이라 한 것이다.

성인의 경우에는 그렇지 않은데, 한 번 복을 구하고 화를 피한다는 원칙을 세우면, 비록 좋아하는 물건을 볼지라도 그를 끌어들일 수 없으니, 끌어들일 수 없는 것을 불발(不拔)이라 한다. 그 마음을 하나로 한다면, 비록 욕심낼 만한 것들이 있다 할지라도 정신이 흔들리지 않으니, 정신이 흔들리지 않는 것을 불탈(不脫)이라 한다. 사람의 자손이 된 이가, 이 도를 체득하여 종묘를 지키고 파괴하지 않는 것을 "제사가 끊이지 않는다."고 말한 것이다.

개인은 정신을 축적하는 것을 덕으로 삼고, 집안은 재산을 쌓는 것을 덕으로 삼으며 마을·나라·천하는 백성을 덕으로 삼는다. 오늘날 자신을 잘 다스리면 외부 사물이 정신을 혼란시킬 수 없기 때문에, "자신을 닦으면 그 덕이 참되다."라고 한 것이다. 진(眞)이란 신(愼)이 확고한 상태이다. 집안을 잘 다스려 쓸모없는 사물이 그 계획을 흔들 수 없게 되면 재산이 남아돌기 때문에 "집안에서 잘 닦으면 그 덕이 남아돈다."라고 한 것이다. 마을을 다스리는 사람이 이 법도를 행하면 남아도는 것이 있는 집안이 더욱 많아질 것이기 때문에, "마을에서 닦으면 그 덕이 오래간다."라고 한 것이다. 나라를 다스리는 사람이 이 법도를 행하면 덕이 있는 마을이 더욱 많아질 것이기 때문에, "나라에서 닦으면 그 덕이 풍요로워진다."라고 한 것이다. 천하에 군림하는 자가 이 법도를 행하면 백성이 생활에서 그 은택을 입지 않는 자가 없게 되기 때문에, "천하에서 닦으면 그 덕이 널리 퍼진다."고 한 것이다.

자신을 수양하는 사람이 이것을 가지고 군자와 소인을 구별하고, 마을을 다스리고 나라를 다스리고 천하에 군림하는 자가 각각 이것으로써 생성하고 소멸하는 도리를 상세히 관찰한다면 만에 하나도 실수가 없게 된다. 그러므로 "자신으로써 자신을 살피고, 집안으로써 집안을 살피고, 마을로써 마을을 살피고, 나라로써 나라를 살피고, 천하로써 천하를 살핀 내가 어찌 천하가 그러한 줄을 알겠는가? 이 때문이다."라고 한 것이다.

人無愚智，莫不有趨舍[172]。恬淡平安，莫不知禍福之所由來。得於好惡，怵[173]於淫物，而後變亂。所以然者，引於外物，亂於玩好也。恬淡有趨舍之義，平安知禍福之計。而今也玩好變之，外物引之，引之而往，故曰"拔"。至聖人不然，一建其趨舍，雖見所好之物 不能引，不能引之謂"不拔"。一於其情，雖有可欲之類，神不爲動，神不爲動之謂"不脫"。爲人子孫者，體此道以守宗廟不滅之謂"祭祀不絶。"[174] 身以積精爲德，家以資財爲德，鄕國天下皆以民爲德。今治身而外物不能亂其精神，故曰，"修之身，其德乃眞。"[175] 眞者，愼[176]之固也。治家者，無用之物不能動其計，則資有餘，故曰，"修之家，其德有餘。"治鄕者行此節，則家之有餘者益衆，故曰，"修之鄕，其德乃長。"治邦者行此節，則鄕之有德者益衆，故曰，"修之邦，其德乃豐。"[177] 莅天下者行此節，則民之生莫不受其澤，故曰，"修之天下，其德乃普。"修身者以此別君子小人，治鄕治邦莅天下者各以此科適觀息耗[178]，則萬不失一。故曰，"以身觀身，以家觀家，以鄕觀鄕，以邦觀邦，以天下觀天下。吾奚以知天下之然也？以此。"[179]

1) 『노자(老子)』38장.

2) 淫(음): 난(亂)과 통하여 '혼란해진다'는 뜻이다.

3) 위득(謂得)과 득자(得者)의 득(得)을 덕(德)으로 한 판본도 있지만, 여기서는 왕선신(王先愼)의 『한비자집해(韓非子集解)』를 따라 득(得)으로 한다.

4) 無爲(무위): 스스로 그러한 순리에 따라 억지로 하지 않는 것.

5) 無欲(무욕): 지나친 욕망이 없는 것.

6) 不用(불용): 정신을 함부로 쓰지 않는 것.

7) 『노자(老子)』38장.

8) 爲虛(위허): 마음에 비우는 데 힘을 쏟는 것. 허(虛)는 마음에 잡념이 없는 것.

9) 故(고): 일부러, 고의로.

10) 『노자』38장.

11) 『노자』38장.

12) 懷(회): 따르다.

13) 『노자』38장.

14) 貌情(모정): 감정을 드러내다.

15) 文章(문장): 예의법도(禮儀法度).

16) 時勸時衰(시권시쇠): 권(勸)은 '노력하다', '힘쓰다'는 뜻이고, 쇠(衰)는 怠(태)의 뜻으로 '나태하다', '게을리하다'의 뜻이다.

17) 貳(이): 의심하다, 회의하다.

18) 『노자』38장.

19) 攘臂(양비): 팔을 걷어붙이다, 분기(奮起)하다.

20) 仍(잉): 취(就)와 같은 의미로, '나아가다'의 뜻이다.

21) 德(덕): 왕선신은 『한비자집해』에서 고광기(顧廣圻)의 말을 인용해 적(積)이 되어야 한다고 보았는데, 문맥을 통해도 이 의견이 타당하다고 생각되어 본서는 이 의견을 따른다.

22) 澤(택): 윤택, 곧 은덕을 말한다.

23) 文(문): 형식.

24) 『노자』38장. 현행본 『노자』 원문에는 '而後' 다음에 '失' 자가 모두 빠져 있다. 각자가 모두 타당함이 있으니, 굳이 하나의 의견을 따라 바로잡을 필요는 없을 듯하다.

25) 和氏之璧(화씨지벽): 이 고사의 내용은 제13장「화씨(和氏)」를 참조.

26) 五采(오채): 오색(五色)을 말하는 것으로 청(靑)·황(黃)·적(赤)·백(白)·흑(黑).

27) 隋侯之珠(수후지주): 전설의 보옥. 전하는 바에 의하면 한수(漢水) 동쪽의 작은 나라였던 隋(수)의 제후가 큰 뱀의 상처를 고쳐주고 보답으로 받았다고 한다.

28) 銀黃(은황): 황(黃)은 황금을 가리키는 것으로, 은과 금을 말한다고 전해진다.

29) 資(자): 준다.

30) 分(분): 구실, 명분.

31) 『노자』38장.

32) 忘意度(망의탁): 망(忘)은 망(妄)자와 같은 의미로 '멋대로'의 뜻이고, 의탁(意度)은 '헤아려 추측하다'의 뜻이다.

33) 詹何(첨하): 춘추 시대 초(楚)나라의 은자로 은거하여 낚시하며 평생을 보냈다.

34) 題(제): 액(額)의 의미로 '이마'를 말한다.

35) 嬰(영): 영(攖)과 같은 의미로 '끌어들이다'의 뜻이다.

36) 『노자』38장.

37) 『노자』38장.

38) 不徑絶(불경절): 정도(正道)에 의지해서 가지 않는다는 의미로, 여기서는 그 지혜를 함부로 쓰는 것을 말한다.

39) 『노자』38장.

40) 與(여): 이(而)와 같은 뜻으로 순접을 나타낸다.

41) 『노자』58장.

42) 『노자』58장.

43) 倚頓(의돈): 춘추 시대 사람으로 염철(鹽鐵) 산업을 경영하여 큰 부를 이루었다.

44) 陶朱(도주): 도주공(陶朱公) 범려(范蠡)를 말한다. 춘추 시대 초나라 사람으로 월(越)나라에서 대부(大夫) 벼슬을 하면서 절치부심하는 구천(句踐)을 도와 오나라를 멸망시켰다. 이후에 월나라를 떠나 제(齊)나라로 가서 도(陶)지방에 거주하며 주공(朱公)이라 이름하고 장사를 하여 큰 부를 축적했다.

45) 卜祝(복축): 사람 이름이나 누구인지는 분명하지 않다.

46) 『노자』58장.

47) 剖判(부판): 나뉘다.

48) 『노자』58장.

49) 輕恬(경념): 담박(淡泊)과 같은 뜻으로 '집착이 없다'는 뜻이다.

50) 義(의): 의(議)와 통하여 '주장'의 뜻이다.

51) 中外(중외): 조정 안팎.

52) 誹謗窮墮(비방궁타): 비뚤어지고 바르지 못한 사람을 비방하다.

53) 夸賤欺貧(과천기빈): 지위가 낮은 사람에게 자랑하고 가난한 사람을 업신여기다.

54) 適(적): 적(謫)과 통하여 '꾸짖는다'는 뜻이다.

55) 數(수): 이치, 도리.

56) 劌(귀): 상(傷)의 통하여 '상처 입히다'의 뜻이다.

57) 耀(요): 반짝거려 다른 사람의 눈을 자극하다.

58) 『노자』58장.

59) 乘(승): 이(利)와 통하여 '이용하다'의 뜻이다.

60) 書(서): 여기서는 『노자』를 말한다.

61) 嗇(색): 아끼다.

62) 『노자』58장.

63) 躁(조): 떠들다, 시끄럽다.

64) 謂(위): 왕선신(王先愼)은 위(爲)와 통한다고 보았다.

65) 離(리): 리(罹)와 통하여 '걸리다', '만나다'의 뜻이다.

66) 虛無(허무): 마음속이 텅 비어 아무 잡념이 없다.

67) 『노자』59장에는 위(謂)가 유(唯)로 되어 있다.

68) 孔竅(공규): 눈·귀·코·입과 같은 우리 몸의 일곱 구멍을 말하는 것으로, 여기서는 감각기관이나 욕망을 대표한다.

69) 故德(고덕): 본래부터 지니고 있는 덕. 고(故)는 고(古) 또는 구(舊)와 통한다.

70) 『노자』59장.

71) 論(론): 계책, 책략의 뜻.

72) 『노자』59장.

73) 體道(체도): 도를 행하다.

74) 會(회): 깨우치다, 이해하다.

75) 『노자』59장.

76) 道(도): 여기서의 도는 정치학적 의미의 도로 통치술을 가리키는 것으로 국가를 다스리는 기본 원칙을 말한다.

77) 『노자』59장.

78) 根者(근자): 유월(兪樾)은 근(根) 앞에 직(直)자가 있어야 한다고 했다.

79) 視(시): 활(活)과 같은 뜻으로 '산다'는 뜻이다.

80) 『노자』59장.

81) 數(삭): 자주.

82) 作者(작자): 경작(耕作), 즉 농사일을 하는 사람.

83) 搖徙(요사): 요(搖)는 동(動)의 뜻으로 '옮겨 다니다'는 의미다.

84) 小鮮(소선): 소어(小魚)로 작은 물고기를 가리킨다.

85) 撓(요): 어지럽히다.

86) 虛靜(허정): 마음에 잡념이나 망상이 없이 조용하다.

87) 重(중): 난(難)의 의미.

88) 『노자』60장.

89) 痤疽癉痔(좌저단치): 부스럼·종기·열병·치질 같은 질병.

90) 法誅(법주): 법에 의한 처벌이란 뜻으로, 앞의 형벌(刑罰)의 반복으로 보인다.

91) 莅(리): 임(臨)과 같은 뜻으로 '임하다', '이르다'의 의미다.

92) 두 예문 모두 『노자』60장 내용이다.

93) 祟(수): 귀신이 재앙을 내리다.

94) 下(하): 문맥상에서 불필요하다고 하여 생략된 판본이 다수 존재한다. 본서에서도 이 의견에 동의하여 해석하지 않았다.

95) 『노자』60장.

96) 而(이): 여기서는 즉(則)과 같은 용법으로 쓰였다.

97) 『노자 60장.

98) 役希起(역희기): 역(役)은 전쟁을 말하고 희(希)는 희(稀)과 같은 의미로 '드물다', '거의 없다'의 뜻이다.

99) 逐北(축배): 패주하여 도망가는 적을 추격하다.

100) 『노자』46장.

101) 『노자』46장.

102) 將馬(장마): 여기서는 빈마(牝馬)를 가리키는 것으로 새끼 밴 암말을 가리킨다.

103) 計會(계회): 생각, 사려

104) 而(이): 즉(則)의 용법으로 사용되었다.

105) 經絶(경절): 정상적인 방법을 밟지 않고 일을 처리하다.

106) 현행본 『노자』에는 이 말이 없다.

107) 淫麗(음려): 사치스럽고 화려한 것.

108) 『노자』46장.

109) 屬(촉): 붙어 있다, 매달려 있다.

110) 胥靡(서미): 고역(苦役)을 과하는 죄. 도형(徒刑) 곧 지금의 징역 또는 도형의 죄수.

111) 度量(탁량): 사물을 헤아리는 능력.

112) 憯(참): 고통이 대단히 심하다.

113) 『노자』46장.

114) 稽(계): 합(合) 또는 동(同)과 같은 의미로 '모이는 근원'을 말한다.

115) 이 구에 대해 왕선신은 고광기의 의견에 동의해 『노자』14장 "이것을 도의 실마리라 한다(是謂道紀)."에 대한 해석으로 보았다.

116) 薄(박): 박(迫)의 의미로 '닥치다', '밀치고 들어가다'의 뜻이다.

117) 常操(상조): 고정되어 변하지 않는 형태, 전형(典型).

118) 氣稟(기품): 타고난 성질과 품격.

119) 維斗(유두): 북두칠성.

120) 五常(오상): 오륜(五倫).

121) 軒轅(헌원): 중국 상고시대의 신화적인 황제(黃帝).

122) 赤松(적송): 중국 고대의 선인(仙人) 적송자(赤松子)로 신농씨(神農氏) 때의 우사(雨師)로 알려져 있다.

123) 統(통): 모든 것을 총괄한다.

124) 文章(문장): 예악제도(禮樂制度).

125) 接輿(접여): 춘추 시대 초(楚)나라 사람으로, 미친 체하며 은거하였다. 일찍이 공자의 수레를 만나자 노래하면서 공자에게 은거할 것을 권하였다고 한다.

126) 雷霆(뇌정): 비바람.

127) 왕선신은 고(故) 뒤에 왈(曰)이 있어야 한다고 보았다. 또 현행본『노자』에는 이 구절이 없어 일문(佚文)이 아닌가 생각하고 있다.

128) 處(처): 자세하다.

129)『노자』14장.

130) 麤靡(추미): 거칠고 가늘다.

131) 物(물): 대부분의 판본에는 이 글자가 빠져 있고, 문맥상에도 없어야 할 것 같아 해석에서는 생략했다.

132) 無攸易(무유역): 변하는 것이 없다.

133) 玄虛(현허): 깊숙하여 알 수 없는 유원(幽遠)한 허무(虛無).

134)『노자』1장.

135)『노자』50장.

136) 大具(대구): 중요 기관을 말한다.

137) 與(여): 여기서는 합(合)이나 가(加)의 의미로 쓰였다.

138) 九竅(구규): 우리 몸에 있는 눈·코·입·귀·요도·항문을 가리킨다.

139) 徒(도): 류(類)와 통하여 '같은 종류'의 뜻이다.

140)『노자』50장.

141) 현행본 『노자』50장에는 "사람이 살다가 죽을 곳을 가는 것 또한 열셋이다(人之生, 動之死地, 亦十有三)."라고 하여, 차이가 있다.

142) 靜(정): 허정(虛靜)의 의미로 마음에 잡념이나 망상이 없이 조용한 상태를 말한다.

143) 兕虎(시호): 외뿔 들소와 호랑이로 맹수를 가리킨다.

144) 時雨(시우): 철에 맞추어 오는 비.

145) 網羅(망라): 새를 잡는 그물이나 여기서는 법령을 가리킨다.

146) 『노자』50장.

147) 현행본 『노자』 50장에는 "군대에 들어가도 갑옷과 무기로 감싸지 않는다(入軍不被甲兵)."라고 되어 있다.

148) 『노자』50장.

149) 攝生(섭생): 양생(養生)과 같은 의미로 정신을 잘 수양하는 것이다.

150) 『노자』67장.

151) 閉凍(폐동): 얼음과 눈이 땅에 얼어붙은 것.

152) 『노자』67장.

153) 權議之士(권의지사): 임기응변에 뛰어난 사람.

154) 『노자』67장.

155) 成事長(성사장): 큰일의 우두머리로, 천하의 수장을 가리킨다. 성(成)은 대(大)의 뜻이다.

156) 현행본 『노자』67장에는 사(事)가 기(器)로 되어 있다.

157) 舍(사): 사(捨)와 같은 의미로 '버리다'의 뜻이다.

158) 현행본 『노자』67장에는 '어(於)'가 '이(以)'로 되어 있다.

159) 天生(천생): 하늘이 도와주어 살다.

160) 生心(생심): 삶을 얻는다는 것은 자신의 마음에서 말미암는다.

161) 현행본 『노자』67장에는 보(寶)가 보(保)로 되어 있는데, 이 둘은 통용되었다.

162) 端道(단도): 정도(正道).

163) 貌施(모시): 모(貌)는 외모로 겉으로 드러난 태도나 모습을 말하고, 시(施)는 사(斜)의 뜻으로 '사악하다'의 의미다.

164) 徑大(경대): 사악하고 편벽된 것.

165) 佳麗(가려): 복식(服飾)이 화려한 것.

166) 府倉(부창): 창고를 말한다.

167) 有(유): 우(又)의 뜻이다.

168) 『노자』53장.

169) 智故(지고): 지혜와 기교.

170) 『노자』53장.

171) 현행본 『노자』53장에는 '도우(盜竽)'가 '도과(盜夸)'로 되어 있다. 우가 연주할 때 여러 악기의 우두머리가 되기에, 여기서 도우를 도적의 우두머리로 번역했다.

172) 趨舍(추사): 복을 구하고 화를 피하는 것.

173) 怵(출): 유(誘)의 뜻으로 '유혹하다'의 뜻이다.

174) 현행본 『노자』54장에는 "제사불철(祭祀不輟)"이라고 했다.

175) 현행본 『노자』54장에는 "수지어신(修之於身)"으로 되어 있다.

176) 愼(신): '진실로, 참으로, 삼가다'의 의미다. 『이아(爾雅)·석고(釋詁)』에 "愼, 誠也。", 『광아(廣雅)·석언(釋言)』에는 "愼, 謹也。"라고 하였다. 한비자는 신(愼)으로써 진(眞)을 풀이한 것으로, 득(得)으로써 덕(德)을 풀이하고, 의(宜)로써 의(義)를 풀이한 것과 마찬가지로 일종의 성훈(聲訓)이다.

177) 현행본 『노자』54장에는 방(邦)이 국(國)으로 되어 있다.

178) 適觀息耗(적관식모): 생성하고 소멸하는 도리를 상세히 관찰하다.

179) 현행본 『노자』54장에는 방(邦)이 국(國)으로 되어 있다.

제21편 유로(喩老)

노자에 비유하다

解題

유로(喩老)는 '노자(老子)에 비유한 것'이라는 의미로 역사적 고사들을 노자의 사상과 비교하며 설명하였다. 본 편은 법가의 주장과는 다른 내용들이 상당 부분 내재하고 있어, 한비가 지은 것이 아니라는 추정도 있다. 여하간 한비는 역사적인 고사를 노자의 사상과 비교하며 자신의 정치사상을 피력하고 있는데, 한비의 노자에 대한 파악이 노자의 전체적인 의미를 고려한 것이 아닌 단편적으로 인용하는 방식을 취하고 있어 제한적인 성격이 강하게 드러난다. 그러나 설화를 인용하여 해설하고 있어, 실천적인 요소가 강하게 부각되고 있다.

'아름다운 가죽이 야기한 재앙' '손숙오가 땅을 빼앗기지 않은 이유' '군주의 수레와 연못' '미세한 조짐에 대한 경계' '입술이 없으면 이가 시린 이유(순망치한)' '상아 젓가락을 우려하는 까닭' '자신의 보물은 바로 옥을 받지 않는 것' '늦게 만들어지는 큰 그릇(대기만성)' '멀리 나아가면 감소하는 지혜' '진정 밝고 강한 것' 등에 대한 서술을 통해 한비의 노자에 대한 이해 방식이 제시되었다.

○ ○ ○

세상에 도(道)가 행해지고 있어, 급박한 걱정이 없다면 하루하루 고요하여 역참(驛站)의 말을 사용할 필요가 없는데, 그러므로 말하기를 "달리던 말들을 되돌려 밭을 간 다."라고 하였다. 세상에 도가 행해지지 않으면, 공격이 멈추지 않아 서로 방어하기를 여러 해 동안 그만둘 수 없어, 갑옷과 투구에는 이와 서캐가 생기고 막사에는 제비와 참새가 둥지를 틀고 살지만, 병사들은 집으로 돌아갈 수 없는데, 그러므로 말하기를 "전쟁 나간 말이 변방에서 새끼를 낳았다."라고 하였다.

天下有道，無急患則曰[1]靜，遽[2]傳不用，故曰，"卻走馬以糞。"[3] 天下無道，攻擊不休，相守數年不已，甲冑[4]生蟣虱[5]，鷰雀處帷幄，而兵不歸，故曰，"戎馬生[6]於郊。"[7]

○ ○ ○

적(翟)나라 사람이 진(晉)나라 문공(文公)에게 여우 털과 검은 표범의 모피를 바치니, 문공은 손님에게 모피를 받으며 탄식하여 말하기를 "이 짐승은 가죽이 아름답기 때문에 스스로 재앙을 초래하였구나."라고 하였다. 무릇 나라를 다스리는 사람 가운데 명예 때문에 재앙을 초래하는 자가 있으니, 서(徐)나라의 언왕(偃王)[8]이 그러하다. 성과 영토 때문에 재앙을 초래하는 경우도 있으니, 우(虞)나라와 괵(虢)나라가 그러하다. 그러므로 말하기를 "재앙 중에 욕심을 내는 것보다 더 큰 것은 없다."라고 하였다.

翟人有獻豐狐玄豹之皮於晉文公，文公受客皮而歎曰，"此以皮之美自爲罪。" 夫治國者以名號爲罪，徐偃王是也。以城與地爲罪，虞、虢是也。故曰，"罪[9]莫大於可欲。"[10]

○○○

지백(智伯)은 범씨(范氏)와 중항씨(中行氏)를 병합하고 계속해서 조(趙)나라를 공격하였지만, 한(韓)나라와 위(魏)나라가 등을 돌리자 지백의 군대는 진양(晉陽)에서 패하고 지백 자신은 고량(高梁) 동쪽에서 죽었으며, 마침내 영토는 세 나라로 나뉘었는데, 지백의 잘린 머리는 옻칠을 하여 요강을 만들었다. 그러므로 말하기를 "재난 중에 만족을 모르는 것보다 더 큰 것은 없다."라고 하였다.

智伯兼氾、中行而攻趙不已，韓、魏反之，軍敗晉陽，身死高梁之東，遂卒被分，漆其首以爲溲器[11]。故曰，"禍莫大於不知足。"[12]

○○○

우나라 군주는 굴산(屈産)의 말과 수극(垂棘)의 옥을 탐하고, 궁지기(宮之奇)의 말을 듣지 않았기 때문에, 나라는 망하고 자신은 죽게 되었다. 그러므로 말하기를 "허물 중에 욕심을 내어 얻으려고 하는 것보다 더 심한 것은 없다."라고 하였다.

虞君欲屈産之乘與垂棘之璧，不聽宮之奇，故邦亡身死。故曰，

"咎莫憯[13]於欲得。"[14]

○ ○ ○

나라가 존재하는 것이 지속된다면 장차 패왕이 될 수도 있다. 몸이 살아 있는 것이 계속된다면 장차 부귀해질 수도 있다. 욕심으로 자신을 해치지 않는다면 나라도 망하지 않을 것이고, 자신도 죽지 않을 것이다. 그러므로 말하기를 "만족할 줄 알아야 만족하게 된다."라고 하였다.

邦以存爲常, 霸王其可也。身以生爲常, 富貴其可也。不欲[15]自害, 則邦不亡, 身不死。故曰, "知足之爲足矣。"[16]

○ ○ ○

초(楚)나라 장왕(莊王)이 승리하자, 하옹(河雍) 근처를 순행하고 돌아와서 손숙오(孫叔敖)에게 상을 내리려 하니, 손숙오는 한수(漢水) 부근의 땅을 요청하였는데, 그곳은 모래와 자갈이 있는 곳이었다. 초나라 법은 신하에게 봉록을 주고 나서 두 세대가 지난 후에는 땅을 거두어들이도록 되어 있는데, 손숙오만은 계속 가지고 있었다. 나라에서 그 땅을 거두어들이지 않은 것은 척박했기 때문인데, 이에 아홉 세대까지 제사가 끊어지지 않았다. 그러므로 말하기를 "잘 세우면 뽑히지 않고, 잘 끌어안으면 떨어져나가지 않아서, 자손이 그 제사를 대대로 끊이지 않게 할 수 있다."라고 하였다. 이는 손숙오를 말하는 것이다.

楚莊王旣勝, 狩于河雍[17], 歸而賞孫叔敖, 孫叔敖請漢間之地, 沙石之處。楚邦之法，祿臣再世而收地，唯孫叔敖獨在。此不以其邦爲收者，瘠[18]也，故九世而祀不絶。故曰，“善建不拔，善抱不脫，子孫以其祭祀，世世不輟。”[19] 孫叔敖之謂也。

○ ○ ○

자신에 대한 통제력이 있는 것을 무거움이라 하고, 자리를 떠나지 않는 것을 고요함이라 한다. 무거움은 가벼운 자를 부릴 수 있고, 고요함은 경박한 자를 부릴 수 있다. 그러므로 말하기를 "무거움은 가벼움의 근본이고, 고요함은 시끄러움의 주인이다. 따라서 군자는 종일을 가도 수레를 떠나지 않는다."라고 하였다.

나라는 군주의 수레이다. 주부(主父)는 살아생전에 나라를 아들에게 물려주었는데, 이것이 바로 수레를 떠난 것이다. 그러므로 비록 이후에 그가 대군(代郡)과 운중군(雲中郡)에서 즐겁게 지내기는 하였지만, 권세를 잃어 조나라를 통제할 힘은 없었다. 주부는 만승의 군주였으나, 세상이 자신을 가볍게 여기도록 처신한 것이다. 권세가 없는 것을 가벼워지는 것이라 하고, 자리를 떠난 것을 시끄러워지는 것이라고 하는데, 이 때문에 주부는 산 채로 갇혀 있다가 죽게 되었다. 그러므로 말하기를 "가벼우면 근본을 잃고, 시끄러우면 군주의 자리를 잃는다."라고 하였다. 이는 주부의 경우를 말한 것이다.

制在己曰重，不離位曰靜。重則能使輕，靜則能使躁[20]。故曰，“重爲輕根，靜爲躁君。故曰君子終日行不離輜重也。”[21] 邦者，人君之輜重[22]也。主父[23]生傳其邦，此離其輜重者也。故雖有代、雲中[24]之樂，超然[25]已無趙矣。主父萬乘之主，而以身輕於天下。無勢之謂輕，離位之謂躁，是以生幽而死。故曰，“輕則失臣[26]，躁則失君。” 主父之謂也。

○ ○ ○

권세는 군주에게 연못과 같다. 군주는 신하들 사이에서 권세를 잃으면 다시는 얻을 수 없다. 간공(簡公)이 전성자(田成子)에게 권세를 잃고 진공(晉公)이 육경(六卿)에게 권세를 잃더니, 나라는 망하고 자신은 죽었다. 그러므로 말하기를 "물고기는 깊은 연못에서 벗어날 수 없다."라고 하였다. 상과 벌은 나라의 예리한 무기인데, 이것이 군주에게 있으면 신하를 제어하고, 신하에게 있으면 군주를 이긴다. 군주가 상 줄 뜻을 드러내면, 신하는 그것을 덜어내어 여러 사람에게 나누어주며 덕으로 삼을 것이다. 군주가 벌할 뜻을 드러내면, 신하는 그것을 보태어 벌을 가중시키며 위엄으로 삼을 것이다. 군주가 상 줄 뜻을 드러내면 신하는 그 권세를 이용하려고 할 것이고, 군주가 벌할 뜻을 드러내면, 신하는 그 위엄에 올라타려고 할 것이다. 그러므로 말하기를 "나라의 예리한 무기를 다른 사람들이 볼 수 있게 해서는 안 된다."라고 하였다.

勢重[27]者, 人君之淵也。君人者, 勢重於人臣之間, 失則不可復得也。簡公失之於田成, 晉公失之於六卿, 而邦亡身死。故曰, “魚不可脫於深淵。”[28] 賞罰者, 邦之利器也, 在君則制臣, 在臣則勝君。君見賞, 臣則損[29]之以爲德。君見罰, 臣則益[30]之以爲威。人君見賞而人臣用其勢, 人君見罰而人臣乘其威。故曰, “邦之利器不可以示人。”

○ ○ ○

월(越)나라 군주가 오(吳)나라의 신하 처지가 되어 부차(夫差)에게 제(齊)나라를 치겠다는 뜻을 보였는데, 이는 오나라를 피폐시키려고 한 것이다. 오나라 병사는 애릉(艾陵)에서 제나라 병사를 이기고, 장강(長江)과 제수(齊水)까지 영토를 확장하였으며, 황지(黃池)에서 회맹하며 세력을 드러냈는데, 이에 태호(太湖)에서 오나라를 제압할 수 있었다. 그러므로 말하기를 "장차 그것을 빼앗으려 한다면, 반드시 그것을 확장시켜주어야 한다. 장차 그것을 약해지게 하려면, 반드시 그것을 강하게 해주어야 한다."라고 하였다. 진(晉)나라의 헌공(獻公)은 장차 우나라를 지고자 할 때 그들에게 옥과 말을 보냈다. 지백(知伯)은 장차 구유(仇由)를 치고자 할 때 그들에게 큰 수레를 보냈다. 그러므로 말하기를 "장차 그에게서 얻으려고 한다면, 반드시 그에게 주는 것이 있어야 한다."라고 하였다. 형태가 드러나지 않는 것에서 일을 시작하여 세상에 큰 공적을 세우는 것을 미명(微明)이라 한다. 작고 약한 것에 거처하며 거듭 스스로 자신을 낮추는 것을 약한 것이 강한 것을 이긴다고 말한다.

越主入宦於吳, 而觀[31]之伐齊以弊吳。吳兵旣勝齊人於艾陵, 張之於江、濟, 强之於黃池, 故可制於五湖。故曰, "將欲翕[32]之, 必固張之。將欲弱之, 必固强之。"[33] 晉獻公將欲襲虞, 遺之以璧馬。知伯將襲仇由, 遺之以廣車。故曰, "將欲取之, 必固與之。"[34] 起事於無形, 而要大功於天下, 是謂微明。處小弱而重自卑, 謂損弱[35]勝强也。

○ ○ ○

형태를 가지고 있는 무리는 큰 것이 반드시 작은 것에서 시작되었다. 오랜 시간을 지나온 사물은 많은 것이 반드시 적은 것에서 시작되었다. 그러므로 말하기를 "세상의 어려운 일은 반드시 쉬운 것에서 비롯되고, 세상의 큰일은 반드시 사소한 것에서 비롯된다."라고 하였다. 이 때문에 사물을 제어하려면 작은 것에서 시작해야 한다. 그러므로 말하기를 "어려운 것을 도모하려면 쉬운 것에서 시작해야 하고, 큰 것을 하려면 작은 것에서 시작해야 한다."라고 하였다. 천 길이나 되는 제방도 땅강아지와 개미의 구멍으로 무너진다. 백 척이나 되는 집도 굴뚝의 틈새에서 새어나오는 연기로 다 불탈 수 있다. 따라서 백규(白圭)는 제방을 순시하다가 그 구멍을 막았으며, 노인들은 불씨를 막기 위해 그 틈새를 진흙으로 칠했다고 하였다. 이 때문에 백규는 수해를 당하지 않았고, 노인들은 화재를 당하지 않았는데, 이것은 모두 쉬운 일을 조심하여 재난을 피한 것이며, 작은 것을 삼가 큰 것을 멀리한 것이다.

편작(扁鵲)이 채(蔡)나라 환공(桓公)을 만나 잠시 서서 환공을 살핀 후에 말하기를 "주군께서는 피부에 질병이 있는데, 치료하지 않으면 장차 심해질까 두렵습니다."라고 하였다. 환공은 "나는 병이 없소."라고 하였다. 편작이 나가자 환공이 말하기를 "의원들은 병이 아닌 것을 치료하여 공으로 삼는 것을 좋아한다."라고 하였다. 열흘이 지나 편작이 다시 환공을 알현하고 말하기를 "주군의 병은 살 속에 있으니, 치료하지 않으면 장차 더욱 심해질 것입니다."라고 하였다. 환공은 대답하지 않았다. 편작이 나가자 환공은 또 불쾌해하였다.

열흘이 지나 편작이 다시 환공을 알현하고 말하기를 "주군의 병은 장과 위에 있으니, 치료하지 않으면 장차 더욱 심해질 것입니다."라 하였다. 환공은 또 대답하지 않았다. 편작이 나가자 환공은 또 불쾌해 하였다. 열흘이 지나 편작이 환공을 바라보다가 돌아갔다. 환공이 이에 사람을 시켜 그 까닭을 물었다. 편작이 말하기를 "질병이 피부에 있으면, 찜질이면 됩니다. 질병이 살 속에 있으면, 침이면 됩니다. 질병이 장과 위에 있으면, 약을 달여 먹으면 됩니다. 질병이 골수에 있으면, 운명의 소관이기에 어찌할 수 없습니다. 지금 주군께서는 질병이 골수에 있으니, 저는 이 때문에 아무것도 권유하지 않았던 것입니다."라고 하였다. 닷새가 지나 환공이 몸이 아파서 사람을 시켜 편작을 찾으니, 이미 편작은 진(秦)나라로 달아난 후였다. 환공은 결국 죽었다. 그러므로 훌륭한 의사는 병의 치료를 피부의 단계에서 하고자 하는데, 이는 모두 작은 것에서 그것을 없애버리려 한 것이다. 대저 일의 화와 복 역시 쉽게 다스릴 수 있는 단계가 있으니, 따라서 성인은 일찍 일을 처리한다고 말한다.

有形之類， 大必起於小。行久之物， 族必起於少。故曰，"天下之難事必作於易， 天下之大事必作於細。"[36] 是以欲制物者於其細也。故曰，"圖難於其易也， 爲大於其細也。"[37] 千丈之隄， 以螻蟻[38]之穴潰。 百尺之室， 以突隙[39]之烟焚。 故曰白圭[40]之行隄也塞其穴， 丈人[41]之愼火也塗其隙。 是以白圭無水難， 丈人無火患， 此皆愼易以避難， 敬細以遠大者也。 扁鵲[42]見蔡[43]桓公， 立有間[44]， 扁鵲曰，"君有疾在腠理[45]， 不治將恐深。" 桓侯曰，"寡人無疾。" 扁鵲出， 桓侯曰，"醫之好治不病以爲功。" 居十日， 扁鵲復見曰，"君之病在肌膚， 不治將益深。" 桓侯不應。 扁鵲出， 桓侯又不悅。 居十日， 扁鵲復見曰，"君之病在腸胃， 不治將益深。" 桓侯又不應。 扁鵲出， 桓侯又不悅。 居十日， 扁鵲望桓侯而還走。 桓侯故使人問之。 扁鵲曰，“疾在腠理，湯熨[46]之所及也。在肌膚，鍼石[47]之所及也。在腸胃，火齊[48]之所及也。在骨髓，司命[49]之所屬，無奈何也。今在骨髓，臣是以無請也。”居五日，桓侯體痛，使人索扁鵲，已逃秦矣。桓侯遂死。故良醫之治病也，攻之於腠理，此皆爭[50]之於小者也。夫事之禍福亦有腠理之地，故曰聖人蚤從事焉。

○○○

옛날에 진(晉)나라 공자(公子) 중이(重耳)가 나라를 떠나 망명갈 때 정(鄭)나라를 지나게 되었는데, 정나라 군주가 예를 갖추지 않았다. 숙첨(叔瞻)이 간언하기를 "중이는 현명한 공자이니, 주군께서는 그를 후하게 대접하여, 덕을 쌓아두셔도 됩니다."라고 하였다. 정나라 군주는 듣지 않았다. 숙첨이 또 간언하기를 "그를 후하게 대접하지 않으시려면, 그를 죽여서 후환을 없애도록 하는 것이 낫겠습니다."라고 하였다. 정나라 군주는 또 듣지 않았다. 공자가 진나라로 돌아가게 되었고, 병사를 일으켜 정나라를 쳐서 크게 무찔러, 여덟 개의 성을 차지하였다. 진나라의 헌공(獻公)이 수극(垂棘)의 옥을 댓가로 우나라에게 길을 빌려 괵나라를 치려고 하자, 우나라의 대부인 궁지기가 간언하기를 "안 됩니다. 입술이 없으면 이가 시리게 되는데, 우나라와 괵나라가 서로 돕는 것은 서로 덕이 있어서가 아닙니다. 지금 진나라가 괵나라를 멸망시키면, 내일은 우나라가 반드시 괵나라를 따라서 망하게 될 것입니다."라고 하였다. 우나라 군주는 듣지 않고, 그 옥을 받고 진나라에게 길을 빌려주었다. 진나라가 이미 괵나라를 취하고, 돌아오면서 우나라를 멸망시켰다. 이 두 신하는 모두 화가 피부에 있을 때 없애려고 하였지만 두 군주가 듣지 않은 것이다. 그리하여 숙첨과 궁지기 역시 정나라와 우나라의 편작이였지만 두 군주가 듣지 않았기 때문에, 정나라는 파괴되고 우나라는 망한 것이다. 그러므로 말하기를 "안정되었을 때 유지하기가 쉽고, 아직 조짐이 없을 때 도모하기 쉽다."라고 하였다.

昔晉公子重耳出亡過鄭, 鄭君不禮。叔瞻諫曰, "此賢公子也, 君厚待之, 可以積德。" 鄭君不聽。叔瞻又諫曰, "不厚待之, 不若殺之, 無令有後患。" 鄭公又不聽。及公子返晉邦, 擧兵伐鄭, 大破之, 取八城焉。晉獻公以垂棘之璧假道於虞而伐虢, 大夫宮之奇諫曰, "不可。脣亡而齒寒, 虞、虢相救, 非相德也。今日晉滅虢, 明日虞必隨之亡。" 虞君不聽, 受其璧而假之道。晉已取虢, 還反滅虞。此二臣者, 皆爭於腠理者也, 而二君不用也。然則叔瞻、宮之奇亦虞、鄭之扁鵲也, 而二君不聽, 故鄭以破, 虞以亡。故曰, "其安易持也, 其未兆易謀也。"[51]

○ ○ ○

옛날에 주왕(紂王)이 상아 젓가락을 만들자 기자(箕子)가 두려워하였다. 상아 젓가락이 있다면 반드시 흙 그릇을 사용하지 않을 것이며, 장차 무소의 뿔이나 옥으로 만든 그릇을 생각할 것이다. 상아 젓가락과 옥 그릇이 있다면 반드시 콩잎으로 국을 끓이지 않을 것이고, 소나 코끼리와 표범 탯 속의 새끼만을 먹을 것인데, 소나 코끼리와 표범의 탯 속의 새끼만을 먹는다면 짧은 베옷을 입으려 하지 않을 것이고 띠집 밑에서 살려고 하지 않을 것이니, 비단 옷을 입고 구중궁궐이나 고대광실에 살려고 할 것이다. 나는 그 마지막이 두렵기 때문에, 그 처음이 두려운 것이다. 오 년이 지나 주왕이 나무에 고기

안주를 널어놓고, 고기 굽는 포락(炮烙)을 만들고, 술지게미가 쌓인 언덕에 오르고, 술을 채운 연못에서 놀다가 주나라는 마침내 망하였다. 따라서 기자는 상아 젓가락을 보고 세상의 재앙을 알았던 것이다. 그러므로 말하기를 "작은 것을 볼 수 있는 것이 밝은 것이다."라고 하였다.

昔者紂爲象箸而箕子[52]怖。以爲象箸必不加於土鉶[53]，必將犀[54]玉之杯。象箸玉杯必不羹[55]菽藿[56]，則必旄[57]象豹胎，旄象豹胎必不衣短褐而食於茅屋之下，則錦衣九重[58]，廣室高臺[59]。吾畏其卒，故怖其始。居五年，紂爲肉圃[60]，設炮烙[61]，登糟邱，臨酒池，紂遂以亡。故箕子見象箸以知天下之禍。故曰，"見小曰明。"[62]

○○○

구천(句踐)은 오나라에서 신하의 처지가 되어, 직접 창과 방패를 가지고 오나라 왕을 위해 말 앞에서 갔기 때문에, 고소(姑蘇)에서 부차(夫差)를 죽일 수 있었다. 문왕(文王)은 옥문(玉門)에 갇혔지만 안색조차 바꾸지 않았기 때문에, 후에 무왕(武王)이 목야(牧野)에서 주왕을 생포할 수 있었다. 그러므로 말하기를 "약한 것을 유지하는 것이 강하다고 말하는 것이다."라고 하였다. 월나라 왕이 패자가 될 수 있었던 것은 신하 되는 것을 치욕으로 여기지 않아서이고, 무왕이 왕에 오를 수 있었던 것은 갇히는 것을 치욕으로 여기지 않아서이니, 그러므로 말하기를 "성인은 치욕으로 여기는 것이 없는데, 치욕으로 여기지 않기 때문에 치욕이 없는 것이다."라고 하였다.

句踐[63]入宦於吳，身執干戈爲吳王洗馬[64]，故能殺夫差於姑蘇[65]。文王見詈[66]於王門[67]，顏色不變，而武王擒紂於牧野[68]。故曰，"守柔曰强。"[69] 越王之霸也不病[70]宦， 武王之王也不病詈， 故曰， "聖人之不病也， 以其不病， 是以無病也。"[71]

○○○

송(宋)나라의 한 비천한 자가 옥덩어리를 얻어서 그것을 자한(子罕)에게 바치려 하자, 자한은 받지 않았다. 그 비천한 자가 말하기를 "이것은 보물이니, 군자의 물건이 되어야 마땅하지, 천한 자가 쓰는 것은 마땅하지 않습니다."라고 하였다. 자한이 말하기를 "그대는 옥을 보물로 생각하지만, 나는 그대에게 옥을 받지 않는 것을 보물로 생각합니다."라고 하였다. 이 때문에 비천한 자는 옥을 바라지만, 자한은 옥을 바라지 않았다. 그러므로 말하기를 "욕심 부리는 것을 바라지 않아서, 얻기 어려운 물건을 귀하게 여기지 않는다."라고 하였다.

宋之鄙人[72]得璞玉[73]而獻之子罕， 子罕不受。 鄙人曰， "此寶也， 宜爲君子器， 不宜爲細人[74]用。" 子罕曰， "爾以玉爲寶， 我以不受子玉爲寶。" 是鄙人欲[75]玉， 而子罕不欲玉。 故曰， "欲不欲， 而不貴難得之貨。"[76]

○○○

왕수(王壽)가 책을 짊어지고 가는데, 주나라에서 서풍(徐馮)을 만나니, 서풍이 말하기를 "일이라는 것은 작위적인 것이고, 작위라는 것은 적당한 시기에 따라서 만들어지는 것으로 적당한 시기라는 것은 고정되게 하는 일이 없는 것이다. 책이라는 것은 말을 기록한 것이고, 말은 지혜로부터 생겨나므로 지혜로운 사람은 책을 지니지 않습니다. 그런데 지금 그대는 어찌 책을 짊어지고 가십니까?"라고 하였다. 이에 왕수는 책을 불태우고 춤을 추며 갔다. 따라서 지혜로운 자는 말로써 가르치려 하지 않고, 슬기로운 사람은 장서를 소중히 하지 않으니, 이러한 것이 세상에서는 잘못된 것이라고 생각하지만 왕수는 그것으로 돌아와서, 배우지 않은 것을 배운 것이다. 그러므로 말하기를 "배우지 않은 것을 배우면, 많은 사람들이 잘못되었다고 하는 것으로 다시 돌아간다."라고 하였다.

王壽負書而行, 見徐馮於周, 徐馮曰, "事者爲也, 爲生於時, 知[77]者無常事。書者言也, 言生於知, 知者不藏書。今子何獨[78]負之而行?" 於是王壽因焚其書而儛之。故知者不以言談教, 而慧者不以藏書篋[79], 此世之所過也, 而王壽復之, 是學不學也。故曰, "學不學, 復歸衆人之所過也。"[80]

○ ○ ○

무릇 사물에는 고유의 모양이 있으므로 그에 따라서 사물을 이끌어야 하는데, 이 때문에 사물의 모양을 따라야 하는 것이다. 그러므로 고요할 때는 덕이 쌓이고, 움직일 때는 도에 따른다. 송(宋)나라 사람 가운데 그 군주를 위하여 상아로 닥나무 잎사귀를 만든 자가 있었는데, 삼 년이 걸려서 완성하였다. 풍성하고 마른 가지와 줄기, 잎 주위의 잔털과 흐르는 윤기까지 그것을 닥나무 잎사귀 속에 섞어 놓아도 구별할 수 없었다. 이 사람은 마침내 그 공 때문에 송나라에서 봉록을 받게 되었다. 열자(列子)는 그것을 듣고 말하기를 "자연이 삼 년에 잎사귀 하나를 만든다면, 나무 중 잎사귀를 가지고 있는 것은 적을 것이다."라고 하였다. 그러므로 자연의 본질을 따르지 않고 한 사람의 몸에 의거하거나, 자연의 규율을 따르지 않고 한 사람의 지혜를 배운다면, 이것은 모두 잎사귀 하나를 만드는 행동인 것이다. 따라서 겨울에 땅을 갈아 곡식을 심는다면, 후직(后稷)일지라도 제대로 수확할 수 없다. 풍년이 들어 벼가 많이 여물었다면, 수확하는 것이 나쁠 수가 없다. 한 사람의 능력으로만 한다면, 후직이라도 부족하다. 자연의 이치를 따른다면, 넉넉하게 수확할 수 있다. 그러므로 말하기를 "만물의 이치에 의지하고 감히 억지로 하지 않는다."라고 하였다.

夫物有常容，因乘以導之，因隨物之容。故靜則建乎德[81]，動則順乎道[82]。宋人有爲其君以象爲楮葉者，三年而成。豐殺[83]莖柯[84]，毫芒[85]繁澤，亂之楮葉之中而不可別也。此人遂以功食祿於宋邦。列子聞之曰，"使天地三年而成一葉，則物之有葉者寡矣。"故不乘天地之資而載一人之身，不隨道理之數[86]而學一人之智，此皆一葉之行也。故冬耕[87]之稼[88]，后稷[89]不能羨[90]也。豐年大禾，臧獲[91]不能惡也。以一人力，則后稷不足。隨自然，則臧獲有餘。故曰，"恃萬物之自然而不敢爲也。"[92]

○○○

이목구비는 정신의 창이다. 귀와 눈을 소리와 색에 다 써버리고, 정신을 겉모습에 다 써버리면, 마음 가운데에는 주인이 없게 된다. 마음 가운데에 주인이 없게 되면, 재앙과 복이 구릉과 산 같아도 그것을 식별할 길이 없다. 그러므로 말하기를 "문을 나가지 않아도 세상을 알 수 있다. 창문을 엿보지 않아도 자연의 이치를 알 수 있다."라고 하였다. 이는 정신이 그 형체를 떠나서는 안 된다는 것을 말한 것이다.

空竅[93]者，神明[94]之戶牖[95]也。耳目竭[96]於聲色，精神竭於外貌，故中無主。中無主，則禍福雖如丘山無從識之。故曰，“不出於戶，可以知天下。不窺[97]於牖，可以知天道。” 此言神明之不離其實也。

○○○

조나라 양왕(襄王)이 왕오기(王於期)에게 수레 모는 방법을 배워서, 오래지 않아 왕오기와 경주를 하게 되었는데, 양왕이 세 번이나 말을 바꾸었지만 세 번 다 뒤쳐졌다. 양왕이 말하기를 "그대가 내게 수레 모는 것을 가르쳐주면서, 그 기술을 다 가르쳐주지 않았소?"라고 하였다. 왕오기가 대답하기를 "기술은 다 가르쳐드렸지만 그것을 잘못 사용하셨기 때문입니다. 무릇 수레를 몰 때 중요한 것은 말의 몸이 수레에 안정되어야 하고, 수레를 모는 사람의 마음이 말과 조화를 이룬 후에 빨리 나아갈 수 있고 멀리 이를 수 있습니다. 그러나 지금 주군께서는 제게 뒤처질 때에는 저를 따라잡으려고 하셨고, 저보다 앞설 때에는 제가 따라잡을까 두려워하셨습니다. 무릇 말을 달래어 길에서 경주하게 되면, 앞서지 않으면 뒤처지게 됩니다. 그러나 주군께서는 앞설 때나 뒤처질 때나 마음에 제가 있었으니, 주군의 마음이 말과 조화될 수 있었겠습니까? 이것이 주군께서 뒤처지신 이유입니다."라고 하였다. 백공승(白公勝)이 난을 계획하고 있었는데, 퇴궐하는 길에 말채찍을 거꾸로 쥐어 채찍 끝의 예리한 부분에 뺨이 찔려, 피가 땅까지 흘렀지만 알지 못하였다. 정나라 사람이 이 말을 듣고 말하기를 "자신의 뺨도 잊었는데, 장차 무엇을 잊지 않겠는가?"라고 하였다. 그러므로 말하기를 "더욱 멀리 나갈수록 그 지혜가 더욱 적어진다."라고 하였다. 이 말은 멀리 있는 것을 생각하면, 가까이 있는 것을 빠뜨리게 된다는 것으로 이 때문에 성인은 고정된 행동에 얽매이지 않는다. 두루 알 수 있기 때문에 "멀리가지 않고도 안다."라고 하였다. 두루 볼 수 있기 때문에 "관찰하지 않고도 분명하다."라고 하였다. 시류에 따라서 일을 일으키고, 자연의 본질에 따라서 공을 이루며, 만물의 능력을 이용하여 그 위에서 이익을 얻을 수 있으니, 그러므로 말하기를 "억지로 하지 않지만 이룬다."라고 하였다.

趙襄主學御[98]於王子期, 俄而與於期逐, 三易馬而三後。 襄主曰, "子之教我御, 術未盡也?" 對曰, "術已盡, 用之則過也。 凡御之所貴, 馬體安於車, 人心調於馬, 而後可以進速致遠。 今君後則欲逮臣, 先則恐逮於臣。 夫誘[99]道爭遠, 非先則後也。 而先後心在於臣, 上何以調於馬? 此君之所以後也。" 白公勝[100]慮亂, 罷朝[101], 倒杖而策銳[102]貫頰[103], 血流至於地而不知。 鄭人聞之曰, "頰之忘, 將何爲忘哉!" 故曰, "其出彌[104]遠者, 其智彌少。"[105] 此言智周乎遠, 則所遺在近也, 是以聖人無常行[106]也。 能並智, 故曰, "不行而知。" 能並視, 故曰, "不見而明。" 隨時以擧事, 因資而立功, 用萬物之能而獲利其上, 故曰, "不爲而成。"

○○○

초나라의 장왕(莊王)은 즉위하여 삼 년이 되도록 명령을 내리지도 않고, 정무를 처리하지도 않았다. 우사마(右司馬)가 장왕을 곁에서 모시고 있다가 왕에게 수수께끼를 내며 말하기를 "어떤 새 한 마리가 남쪽의 언덕에 멈춰서 있는데, 삼 년 동안 날갯짓도 하지 않고, 날지도 울지도 않으며, 조용히 소리도 내지 않고 있으니, 이 새의 이름이 무엇이겠습니까?"라고 하였다. 왕이 말하기를 "삼 년 동안 날갯짓을 하지 않은 것은 장차 길게 날갯짓을 하려고 한 것이다. 날지도 울지도 않은 것은 장차 백성들을 살피려고 한 것이다. 지금은 비록 날지 않지만 한 번 날면 반드시 하늘을 가를 것이다. 지금은 비록 울지 않지만 한 번 울면 반드시 사람을 놀라게 할 것이다. 그대는 그만하시오. 깨우쳐주지 않아도 알고 있소."라고 하였다. 그 후 반년이 지나서야 직접 정사를 돌보니, 쫓겨난 자가 열 명이고, 승진한 자가 아홉 명이며, 주살된 신하가 다섯 명이고, 은사로서 등용된 자가 여섯 명으로 나라가 크게 다스려졌다. 또한 병사를 일으켜 제(齊)나라를 공격하여, 서주(徐州)에서 격파하였으며, 하옹(河雍)에서 진(晉)나라를 이기고, 제후들을 송(宋)나라에 모아서, 마침내 천하의 패자가 되었다. 장왕은 좋은 일이지만 작은 일은 하지 않았기 때문에 큰 명성을 얻을 수 있었다. 일찍 자신의 능력을 보이지 않았기 때문에 큰 공을 세울 수 있었다. 그러므로 말하기를 "큰 그릇은 늦게 이루어지며, 큰 소리는 잘 들리지 않는다."라고 하였다.

楚莊王莅政三年, 無令發, 無政爲也。右司馬御座而與王隱[107]曰, "有鳥止南方之阜, 三年不翅, 不飛不鳴, 嘿然[108]無聲, 此爲何名?" 王曰, "三年不翅, 將以長羽翼。不飛不鳴, 將以觀民則。雖無飛, 飛必沖天。雖無鳴, 鳴必驚人。子釋之, 不穀[109]知之矣。" 處半年, 乃自聽政, 所廢者十, 所起者九, 誅大臣五, 擧處士六, 而邦大治。擧兵誅齊, 敗之徐州, 勝晉於河雍, 合諸侯於宋, 遂霸天下。莊王不爲小害[110]善, 故有大名。不蚤見示, 故有大功。故曰, "大器晩成, 大音希聲。"[111]

○ ○ ○

초나라의 장왕이 월나라를 치려고 하자 장자(莊子)가 간언하기를 "왕께서는 무엇 때문에 월나라를 치려하십니까?"라고 하였다. 왕이 말하기를 "월나라는 정치가 어지럽고 병력이 약하기 때문이오."라고 하였다. 장자가 말하기를 "저는 왕의 지혜가 사람의 눈과 같이 백 보의 밖은 볼 수 있지만 스스로 자신의 눈썹을 볼 수 없을까 걱정스럽습니다. 왕의 병사는 진(秦)나라와 진(晉)나라에서 패하여, 수백 리의 땅을 잃었으니, 이는 군대가 약한 것입니다. 장교(莊蹻)가 나라 안에서 도둑질을 하고 있지만, 관리들이 이를 금할 수 없으니, 이는 정치가 어지러운 것입니다. 왕의 군대가 약하고 정치가 어지러운 것이 월나라보다 더한데도 월나라를 치려 하시니, 이는 지혜가 눈과 같은 것입니다."라고 하였다. 왕은 이에 그만두었다. 따라서 지혜를 발휘하는 것의 어려움은 다른 사람을 보는 데에 있는 것이 아니라 스스로 보는 데에 있다. 그러므로 말하기를 "스스로 보는 것을 일컬어 밝다고 한다."라고 하였다.

楚莊王欲伐越, 莊子諫曰, "王之伐越何也?" 曰, "政亂兵弱。" 莊子曰, "臣患智之如目也, 能見百步之外, 而不能自見其睫[112]。王之兵自敗於秦晉, 喪地數百里, 此兵之弱也。莊蹻爲盜於境內, 而吏不能禁, 此政之亂也。王之弱亂非越之下也, 而欲伐越, 此智之如目也。" 王乃止。故知之難, 不在見人, 在自見。故曰, "自見之謂明。"[113]

○ ○ ○

자하(子夏)가 증자(曾子)를 만났을 때, 증자가 말하기를 "어째서 살이 쪘습니까?"라고 하였다. 자하가 대답하기를 "전쟁에서 이겼기 때문에 살이 쪘습니다."라고 하였다. 증자가 말하기를 "무슨 말입니까?"라고 하였다. 자하가 말하기를 "나는 들어가서는 선왕의 바른 뜻을 보면 그것을 영화롭다고 생각하고, 밖에서는 부귀의 즐거움을 보면 또 그것을 영화롭다고 생각하였는데, 이 두 가지가 마음 속에서 싸울 때는 승부를 알지 못해, 여위었습니다. 그러나 지금은 선왕의 바른 뜻이 승리하여, 살이 찐 것입니다."라고 하였다. 이 때문에 뜻을 이루는 것이 어렵다는 것은 다른 사람을 이기는 데에 있는 것이 아니라 자신을 이기는 데에 있는 것이다. 그러므로 말하기를 "스스로 이기는 것을 일컬어 강하다고 말한다."라고 하였다.

子夏[114]見曾子[115], 曾子曰, "何肥也?" 對曰, "戰勝, 故肥也。" 曾子曰, "何謂也?" 子夏曰, "吾入見先王之義則榮之, 出見富貴之樂又榮之, 兩者戰於胸中, 未知勝負, 故臞[116]。今先王之義勝, 故肥。" 是以志之難也, 不在勝人, 在自勝也。故曰, "自勝之謂强。"[117]

○ ○ ○

주(周)나라에는 옥으로 만든 판이 있었는데, 은(殷)나라 주왕이 교격(膠鬲)에게 그것을 구해오도록 하였지만 주나라 문왕은 교격에게 그것을 주지 않았다. 그러나 비중(費仲)이 와서 구하자 그것을 주었다. 이는 교격은 현명하였지만 비중은 무도한 사람이었기 때문인데, 주나라는 현명한 사람이 뜻을 이루는 것을 싫어하였으므로 비중에게 준 것이다. 문왕이 위수(渭水) 가에서 태공(太公)을 등용한 것은 그를 귀하게 여겼기 때문이다. 그리고 비중에게 옥으로 만든 판을 준 것은 그를 아꼈기 때문이다. 그러므로 말하기를 "그 스승을 귀하게 여기지 않고, 그 자질을 아끼지 않았다면, 비록 지혜롭더라도 매우 어리석은 것으로 이를 매우 오묘한 것이라고 말한다."라고 하였다.

周有玉版[118], 紂令膠鬲索之, 文王不予。費仲來求, 因予之。是膠鬲賢而費仲無道也, 周惡賢者之得志也, 故予費仲。文王擧太公於渭濱[119]者, 貴之也。而資[120]費仲玉版者, 是愛之也。故曰, "不貴其師, 不愛其資[121], 雖知大迷, 是謂要妙。"[122]

1) 曰(왈): 일(日)로 해석해야 한다.

2) 遽(거): 역참(驛站)의 말.

3) 『노자』 46장.

4) 甲冑(갑주): 갑옷과 투구.

5) 蟣虱(기슬): 서캐와 이.

6) 生(생): 새끼를 낳다.

7) 『노자』 46장.

8) 언왕(偃王): 어질고 의롭게 나라를 다스려 이름을 날렸으나 마침내 주(周)나라 목왕(穆王)에게 항복했다.

9) 罪(죄): 재앙.

10) 罪莫大於可欲(죄막대어가욕): 『노자』에 이 구절은 없다.

11) 溲器(수기): 요강.

12) 『노자』 46장.

13) 憯(참): 심하다.

14) 『노자』 46장.

15) 欲(욕): 앞에 이(以)가 생략되어 이욕(以欲)의 형태로 보아야 한다.

16) 『노자』 46장.

17) 河雍(하옹): 지금의 하남성.

18) 瘠(척): 척박하다.

19) 『노자』 54장.

20) 躁(조): 떠들썩하고 시끄러운 것.

21) 『노자』 26장.

22) 輜重(치중): 풍부한 불자를 실은 짐수레.

23) 主父(주부): 조(趙)나라의 무령왕(武靈王)으로 27년을 재위하다가 막내아들인 하(何)에게 왕위를 물려주고 스스로를 주부라 불렀다. 그러나 맏아들인 장(章)이 승복하지 못하여 난을 일으켰지만 실패하였고, 이에 그는 사구궁(沙丘宮)으로 도망을 가서 아버지 주부에게 의지하였는데, 공자(公子) 성(成)과 이태(李兌)가 병사를 이끌고 사구궁을 포위하자 주부는 결국 굶어 죽었다.

24) 代雲中(대운중): 대(代)와 운중(雲中) 모두 전국 시대의 조(趙)나라 땅.

25) 超然(초연): 권세를 잃은 모양.

26) 臣(신): 『노자』의 원문은 본(本)으로 되어 있다.

27) 勢重(세중): 권세.

28) 『노자』 36장.

29) 損(손): 덜어내는 것.

30) 益(익): 보태는 것.

31) 觀(관): 시(示)의 의미로 '알리다'의 뜻이다.

32) 翕(흡): 빼앗다.

33) 『노자』 36장.

34) 『노자』 36장.

35) 損弱(손약): 유약한 것.

36) 『노자』 63장.

37) 『노자』 63장.

38) 螻蟻(루의): 땅강아지와 개미.

39) 突隙(돌극): 굴뚝의 틈새.

40) 白圭(백규): 위(魏)나라 사람으로 이름이 단(丹).

41) 丈人(장인): 노인.

42) 扁鵲(편작): 성은 진(秦)이고 이름은 월인(越人). 전국 시대의 명의(名醫)로서 중국 전통의학의 비조(鼻祖).

43) 蔡(채): 『사기』에는 제(齊)로, 진기유(陳奇猷)의 『한비자집해』에는 진(晉)으로 되어 있다.

44) 有間(유간): 잠시.

45) 腠理(주리): 살결과 피부.

46) 湯熨(탕위): 뜨거운 것으로 눌러서 덥게 하는 것으로 찜질을 말한다.

47) 鍼石(침석): 침을 놓는 것.

48) 火齊(화제): 약을 달이는 것.

49) 司命(사명): 목숨을 맡기는 것.

50) 爭(쟁): 없애버리다.

51) 『노자』 64장.

52) 箕子(기자): 은(殷)나라 마지막 왕인 주왕(紂王)의 숙부로 태사(太師)를 지냈으며 기(箕) 땅을 하사받았다.

53) 土鉶(토형): 흙으로 만든 그릇.

54) 犀(서): 무소뿔을 가리킨다.

55) 羹(갱): 국을 끓이다.

56) 菽藿(숙곽): 콩잎.

57) 旄(모): 긴 털을 가진 소.

58) 九重(구중): 구중궁궐(九重宮闕)로 대궐을 말한다.

59) 廣室高臺(광실고대): 고대광실(高臺廣室)로 크고 좋은 집.

60) 肉圃(육포): 나무에 고기안주를 널어놓은 것.

61) 炮烙(포락): 구리 철판으로 원래 고기를 굽는 용도였으나 후에 달구어 그 위를 걷게 하는 형벌로 사용했다.

62) 『노자』 52장.

63) 句踐(구천): 춘추 시대 월(越)나라의 군주. 일찍이 오(吳)나라 왕 부차(夫差)에게 패하여 회계(會稽)에서 곤경을 겪은 뒤 10년을 와신상담(臥薪嘗膽)하여 오나라를 멸망시켰다.

64) 洗馬(선마): 선마(先馬).

65) 姑蘇(고소): 춘추전국 시대의 오나라 도읍으로 지금의 강소성 소주시에 해당한다.

66) 詈(리): 매도하다의 뜻으로 여기서는 문왕이 구금된 것을 말한다.

67) 王門(왕문): 왕(王)은 옥(玉)의 고자(古字)로 왕문(王門)은 옥문(玉門)을 말한다.

68) 牧野(목야): 주(周)나라 무왕이 은(殷)나라 주왕을 토벌한 땅으로 지금의 하남성 기현에 해당한다.

69) 『노자』 52장.

70) 病(병): '원망하다'의 의미로 여기서는 치욕으로 여기는 것을 말한다.

71) 『노자』 71장.

72) 鄙人(비인): 신분이 낮은 사람.

73) 璞玉(박옥): 가공하지 않은 옥덩어리.

74) 細人(세인): 지위나 신분이 낮은 사람.

75) 欲(욕): 바라다.

76) 『노자』 64장.

77) 知(지): 시(時)가 되어야 한다.

78) 何獨(하독): 하(何)와 독(獨) 모두 '어찌'의 뜻이다.

79) 篋(협): 소중히 하다.

80) 『노자』 64장.

81) 德(덕): 본체.

82) 道(도): 규율.

83) 豐殺(풍살): 풍(豐)은 풍성한 것을 말하고 살(殺)은 여윈 것을 말한다.

84) 莖柯(경가): 작은 가지와 줄기.

85) 毫芒(호망): 털끝 또는 잔털.

86) 數(수): 규율 또는 법칙.

87) 耕(경): 논이나 밭을 갈다.

88) 稼(가): 벼를 심다.

89) 后稷(후직): 토지의 신 또는 오곡의 신.

90) 羨(선): 넉넉하게 키우다.

91) 臧獲(장획): 거두어 얻다.

92) 『노자』 64장.

93) 空竅(공규): 빈 구멍으로 이목구비의 구멍.

94) 神明(신명): 정신.

95) 戶牖(호유): 창.

96) 竭(갈): 소비하다.

97) 窺(규): 엿보다.

98) 御(어): 수레를 몰다.

99) 誘(유): 달래다.

100) 白公勝(백공승): 초(楚)나라 태자 건(建)의 아들.

101) 罷朝(파조): 퇴조(退朝)하다.

102) 策銳(책예): 채찍의 예리한 부분.

103) 頤(이): 뺨.

104) 彌(미): 더욱.

105) 『노자』 47장.

106) 常行(상행): 항상 실천하면서 변하지 않는 행동.

107) 隱(은): 미어(謎語)로 '수수께끼'라는 뜻이다.

108) 嘿然(묵연): 고요한 모양.

109) 穀(곡): 고(告)의 뜻으로 '알리다', '깨우쳐주다'의 의미다.

110) 害(해): 연자(衍字).

111) 『노자』 41장.

112) 睫(첩): 속눈썹.

113) 『노자』 33장.

114) 子夏(자하): 위(衛)나라 사람으로 이름은 복상(卜商)이며, 공자(孔子)의 수제자다.

115) 曾子(증자): 이름은 증삼(曾參)이고 자는 자여(子輿)다. 효심이 강하여 『효경(孝經)』을 지었다고 한다.

116) 臞(구): 여위다.

117) 『노자』 33장.

118) 版(판): 옥으로 만든 판으로 황하(黃河)와 낙수(洛水) 가에서 발견된 보물.

119) 濱(빈): 물의 가장자리 또는 끝.

120) 資(자): 주다.

121) 資(자): 자질.

122) 『노자』 27장.

제22편 설림(說林) 상(上)

전해 오는 이야기의 모음

解題

설림(說林)은 전해 오는 이야기의 모음이다. 설(說)은, 사서(史書)에 기록된 구두(口頭)로 전해 오는 역사 고사(故事)와 민간 전설 및 한비(韓非)가 수집 창작한 우언(寓言)을 가리킨다. 임(林)은, 후세의 '유림(儒林)'·'예림(藝林)'의 '임(林)'과 같은 뜻으로, 모으는 것을 가리킨다. 즉 '설림'은 지금의 '설화집[故事集]'에 해당한다.

「설림」은 편폭이 커서 '상(上)'·'하(下)' 두 편로 나뉘며, 상편 34단락, 하편 37단락, 모두 71단락의 전설 고사가 각각 독립적으로 구성되어 있다. 이것들은 한비가 책을 쓰고 학설을 세우기 위해 수집한 것으로, 내용이 매우 풍부하여, 정치·경제·군사·외교·철학 등 여러 방면을 포괄하고 있다. 그중 어떤 것은 고대의 사서(史書)에서 발췌한 것이고, 어떤 것은 민간의 전설에서 취한 것이며, 어떤 것은 아마 한비 자신이 창작한 우언이다.

이것들은 모두 한비의 정성 들인 가공을 거쳤기 때문에, 각각의 고사는 짧지만 비교적 완정하고, 필치가 생동하고 활발하며, 문학적 색채가 풍부하다. 그러므로 그것은 후세 필기소설(筆記小說)의 남상(濫觴)이라고 할 수 있다. 일부 고사는, 한비가 끝부분에 직접 평어(評語)를 덧붙였는데, 고사의 우의(寓意)를 명확히 밝혔을 뿐만 아니라, 한비의 사상을 반영하고 있어, 한비 사상을 연구할 때 중요한 참고가 된다. 또한 탕(湯)이 탐욕스럽다는 악명(惡名)을 피하기 위해 거짓으로 무광(務光)에게 천하를 양보한다든지, 제(齊)나라 환공(桓公)이 형(邢)나라를 정벌하는 진(晉)나라의 군대가 피폐하기를 기다렸다가 형나라를 구한다는 고사는 유가(儒家)의 기록과 다른데, 이는 법가(法家)의 권모(權謀) 사상을 반영한 것이다.

○ ○ ○

탕(湯)이 걸(桀)을 토벌한 후, 자기가 탐욕스럽다고 세상 사람들이 떠드는 것이 두려워, 천하를 무광(務光)에게 양보하였다. 그러나 탕은 무광이 그것을 받는 것을 염려하여, 사람을 보내 무광을 설득하기를 "탕이 군주를 시해해놓고는 악명을 당신에게 전가하려고, 천하를 당신에게 양보한 것이다."라고 하였다. 무광은 이로 인하여 스스로 강물에 몸을 던졌다.

湯以[1]伐桀，而恐天下言己爲貪也，因乃讓天下於務光[2]。而恐務光之受之也，乃使人說[3]務光曰，"湯殺君而欲傳惡聲于子，故讓天下於子[4]。"務光因自投於河。

○ ○ ○

진(秦)나라 무왕(武王)이 감무(甘茂)에게 명하여 군주의 거마(車馬)를 주관하는 복(僕)과 군주의 명령을 전달하는 것을 주관하는 행사(行事) 중에서 하고자 하는 바를 선택하라고 했는데, 맹묘(孟卯)가 감무에게 말하기를 "공(公)은 복이 되는 것이 낫습니다. 공께서는 사신(使臣)의 일에 뛰어나시니, 공이 비록 복이 되셔도, 왕은 여전히 공에게 사자(使者)의 일을 시킬 것입니다. 공께서 복의 인장을 차고 행사의 일을 하게 되니, 이는 관직을 겸하는 것입니다."라고 하였다.

秦武王[5]令甘茂[6]擇所欲爲於僕與行事[7], 孟卯[8]曰, "公不如爲僕。公所長者使也, 公雖爲僕, 王猶使之於公也。公佩僕璽而爲行事, 是兼官也。"

○ ○ ○

자어(子圉)가 공자(孔子)를 송(宋)나라 태재(太宰)에게 천거하였다. 공자가 나가고, 자어가 들어와서, 손님 공자에 대해 물었다. 태재가 말하기를 "나는 공자를 만나 보았고, 그래서 그대를 보니 그대는 벼룩과 이[蝨]처럼 보잘것없으니, 나는 이제 그를 군주께 천거하겠노라."라고 하였다. 자어는 공자가 군주에게 중요한 사람이 될 것을 염려하여, 태재에게 말하기를 "군주께서 공자를 만난 뒤에도, 그대 보기를 벼룩과 이[蝨]처럼 여길 것입니다."라고 하였다. 태재는 그 때문에 다시는 공자를 천거하지 않았다.

子圉見[9]孔子於商[10]太宰[11]。孔子出, 子圉入, 請問客。太宰曰, "吾已見孔子, 則視子猶蚤蝨之細者也, 吾今見之於君。" 子圉恐孔子貴於君也, 因謂太宰曰, "君已見孔子, 亦將視子猶蚤蝨也。" 太宰因弗復見也。

○ ○ ○

위(魏)나라 혜왕(惠王)이 구리(臼里)에서 거행하는 제후의 회맹을 주재하면서, 천자(天子)를 복위시키려고 하였다. 방희(彭喜)가 한(韓)나라 군주에게 말하기를 "주군께서는 따르지 마십시오. 대국은 천자가 있는 것을 싫어하는데, 소국은 천자를 이롭게 여깁니다. 만약 주군께서 대국과 더불어 따르지 않는다면, 위나라가 어찌 소국과 더불어 천자를 세우겠습니까."라고 하였다.

魏惠王[12]爲臼里[13]之盟，將復立於[14]天子。彭喜謂鄭君[15]曰，"君勿聽。大國惡有天子，小國利之。若君與大不聽，魏焉能與小立之。"

○ ○ ○

진(晉)나라 사람이 형(邢)나라를 정벌하려고 하자, 제(齊)나라 환공(桓公)이 형나라를 구해주려고 하였다. 포숙아(鮑叔牙)가 환공에게 말하기를 "너무 이릅니다. 형나라가 망하지 않으면, 진나라는 피폐하지 않을 것입니다. 진나라가 피폐하지 않으면, 제나라는 중요시 되지 못할 것입니다. 게다가 대저 위태로운 나라를 도와주는 공덕은, 망한 나라를 되살려주는 공덕만큼 크지 않습니다. 주군께서 느지막이 구해주어 진나라를 피폐하게 하는 것만 못하니, 이것은 제나라가 실로 이롭게 되는 것입니다. 형나라가 망하길 기다렸다가 다시 그것을 되살려주면, 그 이름이 실로 빛날 것입니다."라고 하였다. 환공은 이에 형나라를 구하지 않았다.

晉人伐邢[16]，齊桓公將救之。鮑叔[17]曰，"太蚤[18]。邢不亡，晉不敝。晉不敝，齊不重。且夫持危之功，不如存亡之德大。君不如晚救之以敝晉，齊實利。待邢亡而復存之，其名實美。”桓公乃弗救。

○ ○ ○

오자서(伍子胥)가 도망가는데, 변경의 관리가 그를 붙잡았다. 오자서가 말하기를 “군주가 나를 잡으려는 것은, 내가 아름다운 구슬을 가지고 있기 때문이오. 지금 나는 이미 그것을 잃어버렸으니, 나는 그대가 그것을 가져다 삼켰다고 말할 것이오.”라고 하였다. 관리는 그래서 그를 풀어주었다.

子胥出走[19]，邊侯[20]得之。子胥曰，“上索我者，以我有美珠也。今我已亡之矣，我且曰子取呑之。”侯因釋之。

○ ○ ○

경봉(慶封)이 제(齊)나라에서 난을 일으키고 월(越)나라로 도망가려고 하였는데, 그의 일가 사람이 말하기를 “진(晉)나라가 가까운데, 어째서 진나라로 가지 않으십니까?”라고 하였다. 경봉이 말하기를 “월나라가 머니, 재난을 피하는 데 이롭다.”라고 하였다. 일가 사람이 말하기를 “난을 일으키는 이 마음을 바꾸면, 진나라에 머물러도 됩니다. 난을 일으키는 이 마음을 바꾸지 않으면, 비록 멀리 월나라에 있어도, 편안할 수 있겠습니까!”라고 하였다.

慶封[21]爲亂於齊而欲走越，其族人曰，“晉近，奚不之晉?”慶封曰，“越遠，利以避難。”族人曰，“變是心也，居晉而可。不變是心也，雖遠越，其可以安乎!”

○ ○ ○

지백(智伯)이 위선자(魏宣子)에게 땅을 요구하였으나, 위선자는 주지 않았다. 임장(任章)이 말하기를 "무엇 때문에 주지 않으십니까?"라고 하였다. 위선자가 말하기를 "이유 없이 땅을 요구하기에, 주지 않는 것이다."라고 하였다. 임장이 말하기를 "이유 없이 땅을 요구하면, 이웃나라가 반드시 두려워할 것입니다. 그가 욕심을 계속 부리고 만족할 줄을 모른다면, 천하가 반드시 그를 무서워할 것입니다. 주군께서 그에게 땅을 주시면, 지백은 반드시 교만해져서 적을 가벼이 여길 것이고, 이웃나라는 반드시 두려운 마음에 서로 가까워질 것입니다. 서로 가까워진 나라의 병사로써, 적을 가벼이 여기는 나라를 대한다면, 지백의 명은 길지 않을 것입니다. 『주서(周書)』에 이르기를 '그를 패하게 하려면, 반드시 잠시 그를 도와주어야 한다. 그에게서 빼앗으려면, 반드시 잠시 그에게 주어야 한다.'라고 하였습니다. 주군께서 그에게 땅을 주시어, 지백을 교만하게 하는 것이 낫습니다. 게다가 주군께서는 어찌하여 천하가 함께 지백을 도모하는 기회를 버리시고, 유독 우리나라를 지백의 공격 목표가 되도록 하십니까?"라고 하였다. 군주가 말하기를 "좋다."라고 하였다. 이에 지백에게 만호(萬戶)의 읍을 주었다. 지백이 크게 기뻐하였고, 이리하여 조(趙)나라에게도 땅을 요구하였는데, 조나라가 주지 않자 지백은 그리하여 진양(晉陽)을 포위하였다. 한씨(韓氏)와 위씨(魏氏)가 진양성 밖에서 지씨에 반격하고, 조씨가 진양성 안에서 내응하니, 지씨는 곧 망하였다.

智伯[22]索地於魏宣子[23]，魏宣子弗予。任章[24]曰，"何故不予?" 宣子曰，"無故請地，故弗予。" 任章曰，"無故索地，鄰國必恐。彼重欲無厭，天下必懼。君予之地，智伯必驕而輕敵，鄰邦必懼而相親。以相親之兵，待輕敵之國，則智伯之命不長矣。『周書』[25]曰，‘將欲敗之，必姑輔之。將欲取之，必姑予之。’君不如予之，以驕智伯。且君何釋以天下圖智氏，而獨以吾國爲智氏質[26]乎?”君曰，“善。”乃與之萬戶之邑。智伯大悅，因索地於趙，弗與，因圍晉陽。韓、魏反之外，趙氏應之內，智氏自[27]亡。

○ ○ ○

진(秦)나라 강공(康公)이 누대를 쌓은 지 삼 년이 되었는데, 초(楚)나라 사람이 군대를 동원하고, 군대를 부려 제(齊)나라를 공격하려고 하였다. 임망(任妄)이 말하기를 “흉년이 적병(敵兵)을 불러들이고, 질병이 적병을 불러들이고, 노역(勞役)이 적병을 불러들이고, 혼란이 적병을 불러들이는 것입니다. 주군께서 누대를 쌓으신 지 이미 삼 년이 되었고, 지금 초나라 사람이 군대를 동원하여, 제나라를 공격하려고 하는데, 저는 그들이 제나라를 공격하는 것으로 허세를 부리고, 실제로는 진나라를 기습할까 두려우니, 그들을 방비하는 것이 좋겠습니다.”라고 하였다. 진나라가 동쪽 변경을 방비하니, 초나라 사람은 진군을 중지하였다.

秦康公[28]築臺三年，荊[29]人起兵，將欲以兵攻齊。任妄曰，“饑召兵，疾召兵，勞召兵，亂召兵。君築臺三年，今荊人起兵，將攻齊，臣恐其攻齊爲聲，而以襲秦爲實也，不如備之。”戍東邊，荊人輟行。

○ ○ ○

제(齊)나라가 송(宋)나라를 공격하니, 송나라는 장손자(臧孫子)를 보내 남쪽의 초(楚)나라에게 구원을 청하였다. 초나라 왕이 크게 기뻐하고, 그들을 구원할 것을 허락하며 매우 열성적이었다. 장손자는 근심하며 돌아갔다. 그의 마부가 말하기를 "구원을 요청하여 이루었는데, 지금 대인께서 근심하는 기색이 있는 것은, 무엇 때문입니까?"라고 하였다. 장손자가 말하기를 "송나라는 작은데 제나라는 크다. 대저 작은 송나라를 구하여 큰 제나라에게 미움을 산다면, 이는 사람이 근심하는 바인데, 초나라 왕은 기뻐하니, 그는 반드시 제나라에 저항하는 우리의 마음을 굳건히 하려는 것이다. 우리가 굳건히 저항하면 제나라는 피폐해지니, 이는 초나라에게 이익이 되는 것이다."라고 하였다. 장손자가 이에 국내로 돌아갔다. 제나라 사람이 송나라에서 다섯 성(城)을 함락하였으나, 초나라의 구원병은 오지 않았다.

齊攻宋，宋使臧孫子南求救於荊。荊大說[30]，許救之甚歡[31]。臧孫子憂而反[32]。其御曰，"索救而得，今子有憂色，何也?" 臧孫子曰，"宋小而齊大。夫救小宋而惡於大齊，此人之所以憂也，而荊王說，必以堅我也。我堅而齊敝，荊之所利也。" 臧孫子乃歸。齊人拔五城於宋，而荊救不至。

○ ○ ○

위(魏)나라 문후(文侯)가 조(趙)나라에게 길을 빌려 중산국(中山國)을 공격하려고 하였으나, 조나라 열후(烈侯)가 허락하지 않으려고 하자, 조각(趙刻)이 말하기를 "주군께서 틀리셨습니다. 위나라가 중산국을 공격하여 가질 수 없으면, 위나라는 반드시 지치게 될 것이고, 지치게 되면 위나라가 약해지고, 위나라가 약해지면 조나라가 강해집니다. 위나라가 중산국을 함락시켜도, 반드시 조나라를 뛰어넘어 중산국을 차지하지 못할 것이니, 이것은 군대를 부리는 것은 위나라요, 땅을 얻는 것은 조나라인 것입니다. 주군께서는 반드시 허락하십시오. 허락하시되 너무 기뻐하시면, 그는 장차 주군께서 그의 공격으로 이득을 얻게 될 것을 알고, 반드시 행동을 멈출 것입니다. 주군께서는 그에게 길을 빌려주시되, 그것이 부득이해서임을 보이시는 것이 좋습니다."라고 하였다.

魏文侯[33]借道於趙而攻中山, 趙肅侯[34]將不許, 趙刻曰, "君過矣。魏攻中山而弗能取, 則魏必罷[35], 罷則魏輕, 魏輕則趙重。魏拔中山, 必不能越趙而有中山也, 是用兵者魏也, 而得地者趙也。君必許之。而大歡[36], 彼將知君利之也, 必將輟行。君不如借之道, 示以不得已也。"

○○○

지이자피(鴟夷子皮)가 전성자(田成子)를 섬겼고, 전성자가 제(齊)나라를 떠나, 도주하여 연(燕)나라로 가는데, 치이자피가 부신(符信)을 짊어지고 따랐다. 망읍(望邑)에 이르러, 피이자피가 말하기를 "대인께서는 설마 마른 연못의 뱀 이야기를 듣지 못하셨습니까? 연못이 말라, 뱀이 옮겨 가려고 하는데, 한 작은 뱀이 큰 뱀에게 말하기를 '당신이 앞에 가고 제가 당신을 따라간다면, 사람들은 뱀이 가는 것일 뿐이라고 여겨, 당신을 죽이는 사람이 반드시 있을 것입니다. 당신이 저와 서로를 입에 물고 저를 업고 가는 것이 좋으니, 사람들은 반드시 저를 신령으로 여길 것입니다.'라고 하였습니다. 이에 서로 입에 물고 업으며 큰길을 넘어 가니, 사람들이 모두 그것들을 피하며, 말하기를

'신령이다.'라고 하였습니다. 지금 대인께서는 잘생기시고 저는 추하니, 대인께서 저의 상객(上客)으로 여겨진다면, 저는 천승(千乘)을 보유한 나라의 군주로 보일 것입니다. 대인께서 저의 사자(使者)로 여겨진다면, 저는 만승(萬乘)을 보유한 천자(天子)의 경(卿)으로 보일 것입니다. 대인께서 저의 하인이 되는 것이 좋겠습니다."라고 하였다. 전성자가 이리하여 부신을 짊어지고 치이자피를 따랐고, 여관에 이르니, 여관의 주인이 그들을 매우 공경하였고, 이에 술과 고기를 바쳤다.

鴟夷子皮[37]事田成子, 田成子去齊, 走而之燕, 鴟夷子皮負傳[38]而從。至望邑[39], 子皮曰, "子獨不聞涸澤之蛇乎? 澤涸, 蛇將徙, 有小蛇謂大蛇曰, '子行而我隨之, 人以爲蛇之行者耳, 必有殺子者。子不如相銜負我以行, 人必以我爲神君也。' 乃相銜負以越公道[40]而行, 人皆避之, 曰, '神君也。' 今子美而我惡, 以子爲我上客, 千乘之君[41]也。以子爲我使者, 萬乘之卿[42]也。子不如爲我舍人。" 田成子因負傳而隨之, 至逆旅, 逆旅之君[43]待之甚敬, 因獻酒肉。

○ ○ ○

온(溫)읍 사람이 동주국(東周國)의 도성에 갔는데, 당시 동주국은 객(客)을 들이지 않았으므로, 그에게 묻기를 "당신은 객인가?"라고 하였다. 온읍 사람이 대답하기를 "나는 본국의 주인이오."라고 하였다. 그에게 같은 골목에 살고 있는 사람이 누구인지 물어도 알지 못하자, 관리가 그를 가두었다. 주나라 군주가 사람을 보내 그에게 묻기를 "당신은 주(周)나라 사람이 아닌데도, 스스로 객이 아니라고 한 것은, 무엇 때문인가?"라고 하였다. 그가 대답하기를 "제가 어렸을 때 『시(詩)』를 읊었었는데, 거기에 이르기를 '하늘 아래, 왕의 영토가 아닌 것이 없고, 사해(四海) 안에, 왕의 신하가 아닌 사람이 없다.'라고 하였습니다. 지금 군주께서는 천자이시니, 저는 천자의 신하인데, 어찌 사람의 신하로서 다시 그의 객이 됨이 있겠습니까? 그래서 주인이라고 말한 것입니다."라고 하였다. 주나라 군주가 사람을 보내 그를 풀어주었다.

溫[44]人之周[45], 周不納客, 問之曰, "客耶?" 對曰, "主人。" 問其巷而不知也[46], 吏因囚之。君使人問之曰, "子非周人也, 而自謂非客, 何也?" 對曰, "臣少也誦『詩』, 曰, '普天之下, 莫非王土, 率土之濱, 莫非王臣[47]。' 今君天子, 則我天子之臣也, 豈有爲人之臣而又爲之客哉? 故曰主人也。" 君使出之。

○○○

한(韓)나라 선혜왕(宣惠王)이 규류(樛留)에게 말하기를 "나는 공중붕(公仲朋)과 공숙백영(公叔伯嬰)을 동시에 중용하고 싶은데, 되겠는가?"라고 하였다. 규류가 대답하기를 "안 됩니다. 진(晉)나라가 육경(六卿)을 중용하여 나라가 나뉘었고, 제나라 간공(簡公)이 전성자(田成子)와 감지(闞止)를 동시에 중용하여 간공이 살해되었고, 위(魏)나라가 공손연(公孫衍)과 장의(張儀)를 동시에 중용하여 서하(西河) 밖의 땅을 잃었습니다. 지금 왕께서 그들을 동시에 중용하시면, 그중 힘이 강한 이는 그의 사당(私黨)을 세울 것이고, 힘이 약한 이는 외국의 세력을 빌릴 것입니다. 뭇 신하들 가운데 어떤 이는 나라 안에서 사당을 세우며 군주에게 오만하게 대하고, 어떤 이는 나라 밖에서 제후와 교제를 하며 본국의 영토를 분할한다면, 대왕(大王)의 나라는 위태롭게 될 것입니다."라고 하였다.

韓宣王[48]謂樛留曰, “吾欲兩用公仲[49]、公叔[50], 其可乎?” 對曰, “不可。 晉用六卿而國分[51], 簡公兩用田成、闞止而簡公殺[52], 魏兩用犀首[53]、張儀[54]而西河[55]之外亡。 今王兩用之, 其多力者樹其黨, 寡力者借外權。羣臣有[56]內樹黨以驕主, 內[57]有外爲交以削[58]地, 則王之國危矣。”

○ ○ ○

소적매(紹績昧)가 취해 잠들어 그의 가죽옷을 잃어버렸는데, 송(宋)나라 군주가 말하기를 “취하면 가죽옷을 잃어버리게 되는가?”라고 하였다. 소적매가 대답하기를 “걸왕은 취하여 천하를 잃었는데, 그러므로 「강고(康誥)」에서 말하기를 ‘이주(彝酒)하지 말라.’라고 하였습니다. 이른바 ‘이주’는, 늘 술을 마시는 것입니다. 늘 술을 마시는 사람은, 만약 천자라면 천하를 잃을 것이고, 만약 필부라면 자기의 생명을 잃을 것입니다.”라고 하였다.

紹績昧醉寐而亡其裘, 宋君曰, “醉足以亡裘乎?” 對曰, “桀以醉亡天下, 而「康誥」[59]曰, ‘毋彝酒[60]。’ 彝酒者, 常酒[61]也。常酒者, 天子失天下, 匹夫失其身。”

○ ○ ○

관중(管仲)과 습붕(隰朋)이 제(齊)나라 환공(桓公)을 따라 고죽국(孤竹國)을 정벌하러 갔는데, 봄에 떠나가서 겨울에서야 돌아왔기 때문에, 헤매어 길을 잃었다. 관중이 말하기를 “늙은 말의 지혜를 이용할 수 있습니다.”라고 하였다. 이에 늙은 말을 풀어 모두들 그것을 따라

갔고, 바로 길을 찾았다. 산속을 가다가 물이 없자, 습붕이 말하기를 "개미는 겨울에는 산의 남쪽에 살고, 여름에는 산의 북쪽에 사는데, 개밋둑의 높이가 일 촌(寸)이면 그 아래 깊이가 칠 척(尺) 되는 곳에 물이 있습니다."라고 하였다. 이에 개미구멍을 따라 땅을 파서, 바로 물을 찾았다. 통달한 관중과 지혜로운 습붕도, 알지 못하는 것에는, 늙은 말과 개미를 스승으로 삼는 것을 어려워하지 않는다. 지금 사람들은 어리석으면서도 성인의 지혜를 스승 삼을 줄 모르니, 또한 잘못된 것이 아닌가!

管仲、隰朋從桓公伐孤竹[62]， 春往冬反[63]， 迷惑失道。管仲曰， "老馬之智可用也。" 乃放老馬而隨之， 遂得道。行山中無水， 隰朋曰， "蟻冬居山之陽， 夏居山之陰， 蟻壤寸而有水[64]。" 乃掘地， 遂得水。以管仲之聖而隰朋之智， 至其所不知， 不難師於老馬與蟻。今人不知以其愚心而師聖人之智， 不亦過乎!

○ ○ ○

어떤 사람이 장생불사의 약을 초(楚)나라 경양왕(頃襄王)에게 바쳤고, 조정의 전달관이 이 약을 가지고 궁에 들어왔다. 궁중의 위사(衛士)가 묻기를 "이 약은 먹을 수 있는가?"라고 하였다. 전달관이 말하기를 "먹을 수 있습니다."라고 하였다. 그리하여 위사가 빼앗아 그것을 먹었다. 왕은 대노하여, 사람을 보내 궁중의 위사를 죽이게 하였다. 궁중의 위사가 사람을 시켜 왕에게 유세하기를 "제가 전달관에게 물었는데, 그는 '먹을 수 있다'고 했고, 저는 그래서 그것을 먹었으니, 이 일은 저는 죄가 없고 죄는 전달관에게 있습니다. 게다가 객이 장생불사의 약을 바쳐, 제가 그것을 먹었는데 대왕께서 저를 죽이신다면,

이것은 사약이고, 이는 객이 대왕을 속인 것입니다. 대저 죄 없는 신하를 죽여 다른 사람이 대왕을 속인 것을 드러내는 것이니, 이는 저를 풀어주느니만 못합니다."라고 하였다. 왕은 이에 그를 죽이지 않았다.

有獻不死之藥於荊王[65]者，謁者[66]操之以入。中射[67]之士問曰，"可食乎?" 曰，"可。" 因奪而食之。王大怒，使人殺中射之士。中射之士使人說[68]王曰，"臣問謁者，曰'可食'，臣故食之，是臣無罪而罪在謁者也[69]。且客獻不死之藥，臣食之而王殺臣，是死藥也，是客欺王也。夫殺無罪之臣而明人之欺王也，不如釋臣。" 王乃不殺。

○ ○ ○

전사(田駟)가 추(鄒)나라의 군주를 속였고, 추나라의 군주가 사람을 보내 그를 죽이려고 하였다. 전사가 두려워, 이 일을 혜자(惠子)에게 알렸다. 혜자가 추나라의 군주를 뵙고 말하기를 "지금 어떤 사람이 주군을 뵙는데 그의 한쪽 눈을 감고 있다면, 어떻게 하시겠습니까?"라고 하였다. 군주가 말하기를 "나는 반드시 그를 죽이겠다."라고 하였다. 혜자가 말하기를 "장님은 두 눈을 감고 있는데, 주군께서는 어찌 죽이지 않으십니까?"라고 하였다. 군주가 말하기를 "눈을 감지 않을 수 없어서이다."라고 하였다. 혜자가 말하기를 "전사가 동쪽으로는 제(齊)나라의 군주를 속이고, 남쪽으로는 초(楚)나라의 왕을 속이며, 전사가 사람을 속이는 것은, 장님이 눈을 감지 않을 수 없는 것처럼 이미 본성이 되었는데, 주군께서는 어찌 그를 원망하십니까?"라고 하였다. 추나라 군주는 이에 전사를 죽이지 않았다.

田駟[70]欺鄒[71]君，鄒君將使人殺之。田駟恐，告惠子[72]。惠子見鄒君曰, “今有人見君則加眏[73]其一目, 奚如?” 君曰, “我必殺之。” 惠子曰, “瞽兩目眏, 君奚爲不殺?” 君曰, “不能勿眏。” 惠子曰, “田駟東欺齊侯, 南欺荊王, 駟之於欺人, 瞽也, 君奚怨焉?” 鄒君乃不殺。

○○○

노(魯)나라 목공(穆公)이 자기의 아들들로 하여금 어떤 이는 진(晉)나라에 가서 벼슬하도록 하고, 어떤 이는 초(楚)나라에 가서 벼슬하도록 하였다. 여서(犁鉏)가 말하기를 “월(越)나라로부터 사람을 빌려 물에 빠진 아들을 구한다면, 월나라 사람이 헤엄을 잘 친다고 해도, 아들은 반드시 살지 못할 것입니다. 불이 났는데 바다로부터 물을 찾는다면, 바닷물이 많다고 해도, 불은 반드시 꺼지지 않을 것이니, 멀리 있는 물은 가까운 불을 끄지 못합니다. 지금 진나라와 초나라가 비록 강하다 해도, 제(齊)나라가 우리와 가까우니, 노나라의 환난을 진나라와 초나라가 구하지 못하겠지요?”라고 하였다.

魯穆公[74]使衆公子或宦於晉, 或宦於荊。犁鉏[75]曰, “假人於越而救溺子, 越人雖善遊[76], 子必不生矣。失火而取水於海, 海水雖多, 火必不滅矣, 遠水不救近火也。今晉與荊雖强, 而齊近, 魯患其不救乎?”

○○○

엄수(嚴遂)가 주(周)나라 군주를 잘 섬기지 않아, 주나라 군주가 그를 근심하였다. 풍저(馮沮)가 주나라 군주에게 말하기를 “엄수가 재상을 하려고 하는데, 재상 한괴(韓傀)가 한(韓)나라 군주에게 중시되므로, 한괴를 암살하는 것이 좋을 듯하니, 한나라 군주는 반드시 엄수가 한 짓이라고 여길 것입니다."라고 하였다.

嚴遂[77]不善周君[78]，患之。馮沮[79]曰，“嚴遂相[80]，而韓傀[81]貴於君，不如行賊[82]於韓傀，則君必以爲嚴氏也。”

○○○

장견(張譴)이 한(韓)나라의 재상을 맡았고, 병이 들어 곧 죽게 되었는데, 공승무정(公乘無正)이 황금 삼십 일(鎰)을 품고 그를 문병하였다. 한 달이 지나, 한나라 군주가 장견에게 묻기를 "그대가 죽으면, 누가 그대를 대신하게 해야겠나?"라고 하였다. 장견이 대답하기를 "공승무정이 법치를 중시하고 군주를 두려워하는데, 비록 그렇다 해도, 공자(公子) 식아(食我)가 백성들의 마음을 얻는 것만 못합니다." 라고 하였다. 장견이 죽자, 한나라 군주는 공승무정을 재상으로 임용하였다.

張譴相韓，病將死，公乘無正懷三十金[83]而問其疾。居一月，公自問張譴曰[84]，“若子死，將誰使代子?”答曰，“無正重法而畏上，雖然，不如公子食我之得民也。”張譴死，因相公乘無正。

○○○

악양(樂羊)이 위(魏)나라의 장수가 되어 중산국(中山國)을 공격하였고, 그의 아들이 중산국에 있었는데, 중산국의 군주는 그의 아들을 삶아 국을 만들어 그에게 보냈다. 악양은 군막에 앉아 그 국을 먹었고, 한 사발을 다 먹었다. 위나라 문후(文侯)가 도사찬(堵師贊)에게 말하기를 "악양이 나 때문에, 자기 아들의 고기를 먹었다."라고 하였다. 도사찬이 대답하기를 "자기 아들임에도 먹는데, 또한 누구인들 먹지 않겠습니까?"라고 하였다. 악양이 중산국에서 돌아오자, 문후는 그의 공에 상을 주었으나 그의 마음을 의심하였다. 맹손(孟孫)이 사냥하여 새끼 사슴을 잡았고, 진서파(秦西巴)를 보내 그것을 가지고 돌아오게 하였는데, 그 어미가 따라오며 울자, 진서파는 차마 어쩌지 못하고 새끼 사슴을 어미에게 돌려주었다. 맹손은 집으로 돌아갔고 집에 이르러 새끼 사슴을 찾자, 진서파가 대답하기를 "제가 차마 어쩌지 못하고 그 어미에게 돌려주었습니다."라고 하였다. 맹손이 크게 노하여, 그를 내쳤다. 세 달 후에, 다시 불러 자기 아들의 스승으로 삼았다. 맹손의 마부가 말하기를 "과거에는 그를 벌주려고 하시다니, 지금은 불러 아드님의 스승으로 삼으시니, 무엇 때문입니까?"라고 하였다. 맹손이 말하기를 "그 사람은 새끼 사슴도 차마 어쩌지 못하는데, 또한 내 아들을 차마 어찌하겠는가?"라고 하였다. 그러므로 "교묘한 속임은 서툰 진심만 못하다."라고 말하는 것이다. 악양은 공이 있어도 의심을 받았고, 진서파는 죄가 있어도 더욱 신임을 받았다.

樂羊[85]爲魏將而攻中山， 其子在中山， 中山之君烹其子而遺[86]之羹。 樂羊坐於幕下而啜之， 盡一杯。 文侯謂堵師贊曰， “樂羊以我故， 而食其子之肉。” 答曰， “其子而食之， 且誰不食?” 樂羊罷[87]中山， 文侯賞其功而疑其心。 孟孫獵得麑， 使秦西巴持之歸， 其母隨之而啼， 秦西巴弗忍而與之。 孟孫適至而求麑[88]， 答曰， “余弗忍而與其母。” 孟孫大怒， 逐之。居三月， 復召以爲其子傅。其御曰， “曩將罪之， 今召以爲子傅， 何也?” 孟孫曰， “夫不忍麑， 又且忍吾子乎?” 故曰， “巧詐不如拙誠。” 樂羊以有功見疑， 秦西巴以有罪益信。

○ ○ ○

증종자(曾從子)는, 칼을 잘 감별하는 사람이다. 위(衛)나라 출공(出公)이 오왕(吳王) 부차(夫差)를 증오하였는데, 증종자가 말하기를 "오왕 부차는 칼을 좋아하고, 저는 칼을 감별하는 사람이니, 청컨대 제가 가서 오왕에게 칼을 감별해 주도록 하시면, 칼을 뽑아 그에게 보여줄 때, 기회를 틈타 주군을 위해 그를 찌르겠습니다."라고 하였다. 위나라 출공이 말하기를 "그대가 그것을 하는 것은 옳으나, 의로움 때문이 아니라, 이로움 때문이다. 오나라는 강하고 부유하며, 위나라는 약하고 가난하니, 그대가 반드시 가려고 한다면, 나는 그대가 오왕에게 이용당해 나에게 대응할까 두렵다."라고 하였다. 이에 그를 쫓아냈다.

曾從子, 善相[89]劍者也。衛君怨吳王[90], 曾從子曰, "吳王好劍, 臣相劍者也, 臣請爲吳王相劍, 拔而示之, 因爲君刺之。" 衛君曰, "子爲之是也, 非緣義也, 爲利也。吳强而富, 衛弱而貧, 子必往, 吾恐子爲吳王用之於我也。" 乃逐之。

○ ○ ○

주왕(紂王)이 상아 젓가락을 만들자 기자(箕子)가 이를 두려워하였는데, 상아 젓가락을 쓴다면 반드시 흙 그릇에 국을 담지 않을 것인즉, 반드시 무소뿔과 옥으로 만든 술잔을 쓸 것이고, 옥 술잔과 상아 젓가락을 쓴다면 반드시 콩을 담지 않을 것인즉, 반드시 껌정소와 코끼리와 표범의 태반을 담을 것이고, 껌정소와 코끼리와 표범의 태반을 담는다면 반드시 거친 베옷을 입으며 띳집에서 자지 않을 것인즉,

반드시 비단옷을 겹겹이 입고, 고대광실에서 살려고 할 것이라고 여겼다. 이것을 기준으로 추구하다보면, 천하의 모든 것으로도 그가 향유하기에 부족하다. 성인은 작은 것을 보고도 싹이 틀 것을 알고, 첫머리를 보고도 끝을 안다. 그러므로 기자가 상아 젓가락을 보고 두려워한 것은, 천하의 모든 것으로도 주왕이 향유하기에 부족할 것을 알았기 때문이다.

紂爲象箸而箕子怖, 以爲象箸必不盛羹於土鉶[91], 則必犀玉之杯, 玉杯象箸必不盛菽藿, 則必旄象豹胎, 旄象豹胎必不衣短褐而舍茅茨之下, 則必錦衣九重, 高臺廣室也。稱此以求, 則天下不足矣。聖人見微以知萌[92], 見端以知末。故見象箸而怖, 知天下不足也。

○ ○ ○

주공단(周公旦)이 은(殷)나라를 멸한 뒤에, 상개(商蓋)를 공격하려고 하였는데, 신공갑(辛公甲)이 말하기를 "큰 나라는 공격하기 어렵고, 작은 나라는 복속시키기 쉬우니, 여러 작은 나라를 복속시켜 큰 나라를 겁주는 것이 좋습니다."라고 하였다. 이에 동방의 여러 이족(夷族)을 공격하니 상개는 복속하였다.

周公旦已勝殷, 將攻商蓋[93], 辛公甲[94]曰, "大難攻, 小易服, 不如服衆小以劫大。" 乃攻九夷[95]而商蓋服矣。

○ ○ ○

주왕(紂王)이 밤새도록 술을 마시며, 날짜를 잊을 정도로 즐기다가, 주변 사람에게 물어도, 모두 알지 못하였다. 이에 사람을 보내 기자

(箕子)에게 물었다. 기자가 그의 무리에게 말하기를 "천하의 주인이 되었는데 온 나라 사람이 모두 날짜를 잊으면, 천하는 위태롭게 될 것이다. 온 나라 사람이 모두 모르는데 나만 홀로 날짜를 안다면, 나는 위태롭게 될 것이다."라고 하였다. 그는 취하여 모른다고 하며 대답하기를 거절하였다.

紂爲長夜之飮[96], 懼[97]以失日[98], 問其左右, 盡不知也。乃使人問箕子。箕子謂其徒曰, "爲天下主而一國皆失日, 天下其危矣。一國皆不知而我獨知之, 吾其危矣。" 辭以醉而不知。

○○○

자신은 신발을 잘 짜고, 처는 명주를 잘 짜는 노(魯)나라 사람이, 월(越)나라로 옮겨 가려고 하였다. 어떤 이가 그에게 말하기를 "당신은 반드시 궁핍하게 될 것이다."라고 하였다. 노나라 사람이 말하기를 "무엇 때문인가?"라고 하였다. 그 사람이 말하기를 "신발은 신는 것인데, 월나라 사람은 맨발로 다닌다. 명주는 머리에 쓰는 것인데, 월나라 사람은 머리카락을 풀어 헤친다. 당신이 잘하는 것을 가지고도, 쓰이지 않는 나라에서 행하니, 궁핍하지 않으려고 해도, 그럴 수 있겠는가!"라고 하였다.

魯人身善織屨, 妻善織縞[99], 而欲徙於越。或謂之曰, "子必窮矣。" 魯人曰, "何也?" 曰, "屨爲履之也, 而越人跣行。縞爲冠之也, 而越人被髮[100]。以子之所長, 遊於不用之國, 欲使無窮, 其可得乎!"

○○○

진진(陣軫)이 위(魏)나라 혜왕(惠王)에게 중용되었다. 혜시(惠施)가 그에게 말하기를 "반드시 군주의 시종(侍從)을 잘 섬기십시오. 저 버드나무는 옆으로 심어도 살고, 거꾸로 심어도 살고, 꺾어 심어도 또한 삽니다. 그러나 열 사람이 그것을 심어도 한 사람이 그것을 뽑으면, 살아나는 버드나무가 없습니다. 열 사람의 무리가, 잘 자라는 나무를 심어도 한 사람을 당하지 못하는 것은, 무엇 때문입니까? 심는 것은 어려워도 제거하는 것은 쉽기 때문입니다. 당신은 비록 왕에게 스스로를 심는 것에 뛰어나지만, 당신을 제거하려는 자가 많으면, 당신은 반드시 위태롭게 됩니다."라고 하였다.

陳軫[101]貴於魏王[102]。 惠子[103]曰, "必善事左右。 夫楊橫樹之卽生, 倒樹之卽生, 折而樹之又生。 然使十人樹之而一人拔之, 則毋生楊矣。 至以十人之衆, 樹易生之物而不勝一人者, 何也? 樹之難而去之易也。子雖工自樹於王, 而欲去子者衆, 子必危矣。"

○○○

노(魯)나라 계손(季孫)이 방금 그의 군주를 시해하였고, 오기(吳起)가 그의 아래에서 벼슬을 지냈다. 어떤 이가 오기에게 말하기를 "무릇 살해 된 이는, 방금 죽었을 때는 피가 흐르고, 피가 흐른 뒤에는 피부와 살이 오그라들고, 피부와 살이 오그라든 뒤에는 재가 되고, 재가 된 뒤에는 흙이 되는데, 흙이 되기에 이르면, 재앙을 끼칠 것이 없습니다. 지금 계손은 이제 막 군주로 하여금 피가 흐르게 했을 뿐이니, 그 다음은 어떻게 될지 아마 알 수 없습니다."라고 하였다. 오기는 이리하여 노나라를 떠나 위(魏)나라로 갔다.

魯季孫[104]新弑其君[105], 吳起仕焉。 或謂起曰, "夫死者, 始死而血，已血而衄[106]，已衄而灰，已灰而土，及其土也，無可爲者矣[107]。今季孫乃始血，其毋乃[108]未可知也。” 吳起因去之晉[109]。

○○○

습사미(隰斯彌)가 전성자(田成子)를 뵈었고, 전성자는 그와 함께 누대에 올라 사방을 바라보았는데, 삼면이 모두 확 트였고, 남쪽을 바라보니 습사미 집의 나무가 시야를 가리었다. 전성자 또한 별 말을 하지 않았다. 습사미가 돌아와, 사람을 보내 그 나무를 베도록 하였다. 도끼로 찍어 몇 차례 흠집이 나자, 습사미는 나무 베는 사람을 저지하였다. 그의 가신(家臣)이 말하기를 "어쩌다 마음이 갑자기 바뀌셨습니까?"라고 하였다. 습사미가 말하기를 "옛 속담에 이르기를 '연못 속의 물고기를 아는 자는 상서롭지 못하다.'라고 하였다. 대저 전성자가 큰일을 하려고 하는데, 내가 은밀함을 아는 것을 보인다면, 나는 반드시 위태로울 것이다. 나무를 베지 않는 것은, 죄가 있지 않다. 남이 얘기하지 않는 것을 아는 것은, 그 죄가 크다."라고 하였다. 이에 나무를 베지 않았다.

隰斯彌[110]見田成子，田成子與登臺四望，三面皆暢，南望隰子家之樹蔽之[111]。田成子亦不言。隰子歸，使人伐之。斧離數創[112]，隰子止之。其相室[113]曰，“何變之數[114]也?” 隰子曰，“古者有諺曰，‘知淵中之魚者不祥。’ 夫田子將有大事，而我示之知微，我必危矣。不伐樹，未有罪也。知人之所不言，其罪大矣。” 乃不伐也。

○○○

양주(楊朱)가 송(宋)나라 동쪽의 여관을 지나가는데, 여관 주인에게 첩이 두 사람 있었고, 그중 추하게 생긴 이는 중시되고, 예쁘게 생긴 이는 천시되었다. 양주가 그 까닭을 묻자, 여관 주인이 대답하기를 "예쁘게 생긴 아이는 스스로 예쁘다고 여겨 오만하므로, 나는 그 아이가 예쁜 것을 모르겠소. 추하게 생긴 아이는 스스로 추하다고 여겨 겸손하므로, 나는 그 아이가 추한 것을 모르겠소."라고 하였다. 양주가 제자에게 말하기를 "품행이 어질면서도 스스로 어질다는 마음을 버린다면, 어디를 가든 칭찬받지 않겠는가."라고 하였다.

楊子[115]過於宋東之逆旅， 有妾二人， 其惡者貴， 美者賤。楊子問其故， 逆旅之父[116]答曰， "美者自美， 吾不知其美也。惡者自惡， 吾不知其惡也。" 楊子謂弟子曰， "行[117]賢而去自賢之心， 焉往而不美。"

○○○

위(衛)나라 사람이 자기의 딸을 시집보내면서 그녀를 가르쳐 말하기를 "반드시 몰래 재물을 쌓을 것이니, 부인으로서 쫓겨나는 것은, 흔히 있는 일이다. 끝까지 같이 사는 것은, 요행이다."라고 하였다. 그 딸은 이리하여 몰래 재물을 쌓았고, 그녀의 시어머니는 사사로운 재물을 많이 쌓았다고 여겨 그녀를 쫓아냈는데, 그의 딸이 가져온 재물이 그가 딸을 시집보낼 때 썼던 혼수보다 배나 많았다. 그 아버지는 딸을 가르친 것이 그릇되었다고 스스로 책망하지 않고, 재물을 늘렸다며 스스로 지혜롭다고 여겼다. 지금 신하로서 관직에 있는 자도, 모두 이러한 부류이다.

衛人嫁其子而教之曰， "必私積聚， 爲人婦而出， 常也。其成居[118]， 幸也。" 其子因私積聚， 其姑以爲多私而出之， 其子所以反[119]者倍其所以嫁。其父不自罪於教子非也，而自知[120]其益富。令人臣[121]之處官者，皆是類也。

○ ○ ○

노단(魯丹)이 세 번이나 중산국(中山國) 군주에게 유세하였으나 받아들여지지 않았고, 그리하여 황금 오십 금(金)을 뿌려 그의 근신(近臣)을 대접하였다. 다시 군주를 찾아뵈니, 아직 아무 얘기도 하지 않았는데 군주가 그에게 먹을 것을 주었다. 노단은 그곳을 나온 뒤, 숙소에 돌아가지 않고, 바로 중산국을 떠났다. 그의 마부가 말하기를 "다시 찾아뵈었을 때, 군주가 처음으로 우리에게 잘해주었는데, 무슨 이유로 중산국을 떠나십니까?"라고 하였다. 노단이 말하기를 "대저 다른 사람의 말 때문에 내게 잘해준다면, 반드시 다른 사람의 말 때문에 내게 죄를 씌울 것이다."라고 하였다. 국경을 나서지도 않았는데, 중산국의 공자(公子)가 노단을 비방하기를 "조(趙)나라를 위해 와서 중산국을 염탐하였다."라고 하였다. 중산국의 군주는 이에 수색 체포하여 그를 처벌하였다.

魯丹三說中山之君而不受也，因散五十金事其左右[122]。復見，未語而君與之食。魯丹出，不反[123]舍，遂去中山。其御曰，"及見[124]，乃始善我，何故去之?" 魯丹曰，"夫以人言善我，必以人言罪我。" 未出境，而公子惡之曰，"爲趙來間[125]中山。" 君因索而罪之。

○ ○ ○

전백정(田伯鼎)은 선비 기르는 것을 좋아하여 그의 군주를 온전하게 하였고, 백공승(白公勝)은 선비 기르는 것을 좋아하면서도 초(楚)나라를 어지럽혔으니, 그들이 선비 기르는 것을 좋아한 것은 같지만, 선비 기르는 것을 좋아한 까닭은 다르다. 공손지(公孫支)는 스스로 발꿈치를 베며 백리해(百里奚)를 높였고, 수조(豎刁)는 스스로 거세를 하며 제(齊)나라 환공(桓公)에게 아첨하였으니, 그들이 스스로 형벌을 내린 것은 같지만, 그들이 스스로 형벌을 내린 까닭은 다르다. 혜시(惠施)가 말하기를 "미친 사람이 동쪽으로 달려가고, 쫓는 사람 또한 동쪽으로 달려가니, 그들이 동쪽으로 달려가는 것은 같지만, 그들이 동쪽으로 달려가는 까닭은 다르다. 그러므로 '같은 일을 하는 사람이라도, 자세히 살펴보지 않을 수 없다.'라고 말하는 것이다."라고 하였다.

田伯鼎好士而存其君[126]，白公[127]好士而亂荊，其好士則同，其所以爲則異[128]。公孫友[129]自刖而尊百里[130]，豎刁自宮[131]而諂[132]桓公，其自刑則同，其所以自刑之爲則異。慧子[133]曰，"狂者東走，逐者亦東走，其東走則同，其所以東走之爲則異。故曰，'同事之人，不可不審察也。'"

1) 以(이): 왕선신은 '이(已)'와 같다고 하였다(『한비자집해』).

2) 務光(무광): 하(夏)나라 말기의 은사(隱士).

3) 說(세): 설득하다.

4) 왕선신은 "탕이 악명을 무광에게 전가하려고, 무광에게 천하를 양보하는 것이니, 탕의 천하를 받으면, 이는 군주를 시해한 악명도 아울러 받는 것임을 말한다.(言湯欲嫁名於務光, 故讓務光以天下, 受湯之天下, 是並弑君之名而受之。)"라고 하였다(『한비자집해』).

5) 秦武王(진무왕): 이름은 탕(蕩)이며, 전국 시대 진(秦)나라 군주(B.C.310년~B.C.307년 재위).

6) 甘茂(감무): 진(秦)나라 무왕(武王) 시기의 좌승상(左丞相).

7) 僕與行事(복여행사): '복(僕)'은 마차(馬車)를 모는 사람으로, 여기서는 군주의 거마(車馬)를 주관하는 관리를 가리킨다. '행사(行事)'는 군주의 사자(使者)로, 군주의 명령을 전달하는 것을 주관하였다.

8) 孟卯(맹묘): 망묘(芒卯)로, 소묘(昭卯)라고도 한다. 전국 시대 제(齊)나라 사람으로 변론을 잘하여 위(魏)나라 상국으로 임용되었다.

9) 見(현): 대면시키다, 천거하다.

10) 商(상): 송(宋)나라를 가리킨다. 송나라의 군주는 상(商) 왕조 왕족(王族)의 후대이므로 후세에 송을 상(商)이라고 불렀다.

11) 太宰(태재): 재상(宰相)에 해당하는 관직.

12) 魏惠王(위혜왕): 전국 시대 위(魏)나라 군주, 양혜왕(梁惠王)이라고도 한다. 이름은 앵(罃).

13) 臼里(구리): 지금의 하남성(河南省) 낙양시(洛陽市) 서북에 있었다.

14) 立於(입어): 왕선신은 연문(衍文)이라고 하였다(『한비자집해』).

15) 彭喜謂鄭君(방희위정군): 고광기(顧廣圻)는 『전국책(戰國策)』에 '방(彭)'은 '방(房)'으로, '정군(鄭君)'은 '한왕(韓王)'으로 되어 있는데, '방(房)'은 '방(旁)'의 잘못이며, '방(彭)'과 '방(旁)'은 같고, '정(鄭)'은 곧 '한(韓)'이라고 하였다(『한비자집해』). B.C.375년 한(韓)나라가 정(鄭)나라를 멸망시키고, 수도를 정(鄭) 즉 지금의 하남성 신정시(新鄭市)로 옮겼으므로 한나라를 정나라로 불렀다.

16) 邢(형): 주대(周代)의 희성(姬姓) 제후국. 구지(舊地)는 지금의 하북성(河北省) 형대시(邢臺市)에 있었다. B.C.662년 적(翟)이 형나라를 공격하였는데, 후에 제(齊)나라 환공(桓公)이 송(宋)나라·조(曹)나라와 연합하여

형나라를 구하였고, 형나라를 이의(夷儀: 지금의 山東省 聊城市 서남에 있었음)로 옮겼다. B.C.635년에 위(衛)나라에 의해 멸망되었다.

17) 鮑叔(포숙): 포숙아(鮑叔牙).

18) 蚤(조): '조(早)'와 통한다.

19) 出走(출주): 초(楚)나라에서 오(吳)나라로 도망가는 것을 가리킨다.

20) 邊侯(변후): 변경의 관리. 왕선신은 '후(侯)'는 관리라고 하였다(『한비자집해』).

21) 慶封(경봉): 춘추 시대 제(齊)나라 경공(景公)의 상국(相國). B.C.546년 그는 최씨(崔氏)의 집정을 멸하였으나, 이듬해 포씨(鮑氏)·고씨(高氏)·난씨(欒氏)가 공모한 공격을 받아 먼저 노(魯)나라로 도망갔고, 나중에 오(吳)나라로 도망갔다.

22) 智伯(지백): 순요(荀瑤)를 가리킨다. 춘추 말기 진(晉)나라 육경(六卿)의 하나, 후에 한(韓)·조(趙)·위(魏) 삼가(三家) 연합에 패배하였다.

23) 魏宣子(위선자): 고광기는 '선(宣)'은 『전국책』에는 '환(桓)'으로, 『설원(說苑)·권모편(權謀篇)』에는 '선(宣)'으로 되어 있다고 하였다(『한비자집해』). 장각은 '선(宣)'과 '환(桓)' 모두 소리가 '선(亘)'을 따르며, 옛날에는 통한다고 하였다. 또 『사기(史記)·위세가(魏世家)』에 의하면, 환자(桓子)는 위치(魏侈)의 손자이고 위문후(魏文侯) 위도(魏都)의 조부이지만, 『예기(禮記)·악기(樂記)』"위문후가 자하에게 묻기를(魏文侯問於子夏曰)" 소(疏)에 인용된 『세본(世本)』과 『사기·위세가·색은(索隱)』에 인용된 『세본』에 의하면, 환자 위구(魏駒)는 위양자(魏襄子) 위다(魏多: 魏侈)의 아들이고 위문후 위사(魏斯)의 아버지이며, 『세본』이 옳다고 하였다(『한비자교소』).

24) 任章(임장): 위선자(魏宣子)의 가신.

25) 周書(주서): 즉 『일주서(逸周書)』, 주조(周朝)의 역사서로, 주대(周代)의 훈계와 명령을 기재하였다. 『한서(漢書)·예문지(藝文志)』에는 71편으로 기록되어 있는데, 지금의 판본은 이미 완전하지 않다. 청대(淸代) 주우증(朱右曾)의 『일주서집훈교석(逸周書集訓校釋)』을 참고할 수 있다.

26) 質(질): 표적.

27) 自(자): 왕선신은 『전국책(戰國策)』에는 '수(遂)'로 되어 있고, 『설원(說苑)』에도 '수(遂)'로 되어 있다고 하였다(『한비자집해』). 배학해(裴學海)는 '자(自)'는 '즉(卽)'과 같다고 하였다(『한비자교소』).

28) 秦康公(진강공): 춘추 시대 진(秦)나라 군주, 이름은 앵(罃).

29) 荊(형): 초(楚)의 별명. 초가 형산(荊山) 일대에서 처음 건국하였으므로 형(荊)이라고도 불렀다.

30) 說(열): '열(悅)'과 통한다.

31) 歡(환): 고광기는 『전국책』에서 '권(勸)'으로 한 것을 따라야 하며, 고유(高誘)의 주(注)에 '권(勸)'은 '역(力)'이라 했다고 하였다(『한비자집해』). 고대에 '환(歡)'과 '권(勸)'은 음이 비슷해 서로 통했다. '권(勸)'은 기운이 나다, 흥이 나다.

32) 反(반): '반(返)'과 통한다.

33) 魏文侯(위문후): 이름은 사(斯), 전국 시대 위(魏)나라의 건립자, B.C.424년~B.C.387년 재위.

34) 趙肅侯(조숙후): 일본인 송고원(松皐圓)은 『전국책』에는 '숙(肅)'자가 없고, 위(魏)나라 문후(文侯)와 조(趙)나라 숙후(肅侯)의 시대는 거의 60년이나 떨어져 있으므로, 숙후는 열후(烈侯)로 해야 맞는다고 하였다. 장각은 『사기』에 의하면, 조나라 숙후는 조나라 무령왕(武靈王)의 아버지로, 이름은 어(語)이고, B.C.349년~B.C.326년 재위하였는데, 그때 위나라 문후는 이미 죽었다고 하였다. 조나라 열후는 이름이 적(籍)이고, B.C.408년~B.C.400년 재위하였다. 『사기·조세가(趙世家)』에 "열후 원년, 위나라 문후가 중산국을 공격하였다.(烈侯元年, 魏文侯伐中山。)"라고 하였다(『한비자교소』).

35) 罷(피): '피(疲)'와 통한다.

36) 而大歡(이대환): 고광기는 『도장(道藏)』본과 금본(今本: 趙用賢本)에는 앞에 '허지(許之)'가 중첩되며, 『전국책』에도 두 글자가 있다고 하였다(『한비자집해』).

37) 鴟夷子皮(치이자피): 전성자(田成子)의 가신.

38) 傳(전): 고대에 중요한 길목을 출입할 때 사용하던 부신(符信). 최표(崔豹)의 『고금주(古今注)』에 의하면, 길이 5촌(寸)의 나무로 만들고, 어사(御史)의 인장으로 봉인하여 신표로 삼았다.

39) 望邑(망읍): 지명, 지금의 하북성(河北省)에 위치하였다.

40) 公道(공도): 대로(大路), 큰길.

41) 千乘之君(천승지군): 수레 천 대를 보유한 나라의 군주.

42) 萬乘之卿(만승지경): 수레 만 대를 보유한 천자(天子)의 경(卿).

43) 君(군): 주인.

44) 溫(온): 지명, 지금의 하남성(河南省) 온현(溫縣) 서남에 있었다.

45) 周(주): 동주국(東周國) 도성인 낙읍(雒邑)을 가리킨다. 지금의 하남성(河南省) 낙양시(洛陽市) 백마사(白馬寺) 동쪽에 있었다.

46) 問其巷而不知也(문기항이불지야): 왕선신은 '항(巷)' 다음의 '인(人)'자를 연문으로 보고 삭제하였으나(『한비자집해』), 진기유는 그에게 같은 골목에 사는 사람이 누구인지를 물어 그가 주(周)나라 사람인지를 시험한 것이라며 고칠 필요가 없다고 하였다(『한비자신교주』).

47) 普天之下(보천지하) 이하 4구: 『시경(詩經)·소아(小雅)·북산(北山)』에 보인다.

48) 韓宣王(한선왕): 한(韓)나라 선혜왕(宣惠王), 전국 시대 한나라의 군주.

49) 公仲(공중): 공중붕(公仲朋). 공숙백영(公叔伯嬰)을 이어 한나라 선혜왕의 상국을 맡았다.

50) 公叔(공숙): 공숙백영. 공중붕이 상국을 맡기 전 한나라 선혜왕의 상국을 맡았다.

51) 晉用六卿而國分(진용육경이국분): 진(晉)나라 경공(景公) 12년(B.C.588)에 처음으로 육경(六卿)을 설치했고, 경공(頃公) 12년(B.C.514)에 조씨(趙氏)·한씨(韓氏)·위씨(魏氏)·지씨(智氏)·범씨(范氏)·중항씨(中行氏) 등 육경(六卿)이 정권을 장악했다. 후에 지씨·조씨·한씨·위씨가 연합해 범씨와 중항씨를 멸하고, B.C.453년 조·한·위 삼가(三家)가 다시 연합해 지씨를 멸하고 진나라 대부분의 영토를 차지하였다. B.C.403년 주(周)나라 위열왕(威烈王)이 한·조·위 삼가를 제후로 승인하였고, B.C.376년 한·조·위가 진나라 후(侯)를 멸하고 그 땅을 삼분(三分)하여 진나라는 망했다.

52) 簡公兩用田成闞止而簡公殺(간공량용전성감지이간공살): 제(齊)나라 도공(悼公)이 피살된 뒤 그의 아들 임(壬)이 즉위하니 그가 곧 간공(簡公)인데, 전성자(田成子)와 감지(闞止)가 좌우상(左右相)을 맡았다. 감지가 간공의 총애를 얻자 전성자는 큰 양기(量器)로 백성에게 곡식을 대여하고 작은 양기로 환수하여 민심을 샀고, 그 뒤 부하를 지휘하여 감지와 간공을 살해하였다.

53) 犀首(서수): 전국 시대 위(魏)나라 사람인 공손연(公孫衍)의 호(號), B.C.319년에 위나라의 상국이 되었다.

54) 張儀(장의): 전국 시대 위(魏)나라 사람. B.C.322년에 위나라의 상국이 되었다.

55) 西河(서하): 전국 시대 위(魏)나라의 군(郡) 이름, 지금의 섬서성(陝西省)

동부 황하(黃河) 서안(西岸) 지역.

56) 有(유): 고광기는 『전국책』에는 '혹(或)'으로 되어 있으며, '혹(或)'과 '유(有)'는 같은 글자라고 하였다(『한비자집해』).

57) 內(내): 고광기는 '내(內)자'는 연문이며 『전국책』에는 없다고 하였다. 왕선신은 '내(內)'자는 앞 문장 '수(樹)' 앞에 있는 '내(內)'자가 잘못 옮겨진 것이라고 하였다(『한비자집해』).

58) 削(삭): 분할(分割)하다.

59) 「康誥(강고)」: 『상서(尙書)』의 편명.

60) 毋彝酒(무이주): 이 문장은 금본(今本) 『상서』에는 「강고」가 아닌 「주고(酒誥)」에 보이는데, 이것은 고본(古本) 『상서』에는 「주고」가 「강고」에 포함되기 때문이다.

61) 常酒(상주): 왕선신은 늘 술을 마시는 것이라고 하였다(『한비자집해』).

62) 孤竹(고죽): 나라 이름, 지금의 하북성(河北省) 노룡현(盧龍縣) 서쪽에 있었다.

63) 反(반): '반(返)'과 통한다.

64) 蟻壤寸而有水(의양촌이유수): 왕선신은 '촌(寸)' 앞의 '일(一)'과 '이(而)' 뒤의 '인(仞)'을 삭제했는데(『한비자집해』), 일본인 송고원(松皐圓)은 개밋둑의 높이가 1촌(寸)이면, 그 아래 깊이가 1인(仞) 되는 곳에서 반드시 물을 얻게 됨을 말하는 것이라고 하였다. 1인(仞)은 7척(尺)이다(『한비자신교주』).

65) 荊王(형왕): 초(楚)나라 경양왕(頃襄王)을 가리킨다.

66) 謁者(알자): 전달과 통보를 담당하는 시종(侍從).

67) 中射(중야): 궁중(宮中)의 시위관(侍衛官).

68) 說(세): 유세하다.

69) 진기유는 전달관의 뜻은 먹을 수 있는 것이라는 의미인데, 궁중의 위사는 먹어도 된다고 이해한 것이라고 하였다(『한비자신교주』).

70) 田駟(전사): 전국 시대 조(趙)나라 사람.

71) 鄒(추): 제후국의 이름, 지금의 산동성(山東省) 추현(鄒縣) 동남쪽에 있었다.

72) 惠子(혜자): 이름은 시(施), 전국 시대 송(宋)나라 사람으로 명가(名家)의 대표적 인물 중의 한 사람. 위(魏)나라 혜왕(惠王)의 상국을 지냈다.

73) 睫(첩): 눈을 감다.

74) 魯穆公(노목공): 이름은 현(顯), B.C.409년~B.C.377년 재위.

75) 犁鉏(려서): 춘추 시대 제(齊)나라 사람. 공자(孔子)와 동시대 사람으로서 일찍이 노(魯)나라에 간 적이 있었다.

76) 遊(유): 헤엄치다.

77) 嚴遂(엄수): 전국 시대 한(韓)나라 애후(哀侯)의 대신(大臣).

78) 周君(주군): 전국 시대의 소국(小國) 서주(西周)의 군주. 주(周)나라 고왕(考王: B.C.440년~B.C.426년 재위)이 그의 동생 게(揭)를 하남(河南: 지금의 하남성(河南省) 낙양시(洛陽市) 서쪽)에 분봉하였는데 그가 곧 개국군주(開國君主)인 서주(西周) 환공(桓公)으로, 이로부터 서주라는 소국이 형성되었다. 환공이 죽고 아들 위공(威公)이 즉위하였고, B.C.367년 위공이 죽자 그의 막내아들 근(根)이 태자 조(朝)와 즉위를 다투다 한(韓)나라와 조(趙)나라의 도움으로 공(鞏: 지금의 하남성 공의시(鞏義市) 서남쪽)에서 독립하였는데 그를 동주(東周) 혜공(惠公)이라고 하고, 태자 조(朝)를 서주(西周) 혜공이라고 하였다. 이로부터 주(周)는 다시 서주와 동주라는 두 개의 작은 나라로 나뉘었다. B.C.256년 진(秦)나라가 서주를 멸하였고, B.C.249년에는 다시 동주를 멸하였다. 『사기(史記)·주본기(周本紀)』는 위공이 죽고 아들 혜공이 즉위하였고, 그의 막내아들을 공(鞏)에 봉하여 주(周)나라 왕을 모시게 했으니 그가 동주 혜공이라고 하여, 동주 혜공을 서주 혜공의 막내아들이라고 하였는데, 이는 잘못이다. 동주 혜공은 서주 위공의 막내아들이고, 서주 혜공과는 형제이다[『사기』에 관한 부분은 양관(楊寬), 『전국사(戰國史)』, 상해인민출판사 2003년, 300쪽 참조]. 노문초는 '주군(周君)' 두 자는 중복되어야 한다고 하였다(『한비자집해』).

79) 馮沮(풍저): 서주국(西周國)의 대신.

80) 嚴遂相(엄수상): 장각은 한(韓)나라 애후(哀侯)의 상국을 맡은 사람은 한괴이지 엄수가 아니므로, '엄수욕상(嚴遂欲相)'이 되어야 한다고 하였다(『한비자교소』).

81) 韓傀(한괴): 한(韓)나라 애후(哀侯)의 상국, 엄수가 보낸 자객 섭정(聶政)에게 암살당했다.

82) 行賊(행적): 진기유는 아마도 암살을 말하는 것이라고 하였다(『한비자신교주』).

83) 金(금): 옛 무게단위, 즉 일(鎰). 선진 시대에는 황금 20량(兩) 또는 24량

을 일일(一鎰)이라고 하였고, 일금(一金)이라고도 불렀다.

84) 公自問張譴曰(공자문장견왈): 왕선신은 『태평어람(太平御覽)』권810에 의거하여 '자(自)' 앞에 '공(公)'자를 보충했는데(『한비자집해』), 진기유는 한(韓)나라 군주는 공(公)으로 불러서는 안 된다며 『태평어람』이 '공(公)' 자를 함부로 덧붙인 것이라고 하였다. 노문초는 '자(自)'는 '군(君)'의 잘못이라고 하였다(『한비자신교주』).

85) 樂羊(악양): 위(魏)나라 문후(文侯)의 장군.

86) 遺(유): 보내다.

87) 罷(파): 왕선신은 『국어(國語)·오어(吳語)』위소(韋昭)의 주(注)에 "파는 돌아오는 것이다(罷, 歸也。)."라고 한 것을 인용하여, 악양이 중산국에서 돌아오는 것을 말한다고 하였다(『한비자집해』).

88) 孟孫適至而求麑(맹손적지이구예): 왕선신은 '귀(歸)'를 '적(適)'으로 고치면서 '귀지(歸至)' 두 자가 겹치기 때문이라고 하였는데(『한비자집해』), 진기유는 '맹손귀(孟孫歸)'와 '지이구예(至而求麑)'는 맹손이 집으로 돌아갔고 집에 이르러 새끼 사슴을 찾았다는 말로, '귀(歸)'는 동작의 시작이고 '지(至)'는 비로소 도착한 것이라며, 왕선신이 잘못 고쳤다고 하였다(『한비자신교주』).

89) 相(상): 감별하다.

90) 衛君怨吳王(위군원오왕): 위(衛)나라 출공(出公)이 오왕(吳王) 부차(夫差)와 원한을 쌓은 일을 가리킨다. 『좌전(左傳)』애공(哀公) 12년에 보인다.

91) 鉶(형): 왕선신은 「유로(喩老)」와 『태평어람』에 의거하여 '궤(簋)'를 '형(鉶)'으로 고쳤는데(『한비자집해』), 진기유는 본래 '궤(簋)'로 되어 있는 것을 고쳐서는 안 된다고 하였다(『한비자신교주』).

92) 萌(맹): 고광기는 '맹(萌)'은 '명(明)'이 되어야 한다고 했는데, 진기유는 성인은 작은 것을 보고도 일이 싹트는 것을 알 수 있으니 곧 상아로 만든 젓가락을 보고 천하의 모든 것으로도 부족하게 될 것을 아는 것이며, 또한 '미맹(微萌)'은 '단말(端末)'과 서로 반대가 되며, 미(微)·맹(萌)·단(端)·말(末)은 모두 작다는 뜻이므로, '명(明)'은 '말(末)'과 같은 부류가 될 수 없다고 하였다(『한비자신교주』).

93) 商蓋(상개): 엄(奄). 상(商) 왕조의 속국이었으므로 상엄(商奄)이라고도 했으며, 지금의 산동성(山東省) 곡부시(曲阜市) 부근에 있었다. 주(周)나라 무왕(武王)이 상(商)나라를 멸한 후 주왕(紂王)의 아들 무경(武庚)을

봉하여 상조(商朝)의 제사를 잇게 하고 은(殷)의 왕기(王畿)를 셋으로 나누어 은도(殷都) 동쪽을 위(衛)라 하여 관숙(管叔)이 주둔하게 하고, 은도 서쪽을 용(鄘)이라 하여 채숙(蔡叔)이 주둔하게 하고, 은도 북쪽을 패(邶)라 하여 곽숙(霍叔)이 주둔하게 하였는데 그 임무는 무경과 상의 유민(遺民)을 감독하는 것이고 이를 삼감(三監)이라고 하였다(일설에는 邶를 무경에게 봉하고, 鄘을 관숙에게 봉하고, 衛를 채숙에게 봉하여 상의 유민을 감독하게 함). 무왕이 죽고 성왕(成王)이 어려서 주공이 섭정했는데, 무경이 관숙·채숙과 공모하고 또한 엄(奄)·상개(商蓋)·박고(薄姑) 등의 나라와 연합해 대규모 반란을 일으켰다. 주공이 동정(東征)하여 반란을 평정하고 무경과 관숙을 살해하고 채숙을 유배하고 곽숙을 파면하자 상개도 멸망하였다.

94) 辛公甲(신공갑): 신갑(辛甲), 상나라 주왕(紂王)의 대부(大夫)로 주왕에게 여러 차례 권유해도 듣지 않자 주(周)나라로 도망가 주나라의 태사(太史)로 임명되었다.

95) 九夷(구이): 동방의 여러 이족(夷族). 고대 화하족(華夏族)이 중국 동부의 여러 민족을 통칭한 것으로, 구(九)는 허수(虛數)이며 많다는 뜻이다.

96) 長夜之飮(장야지음): 밤새워 주연(酒宴)을 베푸는 일.

97) 懼(구): 고광기는 '구(懼)'는 '환(懽)'이 되어야 한다고 하였고, 진기유는 환(懽)과 구(懼)는 글자의 모양이 비슷해서 잘못된 것이라고 하였다(『한비자신교주』).

98) 失日(실일): 날짜를 잊어버리다. 쉬는 일이 없음을 말한다.

99) 縞(호): 흰 생견(生絹), 관(冠)을 만드는 데 상용되었다.

100) 被髮(피발): 머리카락을 묶지 않고 풀어 헤침, 일설에는 머리카락을 짧게 깎는다는 의미라고도 한다.

101) 陳軫(진진): 고광기는 『전국책·위책(魏策)』에는 '전수(田需)'로 되어 있으며, '전(田)'과 '진(陳)'은 같은 자이므로 '진(軫)'은 마땅히 「위책」에 따라 '수(需)'로 해야 한다고 하였다. 진기유는 전수(田需)와 진진(陳軫)은 같은 시기 위(魏)나라 왕의 중신이며, 이 일은 전해지는 말에 차이가 있는 것이므로 고칠 필요가 없다고 하였다(『한비자신교주』).

102) 魏王(위왕): 위(魏)나라 혜왕(惠王)을 가리킨다.

103) 惠子(혜자): 혜시(惠施)를 가리킨다.

104) 季孫(계손): 노(魯)나라 세가대족(世家大族)의 하나. 맹손씨(孟孫氏)·숙손씨(叔孫氏)와 함께 환공(桓公) 서자(庶子)의 후대로 삼환(三桓)이라 병칭

되었다. 그중 계손씨가 가장 강하여 대대로 노나라의 정치 대권을 독점했다.

105) 君(군): 노(魯)나라 도공(悼公)이며, 이름은 영(寧). B.C.468년~B.C.431년 재위하였다.

106) 衄(뉵): 왕선신은 『광아(廣雅)·석언(釋言)』의 "뉵은 오그라드는 것이다.(衄, 縮也。)"를 인용하여, 사람이 피를 다 흘리고 나면 피부와 살이 모두 오그라드는 것을 말한다고 하였다(『한비자집해』).

107) 無可爲者矣(무가위자의): 왕선신은 귀신이 재앙을 끼칠 수 없음을 말하는 것이라고 하였다(『한비자집해』). 옛 사람들은 귀신이 늘 나타나 사람에게 재앙을 끼친다고 여겼다.

108) 毋乃(무내): 아마도.

109) 吳起因去之晉(오기인거지진): 진기유는 『사기·오기전(吳起傳)』에는 "노나라 군주가 오기를 의심하여, 오기는 노나라를 떠나 위나라로 갔고, 위나라 문후를 섬겼다.(魯君疑吳起, 起去之魏, 事魏文侯。)"라고 하여, 오기가 노나라를 떠난 것은 노나라 군주가 그를 의심했기 때문으로 여기와 다르다고 하였다. 또한 오기가 노나라를 떠나 위나라로 간 것도, 진(晉)나라로 갔다는 것과 다르다고 하였다(『한비자신교주』). 여기서의 진(晉)은 위(魏)를 가리키며, 위나라는 삼진(三晉)의 하나이므로 그렇게 부른 것이다.

110) 隰斯彌(습사미): 춘추 시대 제(齊)나라의 대부(大夫).

111) 南望隰子家之樹蔽之(남망습자가지수폐지): 왕선겸(王先謙)은 '가지(家之)' 두 자가 잘못 뒤바뀌었다고 하였다. 양수달(楊樹達)은 '남망(南望)'에서 끊어 읽어야 하며, 왕선겸이 구절을 잘못 끊었기에 글자를 뒤바꾸려 한 것으로 틀렸다고 하였다(『한비자신교주』).

112) 釜離數創(부리수창): 왕선신은 '이(離)'는 베는 것이며, 도끼로 그 나무를 베는데 흠집이 아직 많이 나지 않음을 말한다고 하였다(『한비자집해』).

113) 相室(상실): 경대부(卿大夫)의 집안일을 관리하는 사람, 남자는 가로(家老)라고 부르고, 여자는 부모(傅母)라고 부르며, 일반적으로는 가신(家臣)이라고 했다.

114) 數(삭): '속(速)'과 통한다. 왕선신은 '급(急)'이라고 하였다(『한비자집해』).

115) 楊子(양자): 양주(楊朱), 전국 시대 위(魏)나라의 도가(道家) 인물.

116) 父(부): 어떤 직업이나 노동에 종사하는 남자로 대부분 나이 많은 사람을 가리킨다. 여기서는 주인.

117) 行(행): 왕선신은 음이 하(下)와 맹(孟)의 반절이라고 하였다(『한비자집해』). 행위, 품행.

118) 成居(성거): 왕선신은 『서경(書經)·익직(益稷)』정현(鄭玄) 주(注)에 "성은 종과 같다.(成, 猶終也。)"라고 한 것과 『국어·주어(周語)』의 "성은 덕의 끝이다.(成, 德之終也。)"라고 한 것을 인용하며, 끝까지 같은 집에서 사는 것이 필연적인 것은 아니라고 하였다(『한비자집해』).

119) 反(반): '반(返)'과 통한다.

120) 知(지): 고광기는 '지(智)'로 읽는다고 하였다(『한비자집해』).

121) 令人臣(령인신): 양수달(楊樹達)은 '금인신(今人臣)'이 되어야 한다고 하였다(『한비자신교주』).

122) 左右(좌우): 근신(近臣), 시종(侍從).

123) 反(반): '반(返)'과 통한다.

124) 及見(급현): 고광기는 『도장(道藏)』본과 금본(今本)에는 '반(反)이 '급(及)'으로 되어 있다고 하였다. 왕선신은 두 자의 모양이 비슷하고 또 앞 문장과 연관되어(역주: 앞 문장에 '反'이 있음) 생긴 오류라며 반(反)을 급(及)으로 고쳤다(『한비자집해』). 진기유는 왕선신의 설이 틀리며, 반현(反見)은 부현(復見)과 같다고 하였다(『한비자신교주』).

125) 間(간): 엿보다.

126) 田伯鼎好士而存其君(전백정호사이존기군): 전백정(田伯鼎)이 군주를 온존하게 한 일은 고증할 수 없다.

127) 白公(백공): 백공승(白公勝). 춘추 시대 초(楚)나라 평왕(平王)의 태자 건(建)의 아들. B.C.479년, 오(吳)나라에서 소환된 뒤 반란을 일으켜 영윤(令尹) 자서(子西)와 사마(司馬) 자기(子期)를 살해하고 초나라 혜왕(惠王)을 협박해 국도(國都)를 통제했고 후에 엽공(葉公)에게 패하여 스스로 목을 매었다.

128) 其所以爲則異(기소이위즉이): 왕선신은 '이(以)' 다음에 '호사지(好士之)' 세 자가 있어야 한다고 하였다. 또한 『회남자(淮南子)·시칙훈(時則訓)』의 주(注)를 인용하여 "위는 고이다.(爲, 故也。)"라고 하였다(『한비자집해』).

129) 公孫友(공손우): 노문초는 '우(友)'는 '지(支)'가 되어야 한다고 하였다. 왕선신은 노문초의 말이 옳으며, 『좌전』에는 '지(枝)'로 되어 있는데 '지(枝)'와 '지(支)'는 같은 자라고 하였다(『한비자집해』). 공손지(公孫支)는 진(秦)나라 목공(穆公)의 대부(大夫)로, 『여씨춘추·불구편(不苟篇)』에 공손지가 자기 발을 베는 이야기가 나온다. 진(晉)나라와 제(齊)나라가 진(秦)

나라에 사신을 보내니 공손지가 진나라 목공에게 사신을 만나겠다고 청하자, 목공은 공손지가 상국인 백리해(百里奚)가 해야 할 일을 자기가 하려 한다며 그의 죄를 물었다. 백리해가 어쩔 수 없이 관리에게 명하여 공손지의 죄를 확정하게 하였고, 관리가 죄를 확정하기도 전에 공손지가 스스로 자기의 발을 베었다.

130) 百里(백리): 백리해(百里奚)를 가리킨다.

131) 宮(궁): 거세하다, 생식기를 절단하다.

132) 謟(도): '첨(諂)'의 속자(俗字).

133) 慧子(혜자): 노문초는 '혜(慧)'와 '혜(惠)'는 같다고 하였다(『한비자집해』). 혜자는 곧 혜시(惠施), 전국 시대 송(宋)나라 사람으로 명가(名家)의 대표적 인물이다.

제23편 설림(說林) 하(下)

전해 오는 이야기의 모음

解 題

특성과 체례가 앞 편과 같은데 분량이 많아서 상하로 나눈 것이다. 해제는 「설림상(說林上)」을 참조.

백락(伯樂)이 두 사람에게 발길질 잘하는 말을 판별하는 것을 가르치면서, 함께 조간자(趙簡子)의 마구간에 가서 말을 살펴보았다. 한 사람이 발길질 잘하는 말을 가려내었고, 또 한 사람은 그 말의 뒤를 따라가, 여러 차례 말의 엉덩이를 쓰다듬었지만 말은 발길질을 하지 않았고, 처음 말을 가려내었던 사람은 자기가 잘못 판별하였다고 생각하였다. 엉덩이를 쓰다듬었던 그 사람이 말하기를 "당신이 잘못 판별한 것이 아니니, 이놈은 한 필의 말로서 보건대, 어깨가 삐고 무릎이 부었소. 저 발길질 잘하는 말은, 뒷다리를 들어 체중을 앞다리에 맡기는데, 이 말은 부은 무릎이 체중을 감당할 수 없어서, 뒷다리를 들지 못하는 것이오. 당신은 발길질 잘하는 말을 판별하는 데에는 뛰어나지만 부은 무릎을 살피는 데에는 서투르군요."라고 하였다. 대저 일에는 반드시 귀결되는 바가 있다. 무릎이 부어 체중을 감당할 수 없는 이치는, 지혜로운 사람만이 안다. 혜시(惠施)가 말하기를 "원숭이를 우리[柙] 안에 가두어 놓으면, 새끼 돼지와 같아진다."라고 하였다. 그러므로 형세가 불리하면, 재능을 펼칠 수 없다.

伯樂[1]教二人相踶[2]馬, 相與之簡子[3]廐觀馬。一人擧[4]踶馬, 其一人擧踶馬其一人[5]從後而循之, 三撫其尻而馬不踶, 此[6]自以爲失相。其一人曰, "子非失相也, 此其爲馬也, 踒[7]肩而腫膝。夫踶馬也者, 擧後而任前, 腫膝不可任也, 故後不擧。子巧於相踶馬而拙於任腫膝[8]。" 夫事有所必歸, 而以有所[9]。腫膝而不任, 智者之所獨知也。惠子曰, "置猿於柙中, 則與豚同。" 故勢不便, 非所以逞能也。

○○○

위(衛)나라의 장군 문자(文子)가 증자(曾子)를 만났는데, 증자는 일어나지도 않은 채 그를 자리로 인도하고는, 자신은 아랫목에서 몸을 꽂꽂이 하고 앉아 있었다. 문자가 그의 마부에게 말하기를 "증자는, 어리석인 사람이구나! 나를 군자로 여긴다면, 군자를 어찌 공경하지 않을 수 있겠는가! 나를 포악한 사람으로 여긴다면, 포악한 사람을 어찌 모욕할 수 있겠는가! 증자가 죽음을 당하지 않은 것은, 아직 죽을 때가 되지 않아서일 뿐이다."라고 하였다.

衛將軍文子[10]見曾子, 曾子不起而延[11]於坐席, 正身見[12]於奧[13]。文子謂其御曰, "曾子, 愚人也哉! 以我爲君子也, 君子安可毋敬也! 以我爲暴人也, 暴人安可侮也! 曾子不僇[14], 命也。"

○○○

새 중에 주주(翢翢)라는 것이 있는데, 머리는 무겁고 꼬리는 짧아, 강가에서 물을 마시려고 하면, 반드시 넘어지므로, 다른 한 마리가 그 깃털을 입으로 물어주어야 물을 마신다. 사람 중에서 '물을 마시고' 싶어도 능력이 부족한 사람은, 주주의 깃털 같은 것을 찾지 않으면 안 된다.

鳥有翢翢[15]者, 重首而屈[16]尾, 將欲飮於河, 則必顚, 乃銜其羽而飮之。人之所有飮不足者, 不可不索其羽也。

○○○

두렁허리는 뱀과 비슷하고, 누에는 나비 애벌레와 비슷한데, 사람들이 뱀을 보면 놀라고, 나비 애벌레를 보면 솜털이 곤두선다. 그러나 물고기 잡는 사람은 두렁허리를 손에 쥐고, 양잠하는 아낙네는 누에를 손으로 주우니, 이익이 있는 곳에는, 사람들이 모두 맹분(孟賁)·전제(專諸)와 같은 용사(勇士)가 된다.

鱣[17]似蛇, 蠶似蠋[18], 人見蛇則驚駭, 見蠋則毛起。漁者持鱣, 婦人拾蠶, 利之所在, 皆爲賁、諸[19]。

○ ○ ○

백락(伯樂)은 자기가 미워하는 사람에게는 천리마 판별하는 법을 가르쳤고, 자기가 아끼는 사람에게는 둔한 말 판별하는 법을 가르쳤다. 천리마는 계절에 한 번 보일 정도여서, 그 이익은 더디게 나타났다. 둔한 말은 날마다 팔려서, 그 이익은 빠르게 나타났다. 이것이 『주서(周書)』에서 말하는 "하찮은 말[下言]도 귀중한 용도가 있으니, 일종의 현혹이다."라는 것이다.

伯樂教其所憎者相千里之馬, 教其所愛者相駑馬。以千里之馬時一有, 其利緩。駑馬日售, 其利急。此『周書』所謂 "下言而上用者[20], 惑也"。

○ ○ ○

환혁(桓赫)이 말하기를 "조각의 원칙은, 코는 크게 해놓는 것이 좋고, 눈은 작게 해놓는 것이 좋다. 코가 크면 작게 다듬을 수 있으나, 작게 새기면 크게 할 수 없다. 눈이 작으면 크게 다듬을 수 있으나, 크게 새기면 작게 할 수 없다."라고 하였다. 모든 일이 또한 이러하니, 나중에 보완할 수 있는 그런 일을 한다면, 일은 실패가 적게 된다.

桓赫曰, "刻削之道, 鼻莫如大, 目莫如小。鼻大可小, 小不可大也。目小可大，大不可小也。” 擧事亦然，爲其後可復[21]者也，則事寡敗矣。

○ ○ ○

숭후호(崇侯虎)와 악래(惡來)는 주왕(紂王)에 영합하지 않으면 주살(誅殺)될 것은 알았으나, 무왕(武王)이 주왕을 멸할 것은 내다보지 못하였다. 비간(比干)과 오자서(伍子胥)는 자기들의 군주가 반드시 망할 것은 알았으나, 자신들이 죽을 것은 알지 못하였다. 그러므로 말하기를 “숭후호와 악래는 군주의 마음은 알았지만 정사(政事)는 알지 못하였고, 비간과 오자서는 정사는 알았으나 군주의 마음은 알지 못하였다.”라고 하였다. 성인(聖人)은 그것을 다 갖추었다.

崇侯、惡來[22]知不適紂之誅也，而不見武王之滅之也。比干、子胥知其君之必亡也，而不知身之死也。故曰，“崇侯、惡來知心而不知事，比干、子胥知事而不知心。” 聖人其備矣。

○ ○ ○

송(宋)나라 태재(太宰)는 지위가 높아 마음대로 결정을 내렸다. 계자(季子)가 송나라 군주를 알현하려고 하자, 양자(梁子)가 그것을 듣고 말하기를 “당신이 군주에게 드리려는 말씀은 반드시 태재와 더불어 세 사람이 같이 앉아 있을 때에만 할 수 있으니, 그렇지 않으면, 재앙을 면할 수 없습니다.”라고 하였다. 계자는 그리하여 송나라 군주에게 양생을 귀히 여기고 국사(國事)를 가벼이 여기는 것에 대해서만 말하였다.

宋太宰貴而主斷。季子將見宋君，梁子聞之曰，“語必可與太宰三坐乎，不然，將不免。”季子因說以貴主[23]而輕國。

○○○

양주(楊朱)의 동생 양포(楊布)가 흰 옷을 입고 외출하였는데, 비가 내리자, 흰 옷을 벗고, 검은 옷을 입고 돌아왔다. 그의 개가 알아보지 못하고 그에게 짖자, 양포는 화가 났고, 개를 때리려고 하였다. 양주가 말하기를 "때리지 마라, 너 또한 이 개와 같을 것이다. 방금 너의 개가 흰 몸으로 나갔다가, 검은 몸으로 돌아온다면, 너는 이상하게 여기지 않을 수 있겠는가!"라고 하였다.

楊朱之弟楊布衣素衣而出，天雨，解素衣，衣緇[24]衣而反[25]。其狗不知而吠之，楊布怒，將擊之。楊朱曰，“子毋擊也，子亦猶是。曩者使女[26]狗白而往，黑而來，子豈能毋怪哉!”

○○○

혜시(惠施)가 말하기를 "예(羿)가 깍지를 집고 팔 씌우개를 쥐며, 활을 들고 화살을 시위에 걸어 발사 장치를 힘껏 당기면, 관계가 먼 월(越)나라 사람도 다투어 표적을 들어준다. 어린아이가 활을 당기면, 자애로운 어머니라도 집으로 들어가 문을 닫는다. 그러므로 말하기를 '반드시 명중한다면, 관계가 먼 월나라 사람도 예(羿)를 의심하지 않는다. 반드시 명중하는 것은 아니라면, 자애로운 어머니라도 어린아이를 피한다.'라고 하는 것이다."라고 하였다.

惠子曰，“羿[27]執鞅[28]持扞[29]，操弓關機[30]，越人[31]爭爲持的[32]。弱子扜弓[33], 慈母入室閉戶。故曰, '可必, 則越人不疑羿。不可必, 則慈母逃弱子。'"

○ ○ ○

제(齊)나라 환공(桓公)이 관중(管仲)에게 묻기를 "부유함에 끝이 있소?"라고 하였다. 관중이 대답하기를 "물에 끝이 있는 것은, 그 물이 없는 곳이 존재하기 때문입니다. 부유함에 끝이 있는 것은, 그 부유함이 이미 사람을 만족시켰기 때문입니다. 사람은 만족하는 데서 스스로 머무를 수 없어서, 그 부유함의 끝을 망각합니다."라고 하였다.

桓公問管仲, "富有涯乎?" 答曰, "水之以[34]涯, 其無水者也。富之以涯, 其富已足者也。人不能自止於足, 而亡[35]其富之涯乎。"

○ ○ ○

송(宋)나라의 부유한 상인 가운데 감지자(監止子)라는 이가 있었는데, 다른 사람과 값이 백금(百金)인 옥돌을 사려고 다투었고, 그래서 손에서 놓친 것인 양 옥돌을 깨뜨려, 파는 사람에게 백금을 배상하였고, 그 훼손된 흠집을 다듬어서, 천금을 얻었다. 일에는 그것을 하려고 해도 실패하는 것이 있지만, 그래도 그것을 하지 않는 것보다 나으니, 옥돌을 배상한 일이 이러한 것이다.

宋之富賈有監止子者, 與人爭買百金之璞玉, 因佯失而毀之, 負[36]其百金, 而理其毀瑕, 得千溢[37]焉。事有擧之而有敗, 而賢[38]其毋擧之者, 負之時[39]也。

○ ○ ○

수레 모는 기술로써 초(楚)나라 왕을 알현하려는 자가 있었는데, 많은 마부들이 그를 시기하였고, 그래서 그는 말하기를 "저는 사슴을 추격할 수 있습니다."라고 하였다. 그가 왕을 알현하였고, 왕이 수레를 몰았으나, 사슴을 따라잡지 못했다. 마부 자신이 수레를 몰아, 사슴을 따라잡았다. 왕이 수레 모는 그의 기술을 훌륭하다고 하니, 그제야 그는 마부들이 자기를 시기한다고 말하였다.

有欲以御見荊王者， 衆騶妒之， 因曰， "臣能撽[40]鹿。" 見王， 王爲御， 不及鹿。自御， 及之。王善其御也， 乃言衆騶妒之。

○ ○ ○

초(楚)나라가 공손조(公孫朝)에게 군대를 거느리고 진(陳)나라를 공격할 것을 명령하였다. 한 노인이 그를 전송하면서 말하기를 "진(晉)나라가 강하여 반드시 진(陳)나라를 도울 것이니, 신중하지 않으면 안 되오."라고 하였다. 공손조가 말하기를 "어르신께서는 무엇을 근심하십니까, 제가 어르신을 위해 진(晉)나라를 쳐부수겠습니다."라고 하였다. 노인이 말하기를 "좋소. 나는 방금 진(陳)나라 도성 남쪽 문밖에 병영(兵營)을 지었소."라고 하였다. 공손조가 말하기를 "이는 무슨 말씀입니까?"라고 하였다. 노인이 말하기를 "나는 구천(句踐)을 비웃는 것이니, 처세하는 것이 이처럼 쉽다면, 자기 혼자 어찌하여 부지런히 노력하며 십 년의 어려움을 겪었겠소!"라고 하였다.

荊令公子[41]將[42]伐陳。 丈人[43]送之曰， "晉强[44]， 不可不愼也。" 公子曰， "丈人奚憂， 吾爲丈人破晉。" 丈人曰， "可。 吾方廬陳南門之外[45]。" 公子曰, "是何也?" 曰, "我笑句踐也, 爲人之如是其易也, 己獨何爲密密[46]十年難乎!"

○ ○ ○

요(堯)가 천하를 허유(許由)에게 양보하려고 하자, 허유는 그것을 피하여, 한 백성의 집에 머물렀는데, 그 백성은 자기의 가죽 관을 감추었다. 허유는 천하도 버렸는데 이 백성은 자기의 가죽 관을 감추었으니, 이는 허유라는 사람을 제대로 알지 못했기 때문이다.

堯以天下讓許由[47], 許由逃之, 舍於家人[48], 家人藏其皮冠。 夫棄天下而家人藏其皮冠, 是不知許由者也。

○ ○ ○

이[蝨] 세 마리가 서로 언쟁을 하고 있었는데, 어떤 이[蝨] 한 마리가 그들 옆을 지나가면서, 말하기를 "너희는 무엇을 가지고 언쟁하고 있는가?"라고 하였다. 이[蝨] 세 마리가 말하기를 "우리는 돼지의 살찐 데를 차지하려고 다투고 있다."라고 하였다. 지나가는 이[蝨]가 말하기를 "너희는 선달 제사 때가 되면 띠[茅]로 돼지를 태우는 것은 근심하지도 않으면서, 너희는 또한 무엇을 근심하고 있는가?"라고 하였다. 그리하여 세 마리의 이[蝨]는 서로 모여 돼지의 피를 빨아 먹었다. 돼지는 야위었고, 사람들은 이에 그것을 죽이지 않았다.

三蝨食彘[49], 相與訟, 一蝨過之, 曰, "訟者奚說?" 三蝨曰, "爭肥饒之地。" 一蝨曰, "若[50]亦不患臘[51]之至而茅之燥[52]耳, 若又奚患?" 於是乃相與聚嘬[53]其身[54]而食之。彘臞[55], 人乃弗殺。

○ ○ ○

동물 중에 살무사라는 것이 있는데, 몸은 하나인데 입이 두 개이고, 먹을 것을 다투느라 서로 깨물었고, 그리하여 서로를 죽였다. 신하들 가운데 권력과 이익을 다투다가 나라를 망하게 하는 자는, 모두 살무사와 같은 부류이다.

蟲[56]有蚘[57]者，一身兩口，爭食相齕[58]，遂相殺也。人臣之爭事而亡其國者，皆蚘類也。

○ ○ ○

집은 흰 흙을 바르고, 기물은 씻으면, 깨끗해진다. 처세하는 것도 이와 같으니, 세척하거나 흰 흙을 바를 곳이 없다면 허물이 적게 된다.

宮有[59]堊[60]，器有滌，則潔矣。行身[61]亦然，無滌堊之地則寡非[62]矣。

○ ○ ○

공자 규(糾)가 난을 일으키려고 하자, 제(齊)나라 환공(桓公)이 사자를 보내 그를 살펴보게 하였다. 사자가 보고하기를 "공자 규는 웃으면서도 즐거워하지 않고, 보면서도 눈에 들어오는 것이 없으니, 반드시 난을 일으킬 것입니다."라고 하였다. 이에 노(魯)나라 사람을 시켜 그를 죽였다.

公子糾將爲亂[63]，桓公使使者視之。使者報曰，"笑不樂，視不見，必爲亂。” 乃使魯人殺之。

○ ○ ○

공손홍(公孫弘)이 머리카락을 자르고 월(越)나라 왕의 기사(騎士)가 되었는데, 공손희(公孫喜)가 사람을 보내 그와 절교하며 말하기를 “나는 그대와 형제를 하지 않겠노라.”라고 하였다. 공손홍이 말하기를 “나는 머리카락을 잘랐지만, 그대는 목이 잘릴 위험을 감수하면서 다른 사람을 위해 군대를 이끌고 싸우니, 나는 그대에게 무슨 말을 해야 할 것인가?”라고 하였다. 주남(周南)의 전투 중에, 공손희는 그곳에서 죽었다.

公孫弘[64]斷髮[65]而爲越王騎, 公孫喜[66]使人絶之曰, “吾不與子爲昆弟矣。” 公孫弘曰, “我斷髮, 子斷頸而爲人用兵, 我將謂子何?” 周南[67]之戰, 公孫喜死焉。

○ ○ ○

포악한 사람과 이웃이 된 사람이 있었는데, 집을 팔고 그 사람을 피하고자 하였다. 어떤 사람이 말하기를 “이 포악한 사람은 죄악이 곧 가득 차려고 하니, 그대는 잠시만 그를 기다리시게.”라고 하였다. 집을 팔려고 하는 사람이 대답하기를 “나는 저 사람이 나를 가지고 죄악을 채울까 두렵소.”라고 하였다. 그리하여 포악한 사람을 떠났다. 그러므로 말하기를 “위험한 일은, 지체할 바가 아니다.”라고 하는 것이다.

有與悍者鄰, 欲賣宅而避之。人曰, “是其貫將滿[68]矣, 子姑待之。”

答曰, "吾恐其以我滿貫也。" 遂去之。故曰, "物[69]之幾[70]者, 非所靡[71]也。"

○○○

공자(孔子)가 제자들에게 말하기를 "자서(子西)가 명예를 추구하는 것을 누가 말릴 수 있는가?"라고 하였다. 자공(子貢)이 말하기를 "저 단목사(端木賜)가 할 수 있습니다."라고 하였다. 이에 자서를 깨우쳐 주니, 자서는 명예를 추구하는 것에 다시는 미혹되지 않았다. 공자가 말하기를 "넓도다! 명리(名利)에 뒤덮이지 않는 포부가. 깨끗하도다! 사람의 성품에 항심(恒心)이 있는 것이. 그러나 바르지 않은 것은 늘 바르지 않고, 올바른 것은 늘 올바르다."라고 하였다. 공자가 또 말하기를 "자서는 재앙을 면치 못할 것이다."라고 하였다. 백공승(白公勝)이 난을 일으킬 때, 자서는 과연 백공승의 손에 죽었다. 그러므로 말하기를 "말로는 올바른 사람도 욕망에 있어서는 바르지 않다."라고 하는 것이다.

孔子謂弟子曰, "孰能導[72]子西[73]之釣名[74]也?" 子貢[75]曰, "賜也能。" 乃導之, 不復疑也。孔子曰, "寬哉! 不被於利。絜[76]哉! 民性有恆。曲爲曲, 直爲直。" 孔子曰, "子西不免。" 白公之難, 子西死焉。故曰, "直於行[77]者曲於欲[78]"。

○○○

진(晉)나라 중항문자(中行文子)가 국경을 넘어 도망가다, 현성(縣城)을 지났고, 시종이 말하기를 "이 현의 색부(嗇夫)는, 공의 친구인데, 공께서는 어찌하여 머물지 않으십니까? 머무르시며 잠시 뒤에서 수행하는 수레를 기다리시지요."라고 하였다. 문자가 말하기를 "내가 일찍이 음악을 좋아하였는데, 이 사람은 내게 거문고를 주었다. 내가 허리띠에 다는 옥으로 된 장식을 좋아하였는데, 이 사람은 내게 둥근 옥을 주었다. 이는 나의 허물을 조장한 사람이다. 이것으로써 나에게 환심을 구한 사람이니, 나는 그가 나를 가지고 다른 사람에게 환심을 구할까 두렵다."라고 하였다. 이에 문자는 그곳을 떠났다. 과연 그 사람은 문자의 뒤에서 수행하는 수레 두 대를 몰수하여 그것을 자기의 군주에게 바쳤다.

晉中行文子[79]出亡, 過於縣邑[80]。從者曰, "此嗇夫[81], 公之故人, 公奚不休舍? 且待後車。" 文子曰, "吾嘗好音, 此人遺我鳴琴[82]。吾好珮[83], 此人遺我玉環。是振我過者也。以求容[84]於我者, 吾恐其以我求容於人也。" 乃去之。果收文子後車二乘而獻之其君矣。

○○○

주조(周趮)가 궁타(宮他)에게 말하기를 "나를 대신해 제(齊)나라 왕에게 '제나라의 힘으로 제가 위(魏)나라에서 권세를 얻도록 도와주시면, 청컨대 저는 위나라를 가지고 왕을 섬기겠습니다.'라고 말해주시오."라고 하였다. 궁타가 말하기를 "안 됩니다, 이는 제나라 왕에게 공이 아직 위나라를 차지하지 못했음을 보이는 것이니, 제나라 왕은 위나라에서 권세가 없는 사람을 도와 위나라를 차지하고 있는 사람에게 미움을 살 일은 반드시 하지 않을 것입니다. 공은 차라리 '왕께서 바라시는 바에 따라, 저는 청컨대 위나라를 가지고 왕을 따르겠습니다.'라고 말하는 것이 좋습니다. 제나라 왕은 반드시 공이 위나라를 차지했다고 여기고, 반드시 공을 따를 것입니다. 이렇게 되면 공께서는 제나라를 조종하고, 또 제나라에 의지하여 위나라를 차지할 수 있게 됩니다."라고 하였다.

周趮[85]謂宮他[86]曰, "爲我謂齊王曰, '以齊資我於魏, 請以魏事王。'" 宮他曰, "不可, 是示之無魏也, 齊王必不資於無魏者而以怨有魏者。公不如曰, '以王之所欲, 臣請以魏聽王。' 齊王必以公爲有魏也, 必因[87]公。是公有齊也, 因以有齊、魏矣[88]。"

○ ○ ○

백규(白圭)가 송(宋)나라 대윤(大尹)에게 말하기를 "국왕이 장성하여, 스스로 정사를 맡으면, 공께서는 할 일이 없게 됩니다. 지금 국왕은 어린 군주이며, 명성을 추구하고 있으니, 차라리 초(楚)나라로 하여금 국왕의 효성을 축하하게 하는 것이 좋으며, 그렇다면 국왕은 공의 지위를 빼앗지 않고 공을 크게 존중할 것이고, 그렇다면 공께서는 영원히 송나라에서 집권하실 수 있게 됩니다."라고 하였다.

白圭[89]謂宋令尹[90]曰, "君長, 自知政, 公無事矣。今君少主也, 而務[91]名, 不如令荊賀君之孝也, 則君不奪公位[92]而大敬重公, 則公常用[93]宋矣。"

○ ○ ○

관중(管仲)과 포숙아(鮑叔牙)가 서로 상의하기를 "국왕이 매우 혼미하니, 반드시 정권을 잃을 것이다. 제(齊)나라의 여러 공자들 가운데 보좌할 만한 사람은, 공자 규(糾) 아니면 공자 소백(小白)이다. 그대와 더불어 각자 한 사람을 섬겨, 먼저 뜻을 이룬 사람이 상대방을 끌어모으자."라고 하였다. 관중은 이에 공자 규를 따랐고, 포숙아는 공자 소백을 따랐다. 제나라 사람이 과연 국왕을 시해하였다. 공자 소백이 먼저 제나라에 들어가 국왕이 되었고, 노(魯)나라 사람은 관중을 구금하여 그를 제나라 환공(桓公)에게 바쳤는데, 포숙아가 이야기하여 환공은 관중을 상국(相國)에 임명하였다. 그러므로 속담에 이르기를 "무함(巫咸)은 비록 기도를 잘하지만, 기도로써 자기를 위해 재앙을 제거하지 못한다. 진(秦) 의사는 비록 질병을 잘 없애지만, 돌침으로써 자기를 위해 병을 치료하지 못한다."라고 한 것이다. 관중과 같은 현명함으로도 포숙아의 도움에 의지해야하니, 이것은 속담에서 말하는 "노예가 스스로 가죽옷을 팔아도 팔리지 않고, 선비가 스스로 구변을 칭찬해도 믿음을 받지 못한다"라는 것과 같은 일이다.

管仲、鮑叔相謂曰, "君[94]亂甚矣, 必失國[95]。 齊國之諸公子其可輔者, 非公子糾則小白也。 與子人事一人焉, 先達者相收。" 管仲乃從公子糾, 鮑叔從小白。 國人果弑君[96]。 小白先入爲君, 魯人拘管仲而效[97]之, 鮑叔言而相之。 故諺曰, "巫咸[98]雖善祝, 不能自祓[99]也。 秦醫[100]雖善除, 不能自彈[101]也。" 以管仲之聖而待鮑叔之助, 此鄙諺所謂"虜自賣裘而不售, 士自譽辯而不信"者也。

○○○

초(楚)나라 왕이 오(吳)나라를 공격하자, 오나라 왕은 저위궤융(沮衛蹷融)을 보내 술과 음식으로 초나라 군사를 위로하게 하였는데, 초나라 장군이 말하기를 "저 사람을 묶고, 살해하여 북에 제사 지내라."라고 하였다. 초나라 사람이 저위궤융에게 묻기를 "너는 올 때 점을 쳤는가?" 하니 "점을 쳤었다."라고 대답하였다. "점이 길하였나?" 하니 "길하였다."라고 하였다. 초나라 사람이 말하기를 "지금 초나라 장군이 너의 피를 가지고 북에 제사를 지내려고 하는데, 그것은 무엇 때문인가?"라고 하였다. 그가 대답하기를 "이것이 바로 점이 길하다는 까닭이다. 오나라 왕이 나를 보낸 것은, 본래 장군이 노하는지 아닌지 보려는 것인데, 장군이 노하면, 우리는 도랑을 깊이 파고 진을 높이 쌓을 것이고, 장군이 노하지 않으면, 우리는 해이해질 것이다. 지금 장군이 나를 죽이면, 오나라는 반드시 경계하여 방어할 것이다. 게다가 나라의 점은, 신하 한 사람을 위하여 보는 것이 아니다. 대저 신하 하나를 죽여 한 나라를 존속하게 하니, 그것을 '길하다'고 하지 않으면 무엇이라고 부르겠는가? 게다가 죽은 사람이 지각이 없다면, 내 피를 가지고 북에 제사를 지내도 이로울 것이 없다. 죽은 사람이 지각이 있다면, 나는 전투가 벌어질 때, 북이 울리지 못하도록 하겠다."라고 하였다. 초나라 사람은 이에 그를 죽이지 않았다.

荊王伐吳[102]， 吳使沮衛、蹷融[103]犒[104]於荊師， 荊將軍曰， "縛之， 殺以釁鼓[105]。" 問之曰， "汝來卜乎?" 答曰， "卜。" "卜吉乎?" 曰， "吉。" 荊人曰， "今荊將以女釁鼓， 其何也?" 答曰， "是故[106]其所以吉也。吳使人[107]來也， 固視將軍怒， 將軍怒， 將深溝高壘， 將軍不怒， 將懈怠。今也將軍殺臣， 則吳必警守矣。且國之卜， 非爲一臣卜。夫殺一臣而存一國， 其不言'吉'何也? 且死者無知， 則以臣釁鼓無益也。死者有知也， 臣將當戰之時， 臣使鼓不鳴。" 荊人因不殺也。

○○○

지백(智伯)이 구유국(仇由國)을 공격하려고 하였지만 길이 험난하여 통행하기가 쉽지 않았다. 이에 큰 종을 주조하여 구유국의 군주에게 보내려고 하자, 구유국의 군주는 크게 기뻐하였고, 길을 닦아 그것을 받아들이려고 하였다. 적장만지(赤章曼枝)가 말하기를 "안 됩니다. 이는 작은 나라가 큰 나라를 섬기는 방법인데, 지금 큰 나라가 큰 종을 가져다 우리에게 보내오니, 그 나라의 군대가 반드시 큰 종을 따라서 올 것이므로, 받아들여서는 안 됩니다."라고 하였다. 구유국의 군주는 그의 말을 듣지 않고, 그것을 받아들였다. 적장만지는 그리하여 수레 바퀴통의 굴대를 짧게 잘라 길을 재촉하였고, 그가 제(齊)나라에 이른 지 칠 개월 뒤에, 구유국은 망했다.

知伯[108]將伐仇由[109]而道難不通。乃鑄大鐘遺[110]仇由之君，仇由之君大說[111]，除道將內[112]之。赤章曼枝曰，"不可。此小之所以事大也，而今也大以來，卒必隨之，不可內也。"仇由之君不聽，遂內之。赤章曼枝因斷轂[113]而驅，至於齊七月，而仇由亡矣。

○ ○ ○

월(越)나라가 오(吳)나라에 승리한 뒤에, 또 초(楚)나라에게 군대를 요청하여 진(晉)나라를 공격하려고 하였다. 좌사(左史) 의상(倚相)이 초나라 왕에게 말하기를 "대저 월나라가 오나라를 쳐부순 뒤, 뛰어난 전사는 다 죽고, 정예 부대는 다 썼으며, 무기와 장비는 파손되었습니다. 지금 또 군대를 요청하여 진나라를 공격한다는 것은, 저들이 지치지 않았음을 우리에게 보이려는 것입니다. 군대를 일으켜 저들과 오나라를 나누어 갖는 것이 좋을 듯합니다."라고 하였다. 초나라 왕이 말하기를 "좋다."라고 하였다. 곧 군대를 파견하여 월나라 군대를 추격하였다. 월나라 왕이 노하여, 초나라 군대를 공격하려고 하였다. 대부 문종(文種)이 말하기를 "안 됩니다. 우리는 뛰어난 전사가 다 죽었고, 무기와 장비도 파손되었는데, 우리가 저들과 싸운다면 반드시 이기지 못할 것이니, 저들에게 뇌물을 주는 것이 낫습니다."라고 하였다. 이에 노산(露山) 북쪽 오백 리의 땅을 떼어 초나라에게 뇌물로 주었다.

越已勝吳，又索卒於荊而攻晉。左史[114]倚相謂荊王[115]曰，"夫越破吳，豪士死，銳卒盡，大甲[116]傷。今又索卒以攻晉，示我不病[117]也。不如起師與分吳。"荊王曰，"善。"因起師而從[118]越。越王怒，將擊之。大夫種[119]曰，"不可。吾豪士盡，大甲傷，我與戰必不剋，不如賂之。"乃割露山[120]之陰五百里以賂之。

○○○

초(楚)나라가 진(陳)나라를 공격하자, 오(吳)나라가 진나라를 구원하였는데, 오나라와 초나라 군대가 삼십 리 떨어져 있었고, 비가 열흘 동안 내리다가, 밤에 개었다. 좌사(左史) 의상(倚相)이 자기(子期)에게 말하기를 "비가 열흘 동안 내려, 갑옷을 한데 모아 두고는 전사에게 입히지 않았고 무기를 한데 쌓아 두고는 전사에게 주지 않았는데, (이제 비가 개어) 오나라 사람이 반드시 쳐들어올 것이니, 그들을 방비하는 것이 좋겠습니다."라고 하였다. 이에 진을 치니, 진을 완성하기도 전에 오나라 사람이 당도하였고, 초나라의 진을 보고는 돌아갔다. 좌사 의상이 말하기를 "오나라 군대는 육십 리를 왔다 갔다 했고, 저들의 군관은 반드시 쉬고 있을 것이고, 병사는 반드시 밥을 먹고 있을 것이니, 우리가 삼십 리를 행군하여 저들을 공격하면, 반드시 물리칠 수 있을 것입니다."라고 하였다. 이에 그들을 추격하여, 오나라 군대를 물리쳤다.

荊伐陳[121], 吳救之[122], 軍間[123]三十里, 雨十日, 夜星[124]。左史倚相謂子期[125]曰, "雨十日, 甲輯[126]而兵聚, 吳人必至, 不如備之。" 乃爲陳[127], 陳未成也而吳人至, 見荊陳而反[128]。左史曰, "吳反覆六十里, 其君子[129]必休, 小人[130]必食, 我行三十里擊之, 必可敗也。" 乃從[131]之, 遂破吳軍。

○ ○ ○

한(韓)나라와 조(趙)나라가 서로 적이 되자, 한나라 군주가 위(魏)나라 군주에게 군대를 요청하면서 말하기를 "군사를 빌려 조나라를 공격하기를 원합니다."라고 하였다. 위나라 문후(文侯)가 말하기를 "과인은 조나라 군주와 형제이니, 따를 수 없소."라고 하였다. 조나라 군주 또한 군대를 요청하여 한나라를 공격하려고 하니, 위나라 문후가 말하기를 "과인은 한나라 군주와 형제이니, 감히 따를 수 없소."라고 하였다. 두 나라는 군대를 빌리지 못하자, 화를 내며 돌아갔다. 나중에서야 그들은 위나라 문후가 이러한 방법을 통하여 자기들을 화해시키려 했음을 알고, 이에 모두 위나라 군주를 알현하였다.

韓、趙相與爲難[132], 韓子索兵於魏曰, "願借師以伐趙。" 魏文侯[133]曰, "寡人與趙兄弟, 不可以從。" 趙又索兵攻韓, 文侯曰, "寡人與韓兄弟, 不敢從。" 二國不得兵, 怒而反[134]。已[135]乃知文侯以搆[136]於己, 乃皆朝魏。

○ ○ ○

제(齊)나라가 노(魯)나라를 공격하여, 참정(讒鼎)을 요구하였고, 노나라는 그 가짜를 보냈다. 제나라 사람이 말하기를 "가짜다."라고 하였고, 노나라 사람이 말하기를 "진짜다."라고 하였다. 제나라 사람이 말하기를 "악정자춘(樂正子春)을 보내 증명하면, 우리는 당신을 믿겠다." 라고 하였다. 노나라 군주가 악정자춘에게 갈 것을 요청하였는데, 악정자춘이 말하기를 "어찌하여 그 진짜를 보내지 않았습니까?"라고 하였다. 군주가 말하기를 "나는 그것을 아낀다네."라고 하였다. 악정자춘이 대답하기를 "저 또한 저의 신망을 아낍니다."라고 하였다.

齊伐魯, 索讒鼎[137], 魯以其鴈[138]往。齊人曰, "鴈也。" 魯人曰, "眞也。" 齊曰, "使樂正子春[139]來, 吾將聽子。" 魯君請樂正子春, 樂正子春曰, "胡不以其眞往也?" 君曰, "我愛之。" 答曰, "臣亦愛臣之信。"

○ ○ ○

한구(韓咎)가 한(韓)나라의 군주로 즉위하는 일이, 아직 확정되지 않았다. 한구의 동생이 주(周)나라에 있었는데, 주나라는 동생을 중시하려고 하였지만, 한구가 군주로 즉위하지 못할 것을 두려워하였다. 기무회(綦毋恢)가 말하기를 "병거(兵車) 백 대로 그를 보내는 것이 좋겠습니다. 한구가 군주로 즉위할 수 있으면, '동생을 경호하기 위해서'라고 말합니다. 한구가 군주로 즉위하지 못하면, '적을 바치러 왔다'고 말합니다."라고 하였다.

韓咎[140]立爲君, 未定也。弟在周[141], 周欲重之, 而恐韓咎不立也。

綦毋恢[142]曰，“不若以車百乘送之。得立，因曰‘爲戒’。不立，則曰‘來效賊’也。”

○○○

정곽군(靖郭君)이 설(薛) 땅에 성을 쌓으려고 하자, 문객들 중에 그렇게 하지 말라고 간언하는 사람들이 많았다. 정곽군이 전달관에게 말하기를 "문객들에게 통보하지 말라."라고 하였다. 제(齊)나라 사람 중에 뵙기를 청하는 이가 있어 말하기를 "저는 세 글자로만 말하기를 청할 뿐이니, 세 글자를 넘는다면, 청컨대 저를 삶아 죽이십시오."라고 하였다. 정곽군이 이에 그를 만났다. 문객이 공손하게 종종걸음으로 빨리 들어가서 말하기를 "바다의 큰 물고기[海大魚]."라고 하고는 곧 종종걸음으로 급히 물러났다. 정곽군이 말하기를 "청컨대 그 설명을 듣고 싶소."라고 하였다. 문객이 말하기를 "저는 감히 죽음을 장난으로 여기지 않습니다."라고 하였다. 정곽군이 말하기를 "나에게 그것을 설명해 주기 바라오."라고 하였다. 문객이 말하기를 "주군께서는 큰 물고기에 대해 들어보셨습니까? 그물로도 멈추게 할 수 없고, 주살의 줄로도 얽어맬 수 없으나, 제멋대로 굴다가 물을 떠나면, 땅강아지와 개미들이 그 몸속에서 하고 싶은 대로 할 수 있습니다. 지금 저 제나라 또한 주군의 바다이니, 주군께서 오랫동안 제나라의 정권을 장악한다면, 설 땅을 가지고 무엇을 하시겠습니까? 주군께서 제나라의 정권을 잃는다면, 설령 설 땅의 성벽을 높이 쌓아 하늘에까지 이르러도, 여전히 이득이 없습니다."라고 하였다. 정곽군은 "옳다."라고 하였다. 이리하여 그만두고는, 설 땅에 성을 쌓지 않았다.

靖郭君[143]將城薛，客[144]多以諫者。靖郭君謂謁者[145]曰，“毋爲客通。” 齊人有請見者曰, “臣請三言而已, 過三言, 臣請烹[146]。” 靖郭君因見之。客趨進[147]曰, “海大魚。” 因反走[148]。靖郭君曰, “請聞其說。” 客曰, “臣不敢以死爲戲。” 靖郭君曰, “願爲寡人言之。” 答曰, “君聞大魚乎? 網不能止, 繳[149]不能絓[150]也, 蕩而失水, 螻蟻得意焉。今夫齊亦君之海也, 君長有齊, 奚以薛爲? 君失齊, 雖隆薛城至於天, 猶無益也。” 靖郭君曰: “善。” 乃輟, 不城薛。

○ ○ ○

초(楚)나라 왕의 동생이 진(秦)나라에 있었는데, 진나라는 그를 내보내지 않았다. 궁중의 위사(衛士)가 말하기를 “저에게 백금(百金)을 주시면, 저는 그를 나오게 할 수 있습니다.”라고 하였다. 이에 위사는 백금을 싣고 진(晉)나라로 갔고, 숙향(叔向)을 알현하며 말하기를 “초나라 왕의 동생이 진(秦)나라에 있는데, 진나라가 그를 내보내지 않습니다. 청컨대 백금으로 숙향께 이 일을 맡기겠습니다.”라고 하였다. 숙향은 황금을 받았고, 그리하여 그를 진(晉)나라 평공(平公)에게 소개하며 말하기를 “호구(壺丘)에 성을 쌓을 수 있게 되었습니다.”라고 하였다. 평공이 말하기를 “무엇 때문이오?”라고 하였다. 숙향이 대답하기를 “초나라 왕의 동생이 진(秦)나라에 있는데, 진나라는 그를 내보내지 않으니, 이는 진나라가 초나라를 증오하는 것으로, 저들은 반드시 우리가 호구에 성을 쌓는 것을 감히 금지하지 못할 것입니다. 만약 저들이 우리가 성을 쌓는 것을 금지한다면, 우리는 ‘우리에게 초나라 왕의 동생을 내보내면, 우리는 성을 쌓지 않겠다.’라고 말합니다. 저들이 초나라 왕의 동생을 내보내면, 초나라의 마음을 얻을 수 있습니다. 저들이 내보내지 않으면, 이는 끝까지 초나라를 증오하겠다는 것이니, 반드시 우리가 호구에 성을 쌓는 것을 감히 금지하지 못할 것입니다."라고 하였다. 평공이 "좋소."라고 하였다. 그리하여 호구에 성을 쌓아, 진(秦)나라 경공(景公)에게 말하기를 "우리에게 초나라 왕의 동생을 내보내면, 우리는 성을 쌓지 않겠다."라고 하였다. 진나라가 이에 초나라 왕의 동생을 내보내니, 초나라 왕이 크게 기뻐하며, 순금 백일(百鎰)을 진(晉)나라에 보냈다.

荊王弟[151)]在秦, 秦不出也。中射之士[152)]曰, "資臣百金, 臣能出之。" 因載百金之晉, 見叔向[153)]曰, "荊王弟在秦, 秦不出也。請以百金委叔向。" 叔向受金, 而以見[154)]之晉平公曰, "可以城壺丘[155)]矣。" 平公曰, "何也?" 對曰, "荊王弟在秦, 秦不出也, 是秦惡荊也, 必不敢禁我城壺丘。若禁之, 我曰, '爲我出荊王之弟, 吾不城也。' 彼如出之, 可以得荊。彼不出, 是卒惡也, 必不敢禁我城壺丘矣。" 公曰, "善。" 乃城壺丘, 謂秦公[156)]曰, "爲我出荊王之弟, 吾不城也。" 秦因出之, 荊王大說[157)], 以鍊金百鎰遺晉。

○ ○ ○

합려(闔廬)가 초(楚)나라 수도 영(郢)을 공격하였고, 세 번 싸워 모두 이긴 뒤에, 오자서(伍子胥)에게 묻기를 "이제 철수해도 되는가?"라고 하였다. 오자서가 대답하기를 "사람을 물에 빠뜨려 죽이려는데, 물을 한 모금만 마시게 하고 그만둔다면 물에 빠져 죽는 사람이 없는 것은, 그가 아직 숨이 멈추지 않았기 때문이니, 초나라 군대를 추격하여 그들을 물에 가라앉히는 것이 좋습니다."라고 하였다.

闔廬[158)]攻郢, 戰三勝[159)], 問子胥曰, "可以退乎?" 子胥對曰, "溺人者, 一飮而止則無逆[160)]者, 以其不休也, 不如乘[161)]之以沈之。"

○○○

정(鄭)나라의 어떤 사람에게 아들이 하나 있었고, 그 아들이 벼슬하러 외지로 가려고 할 때, 그의 집안사람에게 말하기를 "무너진 담을 반드시 쌓아야 하니, 이 담이 수리되지 않으면 다른 사람이 도둑질할 것입니다."라고 하였다. 같은 골목에 사는 그의 이웃도 그렇게 말하였다. 제때에 담을 쌓지 않아서, 다른 사람이 과연 그들 집안의 물건을 도둑질하였다. 정나라 사람은 자기 아들을 총명하다고 여겼고, 담을 수리해야 한다고 말했던 이웃을 도둑이라고 여겼다.

鄭人有一子, 將宦, 謂其家曰, "必築壞牆, 是不善[162]人將竊。" 其巷人[163]亦云。不時築, 而人果竊之。以其子爲智, 以巷人告者爲盜。

1) 伯樂(백락): 춘추 시대 진(秦)나라 목공(穆公)의 신하, 말을 잘 판별하였다. 여기서의 백락은 춘추 말 조간자(趙簡子)의 신하 왕량(王良)으로, 그 또한 말을 잘 판별하였으므로 백락이라고 불렀다.

2) 踶(제): 발로 차다.

3) 簡子(간자): 조간자(趙簡子). 이름은 앙(鞅), 춘추 시대 진(晉)나라 육경(六卿)의 하나.

4) 擧(거): 가려내다.

5) 擧踶馬其一人(거제마기일인): 고광기는 금본(今本)에는 이 여섯 자가 없으며 연문이라고 하였다(『한비자집해』).

6) 此(차): 진기유는 '차(此)' 다음에 '인(人)'자가 있어야 하며, 차인(此人)은 발길질 잘하는 말을 가려내던 사람이라고 하였다(『한비자신교주』).

7) 踒(와): 발 뼈가 부러지다. 일반적으로 골절되는 것을 가리킨다.

8) 子巧於相踶馬而拙於任腫膝(자교어상제마이졸어임종슬): 유월(兪樾)은 『한비자』원문에는 '자교어상제마이졸어재종슬(子巧於相踶馬而拙於在腫膝)'로 되어 있을 것이라며, '재(在)'는 찰(察)이라고 하였다(『한비자집해』).

9) 而以有所(이이유소): 왕선신은 의미가 완전하지 않으므로 탈문(脫文)이 있는 것 같다고 하였다(『한비자집해』). 진기유는 '무릇 일에는 반드시 귀결되는 바가 있고, 형세에는 불리한 것이 있다(夫事有所必歸, 而勢有所不便)'라고 해야 될 것 같다고 하였다(『한비자신교주』).

10) 衛將軍文子(위장군문자): 공손미모(公孫彌牟), 위(衛)나라 영공(靈公)의 손자로, 일찍이 위나라의 장군을 지냈고, 죽은 뒤의 시호가 '문자(文子)'이므로, '위장군문자(衛將軍文子)'라고 불렀다.

11) 延(연): 인도하다.

12) 見(견): 왕선신은 『태평어람(太平禦覽)』권188에 의거하여 '견(見)'자를 덧붙였는데(『한비자집해』), 진기유는 그렇게 하면 의미가 순통하지 않다고 하였다(『한비자신교주』).

13) 奧(오): 정실(正室) 서남쪽 모퉁이의 존귀한 자리, 아랫목.

14) 僇(륙): '육(戮)'과 통한다.

15) 翢翢(주주): 새의 이름.

16) 屈(굴): 짧다.

17) 鱣(선): '선(鱔)'과 같다.

18) 蠋(촉): 콩잎에 있는 나비 애벌레.

19) 賁、諸(분·제): 맹분(孟賁)과 전제(專諸). 맹분은 춘추 시대 위(衛)나라의 용사(勇士), 전제는 춘추 시대 오(吳)나라의 용사.

20) 下言而上用者(하언이상용자): 『회남자(淮南子)·범론훈(氾論訓)』에 "옛날 『주서』에 다음과 같이 말했다. '현명한 말이 신하에게 사용되고, 어리석은 말이 군주에게 사용된다. 현명한 말은 영원불변한 것이고, 어리석은 말은 임시방편적인 것이다.'(昔者『周書』有言曰, '上言者下用也, 下言者上用也。上言者常也, 下言者權也。')"라고 하였다.

21) 復(복): 중복하다, 파생하여 '보완하다'는 뜻이다.

22) 崇侯、惡來(숭후·악래): 숭후호(崇侯虎)와 악래(惡來), 모두 상(商)나라 주왕(紂王)의 간신.

23) 主(주): 고광기는 '주(主)'는 '생(生)'이 되어야 하며, 『여씨춘추·귀생(貴生)』편도 같은 뜻이라고 하였다(『한비자집해』).

24) 緇(치): 검다.

25) 反(반): '반(返)'과 통한다.

26) 女(여): '여(汝)'와 통한다.

27) 羿(예): 하대(夏代) 동이족(東夷族) 유궁씨(有窮氏) 부락의 수령, 활쏘기의 명수. 전하는 바에 의하면, 태강(太康)이 우매하여 낙수(洛水)가로 사냥을 가서 돌아오지 않자, 백성들은 참을 수 없었는데, 그는 민의에 순응하여 황하(黃河) 북쪽 기슭에서 태강을 막고 국도(國都)로 돌아가지 못하게 하였다. 그는 하후(夏后) 백성들에 의존하여 하후를 대신해 집권하였다. 그러나 오래지 않아 백성의 일을 다스리지 않고, 사냥에 탐닉하다가 가신인 방몽(逄蒙)에게 살해되었다.

28) 鞅(앙): 왕인지(王引之)는 '앙(鞅)'은 '결(決)'이어야 하며, '결(決)'이 '앙(泱)'으로 잘못 쓰인 것을 후인이 '앙(鞅)'으로 바꾸었을 뿐이라고 하였다(『한비자집해』). 결(決)은 깍지로, 활을 쏠 때 오른손 엄지손가락에 끼워 시위를 잡아당기는 기구이다.

29) 扞(한): 왕인지는 '한(扞)'은 '구(韝)'를 말하며 '습(拾)'이라고도 하고 '수(遂)'라고도 하는데, 왼팔에 착용하여 시위를 당기는 것이라고 하였다(『한비자집해』). 활을 쏠 때 왼팔에 묶어 소매를 고정시켜 동작을 편리하게 하는 씌우개.

30) 關機(관기): '관(關)'은 힘껏 당기다. '기(機)'는 화살을 쏘는 발사 장치.

31) 越人(월인): 월(越)나라 사람, 관계가 먼 사람을 비유한다.

32) 的(적): 과녁, 표적.

33) 扞弓(한궁): 왕인지는 '한궁(扞弓)'은 '우궁(扜弓)'이 되어야 하며, 우궁(扜弓)은 활을 당기는 것이라고 하였다(『한비자집해』).

34) 以(이): 마치 '유(有)'와 같다.

35) 亡(망): 왕선신은 '망(忘)'으로 읽으며, 부(富)를 바라는 것에 만족함이 없으므로, 그 끝을 망각하는 것이라고 하였다(『한비자집해』).

36) 負(부): 손이양(孫詒讓)은 '부(負)'는 후세의 '배(陪)'와 같고, 지금의 속체는 '배(賠)'라고 하였다(『한비자집해』).

37) 溢(일): '일(鎰)'과 통한다. 고대의 무게 단위로, '금(金)'이라고도 한다. 선진(先秦) 때에는 황금 20량(兩) 또는 24량을 일일(一鎰)이라고 하였고, 일금(一金)이라고도 불렀다.

38) 賢(현): …보다 낫다.

39) 時(시): '시(是)'와 통한다. 이것.

40) 擻(고): 옆에서 치다.

41) 公子(공자): 왕선신은 『좌선』애공(哀公) 16년(역자 주: 17년의 잘못) "초나라의 공손조가 군대를 거느리고 진나라를 공격하였다(楚公孫朝帥師伐陳)"에 의거하여, 공손조(公孫朝)라고 하였다(『한비자집해』).

42) 將(장): 거느리다.

43) 丈人(장인): 노인의 존칭.

44) 晉强(진강): 진(晉)나라가 강하여 반드시 진(陳)나라를 도울 것이라는 뜻이다.

45) 吾方廬陳南門之外(오방려진남문지외): 왕선신은 "공손조가 이제 막 진나라를 공격하는데, 노인이 진나라 남쪽 문 밖에 병영을 짓는 것은, 공손조가 말하는 것에 비해 더욱 쉽다.(公子方伐陳, 丈人卽爲廬於南門之外, 較公子所說爲更易矣。)"라고 하였다(『한비자집해』). '방(方)'은 방금. 지금 막. '여(廬)'는 여기에서 동사로 쓰여, 군대의 병영(兵營)을 짓는 것을 가리킨다.

46) 密密(밀밀): 부지런히 노력하다. '민면(黽勉)'과 같다.

47) 許由(허유): 상고(上古)의 청렴결백한 사람이라고 전해진다. 전하는 바에

의하면, 요(堯)가 제위(帝位)를 그에게 넘겨주려고 하자, 그는 치욕스럽다고 여기고, 영수(潁水)의 북쪽 기산(箕山: 지금의 하남성 등봉시(登封市) 동남에 있음) 아래에 은거하여 농사를 지으며 살았다. 요가 다시 그를 구주(九州)의 장관으로 부르자, 그는 이것을 듣고는 귀가 더러워졌다고 여기고 영수가로 가서 귀를 씻었다고 한다.

48) 家人(가인): 평민, 백성.

49) 食彘(식체): 왕선신은 다른 판본에는 없는 두 자를 『태평어람』권951에 의거하여 덧붙였다(『한비자집해』). 진기유는 무슨 일로 언쟁을 하는지 먼저 말할 필요가 없기 때문에 이[蝨] 한 마리가 와서 물은 것이고, 언쟁을 하는 이유도 살찐 데를 다투기 때문이지 돼지의 피를 빨아 먹기 위해서가 아니므로 왕선신의 설은 틀리다고 하였다(『한비자신교주』).

50) 若(약): 너.

51) 臘(랍): 12월에 거행하는 일종의 제사. 납제(臘祭)는 한 해가 끝나는 달에 거행하였다. 주대(周代)는 동지(冬至)가 있는 건자월(建子月: 즉 음력 11월)을 정월로 하였으므로, 주대에 12월에 납제를 지낸 것은 실제로는 동지 이전이며, 음력 10월에 해당한다.

52) 燥(조): 태우다.

53) 嘬(최): 깨물다, 여기서는 '피를 빨다'의 뜻이다.

54) 身(신): 왕선신은 다른 판본에는 '모(母)'로 되어 있는 것을 『태평어람』에 의거하여 '신(身)'으로 고쳤는데(『한비자집해』), 옳지 않다. 모(母)는 이[蝨]가 기생하는 모체(母體), 즉 돼지를 가리킨다.

55) 臞(구): 야위다.

56) 蟲(충): 동물의 총칭.

57) 蚘(훼): '훼(虺)'와 통한다. 살무사, 고대 전설 속의 머리가 여러 개 달린 독사.

58) 齕(흘): 깨물다.

59) 有(유): 동사의 접두사로 뜻은 없다.

60) 堊(악): 흰색의 흙, 여기서는 동사로 쓰였다.

61) 行身(행신): 수신(修身)하고 처세하다.

62) 非(비): 잘못. 허물.

63) 公子糾將爲亂(공자규장위란): 공자 규(糾)가 환공(桓公)과 제위를 다투기

위해 노(魯)나라에서 활동한 것을 가리킨다. 공자 규는 춘추 시대 제나라 환공의 형이다.

64) 公孫弘(공손홍): 전국 시대 위(魏)나라 사람.

65) 斷髮(단발): 머리카락을 자름, 월(越)나라 사람의 풍속.

66) 公孫喜(공손희): 전국 시대 위(魏)나라 장군.

67) 周南(주남): 지금의 하남성(河南省) 낙양시(洛陽市) 남쪽에 있었다.

68) 其貫將滿(기관장만): 그의 죄악이 동전을 꿰는 끈에 곧 동전이 가득 꿰어지려는 것과 같다. 나쁜 짓을 많이 하여 형법이 규정한 한도에 이미 접근하여 곧 제재를 받을 것임을 비유한다. '관(貫)'은 동전을 꿰는 끈.

69) 物(물): 사물, 일.

70) 幾(기): 위험하다.

71) 靡(미): 늦추다, 미루다.

72) 導(도): 일깨우다, 간언하다.

73) 子西(자서): 공자(公子) 신(申). 초(楚)나라 평왕(平王)의 장서자(長庶子)이자 소왕(昭王)의 서형(庶兄)으로, 소왕(昭王)과 혜왕(惠王) 때 영윤(令尹)을 지냈다. B.C.479년 백공승(白公勝)이 난을 일으킬 때 살해되었다.

74) 釣名(조명): 거짓을 꾸며서 명예를 구하나.

75) 子貢(자공): 춘추 시대 위(衛)나라 사람, 성은 단목(端木), 이름은 사(賜), 자는 자공(子貢), 공자(孔子)의 제자로 변론에 뛰어났다.

76) 絜(결): '결(潔)'과 통한다.

77) 行(항): 말하다.

78) 欲(욕): 욕망.

79) 中行文子(중항문자): 춘추 시대 진(晉)나라 대부(大夫) 순인(荀寅). 시호는 문(文), 중항(中行)은 관직명. 진나라 군제(軍制)에 상군(上軍)·중군(中軍)·하군(下軍)의 삼군(三軍)과 좌항(左行)·중항(中行)·우항(右行)의 삼항(三行)을 두어 천자의 육군(六軍)을 지휘하였다. 순인의 증조부 순림보(荀林父)가 일찍이 중항을 이끌었고, 후에 관(官)을 씨(氏)로 삼았다. 진나라 정공(定公) 22년(B.C.490) 조앙(趙鞅)이 범씨(范氏)와 중항씨(中行氏)를 물리쳤고, 순인은 제(齊)나라로 도망갔다.

80) 縣邑(현읍): 현성(縣城). 진(晉)나라의 제도에, 현(縣)은 군(郡)보다 크다.

81) 嗇夫(색부): 현(縣)에서 예물과 세금을 주관하는 관리.

82) 鳴琴(명금): 거문고.

83) 珮(패): 옛날 허리띠에 다는 옥으로 된 장식.

84) 求容(구용): 환심을 사다. '용(容)'은 용납하다, 파생하여 '좋아하다'의 뜻이다.

85) 周趮(주조): 고광기는 '조(趮)'는 『전국책(戰國策)·위책(魏策)』에는 '초(肖)'로 되어 있고, '소(霄)'로도 되어 있는데, 모두 같은 자라고 하였다(『한비자집해』). 장각은 주소(周霄)는 맹자(孟子)와 동시대이며, 『맹자(孟子)·등문공하(滕文公下)』 조기(趙岐)의 주(注)에 위(魏)나라 사람으로 되어 있다고 하였다(『한비자교소』).

86) 宮他(궁타): 인명(人名), 행적은 상세하지 않다.

87) 因(인): 따르다. 순종하다.

88) 因以有齊、魏矣(인이유제·위의): 고광기는 '유제(有齊)'는 '제유(齊有)'가 되어야 하며, 『전국책』에 '이제유위야(以齊有魏也)'로 되어 있는 것이 증거라고 하였다(『한비자집해』).

89) 白圭(백규): 전국 시대 위(魏)나라 혜왕(惠王)의 상국으로 치수(治水)의 전문가.

90) 令尹(령윤): '대윤(大尹)'이 되어야 한다. 대윤은 송(宋)나라의 관직명으로 다른 나라의 상국에 해당한다.

91) 務(무): 힘쓰다, 추구하다.

92) 君不奪公位(군불탈공위): 진기유는 『전국책(戰國策)·송책(宋策)』에 "그렇다면 국왕은 태후가 하는 일을 빼앗지 않을 것입니다(則君不奪太后之事矣)"라고 하였고, 포표(鮑彪)의 주(注)에 "태후가 당시 정사를 맡았다.(后時爲政。)"라고 하였으니, 이에 따르면 영윤이 태후의 총애를 얻고 있고, 군주는 효자의 명성에 힘쓰고 있으므로, 태후의 일을 빼앗지 않고 공을 크게 존중할 것이라는 뜻이며, 이곳에 탈문이 있는 것 같다고 하였다(『한비자신교주』).

93) 用(용): 권력을 장악하다, 집권하다,

94) 君(군): 제(齊)나라 양공(襄公)을 가리킨다. 춘추 시대 제나라 군주, 이름은 제아(諸兒), 희공(釐公)의 태자이고 환공(桓公)의 형으로, B.C.697년~B.C.686년 재위하였다.

95) 失國(실국): 나라의 통치권을 상실하다.

96) 國人果弑君(국인과시군): 『사기(史記)·제세가(齊世家)』에 "무지가 양공

을 시해하였다(無知弑襄公)"라고 하였다.

97) 效(효): 바치다.

98) 巫咸(무함): 『초사(楚辭)』왕일(王逸) 주에 의하면, 은(殷) 중종(中宗) 때의 신무(神巫)이다.

99) 祓(불): 미신의 의식(儀式)을 사용하여 불길함과 재앙을 제거하다.

100) 秦醫(진의): 편작(扁鵲)을 가리킨다. 편작은 성이 진(秦)이므로, '진의(秦醫)'라고 불렀다.

101) 彈(탄): 고대에 옥돌을 갈아서 만든 돌침(옛날에는 '砭石'·'砭針'으로 부름)으로 경혈을 찔러 병을 치료하거나, 또는 피부에 구멍을 내고 농혈을 제거하여 종기를 치료하는 것을 '탄(彈)'이라고 불렀고, 혹은 '폄(砭)'이라고도 불렀다.

102) 荊王伐吳(형왕벌오): 『좌전(左傳)』소공(昭公) 5년에 "초나라 왕이 제후와 동이의 군대를 거느리고 오나라를 공격하였다.(楚子以諸侯及東夷伐吳。)"라고 하였다. 초나라 영왕(靈王) 4년, 즉 B.C.537년의 일이다.

103) 沮衛、蹷融(저위·궤융): 『좌전(左傳)』소공(昭公) 5년에 "오나라 왕이 그의 동생 궤유를 보내 초나라 군대를 위로하게 하였다(吳子使其弟蹶由犒師)"라고 하였다. 장각은 '저위궤융(沮衛蹷融)'은 한 사람의 이름이며, 이는 다음 문장에서 '일신(一臣)'이라고 한 것에서 증명된다고 하였다. '저위궤융'은 곧 『좌전』의 '궤유(蹶由)'로, 오나라 왕 이말(夷末)의 동생이며 수몽(壽夢)의 아들이라고 하였다. 또한 '蹷'는 『석문(釋文)』에 '거위반(居衛反)'이라고 했으므로, 'guì 궤'로 읽는다고 하였다(『한비자교소』).

104) 犒(호): 술과 고기로 군대를 위로하다.

105) 釁鼓(흔고): 피를 북에 바르고 북에 제사 지내다. 옛날 중요한 기물을 제작하여 사용할 때, 희생의 피를 기물의 틈에 발라, 혈제(血祭)를 나타내고, '흔(釁)'이라고 불렀다.

106) 故(고): '고(固)'와 통한다. 본래, 바로.

107) 人(인): 노문초는 능본(凌本)에는 '신(臣)'으로 되어 있다고 하였다(『한비자집해』). 진기유는 '신(臣)'이 맞으며 다음 문장에서도 자칭 '신(臣)'이라고 한 것이 그 증거라고 하였다(『한비자신교주』).

108) 知伯(지백): 즉 지백(智伯), 순요(荀瑤). 춘추 말기 진(晉)나라 육경(六卿)의 하나로, 후에 한(韓)·조(趙)·위(魏) 연합에 패하였다.

109) 仇由(구유): 춘추 시대 적족(狄族)의 국명, 지금의 산서성(山西省) 우현

(盂縣) 동북에 있었다.

110) 遺(유): 보내다. 증정하다.

111) 說(열): '열(悅)'과 통한다.

112) 內(납): '납(納)'과 통한다.

113) 斷轂(단곡): 수레의 바퀴통[轂]을 관통하는 굴대를 짧게 절단하다. 수레바퀴 바깥쪽에 있는 굴대가 너무 길면 마찰을 일으켜 부딪치기 쉽기 때문에 그것을 짧게 자르면 빨리 달릴 수 있다.

114) 左史(좌사): 초(楚)나라의 사관(史官).

115) 荊王(형왕): 초(楚)나라 혜왕(惠王)을 가리킨다. 춘추 전국 교체기의 초나라 국왕으로, 이름은 장(章)이고, B.C.488년~B.C.432년 재위하였다.

116) 大甲(대갑): 견고한 갑옷, 여기서는 군대의 무기와 장비를 가리킨다.

117) 病(병): 지치다.

118) 從(종): 뒤쫓다, 추격하다.

119) 大夫種(대부종): 춘추 말기 월(越)나라의 대부(大夫), 성은 문(文), 이름은 종(種), 자는 소금(少禽). 초(楚)나라 사람으로, 구천(勾踐)을 보좌하여 오(吳)나라를 멸망시켰는데, 후에 구천이 참언(讒言)을 믿어, 그는 검을 하사받고 자살하였다.

120) 露山(로산): 일명 노산(魯山), 초(楚)나라 방성(方城) 밖에 위치하였고, 지금의 하남성(河南省) 노산현(魯山縣) 동북 양성현(壤城縣)과 접하는 경계에 있다.

121) 荊伐陳(형벌진): 『사기』「십이제후연표(十二諸侯年表)」와 「진기세가(陳杞世家)」에 의하면, 진(陳)나라 민공(湣公) 16년(楚나라 惠王 3년, B.C.486년), 오(吳)나라 왕 부차(夫差)가 사람을 보내 진(陳)나라 군주를 불렀는데, 진나라 군주는 두려워 오나라에 갔고, 초나라를 배반하고 오나라와 강화하니, 초나라가 진나라를 공격하였다.

122) 吳救之(오구지): 『사기·십이제후연표』에 의하면, 오(吳)나라 왕 부차(夫差) 11년(陳나라 湣公 17년, 楚나라 惠王 4년, B.C.485년), 진나라를 구원하였다.

123) 間(간): 떨어져 있다.

124) 星(성): '청(晴)'과 통한다. 개다. 비가 그치다.

125) 子期(자기): 초(楚)나라 자서(子西)의 동생 공자(公子) 결(結), 초나라의

대사마(大司馬)를 지냈다. B.C.479년 백공승(白公勝)이 난을 일으켰을 때 살해되었다.

126) 輯(집): 모으다.

127) 陳(진): '진(陣)'과 통한다.

128) 反(반): '반(返)'과 통한다.

129) 君子(군자): 지위가 높은 사람, 군관(軍官)을 가리킨다.

130) 小人(소인): 지위가 낮은 사람, 병사를 가리킨다.

131) 從(종): 추격하다.

132) 難(난): 원수. 적.

133) 魏文侯(위문후): 이름은 사(斯), 전국 시대 위(魏)나라의 건립자, B.C.424년~B.C.387년 재위.

134) 反(반): '반(返)'과 통한다.

135) 已(이): 사후(事後).

136) 搆(구): 화해하다.

137) 讒鼎(참정): 춘추 시대 노(盧)나라의 정(鼎) 이름. 양수달(楊樹達)은 '참(讒)'의 본자는 '심(鬵)'이며, 『설문(說文)』을 인용하여, 정(鼎) 중에서 윗부분이 크고 아랫부분이 작은 것이 '심(鬵)'이라고 하였다(『한비자교소』).

138) 鴈(안): '안(贋)'과 통한다. 가짜.

139) 樂正子春(악정자춘): 증삼(曾參)의 제자, 효(孝)로써 유명하였다.

140) 韓咎(한구): 한(韓)나라의 공자(公子) 구(咎), 한나라 양왕(襄王)의 아들. 『사기』「한세가(韓世家)」와 「육국연표(六國年表)」에 의하면, 한나라 양왕 12년(B.C.300년)에 태자 영(嬰)이 죽자, 공자 구(咎)와 공자 기슬(蟣虱)이 태자의 자리를 다투었는데, 당시 기슬은 초(楚)나라에 인질로 있었다. 이듬해, 양왕은 구를 태자로 세웠다. 16년(B.C.296년), 양왕이 죽고 태자 구가 즉위하니, 그가 희왕(釐王)이다. 한나라 희왕은 B.C.295년~B.C.273년 재위하였다.

141) 弟在周(제재주): 여기서의 동생은 한구(韓咎)와 친밀한 또 다른 동생이지, 한구와 태자를 다투던 기슬(蟣虱)이 아니다. '주(周)'는 소국 서주(西周)를 가리킨다.

142) 綦毋恢(기무회): 서주국(西周國)의 대신(大臣).

143) 靖郭君(정곽군): 전국 시대 전영(田嬰)의 시호(謚號), 제(齊)나라 위왕(威

王)의 막내아들이자 제나라 선왕(宣王)의 서제(庶弟)이며 맹상군(孟嘗君)의 부친이다. 처음에는 장군이었는데, 전기(田忌)·손빈(孫臏) 등과 함께 B.C.341년 마릉(馬陵: 지금의 河南省 范縣 서남쪽에 있었음, 일설에는 지금의 河南省 大名縣 동남쪽에 있었음)의 전투에서 위(魏)나라 군대를 대파하였고, B.C.334년에 상국에 올랐으며, B.C.321년에 설(薛: 지금의 山東省 滕州市 동남쪽 薛城에 봉해져 설공(薛公)이라고 불렀고, 죽은 뒤 시호를 정곽군(靖郭君)이라고 하였다.

144) 客(객): 문객(門客).

145) 謁者(알자): 전달하고 통보하는 책임을 맡는 시종.

146) 烹(팽): 사람을 삶아 죽이는 형벌.

147) 趨進(추진): 종종걸음으로 앞을 향하여 빨리 걷다.

148) 反走(반주): 종종걸음으로 뒤로 물러나며 빨리 걷다. '추진(趨進)'과 비슷하며, 공경을 표시하는 일종의 예의 바르게 걷는 법이다.

149) 繳(작): 생사(生絲)로 된 주살의 줄.

150) 絓(괘): 방해하다, 얽매다.

151) 荊王弟(형왕제): 『설원(說苑)·권모편(權謀篇)』에는 초(楚)나라 공자 오(午)라고 하였다(『한비자집해』). 여기서의 '형왕(荊王)'은 진(晉)나라 평공(平公)과 시기를 같이하므로, 당연히 춘추 시대 초나라 국왕인 강왕(康王: B.C.559년~B.C.545년 재위)을 가리킨다.

152) 中射之士(중야지사): 궁중의 무직(武職) 위사(衛士).

153) 叔向(숙향): 춘추 시대 진(晉)나라 대부, 양설씨(羊舌氏), 이름은 힐(肸), 자는 향(向). 진나라 도공(悼公) 때 태자 표(彪)의 스승이 되었고, 후에 진나라 평공(平公) 표(彪: B.C.557년~B.C.532년 재위)에 의해 태부(太傅)에 임명되었다.

154) 見(현): 대면시키다, 소개하다.

155) 壺丘(호구): 진(晉)나라의 지명, 지금의 산서성(山西省) 원곡현(垣曲縣) 동남쪽의 양호성(陽壺城).

156) 秦公(진공): 진(晉)나라 평공(平公)과 시기를 같이하므로, 당연히 춘추 시대 진(秦)나라 국왕인 경공(景公: B.C.576년~B.C.537년 재위)을 가리킨다.

157) 說(열): '열(悅)'과 통한다.

158) 闔廬(합려): 합려(闔閭)라고도 하며, 춘추 말기 오(吳)나라의 국왕이다.

이름은 광(光)이고, 오나라 왕 제번(諸樊)의 아들(일설에는 이말(夷末)의 아들)이므로, 공자(公子) 광(光)이라고 불렀다. 그는 전제(專諸)를 기용하여 오나라 왕 요(僚)를 암살하고 스스로 왕위에 올라, 호를 합려(闔閭)라 하였고, B.C.514년~B.C.496년 재위하였다. 그는 오자서(伍子胥)와 손무(孫武)를 임용하여 초(楚)나라를 무너뜨렸고, 한동안 초나라 수도 영(郢: 지금의 湖北省 荊州市 서북쪽의 紀南城을 점령하였는데, 진(秦)나라 군대가 구원하러 오고 또 동생 부개(夫概)가 모반하였으므로 타격을 입고 회군하였다. 후에 월(越)나라와 전쟁할 때 상처를 입고 죽었다.

159) 戰三勝(전삼승): 윤동양(尹桐陽)은 즉 『좌전』 정공(定公) 4년의 이른바 백거(柏擧)의 전투이며, 『사기(史記)·오세가(吳世家)』에는 "영에 이르러, 다섯 번 싸웠는데, 초나라 군대는 다섯 번 패하였고, 초나라 소왕은 도망가, 수도 영을 떠나, 운현(鄖縣)으로 달아났다.(比至郢, 五戰, 楚五敗, 楚昭王亡, 出郢, 奔鄖。)"라고 하여, 여기에 기록된 것보다 전투가 두 차례가 많은데, 이는 오자서의 간언에 따랐기 때문에 그렇게 된 것일 뿐이라고 하였다(『헌비지교소』).

160) 逆(역): 고광기는 『도장(道藏)』본과 금본(今本)에는 '익(溺)'으로 되어 있는데, '수(遂)'가 되어야 하며, 모양이 비슷해서 생긴 잘못이라고 하였다(『한비자집해』). 장각은 이 '익(溺)'자는 피동을 나타내며, '익자(溺者)'는 곧 '물에 빠져 죽는 사람'이므로, '수(遂)'로 보는 것은 온당하지 않다고 하였다(『한비자교소』).

161) 乘(승): 추격하다.

162) 善(선): '선(繕)'과 통한다.

163) 巷人(항인): 같은 골목 사람, 이웃.

제24편 관행(觀行)

남들의 행위를 잘 살펴야

解題

관행(觀行)은 사람의 행동을 관찰한다는 뜻이다. 자신의 행위는 스스로 직접 볼 수 없기 때문에 법도에 의거하여 자신을 바르게 할 것이며, 군주가 신하의 행동을 관찰하는 것은 법(法)과 술(術)에 의거해야 한다는 뜻이다. 이 편 다음의 여섯 편은 법치주의를 객관적으로 설파하면서 유가(儒家)와 도가(道家)사상에서 말하는 논리 내용과 매우 유사하다.

예부터 사람들은 눈으로 자신을 볼 수 없으므로 거울로 얼굴을 보았다. 지혜로 자신을 알 수 없으므로 도리로써 자신을 바르게 하였다. 거울이 흉터를 보여주는 것은 죄가 되지 않고, 도리가 허물을 드러내는 것은 잘못이 되지 않는다. 눈으로 거울을 보지 못하면 수염과 눈썹을 정돈하지 못한다. 몸가짐에서 도리를 잃으면 미혹됨을 알 수 없다. 서문표(西門豹)는 성격이 너무 급해서 부드러운 가죽끈을 차서 스스로 느긋하려고 하였다. 동안우(董安于)는 마음이 너무 느긋해서 활시위를 차서 스스로 긴장하려고 하였다. 그러므로 남는 것으로 모자라는 것을 채우고, 장점으로 단점을 보완하려는 이를 밝은 군주라고 이른다.

古之人目短於自見， 故以鏡觀面。 智短於自知， 故以道正己。 鏡無見疵之罪， 道無明過之惡。 目失鏡則無以正鬚眉。 身失道則無以知迷惑。 西門豹之性急， 故佩韋以自緩。 董安于之心緩， 故佩弦以自急。 故以有餘補不足， 以長續短之謂明主。

○ ○ ○

세상에는 반드시 그러한 이치가 세 가지 있다. 하나는 아무리 지혜로워도 세울 수 없는 것이 있고, 두 번째는 아무리 힘이 세도 들 수 없는 것이 있고, 세 번째는 아무리 강해도 이길 수 없는 것이 있다. 그러므로 비록 요(堯)임금 같은 지혜가 있다고 해도 뭇 사람들의 도움이 없으면 큰 공은 이룰 수 없다. 오획(烏獲)과 같이 강한 힘이 있더라도 남들의 도움이 없다면 자기 자신을 들 수는 없다. 맹분(孟賁)과 하육(夏育)과 같이 아무리 용맹하더라도 세상에 법도가 서 있지 않으면 오래 살 수 없다. 그러므로 형세에는 마음대로 할 수 없는 것이 있고, 일에는 이룰 수 없는 것이 있다. 그러므로 오획도 천 균(鈞)의 무게는 들어 올릴 수 있어도 제 자신은 무겁다고 여긴다. 이것은 자신의 몸이 천 균보다 무거워서가 아니라 형세가 들기에 불편하기 때문이다. 이주(離朱)는 백 보 밖은 잘 보지만, 제 눈썹은 보기 어렵다. 이것은 백 보가 가깝고 눈썹이 멀리 떨어져 있어서가 아니라 이치가 그러할 수밖에 없어서이다. 그러므로 밝은 군주는 오획이 자신을 들어 올릴 수 없다고 해서 추궁하지 않고, 이주가 자신을 볼 수 없다고 해서 다그치지 않는다. 가능한 형세에 따르고 쉽사리 따를 수 있는 도리를 추구하므로 힘을 적게 들여도 공명을 세우는 것이다. 시기에는 적절하고 부적절한 때가 있고, 일에는 이롭고 해로운 것이 있고, 사물은 살고 죽기 마련인 것인데, 군주가 이 세 가지 때문에 좋아하고 싫어하는 기색을 드러내면 쇠나 돌과 같이 굳센 신하도 마음이 떠나가기 마련이다. 성현들은 마음이 깊고 얕음을 잘 헤아린다. 그러므로 밝은 군주는 남들을 잘 살피지만, 남들에게 자기를 살피지 못하도록 한다. 아무리 요임금보다 명석할지라도 혼자서는 일을 이룰 수 없듯이, 오획은 제 자신을 들 수 없다. 맹분과 하육도 자신을 이길 수 없으니, 법술(法術)로써 한다면, 신하의 행동을 살필 수 있는 도를 갖추게 되는 것이다.

天下有信數[1]三。一曰智有所不能立, 二曰力有所不能擧, 三曰彊有所不能勝。故雖有堯之智而無衆人之助, 大功不立。有烏獲[2]之勁而不得人助, 不能自擧。有賁育[3]之彊而無法術, 不得長生。故勢有不可得, 事有不可成。故烏獲輕千鈞[4]而重其身。非其身重於千鈞也, 勢不便也。離朱[5]易百步而難眉睫, 非百步近而眉睫遠也, 道不可也。故明主不窮烏獲, 以其不能自擧, 不困離朱, 以其不能自見。因可勢, 求易道, 故用力寡而功名立。時有滿虛, 事有利害,物有生死, 人主爲三者發喜怒之色, 則金石之士離心焉。聖賢之撲[6]淺深矣。故明主觀人不使人觀己。明於堯不能獨成, 烏獲之不能自擧。賁育之不能自勝, 以法術則觀行之道畢矣。

1) 信數(신수): 객관적이며 필연성이 있다.

2) 烏獲(오획): 진(秦)나라 무왕(武王)을 섬기던 역사(力士).

3) 賁育(분육): 맹분(孟賁)과 하육(夏育)이라고 하는 용사(勇士). 예부터 용사의 대표로 여겨졌다.

4) 鈞(균): 균(鈞)은 30근으로 7,680그램 정도.

5) 離朱(이주): 이루(離婁)를 말하는데, 눈이 매우 밝은 사람.

6) 撲(박): 때리다, 헤아리다.

제25편 안위(安危)

안정과 위험

解題

본 편의 제목인 '안위'는 '안정'과 '위험'을 뜻하며, 본문에서는 나라를 안정시키는 일곱 가지 방법과 나라를 위태롭게 하는 여섯 가지 경로에 대하여 논술하고 있다. 총괄적으로 말하면 '안위'의 관건은 법도를 따르느냐 따르지 않느냐에 있다. 법도를 따르면 안정하게 되고 법도를 따르면 위태로워진다는 것이다. 의론의 대상이 바로 군주를 가리키는데, 만약 군주가 법도를 세우면 따른다면 명군이라 할 수 있다는 것이다. 본편에서는 본받아야 하는 선왕으로 요순을 들고 있는데, 이는 한비의 법가 사상과 일치하지 않는 점이 있어 한비의 작품이 아닐 거라고 의심하는 사람도 있다.

나라를 안정시키는 방법에는 일곱 가지가 있고, 나라를 위태롭게 하는 경로로는 여섯 가지가 있다.

安術有七，危道有六。

○○○

나라를 안정시키는 방법은, 첫째는 상벌은 행위의 옳고 그름에 따르고, 둘째는 화(禍)와 복(福)은 행위의 선악(善惡)을 따르고, 셋째는 죽이고 살리는 것은 법도에 따르고, 넷째는 잘나고 못난 것으로 좋아하거나 싫어해서는 안 되며, 다섯째는 어리석거나 지혜로운 것을 가지고 헐뜯거나 추켜세워서도 안 되며, 여섯째는 객관적인 척도를 가지고 있어야지 주관적인 억측으로 일을 처리해서는 안 되며, 일곱째는 믿음이 있고 속임수를 쓰지 않는 것이다.

安術，一曰賞罰隨是非，二曰禍福隨善惡，三曰死生隨法度，四曰有賢不肖而無愛惡，五曰有愚智而無非譽[1]，六曰有尺寸而無意度，七曰有信而無詐。

○○○

나라를 위태롭게 하는 경로로, 첫째는 먹줄이 그려진 안쪽까지 나무를 깎아내는 것이고, 둘째는 법을 벗어난 것까지 제재하는 것이며, 셋째는 다른 사람에게 손해를 입히면서까지 자기의 이익을 취하는 것이며, 넷째는 다른 사람의 불행을 나의 행복으로 여기는 것이며, 다섯째는 다른 사람의 평온함을 위태롭게 하는 것이며, 여섯째는 마땅히 좋아해야 할 사람을 가까이 하지 않고 싫어해야 할 사람을 멀리하지 않는 것이다. 이렇게 되면, 사람들은 자신의 삶이 즐거운 까닭을 알지 못하게 되고 죽음을 중히 여겨야 할 이유도 잃어버리게 되며, 사람들은 삶이 즐겁지 않으므로 임금을 받들지 않게 되고 죽음을 소중하게 여기지 않으므로 법을 실행할 수 없게 되는 것이다.

危道, 一曰斲削於繩[2]之內, 二曰斷割於法之外, 三曰利人之所害, 四曰樂人之所禍, 五曰危人之所安, 六曰所愛不親所惡不疏。 如此, 則人失其所以樂生而忘其所以重死, 人不樂生則人主不尊, 不重死則令不行也。

○○○

세상 사람들이 법도 안에서 자신의 지혜와 재능을 충분히 발휘하고, 또 정해진 규칙 안에서 최선을 다할 수 있도록 한다면, 동원할 경우에는 무엇이든 이루게 될 것이고 그대로 둔다면 나라는 안정될 것이다. 나라를 잘 다스린다는 것은 사람들이 옳은 일을 하면서 즐거움을 느끼고, 잘못된 일을 하는 것으로부터 자신을 아끼게 하여, 소인배가 적어지고 후덕한 사람들이 많아지도록 함으로써 사직(社稷)이 바로 서고 나라가 오래도록 안정되게 하는 것이다. 마구 내달리는 수레에는 공자(孔子)도 없고, 전복된 배에는 백이(伯夷)도 없다. 그러므로 법령이라는 것은 나라의 배나 수레와 같다. 법령이 안정되면 지혜와 청렴함이 생기게 되고 위태로워지면 다툼과 비루함이 나타나게 되는 것이다. 그러므로 나라를 안정시키는 법은 마치 사람이 배고프면 밥을 먹고 추우면 옷을 입는 것처럼 시키지 않아도 저절로 그렇게 되는 것이다. 선왕께서는 나라의 법을 죽간과 비단에 기록하여 두고, 그 법을 순리에 따라 시행하였기 때문에 후세 사람들이 모두 복종하였다. 만일 사람들을 춥고 굶주리게 하면서 입을 것과 먹는 것을 주지 않는다면 맹분(孟賁)이나 하육(夏育)이라 하더라도 아무것도 시행할 수 없을 것이니, 이처럼 순리를 거스르게 되면 정해진 법에 억지로 따를지라도 아무 소용이 없게 될 것이다. 만일 용맹스런 사람도 할 수 없는 일을 억지로 시킨다면 결국 임금도 안정을 얻을 수 없게 될 것이다. 임금이 만족할 줄 모르고 이미 가산이 탕진된 백성에게 더 요구하여도 백성들은 더 이상 아무것도 없다고 할 것이고 가진 것이 아무 것도 없는 백성들은 법을 가벼이 여기게 될 것이다. 법이 나라를 다스리는 것임에도 불구하고 법을 가벼이 여기면 임금이 공적을 세울 수도 없고 명성을 이룰 수도 없게 된다.

使天下皆極智能於儀表[3]，盡力於權衡[4]，以動則勝，以靜則安。治世使人樂生於爲是，愛身於爲非，小人少而君子多，故社稷常立，國家久安。奔車之上無仲尼，覆舟之下無伯夷。故號令者，國之舟車也。安則智廉生，危則爭鄙起。故安國之法若饑而食，寒而衣，不令而自然也。先王寄理於竹帛，其道順故後世服。今[5]使人饑寒去衣食，雖賁育不能行，廢自然，雖順道而不立。强勇之所不能行，則上不能安。上以無厭責[6]已盡，則下對無有，無有則輕法。法所以爲國也而輕之，則功不立，名不成。

○ ○ ○

듣기로 옛날 편작(扁鵲)이 중병을 치료할 때 칼이 뼈까지 찌르고, 성인이 위태로운 나라를 구할 때는 귀에 거슬리는 소리를 기꺼이 들었다고 한다. 칼을 뼈까지 찌르면 몸에는 어느 정도의 고통이 따르겠지만 그 자신은 오래도록 건강할 수 있게 되고, 귀에 거슬리는 소리는 마음에 어느 정도의 반감이 생기겠지만 나라에는 오래도록 행복을 가져올 수 있는 것이다. 그러므로 중병을 앓는 사람의 이로움은 아픔을 참는 데 있고, 강하고 용감한 임금의 복은 귀에 거슬리는 소리를 귀담아 듣는 데 있다. 환자가 아픔을 잘 참아야 편작 같은 명의가 자신의 의술을 다할 수 있고, 임금이 귀에 거슬리는 소리를 잘 들어야 오자서(伍子胥) 같은 충신을 잃지 않는 것이니 이것이 바로 나라를 오랫동안 유지하고 안정시키는 방법이다. 중병을 앓으면서도 아픔을 참지 못하면 편작의 의술을 잃게 되고, 나라가 위태로운데도 귀에 거슬리는 소리를 듣지 않으면 비록 성인이라 하더라도 자신의 뜻을 잃어버리게 된다. 이렇게 되면, 나라의 긴 이로움은 멀리 갈 수 없고 공적과 명망도 오래갈 수 없게 된다.

聞古扁鵲之治其[7]病也, 以刀刺骨, 聖人之救危國也, 以忠拂[8]耳。刺骨, 故小痛在體, 而長利在身, 拂耳, 故小逆在心, 而久福在國。故甚病之人利在忍痛, 猛毅之君以福拂耳。忍痛, 故扁鵲盡巧, 拂耳, 則子胥不失, 壽安之術也。病而不忍痛, 則失扁鵲之巧, 危而不拂耳, 則失聖人之意。如此長利不遠垂, 功名不久立。

○○○

임금이 요(堯)임금을 스스로의 모범으로 깊이 새기지 않고 신하들에게 오자서와 같이 되도록 요구한다면 이는 상(商)나라 사람들이 모두 비간(比干)처럼 되기를 바라는 것과 같은 것이다. 물론 모두 비간처럼 될 수 있다면 임금은 권력을 잃지 않을 것이고 백성은 나라를 잃지 않을 것이다. 그런데 임금이 권력의 움직임을 잘 헤아리지 못하여 전성자(田成子)같은 간신까지 생기게 하면서 오히려 그들이 모두 비간과 같은 충신이기를 바라고 있기 때문에 나라가 안정되지 못하는 것이다. 요순(堯舜)과 같은 현군이 폐하여지고 걸주(桀紂) 같은 폭군이 세워진다면 백성들은 잘하는 일을 즐길 수 없게 되고 못하는 일을 근심하지 않게 된다. 잘하는 일을 하지 못하게 되면 나라에는 공적이 쌓이지 않게 되고 잘하지 못하는 일을 하게 하면, 백성들은 사는 것에 즐거움을 느끼지 못하게 된다. 공적이 없는 임금이 삶에 즐거움을 느끼지 못하는 백성들을 통솔하는 것은 백성들에게 통할 수 없는 것이다. 이렇게 되면 임금은 백성들을 다스릴 수 없게 되고 백성들도 임금을 섬길 수 없게 된다.

人主不自刻以堯， 而責人臣以子胥， 是幸殷人之盡如比干。 盡如比干則上不失， 下不亡。 不權[9]其力而有田成， 而幸其身盡如比干， 故國不得一安。 廢堯、舜而立桀、紂， 則人不得樂所長而憂所短。 失所長， 則國家無功， 守所短， 則民不樂生。 以無功御不樂生， 不可行於齊民[10]。 如此則上無以使下， 下無以事上。

○ ○ ○

나라를 안정시키거나 위태롭게 하는 것은 옳고 그름을 분명히 하는 것에 있으며 나라의 강함과 약함에 있는 것이 아니다. 나라의 존망은 권력의 허실(虛實)에 달려 있는 것이지 백성의 많고 적음에 달려 있는 것이 아니다. 그러므로 제(齊)나라는 만승(萬乘)의 나라였지만 그 이름과 실질이 달라 임금은 나라에서 실제로 아무 것도 가진 것이 없었고 나라 안의 백성들도 명망과 실질이 모두 충분하지 못하였기 때문에 신하 된 자가 군주의 자리를 빼앗았던 것이다. 걸(桀)왕은 천자였지만 옳고 그름을 제대로 분별하지 못했다. 공이 없는데 상을 내려 참언과 아첨을 일삼는 무리들이 거짓과 속임수를 써서 귀한 자리에 오르게 하고, 죄가 없는데도 주살하며, 곱사등이는 태어날 때부터 그렇게 된 것인데 그의 등을 갈라서 보게 하였다. 이처럼 속임수를 옳다고 여기고, 천성적인 것을 잘못된 것이라고 여겼기 때문에 작은 것으로도 큰 것을 이길 수 있었던 것이다.

安危在是非， 不在於强弱。 存亡在虛實， 不在於衆寡。 故齊萬乘也， 而名實不稱， 上空虛於國， 內不充滿於名實， 故臣得奪主。 殺[11]天子也， 而無是非。 賞於無功， 使讒諛以詐僞爲貴， 誅於無罪， 使傴[12]以天性剖背。 以詐僞爲是， 天性爲非， 小得勝大。

○ ○ ○

영명한 임금은 내부의 통치를 공고히 하므로 정권을 조정 밖으로 내주는 잘못을 하지 않는다. 가까운 조정 내부를 잘 다스리지 못하고도 멀리 있는 사람에게 망하지 않은 임금은 없었다. 그러므로 주(周)나라가 상나라를 빼앗은 것은 걸왕이 소성에서 잃어버린 것을 주운 것이다. 만일 상나라가 조정에서 잃은 것이 없다면 주나라 사람들은 감히 상나라 변경의 터럭만큼 작은 땅조차도 욕심을 낼 수 없을진대 하물며 임금의 자리까지 넘보았겠는가!

明主堅內， 故不外失。 失之近而不亡於遠者無有。 故周之奪殷也， 拾遺於庭。 使殷不遺於朝， 則周不敢望秋毫於境， 而況敢易位乎?

○ ○ ○

영명한 임금의 다스림은 법에 적합하게 하고, 그 법은 백성들의 마음에 적합하도록 하기 때문에 임금이 백성 앞에 이르면 백성들은 그의 법을 따르고 임금이 백성을 떠나게 되면 백성들은 임금을 그리워하게 된다. 요임금은 당시의 사람들과 굳건한 약속이나 맹세가 없었지만 다스림을 행할 수 있었고, 순임금은 손톱만큼의 땅도 후대 사람들에게 물려주지 않았지만 그 은덕이 맺어질 수 있었다. 예로부터 나라를 다스리는 법도와 이치를 세워 그 은덕이 후세에 영원히 드리우는 사람을 영명한 임금이라고 한다.

明主之道忠[13]法, 其法忠心, 故臨之而法, 去之而思。堯無膠漆之約[14]於當世而道行, 舜無置錐之地於後世而德結。能立道於往古而垂德於萬世者之謂明主。

1) 非譽(비예): 헐뜯음과 칭찬함. 비(非)는 비(誹)와 통용.

2) 繩(승): 여기서는 목수가 직선을 그릴 때 사용하는 공구인 승묵(繩墨)의 뜻으로 '준칙이나 법도'를 비유한다.

3) 儀表(의표): 나무를 똑바로 세워 사람들에게 보여주는 것을 의(儀) 또는 표(表)라고 하는데 준칙(準則)의 의미로 쓰인다.

4) 權衡(권형): 저울추와 저울대. '법도(法度)'를 비유한다.

5) 今(금): 만일.

6) 責(책): 요구하다.

7) 其(기): 심(甚)의 잘못으로 보인다.

8) 拂(불): (귀에) 거슬리다.

9) 權(권): 재다. 저울질하다. 헤아리다.

10) 齊民(제민): 일반 백성. 평민.

11) 殺(살): 걸(桀)의 잘못으로 보임. 은(殷)의 잘못으로 보는 견해도 있다.

12) 傴(구): 곱사등이. 꼽추.

13) 忠(충): 중(中)과 같은 뜻으로, '적합하다', '들어맞다'의 의미다.

14) 膠漆之約(교칠지약): 매우 굳건한 약속이나 맹세.

제26편 수도(守道)

정권을 지키는 방법

解 題

수도(守道)는 나라를 지키는 도(道), 다시 말하면 나라의 정권을 지키는 방법이다. 그 요체는 바로 법치(法治)이므로, 본편은 사실상 법치를 논술한 글이다.

문장은 먼저 법치의 기본 원칙을 제기하였는데, 그것은 바로 "그 포상은 사람들에게 좋은 일을 하도록 격려할 수 있고, 그 형벌의 위력은 난폭함을 제압할 수 있고, 그 조치는 법제를 반드시 실행시키고 완벽히 할 수 있는[其賞足以勸善, 其威足以勝暴, 其備足以必完(法)]" 것이다. 법은 반드시 선행을 선양하고 악행을 저지하는 작용을 할 수 있어야 하며, 확실한 조치를 취하여 그것의 실행과 완벽을 보증해야 한다. 한비(韓非)는 법이 선행을 선양하고 악행을 저지하는 작용을 할 수 있으려면, 지위·물질·명예로써 장려하여 "공로가 많은 이는 지위가 존귀하고, 힘을 다해 일을 한 이는 포상이

후하고, 충성을 다한 이는 명성이 수립[功多者位尊, 力極者賞厚, 情盡者名立]"되게 해야 한다고 주장하였다. 동시에 중벌(重罰)로 경죄(輕罪)를 다스릴 것, 즉 "사람들이 무겁다고 여기는 형벌로써 그들이 가볍다고 여기는 범죄를 금지하고, 사람들이 견디기 어렵다고 여기는 형벌로써 그들이 쉽게 피할 수 있는 잘못을 저지[以其所重禁其所輕, 以其所難止其所易]"할 것과, 엄격하게 상벌(賞罰)을 실시하여 "올바른 사람은 응당 받아야 할 대우를 잃지 않고, 간사한 사람은 응당 받아야 할 처벌을 요행으로 피할 수 없게[貞士不失分, 姦人不徼幸]"할 것을 주장하였다. 이렇게 되면, "백성들은 나라를 위해 힘을 다할 것을 서로 격려하며 기꺼이 군주에게 충성을 다하고[民勸極力而樂盡情]", "사악한 사람이 오래 살지 못하고 도척과 같은 사람이 도둑질을 멈추게[邪人不壽而盜跖止]"되어, "나라의 정권을 지키는 방법[守國之道]"이 "완비[畢備]"된다. 요컨대, "법률이 분명하면 현능한 사람이 무능한 사람을 빼앗을 수 없고, 강자가 약자를 침범할 수 없고, 다수의 사람이 소수의 사람을 괴롭힐 수 없으니[法分明則賢不得奪不肖, 强不得侵弱, 衆不得暴寡]", 세상에는 나쁜 사람이 다시는 없을 것이고, 군주는 나라를 망치는 재앙이 다시는 없을 것이며, 신하는 목숨을 잃는 재난이 다시는 없을 것이므로, 천하가 태평해진다. 이것이 바로 한비가 바라는 이상적인 경지, 다시 말하면 그의 법치 사상의 마지막 귀착점이다.

이 글은 짧은 편폭 속에서 법의 작용을 집중적으로 논술하고 있으며, 한비의 법치 이념을 잘 보여주고 있다. 또한 관점이 선명하고 조리가 분명하다.

○ ○ ○

현명한 군주가 법제(法制)를 세우면, 그 포상은 사람들에게 좋은 일을 하도록 격려할 수 있고, 그 형벌의 위력은 난폭함을 제압할 수 있고, 그 조치는 법제를 반드시 실행시키고 완벽히 할 수 있다. 잘 다스려지는 세상에서의 신하는 공로가 많은 이는 지위가 존귀하고, 힘을 다해 일을 한 이는 포상이 후하고, 충성을 다한 이는 명성이 수립된다. 선한 것이 마치 봄날의 초목처럼 자라나고, 악한 것이 마치 가을의 초목처럼 사라진다. 그러므로 백성들은 나라를 위해 힘을 다할 것을 서로 격려하며 기꺼이 군주에게 충성을 다하는데, 이것을 일컬어 군주와 신민(臣民)이 서로 조화롭다고 한다. 군주와 신민이 서로 조화로우므로, 힘을 쓰는 사람으로 하여금 법도(法度)의 범위 내에서 자기의 힘을 다하여, 임비(任鄙)와 같은 사람이 되는 데 힘쓰게 할 수 있고, 전사(戰士)로 하여금 목숨을 바치며, 맹분(孟賁)·하육(夏育)과 같은 사람이 되기를 원하게 할 수 있고, 법치를 수호하는 사람으로 하여금 모두 금석과 같은 마음을 품어, 오자서(伍子胥)와 같이 절개를 지키기 위해 죽게 할 수 있다. 힘을 쓰는 사람이 임비와 같고, 전사가 맹분·하육과 같으며, 법치를 수호하는 사람이 마음이 금석과 같다면, 군주는 베개를 높이 베고 걱정 없이 잘 수 있으며 나라의 정권을 지키는 조치도 이미 완비된다.

聖王之立法也, 其賞足以勸善, 其威足以勝暴, 其備[1]足以必完。法[2]治世之臣功多者位尊, 力極者賞厚, 情[3]盡者名立。善之生如春, 惡之死如秋。故民勸極力而樂盡情, 此之謂上下相得[4]。上下相得, 故能使用力者自極於權衡[5], 而務至於任鄙[6], 戰士出死[7], 而願爲賁育, 守道者[8]皆懷金石之心, 以死子胥之節。用力者爲任鄙, 戰如[9]賁育, 中爲金石[10], 則君人者高枕而守己[11]完矣。

○ ○ ○

옛날에 나라의 정권을 잘 지킨 사람은, 사람들이 무겁다고 여기는 형벌로써 그들이 가볍다고 여기는 범죄를 금지하였고, 사람들이 견디기 어렵다고 여기는 형벌로써 그들이 쉽게 피할 수 있는 잘못을 저지하였다. 그러므로 군자와 소인이 모두 바르고, 도척(盜跖)과 같이 탐욕스러운 자와 증삼(曾參)·사어(史魚)와 같이 효성스럽고 정직한 사람이 모두 청렴하였는데, 그것을 어떻게 아는가? 저 탐욕스러운 도적이 깊은 계곡에 나아가 금을 줍지 않는 것은, 만약 계곡에 나아가 금을 주우면 목숨이 보전되지 못하기 때문이다. 맹분과 하육이 만약 적의 역량을 헤아리지 않으면 용감하다는 명성은 없을 것이고, 도척이 만약 일이 실행할 만한지 아닌지 헤아리지 않으면 이익은 이루어지지 않을 것이다. 영명한 군주가 금령을 상악할 때, 맹분과 하육은 그들이 이길 수 없는 곳에서 이기면 제재를 받고, 도척은 그가 가질 수 없는 곳에서 훔치면 처벌을 받는다. 그러므로 맹분과 하육이 침범할 수 없는 곳에서 그들을 금지할 수 있고, 도척이 훔칠 수 없는 곳에서 그를 막을 수 있다면, 난폭한 사람이 신중함을 지킬 것이고, 사악한 사람이 바른길로 돌아갈 것이다. 대단히 용맹한 사람이 신중해지고, 큰 도적이 청렴하고 바르게 되면, 천하가 공정하고 태평해지고, 평민의 마음이 바르게 된다.

古之善守者, 以其所重禁其所輕, 以其所難止其所易。故君子與小人俱正, 盜跖[12]與曾史[13]俱廉, 何以知之? 夫貪盜不赴谿[14]而掇金, 赴谿而掇金則身不全。賁育不量敵則無勇名, 盜跖不計可則利不成。明主之守禁也, 賁育見侵於其所不能勝, 盜跖見[15]害於其所不能取。故能禁賁育之所不能犯, 守盜跖之所不能取, 則暴者守愿[16], 邪者反正。大勇愿, 巨盜貞, 則天下公平, 而齊民[17]之情正矣。

○ ○ ○

군주가 법치를 위배하고 사람들의 지지를 잃으면, 함부로 군주의 지위를 빼앗지 않는 백이(伯夷)와 같은 사람을 만나도 위험하고, 전성(田成)·도척과 같은 사람의 재앙을 면할 수 없으니, 어째서 그러한가? 지금 천하에는 백이와 같은 사람이 하나도 없고, 간사한 사람이 세상에 끊이지 않는데, 그러므로 법률과 제도를 세우는 것이다. 제도가 확립되면 백이와 같은 사람이 사람들의 긍정을 잃지 않을 것이고, 도척과 같은 사람이 사람들의 부정을 받지 않을 것이다. 법률이 분명하면 현능한 사람이 무능한 사람을 빼앗을 수 없고, 강자가 약자를 침범할 수 없고, 다수의 사람이 소수의 사람을 괴롭힐 수 없다. 천하를 요(堯)와 같이 엄격하고 공정한 법제에 맡기면, 올바른 사람은 응당 받아야 할 대우를 잃지 않을 것이고, 간사한 사람은 응당 받아야 할 처벌을 요행으로 피할 수 없다. 천금을 예(羿)의 화살에 맡기면, 백이가 천금을 잃을 수 없고, 도척이 감히 훔치지 못한다. 요의 현명함은 나쁜 사람을 놓치지 않는 데에 있으니, 그러므로 천하에 사악함이 없다. 예의 기교는 잘못 쏘지 않는 데에 있으니, 그러므로 천금이 분실되지 않는다. 사악한 사람이 오래 살지 못하고 도척과 같은 사람이 도둑질을 멈춘다. 이렇게 되면, 도서(圖書)에는 재여(宰予)를 싣지 않고, 육경(六卿)을 거론하지 않을 것이며, 오자서를 기록하지 않고, 부차(夫差)를 드러내지 않을 것이다. 손무(孫武)와 오기(吳起)의 책략이 폐기될 것이고, 도척의 탐욕스러운 마음이 굴복될 것이다. 군주는 화려한 궁전에서 맛있는 음식을 먹고 아름다운 옷을 입는데, 다른 사람에 의해 눈을 부라리고 이를 부득부득 가는 대상이 되거나 전복되어 정권을 빼앗기는 재앙이 없게 된다. 신하는 견고한 도성(都

城) 안에서 옷소매를 늘어뜨리고 두 손을 맞잡으며 군주를 알현하는데, 사람들로 하여금 손목을 불끈 쥐고 입술을 삐죽 내밀며 슬프게 탄식하게 하는 예기치 못한 재난이 없게 된다.

人主離法失人, 則危於伯夷不妄取, 而不免於田成､盜跖之禍, 何也? 今天下無一伯夷, 而姦人不絶世, 故立法度量。度量信則伯夷不失是[18], 而盜跖不得非[19]。法分明則賢不得奪不肖, 强不得侵弱, 衆不得暴[20]寡。託天下於堯之法, 則貞士不失分[21], 姦人不徼幸。寄千金於羿之矢, 則伯夷不得亡, 而盜跖不敢取。堯明於不失姦, 故天下無邪。羿巧於不失發, 故千金不亡。邪人不壽而盜跖止[22], 如此, 故圖不載宰予[23], 不擧六卿[24], 書不著子胥, 不明夫差。孫吳[25]之略廢, 盜跖之心伏。人主甘服[26]於玉堂[27]之中, 而無瞋目切齒傾取之患。人臣垂拱[28]於金城[29]之內, 而無扼腕聚脣嗟唶[30]之禍。

○ ○ ○

호랑이를 제압하려고 하면서 우리[柙]를 사용하지 않고, 간사함을 금지하려고 하면서 법제를 사용하지 않고, 속임수를 막으려고 하면서 부절(符節)을 사용하지 않으면, 이는 맹분·하육과 같은 용사도 근심하는 일이고, 요·순과 같이 영명한 군주도 어려워하는 일이다. 그러므로 우리를 설치하는 것은 쥐를 방비하려는 것이 아니라, 겁 많고 나약한 사람으로 하여금 호랑이를 제압할 수 있게 하려는 것이다. 법제를 세우는 것은 증삼·사어와 같이 효성스럽고 청렴한 사람을 방비하려는 것이 아니라, 평범한 군주로 하여금 도척과 같은 탐욕스러운 사람을 금지할 수 있게 하려는 것이다. 부절을 만드는 것은 미생(尾生)과 같이 신용을 지키는 사람을 방비하려는 것이 아니라, 뭇 사람들로 하여금 서로 속이지 못하게 하려는 것이다. 군주는 비간(比干)과 같은 사람이 죽음으로써 절개를 지키는 것에만 의지해서는 안 되고, 나라를 어지럽히는 신하에게 속임수가 없기를 요행히 바라서는 안 된다. 겁 많은 사람도 호랑이를 제압할 수 있는 '우리'에 의지해야 하고, 평범한 군주도 쉽게 권력을 지키는 법제를 장악해야 한다. 지금의 시대에, 군주를 위하여 충성하며 계책을 세우고, 천하를 위하여 덕을 쌓는 데에, 이익이 이것보다 더 장구한 것이 없다. 그러므로 군주가 나라를 망치는 그림이 있을 수 없고, 충신이 목숨을 잃는 묘사가 있을 수 없다. 공로가 많은 사람에게는 법에 따라 그의 지위를 높여 주고 반드시 포상을 수여함을 군주가 명백히 선포하니, 그러므로 사람들로 하여금 법제의 범위 안에서 자기의 힘을 다하게 하고, 목숨을 바쳐 맡은 바 직분을 충실히 하게 할 수 있다. 군주가 사람들로 하여금 맹분과 하육의 마음을 통찰하면서도, 죽음으로써 자기의 생명을 가볍게 여기지 않게 하고, 도척과 같은 탐욕에 미혹되더라도, 재물과 이익을 위하여 쉽게 목숨을 잃지 않게 할 수 있다면, 나라의 정권을 지키는 조치는 모두 완비된다.

服虎而不以柙，禁姦而不以法，塞僞而不以符，此賁育之所患，堯舜之所難也。故設柙非所以備鼠也，所以使怯弱能服虎也。立法非所以避[31]曾史也，所以使庸主能止盜跖也。爲符非所以豫[32]尾生[33]也，所以使衆人不相謾也。不恃[34]比干之死節，不幸亂臣之無詐也。恃怯之所能服，握庸主之所易守。當今之世，爲人主忠計，爲天下結德者，利莫長於如[35]此。故君人者無亡國之圖，而忠臣無失身之畫。明於尊位必賞[36]，故能使人盡力於權衡，死節於官職。通賁、育之情，不以死易生，惑於盜跖之貪，不以財易身，則守國之道畢備矣。

1) 備(비): 조치.

2) 法(법): 노문초와 진기유는 연문으로 보았다(『한비자신교주』). 그러나 '법(法)'자는 앞 문장에 속하여 '기비족이필완법(其備足以必完法)'이 되어야 한다. 장각은 '필완법(必完法)'은 '필법(必法: 법제를 반드시 실행시킴)'과 '완법(完法: 법제를 완벽히 함)' 두 측면을 포함하며, '법(法)'자는 '필(必)'과 '완(完)'의 목적어라고 하였다(『한비자교소』).

3) 情(정): 성(誠).

4) 相得(상득): 적합하다, 조화롭다,

5) 權衡(권형): 저울, 법도(法度)를 비유한다.

6) 任鄙(임비): 진(秦)나라 무왕(武王) 때의 장사.

7) 出死(출사): 사력을 다하다, 목숨을 바치다.

8) 守道者(수도자): 법치(法治)를 수호하는 사람을 가리킨다.

9) 戰如(전여): 진기유는 '전(戰)' 다음에 '사(士)'자가 있어야 한다고 하였다(『한비자신교주』).

10) 中爲金石(중위금석): 진기유는 '수도자중위금석(守道者中爲金石)'이 되어야 한다고 하였다(『한비자신교주』). '중(中)'은 마음.

11) 己(기): '이(已)'의 잘못

12) 盜跖(도척): 즉 '척(跖)', '척(蹠)'이라고도 한다. 춘추와 전국 교체기 노(魯)나라의 반란의 지도자. 옛 전적(典籍)에서는 그를 탐욕의 전형으로 여겨 '도척(盜跖)'이라고 불렀다.

13) 曾史(증사): '증(曾)'은 증삼(曾參)을 가리키며, 공자(孔子)의 제자로 효도로 유명했다. '사(史)'는 사추(史鰌)를 가리키며, 자가 자어(子魚)이므로 사어(史魚)라고도 불렀다. 춘추 시대 위(衛)나라 영공(靈公)의 대부(大夫)이며 정직함으로 이름났다.

14) 谿(계): 깊은 계곡. 위험한 곳.

15) 見(견): 당하다. 받다.

16) 愿(원): 신중하다.

17) 齊民(제민): 평민.

18) 失是(실시): 사람들의 긍정을 잃다, 칭찬을 듣지 못하다.

19) 得非(득비): 사람들의 부정을 받다.

20) 暴(포): 괴롭히다.

21) 分(분): 응당 있어야 할 명성과 받아야 할 상을 가리킨다.

22) 邪人不壽而盜跖止(사인불수이도척지): 왕선겸(王先謙)은 문장이 끊어진다고 하였다(『한비자집해』).

23) 宰予(재여): 춘추 시대 노(魯)나라 사람, 공자의 제자로 변론에 뛰어난 것으로 유명했다.

24) 六卿(육경): 경(卿)은 제후국의 고급 관작으로 공(公)의 아래, 대부(大夫)의 위. 육경은 진(晉)나라의 범씨(范氏)·중항씨(中行氏)·지씨(智氏)·조씨(趙氏)·한씨(韓氏)·위씨(魏氏)의 여섯 가족.

25) 孫吳(손오): 손무(孫武)와 오기(吳起). 손무는 춘추 시대의 병가(兵家)로 제(齊)나라 사람이며, 중국 최초의 병서인 『손자병법(孫子兵法)』13편을 지었는데 현존한다. 오기는 전국 초기의 군사가(軍事家)이며 초기 법가(法家)의 대표 인물이다. 현존하는 『오자(吳子)』6편은 후인의 위작(僞作)이다.

26) 甘服(감복): 맛있는 음식과 아름다운 의복, 여기서는 동사로 쓰였다.

27) 玉堂(옥당): 옥으로 장식한 전당, 궁전의 미칭.

28) 垂拱(수공): 옷소매를 늘어뜨리고 두 손을 맞잡아 가슴까지 올리고 인사하다.

29) 金城(금성): 도성(都城)을 가리키며, 장려(壯麗)하고 견고함을 형용한다.

30) 嗟唶(차차): 슬프게 탄식하다.

31) 避(피): 고광기는 『도장(道藏)』본과 금본(今本)에는 '비(備)'로 되어 있는데, '비(備)'자는 앞 문장에 관련되어 잘못 쓰인 것이라고 하였다. 유문전(劉文典)은 '비(備)'가 맞으며, 국가가 법을 세우는 것은 사람을 피하기 위한 것이 아니므로 '피증사(避曾史)'는 뜻이 통하지 않는다고 하였다(『한비자신교주』).

32) 豫(예): '예(預)'와 통한다. 예비하다.

33) 尾生(미생): 옛날 지극히 신용을 지키던 사람. 그는 한 여자와 다리 밑에서 만나기로 약속했는데, 여자는 오지 않고 물은 불어났지만, 떠나지 않고 다리 기둥을 붙잡고 있다가 결국 익사했다고 전해진다.

34) 不恃(불시): 건도본(乾道本)에는 '불(不)' 다음에 '독(獨)'자가 있는데, 왕선신은 능영초(凌瀛初) 본에 의거하여 '독(獨)'자를 삭제하였다(『한비자집해』). 진기유는 '독(獨)'자가 있어도 뜻이 통하므로 왕선신의 설을 따를 수

없다고 하였다(『한비자신교주』).

35) 如(여): 왕선신은 연문이라고 하였다(『한비자집해』).

36) 尊位必賞(존위필상): 공이 많은 사람에게는 법에 따라 그의 지위를 높여 주고 반드시 상을 주는 것을 가리킨다.

제27편 용인(用人)

사람을 쓰다

解題

용인(用人)은 '군주가 신하를 쓰는 요령'이다. 본 편에서는 군주가 인재를 등용하면서 준수해야 하는 기본적인 원칙들에 대해 서술하고 있다. 특히 한비는 신하를 잘 부리는 군주라면 반드시 하늘의 이치에 따르고 인심에 순응하며 상과 벌을 명확하게 해야 함을 주장하였다. 이러한 주장을 후원하기 위해 '정치의 극치는 군신을 상하지 않게 해야 한다는 것' '군주의 생각에 따라 정치하지 말아야 한다는 것' '군신의 사이가 벌어지면 군주는 고립된다는 것' '틈과 구멍을 반드시 메워야 한다는 것'에 대해 적극적인 논지를 전개하고 있다.

그러나 한비는 우수한 인재를 등용한다 해도 법으로 통치하지 않는다면 나라를 바로잡을 수 없다고 피력한다. 목수의 예를 통해 아무리 목수가 훌륭해도 자를 사용하지 않고는 장단을 정확하게 재단하기는 불가능하며 더 나아가 수레를 한 대도 만들 수 없는 것과 같이, 치국의 방법을 배제하고 무시한다면 성인이라도 나라를 바로잡을 수 없다고 말한다. 이 때문에 평범한 군주일지라도 법에 근거하여 상과 벌을 공평하게 시행한다면 나라를 쉽게 다스릴 수 있는 것이다.

○○○

예로부터 남을 잘 부리는 사람은 반드시 하늘의 이치에 따르고 인심에 순응하며 상과 벌을 명확하게 하였다고 들었다. 하늘의 이치에 따르면 쓰는 힘이 적어도 공이 서고, 인심에 순응하면 형벌이 줄어도 법령이 행해지며, 상과 벌을 명확히 하면 백이(伯夷)와 도척(盜跖)을 혼동하지 않게 될 것이다. 이와 같다면 흰 것과 검은 것이 명확히 구분될 것이다. 잘 다스려지는 나라의 신하는 나라에 공을 세움으로써 관직에 나아가게 되고, 그 관직에 맞는 능력을 드러냄으로써 직위를 얻으며, 법도에 힘을 다함으로써 일을 맡게 된다. 신하 된 자가 모두 그 능력에 합당하다면 자신의 관직을 충분히 감당하여, 그 일을 가볍게 처리하게 되니, 신하는 마음에 남은 능력을 남기지 않아서, 군주에게 그러한 신하를 겸관시켜야 하는 부담도 주지 않게 된다. 그러므로 안으로는 감추어진 원한으로 들어찬 반란이 없게 되고, 밖으로는 마복(馬服)의 환란이 없게 된다. 현명한 군주는 일을 시키면서 서로 침범하게 하지 않기 때문에 다투지 않는다. 관리를 부리면서 겸직하게 하지 않기 때문에 개인의 장기를 발휘할 수 있다. 사람을 부리면서 공훈이 다르기 때문에 싸우지 않는다. 싸움과 다툼을 멈추고 장기를 발휘하게 되면, 강한 자와 약한 자가 힘을 겨루지 않고, 얼음과 숯이 합체될 수 없는 것과 같이 세상에 서로 해치는 것이 없게 될 것이니, 잘 다스리는 것의 극치이다.

聞古之善用[1]人者, 必循天[2]順人[3]而明賞罰。循天則用力寡而功立, 順人則刑罰省而令行, 明賞罰則伯夷、盜跖不亂。如此則白黑分矣。治國之臣效功[4]於國以履位[5], 見能於官[6]以受職, 盡力於權衡[7]以任事。人臣皆宜其能, 勝[8]其官, 輕其任, 而莫懷餘力於心, 莫負兼官之責於君。故內無伏怨之亂[9], 外無馬服之患[10]。明君使事不相干[11], 故莫訟。使士不兼官, 故技長。使人不同功, 故莫爭。爭訟止, 技長立, 則彊弱不觳力[12], 冰炭不合形[13], 天下莫得相傷, 治之至也。

○ ○ ○

법술을 버려두고 마음대로 통치를 하면, 요(堯)임금이라도 한 나라를 바르게 할 수 없다. 규구(規矩)를 버리고 멋대로 억측한다면, 해중(奚仲)이라도 수레바퀴 하나를 완성할 수 없다. 척도를 없애버리고 길고 짧은 것을 분별한다면, 왕이(王爾)라도 정확히 절반을 헤아릴 수 없다. 만약 어중간한 군주라도 법술을 지키고 서툰 장인이라도 규구와 척도를 잡는다면, 절대로 실수를 하지 않을 것이다. 군주 된 자가 능력이 있고 뛰어난 자도 할 수 없는 것을 버릴 수 있고, 어중간하고 서툰 자도 절대로 실수하지 않을 것을 지킬 수 있다면, 사람들은 힘을 다할 것이고 공명도 세워질 것이다.

釋[14]法術而任心治, 堯不能正一國。去規矩[15]而妄意度[16], 奚仲[17]不能成一輪。廢尺寸[18]而差[19]短長, 王爾[20]不能半中。使[21]中主守法術, 拙匠執規矩尺寸, 則萬不失矣。君人者能去賢巧之所不能, 守中拙之所萬不失, 則人力盡而功名立。

○○○

현명한 군주는 받을 수 있는 상을 만들고 피할 수 있는 벌을 만든다. 그러므로 어진 자가 힘써 상을 받으려 하다가 자서(子胥)와 같은 화는 당하지 않게 되고, 불초한 자가 죄를 적게 하려다가 타고난 곱사등을 찧는 불행은 없게 되며, 눈먼 자가 평지에 거하면 깊은 골짜기를 만나지 않게 되고, 어리석은 자가 평정을 지키면 위험에 빠지지 않게 된다. 이와 같다면 군주와 신하 사이의 은혜가 맺어질 것이다. 옛 사람들이 말하기를 "그 마음은 알기가 어렵고, 기쁘고 분노한 감정은 맞추기가 어렵다."라고 하였다. 그러므로 군주의 의향을 표식으로 신하의 눈에 보여주고, 북으로 신하의 귀에 들려주며, 법으로 신하의 마음에 가르쳐주는 것이다. 군주 된 자가 세 가지의 쉬운 술수를 버리고 한 가지의 알기 어려운 마음을 행하려고 하니, 이와 같다면 군주에게는 분노가 쌓이고 신하에게는 원망이 쌓이게 되는데, 쌓인 분노로 쌓인 원망을 제어하면 양측이 위험할 것이다. 현명한 군주의 표식은 보기 쉬워서 약속이 지켜진다. 현명한 군주의 가르침은 알기 쉬워서 그 말이 쓰인다. 현명한 군주의 법은 행하기 쉬워서 명령이 실행된다. 이 세 가지가 서고 군주가 사심을 갖지 않는다면, 신하는 법에 따라 다스릴 수 있어서, 마치 표식을 보면 행동하고 먹줄을 따라 깎아내며 바늘구멍을 따라서 바느질을 하는 것처럼 할 것이다. 이와 같다면 군주는 사사롭게 위세를 부리는 해는 없을 것이고, 신하가 어리석거나 서툴러서 당하는 죽음은 없을 것이다. 그러므로 군주는 명확히 살펴서 노여움을 적게 하고, 신하는 충성을 다하고 죄를 짓는 일이 적게 될 것이다.

明主立可爲之賞， 設可避之罰。 故賢者勸賞[22]而不見子胥之禍， 不肖者少罪而不見傴剖背，盲者處平而不遇深谿，愚者守靜而不陷險危。如此則上下[23]之恩結矣。古之人曰，“其心難知，喜怒難中也。”故以表示目，以鼓語耳，以法教心。君人者釋[24]三易之數[25]，而行一難知之心，如此則怒積於上而怨積於下，以積怒而御積怨，則兩危矣。明主之表易見，故約立。其教易知，故言用。其法易爲，故令行。三者立而上無私心，則下得循法而治，望表而動，隨繩[26]而斲[27]，因攢[28]而縫。如此則上無私威之毒，而下無愚拙之誅。故上君明而少怒，下盡忠而少罪。

○○○

“일을 벌여서 걱정이 없는 것은 요임금도 할 수 없는 것이다.”라고 들었다. 세상에 일이 없었던 때는 일찍이 없었다. 군주 된 자가 작록을 가볍게 여기지 않고, 부귀를 쉽게 생각하지 않더라도, 신하와 더불어 위급한 나라를 구해낼 수 없다. 그러므로 현명한 군주는 염치를 권장하고 인의를 추켜세운다. 옛날에 개자추(介子推)는 작록이 없는데도 의리로 문공(文公)을 따라갔는데, 문공이 배고픔을 참지 못하자 인을 베풀어 자신의 살을 잘라 먹였기 때문에, 군주가 그의 덕을 새기고, 책과 그림에 그의 이름을 적어 둔 것이다. 군주는 신하를 공적인 일로 힘을 다할 수 있게 부리는 것은 즐거워하지만, 신하가 자신의 사심 때문에 군주의 권위를 빼앗아가는 것은 걱정한다. 신하는 능력에 따라 직분을 받으면 편안해하지만, 한 사람에게 두 가지의 직분을 맡기면 힘들어 한다. 그러므로 현명한 군주는 신하가 괴로워하는 것을 없애주고, 군주가 즐거워하는 것은 내세우게 된다. 이렇게 된다면 군주와 신하 사이의 이득이 이처럼 오래가는 것은 없을 것이다.

권신들의 집안을 살피지 않고, 중요한 일을 가볍게 생각하며, 가벼운 죄를 엄하게 처벌하고, 경미한 잘못을 오래도록 원망하며, 잠시의 쾌락을 오래도록 탐하고, 화를 일으킨 자에게 덕을 여러 번 베푼다면, 이는 마치 손을 절단하고 옥으로 손을 잇는 것과 같으니, 이에 세상에는 군주를 바꾸려고 하는 우환이 생기게 되는 것이다.

聞之曰, "擧事無患者, 堯不得也。" 而世未嘗無事也。君人者不輕爵祿, 不易富貴, 不可與救危國。故明主厲[29]廉恥, 招[30]仁義。昔者介子推[31]無爵祿而義隨文公, 不忍口腹[32]而仁割其肌, 故人主結其德, 書圖著其名。人主樂乎使人以公盡力, 而苦乎以私奪威。人臣安乎以能受職, 而苦乎以一負二。故明主除人臣之所苦, 而立人主之所樂。上下之利莫長如此。不察私門[33]之内, 輕慮重事, 厚誅薄罪, 久怨細過, 長侮偷快, 數以德追禍[34], 是斷手而續以玉也, 故世有易身之患。

○○○

군주가 하기 어려운 것을 세워놓고 이에 미치지 못하는 자를 벌준다면, 개인적인 원망이 생길 것이다. 신하가 자신에게 뛰어난 것을 펼치지 못하고 감당하기 어려운 것을 해야 한다면, 감추어진 원망이 쌓일 것이다. 신하는 수고스러워도 위로하지 않고, 슬퍼해도 가엾게 여기지 않을 것이다. 그러다가 군주 자신이 기쁘면 소인도 칭찬하면서, 어진 자와 못난 자에게 다 상을 준다. 또 군주 자신이 화나면 군자도 헐뜯으면서, 백이도 도척과 함께 욕보인다. 그러므로 신하 중에는 군주를 배반하는 자가 있게 되는 것이다.

人主立難爲而罪不及, 則私怨生。人臣失所長而奉難給[35], 則伏怨

[36]結。勞苦不撫循[37]，憂悲不哀憐。喜則譽小人，賢不肖俱賞。怒則毁君子，使伯夷與盜跖俱辱。故臣有叛主。

○ ○ ○

가령 연(燕)나라의 왕이 그 나라의 백성은 미워하고 밖으로 노(魯)나라의 사람을 좋아한다면, 연나라 사람들은 그에게 힘을 다하지 않을 것이고 노나라 사람 역시 그를 따르지 않을 것이다. 연나라 사람들은 미움을 받기 때문에 힘을 다하여 공을 세울 수 없을 것이다. 노나라 사람들은 사랑을 받지만 목숨을 걸고 다른 나라의 군주와 가까이 할 수 없을 것이다. 이와 같다면 신하와는 틈과 골이 생겨 군주는 고립된다. 틈과 골이 생긴 신하가 고립된 군주를 섬기는 것을 위태롭다고 말하는 것이다.

使[38]燕王內憎其民而外愛魯人，則燕不用[39]而魯不附[40]。見憎，不能盡力而務功。魯見說，而不能離死命[41]而親他主。如此則人臣爲隙穴[42]，而人主獨立[43]。以隙穴之臣而事獨立之主，此之謂危殆。

○ ○ ○

과녁을 버려두고 함부로 활을 쏜다면, 비록 작은 것을 적중시킨다고 하더라도 뛰어난 것은 아니다. 법제를 버려두고 함부로 화를 낸다면, 비록 죽인다고 하더라도 간악한 사람은 두려워하지 않는다. 죄는 갑이 저질렀는데, 그 화가 을에게 돌아간다면, 감추어진 원망이 쌓일 것이다. 그러므로 지극히 잘 다스려지는 나라에는 상과 벌이 있지만 군주의 사사로운 기쁨과 분노는 없는데, 이에 성인은 반드시 형법을 갖추게 되어 죽더라도 참혹하게 여기지 않기 때문에 간악한 사람도 순종하게 된다. 활을 쏘아 표적에 명중하고 상과 벌이 법도에 부합한다면, 요(堯)임금이 다시 부활하고 예(羿)가 다시 서게 되는 것이다. 이와 같다면 군주에게는 은나라와 하나라처럼 멸망할 걱정이 없고, 신하에게는 비간(比干)과 같이 당할 화가 없어, 군주는 베개를 높이 베게 되고 신하는 일을 즐길 수 있게 되니, 도가 세상에 두루 퍼지고 은덕이 만세에 미치게 될 것이다.

釋[44]儀的[45]而妄發, 雖中小不巧。釋法制而妄怒, 雖殺戮而姦人不恐。罪生甲, 禍歸乙, 伏怨乃結。故至治之國, 有賞罰而無喜怒, 故聖人極有刑法, 而死無螫毒[46], 故姦人服。發矢中的, 賞罰當符[47], 故堯復生, 羿復立。如此則上無殷夏之患, 卜無比十之禍, 君高枕而臣樂業, 道蔽天地, 德極萬世矣。

○ ○ ○

대저 군주가 틈과 구멍을 틀어막지 않고 겉만 칠하는데 힘쓴다면, 폭우와 질풍에 반드시 무너질 것이다. 군주는 바로 눈앞에 있는 재난을 제거하지 않고, 위기에서 목숨을 바친 맹분(孟賁)이나 하육(夏育)과 같은 이들의 죽음을 사모하기도 한다. 내부의 우환은 경계하지 않고 먼 국경에 단단한 성을 쌓기도 한다. 가까이 있는 어진 신하의 계략을 쓰지 않고 밖으로 천리 밖에 있는 만승의 나라와 외교를 맺기도 한다. 이와 같은데 폭풍이 하루아침에 일게 되면, 맹분과 하육도 구해내지 못하고 외교를 맺은 나라의 원조도 이르지 못하여, 재난이 이보다 크지는 않을 것이다. 지금 세상에서 군주를 위하여 충성스럽게 계책을 세우는 자는 반드시 연(燕)나라 왕이 노(魯)나라 사람을 좋아하도록 해서는 안 되고, 지금 사람이 옛날의 어진 이를 사모하도록 해서는 안 되며, 월(越)나라 사람이 중원(中原)의 물에 빠진 자를 구하도록 해서는 안 될 것이다. 이와 같다면 군주와 신하가 가까워져, 안으로는 공적이 쌓이고 밖으로는 명성이 이루어질 것이다.

夫人主不塞隙穴， 而勞力於赭堊[48]， 暴雨疾風必壞。 不去眉睫之禍[49]， 而慕賁育之死。 不謹蕭牆之患[50]， 而固金城於遠境。 不用近賢之謀， 而外結萬乘之交於千里。 飄風[51]一旦起， 則賁育不及救， 而外交[52]不及至， 禍莫大於此。 當今之世爲人主忠計者， 必無使燕王說魯人， 無使近世慕賢於古， 無思[53]越人以救中國溺者。 如此則上下親， 內功立， 外名成。

1) 用(용): 부리다.

2) 循天(순천): 하늘의 이치에 따르다.

3) 順人(순인): 인심에 순응하다.

4) 效功(효공): 공을 세우다.

5) 履位(이위): 관직에 나아가다.

6) 見能於官(견능어관): 그 관직에 맞는 능력을 드러내다.

7) 權衡(권형): 법도와 준칙.

8) 勝(승): 맡다.

9) 伏怨之亂(복원지난): 감추어진 원한으로 들어찬 반란.

10) 馬服之患(마복지환): 마복은 전국 시대 조(趙)나라 대장 마복군인 조사(趙奢)의 아들 조괄(趙括)을 가리킨다. 조괄은 어려서 병법을 익혀 세상에 자신의 적이 없다고 생각하였다. 그러나 조사는 훗날 조나라 군사는 실전 경험이 부족한 조괄 때문에 대패할 것을 예상하였다. 후에 조나라와 진(秦)나라가 장평(長平)에서 싸울 때 조나라 왕은 이간책(離間策)을 써서 조괄을 염파(廉頗) 대신 장수로 삼았는데, 이때 조괄의 모친이 인상여(藺相如)와 조왕에게 간하며 말렸으나 듣지 않았고, 결국 진나라 장수 백기가 조나라 군사 40만을 대파하였다.

11) 相干(상간): 서로 저촉되다. 서로 침범하다.

12) 轂力(곡력): 힘을 겨루다.

13) 冰炭不合形(빙탄부합형): 서로 침범하지 않는 것을 비유한 것.

14) 釋(석): 버려두다.

15) 規矩(규구): 규(規)는 원을 그리는 제구이고 구(矩)는 네모를 그리는 곱자.

16) 意度(의탁): 억측하다.

17) 奚仲(해중): 우(禹)임금의 수레를 만들었던 목수.

18) 尺寸(척촌): 길이를 재는 척도(尺度).

19) 差(차): 분별하다.

20) 王爾(왕이): 고대의 솜씨가 뛰어났던 장인(匠人).

21) 使(사): 만약의 뜻.

22) 勸賞(권상): 힘써 노력하여 상을 구하다.

23) 上下(상하): 윗사람과 아랫사람으로 여기서는 군주와 신하를 말함.

24) 釋(석): 버리다.

25) 三易之數(삼이지수): 위의 구절인 "이표시목 이고어이 이법교신(以表示目, 以鼓語耳, 以法敎心)"을 가리킨다.

26) 繩(승): 목공에 이용하는 먹줄.

27) 斲(착): 깎아내다.

28) 攢(찬): 바늘구멍.

29) 厲(려): 려(勵)의 뜻으로 권장하다.

30) 招(초): 게(揭)의 뜻으로 치켜세우다.

31) 介子推(개자추): 춘추 시대의 진(晉)나라 사람으로 진나라 헌공(獻公)의 애첩인 여희(驪姬)가 참소하여 그 화가 공자(公子)인 중이(重耳)에까지 미쳤다. 이에 중이는 다른 나라를 19년 동안 유랑하였는데 개자추가 처음부터 끝까지 따랐다. 전하는 말에 따르면 이때 중이가 배고파하면 개자추가 직접 자신의 허벅지를 베어 삶아 중이에게 먹였다고 한다. 후에 중이가 진(秦)나라 목공(穆公)의 도움으로 고국으로 돌아가 즉위하였는데, 그가 곧 진나라 문공(文公)이다. 문공이 즉위하여 자신의 유랑에 따랐던 사람들을 논공행상하는데 개자추를 빠뜨렸고, 이에 개자추는 어머니를 모시며 산에 은거하였다. 후에 문공이 그가 생각나서 그를 산에서 나오도록 하였지만 나오지 않자 그를 나오게 하기 위하여 문공이 산에 불을 질렀는데, 개자추는 끝내 나오지 않고 불타 죽었다.

32) 口腹(구복): 공복(空腹)으로 배고픔을 뜻한다.

33) 私門(사문): 권신(權臣).

34) 追禍(추화): 화를 부르다.

35) 奉難給(봉난급): 감당하기 어려운 일을 하는 것.

36) 伏怨(복원): 마음에 누적된 원망.

37) 撫循(무순): 어루만지며 위로하다.

38) 使(사): 가령.

39) 用(용): 힘을 다하다.

40) 附(부): 따르다.

41) 離死命(이사명): 이(離)는 이(罹)로 목숨을 걸고 생사를 묻지 않는 것.

42) 隙穴(극혈): 틈과 골.

43) 獨立(독립): 고립되다.

44) 釋(석): 버려두다.

45) 儀的(의적): 표준 과녁.

46) 螫毒(석독): 석(螫)은 독충이 쏘는 것으로 석독(螫毒)은 독충에게 쏘아 죽이는 참혹한 사형 방법.

47) 當符(당부): 부합하다.

48) 赭堊(자악): 자(赭)는 붉은 흙이고 악(堊)은 흰 흙으로 벽의 도장을 말한다.

49) 眉睫之禍(미첩지화): 눈썹 바로 앞에 있는 재난.

50) 蕭牆之患(소장지환): 소장(蕭牆)은 병풍으로 소장지환(蕭牆之患)은 내부의 우환을 말한다.

51) 飄風(표풍): 폭풍.

52) 外交(외교): 외교를 맺은 나라의 원조.

53) 思(사): 사(使)의 의미.

제28편 공명(功名)

공적과 명성

解題

공명(功名)은 '공적과 명성'이다. 본 편에서는 '군주가 공을 세우고 명성을 이룰 수 있는 방법'에 대해 말하였다. 한비는 현명한 군주가 공을 세우고 명성을 이루는 네 가지 방법으로 첫째는 천시(하늘이 내려준 때), 둘째는 인심(백성으로부터 얻은 민심), 셋째는 기능(군주 본인의 능력), 넷째는 권위(권세와 지위)를 제시하여 이를 구분하여 설명하고 있으며, 이 중 특히 권위를 강조하고 있다. 또한 군신의 관계를 '북채와 북' '수레와 말'에 비유하며 둥근 것과 모난 것은 동시에 그리는 것이 불가하다고 주장하였다.

'권위'는 군주가 통치하는 데 있어서의 핵심요소이다. 권세가 무겁고 지위가 높아야 세상을 통제할 수 있는 것으로 만약 군주가 천시와 인심을 얻고 기능까지 우수하지만 결정적인 요소에 해당하는 권위가 없다면 군주의 역량을 발휘할 수 없다는 것이다. 그런데 만약 군주가 우둔하다해도 뛰어난 신하를 지배할 수 있는 것은 바로 군주에게는 권위가 있기 때문인 것으로 피력하며 권위의 중요성을 강조하고 있다.

○ ○ ○

현명한 군주가 공을 세우고 명성을 이루는 방법은 네 가지인데, 첫째는 천시이고, 둘째는 인심이고, 셋째는 기능이고, 넷째는 권위이다. 천시를 어긴다면, 비록 요(堯)임금이 열이라도 겨울에는 이삭 하나를 나게 할 수 없다. 인심을 거스른다면, 비록 맹분(孟賁)이나 하육(夏育)이라도 사람들의 힘을 다하게 할 수 없다. 그러므로 천시를 얻으면 힘쓰지 않아도 저절로 이삭이 나고, 인심을 얻으면 재촉하지 않아도 저절로 일하게 되며, 기능을 따르면 서두르지 않아도 저절로 빨라지게 되고, 권위를 얻으면 나아가지 않아도 명성이 이루어진다. 이는 마치 물이 흐르는 것과 같고 배가 뜨는 것과 같다. 자연스러운 도를 지키고 무궁한 명령을 행하므로 현명한 군주라고 한다.

明君之所以立功成名者四, 一曰天時, 二曰人心, 三曰技能, 四曰勢位[1]。非[2]天時, 雖十堯不能冬生一穗。逆人心, 雖賁育不能盡人力。故得天時則不務而自生, 得人心則不趣[3]而自勸, 因技能則不急而自疾, 得勢位則不進而名成。若水之流, 若船之浮。守自然之道, 行毋窮之令, 故曰明主。

○ ○ ○

대저 재능은 있지만 권세가 없다면, 비록 현명한 자라도 못난 자를 제어할 수 없다. 만약 매우 작은 나무라도 높은 산의 위에 세우면, 아래로 천 길의 깊은 골짜기를 내려다볼 수 있는데, 이는 나무가 커서가 아니라 그 위치가 높기 때문이다. 걸(桀)이 천자가 되어 세상을 제어할 수 있었던 것은 그가 현명해서가 아니라 권세가 막중하였기 때문이다. 요(堯)가 필부라면, 세 집안도 다스릴 수 없을 것인데, 이는 그가 못나서가 아니라 지위가 낮기 때문이다. 천 균(鈞) 정도의 무거운 것도 배를 얻으면 물에 뜨고, 치수(錙銖) 정도의 가벼운 것도 배를 잃으면 물에 가라앉는다. 천 균이 가볍고 치수가 무거워서가 아니라 의지할 세력이 있고 없어서이다. 그러므로 작은 것이 높은 곳에서 내려다보는 것은 위치 때문이고, 못난 자가 현명한 자를 제어할 수 있는 것은 세력 때문이다. 군주는 세상 사람들이 힘을 합하여 모두 그를 추대하기 때문에 편안하다. 많은 사람들이 마음을 같이하여 모두 그를 세우기 때문에 존엄하다. 신하는 자신의 장점을 발휘할 수 있어 그 능력을 다하게 되기 때문에 충성한다. 존엄한 군주가 충성스러운 신하를 제어한다면, 오래도록 삶을 즐기고 공명이 이루어질 것이다. 명분과 실질이 서로 의지하며 이루어지고 형체와 그림자가 상응하여 서게 되므로 신하와 군주는 욕망을 같이하지만 직분을 달리하는 것이다. 군주의 근심은 자신이 불러도 응해주는 신하가 아무도 없는 데에 있어, 그러므로 "한 손으로만 박수를 치면 비록 빠르기는 해도 소리가 나지 않는다."라고 말한 것이다. 신하의 근심은 한 가지 일에 전념할 수 없는 데에 있어, 그러므로 "오른손으로 원을 그리고 왼손으로 네모를 그리면 둘을 다 완성할 수 없다."라고 말한 것이다. 따라서 말하기를 "지극히 잘 다스려지는 나라에서 군주는 북채와 같고 신하는 북과 같으며, 기능은 수레와 같고 일은 말과 같다."라고 한다. 그러므로 신하에게 여력이 있으면 응하기에 쉽고, 기능에 남는 것이 있으면 일하기에 편하다. 공을 세우려고 하는 자는 힘이 부족하고,

측근을 가까이하려고 하는 자는 믿음이 부족하며, 명성을 이루려고 하는 자는 세력이 부족한데, 측근을 가까이했더라도 멀리 있는 자와 교분을 맺지 못하면 명분이 실질과 부합하지 않은 것이다. 성인의 덕이 요순과 같고 행실이 백이와 같다 해도 지위가 세상에서 추대받지 못한다면, 공은 세워지지 않고 명성은 이루어지지 않는다. 그러므로 옛날에 공과 명성을 이룰 수 있었던 자들은 많은 사람들이 힘으로 그를 돕고, 측근이 믿음으로 그와 친분을 맺고, 멀리 있는 자가 명성으로 그를 칭찬하고, 존엄한 자가 세력으로 그를 추대하였기 때문이다. 이와 같았기 때문에, 태산과 같은 공이 나라에 오래도록 서고 일월과 같은 명성이 천지에 오래도록 드러난 것이다. 이것이 바로 요(堯)가 군주의 자리에서 명성을 지킬 수 있었던 이유이고, 순(舜)이 신하의 자리에서 공적을 이룰 수 있었던 이유이다.

夫有材而無勢, 雖賢不能制不肖。故[4]立尺材[5]於高山之上, 下臨千仞之谿, 材非長也, 位高也。桀爲天子, 能制天下, 非賢也, 勢重也。堯爲匹夫, 不能正三家, 非不肖也, 位卑也。千鈞[6]得船則浮, 錙銖[7]失船則沈。非千鈞輕而錙銖重也, 有勢之與無勢也。故短之臨高也以位, 不肖之制賢也以勢。人主者, 天下一力[8]以共載[9]之, 故安。衆同心以共立之, 故尊。人臣守[10]所長, 盡所能, 故忠。以尊主主[11]御忠臣, 則長樂生而功名成。名實相持而成, 形影相應而立, 故臣主同欲而異使。人主之患在莫之應[12], 故曰, 一手獨拍, 雖疾無聲。人臣之憂在不得一[13], 故曰, 右手畫圓, 左手畫方, 不能兩成。故曰, 至治之國, 君若桴[14], 臣若鼓, 技若車, 事若馬。故人有餘力易於應, 而技有餘巧[15]便於事。立功者不足於力, 親近者不足於信, 成名者不足於勢, 近者已親, 而遠者不結, 則名不稱[16]實者也。聖人德若堯舜, 行若伯夷, 而位不載於世, 則功不立名不遂[17]。故古之能致功名者，衆人助之以力，近者結之以成[18]，遠者譽之以名，尊者載之以勢。如此，故太山[19]之功長立於國家，而日月之名久著於天地。此堯之所以南面[20]而守名，舜之所以北面[21]而效功也。

1) 勢位(세위): 권위를 말함.

2) 非(비): 배(背)의 뜻으로 '어기다'는 의미다.

3) 趣(취): 촉(促)의 뜻으로 '재촉하다'는 의미다.

4) 故(고): 약(若)의 뜻으로 조건의 문장이다.

5) 尺材(척재): 1척 정도의 매우 작은 나무.

6) 千鈞(천균): 균(鈞)은 고대 중량의 단위로 30근(斤)이 1균이다. 따라서 천균은 3만 근이다.

7) 錙銖(치수): 치(錙)는 차조 낟알 100개의 무게이며 수(銖)는 치 6배의 무게를 말한다.

8) 一力(일력): 힘을 합하다.

9) 載(재): 대(戴)의 뜻으로 추대하다.

10) 守(수): 전(展)의 뜻으로 '드러내다'는 의미다.

11) 主(주): 연문(衍文)이다.

12) 莫之應(막지응): 군주의 소환에 응하지 않는 것.

13) 不得一(부득일): 한 가지 직무에 전념할 수 없는 것.

14) 桴(부): 북채.

15) 餘巧(여교): 일을 수행하고 남는 재주.

16) 稱(칭): 부합하다.

17) 遂(수): 완성하다.

18) 成(성): 성(誠)의 의미.

19) 太山(태산): 지금의 산동성 태안현에 있는 동악(東嶽) 태산(泰山)을 가리킨다.

20) 南面(남면): 조정에서 천자가 착석하는 방향으로 통치하는 지위를 가리킨다.

21) 北面(북면): 조정에서 신하가 착석하는 방향으로 신하를 지칭한다.

제29편 대체(大體)

정치의 요점

解題

대체(大體)는 요점이란 뜻으로, 본 편은 곧 정치의 요점을 설명한 것이다. 편 첫머리의 '古之全大體者'에서 편명을 가져왔다.

본편의 주제는 다스리기 위해서는 반드시 요점을 지니고 있어야 한다는 것으로, 여기에서 정치의 요점은 곧 도(道)이다. '도'는 우주의 자연 규율로 사적인 호오(好惡)가 없는 것이다. 그러므로 이 요점을 지니기 위해서는 원칙적으로 '정해진 이치를 지키고, 스스로 그러함에 따르면서(守成理, 因自然)' '좋고 나쁨을 가리지 않아야 한다는 것이다(不立好惡).' 그리고 실제의 통치에서는 '치란을 법술에 의지하고, 시비를 상벌에 의탁해야 한다(寄治亂於法術, 託是非於賞罰)'는 법치를 강조하는 의미를 담고 있다.

옛날 치국의 요점을 온전하게 터득했던 군주는 멀리 하늘과 땅을 바라보며 그것들을 모범으로 삼았고, 강과 바다를 보고 또한 모범으로 삼았으며, 산과 골짜기에 의거하였고, 해와 달이 비치듯이 사계절이 차례로 운행하듯이 구름이 펼쳐지고 바람이 불어 나부끼듯이 나라를 다스렸다. 지혜를 가지고 자기의 마음을 얽매지 않았고, 사사로운 욕심을 가지고 자기의 몸을 얽매지도 않았다. 치란(治亂)을 법술(法術)에 의지하고, 시비(是非)를 상벌(賞罰)에 의탁하며, 경중(輕重)을 저울대에 맡긴다. 하늘의 이치를 거스르지 않고, 사람의 성정(性情)을 상하게 하지 않는다. 털을 불어서 작은 흠을 찾아내려 하지 않고, 때를 씻어서 알기 어려운 것을 살피려고 하지 않는다. 법률의 밖에서 끌어들이지 않고, 법률의 안으로 밀어 넣으려 하지 않는다. 법률의 밖에서 엄격하게 다스리지 않고, 법률의 안에서 느슨하게 다스리지도 않는다. 정해진 이치를 지키고, 스스로 그러함에 따른다. 화와 복은 노와 법에서 생겨나는 것이지 아낌과 미움에서 생겨나는 것이 아니며, 영예와 치욕의 책임은 자기 자신에게 있는 것이지 다른 사람에게 있는 것이 아니다. 그러므로 지극히 안정된 세상은 법이 아침 이슬과 같아 백성의 순박함은 흩어지지 않고, 마음에는 맺힌 원망이 없으며, 입에서는 불평하는 말이 나오지 않는다. 그러므로 수레와 말이 먼 길의 원정 속에서 피폐해지지 않고, 군대의 깃발이 큰 늪 속에서 혼란에 빠지지 않으며, 백성들이 적병에게 목숨을 잃지 않고, 용사들이 깃발 아래에서 요절하지 않는다. 호걸들은 그림과 책에 이름이 드러나지 않고, 반우(盤盂)에 공이 기록되지 않으며, 연대기를 기록한 책은 텅 비어 있다. 그러므로 말하기를 '이익은 간략한 것보다 더 큰 것이 없으며, 복은 평안한 것보다 더 오래가는 것이 없다.'라고 한 것이다.

古之全大體者，望天地[1]，觀江海，因[2]山谷，日月所照，四時所行，雲布風動。不以智累心，不以私累己。寄治亂[3]於法術，託是非於賞罰，屬輕重於權衡[4]。不逆天理，不傷情性。不吹毛而求小疵[5]，不洗垢[6]而察難知。不引繩[7]之外，不推繩之內。不急法之外，不緩法之內。守成理，因自然。禍福生乎道法而不出乎愛惡，榮辱之責在乎己而不在乎人。故至安之世，法如朝露，純樸不散，心無結怨，口無煩言。故車馬不疲弊於遠路，旌旗不亂於大澤，萬民不失命於寇戎[8]，雄駿不創壽[9]於旗幢[10]。豪傑不著名於圖書，不錄功於盤盂[11]，記年之牒[12]空虛。故曰，利莫長於簡，福莫久於安。

○○○

만약에 장석(匠石)에게 천 년을 살게 하여 그림쇠를 잡고, 자와 곡자를 사용하며, 먹줄을 써서 태산을 바로잡게 하고, 맹분(孟賁)과 하육(夏育)에게 간장(干將)을 잡고 백성들을 고루 다스리게 하여, 비록 기교에 온 힘을 쓰고 목숨이 아주 왕성하다 하더라도, 태산이 바로 잡히지 않을 것이며 백성이 고루 다스려질 수 없을 것이다. 그러므로 말하기를 '옛날에 천하를 통치하는 자는 장석이 그 재주를 다 부리게 하여 태산의 형체를 파괴하는 일을 하지 않으며, 맹분과 하육이 그 위세를 다 부리게 하여 백성의 본성을 해치게 하는 일을 하지 않았다.'라고 하였다. 도에 따라 법을 온전히 하므로 군자는 즐거워하고 사악함은 그치게 된다. 군주가 담박함을 좋아하고 조용하며 천명을 따라 치국의 요점을 터득하게 된다. 그러므로 사람들이 법에 걸리는 죄를 짓지 않게 하고, 물고기가 물을 잃어버리는 화를 당하지 않게 한다. 이와 같이 하면 천하에 나쁜 일이 없게 된다.

使匠石[13]以千歲之壽操鉤[14]，視規矩[15]，擧繩墨[16]而正太山，使賁育帶干將[17]而齊萬民，雖盡力於巧，極盛於壽，太山不正，民不能齊。故曰，古之牧[18]天下者，不使匠石極巧以敗太山之體，不使賁育盡威以傷萬民之性。因道[19]全法[20]，君子樂而大姦止。澹然閒靜，因天命，持大體。故使人無離[21]法之罪，魚無失水之禍[22]。如此，故天下少不可[23]。

○ ○ ○

군주가 위로 하늘을 법으로 삼지 않으면 아래로 모든 백성을 보호할 수 없고, 군수의 마음이 땅과 같이 깊고 두텁지 않으면 민물을 지탱할 수 없다. 태산은 좋고 나쁨을 가리지 않기 때문에 그 높음을 이룰 수 있는 것이다. 강과 바다는 작은 물줄기라도 가리지 않기 때문에 그 깊고 넓음을 이룰 수 있는 것이다. 그러므로 군주는 하늘과 땅의 광대함에 몸을 맡겨야 만물이 모두 갖추어질 수 있고, 산과 바다의 높고 깊음에 마음을 두어야 나라가 풍요로워진다. 군주는 분노에서 생기는 해독이 없고, 백성은 마음속에 있는 원망의 근심이 없어야, 위아래가 서로 조화를 이루어 모든 것이 도에 머물게 된다. 그러므로 장구한 이로움이 쌓이게 되고 큰 공이 세워지고 생전에 명성이 이루어지고 덕이 후대에까지 미치게 되니, 이것이 다스림의 지극함인 것이다.

上不天則下不徧覆[24]，心不地則物不畢載。太山不立好惡，故能成其高。江海不擇小助[25]，故能成其富。故大人寄形於天地而萬物備，歷心於山海而國家富。上無忿怒之毒，下無伏怨之患，上下交順，以道爲舍。故長利積，大功立，名成於前，德垂於後，治之至也。

1) 望天地(망천지): 멀리 하늘과 땅을 바라보며 계발을 얻어 하늘과 땅을 모범으로 삼는다는 의미이다. 망(望)은 먼 곳을 바라본다는 뜻이다.

2) 因(인): 의지하다, 의거하다.

3) 治亂(치란): 혼란한 세상을 다스리다.

4) 屬輕重於權衡(속경중어권형): 법에 의지해서 성취의 고하(高下)를 측량한다는 뜻. 속(屬)은 맡긴다는 뜻이고, 권형(權衡)은 저울로 법도 혹은 준칙을 비유한다.

5) 疵(자): 흠, 결점, 병.

6) 垢(구): 때, 티끌.

7) 繩(승): 법도, 법률.

8) 寇戎(구융): 적의 군대.

9) 創壽(창수): 요절하다.

10) 旗幢(기당): 깃발을 가리키는데, 당(幢)은 옛날에 새의 깃털로 장식한 깃발로 의장(儀仗)에 많이 사용되었다.

11) 盤盂(반우): 물건을 담는 그릇. 둥근 것을 반(盤)이라 하고, 네모진 것을 우(盂)라 하였다. 옛날에 이곳에 글을 명(銘)을 새겨 자기의 공적이나 경계의 말을 전했다

12) 記年之牒(기년지첩): 연대에 따라 사건을 기록한 목간(木簡)을 말한다.

13) 匠石(장석): 고대의 유명한 공장(工匠).

14) 鉤(구): 곡선을 그리는 공구.

15) 視規矩(시규구): 규(規)와 구(矩)를 본다는 것으로, 정해진 표준에 의지한다는 뜻. 규(規)는 원형을 그리는 도구이고, 구(矩)는 방형(方形)을 그리는데 쓰이는 자.

16) 繩墨(승묵): 먹줄로 법도나 준칙을 비유.

17) 干將(간장): 고대의 보검(寶劍) 이름이다. 전하는 바에 의하면 춘추 시대 오나라 사람 간장(干將)이 주조한 것이라고 하는데, 날카롭기가 비할 바 없어 훗날 예리한 검이 대명사로 사용되었다고 한다.

18) 牧(목): 통치한다는 뜻.

19) 道(도): 여기서는 자연의 법칙.

20) 法(법): 여기서는 사회의 법도.

21) 離(리): 리(罹)와 통하여 '걸리다', '만나다'의 뜻이다.

22) 失水之禍(실수지화): 군주가 권력을 잃어버린 상태를 비유.

23) 少不可(소불가): 나쁜 일이 없다는 뜻.

24) 偏覆(편복): 모두 보호하다.

25) 小助(소조): 강과 바다로 흘러드는 작은 물줄기.

제30편 내저설(內儲說) 상(上): 칠술(七術)

전해 오는 이야기를 모으다 내상편(內上編) 일곱 가지 치술

解題

저설(儲說)은 전해 오는 이야기를 모으는 것이다. 저(儲)는 쌓고 모은다는 뜻으로, '설(說)'을 수집 정리하고 분류 편집하는 것을 나타낸다. 설(說)은 한비(韓非)의 학설을 설명하는 데 쓰이는 역사 고사(故事)와 민간 전설 및 우언(寓言)을 가리킨다. 편폭이 크기 때문에 '내(內)'·'외(外)'·'상(上)'·'하(下)'·'좌(左)'·'우(右)'의 6편으로 나눈다.

내저설(內儲說)이라고 한 것은 제32편부터 제35편까지의 외저설(外儲說)과 구분하기 위한 것이기는 하지만, 내용이 연계되어 있는 것은 아니다. 이 편의 구성은 강령이라고 할 수 있는 경(經)과 각 경의 해설에 해당되는 전(傳)으로 이루어져 있으며, 군주와 신하가 정치와 관련된 이모조모를 묻고 대답하는 형식을 취하고 있다.

군주가 나라 다스리는 데에 쓰는 통치술이 일곱 가지이고, 고찰해야 하는 것이 여섯 가지 실마리가 있다. 일곱 가지 통치술이란, 첫째, 여러 사람의 의견을 두루 참고하고 살펴야 한다. 둘째, 잘못을 하면 반드시 벌을 내려서 위엄을 보여야 한다. 셋째, 착한 일을 하면 반드시 상을 내려서 각자 능력을 다하도록 해야 한다. 넷째, 하나하나 의견을 들어서 아랫사람의 책임을 물어야 한다. 다섯째, 신하에게 의심스러운 명령을 내리는 것은 일을 잘못 시키는 것이다. 여섯째, 자신이 알고 있는 것을 감추고 신하에게 물어야 한다. 일곱째, 말을 뒤집어 하거나 상반되는 사례를 들어야 한다. 이 일곱 가지는 군주가 쓰는 통치술이다.

主之所用也七術，所察也六微[1]。七術，一曰衆端參觀，二曰必罰明威，三曰信賞盡能，四曰一聽責下，五曰疑詔詭使[2]，六曰挾知而問，七曰倒言反事。此七者，主之所用也。

○○○

경(經) 1. 참관(參觀)

군주가 다른 이들로부터 살피고 귀 기울이기를 두루 하지 않으면 진실로 실정을 듣지 못할 것이며, 살피는 것이 정해진 창구만 있다면 신하들과의 소통이 막힐 것이다. 이러한 실제 사례로 난쟁이 광대가 꿈에 부뚜막을 보았다는 이야기, 애공(哀公)이 여러 사람들과 논의를 하면 미혹에 빠지지 않는다고 한 것들이 있다. 이와 연관돼 어떤 제나라 사람이 황하의 하백(河伯)을 군주에게 보여주었다는 것과 혜자(惠子)가 위(魏)나라 왕은 나라의 반을 잃었다고 말한 일이 있다. 우환의 사례로는 수우(竪牛)가 숙손(叔孫)을 굶긴 일과 강을(江乙)이 초(楚)

나라의 풍속을 말한 일이 있다. 사공(嗣公)은 정치를 잘 해보고자 했지만 그 방법을 잘 몰랐기 때문에 적을 만들게 되었다. 그러므로 명철한 군주는 쇠 갑옷을 잘 갖추어 입어서 화살을 막듯이 간신배들의 계략을 막아내고, 시정(市井)에서 떠도는 우환이 되는 말도 잘 살펴야 한다.

觀聽不參則誠不聞, 聽有門戶則臣壅塞。其說在侏儒之夢見竈, 哀公之稱“莫衆而迷”。故齊人見河伯, 與惠子之言“亡其半”也。其患在豎牛[3]之餓叔孫而江乙之說荊俗也。嗣公欲治不知, 故使有敵 是以明主推積鐵之類[4], 而察一市之患。

○○○

경 2. 필벌(必罰)

소중히 여김이 지나치면 법이 서지 못하고, 위엄이 부족하면 아랫사람이 윗사람을 넘본다. 이 때문에 형벌이 반드시 행해지지 못하고, 금지하는 명령이 시행되지 못한다. 그 실제 예로는 동자(董子)가 석읍(石邑)을 지나간 것과 자산(子産)이 유길(游吉)을 가르친 것이 있다. 그러므로 중니(仲尼)가 서리가 내렸다고 하였고, 은(殷)나라 법은 길에 재를 버려도 벌을 받고, 행렬을 인솔하던 이는 악지(樂池) 곁을 떠났고, 공손앙(公孫鞅)은 가벼운 죄도 무겁게 다스렸다. 여수(麗水)의 금을 지키지 못했고, 적택(積澤)의 불을 끄지 못했다. 성환(成歡)은 너무 어질기만 해서 제(齊)나라를 약화시켰고, 복피(卜皮)는 너무 자애로워서 위(魏)나라 왕이 망할 것이라고 여겼다. 관중(管仲)은 그것을 알았기 때문에 죽은 이를 절단하는 벌을 내렸고, 사공(嗣公)도 잘 알았기 때문에 도망친 죄수를 사와서라도 벌을 내리려고 하였다.

愛多者則法不立，威寡者則下侵上。是以刑罰不必，則禁令不行。其說在董子之行石邑，與子產之教游吉也。故仲尼說隕霜[5]，而殷法刑棄灰，將行[6]去樂池[7]，而公孫鞅[8]重輕罪。是以麗水[9]之金不守，而積澤[10]之火不救。成歡[11]以太仁弱齊國，卜皮[12]以慈惠亡魏王。管仲知之，故斷死人，嗣公知之，故買胥靡[13]。

○○○

경 3. 상예(賞譽)

포상과 칭찬이 박하고 기만적이면 아랫사람이 쓰임을 받지 않고, 포상과 칭찬이 후하고 신의가 있으면 아랫사람이 죽음도 어렵지 않게 여긴다. 이것에 대한 설명은 문자(文子)가 "짐승 가운데 사슴이 무성한 풀을 좋아하는 것과 같다."라고 말한 데 있다. 그러므로 월(越)나라 왕은 궁실을 불살랐고, 오기(吳起)는 수레 끌채를 문밖에 기대었고, 이회(李悝)는 활을 쏘아 소송을 판결하였고, 송(宋)나라 군주는 상을 당하여 슬퍼하며 굶다가 몸이 상한 숭문(崇門)의 한 사람을 장려함으로써 많은 사람들로 하여금 스스로 굶다가 죽게 하였다. 구천(句踐)은 포상과 칭찬의 작용을 알았으므로 머리를 숙여 수레 앞턱 가로나무에 기대고 성이 난 듯 뺨을 볼록하게 한 개구리에게 경의를 표하였고, 한(韓)나라 소후(昭侯)는 포상을 실시하는 원칙을 알았으므로 헤진 바지를 간수하였다. 후한 포상은 사람을 맹분(孟賁)과 전제(專諸)로 만드는데, 부녀자가 누에를 줍고 어부가 드렁허리를 잡으니 이것으로써 그 점을 증명할 수 있다.

賞譽薄而謾者下不用，賞譽厚而信者下輕死。其說在文子[14]稱"若獸鹿"。故越王[15]焚宮室，而吳起倚車轅，李悝[16]斷訟以射，宋崇門

[17]以毁[18]死。句踐知之，故式[19]怒鼃，昭侯[20]知之，故藏弊袴。厚賞之使人爲賁、諸[21]也，婦人之拾蠶，漁者之握鱣[22]，是以效[23]之。

○ ○ ○

경 4. 일청(一聽)

군주가 신하의 의견을 하나하나 들으면 어리석은 자와 지혜로운 자를 분별할 수 있고, 신하를 책문하면 신하는 군주의 이목(耳目)을 혼란시킬 수 없다. 그 설명은 위(魏)나라 왕이 한(韓)나라에 병합을 요구하고 남곽처사(南郭處士)가 피리를 분 데에 있다. 군주가 신하를 책문하지 않은 폐해는 신자(申子)가 조소(趙紹)와 한답(韓沓)을 기용하여 한나라 소후(昭侯)의 의중을 탐색한 데에 있다. 그러므로 공자 범(氾)은 황하 이동의 토지를 할양할 것을 건의하였고, 응후(應侯) 범저(范雎)는 상당(上黨)을 포기할 것을 모의하였다.

一聽則愚智不[24]分，責下則人臣不參[25]。其說在索鄭[26]與吹竽。其患在申子[27]之以趙紹、韓沓爲嘗試。故公子氾議割河東，而應侯[28]謀弛[29]上黨[30]。

○ ○ ○

경 5. 궤사(詭使)

자주 만나고 오래 모시게 하면서 중책을 맡기지 않으면, 간악한 자들은 바로 사슴처럼 흩어져버린다. 사람에게 일을 시키면서 다른 것을 묻는다면 사심을 속일 수 없게 된다. 이 때문에 방경(龐敬)은 공대부(公大夫)를 돌려보내고, 대환(戴讙)은 온거(轀車)를 살피라고 명하였으며, 주(周)의 군주는 옥비녀를 잃어버린 후 찾게 하였고, 상(商)의 재상은 소똥이 많음을 꾸짖었다.

數見久待[31]而不任[32]，姦則鹿散[33]。使人問他則不鬻[34]私。是以龐敬還公大夫[35]，而戴讙詔視輼車[36]，周主亡玉簪，商太宰論[37]牛矢[38]。

○○○

경 6. 협지(挾智)

아는 것을 묻어두고 물으면, 알지 못하던 것에 이르게 된다. 하나의 사물을 깊게 알게 되면, 많은 숨겨진 것들이 모두 변하여 밝게 드러난다. 소후(昭侯)가 손톱 한 개를 주먹으로 쥔 채로 찾게 한 일이 있었다. 그러므로 남문의 일을 소상히 살펴서 세 지방의 일도 알게 되었다. 주(周)의 군주가 굽은 지팡이를 찾아내지 여러 신하들이 두려워하였고, 복피(卜皮)는 서자들을 부렸으며, 서문표(西門豹)는 수레의 못을 잃어버린 체하였다.

挾智[39]而問，則不智者至。深智一物，衆隱皆變[40]。其說在昭侯之握一爪也。故必南門而三鄉得。周主索曲杖而羣臣懼，卜皮事[41]庶子[42]，西門豹詳[43]遺轄[44]。

○○○

경 7. 도언(倒言)

거꾸로 말하고 반대로 행동하여 의심스러운 것을 시험해본다면, 간악한 일의 정황을 알게 된다. 그러므로 산양(山陽)은 규수(樛豎)를 속였고, 요치(淖齒)는 진(秦)의 사신으로 위장했으며, 제(齊)나라 사람은 난을 일으키려고 하였고, 자지(子之)는 백마가 달려나갔다고 하였으며, 자산(子産)은 소송한 자들을 분리시켰고, 사공(嗣公)은 사람을 시켜 관문 부근의 저자를 통과하게 했던 것이다.

倒言反事，以嘗所疑，則姦情得。故陽山[45]謾[46]樛豎，淖齒爲[47]秦使，齊人欲爲亂，子之以白馬，子産離訟者，嗣公過關市[48]。

○ ○ ○

전(傳) 1

위(衛)나라 영공(靈公) 때에 미자하(彌子瑕)가 총애를 받아 위나라에서 권력을 멋대로 휘둘렀다. 난쟁이 광대가 공을 뵙고 "신의 꿈은 잘 들어맞습니다."라고 말하였다. 공이 "어떤 꿈이더냐?"라고 했다. 난쟁이 광대가 "꿈에 부뚜막을 보았는데 공을 뵙게 되었습니다."라고 하였다. 공이 화를 내며, "내 듣건대 군주를 아뢰는 자는 꿈에서 해를 본다고 하던데, 어찌하여 과인을 보고자 했는데 꿈에 부뚜막을 보았더냐?"라고 하였다. 난쟁이 광대가 대답하기를, "저 해는 온 세상을 두루 비추어서 어떤 물건도 피할 수 없습니다. 군주가 온 나라를 두루 비추는 것을 한 사람이 막아낼 수는 없습니다. 그러므로 군주를 뵙고자 한다면 꿈에서 해를 보아야 한다고 하는 것입니다. 저 부뚜막이란 것은 한 사람이 쬐고 있으면 뒷사람이 쬘 도리가 없습니다. 지금 아마도 한 사람이 군주를 가로막고 있는 것이 아닌가요? 신이 비록 꿈에서 부뚜막을 보았다고 하더라도 이 역시 괜찮은 것이 아닌지요?"

衛靈公之時，彌子瑕[49]有寵，專於衛國。侏儒有見公者曰，"臣之夢踐矣。” 公曰, “何夢?” 對曰, “夢見竈, 爲見公也。” 公怒曰, “吾聞見人主者夢見日, 奚爲見寡人而夢見竈?” 對曰, “夫日兼燭天下, 一物不能當也。 人君兼燭一國, 一人不能擁[50]也。 故將見人者夢見日。夫竈一人煬[51]焉, 則後人無從見矣。今或者一人有煬君者乎? 則臣雖夢見竈, 不亦可乎!”

○○○

노(魯)나라 애공(哀公)이 공자(孔子)에게 묻기를, "속담에 '여러 사람과 논의를 하면 미혹되는 일이 없다.'라고 하였다. 오늘날 과인이 모든 일을 뭇 신하들과 의논하여서 처리하고 있는데, 나라는 더욱 어시러워지는 이유가 무엇인가?"라고 하였다. 공자가 대답하기를, "현명한 군주라도 신하에게 무언가를 물으면 어떤 사람은 알아듣고 어떤 사람은 못 알아듣습니다. 이렇게 되는 것은 군주는 윗자리에 있고, 뭇 신하들은 아랫자리에서 직접 의견을 올리기 때문입니다. 오늘날 뭇 신하들이 하는 말은 모두 계손(季孫)의 말과 같지 않은 것이 없어서 노나라가 모두 하나가 되어 버렸습니다. 군주께서 온 나라 안의 사람들에게 물으신다 하더라도 여전히 어지러운 상태를 벗어나기 어려울 것입니다."라고 하였다.

魯哀公問於孔子曰, “鄙諺曰, ‘莫衆而迷。’ 今寡人擧事與羣臣慮之, 而國愈亂, 其故何也?” 孔子對曰, “明主之問臣, 一人知之, 一人不知也。 如是者, 明主在上, 羣臣直議於下。 今羣臣無不一辭同軌乎季孫者, 擧魯國盡化爲一, 君雖問境內之人, 猶不免於亂也。”

○ ○ ○

일설에 안영(晏嬰)이 노나라에 초빙되어 갔을 때, 애공(哀公)이 묻기를, "속담에 '세 사람과 논의를 하면 미혹에 빠지는 일이 없다.'라고 하였네. 오늘날 나는 모든 나랏일을 의논하는데 노나라는 어지러운 상태를 벗어나지 못하니, 어째서인가?"라고 하였다. 안자는 "옛말에 '세 사람과 상의를 하면 미혹에 빠지는 일이 없다.'라고 한 것은, 한 사람이면 실수를 할 수 있고, 두 사람이면 괜찮기는 한데, 세 사람이면 여러 사람이라고 할 수 있습니다. 그래서 '세 사람과 의논하면 미혹되지 않는다.'라고 하는 것입니다. 오늘날 노나라의 신하들은 수백 수천이나 되지만, 온통 사사롭기만 한 계씨와 같은 말을 할 뿐입니다. 사람의 숫자로 보아 많은 무리가 아니라고 할 수 없지만, 그들이 말하는 것은 한 사람이 하는 것과 같으니, 어찌 여러 사람과 의논했다고 하겠습니까?"라고 하였다.

一曰: 晏嬰子[52]聘魯, 哀公問曰, "語曰, '莫三人而迷。' 今寡人與一國慮之, 魯不免於亂, 何也?" 晏子曰, "古之所謂 '莫三人而迷' 者, 一人失之, 二人得之, 三人足以爲衆矣, 故曰' 莫三人而迷。' 今魯國之羣臣以千百數, 一言於季氏之私, 人數非不衆, 所言者一人也, 安得三哉! "

○ ○ ○

어떤 제(齊)나라 사람이 제나라 왕에게 "하백(河伯)은 대단히 신령스럽습니다. 왕께서는 어째서 그를 만나보려 하지 않으십니까? 신이 요청하여 왕께서 그를 만나도록 해보겠습니다."라고 하였다. 그래서 황하 물가 옆에 높은 단을 쌓고는 왕과 함께 거기에 서 있었다. 얼마 있다가 큰 물고기가 움직이자, 그가 "이것이 하백입니다."라고 하였다.

齊人有謂齊王曰, "河伯, 大神也, 王何不試與之遇乎? 臣請使王遇之。" 乃爲壇場大水之上, 而與王立之焉。有間, 大魚動, 因曰, "此河伯。"

○○○

장의(張儀)는 진(秦)나라·한(韓)나라와 위(魏)나라 세력으로 제(齊)나라와 초(楚)나라를 치려고 하였는데, 혜시(惠施)는 제나라와 초나라를 도와서 전쟁을 그만두게 하려고 했다. 두 사람이 논쟁하였다. 좌우의 여러 신하들은 모두 장의의 말을 거들면서 제나라와 초나라를 공격하는 것이 이롭다고 여겼고, 아무도 혜시의 말을 거들지 않았다. 왕 역시 장의의 말이 옳다고 따랐고, 혜시의 말은 그르다고 여겼다. 제나라와 초나라를 공격하는 것이 이미 결정되었는데, 혜시가 들어와서 알현하였다. 왕이 "선생은 아무 말 마시오. 제나라와 초나라를 치는 것이 진정 유리한 것이오. 온 나라 사람들이 다 그렇게 생각하고 있소."라고 하였다. 그러자 혜시는 "잘 살펴보지 않으면 안 됩니다. 저 제나라와 초나라를 치는 것이 진정 유리한 것이고 온 나라 사람들이 다 유리하다고 여긴다면, 지혜로운 자들이 어찌 이리도 많다는 것입니까? 제나라와 초나라를 치는 것이 진정 불리한 것이고 온 나라 사람들이 다 이롭다고 여긴다면 어리석은 자가 어찌 이리 많다는 것입니까? 무릇 일을 도모할 줄 아는 이는 의심을 할 줄 압니다, 의심할 줄 안다면 진정 의심하여서 된다는 자가 반이 되고, 안 된다는 자가 반이 되어야 합니다. 오늘 온 나라 사람들이 다 옳다고 한다면, 왕께서는 그 반을 잃은 것입니다. 신하로부터 협박을 받는 군주도 역시 진정 그 반을 잃은 것이라고 할 것입니다."라고 말하였다.

張儀欲以秦、韓與魏之勢伐齊、荊, 而惠施欲以齊、荊偃[53]兵。二人爭之。羣臣左右皆爲張子言, 而以攻齊、荊爲利, 而莫爲惠子言。王果聽張子, 而以惠子言爲不可。攻齊、荊事已定, 惠子入見。王言曰, "先生毋言矣! 攻齊、荊之事果利矣, 一國盡以爲然。" 惠子因說, "不可不察也。夫齊、荊之事也誠利, 一國盡以爲利, 是何智者之衆也? 攻齊、荊之事誠不利, 一國盡以爲利, 何愚者之衆也? 凡謀者, 疑也。疑也者, 誠疑以爲可者半, 以爲不可者半。今一國盡以爲可, 是王亡半也。劫主者, 固亡其半者也。"

○ ○ ○

숙손(叔孫)이 노(魯)나라 재상이 되어 지위가 높아지자 정책을 독단적으로 해나가게 되었다. 그가 총애하는 이 가운데 수우(竪牛)라는 자가 있었는데, 그 역시 숙손의 명령이라 하며 멋대로 굴었다. 숙손의 아들 가운데 임(任)이라는 자가 있었는데, 수우가 그를 질투하여서 죽이려고 하였다. 그래서 그는 임과 함께 노나라 군주의 곁에서 어울렸다. 노나라 군주는 그에게 옥환(玉環)을 주었고, 임은 절을 하고는 그것을 받았지만 감히 그것을 차고 다니지는 못하고, 수우에게 요청하여 그것을 차고 다닐 수 있도록 숙손에게 부탁하도록 하였다. 수우는 거짓으로 "내가 이미 자네를 위해 그렇게 하도록 요청하였으니, 자네는 그것을 차게."라고 하였다. 그래서 수우는 그것을 찼다. 그러고 나서 수우는 숙손에게 "임이를 군주께 알현하도록 하시지요?"라고 하였다. 숙손이 "아직 어린아이인데, 어찌 군주를 알현하겠는가?"라고 하였다. 수우는 "임이는 이미 여러 차례 군주를 알현하였습니다. 군주께서 옥환도 내려주셨고 임이는 이미 그것을 차고 다닙니다."라고 하였다. 숙손이 임이를 불러 보았더니, 과연 그것을 차고 있어서 숙손은 화를 내었고 임이를 죽였다. 임이의 형 이름은 병(丙)이라고 했는데, 수우가 또 그를 시기하여 죽이려고 하였다. 숙손은 병에게 종을 만들라고 하였고 종이 완성되었다. 병이 감히 쳐보지는 못하고, 수우에게 그것을 쳐보게 해달라고 숙손에게 요청해달라고 하였다. 수우는 그것을 묻지도 않고, 또 거짓으로 "내가 이미 자네를 위해서 그것을 요청하였으니, 자네는 그것을 쳐보게."라고 하니, 병이 그것을 쳤다. 숙손이 이것을 듣고는 "병이가 요청도 하지 않고 멋대로 종을 치는구나."라고 하고, 화를 내고는 그를 쫓아냈다. 병은 세(齊)나라로 도망쳤다. 1년이 지나서 수우는 병을 대신해서 숙손에게 사죄하였고, 숙손은 수우에게 병을 불러오라고 시켰다. 그런데 수우는 또 부르지도 않고 보고하기를, "제가 병이를 이미 불렀는데, 몹시 화를 내며 오려고 하지 않았습니다."라고 하였다. 숙손은 크게 화를 내었고, 사람을 보내서 병이를 죽였다. 두 아들이 이미 죽자 숙손은 병이 들고, 수우가 홀로 그를 보살피게 되었는데, 좌우 사람들을 물리치고 아무도 들이지 못하게 하였다. 그러고는 "숙손께서 사람들 소리를 듣고 싶어 하지 않으신다."라고 하자, 속손은 아무것도 먹지 못하고 굶어 죽었다. 수우는 장례도 치르지 않고, 그 창고의 귀중한 보물을 훔쳐서 텅 비게 하고는 제나라로 도망쳤다. 믿는 이의 말만 듣다가 아버지와 아들이 죽음을 당했으니, 이것은 여러 사람의 말을 참조하지 않은 우환이다.

叔孫相魯, 貴而主斷。其所愛者曰豎牛, 亦擅用叔孫之令。叔孫有子曰壬, 豎牛妬而欲殺之。因與壬游於魯君所, 魯君賜之玉環, 壬拜受之而不敢佩，使豎牛請之叔孫，豎牛欺之曰，“吾已爲爾請之矣，使爾佩之。”壬因佩之。豎牛因謂叔孫，“何不見壬於君乎?”叔孫曰，“孺子何足見也。”豎牛曰，“壬固已數見於君矣，君賜之玉環，壬已佩之矣。”叔孫召壬見之，而果佩之，叔孫怒而殺壬。壬兄曰丙，豎牛又妒而欲殺之。叔孫爲丙鑄鐘，鐘成，丙不敢擊，使豎牛請之叔孫。豎牛不爲請，又欺之曰，“吾已爲爾請之矣，使爾擊之。”丙因擊之。叔孫聞之曰，“丙不請而擅擊鐘。”怒而逐之。丙出走齊。居一年，豎牛爲謝叔孫，叔孫使豎牛召之，又不召而報之曰，“吾已召之矣，丙怒甚，不肯來。”叔孫大怒，使人殺之。二子已死，叔孫有病，豎牛因獨養之，而去左右，不內人，曰，“叔孫不欲聞人聲。”因不食而餓死。叔孫已死，豎牛因不發喪也，徙其府庫重寶空之而奔齊。夫聽所信之言而子父爲人僇，此不參之患也。

○○○

강을(江乙)이 위(魏)나라 왕의 명을 받고 초(楚)나라로 사신으로 가서, 초나라 왕에게 “신이 왕의 나라 안에 들어서니, 나라의 습속이 어떠한지 듣게 되었습니다. ‘군자는 다른 사람의 장점을 감추지 않고 다른 사람의 나쁜 점을 들추지 않는다.’라고 하던데, 정말 그런 것이 있습니까?”라고 말했다. 왕이 “그런 것이 있네.” “그렇다면, 백공과 같은 난이 일어난다면, 아마도 위험이 없을 수 있겠습니까? 정말 이와 같다면, 신하들은 죽을죄를 면하게 되는 것입니다.”라고 하였다.

江乙[54]爲魏王使荊，謂荊王曰，“臣入王之境內，聞王之國俗曰，‘君子不蔽人之美，不言人之惡。’誠有之乎?”王曰，“有之。”“然則若白公[55]之亂， 得庶無危乎！ 誠得如此， 臣免死罪矣。”

○ ○ ○

위(衛)나라 사군(嗣君)이 여이(如耳)를 중히 여겼고, 세희(世姬)를 아꼈지만, 그들을 아끼고 중히 여기는 것 때문에 자신의 안목이 막히게 될까 걱정하였다. 그래서 박의(薄疑)에게 높은 자리를 주어 여이와 맞서게 하였고, 위희(魏姬)를 높여서 세희와 겨루게 하였다. 그러고는 "이렇게 하여서 서로 살피는 것이다."라고 하였다. 사군은 자신의 안목이 막히지 않게 할 줄은 알았지만, 그 방법은 잘 몰랐다. 저 비천한 이에게 귀한 이를 평가하게 하거나, 아랫사람에게 반드시 윗사람의 옳고 그름을 따지게 하지 않고, 반드시 권세가 서로 비슷해진 다음에야 서로 논의하게 하였으니, 이것은 군주의 이목을 가로막는 신하를 더욱 키우는 것이다. 사군의 이목이 이로부터 가려지기 시작하였다.

衛嗣君[56]重如耳[57]， 愛世姬， 而恐其皆因其愛重以壅己也， 乃貴薄疑[58]以敵如耳， 尊魏姬以耦世姬， 曰， “以是相參也。” 嗣君知欲無壅， 而未得其術也。 夫不使賤議貴， 下必坐[59]上， 而必待勢重之鈞[60]也， 而後敢相議， 則是益樹壅塞之臣也， 嗣君之壅乃始。

○ ○ ○

저 화살이 날아오는 것에 일정한 방향이 있으면, 쇳덩이를 쌓아서 그 한 방향을 대비하면 된다. 화살이 날아오는 방향이 일정하지 않다면, 쇠로 방을 만들어야 그것을 온전히 대비할 수 있다. 대비할 수 있으면 다치지 않을 것이다. 그러므로 그처럼 잘 대비하여야만 다치지 않는 것이듯이, 이렇게 온전히 맞설 줄 알아야 신하들의 간사함이 없어지게 된다.

夫矢來有鄉[61]， 則積鐵以備一鄉。 矢來無鄉， 則爲鐵室以盡備之。 備之則體不傷。 故彼以盡備之不傷， 此以盡敵之無姦也。

○ ○ ○

방공(龐恭)이 태자와 함께 한단(邯鄲)에 인질로 가 있었는데, 위(魏)나라 왕에게 "지금 한 사람이 시장에 호랑이가 나타났다고 말하면 왕께서는 그것을 믿으시겠습니까?"라고 하였다. 왕이 "믿지 못하네."라고 하였다. "두 사람이 시장에 호랑이가 나타났다고 말하면 왕께서는 믿으시겠습니까?"라고 하자, 왕은 "믿지 못하네."라고 하였다. "세 사람이 시장에 호랑이가 나타났다고 하면 왕께서는 믿으시겠습니까?"라고 하자, 왕은 "나는 이제 믿겠네."라고 하였다. 방공이 "저 시장에 호랑이가 없다는 것은 분명한데도, 세 사람이나 그렇다고 말한다면 호랑이가 생기게 되는 것입니다. 오늘날 한단까지의 거리가 시장보다도 멀고, 저를 비방하는 자가 세 사람보다 많을 터이니, 왕께서는 잘 살펴주시기 바랍니다."라고 하였다. 방공은 한단에서 돌아왔지만, 끝내 위나라 왕을 알현할 수는 없었다.

龐恭[62]與太子質於邯鄲， 謂魏王曰， "今一人言市有虎， 王信之乎?" 曰， "不信。" "二人言市有虎， 王信之乎?" 曰， "不信。" "三人言市有虎， 王信之乎?" 王曰， "寡人信之。" 龐恭曰， "夫市之無虎也明矣， 然而三人言而成虎。今邯鄲之去魏也遠於市， 議臣者過於三人， 願王察之。" 龐恭從邯鄲反， 竟不得見。

○○○

전 2

동알우(董閼于)는 조(趙)나라 상지(上地) 땅의 태수가 되었다. 석읍(石邑) 땅을 지나다가 골짜기가 깊고도 험하여 마치 벽과 같았는데, 그 깊이가 100인(仞)이나 되었다. 그래서 그 주변 마을에 사는 이들에게 "예전에 여기에 들어가 본 사람이 있느냐?"라고 물었더니, "없다."라고 대답하였다. "어린아이, 맹인, 귀머거리, 미친 사람들 가운데 들어간 사람이 없었느냐?"라고 물었더니, "없다."라고 대답하였다. "소, 말, 개, 돼지 가운데 예전에 여기에 들어간 것이 있었느냐?"라고 물었더니, "없다."라고 대답하였다. 동알우는 깊이 탄식하면서 "내가 지유할 수 있겠다. 내 법으로 용서하는 것을 반드시 없게 하는 것은 마치 계곡에 떨어지면 반드시 죽는 것처럼 여기게 한다면, 아무도 범죄를 저지르지 않을 것인데, 어째서 제대로 다스려지지 않겠는가?"라고 하였다.

董閼于[63]爲趙上地守。行石邑山中，見深澗峭如牆，深百仞[64]，因問其旁鄉左右，曰，"人嘗有入此者乎?" 對曰，"無有。" 曰，"嬰兒盲聾狂悖之人嘗有入此者乎?" 對曰，"無有。" "牛馬犬彘嘗有入此者乎?" 對曰，"無有。" 董閼于喟然太息曰，"吾能治矣，使吾法之無赦[65]，猶入澗之必死也，則人莫之敢犯也，何爲不治?"

○○○

자산(子産)이 정(鄭)나라 재상이 되었는데, 병이 들어 곧 죽을 지경에 이르러서는 유길(游吉)에게 "내가 죽거든 그대는 반드시 정(鄭)나라에서 임용될 것이니, 반드시 엄한 자세로 사람들을 대해야 할 것이다. 무릇 불의 형상은 매우 엄정하기 때문에 사람은 불에 타 죽는 이가 드물었고, 물의 형상은 부드럽기 때문에 사람들이 많이 빠져 죽는 것이다. 그대는 반드시 자녀를 엄하게 다스리는 형벌로써 해야 하며, 그대와 같은 나약함에 빠지게 해서는 안 된다."라고 하였다. 자산이 죽은 다음에 유길은 차마 엄정한 형벌을 내리지 못하였고, 정(鄭)나라의 젊은이들은 떼를 지어서 도적이 되어, 관택(雚澤)에 머물렀는데, 정나라의 화근이 되어갔다. 유길은 수레와 기병을 이끌고 함께 싸우기를 온종일 하고 나서야 그들을 이길 수 있었다. 유길은 길게 탄식하며 "내 일찍이 우리 선생님의 가르침을 따랐으면, 반드시 이 지경에까지 다다르게 된 것을 반드시 후회하지는 않았을 것이다."라고 하였다.

子産相鄭, 病將死, 謂游吉曰, "我死後, 子必用鄭, 必以嚴莅人。夫火形嚴, 故人鮮灼[66], 水形懦, 故人多溺。子必嚴子之刑, 無令溺子之懦。" 故子産死, 游吉不忍行嚴刑。鄭少年相率爲盜, 處於雚澤, 將遂以爲鄭禍。游吉率車騎與戰, 一日一夜, 僅能剋之。游吉喟然歎曰, "吾蚤行夫子之教, 必不悔至於此矣。"

○ ○ ○

애공(哀公)이 중니(仲尼)에게 묻기를, "『춘추(春秋)』의 기록에 '겨울 12월에 내린 서리가 콩잎을 말려 죽이지 못했네.'라는 것이 있는데, 어째서 이것을 기록한 것인지요?"라고 했다. 중니가 대답하기를, "이 말은 콩잎을 말려 죽일 수 있었는데 죽이지 않았다는 것입니다. 저 마땅히 말려 죽여야 하는데 죽이지 않는다면, 복숭아와 자두가 겨울에도 열매를 맺게 됩니다. 하늘이 법도를 잃으면 풀과 나무들도 역시 그것을 어기게 되니, 하물며 군주에게 있어서는 어떠하겠습니까?"라고 하였다.

魯哀公問於仲尼曰, "春秋之記曰, '冬十二月霣霜不殺菽。' 何爲記此?" 仲尼對曰, "此言可以殺而不殺也。夫宜殺而不殺, 桃李冬實。天失道, 草木猶犯干之, 而況於人君乎?"

○ ○ ○

은(殷)나라 법에는 거리에 재를 버린 자도 처벌한다고 했다. 자공(子貢)이 너무 심하다고 생각해 그것을 중니에게 물었다. 중니는 "다스리는 도리를 알아야 한다. 저 거리에다 재를 버린 자는 반드시 길 가는 사람들에게 해를 끼칠 것이다. 다른 사람을 해치면 사람들이 반드시 화낼 것이고, 화를 내면 싸울 것이고, 싸우면 반드시 그 집안의 삼족(三族)이 서로 해칠 것이다. 이것이 삼족이 해하게 되는 연유이니, 형벌을 내린다고 해도 괜찮을 것이다. 또 무거운 벌을 내리는 것은 사람들이 싫어하는 것이다. 그렇지만 재를 내다버리지 않는 것은 사람들에게는 쉬운 일이다. 사람들에게 쉬운 일을 하게 하여 싫어하는 것에 걸려들지 않게 하는 것이니, 이것이 다스리는 도리이다."라고 하였다.

殷之法刑棄灰於街者。子貢以爲重, 問之仲尼。仲尼曰, "知治之道也。夫棄灰於街必掩[67]人, 掩人, 人必怒, 怒則鬪, 鬪必三族相殘也。此殘三族[68]之道也, 雖刑之可也。且夫重罰者, 人之所惡也, 而無棄灰, 人之所易也。使人行之所易而無離所惡[69], 此治之道。"

○ ○ ○

일설에는 "은나라의 법에는 도로에 재를 버리는 자는 그의 손을 잘랐다."라고 한다. 자공(子貢)이 "재를 버리는 죄는 가벼운데, 손을 자르는 벌은 심합니다. 옛날 사람들이 어째서 이리도 가혹했던가요?"라고 하였다. 이에 "재를 버리지 않는 것은 쉬운 일이고 손을 자르는 것은 싫어하는 것이다. 쉬운 것을 하게 되면 싫어하는 일은 당하지 않을 터이니, 옛날 사람들은 쉬운 일이라고 여겼기 때문에 그렇게 시행한 것이다."라고 하였다.

一曰，殷之法棄灰于公道者斷其手。子貢曰，“棄灰之罪輕，斷手之罰重，古人何太毅[70]也?” 曰，“無棄灰，所易也，斷手，所惡也。行所易，不關所惡，古人以爲易，故行之。”

○ ○ ○

중산(中山)의 재상인 악지(樂池)는 수레 백 대를 몰고 조(趙)나라에 사신으로 가는데, 그 식객들 가운데 지혜와 재능이 있는 자를 뽑아서 행렬을 인솔하는 자로 삼았지만, 길 중간에 행렬이 흐트러졌다. 악지가 "나는 공이 지혜롭다고 여겨서 행렬을 이끌도록 맡겼는데 길 중간에 흐트러졌으니, 어찌 된 일인가?"라고 하였다. 식객이 그 때문에 자리를 내놓고 떠나면서 "공께서는 다스리는 이치를 모르십니다. 위엄이 있으면 사람을 복종시킬 수 있고 이로움이 있으면 무슨 일이든 하게 할 수 있습니다. 그러므로 다스릴 수 있게 되는 것입니다. 지금 저는 공의 하찮은 식객일 뿐입니다. 무릇 나이 어린 자가 나이 많은 이를 바르게 하고 신분이 천한 이가 신분이 높은 이를 다스리는데,

그 이롭고 해로운 관계를 조절할 권한도 없으면서 그것을 다스린다고 하니, 이것이 어지러워진 이유입니다. 한번 시험 삼아 제게 맡겨주시면, 저 선한 자들은 제가 경이나 재상으로 만들 수 있고, 저 선하지 못한 자들은 그들의 목을 벨 것이니, 어떤 이유로 잘 다스려지지 않겠습니까?"라고 하였다.

中山之相樂池以車百乘使趙，選其客之有智能者以爲將行，中道而亂。樂池曰，“吾以公爲有智，而使公爲將行，今中道而亂，何也?”客因辭而去，曰，“公不知治。有威足以服之人，而利足以勸之，故能治之。今臣，君之少客也。夫從[71]少正長，從賤治貴，而不得操其利害之柄以制之，此所以亂也。嘗試使臣，彼之善者我能以爲卿相，彼不善者我得以斬其首，何故而不治!”

○ ○ ○

공손앙(公孫鞅)의 법은 가벼운 죄도 무겁게 다스린다. 무거운 죄를 짓는 것은 사람들이 저지르기 어려운 것인데, 작은 실수는 사람들이 쉽게 벗어날 수 있는 것이다. 사람들에게 그 쉬운 것은 쉽게 벗어나게 하고, 그 어려운 것에 걸려드는 것이 없도록 해야 하는 것이니, 이것이 나라를 다스리는 도리이다. 저 하찮은 잘못은 생기지 않고 큰 죄는 저지르지 않게 해야 하는 것이니, 이것이 사람들에게 죄를 짓지 않게 하면서, 세상에 어지러움이 생기지 않게 하는 것이다.

公孫鞅之法也重輕罪。重罪者，人之所難犯也，而小過者，人之所易去也。使人去其所易，無離其所難，此治之道。夫小過不生，大罪不至，是人無罪而亂不生也。

일설에는 공손앙(公孫鞅)이 "가벼운 죄에도 형벌을 무겁게 내리면 가벼운 잘못을 저지르지 않고, 중대한 죄는 생기지 않을 것이니, 이것이 형벌로써 형벌을 없애는 것이다."라고 하였다고 한다.

一曰，公孫鞅曰，"行刑重其輕者。輕者不至，重者不來，是謂以刑去刑。"

○○○

초(楚)나라 남쪽 땅 여수(麗水)에 금이 나서 많은 사람들이 금을 몰래 채취하였다. 금을 채취하지 말라고 금지하였는데도 채취하다가 잡히면 바로 기둥에 달아 창으로 찔러 죽이고 시신을 찢어서 시장에 내다 걸었다. 그래도 많은 사람들이 처형당해 여수에 버려져 그곳의 물이 막힐 정도였지만, 사람들이 금 훔치는 것을 그치지 않았다. 죄 가운데 죽어서 시장에 내다 걸리는 형벌보다 심한 것이 없는데도 여전히 금을 훔치는 일이 그치지 않는 것은 죄지은 자들 모두가 처벌되지 않기 때문이다. 그러므로 지금 여기에서 "네게 세상을 주는 대신에 네 목숨을 빼앗겠다."라고 하면, 어리석은 자도 그러지 않을 것이다. 무릇 세상을 얻은 것은 커다란 이익이지만, 그렇게 하지 않는 것은 반드시 죽게 된다는 것을 알기 때문이다. 그러므로 죄를 지어도 반드시 처벌되지 않는다면 비록 창에 찔리고 시신이 찢겨져 시장에 내걸린다 해도 금을 훔치는 일은 그치지 않을 것이다. 반드시 죽는다는 것을 알면 세상 누구도 그렇게 하지 않는다.

荊南之地，麗水之中生金，人多竊采金。采金之禁，得而輒[72]辜磔[73]於市，甚衆，壅離其水也，而人竊金不止。夫罪莫重辜磔於市，猶不止者，不必得也。故今有於此，曰，"予汝天下而殺汝身。"庸人不爲也。夫有天下，大利也，猶不爲者，知必死。故不必得也，則雖辜磔，竊金不止。知必死，則天下不爲也。

○○○

노(魯)나라 사람이 적택(積澤)을 불태웠다. 마침 북풍이 불어서 불이 남쪽으로 번져서 혹시라도 도성(都城)까지 불타 버릴 듯했다. 애공이 두려워하여 직접 무리를 이끌고 가서 불을 끄려고 하였다. 주변에는 사람들이 없었고, 모두 짐승을 쫓느라 불을 끄지 못했다. 이에 중니를 불러 물었다. 중니는 "저 짐승을 쫓는 자들은 즐거워만 하는데도 벌을 내리지 않고 불을 끄려는 자들은 고생만 하는데도 상을 내리지 않으니, 이것이 불을 끄지 못하는 이유입니다."라고 하였다. 애공이 "훌륭하다."라고 하자, 중니는 "일이 급하면 상을 주는 것으로도 어쩔 수 없습니다. 불을 끄는 자들에게 모두 상을 내리려고 한다면, 나라에서 그들에게 상을 다 줄 수 없을 것입니다. 다만 벌 내리는 것을 해 보십시오."라고 하였다. 애공이 "좋소."라고 하였다. 그리고는 중니가 이내 명을 내리기를, "불을 끄지 않는 자는 적에게 항복하는 자의 죄와 같을 것이고, 짐승을 쫓아다니는 자는 군주의 정원에 몰래 침입한 것에 상당하게 죄를 물을 것이다."라고 하였다. 명령이 다 알려지기도 전에 불이 꺼졌다.

魯人燒積澤。天北風，火南倚，恐燒國，哀公懼，自將衆趣救火。左右無人，盡逐獸而火不救。乃召問仲尼。仲尼曰，"夫逐獸者樂而無罰，救火者苦而無賞，此火之所以無救也。" 哀公曰，"善。" 仲尼曰，"事急，不及以賞，救火者盡賞之，則國不足以賞於人，請徒行罰。" 哀公曰，"善。" 於是仲尼乃下令曰，"不救火者比降北之罪，逐獸者比入禁之罪。” 令下未遍而火已救矣。

○ ○ ○

성환(成驩)이 제(齊)나라 왕에게 “왕께서는 너무 인자하셔서 사람들에게 차마 모질게 하지 못하십니다.”라고 하였다. 왕이 “너무 인자하여 사람들에게 차마 모질게 하지 못한다는 것은 좋은 평판이 아닌가?” 성환이 답하기를, “이것은 신하 된 자의 좋은 점이지 군주로서 행하실 것이 아닙니다. 무릇 신하는 반드시 어진 다음에 함께 도모할 수 있는 것이니, 사람들에게 차마 모질게 하지 못한 다음에야 가까이할 수 있는 것입니다. 어질지 않으면 함께 일을 도모할 수 없는 것이며, 사람들에게 차마 모질게 할 수 있다면 가까이할 수 없는 것입니다.”라고 하였다. 왕이 “그렇다면 과인은 어떤 것이 너무 인자하다는 것이며, 어찌 사람들에게 차마 모질게 하지 못한단 말인가?”라고 하였다. 성환이 답하기를, “왕께서는 설공(薛公)에게는 너무 인자하셨고, 전씨(田氏) 일가에게 차마 모질게 하지 못하셨습니다. 설공에게 너무 인자하셔서 대신들의 힘이 지나치게 막중해졌고, 여러 전씨(田氏)들에게 차마 모질게 하지 못하셔서 부형들이 법을 어지럽혔습니다. 대신들의 권한이 막중해지니, 밖으로는 군사력이 약해지고, 부형들이 법을 어기니, 안으로는 정사가 어지러워졌습니다. 밖으로는 군사력이 약해지고 안으로는 정사가 어지러워지니, 이것이 나라가 망하는 근본인 것입니다.

成驩謂齊王曰, “王太仁, 太不忍人。” 王曰, “太仁, 太不忍人, 非善名邪?” 對曰, “此人臣之善也, 非人主之所行也。夫人臣必仁而後可與謀, 不忍人而後可近也, 不仁則不可與謀, 忍人則不可近也。" 王曰, "然則寡人安所太仁, 安不忍人?" 對曰, "王太仁於薛公[74], 而太不忍於諸田。太仁薛公, 則大臣無重[75], 太不忍諸田, 則父兄犯法。大臣無重, 則兵弱於外, 父兄犯法, 則政亂於內。兵弱於外, 政亂於內, 此亡國之本也。"

○○○

위(魏)나라 혜왕(惠王)이 복피(卜皮)에게 이르기를, "그대가 과인의 명성에 대하여 어떻게 들었는가?"라고 하였다. 복피가 답하기를, "신이 듣기로는, 왕께서는 자혜롭다."라고들 합니다. 왕이 흐뭇해하며 "그렇다면 나의 공적은 어디까지 다다랐다고 할 수 있는가?"라고 말했다. 대답하기를, "왕의 공적은 망할 지경에 다다랐다고 할 수 있습니다." 라고 하였다. 왕이 "자혜롭다는 것은 좋은 점을 행하는 것이다. 그렇게 행하고도 망한다는 것은 어째서인가?"라고 하였다. 복피가 대답하기를, "무릇 자(慈)라는 것은 남에게 차마 모질게 하지 못하는 것이고, 혜(惠)는 남에게 베풀기를 좋아하는 것입니다. 남에게 차마 모질게 하지 못한다면 죄가 있어도 벌을 내리지 못하고, 남에게 주기를 좋아하면 공이 아직 없는데도 상을 내리게 됩니다. 허물이 있어도 죄를 내리지 않고 공이 없는데도 상을 받으니, 비록 망하지 않는다고 해도 어찌 괜찮다고 할 수 있겠습니까?"라고 하였다.

魏惠王謂卜皮曰, "子聞寡人之聲聞亦何如焉?" 對曰, "臣聞王之慈惠也。" 王欣然喜曰, "然則功且安至?" 對曰, "王之功至於亡。" 王曰, "慈惠, 行善也。行之而亡, 何也?" 卜皮對曰, "夫慈者不忍, 而惠者好與也。不忍則不誅有過, 好予則不待有功而賞。有過不罪, 無功受賞, 雖亡不亦可乎?"

○ ○ ○

제(齊)나라 사람들이 장례를 후하게 치르는 것을 좋아하여 베와 비단을 수의(壽衣)와 시신 덮개에 다 썼고, 재목은 관을 짜는 데에 썼다. 환공(桓公)이 그것을 걱정하여 관중(管仲)에게 이르기를, "베와 비단을 다 써서 덮을 것이 없게 되고, 재목을 다 써버리면 적을 막는 무기도 만들지 못하는데, 사람들이 장례를 후하게 치르는 것을 그치지 않으니, 어찌하면 금지할 수 있겠는가?"라고 하였다. 관중이 대답하기를, "무릇 사람들이 하는 일은 명예롭지 않으면 이롭고자 하는 것입니다."라고 하였다. 이에 명령 내리기를, "관을 지나치게 두껍게 짜는 자는 그 시신을 베고 그 상주에게도 벌을 내릴 것이다."라고 하였다. 무릇 시신을 베는 것은 명예롭지 못한 것이고, 상주에게 벌을 내리는 것은 이롭지 않은 것이니, 사람들이 무슨 까닭으로 그런 짓을 하겠는가?

齊國好厚葬, 布帛盡於衣衾, 材木盡於棺椁。桓公患之, 以告管仲曰, "布帛盡則無以爲幣[76], 材木盡則無以爲守備, 而人厚葬之不休, 禁之奈何?" 管仲對曰, "凡人之有爲也, 非名之則利之也。" 於是乃下令曰, "棺椁過度者戮其尸, 罪夫當喪者。" 夫戮死無名, 罪當喪者無利, 人何故爲之也?

○ ○ ○

위(衛)나라 사군(嗣君) 때에 죄수가 위(魏)나라로 도망쳐 갔다가 양왕(襄王) 왕후의 병을 치료해주게 되었다. 위나라 사군이 이 소문을 듣고, 사람을 보내서 50금(金)을 주고 그를 사오고자 하였다. 다섯 번이나 청했지만, 위(魏)나라 왕은 받아들이지 않았다. 이에 좌씨(左氏) 고을을 주고서라도 바꾸려고 하였다. 좌우의 뭇 신하들이 간언하기를, "고을 하나를 주고 죄수 한 사람을 사온다는 것이 옳은 것입니까?"라고 하였다. 왕이 "그대들은 알지 못할 것이다. 무릇 다스리는 데에 작은 것을 업신여기면, 난이 일어났을 때 큰일도 업신여기게 된다. 법이 서지 않으면 형벌도 반드시 시행하지 못하는 것이니, 비록 좌씨 고을 같은 것 열 개가 있더라도 이롭지 않을 것이다. 법이 제대로 서서 형벌이 제대로 시행되면, 비록 좌씨 고을 같은 것을 열 개 잃더라도 해롭지 않을 것이다."라고 하였다. 위(魏)나라 왕이 이것을 듣고, "군주가 제대로 다스리고자 하는데 받아들이지 않는다면, 상서롭지 못한 것이다."라고 하고는, 수레에 태워 그냥 돌려보내 주었다.

衛嗣君之時， 有胥靡逃之魏， 因爲襄王之后治病。衛嗣君聞之， 使人請以五十金買之， 五反而魏王不予， 乃以左氏易之。羣臣左右諫曰， "夫以一都買一胥靡， 可乎?" 王曰， "非子之所知也。夫治無小而亂無大， 法不立而誅不必， 雖有十左氏無益也， 法立而誅必， 雖失十左氏無害也。" 魏王聞之曰， "主欲治而不聽之， 不祥。" 因載而往， 徒獻之。

○ ○ ○

전 3

제(齊)나라 왕이 문자(文子)에게 묻기를 "나라를 다스리려면 어떻게 해야 하는가?"라고 하였다. 문자가 답하기를 "대저 다스림의 원칙으로서의 상과 벌은 유리한 도구입니다. 군주는 그것을 꽉 쥐고 있어야지 다른 사람에게 보여서는 안 됩니다. 신하 같은 부류의 사람은 짐승 중 사슴과 같아 단지 무성한 풀이 있으면 그곳으로 나아갑니다." 라고 하였다.

齊王問於文子曰, "治國何如?" 對曰, "夫賞罰之爲道, 利器[77]也。君固握之, 不可以示人。若如臣者, 猶獸鹿也, 唯薦[78]草而就。"

○ ○ ○

월(越)나라 왕 구천(句踐)이 대부 문종(文種)에게 묻기를 "내가 오(吳)나라를 정벌하고자 하는데 가능한가?"라고 하였다. 문종이 답하기를 "가능합니다. 우리나라는 포상이 후하고 신의가 있으며, 형벌이 엄하고 반드시 집행됩니다. 주군께서 그것을 알고 싶으시다면 어찌 궁실을 불살라 보지 않으십니까."라고 하였다. 이에 마침내 궁실을 불살랐는데 사람들이 아무도 그것을 끄지 않았다. 이에 명령을 내리기를 "불을 끄다가 죽은 사람은 적에게 죽음을 당한 상에 비하고, 불을 끄다가 죽지 않은 자는 적에게 승리한 상에 비하고, 불을 끄지 않은 자는 항복하여 패배하는 죄에 비하겠노라."라고 하였다. 그 몸에 진흙을 바르고 젖은 옷을 걸치고 불길로 뛰어드는 사람들이 왼쪽으로 삼천 명 오른쪽으로 삼천 명이었다. 이로써 반드시 이긴다는 추세를 알게 되었다.

越王問於大夫種曰, "吾欲伐吳, 可乎?" 對曰, "可矣。吾賞厚而信, 罰嚴而必。君欲知之, 何不試焚宮室。" 於是遂焚宮室, 人莫救之。乃下令曰, "人之救火者死, 比死敵之賞, 救火而不死者, 比勝敵之賞, 不救火者, 比降北之罪。" 人之塗其體、被[79]濡衣而走火者, 左三千人, 右三千人。此知必勝之勢也。

○ ○ ○

오기(吳起)가 위(魏)나라 무후(武侯)의 서하군수(西河郡守)가 되었는데, 진(秦)나라의 작은 초소가 국경과 마주하였고, 오기는 그것을 공략하려고 하였다. 제거하지 않으면 농사짓는 사람에게 심히 해를 미칠 것이고, 제거하자니 군대를 징집할 정도는 아니었다. 이에 북문(北門)의 밖에다 수레 끌채 하나를 기대어 놓고 사람들에게 명령하기를 "이것을 남문(南門)의 밖에다 옮길 수 있는 자는 그에게 상등의 농지와 상등의 주택을 하사하겠다."라고 하였다. 사람들은 아무도 그것을 옮기지 않았다. 그것을 옮기는 사람이 나오자 명령대로 그에게 하사하였다. 얼마 후 또 붉은 콩 한 섬을 동문(東門)의 밖에다 놓아두고 사람들에게 명령하기를 "이것을 서문(西門)의 밖에다 옮길 수 있는 자는 그에게 처음처럼 하사하겠다."라고 하였다. 사람들이 다투어 그것을 옮겼다. 이에 명령을 내리기를 "내일 초소를 공략하는데 먼저 초소에 오르는 자는 그에게 나라의 대부(大夫)로 임명하고 그에게 상등의 농지와 상등의 주택을 하사하겠다."라고 하였다. 사람들이 다투어 달려들었고, 이에 초소를 공격하여 하루아침에 그것을 함락하였다.

吳起爲魏武侯[80]西河[81]之守，秦有小亭臨境，吳起欲攻之。不去則甚害田者，去之則不足以徵甲兵。於是乃倚一車轅於北門之外而令之曰，“有能徙此南門之外者，賜之上田上宅。”人莫之徙也。及有徙之者，遂賜之如令。俄又置一石赤菽於東門之外而令之曰，“有能徙此於西門之外者，賜之如初。”人爭徙之。乃下令曰，“明日且攻亭，有能先登者，仕之國大夫，賜之上田上宅。”人爭趨之，於是攻亭，一朝而拔之。

○ ○ ○

이회(李悝)가 위(魏)나라 문후(文侯)의 상당(上黨) 지역의 군수가 되었는데, 그는 사람들이 활을 잘 쏘기를 바랐고 이에 명령을 내리기를 "의심하여 판결하지 못하는 소송이 있는 사람들은 그들에게 과녁을 쏘게 하여, 과녁을 맞히는 자는 이기고 과녁을 맞히지 못하는 자는 지는 것으로 한다."라고 하였다. 명령이 내려지자 사람들 모두 급히 활쏘기를 연습하여 밤낮으로 그치지 않았다. 진(秦)나라 사람과 전투함에 이르러 그들을 크게 무찔렀으니 이는 사람들이 활을 잘 쏘았기 때문이다.

李悝爲魏文侯[82]上地之守, 而欲人之善射也, 乃下令曰 "人之有狐疑[83]之訟者, 令之射的, 中之者勝, 不中者負。" 令下而人皆疾習射, 日夜不休。及與秦人戰, 大敗之, 以人之善射也。

○ ○ ○

송(宋)나라 숭문(崇門)의 마을 사람 하나가 복상(服喪)을 당하여 몸이 상하고 매우 야위었는데, 군주는 그가 가족을 매우 사랑한다고 여겨 그를 등용하여 하급 관리로 삼았다. 이듬해 자기 몸을 상하게 하여 죽은 자가 일 년에 십여 명이었다. 자식이 부모를 위해 복상하는 것은 부모를 사랑하기 때문이지만 그러한 것도 상으로써 장려할 수 있는데, 하물며 백성에게 있어 군주임에야!

宋崇門之巷人, 服喪[84]而毁, 甚瘠, 上以爲慈愛於親, 擧以爲官師[85]。明年, 人之所以毁死者歲十餘人。子之服親喪者, 爲愛之也, 而尙可以賞勸也, 況君上之於民乎[86]!

○ ○ ○

월(越)나라 왕 구천(句踐)이 오(吳)나라를 정벌할 것을 도모하였고, 그는 사람들이 죽음을 두려워하지 않기를 바랐는데, 밖을 나오다 성이 난 듯 빰을 볼록하게 한 청개구리를 보고 머리를 숙여 수레 앞턱 가로나무에 기대어 그것에 경의를 표하였다. 시종이 묻기를 "어찌 이런 것에 경의를 표하십니까?"라고 하였다. 왕이 답하기를 "그것이 용기가 있기 때문이다."라고 하였다. 이듬해 자기 머리를 왕에게 바칠 것을 청하는 자가 일 년에 십여 명이었다. 이것으로써 보면 칭찬하는 것으로써 사람을 죽일 수 있다.

越王慮伐吳， 欲人之輕死也， 出見怒鼃[87]， 乃爲之式。 從者曰， "奚敬於此?" 王曰， "爲其有氣故也。" 明年之請以頭獻王者歲十餘人。由此觀之， 譽之足以殺人矣。

○ ○ ○

일설에 의하면, 월(越)나라 왕 구천(句踐)은 성이 난 듯 빰을 볼록하게 한 청개구리를 보고 머리를 숙여 수레 앞턱 가로나무에 기대어 그것에 경의를 표하였는데, 수레를 모는 이가 묻기를 "어찌하여 수레 앞턱 가로나무에 기대어 경의를 표하십니까?"라고 하였다. 왕이 답하기를 "청개구리가 이렇게 용기가 있으니 그것에 대해 수레 앞턱 가로나무에 기대어 어찌 경의를 표하지 않을 수 있겠는가?"라고 하였다. 무사(武士)들이 그것을 듣고 말하기를 "청개구리에게 용기가 있어도 왕이 그것에 대해 수레 앞턱 가로나무에 기대어 경의를 표하는데, 하물며 무사에게 용기가 있음에야!"라고 하였다. 이 해에 스스로 목을 베고 죽어 그 머리를 바치는 사람이 있었다. 과거에 월나라 왕이 장차 오(吳)나라에 복수하려고 할 때 자기의 훈련효과를 시험함에 있어 누대를 불사르고 북을 쳐 사람들을 나아가게 하였는데, 백성들로 하여금 불길에 뛰어들게 한 것은 포상이 불길에 뛰어드는 데 있었기 때문이고, 강을 마주하여 북을 치고 사람들을 나아가게 하였는데 사람들로 하여금 물속에 뛰어들도록 한 것은 포상이 물속에 뛰어드는 데 있었기 때문이고, 싸움에 임하여 사람들로 하여금 목을 자르고 배를 갈라도 뒤돌아보는 마음이 없도록 한 것은 포상이 교전 중에 있었기 때문이다. 또한 그는 하물며 법에 의거하여 현명한 사람을 발탁하는 것은 그 고무하는 작용이 이처럼 크기 때문이라고 하였다.

一曰, 越王句踐見怒鼃而式之, 御者曰, "何爲式?" 王曰, "鼃有氣如此, 可無爲式乎?" 士人聞之曰, "鼃有氣, 王猶爲式, 況士人有勇者乎!" 是歲人有自剄死, 以其頭獻者。故越王將復吳而試其教, 燔臺而鼓之, 使民赴火者, 賞在火也, 臨江而鼓之, 使人赴水者, 賞在水也, 臨戰而使人絕頭刳腹而無顧心者, 賞在兵也。又況據法而進賢, 其助[88]甚此矣。

○○○

한(韓)나라 소후(昭侯)가 사람을 시켜 헤진 바지를 간수하게 하였는데 시종이 말하기를 "주군께서는 참으로 어질지 못하시니, 헤진 바지도 주위의 시종들에게 하사하지 않고 간수하시는군요."라고 하였다. 소후가 말하기를 "이것은 그대가 알 수 있는 바가 아니다. 내가 듣기에 현명한 군주가 아끼는 것에는 한 번 찡그리는 것과 한 번 웃는 것도 포함되니, 찡그리는 것은 찡그리는 의도가 있고 웃는 것은 웃는 목적이 있다. 지금 바지가 어찌 단지 찡그리고 웃는 것일 뿐이겠는가! 바지는 찡그리고 웃는 것과 서로 멀리 떨어져 있다. 나는 반드시 공이 있는 자를 기다릴 것이므로 그것을 간수하여 사람들에게 주지 않은 것이다."라고 하였다.

韓昭侯使人藏弊袴, 侍者曰, "君亦不仁矣, 弊袴不以賜左右而藏之。" 昭侯曰, "非子之所知也。吾聞明主之愛, 一嚬[89]一笑, 嚬有爲嚬, 而笑有爲笑。今夫袴豈特嚬笑哉! 袴之與嚬笑相去遠矣, 吾必待有功者, 故收藏之未有予也。"

○ ○ ○

드렁허리는 뱀과 비슷하고 누에는 나비 애벌레와 비슷하다. 사람들은 뱀을 보면 깜짝 놀라고 나비 애벌레를 보면 털끝이 솟는다. 그렇지만 부녀자가 누에를 줍고 어부가 드렁허리를 쥐는데, 이익이 있는 곳은 그 싫어함을 잊어버려 모두 맹분(孟賁)과 전제(專諸)처럼 된다.

鱣[90]似蛇, 蠶似蠋[91]。人見蛇則驚駭, 見蠋則毛起。然而婦人拾蠶, 漁者握鱣, 利之所在, 則忘其所惡, 皆爲賁諸。

○ ○ ○

전 4

위(魏)나라 왕이 한(韓)나라 왕에게 말하기를 "처음에 한나라와 위나라는 하나의 나라였는데 후에 나뉘었으니 이제 다시 한나라를 얻어 그것을 위나라에 병합하기를 바랍니다."라고 하였다. 한나라 군주가 이것을 근심하여 신하들을 불러 그들과 위나라에 응대하는 방법을 모의하였다. 한나라 공자가 한나라 군주에게 말하기를 "이것은 응대하기가 매우 쉽습니다. 주군께서 위나라 군주에게 다음과 같이 말씀하십시오. '한나라가 예전의 위나라였기 때문에 병합할 수 있다면 저희 나라도 위나라를 얻어 그것을 한나라에 병합하기를 바랍니다.'" 라고 하였다. 위나라 왕이 이에 그만두었다.

魏王謂鄭王[92]曰, "始鄭、梁[93]一國也, 已而別, 今願復得鄭而合之梁。" 鄭君患之, 召羣臣而與之謀所以對魏。鄭公子謂鄭君曰, "此甚易應也。君對魏曰, '以鄭爲故魏而可合也, 則弊[94]邑亦願得梁而合之鄭。'" 魏王乃止。

○○○

제(齊)나라 선왕(宣王)이 사람들에게 피리를 불게 하였는데 반드시 삼백 명이어야 했다. 남곽(南郭)의 한 처사(處士)가 왕을 위해 피리를 불겠다고 청하였고, 선왕이 그를 좋아하여 관가의 창고에서 그에게 주는 양식이 수백 명을 먹일 수 있을 정도였다. 선왕이 죽고 민왕(湣王)이 즉위하였는데 그는 한 사람 한 사람씩 피리 부는 것을 듣기 좋아하였는데 처사는 도망갔다.

齊宣王[95]使人吹竽, 必三百人。南郭處士[96]請爲王吹竽, 宣王說之, 廩食以數百人。宣王死, 湣王[97]立, 好一一聽之, 處士逃。

○○○

일설에, 한(韓)나라 소후(昭侯)가 말하기를 "피리를 부는 사람이 많으니, 나는 잘 부는 사람을 알지 못하겠다."라고 하였다. 전엄(田嚴)이 대답하기를 "한 사람 한 사람씩 연주하는 것을 들어보십시오."라고 하였다.

一曰, 韓昭侯[98]曰, "吹竽者衆, 吾無以知其善者。" 田嚴對曰, "一一而聽之。"

○ ○ ○

조(趙)나라가 사람을 보내 신자(申子)가 한(韓)나라 군주에게 구원병을 청하는 것에 의지하여 그것으로써 위(魏)나라를 공격하려 하였다. 신자는 이 일을 군주에게 말하려고 하였으나 자기가 외국과 거래를 하는 것으로 군주가 의심할까 두려워하였다. 말하지 않는다면 또 조나라에 미움을 살 것을 두려워하여 이에 조소(趙紹)와 한답(韓沓)을 시켜 군주의 태도를 탐색하게 한 뒤 군주에게 말하려고 하였다. 이렇게 함으로써, 안으로는 소후의 뜻을 알게 되었고 밖으로는 조나라의 마음을 얻는 효과가 있었다.

趙令人因申子於韓請兵, 將以攻魏。 申子欲言之君, 而恐君之疑己外市也, 不則恐惡於趙, 乃令趙紹、韓沓嘗試君之動貌而後言之。 內則知昭侯之意, 外則有得[99]趙之功。

○ ○ ○

한(韓)·위(魏)·제(齊) 세 나라의 군대가 함곡관(函谷關)에 이르자 진(秦)나라 소양왕(昭襄王)이 누완(樓緩)에게 묻기를 "세 나라의 군대가 깊이 들어왔으니 과인은 황하(黃河) 이동의 땅을 할양하여 강화하고자 하는데, 어떻겠소?"라고 하였다. 누완이 대답하기를 "대저 황하 이동의 땅을 할양하는 것은 큰 손실이고, 나라를 재난으로부터 벗어나게 하는 것은 큰 공입니다. 이것은 숙백(叔伯)과 형장(兄長)의 임무인데 왕께서는 어찌 공자 범(氾)을 불러서 묻지 않으십니까?"라고 하였다. 왕이 공자 범을 불러 그에게 이 일을 알려주었고, 공자 범이 대답하기를 "강화해도 후회하고 강화하지 않아도 후회하게 될 것입니다. 왕께서 지금 황하 이동을 할양하여 강화하고 세 나라의 군대가 돌아가면 왕께서는 반드시 '세 나라의 군대는 본래 떠나가려고 하였는데, 내가 단지 세 성읍을 그들에게 주었다.'라고 하실 것입니다. 강화를 하지 않아 세 나라 군대가 함곡관에 들어오면 나라는 반드시 크게 함락될 것이고, 왕께서는 반드시 크게 후회하시며 왕께서는 '세 성읍을 바치지 않았기 때문이다.'라고 하실 것입니다. 신은 그러므로 '왕께서 강화해도 후회하고 강화하지 않아도 후회하게 될 것입니다.'라고 말한 것입니다."라고 하였다. 왕이 답하기를 "내가 후회한다면 차라리 세 성읍을 잃고 후회하지 국가를 위태롭게 하고 나서야 후회하지는 않을 것이니, 과인은 강화를 하기로 결정하였소."라고 하였다.

三國至韓[100]，王[101]謂樓緩[102]曰，"三國之兵深矣，寡人欲割河東而講，何如?" 對曰，"夫割河東，大費也，免國於患，大功也。此父兄[103]之任也，王何不召公子氾而問焉?" 王召公子氾而告之，對曰，"講亦悔，不講亦悔。王今割河東而講，三國歸，王必曰，'三國固且去矣，吾特以三城送之。' 不講，三國也入韓，則國必大擧矣，王必大悔王曰，'不獻三城也。' 臣故曰，'王講亦悔，不講亦悔。'" 王曰，"爲我悔也，寧亡三城而悔，無危乃悔，寡人斷講矣。"

○○○

응후(應侯) 범저(范雎)가 진(秦)나라 소양왕(昭襄王)에게 말하기를 "왕께서는 원(宛)·엽(葉)·남전(藍田)·양하(陽夏) 땅을 획득하였고, 하내(河內) 지역을 봉쇄하였고, 위(魏)나라와 한(韓)나라를 포위하였는데, 아직 천하의 왕업을 이루지 못한 것은 조(趙)나라가 아직 복속되지 않아서입니다. 상당(上黨)을 포기하면 잃는 것은 하나의 군(郡)일 뿐이니, 이 병력을 이끌고 동양(東陽)에 접근하면 한단(邯鄲)은 입안에 들어간 이[虱]와 같을 것입니다. 왕께서는 두 손을 맞잡고 천하의 제후들을 조회하게 하시고 늦게 온 자는 군대로 그를 공격하십시오. 그렇지만 상당은 안정되고 화락(和樂)하며 그 지세 또한 대단이 험요(險要)하니 신은 그것을 포기하자고 해도 왕께서는 듣지 않으실까 두려우니 어떻게 합니까?"라고 하였다. 왕이 답하기를 "나는 상당을 포기하고 그 병력을 동양으로 이동시키기로 결정하였다."라고 하였다.

應侯謂秦王曰, "王得宛、葉、藍田、陽夏[104], 斷河內[105], 因[106]梁、鄭, 所以未王[107]者, 趙未服也。弛上黨在一而已, 以臨東陽[108], 則邯鄲口中虱也。王拱而朝天下, 後者以兵中[109]之。然上黨之安樂, 其處甚劇, 臣恐弛之而不聽, 奈何?" 王曰, "必弛易之矣[110]。"

○ ○ ○

전 5

방경(龐敬)은 현령이었다. 시장을 관리할 자를 파견하면서, 공대부(公大夫)를 불렀다가 그를 돌려보냈다. 한참을 서 있다가 그에게 알리는 말도 하지 않은 채 마침내 파견된 자를 가게 하였다. 시장을 관리하는 자들은 현령과 공대부 사이에 어떤 말이 있었다고 생각해 서로를 믿지 못했으며, 간악하지 않게 되었다.

龐敬，縣令也，遣市者行，而召公大夫而還之，立有間，無以詔之，卒遣行。市者以爲令與公大夫有言，不相信，以至無姦。

○ ○ ○

대환(戴讙)은 송(宋)나라의 재상이었는데, 밤에 일 시키는 자에게 "나는 며칠째 밤에 덮개를 씌운 수레가 옥리의 집에 드나든다고 들었으니, 조심히 나를 대신해 그를 엿보고 오시오."라고 말하였다. 일을 하고 온 자가 알리기를 "덮개를 씌운 수레는 보이지 않았지만 네모진 상자를 들고 옥리와 이야기 하는 것을 보았는데, 잠시 후에 옥리가 그 상자를 받았습니다."라고 하였다.

戴讙，宋太宰，夜使人曰，"吾聞數夜有乘轀車至李史[111]門者，謹爲我伺之。" 使人報曰，"不見轀車，見有奉笥[112]而與李史語者，有間，李史受笥。"

○ ○ ○

주(周)나라의 군주가 옥비녀를 잃어버려 관리를 시켜 그것을 찾게 하였으나 삼 일이 되어도 찾을 수가 없었다. 주나라 군주가 사람을 시켜 찾게 하니 민가 사이에서 그것을 찾았다. 주나라 군주가 말하기를 "나는 관리들이 성심성의껏 일하지 않음을 알게 되었는데, 비녀를 찾도록 했지만 삼 일이 되어도 찾지 못했으나 내가 사람을 시켜 그것을 찾게 하니, 하루가 가기 전에 그것을 찾았다."라고 하였다. 이에 관리들이 모두 몸을 움츠리고 떨면서 군주의 관찰력이 신통하다고 여기게 되었다.

周主亡玉簪，令吏求之，三日不能得也。周主令人求，而得之家人之屋[113]間。周主曰，“吾知吏之不事事[114]也，求簪三日不得之，吾令人求之，不移日[115]而得之。”於是吏皆聳懼[116]，以爲君神明[117]也。

○ ○ ○

상(商)나라 태재가 소서자에게 저자에 가보도록 하였는데, 돌아왔을 때 그에게 “저자에서 무엇을 보았는가?”라고 물었다. 소서자가 답하기를 “본 것이 없습니다.”라고 하였다. 태재가 “비록 그렇다 해도 무엇인가 보지 않았겠느냐?”라고 묻자 “저자 남문 밖에 소가 끄는 수레가 너무나 많아 겨우 지나다닐 수 있을 뿐입니다.”라고 대답하였다. 태재가 소서자에게 “내가 그대에게 물은 것을 다른 사람에게 감히 말하지 마시오.”라고 경고하고, 바로 저자의 관리를 불러 꾸짖기를 “서사 문 밖에 왜 소똥이 많은가?”라고 하였다. 저자의 관리는 재상이 너무나 빨리 아는 것을 이상히 여기며, 이에 두려워하며 자신의 소임을 다하였다.

商太宰使少庶子之市，顧反而問之曰，“何見於市?”對曰，“無見也。”太宰曰，“雖然，何見也?”對曰，“市南門之外甚衆牛車，僅可以行耳。”太宰因誡[118]使者，“無敢告人吾所問於女。”因召市吏而誚之曰，“市門之外何多牛屎?”市吏甚怪太宰知之疾也，乃悚懼[119]其所也。

○ ○ ○

전 6

한(韓)나라 소후(昭侯)가 자른 손톱을 손안에 쥐고 손톱 하나를 잃은 체하며, 그것을 찾으라고 심하게 독촉하였다. 좌우의 측근들이 자신의 손톱을 잘라 그것을 바쳤다. 소후는 이로써 좌우 측근들의 진실함을 살폈다.

韓昭侯握爪而佯亡一爪， 求之甚急。左右因割其爪而效[120]之。昭侯以此察左右之不[121]誠。

○ ○ ○

한(韓)나라 소후(昭侯)가 기사(騎士)를 사자의 자격으로 현(縣)에 파견하니, 사자가 보고하는데 소후가 묻기를 "무엇을 보았는가?"라고 하자 그가 답하기를 "본 것이 없습니다."라고 하였다. 소후가 "비록 그렇다 해도 무엇인가 보지 않았겠느냐?"라고 묻자 "남문 밖에 누런 송아지가 길 왼쪽의 어린 벼를 먹고 있었습니다."라고 답하였다. 소후가 사자에게 "내가 그대에게 물은 것을 감히 누설하지 마시오."라고 말하였다. 이에 명을 내리기를 "모를 낼 때에 소와 말이 다른 사람의 밭에 들어가는 것을 금하는 본래의 명령이 있었는데, 관리들은 맡은 일을 제대로 하지 않아 소와 말이 다른 사람의 밭 속으로 들어가는 일이 매우 많다. 급히 그 숫자를 조사하여 그것을 보고해야 하는데, 그렇게 하지 못하면, 장차 그 죄를 무겁게 할 것이다."라고 하였다. 이에 세 지방에서 조사하여 그것을 보고하였다. 소후가 말하기를 "아직 다하지 않았다."라고 하였다. 다시 가서 그것을 살펴보니, 이에 남문 밖에서 누런 송아지를 볼 수 있었는데, 관리들은 소후가 명백히 살피고 있다고 생각하여 모두 두려워하며 감히 비행을 저지르지 못하였다.

韓昭侯使騎於縣， 使者報， 昭侯問曰， "何見也?" 對曰， "無所見也。”昭侯曰，“雖然，何見?”曰，“南門之外，有黃犢食苗道左者。”昭侯謂使者，“毋敢洩吾所問於女。”乃下令曰，“當苗時[122]禁牛馬入人田中，固有令，而吏不以爲事[123]，牛馬甚多入人田中。亟擧其數[124]上之[125]，不得，將重其罪。”於是三鄕擧而上之。昭侯曰，“未盡也。”復往審之，乃得南門之外黃犢，吏以昭侯爲明察，皆悚懼其所而不敢爲非。

○ ○ ○

주(周)나라 군주가 명을 내려 굽은 지팡이를 찾게 하였는데, 관리들이 그것을 여러 날 찾았으나 찾을 수 없었다. 주나라 군주는 은밀하게 사람을 시켜 그것을 찾게 하니, 하루가 가기 전에 그것을 찾았다. 이에 관리들에게 말하기를 “나는 관리들이 성심성의껏 일하지 않음을 알게 되었다. 굽은 지팡이를 찾는 것은 매우 쉬운 것인데도 관리들은 찾지 못했고, 내가 사람을 시켜 그것을 찾도록 하자 하루도 되지 않아 그것을 찾아내니, 어찌 충실하다고 말할 수 있겠는가!” 관리들은 이에 모두 두려워하며 자신의 소임을 다했고, 군주가 신통한 관찰력을 가지고 있다고 생각하였다.

周主下令索曲杖，吏求之數日不能得。周主私使人求之，不移日而得之。乃謂吏曰，“吾知吏不事事也。曲杖甚易也，而吏不能得，我令人求之，不移日而得之，豈可謂忠哉!”吏乃皆悚懼其所，以君爲神明。

○ ○ ○

복피(卜皮)는 현령이었다. 그곳의 어사(御史)는 난잡하게 행동하였고 애첩을 두고 있었는데, 복피가 소서자를 시켜 그의 애첩을 사랑하는 체하며 어사의 흑심을 알아냈다.

卜皮爲縣令。其御史[126]汙穢[127]，而有愛妾，卜皮乃使少庶子佯愛之，以知御史陰情[128]。

○ ○ ○

서문표(西門豹)는 업령(鄴令)이었는데, 자신의 수레 못을 잃어버린 체하며 관리를 시켜 그것을 찾도록 하였으나 찾을 수 없었지만, 사람을 시켜 그것을 찾게 하였더니 민가 사이에서 그것을 찾았다.

西門豹爲鄴令[129]，佯亡己車轄，令吏求之不能得，使人求之而得之家人屋間。

○ ○ ○

전 7

산양군(山陽君)은 위(衛)나라의 재상인데, 왕이 자신을 의심한다는 말을 듣고 이에 일부러 규수(樛豎)를 헐뜯게 하여 그것을 알아냈다.

陽山君相衛，聞王之疑己也，乃僞謗樛豎以知之。

○ ○ ○

요치(淖齒)는 제(齊)나라 왕이 자신을 싫어한다는 말을 듣고, 이에 사람을 시켜 진(秦)나라의 사신으로 가장하게 하여 그것을 알아냈다.

淖齒聞齊王之惡己也，乃矯[130]爲秦使以知之。

○ ○ ○

제(齊)나라 사람 중에 반란을 일으키려고 하는 자가 있었는데 왕이 그것을 알아차릴까 두려워하였다. 그리하여 거짓으로 아끼던 자를 쫓아내 왕에게 도망가게 하여 그것을 알아냈다.

齊人有欲爲亂者，恐王知之，因詐逐所愛者，令走王知之。

○ ○ ○

자지(子之)는 연(燕)나라의 재상인데, 자리에 앉아 거짓으로 묻기를 “문으로 달려간 것이 무엇인가? 백마가 아닌가?”라고 하였다. 좌우의 측근들은 모두 보지 못했다고 답하였다. 어떤 한 사람이 그것을 쫓아나갔다가 보고하기를 “있습니다.”라고 하였다. 자지는 이로써 좌우 측근들이 성실하지 않음을 알아냈다.

子之相燕，坐而佯言曰，“走出門者何，白馬也?”左右皆言不見。有一人走追之，報曰，“有。”子之以此知左右之不誠信。

○ ○ ○

서로 소송을 하는 자가 있었는데, 자산(子産)이 그들을 떼어놓고 자신의 주장을 말할 수 없게 하고는 그들이 말한 것을 거꾸로 알려주어 그 소송의 진상을 알아냈다.

有相與訟者，子産離之而無使得通辭[131]，倒其言以告而知之。

○○○

위(衛)나라의 사공(嗣公)이라는 자가 사람을 시켜 그를 과객으로 관문의 저자를 지나게 하였는데, 관문 저자의 관리가 그를 가혹하게 취조하자 그는 돈으로 관문의 관리를 섬기려고 하였다. 돈으로 저자의 관리를 매수하자 이에 관리는 그를 풀어주었다. 사공이 관문의 관리에게 말하기를 "어느 날 과객이 이곳을 지난 적이 있는데, 그대에게 돈을 주니 그대는 그를 보내주었소."라고 하였다. 관문 저자의 문지기가 이에 크게 두려워하며, 사공이 명백히 살피고 있다고 생각하였다.

衛嗣公使人爲客過關市[132], 關市苛難[133]之, 因事[134]關市, 以金與關吏, 乃舍之。嗣公爲關吏曰, 某時有客過而所[135], 與汝金, 而汝因遣之。" 關市乃大恐, 而以嗣公爲明察。

1) 六微(육미): 미(微)는 '살피다'의 뜻으로 여섯 가지의 사찰해야 할 사항을 가리킨다.

2) 詭使(궤사): 궤(詭)는 '속이다'의 뜻이고, 사(使)는 '시키다'의 뜻으로 여기에서 궤사(詭使)는 군주가 법령에 따라 신하에게 명령하지 않는다는 의미다.

3) 豎牛(수우): 수(豎)는 왕의 곁에서 잡다한 일을 돌보는 이의 성(姓)이고, 우(牛)는 그의 이름이다.

4) 推積鐵之類(추적철지류): 쇳조각을 잘 엮어서 갑옷을 만들어 화살을 효율적으로 막듯이, 군주는 간신배들을 잘 방어해야 한다는 것을 비유한 말이다.

5) 隕霜(운상): 운상은 '서리가 내리다'의 뜻이지만, 『춘추』 희공(僖公) 33년 12월조에 "서리가 내렸는데, 풀이 시들지 않고, 오얏과 매실이 열렸다.(隕霜不殺草, 李梅實.)"라는 기사가 있다.

6) 將行(장행): 행렬을 통솔하는 사.

7) 樂池(악지): 중산(中山)의 재상이라고도 하는데, 자세하지 않다.

8) 公孫鞅(공손앙): 위(衛)나라의 공자(公子) 출신으로 진(秦)나라에서 벼슬을 하며, 변법(變法)을 실시하여 진나라가 부국강병을 이루는 데 공헌했다.

9) 麗水(려수): 초(楚)나라 남쪽에 있는 하천의 이름이라는 설이 있다.

10) 積澤(적택): 산동성(山東省) 곡부(曲阜) 북쪽에 있는 못이라는 설이 있다.

11) 成歡(성환): 아래에는 성환(成驩)이라고 나오는데, 어떤 사람인지 잘 모른다.

12) 卜皮(복피): 어떤 사람인지 모른다.

13) 胥靡(서미): 「해로(解老)」 편에도 나오며, 형벌을 받았으니 도망친 죄수를 말한다.

14) 文子(문자): 윤문자(尹文子)를 가리킨다. 전국 초기의 도가(道家) 인물이다.

15) 越王(월왕): 구천(句踐)을 가리킨다.

16) 李悝(이회): 전국 초기 위(魏)나라의 법가 인물, 위나라 문후(文侯)의 재상을 지내며 변법을 주관하였고, 세경세록(世卿世祿) 제도를 폐지했다.

17) 崇門(숭문): 송(宋)나라 도성(都城)의 동북쪽 문인 몽문(蒙門)을 가리킨다.

18) 毁(훼): 초상 중에 비통함이 과도하고 음식을 먹을 마음이 없어 몸을 상하게 하다.

19) 式(식): 식(軾)과 통용, 고대 수레 앞에 손을 기대는 용도로 쓰인 가로나무다. 여기서는 동사로 쓰여, 머리를 숙이고 수레 앞턱가로나무에 기대어 경의를 표함을 나타낸다.

20) 昭侯(소후): 한(韓)나라 소후(昭侯), B.C. 358~B.C. 333년 재위. 법가 사상을 지녀 B.C. 351년 신불해(申不害)를 재상으로 임용하여 정치개혁을 실행하였다.

21) 賁(분): 맹분(孟賁), 춘추 시대 위(衛)나라의 용사(勇士). 諸(제): 전제(專諸)로서: 춘추 시대 오(吳)나라의 용사.

22) 鱣(선): 드렁허리.

23) 效(효): 밝혀지다.

24) 不(불): 잘못 들어간 글자이다.

25) 參(참): 뒤섞다.

26) 鄭(정): 한(韓)을 가리킨다.

27) 申子(신자): 신불해(申不害). 전국 시대에 한(韓)나라 소후(昭侯)의 재상을 15년간 지내며 안으로는 정교(政敎)를 닦고 밖으로는 제후와 호응하여 한나라가 잘 다스려지고 군대가 강해지도록 하였다. 법가 중 술치(術治)를 주장한 일파다.

28) 應侯(응후): 범저(范雎). 자는 숙(叔), 전국 시대 위(魏)나라 사람. 젊은 시절 위나라에 있을 때 모함을 받아 늑골이 부러졌고, 후에 진(秦)나라로 도망가 장록(張祿)으로 개명하고 진나라 소양왕(昭襄王)의 재상을 지냈으며, 응(應, 지금의 하남성(河南省) 노산현(魯山縣) 동북에 위치)에 분봉되어 응후(應侯)라 불렸다.

29) 弛(이): 늦추다, 파생하여 버리다.

30) 上黨(상당): 한(韓)나라의 군(郡) 이름, 지금의 산서성(山西省) 동남부에 위치, 이때는 이미 진(秦)나라가 공격하여 차지하고 있었다.

31) 待(대): 시(侍)의 뜻으로 '모시게 하다'의 의미다.

32) 任(임): 중책을 맡기다.

33) 鹿散(록산): 민첩한 사슴이 모였다가는 이내 흩어지는 것을 비유하였다.

34) 鬻(육): 속이다.

35) 公大夫(공대부): 시장을 통제하는 관리.

36) 轀車(온거): 누워서 탈 수 있게 만든 수레로 덮개가 달려 있다.

37) 譑(론): 초(誚)의 뜻으로 '꾸짖다'의 의미다.

38) 矢(시): 시(屎)의 뜻으로 '똥'의 의미다.

39) 挾智(협지): 협(挾)은 마음속에 묻어두는 것이고, 지(智)는 지(知)로 '아는 것'을 말한다.

40) 皆變(개변): 모두 변하여 밝게 드러나다.

41) 事(사): 사(使)의 뜻으로 '부리다'의 의미다.

42) 庶子(서자): 측근에서 시중을 드는 사람.

43) 詳(상): 양(佯)의 뜻으로 '거짓으로 …인 체하다'의 의미다.

44) 轄(할): 수레가 구를 때 바퀴가 벗겨지지 않도록 하기 위해 굴대 끝에 끼워 쐐기를 박는 못.

45) 陽山(양산): 산양(山陽)으로 보아야 한다.

46) 謾(만): 속이다.

47) 爲(위): 위(僞)의 뜻으로 '속이다'의 의미다.

48) 關市(관시): 관문 근처에 열리는 저자.

49) 彌子瑕(미자하): 위(衛)나라 영공(靈公)에게 총애받던 간신이다.

50) 擁(옹): '끌어안다'의 뜻이지만, 뜻이 잘 통하지 않아서 경(經)에 옹색(壅塞)이라고 나온 것을 참고하였다.

51) 양(煬): 불을 쬐다.

52) 晏嬰子(안영자): 이름이 嬰(영)이며, 절검(節儉)을 실천한 齊(제)나라의 유명한 재상으로 알려져 있다.

53) 偃(언): '쓰러뜨리다'의 뜻인데, 여기에서는 '그만두게 하다'의 의미이다.

54) 江乙(강을): 전국 시대 위(魏)나라 사람으로 초(楚)나라에서 벼슬을 하였다.

55) 白公(백공): 초(楚) 평왕(平王)의 태자 건(建)의 아들로, 이름은 승(勝)이다.

56) 衛嗣君(위사군): 위(魏)나라 평후(平侯)의 아들이다.

57) 如耳(여이): 전국 시대 위(魏)나라 사람으로 위(衛)나라에서 벼슬을 하였다.

58) 薄疑(박의): 어떤 사람인지 불분명하다.

59) 坐(좌): 옳고 그름을 따진다는 뜻이다.

60) 勢重之鈞(세중지균): 권세가 서로 비슷해진다는 뜻이다.

61) 鄉(향): 향(向)과 통한다.

62) 龐恭(방공): 방공(龐共)이라고도 불리며, 어떤 사람인지 알 수 없다.

63) 董閼于(동알우): 경(經)에서는 동자(董子)라고 나온다. 춘추 시대 진(晉)나라 조간자(趙簡子)의 가신(家臣)이다.

64) 仞(인): 양팔을 세로로 뻗은 길이를 측정하는 단위로서 약 1.8m로 알려져 있다.

65) 無赦(무사): 반드시 벌을 내린다는 뜻이다.

66) 灼(작): 불사르다.

67) 掩人(엄인): 엄(掩)은 '보이지 않게 가린다'는 뜻인데, 길 가는 이를 해친다는 뜻이다.

68) 三族(삼족): 아버지 쪽, 어머니 쪽, 그리고 처가 쪽 가족을 일컫는다.

69) 離所惡(리소오): 리(離)는 '걸려들다'의 뜻으로 싫어하는 일에 걸려든다는 의미이다.

70) 毅(의): 굳세다.

71) 從(종): 유(由)의 뜻으로 동작의 주체를 이끄는 작용을 한다.

72) 輒(첩): 곧바로.

73) 辜磔(고책): 고(辜)는 죄인을 기둥에 묶어 찔러 죽이는 것이고, 책(磔)은 시신을 찢어 거리에 매다는 형벌을 말한다.

74) 薛公(설공): 제(齊) 위왕(威王)의 막내아들, 전영(田嬰)을 말한다.

75) 無重(무중): 여기에서는 막중(莫重)의 의미로 보았다.

76) 幣(폐): 폐(蔽)로 바꿔서 풀었다.

77) 利器(리기): 유리한 도구, 국가 권력을 운용하는 수단을 가리킨다.

78) 薦(천): 무성한 풀.

79) 被(피): 피(披)와 통한다.

80) 魏武侯(위무후): 이름은 격(擊), 문후(文侯)의 아들, 전국 시대 위(魏)나라 군주다.

81) 西河(서하): 전국 시대 위(魏)나라의 군(郡) 이름, 지금의 섬서성(陝西省) 동부 황하 서안 지역에 위치.

82) 魏文侯(위문후): 이름은 사(斯), 전국 시대의 위(魏)나라 건립자, B.C. 424~B.C. 387년 재위.

83) 狐疑(호의): 의심하다.

84) 服喪(복상): 상복을 입고 관(棺) 곁에서 밤을 새우다.

85) 官師(관사): 사(士) 류의 하급 관리.

86) 而尙可以賞勸也, 況君上之於民乎(이상가이상권야 황군상지어민호): 왕선신은 『한비자집해』에서 "군주로서 상이 없으면, 공이 세워지지 않는다(君而無賞, 則功不立)."라고 하였다.

87) 怒鼃(노와): 뺨을 볼록하게 한 청개구리, 성이 난 것처럼 보이기 때문에 노와(怒鼃)라 부른다.

88) 助(조): 권(勸)의 잘못.

89) 嚬(빈): 빈(顰)과 통용해 '찡그리다', '근심하는 것'을 나타낸다.

90) 鱣(선): 선(鱔)과 같다.

91) 蠋(촉): 콩잎을 갉아 먹는 크고 푸른 벌레.

92) 鄭王(정왕): 한왕(韓王)을 가리킨다.

93) 梁(량): 위(魏). 위나라 혜왕(惠王) 9년(B.C. 361)에 대량(大梁, 지금의 하남성(河南省) 개봉시(開封市) 서북쪽)으로 천도하였으므로 위(魏)를 양(梁)이라고도 불렀다.

94) 弊(폐): 폐(敝)와 통용한다.

95) 齊宣王(제선왕): 전국 시대 제(齊)나라 군주, 이름은 벽강(辟疆), 조부 환공(桓公), 아버지 위왕(威王)에 이어 직하(稷下)에 학궁(學宮)을 세워 학자를 끌어 모았다.

96) 處士(처사): 은거하며 벼슬하지 않은 독서인.

97) 湣王(민왕): 전구시기 제(齊)나라 군주, 약 B.C. 301~B.C. 284년 재위.

98) 韓昭侯(한소후): 전국 시대 한(韓)나라 군주, B.C. 358~B.C. 333년 재위.

99) 得(득): …의 마음에 들다.

100) 韓(한): 함곡관을 가리킨다.

101) 王(왕): 진(秦)나라 소양왕(昭襄王)을 가리킨다.

102) 樓緩(루완): 전국 시대 조(趙)나라 사람, 당시 진(秦)나라 소양왕의 재상이었다.

103) 父兄(부형): 백부(伯父)·숙부(叔父)와 형제를 가리킨다.

104) 宛(원)·葉(엽)·藍田(남전)·陽夏(양하): 원래는 모두 초(楚)나라의 영토. 원(宛)은 지금의 하남성 남양시에 위치했고, 엽(葉)은 지금의 하남성 엽현에, 남전(藍田)은 지금의 호북성 형문시 동남에 위치하였고, 양하(陽夏)는 지금의 하남성 태강현에 위치하였다.

105) 河內(하내): 위나라의 땅, 즉 지금의 하남성 북부 황하 이북 지역.

106) 因(인): 곤(困)으로 되어야 한다.

107) 王(왕): 동사로 쓰임, 왕업(王業)을 성취하다.

108) 東陽(동양): 조(趙)나라의 지명(地名), 태항산(太行山) 이동, 지금의 하북성(河北省) 남부에 위치하였다.

109) 中(중): 공격하다.

110) 必弛易之矣(필이역지의): 왕선신『한비자집해』에 "그 병력을 이동하여 동양에 접근하기로 나는 결정하였다는 말이다(謂移易其兵, 以臨東陽, 吾斷定矣)."라고 하였다.

111) 李史(이사): 이(李)는 리(理)의 가차자로 죄를 다스리는 옥리(獄吏)다.

112) 笥(사): 네모진 상자.

113) 家人之屋(가인지옥): 민가(民家).

114) 事事(사사): 성심성의껏 일하다.

115) 不移日(불이일): 하루가 지나지 않다.

116) 聳懼(용구): 몸을 움츠리고 떠는 모습.

117) 神明(신명): 통찰력이 밝다.

118) 誡(계): 경고하다.

119) 悚懼(송구): 두려워하다.

120) 效(효): 치(致)의 뜻으로 '바치다'의 의미다.

121) 不(불): 잘못 들어간 글자이다.

122) 當苗時(당묘시): 논밭에 모내는 계절을 맞이하다.

123) 爲事(위사): 맡은 일을 하다.

124) 擧其數(거기수): 그 수를 조사하다.

125) 上之(상지): 그 결과를 보고하다.

126) 御史(어사): 감찰관.

127) 汙穢(오예): 지저분하고 더럽다.

128) 陰情(음정): 속내 또는 흑심.

129) 鄴令(업령): 업(鄴) 땅의 장관. 업(鄴)은 지금의 하남성 임장현.

130) 矯(교): 속이다.

131) 通辭(통사): 소송하는 당사자들이 서로 맞서서 자신의 주장을 말하는 것.

132) 關市(관시): 관문(關門)의 저자.

133) 苛難(가난): 가혹하게 잘못을 꾸짖고 책망하다.

134) 事(사): 사(仕)의 뜻으로 '섬기다'의 의미다.

135) 而所(이소): 이(而)는 여(汝)의 의미로 이소(而所)는 '그대가 관리하는 곳' 이다.

제31편 내저설(內儲說) 하(下): 육미(六微)

전해 오는 이야기를 모으다 내하편(內下編) 여섯가지 해로운 조짐

解 題

육미(六微)에서 미(微)는 기미(機微)라는 뜻으로 신하가 은밀하게 숨기고 있다는 것이다. 신하에게 이익이 되는 것은 군주에게 해로움이 되듯이, 군주와 신하의 이해관계가 서로 상반되기 때문에 군주는 마땅히 신하를 잘 살펴야 한다는 것이다. 앞 편에서 칠술(七術)을 들었던 것에 비하여 여기에서는 군주가 신하를 잘 살펴야 하는 항목으로 여섯 가지를 들어서 말한 것이다.

육미(六微)라는 것은, 첫째는 권력을 신하에게 빌려주는 것이고, 둘째는 군주와 신하는 이해가 각각 달라 외국의 세력을 끌어오는 일이고, 셋째는 신하가 유사한 일을 빌미로 삼는 것이고, 넷째는 이해관계가 사람마다 서로 다르다는 것이고, 다섯째는 신하가 군주의 세력에 맞서 싸우는 것이고, 여섯째는 적국이 자신의 신하를 임명하고 폐하는 것이다. 이 여섯 가지는 군주가 살펴야 할 것이다.

六微, 一曰權借在下, 二曰利異外借, 三曰託於似類, 四曰利害有反, 五曰參疑內爭, 六曰敵國廢置。此六者, 主之所察也。

○ ○ ○

경(經)

권력 빌리기[權借]

군주는 권세를 다른 사람에게 빌려주어서는 안 된다. 군주가 그 권세의 하나를 잃으면 신하는 그것을 이용하여 백배로 만든다. 그러므로 신하가 권세를 빌려 얻으면 권력이 커지고, 권력이 커지면 조정 안팎의 신하들이 모두 그것에 기대게 되고, 조정 안팎의 신하들이 그것에 기대면 군주의 눈과 귀는 가려지게 된다. 그와 같은 이야기로, 노자(老子)가 "물고기는 못에서 나오면 안 된다."라고 하였다. 그러므로 군주가 친구와 오래도록 이야기하면 그 사람은 부자가 된다고 하였다. 그 걱정스러운 일로는 서동(胥僮)이 여공(厲公)에 간언한 것, 주후(主侯)에 대하여 한 마디로 변호했던 것, 연(燕)나라 사람이 개똥 물을 뒤집어썼던 것이 있다.

權勢不可以借人。上失其一, 臣以爲百。故臣得借則力多, 力多則內外爲用， 內外爲用則人主壅。其說在老聃之言失魚也。是以人主久語， 而左右鬻懷刷。其患在胥僮之諫厲公， 與州侯之一言， 而燕人浴矢也。

○○○

이해가 다름[利異]

군주와 신하는 이해관계가 서로 다르기 때문에 신하들 가운데에는 누구도 충성스러운 이는 없다. 그러므로 신하에게 이익이 되는 일이면 군주에게는 이익이 없어지는 것이다. 그러므로 간신(姦臣)은 적병을 불러들여서 국내의 경쟁자들을 제거하고, 외국의 일을 들어서 군주를 현혹시킨다. 진정 자신의 이익만을 일으키려고 하고 나라의 걱정은 살피지 않는다. 다음과 같은 것들이 있다. 위(衛)나라의 한 부부가 하늘에 기도한 적이 있다. 그러므로 대헐(戴歇)은 군주가 아들을 외국에 보내려는 것을 하지 말도록 간언한 것이 있고, 삼환(三桓)이 소공(昭公)을 위협했고, 공숙(公叔)은 제(齊)나라 군대를 끌어들였고, 적황(翟黃)은 한(韓)나라 병사를 불러들였고, 태재(太宰) 비(嚭)는 대부(大夫)인 종(種)을 설득했고, 대성우(大成牛)는 신불해(申不害)를 일깨웠고, 사마희(司馬喜)는 조왕(趙王)에게 보고했고, 여창(呂倉)은 진(秦)과 초(楚)나라를 살폈고, 송석(宋石)은 위군(衛君)에게 편지를 보냈고, 백규(白圭)는 폭견(暴譴)을 가르쳤다.

君臣之利異， 故人臣莫忠， 故臣利立而主利滅。是以姦臣者， 召敵兵以內除。擧外事以眩主， 苟成其私利， 不顧國患。其說在衛人之夫妻禱祝也。故戴歇議子弟， 而三桓攻昭公， 公叔內齊軍， 而翟黃召韓兵， 太宰嚭說大夫種， 大成牛教申不害， 司馬喜告趙王， 呂倉規秦、楚, 宋石遺衛君書, 白圭教暴譴。

○ ○ ○

유사[似類]

빗대어 말하는 것 때문에 군주가 잘못 처벌하게 되고, 대신(大臣)은 그것으로 사사로운 이익을 얻게 된다. 이 때문에 문지기가 물을 뿌려서 이야(夷射)가 처형당했고, 제양군(濟陽君)이 군주의 명령이라 속여서 두 사람이 죄를 뒤집어썼고, 사마희(司馬喜)는 원건(爰騫)을 죽여서 계신(季辛)이 처형당했고, 정수(鄭袖)는 악취가 난다고 말해서 새로 온 이의 코가 베였고, 비무기(費無忌)는 극완(郄宛)에게 거짓을 일러주어 영윤(令尹)에게 처형당했고, 진수(陳需)가 장수(張壽)를 죽여서 서수(犀首)는 내쳐졌다. 그러므로 여물창고와 마구간을 불태우니 중산(中山)의 군주는 죄를 물었고, 이에 늙은 서생을 죽이니 제양군이 상을 주었다.

似類之事, 人主之所以失誅, 而大臣之所以成私也。 是以門人捐水而夷射誅, 濟陽自矯而二人罪, 司馬喜殺爰騫而季辛誅, 鄭袖言惡臭而新人劓, 費無忌教郄宛而令尹誅, 陳需殺張壽而犀首走。 故燒芻廥而中山罪, 殺老儒而濟陽賞也。

○ ○ ○

유반(有反)

어떤 일이 생겨서 이로움이 있다는 것은, 그 해당되는 자들이 그것을 주로 하는 것이니, 해로움이 있으면 반드시 거꾸로 잘 살필 것이다. 이 때문에 명철한 군주가 논의하는 것은, 나라에 해로우면 그것을 이롭게 여기는지를 살피고, 신하에게 해로우면 그 반대가 되는지를 살핀다. 그러한 이야기에는 다음과 같은 것이 있다. 초나라 군대가 쳐들어오자, 진수(陳需)가 재상이 되었고, 기장의 종자 가격이 비싸지자 창고의 관리를 샅샅이 조사했다. 이 때문에 소해휼(昭奚恤)은 띠 파는 이를 잡아넣었고, 희후(僖侯)는 재상을 닦달했고, 문공(文公)의 경우에는 구운 고기에 머리카락이 끼어 있었고, 양후(穰侯)는 제(帝)로 삼아 달라고 요청했다.

事起而有所利， 其尸[1]主之， 有所害， 必反察之。是以明主之論也， 國害則省其利者， 臣害則察其反者。其說在楚兵至而陳需[2]相， 黍種貴而廩吏覆。是以昭奚恤[3]執販茅， 而不[4]僖侯[5]譙其次， 文公[6]髮繞炙， 而穰侯[7]請立帝。

○○○

어그러짐[參疑]

군주와 신하의 세력이 엉켜 있는 것은 혼란이 일어나는 까닭이 된다. 그러므로 명철한 군주는 그것을 신중히 한다. 이 때문에 진(晉)나라 여희(驪姬)는 태자 신생(申生)을 죽였고, 정(鄭)부인은 독약으로 군주를 죽였고, 위(衛)나라 주우(州吁)는 그의 군주 완(完)을 죽였고, 공자 근(根)은 동주(東周)를 가로챘고, 왕자 직(職)이 매우 총애를 입고 있어서 태자 상신(商臣)이 정말 난을 일으켰고, 엄수(嚴遂)와 한외(韓廆)는 다투는 관계였기 때문에 애공(哀公)은 정말 죽음을 당했고, 전상(田常)과 감지(闞止), 대환(戴驩)과 황희(皇喜)는 각각 대적하여서 송(宋)나라 군주와 간공(簡公)이 모두 죽음을 당해야 했다. 이것의 설명이 될 만한 예로서의 일화는 호돌(狐突)이 둘 다 좋아하는 것과, 정소(鄭昭)가 아직 아들이 태어나지 않았다고 대답한 데에 나온다.

參疑[8]之勢, 亂之所由生也, 故明主愼之。是以晉驪姬[9]殺太子申生而鄭夫人用毒藥, 衛州吁[10]殺其君完, 公子根取東周, 王子職[11]甚有寵而商臣果作亂, 嚴遂、韓廆[12]爭而哀公果遇賊, 田常、闞止[13]、戴驩、皇喜[14]敵而宋君、簡公殺。其說在狐突[15]之稱二好, 與鄭昭之對未生也。

○ ○ ○

폐치(廢置)

적대 관계에 있는 나라가 힘써야 할 것은, 상대가 살피는 것을 흐리게 하고 쇠미해지게 하도록 하는 데에 있는데, 군주가 이것을 살피지 못하면 적이 마음대로 이쪽 관리를 내쫓고 임명할 것이다. 그러므로 문왕(文王)이 비중(費仲)에게 재물을 주었던 것이고, 진왕(秦王)이 초(楚)나라 사신을 두려워하였고, 여차(黎且)가 중니(仲尼)를 쫓아버렸고, 간상(干象)이 감무(甘茂)를 막았다. 이 때문에 오자서(吳子胥)가 말을 퍼뜨려서 자상(子常)이 등용되었고, 미인을 들여보내서 우(虞)와 괵(虢)이 망했고, 거짓으로 편지를 흘려서 장굉(萇宏)이 죽게 되었고, 닭과 돼지를 써서 회(鄶)나라 호걸들이 모두 사라지게 되었다.

敵之所務在淫察而就靡, 人主不察, 則敵廢置矣。故文王資費仲, 而秦王患楚使, 黎且去仲尼, 而干象沮甘茂。是以子胥宣言而子常用, 內美人而虞、虢亡, 佯遺書而萇宏死, 用雞猳而鄶桀盡。

○ ○ ○

묘공(廟攻)

앞서의 참의(參疑)와 폐치(廢置)의 일은, 명석한 군주라면 안으로는 그런 일이 없도록 할 것이며 밖으로는 그런 일이 있도록 해야 할 것이다. 인정을 받지 못하는 자들에게는 돈을 보내주고, 힘이 약한 자를 도와줌은 바로 묘공(廟攻)이라고 한다. 나라 안에서는 여러 가지 증거를 적절하게 맞추어서 조사하고, 나라 밖에서는 귀와 눈을 잘 놀려서 살피게 하면 적국이 거짓으로 꾸미는 일을 알 수 있게 된다. 그런 이야기로는 진(秦)나라의 난쟁이가 혜문군(惠文君)에게 알려주었던 것이 있다. 그러므로 양자(襄疵)는 업(鄴) 땅이 공격받을 것이라고 알려주었고, 사공(嗣公)이 현령(縣令)에게 자리를 보내주었던 것이다.

參疑、廢置之事, 明主絶之於內而施之於外。資其輕者, 輔其弱者, 此謂廟攻。參伍[16]旣用於內, 觀聽[17]又行於外, 則敵僞得。其說在秦朱儒之告惠文君也。故襄疵言襲鄴, 而嗣公賜令蓆。

○ ○ ○

전(傳) 1

권세는 군주의 연못과도 같고, 신하는 권세라는 연못에 사는 물고기와 같다. 물고기가 연못에서 벗어나면 다시는 돌이킬 수 없다. 군주가 자신의 권세를 잃으면 다시는 회복될 수 없다. 옛날에 노자(老子)는 곧바로 언급하기 어려워서 물고기를 비유로 들어서 말한 것이다. 상과 벌을 내리는 것은 유용한 도구이다. 군주는 이것을 잘 다루어서 신하들을 장악하는 것이고, 신하는 이것을 얻어서 군주를 가리게 된다. 그러므로 군주가 상 내리는 것을 미리 알려주면 신하는 그것을 빌미로 자신의 덕 때문이라고 여기고, 군주가 벌 내리는 것을 미리 알게 하면 신하는 역시 그것을 빌미로 자신의 위엄 때문이라고 여긴다. 그러므로 "나라를 다스리는 유용한 도구를 사람들에게 보여서는 안 된다."라고 하는 것이다.

勢重者， 人主之淵也， 臣者， 勢重之魚也。 魚失於淵而不可復得也， 人主失其勢重於臣而不可復收也。 古之人[18]難正言， 故託之於魚。 賞罰者， 利器也， 君操之以制臣， 臣得之以擁主。 故君先見所賞， 則臣鬻之以爲德， 君先見所罰， 則臣鬻之以爲威。 故曰， "國之利器不可以示人。"

○ ○ ○

성곽군(靖郭君)이 제(齊)나라의 재상이었을 때, 친구와 이야기를 오래도록 나누었더니 그 친구가 부자가 되었다. 이는 주변 사람들이 그에게 뇌물을 보낸 것으로, 이것은 군주가 그를 소중히 한 것이다. 오랫동안 얘기하는 것과 뇌물을 얻은 것은 사사로운 자산일 뿐인데, 오히려 그것으로 부자가 되었으니, 하물며 관리들에게 군주의 권세가 주어지면 어떠하겠는가!

靖郭君[19]相齊， 與故人久語， 則故人富。 懷左右刷， 則左右重。 久語、懷刷， 小資也， 猶以成富， 況於吏勢乎。

○ ○ ○

진(晉)나라 여공(厲公) 때 육경(六卿)의 권력이 지나치게 강했다. 서동

(胥僮)과 장어교(長魚矯)가 "대신들의 위세가 높아서 군주와 겨루어도 다툴 만하고, 외국의 힘을 빌어서 파벌(派閥)을 세우려고 합니다. 이렇듯 아래로는 나라의 법을 어지럽히고 위로는 군주를 위협하는데도 나라가 위태롭지 않은 적은 없었습니다."라고 간언하였다. 공(公)은 "옳다."라고 하고는 삼경(三卿)을 처단하였다. 서동과 장어교가 또 간언하기를, "저들처럼 죄를 지은 자들 가운데 일부만 죽이고 다 처벌하지 않으면, 이것은 원한을 품게 하여 그들에게 틈을 엿보게 하는 일입니다."라고 하였다. 공이 "내가 하루아침에 삼경을 처단하는 것은 차마 하지 못하겠다."라고 하였다. 장어교는 이것에 대하여 "공께서 그들을 차마 처단하지 못하신다면 저들이 공을 그냥 뇌두지 않을 것입니다."라고 하였다. 공이 이 말은 듣지 않았다. 3개월이 지나자, 나머지 세 경(卿)들이 난을 일으켜서 마침내 여공을 죽이고, 그 땅을 분할하였다.

晉厲公之時, 六卿貴。胥僮長魚矯[20]諫曰, "大臣貴重, 敵主爭事, 外市[21]樹黨, 下亂國法, 上以劫主, 而國不危者, 未嘗有也。" 公曰, "善。" 乃誅三卿。胥僮長魚矯又諫曰, "夫同罪之人偏誅而不盡, 是懷怨而借之間也。" 公曰, "吾一朝而夷[22]三卿, 予不忍盡也。" 長魚矯對曰, "公不忍之, 彼將忍公。" 公不聽, 居三月, 諸卿作難, 遂殺厲公而分其地。

○○○

주후(州侯)는 초(楚)나라에서 재상으로 있었는데, 지위가 높다 보니, 나랏일을 마음대로 처리하였다. 초나라 왕이 그를 의심하여서 주변 사람에게 그에 대하여 물으니 대답하기를 "그런 일은 없습니다."라고 하였다. 마치 다들 한 사람이 말하는 것 같았다.

州侯[23]相荊，而貴主斷。荊王疑之，因問左右，左右對曰，“無有。”如出一口也。

○○○

연(燕)나라 사람이 정신 나간 사람처럼 개똥 물을 뒤집어썼다. 연나라 사람 가운데 그의 처가 다른 남자와 정을 나누고 있었다. 남편이 집으로 일찍 돌아왔는데 마침 그 자가 막 나가고 있었다. 남편이 “어떤 손님이신가?”라고 물었다. 그 아내가 “손님은 없어요.”라고 대답하였다. 남편이 주변 사람들에게 묻자, 모두들 “그런 일이 없었다.”라고 하였다. 마치 다들 한 사람이 말하는 것 같았다. 아내가 “당신 정신이 나간 것 같네요.”라고 하고는, 그에게 개똥 물을 뒤집어씌웠다.

燕人惑易[24]，故浴狗矢。燕人其妻有私通於士，其夫早自外而來，士適出，夫曰，“何客也?”其妻曰，“無客。”問左右，左右言“無有”，如出一口。其妻曰，“公惑易也。”因浴之以狗矢。

○○○

또 일설에, 연(燕)나라 사람 이계(李季)가 멀리 외출하는 것을 즐겼다. 그의 아내가 다른 남자와 정을 통하고 있었다. 이계가 집에 이르렀는데도 그 사내가 집 안에 있어서 그의 아내는 걱정스러웠다. 그 집의 일 보는 아낙이 “그 분을 발가벗기고 머리를 풀어헤치고 바로 문을 나가게 하세요. 우리들은 못본 체하겠습니다.”라고 하였다. 이에 그 자도 이 계책을 따르기로 하고는 재빠르게 문을 나섰다. 이계가 "이 사람은 누구인가?"라고 물었다. 그 아낙들은 모두 "그런 사람이 없습니다."라고 하였다. 이계가 "내가 귀신을 보았나?"라고 하였다. 아낙이 "그러신가 봅니다."라고 하였다. "이를 어쩌지?"라고 하니까 "동물들 똥물을 뒤집어쓰세요."라고 하였다. 이계는 "그래야겠네."라고 하고는 똥물을 뒤집어썼다. 일설에는 난초 끓인 탕에 들어갔다고 한다.

一曰, 燕人李季好遠出, 其妻私有通於士, 季突至, 士在內中, 妻患之。其室婦曰, "令公子裸而解髮, 直出門, 吾屬佯不見也。" 於是公子從其計, 疾走出門。季曰, "是何人也?" 家室皆曰, "無有。" 季曰, "吾見鬼乎?" 婦人曰, "然。" "爲之奈何?" 曰, "取五牲之矢浴之。" 季曰, "諾。" 乃浴以矢。一曰浴以蘭湯。

○ ○ ○

전 2

위(衛)나라 사람 가운데 신령에게 기도를 드리는 부부가 있었다. 아내가 기도 드리기를 "저희에게 별 탈이 없게 해주시고, 베 백 필만 주십시오."라고 하였다. 남편이 "바라는 것이 어찌 그리 적은가?"라고 하니, 아내가 "더 많이 주시면 당신이 그것으로 첩을 사올 것 같아서입니다."라고 대답하였다.

衛人有夫妻禱者而祝曰, "使我無故, 得百束布。" 其夫曰, "何少也?" 對曰, "益是, 子將以買妾。"

○ ○ ○

초(楚)나라 왕이 여러 공자들을 이웃나라에 보내서 벼슬을 하게 하려고 하였다. 대헐(戴歇)은 "안 됩니다."라고 하였다. 왕은 "공자들을 이웃나라에서 벼슬하게 하면, 그 나라에서 반드시 그들을 중히 여길 것이네."라고 하였다. 이에 대헐은 "공자들께서 이웃나라에 가서 중요한 벼슬을 차지하게 되면 반드시 자신들을 중히 여기는 나라를 위해서 파당을 세울 것입니다. 그렇게 되면 이는 공자들에게 외국과 내통하여서 이익을 취하게 하는 것이니, 우리나라로서는 편치 못하게 될 것입니다."라고 하였다.

荊王欲宦諸公子於四鄰, 戴歇曰, "不可。" "宦公子於四鄰, 四鄰必重之。" 曰, "子出者重, 重則必爲所重之國黨, 則是教子於外市也, 不便。"

○ ○ ○

노(魯)나라 맹손(孟孫) 씨, 숙손(叔孫) 씨, 계손(季孫) 씨가 서로 힘을 합쳐서 소공(昭公)을 위협하고는, 마침내 나라를 빼앗아 정사를 멋대로 하였다. 당초 노(魯)나라 삼환(三桓)이 공실(公室)을 핍박하자 소공이 계손 씨를 치게 하였다. 맹손 씨와 숙손 씨는 "그를 구할까?"라고 하며, 서로 의논하였다. 숙손 씨의 마부가 "우리는 대신들의 일꾼이니, 대신 집안일을 어찌 알겠습니까? 계손께서 계신 것과 안 계신 것이 우리에게는 어느 것이 더 유리하겠습니까?"라고 말하였다. 모두들 "계손께서 망하시면 숙손께서도 망할 것입니다."라고 하였다. 맹손 씨와 숙손 씨는 "그렇다면 그를 구해야겠네."라고 하였다. 이에 숙손 씨는 서북쪽 외진 곳을 쳐들어갔다. 맹손 씨는 숙손 씨 무리의 깃발이 들어간 것을 보고는 역시 구원군을 보냈다. 삼환이 하나가 되자 소공은 대항하지 못하고 쫓겨나서 건후(乾侯)에서 죽었다.

魯孟孫、叔孫、季孫相戮力劫昭公, 遂奪其國而擅其制。魯三桓公偪, 昭公攻季孫氏, 而孟孫氏、叔孫氏相與謀曰, "救之乎?" 叔孫氏之御者曰, "我, 家臣也, 安知公家? 凡有季孫與無季孫於我孰利?" 皆曰, "無季孫必無叔孫。" "然則救之。" 於是撞西北隅而入。孟孫見叔孫之旗入, 亦救之。三桓爲一, 昭公不勝。逐之, 死於乾侯。

○○○

공숙이 한(韓)나라 재상이었을 때 제(齊)나라를 친 적이 있다. 공중(公仲)이 한나라 왕에게 매우 신임을 받고 있었다. 공숙은 왕이 공중을 재상으로 삼을까 걱정스러워 제나라가 한나라와 동맹을 맺게 하여 위(魏)나라를 치게 하였다. 공숙은 제나라 군대를 정(鄭)나라에 들여보내서 그 군주를 위협하여 자기의 자리를 굳건히 하고 두 나라의 동맹을 믿게 하였다.

公叔相韓而有攻齊, 公仲甚重於王, 公叔恐王之相公仲也, 使齊、韓約而攻魏。公叔因內齊軍於鄭, 以劫其君, 以固其位, 而信兩國之約。

○○○

적황(翟璜)은 위(魏)나라 왕의 신하였는데, 한(韓)나라와 사이가 좋았다. 그래서 한나라 병사를 불러들여서 위나라를 치게 하였다. 그러고는 위나라 왕을 위해서 한나라와 협정을 맺게 하여 자신을 돋보이게 하였다.

翟璜，魏王之臣也，而善於韓，乃召韓兵令之攻魏，因請爲魏王搆之以自重也。

○ ○ ○

월(越)나라 왕이 오(吳)나라 왕을 공격하자 오나라가 사죄하며 항복할 것을 알리니, 월나라는 그를 용서해주려고 했다. 범려(范蠡)와 대부 종(種)은 "안 됩니다. 예전에 하늘이 월나라를 오나라에게 주었는데도, 오나라는 받아들이지 않았습니다. 지금 하늘이 오왕 부차(夫差)를 뒤집으신 것은 역시 하늘이 그에게 내린 재난입니다. 오나라를 우리에게 내리신 것이니, 두 번 절하고 받아야 합니다. 용서하시면 안 됩니다."라고 하였다. 대재(太宰) 비(嚭)는 대부 종에게 서신을 올리기를 "교활한 토끼가 없어지면 훌륭한 사냥개도 삶아 먹는 것처럼, 적국이 망하면 책략을 꾸미는 신하도 없어지는 것입니다. 대부께서는 어찌 오나라를 풀어주어서 월나라를 근심하게 하지 않으시는가요?"라고 하였다. 대부 종이 편지를 받아들고 그것을 읽고는 크게 탄식하면서 "그를 죽여라. 월과 오나라 둘 중 하나는 죽어야 하는 운명이다."라고 하였다.

越王攻吳王，吳王謝而告服。越王欲許之。范蠡、大夫種曰，"不可。昔天以越與吳，吳不受。今天反夫差，亦天禍也。以吳予越，再拜受之，不可許也。"太宰嚭遺大夫種書曰，"狡兔盡則良犬烹，敵國滅則謀臣亡。大夫何不釋吳而患越乎?"大夫種受書讀之，太息而歎曰，"殺之，越與吳同命。"

○ ○ ○

대성우(大成牛)가 조(趙)나라로 가서 한(韓)나라에 있는 신불해(申不害)에게 "한나라의 힘으로 저를 조나라에서 중히 쓰게 해 주시면, 조나라의 힘으로 당신을 한나라에서 중히 쓰이게 할 것이니, 이것은 그대가 두 한나라를 가지고, 저는 두 조나라를 가지는 것과 마찬가지일 것입니다."라고 하였다.

大成牛從趙謂申不害於韓曰, "以韓重我於趙, 請以趙重子於韓, 是子有兩韓, 我有兩趙。"

○ ○ ○

사마희(司馬喜)는 중산(中山)국의 신하였는데, 조(趙)나라와 가까운 사이였다. 그는 일찍이 중산국에서 모의하는 기밀을 조나라 왕에게 알려주었다.

司馬喜, 中山君之臣也, 而善於趙。嘗以中山之謀微告趙王。

○ ○ ○

여창(呂倉)은 위(魏)나라 왕의 신하였는데 진(秦)과 초(楚)나라와 가까웠다. 그는 넌지시 진과 초나라를 부추겨서 위(魏)나라를 치게 하였는데, 이후 세 나라를 화해시키고는 자신의 힘을 공고히 하였다.

呂倉, 魏王之臣也, 而善於秦、荊, 微諷秦、荊令之攻魏, 因請行和以自重也。

○ ○ ○

송석(宋石)은 위(魏)나라 장군이었고, 위군(衛君)은 초나라 장군이었다. 두 나라가 전쟁을 일으켰을 때 두 사람은 모두 장군이었다. 송석은 위군에게 서신을 보내어 "두 나라 군사가 서로 마주하고, 두 나라 깃발을 바라보기만 하고, 싸우지는 맙시다. 싸우면 반드시 둘 중 하나는 온전할 수 없을 것입니다. 이번 일은 두 군주의 일이라서 그대와는 사사로이 원한을 삼을 것이 없으니, 서로 피하는 것이 상책일 것입니다."라고 하였다.

宋石, 魏將也, 衛君, 荊將也。兩國構難, 二子皆將。宋石遺衛君書曰, "二軍相當, 兩旗相望, 唯毋一戰, 戰必不兩存。此乃兩主之事也, 與子無有私怨, 善者相避也。"

○ ○ ○

백규(白圭)는 위(魏)나라 재상이었고, 폭견(暴譴)은 한(韓)나라 재상이었다. 백규가 폭견에게 "그대가 한나라의 힘으로 위나라에 있는 나를 도와주면 나는 위나라의 힘으로 그대가 한나라에서 중히 쓰이도록 도와줄 것입니다. 내가 오랫동안 위나라에서 쓰이면 그대는 한나라에서 오래도록 쓰일 것이오."라고 하였다.

白圭相魏, 暴譴相韓。白圭謂暴譴曰, "子以韓輔我於魏, 我以魏待子於韓, 臣長用魏, 子長用韓。"

○ ○ ○

전 3

제나라 궁중의 대부 가운데 이야(夷射)라는 이가 있었는데, 군주를 모시고 술을 마시다가 너무 취해서 밖으로 나가 회랑(回廊)의 문에 기대어 있었다. 뒤꿈치가 절단된 문지기는 "나리께선 제게 남은 술이라도 좀 주실 뜻이 있으신지요?"라고 부탁하였다. 이야가 질책하여 "저리 꺼져라! 형벌을 받은 뒤꿈치가 잘린 놈이 어찌 감히 어르신에게 술을 달라고 구걸하느냐!"라고 하였다. 이에 문지기가 물러났다. 이야가 자리를 뜨자 문지기는 회랑 문에다가 물을 흘려보내니 마치 오줌을 눈 것 같았다. 다음 날 왕이 나가다가 이것을 보고는 "누가 여기에 오줌을 누었는가?"라고 야단쳤다. 문지기가 "신은 보지 못했습니다. 그렇지만 어제 중대부 이야가 여기에 서 있었습니다."라고 말했다. 왕은 이 때문에 이야를 처벌하여 죽였다.

齊中大夫[25]有夷射[26]者, 御飮於王, 醉甚而出, 倚於郎門。門者刖跪[27]請曰, "足下無意賜之餘隸[28]乎?" 夷射叱曰, "去! 刑餘之人, 何事乃敢乞飮長者!" 刖跪走退。及夷射去, 刖跪因捐水郎門霤[29]下, 類溺者之狀。明日, 王出而訶之曰, "誰溺於是?" 刖跪對曰, "臣不見也。雖然, 昨日中大夫夷射立於此。" 王因誅夷射而殺之。

○ ○ ○

위(魏)나라 왕의 신하 가운데 두 사람이 제양군(濟陽君)과 관계가 좋지 않았다. 제양군은 거짓으로 사람을 시켜 왕의 명령이라고 꾸며 그 두 신하가 자기를 죽이려 모의한다고 했다. 왕이 사람을 보내 제양군에게 "누구에게 원한을 샀는가?"라고 묻자, 그가 답하기를 "감히 누구에게 원한을 사겠습니까? 그렇긴 하지만, 일찍이 두 사람과는 좋지 않았습니다만 이렇게까지 나빠질 것은 아니었습니다." 왕이 주변 사람들에게 물으니 모두들 "정말 그러합니다."라고 했다. 그래서 왕은 그 두 사람을 처형하였다.

魏王臣二人不善濟陽君[30], 濟陽君因僞令人矯王命而謀攻己。王使人問濟陽君曰, "誰與恨?" 對曰, "無敢與恨。雖然, 嘗與二人不善, 不足以至於此。" 王問左右, 左右曰, "固然。" 王因誅二人者。

○ ○ ○

계신(季辛)은 원건(爰騫)과 원한 관계였다. 사마희(司馬喜)는 계신과 사이가 나빠지게 되자 몰래 사람을 시켜서 원건을 죽이게 하였다. 중산군(中山君)은 계신이 그런 것이라고 여기고는 그를 처형하였다.

季辛[31]與爰騫[32]相怨。司馬喜[33]新與季辛惡, 因微令人殺爰騫, 中山之君以爲季辛也, 因誅之。

○ ○ ○

초(楚)나라 왕의 애첩 가운데 정수(鄭袖)라는 여인이 있었다. 초나라 왕이 새로이 예쁜 후궁을 맞아들이자 정수는 그녀에게 "왕께서는 사람들이 입을 가리는 것을 매우 좋아하시니, 왕의 곁에 있게 되거든 꼭 입을 가리게."라고 일러 주었다. 예쁜 후궁이 들어가 왕을 뵐 때, 왕에게 가까이 다가서서는 입을 가렸다. 이후 왕이 정수에게 그 이유를 물으니 그녀가 답하기를 "이것은 분명 왕께 냄새가 난다고 꺼리는 것을 말합니다."라고 했다. 왕, 정수, 예쁜 후궁 세 사람이 함께 자리하게 되었는데, 정수가 시중드는 자에게 먼저 이르기를, "왕께서 어떤 말씀을 하시거든, 반드시 서둘러 왕의 말씀을 잘 따르게."라고 하였다. 예쁜 후궁은 왕 앞에 나아가서는 매우 가까워지자 자주 입을 가렸다. 왕이 버럭 화를 내며 "코를 베어버려라."라고 하자, 시중드는 이가 칼을 가져다가 예쁜 후궁의 코를 베었다.

荊王[34]所愛妾有鄭袖者。 荊王新得美女, 鄭袖因教之曰, "王甚喜人之掩口也, 爲近王, 必掩口。" 美女入見, 近王, 因掩口。 王問其故, 鄭袖曰, "此固言惡王之臭。" 及王與鄭袖、美女三人坐, 袖因先誡御者曰, "王適有言, 必亟聽從王言。" 美女前, 近王甚, 數掩口。 王悖然怒曰, "劓之。" 御因揄刀而劓美人。

○ ○ ○

일설에 위(魏)나라 왕이 초(楚)나라 왕에게 미녀를 보내왔는데, 초나라 왕이 그녀를 몹시 좋아했다. 그의 부인인 정수(鄭袖)는 왕이 그녀를 매우 좋아하고 아낀다는 것을 알고는 역시 왕보다 더 그녀를 좋아하고 아꼈다. 정수는 옷가지와 노리개 중에서 그녀가 좋아할 만한 것을 골라서 주었다. 왕이 "부인이 내가 새 후궁을 아낀다는 것을 알고 나보다도 더 후궁을 좋아하고 아끼니, 이것은 효자가 부모를 잘 모시고 충신이 군주를 잘 섬기는 것과 마찬가지로다."라고 하였다. 부인은 왕이 자기가 질투하는 마음이 없다고 여긴다는 것을 알고는, 새 후궁에게 "왕께서 자네를 몹시 아끼시네. 그런데 자네의 코는 밉게 여기시네. 자네가 왕을 뵙거든 늘 코를 가리게. 그리하면 왕께서 자네를 오래도록 아끼실 것이네."라고 하였다. 그리하여 새 후궁이 그 말을 따라서 매번 왕을 뵐 때 코를 가렸다. 왕이 부인에게 “새 후궁이 과인을 볼 때면 늘 코를 가리는데 어째서인가?”라고 물었다. 부인이 대답하기를 “저도 잘 모릅니다.”라고 하였다. 왕이 거듭 물으니 대답하기를 “전에 새 후궁이 왕께서 악취가 나는 것이 거북스럽다고 말한 적이 있습니다.”라고 했다. 왕이 화가 나서 “후궁의 코를 베어버려라.”라고 하였다. 부인은 미리 시중드는 자에게 “왕께서 말씀이 있으시거든 곧바로 시행해야 한다.”라고 일러두었다. 시중들던 자는 칼을 가져다가 새 후궁의 코를 베었다.

一曰, 魏王遺荊王美人, 荊王甚悅之。夫人[35]鄭袖知王悅愛之也, 亦悅愛之, 甚於王, 衣服玩好擇其所欲爲之。王曰, “夫人知我愛新人也, 其悅愛之甚於寡人, 此孝子所以養親, 忠臣之所以事君也。” 夫人知王之不以己爲妒也, 因爲新人曰, “王甚悅愛子, 然惡子之鼻, 子見王常掩鼻, 則王長幸子矣。” 於是新人從之, 每見王, 常掩鼻。王謂夫人曰, “新人見寡人常掩鼻何也?” 對曰, “不已知也。” 王强問之, 對曰, “頃嘗言惡聞王臭。” 王怒曰, “劓之。” 夫人先誡御者曰, “王適有言, 必可從命。” 御者因揄刀而劓美人。

○ ○ ○

비무극(費無極)은 초(楚)나라 영윤(令尹)을 가까이 모시는 신하였다. 극완(郄宛)이 영윤을 새로 모시게 되었다. 그래서 무극은 영윤에게 “영윤께서 극완이를 매우 아끼시니 그의 집에서 어찌 한번 술자리를 마련하지 않으십니까?”라고 하였다. 영윤이 “좋다.”라고 하였다. 그리고 나서 극완의 집에 술자리를 차리라고 시켰다. 무극은 극완에게 “영윤께서는 자부심이 매우 강하고 병기를 좋아하시네. 그대는 반드시 조심스럽고도 공손히 우선 당채 아래와 마당에 무기를 진열하게." 라고 일러주었다. 극완은 시키는 대로 하였다. 영윤이 가서 보고는 크게 놀라며 "이게 어찌 된 노릇인가?"라고 하였다. 무극은 "영윤께서 위험하시니 자리를 피하십시오! 일이 어찌 될지 모르겠습니다."라고 하였다. 영윤은 크게 화를 내며 군대를 보내서 극완을 잡아다가 마침내 죽였다.

費無極[36], 荊令尹[37]之近者也。郄宛[38]新事令尹, 令尹甚愛之。無極因謂令尹曰, "君愛宛甚, 何不一爲酒其家?" 令尹曰, "善。" 因令之爲具於郄宛之家。無極教宛曰, "令尹甚傲而好兵, 子必謹敬, 先亟陳兵堂下及門庭。" 宛因爲之。令尹往而大驚曰, "此何也?" 無極曰, "君殆去之! 事未可知也。" 令尹大怒, 擧兵而誅郄宛, 遂殺之。

○○○

서수(犀首)와 장수(張壽)는 사이가 매우 나빴다. 진수(陳需)가 새로 들어왔는데 서수와 사이가 좋지 않았다. 그래서 몰래 사람을 시켜서 장수를 죽였다. 위(魏)나라 왕은 서수가 그런 것이라고 여겨 곧 그를 처형하였다.

犀首[39]與張壽[40]爲怨, 陳需[41]新入, 不善犀首, 因使人微殺張壽。魏王以爲犀首也, 乃誅之。

○○○

중산(中山)국에 비천한 공자가 살고 있었는데, 그의 말들은 매우 말랐고 수레는 낡았다. 주변에는 개인적으로 그와 사이가 좋지 않은 이들이 있었는데, 그를 위한다면서 왕에게 요청하기를 "공자가 매우 가난하여 말들이 야위었으니, 왕께서는 어째서 그에게 말 먹을거리라도 보내주지 않으십니까?"라고 하였다. 왕은 이를 허락하지 않았다. 주위 사람들이 밤에 몰래 여물창고와 마구간에 불을 지르게 하였다. 왕은 공자가 한 짓이라고 여겨 그를 처형하였다.

中山有賤公子, 馬甚瘦, 車甚弊。左右有私不善者, 乃爲之請王曰, "公子甚貧, 馬甚瘦, 王何不益之馬食?" 王不許。左右因微令夜燒芻廐, 王以爲賤公子也, 乃誅之。

○ ○ ○

위(魏)나라에 늙은 서생이 있었는데 제양군(濟陽君)과 사이가 좋지 않았나. 제양군의 문객 중에 늙은 서생과 사사로이 원한이 있던 자가 있었는데, 이 때문에 늙은 서생을 죽이고는 제양군에게 감사하다고 하면서 "그자가 어르신께 제대로 못해서 어르신을 위해 죽였습니다."라고 하였다. 제양군은 정황을 제대로 살피지도 않고 그에게 상을 내렸다.

魏有老儒而不善濟陽君。客有與老儒私怨者, 因攻老儒殺之, 以德[42]於濟陽君曰, "臣爲其不善君也, 故爲君殺之。" 濟陽君因不察而賞之。

○ ○ ○

일설에 제양군에게 소서자(少庶子)가 있었는데, 제양군에게 잘 알려지지도 않았으면서 총애를 받고자 하였다. 제(齊)나라에서는 늙은 서생(書生)에게 마리산(馬梨山)에서 약을 캐게 하였다. 제양군의 소서자는 이것으로 공을 세우고자 하여 제양군을 뵙고는 "제나라가 늙은 서생을 마리산에서 약을 캐게 하는데, 명목은 약을 캐는 것이지만 실제로는 나리 땅에서 정탐을 하는 것입니다. 나리께서는 그를 죽이는 것으로써 제나라에게 죄를 물으셔야 합니다."라고 하였다. 제양군이 "좋다."라고 하며 다음날 성의 북쪽에서 그를 잡아다가 처형하였다. 제양군은 돌아와서 더욱 그를 아꼈다.

一曰, 濟陽君有少庶子[43]者, 不見知, 欲入愛於君者。齊使老儒掘藥於馬梨之山[44], 濟陽少庶子欲以爲功, 入見於君曰, "齊使老儒掘藥於馬梨之山, 名掘藥也, 實間君之國, 君殺之, 是將以濟陽君抵罪[45]於齊矣。臣請刺之。" 君曰, "可。" 於是明日得之城陰而刺之, 濟陽君還, 益親之。

○○○

전 4

진수(陳需)는 위(魏)나라 왕의 신하인데 초(楚)나라 왕과 친하여서 그에게 위나라를 치라고 했다. 초나라가 위나라를 치자 진수는 위나라 왕에게 자기가 가서 해결하겠다고 요청했고, 초나라의 힘을 이용해서 위나라의 재상이 되었다.

陳需, 魏王之臣也, 善於荊王, 而令荊王攻魏。荊攻魏, 陳需因請爲魏王行解之, 因以荊勢相魏。

○ ○ ○

한(韓)나라 소후(昭侯) 시절에 기장의 종자가 늘 매우 비쌌다. 소후는 창고를 철저히 조사하라고 하였고, 창고지기가 과연 기장의 종자를 훔쳐서 내다 판 것이 매우 많았다.

韓昭侯之時， 黍種常貴𢿨有[46]。昭侯令人覆廩， 廩吏果竊黍種而糶之甚多。

○ ○ ○

소해휼(昭奚恤)이 초나라의 정사를 맡았다. 장고와 움이 불타는 일이 있었는데 누구 짓인지 몰랐다. 소해휼이 관리에게 띠 파는 자를 잡아다가 죄를 묻게 하자, 과연 그자가 불을 질렀다.

昭奚恤之用荊也， 有燒倉廥窌[47]者， 而不知其人。昭奚恤令吏執販茅者而問之， 果燒也。

○ ○ ○

소희후(昭僖侯) 시절에 요리사가 음식을 올렸는데 국에 생간(肝)이 들어 있었다. 소후(昭侯)는 요리사의 조수를 불러다가 야단치기를 "네가 어째서 내 국에 생간을 넣었느냐?"라고 하였다. 그 조수는 머리를 조아리며 죽을죄를 지었다고 하며 "제가 요리사를 내쫓기 위해서 그랬습니다."라고 하였다.

昭僖侯之時， 宰人上食而羹中有生肝焉。昭侯召宰人之次而誚之曰， "若[48]何爲置生肝寡人羹中?" 宰人頓首服死罪， 曰， "竊欲去尙宰[49]

人也。”

○ ○ ○

일설에 희후(僖侯)가 목욕을 하는데 탕 안에 조약돌이 들어 있었다. 희후가 "목욕을 담당하는 자가 그만두면 이 일을 대신할 자가 있느냐?"라고 물었다. 곁에 있던 자가 대답하기를 "있습니다."라고 하였다. 희후가 "불러오거라."라고 하였다. 그리고 나서 불러온 자를 다그치며 "어찌하여 탕 안에 조약돌을 넣었느냐?"라고 하였다. 불려온 자가 답하기를 "목욕을 담당하는 관리가 그만두면 제가 그 일을 대신할 수 있을 것이기에 탕 안에 조약돌을 넣었습니다."라고 하였다.

一曰，僖侯浴，湯中有礫。僖侯曰，“尙浴[50]免，則有當代者乎?”左右對曰，“有。”僖侯曰，“召而來。”譙之曰，“何爲置礫湯中?”對曰，“尙浴免，則臣得代之，是以置礫湯中。”

○ ○ ○

문공(文公) 시절에 요리사가 구운 고기를 올렸는데 머리카락이 끼어 있었다. 문공은 요리사를 불러다가 다그치며 "너는 내 목을 메게 하려는 것이냐? 어찌하여 머리카락을 구운 고기에 끼워 넣었느냐?"라고 하였다. 요리사는 머리를 조아리며 거듭 절하면서 간청하기를 "신이 세 가지 죽을죄를 지었습니다. 숫돌에 칼을 간 것이 날카롭기가 간장(干將)과도 같게 하여 고기를 썰 때 고기는 썰면서 머리카락은 썰지 못한 것이 저의 첫 번째 죄입니다. 꼬챙이로 저민 고기를 꿰면서 머리카락을 보지 못한 것이 저의 두 번째 죄입니다. 화로를 바짝 달구어서 고기의 붉은 빛을 모두 없애면서 머리카락은 태우지 않은 것이 저의 세 번째 죄입니다. 당 아래에서 모시는 신하 가운데 저를 미워하는 자가 있는 것이 아닌가 싶습니다." 공이 "옳다."라고 말하고는 바로 그 아랫것을 불러다가 다그쳤더니, 정말 그러하였다. 바로 처형하였다.

文公之時, 宰臣上炙而髮繞之。文公召宰人而譙之曰, "女欲寡人之哽[51]邪? 奚爲以髮繞炙?" 宰人頓首再拜請曰, "臣有死罪三, 援礪砥刀, 利猶干將[52]也, 切肉肉斷而髮不斷, 臣之罪一也, 援錐貫臠[53]而不見髮, 臣之罪二也, 奉熾爐炭, 肉盡赤紅, 炙熟而髮不焦, 臣之罪三也。堂下得微有疾臣者乎?" 公曰, "善。" 乃召其下而譙之, 果然, 乃誅之。

○ ○ ○

일설에 진평공(晉平公)이 손님에게 술접대를 하였다. 소서자(少庶子)가 구운 고기를 들여왔는데 머리카락이 끼여 있었다. 평공은 고기 구운 자를 바로 처형하라고 하고는 명령을 거두지 않았다. 고기 구운 자가 하늘을 우러러 "아하! 저에게는 세 가지 죄가 있습니다. 신의 칼이 너무 날카로워서 베이는 것이 바람이 불면 풀잎이 쓰러지듯 하고 뼈가 끊기는 것 같은데, 머리카락은 끊어지지 않았습니다. 이것이 저의 첫 번째 죽을죄입니다. 뽕나무 숯으로 구워서 붉은 고기가 하얗게 되어도 머리카락이 타지 않았으니, 이것이 저의 두 번째 죽을죄입니다. 고기를 익힌 후에 눈을 가느다랗게 뜨고 응시하며 구운 고기에 끼인 머리카락을 보지 못한 것은 저의 세 번째 죽을죄입니다. 아마도 당 아래의 신하 가운데에 저에게 죄를 씌우고 미워하는 자가 있는 것이 아닌가 싶습니다. 저를 죽이시는 것은 너무 성급한 일이 아닌가요!"라고 하였다.

一曰, 晉平公觴客, 少庶子進炙而髮繞之。平公趣[54]殺炮人, 毋有反令。炮人呼天曰, "嗟乎! 臣有三罪, 死而不自知乎!" 平公曰, "何謂也?" 對曰, "臣刀之利, 風靡[55]骨斷而髮不斷, 是臣之一死也, 桑炭炙之, 肉紅白而髮不焦, 是臣之二死也, 炙熟, 又重睫[56]而視之, 髮繞炙而目不見, 是臣之三死也。意者堂下其有翳[57]憎臣者乎? 殺臣不亦蚤乎!"

○ ○ ○

양후(穰侯)가 진(秦)나라의 재상으로 있을 때 제(齊)나라가 강성하였다. 양후는 진나라 군주를 제(帝)로 세우자고 하였는데 제나라는 동의하지 않았다. 그래서 제나라를 동제(東帝)로 삼자고 청하였지만 성사되지 않았다.

穰侯相秦而齊强, 穰侯欲立秦爲帝而齊不聽, 因請立齊爲東帝而不能成也。

○ ○ ○

전 5

진(晉)나라 헌공(獻公) 때에 여희(驪姬)가 신분이 높아져서 후처(後妻)와 맞먹게 되자, 자기 아들 해제(奚齊)를 태자 신생(申生)의 자리에 앉히려고 하였다. 그녀는 군주 앞에서 신생을 모함하여 죽였고 마침내 해제를 태자로 세웠다.

晉獻公之時， 驪姬貴， 擬於后妻， 而欲以其子奚齊代太子申生， 因患申生於君而殺之， 遂立奚齊爲太子。

○ ○ ○

정(鄭)나라 군주는 이미 태자를 세웠는데, 그가 총애하는 아름다운 애첩이 자기 아들을 후계자로 세우려고 하였다. 이에 군주의 부인이 두려워서 군주에게 독약을 먹여 죽게 하였다.

鄭君已立太子矣， 而有所愛美女， 欲以其子爲後， 夫人恐， 因用毒藥賊君殺之。

○ ○ ○

위(衛)나라 주우(州吁)는 위나라에서 권력이 대단하여 군주와 맞먹었다. 여러 신하들과 백성들은 모두 그의 대단한 권세를 두려워하였다. 주우는 정말 그의 군주를 죽이고 정권을 빼앗았다.

衛州吁重於衛， 擬於君， 羣臣百姓盡畏其勢重。 州吁果殺其君而奪之政。

○ ○ ○

공자 조(朝)는 주(周)나라 태자였다. 동생인 공자 근(根)이 군주에게 매우 총애를 받았다. 군주가 죽자, 조는 동주(東周)를 세워서 반란을 일으켜 나라가 둘로 나뉘게 되었다.

公子朝， 周太子也， 弟公子根甚有寵於君。 君死， 遂以東周叛， 分爲兩國。

○ ○ ○

초(楚)나라 성왕(成王)이 상신(商臣)을 태자로 삼았다. 그리고는 다시 공자(公子) 직(職)을 태자로 세우려고 하였다. 상신이 반란을 일으켰고 마침내 성왕(成王)을 공격하여 죽였다.

楚成王以商臣爲太子，旣而又欲置公子職。商臣作亂，遂攻殺成王。

○ ○ ○

일설에 초나라 성왕이 상신(商臣)을 태자로 삼았다가 곧이어 공자 직(職)을 세우려고 하였다. 상신이 이 소문을 듣고 정황을 파악 못해서 바로 그의 스승인 반숭(潘崇)에게 "어찌하면 이 상황을 잘 살필 수 있을까요? 강천(江芊)에게 식사 대접을 하면서 공손히 하지 마세요." 라고 하였다. 태자가 그대로 하였다. 강천이 "에잇, 천한 놈. 군주께서는 너를 폐하고 직이를 세우시는 것이 당연하다." 상신이 "소문이 사실이군요."라고 하였다. 반숭이 "공자 직을 모실 수 있으시겠습니까?" 라고 하였다. 상신이 "할 수 없습니다."라고 답하였다. "변방 제후의 자리로 나가실 수 있겠습니까?" "할 수 없습니다." "군주를 시해하실 수 있겠습니까?" "할 수 있습니다." 상신은 그러고는 바로 진영에 있는 병사들을 불러내 성왕을 공격했다. 성왕은 곰의 발바닥 요리라도 먹고 죽었으면 한다고 요청했고 받아들여지지 않자, 바로 스스로 목숨을 끊었다.

一曰，"楚成王商臣爲太子[58]，旣欲置公子職。商臣聞之，未察也，乃爲其傅潘崇曰，"奈何察之也?" 潘崇曰，"饗[59]江芊而勿敬也。"

太子聽之，江芊曰，“呼，役夫[60]！宜君王之欲廢女而立職也。”商臣曰，“信矣。”潘崇曰，“能事之乎?”曰，“不能。”“能爲之諸侯乎?”曰，“不能。”“能擧大事[61]乎?”曰，“能。”於是乃起宿營之甲而攻成王。成王請食熊膰而死，不許，遂自殺。

○ ○ ○

한외(韓廆)는 한(漢)나라 애후(哀侯)의 재상이었고 엄수(嚴遂)는 군주에게 신임이 두터웠다. 그 전에 두 사람은 서로 심하게 다투었다. 엄수는 사람을 시켜서 조정에서 한외를 칼로 찌르게 하였다. 한외는 군주에게로 가서 억류하고는 마침내 한외를 찔러 죽였고, 애후도 함께 죽음을 당했다.

韓廆相韓哀侯，嚴遂重於君，二人甚相害也。嚴遂乃令人刺韓廆於朝，韓廆走君而抱之，遂刺韓廆而兼哀侯。

○ ○ ○

전항(田恒)은 제나라 재상이었고 감지(闞止)는 간공(簡公)에게 신임을 받았는데, 두 사람은 서로 미워해서 죽이려고 하였다. 전항은 사사로이 은혜를 베풀어 나라 사람들에게 인심을 얻었고, 마침내 간공을 죽이고 정권을 빼앗았다.

田恆[62]相齊，闞止重於簡公，二人相憎而欲相賊也。田恆因行私惠以取其國，遂殺簡公而奪之政。

○ ○ ○

대환(戴驩)은 송(宋)나라 태재(太宰)였고 황희(黃喜)는 군주에게 두터운 신임을 받았다. 두 사람은 열심히 군주를 섬기면서 서로 해치려 하였다. 황희가 마침내 송(宋)나라 군주를 죽이고 정권을 빼앗았다.

戴驩爲宋太宰, 皇喜重於君, 二人爭事而相害也。皇喜遂殺宋君而奪其政。

○ ○ ○

호돌(狐突)은 "군주가 안식구들을 아끼면 태자가 위태로워지고, 밖의 대신들을 좋아하면 왕실이 위태로워진다."라고 하였다.

狐突曰, "國君好內則太子危, 好外則相室危。"

○ ○ ○

정(鄭)나라 군주가 정소(鄭昭)에게 "태자는 역시 어떠한가?"라고 물었다. 정소가 대답하기를 "태자는 아직 태어나지 않으셨습니다."라고 했다. 군주가 "태자는 이미 세워졌다. 아직 태어나지 않았다고 하는 것은 어째서인가?"라고 하였다. 정소가 답하기를 "태자께서 비록 자리에 오르셨지만 군주께서 여색을 좋아하는 것이 그치지 않으시니, 애첩들을 아끼시다 보면 자식이 생길 것이고, 군주께서 그 자식을 아끼시면 반드시 후계자로 삼으실 것이니, 신은 '태자께서 아직 태어나지 않으셨습니다.'라고 말씀드린 것입니다."라고 하였다.

鄭君問鄭昭曰, "太子亦何如?" 對曰, "太子未生也。" 君曰, "太子已置，而曰‘未生’，何也?” 對曰，“太子雖置，然而君之好色不已，所愛有子，君必愛之，愛之則必欲以爲後，臣故曰‘太子未生’也。”

○ ○ ○

전 6

주(周)나라 문왕(文王)은 비중(費仲)에게 재물을 주어서 은(殷)나라 주왕(紂王)의 곁에서 어울리게 하고는 그로 하여금 주왕에게 간언을 하게 함으로써 주왕의 마음을 어지럽혔다.

文王資費仲而遊於紂之旁，令之諫紂而亂其心。

○ ○ ○

초(楚)나라 왕이 진(秦)나라에 사신을 보내니 진나라 왕이 그를 특별히 예우하였다. 진나라 왕은 “적국에 뛰어난 자가 있는 것이 우리나라로서는 걱정이로다. 지금 온 초나라 사신이 매우 뛰어나서 과인으로서는 걱정스럽도다.”라고 하였다. 여러 신하들이 “왕께서 매우 현명하시고 우리나라 자원이 풍족한데도 초나라의 사람을 훌륭하다고 해서 거두기를 원하신다면 왕께서는 그와 잘 지내면서 왜 은밀히 그를 우리 사람으로 만드시지 않으십니까? 초나라에서 그가 외국에게 이용당하고 있다는 것을 눈치 채면 그를 반드시 처형할 것입니다.”라고 하였다.

荊王使人之秦，秦王甚禮之。王曰，“敵國有賢者，國之憂也。今荊王之使者甚賢，寡人患之。” 羣臣諫曰，“以王之賢聖與國之資厚，願荊王之賢人，王何不深知之而陰有之，荊以爲外用也，則必誅之。”

○○○

중니(仲尼)가 노(魯)나라에서 정사를 맡으니, 사람들이 길에 떨어진 것을 줍지도 않게 되자 제(齊)나라 경공(景公)이 이것을 걱정하였다. 여차(黎且)가 경공에게 “중니를 몰아내는 것은 터럭을 불어 날리는 것만큼 간단할 뿐입니다. 군주께서 그를 후한 봉록과 높은 벼슬을 주어서 맞이하시고, 애공(哀公)에게는 여인들로 구성된 악대(樂隊)를 보내셔서 그의 마음을 교만에 빠지게 하시지요. 애공은 그것에 빠지게 되면 반드시 정치를 태만하게 할 것이고, 중니는 반드시 그만두라고 간언할 것입니다. 간언하더라도 받아들이지 않을 것이니 곧 노나라와 인연을 끊을 것입니다.”라고 하였다. 경공이 “훌륭하다.”라고 하고는, 여차에게 여자 악대 스물여덟 명을 애공에게 보내도록 하였고, 애공은 이것에 빠져 정말로 정사에 태만하게 되었다. 중니가 그만두라고 간언하였지만 받아들여지지 않자, 그는 관직을 버리고 초(楚)나라로 갔다.

仲尼爲政於魯，道不拾遺，齊景公患之。黎且[63]謂景公曰，“去仲尼猶吹毛耳，君何不迎之以重祿高位，遺哀公女樂以驕榮其意。哀公新樂之，必怠於政，仲尼必諫，諫必輕絶於魯。”景公曰，“善。”乃令黎且以女樂二八遺哀公，哀公樂之，果怠於政。仲尼諫，不聽，去而之楚。

○○○

초나라 왕이 간상(干象)에게 "내가 초나라의 힘으로 감무(甘茂)를 거들어서 진(秦)나라의 재상이 되게 하고자 하는데 할 수 있을까?"라고 물었다. 간상이 대답하기를 "안 됩니다."라고 하였다. 왕이 "어째서인가?"라고 물었다. "감무는 어려서부터 사거(史擧) 선생을 모셨습니다. 사거는 상채(上蔡) 땅의 문지기를 할지언정 크게는 임금을 모시고자 하지도 않았고, 작게는 대부(大夫)를 섬기지도 않을 만큼 엄격하고 빈틈이 없는 것으로 세상에 이름이 났던 자입니다. 감무는 스승의 뜻을 잘 따르는 자입니다. 혜왕(惠王)의 총명함과 장의(張儀)의 언변(言辯)에도 감무가 일을 맡아 온갖 자리를 거쳤으면서 죄를 지은 적이 없으니, 이것은 감무가 뛰어나기 때문입니다."라고 하였다. 왕이 "적국의 재상이 되게 하려고 능력이 뛰어난 자를 돕고자 하는데, 그것이 안 된다니 어째서인가?"라고 물었다. 간상이 "예전에 왕께서 소활(邵滑)을 월(越)나라에 보내셨는데, 5년 만에 월나라가 망했습니다. 그렇게 된 것은 월나라는 어지러웠고 초나라는 잘 다스려졌기 때문입니다. 예전에는 그 방법을 월나라에 잘 쓰셨지만 지금 진나라에는 그렇지 못하다는 것을 잊고 계시니, 너무 급하게 잊어버린 것은 아니십니까?"라고 하였다. 왕이 "그렇다면 어찌 해야 하겠는가?"라고 물었다. 간상이 대답하기를 "공립(共立)을 재상으로 삼는 것이 낫겠습니다."라고 하였다. 왕이 "공립을 재상으로 삼을 만하다는 것은 어째서인가?"라고 물었다. 간상이 대답하기를 "공립은 어려서부터 총애를 입었고, 커서는 지위가 높은 경(卿)에 올랐고, 왕의 옷을 하사받아 걸치고, 입에는 두약(杜若) 같은 향초를 머금고, 옥가락지를 손에 쥐고 조정에서 정무를 보고 있으니, 이것이 진나라를 어지럽게 하는 데에 유리할 것입니다."라고 하였다.

楚王謂干象曰, "吾欲以楚扶甘茂而相之秦, 可乎?" 干象對曰, "不可也。" 王曰, "何也?" 曰, "甘茂少而事史擧先生[64]。史擧, 上蔡[65]之監門也, 大不事君, 小不事家, 以苛刻聞天下, 茂事之順焉。惠王之明, 張儀之辨也, 茂事之, 取十官而免於罪, 是茂賢也。" 王曰, "相人敵國而相賢, 其不可何也?" 干象曰, "前時王使邵滑之越, 五年而能亡越, 所以然者, 越亂而楚治也。日者知用之越, 今忘之秦, 不亦太亟忘乎!" 王曰, "然則爲之柰何?" 干象對曰, "不如相共立。" 王曰, "共立可相何也?" 對曰, "共立少見愛幸, 長爲貴卿, 被王衣, 含杜若, 握玉環, 以聽於朝, 且利以亂秦矣。"

○ ○ ○

오(吳)나라가 초(楚)나라를 공격하였다. 오자서(伍子胥)는 사람들에게 초나라에서 말을 퍼뜨리게 하기를 "자기(子期)가 등용되면 공격할 것이고 자상(子常)이 등용되면 물러갈 것이다."라고 하였다. 초나라 사람들이 이것을 듣고는, 자상을 등용하였고 자기를 물러나게 하였다. 오나라가 초나라를 공격하여 마침내 승리하였다.

吳攻荊, 子胥使人宣言於荊曰, "子期[66]用, 將擊之, 子常[67]用, 將去之。" 荊人聞之, 因用子常而退子期也, 吳人擊之, 遂勝之。

○ ○ ○

진헌공(晉獻公)이 우(虞)와 괵(虢) 땅을 공격하려고 하였다. 그래서 굴(屈) 지방의 수레, 수(垂) 지방의 벽옥(碧玉), 여자 악대(樂隊) 스물여덟 명을 보내주니 그들의 마음을 들뜨게 하여 그들의 정사를 어지럽게 만들었다.

晉獻公欲伐虞、虢, 乃遺之屈産之乘, 垂棘之璧, 女樂二八, 以滎其意而亂其政。

○ ○ ○

숙향(叔向)이 장홍(萇弘)에 대하여 참언을 하려고 편지를 썼다. 장홍이 쓴 것처럼 가장하여서 자신에게 이르기를 "그대가 나를 위해서 진(晉)나라 군주에게 이르기를 '그대와 약속한 적절한 시기가 되었는데도, 어째서 급히 병사를 보내지 않으십니까?'라고 했다."라고 하였다. 숙향은 거짓으로 이 편지를 주(周)나라 임금 정원에서 흘리고는 급히 자리를 떠났다. 주나라에서는 장홍이 주나라를 배신하였다고 여겨서 장홍을 처벌하여 죽였다.

叔向[68]之讒萇弘也, 爲萇弘書, 謂叔向曰, "子爲我謂晉君, 所與君期者, 時可矣, 何不亟以兵來?" 因佯遺其書周君之庭而急去行。周以萇弘爲賣周也, 乃誅萇弘而殺之。

○ ○ ○

정환공(鄭桓公)이 회(鄶)나라를 침공하려고 하였다. 먼저 회나라의 호걸, 충신과 지략이 뛰어난 변론가, 용맹한 자가 누구인지 알아보고는 모두 성명과 함께 회나라의 좋은 토지를 골라 그들에게 주면서, 관작의 이름도 지어서 써두었다. 그리고는 성문 밖에 단상을 세우고 그것을 거기에 묻었고, 닭과 돼지의 피를 뿌리고 맹세를 한 것처럼 꾸몄다. 회나라 임금은 그들이 나라 안에서 난을 일으킬 것이라고 여기고는 충신들을 모두 죽였다. 환공이 회나라를 침공하여 마침내 복속시켰다.

鄭桓公將欲襲鄶, 先問鄶之豪傑、良臣、辯智、果敢之士, 盡與姓名, 擇鄶之良田賂之, 爲官爵之名而書之, 因爲設壇場郭門之外而埋之, 釁之以雞豭, 若盟狀。鄶君以爲內難也, 而盡殺其良臣。桓公襲鄶, 遂取之。

○○○

전 7

진(秦)나라의 난쟁이는 초(楚)나라 왕과 친하였고 또 초나라 왕 곁의 신하들과도 은밀히 잘 지내면서도 혜문군(惠文君)에게 신임을 얻고 있었다. 초나라가 마침 계략을 꾸미고 있다는 소식을 난쟁이가 미리 그 소식을 듣고는 혜문군에게 알려주었다.

秦侏儒善於荊王, 而陰有善荊王左右而內重於惠文君。荊適有謀, 侏儒常先聞之, 以告惠文君。

○○○

업(鄴) 땅의 현령인 양자(襄疵)는 은밀히 조(趙)나라 왕의 측근들과 친분을 쌓았다. 조나라 왕이 업 땅을 공격하려고 하였다. 언제나처럼 양자도 곧바로 그 사실을 듣고는 먼저 위왕(衛王)에게 알려주었다. 위나라 왕이 이에 대비하니, 조나라는 바로 물러섰다.

鄴令襄疵, 陰善趙王左右。趙王謀襲鄴, 襄疵常輒聞而先言之魏王。魏王備之，趙乃輒還。

○○○

위(衛)나라 사공(嗣公) 시절에 현령(縣令)의 측근 가운데 어떤 사람이 있었다. 현령이 자리를 폈는데 자리가 몹시 낡았다. 사공이 그에게 자리를 보내게 하고는 "내 듣건대, 그때 그대가 자리를 펴는데 자리가 몹시 낡았다고 해서 그대에게 자리를 보내는 것이네."라고 하였다. 현령이 크게 놀라서 군주가 신통한 인물이라고 여기게 되었다.

衛嗣君[69]之時，有人於縣令之左右。縣令發蓐而席弊甚，嗣公還令人遺之席，曰，"吾聞汝今者發蓐而席弊甚，賜汝席。"縣令大驚，以君爲神也。

1) 尸(시): 본래는 사체(死體) 또는 제례(祭禮)를 대행한다는 의미인데, 여기에서는 '주체가 된다'는 뜻이다.

2) 陳需(진수): 위(魏)나라의 신하로 있다가 초(楚)나라가 쳐들어온 것을 빌미로 재상이 되었다.

3) 昭奚恤(소해휼): 초(楚)나라의 선왕(宣王) 때의 장상(將相).

4) 不(불): 다른 판본에는 '不'이 없다. 잘못 들어간 글자로 여겨진다.

5) 僖侯(희후): 다른 판본에는 소후(昭侯), 희후(僖侯), 소희후(昭僖侯)로 되어 있기도 하다.

6) 文公(문공): 춘추 시대 진(晉)나라의 제후. 이름은 중이(重耳). 부친 헌공(憲公)이 여희(驪姬)를 총애하자 여희는 태자와 여러 공자(公子)들을 참소하였다. 태자 신생(申生)은 자살하였고, 중이는 망명하여 19년을 지낸 후 진목공(秦穆公)의 도움을 받아 본국으로 돌아와 제위에 올라 문공이 되었다. 나라를 잘 다스려 부강하게 만들었고, 성복(城濮)의 전투에서 초(楚)나라를 크게 물리쳤다. 제환공의 뒤를 이어 패자가 되었고 B.C. 636년부터 B.C. 628년까지 9년 동안 제위에 있었다.

7) 穰侯(양후): 진(秦)나라 소양왕(昭襄王)의 어미인 선태후(宣太后)의 씨가 다른 동생.

8) 參疑(참의): 어그러져 있는 모양. 여기에서는 군주의 권력과 신하의 권력이 한데 엉켜 있다는 뜻이다.

9) 驪姬(여희): 진(晉) 헌공(獻公)이 여융(驪戎)을 정벌하였을 때 얻은 딸이다.

10) 州吁(주우): 위(魏)나라 장공(莊公)이 총애하는 첩의 아들.

11) 王子職(왕자직): 다른 판본에는 공자직(公子職)으로 되어 있다. 이때 초나라는 성왕(成王)이 왕(王)을 자칭하고 있었다.

12) 嚴遂·韓廆(엄수·한외): 한외(韓廆)는 한(韓)나라 애후(哀侯)의 재상이었고, 엄수(嚴遂)는 군주에게 총애를 받고 있었다.

13) 田常·闞止(전상·감지): 전상(田常)은 제(齊)나라의 재상이었는데, 감지(闞止) 간공(簡公)의 총애를 받고 있었다.

14) 戴驩·皇喜(대환·황희) : 대환(戴驩)은 송(宋)나라 태재(太宰)였었는데, 황희(皇喜)가 총애를 받고 있었다.

15) 狐突(호돌): 진(晉) 문공(文公)의 외조부(外祖父).

16) 參伍(참오): 여러 가지 증거를 적절하게 맞추어서 조사하는 것.

17) 觀聽(관청): 귀와 눈을 잘 놀려서 살피는 것.

18) 古之人(고지인): 여기에서는 『노자』 36장에서 "물고기는 연못을 떠날 수 없다(魚不可脫於淵)"이라 한 것을 비유하여 말한 것이다

19) 靖郭君(정곽군): 성은 전(田)이고 이름은 영(嬰)으로 제(齊) 위왕(威王)의 아들이며, 맹상군(孟嘗君)의 아버지다.

20) 胥僮長魚矯(서동장어교): 둘 다 진(晉) 여공(厲公)에게 총애를 받던 신하였는데, 삼극(三郤)의 경(卿)과 원한 관계가 있어서 싱생을 벌인 적이 있다.

21) 外示(외시): 외국 사람과 내통하여 이익을 취한다는 뜻이다.

22) 夷(이): 시(尸)와 같은 의미로서, 여기에서는 '처단하다'는 뜻이다.

23) 州侯(주후): 초(楚) 양왕(襄王) 때 신하다. 주(州)는 땅이름으로 지금의 호북성에 있다.

24) 惑易(혹역): 건도본(乾道本)에는 무혹(無惑)으로 되어 있다.

25) 中大夫(중대부): 궁중에서 일을 보는 대부(大夫)를 말한다.

26) 夷射(이야): 누구인지 자세하지 않다.

27) 刖跪(월궤): 뒤꿈치가 절단되는 형벌을 받은 자로서 문지기 일을 맡는다.

28) 餘隷(여예): 금본(今本)에 예(隷)는 역(瀝)으로 되어 있다. 여력(餘瀝)은 '남은 술'이라는 뜻이다.

29) 霤(류): '물을 흘리다'의 뜻이다.

30) 濟陽君(제양군) : 전국 시대 위(魏)나라의 신하로서 누구인지 자세하지 않다.

31) 季辛(계신): 누구인지 자세하지 않다.

32) 爰騫(원건): 누구인지 자세하지 않다.

33) 司馬喜(사마희): 누구인지 자세하지 않다.

34) 荊王(형왕): 초(楚)나라 회왕(懷王)을 말한다.

35) 夫人(부인): 제후의 처(妻)나 帝王(제왕)의 첩(妾)을 일컫는 명칭이다.

36) 費無極(비무극): 위의 경(經)에서는 비무기(費無忌)라고 하였는데, 극(極)과 기(忌)는 통용되는 글자다.

37) 令尹(영윤): 초(楚)나라의 최고 행정관리 벼슬이다.

38) 郄宛(극완): 춘추 시대 초(楚)나라의 좌윤(左尹)으로, 사람됨이 매우 정직

하다고 알려져 있었다.

39) 犀首(서수): 성은 공손(公孫)씨이고, 이름은 연(衍)으로 처음에는 위(魏)나라 관리였다가 나중에는 진(秦)나라에서 관직을 지냈다.

40) 張壽(장수): 누구인지 자세하지 않다.

41) 陳需(진수): 누구인지 자세하지 않다. 위왕(魏王)의 신하라고만 알려져 있다.

42) 德(덕): 여기에서는 감사를 표시한다는 뜻이다.

43) 少庶子(소서자): 군주와 귀족의 측근에서 모시는 관리다.

44) 馬梨山(마리산): 어느 산인지 자세하지 않다. 당시 제(齊)와 연(燕)나라에서는 불사약(不死藥)을 만들려고 하던 방사(方士)들과 불로초(不老草)를 찾으려던 신선(神仙)이 많았다고 한다.

45) 抵罪(저죄): 처벌을 받아 지은 죄를 씻다.

46) 尠有(선유): 대개의 판본에는 심(甚)으로 되어 있다.

47) 倉廥窌(창괴교): 창(倉)은 곡물을 저장하는 곳이고, 괴(廥)는 목초를 저장하는 곳이고, 교(窌)는 움으로서 땅을 파서 만든 저장소다.

48) 若(약): 너.

49) 尙宰(상재): 요리를 담당하는 관리. 상(尙)은 담당한다는 뜻이다.

50) 尙浴(상욕): 목욕을 담당하는 관리.

51) 哽(경): 목메다.

52) 干將(간장): 춘추 시대 오(吳)나라 때 명검을 만든 장인(匠人)의 이름으로 그의 이름은 따서 지은 칼 이름.

53) 臠(련): 저민 고기.

54) 趣(취): 서두르다.

55) 風靡(풍미): 바람이 불면 풀이 드러눕는 것처럼, 칼이 한 번 스치면 모두 잘린다는 뜻이다.

56) 重睫(중첩): 눈을 가느다랗게 하여 응시하는 모양.

57) 翳(예): 가리개.

58) 商臣(상신) 앞에 이(以)가 있어야 한다.

59) 饗(향): 술과 음식으로 잘 대접하는 것.

60) 役夫(역부): 천인(賤人).

61) 大事(대사): 나라의 큰일은 보통 제사(祭祀)와 전쟁(戰爭)을 말하는데, 여기에서는 성왕(成王)을 시해하는 일이다.

62) 田恒(전항): 경(經)에는 전상(田常)으로 되어 있다.

63) 棃且(리차): 제(齊)나라 대부로서 경(經)에서는 려차(黎且)로 되어 있고, 어떤 판본에는 리차(犂且)로 되어 있기도 하다. 여기에서는 려차(黎且)로 바로잡았다.

64) 史擧先生(사거선생): 『사기』에는 감무(甘茂)가 백가(百家)의 학설을 배웠다고만 되어 있고 누구에게 배웠는지는 알 수 없다.

65) 上蔡(상채): 지금의 하남성 상채현이다.

66) 子期(자기): 楚(초)나라 공자인 결(結)이다.

67) 子常(자상): 초(楚) 장왕(莊王)의 아들로서 오자서가 쳐들어 왔을 때 세 번 싸워서 모두 패하고 정(鄭)나라로 도망쳤다.

68) 叔向(숙향): 주(周)나라 공실의 일족으로 군주의 정사를 안팎으로 거든 이로 알려져 있다.

69) 嗣君(사군): 경(經)과 전(傳)의 다음 구절에서는 사공(嗣公)으로 되어 있다. 여기에서는 사공(嗣公)으로 바로잡았다.

제32편 외저설(外儲說) 좌상(左上)

전해 오는 이야기를 모으다 외좌(外左) 상편(上編)

解題

본문의 '경(經)'과 '설(說)'은 여섯 부분으로 나뉜다.

앞의 두 부분은 군주가 "신하의 의견을 듣고[聽言]" "신하의 행동을 관찰할[觀行]" 때, 그들의 말재간을 찬미하거나, 실제와 거리가 멀고 이상만 높은 것을 칭찬해서는 안 되며, 반드시 "효용을 표준으로 삼아야[以功用爲的]" 함을 설명하였다. 한비는 실제의 효용을 중시하였기 때문에, 당시 많은 학파의 공론(空論)을 반대하였다. 그가 말하는 효용은 범위가 비교적 좁아, 단지 군주의 통치에 유리한지 아닌지 사람들의 물질생활에 유익한지 아닌지에 한정되며, 따라서 문학과 예술은 전부 배척하였다.

세 번째 부분은 사람의 마음은 자기를 위한다는 한비의 관점을 논술하였다. 그는 사람은 "모두 자기를 위하는 마음을 가지고[皆挾自爲心]" 있으며, 사람과 사람의 관계는 인애(仁愛)의 관계가 아니라 이해(利害)의 관계이므로, 일을 할 때는 반드시 “남을 이롭게 하면 자기를 이롭게 할 수 있다는 것을 마음으로 삼아야[以利之爲心]” 한다고 지적하였다. 여기에서 그는 실제의 이익을 고려하지 않는 맹목적인 행위에 대해 예리한 비판을 하였다.

네 번째 부분은 군주의 이익에서 출발하여, “은거하며 학문을 하는 선비[居學之士]”는 “나라에 큰일이 없을 때는 경작에 힘쓰지 않고, 나라에 재난이 있을 때도 갑옷을 입지 않아[國無事不用力, 有難不被甲]”, 사람들로 하여금 “경작과 전쟁의 공로에 힘쓰는 데 게으르게[惰修耕戰之功]”할 것이므로, 군주에게 그들을 존중하지 말라고 권고하였다.

다섯 번째 부분은 군주는 모든 일을 반드시 “몸소 친히[躬親]” 행해야 한다는 유가(儒家)의 주장에 반대하여, 군주는 “자기의 권세를 친히 쥐고[躬親其勢柄]”, 신하와 “직분을 명확히[明分]”하고, 신하에게 “직무를 완성할 것을 요구[責誠]”하여, 신하와 더불어 “각자 그 직무를 지켜야[各守其職]” 한다고 강조하였다.

여섯 번째 부분은 군주는 반드시 신용을 중시해야 하며, 그렇게 해야만 “신하들이 직책을 지키고, 잘하고 잘못한 것이 직책의 범위를 넘지 않아, 만사가 태만하지 않게[羣臣守職, 善惡不踰, 百事不怠]” 되고, “가까이 있는 사람이 힘써 도의를 실행하고, 멀리 있는 사람이 그에게 귀의하게[近親勸勉, 而遠者歸之矣]” 된다고 하였다.

본편에 실린 ‘구슬을 담은 궤는 사고 구슬은 돌려보내다[買櫝還珠]’, ‘개와 말을 그리는 것이 어렵다[畫犬馬難]’, ‘초나라 영 땅 사람이 쓴 편지를 연나라 사람이 해설하다[郢書燕說]’, ‘정나라 사람이 신발을 사다[鄭人置履]’ 등의 고사는 모두 유명하며, 지금까지도 인구에 회자되고 있다.

○ ○ ○

경(經) 1

영명한 군주가 나라를 다스리는 원칙은, 유약(有若)이 복자천(密子賤)에게 응답할 때 말한 것과 같다. 군주가 신하의 의견을 들을 때, 그들의 말재간을 찬미한다. 군주가 신하의 행동을 관찰할 때, 실제와 거리가 멀고 이상만 높은 것을 칭찬한다. 그러므로 신하와 유사(遊士)와 백성들은 말하는 것이 현실에 맞지 않게 원대(遠大)하고, 그들의 처세 또한 세속과 동떨어져 있다. 이러한 관점에 대한 해설은 전구(田鳩)가 초(楚)나라 왕에게 대답할 때 한 말에 있다. 그러므로 묵자(墨子)는 나무 솔개를 만들었고, 가수 계(癸)는 노래를 불러 무예 연마하는 건물 짓는 것을 고무하였다. 대저 '약주(藥酒)'와 '충언(忠言)'의 용도는, 현명한 군주만이 안다.

明主之道，如有若[1]之應密子[2]也。明主[3]之聽言也，美其辯[4]。其觀行也，賢其遠[5]。故羣臣士民之道言者迂[6]弘[7]，其行身也離世。其說在田鳩[8]對荊王也。故墨子[9]爲木鳶[10]，謳癸築武宮[11]。夫藥酒用[12]言，明君聖主之以獨知也。

○ ○ ○

경 2

군주가 의견을 들을 때, 효용을 표준으로 하지 않으면, 유세(遊說)하는 사람은 대부분 '멧대추나무 가시 끝에다 원숭이를 새기다'와 '백마(白馬)는 말[馬]이 아니다'와 같은 말을 한다. 과녁을 표준으로 하지 않으면, 활 쏘는 사람은 모두 예(羿)와 같이 활쏘기의 명수가 된다. 군주가 유세를 대하는 것은, 모두 연(燕)나라 왕이 불사(不死)의 도를 배우는 것과 같이 기만당한다. 그런데 말 잘하는 사람은, 모두 정(鄭)

나라 사람들이 나이를 다투는 것과 같이 억지를 부린다. 그리하여 말 중에는 섬세하고 명찰하고 미묘하고 심오하지만 당장 급한 일은 아닌 것이 있으니, 그러므로 계량(季良)·혜시(惠施)·송견(宋銒)·묵적(墨翟)의 학설은 모두 그림이 그려진 콩꼬투리에 불과하다. 의론 중에는 심원하고 거대하지만 실용적이지 않은 것이 있으니, 그러므로 위모(魏牟)·장로자(長盧子)·첨하(詹何)·진변(陳駢)·장주(莊周)의 학설은 모두 그림에 그려져 있는 귀신에 불과하다. 행동 중에는 어려움을 마다하지 않고 확고부동하지만 실제의 효용은 없는 것이 있으니, 그러므로 무광(務光)·변수(卞隨)·포초(鮑焦)·개자추(介子推)·백이(伯夷)·전중(田仲)은 모두 단단한 호리병박이고 쓸모가 없다. 게다가 우경(虞慶)이 집 짓는 사람의 말문을 막히게 할 만큼 말을 잘했어도 우경의 말대로 지은 집이 무너졌고, 범저(范雎)가 활 만드는 사람의 말문을 막히게 할 만큼 말을 잘했어도 범저의 말대로 만든 활이 부러졌다. 그러므로 실제로 믿을 만한 음식을 구하려고 한다면, 집으로 돌아가서 밥을 먹지 않으면 안 된다.

人主之聽言也，不以功用[13]爲的[14]，則說者多棘刺白馬之說。不以儀的[15]爲關[16]，則射者皆如羿也。人主於說也，皆如燕王學道也。而長說者，皆如鄭人爭年也。是以言有纖察微難而非務也，故李、惠、宋、墨[17]皆畫策[18]也。論有迂深閎[19]大非用也，故畏震瞻車狀[20]皆鬼魅也。言而[21]拂[22]難堅确[23]非功也，故務、卞、鮑、介、墨翟[24]皆堅瓠[25]也。且虞慶[26]詘匠也而屋壞，范且[27]窮工而弓折。是故求其誠者，非歸餉也不可。

○○○

경 3

남을 위한다는 마음을 가지면 오히려 서로 책망하게 되고, 자기를 위한다는 마음을 가지면 일이 이루어진다. 그러므로 부자(父子) 간에도 간혹 서로 원망하고 꾸짖고, 인부를 취해 경작하는 고용주가 오히려 인부들에게 풍성한 음식을 제공한다. 이러한 관점에 대한 해설은 문공(文公)이 송(宋)나라를 치기 전에 송나라 군주의 죄상을 먼저 선포하고, 구천(句踐)이 오(吳)나라를 치기 전에 여황대(如皇臺)를 쌓은 오나라 왕의 죄상을 먼저 선포한 일에 있다. 그러므로 제(齊)나라 환공(桓公)은 채(蔡)나라에 대한 분노를 감추고 초(楚)나라를 공격하였고, 오기(吳起)는 병사들의 병이 나은 뒤 필사적으로 싸우게 한다는 실제의 목적을 마음에 품고 그들의 상처를 빨았다. 게다가 고대의 군주를 찬양하는 시문(詩文)과, 종정(鐘鼎)에 새겨진 명문(銘文)은, 모두 파오산(播吾山)의 발자국, 화산(華山)의 바둑알과 같은 것이다. 그렇지만 고대의 군주가 바란 것은 자기의 이익이고, 사용한 것은 다른 사람의 힘이다. 토지신을 위해 제단을 쌓는 속담은, 이러한 이치를 해설하는 데 쓰인 것이다. 만약 학자들을 칭찬하여 아득하고 막연한 고대 군주의 방법을 행한다면, 아마도 지금에 맞지 않을 것이다. 이러한데도, 고대 군주의 방법을 바꾸지 못한다. 이는 정현(鄭縣) 사람이 수레의 멍에를 줍는 것이고, 새 쏘는 것을 주관하는 위(衛)나라의 관리가 새를 쏘기 전에 먼저 두건을 휘두르는 것이고, 복자(卜子)의 아내가 헌 바지를 본떠 새 바지를 만드는 것이고, 젊은이가 나이든 이를 흉내 내며 술을 마시는 것이다. 고대 군주의 말 중에는, 당시에는 관련되는 일이 사소해도 지금 세상에서는 그 의의가 큰 것으로 이해되는 것이 있고, 당시에는 관련되는 일이 중대해도 지금 세상에서는 그 의의가 작은 것으로 이해되는 것이 있으니, 이러한 상황을 지금 사람이 반드시 다 아는 것은 아니다. 이러한 관점에 대한 해설은 송(宋)나라 사람이 고서(古書)의 뜻을 이해한 것과, 위(魏)나라 사람이 역사 서적을 읽은 것에 있다. 그러므로 고대 군주의 말은 어떤 때는 초(楚)나라 사람이 쓴 편지와 같은데, 후세 사람은 대부분 연(燕)나라 상국(相國)과 같이 해설한다. 나라의 정사에 적합하지 않은데도 고대 군주의 방법을 모색하는 저러한 것은, 모두 직접 신발을 신어 보지 않고 집으로 돌아가 치수를 잰 것을 가져오는 사람과 같다.

挾[28)]夫相[29)]爲則責望[30)]，自爲則事行。故父子或怨譟[31)]，取庸作者[32)]進美羹。說在文公之先宣言，與句踐之稱如皇也。故桓公藏蔡怒而攻楚，吳起懷瘳[33)]實而吮傷。且先王之賦頌[34)]，鍾鼎之銘[35)]，皆播吾[36)]之迹，華山之博[37)]也。然先王所期者利也，所用者力也。築社[38)]之諺，目[39)]辭說[40)]也。請[41)]許學者[42)]而行宛曼[43)]於先王，或者不宜今乎。如是，不能更也。鄭縣[44)]人得車厄[45)]也，衛人佐弋[46)]也，卜子妻象[47)]弊袴也，而其少者也。先王之言，有其所爲小而世意之大者，有其所爲大而世意之小者，未可必知也。說在宋人之解書，與梁[48)]人之讀記[49)]也。故先王有郢書，而後世多燕說。夫不適國事而謀先王，皆歸取度者也。

○○○

경 4

이익이 있는 곳이면 백성들은 그곳으로 모이고, 명성이 드러나는 일이면 선비는 그것을 위해 목숨을 바친다. 이 때문에 공로가 법 밖에 있는데도 상이 가해지면, 군주는 신하로부터 이익을 얻지 못한다. 명성이 법 밖에 있는데도 칭찬이 가해지면, 선비는 명예에 고무되어 자신을 군주에게 순종시키지 않는다. 그러므로 중장(中章)과 서기(胥己)가 벼슬을 하였는데, 중모(中牟)의 백성들 가운데 농지를 버리고 뒤따라 문헌전적을 연구한 사람이 성읍(城邑)의 반이나 되었다. 진(晉)나라 평공(平公)이 숙향(叔向)을 존중하여 종아리가 아프고 다리가 마비되었으나 감히 앉은 자세를 흐트러뜨리지 않았으니, 진(晉)나라 사람 가운데 벼슬을 그만두고 권세에 의탁하지 않은 사람이 나라의 삼분의 일이나 되었다. 중장·서기·숙향 이 세 사람은, 그들의 말이 법도를 따른다면 그들은 관부(官府)의 법전을 따라서 말하는 것일 뿐이고, 그들의 행위가 나라의 정세에 부합한다면 그들은 법령을 따르는 백성일 뿐이니, 조(趙)·진(晉) 두 나라 군주가 그들에게 갖춘 예우는 너무 지나치다. 만약 그들의 말이 법도를 벗어나고 행위가 효용과 멀다면, 그들은 법 밖의 백성인데, 두 나라 군주는 또한 어찌하여 그들을 예우하는가? 그들을 예우하면 당연히 망한다. 게다가 은거하며 학문을 하는 선비들은, 나라에 큰일이 없을 때는 경작에 힘쓰지 않고, 나라에 재난이 있을 때도 갑옷을 입지 않으니, 그들을 예우하면 사람들로 하여금 경작과 전쟁의 공로에 힘쓰는 데 게으르게 할 것이고, 그들을 예우하지 않으면 그들은 군주의 법을 왜곡할 것이다. 나라가 안정되면 그들은 존귀하고 현달하고, 나라가 위태로우면 그들은 굴공(屈公)과 같이 두려워하는 행동을 하니, 군주가 은거하며 학문을 하는 선비에게서 무엇을 얻겠는가! 그러므로 영명한 군주는 이자(李疵)가 중산국(中山國)을 살펴보고 나서 내린 분석을 인정하였다.

利之所在民歸之， 名之所彰[50]士死之。 是以功外於法而賞加焉， 則上不信[51]得所利於下。 名外於法而譽加焉， 則士勸名而下[52]畜[53]之於君。 故中章、胥己仕， 而中牟[54]之民棄田圃而隨文學[55]者邑之半。 平公腓[56]痛足痺而不敢壞坐， 晉國之辭仕託者國之錘[57]。 此三士者，言襲[58]法則官府之籍[59]也，行中[60]事則如令[61]之民也，二君[62]之禮太甚。若言離法而行遠功，則繩[63]外民也，二君又何禮之，禮之當亡。且居學之士[64]，國無事不用力，有難不被[65]甲，禮之則惰修[66]耕戰之功，不禮則周[67]主上之法。國安則尊顯，危則爲屈公之威[68]，人主奚得於居學之士哉！故明王論[69]李疵視中山也。

○○○

경 5

시(詩)에 이르기를 "군주가 몸소 행하지 않고 친히 행하지 않으면, 백성들이 믿지 않는다."라고 하였다. 제(齊)나라 왕의 태부(太傅)는 군주 스스로 붉은 옷을 입지 말라는 것으로써 이 시를 해설하였지만, 정(鄭)나라 간공(簡公)과 송(宋)나라 양공(襄公)의 사례로써 이 시를 등한히 할 수 있고, 군주가 친히 농사짓고 전쟁하는 것을 존중하여 위험에 빠지게 된 것으로써 이 시를 질책할 수 있다. 대저 군주가 군주와 신하의 직분을 명확히 하지 않고, 신하에게 직무를 완성할 것을 요구하지 않고, 몸소 친히 행하여 신민(臣民)을 통치한다면, 제(齊)나라 경공(景公)이 수레에서 내려 달려가고 위(魏)나라 소왕(昭王)이 피곤하여 졸고, 그리고 자기의 신분을 감추고 평민의 옷을 입고 친히 민간을 방문하는 것 같은 일을 할 것이다. 공구(孔丘: 공자의 본명)는 이러한 도리를 알지 못하였으므로, "군주는 사발과 같다."라고 하였다. 추(鄒)나라 군주는 이러한 도리를 알지 못하였으므로, 먼저 스스로를 욕되게 하였다. 영명한 군주가 나라를 다스리는 원칙은, 숙향(叔向)이 봉록을 분배하고, 한(韓)나라 소후(昭侯)가 어떻게 의견을 듣는지를 이해한 것과 같아야 한다.

詩[70]曰, “不躬[71]不親, 庶民不信。” 傅說之以無衣紫, 緩[72]之以鄭簡[73]、宋襄[74], 責之以尊厚耕戰。夫不明分[75], 不責[76]誠[77], 而以躬親位[78]下, 且爲下走睡臥, 與去揜弊微服[79]。孔丘不知, 故稱‘猶盂”。鄒君不知, 故先自僇[80]。明主之道, 如叔向賦[81]獵[82], 與昭侯[83]之奚聽也。

○ ○ ○

경 6

작은 신용이 이루어지면 큰 신용이 수립되니, 그러므로 영명한 군주는 신용에 명망을 쌓는다. 상벌이 미덥지 않으면, 금령(禁令)이 실행되지 않는다. 이러한 관점에 대한 해설은 진(晉)나라 문공(文公)이 원(原) 읍을 공격하고 기정(箕鄭)이 기근을 구제한 것에 있다. 이 때문에 오기(吳起)는 친구를 기다렸다가 밥을 먹었고, 위(魏)나라 문후(文侯)는 반드시 산택(山澤)을 주관하는 관리를 만나서 사냥하는 일을 처리하려고 하였다. 그러므로 영명한 군주가 신용이 있음은, 증자(曾子)가 돼지를 잡은 것과 같다. 신용을 지키지 않은 재앙은 초(楚)나라 여왕(厲王)이 긴급 상황을 알리는 북을 치고 이회(李悝)가 좌우 두 진영의 군대를 기만한 것에 나타나 있다.

小信成則大信[84]立, 故明主積於信。賞罰不信, 則禁令不行。說在文公之攻原[85]與箕鄭[86]救餓也。是以吳起須[87]故人而食, 文侯[88]會虞人[89]而獵。故明主信, 如曾子殺彘也。患在尊[90]厲王[91]擊警鼓[92]與李悝謾兩和[93]也。

○ ○ ○

전(傳) 1

복자천(宓子賤)이 선보(單父)를 다스렸는데, 유약(有若)이 그를 보고 말하기를 "당신은 어찌하여 이토록 여위었는가?"라고 하였다. 복자천이 말하기를 "군주께서는 제가 재덕(才德)이 없는 것을 모르고, 선보를 다스리게 하였는데, 관의 일이 다급하여, 마음으로 그것을 근심하니, 그래서 여위었습니다."라고 하였다. 유약이 말하기를 "옛날 순임금이 다섯줄의 거문고를 튕기고, 「남풍(南風)」의 시를 노래하였는데 천하가 다스려졌다. 지금 선보처럼 작은 지방도, 그것을 다스리면서 근심하는데, 천하를 다스린다면 어떻게 되겠는가? 그러므로 통치수단을 가지고 백성을 다스리면, 몸이 조정에 앉아 있다고 해도, 얼굴에는 처녀와도 같은 볼그레한 혈색이 놀고, 다스리는 네 시장이 없다. 수단 없이 백성을 다스린다면, 그 몸이 고달프고 여위어도, 여전히 이로운 점이 없다."라고 하였다.

宓子賤治單父[94], 有若見之曰, "子何臞也?" 宓子曰, "君不知不齊[95]不肖[96], 使治單父, 官事急, 心憂之, 故臞也。" 有若曰, "昔者舜鼓[97]五絃, 歌「南風」[98]之詩而天下治。 今以單父之細也, 治之而憂, 治天下將奈何乎? 故有術而御之, 身坐於廟堂[99]之上, 有處女子之色, 無害於治。無術而御之, 身雖瘁臞[100], 猶未有益。"

○○○

초(楚)나라 왕이 전구(田鳩)에게 말하기를 "묵자(墨子)는, 명망 있는 학자이다. 그가 몸소 실천하는 것은 좋지만, 그가 말은 많은데 능란하지는 않으니, 이는 무엇 때문인가?"라고 하였다. 전구가 말하기를 "옛날 진(秦)나라 목공(穆公)이 자기의 딸을 진(晉)나라 공자에게 시집

보내며, 진(晉)나라에 명하여 딸을 치장하도록 하였고, 비단 옷을 입힌 첩 칠십 명을 딸려 보냈는데, 진나라에 이르니, 진나라 사람은 그 딸려 보낸 첩들을 좋아하고 진(秦)나라 목공(穆公)의 딸은 천시하였습니다. 이는 첩을 잘 시집보냈다고는 말할 수 있어도 딸을 잘 시집보냈다고는 말할 수 없습니다. 초나라 사람 중에 정(鄭)나라에서 진귀한 구슬을 파는 이가 있었는데, 목란으로 된 궤를 만들고, 그것에다 계수나무와 산초나무로 향을 쐬고, 주옥을 붙이고, 붉은 구슬로 장식하고, 녹색 비취를 모아 놓았는데, 정나라 사람은 그의 궤를 사고 그의 구슬은 돌려보냈습니다. 이는 궤를 잘 팔았다고는 말할 수 있어도, 진귀한 구슬을 잘 팔았다고는 말할 수 없습니다. 지금 세상의 의론은, 모두 능란하고 화려한 말들을 하는데, 군주는 그 문채만 보고 그것이 쓸모가 있는지는 잊어버립니다. 묵자의 학설은, 고대 현명한 군주의 사상을 전하고, 성인의 말을 논하여 그것을 사람들에게 선전하고 알립니다. 만약 그가 자신의 문사를 꾸민다면, 사람들은 그 문채를 마음에 품어 그 가치를 잊고, 문채 때문에 효용을 해치게 될 것입니다. 이는 초나라 사람이 구슬을 팔고, 진나라 목공이 딸을 시집보내는 것과 비슷하니, 그러므로 묵자의 말은 대부분 능란하지 않은 것입니다."라고 하였다.

楚王謂田鳩曰, "墨子者, 顯學[101]也。其身體[102]則可, 其言多不辯[103], 何也?" 曰, "昔秦伯嫁其女於晉公子[104], 令晉爲之飾裝, 從文衣之媵[105]七十人, 至晉, 晉人愛其妾而賤公女。此可謂善嫁妾而未可謂善嫁女也。楚人有賣其珠於鄭者, 爲木蘭[106]之櫃, 薰[107]以桂[108]椒[109], 綴以珠玉, 飾以玫瑰[110], 輯[111]以翡翠[112], 鄭人買其櫝而還其珠。此可謂善賣櫝矣, 未可謂善鬻[113]珠也。今世之談也, 皆道辯說文辭之言, 人主覽其文而忘有用。墨子之說, 傳先王之道, 論聖人之言以宣告人。若辯其辭，則恐人懷其文忘其直[114]，以文害用也。此與楚人鬻珠，秦伯嫁女同類，故其言多不辯。”

○ ○ ○

묵자(墨子)가 나무 솔개를 만들어, 삼 년 만에야 완성하였고, 하루를 날렸는데 망가졌다. 제자가 말하기를 “선생님의 솜씨는, 나무 솔개를 날게 할 수 있는 경지에 이르셨습니다.”라고 하였다. 묵자가 말하기를 “나는 수레 끌채 끝의 쐐기를 만드는 사람만큼 솜씨 있지 못하니, 그들은 한 자[咫] 정도의 목재를 사용하여, 하루도 걸리지 않아, 서른 석(石)의 짐을 끌 수 있는 쐐기를 만드는데, 먼 곳을 가고 힘이 세며, 수명도 몇 년이나 된다. 지금 나는 솔개를 만들어 삼 년 만에야 완성하였고, 하루를 날렸는데 망가졌다.”라고 하였다. 혜시(惠施)가 이 일을 듣고 말하기를 “묵자는 실로 대단히 솜씨가 있으니, 왜냐하면 그는 수레 끌채 끝을 만드는 것을 솜씨 있다고 여겼고, 나무 솔개를 만드는 것을 보잘것없다고 여겼기 때문이다.”라고 하였다.

墨子爲木鳶[115]，三年而成，蜚[116]一日而敗。弟子曰，“先生之巧，至能使木鳶飛。”墨子曰[117]，“不如爲車輗[118]者巧也，用咫[119]尺之木，不費一朝之事，而引三十石[120]之任[121]，致遠力多，久於歲數。今我爲鳶三年成，蜚一日而敗。”惠子[122]聞之曰，“墨子大巧，巧爲輗，拙爲鳶。”

○ ○ ○

송(宋)나라 왕이 제(齊)나라와 원수가 되었고, 이에 무예를 연마하는 건물을 지었다. 가수 계(癸)가 공사장에서 노래를 불렀는데, 길을 가는 사람이 멈추어 구경하고, 건물을 짓는 사람이 피로한 줄 몰랐다. 왕이 이 일을 듣고, 계를 불러들여 그에게 상을 내렸는데, 계가 대답하기를 "저의 스승 사계(射稽)의 노래는 저보다 뛰어납니다."라고 하였다. 왕이 사계를 불러 그로 하여금 노래하게 하였는데, 길을 가는 사람이 걸음을 멈추지 않았고, 건물을 짓는 사람이 피로함을 느꼈다. 왕이 말하기를 "길을 가는 사람이 걸음을 멈추지 않고, 건물을 짓는 사람이 피로함을 느끼니, 그렇다면 사계의 노래는 계보다 뛰어나지 않을 뿐만 아니라 계보다도 못한 것인데, 이는 무엇 때문인가?"라고 하였다. 계가 대답하기를 "왕께서는 그 효과를 한번 헤아려보십시오."라고 하였다. 계가 노래할 때 건물 짓는 사람은 담을 네 판만 쌓았는데, 사계가 노래할 때는 담을 여덟 판 쌓았다. 담의 견고한 정도를 두드려보니, 계가 노래할 때 쌓은 담은 다섯 치나 움푹 들어갔는데, 사계가 노래할 때 쌓은 담은 두 치만 움푹 들어갔다.

宋王與齊仇也，築武宮。謳[123]癸倡[124]，行者止觀，築者不倦。王聞，召而賜之，對曰，"臣師射稽之謳又賢於癸。"王召射稽使之謳，行者不止，築者知倦。王曰，"行者不止，築者知倦，其謳不勝如[125]癸美，何也?"對曰，"王試度[126]其功[127]。"癸四板[128]，射稽八板。擿[129]其堅，癸五寸，射稽二寸。

○○○

대저 좋은 약은 입에 쓰지만, 지혜로운 사람은 애써 그것을 마시는데, 그것이 들어가면 자기의 질병을 치유할 것을 알기 때문이다. 충언은 귀에 거슬리지만, 현명한 군주는 그것을 듣는데, 그것으로써 공적을 얻을 수 있음을 알기 때문이다.

夫良藥苦於口， 而智者勸[130]而飮之， 知其入而已[131]己疾也。忠言拂於耳， 而明主聽之， 知其可以致功也。

○ ○ ○

전 2

송(宋)나라 사람 가운데 연(燕)나라 왕에게 멧대추나무 가시 끝에다 원숭이를 새겨주겠다고 청한 이가 있었는데, 그는 반드시 연나라 왕이 삼 개월 동안 재계(齋戒)해야 하며, 그런 다음에야 그것을 볼 수 있다고 주장하였다. 연나라 왕은 그리하여 삼승(三乘)의 세금을 봉록으로 주어 그를 부양하였다. 우어(右御) 관할하의 대장장이가 왕에게 말하기를 "저는 주군께서 열흘 동안 연회도 하지 않으면서 재계를 하신 적이 없다고 들었습니다. 지금 그는 왕께서 쓸모없는 물건을 보기 위해 오랫동안 재계할 수 없다는 것을 알기에, 그래서 삼 개월을 기한으로 삼은 것입니다. 무릇 조각은, 조각하는 데 쓰이는 도구가 조각되는 물건보다 반드시 작습니다. 지금 저는 대장장이인데, 이렇게 작은 조각칼을 그에게 만들어 줄 수 없으며, 이것은 있을 수 없는 물건이니, 왕께서는 반드시 이 일을 잘 살펴보셔야 합니다."라고 하였다. 왕은 그리하여 그 송나라 사람을 수감하고 심문하니, 과연 거짓이었고, 이에 그를 죽였다. 대장장이가 또 왕에게 말하기를 "계책에 기준이 없으면, 진언하는 인사들은 대부분 멧대추나무 가시와 같은 터무니없는 말을 할 것입니다."라고 하였다.

宋人有請爲燕王以棘[132]刺之端爲母猴[133]者， 必三月齋[134]， 然後能觀之。燕王因以三乘[135]養之。右御、冶工[136]言王曰， "臣聞人主無十日不燕[137]之齋。 今知王不能久齋以觀無用之器也， 故以三月爲期。

凡刻削者，以其所以削[138]必小。今臣冶人也，無以爲之削，此不然物也，王必察之。" 王因囚而問之，果妄，乃殺之。冶又[139]謂王曰，"計[140]無度量[141]，言談之士多棘刺之說也。"

○○○

일설에, 연(燕)나라 왕이 교묘한 솜씨가 있는 사람을 구하였는데, 위(衛)나라 사람이 멧대추나무 가시의 끝에다 원숭이를 새기겠다고 청하였다. 연나라 왕이 그를 좋아하여, 오승(五乘)의 세금을 봉록으로 주어 그를 부양하였다. 왕이 말하기를 "나는 당신이 새기는 멧대추나무 가시의 원숭이를 한번 보고 싶다."라고 하였다. 위나라 사람이 말하기를 "주군께서 그것을 보시고자 한다면, 반드시 반년 동안 후궁에 들어가지 않고, 술을 마시지 않고 고기를 드시지 않으며, 비가 개고 해가 뜰 때, 맑음과 흐림이 교차하는 사이에 그것을 보셔야, 멧대추나무 가시에 새긴 원숭이가 비로소 보일 것입니다."라고 하였다. 연나라 왕은 이에 위나라 사람을 부양하였으나, 그 원숭이를 볼 수 없었다. 정(鄭)나라 사람 가운에 조정의 직속 관서에 있는 대장장이가 있었는데 연나라 왕에게 말하기를 "저는 조각칼을 만드는 사람으로, 여러 작은 물건들은 반드시 조각칼로 그것을 조각하는데, 조각되는 물건은 반드시 조각칼보다 큽니다. 지금 멧대추나무 가시의 끝은 칼날이 들어가지 않으니, 멧대추나무 가시의 끝을 조각하기는 어렵습니다. 왕께서 그의 조각칼을 한번 보시면, 그것이 가능한지 불가능한지를 알 수 있습니다."라고 하였다. 왕이 말하기를 "좋다."라고 하였다. 그리고는 위나라 사람에게 말하기를 "당신이 멧대추나무를 조각하는데 그것을 조각칼로 새기는가?"라고 하였다. 위나라 사람이 말하기를 "조각칼로 새깁니다."라고 하였다. 왕이 말하기를 "나는 그것을 보고 싶다."라고 하였다. 위나라 사람이 말하기를 "제가 숙소에 가서 그것을 가져오겠습니다."라고 하였다. 그리고는 바로 도망쳤다.

一曰, 燕王徵巧術人, 衛人請以棘刺之端爲母猴。燕王說[142]之, 養之以五乘[143]之奉[144]。 王曰, "吾試觀客[145]爲棘刺之母猴。" 客曰, "人主欲觀之, 必半歲不入宮, 不飮酒食肉, 雨霽[146]日出, 視之晏陰之間[147], 而棘刺之母猴乃可見也。" 燕王因養衛人, 不能觀其母猴。鄭有臺[148]下之冶者謂燕王曰, "臣爲削者[149]也, 諸微物必以削削之[150], 而所削必大於削。今棘刺之端不容削鋒, 難以治[151]棘刺之端。王試觀客之削, 能與不能可知也。" 王曰, "善[152]。" 謂衛人曰, "客爲棘削之?" 曰 "以削。" 王曰, "吾欲觀見之。" 客曰, "臣請之舍取之。" 因逃。

○○○

예설(兒說)은, 송(宋)나라 사람으로, 변론을 잘하는 자이다. 그는 '흰 말은 말이 아니다'라는 견해를 주장하며 제(齊)나라 직하(稷下)의 변론하는 자들을 설복시켰다. 그러나 그는 흰말을 타고 관문을 지나가다가, 흰말에 대한 세금을 납부하였다. 그러므로 그로 하여금 공허한 말에 기대게 하면 그는 나라의 모든 사람을 이길 수 있었지만, 사실을 고찰하고 정황을 대조하면 그는 한 사람도 속이지 못하였다.

兒說[153], 宋人, 善辯者也。持"白馬非馬也"服齊稷下[154]之辯者。乘白馬而過關, 則顧[155]白馬之賦。故籍之[156]虛辭則能勝一國, 考實按形不能謾於一人。

○ ○ ○

대저 날카로운 화살을 방금 갈아, 쇠뇌를 힘껏 당겨 쏘는데, 설령 눈을 감고 마구 쏘더라도, 그 화살 끝은 추호(秋毫)와 같이 미세한 것을 맞히지 않은 적이 없는데, 그러나 원래 맞혔던 곳을 다시 쏠 수가 없어, 활을 잘 쏜다고 말할 수 없으니, 그것은 고정된 과녁이 없기 때문이다. 직경 다섯 치의 과녁을 세우고, 열 보의 거리에서 활을 당겨도, 예(羿)와 방몽(逢蒙)이 아니면 전부를 맞힐 수는 없으니, 이는 고정된 과녁이 있기 때문이다. 일정한 표준이 있으면 어렵고 일정한 표준이 없으면 쉽다. 고정된 과녁이 있으면, 예와 방몽이 직경 다섯 치의 과녁을 맞히는 것을 솜씨 있다고 여긴다. 고정된 과녁이 없으면, 아무렇게나 쏘아서 추호와 같이 미세한 것을 맞히는 것을 서투르다고 여긴다. 그러므로 일정한 표준이 없이 유세자의 말을 대하면, 말솜씨가 좋은 사람들은 말만 번잡할 것이다. 일정한 표준을 세워 그것을 꽉 쥐고 있으면, 총명한 사람이라도 실수가 있을까 두려워하여, 감히 함부로 말하지 않는다. 지금 군주는 유세를 들으면서 일정한 표준을 가지고 그것을 대하지 않고, 그들의 말재간만을 좋아한다. 효용을 가지고 헤아리지 않고, 그들의 행위를 칭찬하지만, 그것을 일정한 규범 속에 넣고 고찰하지 않는다. 이것이 군주가 장기간 기만당하는 이유이고, 유세하는 사람이 장기간 부양받는 이유이다.

夫新砥礪[157]殺[158]矢， 彀弩[159]而射， 雖冥[160]而妄發， 其端未嘗不中秋毫[161]也， 然而莫能復其處， 不可謂善射， 無常儀的也。設五寸之的， 引[162]十步之遠[163]， 非羿、逢蒙[164]不能必全者， 有常儀的也。有度難而無度易也。有常儀的， 則羿、逢蒙以五寸爲巧。無常儀的， 則以妄發而中秋毫爲拙。 故無度而應之， 則辯士繁說。 設度而持之，雖知[165]者猶畏失也，不敢妄言。今人主聽說不應之以度，而說[166]其辯。不度以功，譽其行，而不入關[167]。此人主所以長欺，而說者所以長養也。

○ ○ ○

객 가운데 연(燕)나라 왕에게 불사(不死)의 방법을 가르치는 사람이 있었는데, 왕은 사람을 보내 그것을 배우게 하였으나, 배우라고 보낸 사람이 아직 배우기도 전에 객이 죽었다. 왕은 크게 노하여, 배우라고 보낸 사람을 처벌하였다. 왕은 객이 자기를 속인 것도 모르고, 배우는 사람이 늦게 배웠다고 책망하였다. 대저 있을 수 없는 일을 믿고, 죄 없는 신하를 처벌하였으니, 이는 자세히 살피지 못한 재앙이다. 더구나 사람이 가장 중시하는 것으로는 자기 몸과 같은 것이 없는데, 그 객은 자신도 죽지 않을 수 없으면서, 어떻게 왕으로 하여금 장생하게 할 수 있겠는가!

客有教燕王爲不死之道者，王使人學之，所使學者未及學而客死。王大怒，誅之。王不知客之欺己，而誅學者之晚也。夫信不然之物[168]，而誅無罪之臣，不察之患也。且人所急無如其身，不能自使其無死，安能使王長生哉!

○ ○ ○

정(鄭)나라 사람 가운데 서로 나이를 다투는 이들이 있었는데, 한 사람이 말하기를 "나는 요(堯)와 나이가 같다."라고 하였다. 다른 한 사람이 말하기를 "나는 황제(黃帝)의 형과 나이가 같다."라고 하였다.

두 사람은 이것을 가지고 논쟁하였지만 결판이 나지 않았고, 맨 마지막에 말을 그만두는 사람이 이기는 것으로 할 뿐이었다.

鄭人有相與爭年者, 一人曰, "吾與堯同年。" 其一人曰, "我與黃帝之兄同年。" 訟此而不決, 以後息者爲勝耳。

○○○

객 가운데 주(周)나라 군주에게 콩꼬투리에다 그림을 그려주는 사람이 있었는데, 삼 년이 되어서야 그림이 완성되었다. 군주가 그것을 보니 옻칠을 한 콩꼬투리와 모양이 같았고, 주나라 군주는 크게 노하였다. 콩꼬투리에다 그림을 그린 사람이 말하기를 "판자 열 개의 담을 세우고, 담에다 사방 여덟 치의 창을 뚫고, 해가 막 뜰 때 이 콩꼬투리를 그 창에 대고 보십시오."라고 하였다. 주나라 군주가 그렇게 하고, 그 그림을 바라보니 모두 용과 뱀과 금수(禽獸)와 거마(車馬)가 되었고, 만물의 형상이 갖추어져서, 주나라 군주가 크게 기뻐하였다. 이 콩꼬투리의 정교함은 미묘하며 어렵지 않은 것이 아니지만, 그것의 용도는 원래 있던 것에 옻칠만 한 콩꼬투리와 같았다.

客有爲周君畫莢[169]者, 三年而成。君觀之與髹[170]莢者同狀, 周君大怒。畫莢者曰, "築十版之牆[171], 鑿八尺[172]之牖, 而以日始出時加之其上而觀。" 周君爲之, 望見其狀盡成龍蛇禽獸車馬, 萬物之狀備具, 周君大悅。此莢之功非不微難也, 然其用與素髹莢同。

○○○

객 가운데 제(齊)나라 왕에게 그림을 그려주는 사람이 있었는데,

제나라 왕이 묻기를 "그리는 데에 있어 무엇이 가장 어려운가?"라고 하였다. 객이 말하기를 "개와 말이 가장 어렵습니다."라고 하였다. 왕이 묻기를 "무엇이 가장 쉬운가?"라고 하였다. 그가 말하기를 "도깨비가 가장 쉽습니다."라고 하였다. 저 개와 말은, 사람들이 알고 있는 것으로서, 아침저녁으로 사람들 앞에 나타나고, 그것과 똑같이 그릴 수 없으니, 그래서 어렵다. 도깨비는 형체가 없는 것으로서, 사람들 앞에 나타나지 않으니, 그래서 그것을 그리기가 쉽다.

客有爲齊王畫者, 齊王問曰, "畫孰最難者?" 曰, "犬馬最難。" "孰易者?" 曰, "鬼魅最易。" 夫犬馬, 人所知也, 旦暮罄[173]於前, 不可類之, 故難。鬼魅無形者, 不罄於前, 故易之也。

○ ○ ○

제(齊)나라에 거사(居士)인 전중(田仲)이라는 사람이 있었는데, 송(宋)나라 사람 굴곡(屈穀)이 그를 보고, 말하기를 "제가 듣기에 선생의 주장은, 다른 사람에 의지하여 먹고살지 않는 것이라고 합니다. 지금 저에게 호리병박을 재배하는 방법이 있어, 호리병박을 돌처럼 단단하고, 두툼하며 속이 꽉 차 틈새도 없게 키울 수 있는데, 그것을 당신께 드리겠습니다."라고 하였다. 전중이 말하기를 "대저 호리병박이 귀중한 것은, 그것으로 물건을 담을 수 있기 때문입니다. 이제 그것이 두툼하고 틈새도 없으면, 갈라서 물건을 담을 수 없습니다. 단단하기가 돌과 같으면, 갈라서 술을 따를 수 없습니다. 저는 이런 호리병박을 가지고 할 것이 없습니다."라고 하였다. 굴곡이 말하기를 "맞습니다, 제가 그것을 버리겠습니다."라고 하였다. 지금 전중이 다른 사람에 의지하여 먹고살지 않는 것, 이 또한 나라에 보탬이 안 되며, 또한 단단한 호리병박과 같은 것이다.

齊有居士[174]田仲者, 宋人屈穀[175]見之, 曰, "穀聞先生之義[176], 不恃人而食。今穀有樹瓠之道, 堅如石, 厚而無竅[177], 獻之。" 仲曰, "夫瓠所貴者, 謂[178]其可以盛也。今厚而無竅, 則不可以剖以盛物。而任重如堅石[179], 則不可以剖而以斟。吾無以瓠爲也。" 曰, "然, 穀將弃之。" 今田仲不恃人而食, 亦無益人之國, 亦堅瓠之類也。

○○○

우경(虞卿)이 집을 짓는데, 집 짓는 사람에게 말하기를 "지붕의 경사가 너무 높고 가파르다."라고 하였다. 집 짓는 사람이 대답하기를 "이것은 새 집인데, 진흙이 아직 습하고 서까래도 다 마르지 않았습니다. 대저 습한 진흙은 무겁고 마르지 않은 서까래는 휘어지는데, 휘는 서까래로 무거운 진흙을 견디게 되니, 경사는 당연히 낮고 완만해질 것입니다."라고 하였다. 우경이 말하기를 "그렇지 않다. 시간이 오래되면, 진흙이 마르고 서까래도 마른다. 진흙이 마르면 가벼워지고, 서까래가 마르면 곧게 되어, 곧은 서까래로 마른 진흙을 견디니, 지붕의 경사는 더욱 높고 가파르게 될 것이다."라고 하였다. 집 짓는 사람이 설복되었고, 그의 말대로 지었는데 집이 무너졌다.

虞慶爲屋, 謂匠人曰, "屋太尊[180]。" 匠人對曰, "此新屋也, 塗[181]濡[182]而椽生[183]。夫濡塗重而生椽撓, 以撓椽任重塗, 此宜卑。" 虞慶曰, "不然。更日久, 則塗乾而椽燥。塗乾則輕, 椽燥則直, 以直椽任輕塗, 此益尊。" 匠人詘[184], 爲之而屋壞。

○○○

일설에, 우경(虞卿)이 집을 지으려고 하는데, 집 짓는 사람이 말하기를 "목재가 아직 마르지 않았고 진흙이 습한데, 대저 목재가 마르지 않으면 잘 휘고, 진흙이 습하면 무거우니, 휘는 목재로 무거운 진흙을 견디게 되어, 이제 집이 완성되어도, 오래되면 반드시 무너질 것입니다."라고 하였다. 우경이 말하기를 "목재가 마르면 곧게 되고, 진흙이 마르면 가벼워진다. 이제 실제로 이것들이 마르게 되면, 진흙은 날마다 가벼워지고 목재는 날마다 곧아져, 오래되어도 절대로 무너지지 않을 것이다."라고 하였다. 집 짓는 사람이 설복되었고, 그의 말대로 지었는데, 완성되고, 시간이 조금 지나자, 집은 과연 무너졌다.

一曰, 虞慶將爲屋, 匠人曰, "材生而塗濡, 夫材生則撓, 塗濡則重, 以撓任重, 今雖成, 久必壞。" 塗慶曰, "材乾則直, 塗乾則輕。今誠得乾, 日以輕直, 雖久必不壞。" 匠人詘, 作之, 成, 有間[185], 屋果壞。

범저(范雎)가 말하기를 "활이 부러지는 이유는, 반드시 그것을 만드는 최후의 단계에 있지, 처음의 단계에 있지 않다. 대저 활을 만드는 사람이 활시위를 당기는 것을 보면, 먼저 활을 삼십 일 동안 도지개에 눌러 놓은 후에야 활시위를 장착하고, 하루가 지나고 바로 발사 장치를 당겨 화살을 쏘는데, 이는 활을 만드는 처음의 단계에서는 그것을 절제하며 조절하고 최후의 단계에서는 그것을 거칠게 시험하는 것이니, 어찌 활이 부러지지 않을 수 있겠는가! 내가 활시위를 당기는 것은 그렇지 않으니, 활을 하루 동안 도지개에 눌러 놓은 후에 바로 활시위를 장착하고, 삼십 일이 지나서야 발사 장치를 당겨 화살을 쏘는데, 이는 활을 만드는 처음의 단계에서는 거칠게 그것을 바로잡고 최후의 단계에서는 절제하며 그것을 시험하는 것이다."라고 하였다. 활을 만드는 사람이 말문이 막혔고, 그의 말대로 만들었는데, 활은 부러졌다.

范且曰, "弓之折, 必於其盡也, 不於其始也。 夫工人張弓[186]也, 伏[187]檠[188]三旬而蹈[189]弦, 一日犯機[190], 是節之其始而暴之其盡也, 焉得無折! 且張弓不然, 伏檠一日而蹈弦, 三旬而犯機, 是暴之其始而節之其盡也。" 工人窮也, 爲之, 弓折。

○ ○ ○

범저(范雎)와 우경(虞慶)의 말은, 모두 일리가 있고 언사가 뛰어나지만 사물의 실제 상황에 위배되는데, 군주가 그것을 좋아하여 금지하지 않으니, 이것이 정사를 그르치는 이유이다. 대저 나라를 안정시키고 강하게 하는 효용을 도모하지 않고, 듣기 좋고 화려한 말을 부러워하면, 이는 수단이 있는 선비를 배척하고 집을 무너뜨리며 활을 부러뜨리는 사람을 임용하는 것이다. 그러므로 군주는 나라의 일을 처리하는 데 있어, 모두 기술자가 집을 짓고 활을 당기는 정도에 이르지 못한다. 그렇지만 기술이 있는 사람이 범저와 우경에 의해 궁지에 몰리는 까닭은, 공허한 말을 하면, 실제적 효용이 없어도 이길 수 있기 때문이고, 실제적인 일을 하면, 이치는 바뀌지 않아도 말문이 막히게 되기 때문이다. 군주가 쓸모없는 변론을 중시하고, 변하지 않는 이치를 설명하는 말을 경시하면, 이것이 나라가 어지럽게 되는 이유이다. 지금 세상에는 범저와 우경 같은 사람이 끊이지 않는데, 군주가 이들을 좋아하길 그치지 않으니, 이는 집을 무너뜨리고 활을 부러뜨리는 부류의 사람을 존중하고, 수단을 아는 사람을 기술자로만 삼는 것이다. 기술자가 자기의 기교를 펼칠 수 없으니, 그러므로 집이 무너지고 활이 부러진다. 나라 다스리는 법을 아는 사람이 자기의 방략을 시행할 수 없으니, 그러므로 나라가 어지럽고 군주가 위험하게 된다.

范且、虞慶之言, 皆文辯辭勝而反事之情[191], 人主說[192]而不禁, 此所以敗也。夫不謀治强之功, 而艶[193]乎辯說文麗之聲, 是卻有術之士而任壞屋折弓也。故人主之於國事也, 皆不達乎工匠之搆屋張弓也。然而士窮乎范且、虞慶者, 爲虛辭, 其無用而勝, 實事, 其無易[194]而窮也。人主多[195]無用之辯, 而少[196]無易之言, 此所以亂也。今世之爲范且、虞慶者不輟[197], 而人主說之不止, 是貴[198]敗折之類, 而以知術之人爲工匠也。不得施其技巧[199], 故屋壞弓折。知治之人不得行其方術[200], 故國亂而主危。

○○○

대저 어린아이가 서로 놀 때는, 흙먼지를 밥으로 삼고, 진흙을 국으로 삼고, 나무를 고깃덩어리로 삼는다. 그러나 날이 저물면 반드시 집으로 돌아가 밥을 먹는 것은, 흙먼지 밥과 진흙 국은 가지고 놀 수는 있지만 먹을 수는 없기 때문이다. 대저 상고(上古)의 전해 내려오며 칭송되는 일을 찬양하는 것은, 듣기는 좋지만 진실하지 않고, 고대 군주의 인의(仁義)를 받들어 시행해도 나라를 바로잡을 수 없는 것은, 이 또한 그것을 가지고 즐길 수는 있지만 그것을 가지고 나라를 다스리는 방법으로 삼을 수 없기 때문이다. 저 인의를 흠모하면서도 나라를 쇠약하고 어지럽게 하는 것은, 한(韓)·조(趙)·위(魏) 세 나라이다. 인의를 흠모하지 않고서도 나라를 안정되고 강성하게 하는 것은, 진(秦)나라이다. 그렇지만 진나라가 아직 제왕(帝王)이라고 일컫지 못하는 것은, 다스리는 방법이 아직 완벽하지 못하기 때문이다.

夫嬰兒相與戲也, 以塵爲飯, 以塗爲羹, 以木爲胾[201]。然至日晩必歸饟[202]者, 塵飯塗羹可以戲而不可食也。夫稱上古之傳頌[203], 辯而不慤[204], 道[205]先王仁義而不能正國者, 此亦可以戲而不可以爲治也。夫慕仁義而弱亂者, 三晉[206]也。不慕而治强者, 秦也。然而未帝[207]者, 治未畢[208]也。

○ ○ ○

전 3

사람이 어린아이일 때, 부모가 그를 소홀히 키우면, 아이가 자라서 부모를 원망한다. 아들이 자라 성인이 되어, 부모에 대한 그의 공양이 보잘것없으면, 부모가 노하여 그를 꾸짖는다. 아들과 아버지는 지극히 가까운 사이인데, 그러나 어떤 때는 꾸짖고 어떤 때는 원망하니, 이것은 모두 남을 위해야 한다는 생각을 지니고 있어 자기를 위하는 세상의 인심과는 맞지 않기 때문이다. 대저 인부를 고용하여 파종하고 경작하고, 주인이 가산을 써서 그들에게 풍성한 음식을 주고, 포폐(布幣)를 가지고 가서 순도 높은 전폐(錢幣)를 구하여 그들의 품삯으로 삼는데, 이는 고용된 사람을 아끼기 때문이 아니라, '이렇게 해야, 땅을 가는 사람이 깊이 갈고, 김을 매는 사람이 세밀하게 김을 맨다.'라고 생각하기 때문이다. 인부가 힘을 다하여 신속하게 김을 매고 땅을 갈고, 솜씨를 다하여 밭두둑을 바로잡는데, 이는 주인을 아끼기 때문이 아니라, '이렇게 해야, 음식이 풍성해지고, 품삯으로 받는 전폐는 순도가 높아진다.'라고 생각하기 때문이다. 주인은 이렇게 인부를 부양하여, 아버지와 아들 간의 은택(恩澤)이 있게 되고,

인부의 마음은 노역에 몰두하는데, 이는 모두 자기를 위하는 마음을 지닌 것이다. 그러므로 사람들이 일을 하고 베푸는 데 있어, 남을 이롭게 하면 자기를 이롭게 할 수 있다는 것을 마음으로 삼으면, 월(越)나라 사람처럼 관계가 먼 사람도 쉽게 사이가 좋아진다. 자기를 해롭게 했으니 남을 해롭게 한다는 것을 마음으로 삼으면, 아버지와 아들 간이라도 마음이 떠나고 원망한다.

人爲嬰兒也，父母養之簡[209]，子長而怨。子盛壯成人，其供養薄，父母怒而誚[210]之。子父至親也，而或譙[211]或怨者，皆挾相爲而不周[212]於爲己也。夫賣[213]庸[214]而播耕者，主人費家而美食，調布[215]而求易[216]錢者，非愛庸客也，曰，“如是，耕者且深，耨[217]者熟[218]耘[219]也。”庸客致力而疾耘耕者，盡巧而正畦陌畦畤[220]者，非愛主人也，曰，“如是，羹[221]且美，錢布且易云[222]也。”此其養功力，有父子之澤矣，而心調[223]於用者，皆挾自爲心也。故人行事施予，以利之爲心，則越人[224]易和。以害之爲心，則父子離且怨。

○ ○ ○

문공(文公)이 송(宋)나라를 토벌하려고 하였고, 이에 먼저 선언하기를 “내가 듣기에 송나라 군주가 무도(無道)하여, 덕이 있는 노인을 모욕하고, 재산을 분배하는 것이 적당하지 않고, 명령을 발포하고도 지키지 않는다고 하니, 내가 백성들을 위하여 그를 죽이겠노라.”라고 하였다.

文公伐宋[225]，乃先宣言曰，“吾聞宋君無道，蔑侮長老[226]，分財不中[227]，教令不信，余來爲民誅之。”

○ ○ ○

월(越)나라 왕 구천(勾踐)이 오(吳)나라를 공격하려고 하였고, 이에 먼저 선언하기를 "내가 듣기에 오나라 왕 부차(夫差)가 여황대(如皇臺)를 짓고, 깊은 못을 파서, 백성을 피로하고 괴롭게 하고, 재화를 착취하고 낭비하고, 그로써 백성의 힘을 소진시킨다고 하니, 내가 백성들을 위하여 그를 죽이겠노라."라고 하였다.

越伐吳，乃先宣言曰，"我聞吳王[228]築如皇之臺[229]，掘淵泉之池，罷[230]苦百姓，煎[231]靡[232]財貨，以盡民力，余來爲民誅之。"

○ ○ ○

채(蔡)나라 군주의 딸이 제(齊)나라 환공(桓公)의 아내가 되었는데, 환공이 그녀와 함께 배에 탔다. 부인이 배를 흔들었고, 환공은 크게 두려워서, 그녀에게 하지 말라고 하였으나 그녀는 멈추지 않았고, 환공은 노하여 그녀를 친정으로 내쫓았다. 그 후에 환공이 다시 그녀를 불러들이려고 하자, 채나라는 이 때문에 또 그녀를 다른 데로 시집보냈고, 환공은 크게 노하여, 채나라를 토벌하려고 하였다. 관중(管仲)이 간언하기를 "대저 부부 사이의 장난을 가지고는, 다른 나라를 토벌할 것이 못 되며, 공훈과 업적을 기대할 수 없으니, 이 일을 너무 따지지 마시기 바랍니다."라고 하였다. 환공은 그의 말에 따르려고 하지 않았다. 관중이 말하기를 "필히 부득이 하다면, 초(楚)나라의 정모(菁茅)가 천자에게 바쳐지지 않은 지 삼 년이나 되었으니, 주군께서는 군사를 일으켜 천자를 위해 초나라를 토벌하는 것이 낫습니다. 초나라가 굴복한 뒤, 돌아와 채나라를 습격하며, 말씀하시기를 '내가 천자를 위해 초나라를 토벌하는데, 채나라는 군대를 이동하여 호응하지 않았다.'라고 하시고, 그리하여 채나라를 멸합니다. 이렇게 하면 명분에 의로움이 있고 실제에 이로움이 있으니, 그러므로 반드시 천자를 위하여 토벌한다는 명분이 있어야, 원수를 갚는 실효가 있습니다."라고 하였다.

蔡女[233]爲桓公妻, 桓公與之乘舟。夫人蕩[234]舟, 桓公大懼, 禁之不止, 怒而出之。乃[235]且[236]復召之, 因復更嫁之, 桓公大怒, 將伐蔡。仲父[237]諫曰, "夫以寢席[238]之戲, 不足以伐人之國, 功業[239]不可冀也, 請無以此爲稽[240]也。" 桓公不聽。仲父曰, "必不得已, 楚之菁茅[241]不貢[242]於天子三年矣, 君不如擧兵爲天子伐楚。楚服, 因還襲蔡, 曰, '余爲天子伐楚, 而蔡不以兵聽從', 因遂滅之。此義於名而利於實, 故必有爲天子誅之名, 而有報讎之實。"

○ ○ ○

오기(吳起)가 위(魏)나라의 장군을 맡아 중산국(中山國)을 공격하였는데, 군인 가운데 독창이 난 사람이 있어, 오기가 무릎을 꿇고 친히 그에게 독창의 고름을 빨아주니, 병이 난 자의 어머니가 그 즉시 울었는데, 어떤 사람이 묻기를 "장군께서 당신의 아들에게 이렇게까지 하는데, 무엇 때문에 우십니까?"라고 하였다. 이 어머니가 대답하기를 "오기가 전에 아이 아버지의 상처를 빨았고 아이 아버지는 필사적으로 싸우다가 죽었는데, 이제 이 아이도 곧 죽을 것이니, 지금 나는 이런 이유로 우는 것입니다."라고 하였다.

吳起爲[243]魏將而攻中山, 軍人有病疽[244]者, 吳起跪而自吮其膿, 傷者母立[245]而泣, 人問曰, "將軍於若[246]子如是, 尙何爲而泣?" 對曰, "吳起吮其父之創[247]而父死[248], 今是子又將死也, 今吾是以泣。"

○ ○ ○

조(趙)나라 주부(主父)가 공인(工人)에게 명령하여 갈고리 사다리를 사용하여 파오산(播吾山)에 올라가, 그 위에다 사람의 발자국을 새기게 하였는데, 넓이가 세 자이고, 길이가 다섯 자이며, 거기에 글자를 새기게 하기를 "주부가 일찍이 이곳에 와서 놀았다."라고 하였다.

趙主父[249]令工施鉤梯[250]而緣[251]播吾, 刻疏[252]人迹其上, 廣三尺, 長五尺, 而勒[253]之曰, "主父常[254]遊於此。"

○ ○ ○

진(秦)나라 소왕(昭王)이 공인(工人)에게 명령하여 갈고리 사다리를 사용하여 화산(華山)에 올라가, 소나무 측백나무의 수심(樹心: 나무줄기의 가운데 단단한 부분)으로 바둑알을 만들게 하였는데, 주사위는 길이가 여덟 자이고, 바둑알은 길이가 여덟 치로, 그것에 글자를 새기게 하기를 "소왕이 일찍이 천신(天神)과 이곳에서 바둑을 두었다."라고 하였다.

秦昭王[255]令工施鉤梯而上華山[256], 以松柏之心爲博[257], 箭[258]長八尺, 棊長八寸, 而勒之曰, "昭王嘗與天神博於此矣。"

○ ○ ○

진(晉)나라 문공(文公)이 조국으로 돌아갈 때, 황하(黃河)에 이르렀는데, 명령하기를 대그릇과 나무 그릇을 버리게 하였고, 거적과 깔개를 버리게 하였으며, 손발에 굳은살이 박이고 얼굴빛이 검은 사람을 뒤로 물러나게 하였다. 구범(咎犯)이 이 소식을 듣고 밤에 통곡을 하였다. 문공이 말하기를 "과인이 이십 년 간 나라를 떠나 망명하였고, 이제야 조국으로 돌아가게 되었는데, 구범은 이 소식을 듣고도 기뻐하지 않고 통곡하니, 그 뜻은 과인이 조국으로 돌아가는 것을 바라지 않는다는 것입니까?"라고 하였다. 구범이 대답하기를 "대그릇과 나무 그릇은 먹는 데 쓰는 것인데, 주군께서는 그것을 버리셨습니다. 거적과 깔개는 자는 데 쓰는 것인데, 주군께서는 그것을 버리셨습니다. 손발에 굳은살이 박이고 얼굴빛이 검은 사람은, 고생하고 공이 있는 자인데, 주군께서는 그들을 뒤로 물러나게 하셨습니다. 이제 저는 뒤의 행렬에 들어가게 되었고, 마음속에서 그 슬픔을 이기지 못하기에, 그래서 통곡한 것입니다. 더구나 서는 조국으로 돌아갈 수 있도록 주군을 위하여 사기와 거짓을 행한 것이 여러 차례로, 제 자신도 저를 미워하거늘, 하물며 주군께서는 어떻겠습니까!"라고 하였다. 그리고는 문공에게 두 번 절하고 하직하였다. 문공이 그를 저지하며 말하기를 "속담에 '토지신을 위해 제단을 짓는 사람은 제단을 지을 때는 아무렇게나 옷을 걷어 올리고 토지신의 신상(神像)을 세우지만, 세우고 나면 예복(禮服)과 예모(禮帽)를 갖추고 그것에 제사 지낸다.'라고 하였습니다. 지금 그대는 나에게 나라를 차지하도록 해주고, 나에게 나라를 다스리지 못하게 합니다. 이는 나에게 토지신을 세워 주고, 나에게 제사를 지내지 못하게 하는 것과 같습니다."라고 하였다. 이에 문공은 수레 왼쪽의 말을 풀어서 죽이고 황하에서 서약하였다.

文公反[259]國, 至河, 令籩豆[260]捐之, 席蓐[261]捐之, 手足胼胝[262]、面目黧黑者後之。 咎犯[263]聞之而夜哭。 公曰, "寡人出亡二十年, 乃今得反國, 咎犯聞之不喜而哭, 意不欲寡人反國邪?" 犯對曰,

"籩豆所以食也，而君捐之。席蓐所以臥也，而君弃之。手足胼胝、面目黧黑，勞有功者也，而君後之。今臣與[264]在後，中不勝其哀，故哭。且臣爲君行詐僞以反國者衆矣，臣尚自惡也，而況於君!" 再拜[265]而辭。文公止之曰，"諺曰 '築社[266]者褰[267]撅而置之，端冕[268]而祀之。' 今子與我取之，而不與我治之。與我置之，而不與我祀之焉。" 乃解左驂[269]而盟于河。

○ ○ ○

정현(鄭縣) 사람 복자(卜子)가 그의 아내로 하여금 바지를 만들게 하였다. 그의 아내가 묻기를 "이제 바지를 어떻게 만들까요?"라고 하였다. 남편이 말하기를 "내 헌 바지처럼 해주시오."라고 하였다. 아내는 그리하여 새 바지를 찢어 헌 바지처럼 만들었다.
鄭縣人卜子使其妻爲袴。其妻問曰，"今袴何如?" 夫曰，"象吾故[270]袴。" 妻因毁新令如故袴。

○ ○ ○

정현(鄭縣) 사람 가운데 수레의 멍에를 주운 자가 있었는데, 그것의 이름을 몰라, 다른 사람에게 묻기를 "이것은 무슨 물건이오?"라고 하였다. 다른 사람이 대답하기를 "이것은 수레의 멍에요."라고 하였다. 잠시 후에 그는 또다시 하나를 주웠고, 그 사람에게 묻기를 "이것은 무슨 물건이오?"라고 하였다. 그 사람이 대답하기를 "이것은 수레의 멍에요."라고 하였다. 물어 보는 사람이 크게 노하여 말하기를 "아까 '수레의 멍에'라고 하고는, 지금 또 '수레의 멍에'라고 하니, 이것이 어찌 이리도 많은가? 이는 당신이 나를 속이는 것이다!"라고 하였다. 그리하여 그와 싸웠다.

鄭縣人有得車軛[271]者, 而不知其名, 問人曰, "此何種[272]也?" 對曰, "此車軛也。" 俄[273]又復得一, 問人曰, "此是何種也?" 對曰, "此車軛也。" 問者大怒曰, "曩[274]者曰'車軛', 今又曰'車軛', 是何衆也? 此女[275]欺我也!" 遂與之鬭。

○ ○ ○

위(衛)나라 사람 가운데 새를 쏘는 것을 주관하는 이가 있었는데, 새가 오면, 먼저 자기의 두건을 가지고 새를 향해 휘둘렀고, 새가 놀라 날아가자 쏘지 않았다.

衛人有佐弋者, 鳥至, 因先以其裷[276]麾[277]之, 鳥驚而不射也。

○ ○ ○

정현(鄭縣) 사람 복자(卜子)의 아내가 시장에 갔다가, 자라를 사가지고 집으로 돌아오는데, 영수(潁水)를 건널 즈음, 그녀는 자라가 목이 마르다고 여겨, 이에 자라를 놓아주고 그것으로 하여금 물을 마시게 하였고, 그리하여 그 자라를 잃어버렸다.

鄭縣人卜子妻之市, 買鼈以歸, 過潁水[278], 以爲渴也, 因縱而飮之, 遂亡其鼈。

○ ○ ○

어떤 젊은이가 나이 든 사람을 모시고 술을 마셨는데, 나이 든 사람이 한 모금 마시면, 자기도 한 모금 마셨다.
夫少者侍長者飮, 長者飮, 亦自飮也。

○ ○ ○

일설에, 노(魯)나라 사람 가운데 자중자애하는 어떤 이가 있었는데, 나이 든 사람이 술을 마실 때 한 번에 다 마시지 못하고 오히려 마신 술을 토해내는 것을 보고는, 자기도 흉내 내어 술을 토해내었다.
一曰, 魯人有自喜[279]者, 見長年飮酒不能釂[280]則[281]唾[282]之, 亦效唾之。

○ ○ ○

일설에, 송(宋)나라 사람 가운데 어떤 젊은이가 있었는데 그 또한 고상한 풍모를 본받고자, 나이 든 사람이 술을 남김없이 마시는 것을 보고는, 자신은 술을 못 마시면서도, 그것을 다 마시려고 하였다.
一曰, 宋人有少者亦欲效善, 見長者飮無餘, 非斟[283]酒飮[284]也, 而欲盡之。

○ ○ ○

고서(古書)에 이르기를 "띠로 맨다."라고 하였다. 송(宋)나라 사람 가운데 이 책을 연구하는 이가 있었는데, 겹친 띠로 자신을 매었다. 어떤 사람이 말하기를 "이는 무엇 때문입니까?"라고 하였다. 그가 대답하기를 "책에서 그렇게 말하였으니, 본래 그렇게 해야 한다."라고 하였다.

書曰, "紳之束之[285]。" 宋人有治者, 因重帶自紳束也。 人曰, "是何也?" 對曰, "書言之, 固然。"

○ ○ ○

고서(古書)에 이르기를 "또 새기고 또 다듬어서, 그 원래의 질박함으로 돌아간다."라고 하였다. 위(魏)나라 사람 가운데 이 책을 연구하는 이가 있었는데, 일거일동마다 이 말을 배우겠다고 말하고, 일을 할 때마다 문식(文飾)을 강구하다가, 이렇게까지 하는 것은 정말 어렵다고 말하며, 도리어 그의 소박함을 잃어버렸다. 어떤 사람이 말하기를 "이는 무엇 때문입니까?"라고 하였다. 그가 대답하기를 "책에서 그렇게 말하였으니, 본래 그렇게 해야 한다."라고 하였다.

書曰, "旣[286]雕旣琢, 還歸其樸。" 梁[287]人有治者, 動作言學, 擧事於文[288], 曰難之, 顧[289]失其實。人曰, "是何也?" 對曰, "書言之, 固然。"

○ ○ ○

초(楚)나라 영(郢) 사람 가운데 연(燕)나라 상국에게 편지를 보내려는 이가 있었는데, 밤에 편지를 쓰다가, 촛불이 밝지 않자, 초를 든 사람에게 말하기를 "초를 높이 들어라."라고 하고는, "초를 높이 들어라"라고 잘못 썼다. 초를 높이 들라고 한 것은, 편지에 쓰려고 한 원래의 뜻이 아니나, 연나라 상국은 편지를 받고 그것을 해설하며, 말하기를

"초를 높이 드는 것은, 밝음을 숭상하는 것이고, 밝음을 숭상하는 것은, 현명한 사람을 선발하여 그들을 임용하는 것이다."라고 하였다. 연나라 상국이 이러한 의견을 연나라 왕에게 아뢰니, 왕은 크게 기뻐하였고, 연나라는 이로써 잘 다스려졌다. 다스리는 것은 잘 다스려졌지만, 이는 편지에 쓰려고 한 원래의 뜻은 아니다. 지금 세상의 학자는, 대부분 연나라 상국과 비슷하다.

郢人有遺燕相國書者，夜書，火不明，因謂持燭者曰"擧燭"，而誤書"擧燭"。擧燭，非書意也，燕相國受書而說[290]之，曰，"擧燭者，尙明也，尙明也者，擧賢而任之。"燕相白王，王大悅，國以治。治則治矣，非書意也。今世學者，多似此類。

○ ○ ○

정(鄭)나라 사람 가운데 신발을 사려는 이가 있었는데, 먼저 스스로 자기의 발을 재고는 치수를 재어 넣은 것을 자리에 놓았는데, 시장에 갈 때에는 그것을 가지고 가는 것을 잊어버렸다. 신발을 고른 뒤에, 그제야 말하기를 "내가 치수를 재어 넣은 것을 가져오는 것을 잊어버렸다."라고 하였다. 그것을 가지러 집으로 돌아갔다. 시장에 돌아오니, 시장은 이미 파했고, 그리하여 신발을 사지 못했다. 어떤 사람이 말하기를 "어찌하여 발로 신발을 신어 보지 않았는가?"라고 하였다. 그가 말하기를 "나는 치수를 믿을지언정, 내 발을 믿지 못하겠다."라고 하였다.

鄭人有欲買履者，先自度其足而置之其坐[291]，至之市而忘操之。已得履，乃曰，"吾忘持度。"反歸取之。及反，市罷，遂不得履。人曰，"何不試之以足?"曰，"寧信度，無自信也。"

○ ○ ○

전 4

임등(壬登)이 중모현(中牟縣)의 현령을 맡고 있었는데, 조양자(趙襄子)에게 아뢰기를 "중모에 중장(中章)과 서기(胥己)라는 선비들이 있어, 그들의 품행이 매우 훌륭하고, 그들의 학식이 매우 두터운데, 주군께서는 어찌하여 그들을 등용하지 않으십니까?"라고 하였다. 조양자가 말하기를 "당신이 그들로 하여금 나를 알현하게 하면, 나는 그들을 중대부(中大夫)로 임명할 것이오."라고 하였다. 집사가 간언하기를 "중대부는, 조(趙)나라의 중요한 관직입니다. 지금 공로가 없는데도 관직을 주신다면, 이는 조나라에서 대신(大臣)을 임명하는 뜻이 아닙니다. 주군께서는 귀로는 그들에 대해 들으셨지만 아직 눈으로는 그들을 보지 못하셨지요?"라고 하였다. 조양자가 말하기를 "내가 임등을 기용할 때, 귀로도 그에 대해 듣고 눈으로도 그를 보았는데, 임등이 기용하는 사람 또한 귀로도 그들에 대해 듣고 눈으로도 그들을 본다면, 이는 귀로 듣고 눈으로 보아야 할 사람이 영원히 끝이 없을 것이다."라고 하였다. 임등은 하루 만에 두 사람으로 하여금 조양자를 알현하게 하여 중대부를 맡게 하였고, 그들에게 농지와 주택을 주었다. 중모의 사람들 가운데 자기의 농지를 갈고 김매는 것을 포기하고, 주택과 밭을 팔고 뒤따라 문헌전적을 연구하는 이가 성읍의 반이나 되었다.

王登[292]爲中牟令[293]， 上言於襄主[294]曰， "中牟有士曰中章、胥己者， 其身甚修[295]， 其學甚博， 君何不擧之?" 主曰， "子見之， 我將爲中大夫[296]。" 相室[297]諫曰， "中大夫， 晉[298]重列[299]也。 今無功而受[300]， 非晉臣[301]之意。 君其耳而未之目邪?" 襄主曰， "我取登， 旣耳而目之矣， 登之所取又耳而目之， 是耳目人絶[302]無已也。" 王登一日而見二中大夫，予之田宅。中牟之人棄其田[303]耘，賣宅圃而隨文學者邑之半。

○○○

숙향(叔向)이 진(晉)나라 평공(平公)을 모시고 앉아 정사를 의논하였는데, 평공은 종아리가 아프고 다리가 마비되고, 쥐까지 났어도 감히 앉은 자세를 흐트러뜨리지 않았다. 진나라 사람이 이 일을 듣고, 모두 말하기를 "숙향은 현명한 사람이며, 그래서 평공이 그를 예우하였는데, 다리에 쥐가 나도 앉은 자세를 감히 흐트러뜨리지 않았다." 라고 하였다. 진나라에는 관직을 그만두고 더 이상 권세에 의탁하지 않으며 숙향을 본받는 사람이 나라의 삼분의 일이나 되었다.

叔向御坐[304]平公[305]請事，公腓[306]痛足痺[307]，轉筋而不敢壞坐。晉國聞之，皆曰，"叔向賢者，平公禮之，轉筋而不敢壞坐。"晉國之辭仕託、慕叔向者國之錘矣。

○○○

정현(鄭縣) 사람 가운데 굴공(屈公)이라는 이가 있었는데, 적이 왔다는 소리를 들으면, 두려운 나머지 혼절하였고, 두려운 마음이 그치면 다시 살아났다.

鄭縣人有屈公[308]者，聞敵，恐因死，恐已因生。

○○○

조(趙)나라 무령왕(武靈王)이 이자(李疵)를 보내 중산국(中山國)이 공격할 만한지 아닌지를 살펴보게 하였는데, 이자가 돌아와서 보고하기를 “중산국은 공격할 만하니, 주군께서 급히 공격하지 않으면, 제(齊)나라와 연(燕)나라에 뒤처질 것입니다.”라고 하였다. 무령왕이 말하기를 “무슨 까닭에 공격할 만한가?”라고 하였다. 이자가 대답하기를 “중산국의 군주는 산굴에 사는 은사(隱士)를 접견하고 또 좋아하는데, 차양이 기울 정도로 두 수레를 바싹 붙여 서로 이야기하거나 또 수레를 함께 타거나 하면서 만나는 가난한 동네와 좁은 골목에 사는 선비가 수십 명이나 되고, 평등한 예절로 자기의 신분을 낮추어 대우하는 벼슬하지 않은 선비가 수백 명이나 됩니다.”라고 하였다. 무령왕이 말하기를 “그대의 말을 가지고 논한다면, 이는 어질고 현명한 군주인데, 어찌 공격할 수 있겠는가?”라고 하였다. 이자가 말하기를 “그렇지 않습니다. 대저 군주가 산굴에 사는 은사를 표창하기를 좋아하여 그들로 하여금 입조하여 군주를 알현하게 하면, 전사가 전쟁에 태만해집니다. 군주가 학자를 존중하고, 자기의 신분을 낮추어 대우하는 선비들로 하여금 조정에서 벼슬하게 하면, 농부가 농사일에 게으르게 됩니다. 전사가 전쟁에 태만하면, 병력이 약해집니다. 농부가 농사일에 게으르면, 나라가 가난해집니다. 병력이 적보다 약하고, 나라가 내부에서 가난한데, 그러고도 망하지 않은 적은, 아직 없습니다. 그들을 공격하는 것이 또한 가능하지 않겠습니까!”라고 하였다. 무령왕이 말하기를 “좋다.”라고 하였다. 그리하여 군대를 일으켜 중산국을 공격하였고, 곧 멸망시켰다.

趙主父使李疵[309]視中山可攻不[310]也。還報曰，“中山可伐也，君不亟[311]伐，將後齊燕。”主父曰，“何故可攻?”李疵對曰，“其君見好巖穴[312]之士，所傾蓋[313]與車[314]以見窮閭隘巷之士以十數，伉禮[315]下布衣[316]之士以百數矣。”君曰，“以子言論，是賢君也，安可攻?”

疵曰, “不然。 夫好顯巖穴之士而朝之, 則戰士怠於行陳[317]。 上尊學者, 下士居朝, 則農夫惰於田。 戰士怠於行陳者, 則兵弱也。 農夫惰於田者, 則國貧也。 兵弱於敵, 國貧於內, 而不亡者, 未之有也。 伐之不亦可乎!” 主父曰, “善。” 擧兵而伐中山, 遂滅也。

○○○

전 5

제(齊)나라 환공(桓公)이 자색 옷 입기를 좋아하자, 온 나라 사람들이 모두 자색 옷을 입었다. 그때에는, 흰 베 다섯 필로도 자색 베 한 필을 바꾸지 못하였다. 환공이 이것을 근심하여, 관중(管仲)에게 말하기를 “과인이 자색 옷 입기를 좋아하여, 자색 옷감이 매우 비싼데, 온 나라의 백성들은 자색 옷 입기를 좋아해 마지않으니, 과인은 어찌 해야 하오?”라고 하였다. 관중이 말하기를 “주군께서 이런 상황을 저지하고 싶으시면, 어찌 친히 한번 자색 옷을 입지 말아 보시지 입으십니까? 주변의 시종에게 말하기를 ‘나는 자색 옷의 냄새가 매우 싫다.’라고 하십시오. 이때 시종 가운데 자색 옷을 입고 들어오는 자가 있으면, 주공(主公)께서는 반드시 ‘조금 물러나라, 나는 자색 옷의 냄새가 싫다.’라고 하십시오.”라고 하였다. 환공이 말하기를 “좋소.”라고 하였다. 그날, 낭중(郞中) 가운데 자색 옷을 입은 사람이 아무도 없었다. 그 다음 날에는, 수도 안에 자색 옷을 입은 사람이 아무도 없었다. 사흘째에는, 국경 안에 자색 옷을 입은 사람이 아무도 없었다.

齊桓公好服紫[318], 一國盡服紫。 當是時也, 五素[319]不得一紫。 桓公患之, 謂管仲曰, “寡人好服紫, 紫貴甚, 一國百姓好服紫不已, 寡人奈何?” 管仲曰, “君欲止之, 何不試勿衣紫也, 謂左右[320]曰,

‘吾甚惡紫之臭[321]。’ 於是[322]左右適[323]有衣紫而進者, 公必曰, ‘少卻, 吾惡紫臭。’” 公曰, “諾[324]。” 於是日, 郎中[325]莫衣紫。其明日, 國中[326]莫衣紫。三日, 境內[327]莫衣紫也。

○ ○ ○

일설에, 제(齊)나라 왕이 자색 옷 입기를 좋아하니, 제나라 사람이 모두 자색 옷 입기를 좋아하였다. 제나라에서는 흰 베 다섯 필로도 자색 베 한 필을 바꾸지 못하였다. 제나라 왕이 자색 옷감이 비싼 것을 근심하였는데, 태부(太傅)가 왕에게 말하기를 “시(詩)에 이르기를 ‘군주가 몸소 행하고 친히 행하지 않으면, 백성들이 믿지 않는다.’라고 하였습니다. 지금 왕께서 백성들 가운데 자색 옷을 입는 자가 없기를 바라신다면, 청컨대 왕께서는 스스로 자색 옷을 벗고 조정에서 정무를 보시고, 신하들 가운데 자색 옷을 입고 들어오는 자가 있으면, 말씀하시기를 ‘더 멀찌감치 떨어지시오! 과인은 이 자색 옷의 냄새가 싫소.’라고 하십시오.”라고 하였다. 그날, 낭중(郎中) 가운데 자색 옷을 입은 사람이 아무도 없었다. 그달에는, 수도 안에 자색 옷을 입은 사람이 아무도 없었다. 그해에는, 국경 안에 자색 옷을 입은 사람이 아무도 없었다.

一曰, 齊王好衣紫, 齊人皆好也。齊國五素不得一紫。齊王患紫貴, 傅說王曰, “詩云, ‘不躬不親, 庶民不信。’ 今王欲民無衣紫者, 王請自解紫衣而朝, 羣臣有紫衣進者, 曰, ‘益遠! 寡人惡臭。’” 是日也, 郎中莫衣紫。是月也, 國中莫衣紫。是歲也, 境內莫衣紫。[328]

○ ○ ○

정(鄭)나라 간공(簡公)이 자산(子産)에게 말하기를 "정나라는 작고, 초(楚)나라와 진(晉)나라 사이에 끼어 있소. 지금 내성(內城)과 외성(外城) 모두 온전하지 않고, 병기와 갑옷이 갖추어져 있지 않으니, 그것을 가지고 의외의 사태에 대비할 수 없소."라고 하였다. 자산이 말하기를 "제가 정나라의 외곽 변경을 봉쇄한 지 이미 오래되었고, 정나라의 내부를 지키는 것도 이미 견고하니, 비록 나라가 작아도, 저는 여전히 그것이 위태롭다고 여기지 않습니다. 주군께서는 근심하지 마십시오."라고 하였다. 이 때문에 간공은 죽을 때까지 재앙이 없었다.

鄭簡公謂子産曰，"國小，迫於荊[329]、晉之間。今城郭[330]不完，兵甲[331]不備，不可以待[332]不虞[333]。" 子産曰，"臣閉其外也已遠矣，而守其內也已固矣，雖國小，猶不危之也。君其勿憂。" 是以沒[334]簡公身無患。

○○○

자산(子産)이 정(鄭)나라의 상국을 맡았는데, 간공(簡公)이 자산에게 말하기를 "나는 술을 마셔도 즐겁지 않으니, 왜냐하면 제기(祭器)는 크지 않고, 종과 북과 피리와 거문고는 울리지 않고, 과인의 일은 한 가지에 그치지 않기 때문이오. 그렇지만 나라가 안정되지 않고, 백성이 잘 다스려지지 않고, 농민과 전사가 화목하지 않은 것은, 이 또한 그대의 잘못이오. 그대는 그대의 직무가 있고, 과인 또한 과인의 직무가 있으니, 각기 그 직무를 지켜야 하오."라고 하였다. 자산이 물러나 군주가 담당하는 일을 더 이상 담당하지 않고 정무만 관장한 지 오 년 만에, 나라에는 도적이 없었고, 길에서는 사람들이 떨어진 것을 줍지 않았고, 복숭아나무와 대추나무가 큰길을 덮어도 손을 뻗어 따는 사람이 아무도 없었고, 송곳과 칼을 길에서 잃어도 사흘이 지나면 주인에게 되돌아올 수 있었으니, 이러한 상황이 삼 년 동안 변하지 않았고, 백성들은 굶주림이 없었다.

子產相鄭, 簡公謂子產曰, "飮酒不樂也[335], 俎豆不大[336], 鍾鼓竽瑟不鳴[337], 寡人之事不一[338]。家不定, 百姓不治, 耕戰不輯睦[339], 亦子之罪。子有職, 寡人亦有職, 各守其職。" 子產退而爲政五年, 國無盜賊, 道不拾遺, 桃棗之蔭[340]於街[341]者莫援[342]也, 錐刀遺道三日可反[343], 三年不變, 民無飢也。

○ ○ ○

송(宋)나라 양공(襄公)이 초(楚)나라 사람과 탁곡(涿谷) 근방에서 교전하였는데, 송나라 사람은 이미 대열을 이루었고, 초나라 사람은 아직 강을 다 건너지 못하였다. 우사마(右司馬) 구강(購强)이 잰걸음으로 와서 간언하기를 "초나라 사람은 많고 송나라 사람은 적으니, 초나라 사람으로 하여금 물을 반쯤 건너게 하고, 아직 대열을 이루기 전에 그들을 공격하면, 그들은 반드시 패할 것입니다."라고 하였다. 양공이 말하기를 "과인은 군자가 '부상당한 사람을 거듭 해치지 않고, 머리카락이 희끗희끗한 병사를 포로로 잡지 않고, 사람을 위험한 지경으로 밀어 넣지 않고, 사람을 막다른 골목으로 압박하지 않고, 대열을 이루지 않은 적군을 북을 쳐 공격하지 않는다.'라고 말한 것을 들었다. 지금 초나라 군대가 아직 강을 다 건너지 않았는데 그들을 공격하면, 도의(道義)를 해치게 된다. 초나라 사람으로 하여금 강을 다 건너 대열을 이루게 하고, 그런 뒤에 북을 치고 장병들에게 명령하여 그들을 공격하게 하라."라고 하였다. 우사마가 말하기를 "주군께서 송나라 백성이 배가 갈리고 심장이 파헤쳐지는 것을 가엾게 여기시지 않는 것은, 단지 도의를 위해서일 뿐입니다."라고 하였다. 양공이 말하기를 "대열로 돌아가지 않으면, 군법에 따라 처리할 것이다."라고 하였다. 우사마가 대열로 돌아가고, 초나라 사람이 이미 대열을 이루고 진형을 갖추니, 양공은 그제야 북을 치며 그들을 공격하였다. 송나라 사람은 크게 패하였고, 양공은 넓적다리를 다쳐, 삼일 만에 죽었다. 이것이 바로 친히 인의(仁義)를 행하는 것을 흠모한 재앙이다. 대저 반드시 군주 스스로 친히 행하는 것에 의지한 뒤에야 백성이 따를 수 있다면, 이는 군주로 하여금 스스로 밭을 갈아 먹게 하고, 전투에 종사하며 기러기처럼 대열을 이루게 한 뒤에야 백성들이 농사짓고 전쟁하려 든다는 것이니, 그렇다면 군주가 너무 위태롭지 않겠는가! 신하가 너무 편안하지 않겠는가!

宋襄公與楚人戰於涿谷[344]上, 宋人旣成列矣, 楚人未及濟。右司馬[345]購强[346]趨[347]而諫曰, "楚人衆而宋人寡, 請使楚人半涉, 未成列而擊之, 必敗。" 襄公曰, "寡人聞君子曰, '不重[348]傷, 不擒二毛[349], 不推人於險, 不迫人於阨 不鼓[350]不成列。' 今楚未濟而擊之, 害義。請使楚人畢涉成陳, 而後鼓士進之。" 右司馬曰, "君不愛宋民, 腹心不完[351], 特爲義耳。" 公曰, "不反列, 且行法。" 右司馬反列, 楚人已成列撰[352]陳矣, 公乃鼓之。宋人大敗, 公傷股, 三日而死[353]。此乃慕自仁義之禍。夫必恃人主之自躬親而後民聽從, 是則將令人主耕以爲上[354], 服戰[355]鴈行也民乃肯耕戰, 則人主不泰[356]危乎! 而人臣不泰安乎!

○ ○ ○

제(齊)나라 경공(景公)이 발해(渤海)에서 노니는데 공문을 전달하는 기마병이 수도로부터 와서 알현하며 말하기를 "안영(晏嬰)이 병이 심하여, 곧 죽으려 하니, 아마도 주공께서 그를 보시기에는 늦을 것 같습니다."라고 하였다. 경공이 급히 일어났고, 공문을 전달하는 기마병이 또 당도하였다. 경공이 말하기를 "어서 준마 번저(煩且)가 끄는 수레를 메우고, 마부 한구(韓樞)로 하여금 그것을 몰게 하여라."라고 하였다. 수백 보를 갔는데, 경공은 마부가 수레 모는 것이 빠르지 않다고 여기고는, 말고삐를 빼앗아 그를 대신하여 몰았다. 대략 또 수백 보를 가다가, 말이 앞으로 질주하지 않는다고 여기고는, 수레와 말을 모두 버리고 달려갔다. 번저라는 좋은 말과 마부 한구의 기교에 의지하면서도, 경공은 수레에서 내려 달려가는 것만 못하다고 여겼다.

齊景公游少海[357]傳騎[358]從中[359]來謁曰, "嬰[360]疾甚, 且死, 恐公後之。" 景公遽起, 傳騎又至。景公曰, "趨[361]駕煩且[362]之乘, 使騶[363]子韓樞[364]御之。" 行數百步, 以騶爲不疾, 奪轡代之御。可[365]數百步, 以馬爲不進, 盡釋車而走。以煩且之良而[366]騶子韓樞之巧, 而以爲不如下走也。

○ ○ ○

위(魏)나라 소왕(昭王)이 나라의 일을 관리하는 데 참여하고 싶어서, 맹상군(孟嘗君)에게 말하기를 "과인은 나라의 일을 관리하는 데 참여하고 싶소."라고 하였다. 맹상군이 말하기를 "왕께서 나라의 일을 관리하는 데 참여하고 싶으시면, 어찌하여 법률을 한번 숙독해 보시지 않으십니까?"라고 하였다. 위나라 소왕이 법률 조문을 읽었는데 겨우 십여 개의 죽간을 읽다가 졸았다. 소왕이 말하기를 "과인은 이 법률을 읽을 재능이 없소."라고 하였다. 대저 군주가 자기의 권세도 친히 쥐고 있지 않으면서, 신하가 해야 하는 일을 하고자 한다면, 조는 것 또한 당연하지 않겠는가.

魏昭王[367]欲與[368]官[369]事, 謂孟嘗君[370]曰, "寡人欲與官事。" 君曰, "王欲與官事, 則何不試習讀法?" 昭王讀法十餘簡[371]而睡臥矣。王曰, "寡人不能讀此法。" 夫不躬親其勢柄[372], 而欲爲人臣所宜爲者也, 睡不亦宜乎。

○○○

공자(孔子)가 말하기를 "군주 된 자는 사발과 같고, 백성은 사발 속의 물과 같다. 사발이 네모나면 물도 네모나고, 사발이 둥글면 물도 둥글다."라고 하였다.

孔子曰, "爲人君者猶盂也, 民猶水也。盂方水方, 盂圜水圜[373]。"

○○○

추(鄒)나라 군주가 긴 갓끈을 착용하기를 좋아하니, 시종들이 모두 긴 갓끈을 착용하였고, 이에 갓끈의 가격이 매우 비쌌다. 추나라 군주가 그것을 근심하여, 시종에게 물었고, 시종이 말하기를 "주군께서 긴 갓끈을 착용하기를 좋아하시니, 백성들도 대부분 긴 갓끈을 착용하여, 이 때문에 가격이 비쌉니다."라고 하였다. 군주가 그리하여 먼저 스스로 자신의 갓끈을 끊고 순시(巡視)를 나갔고, 그러자 나라 안에서는 모두 긴 갓끈을 착용하지 않았다. 군주가 명령을 내려 백성들에게 착용하는 표준을 만들어 줌으로써 긴 갓끈을 착용하는 것을 금지하지 못하고, 갓끈을 끊고 순시를 나가 백성들에게 보이니, 이는 먼저 스스로를 욕되게 하고 이로써 백성을 통치하는 것이다.

鄒君好服[374]長纓[375]，左右皆服長纓，纓甚貴。鄒君患之，問左右，左右曰，“君好服，百姓亦多服，是以貴。”君因先自斷其纓而出，國中皆不服長纓。君不能下令爲百姓服度以禁之，乃斷纓出以示民，是先戮[376]以莅[377]民也。

○○○

숙향(叔向)이 봉록을 주었는데, 공이 많은 사는 많이 주었고, 공이 적은 자는 적게 주었다.

叔向賦[378]獵[379]，功多者受[380]多，功少者受少。

○○○

한(韓)나라 소후(昭侯)가 신자(申子)에게 말하기를 “법도는 실행하기가 대단히 쉽지 않소.”라고 하였다. 신자가 말하기를 “법이라는 것은, 공을 보면 상을 주고, 재능에 따라 관직을 주는 것입니다. 지금 주군께서 법도를 세우고도 시종의 요청을 들어주시니, 이것이 바로 법도를 실행하기 어려운 이유입니다.”라고 하였다. 소후가 말하기를 “나는 이제부터 어떻게 법치를 실행할지를 알게 되었고, 과인이 어떻게 의견을 들어야 되는지를 알게 되었소.”라고 하였다. 어느 날, 신자가 그의 사촌 형을 관리로 위임해줄 것을 요청하였는데, 소후가 말하기를 “그대에게 배운 것이 아닌가, 그대의 요청을 들어주어, 그대의 원칙을 무너뜨릴 것인가? 아니면 그대의 원칙을 채택하여, 그대의 요청을 물리칠 것인가?"라고 하였다. 신자가 정방(正房)을 피하여 거주하지 않았고 벌을 줄 것을 청하였다.

韓昭侯謂申子[381]曰, "法度甚不易行也。" 申子曰, "法者, 見功而與賞, 因能而受[382]官。今君設法度而聽左右之請, 此所以難行也。" 昭侯曰, "吾自今以來知行法矣, 寡人奚聽矣。" 一日, 申子請仕其從兄官, 昭侯曰, "非所學於子也, 聽子之謁, 敗子之道乎? 亡其用子之謁[383]。" 申子辟舍[384]請罪[385]。

○ ○ ○

전 6

진(晉)나라 문공(文公)이 원(原)읍을 공격하였는데, 열흘 먹을 식량을 가지고 갔고, 이에 대부(大夫)들과 공격하는 기간을 열흘로 약정하였다. 원읍에 이른지 열흘이 되었는데, 원읍은 함락되지 않았고, 진나라 문공은 징을 쳐 병사들을 물러나게 하고, 전투를 중지하고 떠나갔다. 병사 가운데 원읍에서 도망쳐 나온 자가 있었는데, 그가 말하기를 "원읍은 사흘만 지나면 투항할 것입니다."라고 하였다. 신하들과 시종이 간언하기를 "대저 원읍은 식량이 고갈되고 병력이 소진되었으니, 주군께서는 잠시만 그것을 기다리십시오."라고 하였다. 문공이 말하기를 "나는 병사들과 열흘을 약정하였는데, 떠나가지 않으면, 이는 나의 신용을 잃는 것이다. 원읍을 얻고 신용을 잃는 것은, 나는 하지 않는다."라고 하였다. 그리하여 전투를 중지하고 원읍을 떠났다. 원읍 사람들이 이 소식을 듣고 말하기를 "이렇게 신용을 지키는 군주가 있는데, 귀의하지 않을 수 있겠는가!"라고 하였다. 이에 문공에게 투항하였다. 위(衛)나라 사람이 이 소식을 듣고 말하기를 "이렇게 신용을 지키는 군주가 있는데, 따르지 않을 수 있겠는가!"라고 하였다. 이에 문공에게 투항하였다. 공자(孔子)가 듣고 나서 이 일을 기록하기를 "원읍을 공격하여 위나라를 얻은 것은, 신용을 지켰기 때문이다."라고 하였다.

晉文公攻原[386], 裹[387]十日糧, 遂與大夫期十日。至原十日, 而原不下, 擊金[388]而退, 罷兵[389]而去。士有從原中出者, 曰, "原三日卽下[390]矣。" 羣臣左右諫曰, "夫原之食竭力盡矣, 君姑待之。" 公曰, "吾與士期十日, 不去, 是亡吾信也。得原失信, 吾不爲也。" 遂罷兵而去。原人聞曰, "有君如彼其信也, 可無歸乎!" 乃降公。衛人聞曰, "有君如彼其信也, 可無從乎!" 乃降公。孔子聞而記之曰, "攻原得衛者, 信也[391]。"

○○○

진(晉)나라 문공(文公)이 기정(箕鄭)에게 묻기를 "기근을 구제하려면 어떻게 해야 하는가?"라고 하였다. 기정이 대답하기를 "신용이 있어야 합니다."라고 하였다. 문공이 말하기를 "어느 방면에 신용이 있어야 하는가?"라고 하였다. 기정이 말하기를 "명분 등의 방면에 신용이 있어야 합니다. 명분에 신용이 있으면, 신하들이 직책을 지키고, 잘하고 잘못한 것이 직책의 범위를 넘지 않아, 만사가 태만하지 않습니다. 일에 신용이 있으면, 사람들이 하늘의 때를 잃지 않고, 백성들이 본분을 넘지 않습니다. 도의에 신용이 있으면, 가까이 있는 사람이 힘써 도의를 실행하고 멀리 있는 사람이 그에게 귀의하게 됩니다."라고 하였다.

文公問箕鄭[392]曰，“救餓奈何?” 對曰，“信。” 公曰，“安信?” 曰，“信名[393]。信名，則羣臣守職，善惡不踰，百事不怠。信事，則不失天時，百姓不踰。信義，則近親勸勉，而遠者歸之矣。”

○ ○ ○

오기(吳起)가 밖에 나갔다가, 옛 친구를 만나 못 가게 그를 만류하며 함께 밥을 먹자고 했고, 친구가 말하기를 "좋다."라고 하였다. 그 친구는 돌아와서 밥을 먹겠다고 약속하였다. 오기가 말하기를 "그럼 자네를 기다렸다가 밥을 먹겠네."라고 하였다. 친구는 날이 저물어도 오지 않았고, 오기는 날이 저물어도 밥을 먹지 않고 그를 기다렸다. 다음 날, 오기는 일찌감치 사람을 시켜 친구를 찾게 하였고, 친구가 오자 오기는 비로소 그와 함께 밥을 먹었다.

吳起出，遇故人而止[394]之食，故人曰，“諾。” 期返而食。吳子曰，“待公而食。” 故人至暮不來，吳起至暮不食而待之。明日，早令人求故人，故人來方與之食。

○ ○ ○

위(魏)나라 문후(文侯)가 산택(山澤)을 주관하는 관리와 사냥할 시간을 약속하였다. 다음 날, 마침 거센 바람을 만났고, 시종이 문후를 만류하였으나, 문후는 들으려 하지 않으며, 말하기를 "바람이 거세다는 이유로 신용을 잃어서는 안 되니, 나는 그렇게 하지 않겠다."라고 하였다. 그리하여 스스로 수레를 몰고 나아갔고, 바람을 무릅쓰고 가서 산택을 주관하는 관리로 하여금 사냥하는 것을 그만두게 하였다.

魏文侯與虞人期獵。明日，會[395]天疾風，左右止文侯，不聽，曰，“不可以風疾之故而失信，吾不爲也。”遂自驅車往，犯風而罷[396]虞人。

○○○

증자(曾子)의 아내가 시장에 갔는데, 그녀의 아들이 그녀를 따라다니며 울었고, 아이 엄마가 말하기를 “너 먼저 집으로 돌아가라, 돌아와서 너에게 돼지를 잡아주겠다.”라고 하였다. 아내가 막 시장에서 돌아오니, 증자가 돼지를 붙잡고 그것을 잡으려고 했는데, 아내가 증자를 말리며 말하기를 “단지 아이와 농담했을 뿐입니다.”라고 하였다. 증자가 말하기를 “아이는 농담하는 대상이 아니오. 아이는 지식이 있지 않으며, 부모를 의지하여 배우는 자이고, 부모의 가르침을 따르오. 지금 당신이 그를 속이면, 이는 당신 아들에게 속이는 것을 가르치는 것이오. 어머니가 자식을 속이면, 자식이 자기 어머니를 믿지 않게 되니, 이는 가정 교육으로 쓸 수 있는 것이 아니오.”라고 하였다. 그리하여 돼지를 삶았다.

曾子之妻之市，其子隨之而泣，其母曰: “女[397]還，顧反[398]爲女殺彘。”妻適[399]市來，曾子欲捕彘殺之，妻止之曰，“特[400]與嬰兒戲耳。”曾子曰，“嬰兒非與戲也。嬰兒非有知也，待父母而學者也，聽父母之教。今子欺之，是教子欺也。母欺子，子而不信其母，非以成教也。”遂烹彘也。

○○○

초(楚)나라 여왕(厲王)에게 긴급 상황을 알리는 북이 있어, 백성들과 더불어 그 북소리를 경계로 삼았다. 한번은 여왕이 술을 마시고 취하여, 잘못하다 북을 쳤고, 백성들이 크게 경계하였다. 여왕이 사람을 보내 백성들을 저지하며, 말하기를 "내가 취해 시종과 농담하다가 북을 친 것이다."라고 하였다. 백성들이 모두 흩어졌다. 몇 개월 지나, 긴급 상황이 발생하였고, 여왕이 북을 쳤으나 백성들은 달려오지 않았다. 그리하여 그가 명령을 바꾸고 신호를 명확히 하니 백성들이 그를 믿었다.

楚厲王有警鼓， 與百姓爲戒。飮酒醉， 過而擊， 民大驚[401]。使人止之， 曰， "吾醉而與左右戲而擊之也。" 民皆罷。居[402]數月， 有警， 擊鼓而民不赴。乃更令明號而民信之。

○○○

이회(李悝)가 좌우 두 진영의 장병들에게 경고하며, 말하기를 "삼가 적을 경계할 것이니, 조만간 당도하여 너희를 습격할 것이다."라고 하였다. 이와 같은 경고를 여러 차례 반복하여도 적은 오지 않았다. 두 진영의 장병들은 해이해졌고, 이회를 믿지 않았다. 몇 개월이 지나, 진(秦)나라 사람이 와서 그들을 습격하였고, 진나라 군대가 당도하여 거의 이회의 군대를 소멸하였다. 이것은 신용을 중시하지 않은 재앙이다.

李悝警其兩和， 曰， "謹警敵人， 旦暮[403]且至擊汝。" 如是者再三而敵不至。兩和懈怠， 不信李悝。居數月， 秦人來襲之， 至幾奪[404]其軍。此不信患也。

○ ○ ○

일설에, 이회(李悝)가 진(秦)나라 사람과 교전하였는데, 왼쪽 진영의 장병들에게 말하기를 "속히 돌격하라, 오른쪽 진영의 장병들이 이미 돌격하였다."라고 하였다. 또 말을 달려 오른쪽 진영의 장병들에게 이르러 말하기를 "왼쪽 진영의 장병들이 이미 돌격하였다."라고 하였다. 좌우 두 진영의 장병들이 말하기를 "돌격하자."라고 하였다. 이리하여 모두 다투어 돌격하였다. 그 다음 해에, 진나라 사람과 또 전쟁을 하였는데, 진나라 사람이 그들을 습격하였고, 진나라 군대가 당도하여 거의 그의 군대를 소멸하였다. 이것은 신용을 중시하지 않은 재앙이다.

一曰，李悝與秦人戰，謂左和曰，"速上，右和已上矣。"又馳而至右和曰，"左和已上矣。"左右和曰，"上矣。"於是皆爭上。其明年[405]，與秦人戰，秦人襲之，至幾奪其軍。此不信之患。

○ ○ ○

서로 소송을 하는 사람들이 있었는데, 자산(子産)이 그들을 격리시켜, 서로 이야기하지 못하게 하였고, 그들의 말을 반대로 다른 한쪽에 알림으로써 그들의 실정을 알게 되었다.

有相與訟者[406]，子産離之，而毋使通辭，到至[407]其言以告而知也。

○ ○ ○

위(衛)나라 사공(嗣公)이 사람을 보내 행상으로 변장시켜 세관의 시장을 지나가게 하였는데, 시장 관리원들이 그를 힐책하였다. 이에 그가 시장 관리원들에게 금을 뇌물로 주니, 시장 관리원들은 그제야 그를 놓아주었다. 사공이 시장 관리원들에게 말하기를 "모시(某時)에 어떤 행상이 지나가다가 너희에게 금을 주니, 너희는 곧 그를 보내주었다."라고 하였다. 시장 관리원들은 크게 두려워하며, 사공이 똑똑히 살핀다고 여겼다.

惠嗣公使人僞關市[408], 關市呵難之[409]。因事[410]關市以金, 關市乃舍之。嗣公謂關市曰, "某時有客過而予汝金, 因譴[411]之。" 關市大恐, 以嗣公爲明察。

1) 有若(유약): 춘추 시대 노(魯)나라 사람, 자(字)는 유(有), 공자(孔子)의 제자.

2) 宓子(복자): 복자천(宓子賤), 이름은 부제(不齊), 자는 자천(子賤), 공자의 제자로, 일찍이 선보(單父: 노(魯)나라 지명, 지금의 산동성(山東省) 선현(單縣)에 있었음)를 다스렸다.

3) 明主(명주): '人主(인주)'가 되어야 한다.

4) 辯(변): 말재간.

5) 遠(원): 실제와 멀리 떨어짐을 가리킨다.

6) 迂(우): 멀다. 현실과 거리가 멀거나 또는 실제와 맞지 않음을 가리킨다.

7) 弘(홍): 크다.

8) 田鳩(전구): 전구(田俅)라고도 한다. 제(齊)나라 사람, 묵가(墨家) 학자.

9) 墨子(묵자): 묵적(墨翟: 약 B.C.468년~B.C.376년), 노(魯)나라 사람, 춘추와 전국 교체기의 사상가, 묵가(墨家) 학파의 창시인. 그의 언행은 『묵자(墨子)』에 기재되어 있다. 그는 유가(儒家) 학설을 반대하고, 겸애(兼愛)·비공(非攻)·상현(尙賢)·절용(節用)·절장(節葬)·비악(非樂) 등을 주장하였다. 또한 하(夏)나라의 우(禹)임금을 모범으로 삼아 몸소 힘써 실천하는 것을 중시하여 명망 있는 하나의 학파가 되었다. 그러나 진(秦)·한(漢) 이후 그 학설은 점차 쇠퇴하였다.

10) 鳶(연): 솔개. 독수리의 일종.

11) 武宮(무궁): 무예를 연마하는 건물.

12) 用(용): '중(中)'자의 잘못, '중(中)'은 '충(忠)'과 통한다.

13) 功用(공용): 효능, 효용.

14) 的(적): 과녁의 중심, 파생하여 '목적, 표준'의 뜻이다.

15) 儀的(의적): 과녁.

16) 關(관): 관문. 표준을 비유한다.

17) 李惠宋墨(리혜송묵): '이(李)'는 '계(季)'가 되어야 한다. 계량(季梁)을 가리키며, 계량(季良)이라고도 한다. 양주(楊朱)의 친구이다. '혜(惠)'는 혜시(惠施)를 가리킨다. '송(宋)'은 송견(宋銒)을 가리키며, 송경(宋牼)이라고도 한다. 전국 시대 송(宋)나라 사람으로 황로학파(黃老學派)에 속한다. '묵(墨)'은 묵적(墨翟)을 가리킨다.

18) 策(책): 경문(經文) 뒤에 나오는 해설에 의하면 '협(莢)'이 되어야 한다.

19) 閎(굉): '홍(弘)'과 통한다.

20) 畏震瞻車狀(외진첨차장): '외(畏)'는 '위(魏)'가 되어야 하며, 위모(魏牟)를 가리킨다. '진(震)'은 '장(長)'이 되어야 하며, 장로자(長盧子)를 가리킨다. '첨(瞻)'은 첨하(瞻何)를 가리키며, 첨하(詹何)라고도 한다. 전국 시대 초(楚)나라의 은사(隱士)이다. '차(車)'는 '진(陳)'이 되어야 하며, 진변(陳駢)을 가리킨다. '장(狀)'은 '장(莊)'이 되어야 하며 장자(莊子)를 가리킨다. 이상 다섯 사람은 모두 도가(道家)의 인물이다.

21) 言而(언이): 고광기는 '행유(行有)'가 되어야 한다고 하였다(『한비자집해』).

22) 拂(불): 거스르다.

23) 确(확): 견고하다.

24) 務卞鮑介墨翟(무변포개묵적): '무(務)'는 무광(務光), '변(卞)'은 변수(卞隨), '포(鮑)'는 포초(鮑焦)를 가리킨다. '개(介)'는 개지추(介之推)를 가리키며, 개자추(介子推)라고도 한다. 왕선신은 묵적(墨翟)을 '전중(田仲)'의 잘못으로 보았고(『한비자집해』), 진기유는 '백이(伯夷)'의 잘못으로 의심하였다(『한비자신교주』). 장각은 여기에서 거론되는 인물은 모두 성만 부르고 이름을 부르지 않았으며, '묵적(墨翟)'은 '백(伯)·전(田)'의 음이 잘못된 것으로, 백이와 전중을 가리킨다고 하였다(『한비자교소』). 전중은 『맹자(孟子)·등문공하(滕文公下)』와 『회남자(淮南子)·범론훈(氾論訓)』에 진중자(陳仲子)로 나온다. 이들은 모두 고대의 이른바 고상하고 청렴결백한 사람이다.

25) 堅瓠(견호): 단단한 호리병박. 호리병박이 돌처럼 너무 단단하면 갈라서 물건을 담을 수 없으므로 쓸모없음을 비유한다.

26) 虞慶(우경): 우경(虞卿), 전국 시대 조(趙)나라 사람, 조나라 효성왕(孝成王)의 상경(上卿)을 지냈다.

27) 范且(범저): 범저(范雎). 저(且)는 '雎(저)'와 통한다.

28) 挾(협): 가지다, 품다.

29) 相(상): 다음 문장의 '자(自)'와 짝이 되어, 다른 사람을 가리킨다.

30) 望(망): 원망하다.

31) 譟(조): 고광기는 '초(譙)'가 되어야 한다고 하였다(『한비자집해』). '초(譙)'는 꾸짖다.

32) 取庸作者(취용작자): 인부를 취하여 경작하는 사람, 즉 고용주. '용(庸)'은

'용(傭)'과 통한다. 고용된 사람, 즉 인부. '작(作)'은 경작하다,

33) 瘳(추): 병이 낫다.

34) 賦頌(부송): 부(賦)와 송(頌) 두 가지 문체. '부(賦)'는 운문(韻文)과 산문(散文)의 종합체로, 수식·대우(對偶)·용운(用韻)을 중시한다. 가장 먼저 부(賦)로 작품의 이름을 붙인 사람은 전국 시대의 순황(荀況)인데, 「예부(禮賦)」와 「지부(知賦)」 등 5편이 지금 남아 있다. 후에 한(漢)·위(魏)·육조(六朝)에 성행하였다. '송(頌)'은 찬양을 내용으로 하는 시문(詩文)이다.

35) 鍾鼎之銘(종정지명): '종(鍾)'은 고대의 악기로, 대부분 청동을 사용하여 만들었다. '정(鼎)'은 발이 셋 달리고 귀가 둘 달린 고대의 기구로, 대부분 청동을 사용하여 만들었다. 원래는 음식물을 조리하는 취사 기구인데, 후에는 제사의 예기(禮器)와 통치자가 나라를 전하는 보물로 사용되었다. '명(銘)'은 명문(銘文)으로, 종정(鐘鼎)에 새겨 고대 통치자의 공덕을 찬양하는 문자이다.

36) 播吾(파오): 산 이름, 지금의 하북성(河北省) 평산현(平山縣) 동남쪽에 있다.

37) 博(박): '박(簙)'과 통한다. 고대의 일종의 놀이에 사용하던 바둑알.

38) 社(사): 토지신(土地神).

39) 目(목): '이(以)'가 되어야 한다.

40) 辭說(사설): 해설하다.

41) 請(청): '정(情)'과 통하며, '성(誠)'과 뜻이 같다. 정말로, 만약.

42) 學者(학자): 유가(儒家)를 가리킨다.

43) 宛曼(완만): '완만(涴漫)'과 같다. 아득하다.

44) 鄭縣(정현): 전국 시대 한(韓)나라의 지명, 지금의 하남성(河南省) 신정시(新政市)에 있었다.

45) 厄(액): '액(軛)'과 통한다. 멍에.

46) 佐弋(좌익): 주살로 새를 쏘는 것을 주관하는 관리.

47) 象(상): 모방하다.

48) 梁(량): 위(魏)나라를 가리킨다.

49) 記(기): 역사전적(歷史典籍).

50) 彰(창): 드러내다.

51) 信(신): 왕선신은 조본(趙本)에는 '능(能)'으로 되어 있다고 하였다(『한비자집해』).

52) 下(하): 고광기는 금본(今本)에는 '불(不)'로 되어 있다고 하였다(『한비자집해』).

53) 畜(휵): 순종하다, 여기서는 사역 동사로 쓰였다.

54) 中牟(중모): 조(趙)나라 지명, 지금의 하남성(河南省) 탕음현(湯陰縣) 서쪽에 있었다.

55) 文學(문학): 고대의 문헌전적(文獻典籍), 『시(詩)』·『서(書)』·『예(禮)』·『악(樂)』·『춘추(春秋)』 등 유가(儒家)가 자신의 정치적 주장을 널리 알리는 데 쓰는 전적이다. 여기서는 동사로 쓰여, 고대의 문헌전적을 연구하는 것을 가리킨다.

56) 腓(비): 종아리.

57) 錘(추): 삼분의 일.

58) 襲(습): 그대로 따르다.

59) 籍(적): 국가의 법령 문건.

60) 中(중): 부합하다.

61) 如令(여령): 법령을 따르다.

62) 二君(이군): 조양자(趙襄子)와 진(晉)나라 평공(平公)을 가리킨다.

63) 繩(승): 목수가 사용하는 먹줄. 법도를 비유한다.

64) 居學之士(거학지사): 은거하며 사학(私學) 활동에 종사하는 사람을 가리킨다.

65) 被(피): '피(披)'와 통한다.

66) 修(수): …에 힘쓰다.

67) 周(주): 왜곡하다.

68) 威(위): '외(畏)'와 통한다. 두려워하다.

69) 論(논): 논단하다.

70) 詩(시): 『시경(詩經)』을 가리키며, 인용한 시구는 『시경(詩經)·소아(小雅)·절남산(節南山)』에 보인다.

71) 躬(궁): '친(親)'과 같은 뜻, 친히 참여하다, 솔선수범하다.

72) 緩(완): 느슨하게 하다, 등한히 하다.

73) 鄭簡(정간): 정(鄭)나라 간공(簡公), 이름은 가(嘉), 춘추 시대 정나라 군주.

74) 宋襄(송양): 송(宋)나라 양공(襄公), 이름은 자보(茲甫), 춘추 시대 송나라 군주.

75) 分(분): 명분. 직분.

76) 責(책): 요구하다.

77) 誠(성): '성(成)'과 통한다.

78) 位(위): '이(莅)'와 통한다. 통치하다.

79) 去揜弊微服(거엄폐미복): 고광기는 금본(今本)에 '거(去)'는 '부(夫)'로 되어 있으며, 해설문에는 이 일에 관한 내용이 보이지 않는다고 하였다(『한비자집해』). '엄(揜)'은 '掩(엄)'과 같다. '폐(弊)'는 '폐(蔽)'와 통한다. '미(微)'는 은미(隱微)하다, 은폐하다. '미복(微服)'은 저명한 인물(통상 군왕이나 고관을 가리킴)이 신분을 은폐하기 위하여 평민의 복장으로 갈아입는 것이다.

80) 僇(륙): 욕보이다.

81) 賦(부): 주다.

82) 獵(렵): '녹(祿)'이 되어야 한다.

83) 昭侯(소후): 한(韓)나라 소후(昭侯).

84) 信(신): 신용.

85) 原(원): 지명, 지금의 하남성(河南省) 제원시(濟源市) 서북쪽에 있었다.

86) 箕鄭(기정): 진(晉)나라 대부(大夫).

87) 須(수): 기다리다.

88) 文侯(문후): 위(魏)나라 문후(文侯)를 가리킨다.

89) 虞人(우인): 산택(山澤)을 주관하는 관리.

90) 尊(존): 고광기는 연문으로, 앞의 문장이 잘못 들어간 것이라고 하였다(『한비자집해』).

91) 厲王(려왕): 초(楚)나라 여왕(厲王)을 가리킨다.

92) 警鼓(경고): 긴급 상황을 알리는 북.

93) 和(화): 군문(軍門), 진영(陣營)에 있는 군대를 가리킨다.

94) 單父(선보): 노(魯)나라 지명, 지금의 산동성(山東省) 선현(單縣)에 있었다.

95) 不齊(불제): 왕선신은 건도본(乾道本)의 '천(賤)'자를 장방본(張榜本)에 의거하여 '부제(不齊)'로 고쳤다(『한비자집해』). 진기유는 『사기·공자제자열전』에 의하면, 복부제(宓不齊)의 자는 자천(子賤)이므로 왕선신이 틀렸다고 하였다(『한비자신교주』).

96) 不肖(불초): 덕과 재능이 좋지 않다.

97) 鼓(고): 현악기를 뜯다. 탄주(彈奏)하다.

98) 南風(남풍): 시명(詩名). "남풍이 향기로워, 우리 백성의 원망을 풀 수 있다. 남풍이 때에 맞아, 우리 백성의 재물을 크게 해준다.(南風之薰兮, 可以解吾民之慍兮。南風之時兮, 可以阜吾民之財兮。)" 『공자가어(孔子家語)』에 보인다.

99) 廟堂(묘당): 조정(朝廷).

100) 瘁臞(췌구): 고달프고 여위다.

101) 顯學(현학): 저명한 학파(學派). 성행하는 학술(學術). 여기서는 저명한 학자(學者)를 가리킨다.

102) 體(체): 행하다, 실천하다.

103) 言多不辯(언다불변): 고광기는 '다(多)' 다음의 '이(而)'자를 연문으로 보았고, 왕선신은 『태평어람』에 의거하여 '이(而)'자를 삭제하였다(『한비자집해』). 그러나 진기유는 '변(辯)'은 화려하고 듣기 좋다는 뜻이며, 여기서는 말은 많지만 듣기에는 좋지 않다(말재간이 없어 의사를 표현하기가 쉽지 않음)는 의미이므로, 고광기와 왕선신의 설이 틀리다고 하였다(『한비자신교주』).

104) 秦伯嫁其女於晉公子(진백가기녀어진공자): 진(秦)나라 목공(穆公)이 진나라 종실의 딸 회영(懷嬴)을 진(晉)나라 공자(公子) 중이(重耳)에게 시집보낸 것을 가리킨다. 그 일은 『좌전(左傳)』희공(僖公) 23년에 보인다. '진백(秦伯)'은 진(秦)나라 군주, 작위가 백(伯)이므로 진백(秦伯)이라고 불렀고, 여기서는 진(秦)나라 목공(穆公)을 가리킨다. '기녀(其女)'는 회영(懷嬴)을 가리킨다.

105) 媵(잉): 시집갈 때 딸려 보내는 첩.

106) 木蘭(목란): 나무 이름, 재질은 측백나무와 같고, 껍질에는 계피와 같은 향기가 있다.

107) 薰(훈): '훈(熏)'과 통한다. 연기로 물품을 그을리어 익히거나 향기롭게 하다.

108) 桂(계): 나무 이름. 특이한 향기가 있으며, 일명 계화(桂花)·단계(丹桂)·구리향(九里香)이라고도 한다.

109) 椒(초): 나무 이름. 산수유나무와 비슷하고 바늘 모양의 가시가 있는데, 줄기와 잎은 단단하고 꽃은 윤기 있으며 잎은 향료로 쓰인다.

110) 玫瑰(매괴): 아름다운 붉은색 구슬.

111) 輯(집): 모으다.

112) 翡翠(비취): 녹색의 옥.

113) 鬻(육): 팔다.

114) 直(치): '치(値)'와 통한다. 가치.

115) 木鳶(목연): 나무로 만든 솔개. 대개 지금의 연(鳶)과 같다.

116) 蜚(비): '비(飛)'와 통한다.

117) 墨子曰(묵자왈): 노문초는 장본(張本)에는 다음에 '오(吾)'자가 있다고 하였다(『한비자집해』).

118) 輗(예): 수레의 끌채 끝과 가로나무가 맞물리는 곳의 핀(pin).

119) 咫(지): 고대의 길이 단위, 여덟 치[八寸]가 1지(咫).

120) 石(석): 고대의 무게 단위. 120근(斤)이 1석(石).

121) 任(임): 부담, 짐.

122) 惠子(혜자): 혜시(惠施)

123) 謳(구): 노래하다, 여기서는 가수를 가리킨다.

124) 倡(창): '창(唱)'과 통한다.

125) 不勝如(불승여): 유사배(劉師培)와 진기유는 '승(勝)'과 '여(如)' 중 하나는 연문이라고 하였으나(『한비자신교주』), 장각은 '뛰어나지도 않고 또 그보다 못하다(旣不勝又不如)'는 의미라고 하였다(『한비자교소』).

126) 度(탁): 헤아리다.

127) 功(공): 효과.

128) 板(판): 고대에는 목판(木板)을 사용하여 흙을 끼워 담을 쌓았는데, 1판(板)은 길이가 1장(丈), 너비가 2척(尺)이다.

129) 擿(적): 두드리다. 치다

130) 勸(권): 노력하다.

131) 已(이): 그치다, 치유하는 것을 가리킨다.

132) 棘(극): 멧대추나무, 가지에 가시가 있다.

133) 母猴(모후): 원숭이의 일종. 목후(沐猴)·미후(獼猴)·마후(馬猴)라고도 부른다.

134) 齋(재): 재계(齋戒)하다. 제사 지내기 전에, 목욕하여 몸을 깨끗이 하고, 술과 고기를 먹지 않는 것을 가리킨다.

135) 乘(승): 주조(周朝)에서 규정한 봉지(封地)의 세금 단위, 승은 사방 10리(里) 즉 100평방 리의 봉지에서 상납하는 세금으로, 관원의 봉록으로 쓰였다. '삼승(三乘)'은 300평방 리의 봉지에서 상납하는 세금으로, 사(士)의 봉록이다.

136) 右御、冶工(우어·야공): 우어(右御) 관할하의 대장장이. 우어는 관직명으로, 기물(器物)을 들이고 사용하는 일을 관리하였다. 한편 진기유는 우어와 야공(冶工) 두 사람으로 나누어, '신문(臣聞)'부터 '위기(爲期)'까지는 우어의 말, '범삭자(凡削者)'부터 '찰지(察之)'까지는 야공의 말로 보았다(『한비자신교주』).

137) 燕(연): '연(宴)'과 통한다.

138) 所以削(소이삭): 조각하는 데 쓰이는 물건, 조각칼을 가리킨다.

139) 又(우): 왕선신은 『태평어람』에 의거하여 '인(人)'을 '우(又)'로 고쳤는데(『한비자집해』), 진기유는 '인(人)' 다음에 '우(又)'자가 있어야 하며, 왕선신의 설이 틀리다고 하였다(『한비자신교주』).

140) 計(계): 계책, 계획.

141) 度量(도량): 표준을 가리킨다.

142) 說(열): '열(悅)'과 통한다.

143) 五乘(오승): 500평방 리의 봉지에서 상납하는 세금, 대부(大夫)의 봉록이다.

144) 奉(봉): '봉(俸)'과 통한다. 봉록.

145) 客(객): 여기서는 위(衛)나라 사람을 가리킨다.

146) 霽(제): 비가 그치고 구름이 흩어지다.

147) 晏陰之間(안음지간): 맑음과 흐림이 교차하는 때. '안(晏)'은 맑다.

148) 臺(대): 조정 직속의 관서 이름.

149) 削者(삭자): 조각칼을 만드는 사람.

150) 以削削之(이삭삭지): 조각칼로 그것을 조각하다.

151) 治(치): 조각하는 것을 가리킨다.

152) 善(선): 좋다, 칭찬함을 나타낸다.

153) 兒說(예설): 전국 시대 송(宋)나라 사람, 제(齊)나라 위왕(威王)과 선왕(宣王) 때 제나라 직하(稷下)에서 활동하였다. '兒說'은 '예설'로 읽는다(『한비자교소』).

154) 稷下(직하): 지명, 제(齊)나라에서 많은 사람을 모아 놓고 학문을 강의하던 곳, 수도 임치(臨淄)의 직문(稷門) 밖에 있었다.

155) 顧(고): '고(雇)'와 통한다. 납부하다.

156) 籍之(자지): '자(籍)'는 '자(藉)'와 통한다. 의지하다, 여기서는 사역 동사로 쓰였다. '지(之)'는 예설을 가리킨다.

157) 砥礪(지려): 갈다.

158) 殺(살): 날카롭다.

159) 彀弩(구노): 쇠뇌를 힘껏 당기다. '구(彀)'는 힘껏 당기다. '노(弩)'는 쇠뇌, 기계의 힘을 이용하여 화살을 발사하는 일종의 활.

160) 冥(명): '명(瞑)'과 통한다. 눈을 감다

161) 秋毫(추호): 가을철에 털갈이를 하여 새로 돋아나는 짐승의 가는 털, 지극히 미세한 사물을 비유한다.

162) 引(인): 활을 당기다.

163) 十步之遠(십보지원): '보(步)'는 고대 길이의 단위, 1보는 6척(尺)이다. 당시 규정된 최단의 사정거리는 50궁(弓)이다(1궁의 길이는 6척). 10보는 거리가 겨우 10궁이므로, 매우 가까움을 의미한다.

164) 逢蒙(방몽): '방몽(逄蒙)'·'방문(蠭門)'이라고도 한다. 예(羿)의 제자, 활쏘기의 명수.

165) 知(지): '지(智)'와 통한다.

166) 說(열): '열(悅)'과 통한다.

167) 關(관): 관문, 표준을 비유한다.

168) 物(물): 사(事).

169) 莢(협): 진기유는 지금의 환등(幻燈: 슬라이드)의 원판을 말하는 것으로, '협(莢)'은 대체로 콩꼬투리나 느릅나무의 협과(莢果) 같은 것이라고 하

였다. 꼬투리에는 얇은 막이 있는데 옛날에는 유리가 없었으므로 빛이 잘 통과하는 꼬투리의 막을 가지고 환등의 원판을 만들었다(『한비자신교주』).

170) 髹(휴): 옻.

171) 十版之牆(십판지장): 높이 1장(丈), 길이 2장(丈)의 담. '판(版)'은 '판(板)'과 같다.

172) 八尺(팔척): 진기유는 꼬투리는 아주 작아 8척의 격자창에 맞지 않기 때문에 '팔척(八尺)'은 '八寸(팔촌)'이 되어야 한다고 하였다(『한비자신교주』).

173) 罄(경): 나타나다.

174) 居士(거사): 벼슬하지 않고 은거(隱居)하는 사람.

175) 屈穀(굴곡): 사람 이름, 생애는 자세하지 않다.

176) 義(의): 학설, 주장, 도덕준칙.

177) 無竅(무규): 속이 꽉 차다, 틈새가 없다. '규(竅)'는 구멍.

178) 謂(위): '위(爲)'와 통한다. 왜냐하면 …때문이다.

179) 任重如堅石(임중여견석): 고광기는 '임중(任重)'은 연문이고, '여견(如堅)'은 '견여(堅如)'가 되어야 한다고 하였다(『한비자집해』).

180) 尊(존): 높다. 용마루에서 처마까지의 경사가 너무 가파른 것을 가리킨다.

181) 塗(도): 진흙.

182) 濡(유): 습하다

183) 椽生(연생): 서까래가 다 마르지 않다.

184) 詘(굴): 굴복하다.

185) 有間(유간): 시간이 조금 지나다.

186) 張弓(장궁): 활시위를 팽팽하게 잡아당겨 활에 걸다.

187) 伏(복): 놓다. 두다.

188) 檠(경): 도지개, 활을 바로잡는 틀.

189) 蹈(도): 설치하다.

190) 犯機(범기): 활의 발사 장치를 건드리다, 활을 쏘는 것을 가리킨다. '범(犯)'은 건드리다. '기(機)'는 활의 발사를 제어하는 장치.

191) 情(정): 실제.

192) 說(열): '열(悅)'과 통한다.

193) 豔(염): 부러워하다.

194) 無易(무역): 왕선신은 "그 이치는 바꿀 수 없다(其道不可易)"고 하였다(『한비자집해』).

195) 多(다): 중시하다.

196) 少(소): 경시하다.

197) 不輟(불철): 끊임없이 나타나는 것을 뜻한다.

198) 貴(귀): 존중하다.

199) 不得施其技巧(부득시기기교): 고광기는 '불(不)' 앞에 '공장(工匠)' 두 자가 있어야 한다고 하였다(『한비자집해』).

200) 方術(방술): 나라를 다스리는 방법을 가리킨다.

201) 胾(자): 고깃덩어리.

202) 饟(양): 밥을 먹다.

203) 傳頌(전송): 전해 내려오며 칭송되는 일.

204) 慤(각): 진실하다.

205) 道(도): 행하다.

206) 三晉(삼진): 한(韓)·조(趙)·위(魏) 세 나라를 가리킨다. 그들은 진(晉)나라를 대체하고 건립되었으므로 '삼진(三晉)'이라고 불렀다.

207) 帝(제): 칭제(稱帝)하다, 다른 제후국을 겸병하여 천하를 통일하는 것을 가리킨다.

208) 畢(필): 끝내다, 완벽하다.

209) 簡(간): 소홀하다.

210) 誚(초): 꾸짖다, 책망하다.

211) 譙(초): '초(誚)'와 통한다.

212) 周(주): 부합하다.

213) 賣(매): '매(買)'가 되어야 한다.

214) 庸(용): '용(傭)'과 통한다. 고용된 사람.

215) 布(포): 고대의 화폐 명칭.

216) 易(이): 좋다. 화폐의 품질이 좋고 순도가 충분함을 가리킨다.

217) 耨(누): 김매다.

218) 熟(숙): 세밀하다.

219) 耘(운): 김매다.

220) 畦陌畦畤(휴맥휴치): 금본(今本)에는 '휴치(畦畤)'가 '주치(疇畤)'로 되어 있다(『한비자집해』). 태전방(太田方)의 설명에 의하면, '휴맥주치(畦陌疇畤)'는 모두 밭의 경계를 이룬 두둑이다. '휴(畦)'는 규(圭)와 같은 모양의 세모난 밭이고, '맥(陌)'은 네모난 밭이고, '주(疇)'는 하나의 정전(井田)이고, '치(畤)'는 밭 가운데의 높은 곳이다(『한비자교소』).

221) 羹(갱): 여기서는 밥과 반찬을 가리킨다.

222) 云(운): 허사(虛辭).

223) 調(조): 적합하다.

224) 越人(월인): 당시 동남 연해 지역에 거주한 월족(越族)의 사람을 가리키는데, 여기서는 관계가 소원한 사람을 비유한다.

225) 文公伐宋(문공벌송): 고광기는 '공(公)'은 '왕(王)'으로, '송(宋)'은 '숭(崇)'이 되어야 한다며, 주(周)나라 문왕(文王)이 숭(崇)을 토벌하는 일로 보았다. 윤동양(尹桐陽)은 『사기(史記)·송세가(宋世家)』를 인용하여, 문공(文公)은 제(齊)나라 민왕(湣王)이라고 하였다. 이에 관한 견해는 일치하지 않는다(『한비자교소』).

226) 長老(장로): 나이가 많고 인품과 덕성이 있는 사람.

227) 中(중): 적당하다, 균등하다.

228) 吳王(오왕): 춘추 시대 오(吳)나라 군주 부차(夫差)를 가리킨다.

229) 如皇之臺(여황지대): 대(臺)의 이름. 대(臺)는 고대에 흙으로 쌓은 일종의 높은 건축물로, 관망하고 행락하는 데에 사용되었다.

230) 罷(피): '피(疲)'와 통한다. 피로하다.

231) 煎(전): 착취하다.

232) 靡(미): 낭비하다.

233) 蔡女(채녀): 채(蔡)나라 군주의 딸. '채(蔡)'는 주대(周代)의 희성(姬姓) 제후국이다. 주나라 무왕(武王)이 상주(商紂)을 멸한 뒤, 동생 희숙도(姬叔度)를 채(蔡)에 분봉하였는데, 지금의 하남성(河南省) 상채현(上蔡縣) 서남쪽에 위치하였다. 본문에 기록된 일은 채나라 목후(繆侯) 18년(제나라

환공 29년, B.C.657년)에 발생하였고, '채녀(蔡女)'는 채나라 애후(哀侯)의 딸이고, 목후의 여동생이다.

234) 蕩(탕): 흔들다.

235) 乃(내): 그 후에.

236) 且(차): 장차 …하려 하다.

237) 仲父(중부): 즉 관중(管仲).

238) 寢席(침석): 부부 사이의 친밀한 관계를 가리킨다.

239) 功業(공업): 채(蔡)나라를 토벌한 공(功)을 가리킨다.

240) 稽(계): 따지다.

241) 菁茅(정모): 삼척모(三脊茅)라고도 부른다. 장강(長江)과 회수(淮水) 사이에서 나며, 풀의 줄기가 세모형인 일종의 모초(茅草), 고대에 제사를 지내고 봉선(封禪)할 때 이것을 사용하여 술을 걸렀다.

242) 貢(공): 물건을 천자에게 바치다.

243) 爲(위): 맡다.

244) 疽(저): 독창(毒瘡)의 일종.

245) 立(립): 즉시.

246) 若(약): 너.

247) 創(창): 상처.

248) 死(사): 필사적으로 싸우다 죽는 것을 가리킨다.

249) 趙主父(조주부): 조(趙)나라 무령왕(武靈王), 이름은 옹(雍), 전국 시대 조나라 군주로, B.C.325년~B.C.299년 재위하였다. B.C.299년 왕위를 막내아들 하(何: 혜문왕(惠文王))에게 물려주고 스스로 주부(主父)라고 불렀다.

250) 鉤梯(구제): 갈고리가 달린 사다리.

251) 緣(연): 붙잡고 기어오르다.

252) 疎(소): 새기다.

253) 勒(륵): 새기다.

254) 常(상): '상(嘗)'과 통한다.

255) 秦昭王(진소왕): 진양왕(秦襄王)이라고도 한다. 즉 진(秦)나라 소양왕(昭

襄王)으로 이름은 직(稷: 側이라고도 함)이고, 진나라 무왕(武王)의 이복 동생이다, B.C.306년~B.C.251년 재위하였다.

256) 華山(화산): 산 이름, 지금의 섬서성(陝西省) 동부에 있다.

257) 博(박): '박(簙)'과 통한다. 고대의 일종의 놀이에서 사용하는 바둑돌.

258) 箭(전): 대나무로 만든 화살대와 비슷한 주사위.

259) 反(반): '반(返)'과 통한다.

260) 籩豆(변두): 음식물을 담는 도구. '변(籩)'은 과실을 담는 대그릇이고, '두(豆)'는 육제품을 담는 나무 그릇이다.

261) 席蓐(석욕): 거적자리와 짚방석.

262) 胼胝(변지): 못. 굳은살.

263) 咎犯(구범): 즉 호언(狐偃), 자는 자범(子犯), 진(晉)나라 문공(文公)의 외삼촌이므로 '구범(舅犯)'이라고 불렀다. '구(咎)'는 '구(舅)'와 통한다.

264) 與(여): 참여하다.

265) 再拜(재배): 연속으로 두 번 절하다, 정중하고 황공함을 나타낸다.

266) 築社(축사): 토지신을 위해 제단을 짓다.

267) 褰(건): '궤(撅)'와 같은 뜻, 옷을 걷어 올리다. 일종의 무례한 거동을 가리킨다.

268) 端冕(단면): 현단(玄端)과 현면(玄冕). 현단은 일종의 예복(禮服)이고, 현면은 일종의 예모(禮帽)이다.

269) 左驂(좌참): 왼쪽에서 수레를 끄는 말. 고대에 네 필의 말로 수레 한 대를 끌었는데, 양쪽 가의 말을 '참(驂)'이라고 불렀다.

270) 故(고): 낡다.

271) 軛(액): 수레를 몰 때 가축의 목에 씌우는 굽은 나무, 멍에.

272) 種(종): 품종, 물건.

273) 俄(아): 잠시.

274) 曩(낭): 이전, 방금.

275) 女(여): '여(汝)'와 통한다.

276) 綣(원): 두건.

277) 麾(휘): '휘(揮)'와 통한다. 휘두르다.

278) 潁水(영수): 즉 영하(潁河), 지금의 하남성(河南省) 등봉시(登封市) 서북의 소실산(少室山)에서 발원하여, 동남쪽으로 흘러 임영현(臨潁縣) 남쪽을 지나고, 다시 지금의 안휘성(安徽省) 영상현(潁上縣)을 지나 회하(淮河)로 들어간다.

279) 自喜(자희): 자중자애하다.

280) 釂(조): 술잔의 술을 한 번에 다 마시다.

281) 則(즉): 오히려.

282) 唾(타): 침을 뱉다, 여기서는 토하는 것을 가리킨다.

283) 斟(짐): '감(堪)'이 되어야 한다.

284) 酒飮(주음): 음주(飮酒), 목적어가 앞으로 놓인 형식.

285) 紳之束之(신지속지): '신(紳)'은 옷의 바깥에 매는 큰 띠, 동사로 사용될 때는 '속(束)'과 같은 뜻으로, 띠로 옷을 매는 것을 나타낸다. '신지속지(紳之束之)'는 중복되는 말이며 '띠로 매다'의 뜻인데, 송(宋)나라 사람은 글자만 보고 뜻을 짐작하여, '띠로 매다, 띠로 매다'로 이해하고 두 개의 띠로 허리를 매었다. '지(之)'는 어조사이다.

286) 旣(기): 우(又).

287) 梁(량): 위(魏)나라를 가리킨다. 위나라 혜왕(惠王) 9년(B.C.361)에 대량(大梁: 지금의 河南省 開封市 서북)으로 천도하였으므로 위(魏)를 '양(梁)'이라고도 불렀다.

288) 文(문): 문채, 수식(修飾).

289) 顧(고): 오히려.

290) 說(설): 해설하다.

291) 坐(좌): '좌(座)'와 통한다.

292) 王登(왕등): 고광기는 '왕(王)'은 '임(壬)'이 되어야 하며, 『여씨춘추(呂氏春秋)·지도편(知度篇)』에는 '임(任)'으로 되어 있는데, '임(壬)'과 '임(任)'은 같은 자라고 하였다(『한비자집해』). 임등(壬登)은 양주(襄主)의 가신(家臣)이다.

293) 令(령): 현(縣)의 행정 장관.

294) 襄主(양주): 조양자(趙襄子)를 가리킨다.

295) 修(수): 좋다, 훌륭하다.

296) 中大夫(중대부): 시종관(侍從官)의 명칭, 정사를 의론하고 건의를 하여

군주에게 참고로 제공하는 일을 책임졌다.

297) 相室(상실): 여기서는 가신(家臣)의 우두머리를 가리킨다.

298) 晉(진): 조(趙)나라를 가리키며, 그 뒤의 문장도 같다.

299) 列(렬): 행렬, 관위(官位).

300) 受(수): 옛날의 '수(授)'자.

301) 臣(신): 동사로 쓰여, '대신(大臣)을 임명하다'의 뜻을 나타낸다.

302) 絶(절): 극진(極盡)하다, 파생하여 '영원히'의 뜻이다.

303) 田(전): '전(佃)'과 통한다. 경작하다.

304) 御坐(어좌): 시좌(侍坐), 군주를 모시고 앉다.

305) 平公(평공): 춘추 시대 진(晉)나라 군주, 이름은 표(彪), B.C.557년 ~B.C.532년 재위하였다.

306) 腓(비): 종아리.

307) 痺(비): '비(痹)'의 속체(俗體). 저리다, 마비되다.

308) 屈公(굴공): 사람의 별명.

309) 李疵(리자): 인명, 생애는 자세하지 않다.

310) 不(부): '부(否)'와 통한다.

311) 亟(극): 급히, 즉시.

312) 巖穴(암혈): 산굴.

313) 傾蓋(경개): 두 대의 수레가 길에서 만난 뒤 바싹 붙어 멈추느라 수레의 차양이 밀치어 기울어지는 것으로, 친밀한 상태를 나타낸다. '개(蓋)'는 수레의 차양.

314) 與車(여거): '동거(同車)'와 같다. 수레를 함께 타다.

315) 伉禮(항례): 평등한 예절로 서로 대하다. '항(伉)'은 대등하다.

316) 布衣(포의): 평민.

317) 行陳(항진): 행렬(行列)과 전진(戰陣), 전쟁을 가리킨다. '진(陳)'은 '진(陣)'과 통한다.

318) 紫(자): 자색 옷.

319) 素(소): 염색하지 않은 베.

320) 左右(좌우): 군주 신변의 시종.

321) 臭(취): 냄새.

322) 於是(어시): 이때.

323) 適(적): 만약.

324) 諾(낙): 대답하는 소리, 동의를 나타낸다.

325) 郞中(랑중): 군주의 시종관(侍從官), 통보(通報)와 경위(警衛)의 업무를 주관하였다.

326) 國中(국중): 수도(首都) 안.

327) 境內(경내): 나라 전체 안.

328) 한비는 군주가 몸소 모범을 보이는 것을 찬성하지 않았으며, 앞에서 말한 고사(故事)는 반면교사로 사용한 것이다.

329) 荊(형): 초(楚)의 별명.

330) 城郭(성곽): '성(城)'은 내성(內城). '곽(郭)'은 외성(外城).

331) 兵甲(병갑): '병(兵)'은 병기. '갑(甲)'은 갑옷.

332) 待(대): 대비하다.

333) 虞(우): 예상하다.

334) 沒(몰): '몰(歿)'과 통한다. 죽다.

335) 飮酒不樂也(음주불락야): 왕선신은 '야(也)'자를 연문이라고 하였다(『한비자집해』). 징각은 이 문장은 뒤의 세 문장의 결과이므로 '야(也)'자를 사용하여 잠시 멈춘 것이라며, 연문으로 보는 것은 온당하지 않다고 하였다(『한비자교소』).

336) 俎豆不大(조두불대): 제물(祭物)이 풍성하지 않음을 설명한다. '조두(俎豆)'는 고대에 제사 지낼 때 제물을 담는 두 가지 예기(禮器). '조(俎)'는 희생을 담는 데 쓰는 적대(炙臺)로, 나무로 만들고 옻칠을 한다. '두(豆)'는 다리가 높은 쟁반 모양의 식기로, 나무로 만든다.

337) 鍾鼓竽瑟不鳴(종고우슬불명): 예악(禮樂)이 홍성하지 않음을 설명한다. '종고우슬(鍾鼓竽瑟)'은 네 종류의 고대 악기. '종(鍾)'은 원래는 술병(술잔)인데 '종(鐘)'과 통한다. '우(竽)'는 대나무로 만든 생(笙)과 같은 관악기. '슬(瑟)'은 금(琴)과 같으나 줄의 수가 더 많은 현악기.

338) 不一(불일): 종류가 많다.

339) 輯睦(집목): 화목하다.

340) 蔭(음): 덮다.

341) 街(가): 사통팔달(四通八達)한 큰길.

342) 援(원): 손을 뻗어 따다.

343) 反(반): '반(返)'과 통한다.

344) 戰於涿谷(전어탁곡): 『좌전』에 기록된 B.C.638년에 발생한 홍수(泓水)의 전투를 가리킨다. 홍수는 지금의 하남성(河南省) 자성현(柘城縣) 북쪽에 위치하였고, 탁곡(涿谷)은 홍수 부근의 한 지방이다.

345) 右司馬(우사마): 고대의 관직 이름, 군정(軍政)과 군사의 세금을 관리하였다.

346) 購强(구강): 인명, 『좌전』에 기재된 공손고(公孫固)의 자(字). '구(購)'는 '구(構)'와 통한다. '구강(構强)'과 '고(固)'는 이름과 자가 상응한다.

347) 趨(추): 종종걸음으로 빨리 가다.

348) 重(중): 중복하다.

349) 二毛(이모): 두 가지 색깔의 모발(毛髮), 머리카락과 수염이 희끗희끗한 사람을 가리킨다.

350) 鼓(고): 전고(戰鼓)를 치다, 옛날 진공(進攻)의 신호.

351) 君不愛宋民, 腹心不完(군불애송민, 복심불완): 장각은 '복심불완(腹心不完)'은 송나라 백성이 전투에 패한 뒤 배와 심장이 온전하지 못한 것을 가리키며, '송민(宋民)'과 붙여 읽어야 한다고 하였다(『한비자교소』). '애(愛)'는 가엾이 여기다.

352) 撰(찬): 갖추다, 구성하다.

353) 三日而死(삼일이사): 『춘추』의 기록에 의하면, 송나라 양공은 이듬해 5월에 죽었으며, 여기의 기록과는 다르다.

354) 上(상): 왕선신은 '식(食)'이 되어야 한다고 하였다(『한비자집해』).

355) 服戰(복전): 전쟁에 종사하다. '복(服)'은 종사하다.

356) 泰(태): '태(太)'와 통한다.

357) 少海(소해): 즉 발해(渤海).

358) 傳騎(전기): 역참의 기마병, 즉 공문과 정보를 전달하는 사자(使者).

359) 中(중): 수도(首都)의 가운데.

360) 嬰(영): 안영(晏嬰)을 가리킨다.

361) 趨(촉): '촉(促)'과 통한다.

362) 煩且(번저): 좋은 말[馬]의 이름,

363) 騶(추): 관청에서 말을 기르고 아울러 수레 모는 것을 관장하는 하급 관리.

364) 韓樞(한구): 인명, 마차(馬車) 모는 명수.

365) 可(가): 대략.

366) 而(이): 마치 '여(與)'와 같다.

367) 魏昭王(위소왕): 위(魏)나라 양왕(襄王)의 아들이고(『사기(史記)·위세가(魏世家)』'子哀王立'『색은(索隱)』에 인용된『세본(世本)』에 의거함,『사기·위세가』에 의하면 위나라 소왕 昭王은 애왕(哀王)의 아들이지만,『세본』에 의하면 위나라에는 애왕이 없음), 안희왕(安釐王)의 아버지이다. 이름은 속(遫)이고, B.C.295년~B.C.277년 재위하였다.

368) 與(여): 참여하다.

369) 官(관): 관방(官方), 나라를 가리킨다.

370) 孟嘗君(맹상군): 즉 전문(田文), 전국 시대 제(齊)나라 귀족, 부친 전영(田嬰)의 봉작을 세습하여 설(薛)에 봉해져 설공(薛公)으로 불렸고, 호를 맹상군(孟嘗君)이라고 하였다. 제나라 민왕(湣王) 때 상국을 맡아 문하에 식객(食客) 수천 명이 있었다, B.C.294년 전갑(田甲)이 반란을 일으키자 위(魏)나라로 도망하여, 위나라 소왕(昭王)의 상국을 맡았다.

371) 簡(간): 고대에 문자를 적던 좁고 긴 대나무 조각 또는 나뭇조각.

372) 勢柄(세병): 권세와 권력.

373) 圜(원): '원(圓)'과 통한다. 공자는 군주가 어떤 모습인지에 따라 백성도 그런 모습이 된다고 여겼다. 한비는 이러한 설에 반대하여 경문(經文)에서 '공구부지(孔丘不知)'라고 비판하였다. 그는 군주와 신하 상하 간에는 반드시 명분과 직책을 분명히 해야 하고, 군주는 모든 일마다 자신이 직접 해서는 안 되며, 법(法)·술(術)·세(勢)를 장악하여 나라를 다스려야 한다고 여겼다.

374) 服(복): 착용하다.

375) 纓(영): 턱 아래에 매는 갓끈.

376) 戮(륙): '육(僇)'과 통한다. 모욕하다.

377) 莅(리): 임하다, 파생하여 '다스리다, 통치하다'의 뜻이다.

378) 賦(부): 주다.

379) 獵(렵): '녹(祿)'이 되어야 한다.

380) 受(수): 옛날의 '수(授)'자.

381) 申子(신자): 즉 신불해(申不害).

382) 受(수): 옛날의 '수(授)'자.

383) 亡其用子之謁(무기용자지알): 고광기는 『한책(韓策)』에는 '우무자지술이폐자지알기행호(又亡子之術而廢子之謁其行乎)'로 되어 있는데, 여기에는 탈문이 있다고 하였다(『한비자집해』). 장각은 『전국책(戰國策)·한일(韓一)』에 의거하여 '무기용자지술이폐자지알(亡其用子之術而廢子之謁)'로 보충하였다. '무기(亡其)'는 '억(抑)'과 같은 선택접속사로 '아니면'의 뜻이다(『한비자교소』). 본문의 해석은 장각의 보충에 따랐다.

384) 辟舍(피사): '피(辟)'는 '피(避)'와 통한다. 정방(正房)을 피하여 다른 곳에 거주하다. 대단히 두렵고 불안하여 감히 편안히 거주하지 못함을 나타낸다. 정방은 중국의 전통 가옥 구조인 '사합원(四合院)'에서 정면에 있는 본채를 말하며, 북쪽에 위치한 남향의 건물이다.

385) 罪(죄): 처벌하다.

386) 原(원): 주(周)나라 왕기(王畿) 내의 성읍, 지금의 하남성(河南省) 제원시(濟源市) 서북에 있었다. 주나라 왕자 대(帶)가 난을 일으키자 양왕(襄王)이 정(鄭)나라로 도망갔고, 진(晉)나라 문공(文公)이 양왕의 복위를 도와 왕자 대를 살해하였다. 양왕은 문공에게 양번(陽樊)·온(溫)·원(原)·찬모(攢茅) 네 읍을 하사하였는데, 원읍 사람들이 불복하자 진나라 문공이 원읍을 공격하였다. 왕선신은 『좌전』희공(僖公) 25년의 기록에는, 진후(晉侯)가 원읍을 포위하면서 삼일의 식량을 명령하였고, 『국어』에도 '삼일(三日)'로 되어 있다고 하였다(『한비자집해』). 노(魯)나라 희공 25년은 진나라 문공 2년(B.C.635)이다.

387) 裹(과): 싸다, 휴대하다.

388) 擊金(격금): 징[鑼]을 치는 것을 가리킨다. 옛날 전쟁할 때 군대를 철수하는 신호.

389) 罷兵(파병): 전쟁을 중지하다, 즉 군대를 철수시키다.

390) 下(하): 항복하다.

391) 攻原得衛者, 信也(공원득위자, 신야): 진기유는 『회남자(淮南子)』와 『신서(新序)』에는 '위(衛)'가 모두 '온(溫)'으로 되어 있는데, 그것이 맞는다고

하였다. 『좌전』과 『사기』에는 위(衛)가 진나라 문공에게 귀의한 일을 언급한 적이 없으며, 『사기·진세가(晉世家)』를 보면, 진나라 문공 2년(原을 멸한 해)에 '위온(圍溫)'이라는 구절이 있는데, 원(原)이 투항했다는 소식을 들은 온(溫)이 진(晉)에 귀의하는 것은, 당연히 가능성이 있다고 하였다(『한비자신교주』).

392) 箕鄭(기정): 진(晉)나라 대부(大夫).

393) 信名(신명): 유월(兪樾)은 '신명(信名)' 다음에 '신의신사(信義信事)' 네 자가 있어야 한다고 하였다(『한비자집해』).

394) 止(지): 머무르게 하다. 만류하다.

395) 會(회): 마침 …을 만나다.

396) 罷(파): 그치게 하다, 사동(使動) 용법.

397) 女(여): '여(汝)'와 통한다.

398) 顧反(고반): '고(顧)'는 돌아오다. '반(反)'은 '반(返)'과 통한다.

399) 適(적): 지금 막.

400) 特(특): 단지.

401) 驚(경): '경(警)'과 통한다. 경계하다

402) 居(거): 지나다, 사이를 두다.

403) 旦暮(단모): 조만간, 시간이 짧음을 형용한다.

404) 奪(탈): 빼앗다, 파생하여 '소멸시키다'의 뜻이다.

405) 明年(명년): 다음 해.

406) 有相與訟者(유상여송자): 고광기는 금본(今本)에는 여기부터 끝에까지의 내용이 없는데, 모두 「칠술(七術)」과 중복되므로, 있어서는 안 된다고 하였다(『한비자집해』).

407) 到至(도지): 왕선신은 '지(至)'자는 연문이고, '도(到)'는 '도(倒)'자라고 하였다(『한비자집해』).

408) 惠嗣公使人僞關市(혜사공사인위관시): 왕선신은 '혜(惠)'는 '위(衛)'가 되어야 하며, '위(僞)'는 '과(過)'가 되어야 한다고 하였다(『한비자집해』). 「칠술편(七術篇)」에는 '위사공사인위객과관시(衛嗣公使人爲客過關市)'로 되어 있으며, 본문의 해석은 이에 따른다.

409) 關市(관시): 장소로 사람을 대신하였는데, 일종의 대유법(代喩法)이다. 시장 관리원.

410) 事(사): 바치다, 여기서는 뇌물을 준다는 뜻.

411) 譴(견): '견(遣)'과 통한다.

제33편 외저설(外儲說) 좌하(左下)

전해 오는 이야기를 모으다 외좌(外左) 하편(下編)

解題

군주가 신하를 제어하는 여섯 가지의 방법을 사례를 들어 설명하고 있다. 첫째는 상벌을 합당하게 하여 신하가 군주에게 감사하는 마음을 가지거나 원망하지 않도록 해야 한다는 것이다. 둘째는 사람을 쓸 때는 권세와 법술에 의지하고 신의에 의지해서는 안된다는 것이다. 셋째는 군주의 성패의 관건은 함께 있는 사람에 달려있지 않고, 함께 도모하는 사람에 달려있다는 것이다. 넷째는 좌우 근신들의 의견을 믿어서는 안되며 재능에 따라 봉록을 주고 공에 따라 관직을 부여해야 한다는 것이다. 다섯째는 신하들을 지나치게 사치하게 만들어서도 안되고, 지나치게 검소하게 해서도 안된다는 것이다. 지나치게 사치하게 되면 군주를 위협하고, 지나치게 검약하면 아랫 사람들을 괴롭히기 때문이다. 가장 좋은 것은 공평하게 인재를 천거하고 사사로운 이익을 위해 당을 만들지 못하게 해야 하는 것이다. 여섯째 군주의 권세가 약해지면 신하는 직언을 하는 것을 꺼리게 되고, 사사로운 행동이 득세하면 군주의 업적이 적어지게 되는 것을 경계해야 한다는 것이다.

○ ○ ○

경(經) 1

죄가 있어 벌을 받으면 사람들은 윗사람을 원망하지 않게 되어, 발뒤꿈치를 잘린 형벌을 받은 사람이 자고(子皐)를 살려주었다. 공이 있어도 받은 상이 적으면 신하가 군주에게 감사하지 않게 되어, 적황(翟璜)이 우계(右契)를 손에 든 것처럼 수레에 올라탔다. 양왕(襄王)은 공이 크면 큰 상을 내려야 한다는 것을 알지 못해서 소묘(昭卯)는 오승(五乘)의 땅을 상으로 받고도 짚신을 신은 것 같이 여겼다. 군주가 사람을 잘못 임용하지 않고 신하가 재능을 속이지 않으면, 신하들은 저 소실주(少室周)처럼 될 것이다.

以罪受誅, 人不怨上, 跀危[1]坐[2]子皐[3]。以功受賞, 臣不德君, 翟璜[4]操右契[5]而乘軒。襄王[6]不知, 故昭卯[7]五乘而履屩[8]。上不過任, 臣不誣能, 卽臣將爲失[9]少室周[10]。

○ ○ ○

경 2

군주는 자신의 권세를 믿고 신하의 신의는 믿지 않아야 하기 때문에 동곽아(東郭牙)가 관중(管仲)을 의론하였다. 자신의 법술(法術)을 믿고 신하의 신의는 믿지 않아야 하기 때문에 혼헌(渾軒)이 진문공(晉文公)을 비난하였다. 그러므로 법술을 지닌 군주는 반드시 상을 주어서 재능을 다하게 하고 반드시 벌을 내려서 사악함을 금지해야, 비록 바르지 못한 행동이 있더라도 반드시 이익을 얻게 될 것이다. 그러므로 조간자(趙簡子)가 양호(陽虎)를 재상으로 삼고, 노(魯)나라 애공(哀公)이 공자에게 기(夔)의 발이 하나였는지를 물은 것이다.

恃勢而不恃信, 故東郭牙[11]議管仲。 恃術而不恃信, 故渾軒[12]非文公。 故有術之主, 信賞以盡能, 必罰以禁邪, 雖有駁行[13], 必得所利。 簡主[14]之相陽虎[15], 哀公[16]問一足[17]。

○○○

경 3

신하와 군주 사이의 도리를 상실하여 문왕(文王)은 스스로 신발끈을 묶으면서 재능이 있다고 자부하였다. 조정에서 공무를 처리하는 것이나 집에서 쉬는 것이나 변함이 없이, 계손(季孫)은 평생을 근엄하게 지내다가 해를 당했다.

失臣主之理, 則文王自履而矜。 不易朝燕[18]之處, 則季孫[19]終身莊而遇賊。

○○○

경 4

금하는 것을 이롭다 하고 이로운 것을 금하면, 비록 귀신이라 하더라도 행하지 못한다. 처벌할 자를 칭찬하고 상 줄 자를 헐뜯으면 비록 요임금이라고 할지라도 제대로 다스리지 못한다. 문을 만들어놓고 들어가지 못하게 하고 이익을 쌓아놓고 가까이하지 못하게 하면

난이 발생하는 까닭이 된다. 제후(齊侯)가 측근의 말을 듣지 않고, 위주(魏主)가 칭송하는 말을 듣지 않았다면, 명확한 살핌이 뭇 신하들에게 두루 비추어 거(鉅)가 돈을 바치지 않고, 잔(孱)이 옥을 써 관직을 구하지 않았을 것이다. 서문표(西門豹)가 다시 업(鄴) 땅을 다스리겠다고 청한 것에서 충분히 그것을 알 수 있다. 마치 도둑의 어린아이가 갖옷을 자랑하고, 발 잘린 자의 아들이 바지를 자랑하는 것과 같다. 자작(子綽)이 왼손으로 네모를 그리고 오른손으로 동그라미를 그릴 수 있는 사람은 없다, 라고 했으며, 고기를 사용해서 개미를 좇고 물고기를 사용해서 파리를 몰아내지만 이내 더 많이 모이게 된다. 어찌 제(齊)나라 환공(桓公)이 벼슬 구하는 자가 많음을 근심하지 않을 수 있고, 한(韓)나라 선왕(宣王)이 자기 말이 여위어가는 것을 근심하지 않을 수 있겠는가?

利所禁, 禁所利, 雖神不行。譽所罪, 毁所賞, 雖堯不治。夫爲門而不使入, 委[20]利而不使進, 亂之所以産也。齊侯不聽左右, 魏主不聽譽者, 而明察照羣臣, 則鉅[21]不費金錢, 孱[22]不用璧。西門豹請復治鄴, 足以知之[23]。猶盜嬰兒之矜裘, 與跀危子榮衣。子綽左右畫, 去蟻驅蠅。安得無桓公之憂索官, 與宣王之患臞[24]馬也。

○○○

경 5

신하가 겸손과 검약을 덕행으로 여기면 작위가 상을 드러내기에 부족하고, 총애가 절제를 갖추지 못하면 신하는 군주를 침해하고 핍박하게 된다. 묘분황(苗賁皇)이 헌백(獻伯)을 비난하고 공자가 안영을 비판했던 것이 이를 설명해준다. 그러므로 중니는 관중(管仲)과 숙손오(叔孫敖)를 논한 것이다. 전후의 태도가 같지 않아 양호(陽虎)가 그가 추천한 인재가 모두 후에 다 그를 배신했다고 말한 것이다. 조간자(趙簡子)가 신하에게 한 응답은 군주의 법술을 잃어버린 것이다. 패거리를 지어 서로 뭉치게 되면 신하는 욕망을 이루나 군주를 고립되게 한다. 뭇 신하들이 공정하게 천거하고 아랫 사람이 서로 뭉치지 않으면 군주는 밝게 살필 수 있게 된다. 양호도 조무(趙武)처럼 현명하고 해호(解狐)처럼 공정하게 될 수 있었지만, 조간자는 그를 탱자나무와 가시나무처럼 여겼으니, 이는 나라의 사람들을 가르치는 방법이 아니다.

臣以卑儉爲行[25], 則爵不足以觀賞, 寵光無節, 則臣下侵偪。說在苗賁皇[26]非獻伯[27], 孔子議晏嬰。故仲尼論管仲與叔孫敖[28]。而出入之容變, 陽虎之言見其臣也[29]。而簡主之應人臣也失主術。朋黨相和, 臣下得欲, 則人主孤。羣臣公擧, 下不相和, 則人主明。陽虎將爲趙武[30]之賢、解狐[31]之公, 而簡主以爲枳棘[32], 非所以教國[33]也。

○ ○ ○

경 6

군주의 권세가 약해지면 신하는 직언을 하는 것을 꺼리게 되고, 사사로운 행동이 득세하면 군주의 업적이 적어지게 된다. 문자(文子)가 직언을 하자 무자(武子)가 몽둥이로 그를 때렸고, 자산(子產)이 진심으로 간언을 하자 자국(子國)이 그를 엄하게 꾸짖었고, 양거(梁車)가 법을 적용하자 성후(成侯)가 그의 관인을 거두어들였고, 관중이 공정하게 사람을 등용하자 나라의 사람들이 그를 원망하고 비방하였다는 것이 이를 설명해준다.

公室[34]卑則忌直言， 私行勝則少公功。說在文子[35]之直言， 武子[36]之用杖， 子産忠諫， 子國[37]譙[38]怒， 梁車[39]用法， 而成侯[40]收璽[41]， 管仲以公， 而國人謗怨。

○○○

전(傳) 1

공자(孔子)가 위(衛)나라에서 재상이었을 때, 제자 자고(子皐)가 옥리(獄吏)가 되어 사람의 발을 잘랐고 그 발 잘린 사람이 성문을 지켰다. 위나라 군주에게 공자를 헐뜯는 자가 있었는데 그가 말하기를 "중니가 반란을 일으키려 합니다."라고 하였다. 위나라 군주가 공자를 잡아들이려 하자 공자는 달아났고 제자들도 모두 도망쳤다. 자고는 뒤늦게 성문이 닫힌 후에 도착했고, 발 잘린 자가 그를 이끌어 성문 아래 방으로 도피시켜, 관리가 쫓아왔으나 붙잡지 못하였다. 밤중에 자고가 발 잘린 자에게 "나는 군주의 법령을 훼손할 수 없어서 직접 자네의 발을 잘랐다. 지금 그대가 원수를 갚을 때인데, 그대는 무슨 까닭으로 나를 도망치게 하는가? 나는 무엇 때문에 그대에게 이런 은혜를 입은 것인가?"라고 물었다. 발 잘린 자가 "제 발이 잘린 것은 본래 저의 죄가 거기에 마땅한 것으로 어찌할 수 없는 것입니다. 그러나 공께서 저를 재판하려 하실 때, 법령을 살펴보시고 말로 신을 앞뒤로 도와주시면서 저의 죄를 면하게 하려고 애쓰셨던 것을 알고 있습니다. 판결이 나고 죄목이 정해지자 공께서는 슬픈 표정을 지으시며 기뻐하지 않으셨는데, 그것이 얼굴에 나타났고 저는 보고 또 알고 있었습니다. 이것은 사사로이 저 때문에 그렇게 한 것이 아니고 천성이 어진 마음을 가지고 있어 본래부터 그러한 것입니다. 이것이 제가 기꺼이 공에게 은덕을 갚는 이유입니다.

孔子相衛[42], 弟子子皐爲獄吏, 刖人足, 所跀者守門。人有惡[43]孔子於衛君者, 曰, "尼欲作亂。" 衛君欲執孔子, 孔子走, 弟子皆逃。子皐從出門[44], 跀危引之而逃之[45]門下室中, 吏追不得。夜半, 子皐問跀危曰, "吾不能虧主之法令而親跀子之足, 是子報仇之時也, 而子何故乃肯逃我? 我何以得[46]此於子?" 跀危曰, "吾斷足也, 固吾罪當之, 不可奈何。然方公之欲治臣也, 公傾側[47]法令, 先後臣以言, 欲臣之免也甚, 而臣知之。及獄決罪定, 公憱[48]然不悅, 形於顔色, 臣見又知之。非私臣而然也, 夫天性仁心固然也。此臣之所以悅而德公也。"

○ ○ ○

전자방(田子方)이 제(齊)나라에서부터 위(魏)나라로 갔는데 적황(翟黃)이 수레를 타고 말을 탄 시종을 거느린 것을 멀리서 바라보고는 전자방은 그를 문후(文侯)라고 생각했다. 그래서 수레를 다른 길로 몰아 피하고 보니 적황일 뿐이었다. 전자방은 "그대가 어찌 이런 수레를 타는가?" 하고 물어보았다. 적황이 대답하기를 "군주께서 중산을 치려 하실 때 저는 적각(翟角)을 추천하여 계획을 세웠습니다. 실제로 그들을 칠 때는 제가 악양(樂羊)을 추천하여 중산을 함락시켰습니다. 중산을 얻고는 그들을 다스려야 하는 것에 대한 근심이 있었는데, 제가 이극(李克)을 추천하여 중산이 잘 다스려졌습니다. 이런 까닭으로 군주께서 이 수레를 내려주신 것입니다."라고 하였다. 전자방이 말하기를 "공로에 비해 받은 은총이 오히려 박하다."라고 하였다.

田子方[49]從齊之魏, 望翟黃乘軒騎駕出, 方以爲文侯[50]也, 移車異路而避之, 則徒翟黃也。方問曰, "子奚乘是車也?" 曰, "君謀欲伐中山, 臣薦翟角[51]而謀得。果且伐之, 臣薦樂羊[52]而中山拔。得中山, 憂欲治之, 臣薦李克而中山治, 是以君賜此車。" 方曰, "寵之稱功[53]尙薄。"

○ ○ ○

진(秦)나라와 한(韓)나라가 위(魏)나라를 공격하자 소묘(昭卯)가 서쪽으로 가서 유세를 하니 진나라와 한나라가 공격을 멈추었다. 제(齊)나라와 초(楚)나라가 위나라를 공격하자 소묘가 동쪽으로 가서 유세를 하니 제나라와 초나라가 공격을 멈추었다. 위(魏)나라 양왕(襄王)이 그를 대접하여 오승(五乘)의 봉록으로 장군을 삼았다. 소묘가 말하기를 "백이(伯夷)가 장군의 예우로 수양산(首陽山) 아래에 묻혔는데, 세상 사람들이 '백이는 훌륭함과 어진 성품으로 이름이 알려졌는데도 장군의 예우로 묻혔으니 이는 손발도 가리지 못한 것이다.'라고 했습니다. 지금 제가 네 나라의 군대를 물러나게 했는데도 왕께서는 저에게 오승의 봉록만을 내려주셨으니, 이것은 그 공적에 비해 볼 때 이기고도 짚신을 신은 것과 같습니다."라고 하였다.

秦、韓攻魏, 昭卯西說而秦、韓罷。齊、荊攻魏, 卯東說而齊、荊罷。魏襄王養之以五乘將軍。卯曰, "伯夷以將軍葬於首陽山之下, 而天下曰, '夫以伯夷之賢與其稱仁, 而以將軍葬, 是手足不掩也。' 今臣罷四國之兵, 而王乃與臣五乘, 此其稱功猶贏勝而履蹻[54]。"

○ ○ ○

공자께서 말씀하시기를 "관리 노릇을 잘하는 자는 은덕을 심고, 관리 노릇을 잘하지 못하는 사람은 원망을 심는다. 평미레는 용량을 고르게 하는 것이며, 관리는 법을 공평하게 처리하는 사람이다. 나라를 다스리는 사람이 공평함을 잃어서는 안 된다."라고 하셨다.

孔子曰, "善爲吏者樹德, 不能爲吏者樹怨。槩[55]者, 平量者也, 吏者, 平法者也。治國者, 不可失平也。"

○ ○ ○

소실주(少室周)는 옛날에 곧고 청렴하며 깨끗하고 성실한 사람으로 조양자(趙襄子)의 역사(力士)가 되었고, 중모(中牟) 사람 서자(徐子)와 힘을 겨루다가 지자, 양자에게 서자를 추천하며 자신을 대신하게 해달라고 말하였다. 양자가 묻기를 "그대의 자리는 사람들이 차지하고 싶어하는 것인데, 어째서 서자로 자신을 대신하게 하라고 말하는 것인가?"라고 하였다. 소실주는 "신은 힘을 가지고 주군을 섬겼습니다. 지금 서자의 힘이 신보다 강하니, 신이 스스로 자리에서 물러나지 않는다면 아마도 다른 사람이 저의 죄를 물을 것입니다."라고 답하였다.

少室周者, 古之貞廉潔慤[56]者也, 爲趙襄主[57]力士[58], 與中牟[59]徐子角力, 不若[60]也, 入言之襄主以自代也。襄主曰, "子之處, 人之所欲也, 何爲言徐子以自代?" 曰, "臣以力事君者也。今徐子力多臣, 臣不以自代, 恐他人言之而爲罪也。"

○ ○ ○

일설에 의하면 소실주(少室周)가 양자(襄子)의 참승(驂乘)이 되어 진양(晉陽)에 이르렀을 때, 우자경(牛子耕)이란 힘센 장사가 있었고 그와 힘을 겨루었는데 이기지 못했다. 이에 소실주는 양자에게 "주군께서 신에게 참승을 시키신 것은 신의 힘이 세기 때문입니다. 지금 신보다 힘이 더 센 자가 있으니 그를 천거하고자 합니다."라고 하였다고 한다.

一曰， 少室周爲襄主驂乘[61]， 至晉陽[62]， 有力士牛子耕[63]與角力而不勝， 周言於主曰， "主之所以使臣騎乘[64]者， 以臣多力也， 今有多力於臣者， 願進[65]之。"

○ ○ ○

전 2

제나라 환공(桓公)이 관중(管仲)을 등용하려고 하면서 뭇 신하들에게 명령을 내려 말하기를 "과인이 관중을 중부(仲父)로 세우려고 하는데, 찬성하는 사람은 문을 들어와서 왼쪽에 서고 반대하는 사람은 문을 들어와서 오른쪽에 서라."라고 하였다. 동곽아(東郭牙)가 문의 중간에 섰다. 환공이 묻기를 "과인을 관중을 중부로 세우면서 명령하기를 '찬성하는 사람은 왼쪽에, 반대하는 사람은 오른쪽에 서라.'라고 했다. 지금 그대는 어찌하여 문의 중간에 서 있는가?"라고 하였다. 동곽아가 말하기를 "관중의 지혜로 천하를 도모할 수 있다고 보십니까?"라고 물었다. 환공은 "능히 할 수 있다."라고 답하였다. "결단력을 가지고 감히 대사를 결행할 수 있다고 보십니까?" 환공이 "감히 할 수 있다고 본다."라고 답하였다. 동곽아가 묻기를 "만약 지혜가 천하를 도모할 수 있고, 결단력이 감히 대사를 결행할 수 있는데, 주군께서는 이로써 국가의 권력을 모두 그에게 맡기셨습니다. 관중의 능력으로 주군의 권세를 의지해 제나라를 다스리게 된다면 위험하지 않겠습니까?"라고 하였다. 환공이 대답하기를 "그렇겠구나."라고 하였다. 이에 습붕(隰朋)으로 내정을 다스리게 하고 관중은 외교를 담당하게 하여 서로 견제하게 했다.

齊桓公將立管仲, 令羣臣曰, "寡人將立管仲爲仲父, 善者入門而左, 不善者入門而右。" 東郭牙中門而立。 公曰, "寡人立管仲爲仲父, 令曰, '善者左, 不善者右。' 今子何爲中門而立?" 牙曰, "以管仲之智, 爲能謀天下乎?" 公曰, "能。" "以斷[66], 爲敢行大事乎?" 公曰, "敢。" 牙曰, "君知[67]能謀天下, 斷敢行大事, 君因專屬之國柄焉。 以管仲之能, 乘公之勢以治齊國, 得無危乎?" 公曰, "善。" 乃令隰朋治內, 管仲治外, 以相參[68]。

○○○

진(晉)나라 문공(文公)이 망명을 떠날 때, 기정(箕鄭)이 음식 항아리를 손에 들고 따라가다가 길을 잃어 문공과 헤어지게 되었다. 기정은 배가 고파 길에서 울며 굶주려 병들어 눕게 되었으면서도 그 항아리의 음식을 감히 먹으려 하지 않았다. 문공이 귀국하여 군사를 일으켜 원성(原城)을 공격하였고, 마침내 이겨서 그곳을 함락하였다. 문공이 말하기를 "배고픈 고통도 쉽게 참아내며 음식 항아리를 온전히 지킬 수 있었으니, 이 사람은 원성을 가지고 배반하지 않을 것이다."라고 하였다. 이에 기정을 원성의 장관으로 삼았다. 대부 혼헌(渾軒)이 이를 듣고 문공을 비난하며 말하기를 "음식 항아리를 건드리지 않았다는 것을 근거로 원성에서 배반하지 않으리라고 믿는 것은 이 또한 통치의 술이 없는 것 아니겠습니까?"라고 하였다. 그러므로 현명한 군주는 신하가 자신을 배반하지 않는다고 믿지 않는 대신 자신이 배반당하지 않게 할 것을 믿으며, 신하가 자신을 속이지 않는다고 믿지 않는 대신 자신이 속임당하지 않게 할 것을 믿는다.

晉文公出亡, 箕鄭[69]挈壺餐而從, 迷而失道, 與公相失, 飢而道泣, 寢餓而不敢食。及文公反國, 擧兵攻原, 克而拔之。文公曰, "夫輕忍飢餒之患而必全壺餐, 是將不以原叛。" 乃擧以爲原令。大夫渾軒聞而非之, 曰, "以不動壺餐之故, 怙其不以原叛也, 不亦無術乎?" 故明主者, 不恃其不我叛也, 恃吾不可叛也。不恃其不我欺也, 恃吾不可欺也。

○ ○ ○

양호(陽虎)가 의론하여 말하기를 "군주가 현명하면 온 마음을 다해 그를 섬기고, 군주가 똑똑치 못하면 사악함을 숨기고 그를 시험해볼 것이다."라고 하였다. 양호는 노(魯)나라에서 내쫓기고 제(齊)나라에서 의심받고 달아나 조(趙)나라로 갔다. 간자(簡子)가 그를 맞아들여 재상으로 삼으니, 측근들이 묻기를 "양호는 남의 조정을 훔치는 것을 잘하는 사람인데 무슨 까닭으로 그를 재상으로 삼은 것입니까?"라고 하였다. 간자가 답하기를 "양호가 빼앗는 것에 힘쓴다면 나는 지키는 것에 힘쓸 것이다."라고 하였다. 마침내 간자는 군주의 술(術)을 가지고 그를 제어하였다. 양호는 감히 나쁜 일을 저지르지 못하고 간자를 잘 섬김으로써 군주의 세력을 강하게 일으켜 그를 거의 패자(霸

者)의 지위에 이르게 하였다.

陽虎議曰, "主賢明則悉心以事之, 不肖則飾姦而試之。" 逐於魯, 疑於齊, 走而之趙。趙簡主迎而相之, 左右曰, "虎善竊人國政, 何故相也?" 簡主曰, "陽虎務取之, 我務守之。" 遂執術而御之。陽虎不敢爲非, 以善事簡主, 興主之强, 幾至於霸也。

○ ○ ○

노(魯)나라 애공(哀公)이 공자(孔子)에게 묻기를 "내 듣기에 옛날에 기(夔)라는 사람이 발이 하나였다고 하는데 과연 정말로 발이 하나인 사람이 있을 수 있는가?"라고 하였다. 공자가 내답하여 말하기를 "아닙니다. 기는 발이 하나가 아니었습니다. 기라는 사람은 화를 잘 내고 다투며 마음이 나빠 대부분의 사람들이 그를 좋아하지 않았습니다. 비록 그렇다 하더라도 그가 사람들에게 해를 입는 것을 면할 수 있었던 까닭은 그가 신의가 있었기 때문입니다. 사람들은 모두 말하기를 '단지 이 한 가지 점만이 만족스럽다.'라고 하였습니다. 기는 발이 하나였던 것이 아니라 하나만 있어도 충분했던 것이었습니다."라고 하였다. 애공이 말하기를 "진실로 이와 같다면 당연히 충분한 것이다."라고 하였다.

魯哀公問於孔子曰, "吾聞古者有夔[70]一足, 其果信有一足乎?" 孔子對曰, "不也, 夔非一足也。夔者忿戾惡心, 人多不說喜也。雖然, 其所以得免於人害者, 以其信也。人皆曰, '獨此一[71], 足矣。' 夔非一足也, 一而足也。" 哀公曰, "審而是[72], 固足矣。"

○ ○ ○

일설에 의하면 애공(哀公)이 공자(孔子)에게 묻기를 "내가 듣기에 기의 발이 하나였다고 하는데, 정말 그러한가?"라고 하였다. 공자가 답하기를 "기는 사람인데, 어떻게 발이 하나일 수 있겠습니까? 그는 다른 사람과 다른 것이 없었고 다만 음악에 정통했을 뿐입니다. 요임금이 말씀하시기를 '기 하나만으로도 충분하다.'라고 하시며 그를 악정(樂正)으로 삼으셨습니다. 그러므로 군자가 말하기를 '기 하나만으로도 충분하다.'라고 한 것입니다. 발이 하나라는 것은 아닙니다."라고 하였다고 한다.

一曰, 哀公問於孔子曰, "吾聞夔一足, 信乎?" 曰, "夔, 人也, 何故一足? 彼其無他異, 而獨通於聲[73]。堯曰, '夔一而足矣, 使爲樂正[74]。' 故君子曰, '夔有一足。' 非一足也 。"

○ ○ ○

전 3

문왕(文王)이 숭(崇)을 칠 때 봉황허(鳳凰墟)에 이르러 버선끈이 풀리자 몸소 그것을 묶었다. 태공망(太公望)이 묻기를 "어찌된 일입니까?"라고 하였다. 문왕이 답하기를 "최고의 군주와 함께하는 이는 모두 그의 스승이며, 중등의 군주와 함께하는 이는 모두 그의 친구이며, 하등의 군주와 함께하는 이는 모두 그가 부리는 사람일 것이다. 지금은 모두가 선왕의 신하들이므로 내가 부릴 수 있는 사람이 없다."라고 하였다.

文王[75]伐崇[76], 至鳳黃虛[77], 韈[78]繫解, 因自結。太公望[79]曰, "何爲也?” 王曰, “君與處皆其師, 中皆其友, 下盡其使也。今皆先王之臣, 故無可使也。”

○○○

일설에 의하면 진(晉)나라 문공(文公)이 초나라와 전쟁을 할 때, 황봉(黃鳳)의 언덕에 이르러 신발끈이 풀리자 몸소 그것을 묶었다. 측근들이 묻기를 “사람을 시킬 수는 없는 것입니까?”라고 하였다. 문공이 답하기를 “내 듣기에 최상은 군주가 함께하는 사람이 모두 그가 존경하는 사람이다. 중등은 군주가 함께하는 사람이 모두 그가 친애하는 사람이다. 최하는 군주가 함께하는 사람이 모두 그가 함부로 대하는 사람이다, 라고 한다. 과인이 비록 어리석다 해도 선왕 때의 사람들이 모두 곁에 있기 때문에 시키기가 어렵다.”라고 하였다.

一曰, 晉文公與楚人戰, 至黃鳳之陵, 履繫解, 因自結之。左右曰, “不可以使人乎?” 公曰, “吾聞, 上, 君所與居, 皆其所畏也。中, 君之所與居, 皆其所愛也。下, 君之所與居, 皆其所侮也。寡人雖不肖, 先君之人皆在, 是以難之也。”

○○○

계손(季孫)이 식객을 거느리기 좋아하며 평생 동안 예의범절을 지킴으로써 거처와 옷차림이 항상 조정에 있는 것 같았다. 그런데 계손은 이따금 해이해져서 실수로 오랜 기간 예의범절을 지킬 수 없었다. 그래서 식객들이 계손이 자기들을 싫어하고 업신여긴다고 생각하여 서로 그를 원망하다가 마침내 그를 죽여버렸다. 그러므로 군자는 지나치지 말아야 한다. 남궁경자(南宮敬子)가 안탁취(顏涿聚)에게 묻기를

"계손이 공자(孔子)의 제자들을 거느렸으며, 조복(朝服)을 입고서 함께 자리에 앉은 사람이 십수 명이었는데 살해를 당한 것은 무슨 이유입니까?"라고 하였다. 안탁취가 답하기를 "옛날에 주나라 성왕(成王)은 배우와 광대를 가까이하여 기분을 내면서도 군자와 함께 정사(政事)를 결정하여 세상에 그의 바람을 이룰 수 있었다. 지금 계손은 공자의 제자들을 거느리고 조복 차림으로 함께 자리에 앉은 사람이 십수 명이었는데도 배우·광대와 정사를 결정하였기 때문에 살해당한 것이다. 그러므로 성패(成敗)는 함께 있는 것에 달려 있지 않고 함께 도모하는 것에 달려 있다 라고 말하는 것이다."라고 하였다.

季孫好士，終身莊，居處衣服常如朝廷。而季孫適懈，有過失，而不能長爲也。故客以爲厭易己，相與怨之，遂殺季孫。故君子去泰去甚[80]。南宮敬子[81]問顔涿聚[82]曰，"季孫養孔子之徒，所朝服與坐者以十數，而遇賊，何也?"曰，"昔周成王[83]近優侏儒以逞其意，而與君子斷事，是能成其欲於天下。今季孫養孔子之徒，所朝服而與坐者以十數，而與優侏儒斷事，是以遇賊。故曰，不在所與居，在所與謀也。"

○ ○ ○

공자(孔子)가 노(魯)나라 애공(哀公)을 모시고 앉았는데, 애공이 복숭아와 기장을 내려주었다. 애공이 공자에게 "드셔보시지요."라고 말하였다. 중니가 먼저 기장을 먹은 후에 복숭아를 먹자 측근들이 모두 입을 가리고 웃었다. 애공이 말하기를 "기장은 먹는 것이 아니라, 복숭아를 씻는 것입니다."라고 하였다. 중니가 대답하여 말하기를 "저도 그것을 압니다. 기장은 오곡의 우두머리이며 선왕을 제사 지낼 때의 최상의 제물입니다. 과일은 여섯 종류가 있는데 복숭아는 아래 등급이어서 선왕을 제사 지낼 때 묘당에 들여놓을 수 없습니다. 제가 듣기에 군자는 천한 것으로 귀한 것을 씻는다고 했지 귀한 것으로 천한 것을 씻는다는 말은 듣지 못했습니다. 지금 오곡의 우두머리로 과일의 아래 등급을 씻는다면 이것은 상등으로 하등의 물건을 씻는 것입니다. 저는 정도(正道)를 방해하는 일이라 여겼기 때문에 감히 종묘의 제물보다 우선시 할 수 없었습니다."라고 하였다.

孔子侍坐於魯哀公, 哀公賜之桃與黍。哀公曰, "請用。" 仲尼先飯黍而後啗[84]桃, 左右皆揜口而笑。哀公曰, "黍者, 非飯之也, 以雪[85]桃也。" 仲尼對曰, "丘知之矣。夫黍者, 五穀之長也, 祭先王爲上盛。果蓏[86]有六, 而桃爲下, 祭先王不得入廟。丘之聞也, 君子以賤雪貴, 不聞以貴雪賤。今以五穀之長雪菓蓏之下, 是從上雪下也。丘以爲妨義, 故不敢以先於宗廟之盛也。"

○○○

조간자(趙簡子)가 측근에게 말하기를 "수레의 깔개가 너무 화려하다. 관은 비록 볼품없더라도 머리에 반드시 쓰게 되어 있고, 신발은 비록 귀할지라도 반드시 발에 신게 되어 있다. 지금 수레의 깔개가 이와 같이 너무 화려하니 내가 어떤 신발을 신고 그것을 밟아야 하겠는가? 아래의 것을 화려하게 꾸미느라 위의 것을 줄이는 것은 정도(正道)의 근본을 방해하는 것이다"라고 하였다.

趙簡子謂左右曰, "車席泰[87]美。夫冠雖賤, 頭必戴之, 屨雖貴, 足必履之。今車席如此, 大美, 吾將何屩以履之? 夫美下而耗上[88], 妨義之本也。"

○ ○ ○

비중(費仲)이 주왕(紂王)을 설득하여 말하기를 "서백(西伯) 창(昌)이 재능과 덕행이 뛰어나 백성들이 그를 좋아하며 제후들도 그에게 귀의하고 있으니 죽이지 않을 수 없습니다. 죽이지 않으면 반드시 은(殷)나라에 화가 될 것입니다."라고 하였다. 주왕이 묻기를 "그대는 그가 정의로운 제후라고 말하고 있는데, 어찌 죽일 수 있겠는가?"라고 하였다. 비중이 답하기를 "관은 비록 뚫어지고 낡았어도 반드시 머리에 쓰게 되어 있고, 신발은 비록 화려하더라도 반드시 땅을 밟게 되어 있습니다. 지금 서백 창은 신하임에도 바른 도리를 시행하여 백성들이 그에게 귀의하고 있으니, 마침내 천하의 우환이 되는 것은 반드시 서백 창일 것입니다. 누구든지 그 재능과 덕행을 가지고 그 주군을 보필하지 않는다면 죽이지 않을 수 없습니다. 또한 군주가 신하를 죽이는 것이 어찌 잘못이겠습니까?"라고 하였다. 주왕이 말하기를 "무릇 인의라는 것은 윗사람이 아랫사람을 권면하는 것인데, 지금 서백 창이 인의를 좋아한다니 그를 죽이는 일은 할 수 없다."라고 하였다. 비중이 주왕을 세 번이나 설득하였지만 받아들여지지 않았기 때문에 멸망하였다.

費仲[89]說[90]紂曰, "西伯昌賢, 百姓悅之, 諸侯附焉, 不可不誅, 不誅, 必爲殷禍。" 紂曰, "子言, 義主, 何可誅?" 費仲曰, "冠雖穿弊, 必戴於頭, 履雖五采[91], 必踐之於地。今西伯昌, 人臣也, 修義而人向之, 卒爲天下患, 其必昌乎! 人人不以其賢爲其主, 非可不誅也。且主而誅臣, 焉有過?" 紂曰, "夫仁義者, 上所以勸下也, 今昌好仁義, 誅之不可。" 三說不用, 故亡。

○ ○ ○

제나라 선왕(宣王)이 광천(匡倩)에게 묻기를 "유생들도 박희(博戲) 놀이를 하는가?"라고 하였다. 광천이 답하기를 "하지 않습니다."라고 하였다. 선왕이 묻기를 "어째서인가?"라고 하였다. 광천이 대답하기를 "박희는 올빼미 말을 귀히 여기는데, 승자는 반드시 올빼미 말을 죽입니다. 올빼미 말을 죽이는 것은 바로 귀히 여기는 것을 죽이는 것입니다. 유생은 의를 해친다고 여겨서 박희를 하지 않습니다."라고 하였다. 또 묻기를 "유생은 주살로 새를 잡는가?"라고 하였다. 광천이 답하기를 "하지 않습니다. 주살은 아래에서 위를 해치는 것입니다. 이것은 신하가 군주를 해치는 것입니다. 유생은 의를 해치는 것이라 여기기 때문에 주살로 새를 잡지 않습니다."라고 하였다. 또 묻기를 "유생은 거문고를 타는가?"라고 하였다. 대답하기를 "하지 않습니다. 거문고는 가는 줄로 큰 소리를 내고 큰 줄로 작은 소리를 내니 이것은 크고 작은 것이 순서를 바꾼 것이고, 귀한 것과 천한 것이 자리를 바꾼 것입니다. 유생은 의를 해치는 것이라 여기기 때문에 거문고를 연주하지 않습니다."라고 하였다. 선왕이 말하기를 "옳다."라고 하였다. 공자(孔子)도 말하기를 "백성들을 아랫사람에게 아첨하도록 하는 것보다 차라리 윗사람에게 아첨하도록 하는 것이 낫다."라고 하였다.

齊宣王問匡倩[92]曰, "儒者博[93]乎?" 曰, "不也。" 王曰, "何也?" 匡倩對曰, "博者貴梟[94], 勝者必殺梟, 殺梟者, 是殺所貴也。儒者以爲害義, 故不博也。" 又問曰, "儒者弋[95]乎?" 曰, "不也。弋者從下害於上者也。是從下傷君也。儒者以爲害義。故不弋。" 又問, "儒者鼓[96]瑟乎?" 曰, "不也。夫瑟以小絃爲大聲, 以大絃爲小聲, 是大小易序, 貴賤易位。儒者以爲害義, 故不鼓也。" 宣王曰,

“善。” 仲尼曰，“與其使民諂下也，寧使民諂上。”[97]

○ ○ ○

전 4

거(鉅)는 제(齊)나라의 처사였고, 잔(孱)은 위(魏)나라의 처사였다. 제나라와 위나라의 군주가 똑똑치 못하여 친히 나라 안을 살펴보지 못하고 측근들의 말만 들었다. 그래서 거와 잔은 황금과 벽옥을 써서 벼슬자리를 구하였다.

鉅[98]者，齊之居士，孱者，魏之居士。齊、魏之君不明，不能親照境內，而聽左右之言，故二子費金璧而求入仕也。

○ ○ ○

서문표(西門豹)가 업(鄴)의 수령이었을 때, 청렴결백하고 근면성실하여 털끝만큼도 사사로운 이익을 취하지 않았으나, 군주의 측근들을 매우 소홀히 대하였다. 그래서 측근들이 서로 뭉쳐서 그를 미워하였다. 만 1년 동안 그 직에 머문 후 연말에 도성에 와 시정상황을 보고할 때에 군주가 그 관인을 거두어버렸다. 서문표가 스스로 청하여 말하기를 “신이 옛날에는 업 땅을 다스리는 방법을 알지 못하였는데, 이제야 제가 그것을 깨달았습니다. 원컨대 업 땅을 다스릴 수 있도록 관인을 다시 내려주시기를 바랍니다. 만약에 다스리는 것이 합당치 않으면 참형에 처하는 벌을 달게 받겠습니다.”라고 하였다. 문후(文侯)가 차마 거절하지 못하고 다시 관인을 그에게 주었다. 서문표는 그리하여 백성들에게 세금을 무겁게 거둬들이고 문후의 측근들을 잘 섬겼다. 일 년이 되어 연말에 도성에 와 시정 상황을 보고할 때에 문후가 영접을 나와 그에게 사의(謝意)를 표하였다. 서문표가 이에 대해 말하기를 "작년에는 신이 주군을 위해 업땅을 다스렸습니다. 그런데 주군께서 저의 관인을 빼앗았습니다. 올해는 신이 주군의 측근들을 위해 업 땅을 다스렸는데, 주군께서 저에게 사의를 표하셨습니다. 저는 업 땅을 다스릴 수가 없습니다."라고 하였다. 마침내 그는 관인을 반납하고 떠나려 하였다. 문후는 그것을 받으려 하지 않고 말하기를 "과인이 이전에는 그대를 잘 알지 못했는데, 지금은 잘 알게 되었소. 그대는 과인을 위해 힘써 그곳을 잘 다스려주기 바라오."라고 하였다. 마침내 문후는 관인을 받지 않았다.

西門豹爲鄴令，清剋[99]潔慤[100]，秋毫之端無私利也，而甚簡[101]左右。左右因相與比周[102]而惡之。居期年[103]，上計[104]，君收其璽。豹自請曰，"臣昔者不知所以治鄴，今臣得矣，願請璽復以治鄴，不當，請伏斧鑕[105]之罪。"文侯[106]不忍而復與之。豹因重斂百姓，急事左右。期年，上計，文侯迎而拜之。豹對曰，"往年臣爲君治鄴。而君奪臣璽。今臣爲左右治鄴，而君拜臣。臣不能治矣。"遂納璽而去。文侯不受，曰，"寡人曩[107]不知子，今知矣，願子勉爲寡人治之。"遂不受。

○ ○ ○

제나라에 좀도둑의 아들과 발 잘린 형벌을 받은 자의 아들이 장난치며 놀다가 서로 자랑을 하였다. 좀도둑의 아들이 말하기를 "우리 아버지의 가죽옷에만 꼬리가 달려 있다."라고 하였다. 발 잘린 자의 아들은 "우리 아버지만 겨울에도 바지를 입고 있다."라고 하였다.

齊有狗盜[108]之子，與刖危子戲而相誇。盜子曰，"吾父之裘獨有尾。” 危子曰, “吾父獨冬不失袴[109]。”

○ ○ ○

자작(子綽)이 말하기를 “왼손으로 네모를 그리면서 오른손으로 원을 그릴 수 있는 사람은 없다.”라고 하였다.

子綽曰, “人莫能左畫方而右畫圓也。”

○ ○ ○

고기를 가지고 개미를 쫓아내면 개미는 점점 많아지고, 물고기를 가지고 파리를 몰아내면 파리는 점점 모여든다.

以肉去蟻蟻愈多, 以魚驅蠅蠅愈至。

○ ○ ○

환공(桓公)이 관중(管仲)에게 말하기를 “벼슬자리는 적은데 구하는 사람이 많으니 과인은 이것이 걱정이오.”라고 하였다. 관중이 말하기를 “주군께서 측근의 청을 받아들이지 않고 능력에 따라 봉록을 주고 공적을 기록하고 그에 따라 벼슬을 내린다면 감히 사람들이 벼슬을 구하지 않을 것입니다. 주군께서는 무엇을 근심하십니까?”라고 하였다.

桓公謂管仲曰, “官少而索者衆, 寡人憂之。” 管仲曰, “君無聽左右之請, 因能而受祿, 錄功而與官, 則莫敢索官, 君何患焉?”

○ ○ ○

한(韓)나라 선자(宣子)가 말하기를 "내 말에게 콩과 곡물을 많이 먹이는데도 심하게 여위는 것은 무엇 때문인가? 과인은 그것이 걱정이다."라고 하였다. 주시(周市)가 대답하여 말하기를 "마부를 시켜 있는 곡물을 다 먹인다면 비록 살이 찌지 못하게 하려 해도 할 수 없습니다. 명목상으로는 많이 주지만 실제로는 적게 준다면 비록 여위지 않게 하려 해도 또한 할 수 없는 것입니다. 주군께서 실제 사정을 살피지 않으시고 앉아서 걱정만 하시고 계시니 말이 오히려 살이 찌지 않는 것입니다."라고 하였다.

韓宣子[110]曰, "吾馬菽粟[111]多矣, 甚臞[112]何也? 寡人患之。" 周市[113]對曰, "使騶[114]盡粟以食, 雖無肥, 不可得也。名爲多與之, 其實少, 雖無臞, 亦不可得也。主不審其情實, 坐而患之, 馬猶不肥也。"

○ ○ ○

환공(桓公)이 관중(管仲)에게 관리 임명에 관한 일을 물었다. 관중이 답하기를 "언사에 대해 진위를 판별하고 재물에 대해 청렴하며 인정세태를 잘 아는 것으로는 제가 현상(弦商)만 못합니다. 청컨대 그를 세워 대리(大理)로 삼으십시오. 당(堂)을 오르내리며 겸손히 인사하고 예의범절에 밝아 손님 접대 잘하기로는 제가 습붕(隰朋)만 못합니다. 청컨대 그를 세워 대행(大行)으로 삼으십시오. 황무지를 개간하여 고을을 만들고 농토를 넓혀 곡식 생산을 하기로는 제가 영척(甯戚)만 못합니다. 청컨대 그를 세워 대전(大田)으로 삼으십시오. 삼군(三軍) 모두 진을 치게 하고 병사들이 죽는 것을 마치 집에 돌아가는 것처럼 편히 여기도록 하는 것은 제가 공자 성보(成父)만 못합니다. 바라건대 그를 대사마(大司馬)로 삼으십시오. 주군의 심기를 거슬러가며 진심으로 간언하는 것은 제가 동곽아(東郭牙)만 못합니다. 청컨대 그를 세워 간관(諫官)으로 삼으십시오. 제나라를 다스리는 데는 이 다섯 사람으로 충분합니다. 그러나 장차 천하의 맹주가 되시려 하신다면 제가 여기에 있겠습니다"라고 하였다.

桓公問置吏[115]於管仲, 管仲曰, "辯察於辭, 清潔於貨, 習人情, 夷吾[116]不如弦商[117], 請立以爲大理[118]。登降[119]肅讓[120], 以明禮待賓, 臣不如隰朋, 請立以爲大行[121]。墾草仞邑[122], 辟地[123]生粟, 臣不如甯武[124], 請以爲大田[125]。三軍旣成陳[126], 使士視死如歸, 臣不如公子成父[127], 請以爲大司馬[128]。犯顔[129]極諫, 臣不如東郭牙, 請立以爲諫臣。治齊, 此五子足矣, 將欲霸王[130], 夷吾在此。"

○○○

전 5

우헌백(盂獻伯)은 진(晉)나라의 재상이었는데, 당(堂) 아래에는 잡초가 자라고 있었고 문밖에는 가시나무가 자랐다. 그는 밥을 먹을 때 두 가지의 음식을 먹지 않았고, 겹친 방석 위에 앉지 않았으며, 비단옷을 입은 처첩이 없었다. 집에 있을 때에는 말에게 곡식을 먹이지 않았고, 밖에 나갈 때는 수레가 따르지 않았다. 숙향(叔向)이 이를 듣고 묘분황(苗賁皇)에게 알렸는데, 분황이 그를 비난하여 말하기를 "이것은 군주의 작록을 가지고 아랫것들에게 아부하는 것이다."라고 하였다.

孟獻伯[131]相魯，堂下生藿藜[132]，門外長荊棘，食不二味，坐不重席，無衣帛之妾，居不粟馬，出不從車。叔向聞之，以告苗賁皇，賁皇非之曰，“是出主之爵祿以附下也。”

○○○

일설에 의하면 진(晉)나라의 우헌백(盂獻伯)이 상경(上卿)의 벼슬을 받자 숙향(叔向)이 축하하러 갔는데, 문에는 한 대의 수레만이 있고, 말에게는 곡식을 먹이지 않았다. 숙향이 “그대에게 두 필의 말과 두 대의 수레가 없으니 어찌된 일입니까?”라고 물었다. 헌백이 답하기를 “나는 나라 사람들에게 굶주린 기색이 있는 것을 보았기 때문에 말을 먹이지 않은 것입니다. 머리가 흰 노인들 대부분이 걸어다니기 때문에 두 대의 수레를 두지 않았습니다.”라고 하였다. 숙향이 “나는 애초에는 그대가 상경에 제수된 것을 축하하려고 하였는데, 지금은 그대의 검소함을 축하합니다.”라고 말하였다. 숙향이 나와서 묘분황에게 “나와 함께 헌백의 검소함을 축하합시다.”라고 말하였다. 묘분황이 말하기를 “어찌 축하할 일입니까? 대저 작록과 기장(旂章)은 공로를 분별하고 재능의 우열을 구별하는 것입니다. 그러므로 진나라의 법에 상대부(上大夫)는 수레 두 대와 말 여덟 필, 중대부(中大夫)는 수레 두 대와 말 네 필, 하대부(下大夫)는 말 네 필만을 받도록 되어 있는데, 이것은 신분의 등급을 명확히 한 것입니다. 또한 경대부라 하면 반드시 군대의 일을 주관하여야 하기 때문에 수레와 말을 잘 정돈하고 병졸과 병거를 잘 점검하여 전쟁에 대비해야 합니다. 변란이 있으면 의외의 일에 대비하고, 평상시에는 조정을 지키는 것을 돕는 것입니다. 지금 진나라의 정사(政事)를 어지럽히고 의외의 일에 대비하는 것을 없애 절약을 이루어 개인의 명성을 꾀하는 헌백의 검소함이 옳은 것입니까? 또 어찌 축하할 일입니까?"라고 하였다.

一曰, 晉孟獻伯拜上卿, 叔向往賀, 門有御[133], 馬不食禾。向曰, "子無二馬二輿, 何也?" 獻伯曰, "吾觀國人尙有飢色, 是以不秣馬。班白者多徒行, 故不二輿。" 向曰, "吾始賀子之拜卿, 今賀子之儉也。" 向出, 語苗賁皇曰, "助吾賀獻伯之儉也。" 苗子曰, "何賀焉! 夫爵祿旂章[134], 所以異功伐, 別賢不肖也。故晉國之法, 上大夫二輿二乘[135], 中大夫二輿一乘, 下大夫專乘, 此明等級也。且夫卿必有軍事, 是故循車馬, 比卒乘, 以備戎事。有難則以備不虞, 平夷[136]則以給朝事。今亂晉國之政, 乏不虞之備, 以成節, 以絜[137]私名, 獻伯之儉也可與? 又何賀?"

○○○

관중(管仲)이 제나라의 재상이 되었는데, 그가 말하길 "저는 신분은 귀하지만 가난합니다."라고 하였다. 환공(桓公)이 말하기를 "그대가 3할의 조세를 거둘 수 있도록 하겠다."라고 하였다. 관중은 또 "저는 부유합니다만 지위가 낮습니다."라고 말하였다. 이에 환공이 그를 고(高) 씨와 국(國) 씨의 위에 서게 하였다. 관중이 또한 말하기를 "저는 지위는 존귀해졌습니다만 저와 주군과의 관계가 소원합니다."라고 하였다. 이에 환공은 그를 세워 중부(仲父)로 삼았다. 공자(孔子)가 이를 듣고 비난하여 말하기를 "사치가 지나쳐서 군주를 압박하였다."라고 하였다.

管仲相齊, 曰, "臣貴矣, 然而臣貧。" 桓公曰, "使子有三歸之家[138]。" 曰, "臣富矣, 然而臣卑。" 桓公使立於高國[139]之上。曰, "臣尊矣，然而臣疏。” 乃立爲仲父。孔子聞而非之曰，“泰侈偪上。”

○ ○ ○

일설에 의하면 관중부(管仲父)는 외출할 때는 자줏빛 덮개를 씌운 수레를 타고 청색 옷을 입었으며 북을 울리면서 돌아왔고, 마당에는 세 발 솥이 놓여 있었고, 집 안에는 3할의 조세 수입이 있었다고 한다. 공자가 말하기를 "훌륭한 대부였지만 그 사치가 군주를 압박하였다."라고 하였다.

一曰，管仲父出，朱蓋青衣，置鼓而歸，庭有陳鼎，家有三歸。孔子曰，“良大夫也，其侈偪上。”

○ ○ ○

손숙오(孫叔敖)가 초나라의 재상이 되자 암말이 끄는 대나무로 만든 수레를 타고, 거친 밥과 나물국에 마른 물고기 반찬을 먹으면서 겨울에는 염소 가죽옷을 입고 여름에는 거친 베옷을 입으며 얼굴에는 굶주린 기색이 있었다. 그는 훌륭한 대부였지만 그 검소함이 군주를 압박하였다.

孫叔敖相楚，棧車[140]牝馬，糲飯[141]菜羹，枯魚之膳，冬羔裘，夏葛衣，面有飢色，則良大夫也，其儉偪下。

○ ○ ○

양호(陽虎)가 제(齊)나라를 떠나 조(趙)나라로 달아났는데 간자(簡

子)가 묻기를 "나는 그대가 사람을 잘 길러낸다고 들었다."라고 하였다. 양호가 답하기를 "제가 노(魯)나라에 있을 때 세 사람을 길렀는데 모두 영윤(令尹)이 되었습니다. 제가 노나라에서 죄를 짓게 되자 모두 저를 수사하며 탐색했습니다. 제가 제나라에 있을 때는 세 사람을 추천하여 한 사람은 군주의 측근이 되었고, 한 사람은 현령이 되었으며, 한 사람은 후리(侯吏)가 되었습니다. 제가 죄를 짓자 군주의 측근인 자는 저를 만나려 하지 않았고, 현령이었던 자는 저를 맞이하는 체하며 붙잡으려 하였고, 후리였던 자는 저를 쫓아 국경까지 이르렀다가 미치지 못하자 그만두었습니다. 저는 사람을 잘 길러내지 못했습니다."라고 하였다. 간자가 고개를 숙이고 웃으며 말하기를 "대저 풀명자·배·귤이나 유자 나무를 심은 자는 그것을 맛있게 먹을 것이고, 탱자나 가시 나무를 심은 자는 그것이 자라서 사람을 찌를 것이다. 그러므로 군자는 사람 기르는 일을 신중히 하여야 한다."라고 하였다.

陽虎去齊走趙, 簡主問曰, "吾聞子善樹人。" 虎曰, "臣居魯, 樹三人, 皆爲令尹[142]。及虎抵罪於魯, 皆搜索於虎也。臣居齊, 薦三人, 一人得近王, 一人爲縣令, 一人爲侯吏[143]。及臣得罪, 近王者不見臣, 縣令者迎臣執縛, 侯吏者追臣至境上, 不及而止。虎不善樹人。" 主俛[144]而笑曰, "夫樹柤梨橘柚者, 食之則甘[145], 樹枳棘者, 成而刺人。故君子愼所樹。"

○ ○ ○

중모(中牟)에 현령이 없었는데, 진(晉)나라 평공(平公)이 조무에게 묻기를 "중모는 조(趙)·제(齊)·연(燕)나라에게는 넓적다리와 팔뚝 같고 한단(邯鄲)에게는 어깨와 넓적다리 같은 중요한 지역으로, 과인은 유능한 현령을 두고 싶은데 누구를 시키면 좋겠는가?"라고 하였다. 조무가 답하기를 "형백(邢伯)의 아들이 좋겠습니다."라고 하였다. 평공이 "그대의 원수가 아닌가?"라고 물으니, 조무가 답하기를 "사사로운 원수의 감정이 공적인 일에 끼어들어서는 안됩니다."라고 하였다. 평공이 또 묻기를 "왕실 창고의 책임자로 누구를 시키면 좋겠는가?"라고 하였다. 조무가 답하기를 "신의 자식이 좋겠습니다."라고 하였다. 그러므로 평공이 말하기를 "외직의 관리를 천거할 때 원수도 피하지 않고, 내직의 관리를 천거할 때 자식이라고 피하지 않는다."라고 하였다. 조무가 그 군주에게 추천한 자가 마흔여섯 명이나 되었지만, 조무가 죽었을 때 각기 빈객의 지위를 지켰으니 사석인 은덕을 베풀지 않았음이 이와 같았다.

中牟[146]無令, 魯平公[147]問趙武曰, "中牟, 三國[148]之股肱[149], 邯鄲[150]之肩髀[151], 寡人欲得其良令也, 誰使而可?" 武曰, "邢伯[152]子可。" 公曰, "非子之讎也?" 曰, "私讎不入公門。" 公又問曰, "中府[153]之令, 誰使而可?" 曰, "臣子可。" 故曰, "外擧不避讎, 內擧不避子。" 趙武所薦四十六人於其君, 及武死, 各就賓位[154], 其無私德若此也。

○○○

평공(平公)이 숙향(叔向)에게 "여러 신하 중 누가 가장 훌륭한가?"라고 물었다. 숙향이 답하기를 "조무(趙武)입니다."라고 하였다. 평공이 말하기를 "그대는 우두머리를 편들고 있다."라고 하였다. 숙향이 말하기를 "조무는 서 있을 때 입은 옷을 이기지 못할 것 같고, 말할 때는 말이 입에서 나오지 않는 것 같습니다. 그런데도 천거한 사람 수십 명을 모두 그 뜻대로 관직에 오르게 하였고, 공실(公室)은 그들을 매우 신뢰하고 있습니다. 게다가 조무는 살아서는 자기 집안의 이익을 꾀하려 하지 않고 죽어서는 자식을 남에게 의탁하지 않았으니 저는 감히 그를 훌륭하다고 생각합니다."라고 하였다.

平公問叔向曰, "羣臣孰賢?" 曰, "趙武。" 公曰, "子黨於師人。" 向曰, "武立如不勝衣[155], 言如不出口[156], 然其所擧士也數十人, 皆令得其意, 而公家甚賴之。況武子[157]之生也不利於家, 死不託於孤, 臣敢以爲賢也。"

○ ○ ○

해호(解狐)가 원수를 간자(簡子)에게 추천하여 재상으로 삼게 하자, 그 원수는 해호가 자기의 원한을 이미 푼 것으로 여기고 찾아가서 감사의 인사를 올렸다. 해호는 활을 당기며 맞이하고는 그를 쏘려 하며 말하기를 "내가 너를 추천한 것은 공적인 일로 네가 그 일을 감당할 수 있기 때문이다. 너를 원수로 대하는 것은 나의 사적인 원한으로 너에 대한 사적인 원한이 있다는 이유로 군주에게 너를 막을 수가 없었다." 그래서 사사로운 원수의 감정이 공적인 일에 끼어들어서는 안 된다는 것이다.

解狐薦其讎於簡主以爲相, 其讎以爲且幸釋己也, 乃因往拜謝。狐乃引弓迎而射之, 曰, "夫薦汝公也, 以汝能當之也。夫讎汝吾私怨也, 不以私怨汝之故擁汝於吾君。" 故私怨不入公門。

○ ○ ○

일설에 의하면 해호(解狐)가 형백류(邢伯柳)를 추천하여 상당(上黨)의 장관이 되게 하였는데, 형백류가 찾아가서 사례하며 말하기를 "그대가 죄를 용서해주니, 거듭 감사를 표하지 않을 수 없습니다."라고 하였다. 해호가 말하기를 "그대를 추천한 것은 공적인 일이고 그대에 대한 원한은 사적인 것이오. 그대는 돌아가시오. 그대에 대한 원한은 처음과 마찬가지오."라고 하였다 한다.

一曰, 解狐擧邢伯柳[158]爲上黨[159]守, 柳往謝之, 曰, "子釋罪, 敢不再拜。" 曰, "擧子, 公也, 怨子, 私也。子往矣, 怨子如初也。"

○ ○ ○

성현(鄭縣) 사람이 돼지를 팔고 있었는데 어떤 사람이 그 가격을 물었다. 정현 사람이 답하기를 "길은 멀고 날은 저무는데, 어찌 당신과 이야기할 겨를이 있겠습니까?"라고 하였다.

鄭縣[160]人賣豚, 人問其價, 曰, "道遠日暮, 安暇語汝。"

○ ○ ○

전 6

범문자(范文子)는 직언하기를 좋아하였는데, 그 아버지 무자(武子)가 지팡이를 들고 그를 때리면서 말하기를 "대저 직언하는 사람은 사람들에게 받아들여지지 않는다. 받아들여지지 않으면 자신이 위태롭게 되고, 자신이 위태롭게 될 뿐만 아니라 또한 그 아비까지도 위태롭게 한다."라고 하였다.

范文子喜直言，武子擊之以杖，"夫直議者，不爲人所容，無所容則危身，非徒[161]危身，又將危父。"

○○○

자산(子産)은 자국(子國)의 아들이다. 자산은 정나라 군주에게 충성하였는데, 자국이 그를 꾸짖으며 노하여 말하기를 "지조가 있고 강직하여 다른 신하와 달리 혼자서만 군주에게 충성한다면, 군주가 현명할 때는 너의 의견을 들어줄 수 있지만, 현명하지 못할 때는 네 의견을 들어주지 않을 것이다. 들어줄지 들어주지 않을지 아직 분명히 알지 못하는 사이에 너는 이미 여러 신하들에게서 떨어져나갈 것이다. 여러 신하들 사이에서 떨어져나가면 반드시 네 자신이 위태로워질 것이다. 자신을 위태롭게 할 뿐만 아니라 또한 그 아비까지도 위태롭게 한다."라고 하였다.

子産者，子國之子也。子産忠於鄭君，子國譙怒之曰，"夫介異於人臣，而獨忠於主，主賢明能聽汝，不明將[162]不汝聽。聽與不聽未可必知，而汝已離於羣臣。離於羣臣，則必危汝身矣。非徒危己也，又且危父矣。"

○○○

양거(梁車)가 업(鄴) 땅의 현령이 되었을 때 그의 누이가 그를 마중나갔다가 날이 이미 저물고 늦게 도착하여 성문이 닫히게 되자 성곽을 넘어 들어갔다. 양거가 법에 따라 끝내 그녀의 발뒤꿈치를 잘랐다. 조(趙)나라 성후(成侯)가 자애롭지 못하다고 여겨 양거의 관인을 빼앗고 그 현령의 직을 면하였다.

梁車爲鄴令, 其姊往看之, 暮而後至, 閉門, 因踰郭而入。車遂刖其足。趙成侯[163]以爲不慈, 奪之璽而免之[164]令。

○○○

관중(管仲)이 포박되어 노(魯)나라에서 제(齊)나라로 보내져, 가는 도중에 배가 고프고 목이 말라 기오(綺烏)의 관리가 있는 곳을 지나다가 먹을 것을 구하였다. 기오의 관리가 무릎을 꿇고 음식을 올리는 것이 아주 공손하였다. 관리가 남몰래 관중에게 묻기를 "요행히도 제나라에 도착하여 죽지 아니하고 제나라에 등용된다면 무엇으로 저에게 보답하실 것입니까?"라고 하였다. 관중이 답하기를 "그대의 말과 같이 된다면 나는 현명한 사람을 등용하고 능력 있는 자에게 일을 시키며 공 있는 사람을 선발할 것이다. 내가 무엇으로 그대에게 보답하겠는가?"라고 하였다. 이에 관리가 그를 원망하였다.

管仲束縛[165], 自魯之齊, 道而飢渴, 過綺烏[166]封人[167]而乞食。烏封人跪而食之, 甚敬。封人因竊謂仲曰, "適幸, 及齊不死而用齊, 將何報我?" 曰, "如子之言, 我且賢之用, 能之使, 勞之論[168]。我何以報子?" 封人怨之。

1) 跀危(월위): 월(跀)은 월(刖)로 발뒤꿈치를 자르는 형벌을 말한다. 위(危)는 궤(跪)와 통하여 발의 의미이다.

2) 坐(좌): 왕선겸은 『한비자집해』에서 생(生) 자의 잘못이라고 했다.

3) 子皐(자고): 자고(子羔) 또는 계고(季羔)라고 하며 공자의 제자 고시(高柴)의 자(字)다. 춘추 시대 위(衛)나라 사람으로(일설에는 제齊나라 사람이라고도 함) 사사(士師)의 관직을 지내며 법 집행을 신중히 하였다고 한다.

4) 翟璜(적황): 적황(翟黃)이라고도 하며, 전국 초 위문후(魏文侯)의 대신으로 오기·서문표·악양·이극(李克)·굴후부(屈侯鮒)등의 유능한 인물들을 추천했다.

5) 右契(우계): 현대의 채권자가 지니는 차용 증서와 같은 것으로, 이 문장의 의미는 공이 있는 사람이 수레에 오르는 상을 받는 것을 당연하다고 여긴다는 것을 비유적으로 표현한 것이다.

6) 襄王(양왕): 위(魏)나라 양왕.

7) 昭卯(소묘): 맹묘(孟卯)라고도 하며 위나라의 장수다.

8) 屩(교): 짚신

9) 失(실): 왕선신은 연문(衍文)으로 보았다.

10) 少室周(소실주): 소실이 성이며, 주가 이름이다. 행적은 불분명하다.

11) 東郭牙(동곽아): 춘추 시대 제(齊)나라의 간관(諫官).

12) 渾軒(혼헌): 춘추 시대 정(鄭)나라의 대부로 자산(子産)이 집정할 때 자산을 비난하였다.

13) 駮行(박행): 바르지 못한 행동.

14) 簡主(간주): 춘추 시대 진(晉)나라의 경(卿)이었던 조앙(趙鞅)으로, 범씨와 중항씨를 멸망시키고 진나라의 정권을 장악하였다. 조간자(趙簡子)라고도 한다.

15) 陽虎(양호): 자(字)가 화(貨)여서 양화(陽貨)라고도 한다. 춘추 시대 노(魯)나라 계손씨(季孫氏)의 가신으로 후에 계손씨의 대권을 장악하여, 맹손(孟孫)·숙손(叔孫)·계손 3가를 멸문시키려 하였으나 실패하고 제(齊)나라로 도망갔다가 다시 조나라로 가 조간자에게 투항하였다.

16) 哀公(애공): 춘추 시대 노나라의 제후. 27년간(B.C.494~B.C.468)간 제위하였다.

17) 一足(일족): 노 애공이 공자에게 요(堯) 임금의 악사인 기(夔)의 발이 하나였는지 물었으나, 공자는 기일족(夔一足)이라는 말은 '기 하나면 족하다'라는 뜻이지 '기에게는 다리가 하나뿐이다'라는 뜻이 아니라고(故曰夔一足, 非一足也) 대답하였다.

18) 朝燕(조연): 조(朝)는 조정에서 공무를 처리하는 것, 연(燕)은 퇴청하여 집에서 편히 지내는 것을 말함.

19) 季孫(계손): 『사기·노주공세가(魯周公世家)』에 의하면 계손사(季孫斯)를 가리키는데, 노나라의 권신으로 시호가 환(桓)이어서 계환자라 부른다. 양호가 계환자를 가두고 죽이려 하자, 계환자는 그를 속이고 위험에서 벗어났다.

20) 委(위): 적(積)와 같은 의미다.

21) 鉅(거): '강대하다'의 뜻으로 여기서는 가상의 인명으로 쓰였다.

22) 孱(잔): '나약하다'의 뜻으로 여기서는 가상의 인명으로 쓰였다.

23) 知之(지지): 측근의 영향력이 크다는 것을 알다.

24) 臞(구): 척(瘠)과 같은 의미로 '여위다'의 뜻이다.

25) 行(행): 덕행(德行), 품덕(品德).

26) 苗賁皇(묘분황): 춘추 시대 초(楚)나라 사람. 영윤(令尹) 투초(鬥椒)의 아들. 투초가 모반을 일으켰다 죽음을 당하자 묘분황은 진(晉)나라로 도망을 갔고, 묘(苗) 땅에 봉해져 이를 씨(氏)로 삼았다. 진나라와 초나라가 언릉(鄢陵)에서 전쟁을 벌일 때, 진나라에 계책을 바쳐 초나라를 패배시켰다.

27) 獻伯(헌백): 춘추 시대 진(晉)나라의 경대부. 우(盂) 땅에 봉해졌고, 시호가 헌(獻)이어서, 이후의「전(傳)」에서는 우헌백(盂獻伯)이라 칭한 것이다.

28) 叔孫敖(숙손오): 춘추 시대 초나라 사람. 초나라 영윤이 된 후 3개월 만에 큰 다스림을 이루자 장왕(莊王)이 이로 인해 패제후(霸諸侯)라 칭하였다.

29) 이 두 구는 도치된 것으로 "양호지언견기신야(陽虎之言見其臣也), 이출입지용변(而出入之容變)"이 원래 어순이며, "양호가 추천한 인재가 후에 모두 그를 배신했다고 말해진 것이다."가 그 뜻이다. '견(見)'은 군주를 뵙도록 추천하는 것이다. 출입지용변(出入之容變)은 전후 태도가 같지 않은 것을 말한다.

30) 趙武(조무): 조맹(趙孟). 춘추 시대 진(晉)나라의 경대부로 조순(趙盾)의

손자이며, 고전 희곡 『조씨고아(趙氏孤兒)』의 고아다. 아버지 삭(朔)이 도안가(屠岸賈)에게 살해된 후 유복자로 태어났다. 도안가의 추격이 급해지자 정영(程嬰)과 공손저구(公孫杵臼)의 도움으로 화를 면했고, 후에 경이 되어 도공(悼公)을 보필하여 이름을 날렸다.

31) 解狐(해호): 춘추 시대 진(晉)나라의 대부. 대부 기해(祁奚)와 원수지간이었다. 그러나 후에 기해가 늙어 물러나며 해호를 추천하여 자신을 대신하게 하였다.

32) 枳棘(지극): 탱자나무와 가시나무. 모두 가시가 많은 나무로 사악한 사람을 비유한다.

33) 教國(국인): 나라의 사람들을 가르치다.

34) 公室(공실): 군주를 가리킨다.

35) 文子(문자): 범문자(范文子). 범무자(范武子)의 아들로 이름은 사변(士燮)이었으며 춘추 시대 진(晉)나라의 대부였다.

36) 武子(무자): 범무자(范武子). 이름은 사회(士會)로 춘추 시대 진나라의 대부였다. 수(隨) 땅에 식읍을 받아 수회(隨會)라고도 칭해졌으며, 또 범(范) 땅을 분봉받고, 시호가 무자여서 범무자라고 칭해졌다.

37) 子國(자국): 자산(子國)의 아버지. 춘추 시대 정목공(鄭穆公)의 아들로 사마(司馬)의 벼슬을 지냈다.

38) 譙(초): 초(誚)와 통하여 '꾸짖다'는 의미다.

39) 梁車(양거): 사람 이름으로 업령(鄴令)을 지냈다.

40) 成侯(성후): 조(趙)나라 성후로 경후(敬侯)의 아들이다. 이름은 종(種)이었으며 25년간(B.C. 374~B.C. 350) 재위했다.

41) 璽(인): 인장으로 고대에는 신분에 관계없이 모두 사용하였지만, 진한(秦漢) 시대 이후부터 황제가 사용하는 인장만을 가리키는 용어가 되었다.

42) 孔子相衛(공자상위): 『논어』와 『좌전』에는 공자가 위나라에서 재상을 지냈다는 기록이 없다. 공자는 노애공(魯哀公) 11년(B.C. 484, 공자 나이 68세)에 위나라를 떠나 노나라로 돌아왔고, 4년 후에 위나라 경(卿) 공리(孔悝)가 위출공(衛出公)을 쫓아내고 괴외(蒯聵)를 세웠다. 다음 해에 공자가 세상을 떠났으니, 위나라가 동란에 휩싸였을 때 공자는 노나라에 있었다고 볼 수 있다. 그러므로 공자가 위나라에서 재상을 지냈다는 것은 아마도 공리를 공자로 오해를 한 것 같다.

43) 惡(오): 헐뜯다

44) 出門(출문): 왕선신(王先愼)에 의하면 '후문(後門)'이 되어서 성문이 닫힌 후에 도착한 것을 말한다고 하였다.

45) 之(지): 어(於)의 의미로 쓰였다.

46) 得(득): 덕(德)과 통용.

47) 傾側(경측): 자세히 조사하고 살펴보다.

48) 愀(추): 슬퍼하다.

49) 田子方(전자방): 전국 시대 위(魏)나라 사람. 위문후(魏文侯)가 스승의 예로 그를 대했다.

50) 文侯(문후): 전국 시대 위나라의 첫 번째 군주로, 이름은 사(斯)였다. 복자하(卜子夏)를 스승으로 단간목(段干木)을 친구로, 이극(李克)을 재상으로 삼아 38년 동안(B.C. 424~B.C. 387) 훌륭한 통치를 하여 강력한 나라를 만들었다.

51) 翟角(적각): 전국 시대 초기 위나라의 관리. 중산국을 정벌할 계획을 세웠고 후에 장수가 되었다가 용택(龍澤)에서 제(齊)나라 군대에 패하였다.

52) 樂羊(악양): 전국 시대 초기 위나라의 장수. 명을 받들어 중산국을 멸망시킨 후 영수(靈壽)에 봉해졌다.

53) 寵之稱功(총지칭공): 지(之)는 관계사로 의미가 없다. 칭(稱)은 '상당하다', '대등하다'는 뜻으로, 이 구는 '은총이 그 공로에 상당하다'는 의미다.

54) 蹻(교): 짚신 등과 같이 신분이 낮은 사람이 신는 신발을 가리킨다.

55) 槩(개): 개(概)와 같은 것으로, 곡식 등을 그릇에 넣고 표면을 밀어 고르는 방망이 모양의 기구. 평미레를 가리킨다.

56) 慤(각): 성실하다.

57) 趙襄主(조양주): 춘추 시대 진(晉)나라 경대부(卿大夫). 조간자(趙簡子) 앙(鞅)의 아들로 이름은 무휼(無恤)이다. 한(韓)·위(魏)와 연합하여 지백을 멸하고 땅을 분봉하여 삼가(三家)의 세력을 더욱 강하게 하였다. 시호가 양자(襄子)다.

58) 力士(역사): 왕이나 권세있는 사람을 지키는 호위 무사.

59) 中牟(중모): 지금의 하남성(河南省) 탕음현(湯陰縣).

60) 不若(불약): 불여(不如)와 같은 의미다.

61) 驂乘(참승): 참승(參乘)이라고도 하며 수레 오른쪽에서 호종하는 사람을 가리킨다.

62) 晉陽(진양): 지금의 중국 산서성(山西省) 태원시(太原市) 서북쪽. 춘추 시대 조씨(趙氏)는 진양을 도성으로 삼았다.

63) 牛子耕(우자경): 사람 이름. 『국어·진어(晉語)』에는 우담(牛談)이라 되어 있다.

64) 騎乘(기승): 당연히 참승(驂乘)이 되어야 한다.

65) 進(진): 추천하다, 천거하다.

66) 以斷(이단): '이관중지단(以管仲之斷)'"에서 관중지(管仲之)가 생략된 것이다. 단(斷)은 '과단성', '결단성'을 말한다.

67) 君知(군지): 왕선신의 『한비자집해』에 의하면 고광기의 의견을 들어 군(君)은 약(若)이 되어야 하며 지(知)는 지(智)의 의미라 하였다.

68) 相參(상참): 서로 견제하다.

69) 箕鄭(기정): 춘추 시대 진(晉)나라의 대부. 진문공이 오군(五軍)을 설치할 때 조쇠(趙衰)를 신상군(新上軍)'의 대장으로 삼고, 기정을 부장으로 삼았다.

70) 夔(기): 요순(堯舜) 시대의 악사(樂師).

71) 一(일): 신(信)을 가리킨다.

72) 審而是(심이시): 심(審)은 '확실히', '진실로'의 의미이고 이(而)는 여(如), 시(是)는 차(此)의 의미로 쓰였다.

73) 聲(성): 음악을 가리킨다.

74) 樂正(악정): 음악을 관장하는 관리.

75) 文王(문왕): 주문왕(周文王)을 가리킨다.

76) 崇(숭): 상(商)나라 시대의 제후국명. 지금의 섬서성 호현(鄠縣) 동쪽에 있었다. 숭백호(崇伯虎)가 문왕에게 중상을 입혔기 때문에 문왕이 그를 친 것이다.

77) 鳳黃虛(봉황허): 지명으로, 어디인지는 불분명하다. 황(黃)은 황(皇)과 통하고, 허(虛)는 허(墟)와 통한다.

78) 韈(말): 버선. 말계(韈繫)는 버선을 발목에 매는 끈이다.

79) 太公望(태공망): 성은 강(姜), 이름이 상(尙)이다. 선대 때에 여(呂)에 봉해져 여상(呂尙)이라고도 부른다. 전해지는 이야기에 의하면 위수(渭水) 가에서 낚시를 하다가 주문왕에게 등용되었고, 후에 무왕(武王)을 도와 상(商)나라를 멸하는 데 공을 세워 제(齊)나라를 분봉받아 시조가 되었다고

한다. 강태공(姜太公)이라고도 한다.

80) 去泰去甚(거태거심): 태(泰)와 심(甚) 모두 '정도에 지나치다'의 의미다.

81) 南宮敬子(남궁경자): 노(魯)나라 권신 맹희자(孟僖子)의 아들 중손열(仲孫閱)로 남궁(南宮)에 거주하였기 때문에 성(姓)이 되었다. 남궁경숙(南宮敬叔)이라고도 한다.

82) 顔涿聚(안탁취): 춘추 시대 제(齊)나라의 대부. 『좌전』에는 안경(顔庚), 『안자춘추(晏子春秋)』에는 촉추(燭鄒), 『한서(漢書)·고금인표(古今人表)』에는 촉추(燭雛)로 되어 있다.

83) 成王(성왕): 무왕(武王)의 아들. 즉위 시에 나이가 어려 숙부 주공단(周公旦)이 섭정을 하였다.

84) 啗(담): 식(食)과 통용.

85) 雪(설): 씻다, 닦다.

86) 果蓏(과라): 과일의 총칭.

87) 泰(태): 태(太)와 통하여 '너무', '대단히'라는 의미로 쓰였다.

88) 美下而耗上(미하이모상): 하(下)는 신발을 가리키고, 상(上)은 의복과 모자를 가리킨다.

89) 費仲(비중): 상(商)나라 주왕(紂王) 때의 관리.

90) 說(세): 설득하다. 달래다.

91) 五采(오채): 오색으로 파란색·노란색·빨간색·흰색·검은색이다. 화려함을 나타낸다.

92) 匡倩(광천): 사람 이름. 행적은 불분명하다.

93) 博(박): 박희(博戲)로 오늘날의 장기나 바둑 비슷한 놀이다.

94) 梟(효): 올빼미. 여기서는 현재 장기의 차(車)·마(馬)·포(包)처럼 고대 박희에서의 말이름을 말한다.

95) 弋(익): 주살.

96) 鼓(고): 타다, 연주하다.

97) 아랫사람에게 아첨하는 것은 붕당(朋黨)이고, 윗사람에게 아첨한다는 것은 존경의 의미다.

98) 鉅(거): 잔(孱)과 함께 사람 이름이지만 실존했던 사람이 아니라 한비자가 허구로 만들어낸 인물이다.

99) 尅(극): 몹시 애쓰다.

100) 慤(각): 성실하다.

101) 簡(간): 경시하다, 소홀히 하다.

102) 比周(비주): 두루 친함, 널리 친함.

103) 期年(기년): 만 1년.

104) 上計(상계): 지방 장관이 매년 연말에 중앙에 와서 1년 동안의 회계와 시정 상황을 보고하는 것.

105) 斧鑕(부질): 옛날에 사람의 허리를 잘라 죽이는 형구.

106) 文侯(문후): 위(魏)나라 문후(文侯)를 말한다.

107) 曩(낭): 이전, 종전.

108) 狗盜(구도): 개가죽을 머리에 쓰고 개로 위장한 도둑이라는 뜻으로 좀도둑을 말한다.

109) 冬不失袴(동불실고): 옛날에 겨울에 바지가 없다는 것은 가난함의 상징이었다. 따라서 가난한 서민들은 겨울에 바지를 입지 못했으나 발이 불구인 자들에게는 나라에서 바지를 내려 주었다 한다. 고(袴)는 바지 또는 가랑이가 있는 아랫도리옷을 말한다.

110) 韓宣子(한선자): 한(韓)나라 선혜왕(宣惠王)을 말한다. 소후(昭侯)의 아들로 B.C. 332년부터 B.C. 312년까지 21년간 재위하였다.

111) 菽粟(숙속): 콩과 곡물로 말의 여물을 말한다.

112) 臞(구): 마르다, 여위다.

113) 周市(주시): 사람 이름으로 사적은 불분명하다.

114) 騶(추): 말을 맡아 관리하는 사람.

115) 置吏(치리): 관리를 임명하는 일.

116) 夷吾(이오): 관중의 이름. 『예기(禮記)·곡례(曲禮)』에 "아버지 앞에서 아들은 이름을 말하고, 임금 앞에서 신하는 이름을 말한다(父前子名, 君前臣名)."라 하였기에 관중은 환공 앞에서 자기의 이름으로 자신을 칭한 것이다.

117) 弦商(현상): 사람 이름으로, 사적은 불분명하다.

118) 大理(대리): 전국의 사법(司法)을 관장하는 관직.

119) 登降(등강): 계단을 오르내리는 것을 말한다. 옛날에 제후가 천자를 알현

하며 회맹을 할 때 상하가 서로 응대하며 거동하였다.

120) 肅讓(숙양): 겸손히 인사하다. 옛날과 주인과 손님이 서로 하는 예절.

121) 大行(대행): 전국의 전례 제도와 빈객 접대를 관장하는 관직.

122) 仞邑(인읍): 인(仞)은 창(創)과 통하여 '고을을 만들다'의 의미다.

123) 辟地(벽지): 벽(辟)은 벽(闢)과 통하여 '농토를 넓히다'의 의미다.

124) 甯武(영무): 영척(甯戚)의 오기인 듯하다. 영척은 춘추 시대 위(衛)나라 사람으로 집이 가난하여 수레를 끌었다. 후에 제나라로 와서 수레 밑에서 소를 먹이면서 소뿔을 두드리면서 노래를 불렀다. 제환공이 범상치 않은 사람이라 여겨 불러 만났고 상경(上卿)의 벼슬을 내렸다.

125) 大田(대전): 전국의 농사를 관장하는 관직.

126) 陳(진): 진(陣)의 의미로 군대의 진을 말한다.

127) 成父(성보): 사람 이름으로, 사적은 불분명하다.

128) 大司馬(대사마): 전국의 군대의 일을 관장하는 관직.

129) 犯顔(범안): 군주의 노여움을 일으키다.

130) 霸王(패왕): 제후의 맹주가 되는 것을 말한다. 패(霸)는 힘으로 천하를 복종시키는 것이고, 왕(王)은 덕으로 천하를 복종시키는 것이다.

131) 盂獻伯(맹헌백): 『한비자집해』에 의하면 고광기의 의견을 좇아 맹(孟)이 우(盂)가 되어야 한다고 보았다. 우(盂)는 진(晉)나라의 영토였고, 헌백은 진나라의 경(卿)으로 우(盂) 땅을 식읍으로 받았기 때문에 죽은 후에 우헌백으로 칭했다고 한다. 따라서 아래의 노(魯)나라도 당연히 진(晉)나라가 되어야 한다.

132) 藿藜(곽려): 곽(藿)은 콩잎, 여(藜)는 풀이름으로 여기서는 야생 잡초를 가리킨다.

133) 御(어): 『한비자집해』에는 고광기의 의견을 좇아 아래에 '거(車)'가 있어야 한다고 보았다. '어거(御車)'는 일상적으로 타는 수레를 말한다.

134) 旂章(기장): 기(旂)는 날아오르는 용과 내려오는 붉은 용을 그린 기로 제후가 세우는 기다. 장(章)은 문장(紋章)을 말한다.

135) 二乘(이승): 승(乘)은 양사로 말 네 필을 한 조로 하는 수레를 끄는 사마(駟馬)의 단위로, 이승이란 말 여덟 필이다.

136) 平夷(평이): 평상시. 이(夷)는 평(平)의 의미다.

137) 絜(혈): 헤아리다. 도모하다.

138) 三歸之家(삼귀지가): 네 가지의 해석이 있는데, 첫째 관중에게 세 명의 아내가 있도록 한다. 둘째, 관중이 삼귀대(三歸臺)를 가지도록 한다. 셋째, 관중이 3할의 조세를 취하도록 한다. 넷째, 관중이 300대의 수레를 지니도록 한다. 여기서는 빈부에 대해 이야기하고 있으니 세 번째의 해석이 비교적 타당하다.

139) 高國(고국): 춘추 시대 제나라의 양대 귀족. 태공망(太公望)의 후예로 대대로 경(卿)을 지냈으며 지위가 군주에 버금갔다. 『좌전(左傳)·장공(莊公) 9년』기록에 의하면 이때의 고자(高子)는 고혜(高傒)인데 국자(國子)는 불명확하다.

140) 棧車(잔거): 나무나 대를 엮어서 만든 허름한 수레.

141) 糲飯(려반): 거친 밥.

142) 令尹(영윤): 원래는 춘추 시대 초(楚)나라의 재상을 말하나, 여기서는 일반 관리의 우두머리를 말한다.

143) 候吏(후리): 변경을 정찰하는 것을 담당하는 관리를 말한다.

144) 俛(부): 부(俯)와 통하여 '고개 숙이다'의 뜻이다.

145) 食之則甘(식지칙감): 다른 판본에는 이 구 아래에 후지즉향(嗅之則香, 냄새를 맡으면 향기롭다) 구가 있는 것도 있다.

146) 中牟(중모): 춘추 시대 진(晉)나라의 현읍(縣邑). 오늘날 하북성(河北省) 형대(邢臺)와 한단(邯鄲) 사이이다.

147) 魯平公(노평공): 노나라에는 평공이 없었으니, 진(晉)나라 평공의 오기일 듯싶다.

148) 三國(삼국): 조(趙)·제(齊)·연(燕)나라를 말한다.

149) 股肱(고굉): 넓적다리와 팔뚝으로 중요한 위치를 비유한다.

150) 邯鄲(한단): 춘추 시대에는 위(衛)나라 땅으로 후에 진(晉) 나라에 귀속되었다가, 전국 시대에는 조(趙)나라의 수도가 되었다.

151) 肩髀(견비): 어깨와 넓적다리.

152) 邢伯(형백): 춘추 시대 진(晉)나라의 대부로 조무와 동시대의 사람이다.

153) 中府(중부): 왕실의 보물을 보관하는 창고.

154) 各就賓位(각취빈위): 장례를 치를 때 상주 역할을 맡지 않고 빈객의 자리를 지켰다는 것으로 사당(私黨)을 결성하지 않았다는 것을 말한다.

155) 不勝衣(불승의): 입은 옷 무게를 감당하지 못할 정도로 연약함을 말한다.

156) 不出口(불출구): 입에서 말이 나오지 않는 것처럼 어눌하며 더듬거려 말주변이 없는 것을 말한다.

157) 武子(무자): 조무를 가리키는 것으로 자(子)는 연문(衍文)다.

158) 邢伯柳(형백류): 앞 문장의 형백(邢伯)으로 류(柳)는 형백의 이름이다.

159) 上黨(상당): 지명으로 오늘날의 중국 산서성(山西省) 장치현(長治縣) 일대의 고지대다.

160) 鄭縣(정현): 지금의 하남성(河南省) 신정현(新鄭縣) 서북쪽.

161) 非徒(비도): ~할 뿐 아니라.

162) 將(장): 즉(則).

163) 趙成侯(조성후): 전국 시대 조(趙)나라의 군주.

164) 之(지): 기(其)와 통용.

165) 管仲束縛(관중속박): 관중(管仲)이 공자(公子) 규(糾)를 보좌하여 공자 소백(小白)과 왕위를 다투다가 화살로 소백의 허리띠를 맞췄다. 후에 소백이 승리하여 제나라의 제후가 되니 이 사람이 환공(桓公)이다. 공자 규는 이때에 살해되었으며 관중은 노나라로 도망갔다 사로잡혀 제나라로 압송된 것이다.

166) 綺烏(기오): 지명으로 오늘날 정확한 위치는 알려지지 않았다.

167) 封人(봉인): 변방을 지키는 관리.

168) 論(론): 선택하다, 선발하다.

제34편 외저설(外儲說) 우상(右上)

전해 오는 이야기를 모으다. 외우(外右) 상편(上編)

解題

'외저설 우상'은 '외저설 좌상·좌하'와 같이 전반의 '경' 부분에서 간단하게 전체적인 내용을 제시하고 후반의 '전' 부분에서는 그에 관한 구체적인 서술이 이루어지고 있다. 비록 3가지의 항목만 제시하여 '저설' 중에는 그 분량이 적지만 설화의 분량은 외저설의 좌상·좌하보다 다양하고 편폭도 길다. 외저설 좌상·좌하가 상벌의 기준이나 효용에 대해 주장하고 있다면, 우상은 군주의 권세와 지위를 확고히 하고자 하는 정치적인 의도가 포함되어 있다.

본 편에서는 '신하를 장악하는 세 가지 방법' '권세로도 통하지 않는다면 제거하기' '어진 자를 추방한 이유' '새를 잡기 위해서는 우선 몸을 숨길 것' '무당에서 모두 말겨버린 노모' '오기가 자신의 처를 내친 이유' '백성들에게 창을 들게 하는 기술' '전힐의 등을 베어버린 이유'에 대해 순차적으로 기술하면서 군주가 지니고 있어야 할 '세'와 '술'에 대해 강조하고 있으며, 군주가 신하를 제어할 때 필요한 세 가지 원칙은 '권세' '무위를 이용한 통치법' '엄중한 법'이라고 피력하였다.

○ ○ ○

군주가 신하를 다스리는 방법에는 세 가지가 있다.
君所以治臣者有三。

○ ○ ○

경(經) 1

권세를 가지고 신하를 변화시키기에 부족하다면 그를 제거해야 한다. 사광(師曠)의 대답과 안지(晏子)의 주장은 모두 권세의 용이함을 버리고 행동의 어려움을 따른 것으로, 짐승을 쫓는데 맨발로 달려가는 것과 같으니, 우환을 없애야 함을 알지 못한다. 우환이 제거될 수 있음에 대해 자하(子夏)는 춘추(春秋)에서 "권세를 잘 유지하는 사람은 그 간악한 씨를 일찍 자른다."라고 말하였다. 그러므로 계손(季孫)은 자하가 군주의 권세에 맞서자 그의 선생인 중니(仲尼)를 책망하였는데, 하물며 군주의 권세를 훼손하는 데 있어서랴! 이러한 까닭에 태공망(太公望)은 광율(狂矞)을 죽였고, 종들은 천리마를 타지 않았다. 사공(嗣公)은 그것을 알았기 때문에 사슴을 타지 않았다. 설공(薛公)은 그것을 알았기 때문에 두 쌍둥이와 도박을 하였다. 이는 모두 그 군주와 신하의 이해관계가 반대된다는 것을 알았기 때문이다. 그러므로 현명한 군주가 신하를 기르는 것은 까마귀를 길들이는 것과 같다고 말할 수 있다.

勢不足以化[1]則除之。師曠之對[2]，晏子之說[3]，皆合[4]勢之易也，而道行之難，是與獸逐走[5]也，未知除患。患之可除，在子夏之說春秋也，“善持勢者，蚤絶其姦萌。”故季孫讓[6]仲尼以遇勢[7]，而況錯之於君乎！是以太公望殺狂矞[8]，而臧獲[9]不乘驥[10]。嗣公知之，故不駕鹿。薛公知之，故與二欒[11]博[12]。此皆知同異[13]之反也。故明主之牧臣也，說在畜烏。

○○○

경 2

군주는 이해관계의 중심부로, 이익을 노리는 자들이 많은 탓에 군주는 많은 사람들에게 둘러싸이게 된다. 이 때문에 좋아하고 싫어하는 것이 드러나면 신하에게 빌미를 주게 되고, 이로 인해 군주는 헤매게 된다. 간언이 새게 되면 신하는 말하기 어려워하여 군주는 신통한 모습을 보일 수 없게 된다. 이러한 말은 신불해(申不害)가 말한 '삼가 해야 할 할 여섯 가지'와 당이(唐易)가 말한 '주살로 새를 잡은 일'을 통해 알 수 있다. 이러한 우환은 국양(國羊)이 잘못을 고치겠다고 청했던 일과 선왕(宣王)이 크게 탄식했던 예에서 볼 수 있다. 또한 정곽씨(靖郭氏)가 귀고리 열 개를 바친 일과 서수(犀首)와 감무(甘茂)가 구멍으로 엿들은 예로 그러한 사실을 명확히 알 수 있다. 당계공(堂谿公)은 술수를 가릴 줄 알았기 때문에 옥술잔에 대해 물었다. 소후(昭侯)는 술수를 부릴 줄 알았기 때문에, 그 말을 듣고 홀로 잠을 잤다. 현명한 군주의 통치방법은 신불해가 권했던 독단에 있다.

人主者，利害之軺轂[14]也，射[15]者衆，故人主共[16]矣。是以好惡見則下有因[17]， 而人主惑矣。辭言[18]通[19]則臣難言， 而主不神矣。說在申子之言六愼， 與唐易之言弋也。 患[20]在國羊之請變[21]， 與宣王之太息也。明之以靖郭氏之獻十珥也， 與犀首、甘茂之道穴聞[22]也。堂谿公知術， 故問玉巵。昭侯能術， 故以聽獨寢。明主之道， 在申子之勸獨斷[23]也。

○○○

경 3

법술을 행하지 못하는 데는 이유가 있다. 그 개를 죽이지 않으면 술이 쉬게 된다. 무릇 나라에도 개가 있으면, 장차 그 측근들은 모두 사직을 갉아먹는 쥐다. 지금의 군주들은 요(堯)임금이 두 번이나 신하를 죽이고, 장왕(莊王)이 태자를 응징했던 결단력이 없이, 모두 박의(薄疑)의 노모가 채씨(蔡氏) 노파의 결정에 따르던 모습만 가지고 있다. 능력 없는 자를 버리고, 노래를 가르치는 방법으로 먼저 재주를 헤아려보아야 한다. 오기(吳起)가 사랑하는 아내를 내쫓고 문공(文公)이 전힐(顚頡)의 목을 벤 것은 모두 사람의 정을 버리고 법을 따른 것이다. 그러므로 다른 사람을 시켜서 종기를 터뜨리게 할 수 있는 사람은 반드시 고통을 잘 참는 자이다.

術之不行， 有故。不殺其狗則酒酸[24]。夫國亦有狗， 且左右皆社鼠[25]也。 人主無堯之再誅， 與莊王之應[26]太子， 而皆有薄媼[27]之決蔡媼[28]也。 知貴不能[29]以敎歌之法先揆之。 吳起之出愛妻， 文公之斬顚頡， 皆違其情[30]者也。故能使人彈疽者， 必其忍痛者也。

○ ○ ○

전(傳) 1

그를 상 주고 그를 칭찬해도 노력하지 않고, 그를 벌주고 그를 헐뜯어도 두려워하지 않으니, 이 네 가지를 가해도 변하지 않으면 그를 제거해야 한다.

賞之譽之不勸, 罰之毁之不畏, 四者加焉不變, 則除之。

○ ○ ○

제(齊)나라 경공(景公)이 진(晉)나라에 가서, 평공(平公)과 술을 마셨는데, 그 자리에 사광(師曠)이 시중들며 앉아 있었다. 처음에 자리에 앉으며, 경공이 사광에게 정치에 대해 "태사께서는 내게 무엇을 일러주시려고 합니까?"라고 묻자, 사광이 "주군께서는 반드시 백성들에게 은혜를 베풀어야 할 따름입니다."라고 답하였다. 얼마의 시간이 흘러 술이 한창일 때, 자리를 뜨려 하며 경공이 또 사광에게 정치에 대해 "태사께서는 내게 무엇을 일러주시려고 합니까?"라고 묻자, 사광이 "주군께서는 반드시 백성들에게 은혜를 베풀어야 할 따름입니다."라고 답하였다. 경공이 밖으로 나와 숙소로 갈 때 사광이 그를 전송하는데, 경공이 또 사광에게 정치를 물었다. 사광이 "주군께서는 반드시 백성들에게 은혜를 베풀어야 할 따름입니다."라고 답하였다. 경공이 돌아와 생각해보니 술은 깨지 않았지만 사광이 '공자 미(尾)와 공자 하(夏)는 자신의 두 동생으로 제나라 백성들의 민심을 크게 얻었으며, 집안이 부귀해지고 백성들이 그를 따라 공실에서 위엄을 얻었으니, 이들은 내 자신의 자리를 위태롭게 하는 자들이라는 것과 지금 내게 백성들에게 은혜를 베풀라고 하는 것은 내가 두 동생들과 민심을 다투리라는 것'을 말한 것이라는 것을 알게 되었다. 이에 경공은 귀국하자 곡식을 방출하여 빈민들에게 나누어주고 재화를 풀어서 고아와 과부에게 내려주어, 곳간에는 묵은 곡식이 없고 창고에는 남은 재물이 없었으며, 궁녀 가운데 임금을 시중들지 않는 자는 그를 내보내 시집가게 하고, 일흔이 넘은 자는 부양미를 받게 하였는데, 그로써 백성들에게 덕을 팔아 은혜를 베풀었다. 이리하여 두 동생들과 백성을 다투던 일을 그만두었다. 두 해가 지나자 두 동생은 나라 밖으로 망명하여, 공자 하는 초나라로 도망가고 공자 미는 진나라로 달아났다.

齊景公之晉, 從平公飲, 師曠侍坐。始坐, 景公問政於師曠曰, "太師[31]將奚以教寡人?" 師曠曰, "君必惠民而已。" 中坐, 酒酣, 將出, 又復問政於師曠曰, "太師奚以教寡人?" 曰, "君必惠民而已矣。" 景公出之舍[32], 師曠送之, 又問政於師曠。師曠曰, "君必惠民而已矣。" 景公歸思, 未醒, 而得師曠之所謂, "公子尾、公子夏者, 景公之二弟也, 甚得齊民, 家富貴而民說之[33], 擬於公室, 此危吾位者也。今謂我惠民者, 使我與二弟爭民邪!" 於是反國, 發禀粟[34]以賦衆貧, 散府餘財[35]以賜孤寡, 倉無陳粟, 府無餘財, 宮婦不御者出嫁之, 七十受祿米[36], 鬻德惠施於民也。已與二弟爭民。居二年, 二弟出走[37], 公子夏逃楚, 公子尾走晉。

○ ○ ○

경공(景公)이 안자(晏子)와 소해(少海)에서 노닐며 백침대(柏寢臺)에 올라가 그 나라를 두루 바라보며 말하기를 "훌륭하다. 넓고 성대하니 후세에 장차 누가 이것을 가지게 되겠는가?"라고 하였다. 안자가 대답하기를 "전성씨(田成氏)입니다."라고 하였다. 경공이 묻기를 "내가 이 나라를 가지고 있는데, 전성씨가 그것을 가질 것이라고 말하는 것은 왜 그런 것인가?"라고 하였다. 안자가 대답하기를 "무릇 전성씨가 제나라의 민심을 크게 얻고 있는데, 그 백성들에게 위로는 작록을 청하여 대신들에게 그것을 행사하며, 아래로는 사사로이 용량을 크게 하여 빌려주고, 말을 작게 하여 그것을 거두어들입니다. 소 한 마리를 잡으면 고기 한 그릇만 가져가고, 나머지는 사인(士人)들을 먹입니다. 한 해가 끝나면 베와 비단을 두 제(制)만 취하고 나머지는 사인들을 입힙니다. 그러므로 시장에서 파는 나무 값이 산간에서보다 비싸지 않고, 강가에서 파는 물고기·소금·거북·자라·소라·조개가 바닷가보다 비싸지 않습니다. 주군께서는 심하게 거두어들이지만, 전성씨는 후하게 베풀고 있습니다. 제나라에 일찍이 큰 기근이 있어 길가에 굶어 죽는 자가 셀 수 없이 많았지만, 부모와 자식이 서로 이끌고 전성씨에게 가면 죽었다는 말은 듣지 못했습니다. 그러므로 널리 제나라 백성들이 서로 함께 그에 대해 노래하기를 '아! 그만두어야지! 짐을 싸서 장차 전성자에게로 돌아가리라!'라고 하였습니다. 시(詩)에서도 '비록 그 덕이 그대에게 미치지는 않더라도 노래하고 춤을 추네.'라고 하였습니다. 지금 전성씨가 덕을 베풀자 이에 백성들이 노래하고 춤추는 것은 백성들이 덕으로 인해 그에게 귀의하는 것입니다. 이 때문에 '전성씨입니다.'라고 답한 것입니다."라고 하였다. 경공이 눈물을 흘리며 묻기를 "어찌 슬프지 않은가! 내가 나라를 가지고 있는데 전성씨가 그것을 가지고 있으니, 지금 이 나라를 위해 어찌해야 하는가?"라 하였다. 안자가 대답하기를 "주군께서는 무엇이 걱정이십니까? 만약 주군께서 민심을 빼앗아오려고 하신다면, 현자를 가까이

하고 어리석은 자를 멀리하며, 혼란을 다스리고 형벌을 느슨히 하십시오. 빈궁한 자들을 구제하고 고아와 과부를 구휼하며 은혜를 베풀어 부족한 것을 채워주신다면, 백성들은 장차 주군께 귀의할 것인데, 이렇게만 된다면 비록 전성씨와 같은 자가 열 명이 있다고 해도 그들이 주군을 어찌하겠습니까?"라고 하였다.

景公與晏子遊於少海[38], 登柏寢之臺[39]而還望[40]其國曰, "美哉! 泱泱[41]乎, 堂堂[42]乎, 後世將孰有此?" 晏子對曰, "其田成氏乎!" 景公曰, "寡人有此國也, 而曰田成氏[43]有之, 何也?" 晏子對曰, "夫田成氏甚得齊民, 其於民也, 上之請爵祿行諸大臣[44], 下之私大斗斛區釜[45]以出貸, 小斗斛區釜以收之。殺一牛, 取一豆[46]肉, 餘以食士。終歲, 布帛取二制[47]焉, 餘以衣士。故市木之價不加貴於山, 澤之魚鹽龜鱉蠃蚌不加貴於海。君重斂, 而田成氏厚施。齊嘗大飢, 道旁[48]餓死者不可勝數也, 父子相牽而趨田成氏者不聞不生。故周[49]秦[50]之民相與歌之曰, '謳乎[51], 其已乎! 苞[52]乎, 其往歸田成子乎!' 詩曰, '雖無德與女[53], 式[54]歌且舞。' 今田成氏之德而民之歌舞, 民德歸之矣。故曰, '其田成氏乎。'" 公泫然[55]出涕曰, "不亦悲乎! 寡人有國而田成氏有之, 今爲之奈何?" 晏子對曰, "君何患焉! 若君欲奪之, 則近賢而遠不肖, 治其煩亂, 緩其刑罰。振[56]貧窮而恤孤寡, 行恩惠而給不足, 民將歸君, 則雖有十田成氏其如君何!"

○○○

어떤 이는 말하기를 "경공(景公)은 권세를 쓸 줄을 모르고 사광(師曠)과 안자(晏子)는 근심을 제거할 줄 모른다. 사냥을 하는 사람이 수레의 안전함에 몸을 맡기고, 여섯 마리 말의 발을 이용하며, 왕량(王良)에게 고삐를 잡도록 한다면, 몸을 수고스럽게 하지 않고서도 쉽게 날쌘 짐승을 잡을 것이다. 지금 수레의 편리함을 놓아두고, 여섯 마리 말의 발과 왕량의 능력을 버린 채 땅에 내려와 달려 짐승을 쫓는다면, 누계(樓季)의 빠른 발로도 짐승을 따라잡을 수 없을 것이다. 그러나 좋은 말과 견고한 수레에 의탁한다면, 종들이라 할지라도 힘에 여유가 있을 것이다. 나라는 군주의 수레이다. 권세는 군주의 말이다. 군주의 권세로써 제멋대로 베푸는 신하를 처벌하지 않고, 반드시 덕을 두텁게 쌓아서 세상 사람들과 행동을 같게 하며 백성을 다투니, 이는 모두 군주의 수레를 타지 않고 말의 편리함을 따르지 않은 채, 수레를 놓아두고 땅에 내려와 달리는 자와 같다. 이에 어떤 이가 경공은 권세를 쓸 줄 모르는 군주이고, 사광과 안자는 근심을 제거할 줄 모르는 신하라고 말한 것이다."라고 하였다.

或曰, 景公不知用勢, 而師曠、晏子不知除患。夫獵者, 託車輿之安, 用六馬[57]之足, 使王良[58]佐轡[59], 則身不勞而易及輕獸[60]矣。今釋車輿之利, 捐六馬之足與王良之御[61], 而下走[62]逐獸, 則雖樓季[63]之足無時[64]及獸矣。託良馬固車, 則臧獲有餘。國者, 君之車也。勢者, 君之馬也。夫不處勢以禁誅擅愛[65]之臣, 而必德厚以與天下齊行以爭民, 是皆不乘君之車, 不因馬之利, 釋車而下走者也。或曰, 景公不知用勢之主也, 而師曠、晏子不知除患之臣也。

○○○

자하(子夏)가 말하기를 "춘추(春秋)의 기록에는 신하가 군주를 살해하고 자식이 아버지를 죽인 일들이 수십 건인데, 모두 하루아침에 일어난 것이 아니라 점차 이르게 된 것이다. 무릇 간악한 것들은 행해진지 오래되면 쌓이게 되고, 쌓이게 되면 세력이 강해지며, 세력이 강해지면 살해할 수 있는데, 이 때문에 현명한 군주들은 일찍 그것을 잘라버린다."라고 하였다. 지금 전상(田常)이 난을 일으키려는 조짐이 점차 드러나고 있는데도 군주가 죽이지 않았다. 안자(晏子)는 군주가 자신을 침범하고 능멸하는 신하를 막도록 하지 않고 은혜를 베풀도록 하였기 때문에, 간공(簡公)이 화를 입은 것이다. 그러므로 자하는 말하기를 "권세를 잘 유지하는 사람은 일찍 간악한 싹을 잘라버린다."라고 하였다.

子夏曰, "春秋之記臣殺君、子殺父者, 以十數矣, 皆非一日之積也, 有漸而以至矣。凡姦者, 行久而成積, 積成而力多, 力多而能殺, 故明主蚤絶之。" 今田常之爲亂[66]有漸見矣, 而君不誅。晏子不使其君禁侵陵[67]之臣, 而使其主行惠, 故簡公[68]受其禍。故子夏曰, "善持勢者, 蚤絶姦之萌。"

○ ○ ○

계손(季孫)이 노(魯)나라에서 재상일 때, 자로(子路)는 후(郈)[69] 땅의 수령이었다. 노나라가 오 월에 많은 백성을 동원하여 긴 도랑을 만들었는데, 이때 자로는 사적으로 받은 봉록의 곡식으로 죽을 끓여, 공사하는 자들을 맞이하여 오보(五父)라는 거리에서 그것을 먹였다. 공자(孔子)가 그것을 듣고, 자공(子貢)을 시켜 그 밥을 엎고 그 그릇을 부수며 "노나라의 군주에게는 백성이 있는데 그대가 어찌 그들에게 죽을 만들어 먹이는가?"라고 말하도록 하였다. 자로가 화가 나 분노하며, 팔을 걷어 올리고 들어가 묻기를 "선생님께서는 제가 인의를 행하는 것을 싫어하십니까? 제가 선생님께 배운 것이 인의입니다. 인의라는 것은 세상과 더불어 가진 것을 함께하며 그 이득을 같이하는 것입니다. 지금 제 곡식으로 백성들을 먹이는 것이 옳지 않다고 하심은 왜 그런 것입니까?"라고 하였다. 공자가 답하기를 "너는 비천하구나. 나는 네가 안다고 생각했었는데, 너는 여기에 미치지 못하고, 이와 같으니 예의를 알지 못한 것인가? 네가 그들을 먹인 것은 그들을 사랑하기 때문이다. 예라는 것은 천자가 세상을 사랑하고, 제후가 자신이 다스리는 구역을 사랑하며, 대부가 그 관직을 사랑하고, 사인이 그 집안을 사랑하는 것으로 그 사랑해야 할 것을 넘는 것을 침범이라고 하는 것이다. 지금 네가 노나라 군주의 백성을 멋대로 사랑한 것은 네가 침범한 것이니, 이는 예의에 어긋난 것이 아니겠는가!"라고 하였다. 말이 끝나기도 전에 계손의 사자가 이르러서 계손을 대신해 공자에게 꾸짖으며 말하기를 "내가 백성들을 동원하여 그들을 부리고 있는데, 선생께서 제자들을 시켜 노역자들을 불러 그들을 밥 먹이고 있으니, 장차 내 백성들을 빼앗으려는 것입니까?"라고 하였다. 이에 공자가 수레를 타고 노나라를 떠났다. 공자가 현명하여 계손이 노나라의 군주가 아닌데도 신하의 신분으로 군주의 통치술을 빌려 아직 드러나지 않은 간악한 짓을 일찍 막고, 자로가 그 사적인 은혜를 행할 수 없게 하여 해로움이 생기지 않도록 하였는데, 하물며 군주에게 있어서랴! 경공의 권세로 전상(田常)의 침범을 금했다면, 반드시 겁탈당해 시해되는 우환은 없었을 것이다.

季孫相魯， 子路爲郈令。 魯以五月起[70]衆爲長溝， 當此之時， 子路以其私秩粟[71]爲漿飯[72]， 要[73]作溝者[74]於五父[75]之衢而飡之。 孔子聞之， 使子貢往覆其飯， 擊毁其器， 曰， "魯君有民， 子奚爲乃飡之?" 子路怫然[76]怒， 攘肱而入， 請曰， "夫子疾由[77]之爲仁義乎?

所學於夫子者，仁義也。仁義者，與天下共其所有而同其利其也。今以由之秩粟而飡民，其不可何也?”孔子曰，“由之野[78]也！吾以[79]女知之，女徒未及也，女故如是之不知禮也? 女之飡之，爲愛之也。夫禮，天子愛天下，諸侯愛境內，大夫愛官職，士愛其家，過其所愛曰侵。今魯君有民，而子擅愛之，是子侵也，不亦誣[80]乎!”言未卒，而季孫使者至，讓[81]曰，“肥[82]也起民而使之，先生使弟子止[83]徒役而飡之，將奪肥之民耶?”孔子駕而去魯。以孔子之賢，而季孫非魯君也，以人臣之資[84]，假人主之術，蚤禁於未形[85]，而子路不得行其私惠，而害不得生，況人主乎！以景公之勢而禁田常之侵也，則必無劫弑之患矣。

○○○

태공망(太公望)이 동쪽의 제(齊)나라를 분봉 받았는데, 제나라 동해에는 은자(隱者)가 있었으니 그 이름이 광율(狂矞)과 화사(華士)로 형제였던 이 두 사람은 자신의 주장을 내세워 말하기를 “나는 천자(天子)의 신하가 되지 않고 제후의 벗이 되지 않으며, 밭을 갈아 그것을 먹고 우물을 파서 그것을 마시니, 다른 사람에게 구할 것이 없다. 위에서 받은 작위가 없고 군주가 내린 봉록도 없으며, 관직에 나아가 해야 할 일이 없으니 농사일에 힘쓸 뿐이다.”라고 하였다. 태공망이 영구(營丘)에 이르러 그들을 처형하게 하여, 집권 이후 형벌과 관련한 최초의 집행으로 삼았다. 주공(周公) 단(旦)이 노(魯)나라로부터 그 소식을 듣고 급전을 띄워 묻기를 “두 사람은 현자(賢者)인데, 오늘 영지로 들어가서 현자들을 죽이다니 왜 그런 것인가?”라 하였다. 태공망이 말하기를 “이 두 사람은 자신의 주장을 내세워 말하기를 ‘나는 천자의 신하가 되지 않고 제후의 벗이 되지 않으며, 밭을 갈아 그것을 먹고 우물을 파서 그것을 마시니, 다른 사람에게 바랄 것이 없다. 위에서 받은 작위가 없고 군주가 내린 봉록도 없으며, 관직에 나아가 해야 할 일이 없으니 농사일에 힘쓸 뿐이다.'라고 하였다는데 그들이 천자의 신하가 되지 않겠다고 하니, 이에 저도 그들을 신하로 여길 수 없습니다. 제후의 벗이 되지 않겠다고 하니 이에 저도 그들을 부릴 수 없습니다. 밭을 갈아 그것을 먹고 우물을 파서 그것을 마시며 다른 사람에게 바랄 것이 없다고 하니, 이에 저도 그들을 상벌로 권하거나 금할 수 없습니다. 뿐만 아니라 위에서 받은 작위가 없다고 하니, 비록 지혜가 있더라도 저를 위해 쓰지 않을 것입니다. 군주가 내리는 봉록을 바라지 않으니, 비록 현명하더라도 저를 위해 공을 쌓지 않을 것입니다. 관직에 나아가지 않으면 다스릴 수 없고, 일을 맡지 않으면 충성할 수 없습니다. 또한 선왕들이 신하와 백성을 부릴 수 있었던 방법은 작위와 봉록 아니면 형벌이었습니다. 지금 이 네 가지로 그들을 부리기에 충분하지 않다면, 제가 장차 누구의 군주가 되겠습니까? 전쟁에 나가지 않고도 이름을 드러낼 수 있게 하고, 직접 농사를 짓지 않고도 명성을 얻을 수 있게 하는 것은 나라의 백성들을 가르치는 방법이 아닙니다. 지금 여기에 말이 있는데, 만약 천리마의 모습이라면, 이 말은 세상에서 가장 훌륭한 말일 것입니다. 그러나 그것을 몰아도 앞으로 나아가지 않고 그것을 당겨도 멈추지 않으며, 그것을 왼쪽으로 가게해도 왼쪽으로 가지 않고 그것을 오른쪽으로 가게해도 오른쪽으로 가지 않는다면, 종이 비록 미천하다고는 하지만 자신의 발을 의탁하려고 하지 않을 것입니다. 종이 그 발을 천리마에게 의탁하기 바라는 것은 천리마의 발 때문에 이득을 보고 해를 피할 수 있기 때문입니다. 지금 남을 위해 쓰이지 못한다면, 비록 미천한 종이라고 해도 자신의 발을 의탁하지 않을 것입니다. 스스로 자신을 세상의 현자라고 말하더라도 군주를 위해 쓰지 않고, 행동이 매우 훌륭하더라도 군주에게 쓰이지 않는다면, 이는 현명한 군주의 신하가 아니며, 천리마를 왼쪽으로도 갈 수 없게 하고 오른쪽으로도 갈 수 없게 하는 것과 같아서, 이 때문에 그를 죽인 것입니다."라고 하였다.

太公望東封於齊, 齊東海上有居士曰狂矞、華士昆弟二人者, 立議[86]曰, "吾不臣天子, 不友諸侯, 耕作而食之, 掘井而飮之, 吾無求於人也。無上之名[87], 無君之祿, 不事仕而事力[88]。" 太公望至於營丘[89], 使執而殺之, 以爲首誅[90]。周公旦從魯聞之, 發急傳而問之曰, "夫二子, 賢者也, 今日饗國[91]而殺賢者, 何也?" 太公望曰, "是昆弟二人立議曰, '吾不臣天子, 不友諸侯, 耕作而食之, 掘井而飮之, 吾無求於人也。無上之名, 無君之祿, 不事仕而事力。' 彼不臣天子者, 是望[92]不得而臣也。不友諸侯者, 是望不得而使也。耕作而食之, 掘井而飮之, 無求於人者, 是望不得以賞罰勸禁也。且無上名, 雖知不爲望用。不仰君祿, 雖賢不爲望功。不仕則不治, 不任則不忠。且先王之所以使其臣民者, 非爵祿則刑罰也。今四者不足以使之, 則望當[93]誰爲君乎? 不服兵革[94]而顯, 不親耕耨[95]而名, 又[96]所以教於國也。今有馬於此, 如驥之狀[97]者, 天下之至良也。然而驅[98]之不前, 卻[99]之不止, 左之不左, 右之不右, 則臧獲雖賤, 不託其足。臧獲之所願託其足於驥者, 以驥之可以追利辟害[100]也。今不爲人用, 臧獲雖賤, 不託其足焉。已自謂以爲世之賢士, 而不爲主用, 行極賢而不用於君, 此非明主之所臣也, 亦驥之不可左右矣, 是以誅之。"

○ ○ ○

일설에 의하면 태공망(太公望)이 동쪽의 제(齊)나라를 분봉받았는데, 바닷가에 광율(狂矞)이라는 현자가 있어, 태공망이 그것을 듣고 가서 만나기를 청하며 세 번이나 문 앞에서 말에 내려 경의를 표하였지만 광율이 만나주지 않자 태공망은 그를 죽였다고 한다. 이때 주공(周公) 단(旦)이 노나라에서 말달려 가 그것을 막으려 하였지만 이르자 이미 그를 죽인 후였다. 주공 단이 묻기를 "광율은 세상의 현자인데 선생께서는 왜 그를 죽였습니까?"라고 하였다. 태공망이 답하기를 "광율이라는 자는 천자의 신하도 되지 않고 제후의 벗도 되지 않겠다고 주장하니, 저는 그가 법을 어지럽히고 교화를 쉽게 볼까 두려워 그를 최초의 집행으로 삼았습니다. 지금 여기에 말이 있는데, 모습은 천리마와 같지만 그것을 몰아도 가지 않고 그것을 끌어도 앞으로 가지 않으니, 비록 종이라 할지라도 자신의 발을 의탁하여 그 수레를 돌리려 하지 않을 것입니다."라고 하였다.

一曰, 太公望東封於齊, 海上有賢者狂矞, 太公望聞之, 往請焉, 三卻馬[101]於門而狂矞不報見[102]也, 太公望誅之。當是時也, 周公旦在魯, 馳往止之, 比[103]至, 已誅之矣。周公旦曰, "狂矞, 天下賢者也, 夫子何爲誅之?" 太公望曰, "狂矞也議不臣天子, 不友諸侯, 吾恐其亂法易教[104]也, 故以爲首誅。今有馬於此, 形容似驥也, 然驅之不往, 引之不前, 雖臧獲不託足以旋其軫[105]也。"

○ ○ ○

여이(如耳)가 위(衛)나라의 사공(嗣公)에게 유세하자 위나라의 사공이 기뻐하면서도 탄식하였다. 좌우에서 묻기를 "공께서는 왜 그를 재상으로 삼지 않으십니까?"라고 하였다. 사공이 답하기를 "말이 사슴과 같다면 천금의 값어치가 있을 것이다. 그러나 백금의 값어치를 가진 말은 있어도 천금의 값어치를 가진 사슴은 없으니, 왜 그러하겠는가? 말은 사람을 위해 쓰이지만 사슴은 사람을 위해 쓰이지 않기 때문이다. 지금 여이는 만승지국의 재상으로 밖으로 대국을 섬기려는 뜻을 가지고 있어 그의 마음이 위나라에 있지 않으니, 비록 말을 잘하고 지혜롭다고 하더라도 나를 위해 쓰일 수 없으며, 이에 나는 그를 재상으로 삼지 않는 것이다."라고 하였다.

如耳說[106]衛嗣公，衛嗣公說而太息。左右曰，"公何爲不相也?" 公曰，"夫馬似鹿者，而題[107]之千金。然而有百金之馬而無千金之鹿者，何也? 馬爲人用而鹿不爲人用也。今如耳萬乘之相也，外有大國之意，其心不在衛，雖辯智，亦不爲寡人用，吾是以不相也。"

○○○

설공(薛公)이 위(魏)나라 소후(昭侯)의 재상일 때 소후의 측근에 양호(陽胡)와 반(潘)이라고 하는 쌍둥이가 있었는데, 이들이 왕은 매우 존중하였으나 설공은 위하지 않았다. 설공이 그것을 근심하다가 그들을 불러 함께 도박을 하였는데, 그들에게 백금씩을 주어 형제끼리 도박을 하게 하다가 갑자기 또 각각 이백 금을 더 주었다. 한창 도박을 하는 중에 내관이 와서 손님 중에 장계(張季)라는 분이 문에 와 계신다고 전하자, 설공이 불끈 화를 내면서 만지던 칼을 알자에게 주며 말하기를 "그를 죽여라! 나는 그가 날 위하지 않는다고 들었다."라고 하였다. 서 있는 사이에 마침 장계의 친구가 옆에 있다가 말하기를

"그렇지 않습니다. 전해 듣기로는 장계가 공을 매우 위한다고 하는데, 생각해보니 그의 인품이 남 앞에 나서기를 싫어하여 공께서 듣지 못하셨을 뿐입니다."라고 하였다. 이에 설공이 장계를 죽이라고 한 것을 그만두게 하고 빈객으로 그를 크게 예우하며 말하기를 "지난번에는 장계가 나를 위하지 않는다고 들었기 때문에 그를 죽이려고 하였다. 지금은 진실로 나를 위한다고 하니 어찌 장계를 잊겠는가!"라고 하였다. 또한 설공은 창고지기를 불러 천석의 곡식을 주었고, 금고 지키는 관리를 불러 오백 금을 주었으며, 마부를 불러 마굿간의 좋은 말과 튼튼한 수레 두 대를 주었고, 궁녀 중 미인 스무 명을 골라 모두 장계에게 보냈다. 쌍둥이들이 서로 말하기를 "공을 위하는 자는 반드시 이득이 있고 공을 위하지 않는 자는 반드시 해를 당할 것이니, 우리가 무엇이 아까워 공을 위하지 않겠는가?"라고 하였다. 이로 인해 다투어 힘써 마침내 그를 위하게 되었다. 설공은 신하의 권세로 군주의 통치술을 빌려 해가 생기지 않도록 하였으니, 하물며 군주의 권세를 훼손하는 데 있어서랴! 무릇 까마귀를 길들이려면 그것의 아래 날개를 잘라버리는데, 이렇게 하면 까마귀는 반드시 사람에게 의지하여 먹게 되니 어찌 길들여지지 않을 수 있겠는가? 현명한 군주가 신하를 기르는 것도 그러하여, 신하에게 군주가 내리는 봉록을 이득으로 여기지 않을 수 없게 하고, 위에서 주는 작위에 불복하지 않을 수 없게 해야 한다. 군주가 내리는 봉록을 이득으로 여기고 위에서 주는 작위에 복종한다면, 어찌 불복하겠는가?

薛公[108]之相魏昭侯也，左右有欒子者曰陽胡、潘，其於王甚重，而不爲薛公。薛公患之，於是乃召與之博，予之人百金，令之昆弟博，俄又益之人二百金。方博有間，謁者[109]言客張季之子[110]在門，公怫然怒，撫兵而授謁者曰，"殺之！吾聞季之不爲文[111]也。"立有間，時季羽[112]在側，曰，“不然。竊聞季爲公甚，顧其人陰[113]未聞耳。”乃輟不殺客而大禮之，曰，“曩者聞季之不爲文也，故欲殺之。今誠爲文也，豈忘季哉!”告廩獻[114]千石之粟，告府獻五百金，告騶私廏獻良馬固車二乘，因令奄將宮人之美妾二十人幷遺季也。欒子因相謂曰，“爲公者必利，不爲公者必害，吾曹何愛[115]不爲公?”因私競勸而遂爲之。薛公以人臣之勢，假人主之術也，而害不得生，況錯之人主乎！夫馴烏者斷其下翎，則必恃人而食，焉得不馴乎？夫明主畜臣亦然，令臣不得不利君之祿，不得無服上之名。夫利君之祿，服上之名，焉得不服?

○○○

전 2

신불해(申子)가 말하기를 "군주가 식견을 드러내면 사람들은 그 군주를 대비한다. 군주가 식견을 드러내지 못하면 사람들은 그 군주를 현혹한다. 그 군주가 식견을 가지고 있다는 것을 알면 사람들은 자신을 꾸며 그를 현혹한다. 그 군주가 식견을 가지고 있다는 것을 모르면 사람들은 그에게 자신을 숨긴다. 군주가 욕심이 없는 것처럼 보이면 사람들은 그를 염탐한다. 군주가 욕심이 있는 것처럼 보이면 사람들은 그를 이용한다. 그러므로 말하기를 '군주인 나는 남들로부터 내 생각을 알지 못하게 하고, 오직 아무 일도 하지 않는 척하는 통치술로만 나를 들여다보게 할 수 있다.'고 하였다."라고 하였다.

申子曰，“上明見[116]，人備之。其不明見，人惑之。其知見，人惑[117]之。不知見，人匿之。其無欲見，人司[118]之。其有欲見，人餌[119]之。故曰，‘吾無從知之[120]，惟無爲[121]可以規[122]之。’”

○ ○ ○

일설에 의하면 신자(申子)가 말하기를 "삼가 해서 말해야만 사람들이 당신에게 영합할 것이다. 삼가 해서 행동해야만 사람들이 당신을 따를 것이다. 당신이 아는 것이 있는 것처럼 보이면 사람들은 당신에게 숨길 것이다. 당신이 아는 것이 없는 것처럼 보이면 사람들은 당신을 마음대로 하려고 할 것이다. 당신이 아는 것이 있으면 사람들은 당신에게 감출 것이다. 당신이 아는 것이 없으면 사람들은 당신에게 행할 것이다. 그러므로 말하기를 '오직 아무 일도 하지 않는 척하는 통치술로만 나를 들여다보게 할 수 있다.'라고 하였다."

一曰, 申子曰, "愼而言也, 人且知[123]女[124]。愼而行也, 人且隨女。而[125]有知見也, 人且匿女。而無知見也, 人且意[126]女。女有知也, 人且臧女。女無知也, 人且行女。故曰, '惟無爲可以規之。'"

○ ○ ○

전자방(田子方)[127]이 당이국(唐易鞠)에게 묻기를 "주살로 새를 잡는 사람은 무엇을 조심해야 합니까?"라고 하였다. 당이국이 답하기를 "새는 수백 개의 눈으로 그대를 보고 있으나 그대는 두 개의 눈으로 그것을 마주하고 있으니, 그대는 신중히 그대가 감춘 곳을 모르게 하십시오."라고 하였다. 전자방이 말하기를 "훌륭하다. 그대는 그것을 주살로 새 잡는 데에 쓰고, 나는 그것을 나라에 쓰겠다."라고 하였다. 정(鄭)나라의 장로가 그것을 듣고 말하기를 "전자방은 몸 감출 곳을 만들려고 할 줄은 알지만, 몸 감출 곳을 만드는 방법은 터득하지 못하였다. 무릇 허무(虛無)의 상태로 드러나게 하지 않는 것이 감추는 것이다."라고 하였다.

田子方問唐易鞠曰, "弋者何愼?" 對曰, "鳥以數百目視子, 子以二目御[128]之, 子謹周[129]子廩[130]。" 田子方曰, "善。子加[131]之弋, 我加之國。" 鄭長者聞之曰, "田子方知欲爲廩, 而未得所以爲廩。夫虛無[132]無見者, 廩也。"

○○○

일설에 의하면 제(齊)나라 선왕(宣王)이 당이자(唐易子)에게 주살로 새 잡는 것에 대해 묻기를 "주살로 새를 잡는 사람은 무엇을 귀하게 생각해야 하는가?"라고 하였다. 당이자가 답하기를 "신중하게 몸을 감추는 데에 있습니다."라고 하였다. 선왕이 말하기를 "무엇을 가리켜 신중하게 몸을 감추는 것이라고 말하는가?"라고 하니, 당이자가 대납하기를 "새는 수백 개의 눈으로 사람을 보고 있으나 사람은 두 개의 눈으로 새를 보고 있으니, 어찌 신중하게 몸을 감춰야 하지 않겠습니까? 그러므로 '신중하게 몸을 감추는 데에 있다.'라고 말한 것입니다."라고 하였다. 선왕이 말하기를 "그렇다면 세상을 다스린다는 것은 몸을 감추는 것과 무엇이 다른가? 지금 군주는 두 개의 눈으로 온 나라를 보고 있으나 온 나라가 만 개의 눈으로 군주를 보고 있으니, 장차 어떻게 스스로 몸을 감출 수 있겠는가?"라고 하니, 당이자가 답하기를 "정나라의 장로가 '무릇 허무와 무위로 드러나게 하지 않는 것이다.'라고 말했었는데, 그로써 이렇듯 몸을 감추는 것으로 삼아야 합니다."라 하였다.

一曰, 齊宣王問弋於唐易子曰, "弋者奚貴?" 唐易子曰, "在於謹廩[133]。" 王曰, "何謂謹廩?" 對曰, "鳥以數十目視人, 人以二目視鳥，奈何其不謹廩也? 故曰，‘在於謹廩’也。” 王曰，“然則爲天下何以異此廩? 今人主以二目視一國，一國以萬目視人主，將何以自爲廩乎?” 對曰，“鄭長者有言曰，‘夫虛靜無爲而無見也。’其可以爲此廩乎?”

○○○

국양(國羊)이 정(鄭)나라 군주에게 중용되었는데, 군주가 자신을 미워한다는 소리를 듣고 술자리에서 군주를 시중들며, 이때에 먼저 군주에게 말하기를 "신이 혹 적절치 못하게 잘못이 있다면 주군께서 은혜를 베푸셔서 그것을 일러주시기를 바랍니다. 신이 고칠 수 있기를 청하오니, 그렇다면 죽을죄를 면할 수 있을 것입니다."라고 하였다.

國羊重[134]於鄭君，聞君之惡已也，侍飮[135]，因先謂君曰，“臣適不幸而有過，願君幸[136]而告之。臣請變更[137]，則臣免死罪矣。”

○○○

한(韓)나라 선왕(宣王)에게 유세하는 자가 있었는데, 선왕이 기뻐하면서도 크게 감탄하니, 좌우에서는 왕이 그를 좋아한다고 생각하며 먼저 그에게 말해주고 호의를 베풀었다.

客有說韓宣王，宣王說而太息，左右引[138]王之說之日[139]先告客以爲德。

○ ○ ○

정곽군(靖郭君)이 제(齊)나라의 재상이었을 때 왕후가 죽었는데, 누구를 다시 그 자리에 세워야 할지를 몰라, 이에 옥귀걸이를 바쳐 그것을 알아냈다.

靖郭君[140]之相齊也, 王后死, 未知所置[141], 乃獻玉珥以知之。

○ ○ ○

일설에 의하면 설공(薛公)이 제나라의 재상일 때 제나라 위왕(威王)의 부인이 죽자, 열 명의 후궁이 있어, 모두 왕에게 총애를 받고 있었는데, 설공이 왕이 왕후로 세우려고 하는 이를 알아내어, 그 한 사람을 세워 부인으로 삼을 것을 청하고자 하였다. 왕이 그의 말을 듣는다면, 이는 그의 말이 왕에게 영향을 미쳐 부인을 세우는 데에 중시된 것이다. 또한 왕이 그의 말을 듣지 않는다면, 이는 그의 말이 왕에게 영향을 미치지 못해 부인을 세우는 데에 무시된 것이다. 따라서 먼저 왕이 세우려고 하는 이를 알아내 왕에게 그를 세울 것을 권하려 하였고, 이에 옥귀걸이 열 개를 만들며 그중 하나를 더 아름답게 하여 그것들을 바쳤다. 왕이 열 명의 유자(孺子)들에게 이를 나누어 주었는데, 다음 날 앉아서, 더 아름다운 귀걸이가 있는 곳을 살펴 왕에게 그 여자를 부인으로 삼을 것을 권하였다.

一曰, 薛公相齊, 齊威王夫人死, 有十孺子[142], 皆貴於王, 薛公欲知王所欲立, 而請置一人以爲夫人。王聽之, 則是說行[143]於王而重於置夫人也。王不聽, 是說不行而輕於置夫人也。欲先知王之所欲置以勸王置之, 於是爲十玉珥而美其一而獻之。王以賦十孺子, 明曰坐，視美珥之所在而勸王以爲夫人。

○○○

감무(甘茂)가 진(秦)나라 혜왕(惠王) 때에 재상이었는데, 혜왕이 공손연(公孫衍)을 아껴, 그와 함께 은밀히 말하기를 "내가 장차 그대를 재상으로 삼으려 하네."라고 하였다. 감무의 아래 관리가 벽에 뚫어놓은 구멍으로 그것을 엿듣고 감무에게 알렸다. 감무가 들어가 왕을 알현하고 말하기를 "왕께서 어진 재상을 얻으셨으니 제가 재배하며 축하드립니다."라고 하였다. 왕이 말하기를 "내가 그대에게 나라를 맡겼는데 어찌 다시 어진 재상을 얻을 수 있겠는가?"라고 하였다. 감무가 대답하기를 "장차 서수(犀首)를 재상으로 삼으신다지요."라고 하였다. 왕이 "그대가 어떻게 그것을 들었는가?"라 물으니 "서수가 저에게 알려주었습니다."라고 대답하였다. 왕은 서수가 누설한 것에 노하여, 이에 그를 쫓아버렸다.

甘茂相秦惠王，惠王愛公孫衍，與之間[144]有所言，曰，"寡人將相子。" 甘茂之吏道穴[145]聞之，以告甘茂。甘茂入見王曰，"王得賢相，臣敢再拜賀。" 王曰，"寡人託國於子，安更得賢相?" 對曰，"將相犀首[146]。" 王曰，"子安聞之?" 對曰，"犀首告臣。" 王怒犀首之泄，乃逐之。

○○○

일설에 의하면 서수(犀首)는 당시의 훌륭한 장수로 위(魏)나라 왕의 신하였다고 한다. 진(秦)나라 왕이 그를 얻어 함께 세상을 다스리려

하자 서수가 말하기를 "저 공손연은 다른 사람의 신하여서 제 군주의 나라를 감히 떠나지 못합니다."라고 하였다. 일 년이 지나 서수가 위나라 왕에게 죄를 짓고 도망하여 진나라로 들어왔는데, 진나라 왕이 그를 매우 우대하였다. 저리질(樗里疾)은 진나라의 장수였지만 서수가 자신을 대신하여 장수가 될 것을 두려워하여, 왕이 항상 몰래 밀담하는 곳에 구멍을 뚫어놓았다. 이윽고 왕이 과연 서수와 계책을 논하며 묻기를 "내가 한(韓)나라를 치려고 하는데 어찌해야 하겠는가?"라고 하였다. 서수가 답하기를 "가을이 좋겠습니다."라고 하였다. 왕이 말하기를 "내가 나라 일로 그대를 수고스럽게 하려 하니, 그대는 절대로 누설하지 말게."라고 하였다. 서수가 뒤로 물러나 재배하며 말하기를 "명을 받들겠습니다."라고 하였다. 이에 저리질도 벽에 뚫어놓은 구멍으로 그것을 엿들었다. 이후에 저리질은 낭중들을 만나 그 모두에게 말하기를 "군사들이 가을이 일어나 한나라를 치고, 서수가 장수가 될 것이다."라고 하였다. 따라서 하루만에 낭중들이 그것을 모두 알았다. 그리고 한 달 만에 나라 안에서 모두 그것을 알았다. 왕이 저리질을 불러 말하기를 "어찌 이렇게 시끄러운가? 어디서 말이 나왔는가?"라고 하였다. 저리질이 말하기를 "서수인 것 같습니다."라고 하였다. 왕이 묻기를 "나는 서수와 말하지 않았는데 서수 같다고 하는 것은 왜인가?"라고 하였다. 저리질이 답하기를 "서수는 다른 지역의 사람으로 다시 또 죄를 짓고 그의 마음이 외로워서 많은 사람들에게 자신을 팔아 환심을 사려고 했던 것입니다."라고 하였다. 왕이 말하기를 "그렇겠구나."라고 하였다. 이에 사람을 시켜 서수를 불러들였지만 이미 다른 제후에게로 도망친 후였다.

一曰，犀首，天下之善將也，梁王[147]之臣也。秦王欲得之與治天下，犀首曰，"衍[148]人臣也，不敢離主之國。"居期年，犀首抵罪於梁王，逃而入秦，秦王甚善之。樗里疾[149]，秦之將也，恐犀首之代之將也，鑿穴於王之所常隱語[150]者。俄而王果與犀首計曰，“吾欲攻韓，奚如?”犀首曰，“秋可矣。”王曰，“吾欲以國累子，子必勿泄也。”犀首反走[151]再拜曰，“受命。”於是樗里疾已道穴聽之矣。見郎中[152]皆曰，“兵秋起攻韓，犀首爲將。”於是日也，郎中盡知之。於是月也，境內盡知之。王召樗里疾日，“是何匈匈[153]也，何道出?”樗里疾曰，“似犀首也。”王曰，“吾無與犀首言也，其犀首何哉?”樗里疾曰，“犀首也羈旅[154]，新抵罪，其心孤，是言自嫁[155]於衆。”王曰，“然。”使人召犀首，已逃諸侯矣。

○○○

당계공(堂谿公)이 소후(昭侯)에게 묻기를 “지금 천금의 값이 나가는 옥술잔이 있다 해도 밑바닥이 없다면 물을 담을 수 있겠습니까?”라고 하였다. 소후가 답하기를 “담을 수 없소.”라고 하였다. 또 당계공이 “흙으로 만든 술잔이 있는데 새지 않는다면 물을 담을 수 있습니까?”라 물으니, 소후가 “담을 수 있소.”라고 대답하였다. 당계공이 다시 소후를 대하여 말하기를 “무릇 흙으로 만든 술잔은 지극히 천한 것이지만 새지 않는다면 술을 담을 수 있습니다. 비록 천금의 값이 나가는 옥술잔이 있어, 매우 귀하다고는 하지만 바닥이 없다면 새서 물을 담을 수 없으니, 어느 누가 마실 것을 부으려고 하겠습니까! 지금 군주가 되어 군신들의 말을 누설한다면 이는 마치 바닥이 없는 옥술잔과 같으니, 비록 성인의 지혜가 있다 하더라도 그 술수를 다하지 못하는 것은 누설되었기 때문입니다.”라고 하였다. 소후가 말하기를 “그렇겠구나.”라고 하였다. 소후가 당계공의 말을 듣고 이후로 큰 일을 펼치려 할 때는 항상 홀로 잠을 잤는데, 꿈꾸며 말을 하다 남들이 그 계획을 알게 될 것을 두려워해서였다.

堂谿公謂昭侯曰, "今有千金之玉巵而無當[156], 可以盛水乎?" 昭侯曰, "不可。" "有瓦器[157]而不漏, 可以盛酒乎?" 昭侯曰, "可。" 對曰, "夫瓦器至賤也, 不漏可以盛酒。雖有千金之玉巵, 至貴而無當, 漏不可盛水, 則人孰注漿[158]哉! 今爲人主而漏其羣臣之語, 是猶無當之玉巵也, 雖有聖智, 莫盡其術, 爲其漏也。" 昭侯曰, "然。" 昭侯聞堂谿公之言, 自此之後, 欲發天下之大事, 未嘗不獨寢, 恐夢言而使人知其謀也。

○ ○ ○

일설에 따르면 당계공(堂谿公)이 소후(昭侯)를 알현하고 묻기를 "지금 흰 옥술잔이 있지만 밑바닥이 없고, 흙으로 된 술잔이 있지만 밑바닥이 있다면, 주군께서 목이 마르실 때는 어느 것으로 마시겠습니까?"라고 하였다. 소후가 답하기를 "흙으로 된 술잔으로 마시겠네."라고 하였다. 당계공이 묻기를 "흰 옥술잔이 아름답지만, 주군께서 그것으로 마시지 않는 것은 밑바닥이 없어서입니까?"라고 하였다. 소후가 답하기를 "그렇다."라고 하였다. 당계공이 말하기를 "군주가 되어 군신들의 말을 누설하는 것은 옥술잔에 바닥이 없는 것과 같은 것으로 비유할 수 있습니다."라고 하였다. 당계공이 소후를 알현하고 나올 때면 소후는 반드시 홀로 잠을 잤는데, 꿈꾸며 말을 하여 처첩들에게 누설을 할까 두려워한 까닭이었다.

一曰, 堂谿公見昭侯曰, "今有白玉之巵而無當, 有瓦巵而有當, 君渴, 將何以飮?" 君曰, "以瓦巵。" 堂谿公曰, "白玉之巵美, 而君不以飮者，以其無當耶?”君曰，“然。”堂谿公曰，“爲人主而漏泄其羣臣之語，譬猶玉卮之無當也。”堂谿公每見而出，昭侯必獨臥，惟恐夢言泄於妻妾。

○○○

신자(申子)가 말하기를 “특출나게 볼 수 있는 것을 명(明)이라 하고, 특출나게 들을 수 있는 것을 총(聰)이라 한다. 특출나게 판단할 수 있는 자라면 세상의 군주가 될 수 있다.”라고 하였다.

申子曰，“獨[159]視者謂明，獨聽者謂聰。能獨斷者故[160]可以爲天下主。”

○○○

전 3

송(宋)나라 사람 중에 술을 파는 자가 있어, 술의 양을 되는 데 있어 매우 정직하고 손님을 맞는 데에 매우 정중하며, 술맛이 매우 좋고, 깃대가 매우 높이 매달려 있어 술 파는 곳이 눈에 잘 띄었지만, 팔리지 않아 술이 쉬었다. 그 이유를 이상하게 생각하여 그가 아는 마을 장로인 양천(楊倩)에게 물으니, 양천이 말하기를 “그대 집의 개가 사나운가?”라고 하자, 송나라 사람이 “개가 사나우면 어떤 이유 때문에 술이 팔리지 않는 것입니까?”라고 물었고, 양천이 “사람들이 무서워하기 때문이다. 혹시 아이들에게 돈을 들고 술항아리를 든 채로 술을 사러 가게 한다면 개가 달려와서 아이를 물어뜯을 것이니, 이것이 술이 쉬고 팔리지 않는 이유이다.”라고 답하였다. 무릇 나라에도 사나운 개가 있는데, 법술을 지닌 이들이 그 술수를 가지고 만승의 군주에게 밝히려 해도, 대신들이 사나운 개가 되어, 그를 맞이하여 물어뜯어버리니, 이것이 군주가 협박을 당하는 이유이며, 법술을 지닌 이들이 중용되지 못하는 이유이다. 그러므로 환공(桓公)이 관중(管仲)에게 묻기를 "나라를 다스리는 데 무엇이 가장 근심거리인가?"라고 하니, 관중이 "가장 근심이 되는 것은 사당의 쥐입니다."라고 답하였다. 환공이 "왜 사당의 쥐를 근심해야 하는가?"라고 물으니, 관중이 "주군께서도 사당 짓는 것을 보셨지요? 나무를 세우고 거기에 흙을 바르지만, 쥐가 그 사이를 뚫고 구멍을 파서 그 안에 몸을 의탁하니, 그곳에 연기를 피우려고 하면 나무를 태우게 될 것이 두렵고, 물을 대려고 하면 흙이 떨어질 것이 두려우니, 이것이 사당의 쥐가 잡히지 않는 이유입니다. 지금 주군의 좌우에 있는 신하들은 나가서는 권세를 이용하여 백성에게 이득을 취하고, 들어와서는 서로 두루 친하며 주군께 악을 숨기고 있으니, 안으로 주군의 정황을 엿본 후 밖에 알리고, 안팎으로 권세를 부려 여러 신하들과 관리들을 이용하여 부를 쌓고 있는데, 관리들을 처벌하지 않으면 법이 어지러워질 것이고 그들을 처벌하면 주군께서 불안해하실 것입니다. 이 때문에 그것을 그대로 놓아두게 되니, 이 역시 나라에 있어 사당의 쥐인 것입니다." 라고 대답하였다. 이에 신하가 권력을 잡고는 멋대로 금령을 내려, 자신을 위하는 자는 반드시 이득이 있고 자신을 위하지 않는 자는 반드시 해가 있다고 밝히고 있으니, 이 또한 사나운 개인 것이다. 무릇 대신들이 사나운 개가 되어 법술을 지닌 이들을 물어뜯고, 좌우에서 또 사당의 쥐가 되어 군주의 정황을 엿보고 있지만 군주는 깨닫지 못하니, 군주가 어찌 막히지 않을 수 있겠으며 나라가 어찌 망하지 않을 수 있겠는가!

宋人有酤[161]酒者，升概[162]甚平，遇客甚謹，爲酒甚美，縣幟[163]甚高，然而不售，酒酸。怪其故，問其所知閭長者楊倩。倩曰，"汝狗猛耶?" 曰，"狗猛則酒何故而不售?" 曰，"人畏焉。" 或令孺子懷錢挈壺甕[164]而往酤，而狗迓[165]而齕[166]之，此酒所以酸而不售也。" 夫國亦有狗，有道之士[167]懷其術而欲以明萬乘之主，大臣爲猛狗，迎而齕之，此人主之所以蔽脅[168]，而有道之士所以不用也。故桓公問管仲曰，"治國最奚患?" 對曰，"最患社鼠[169]矣。" 公曰，"何患社鼠哉?" 對曰，"君亦見夫爲社者乎? 樹木而塗之，鼠穿其間，掘穴託其中，燻之則恐焚木，灌之則恐塗阤[170]，此社鼠之所以不得也。今人君之左右，出則爲勢重[171]而收利於民，入則比周[172]而蔽惡於君。內間主之情以告外，外內爲重，諸臣百吏以爲富。吏不誅[173]則亂法，誅之則君不安。據而有[174]之，此亦國之社鼠也。" 故人臣執柄而擅禁，明爲己者必利，而不爲己者必害，此亦猛狗也。夫大臣爲猛狗而齕有道之士矣，左右又爲社鼠而間主之情，人主不覺，如此主焉得無壅[175]，國焉得無亡乎?

○ ○ ○

일설에 따르면 송나라에 술을 파는 사람 중에 장씨(莊氏)라는 자가 있었는데, 그 술이 언제나 맛있었다고 한다. 어떤 이가 자신의 종복에게 장씨의 술을 사오도록 하였는데, 장씨 집의 개가 그 종복을 물어뜯으려 하자 심부름하는 종복이 감히 가려고 하지 않고, 이에 다른 집의 술을 사갔다. 주인이 "왜 장씨 집의 술을 사지 않았는가?"라고 묻자 종복이 "오늘 장씨 집의 술이 쉬었습니다."라고 대답하였다. 그러므로 "그 사나운 개를 죽이지 않으면 술이 쉬게 된다."라고 말한 것이다. 일설에 의하면 환공(桓公)이 관중(管仲)에게 묻기를 "나라를 다스리는 데 무엇이 근심거리인가?"라고 하니, 관중이 "사당의 쥐 때문에 가장 괴롭습니다. 사당은 나무를 세워서 거기에 흙을 바르게 되는데, 쥐가 이때 그곳에 몸을 의탁합니다. 그곳에 연기를 피우게 되면 나무가 탈 것이고 그곳에 물을 대면 바른 흙이 떨어질 것이니, 이것이 사당의 쥐에게 괴롭힘을 당하는 이유입니다. 지금 주군의 좌우 측근들은 나가면 권세를 써서 백성들에게 이득을 취하고, 들어와서는 서로 널리 친하며 남을 멸시하고 악을 가린 채 주군을 속이고 있는데, 그들을 처벌하지 않게 되면 법이 어지러워지고, 처벌하게 되면 주군께서 위태로워지실 듯합니다. 이 때문에 그것을 그대로 놓아두게 되니, 이 역시 사당의 쥐인 것입니다."라고 납하였다고 한다. 그러므로 신하가 권력을 잡고는 멋대로 금령을 내려, 자신을 위하는 자는 반드시 이득이 있고 자신을 위하지 않는 자는 반드시 해가 있다고 밝히고 있으니, 이 또한 사나운 개이다. 이에 좌우 측근이 사당의 쥐가 되고, 실제로 정사를 돌보는 자가 사나운 개가 된다면, 법술이 행해지지 않을 것이다.

一曰, 宋之酤酒者有莊氏者, 其酒常美。或使僕往酤莊氏之酒, 其狗齕人, 使者不敢往, 乃酤佗家之酒。問曰, "何爲不酤莊氏之酒?" 對曰, "今日莊氏之酒酸。" 故曰, 不殺其狗則酒酸。一曰, 桓公問管仲曰, "治國何患?" 對曰, "最苦社鼠。夫社, 木而塗之, 鼠因自託也。燻之則木焚, 灌之則塗阤, 此所以苦於社鼠也。今人君左右, 出則爲勢重以收利於民, 入則比周謾侮[176]蔽惡以欺於君, 不誅則亂法, 誅之則人主危。據而有之, 此亦社鼠也。" 故人臣執柄擅禁, 明爲己者必利, 不爲己者必害, 亦猛狗也。故左右爲社鼠, 用事者[177]爲猛狗, 則術不行矣。

○○○

요(堯)가 순(舜)에게 천하를 전해주려고 하자 곤(鯀)이 간하기를 "상서롭지 못합니다! 누가 천하를 필부에게 전해줄 수 있겠습니까?"라고 하였다. 요가 듣지 않고, 병사를 일으켜 우산(羽山)의 근교에서 곤을 주살하였다. 공공(共工)이 또 간하기를 "누가 천하를 필부에게 전해줄 수 있겠습니까?"라고 하였다. 요가 듣지 않고, 또 병사를 일으켜 유주(幽州)의 도성에서 공공을 주살하였다. 이 때문에 세상의 그 누구도 순에게 천하를 전해주지 말라고 감히 말할 수 없었다. 중니가 그것을 듣고 말하기를 "요가 순의 현명함을 아는 것은 어려운 것이 아니다. 무릇 간하는 자들을 주살하면서까지 반드시 순에게 전하려고 하는 데에 이른 것이 어려운 것이다."라고 하였다. 일설에 의하면 "의심을 받으면서도 살핀 것을 단념하지 않는 것이 어렵다"라고 한다.

堯欲傳天下於舜, 鯀[178]諫曰, "不祥哉! 孰以天下而傳之於匹夫乎?" 堯不聽, 擧兵而誅殺鯀於羽山之郊。共工[179]又諫曰, "孰以天下而傳之於匹夫乎?" 堯不聽, 又擧兵而流[180]共工於幽州之都。於是天下莫敢言無傳天下於舜。仲尼聞之曰, "堯之知舜之賢, 非其難者也。夫至乎誅諫者, 必傳之舜, 乃其難也。" 一曰, "不以其所疑敗其所察[181]則難也。"

○○○

초(楚)나라 장왕(莊王) 때 모문(茅門)에 관한 법이 있었는데 그 내용은 "신하들과 대부 및 모든 공자들이 조정으로 들어오면서, 말발굽으로 낙숫물 그릇을 밟는 자는 정리(廷理)가 그 수레 끌채를 자르고 그 마부를 죽일 것이다."였다. 그리하여 태자(太子)가 조정으로 들어오며 말발굽으로 낙숫물 그릇을 밟자, 정리가 그 수레 끌채를 자르고 그 마부를 죽였다. 태자가 노하여, 들어가 왕에게 울며 말하기를 "저를 위해 정리를 죽여주십시오."라고 하니, 왕이 말하기를 "법이라는 것은 종묘를 받들고 사직을 높이기 위한 것이다. 그러므로 법을 세우고 명령을 따르며 사직을 존경하는 자는 사직의 신하라고 할 수 있는데 어찌 죽일 수 있겠는가! 무릇 법을 어기고 명령을 저버리며 사직을 존경하지 않는 것은, 신하이면서 군주를 이기려고 하고 아랫사람이 윗사람을 능멸하는 것이다. 신하가 군주를 이기려고 하면 군주가 권위를 잃고, 아랫사람이 윗사람을 능멸하면 윗자리가 위태롭다. 권위가 떨어지고 자리가 위태로우면 사직은 지킬 수 없으니, 내가 장차 자손에게 무엇을 남겨주겠는가?"라고 하였다. 이에 태자가 곧 돌아 나가 집을 떠나 삼 일을 노숙하면서, 임금을 향해서 두 번 절을 하며 자신을 처형해줄 것을 청하였다.

荊莊王有茅門[182]之法曰, "羣臣大夫諸公子入朝, 馬蹏踐霤[183]者, 廷理斬其輈[184], 戮其御。" 於是太子入朝, 馬蹏踐霤, 廷理[185]斬其輈, 戮其御。太子怒, 入爲王泣曰, "爲我誅戮廷理。" 王曰, "法者, 所以敬宗廟, 尊社稷。故能立法從令, 尊敬社稷者, 社稷之臣也, 焉可誅也! 夫犯法廢令, 不尊敬社稷者, 是臣乘[186]君而下尙校[187]也。臣乘君則主失威, 下尙校則上位危。威失位危, 社稷不守, 吾將何以遺子孫?" 於是太子乃還走, 避舍露宿三日, 北面再拜請死罪。

○○○

일설에 의하면 초(楚)나라 왕이 급히 태자(太子)를 불렀다고 한다. 초나라의 법으로는 수레가 묘문(茆門)까지 이를 수 없었다. 그날 비가 내려, 조정의 안마당에 고인 물이 있었는데, 태자가 마침내 수레를 몰아 묘문에까지 이르렀다. 정리가 말하기를 "수레는 묘문까지 이를 수 없으니 불법입니다."라고 하니, 태자가 답하기를 "왕께서 급히 부르셔서 고인 물이 마를 때까지 기다릴 수 없습니다."라고 하며 끝내 수레를 몰았다. 정리가 수(殳)를 들어 말을 치고 그 수레를 부수어버렸다. 태자가 들어가 왕에게 울며 말하기를 "안마당에 고인 물이 많았는데 수레를 몰아 묘문까지 이르렀더니, 정리가 '불법입니다.'라고 말하며, 수를 들어 말을 치고 그 수레를 부수어버렸습니다. 왕께서는 반드시 그를 죽여주십시오."라고 하였다. 왕이 말하기를 "앞에 연로한 군주가 있어도 불법을 넘겨버리려 하지 않고, 뒤에 세자들이 있더라도 아첨하며 기대려 하지 않는 것은 훌륭한 일이다. 이러한 자가 진정 내 나라의 법을 지키는 자이다."라고 하였다. 이에 정리의 작위를 두 등급 더 올려주고, 뒷문을 열어 태자를 나가게 하여 다시는 잘못을 저지르지 못하게 하였다.

一曰, 楚王急召太子。楚國之法, 車不得至於茆門[188], 天雨, 廷中[189]有潦, 太子遂驅車至於茆門。廷理曰, "車不得至茆門, 非法也。" 太子曰, "王召急, 不得須無潦[190]。" 遂驅之。廷理擧殳[191]而擊其馬, 敗其駕。太子入爲王泣曰, "廷中多潦, 驅車至茆門, 廷理曰, '非法也', 擧殳擊臣馬, 敗臣駕。王必誅之。" 王曰, "前有老主而不踰[192], 後有儲主[193]而不屬[194], 矜矣。是眞吾守法之臣也。" 乃益爵二級, 而開後門出太子, 勿復過。

○ ○ ○

위사군(衛嗣君)이 박의(薄疑)에게 말하기를 "그대가 내 나라가 작아 벼슬을 하기에 부족하다고 생각한다면, 과인은 그대가 벼슬을 할 수 있게 힘쓸 것이고, 작위를 올려 그대를 상경(上卿)으로 삼겠네."라고 하였다. 이에 전답 만경(萬頃)을 내렸다. 박의가 말하기를 "제 어머니는 저를 귀히 여겨, 제가 만승지국의 재상이 되더라도 일을 빈틈없이 잘해낼 것이라고 생각합니다. 저희 집에는 채구(蔡嫗)라는 무당이 있는데, 제 어머니는 그를 매우 신임하여 그에게 집안일을 맡기고 있습니다. 제 지혜로 집안일을 충분히 해낼 수 있고, 제 어머니는 제가 말하는 것을 모두 듣습니다. 그러나 이미 제게 말한 것이라도 반드시 채구에게 다시 그것을 결정하게 합니다. 그러므로 제 지혜와 능력으로 본다면, 제가 만승지국의 재상이 되더라도 일을 빈틈없이 잘해낼 것이라고 생각합니다. 그 친밀함으로 본다면, 모자지간 정도일 것입니다. 그런데도 오히려 채구에게 집안일 의논하는 것을 면하기 어렵습니다. 지금 저는 주군께 모자와 같은 친밀한 관계가 아니며, 주군께는 채구와 같은 이들이 있습니다. 주군에게 있어 채구는 반드시 실권을 장악한 권신들입니다. 권신들은 사사로운 이익을 취할 수 있는 자들입니다. 사사로운 이익을 취하는 것은 법 밖의 일입니다. 제가 말씀드리는 것은 법 안의 일입니다. 법 밖의 일과 법 안의 일은 상충되어 서로 받아들일 수 없습니다."라고 하였다.

衛嗣君謂薄疑曰, "子小寡人之國以爲不足仕, 則寡人力能仕子, 請進爵以子爲上卿。" 乃進田萬頃[195]。薄子曰, "疑之母親疑, 以疑爲能相萬乘所不窕[196]也。然疑家巫有蔡嫗者, 疑母甚愛信之, 屬之家事焉。疑智足以信言家事, 疑母盡以聽疑也。然已與疑言者, 亦必復決之於蔡嫗也。故論疑之智能，以疑爲能相萬乘而不窕也。論其親，則子母之間也。然猶不免議之於蔡嫗也。今疑之於人主也，非子母之親也，而人主皆有蔡嫗。人主之蔡嫗，必其重人[197]也。重人者，能行私者也。夫行私者，繩之外[198]也。而疑之所言，法之內也。繩之外與法之內，讐也，不相受也。”

○○○

일설에 의하면 위군(衛君)이 진(晉)나라로 갈 때 박의에게 말하기를 “난 그대와 함께 가고 싶네.”라고 하자, 박의가 답하기를 “노모가 계시니, 돌아가 노모와 그것을 의논해보겠습니다.”라고 하니, 위군이 직접 이를 박의의 노모에게 물었다고 한다. 박의의 노모가 말하기를 “박의는 주군의 신하인데, 주군께서 그를 따르게 할 뜻을 가지고 계신다니 정말 좋습니다.”라고 하였다. 이에 위군이 박의에게 말하기를 “내가 이미 노모에게 물었고 노모도 나에게 허락하였다.”라고 하였다. 박의가 집에 돌아가 노모에게 그것을 이야기하며 말하기를 “위군이 저를 아끼는 것이 어머니와 비교해 어떻습니까?”라고 하니, 노모가 “내가 너를 아끼는 것만 못하다.”라고 말하였다. 또 박의가 “위군이 저를 현명하다고 여기는 것이 어머니와 비교해 어떻습니까?”라고 물으니, 노모가 “내가 너를 현명하게 여기는 것만 못하다.”라고 답하였다. 박의가 노모에게 말하기를 “어머니께서는 저와 이미 집안일을 결정해놓고도 다시 점을 치는 채구(蔡嫗)에게 물어 그것을 결정합니다. 지금 위군이 저를 따르게 하여, 비록 저와 계획을 결정하더라도 반드시 채구와 같은 사람들과 함께 그것을 뒤집어버릴 것이니, 이와 같다면 저는 신하 노릇을 오랫동안 할 수 없을 것입니다.”라고 하였다.

一曰，衛君之晉，謂薄疑曰，“吾欲與子皆行。”薄疑曰，“媼也在中，請歸與媼計之。”衛君自請薄媼。曰，“疑，君之臣也，君有意從之，甚善。”衛君曰，“吾以[199]請之媼，媼許我矣。”薄疑歸言之媼也，曰，“衛君之愛疑奚與媼?”媼曰，“不如吾愛子也。”“衛君之賢疑奚與媼也?”曰，“不如吾賢子也。”“媼與疑計家事已決矣，乃更請決之於卜者蔡嫗。今衛君從疑而行，雖與疑決計，必與他蔡嫗敗之，如是則疑不得長爲臣矣。”

○ ○ ○

노래를 가르치는 자는 먼저 노래를 배우는 자에게 소리를 질러 목소리를 변하게 했을 때, 그 소리가 맑은 치음(徵音)으로 돌아오는 자여야만이 그 사람을 가르친다.

夫教歌者，使先呼而詘之[200]，其聲反淸徵[201]者，乃教之。

○ ○ ○

일설에 의하면 노래를 가르치는 자는 먼저 일정한 기준을 가지고 소리를 측정한다고 하는데, 빠르게 부르는 것이 궁음(宮音)에 맞고, 서서히 부르는 것이 치음(徵音)에 맞아야 한다고 한다. 빠르게 궁음을 부르지 못하고 서서히 치음를 부르지 못한다면, 가르쳤다고 말할 수 없다.

一曰，教歌者先揆以法[202]，疾呼中宮，徐呼中徵。疾不中宮，徐不中徵，不可謂教。

○ ○ ○

오기(吳起)는 위(衛)나라의 좌씨(左氏) 지방 사람으로 그 아내에게 끈을 짜게 하였는데 폭이 치수보다 좁았다. 오기가 그것을 다시 하게 하였다. 그의 아내가 말하기를 "알겠습니다."라고 하였다. 완성이 되어, 그것을 다시 재어보아도 결국 치수가 맞지 않자 오기가 크게 노하였다. 그의 아내가 "제가 시작할 때 날줄을 매놓아 고칠 수 없습니다."라고 말하였다. 오기는 그를 내쫓았고, 그의 아내는 오기의 형에게 다시 시댁으로 들어가고 싶다고 청했는데, 오기의 형이 말하기를 "오기는 법을 위한 것입니다. 법을 지키는 것은 장차 만승의 나라를 위해 공을 세우려고 하기 때문이고, 반드시 먼저 그것을 처첩에게 시행한 이후에 다시 시행하려고 하는 것이니, 들어가기를 바라지 마세요."라고 하였다. 그 아내의 동생이 또 위군(衛君)에게 중용되어 있었는데, 이에 위국의 권세를 가지고 오기에게 부탁해보았지만 오기는 듣지 않았고, 마침내 아내는 위나라를 떠나 초나라로 들어갔다.

吳起, 衛左氏中人也, 使其妻織組[203], 而幅狹於度。吳子使更之, 其妻曰, "諾。" 及成, 復度之, 果不中度, 吳子大怒。其妻對曰, "吾始經之[204]而不可更也。" 吳子出[205]之, 其妻請其兄而索入[206], 其兄曰, "吳子, 爲法者也。其爲法也, 且欲以與萬乘致功, 必先踐之妻妾, 然後行之, 子毋幾[207]索入矣。" 其妻之弟又重於衛君, 乃因以衛君之重請吳子, 吳子不聽, 遂去衛而入荊也。

○ ○ ○

일설에 의하면 오기(吳起)가 아내에게 끈을 보이며 말하기를 "당신이 나를 위해 끈을 짜는데 이렇게 만들어주오."라고 하였다. 끈이 다 완성되어 그것을 써보았더니 매우 좋았다. 오기가 묻기를 "그대에게 끈을 짜게 하면서 이것처럼 만들어달라고 했는데, 이번 것이 특히 좋은 것은 왜 그런 것이오?"라고 하니, 그의 아내가 답하기를 "사용한 재료는 같지만 힘을 더 써서 그것을 좋게 하였습니다."라고 하였다. 오기가 말하기를 "내가 한 말과 다르다."라고 하며, 아내를 친정으로 돌아가게 하였다. 아내의 아버지가 가서 부탁하였으나 오기는 "저의 집안에 빈말은 없습니다."라고 하였다.

一曰, 吳起示其妻以組曰, "子爲我織組, 令之如是。" 組已就而效[208]之, 其組異善[209]。起曰, "使子爲組, 令之如是, 而今也異善何也?" 其妻曰, "用財若一也, 加務善之。" 吳起曰, "非語也。" 使之衣而歸[210]。其父往請之, 吳起曰, "起家無虛言。"

○○○

진문공(晉文公)이 호언(狐偃)에게 묻기를 "나는 맛있고 살진 고기를 신하들에게 두루 나누어주고 술 한 잔과 고기 한 그릇만을 궁 안에 남겼으며, 병에 담긴 술이 맑아질 사이가 없었고 생고기를 널어놓을 틈도 없었는데, 소 한 마리를 잡으면 도읍 안에 여기저기에 나누어주었으며, 한 해 동안 받아들인 베를 사졸들에게 입혔는데, 이렇게 하면 백성을 싸우게 할 수 있겠는가?"라고 하니, 호자가 답하기를 "부족합니다."라고 하였다. 문공이 묻기를 "나는 세관과 시장의 세를 줄이고 형벌을 너그럽게 하였는데, 이렇게 하면 백성을 싸우게 할 수 있겠는가?"라 하니, 호자가 답하기를 "부족합니다."라고 하였다. 문공이 묻기를 "나는 백성 중에 상을 치르는 자가 있으면 내가 직접 낭중을 시켜 일을 돌보아주게 하고, 죄가 있는 자는 죄를 사면하고, 가난하고 부족한 자에게는 물자를 주었는데, 이렇게 하면 백성을 싸우게 할 수 있겠는가?"라고 하니, 호자가 답하기를 "부족합니다. 이것은 모두 생계를 잇기 위한 것입니다. 그러나 백성들을 싸우게 하는 것은 그들을 죽이는 것입니다. 백성들이 공을 따르는 것은 생계를 잇기 위해서인데, 공께서 그렇게 하셔서 도리어 그들을 죽게 한다면, 공을 따르게 하는 수단을 잃는 것입니다."라고 하였다. 문공이 묻기를 "그렇다면 어떻게 해야만 백성들을 싸우게 할 수 있겠는가?"라고 하니, 호자가 "싸우지 않을 수 없도록 하는 것입니다."라고 답하였다. 문공이 묻기를 "싸우지 않을 수 없도록 하려면 어떻게 해야 하는가?"라 하니, 호자가 대답하기를 "상과 벌을 분명히 하시면 싸우게 할 수 있습니다."라고 하였다. 문공이 묻기를 "형벌의 끝은 어디까지여야 하는가?"라고 하니, 호자가 "친하거나 귀한 자를 가리지 말고, 아끼는 자들에게도 법을 집행하십시오."라 대답하였다. 문공이 말하기를 "그대의 생각이 훌륭하구나!"라고 하였다. 다음 날, 포륙(圃陸)에서 사냥할 것을 명하여, 정오에 만날 것을 약속하고, 늦게 오는 자는 군법으로 집행하기로 하였다. 여기에 문공이 아끼는 전힐(顚頡)이라는 자가 있었는데 늦게 이르렀고, 관리가 그 죄를 아뢰자 문공이 눈물 흘리며 슬퍼하였다. 관리가 말하기를 "집행하게 해주십시오."라고 하니, 마침내 전힐의 등을 베어 백성들에게 돌려 보게 하여 법이 집행되었음을 명확히 밝혔다. 이후로는 백성들이 모두 두려워하며 말하기를 "주군께서 전힐을 귀중히 여기는 것이 저렇게 대단했지만 오히려 법을 집행하셨는데, 하물며 우리에게는 무엇이 있겠는가?"라고 하였다. 문공은 백성들을 싸우게 할 수 있다고 생각하여, 마침내 군사를 일으켜 원(原)을 쳐서 이겼다. 위(衛)를 쳐서 그 밭두렁을 동쪽으로 향하게 하여, 오록(五鹿)을 얻었다. 양(陽)을 공격하여 괵(虢)을 이기고 조(曹)를 쳤다. 남으로 정(鄭)을 포위하여 성벽을 무너뜨렸다. 또한 송(宋)의 포위를 풀었다. 송의 포위를 풀고 다시 돌아와서 초(楚)의 군사와 성복(城濮)에서 싸웠는데, 초군을 대패시켰다. 이때 돌아오는 길에 천토(踐土)에서 회맹을 주관하고, 마침내 형옹(衡雍)에서 천자를 받들고 화목하는 의식을 거행하였다. 이와 같이 한 번 일을 일으켜 여덟 가지의 공적을 이루었다. 그렇게 할 수 있었던 까닭은 다른 것이 아닌, 호언의 계책을 따르고 전힐의 등을 빌렸기 때문이다.

晉文公問於狐偃曰, "寡人甘肥周於堂[211], 卮酒豆肉集於宮, 壺酒不淸[212], 生肉不布[213], 殺一牛徧於國中, 一歲之功[214]盡以衣士卒, 其足以戰民乎?" 狐子曰, "不足。" 文公曰, "吾弛關市之征而緩刑罰, 其足以戰民乎?" 狐子曰, "不足。" 文公曰, "吾民之有喪資[215]者, 寡人親使郞中視事, 有罪者赦之, 貧窮不足者與之, 其足以戰民乎?" 狐子對曰, "不足。此皆所以愼産[216]也。而戰之者, 殺之也。民之從公也, 爲愼産也, 公因而迎[217]殺之, 失所以爲從公矣。" 曰, "然則何如足以戰民乎?" 狐子對曰, "令無得不戰。" 公曰, "無得不戰奈何?" 狐子對曰, "信賞必罰[218], 其足以戰。" 公曰, "刑罰之極安至?" 對曰, "不辟親貴, 法行所愛。" 文公曰, "善。" 明日, 令田於圃陸, 期以日中爲期, 後期者行軍法[219]焉。於是公有所愛者曰顚頡, 後期, 吏請其罪, 文公隕涕而憂。吏曰, "請用事[220]焉。" 遂斬顚頡之脊以徇百姓[221], 以明法之信[222]也。而後百姓皆懼曰, "君於顚頡之貴重如彼甚也, 而君猶行法焉, 況於我則何有矣。" 文公見民之可戰也, 於是遂興兵伐原, 克之。伐衛, 東其畝[223], 取五鹿。攻陽, 勝虢。伐曹。南圍鄭, 反之陴[224]。罷宋圍。還與荊人戰城濮, 大敗荊人。返爲踐土之盟[225], 遂成衡雍之義[226]。一擧而八有功。所以然者，無他故異物，從狐偃之謀，假顚頡之脊也。

○○○

무릇 종기나 악창과 같은 고통은 뼛속까지 도려내지 않고서는 그 근심을 버텨낼 수가 없다. 이와 같은 것을 모르는데도, 다른 사람에게 반 치 되는 돌침으로 그것을 칼로 도려내게 할 수는 없을 것이다. 지금 군주가 나라를 다스리는 것도 그러하여, 고통이 있어야 편안하게 된다는 것을 모르는 것은 아니다. 나라를 다스리려 하면서 이를 알지 못한다면 뛰어난 지혜를 가진 신하의 말을 듣고 나라를 어지럽히는 신하를 주살할 수 없을 것이다. 나라를 어지럽히는 신하는 반드시 권세를 장악하고 있는 신하이고, 권세를 장악하고 있는 신하는 군주가 반드시 매우 친애하는 자들이다. 군주가 친애하는 자들이라면, 이는 견백(堅白)과 같이 서로 떨어질 수 없는 관계이다. 백성의 신분으로 군주가 견백처럼 사랑하는 권신들을 떼어놓기를 바란다면, 이는 왼쪽 허벅지를 잘라내려고 오른쪽 허벅지를 설득하는 것과 같으니, 이에 자신은 반드시 죽음에 이르게 되고 그 설득은 하지 못하게 되는 것이다.

夫痤疽[227)]之痛也，非刺骨髓，則煩心[228)]不可支也。非如是[229)]，不能使人以半寸砥石[230)]彈[231)]之。今人主之於治亦然，非不知有苦則安。欲治其國，非如是不能聽聖知[232)]而誅亂臣。亂臣者必重人[233)]，重人者必人主所甚親愛也。人主所甚親愛也者，是同堅白[234)]也。夫以布衣之資[235)]，欲以離人主之堅白所愛，是以解左髀[236)]說右髀[237)]者，是身必死而說不行者也。

1) 以化(이화): 신하를 길들여 그의 태도에 변화를 가져오게 하는 것을 말한다.

2) 師曠之對(사광지대): 진(晉)나라 평공(平公)의 물음에 사광이 은혜를 베풀라고 가르친 일을 말한다.

3) 晏子之說(안자지설): 제(齊)나라 경공(景公)에게 안자가 은혜로 전씨(田氏)의 세력을 누르라고 했던 주장을 말한다.

4) 合(합): 사(舍)와 형태가 비슷하여 발생한 오류나. 당연히 '버리다'의 의미로 해석해야 한다.

5) 走(주): 수레를 버리고 맨발로 달리는 것.

6) 讓(양): 책(責)의 의미로 '책망하다'의 뜻이다.

7) 遇勢(우세): 권세나 세력이 서로 맞서는 것.

8) 狂矞(광율): 제나라의 은자로 조정의 신하가 되기를 거부하였다.

9) 臧獲(장획): 상은 사내종이고 획은 계집종으로 장획은 종과 노비를 말한다.

10) 驥(기): 천리를 달리는 준마.

11) 欒(란): 쌍둥이의 의미를 가진 련(孿)과 통용.

12) 博(박): 주사위를 던져서 하는 놀이 또는 도박.

13) 同異(동리): 군주와 신하의 이해관계가 상반되는 것을 말한다.

14) 軺轂(초곡): 초는 작은 수레이고, 곡은 바퀴통으로 바퀴살이 모이는 중심부를 말한다.

15) 射(사): 과녁을 겨누는 것으로 여기서는 이익을 겨누는 것 즉, 이익을 노림을 말한다.

16) 共(공): 함께 둘러 감싸는 것.

17) 因(인): 단서나 실마리 또는 빌미.

18) 辭言(사언): 신하들이 군주에게 간언한 말.

19) 通(통): 누설하다.

20) 患(환): 간언한 것을 누설해 군주가 입게 되는 우환.

21) 請變(청변): 잘못을 말해주면 고치겠다고 청한 것.

22) 道穴聞(도혈문): 군주가 말한 것을 구멍으로 엿듣다.

23) 獨斷(독단): 군주가 홀로 판단하는 것.

24) 酒酸(주산): 술이 쉬는 것으로, 여기서는 술파는 집에 맹견이 있어 술이 잘 팔리지 않고 쉬게 되는 것.

25) 社鼠(사서): 사직을 갉아먹는 쥐.

26) 應(응): 응징하다.

27) 薄媼(박온): 위(衛)나라 사공(嗣公)의 신하인 박의(薄疑)의 노모.

28) 蔡嫗(채구): 무당이었던 채씨 노파.

29) 貴不能(귀부능): 귀는 '버리다'의 뜻으로 능력이 부족한 자를 저버리는 것을 말한다.

30) 違其情(위기정): 사람간의 정을 버리고 법에 충실한 것.

31) 太師(태사): 천자를 보좌하는 삼공(三公) 중의 하나로 여기서는 사광을 지칭한다.

32) 出之舍(출지사): 밖으로 나가 숙소로 가다.

33) 說之(열지): 두 동생을 기쁘게 따르다.

34) 發稟粟(발품속): 쌀 창고에 보관해 둔 곡식을 모두 방출하다.

35) 散府餘財(산부여재): 재물 창고에 있는 나머지 재화를 모두 내놓다.

36) 祿米(녹미): 노인들에게 주는 부양미(扶養米).

37) 出走(출주): 나라를 떠나 국외로 망명하다.

38) 少海(소해): 동해(東海) 또는 발해(渤海).

39) 柏寢之臺(백침지대): 백침(柏寢)은 제나라의 지명으로 그곳에 전망대가 있었다고 한다.

40) 還望(환망): 환(還)은 선(旋)의 의미로 환망은 두루 바라보는 것을 말한다.

41) 泱泱(앙앙): 넓은 모양.

42) 堂堂(당당): 성대한 모양.

43) 田成氏(전성씨): 제나라의 권신인 전상(田常)을 가리킨다. 진항(陳恒)이라 부르기도 한다.

44) 行諸大臣(행저대신): 저(諸)는 지어(之於)의 축약형으로 군주의 권한을 빌려 대신들에게 작록을 행사하는 것.

45) 斗斛區釜(두곡구부): 두는 열 되, 곡은 열 말, 구는 한 말 여섯 되, 부는 네 구로 네 글자 모두 용량의 단위.

46) 豆(두): 고기를 담는 나무그릇.

47) 制(제): 옷감의 길이를 재는 단위로 한 길 여덟 자를 말한다.

48) 道旁(도방): 방(旁)은 방(旁)으로 도방은 길가를 뜻한다.

49) 周(주): 편(遍)의 의미.

50) 秦(진): 제(齊)나라.

51) 謳乎(구호): 오호(嗚呼)의 의미.

52) 苞(포): 포(包)의 뜻으로 짐을 싸는 것.

53) 女(여): 여(汝)의 의미.

54) 式(식): 용(用) 또는 이(以)의 뜻으로 쓰였다.

55) 泫然(현연): 눈물이 줄줄 흘러내리는 모양.

56) 振(진): 진(賑)의 의미로 재물을 주어 가난한 자를 구제하는 것.

57) 六馬(육마): 수레를 끄는 네 마리 곁말인 사마(駟馬) 외에 두 마리의 참마(驂馬)가 딸려 모두 여섯 마리다.

58) 王良(왕량): 말을 잘 부렸던 어자(御者).

59) 佐轡(좌비): 고삐를 잡다.

60) 輕獸(경수): 움직임이 날쌘 짐승.

61) 王良之御(왕량지어): 왕량이 말을 부리는 숙련된 능력.

62) 下走(하주): 땅으로 내려와서 달리는 것.

63) 樓季(누계): 위(魏)나라 문후(文侯)의 동생으로 빨리 달리는 것으로 유명했다.

64) 無時(무시): 따라잡을 틈이 없음을 말한다.

65) 擅愛(천애): 군주를 제쳐놓고 멋대로 백성들에게 은혜를 베푸는 것.

66) 爲亂(위난): 전성자가 난을 일으킨 것으로 제나라 간공(簡公)을 시해한 사건.

67) 禁侵陵(금침능): 능(陵)은 능(凌)의 의미로, 침범하고 능멸하는 것을 막는다는 뜻이다.

68) 簡公(간공): 경공의 손자로 전상에게 시해를 당하였다.

69) 후(郈): 지금의 산동성 동평현 근방.

70) 起(기): 동원하다.

71) 秩粟(질속): 개인의 몫으로 받은 봉록의 곡식.

72) 漿飯(장반): 죽(粥)이다.

73) 要(요): 영(迎)과 요(邀)의 의미로 맞이하는 것을 말한다.

74) 作溝者(작구자): 도랑을 만드는 공사에 동원된 사람들.

75) 五父(오보): 산동성 곡부(曲阜)의 동남쪽에 있던 거리 이름.

76) 怫然(불연): 화가 난 모양.

77) 由(유): 자로의 이름으로 자기 자신을 부른 것이다.

78) 野(야): 비속한 것으로 촌스럽고 천한 모양.

79) 以(이): 생각하다의 의미.

80) 誣(무): 예의에 어긋나는 것을 말한다.

81) 讓(양): 꾸짖다의 의미.

82) 肥(비): 계손(季孫)의 이름.

83) 止(지): 영(令)의 의미.

84) 資(자): 신분과 자격.

85) 未形(미형): 미연(未然)의 의미로 아직 간악한 일이 어떤 형태로 구체화되기 전을 말한다.

86) 立議(입의): 서로 자신의 주장을 내세우다.

87) 名(명): 작위(爵位)를 뜻한다.

88) 事力(사력): 육체적인 노동에 종사하는 것으로 여기서는 농사일에 힘쓰는 것을 말한다.

89) 營丘(영구): 제나라 임치(臨緇)에 있는 언덕의 이름.

90) 首誅(수주): 형벌과 관련한 최초의 집행.

91) 饗國(향국): 봉토를 받고 그 영지(領地)로 들어가는 것.

92) 望(망): 태공망 자신을 가리키는 이름.

93) 當(당): 장차.

94) 不服兵革(불복병혁): 군에 복무하지 않은 것으로 전쟁에 참가하지 않은

것을 뜻한다.

95) 耕耨(경누): 경운(耕耘)의 뜻으로 농사일을 하는 것.

96) 又(우): 비(非)의 오자다.

97) 驥之狀(기지상): 천리마의 모습.

98) 驅(구): 말을 몰다.

99) 卻(각): 말의 고삐를 잡아당기다.

100) 追利辟害(추리벽해): 이익을 추구하고 해로운 것을 물리치다.

101) 卻馬(각마): 말에서 내려 말을 돌려보내고 경의를 표하기 위해 걸어가는 것.

102) 報見(보견): 찾아온 객을 답례로 만나는 것.

103) 比(비): 급(及)의 뜻으로 '이르다'의 의미다.

104) 易教(이교): 교회를 쉽게 보다.

105) 軫(진): 원래는 수레 뒷부분의 가로대이지만 여기서는 수레 자체를 가리킨다.

106) 說(세): 자신의 주장을 내세워 다른 사람에게 유세하는 것.

107) 題(세): 값을 정하다. 평가하다.

108) 薛公(설공): 제나라의 맹상군(孟嘗君)인 전문(田文)으로 부친 전영(田嬰)에 이어 봉도로 설(薛) 땅을 받았다.

109) 謁者(알자): 손님의 말을 왕이나 주인에게 전해주는 직분을 맡은 사람으로 여기서는 내관을 말한다.

110) 子(자): 알자가 손님을 대하는 경칭.

111) 文(문): 설공 자신의 이름.

112) 季羽(계우): 우(羽)는 우(友)의 의미로 장계의 친구를 뜻한다.

113) 人陰(인음): 인품이 남 앞에 나서지 않는 것,

114) 獻(헌): 사(賜)와 궤(饋)의 의미로 남에게 물건을 내리는 것.

115) 愛(애): 석(惜)의 의미로 아까워하다.

116) 見(견): 식견(識見)을 말한다.

117) 惑(혹): 자신을 꾸며서 남을 현혹시키는 것.

118) 司(사): '엿보다'의 의미로 군주의 속마음을 염탐하는 것.

119) 餌(이): 미끼를 주어 이득을 본다는 의미로 군주를 이용하는 것.

120) 無從知之(무종지지): 남들로부터 군주의 생각을 알지 못하게 하는 것.

121) 無爲(무위): 아무 일도 하지 않는 것처럼 보이게 하는 통치술을 말한다.

122) 規(규): 규(窺)의 의미로 '들여다보다'의 뜻이다.

123) 知(지): 화(和)의 의미로 영합(迎合)하는 것.

124) 女(여): 여(汝)의 의미로 이인칭대명사.

125) 而(이): 여(汝)자와 통용한다.

126) 意(의): 자신의 의도대로 하는 것.

127) 전자방(田子方): 제(齊)나라 사람으로 이름은 무택(無擇)이며 위(魏)나라 문후(文侯)의 스승이었다.

128) 御(어): 영(迎)의 의미로 마주 대하는 것.

129) 周(주): 밀(密)의 의미로 남이 알지 못하게 하는 것을 말한다.

130) 廩(름): 차폐(遮蔽)의 뜻으로 감춘 곳을 의미한다.

131) 加(가): 시(施)와 통용.

132) 虛無(허무): 마음을 비우는 태도와 그 상태.

133) 謹廩(근름): 신중하게 몸을 감추는 것.

134) 重(중): 중용(重用).

135) 侍飮(시음): 술자리에서 군주가 마시는 것을 시중드는 것.

136) 幸(행): 은혜를 베풀다.

137) 變更(변갱): 고치다.

138) 引(인): 이(以)의 의미로 '생각하다'는 뜻이다.

139) 日(일): 왈(曰)의 오자.

140) 靖郭君(정곽군): 맹상군의 아버지 전영(田嬰)으로 설공(薛公)의 시호다.

141) 所置(소치): 죽은 왕후의 뒤를 이어 대신해 세우는 것.

142) 孺子(유자): 젊은 여자로 귀족의 첩을 부르는 호칭.

143) 行(행): 행해지는 것으로 여기서는 영향을 미치다.

144) 間(간): 남모르게 은밀히 일을 의논하다.

145) 道穴(도혈): 벽에 뚫어 놓은 구멍을 통해 엿듣다.

146) 犀首(서수): 벼슬의 명칭이며 여기서는 공손연(公孫衍)을 가리킨다.

147) 梁王(양왕): 위(魏)나라 왕.

148) 衍(연): 공손연의 이름으로 남에게 자신을 낮추어 부르는 말이다.

149) 樗里疾(저리질): 진나라 혜왕의 이복동생.

150) 隱語(은어): 몰래 밀담을 주고받다.

151) 反走(반주): 존중을 표시하는 예의 동작으로 한 걸음 물러서는 것.

152) 郎中(낭중): 궁 안에서 당직을 담당하는 벼슬.

153) 匈匈(흉흉): 분분하여 시끄러운 모양.

154) 羈旅(기려): 다른 지역에서 온 나그네.

155) 自嫁(자가): 가(嫁)는 고(賈)의 뜻으로 자신을 팔아 다른 사람의 환심을 사는 것.

156) 無當(무당): 당(當)은 밑바닥으로 무당(無當)은 밑바닥이 없는 것.

157) 瓦器(와기): 흙으로 만들어 구운 그릇.

158) 注漿(주장): 장(漿)은 마시는 음료로 주장(注漿)은 마실 것을 따르는 것.

159) 獨(독): 주위의 말에 흔들리지 않고 특출난 태도를 취하는 것.

160) 故(고): 즉(則).

161) 酤(고): 술을 팔다.

162) 升概(승개): 승(升)은 용량을 되는 그릇이고 개(概)는 평미레.

163) 縣幟(현치): 현(縣)은 현(懸)과 통하여 '매달다'의 의미이며, 치(幟)는 자리를 표시하는 깃대를 말한다.

164) 壺甕(호옹): 술을 담는 항아리.

165) 迓(아): 달려 나오다.

166) 齕(흘): 물어뜯다.

167) 有道之士(유도지사): 도(道)를 깨달아 법술(法術)을 지닌 자.

168) 蔽脅(폐협): 군주가 신하에게 눈이 가려진 채로 협박을 당하는 것.

169) 社鼠(사서): 토지신을 받드는 사당에 사는 쥐.

170) 塗阤(도타): 타(阤)는 괴(壞)와 통하여, 벽에 바른 흙이 떨어지는 것을 말한다.

171) 勢重(세중): 권세.

172) 比周(비주): 비(比)는 아첨하며 사귀는 것이고 주(周)는 정도로 사귀는 것으로, 비주(比周)는 두루 서로 친한 것을 의미한다.

173) 誅(주): 처벌하다.

174) 有(유): 유(宥)의 의미로 처벌하거나 힐책하지 않고 놓아두는 것.

175) 壅(옹): 막다. 통하지 못하게 하다.

176) 謾侮(만모): 남을 멸시하다.

177) 用事者(용사자): 정사(政事)의 실무자.

178) 鯀(곤): 하(夏)왕조의 시조인 우(禹)의 아버지로 치수 실패의 책임으로 요에게 처형당했다.

179) 共工(공공): 중국 고대에 토목공사를 담당하던 부서의 장관 이름.

180) 流(류): 주(誅)의 오자로 보아야 한다.

181) 敗其所察(패기소찰): 관찰했던 것을 무너뜨리는 것으로 살핀 것에 대해 포기하는 것.

182) 茅門(모문): 궁 안에 있는 여러 문 가운데 하나로 조정의 안팎을 사이에 둔 중간문.

183) 霤(류): 처마 끝에서 떨어지는 낙숫물을 받는 그릇.

184) 輈(주): 사람을 태우는 소차(小車)의 중앙에 다는 끌채.

185) 廷理(정리): 옥사(獄事)를 처리하는 관리.

186) 乘(승): 승(勝)의 의미로 신하가 군주를 이기는 것.

187) 尙校(상교): 상(尙)은 상(上)의 의미이고 교(校)는 능(陵)의 의미로 윗사람을 능멸하는 것이다.

188) 茆門(묘문): 궁 안의 중간문으로 모문(茅門)과 같다.

189) 廷中(정중): 조정의 안마당.

190) 須無潦(수무료): 고인 빗물이 다 마르기를 기다리다.

191) 殳(수): 지팡이 모양의 무기.

192) 不踰(부유): 불법을 모르는 척하면서 넘겨버리는 것.

193) 儲主(저주): 군주를 계승하게 될 태자들을 가리킨다.

194) 屬(촉): 접근하여 맡기는 것으로 아첨하며 기대는 것을 말한다.

195) 萬頃(만경): 경(頃)은 백무(百畝)에 해당하는 넓이.

196) 不窕(부조): 조(窕)는 간(間)과 통하여 부조(不窕)는 일을 빈틈없이 해내는 것을 말한다.

197) 重人(중인): 실권을 장악한 권신들을 의미한다.

198) 繩之外(승지외): 법의 범위 밖.

199) 以(이): 이(已)와 통한다.

200) 詘之(굴지): 굴(詘)은 전(轉)의 의미이고, 지(之)는 대명사로 목소리를 말한다.

201) 徵(치): 오음(五音) 중의 하나.

202) 揆以法(규이법): 일정한 기준으로 성량(聲量)을 헤아리는 것.

203) 織組(직조): 갓이나 인장 등에 매는 끈을 짜는 것.

204) 經之(경지): 베를 짜려고 날줄을 맬 때 그 수에 따라 폭의 넓이가 미리 정해진다.

205) 出(출): 내쫓다.

206) 索入(색입): 시댁으로 다시 들어가다.

207) 毋幾(무기): 무(毋)는 금지사이고, 기(幾)는 '바라다'의 의미다.

208) 效(효): 험(驗)의 뜻으로 '쓰다'의 의미다.

209) 異善(이선): 특별히 좋다.

210) 衣而歸(의이귀): 친정으로 보내는 것.

211) 周於堂(주어당): 신하들에게 두루 나누어주는 것으로, 당(堂)은 조정의 신하를 가리킨다.

212) 不淸(불청): 병에 담긴 술 앙금이 맑아질 틈도 없이 빨리 술을 마셔버리는 것.

213) 布(포): 진(陳)의 의미로 늘어놓는 것.

214) 功(공): 여공(女功)의 의미로 한 해 동안 공물로 바친 직물을 말한다.

215) 喪資(상자): 자(資)는 상복의 의미로 상자(喪資)는 상을 치르는 것.

216) 愼産(신산): 신(愼)은 생계, 산(産)은 순(順)의 의미다.

217) 迎(영): 역(逆).

218) 信賞必罰(신상필벌): 상과 벌을 분명히 하는 것.

219) 行軍法(행군법): 군법으로 집행하다.

220) 用事(용사): 일을 집행하다.

221) 徇百姓(순백성): 백성들에게 널리 돌려서 알리다.

222) 法之信(법지신): 법이 집행된다는 확신을 가지게 하는 것.

223) 東其畝(동기무): 밭두렁을 동쪽으로 향하게 만든 것.

224) 反之陴(반지비): 반(反)은 복(覆)의 의미로 뒤집는 것이고 비(陴)는 성벽 위에 쌓은 담을 말한다.

225) 踐土之盟(천토지맹): 천토(踐土)에서 제후들의 회맹(會盟)을 주관하는 것.

226) 衡雍之義(형옹지의): 형옹(衡雍)에서 천자를 받들고 화목하는 의식을 거행하는 것

227) 痤疽(좌저): 종기와 악창.

228) 煩心(번심): 마음속의 근심.

229) 非如是(비여시): 여(如)는 지(知)와 통한다. 아픔을 참아야만 병을 고칠 수 있다는 것을 알지 못하는 것.

230) 砥石(지석): 숫돌에 잘 간 돌침.

231) 彈(탄): 아픈 부위를 칼로 도려내는 것.

232) 聖知(청성지): 뛰어난 지혜를 가진 신하의 간언(諫言)이나 고언(苦言).

233) 重人(중인): 권신(權臣)의 의미로 권세를 가진 신하.

234) 堅白(견백): 단단한 흰색 돌을 가리키는 것으로 여기서는 서로 분리될 수 없는 군신의 관계를 말한다.

235) 布衣之資(포의지자): 베옷을 입은 평민.

236) 解左髀(해좌비): 해(解)는 해체하는 것이고, 좌비(左髀)는 중인(重人)을 말한다.

237) 說右髀(세우비): 세(說)는 설득하는 것이고, 우비(右髀)는 군주를 비유한 것이다.

제35편 외저설(外儲說) 우하(右下)

전해 오는 이야기를 모으다. 외우(外右) 하편(下編)

解題

이 편은 군주가 상과 벌을 내리는 법을 엄격하게 실시하는 수단을 5개 항목으로 나누어서 서술하고 있다. 외저설(外儲說)우(右)는 상(上)과 하(下)의 논점이 서로 약간 차이가 있지만, 대체로 군주의 권력론을 개괄하고 있다. 주요 논점은 군주의 권력이 집중되어야지 나누어져서는 안 된다는 것이다. 그러므로 군주의 권력이 효과적으로 시행되기 위한 방법을 강구해야 한다는 것이다. 그 가운데 하나가 군주는 백성을 직접 다스리지 못하기 때문에 신하들에게 통치를 위임하되 철저히 법에 의한 통치를 해야 한다고 하였다.

경(經) 1

상과 벌을 함께 쓰면 법령이 행해지지 않는다. 어찌하여 그러한 것을 아는가? 조보(造父)와 오기(於期)로의 일로 안다. 자한(子罕)이 외출하는데 돼지가 나타나고, 전항(田恒)은 농원에 못을 만들었다. 그래서 송(宋)나라 군주와 간공(簡公)은 시해당했다. 폐해가 된 것은 왕량(王良)과 조보가 함께 수레를 몰았다는 데 있고, 전련(田連)과 성규(成竅)와 함께 거문고를 탔다는 데에 있다.

賞罰共則禁令不行。何以明之? 以造父[1]、於期[2]。子罕[3]爲出彘, 田恆爲圃池, 故宋君、簡公弑。患在王良、造父之共車, 田連、成竅之共琴也。

○ ○ ○

경 2

나라를 강하게 다스리는 것은 법을 행하는 데에 있으며, 나라가 약하고 혼란스러워지는 것은 법을 왜곡하고 사사로이 여기기 때문이다. 군주가 이것을 잘 헤아리면, 상을 내리고 벌을 주는 것을 바르게 하며 아랫사람을 어질게 대하지 말아야 한다. 작록은 공훈이 있는 자에게 내리고 벌은 죄가 있는 자에게 내리는 것이니 신하가 이것을 잘 헤아리면, 죽을힘을 다하지만 군주에게 사사로이 충성을 다하지는 않는다. 군주가 어질지만은 않고 신하가 충성스럽지만은 않다면, 왕 노릇을 할 만한 것이다. 소양왕(昭襄王)은 군주의 도리를 잘 알고 있어서 다섯 군데의 정원에서 나는 채소를 방출하지 않았고, 전유(田鮪)는 신하의 도리를 잘 알고 있었으므로 전장(田章)을 일깨웠고, 공의(公儀)는 고기 바치는 것을 사양했다.

治强生於法，弱亂生於阿[4]，君明於此，則正賞罰而非仁下也。爵祿生於功，誅罰生於罪，臣明於此，則盡死力而非忠君也。君通於不仁，臣通於不忠，則可以王矣。昭襄[5]知主情，而不發五苑，田鮪[6]知臣情，故敎田章，而公儀[7]辭魚。

○○○

경 3

현명한 군주라고 하는 이들은 외국에서 본보기를 삼으려고 하지만, 외교의 일은 잘하지 않으면 안 되는 것이다. 그러므로 소대(蘇代)는 제(齊)나라 왕을 비난하였던 것이다. 군주가 옛날의 일을 본보기로 삼고자 하지만, 예로 드는 것이 적절하지 않으면 그 효과가 나타나지 않을 것이다. 그러므로 반수(潘壽)는 우왕(禹王) 때의 일을 말한 것이나. 군주가 이와 같은 깨달음이 없었는데, 방오(方吾)는 그것을 알고 있었기 때문에 같은 옷을 입거나 동족끼리는 같은 집에 거처하는 것을 꺼리는 것이니, 하물며 남에게 권력을 빌려주겠냐고 하였다. 오장(吳章)은 그것을 알고 있었기 때문에 거짓으로라도 하는 척하지 말라고 하였던 것이니, 하물며 진정한 마음을 빌려줄 수 있겠느냐고 하였다. 조(趙)나라 왕은 호랑이 눈이 매섭다는 것은 알았으면서도 신하로부터 가리워져 보지 못했다. 지혜로운 군주가 되는 길은 주(周)나라 궁정의 관리가 위(衛)나라 제후를 막아선 것과 같은 데에 있다.

明主者，鑒於外也，而外事不得不成，故蘇代非齊王。人主鑒於上也，而居者不適不顯，故潘壽言禹情。人主無所覺悟，方吾知之，故恐同衣於族，而況借於權乎。吳章知之，故說以佯，而況借於誠乎。趙王惡虎目而壅。明主之道，如周行人[8]之卻衛侯也。

○ ○ ○

경 4

군주는 법을 지키고 신하가 한 일을 잘 따져서 공이 있는 자를 세워야 한다. 관리가 나라를 어지럽히더라도 선한 백성들은 있다고 들었지만, 세상을 어지럽히는 백성은 있어도 다스리기를 잘하는 관리가 있다는 말은 듣지 못했다. 그러므로 유능한 군주는 관리를 다스리지 백성을 다스리지 않는다고 하였으니, 이 말의 요점은 나무의 뿌리를 흔들고 그물의 벼리를 당기는 이치와 같다. 그러므로 불을 끄지 못하는 낮은 관리는 처벌받아야 한다. 불을 끄는 이 가운데 관리가 항아리를 지고 불로 들어가면 한 사람의 힘만 쓰는 것이다. 채찍을 잡고 사람들을 부리면 만 사람이라도 부릴 것이다. 그러므로 통치술을 잘 쓰면 마치 조보(造父)가 놀라 날뛰는 말을 잘 다룰 수 있는 것과 같을 것이다. 직접 말을 끌고 수레를 밀면 나아갈 수도 없지만, 고삐를 쥐고 채찍을 휘두른다면 말이 깜짝 놀라 잘 달릴 것이다. 그러므로 추단(椎鍛)을 써서 평평하게 하고, 방경(榜檠)을 써서 곧게 만드는 것이다. 그렇지 않으면 요치(淖齒)가 제(齊)나라에서 민왕(閔王)을 죽게 한 것이나, 이태(李兌)가 조(趙)나라에서 주보(主父)를 굶겨 죽이는 일이 있게 되는 것이다.

人主者， 守法責成以立功者也。聞有吏雖亂而有獨善之民， 不聞有亂民而有獨治之吏， 故明主治吏不治民。說在搖木之本與引網之綱。故失火之嗇夫[9]不可不論也。救火者， 吏操壺走火， 則一人之用也。操鞭使人， 則役萬夫。故所遇術者， 如造父之遇驚馬， 牽馬推車則不能進， 代御執轡持筴則馬咸鶩矣。 是以說在椎鍛[10]平夷[11]， 榜檠[12]矯直。不然， 敗在淖齒[13]用齊戮閔王， 李兌[14]用趙餓主父也。

○○○

경 5

일을 이치에 따라 처리하면 수고롭지 않아도 잘 될 것이다. 그러므로 자정(玆鄭)은 수레의 끌채에 걸터앉아서 노래를 부르기만 했는데 높다란 다리에 오를 수 있었다. 그 폐단으로 다음과 같은 일이 있었다. 조(趙)나라 간주(簡主)의 세금 거두는 관리가 세금을 무겁게 할지 가볍게 할지를 물었다. 박의(薄疑)가 온 나라가 넉넉하다고 말한 것을 듣고 간주는 기뻐하였는데, 창고는 비어 있었고 백성들은 굶주리고 있었지만 간사한 관리들만 부유했다. 그러므로 환공(桓公)이 백성들을 순시하였고, 관중(管仲)은 썩어가는 재물이 많고 시집 못 가서 원망하는 여인네들을 살피게 되었다. 그렇게 세상을 살피지 않으면 연릉(延陵)이 말을 타더라도 내달리지 못하게 되고, 조보는 지나다가 이 때문에 눈물을 흘리게 되는 것이다.

因事之理則不勞而成，故玆鄭[15]之踞轅[16]而歌以上高梁也。其患在趙簡主[17]稅，吏請輕重。薄疑[18]之言國中飽，簡主喜而府庫虛，百姓餓而姦吏富也。故桓公巡民，而管仲省腐財怨女。不然，則在延陵[19]乘馬不得進，造父過之而爲之泣也。

○○○

전 1

조보(造父)가 네 마리 말이 끄는 수레를 모는데, 빨리 달려 주위를 돌며 자신의 생각대로 말을 몰았다. 자신의 생각대로 말을 몰았던 것은 고삐 채찍을 잡고 자유로이 다루어서이다. 그런데 말이 뛰쳐나온 돼지에 놀라 조보가 저지할 수 없었던 것은 말고삐를 엄중히 다루지 못해서가 아니라 그의 힘이 뛰쳐나온 돼지에게로 분산되었기 때문이다. 왕오기(王於期)는 곁말을 달고 가면서 고삐와 채찍을 쓰지 않았는데 말을 부리고자 하는 대로 몰았던 것은 말이 좋아하는 풀과 물로 잘 다룰 수 있어서이다. 그런데 말이 농원이나 못을 지나면서 곁말이 헝클어진 것은 말이 좋아하는 풀과 물이 모자라서가 아니라 농원과 못에 힘이 분산되었기 때문이다. 그러므로 오기와 조보는 세상에서 이름난 마부인데, 왕량에게 왼쪽 가죽 고삐를 잡고 꾸짖듯 몰게 하고, 조보에게 오른쪽 가죽 고삐를 잡고 채찍을 치며 몰게 한다면 말은 십 리도 달리지 못할 것인데, 이것은 함께 몰게 해서이다. 전련(田連)과 성규(成竅)는 세상에서 거문고를 잘 퉁기는 자인데, 전련에게는 위쪽을 타게 하고, 성규가 아래쪽을 탄다면 음악이 제대로 되지 않을 것이니, 이것도 모두 함께 타게 해서이다. 무릇 왕량과 조보가 아무리 공교한 기술을 가지고 있더라도 함께 고삐를 잡고 말을 몰면 말을 부릴 수 없는 것이니, 임금이 어찌 그의 신하와 권력을 함께하면서 다스릴 수 있을까? 전련과 성규가 아무리 공교한 기술을 가지고 있더라도 함께 거문고를 타면 제대로 음악이 되지 않는 것이니, 임금이 어찌 또 신하와 세력을 함께 하면서 공을 이룰 수 있겠는가?

造父御四馬， 馳驟[20]周旋而恣欲於馬。 恣欲於馬者， 擅轡筴[21]之制也。 然馬驚於出彘， 而造父不能禁制者， 非轡筴之嚴不足也， 威分於出彘也。 王子於期爲駙駕[22]， 轡筴不用而擇欲於馬， 擅芻水之利也。 然馬過於圃池而駙馬敗者， 非芻水之利不足也， 德分於圃池也。 故王良[23]、造父天下之善御者也， 然而使王良操左革而叱咤[24]之， 使造父操右革而鞭笞之， 馬不能行十里， 共故也。 田連、成竅天下善鼓琴者也，然而田連鼓上，成竅擫下，而不能成曲，亦共故也。夫以王良、造父之巧，共轡而御，不能使馬，人主安能與其臣共權以爲治？以田連、成竅之巧，共琴而不能成曲，人主又安能與其臣共勢以成功乎？

○○○

일설에 이르기를 조보(造父)가 제(齊)나라 왕의 곁말을 맡게 되었는데, 목이 마른 말을 잘 훈련시켜서 농원 한가운데로 몰고 갔다. 목이 마른 말은 농원의 못을 보더니, 수레를 버려두고 못으로 달려가 수레 끄는 일을 저버렸다. 왕오기(王於期)는 조(趙)나라 간공을 모시고 길을 나서는데, 천리나 되는 길이라 서둘러 막 출발하려 하는데, 돼지가 구덩이에 웅크리고 있었다. 왕오기는 말고삐를 가지런히 하고 나아가는데, 돼지가 구덩이에서 뛰쳐나왔고 말은 놀라서 수레를 끌지 못했다.

一曰，造父爲齊王駙駕，渴馬服成，效駕圃中，渴馬見圃池，去車走池，駕敗。王子於期爲趙簡主取道爭千里之表，其始發也，彘伏溝中，王子於期齊轡筴而進之，彘突出於溝中，馬驚駕敗。

○○○

사성(司城)의 자한(子罕)이 송나라 군주에게 "포상하고 물건을 내려주는 것은 백성들이 좋아하는 것이니, 군주께서는 이를 행하십시오. 사형과 처벌은 백성들이 싫어하는 것이니 신이 맡아서 행하도록 하겠습니다."라고 하였다. 송나라 군주는 "그리하겠다."라고 하였다. 이에 권위 있는 명령을 내려서 대신을 처벌하는 일에 대해서 임금이 "자한에게 물어라."라고 하였다. 그리하여 대신들이 그를 두려워하였고, 보통 백성들은 마음으로 따랐다. 일 년이 지나자 자한은 송나라 군주를 죽이고 정권을 빼앗았다. 그러므로 자한은 뛰어든 돼지처럼 굴어서 군주의 나라를 빼앗았던 것이다.

司城[25]子罕謂宋君曰, "慶賞賜與, 民之所喜也, 君自行之。殺戮誅罰, 民之所惡也, 臣請當之。" 宋君曰, "諾。" 於是出威令, 誅大臣, 君曰, "問子罕也。" 於是大臣畏之, 細民[26]歸之。處期年, 子罕殺宋君而奪政。故子罕爲出彘以奪其君國。

○○○

간공(簡公)이 재위하고 있을 때 형벌이 무겁고 처벌이 엄중했다. 세금을 마구 걷어들이고 백성들을 마구 주살하였다. 전성항(田成恆)은 너그럽게 사랑을 베풀고 인심이 두터웠다. 간공은 제나라 백성들을 마치 목마른 말처럼 여겨서 백성들에게 은혜를 베푸는 정치를 하지 않았는데, 전성항은 두터운 어짐을 농원의 못으로 여겼다.

簡公在上位, 罰重而誅嚴, 厚賦斂而殺戮民。田成恆[27]設慈愛, 明寬厚。簡公以齊民爲渴馬, 不以恩加民, 而田成恆以仁厚爲圃池也。

○○○

일설에는 조보(造父)가 제(齊)나라 왕의 곁말을 맡아서 목마름을 참도록 훈련시켰는데, 백 일이 되어서야 완성하였다. 그는 훈련이 완성되고 나서 제나라 왕에게 시범을 보이겠다고 요청하였다. 제나라 왕이 이르기를 “농원에 가서 해보자.”라고 하였다. 조보가 수레를 몰아 농원에 들어갔다. 말은 농원의 못을 보고는 달려갔고 조보는 통제할 수가 없었다. 조보는 목마른 말을 오랫동안 훈련시켰지만, 이제 말이 못을 보자 사나워져서 달렸으니 비록 조보라도 통제할 수 없었다. 지금 간공의 법으로 백성들을 다스린 지 오래되었는데, 전성항이 그것으로 이익을 취하였으니 이것은 농원의 물을 펴서 목마른 백성들에게 내준 꼴이다.

一曰, 造父爲齊王駙駕, 以渴服馬, 百日而服成。服成, 請效駕齊王, 王曰, “效駕於圃中。” 造父驅車入圃, 馬見圃池而走, 造父不能禁。造父以渴服馬久矣, 今馬見池, 駻[28]而走, 雖造父不能治。今簡公之法禁其衆久矣, 而田成恆利之, 是田成恆傾圃池而示渴民也。

○ ○ ○

일설에는 왕오기(王於期)가 송나라 군주를 모시고 천 리 길을 달리게 되었다. 이미 수레를 갖추고 털과 말의 입 모양을 살폈다. 그가 막 출발하려고 수레를 몰고 나서는데, 수레바퀴는 자로 잰 듯 들어맞았고, 밧줄을 당기고 놓으며 몰았더니, 말은 지난 바퀴자국을 벗어나지 않았다. 잘 다독이며 출발하려는데 돼지가 길가 도랑에서 나왔다. 말은 뒤로 물러서고, 고삐로는 앞으로 나아갈 수 없었다. 말이 사납게 내달리니 고삐로는 어쩔 수 없었던 것이다.

一曰, 王子於期爲宋君爲千里之逐。已駕, 察手吻文[29], 且發矣, 驅而前之, 輪中繩, 引而卻之, 馬掩迹。拊[30]而發之, 彘逸出於竇中。馬退而卻, 筴不能進前也。馬駻而走, 轡不能止也。

○ ○ ○

일설에는 사성자한(司城子罕)이 송나라 군주에게 "포상하고 물건을 내려주는 것은 백성들이 좋아하는 것이니, 군주께서 이를 직접 행하십시오. 사형과 처벌은 백성들이 싫어하는 것이니 신이 맡아서 행하도록 하겠습니다."라고 하였다. 그리하여 보통 백성이나 대신들을 처형하는 일에 대하여 임금이 "자한과 상의하라."라고 하였다. 일 년이 되자 백성들은 처형하는 명령이 자한에게 달려 있다는 것을 알게 되었고, 그리하여 온 나라 사람들이 그에게 쏠렸다. 이에 자한은 송(宋)나라 군주를 핍박하여 정권을 빼앗았으니 법으로는 막을 수 없었다. 그러므로 "자한은 뛰쳐나온 돼지 같은 자이고 전성항(田成恆)은 농원의 못과 같았다."라고 하였다. 왕량(王良)과 조보(造父)에게 수레를 함께 몰게 하여 한 사람이 각각 한쪽의 고삐를 잡고 마을 어귀의 문에 들어가게 한다면 수레 모는 것이 반드시 잘못되어 길을 가지 못할 것이다. 전련(田連)과 성규(成竅)에게 거문고를 함께하게 하여 한 사람이 한쪽의 현을 튕기게 한다면 소리는 반드시 엉클어져서 음악이 엉망이 될 것이다.

一曰, 司城子罕謂宋君曰, "慶賞賜予者, 民之所好也, 君自行之。誅罰殺戮者, 民之所惡也, 臣請當之。" 於是戮細民而誅大臣, 君曰, "與子罕議之。" 居期年, 民知殺生之命制於子罕也, 故一國歸焉。故子罕劫宋君而奪其政, 法不能禁也。故曰, "子罕爲出彘, 而田成常爲圃池也。" 令王良、造父共車, 人操一邊轡而入門閭[31], 駕必敗而道不至也。令田連、成竅共琴, 人撫一絃而揮, 則音必敗曲不遂矣。

○ ○ ○

전 2

진(秦)나라 소왕(昭王)이 병이 나자, 백성들이 사는 마을에서는 소를 사서 왕을 위해 기도하였다. 공손술(公孫述)이 궁궐을 나갔다가 이것을 보고는 들어와서 왕에게 축하하며 이르기를, "백성들이 마을에서 소를 사서는 왕을 위해서 기도를 올립니다."라고 하였다. 왕이 사람을 보내 알아보니 정말 그러하였다. 왕이 "그 사람들의 죄를 헤아려 갑옷 두 벌씩 내게 하였다. 무릇 명령이 없이 멋대로 기도를 올렸으니 이것은 과인을 아껴서 그런 것이지만, 무릇 과인을 아낀다면 과인 역시 법을 고쳐서 마음으로 그들과 함께하여야 하는 것이나. 이렇듯 벌을 내리는 것은 그런 법이 없기 때문이다. 법이 없는데 그리하는 것은 나라를 어지럽고 망하게 하는 길이다. 그들에게 갑옷 두 벌씩 벌을 내려서 법으로 다스리는 법도를 세우는 것이 나을 것이다."라고 하였다.

秦昭王有病, 百姓里買牛而家爲王禱。 公孫述出見之, 入賀王曰, "百姓乃皆里買牛爲王禱。" 王使人問之, 果有之。 王曰, "訾[32]之人二甲。 夫非令而擅禱者, 是愛寡人也。 夫愛寡人, 寡人亦且改法而心與之相循者, 是法不立。 法不立, 亂亡之道也。 不如人罰二甲, 而復與爲治。"

○ ○ ○

일설에 진(秦)나라 양왕(襄王)이 병이 들었는데, 백성들이 그를 위해 기도를 드렸다. 백성들은 양왕의 병이 나으시라고 소를 잡고 기도를 올렸다. 낭중 염알(閻遏)과 공손연(公孫衍)이 궁을 나갔다가 그것을 보고는 "지금은 봄이나 겨울 제사를 지내는 때가 아닌데, 어째서 소를 잡고 제사를 지내는 것이냐?"라고 하였다. 그러자 이상해서 물었다. 백성들은 "임금께서 병이 드셨으니 이 때문에 기도를 올리는 것입니다. 이제 군주께서 병이 나으신다면 제사를 올려 기도를 하였기 때문일 것입니다."라고 답하였다. 염알과 공손연이 기뻐하면서 왕을 뵙고 절을 하며 경하하기를 "요순임금보다 훌륭하십니다."라고 하였다. 왕이 놀라서 이르기를 "어째서 그런 말을 하는가?"라고 하였다. 그들이 답하기를, "요순시절에도 그 백성들이 왕을 위해 기도를 올린 적이 없습니다. 지금 군주께서 병이 드셨는데 백성들이 소를 잡고 기도를 올리니, 병이 낫게 되시면 소를 잡아 기도를 올린 덕일 것입니다. 그러므로 신들은 군주께서 요순임금보다 훌륭하다고 여기는 것입니다."라고 하였다. 왕이 사람을 보내 어느 마을에서 그리하는지 알아보고는, 그 이장과 오로(伍老)에게 갑옷 두 벌씩 내라고 하였다. 염알과 공손연은 겸연쩍어서 아무 말도 못 했다. 몇 개월이 지나 왕이 주연(酒筵)을 베풀자, 염알과 공손연은 왕에게 "전에 신이 왕께서 요순임금보다 훌륭하다고 하였는데 일부러 환심을 사고자 한 것은 아니었습니다. 요순임금이 병이 들었을 때는 백성들이 누구도 그들을 위해서 기도를 올린 적이 없습니다. 지금 군주께서 병이 드시자 백성들이 소를 잡아 기도를 올렸고, 병이 나으신 것은 그 때문입니다. 이제 그 마을 이장과 오로에게 갑옷 두 벌씩을 바치라고 벌을 내리신 것이 저희로서는 이상하게 여겨집니다."라고 하였다. 왕이 "그대들은 어찌 이것을 모르는가? 저들 백성들이 나를 위해서 그리한 것은 나를 아껴서가 아니라 나에게 쓰임을 받기 위해서이네. 나에게 세력이 있어서 쓰임을 받고자 한 것이네. 내가 내 권력을 버리고 백성들과 함께 서로 주고받는 사이라고 한다면, 나는 아낌을 받지 못하고 백성들은 나를 위해서 그리하지 않을 것이네. 그래서 아끼는 법도를 완전히 끊어야 하는 것이네."라고 하였다.

一曰, 秦襄王病, 百姓爲之禱。病愈, 殺牛塞[33]禱。郎中閻遏、公孫衍出見之, 曰, "非社臘[34]之時也, 奚自殺牛而祠社?" 怪而問之。百姓曰, "人主病, 爲之禱。今病愈, 殺牛塞禱。" 閻遏、公孫衍說, 見王拜賀曰, "過堯、舜矣。" 王驚曰, "何謂也?" 對曰, "堯、舜其民未至爲之禱也。今王病而民以牛禱, 病愈殺牛塞禱。故臣竊以王爲過堯、舜也" 王因使人問之, 何里爲之, 訾其里正與伍老屯[35]二甲。閻遏、公孫衍媿[36]不敢言。居數月, 王飮酒酣樂, 閻遏、公孫衍謂王曰, "前時臣竊以王爲過堯、舜, 非直敢諛也, 堯、舜病且其民未至爲之禱也。今王病而民以牛禱, 病愈殺牛塞禱, 今乃訾其里正與伍老屯二甲, 臣竊怪之。" 王曰, "子何故不知於此? 彼民之所以爲我用者, 非以吾愛之爲我用者也, 以吾勢之爲我用者也。吾釋勢與民相收, 若是, 吾適不愛而民因不爲我用也。故遂絶愛道也。"

○○○

진(秦)나라에 크게 가뭄이 들었다. 응후(應侯)가 왕에게 요청하기를 "다섯 군데 왕의 정원에 들풀, 채소, 도토리, 과일, 대추, 밤이 백성들을 먹여 살릴 수 있으니 그것들을 내어주십시오."라고 하였다. 소양왕(昭襄王)은 "우리 진나라 법에는 백성들에게 공이 있으면 상을 받고, 죄를 지으면 벌을 받는다고 되어 있다. 지금 다섯 정원의 채소와 과일을 풀면, 공이 있거나 없거나 상을 내리는 것이다. 무릇 백성들에게 공이 있으나 없어도 상을 내리면 이것은 세상을 어지럽히는 것이다. 다섯 정원을 풀어서 세상을 어지럽히는 것은 대추나 과일 같은 것을 내다버려서 세상을 다스리는 것만 못한 것이다."라고 하였다.

秦大饑， 應侯請曰， "五苑之草著[37]蔬菜橡果棗栗， 足以活民， 請發之。" 昭襄王曰， "吾秦法使民有功而受賞， 有罪而受誅。今發五苑之蔬果者， 使民有功與無功俱賞也。 夫使民有功與無功俱賞者， 此亂之道也。夫發五苑而亂， 不如棄棗蔬而治。"

○○○

일설에 "다섯 정원의 과일, 채소, 대추, 밤 등을 풀면 백성들을 먹여 살릴 수 있을 것이다. 이것은 백성들에게 공이 있으나 없으나 서로 다투게 하는 것이다. 무릇 백성들을 살린다고 하면서 세상을 어지럽히는 것이니, 죽더라도 온전히 다스리는 것만 못한 것이다. 대부들은 이것을 잘 헤아려보도록 하라."라고 하였다고 한다.

一曰， "令發五苑之蓏蔬棗栗足以活民， 是使民有功與無功互爭取也。夫生而亂， 不如死而治， 大夫其釋之。"

○○○

전유(田鮪)가 그의 아들 전장(田章)을 일깨우기를 "네 자신을 이롭게 하려거든 네 군주를 먼저 이롭게 해라. 네 집안을 넉넉하게 하려거든 네 나라를 넉넉하게 하여라."라고 하였다.

田鮪教其子田章曰， "欲利而[38]身， 先利而君。欲富而家， 先富而國。"

○ ○ ○

일설에 "전유(田鮪)가 그의 아들 전장(田章)을 일깨우기를, '군주는 관직과 작위를 팔고, 신하는 지혜와 힘을 판다. 그러므로 자신을 믿어야지 남에게 기대어서는 안 된다.'라고 하였다."라고 한다.

一曰, "田鮪教其子田章曰, "主賣官爵, 臣賣智力, 故曰自恃無恃人。"

○ ○ ○

공의휴(公儀休)는 노(魯)나라 재상이었는데, 생선을 좋아하였다. 온 나라 사람들이 모두 생선을 사다가 그에게 바쳤다. 공의휴는 모두 받지 않았다. 그의 제자가 간언하기를 "선생님께서는 생선을 좋아하시면서 받지 않으시는 이유는 무엇입니까?"라고 하였다. 그가 답하기를 내가 생선을 좋아하기 때문에 더욱 받지 않는 것이다. 생선을 받는다면 반드시 그 사람에게 비굴한 얼굴색을 갖게 될 것이다. 비굴한 얼굴색을 갖게 된다면 법을 왜곡시켜야 하고, 법을 왜곡시키면 재상의 자리를 잃을 것이다. 그러면 내 비록 생선을 좋아하더라도 내게 반드시 생선을 가져다주지 않을 것이며, 나 또한 직접 사먹을 수도 없게 된다. 그러니 생선을 받지 않고 재상 자리를 지키는 것이다. 그래야 생선을 좋아하더라도 내가 오래도록 생선을 사먹을 수 있는 것이다. 이것으로 남을 믿는 것보다는 내 자신을 믿는 것이 낫다는 것을 알 수 있다. 남이 자신을 위하는 것은 내가 나를 위하는 것만 못한 것이다.

公儀休相魯而嗜魚, 一國盡爭買魚而獻之, 公儀子不受。其弟諫曰,

“夫子嗜魚而不受者何也?” 對曰, “夫唯嗜魚, 故不受也。 夫卽受魚, 必有下人之色。有下人之色, 將枉於法。枉於法則免於相,雖嗜魚, 此不必能自給致我魚, 我又不能自給魚。卽無受魚而不免於相, 雖嗜魚, 我能長自給魚。” 此明夫恃人不如自恃也, 明於人之爲己者, 不如己之自爲也。

○ ○ ○

전 3

자지(子之)가 연(燕)나라의 재상으로 있었는데, 지위가 높아서 업무를 소신껏 처리하였다. 소대(蘇代)는 제(齊)나라를 위해서 연나라로 사신을 갔다. 왕이 그에게 묻기를 “제나라 왕 또한 어떤 군주이신가?”라고 하였다. 소대가 답하기를, “반드시 패권을 장악하지는 못할 것입니다.”라고 하였다. 연나라 왕이 “어째서 그러한가?”라고 물었다. 소대가 대답하기를, “예전에 환공(桓公)이 패자(霸者)가 되었을 때 나라 안의 일은 포숙(鮑叔)에게 맡기고, 나라 밖의 일은 관중(管仲)에게 맡겼습니다. 환공은 머리를 풀어헤치고 부인과 함께 매일 시장을 거닐었습니다. 그런데 오늘날 제나라 왕은 자기 신하들을 믿지 못합니다.”라고 하였다. 이에 연나라 왕은 자지를 더욱 크게 신뢰하게 되었다. 자지가 그런 사정을 듣고 소대에게 금 백 일(鎰)을 보내주었고, 그가 그것을 마음대로 쓰도록 하였다.

子之[39]相燕, 貴而主斷。蘇代爲齊使燕, 王問之曰, “齊王亦何如主也?” 對曰, “必不霸矣。” 燕王曰, “何也?” 對曰, “昔桓公之霸也, 內事屬鮑叔, 外事屬管仲, 桓公被髮而御婦人, 日遊於市。 今齊王不信其大臣。” 於是燕王因益大信子之。子之聞之, 使人遺蘇代金百鎰，而聽[40]其所使之。

○ ○ ○

일설에 소대(蘇代)가 진(秦)나라를 위해서 연(燕)나라에 사신으로 갔다. 그는 자신이 자지(子之)에게 도움이 되지 못한다면, 아무 일도 하지 못하고 그냥 돌아가게 될 것이고, 왕이 포상도 내주지 않을 것이라고 생각했다. 그래서 연나라 왕을 뵙고는 제나라 왕을 칭찬했다. 연나라 왕이 소대에게 "제나라 왕이 그처럼 훌륭하단 말인가? 그렇다면 앞으로 반드시 왕다운 왕이 되겠는가?"라고 물었다. 소대는 "나라가 망하는 것을 구하느라 겨를이 없는데, 어찌 왕다운 노릇을 할 수 있겠습니까?"라고 하였다. 연나라 왕이 "어째서 그러한가?"라고 물었다. 이에 소대가 이르기를 "그가 아끼는 이들을 임용하는 것이 공평하지 않습니다."라고 하였다. 연나라 왕이 "그러면 망할 수 있다는 것은 무엇 때문인가?"라고 하였다. "예전에 환공(桓公)이 관중(管仲)을 아껴서 중부(仲父)로 삼았습니다. 나라 안의 일은 모두 그에게 맡기고 나라 밖의 일도 모두 그에게 맡겨서 온 나라가 그에게 귀의하였으므로 제후들도 아홉 번이나 규합하였던 것입니다. 오늘날 제나라가 아끼는 이들에게 자리를 맡기는 것이 공평하지 않습니다. 그러므로 제나라가 망할 것이라는 것을 안다고 하는 것입니다."라고 하였다. 연나라 왕이 "근래에 내가 자지를 임명하였는데, 세상 사람들이 그 소식을 아직 듣지 못했을 것이다."라고 하였다. 그래서 다음 날 조회를 열고 자지에게 정사를 보게 하였다.

一曰，蘇代爲秦使燕，見無益子之，則必不得事而還，貢賜又不出，於是見燕王乃譽齊王，燕王曰，"齊王何若是之賢也？則將必王乎?" 蘇代曰, "救亡不暇, 安得王哉?" 燕王曰, "何也?" 曰, "其任所愛不均。" 燕王曰, "其亡何也?" 曰, "昔者齊桓公愛管仲, 置以爲仲父, 內事理焉, 外事斷焉, 擧國而歸之, 故一匡天下, 九合諸侯。 今齊任所愛不均, 是以知其亡也。" 燕王曰, "今吾任子之, 天下未之聞也。" 於是明日張朝而聽子之。

○ ○ ○

반수(潘壽)가 연(燕)나라 왕에게 이르기를 "왕께서는 나라를 자지(子之)에게 선양하는 것이 좋을 듯합니다. 사람들이 요임금이 훌륭하다고 하는 이유는 허유(許由)에게 나라를 선양하려 하였기 때문입니다. 허유가 분명 받지 않았으니, 요임금이 허유에게 넘겨주려 하였다는 명예만 얻었고, 실제로는 자신의 나라를 잃지도 않은 것입니다. 오늘날 왕께서 나라를 자지에게 양위하여도 자지는 분명 받아들이지 않을 것이니, 왕께서 자지에게 나라를 주려 했다는 명성만 듣게 될 것이고, 이에 요임금과 같은 수준이 되는 것입니다."라고 하였다. 그리하여 연나라 왕이 온 나라의 권한을 건네주자, 자지의 권한이 더욱 막중해졌다.

潘壽[41]謂燕王曰, "王不如以國讓子之。 人所以謂堯賢者, 以其讓天下於許由, 許由必不受也, 則是堯有讓許由之名, 而實不失天下也。 今王以國讓子之, 子之必不受也, 則是王有讓子之之名, 而與堯同行也。" 於是燕王因擧國而屬之, 子之大重。

○ ○ ○

일설에 반수(潘壽)는 은자였다. 연(燕)나라에서 그를 모셔오게 하였다. 반수는 연나라 왕을 만나 이르기를 "저는 자지의 권한이 익(益)처럼 될까 걱정입니다."라고 하였다. 왕이 "어째서 익처럼 된다는 것인가?"라고 물었다. 반수가 답하기를 "옛날 우(禹)왕이 죽으려 할 때, 나라를 익에게 건네주려고 하였습니다. 우의 아들 계(啓)를 지지하는 이들이 익을 치고는 계를 세웠습니다. 오늘날 왕께서 자지(子之)를 아끼셔서 자지에게 나라를 건네시려 한다면, 태자의 사람들이 모두 관리의 인장을 갖고 자리를 차지하고 있지만, 자지의 사람들 가운데에는 아무도 조정에 들어와 있는 이가 없습니다. 왕께서 혹시 불행하게도 세상을 떠나시게 된다면 자지 역시 익처럼 될 것입니다."라고 하였다. 그리하여 왕은 관리들의 인장을 거두어서 봉록이 삼백 석 이상이 되는 자들은 모두 자지를 따르게 하였다. 자지의 권력이 막중해졌다.

一曰, 潘壽, 闞[42]者。燕使人聘之。潘壽見燕王曰, "臣恐子之之如益也。"[43] 王曰, "何益哉?" 對曰, "古者禹死, 將傳天下於益, 啓之人因相與攻益而立啓。今王信愛子之, 將傳國子之, 太子之人盡懷印, 爲子之之人無一人在朝廷者。王不幸棄羣臣, 則子之亦益也。" 王因收吏璽, 自三百石以上皆效之子之, 子之大重。

○ ○ ○

무릇 군주가 여러 일들을 비추어 알게 되는 것은 제후들의 사(士) 무리들로 인한 것이며, 오늘날 제후의 사 무리들은 모두 세도가들의 무리들이다. 군주들 자신에게 도움이 되는 이들은 모두 세상을 벗어나 산속에 숨어 사는 무리들이다. 지금 산속에 숨어 사는 무리들은 모두 권력가들의 문객일 뿐이다. 이는 어째서인가? 자리를 빼앗고 교체하는 근원이 모두 자지에게서 나오기 때문이다. 그러므로 오장(吳章)이 이르기를 "군주 된 자들은 사람들을 미워하거나 아끼는 척하지 않는다. 남을 거짓으로 사랑하는 체하면 다시 미워할 수 없으며, 남을 거짓으로 미워하는 척하면 남을 다시는 사랑할 수 없다."라고 하였다.

夫人主之所以鏡照者, 諸侯之士徒也, 今諸侯之士徒皆私門之黨也。人主之所以自羽翼者, 巖穴之士徒也, 今巖穴之士徒皆私門之舍人也。是何也? 奪褫之資在子之也。故吳章[44]曰, "人主不佯憎愛人。佯愛人不得復憎也, 佯憎人不得復愛也。"

○○○

일설에 연(燕)나라 왕이 나라를 자지(子之)에게 넘기려고 하였다. 그래서 반수(潘壽)에게 어떤지를 물었다. 그가 대답하기를 "우왕(禹王)은 익(益)을 아껴 익에게 나라를 맡기려고 하였으면서 그의 아들 계(啓)의 사람들을 관리로 삼았습니다. 나이가 들자 우왕은 계가 나라를 맡기에는 부족하다고 생각해 익에게 나라를 건네주었지만, 막중한 나라 권세는 모두 계에게 있었습니다. 얼마 지나지 않아서 계와 그의 무리들은 익을 공격하여 그에게서 나라를 빼앗았으니, 이것은 우왕이 명분으로는 익에게 나라를 주었지만 실제로는 계에게 알아서 취하게 한 것입니다. 이것이 우왕이 요나 순임금에 미치지 못하는 이유입니다. 오늘날 나라를 자지에게 넘기시려 하지만 관리들은 태자의 사람이 아닌 이가 없으니, 이것은 명분으로는 자지에게 나라를 전하려고 하는 것이지만, 실제로는 태자에게 알아서 취하라고 하는 것입니다."라고 하였다. 연나라 왕은 관리의 관인을 거두어서 봉록이 삼백 석 이상 되는 자지에게 건네주었다. 자지의 권세가 마침내 막중해졌다.

一曰, 燕王欲傳國於子之也, 問之潘壽, 對曰, "禹愛益而任天下於益。已而以啓人爲吏。及老, 而以啓爲不足任天下, 故傳天下於益, 而勢重盡在啓也。已而啓與友黨攻益而奪之天下, 是禹名傳天下於益而實令啓自取之也。此禹之不及堯、舜明矣。今王欲傳之子之, 而吏無非太子之人者也, 是名傳之而實令太子自取之也。" 燕王乃收璽, 自三百石以上皆效[45]之子之, 子之遂重。

○ ○ ○

방오자(方吾子)가 이르기를 "내 듣기로 옛 예법에 '외출할 때는 자기와 같은 의복을 입은 이와는 수레를 함께 타지 않으며, 거주하는 것은 동족의 사람과는 같은 집에 살지 않는 것이다.'라고 들었는데, 하물며 군주가 된 이는 그 권력을 남에게 건네주거나 그 세력에서 벗어나 있어서는 안 되는 것이다."라고 하였다.

方吾子曰, "吾聞之, 古禮[46]行不與同服者同車, 不與同族者共家, 而況君人者乃借其權而外其勢乎!"

○ ○ ○

오장(吳章)이 한(韓)나라 선왕(宣王)에게 "군주는 거짓으로라도 사람들을 아끼는 체해서는 안 되는 것이니, 다른 날 다시는 그들을 미워할 수 없기 때문입니다. 또 거짓으로라도 사람들을 미워하는 체해서는 안 되는 것이니, 다른 날 다시 그들을 아낄 수 없어서입니다. 그러므로 미워하는 체하거나 아끼는 체하는 가운데 그러한 조짐이 드러나면, 아첨하는 자들이 그것을 이용해서 비난하거나 칭찬하려 들 것이기 때문입니다. 비록 지혜로운 군주라고 하더라도 다시는 수습할 수 없을 것이니, 하물며 진실된 심정을 다른 이에게 보여준 다음에는 어떠하겠습니까?"라고 하였다.

吳章謂韓宣王[47]曰, "人主不可佯愛人, 一日不可復憎, 不可以佯憎人, 一日不可復愛也。故佯憎佯愛之徵見, 則諛者因資而毀譽之。雖有明主不能復收, 而況於以誠借人也!"

○○○

조(趙)나라 왕이 사육장을 둘러보았다. 좌우의 신하들이 토끼를 호랑이에게 주려 하면서 얼른 주지 않았다. 호랑이는 흘기는 눈을 굴렸다. 왕이 "참으로 사납구나, 호랑이 눈이!"라고 하였다. 좌우 신하들은 "평양군(平陽君)의 눈은 이보다도 훨씬 매섭습니다. 호랑이 눈은 아무리 보아도 해롭지 않지만, 평양군의 매서움은 곧 반드시 죽을 지경입니다."라고 하였다. 다음 날 평양군이 이 말을 듣고는 그 말을 한 자를 죽이라고 하였다. 그런데 왕은 평양군에게 아무런 벌을 내리지 않았다.

趙王遊於圃中[48], 左右以菟與虎而輟之, 虎盼然[49]環其眼。王曰, "可惡哉, 虎目也!" 左右曰, "平陽君之目可惡過此。見此未有害也, 見平陽君之目如此者, 則必死矣。" 其明日, 平陽君聞之, 使人殺言者，而王不誅也。

○ ○ ○

위(衛)나라 군주가 주(周)나라에 조회(朝會)를 하였다. 주나라 궁실에서 알현을 관장하는 관리가 위나라 군주의 이름을 묻자 그가 답하기를 "제후 벽강(辟疆)이네."라고 하였다. 주나라 궁중 관리가 그를 물리치면서 말하기를 "제후는 천자와 같은 호칭을 써서는 안 되오."라고 하였다. 위나라 군주가 이내 고쳐서 "제후 훼(燬)라 하네."라고 하자 들여 보내주었다. 중니(仲尼)가 이것을 듣고는 "함부로 이름을 쓰지 못하도록 하는 것이 대단하구나. 아무것도 아닌 것 같은 이름도 남에게 함부로 빌려주지 않는데, 하물며 실제의 권력 같은 것은 어떠하겠느냐?"라고 하였다.

衛君入朝於周，周行人問其號，對曰，"諸侯辟疆。"周行人卻之曰，"諸侯不得與天子同號。"衛君乃自更曰，"諸侯燬。"而後內之。仲尼聞之曰，"遠哉禁偪[50]，虛名不以借人，況實事乎?"

○ ○ ○

전 4

나무를 흔드는 자가 일일이 그 나뭇잎을 떼어낸다면 힘만 들고 다 할 수도 없다. 그 뿌리를 왼쪽 오른쪽으로 당기면 나뭇잎이 온통 흔들릴 것이다. 깊은 물 옆에 서서 나무를 흔들면 새들은 놀라서 높이 날아 도망치고, 물고기들은 두려워 숨는 것이다. 그물질을 잘하는 이는 그 벼리를 당기는데, 그물코를 일일이 당기지 않고도 물고기를 잘 잡는다. 그물코를 일일이 당겨서 물고기를 잡는다면, 이것은 힘만 들고 제대로 하기도 어렵다. 그 벼리만 당기면 물고기는 이미 자루에 담은 것이나 마찬가지다. 그러므로 관리는 백성들을 다루는 벼리와 같은 자들이다. 그러므로 성인은 관리들을 다스리지 백성들을 직접 다스리지 않는다. 불을 끄는데, 가령 관리에게 항아리를 지고 들어가 불로 뛰어든다면 한 사람의 힘만을 쓰게 되는 것이지만, 채찍을 들고 휘두르며 백성들을 시키면 만 사람도 부릴 수 있다. 이 때문에 성인은 직접 보통 백성들을 다루지 않고 지혜로운 군주는 하찮은 일을 직접 하지 않는다.

搖木者一一攝其葉則勞而不徧， 左右拊其本而葉徧搖矣。 臨淵而搖木， 鳥驚而高， 魚恐而下。 善張網者引其綱， 不一一攝萬目而後得， 一一攝萬目而後得， 則是勞而難。 引其綱而魚已囊矣。 故吏者， 民之本綱者也， 故聖人治吏不治民。 救火者， 令吏挈壺甕而走火， 則一人之用也， 操鞭箠指麾而趣使人， 則制萬夫。 是以聖人不親細民， 明主不躬小事。

○○○

조보(造父)가 밭을 매고 있었다. 어떤 아비와 자식이 수레를 타고 지나가는데 말이 놀라 더 이상 앞으로 나아가지 않았다. 그 아들이 수레에서 내려 말을 끌었고, 아비는 수레를 밀면서 조보에게 자기들이 수레 미는 것을 도와달라고 요청했다. 조보는 농기구를 거두어 묶어서 수레에 싣고 아들을 올라타게 하고는, 이내 고삐를 살펴보고 채찍을 잡았다. 아직 내리치지도 않았는데 말이 고삐에 놀라 내달렸다. 만약에 조보가 말을 제대로 다루지 못했다면, 비록 온 힘을 다해서 몸을 수고롭게 하여 수레 미는 일을 도왔더라도 말은 여전히 달리려 하지 않았을 것이다. 지금 몸을 편안하게 한 데다가 농기구도 싣고 남에게 덕을 베풀게 된 것은 기술을 가지고 수레를 몰았기 때문이다. 그러므로 나라는 군주의 수레이며, 세력은 군주의 말과 같다. 기술이 없이 수레를 몰면 몸이 비록 수고로워도 어지럽게 되는 것을 면할 수 없으며, 군주가 기술을 가지고 다스린다면 몸이 편안해지는 것은 물론 제왕의 공덕도 쌓을 수 있게 된다.

造父方耨[51], 得有子父乘車過者, 馬驚而不行, 其子下車牽馬, 父子推車, 請造父助我推車。造父因收器輟而寄載之, 援其子之乘, 乃始檢轡持筴, 未之用也, 而馬轡驚矣。使造父而不能御, 雖盡力勞身, 助之推車, 馬猶不肯行也。今使身佚, 且寄載有德於人者, 有術而御之也。故國者, 君之車也。勢者, 君之馬也。無術以御之, 身雖勞猶不免亂。有術以御之, 身處佚樂之地又致帝王之功也。

○○○

추단(椎鍛)은 평평하지 않은 것을 평평하게 하는 것이다. 방경(榜檠)은 곧지 않은 것을 바로잡는 것이다. 성인이 법을 만드신 것은 고르지 않은 것을 평평하게 하고, 곧지 않은 것을 바로잡기 위한 것이다.

椎鍛者, 所以平不夷也。榜檠者, 所以矯不直也。聖人之爲法也, 所以平不夷矯不直也。

○○○

요치(淖齒)는 제(齊)나라에서 중용되었는데, 민왕(閔王)의 힘줄을 뽑아 그를 죽게 하였다. 이태(李兌)는 조나라에서 중용되었는데, 무령왕(武靈王) 주보(主父)를 굶겨 죽였다. 이 두 군주는 모두 자신들의 추단과 방경을 잘 쓰지 못해서 몸은 죽게 되었고, 세상의 웃음거리가 되었다.

淖齒之用齊也, 擢閔王之筋, 李兌之用趙也, 餓殺主父。此二君者, 皆不能用其椎鍛榜檠, 故身死爲戮, 而爲天下笑。

○○○

일설에 제(齊)나라에 들어가면 요치(淖齒)에 대해서 말하는 것만 들릴 뿐이고 제나라 왕에 대해 말하는 것은 들리지 않으며, 조(趙)나라에 들어가면 이태에 대해서 말하는 것만 들릴 뿐이고 조나라 왕에 대해서는 들리지 않는다고 했다. 그래서 군주가 통치술을 발휘하지 못하면 위세가 가벼워지며 신하들은 권세를 멋대로 굴 것이라고 하는 것이다.

一曰, 入齊則獨聞淖齒而不聞齊王, 入趙則獨聞李兌而不聞趙王。故曰, 人主者不操術, 則威勢輕而臣擅名。

○○○

일설에 전영(田嬰)이 제나라의 재상이 되자, 어떤 사람이 왕에게 말씀을 올리기를 "한 해의 회계를 왕께서 며칠 말미를 가지시고 직접 들어보시지 않는다면 관리들의 간사함이나 잘하고 못하는 것을 알 수 없습니다."라고 하였다. 이에 왕이 "좋다."라고 하였다. 전영이 이 일을 듣고는 급하게 왕에게 회계 보고를 들으시라고 청하였다. 왕이 그것을 들으려 하였고, 전영은 관리들에게 명하여 서명한 계약 증서에 두(斗), 석(石), 구(區), 승(升)의 단위가 적힌 회계 보고서를 잘 챙기라고 하였다. 왕이 직접 회계 보고를 듣는데 회계를 알아들을 수가 없었다. 보고가 끝난 다음 식사를 하고 다시 모였지만, 해가 저물 때까지 마치지 못했다. 전영은 다시 이르기를 "뭇 신하들이 일 년 동안 밤낮으로 열심히 일한 사항을 왕께서 하루 저녁에 들어주신다면 뭇 신하들에게는 권면하시는 것이 될 것입니다."라고 하였다. 왕은 "알았네."라고 하고는 곧이어 잠이 들었고, 관리들은 칼로 그 회계 문서들을 찢어버렸다. 왕이 회계 보고를 직접 들으려고 한 것에서 혼란이 시작된 것이다.

一曰，田嬰[52]相齊，人有說王者曰，"終歲之計，王不一以數日之間自聽之，則無以知吏之姦邪得失也。"王曰，"善。"田嬰聞之，卽遽請於王而聽其計。王將聽之矣，田嬰令官具押券[53]斗石參升[54]之計。王自聽計，計不勝聽，罷食，後復坐，不復暮食矣。田嬰復謂曰，"羣臣所終歲日夜不敢偸怠之事也，王以一夕聽之，則羣臣有爲勸勉矣。"王曰，"諾。"俄而王已睡矣，吏盡揄刀削其押券升石之計。王自聽之，亂乃始生。

○○○

일설에 무령왕(武靈王)이 혜문왕(惠文王)에게 자리를 물려주어 정사를 보게 하였는데, 이태가 재상이 되었고 무령왕은 친히 생사여탈권을 행사할 수 없었기 때문에 이태에게 위협을 받은 것이라고 한다.

一曰，武靈王使惠文王蒞政，李兌爲相，武靈王不以身躬親殺生之柄，故劫於李兌。

○ ○ ○

전 5

자정자(茲鄭子)가 수레를 몰고 높다란 다리를 오르는데, 버틸 수 없었다. 자정이 수레 끌채에 앉아 흥을 돋우는 노래를 하자 앞사람들이 걸음을 멈추고 뒤따르는 이들이 달려와 도와주니, 수레가 이내 다리에 올랐다. 만약에 자정이 사람들을 불러 모으는 기술이 없었다면 자신이 몸소 있는 힘을 다해서 죽을 지경에 이르렀다고 해도 수레는 오히려 다리에 올라가지 못했을 것이다. 지금 몸을 지극히 수고롭게 하지 않았지만 수레가 올라가게 된 것은 기술을 가지고 사람들을 부릴 수 있었기 때문이다.

茲鄭子引輦上高梁而不能支。茲鄭踞轅而歌，前者止，後者趨，輦乃上。使茲鄭無術以致人，則身雖絶力至死，輦猶不上也。今身不至勞苦而輦以上者，有術以致人之故也。

○ ○ ○

조(趙)나라 간주(簡主)가 세금을 받아오게 하자, 관리가 세금을 가볍게 할지 무겁게 할지를 여쭈었다. 간주는 "너무 가볍게도 하지 말고 너무 무겁게도 하지 말라. 무거우면 재물이 군주에게 집중될 것이고, 가벼우면 재물이 백성들에게 쏠리게 될 것이다. 관리들이 사사로이 취하는 일이 없는 정도면 될 것이다."라고 하였다. 박의가 간주에게 이르기를, "군주의 나라에 중간 관리들만 배가 부릅니다.(君之國中飽.)"라고 하였다. 간주는 이 말을 온 나라 백성이 배부르다고 잘못 이해하여 환하게 웃는 얼굴로 기뻐하며, "그것이 어떠한가?"라고 하였다. 간주가 답하기를, "군주의 창고는 비어 있고 백성들은 헐벗어 굶주리고 있는데, 못된 관리들만 부유합니다."라고 하였다.

趙簡主出稅, 吏請輕重, 簡主曰, "勿輕勿重。重則利入於上, 若輕則利歸於民, 吏無私利而正矣。" 薄疑謂直簡主曰, "君之國中飽。" 簡主欣然而喜曰, "何如焉?" 對曰, "府庫空虛於上, 百姓貧餓於下, 然而姦吏富矣。"

○○○

제(齊)나라 환공(桓公)이 평복을 입고 민가를 순시하러 나갔는데, 어떤 노인이 직접 일을 하여 밥을 벌어먹는 이가 있어서 그 이유를 물었다. 노인이 대답하기를 "제게는 아들 셋이 있는데 집안이 가난하여 며느리를 들이지도 못하고 남의 집에서 종살이를 하느라 돌아오지 못하고 있습니다."라고 하였다. 환공이 돌아와서 관중(管仲)에게 이 일을 말했다. 관중은 "궁중에 쌓아 놓은 것 가운데 썩어서 버리는 재물이 있으니 이것은 백성들이 굶주리고 있는 것이고, 궁중에는 왕의 총애를 받지 못해 원망하는 궁녀가 있으니 이것은 백성들이 아내를 맞지 못하고 있다는 것입니다."라고 하였다. 환공은 "옳은 말이오."라고 하였다. 곧 궁중에 있는 여인네들을 조사해서 민가로 시집을 보냈다. 나라 백성에게 명을 내리기를 "사내는 스물이 되면 아내를 취하고, 여자는 열다섯이 되면 출가하도록 하라."라고 하였다.

齊桓公微服以巡民家, 人有年老而自養者, 桓公問其故, 對曰, "臣有子三人, 家貧無以妻之, 傭未及反。" 桓公歸, 以告管仲, 管仲曰, "畜積有腐棄之財, 則人飢餓。宮中有怨女, 則民無妻。" 桓公曰, "善。" 乃諭[55]宮中有婦人而嫁之, 下令於民曰, "丈夫二十而室，婦人十五而嫁。”

○○○

일설에 의하면 환공(桓公)이 평복을 입고 민간을 돌아다니는데, 녹문직(鹿門稷)이라는 자가 나이 일흔이 되도록 결혼을 하지 못했다. 환공이 관중에게 묻기를 "백성들 가운데 늙도록 장가도 못 든 자가 있는가?"라고 하니, 관중(管仲)이 "녹문직이라는 자가 나이 일흔이 되도록 결혼을 하지 못했습니다."라고 하였다. 환공이 "어찌해야 그에게 아내를 얻을 수 있게 할 수 있는가?"라고 물었다. 관중이 "신이 듣건대, 위에서 군주가 재물을 쌓아두면 백성들은 반드시 궁핍하게 되고, 궁중에 총애받지 못하여 원망하는 궁녀가 많으면 백성들이 늙도록 아내를 맞지 못하는 자가 생긴다고 했습니다."라고 하였다. 환공이 "옳은 말이오."라고 하였다. 그리고 나서 궁녀 가운데 아직 군주를 모시지 못한 이를 시집보냈다. 그리고 남자는 나이 스물이 되면 아내를 취하게 하고, 여자는 나이가 열다섯이 되면 시집을 가게 하였다. 여자들 가운데에는 시집 못 가서 원망하는 이가 없게 되고, 남자들 가운데 홀아비가 없게 되었다.

一曰，桓公微服而行於民間，有鹿門稷[56]者，行年七十而無妻。桓公問管仲曰，“有民老而無妻者乎?”管仲曰，“有鹿門稷者，行年七十矣而無妻。桓公曰，“何以令之有妻?”管仲曰，“臣聞之，上有積財，則民臣必匱乏於下。宮中有怨女，則有老而無妻者。”桓公曰，“善。”令於宮中女子未嘗御[57]出嫁之。乃令男子年二十而室，女年十五而嫁，則內無怨女，外無曠夫[58]。

○ ○ ○

연릉탁자(延陵卓子)는 푸른 털의 큰 말이 끄는 꿩깃 무늬의 수레를 타고 있었다. 앞쪽에는 재갈이 물려 있고 뒤쪽에는 뾰족한 채찍이 있어서 말이 앞으로 나아가려 해도 재갈이 물려서 나아가지 못하게 하고, 물러서려 해도 채찍에 찔리기 때문에 옆으로 삐뚤어져 나아갔다. 조보(造父)가 지나가면서 그것을 보고는 눈물을 흘리면서 이르기를 "옛날에 세상 사람을 다스리는 이치가 이와 같았다. 무릇 상은 그것을 권면하는 것인데 남에게 비방을 받는 자에게 주어졌고, 벌은 그것을 못하게 하는 것인데 칭찬받을 자에게 주어졌다. 백성들은 그 중간에 서 있시반 어찌할지를 모르니, 이것 또한 성인들께서 슬퍼하신 이유다."라고 하였다.

延陵卓子乘蒼龍挑文[59]之乘，鉤[60]飾在前，錯[61]錣在後。馬欲進則鉤飾禁之，欲退則錯錣貫之，馬因旁出。造父過而爲之泣涕曰，"古之治人亦然矣。夫賞所以勸之，而毁存焉，罰所以禁之，而譽加焉。民中立而不知所由，此亦聖人之所爲泣也。"

○ ○ ○

일설에 의하면 연릉탁자(延陵卓子)가 푸른 털의 큰 말이 끄는 꿩깃 무늬의 수레를 타고 있었는데, 앞쪽에는 재갈이 물려 있고 뒤쪽에는 날카로운 채찍이 있었다. 말은 나아가려 하면 당겨지고, 물러서려 하면 채찍질을 당하였다. 말은 앞으로 나아갈 수도 뒤로 물러날 수도 없어서 마침내 옆으로 도망쳤다. 그래서 연릉탁자가 수레에서 내려 칼을 뽑아들고는 말의 다리를 잘랐다. 조보(造父)가 그것을 보고 슬퍼하며 하루 종일 먹지도 못하고 하늘을 우러러 탄식하기를 "채찍은 나아가게 하는 것인데 재갈이 앞쪽에 물려있고, 말고삐는 물러서게 하는 것인데 뒤쪽에 날카로운 채찍이 있구나. 오늘날 군주가 어떤 신하를 청렴하다고 해서 등용하려고 하면 좌우의 신하들과 어울리지 못해서 내쳐지고, 또 공정하다고 해서 칭찬을 받으면 다른 사람들과 어울리지 못한다고 해서 쫓겨난다. 백성들은 두려워하며 어찌할지를 모르니, 이것이 성인들께서 슬퍼하시는 것이다."라고 하였다.

一曰, 延陵卓子乘蒼龍與翟文之乘, 前則有錯飾, 後則有利錣, 進則引[62]之, 退則筴[63]之。馬前不得進, 後不得退, 遂避而逸, 因下抽刀而刎其脚。造父見之而泣, 終日不食, 因仰天而歎曰, "筴所以進之也, 錯飾在前, 引所以退之也, 利錣在後。今人主以其淸潔也進之, 以其不適左右也退之, 以其公正也譽之, 以其不聽從也廢之。民懼, 中立而不知所由, 此聖人之所爲泣也。

1) 造父(조보): 주(周)나라 목왕(穆王)을 섬겼던 이름난 마부.

2) 於期(오기): 춘추 시대 말기 유명한 마부.

3) 子罕(자한): 전국 시대 송(宋)나라 황희(皇喜)의 자(字).

4) 阿(아): 왜곡(歪曲)하고 사사롭게 여긴다.

5) 昭襄(소양): 진(秦)나라 소양왕(昭襄王).

6) 田鮪(전유): 누구인지 상세하지 않다. 전(田)씨 성의 제(齊)나라 사람으로 추정된다.

7) 公儀(공의): 경(經)에는 공의(公儀)로 되어 있고, 전(傳)에는 공의자(公儀子)로 되어 있다.

8) 行人(행인): 관직명. 국외로 가는 사신이나 빈객을 접대하는 벼슬이다. 오늘날의 외교관에 해당한다.

9) 嗇夫(색부): 지방에서 백성들과 직접 접촉하면서 소송(訴訟), 부역(賦役) 등을 담당하는 이.

10) 椎鍛(추단): 쇠로 된 추.

11) 夷(이): 평평하다.

12) 榜檠(방경): 활 만들 때, 굽은 곳을 곧게 하는 나무.

13) 淖齒(요치): 초(楚)나라 양왕(襄王) 시절의 장군. 연(燕)나라의 악의(樂毅) 장군에게 패해서 달아나 거(莒) 땅에 도망쳐 지내던 제(齊)나라 민왕(閔王)을 구출하여 제나라 재상이 되었다. 뒷날 민왕을 시해하였다가 신하들에게 살해되었다.

14) 李兌(이태): 조(趙)나라 무령왕(武靈王: B.C. 325~299)은 장자인 장(章)이 아닌 혜후(惠后) 오왜(吳娃)의 아들인 하(何)에게 자리를 물려주었다. 하는 혜문왕(惠文王)에 올랐고, 무령왕은 주보(主父)로 불렸는데, 나중에 장을 불쌍히 여겨 조나라를 둘로 나누려 하였다. 이에 공자 함(咸)과 이태가 장을 죽였다.

15) 茲鄭(자정): 누구인지 자세하지 않다.

16) 踞轅(거원): 수레의 끌채에 걸터앉다.

17) 趙簡主(조간주): 조앙(趙鞅)을 가리킨다.

18) 薄疑(박의): 조(趙)나라에서 위(衛)나라로 가서 관리가 된 이라고만 알려져 있다.

19) 延陵(연릉): 오(吳) 땅의 읍으로 지금의 절강성 무진현이다. 일설에는 연

릉탁자(延陵卓子)라고도 하는데, 자세하지 않다.

20) 馳驟(치취): 빠르게 달리다.

21) 轡策(비책): 말고삐와 채찍.

22) 駙駕(부가): 수레를 직접 끌지 않는 곁말.

23) 王良(왕량): 왕오기의 이름.

24) 叱咤(질타): 꾸짖다.

25) 司城(사성): 관직 이름.

26) 細民(세민): 보통의 백성.

27) 田成恆(전성항): 전항(田恒)의 시호.

28) 駻(한): 사나운 말.

29) 察手吻文(찰수물문): 진기유(陳奇猷)의 주석에 다르면, 察(찰)은 '문지르다'의 뜻인 찰(擦)로 보고, 文(문)은 무늬의 뜻인 문(紋)으로 보았다.

30) 拊(부): 어루만지다.

31) 門閭(문려): 마을 어귀의 문.

32) 訾(자): 헐뜯다, 헤아리다.

33) 塞(새): '제사 드린다'는 뜻의 새(賽)와 통한다.

34) 社臘(사납): 사(社)는 봄에 토지신에게 드리는 제사이고, 납(臘)은 12월에 지내는 제사다.

35) 屯(둔): 벌(罰)을 내리다.

36) 媿(괴): 부끄럽다.

37) 草著(초착): 식물이 땅에서부터 자라난다는 뜻으로 볼 수 있다.

38) 而(이): '너'의 뜻이다.

39) 子之(자지): 연왕(燕王) 자쾌(子噲) 때의 재상.

40) 聽(청): 허락하다.

41) 潘壽(반수): 전국 시대의 은사(隱士)로 알려진 사람.

42) 闞(감): 왕선신은 은(隱) 자가 되어야 한다고 하였다.

43) 하(夏)나라 왕조를 연 우(禹)는 처음에는 익(益)이 뛰어나다고 해서 왕위를 그에게 물려주려고 하였는데, 익은 우의 아들인 계(啓)를 피하였고, 백성들은 계의 편에 서있었다. 결국 계가 왕위를 이어 받았다.

44) 吳章(오장): 누구인지 자세하지 않다.

45) 效(효): 건네다.

46) 『예기·방기(坊記)』를 말한다.

47) 韓宣王(한선왕): 선혜왕(宣惠王)이라고도 되어 있다.

48) 浦(포): 동물을 사육하는 곳을 포(圃)나 원(苑)이라고 한다.

49) 盻然(혜연): 흘겨보는 모양.

50) 偪(핍): 핍박하다.

51) 耨(누): 김매다.

52) 田嬰(전영): 제(齊)나라 위왕(威王)의 아들로서 맹상군(孟嘗君)의 아버지다.

53) 押券(압권): 압(押)은 서명(署名)의 뜻이고, 권(券)은 계약한 증서다.

54) 斗石參升(두석참승): 두(斗)는 10승(升), 석(石)은 10두(斗)이다. 참(參)은 구(區)자를 잘못 쓴 것이라고 하는 설이 있는데, 구(區)는 16승(升)이고, 1승(升)은 0.194리터다.

55) 諭(유): 여기에서는 '조사하다'는 의미다.

56) 鹿門稷(록문직): 녹문은 본래 제(齊)나라 성문인데, 여기에서는 성문 근처에 사는 사람의 성씨로 쓴 것으로 볼 수 있다.

57) 御(어): 여기에서는 '모시다'는 뜻이다.

58) 曠夫(광부): 성년이 되었지만 아내가 없는 자를 말한다.

59) 蒼龍挑文(창룡도문): 창룡은 푸른 털의 큰 말을 말한다. 도(挑)는 적(翟)과 음이 통하며, 적(翟)은 꿩깃으로 장식된 수레를 말한다.

60) 鉤(구): 여기에서는 재갈로 보았다.

61) 錯(착): 여기에서는 적(鏑)으로 보고, 뾰족한 가시 같은 것이 돋은 채찍으로 보았다.

62) 引(인): 여기에서는 말고삐를 뜻한다.

63) 筴(협): 여기에서는 '채찍질하다'는 뜻이다.

제36편 난일(難一)

논박하다 제1편(編)

解題

난(難)은 논박한다는 뜻이다. 문장은 전인(前人)의 행위와 언론에 대해서 논박하고 힐책하며, 그렇게 함으로써 작자의 정치 주장 또는 군사 사상을 설명하였다.
편폭이 비교적 크기 때문에, 「난(難)」은 4편(篇)으로 나뉘고, 편마다 다시 몇 개의 장(章)으로 나뉘는데, 하나의 장은 하나의 완전한 형태의 '논박문(論駁文)'이다. 「난사(難四)」를 제외하고, 앞 3편의 각 장은 모두 두 개의 절(節)로 나뉘는데, 제1절은 먼저 하나의 역사 고사를 진술하고, 어떤 때는 이 사적(事蹟)에 대한 전인의 평론도 함께 언급하였고, 제2절은 "혹왈(或曰)"을 사용하여 상술한 사적 또는 평론에 대한 한비의 논박과 힐난을 끌어내었다.
그의 논박은 사상이 예리하고, 사유가 넓으며, 눈과 귀를 번쩍 뜨이게 하는데, 당시 백가쟁명(百家爭鳴)의 학술 분위기를 충분히 구현하였을 뿐만 아니라, 독자의 사변 능력을 크게 증진시켜 주었다. 또한 후대 '논란체(論難體)' 문장의 글쓰기에 많은 영향을 주어, 중국 문체사(文體史)에 있어 새로운 국면을 여는 중요한 역할을 하였다.

「난일(難一)」은 9개의 장(章)으로 나뉜다.

제1장은 전쟁에서는 속임수도 마다하지 않는다는 군사 사상을 중심 의제로 놓고, 군사와 정치, "일시의 방편[一時之權]"과 "만세의 이익[萬世之利]", "적을 속이는 것[詐敵]"과 "자기의 백성을 속이지 않는 것[不欺其民]" 사이의 관계를 설명하였다.

제2장은 "자신을 고생스럽게 하여[以身爲苦]" "도덕으로 감화[德化]"하는 군주의 행위를 반대하여, 군주는 "권세를 쥐고 신민(臣民)을 바로잡아야[處勢而驕下]" 한다고 주상하였다. 주목할 만한 것은, 한비는 요(堯)와 순(舜)을 동시에 긍정할 수 없음을 창과 방패를 파는 사람의 고사에 비유한 모순율(矛盾律)을 운용하여, 중국 논리사(論理史)에 있어 최초로 '모순설(矛盾說)'을 제기하였다는 점이다.

제3장은 간신 몇 사람을 제거하는 것은 결코 "간사함을 없애는 방법[絕姦之道]"이 아니며, 오직 엄격하게 법치(法治)를 실행하고, 정확하게 상벌(賞罰)을 시행해야만, "신하는 군주를 위해 힘을 다하여 간사함이 생기지 않게[臣盡力而姦不生]" 할 수 있다고 설명하였다.

제4장은 "예(禮)"를 표준으로 상벌을 시행하는 것을 비판하고, 나아가 "포상이 공이 없는 사람에게 수여되지 않고, 형벌이 죄가 없는 사람에게 가해지지 않는다[賞不加於無功, 罰不加於無罪]"는 정치 원칙을 거듭 천명하였다.

제5장은 군주는 "군주로서의 원칙[君道]"를 행하고, 신하는 "신하로서의 예절[臣禮]"을 행하여, 간신이 간언한다는 명분하에 군주를 시해하고 권력을 찬탈하는 것을 방지해야 한다고 주장하였다.

제6장은 한비의 인의관(仁義觀)을 천명하였는데, 그것은 "천하의 재해를 근

심하고, 온 나라의 우환에 달려가며, 비천함과 굴욕을 피하지 않는[憂天下之害, 趨一國之患, 不避卑辱]" 것이고, "신하의 예절을 잃지 않고, 군주와 신하 간의 지위를 그르치지 않는[不失人臣之禮, 不敗君臣之位]" 것이다. 동시에 신하가 "백성을 잊고[忘民]""군주를 가벼이 여기며[輕上]", 군주가 현인을 예우하고 선비에게 자신을 낮추는 이른바 인의(仁義)를 비판하였다.

제7장은 무고한 사람을 살해하지 않고, 죄인을 구하지 않는다는 원칙을 천명하였다.

제8장은 대신(大臣)이 나라를 다스릴 때는 "군주를 높이고 법령을 밝혀야[尊主明法]"하며, "총애를 늘리고 작위를 더해서[增寵益爵]"는 안 됨을 설명하였다.

제9장은 군주가 사람을 쓰는 관건은 "수단이 있음[有術]"에 있지, 동시에 두 사람의 대신을 중용하거나 전적으로 한 사람의 대신만 쓰는 데 있지 않음을 설명하였다.

○ ○ ○

진(晉)나라 문공(文公)이 초(楚)나라 사람과 전쟁을 하려고 하였고, 구범(舅犯)을 불러 이 일을 물어보며, 말하기를 "내가 초나라 사람과 전쟁을 하려고 하는데, 저들은 사람이 많고 우리는 사람이 적으니, 이를 어찌해야 하오?"라고 하였다. 구범이 말하기를 "제가 듣건대, 예절을 중시하는 군자는 자신의 충실함과 성실함에 만족하지 않아 그것을 계속 추구하고, 전쟁에서는 속임수와 거짓도 꺼리지 않는다고 합니다. 주군께서는 그들을 속이는 수단을 쓰시면 됩니다."라고 하였다. 문공이 구범을 물리가게 하고, 곧 옹계(雍季)를 불러 이 일을 물어보며, 말하기를 "내가 초나라 사람과 전쟁을 하려고 하는데, 저들은 사람이 많고 우리는 사람이 적으니, 이를 어찌해야 하냐?"라고 하였다. 옹계가 대답하기를 "숲을 불태워 사냥을 하면, 당분간은 많은 짐승을 잡을 수 있으나, 나중에는 반드시 짐승이 없게 됩니다. 속임수로 백성들을 대하면, 당분간은 일시적인 이익을 얻을 수 있으나, 나중에는 반드시 다시는 이익을 얻을 수 없게 됩니다."라고 하였다. 문공이 말하기를 "옳다."라고 하였다. 옹계를 물러가게 하고는, 문공은 구범의 계책을 써서 초나라 사람과 전쟁을 하여 그들을 무찔렀다. 돌아온 후에 작위와 봉록으로 포상하였는데, 먼저 옹계를 포상하고 나중에 구범을 포상하였다. 신하들이 말하기를 "성복(城濮)의 전쟁은, 구범의 계책에 기대었습니다. 대저 그의 말을 채택하고도 포상할 때는 도리어 그를 뒤쪽에 놓으니, 그래도 됩니까?"라고 하였다. 문공이 말하기를 "이는 당신들이 알 수 있는 바가 아니오. 대저 구범의 말은 일시의 방편이고, 옹계의 말은 만세의 이익이오."라고 하였다. 중니(仲尼)가 이 일을 듣고 나서, 말하기를 "문공이 천하를 제패한 것은 당연하도다! 그는 일시의 방편을 알았고, 또한 만세의 이익을 알았다."라고 하였다.

晉文公將與楚人戰[1]，召舅犯問之，曰，“吾將與楚人戰，彼衆我寡，爲之奈何?”舅犯曰，“臣聞之，繁禮[2]君子不厭[3]忠信，戰陣之閒不厭詐僞。君其詐之而已矣。”文公辭舅犯，因召雍季[4]而問之，曰，“我將與楚人戰，彼衆我寡，爲之奈何?”雍季對曰，“焚林而田[5]，偸[6]取多獸，後必無獸。以詐遇民，偸取一時，後必無復[7]。”文公曰，“善。”辭雍季，以舅犯之謀與楚人戰以敗之。歸而行爵[8]，先雍季而後舅犯。羣臣曰，城濮之事，舅犯謀也。夫用其言而後其身，可乎?”文公曰，“此非君[9]所知也。夫舅犯言，一時之權也，雍季言，萬世之利也。”仲尼[10]聞之，曰，“文公之霸也宜哉! !旣知一時之權，又知萬世之利。”

○○○

어떤 사람이 말하였다. 옹계(雍季)의 대답은, 문공(文公)의 물음에 맞지 않다. 무릇 물음에 대답하는 것은 의거하는 바가 있으니, 물음의 대소(大小)와 완급(緩急)에 의거하여 대답하는 것이다. 묻는 것이 고상하고 거대한데 신하가 저속하고 편협한 말로 대답하면, 현명한 군주는 받아들이지 않는다. 지금 문공이 적은 사람으로 많은 사람을 상대하는 것을 물었는데, 옹계는 "나중에는 반드시 다시는 이익을 얻을 수 없다"고 대답하였으니, 이것은 물음에 대답하는 말이 아니다. 게다가 문공은 일시의 방편을 알지 못하였고, 또한 만세의 이익을 알지 못하였다. 이번에 전쟁을 하여 승리하면, 나라가 안전하고 군주 자신의 지위가 안정되며, 병력이 강해지고 군주의 위신이 서니, 비록 나중에 다시 이러한 방법을 사용하여 이익을 얻는 상황이 생긴다고 해도, 이번에 적에게 승리한 이익보다는 크지 않을 것인데, 만세의 이익에 대해, 얻을 수 없다고 무엇을 근심하겠는가? 이번에 전쟁을 하여 승리하지 못하면, 나라가 망하고 병력이 약해지며, 군주는 그 몸이 죽고 명성이 없어질 것이니, 오늘의 죽음을 면하려고 해도 늦는데, 어느 겨를에 만세의 이익을 기다리겠는가? 만세의 이익을 기다리는 것은 오늘의 승리에 달려 있으며, 오늘의 승리는 적을 속이는 데 달려 있으니, 적을 속이는 것은, 만세의 이익이다. 그러므로 말하기를 "옹계의 대답은 문공의 물음에 맞지 않다."라고 한 것이다. 게다가 문공은 또한 구범(舅犯)의 말을 제대로 알지 못하였으니, 구범이 말한 "속임수와 거짓도 꺼리지 않는다"는 것은, 자기의 백성을 속임을 말한 것이 아니라, 자기의 적을 속임을 말한 것이다. 적이란, 자기가 정벌하려는 국가이니, 나중에 비록 다시는 이러한 방법을 사용하여 이익을 얻을 수 없다고 해도, 무슨 손해가 있겠는가! 문공이 먼저 옹계를 포상한 것은, 그가 공로가 있기 때문인가? 그런데 초(楚)나라에 승리하고 초나라 군대를 무찌르는 데 쓴 것은, 구범의 계책이다. 그가 좋은 말을 했기 때문인가? 그런데 옹계는 나중에는 다시는 이득을 얻을 수 없다고 말했으니, 이 사람은 결코 좋은 말을 하지 않았다. 구범이 오히려 이미 공로와 좋은 말을 겸유하였다. 구범이 말하기를 "예절을 중시하는 군자는 자신의 충실함과 성실함에 만족하지 않아 그것을 계속 추구한다."라고 하였는데, 충실함은 자기의 아랫사람을 아끼는 데 쓰이는 것이고, 성실함은 자기의 백성을 속이지 않는 데 쓰이는 것이다. 대저 이미 아랫사람을 아끼고 백성을 속이지 않는데, 무슨 말이 이보다 더 좋겠는가! 그렇지만 그는 승리는 속임수와 거짓에서 나온다는 것을 반드시 말하려고 했는데, 이것은 군대의 계책이다. 구범은 전쟁을 하기 전에는 좋은 말을 하였고, 나중에는 전쟁에 승리한 실적이 있으므로, 구범에게는 두 가지 공로가 있는데도 뒤쪽에 놓여져 포상이 논의되었고, 옹계는 여기에 공로가 하나도 없는데도 먼저 포상을 받았다. "문공이 천하를 제패한 것은, 또한 당연하지 않은가?"라고 하였으니, 중니(仲尼)는 올바른 포상을 알지 못하였다.

或曰[11]，雍季之對，不當文公之問。凡對問者有因，因小大緩急而對也。所問高大 而對以卑狹，則明主弗受也。今文公問以少遇衆，而對曰"後必無復"，此非所以應也。且文公不知一時之權，又不知萬世之利。戰而勝，則國安而身定，兵强而威立，雖有後復，莫大於此，萬世之利，奚患不至[12]？戰而不勝，則國亡兵弱，身死名息，拔拂[13]今日之死不及，安暇待萬世之利？待萬世之利在今日之勝，今日之勝在詐於敵[14]，詐敵，萬世之利也。故曰，“雍季之對不當文公之問。[15]” 且文公又不知舅犯之言，舅犯所謂“不厭詐僞”者，不謂詐其民，謂詐其敵也。敵者，所伐之國也，後雖無復，何傷哉！文公之所以先雍季者，以其功耶？則所以勝楚破軍者，舅犯之謀也。以其善言耶？則雍季乃道[16]其後之無復也．此未有善言也。舅犯則以[17]兼之矣。舅犯曰，“繁禮君子不厭忠信”者，忠所以愛其下也，信所以不欺其民也。夫旣以愛而不欺矣，言孰善於此！然必曰出於詐僞者，軍旅之計也。舅犯前有善言，後有戰勝，故舅犯有二功而後論，雍季無一焉而先賞。“文公之霸也，不亦宜乎”，仲尼不知善賞也。

○○○

역산(歷山)의 농부들이 서로 논밭의 경계를 침범하였는데, 순(舜)이 그곳에 가서 경작을 하였고, 만 일 년 뒤에는, 논밭의 경계가 바르게 되었다. 황하(黃河)가의 어부들이 모래섬을 차지하려고 서로 다투었는데, 순이 그곳에 가서 물고기를 잡았고, 만 일 년 뒤에는 어부들이 좋은 장소를 나이 든 사람에게 양보할 줄 알게 되었다. 동이(東夷)의 도기 굽는 사람들이 만든 그릇이 조악하고 견고하지 않았는데, 순이 그곳에 가서 도기를 구웠고, 만 일 년 뒤에는 만들어내는 도기가 견고해졌다. 중니(仲尼)가 찬탄하기를 “경작하고 물고기 잡고 그리고 도기를 굽는 것은, 순의 직무가 아니지만, 순이 가서 이런 일을 한 것은, 그곳의 폐단을 바로잡기 위해서이다. 순은 참으로 어질구나! 이처럼 몸소 와서 고생을 하니 백성들이 그를 따랐고, 그러므로 ‘성인이 도덕으로 사람을 감화한다.’라고 말하는 것이다.”라고 하였다.

歷山[18]之農者侵畔[19]，舜往耕焉，朞年[20]，甽[21]畝正。河[22]濱之漁者爭坻[23]，舜往漁焉，朞年而讓長。東夷之陶者器苦[24]窳[25]，舜往陶焉，朞年而器牢。仲尼歎曰，“耕漁與陶，非舜官也，而舜往爲之者，所以救敗也。舜其信[26]仁乎！乃[27]躬藉[28]處苦而民從之，故曰，‘聖人之德化乎[29]。’”

○○○

어떤 사람이 유학자(儒學者)에게 묻기를 "이때에, 요(堯)는 어디에 있었는가?"라고 하였다. 그 유학자가 말하기를 "요는 천자(天子)였다."라고 하였다. "그렇다면 중니(仲尼)가 요를 성명(聖明)하다고 여긴 것은 어떻게 해석해야 하는가? 성인이 똑똑히 살피어 군주의 자리에 있는 것은, 천하에 간악함이 없게 하려는 것이다. 만약 농부와 어부가 다투지 않았고, 도기가 조악하지 않았다면, 순이 또한 구태여 도덕으로 그들을 감화할 필요가 있었겠는가? 순이 가서 폐단을 바로잡는 것은, 요에게 잘못이 있다는 것이다. 순을 현능하다고 여기면 요가 똑똑히 살피는 것을 부정해야 하고, 요를 성명하다고 여기면 순이 도덕으로 감화하는 것을 부정해야 하니, 두 가지를 다 긍정할 수는 없다. 초(楚)나라 사람 중에 방패와 창을 파는 사람이 있었는데, 그의 방패를 찬양하기를 '내 방패의 견고함은, 그것을 뚫을 수 있는 물건이 아무것도 없다.'라고 하였다. 또 그의 창을 찬양하기를 '내 창의 날카로움은, 어떤 물건이라도 뚫지 못하는 것이 없다.'라고 하였다. 어떤 사람이 말하기를 '당신의 창으로 당신의 방패를 뚫으면, 어떻게 되겠는가?'라고 하였다. 그 사람은 대답하지 못하였다. 대저 뚫을 수 없는 방패와 뚫지 못하는 것이 없는 창은, 동시에 존재할 수 없다. 지금 요와 순이 동시에 찬양될 수 없는 것은, 마치 이 창과 방패가 동시에 찬양될 수 없는 이치와 같다. 또한 순이 폐단을 바로잡아, 만 일 년에 한 가지 잘못을 바로잡았고, 삼 년에 세 가지 잘못을 바로잡았는데, 순과 같은 사람은 한정되어 있고, 사람의 수명은 한도가 있는데, 천하의 잘못은 끝이 없어서, 한도가 있는 현인(賢人)과 수명으로 끝이 없는 잘못을 극복하니, 바로잡히는 잘못도 적게 된다. 상벌을 실행하면 천하 사람들로 하여금 반드시 법도를 좇아 행하게 할 수 있으니, 명령하기를 '법도에 맞는 자는 포상하고, 법도에 맞지 않는 자는 처벌한다.'라고 하면, 명령이 아침에 전달되면 잘못이 저녁에 고쳐지고, 명령이 저녁에 전달되면 잘못이 다음 날 아침에 고쳐지니, 열흘이면 온 나라의 잘못을 전부 바로잡을 수 있는데, 어찌 일 년을 기다리겠는가? 순은 이러한 도리로 요를 설득하여 천하의 사람들로 하여금 자기의 명령에 따르게 하지 않고, 도리어 몸소 행하였으니, 또한 수단이 없는 것이 아니겠는가! 게다가 자신을 고생스럽게 한 뒤에 백성을 감화하는 방법은, 요와 순도 하기 어려운 것이고, 권세를 쥐고 신민(臣民)의 잘못을 바로잡는 방법은, 평범한 군주도 쉽게 할 수 있는 것이다. 천하를 다스리려고 하는데, 평범한 군주도 쉽게 할 수 있는 방법을 버리고, 요와 순도 하기 어려운 방법을 따른다면, 이러한 사람과는 함께 정치를 할 수 없다."

或問儒者曰, "方此時也, 堯安在?" 其人曰, "堯爲天子。" "然則仲尼之聖堯奈何? 聖人明察在上位, 將使天下無姦也。 今[30]耕漁不爭, 陶器不窳, 舜又何德而化? 舜之救敗也, 則是堯有失也。賢舜則去堯之明察, 聖堯則去舜之德化, 不可兩得也。 楚人有鬻[31]楯與矛者, 譽之曰, '吾楯之堅, 物莫能陷也。' 又譽其矛曰, '吾矛之利, 於物無不陷也。' 或曰, '以子之矛陷子之楯,何如?' 其人弗能應也。夫不可陷之楯與無不陷之矛，不可同世而立。今堯、舜之不可兩譽，矛楯之說也。且舜救敗，朞年已[32]一過，三年已三過，舜有盡，壽有盡，天下過無已者，以有盡逐[33]無已，所止者寡矣。賞罰使天下必行之，令曰，‘中程[34]者賞，弗中程者誅。’令朝至暮變，暮至朝變，十日而海內畢矣，奚待朞年？舜猶不以此說堯令從己[35]，乃躬親，不亦無術乎！且夫以身爲苦而後化民者，堯、舜之所難也，處勢而驕[36]下者，庸主之所易也。將治天下，釋[37]庸主之所易，道[38]堯、舜之所難，未可與爲政也。”

○○○

관중(管仲)이 병이 들었는데, 환공(桓公)이 찾아가 그에게 안부를 물으며, 말하기를 “중부(仲父)께서 병이 드셨는데, 불행하게도 천수가 다하여 돌아가신다면, 무엇으로 과인에게 충고해주시겠소?”라고 하였다. 관중이 말하기를 “주군의 말씀이 없었다고 해도, 저는 본래 주군께 아뢰려고 하였습니다. 바라옵건대 주군께서는 수조(豎刁)를 없애시고, 역아(易牙)를 제거하시고, 위(衛)나라 공자 개방(開方)을 멀리하십시오. 역아는 주군을 위해 식사를 주관하는데, 주군께서 오로지 인육만은 드신 적이 없자, 역아는 자기 아들의 머리를 삶아 주군께 진상하였습니다. 대저 사람의 마음은 자기의 아들을 아끼지 않음이 없는데, 지금 그는 자기의 아들을 아끼지 않으면서, 어찌 군주를 아낄 수 있겠습니까? 주군께서는 경대부를 시기하시고 후궁의 여색을 좋아하시는데, 수조는 스스로 거세하여 후궁을 관리하였습니다. 사람의 마음은 자기의 몸을 아끼지 않음이 없는데, 자기의 몸도 아끼지 않으면서, 어찌 군주를 아낄 수 있겠습니까? 개방은 주군을 십오 년 동안 섬겼고, 제(齊)나라와 위나라 사이는 며칠의 여정도 걸리지 않는데, 그는 그의 어머니를 버려두고, 오랫동안 외지에서 벼슬을 하면서도 집에 돌아가지 않았습니다. 자기의 어머니도 아끼지 않는데, 어찌 군주를 아낄 수 있겠습니까? 제가 듣건대 '거짓을 꾸미는 것은 길게 가지 않고, 허점을 덮는 것은 오래가지 않는다.'라고 하였습니다. 바라옵건대 주군께서는 이 세 사람을 제거하소서."라고 하였다. 관중이 마침내 죽었고, 환공은 관중의 말대로 하지 않았다. 환공이 죽자, 시체의 구더기가 문 밖을 기어 나와도 아무도 매장하지 않았다.

管仲有病，桓公往問之，曰，"仲父病，不幸卒於大命[39]，將奚以告寡人?" 管仲曰，"微[40]君言，臣故[41]將謁[42]之。願君去豎刁，除易牙，遠衛公子開方。易牙爲君主味，君惟人肉未嘗，易牙烝[43]其子首而進之。夫人情莫不愛其子，今弗愛其子，安能愛君? 君妒而好內，豎刁自宮[44]以治內。人情莫不愛其身，身且不愛，安能愛君? 開方事君十五年，齊、衛之閒不容數日行，棄其母，久宦不歸。其母不愛，安能愛君? 臣聞之，'矜[45]僞不長，蓋虛不久。' 願君去此三子者也。" 管仲卒死，而桓公弗行。及桓公死，蟲出尸不葬[46]。

○○○

어떤 사람이 말하였다. 관중(管仲)이 환공(桓公)에게 직접 알려준 것은, 법도를 아는 사람이 하는 말이 아니다. 관중이 수조(豎刁)와 역아(易牙)를 제거하려는 까닭은, 그들이 자신을 아끼지 않고, 군주의 욕망에 영합하였기 때문이다. 관중이 말하기를 "그 자신을 아끼지 않는데, 어찌 군주를 아낄 수 있는가?"라고 하였는데, 그렇다면 신하 가운데 목숨을 내걸고 힘을 다하여 그들의 군주를 위하는 사람이 있어도, 관중은 임용하지 않을 것이다. 왜냐하면 관중은 "자기의 목숨과 기력도 아끼지 않는데, 어찌 군주를 아낄 수 있겠는가?"라고 말할 것이기 때문이다. 이는 군주에게 충신을 제거할 것을 바라는 것이다. 게다가 그 자신을 아끼지 않는 것을 가지고 자기의 군주를 아끼지 않는다고 추단한다면, 이는 관중이 공자 규(糾)를 위하여 죽지 못한 것을 가지고 그가 환공을 위하여 죽지 못한다고 추단하는 것이니, 이렇게 되면 관중 또한 제거되는 범위 내에 있게 된다. 현명한 군주의 나라를 다스리는 원칙은 이렇지 않으니, 신민(臣民)이 바라는 것을 설정함으로써 그들이 자기를 위하여 공을 세울 것을 기대하는데, 그래서 작위와 봉록을 제정하여 그들을 격려한다. 신민이 싫어하는 것을 설정함으로써 그들이 나쁜 짓을 저지르는 것을 금지하는데, 그래서 형벌을 세워 그들을 위협한다. 포상에 신용을 지키고 형벌이 반드시 집행되며, 그러므로 군주는 신하 가운데 공이 있는 사람을 선발하고, 간사한 사람은 군주에게 임용되지 않으니, 비록 수조와 같은 사람이 있어도, 그들이 군주를 어찌하겠는가? 게다가 신하는 목숨을 걸고 힘을 다하여 그것으로 군수와 작위와 봉록을 바꾸고, 군주는 작위와 봉록을 늘어놓고 그것으로 신하와 지혜와 기력을 바꾸니, 군주와 신하 사이는, 아버지와 아들 간의 친한 관계가 아니라, 이해타산에서 나오는 것이다. 군주에게 나라를 다스리는 방법이 있으면, 신하는 군주를 위해 힘을 다하여 간사함이 생기지 않을 것이고, 군주에게 나라를 다스리는 방법이 없으면, 신하는 위로는 군주가 똑똑히 살피는 것을 막고 아래로는 자기의 사사로운 이익을 이룰 것이다. 관중은 환공에게 이러한 법술(法術)을 명확히 말하지 않고, 수조를 제거하게 하였는데, 수조 한 사람을 제거하면 또 다른 수조가 출현할 것이니, 이것은 간사함을 없애는 방법이 아니다. 또한 환공이 자신이 죽은 뒤 시체의 구더기가 문 밖을 기어 나와도 안장(安葬)되지 못한 까닭은, 신하의 권력이 너무 크기 때문이다. 신하의 권력이 큰 결과는, 군주를 통제하는 것이다. 군주를 통제하는 신하가 있으면, 군주의 명령이 아래로 관철되지 않고, 신하들의 상황이 위로 군주에게 통보되지 않아, 한 사람의 힘이 군주와 신하 사이를 막을 수 있어, 군주로 하여금 좋고 나쁨을 듣기 못하게 하고, 화와 복을 알지 못하게 하니, 그러므로 군주는 제나라 환공처럼 안장되지 못하는 재앙이 생기게 된다. 현명한 군주의 나라를 다스리는 원칙은, 한 사람이 다른 관직을 겸임하지 않고, 하나의 관직이 다른 일을 겸하여 관리하지 않는다는 것이다. 지위가 낮은 사람은 지위가 높은 사람이 추천하는 것을 기다릴 필요가 없고, 공로에 있어서는 군주의 총애와 신임을 받는 신하가 논의하는 것에 따를 필요가 없고, 대신(大臣)은 군주 곁에 있는 측근이 군주를 뵙도록 이끄는 것에 의지할 필요가 없다는 것이다. 백관(百官)이 정돈되어 군주가 그들의 상황에 통달하고, 신하들이 바퀴살이 바퀴통에 모이듯 군주에게 귀속한다는 것이다. 포상을 받은 사람은 군주가 반드시 그의 공로를 보았고, 처벌을 받은 사람은 군주가 반드시 그의 죄악을 알았다는 것이다. 상을 주고 벌을 주기 전에 군주가 공과 과에 대하여 관찰하여 알고 있는 것이 모호하지 않으면, 나중에 상벌을 실행할 때 속지 않게 되니, 어찌 제나라 환공처럼 안장되지 못하는 재앙이 있을 수 있겠는가? 관중은 이러한 도리를 환공에게 명확히 말하지 않고, 세 사람을 제거하게 하였으니, 그러므로 "관중은 법도를 모른다."라고 말한 것이다.

或曰, 管仲所以見告桓公者, 非有度[47]者之言也。所以去豎刁、易牙者, 以不愛其身, 適[48]君之欲也。曰, "不愛其身, 安能愛君?" 然則臣有盡死力以爲其主者, 管仲將弗用也。曰, "不愛其死力, 安能愛君?" 是欲君去忠臣也。且以不愛其身度[49]其不愛其君, 是將以管仲之不能死公子糾度其不死桓公也, 是管仲亦在所去之域矣。明主之道不然, 設民所欲以求其功, 故爲爵祿以勸之。設民所惡以禁其姦, 故爲刑罰以威之。慶賞信而刑罰必, 故君擧功於臣, 而姦不用於上, 雖有豎刁, 其奈君何? 且臣盡死力以與君市, 君垂爵祿以與臣市, 君臣之際, 非父子之親也, 計數之所出也。君有道, 則臣盡力而姦不生, 無道, 則臣上塞主明而下成私。管仲非明此度數於桓公也, 使去豎刁, 一豎刁又至, 非絶姦之道也。且桓公所以身死蟲流出尸不葬者, 是臣重也。臣重之實, 擅主也。有擅主之臣, 則君令不下究, 臣情不上通, 一人之力能隔君臣之間, 使善敗不聞, 禍福不通, 故有不葬之患也。明主之道, 一人不兼官, 一官不兼事。卑賤不待尊貴而進論[50], 大臣不因左右而見。百官修通, 羣臣輻湊。有賞者君見其功, 有罰者君知其罪。見知不悖[51]於前, 賞罰不弊[52]於後, 安有不葬之患? 管仲非明此言於桓公也, 使去三子, 故曰, "管仲無度矣。"

○ ○ ○

조양자(趙襄子)가 진양성(晉陽城) 안에 포위되었다가, 포위를 뚫은 뒤에, 공이 있는 자 다섯 사람을 포상하였는데, 고혁(高赫)이 상을 받는 첫 번째 사람이 되었다. 장맹담(張孟談)이 말하기를 "진양의 전쟁에서, 고혁은 큰 공이 없는데, 지금 그가 상을 받는 첫 번째 사람이 된 것은 무엇 때문입니까?"라고 하였다. 양자가 말하기를 "진양의 전쟁으로, 과인의 나라가 위급하였고, 사직이 위태로웠다. 나의 신하들 가운데 거만하지도 얕보지도 않는 마음을 지닌 사람이 있지 않았는데,

오직 고혁만이 군주와 신하 사이의 예절을 잃지 않았기에, 이 때문에 그를 먼저 포상하였다."라고 하였다. 중니(仲尼)가 이 일을 듣고 나서, 말하기를 "포상에 뛰어났구나, 양자는! 한 사람을 포상하니 천하에 신하가 된 자 가운데 감히 예를 잃은 사람이 아무도 없게 되었다.."라고 하였다.

襄子圍於晉陽中[53], 出圍, 賞有功者五人, 高赫爲賞首。張孟談曰, "晉陽之事, 赫無大功, 今爲賞首何也?" 襄子曰, "晉陽之事, 寡人國家危, 社稷殆矣。吾羣臣無有不驕侮之意者, 惟赫不失君臣之禮, 是以先之。" 仲尼聞之[54], 曰, "善賞哉襄子! 賞一人而天下爲人臣者莫敢失禮矣。"

○○○

어떤 사람이 말하였다. 중니(仲尼)는 포상에 뛰어난 것이 무엇인지 알지 못하였다. 대저 상벌에 뛰어나면, 백관(百官)이 감히 남의 직권을 침범하지 않고, 신하들이 감히 예절을 잃지 않아, 군주가 그 법제를 정하면, 신하는 간사한 마음이 더 이상 없다. 이와 같다면, 상벌에 뛰어나다고 말할 수 있다. 만약 양자(襄子)가 진양(晉陽)에 있는데, 명령이 집행되지 않고, 금령이 규제의 역할을 하지 못한다면, 이는 양자에게 나라가 없고, 진양에는 군주가 없다는 것이니, 양자는 또 누구와 더불어 성을 지키겠는가? 지금 양자가 진양에 있는데, 지백(智伯)이 진수(晉水)를 끌어다 진양성(晉陽城)을 잠기게 하여, 성 안의 돌절구와 부뚜막에 개구리가 생겨나도, 백성들에게 배반하는 마음이 없으면, 이는 군주와 신하 사이가 가깝다는 것이다. 양자는 군주와 신하가 서로 친근한 은택이 있었고, 명령하면 행하고 금지하면 그치는 법제를 장악하고 있었는데, 도리어 거만하고 얕보는 신하가 여전히 있었으니, 이는 양자가 형벌을 올바르게 사용하지 않았기 때문이다. 신하 된 자에게, 군주는 그가 한 일을 계산하고 심사하여 공이 있으면 포상을 한다. 지금 고혁(高赫)은 거만하지 않고 얕보지 않았을 뿐인데, 양자가 그를 포상하였으니, 이는 잘못된 포상이다. 현명한 군주는 포상이 공이 없는 사람에게 수여되지 않고, 형벌이 죄가 없는 사람에게 가해지지 않는다. 지금 양자는 거만하고 얕보는 신하를 처벌하지 않고, 도리어 공로가 없는 고혁을 포상하였으니, 양자가 포상에 뛰어나다는 것이 어디에 나타나는가! 그러므로 "중니는 포상에 뛰어난 것이 무엇인지 알지 못하였다."라고 말한 것이다.

或曰, 仲尼不知善賞矣。夫善賞罰者, 百官不敢侵職, 羣臣不敢失禮, 上設其法, 而下無姦詐之心。如此, 則可謂善賞罰矣。使[55]襄子於晉陽也, 令不行, 禁不止, 是襄子無國, 晉陽無君也, 尙誰與守哉? 今襄子於晉陽也, 知氏灌之, 臼竈生鼃[56], 而民無反心, 是君臣親也。襄子有君臣親之澤, 操令行禁止之法, 而猶有驕侮之臣, 是襄子失罰也。爲人臣者, 乘[57]事而有功則賞。今赫僅不驕侮, 而襄子賞之, 是失賞也。明主賞不加於無功, 罰不加於無罪。今襄子不誅驕侮之臣, 而賞無功之赫, 安在襄子之善賞也! 故曰, "仲尼不知善賞。"

○○○

진(晉)나라 평공(平公)이 신하들과 술을 마셨는데, 통쾌하게 술을 마시다, 감개하며 찬탄하기를 "군주가 되는 것보다 즐거운 것이 없구나! 오직 군주의 말만은 이를 어기는 사람이 아무도 없다."라고 하였다. 사광(師曠)이 평공 곁에서 모시고 앉아 있다가, 거문고를 잡아 그에게 던졌는데, 평공은 옷섶을 걷어 올리며 피하였고, 거문고는 벽에 부서졌다. 평공이 말하기를 "태사(太師)는 누구에게 던졌는가?"라고 하였다. 사광이 말하기를 "지금 옆에서 말을 하는 소인(小人)이 있어, 그에게 던졌습니다."라고 하였다. 평공이 말하기를 "과인이오."라고 하였다. 사광이 말하기를 "아! 이것은 군주 된 사람이 할 말이 아니다."라고 하였다. 평공 주변의 시종이 사광을 제거하라고 청하였다. 평공이 말하기를 "그를 놓아두어라, 이 일을 과인의 교훈으로 삼겠다."라고 하였다.

晉平公與羣臣飮, 飮酣, 乃喟然[58]歎曰, "莫樂爲人君! 惟其言而莫之違。" 師曠[59]侍坐於前, 援琴撞之, 公披衽而避, 琴壞於壁。公曰, "太師[60]誰撞?" 師曠曰, "今者有小人言於側者, 故撞之。" 公曰, "寡人也。" 師曠曰, "啞[61]! 是非君人者之言也。" 左右請除之。公曰: "釋之, 以爲寡人戒。"

○ ○ ○

어떤 사람이 말하였다. 평공(平公)은 군주로서의 원칙을 잃었고, 사광(師曠)은 신하로서의 예절을 잃었다. 대저 그의 행위를 옳지 않다고 여기면 그 사람을 처벌하는 것은, 신하에 대한 군주의 방법이다. 그의 행위를 옳지 않다고 여기면 자기의 의견을 진술하고, 좋게 간언을 해도 받아들여지지 않으면 그 사람을 멀리 떠나는 것은, 군주에 대한 신하의 방법이다. 지금 사광은 평공의 행위를 옳지 않다고 여기면서도, 신하의 간언을 진술하지 않고, 군주가 사용하는 처벌을 행하여, 거문고를 들어 평공의 몸에 던졌으니, 이는 군주와 신하의 위치를 뒤바꾼 것이고, 신하의 예절을 잃은 것이다. 대저 신하 된 자는, 군주에게 잘못이 있으면 간언하고, 간언해도 받아들여지지 않으면 작위와 봉록을 가벼이 여기고 관직에서 물러나 군주의 각성을 기다리니, 이것이 신하의 예절이고 행위의 준칙이다. 지금 사광이 평공의 잘못을 비난하여, 거문고를 들어 그의 몸에 던지는 것은, 비록 엄한 아버지라도 아들에게 하지 않는 것인데, 사광은 그것을 군주에게 행하였으니, 이것은 대역무도(大逆無道)한 방법이다. 신하가 대역무도한 짓을 하였는데도, 평공은 기뻐하며 그를 따랐으니, 이는 군주로서의 원칙을 잃은 것이다. 그러므로 평공의 행적은, 널리 알려서는 안 되니, 군주로 하여금 의견을 듣는 데 있어 실수를 해도 자기의 실수를 깨닫지 못하게 하기 때문이다. 사광의 행위 또한 널리 알려서는 안 되니, 간신으로 하여금 힘을 다해 군주에게 간언한다는 미명(美名)을 답습하여 군주를 시해하는 행위를 감추게 하기 때문이다. 둘 다 널리 알려져서는 안 되니, 이것은 두 가지의 잘못이기 때문이다. 그러므로 "평공은 군주로서의 원칙을 잃었고, 사광 또한 신하로서의 예절을 잃었다."라고 말한 것이다.

或曰，平公失君道，師曠失臣禮。夫非[62]其行而誅其身，君之於臣也。非其行而陳其言，善諫不聽則遠其身者，臣之於君也。今師曠非平公之行，不陳人臣之諫，而行人主之誅，擧琴而親其體，是逆上下之位，而失人臣之禮也。夫爲人臣者，君有過則諫，諫不聽則輕爵祿以待之，此人臣之禮義也。今師曠非平公之過，擧琴而親其體，雖嚴父不加於子，而師曠行之於君，此大逆之術也。臣行大逆，平公喜而聽之，是失君道也。故平公之迹，不可明[63]也，使人主過於聽而不悟其失。師曠之行亦不可明也，使姦臣襲極諫而飾弑君之道。不可謂[64]兩明，此爲兩過。故曰，"平公失君道，師曠亦失臣禮矣。”

○○○

제(齊)나라 환공(桓公) 때, 소신직(小臣稷)이라는 처사(處士)가 있었는데, 환공이 세 번이나 찾아갔어도 만나지 못하였다. 환공이 말하기를 "내가 듣기에 포의(布衣)를 입은 선비가 작위와 봉록을 가벼이 여기지 않는다면 대국(大國)의 군주를 가벼이 여길 수 없고, 대국의 군주가 인의(仁義)를 좋아하지 않는다면 또한 포의를 입은 선비를 존중할 수 없다고 하였다."라고 하였다. 이에 다섯 번 찾아가서야 그를 만날 수 있었다.

齊桓公時, 有處士曰小臣稷[65], 桓公三往而弗得見。桓公曰, "吾聞布衣[66]之士不輕爵祿, 無以易萬乘之主[67], 萬乘之主不好仁義, 亦無以下[68]布衣之士。" 於是五往乃得見之。

○○○

어떤 사람이 말하였다. 환공(桓公)은 인의(仁義)를 알지 못하였다. 대저 인의라는 것은, 천하의 재해를 근심하고, 온 나라의 우환에 달려가며, 비천함과 굴욕을 피하지 않는 것이니, 이것을 인의라고 말한다. 그러므로 이윤(伊尹)은 중원(中原)이 혼란하다고 여기고, 요리사가 되는 것을 통하여 탕(湯)임금의 임용을 구하였다. 백리해(百里奚)는 진(秦)나라가 혼란하다고 여기고, 노예가 되는 것을 통하여 목공(穆公)의 임용을 구하였다. 그들 모두 천하의 재해를 근심하고, 온 나라의 우환에 달려가며, 비천함과 굴욕을 마다하지 않았으니, 그러므로 그것을 인의라고 말한다. 지금 환공은 대국(大國)의 권세에 기대고 있으면서도, 평민인 선비를 존중하여, 제(齊)나라의 일을 걱정하려고 하는데, 소신직(小臣稷)은 만나지도 못했으니, 이는 소신직이 백성을 잊은 것이고, 백성을 잊은 것은 인의라고 말할 수 없다. 인의라는 것은, 신하의 예절을 잃지 않고, 군주와 신하 간의 지위를 그르치지 않는 것이다. 이런 까닭에 사면의 국경 내에, 새와 짐승을 예물로 들고 군주를 조현(朝見)하는 자, 이를 신(臣)이라고 이름한다. 신하의 하속관리가 직업을 나누어 일을 부여하는 자, 이를 맹(萌)이라고 이름한다. 지금 소신직은 백성의 무리에 있으면서, 군주의 바람을 어겼으니, 그러므로 인의라고 말할 수 없다. 인의가 그에게 있지 않은데도, 환공은 또 인의에 따라 그를 예우하였다. 만약 소신직이 지혜와 재능이 있는데도 환공을 피한다면, 이는 은거하여 군주를 위해 힘을 다하기를 바라지 않는다는 것이니, 마땅히 형벌에 처해야 한다. 만약 그가 지혜와 재능이 없는데도 허위로 환공 앞에서 거만하고 우쭐댄다면, 이는 군주를 속이는 것이니, 마땅히 죽여야 한다. 소신직의 행위는, 형벌에 처하지 않으면 죽여야 한다. 환공은 군주와 신하 간의 윤리를 다스리지도 못하면서 형벌을 받고 살해되어야 하는 사람을 예우하였으니, 이는 환공이 군주를 가벼이 여기고 모욕하는 풍속으로 제나라를 교화하는 것이며, 정치를 하는 방법이 아니다. 그러므로 "환공은 인의를 알지 못하였다."라고 말한 것이다.

或曰, 桓公不知仁義。夫仁義者, 憂天下之害, 趨一國之患, 不避卑辱, 謂之仁義。故伊尹以中國爲亂, 道爲宰于湯[69]。百里奚以秦爲亂, 道爲虜于穆公。皆憂天下之害, 趨一國之患, 不辭卑辱, 故謂之仁義。今桓公以萬乘之勢, 下匹夫[70]之士, 將欲憂齊國, 而小臣不行[71]見, 小臣之忘民也[72], 忘民不可謂仁義。仁義者, 不失人臣之禮，不敗君臣之位者也。是故四封之內，執會[73]而朝，名曰臣。臣吏分職受[74]事，名曰萌[75]。今小臣在民萌之衆，而逆君上之欲，故不可謂仁義。仁義不在焉，桓公又從而禮之。使小臣有智能而遁桓公，是隱也，宜刑。若無智能而虛驕矜桓公，是誣也，宜戮。小臣之行，非刑則戮。桓公不能領[76]臣主之理而禮刑戮之人，是桓公以輕上侮君之俗教於齊國也，非所以爲治也。故曰，"桓公不知仁義。"

○ ○ ○

미계(靡笄)의 전투에서, 한헌자(韓獻子)가 한 사람을 참수하려고 하였다. 극헌자(郤獻子)가 이 소식을 듣고, 마차를 몰고 가서 그를 구하려고 하였다. 도착하니, 한헌자가 이미 그를 참수하였다. 극헌자가 이에 말하기를 "어찌하여 시체를 돌려 대중에게 보이지 않으십니까?"라고 하였다. 극헌자의 마부가 말하기를 "이전에는 그 사람을 구하려고 하지 않으셨습니까?"라고 하였다. 극헌자가 말하기를 "내가 한헌자를 위해 다른 사람들의 비방을 감히 분담하지 않을 수 있겠는가?"라고 하였다.

靡笄之役[77]，韓獻子[78]將斬人。郤獻子[79]聞之，駕往救之。比至，則已斬之矣。郤子因曰，"胡不以徇[80]?" 其僕曰，"曩不將救之乎?" 郤子曰，"吾敢不分謗乎?"

○ ○ ○

어떤 사람이 말하였다. 극헌자(郤獻子)의 말은 살피지 않을 수 없으니, 한헌자(韓獻子)에 대한 사람들의 비방을 분담하는 것이 아니기 때문이다. 한헌자가 참수한 사람이, 만약 죄인이라면 구할 수 없으니, 죄인을 구하는 것은, 법이 훼손되는 원인이고, 법이 훼손되면 나라가 어지럽기 때문이다. 만약 죄인이 아니라면 한헌자에게 시체를 돌려 대중에게 보이라고 권할 수 없으니, 한헌자에게 시체를 돌려 대중에게 보이라고 권하면 이는 무고한 사람을 엄중히 처벌하는 것이고, 무고한 사람을 엄중히 처벌하는 것은 백성이 원망을 일으키는 원인이며, 백성이 원망하면 나라가 위태롭기 때문이다. 극헌자의 말은 나라를 위태롭게 하지 않으면 어지럽게 할 것이니, 살피지 않을 수 없다. 게다가 한헌자가 참수한 사람이 만약 죄인이라면, 극헌자가 한헌자를 위하여 무슨 비방을 분남하셨는가? 한헌자가 참수한 사람이 만약 죄인이 아니라면, 한헌자가 이미 그를 참수하였는데, 극헌자가 그제야 도착한 것이니, 이렇게 되면 한헌자가 비방을 받는 것은 이미 결정되었는데, 극헌자는 나중에 도착한 것이다. 대저 극헌자가 "시체를 돌려 대중에게 보이라"고 말한 것은, 사람을 참수한 비방을 분담하기에 충분하지 않으며, 오히려 또한 시체를 돌려 대중에게 보였다는 비방을 늘리는 것이니, 이것이 극헌자가 말하는 비방을 분담한다는 것인가? 옛날 주왕(紂王)이 포락(炮烙)의 형벌을 제정하였고, 숭후(崇侯)와 악래(惡來)는 또한 "물을 건넌 자의 정강이를 자르라"고 건의하였으니, 주왕에 대한 비방에 있어 무엇을 분담하였는가? 게다가 윗사람이 법에 의거하여 일을 처리하는 것에 대한 백성들의 희망이 매우 강렬한데, 한헌자는 이것을 하지 못하였고, 또한 극헌자가 할 수 있기를 희망하였으나, 이제 극헌자 또한 하지 못하였으니, 백성들은 윗사람에게서 절망하였다. 그러므로 말하기를, 극헌자의 말은 한헌자에 대한 사람들의 비방을 분담한 것이 아니라, 사람들의 비방을 늘린 것이다. 게다가 극헌자가 가서 처벌되는 사람을 구하려고 한 것은, 한헌자가 잘못했다고 여긴 것인데, 극헌자는 한헌자가 잘못한 까닭을 말하지 않고 그에게 시체를 돌려 대중에게 보이라고 권하였으니, 이는 한헌자로 하여금 자기의 잘못을 알지 못하게 한 것이다. 대저 아래로 백성들로 하여금 윗사람에게 절망하게 하고, 또한 한헌자로 하여금 자기의 실수를 알지 못하게 하였으니, 나는 극헌자가 어떻게 비방을 분담했는지 알지 못하겠다.

或曰, 郤子言不可不察也, 非分謗也。韓子之所斬也, 若罪人則不可救, 救罪人, 法之所以敗也, 法敗則國亂。若非罪人則勸之以徇[81], 勸之以徇是重不辜也, 重不辜民所以起怨者也, 民怨則國危。郤子之言非危則亂, 不可不察也。且韓子之所斬若罪人, 郤子奚分焉? 斬若非罪人, 則已斬之矣, 而郤子乃至, 是韓子之謗已成, 而郤子且[82]後至也。夫郤子曰"以徇", 不足以分斬人之謗, 而又生徇之謗, 是子言分謗也[83]? 昔者紂爲炮烙[84], 崇侯、惡來[85]又曰"斬涉者之脛[86]"也, 奚分於紂之謗? 且民之望於上也甚矣, 韓子弗得, 且望郤子之得之也, 今郤子俱弗得, 則民絶望於上矣。故曰, 郤子之言非分謗也, 益謗也。且郤子之往救罪也, 以韓子爲非也, 不道其所以爲非而勸之以徇, 是使韓子不知其過也。夫下使民望絶於上, 又使韓子不知其失, 吾未得[87]郤子之所以分謗者也。

○○○

제(齊)나라 환공(桓公)이 관중(管仲)의 속박을 풀고 그를 상국(相國)으로 삼았다. 관중이 말하기를 "저는 총애를 얻었습니다, 그렇지만 저는 지위가 낮습니다."라고 하였다. 환공이 말하기를 "그대로 하여금 고씨(高氏)와 국씨(國氏)의 위에 서게 하겠소."라고 하였다. 관중이 말하기를 "저는 지위가 높아졌습니다, 그렇지만 저는 가난합니다."라고 하였다. 환공이 말하기를 "그대로 하여금 봉록이 국민 수입의 삼 할에 상당하는 식읍을 소유하도록 하겠소."라고 하였다. 관중이 말하기를 "저는 부유해졌습니다, 그렇지만 저는 주군과의 관계가 소원합니다."라고 하였다. 이에 환공은 그를 중부(仲父)로 세웠다. 소략(霄略)이 말하기를 "관중은 비천한 사람은 존귀한 사람을 관리할 수 없다고 여겼고, 그래서 고씨와 국씨의 위에 서기를 요청하였다. 가난한 사람은 부유한 사람을 관리할 수 없다고 여겼고, 그래서 국민 수입의 삼 할에 상당하는 봉록을 소유하기를 요청하였다. 군주와 관계가 소원한 사람은 군수와 관계가 친근한 사람을 관리할 수 없다고 여겼고, 그래서 중부의 지위에 처하였다. 관중이 탐욕스러운 것이 아니라, 관리하기에 편리하기 위해서이다."라고 하였다.

桓公解管仲之束縛而相之。管仲曰, "臣有寵矣, 然而臣卑。" 公曰, "使子立高、國[88]之上。" 管仲曰, "臣貴矣, 然而臣貧。" 公曰, "使子有三歸[89]之家[90]。" 管仲曰, "臣富矣, 然而臣疏。" 於是立以爲仲父。霄略[91]曰, "管仲以賤爲不可以治國[92], 故請高、國之上。以貧爲不可以治富, 故請三歸。以疏爲不可以治親, 故處仲父。管仲非貪, 以便治也。"

○ ○ ○

어떤 사람이 말하였다. 지금 만약 노비로 하여금 군주의 명령을 받들어 경상(卿相)에게 알리게 하면, 감히 따르지 않는 사람이 아무도 없는데, 이는 경상이 비천하고 노비가 존귀해서가 아니라, 군주의 명령이 가해져, 감히 복종하지 않는 사람이 아무도 없기 때문이다. 지금 만약 관중(管仲)이 나라를 다스릴 때, 환공(桓公)에 의지하지 못하게 한다면, 이는 군주가 없는 것이니, 나라에 군주가 없으면 다스릴 수 없다. 만약 환공의 위세를 등에 업고, 환공의 명령을 하달한다면, 이는 노비가 경상을 복종시키는 방법이니, 어찌 고씨(高氏)·국씨(國氏)·중부(仲父)와 같은 존귀한 지위를 기다린 후에야 일을 처리할 수 있겠는가! 당대(當代)의 행사(行事)·도승(都丞)과 같이 군주의 징집하는 명령을 하달하는 사람은, 존귀한 사람을 피하지 않고, 비천한 사람만 찾아가지 않는다. 그러므로 일을 처리하는 것이 법령에 맞으면, 비록 환관이라도 경상으로 하여금 복종하게 한다. 일을 처리하는 것이 법령에 맞지 않으면, 비록 대관(大官)이라도 평민에게 굴복하게 된다. 지금 관중은 군주를 높이고 법령을 밝히는 데 힘쓰지 않고, 자기의 총애를 늘리고 작위를 더하는 것을 일삼으니, 이는 관중이 부귀를 탐하고 바라는 것이 아니라면, 반드시 그가 우매하여 나라를 다스리는 방법을 알지 못하는 것이다. 그러므로 "관중에게는 잘못된 행위가 있고, 소략(霄略)에게는 잘못된 찬양이 있다."라고 말하는 것이다.

或曰, 今使臧獲[93]奉君令詔[94]卿相[95], 莫敢不聽, 非卿相卑而臧獲尊也, 主令所加, 莫敢不從也。今使管仲之治, 不緣[96]桓公, 是無君也, 國無君不可以爲治。若負桓公之威, 下桓公之令, 是臧獲之所以信[97]也, 奚待高、國、仲父之尊而後行哉! 當世之行事都丞[98]之下徵令[99]者, 不辟[100]尊貴, 不就卑賤。故行之而法者, 雖巷伯[101]信乎卿相。行之而非法者, 雖大吏詘[102]乎民萌。今管仲不務尊主明法, 而事增寵益爵, 是非管仲貪欲富貴, 必闇而不知術也。故曰, "管仲有失行, 霄略有過譽。"

○ ○ ○

한(韓)나라 선왕(宣王)이 규류(樛留)에게 묻기를 "나는 공중붕(公仲朋)과 공숙백영(公叔伯嬰)을 동시에 중용하고 싶은데, 되겠는가?"라고 하였다. 규류가 대답하기를 "옛날 위(魏)나라 왕이 누비(樓鼻)와 적강(翟强)을 동시에 중용하였다가 서하군(西河郡)를 잃었고, 초(楚)나라 왕이 소씨(昭氏)와 경씨(景氏)를 동시에 중용하였다가 언(鄢)과 영(郢)을 잃었습니다. 지금 주군께서 공중붕과 공숙백영을 동시에 중용하시면, 이는 반드시 그들로 하여금 권력과 이익을 다투고 외국과 결탁하여 거래를 하게 할 것이니, 그렇게 되면 나라에는 반드시 우환이 있을 것입니다."라고 하였다.

韓宣王[103]問於樛留[104]，"吾欲兩用公仲、公叔[105]，其可乎?" 樛留對曰，"昔魏兩用樓、翟[106]而亡西河[107]，楚兩用昭、景[108]而亡鄢、郢[109]。今君兩用公仲、公叔，此必將爭事而外市[110]，則國必憂矣。"

○○○

어떤 사람이 말하였다. 옛날 제(齊)나라 환공(桓公)은 관중(管仲)과 포숙아(鮑叔牙)를 동시에 중용하였고, 성탕(成湯)은 이윤(伊尹)과 중훼(仲虺)를 동시에 중용하였다. 대저 두 명의 신하를 동시에 중용하는 것이 나라에 우환이 된다면, 환공은 패권을 차지하지 못했을 것이고, 성탕은 왕으로 자처하지 못했을 것이다. 제나라 민왕(湣王)은 오로지 탁치(淖齒)만 썼다가 자신은 동묘(東廟)에서 살해되었고, 주부(主父)는 오로지 이태(李兌)만 썼다가, 먹을 것이 감소되어 굶어죽었다. 군주에게 수단이 있으면, 두 사람을 동시에 중용하는 것이 재앙이 되지 않는다. 수단이 없으면, 두 사람을 동시에 중용하면 그들로 하여금 권력과 이익을 다투고 외국과 결탁하여 거래를 하게 할 것이고, 오로지 한 사람만 쓰면 그로 하여금 정권을 독차지하여 군주를 위협하고 시해하게 할 것이다. 지금 규류(樛留)는 아무런 통치 수단도 내놓지 못하면서 윗사람에게 권고하여, 그의 군주로 하여금 두 사람을 동시에 중용하는 방법을 버리고 한 사람만 중용하게 하니, 이렇게 되면 서하(西河)·언(鄢)·영(郢)을 상실하는 우환은 없게 되더라도, 반드시 목숨을 잃고 굶어죽는 재앙이 있게 되니, 이렇게 본다면 규류에게는 유용하면서도 현명한 건의가 있지 않은 것이다.

或曰, 昔者齊桓公兩用管仲、鮑叔, 成湯兩用伊尹、仲虺[111]。夫兩用臣者國之憂, 則是桓公不霸, 成湯不王也。湣王[112]一用淖齒[113]而身死乎東廟[114], 主父[115]一用李兌[116], 減食而死。主有術, 兩用不爲患。無術, 兩用則爭事而外市, 一則專制而劫弑。今留無術以規上, 使其主去兩用一, 是不有西河、鄢郢之憂, 則必有身死減食之患, 是樛留未有善以知言[117]也。

1) 與楚人戰(여초인전): B.C.632년 진(晉)과 초(楚)가 벌인 성복(城濮)의 전투를 가리킨다. 성복은 춘추 시대 위(衛)나라의 읍 이름으로, 지금의 산동성(山東省) 인성현(陘城縣) 서남의 임복집(臨濮集)에 있었다. 전쟁 초기에는 초나라 군대가 우세하였으나, 진나라 문공이 호언(狐偃: 즉 구범)의 책략을 사용하여 90리를 퇴각하고, 유리한 시기를 택해, 초나라 군대의 힘이 약한 두 진영을 맹렬히 공격하니, 초나라 군대는 크게 패했다. 진나라 문공은 이로써 패업(霸業)을 세우게 되었다.

2) 繁禮(번례): 예절이 너무 많다, 예절을 중시하는 것을 가리킨다.

3) 厭(염): '염(饜)'과 통한다. 만족하다.

4) 雍季(옹계): 공자(公子) 옹(雍), 진나라 문공의 막내아들.

5) 田(전): '전(畋)'과 통한다. 사냥하다.

6) 偸(투): 잠시, 당분간.

7) 復(복): 반복하다, 두 번째.

8) 行爵(행작): 작위와 봉록으로 상을 내리다.

9) 君(군): 고광기는 '약(若)'이 되어야 한다고 하였다(『한비자집해』). 너, 너희들.

10) 仲尼(중니): 공자(孔子)의 자(字).

11) 或曰(혹왈): 어떤 사람이 말하다. 한비는 이러한 방식을 사용하여 자신의 견해를 피력하였다.

12) 至(지): 득(得).

13) 拔拂(발불): 제거하다, 면제하다.

14) 在詐於敵(재사어적): 왕선신은 '사어(詐於)'는 '어사(於詐)'가 되어야 한다고 하였다(『한비자집해』). 장각은 왕선신의 설이 틀리며, '사어적(詐於敵)'은 '사적(詐敵)'과 같고, '어(於)'는 동사목적어구조 속의 조사라고 하였다(『한비자교소』).

15) 故曰雍季之對不當文公之問(고왈옹계지대불당문공지문): 장각은 이 12자는 앞의 문장 '차비소이응야(此非所以應也)' 다음에 놓여야 한다고 하였다(『한비자교소』). 본문의 번역은 원래의 순서에 따랐다.

16) 道(도): 말하다.

17) 以(이): '이(已)'와 통한다. 다음의 '부기이애이불기의(夫旣以愛而不欺矣)'의 '이(以)'도 같다.

18) 歷山(력산): 순(舜)이 경작했다는 '역산(歷山)'이 어디에 있는지, 고대에 전해 오는 말이 일치하지 않은데, 비교적 영향력이 있는 것으로는 두 가지 설이 있다. 첫째, 수양산(首陽山), 다시 말하면 뇌수산(雷首山)으로, 지금의 산서성(山西省) 서남부 중조산맥(中條山脈) 서남단 즉 영제시(永濟市) 서남에 있다. 둘째, 지금의 산동성(山東省) 제남시(濟南市) 동남의 천불산(千佛山)으로, 순경산(舜耕山)이라고도 한다(『한비자교소』).

19) 畔(반): 논밭의 경계.

20) 朞年(기년): 만 1년.

21) 甽(견): '견(畎)'과 같다. 밭도랑.

22) 河(하): 황하(黃河).

23) 坻(지): 모래섬. 수중(水中)의 고지(高地), 물고기를 잡는 사람이 서 있는 곳.

24) 苦(고): '고(盬)'와 통한다. 조악하다.

25) 窳(유): 조악하다, 견고하지 않다.

26) 信(신): 참으로, 확실히.

27) 乃(내): 이와 같다.

28) 藉(적): 밟다, 여기서는 순(舜)이 역산(歷山)과 황하가와 동이(東夷) 등의 장소에 직접 온 것을 가리킨다.

29) 聖人之德化乎(성인지덕화호): '지(之)'는 주술구조를 편정구조(偏正構造: 성분과 성분의 결합이 대등하지 않고, 수식어와 피수식어로 이루어지는 구조)로 변화시키는 조사. '덕(德)'은 상황어로 쓰여 방식을 나타내며, '용덕(用德)'의 뜻이다.

30) 今(금): 만약.

31) 鬻(육): 팔다.

32) 已(이): 멈추다, 바로잡다.

33) 逐(축): 쫓다, 파생하여 '극복하다'의 뜻이다.

34) 中程(중정): 법도에 부합하다. '중(中)'은 부합하다, '정(程)'은 법도.

35) 令從己(령종기): 왕선신은 백성들로 하여금 자기의 명령에 따르게 하는 것이라고 하였다(『한비자집해』).

36) 驕(교): 고광기는 '교(矯)'가 되어야 한다고 하였다(『한비자집해』).

37) 釋(석): 버리다. 포기하다.

38) 道(도): 유(由), 따르다.

39) 大命(대명): 자연적인 수명, 천수(天壽).

40) 微(미): 없다.

41) 故(고): '고(固)'와 통한다. 본래.

42) 謁(알): 알리다

43) 烝(증): '증(蒸)'과 통한다.

44) 宮(궁): 고환(睾丸)을 제거하다.

45) 矜(긍): 유월(兪樾)은 '무(務)'의 잘못이라고 하였다(『한비자집해』).

46) 蟲出尸不葬(충출시불장): 고광기는 '시(尸)'는 '호(戶)'가 되어야 하며, 아래도 같다고 하였다(『한비자집해』). B.C.643년, 환공이 병이 들자, 역아·수조·개방 등은 기회를 틈타 반란을 일으켰고 궁문을 막았다. 환공이 굶어 죽은 뒤 3개월이 지나도 매장하지 않아, 시체가 부패하였고, 구더기가 문밖을 기어 나왔다.

47) 度(도): 법도.

48) 適(적): 순종하다, 영합하다.

49) 度(탁): 헤아리다, 추단하다.

50) 進論(진론): 고광기는 '진(進)'자를 연문이라고 하였고, 진기유는 '진(進)'자 다음에 탈문(脫文)이 있는 것으로 보고 문맥에 의하여 '공로불이근습이론(功勞不以近習而論)'으로 보완하였다(『한비자신교주』). 본문의 번역은 진기유의 설에 따랐다.

51) 悖(패): 혼란하다.

52) 弊(폐): '폐(蔽)'와 통한다.

53) 襄子圍於晉陽中(양자위어진양중) : 이 일은 제10편 「십과(十科)」에 상세히 보인다.

54) 仲尼聞之(중니문지): 상술한 일은 공자가 죽은 뒤 일어났으므로, 공자가 듣는다는 것이 불가능하며, 여기의 기록은 사실(史實)에 맞지 않는다.

55) 使(사): 만약.

56) 臼竈生鼃(구조생와): 건도본에는 '왈조생귀(曰竈生龜)'로 되어 있는데, 왕선신은 고광기의 설을 따라 '왈(曰)'을 '구(臼)'로 고쳤고, '귀(龜)'를 '와(鼃)'

로 고쳤다(『한비자집해』). 돌절구와 부뚜막이 물에 잠긴 뒤, 개구리가 서식하는 곳이 되었음을 말한다.

57) 乘(승): 계산하다, 심사하다.

58) 喟然(위연): 감개하는 모양.

59) 師曠(사광): 저명한 악사(樂師), 맹인.

60) 太師(태사): 고대 악관(樂官)의 장(長)을 '태사(太師)'라고 불렀는데, 여기서는 사광(師曠)을 부르는 말이다.

61) 啞(아): 탄식하는 소리.

62) 非(비): 부정하다, 옳지 않다고 여기다.

63) 明(명): 드러내 밝히다, 널리 알리다.

64) 謂(위): '위(爲)'와 통한다. …당하다.

65) 小臣稷(소신직): '소신(小臣)'은 복성(複姓), '직(稷)'은 이름.

66) 布衣(포의): 고대의 평민 백성은 일반적으로 베로 만든 옷을 입었으므로, '포의(布衣)'는 벼슬하지 않은 평민 백성을 가리킨다.

67) 萬乘之主(만승지주): 일반적으로 대국(大國)의 군주를 가리킨다. '승(乘)'은 전차(戰車).

68) 下(하): 자기를 낮추다, 존중하다.

69) 道爲宰于湯(도위재우탕): 왕선신은 '도(道)'는 '유(由)'라고 하였다. 고광기는 '우(于)'자는 '간(干)'이 되어야 하며 다음의 문장도 같다고 하였다(『한비자집해』).

70) 匹夫(필부): 평민.

71) 行(행): 왕선신은 '득(得)'이 되어야 한다고 하였다(『한비자집해』).

72) 小臣之忘民也(소신지망민야): 왕선신은 '소(小)' 앞에 '시(是)'자가 누락되었다고 하였다(『한비자집해』).

73) 會(회): '금(禽)'이 되어야 하며, 조수(鳥獸)의 총칭이다. 주대(周代)의 예제(禮制)에 의하면, 신하가 윗사람을 조현(朝見)할 때에는 반드시 일정한 품종의 금류(禽類)를 들고 예물로 증정하여 순종을 나타내었는데, 이것이 이른바 '집금이조(執禽而朝)'이다.

74) 受(수): '수(授)'와 같다.

75) 萌(맹): '맹(氓)'과 통한다. 백성.

76) 領(령): 다스리다.

77) 靡笄之役(미계지역): '미계(靡笄)'는 지금의 산동성(山東省) 제남시(濟南市) 동남의 천불산(千佛山)이다. 『좌전』에 의하면, 노(魯)나라 성공(成公) 2년(제(齊)나라 경공(頃公) 10년, B.C.589년)에, 진(晉)나라는 노(魯)나라와 위(衛)나라의 구원 요청을 들어주어, 제(齊)나라와 안(鞌: 지금의 산동성(山東省) 제남시(濟南市) 서쪽에 있었음)에서 전쟁하여 제나라 군대를 크게 무찔렀다. 한헌자(韓獻子)가 사람을 참수하려는 일은 전쟁이 일어나기 이전 진나라가 위나라를 행군할 때 발생하였다.

78) 韓獻子(한헌자): 이름은 궐(厥), 당시에 사마(司馬)를 맡았다.

79) 郤獻子(극헌자): 이름은 극(克), 당시에 중군주장(中軍主將)을 맡았다.

80) 徇(순): 시체를 돌려 대중에게 보이다.

81) 若非罪人則勸之以徇(약비죄인즉권지이순): 왕선신은 '즉(則)' 다음에 '불가(不可)' 두 자가 누락되었다고 하였다(『한비자집해』).

82) 且(차): '즉(則)'과 같으며, 대응 관계를 나타낸다.

83) 也(야): '야(邪)'와 같다.

84) 炮烙(포락): 고대의 일종의 잔혹한 형벌, 사람을 빨갛게 달군 구리 기둥 위에 놓고 태워 죽였다.

85) 崇侯、惡來(숭후·악래): 숭후호(崇侯虎)와 악래(惡來), 모두 상(商)나라 주왕(紂王)이 총애한 간신이다.

86) 斬涉者之脛(참섭자지경): 주왕(紂王)이 겨울에 어떤 사람이 물을 건너는 것을 보고는, 그의 정강이를 잘라 왜 이렇게 추위에 강한지 보았다고 전해진다(『여씨춘추(呂氏春秋)·과리(過理)』참조).

87) 得(득): 알다.

88) 高、國(고·국): 고씨(高氏)와 국씨(國氏), 모두 강태공(姜太公)의 후예로, 제(齊)나라의 귀족이다.

89) 三歸(삼귀): 국민 수입의 30%에 상당하는 군주에게 귀속되는 상업세.

90) 家(가): 경대부(卿大夫)의 식읍(食邑).

91) 霄略(소략): 인명, 생애는 분명하지 않다.

92) 國(국): 왕위(王渭)는 '귀(貴)'가 되어야 한다고 하였다(『한비자집해』).

93) 臧獲(장획): 종. 노비. '장(臧)'은 사내종. '획(獲)'은 계집종.

94) 詔(조): 알리다, 군주가 아랫사람을 훈계하는 데 상용한다.

95) 卿相(경상): 집권하는 대신(大臣).

96) 緣(연): 인(因), 여기서는 다음 문장의 '부(負)'와 서로 보충하여 뜻을 나타내며, '의지하다, 기대다'의 뜻이다.

97) 信(신): '신(伸)'과 통한다. 자기의 의지를 펼쳐 다른 사람을 복종하게 하는 것을 가리킨다.

98) 行事都丞(행사도승): '행사(行事)'와 '도승(都丞)'은 모두 군주의 명령을 전달하는 관리이다.

99) 徵令(징령): 징집하는 명령.

100) 辟(피): '피(避)'와 통한다.

101) 巷伯(항백): 환관(宦官).

102) 詘(굴): '굴(屈)'과 통한다.

103) 韓宣王(한선왕): 즉 한(韓)나라 선혜왕(宣惠王).

104) 樛留(규류): 인명, 생애는 분명하지 않다.

105) 公仲、公叔(공중·공숙): '공중(公仲)'은 공중붕(公仲朋)으로, 한(韓)나라 선혜왕(宣惠王)의 상국을 맡았다. '공숙(公叔)'은 공숙백영(公叔伯嬰)으로, 공중붕이 상국을 맡기 전에 한나라 선혜왕의 상국을 맡았다.

106) 樓、翟(루·적): 고광기는 누비(樓鼻)와 적강(翟强)이라고 하였다. 왕선신은 「설림상(說林上)」에는 '서수(犀首)、장의(張儀)'로 되어 있다고 하였다(『한비자집해』).

107) 西河(서하): 전국 시대 위(魏)나라 군(郡) 이름, 지금의 섬서성(陝西省) 동부 황하 서안 지역에 위치하였다.

108) 昭、景(소·경): 소씨(昭氏)와 경씨(景氏), 초(楚)나라의 양대 귀족.

109) 鄢、郢(언·영): '언(鄢)'은 초(楚)나라의 대도시로, 지금의 호북성(湖北省) 의성시(宜城市) 남쪽에 위치하였다. '영(郢)'은 초나라의 수도로, 지금의 호북성 형주시(荊州市) 북쪽에 위치하였다. 진(秦)나라 소양왕(昭襄王) 28년(B.C.279년)에 언(鄢)을 함락하였고, 29년(B.C.278년)에 영(郢)을 함락하였다. 『사기(史記)·육국연표(六國年表)』에 보인다.

110) 外市(외시): 다른 제후국과 몰래 결탁하다.

111) 仲虺(중훼): 탕(湯)의 좌상(左相).

112) 湣王(민왕): 전국 시대 제(齊)나라 군주, 약 B.C.301년~B.C. 284년 재위하였다.

113) 淖齒(탁치): '탁치(卓齒)' 또는 '탁치(踔齒)'라고도 한다. 전국 시대 초(楚)나라 장군. B.C.284년, 연(燕)·진(秦)·초(楚) 등 5개 나라가 연합하여 제(齊)나라를 공격하였는데, 연나라 장군 악의(樂毅)가 제나라 수도 임치(臨淄)를 공격하였고, 제나라 민왕(泯王)은 거(莒: 지금의 산동성(山東省) 거현(莒縣)에 있었음)로 도망갔다. 후에 초나라는 책략을 바꾸어 탁치를 파견하여 병사를 이끌고 제나라를 구하였고, 탁치는 제나라 민왕의 상국이 되었다. 탁치는 또한 민왕을 살해하고 약탈한 토지와 보기(寶器)를 연나라와 분배하였다.

114) 東廟(동묘): 제(齊)나라 군주의 종묘, 산동성(山東省) 거현(莒縣) 경내에 위치하였다. 민왕(湣王)은 이곳에서 탁치(淖齒)에게 살해되었다.

115) 主父(주부): 즉 조(趙)나라 무령왕(武靈王), 이름은 옹(雍), 전국 시대 조나라 군주, B.C.325년~B.C.299년 재위하였다. B.C.299년, 왕위를 막내아들 하(何: 惠文王으로 불림)에게 물려주고 스스로 주부(主父)라고 불렀다. B.C.295년, 이태(李兌)는 혜문왕(惠文王)이 무령왕의 맏아들 장(章)과 군권을 다투도록 노왔고, 공사(公子) 성(成)과 공모하여 무령왕을 사구궁(沙丘宮)에 3개월에 이르도록 가두었고, 무령왕은 이에 굶어 죽었다.

116) 李兌(이태): 전국 시대 조(趙)나라 대신(大臣), 당시 사구(司寇)를 맡았다.

117) 善以知言(선이지언): '선이지지언(善而智之言)'과 같다. '이(以)'는 마치 '이(而)'와 같다. '지(知)'는 '지(智)'와 통한다. '선언(善言)'은 유용한 말을 가리킨다.

제37편 난이(難二)

논박하라 제2편(編)

解題

위의 「난일(難一)」과 같은 내용으로, 이 편은 7개의 부분으로 나누어 볼 수 있다. 첫째 단락에서는 형벌이 합당해야 함을 말하고 있는데, 형벌이 합당하면 과하다고 말하는 사람이 없고 형벌이 합당치 못하면 형벌이 약하다고 하는 이가 없으니, 형벌을 느슨히하고 관용을 베푸는 것은 바로 다스림의 도리가 아니라고 하였다. 둘째 단락에서는 공이 없는 데도 상을 내리고 잘못을 저질렀는데도 벌을 내리지 않는 것이 나라를 어지럽게 하는 이유가 된다고 하였다. 셋째 단락에서는 지혜로운 사람은 환란을 피할 수 있으니, 도를 체득하면 인위적으로 하지 않는다고 하였다. 넷째 단락에서는 춘추 오패가 천하에서 공명을 얻을 수 있었던 이유는 군주와 신하가 모두 힘이 있었기 때문이었다고 하였다. 다섯째 단락에서는 군주가 사람을 부릴 때는 반드시 법도를 따라야 한다고 하였으며, 여섯째 단락에서는 관리가 된 자는 반드시 아래 사람의 성실함과 허위를 살필 수 있는 능력이 있어야 한다고 하였다. 마지막으로 일곱째 단락에서는 백성을 부리는 도는 신상필벌(信賞必罰)에 있다고 하였다.

○ ○ ○

경공(景公)이 안자 (晏子)의 집에 들러 말하기를 "그대의 집은 작고 시장에서 가까우니 그대의 집을 예장(豫章)의 채마밭 쪽으로 옮기시게."라고 하였다. 안영이 경공에게 재배(再拜)하고 사양하며 말하기를 "지금 저의 집은 가난하여 시장이 열리는 때를 기다려 먹고살기 때문에, 아침저녁으로 그곳에 달려가야 하니 멀리갈 수가 없습니다."라고 하였다. 경공이 웃으며 말하기를 "그대의 집이 시장에 가까우니 비싸고 값싼 것을 알겠구려?"라고 하였다. 이때에 경공은 형벌을 빈번하게 행하였는데, 안영이 대답하기를 "월형(刖刑)을 받은 사람이 신는 신발은 비싸고, 보통 사람이 신는 짚신은 쌉니다."라고 하였다. 경공이 묻기를 "무슨 까닭이오?"라고 하였다. 안영이 답하기를 "형벌이 많기 때문입니다."라고 하였다. 경공이 놀라 안색을 바꾸며 말하기를 "내가 그렇게 포악했던가."라고 하였다. 그래서 다섯 종류의 형벌을 감하였다.

景公[1]過晏子[2], 曰, "子宮[3]小近市, 請徙子家豫章之圃。" 晏子再拜而辭曰, "且[4]嬰家貧, 待市食而朝暮趨之, 不可以遠。" 景公笑曰, "子家習[5]市, 識貴賤乎?" 是時景公繁於刑, 晏子對曰, "踊[6]貴而屨[7]賤。" 景公曰, "何故?" 對曰, "刑多也。" 景公造然[8]變色曰, "寡人其暴乎!" 於是損刑五。

○○○

어떤 사람이 말하기를 "안영(晏嬰)이 월형(刖刑)을 받은 사람이 신는 신발이 비싸다고 한 것은 사실이 아니며, 말을 꾸며서 형벌이 많은 것을 그만두게 하려 했던 것이다. 이는 통치술을 잘 살피지 못한 잘못이다. 무릇 형벌이 합당하면 많아도 많은 것이 아니며, 합당치 않으면 적어도 적은 것이 아니다. 형벌 사용의 합당치 못함을 아뢰지 않고 너무 형벌이 많다고 하는 것은 통치술을 잘 사용하지 못한 잘못이다. 패전했을 때에는 수천 수백 명을 처형한다 해도 도망자는 막지 못한다. 혼란을 다스리는 형벌은 아무리 엄격하다고 해도 간악함을 다 없애지는 못한다. 지금 안영은 그 정당한지 아닌지를 살피지 않고 너무 많다는 것만을 간언하였으니 참으로 망령된 것이 아닌가! 대저 풀과 띠를 아까워하는 사람은 벼이삭에 해를 줄 수 있고, 도적에게 은혜를 베푸는 자는 선량한 백성을 상하게 한다. 지금 형벌을 느슨히 하고 너그러운 은혜를 베푼다면, 이것은 간사한 자를 이롭게 하고 선한 사람을 해치게 되는 것이니, 이는 나라를 다스리는 방법이 아니다."라고 하였다.

或曰, 晏子之貴踴, 非其誠也, 欲便辭[9]以止多刑也。此不察治之患也。夫刑當無多, 不當無少。無以不當聞, 而以太多說, 無術之患也。敗軍之誅以千百數, 猶且不止。卽治亂之刑如恐不勝[10], 而姦尙不盡。今晏子不察其當否, 而以太多爲說, 不亦妄乎! 夫惜草茅[11]者耗禾穗, 惠盜賊者傷良民。今緩刑罰行寬惠, 是利姦邪而害善人也, 此非所以爲治也。

○ ○ ○

제(齊)나라 환공(桓公)이 술을 마시고 취하여 관(冠)을 잃어버리고는 부끄러워서 사흘 동안이나 조정에 나오지 않았다. 관중(管仲)이 말하기를 "이것은 나라를 가진 자의 수치가 아닙니다. 주군께서는 어찌 좋은 정치로 그것을 씻으려 하지 않으십니까?"라고 하였다. 환공이 말하기를 "옳구나."라고 하였다. 이에 곡식 창고를 열어서 가난한 자들에게 하사하였고, 감옥의 죄인들의 죄상을 살펴서 가벼운 죄를 범한 사람을 풀어주었다. 사흘이 지나자 백성들이 노래하기를 "공이여! 공이여! 어찌 다시 관을 잃어버리지 않으시는지요!"라고 하였다.

齊桓公[12)]飮酒醉, 遺其冠, 恥之, 三日不朝。管仲曰, "此非有國之恥也, 公胡不雪[13)]之以政?" 公曰, "善。" 因發倉囷[14)]賜貧窮, 論[15)]囹圄[16)]出薄罪。處三日而民歌之曰, "公乎, 公乎, 胡不復遺冠乎!"

○ ○ ○

어떤 사람이 말하기를 "관중(管仲)은, 소인(小人)에게는 환공(桓公)의 수치를 씻게 하였지만 군자에게는 환공의 수치를 만든 것이다. 만약 환공이 곡식 창고를 열어 가난한 자들에게 하사하게 하고, 감옥에 있는 죄인들의 죄상을 살펴서 가벼운 죄를 범한 사람을 풀어주게 하였다면 이는 의로운 것이 아니니, 수치를 씻는 것을 의라고 할 수 없다. 환공이 마음속에 의를 지니고 있었더라도 관을 잃어버린 후에 그런 일을 행했다면, 곧 환공이 의를 행한 것은 관을 잃어버렸기 때문이 아니겠는가? 이것은 비록 소인에게는 관을 잃어버린 수치를 씻은 행위겠지만, 군자에게는 의를 버린 수치를 만든 행위이다. 또한 곡식

창고를 열어서 가난한 사람들에게 하사한 것은 공이 없는데 상을 내린 것이다. 감옥에 있는 죄인들의 죄상을 살펴서 가벼운 죄를 범한 사람을 풀어준 것은 잘못한 자를 처벌하지 않은 것이다. 무릇 공이 없는데 상을 내린다면 백성은 군주에게 요행만을 바랄 것이며, 잘못한 자를 처벌하지 않는다면 백성은 경계함이 없이 쉽게 잘못을 저지를 것이다. 이것이 나라를 혼란케 하는 근본이니, 어찌 수치를 씻을 수 있겠는가?"라고 하였다.

或曰, 管仲雪桓公之恥於小人, 而生桓公之恥於君子矣。使桓公發倉囷而賜貧窮, 論囹圄而出薄罪, 非義也, 不可以雪恥使之而義也。桓公宿義[17], 須遺冠而後行之, 則是桓公行義, 非爲遺冠也。是雖雪遺冠之恥於小人, 而亦遺義之恥於君子矣。且夫發囷倉而賜貧窮者, 是賞無功也。論囹圄而出薄罪者, 是不誅過也。夫賞無功則民偸幸[18]而望於上, 不誅過則民不懲而易爲非。此亂之本也, 安可以雪恥哉?

○○○

옛날에 문왕(文王)이 우(盂)나라를 치고, 거(莒)나라에 승리했으며, 풍(豐)읍을 차지하였는데, 세 차례나 군사를 일으키자 주왕(紂王)이 그를 미워하였다. 문왕이 이에 두려워서 낙서(洛西)의 땅 비옥한 지역 사방 천 리를 바치겠다 하고 포락의 형벌을 거둘 것을 청하였다. 이에 천하의 사람들이 모두 기뻐하였다. 중니(仲尼)가 그것을 듣고 말하기를 "어질도다, 문왕이여! 천 리나 되는 땅을 가벼이 여기고 포락의 형벌을 거둘 것을 청하였으니. 지혜롭도다, 문왕이여! 천 리의 땅을 내놓고 천하 백성의 마음을 얻었으니."라고 하였다.

昔者文王[19]侵盂[20]、克莒[21]、擧豐[22]， 三擧事[23]而紂[24]惡之。文王乃懼， 請入洛西[25]之地、赤壤[26]之國， 方千里， 以解炮烙之刑[27]。天下皆說。仲尼聞之曰， “仁哉文王! 輕千里之國而請解炮烙之刑。智哉文王! 出千里之地而得天下之心。”

○○○

어떤 사람이 말하기를 “중니(仲尼)가 문왕(文王)을 지혜롭다고 여긴 것은 너무 지나친 것이 아닌가? 무릇 지혜라는 것은 환란이 일어나는 곳과 피하는 방법을 알아서 몸에 재난이 이르지 않게 하는 것이다. 문왕이 주왕(紂王)에게 미움을 받은 까닭이 인심을 얻지 못해서인가? 그렇다면 인심을 얻어서 미움을 풀 수 있었을 것이다. 주왕은 문왕이 인심을 크게 얻어 미워했는데, 이미 땅을 가볍게 여김으로 또 인심을 얻었으니, 이것은 더욱 의심을 받을 만한 일인 것이다. 그래서 수갑과 족쇄를 차고 유리(羑里)에 갇히게 된 것이다. 정(鄭)나라의 장로가 말하기를 ‘도를 체득하면 인위적으로 하지 않고 드러내지도 않는다.’라고 하였다. 이것은 문왕에게 꼭 들어맞는 것으로 다른 사람이 의심하지 않게 하기 때문이다. 중니가 문왕을 지혜롭다고 여긴 것은 이 논의에 미치지 못한다.

或曰， 仲尼以文王爲智也， 不亦過乎? 夫智者， 知禍難之地而辟[28]之者也， 是以身不及於患也。使文王所以見惡於紂者， 以其不得人心耶? 則雖索人心以解惡可也。紂以其大得人心而惡之， 已又輕地以收人心， 是重見疑也。固其所以桎梏[29]囚於羑里[30]也。鄭長者[31]有言， “體道， 無爲、無見也。” 此最宜於文王矣， 不使人疑之也。仲尼以文王爲智， 未及此論也。

○○○

진(晉)나라 평공(平公)이 숙향(叔向)에게 묻기를 "옛날에 제(齊)나라 환공(桓公)이 여러 차례 제후들을 모아서 천하를 하나로 바로잡았는데, 신하의 힘인지 군주의 힘인지 알지 못하겠다."라고 하였다. 숙향이 대답하여 말하기를 "관중(管仲)이 재단을 잘하고 빈서무(賓胥無)는 바느질을 잘했으며 습붕(隰朋)은 옷의 가장자리 단의 마무리를 잘하여, 옷이 완성되자 군주가 그것을 가져다 입었는데, 이는 또한 신하의 힘이지 군주가 무슨 힘이 있다 하겠습니까?"라고 하였다. 사광(師曠)이 거문고를 내려놓고 웃었다. 평공이 묻기를 "태사(太師)는 어째서 웃는가?"라고 하였다. 사광이 답하기를 "저는 숙향이 주군께 대답한 말을 비웃은 것입니다. 무릇 신하라는 것은 요리사가 다섯 가지 맛의 조화를 이루어 군주께 식사를 올리는 것과 같아, 군주가 먹지 않는다면 누구도 감히 억지로 먹일 수 없습니다. 제가 비유하여 말씀드리자면, 군주는 토양이고 신하는 초목이니 반드시 토양이 비옥해야 초목이 크게 자라는 것입니다. 역시 군주의 힘이지 신하가 무슨 힘이 있다 하겠습니까?"라고 하였다.

晉平公問叔向曰, "昔者齊桓公九合諸侯, 一匡天下, 不識臣之力也, 君之力也?" 叔向對曰, "管仲善制割[32], 賓胥無[33]善削縫[34], 隰朋善純緣[35], 衣成, 君擧而服之, 亦臣之力也, 君何力之有?" 師曠[36]伏琴而笑之。 公曰, "太師[37]奚笑也?" 師曠對曰, "臣笑叔向之對君也。 凡爲人臣者, 猶炮宰[38]和五味而進之[39]君, 君弗食, 孰敢强之也。 臣請譬之, 君者壤地也, 臣者草木也, 必壤地美然後草木碩大, 亦君之力也, 臣何力之有?"

○ ○ ○

어떤 사람이 말하기를 "숙향(叔向)과 사광(師曠)의 대답은 모두 치우친 말이다. 천하를 하나로 바로잡고 제후들을 여러 차례 모은 것은 아주 훌륭한 일인데, 전적으로 군주의 힘만이 아니고 또한 전적으로 신하의 힘만도 아니다. 옛날에 궁지기(宮之奇)는 우(虞)나라에 있었고, 희부기(僖負羈)는 조(曹)나라에 있었는데, 두 신하의 지혜가, 말하면 사리에 맞았고 행동하면 공을 세웠는데도 우·조 두 나라가 모두 망한 것은 어째서인가? 이것은 신하가 있더라도 군주가 없었기 때문이다. 또한 건숙(蹇叔)은 간(干)나라에 있었지만 간나라는 멸망당했고, 진(秦)나라에 있자 진나라는 패자(霸者)가 되었는데, 건숙이 간나라에서는 어리석었고 진나라에서는 지혜로웠던 것이 아니라 군주가 있었거나 군주가 없었기 때문이다. 그러므로 숙향이 "신하의 힘입니다."라고 말한 것은 옳지 않다. 옛날에 환공이 궁 안에 시장 두 곳을 만들고 여인들의 거처 이백 곳을 만들어놓고는 머리를 풀어헤치고 여인들과 희롱하며 놀았다. 그러다 관중(管仲)을 얻어 오패의 으뜸이 되었다. 관중이 죽자 수조(豎刁)를 등용하였고, 자신도 죽어 벌레가 집 밖으로까지 기어 나오도록 장례를 치르지 못했다. 신하의 힘이 아니라고 생각한다면 반드시 관중으로 인해 패자가 될 수 없었을 것이다. 군주의 힘이라고 생각한다면 반드시 수조로 인해 혼란하게 되지 않았을 것이다. 옛날에 진(晉)나라 문공(文公)이 제(齊)나라 여인을 사모하여 본국으로 돌아갈 것을 잊고 있었는데, 구범(咎犯)이 강력하게 간언하였기 때문에 진나라로 돌아갈 수 있었다. 그러므로 환공은 관중 때문에 제후들을 회합할 수 있었고, 문공은 구범 때문에 패자(霸者)가 될 수 있었다. 그래서 사광이 "군주의 힘입니다."라고 말한 것 또한 옳지 않다. 무릇 오패가 천하에서 공명을 얻을 수 있었던 이유는 군주와 신하가 모두 힘이 있었기 때문이다. 그러므로 숙향과 사광의 대답은 모두 한쪽으로 치우친 말이다."라고 하였다.

或曰, 叔向、師曠之對, 皆偏辭也。夫一匡天下, 九合諸侯, 美之大者也, 非專君之力也, 又非專臣之力也。昔者宮之奇[40]在虞[41], 僖負羈[42]在曹[43], 二臣之智, 言中事, 發中功, 虞、曹俱亡者何也? 此有其臣而無其君者也。且蹇叔[44]處干[45]而干亡, 處秦而秦霸, 非蹇叔愚於干而智於秦也, 此有君與無臣[46]也。向曰, "臣之力也", 不然矣。昔者桓公宮中二市, 婦閭[47]二百, 被髮而御[48]婦人。得管仲爲五百長, 失管仲得豎刁[49], 而身死, 蟲流出尸[50]不葬[51]。以爲非臣之力也, 且[52]不以管仲爲霸。以爲君之力也, 且不以豎刁爲亂。昔者晉文公慕於齊女而忘歸, 咎犯極諫, 故使得反晉國。故桓公以管仲合, 文公以舅犯霸。而師曠曰, "君之力也", 又不然矣。凡五霸所以能成功名於天下者, 必君臣俱有力焉。故曰, 叔向、師曠之對, 皆偏辭也。

○ ○ ○

제(齊)나라 환공(桓公) 때에 진나라에서 손님이 오자 관리가 예우를 어떻게 할지를 물어보았다. 환공이 "중부(仲父)에게 여쭈어보아라."라고 대답하였는데, 세 번이나 이처럼 하였다. 배우가 말하기를 "쉽구나! 군주 노릇하기가! 첫 번째도 '중부', 두 번째도 '중부'라 하니."라고 하였다. 환공이 말하기를 "내 듣기에 군주는 사람 찾는 데에는 수고를 하고 사람을 쓰는 데에는 편하게 한다고 하였다. 내가 중부를 얻기까지 이미 어려움을 겪었으니, 중부를 얻은 이후에 어찌 편하게 하면 안 되는가?"라고 하였다.

齊桓公之時, 晉客至, 有司請禮[53], 桓公曰 "告仲父"者三。而優笑[54]曰, "易哉爲君! 一曰 '仲父', 二曰 '仲父。'" 桓公曰, "吾聞君人者勞於索人, 佚於使人。吾得仲父已難矣, 得仲父之後, 何爲不易乎哉!"

○ ○ ○

어떤 사람이 말하기를 "환공(桓公)이 배우에게 대답한 것은 군주 된 자의 말이 아니다. 환공은 군주가 사람을 찾는 데에 수고한다고 여겼는데, 어찌 사람을 찾는 것이 수고로운 일인가! 이윤(伊尹)은 스스로 요리사가 되어 탕(湯)임금에게 벼슬을 구하였고, 백리해(百里奚)는 스스로 종이 되어 목공(穆公)에게 벼슬을 구하였다. 종은 부끄러운 것이며, 요리사는 수치스런 것이다. 부끄러움과 수치를 무릅쓰고 군주에게 접근하려는 것은 현자가 세상을 걱정하는 것이 다급해서이다. 그런즉 군주는 현자를 저버리지 않으면 되는 것이니, 현자를 찾는 것은 군주의 어려움이 아니다. 또한 관직은 현자를 임용하는 데에 쓰이는 것이고, 작위와 봉록은 공을 상주는 데에 쓰이는 것이다. 관직을 만들어놓고 작위와 봉록을 벌여놓으면 인재들이 저절로 이를 것이니 군주가 어찌 수고를 하겠는가! 사람을 쓰는 것 또한 편한 일이 아니다. 군주가 비록 사람을 쓴다 할지라도 법도로 기준을 삼아야 하고, 진언과 실적으로 헤아려보아야 한다. 일이 법도에 맞으면 행하고, 법도에 맞지 않으면 중지한다. 공적이 그 말에 일치하면 상을 주고 일치하지 않으면 처벌한다. 진언과 실적으로 신하를 장악하고, 법도로 아랫사람을 부리는 기준을 삼는 것은 소홀히 할 수 있는 일이 아니니, 군주 된 이가 어찌 편안해할 수 있겠는가? 사람을 찾는 것은 수고롭지 않지만, 사람을 쓰는 일도 편안하지 않은데 환공이 "사람을 찾는 것은 수고롭고 사람을 쓰는 것은 편안하다." 하고 말한 것은 틀린 것이다. 또한 환공이 관중(管仲)을 얻은 것 또한 어렵지 않았다. 관중은 그 주군을 위해 죽지 않고 환공에게 귀의하였고, 포숙(鮑叔)은 관직을 가볍게 여기고, 능력 있는 자에게 양보해 그를 중용되게 하였으니, 환공이 관중을 얻은 것이 또한 어렵지 않았다는 것이 분명하다. 이미 관중을 얻었다고 해서 어찌 갑자기 편안해졌겠는가? 관중은 주공(周公) 단(旦)이 아니었으니, 주공 단은 칠 년 동안 천자(天子)의 직무를 섭정하다가 성왕(成王)이 장성하자 정권을 그에게 넘겨주었는데 천하를 위한 계책이 아니라 단지 그 직무를 다한 것이다. 어린 군주의 자리를 빼앗아 천하를 통치하지 않으려 하는 자는 반드시 죽은 군주를 배반하고 그 원수를 섬기지 않는다. 죽은 군주를 배반하고 그 원수를 섬기는 자는 반드시 어린 군주의 자리를 빼앗아 천하를 통치하는 것이 어렵지 않고, 어린 군주의 자리를 빼앗아 천하를 통치하는 것이 어렵지 않은 자는 반드시 그 군주의 자리와 나라를 빼앗는 것이 어렵지 않다. 관중은 공자 규(糾)의 신하로 환공을 죽이려 하다가 이루지 못했고, 그 주군이 죽자 환공의 신하가 되었다. 관중의 선택은 주공 단과 달라서 분명히 알 수가 없다. 만일 관중이 대단한 현자였다면, 탕(湯)이나 무왕(武王)같은 인물이 되려고 하였을 것이다. 탕과 무왕은 하(夏)나라 걸왕(桀王)과 은(殷)나라 주왕(紂王)의 신하였는데, 걸왕과 주왕이 난폭하여 탕왕과 무왕이 그 자리를 빼앗은 것이다. 지금 환공은 윗자리에 편안히 거하고 있는데, 이는 걸왕과 주왕 같은 행동으로 탕왕과 무왕의 윗자리에 있는 것이니 환공은 위험하다. 만일 관중이 못난 사람이었다면 전상(田常) 같은 사람이 되려고 했을 것이다. 전상은 제나라 간공(簡公)의 신하로 그 군주를 시해하였다. 지금 환공은 편안히 윗자리에 있는데, 이것은 간공의 편안함으로 전상의 윗자리에 있는 것이니 환공은 역시 위험하다. 관중이 주공 단과 같은 인물이 아닌 것은 분명하지만, 그가 탕왕이나 무왕처럼 될지 전상처럼 될지는 아직 알 수 없다. 탕왕이나 무왕같이 된다면 걸왕이나 주왕 같은 위험이 있게 되고, 전상같이 된다면 간공처럼 반란을 만나게 된다. 이미 관중을 얻었다고 해서 환공이 어찌 갑자기 편안해졌겠는가? 만약 환공이 관중을 임명하면서 반드시 자기를 속이지 않을 거라는 것을 알았다면 이는 군주를 속이지 않을 신하라는 것을 알았다는 것이다. 그러나 비록 군주를 속이지 않을 신하라는 것을 알았더라도 지금 환공은 관중에게 맡긴 전권을 수조(豎刁)와 역아(易牙)에게 주어 벌레가 집 밖으로 기어 나오도록 장례를 치르지 못했으니, 환공은 군주를 속이는 신하와 군주를 속이지 않는 신하를 분별할 줄 모르는 것이 분명하다. 그래서 신하에게 그처럼 전권을 준 것이다. 그러므로 "환공은 어리석은 군주이다."라고 한 것이다."라고 하였다.

或曰, 桓公之所應優, 非君人者之言也。桓公以君人爲勞於索人, 何索人爲勞哉! 伊尹自以爲宰[55]干湯[56], 百里奚[57]自以爲虜干穆公[58]。虜, 所辱也, 宰, 所羞也。蒙羞辱而接君上, 賢者之憂世急也。然則君人者無逆賢而已矣, 索賢不爲人主難。且官職所以任賢也, 爵祿所以賞功也。設官職, 陳[59]爵祿, 而士自至, 君人者奚其勞哉! 使人又非所佚也。人主雖使人必以度量準之, 以刑名參[60]之。以事遇於法則行, 不遇於法則止。功當其言則賞, 不當則誅。以刑名收臣[61], 以度量準下, 此不可釋也, 君人者焉佚哉! 索人不勞, 使人不佚, 而桓公曰, "勞於索人, 佚於使人" 者, 不然。且桓公得管仲又不難。管仲不死其君而歸桓公，鮑叔[62]輕官讓能而任之，桓公得管仲又不難明矣。已得管仲之後，奚遽易哉！管仲非周公旦[63]，周公旦假[64]爲天子七年，成王[65]壯，授之以政，非爲天下計也，爲其職也。夫不奪子而行天下者，必不背死君而事其讎，背死君而事其讎者，必不難奪子而行天下，不難奪子而行天下者，必不難奪其君國矣。管仲，公子糾之臣也，謀殺桓公而不能，其君死而臣桓公。管仲之取舍[66]非周公旦，未可知也。若使管仲大賢也，且爲湯、武。湯、武，桀、紂之臣也，桀、紂作亂，湯、武奪之。今桓公以易居其上，是以桀、紂之行居湯、武之上，桓公危矣。若使管仲不肖人也，且爲田常。田常，簡公[67]之臣也，而弑其君。今桓公以易居其上，是以簡公之易居田常之上也，桓公又危矣。管仲非周公旦以明矣，然爲湯、武與田常未可知也。爲湯、武，有桀、紂之危，爲田常，有簡公之亂也。已得仲父之後，桓公奚遽易哉！若使桓公之任管仲，必知不欺己也，是知不欺主之臣也。然雖知不欺主之臣，今桓公以任管仲之專借豎刁、易牙，蟲流出尸而不葬，桓公不知臣欺主與不欺主已明矣，而任臣如彼其專也，故曰，"桓公闇主[68]。"

○ ○ ○

이극(李克)이 중산국(中山國)을 다스렸는데, 고경현(苦陘縣)의 관리가 수입이 많다고 회계 보고를 하였다. 이극이 말하기를 "말솜씨가 좋으면 듣기에는 좋으나, 의에 벗어난 것을 일컬어 경박한 말이라 한다. 산림(山林)과 소택(沼澤)의 이로움이 없는데 수입이 많은 것을 일컬어 출처가 온당치 못한 물건이라고 한다. 군자는 경박한 말을 듣지 않고 출처가 온당치 못한 물건을 받지 않으니, 그대는 잠시 관직을 그만두어라."라고 하였다.

李兌[69]治中山, 苦陘[70]令[71]上計而入多。李兌曰, "語言辨, 聽之說, 不度於義, 謂之窕言[72]。無山林澤谷之利而入多者, 謂之窕貨[73]。君子不聽窕言, 不受窕貨, 子姑免矣!"

○ ○ ○

어떤 사람이 말하기를 "이극(李克)이 언사를 펴기를 '말솜씨가 좋으면 듣기에는 좋으나, 의에 벗어난 것을 일컬어 경박한 말이라' 한다."라고 하였다. 말솜씨는 말하는 사람 쪽에 있고 좋아하는 것은 듣는 사람 쪽에 있으니, 말하는 사람은 듣는 사람이 아니다. '의에서 벗어났다.'라고 말하는 것은 듣는 사람을 일컫는 것이 아니라, 반드시 듣는 것을 일컫는 것이다. 듣는 사람은 소인이 아니면 군자다. 소인은 의로움이 없으니 반드시 의에 맞을 수가 없다. 군자는 의에 맞으므로 반드시 좋아하려 하지 않을 것이다. 무릇 "말솜씨가 좋으면 듣기에는 좋으나, 의에 벗어났다."라고 말한 것은 반드시 옳은 말이 아니다. 수입이 많은 것이 출처가 온당치 못한 것이라 한다면 오래도록 그것을 실행할 수 없는 것이다. 이극은 사악한 일에 대해 일찍이 금한 적이 없으면서, 계책이라고 여긴 것에 이른 것은 잘못한 것이다. 방법이 없었다는 것을 알고 있었는데도 수입이 늘어났다면, 수입이 늘어난 것은 풍년이 들어서이니, 비록 정당치 못한 수입이라도 어찌할 것인가? 농사를 지을 때는 음양의 조화를 따르고, 씨를 뿌릴 때는 사계절의 적당한 시기에 맞추어서, 너무 이르거나 늦은 잘못을 저지르지 않고, 추위와 더위의 재해가 없다면 수입이 많아질 것이다. 작은 공으로 큰 일을 방해하지 않고, 사사로운 욕심으로 공동의 사업을 방해하지 않으면서, 남자는 농경에 온 힘을 쓰고 여자는 길쌈에 온 힘을 쏟는다면 수입이 많아질 것이다. 가축을 기르는 이치를 궁리하고, 토지의 기능을 살펴서 육축이 잘 자라고 오곡이 잘 익는다면 수입이 늘어날 것이다. 계획을 명확히 하고, 지형과 배와 수레와 기기의 편리함을 잘 안다면 힘은 적게 들이고도 효과는 커서 수입이 많아질 것이다. 시장이나 상점, 관문이나 교량의 통행을 편리하게 해서 남는 물건으로 없는 물건을 바꾸면서 객상들이 오게 하여 다른 지역의 돈을 벌어들이고, 쓰임새를 줄여서 의식비를 절약하고 집과 기기는 쓸 만큼만 충족하며 오락에 쓸 물건을 구매하지 않는다면 수입이 많아질 것이다. 수입을 많아지게 하는 것은 사람이 하는 일이다. 자연이 하는 일, 예를 들면 바람과 비가 때를 맞추고 추위와 더위가 적당하다면, 토지가 늘어나지 않아도 풍년의 수확을 얻게 되어 수입이 많아질 것이다. 사람이 하는 일과 자연의 공 두 가지가 모두 수입이 많아지게 하니 산림과 소택의 이로움만이 아니다. '산림과 소택의 이로움이 없는데 수입이 많아진다면' 그것을 출처가 온당치 못한 물건이라고 한다는 것은 방법도 없이 그렇다고 하는 말이다.

或曰, 李子設辭曰, "夫言語辨, 聽之說, 不度於義者, 謂之窕言。" '辯'在言者, '說'在聽者, 言非聽者也。所謂 '不度於義', 非謂聽者, 必謂所聽也。聽者, 非小人則君子也。小人無義, 必不能度之義也。君子度之義, 必不肯說也。夫曰, "言語辨, 聽之說, 不度於義" 者, 必不誠之言也。入多之爲窕貨也, 未可遠行也。李子之姦弗蚤[74]禁, 使至於計, 是遂過也。無術以知而入多, 入多者穰也, 雖倍入[75]將奈何! 擧事[76]愼[77]陰陽之和, 種樹節四時之適, 無早晩之失, 寒溫之災, 則入多。不以小功妨大務, 不以私欲害人事, 丈夫盡於耕農, 婦人力於織紝[78], 則入多。務於畜養之理, 察於土地之宜，六畜[79]遂，五穀[80]殖，則入多。明於權計，審於地形舟車機械之利，用力少，致功大，則入多。利商市關梁之行，能以所有致所無，客商歸之，外貨留之，儉於財用，節於衣食，宮室器械，周於資用，不事玩好，則入多。入多，皆人爲也。若天事，風雨時，寒溫適，土地不加大，而有豐年之功，則入多。人事天功二物者皆入多，非山林澤谷之利也。夫'無山林澤谷之利入多'，因謂之'窕貨'者，無術之言也。

○○○

조간자(趙簡子)가 위(衛)나라의 외성을 포위하고는 물소 가죽으로 만든 방패를 들고 적의 화살이나 돌이 미치지 못하는 곳에 서서 북을 쳤으나 병사들이 움직이지 않았다. 간자가 북채를 던지며 말하기를 "아아, 내 병사들이 매우 피곤하구나!"라고 하였다. 행인(行人) 촉과(燭過)가 투구를 벗으면서 말하기를 "신이 듣건대, 다만 그대가 할 수 없을 따름이지 병사들이 피곤한 것이 아닙니다. 옛날에 선군 헌공(獻公)께서 열일곱 개 나라의 병탄으로 서른여덟 개 나라를 복종시킬 때에 열두 번이나 싸워 이겼는데, 이것은 진(晉)나라 백성들만을 동원한 것입니다. 헌공이 돌아가시고 혜공(惠公)이 즉위해서는 음란하고 난폭한 행위를 하시며 미인을 좋아하자, 진(秦)나라 군대가 침입하여 강(絳)의 십칠 리 밖까지 이르게 되었는데, 이것 또한 진(秦)나라 백성들만을 동원한 것입니다. 혜공이 돌아가시고 문공(文公)이 그 자리를 잇자, 위(衛)나라를 포위하고 업(鄴)을 빼앗았고, 성복(城濮)의 싸움에서 초(楚)나라의 군대를 다섯 번이나 격파하여 천하에서 영예로운 이름을 얻으셨는데, 이것 역시 진(晉)나라 백성들만을 동원한 것입니다. 단지 그대가 할 수 없을 뿐이지, 병사들이 피곤한 것이 아닙니다." 라고 하였다. 간자가 이에 방패를 버리고 적의 화살과 돌이 떨어지는 곳에 서서 북을 치자 병사들이 기세를 타서 크게 이겼다. 간자가 말하기를 "내가 전차 천 대를 얻는 것이 행인 촉과의 한마디를 듣는 것만 못하다."라고 하였다.

趙簡子[81]圍[82]衛之郛郭[83]， 犀楯[84]犀櫓[85]， 立於矢石之所不及， 鼓之而士不起。 簡子投枹[86]曰， "烏乎！ 吾之士數[87]弊也。" 行人燭過[88]免冑[89]而對曰， "臣聞之， 亦有[90]君之不能耳， 士無弊者。 昔者吾先君獻公幷國十七， 服國三十八， 戰十有二勝， 是民之用也。 獻公沒， 惠公[91]卽位， 淫衎暴亂， 身好玉女， 秦人恣侵， 去絳[92]十七里， 亦是人之用也。 惠公沒， 文公受之； 圍衛、取鄴， 濮城之戰[93]， 五敗荊人， 取尊名[94]於天下， 亦此人之用也。 亦有君不能耳， 士無弊也。" 簡子乃去楯櫓， 立矢石之所及， 鼓之而士乘之， 戰大勝。 簡子曰， "與吾得革車[95]千乘， 不如聞行人燭過之一言也。"

○ ○ ○

어떤 사람이 말하기를 행인(行人) 촉과(燭過)는 제대로 유세(遊說)를 한 것이 아니다. 곧 혜공이 진(晉)나라 사람을 가지고 패한 것과 문공이 이 사람들로 패업(霸業)을 이루게 된 것만을 이야기했을 뿐, 사람들을 부리는 방법은 아직 모르는 것이다. 간자(簡子)는 서둘러서 방패를 버릴 수가 없었다. 자기의 아버지가 적에게 포위를 당하면 자신이 대신 화살이나 돌 맞는 것을 가벼이 여기는 것은 효자가 부모를 사랑하기 때문이다. 효자가 부모를 사랑하는 것은 백 명 중 한 명 정도뿐이다. 지금 자신이 위험에 처하면 백성들이 싸워줄 것이라고 생각하는 것은, 모든 백성의 자식들이 윗사람을 대하는 것이 마치 효자가 부모를 사랑하는 것 같을 것이라고 여기는 것으로, 이는 행인의 속임수이다. 이로움을 좋아하고 해를 싫어하는 것은 모든 사람이 지니고 있는 것이다. 상이 후하고 분명하면 사람들은 적을 가볍게 여기며, 형벌이 무겁고 반드시 집행되면 사람들은 도망치지 않는다. 고상한 성품을 지니고 있으면서 윗사람을 위해 희생할 이는 백 명 중 하나도 되지 않는다. 이익을 좋아하고 죄를 두려워하는 것은 사람들 중 그렇지 않은 이가 없다. 무리를 거느리는 사람이 그렇게 하지 않을 수 없는 방법을 취하지 않고, 백 명 중 한 사람도 하지 않을 행동을 말한 것이니 행인은 백성을 부리는 방법을 아직 몰랐던 것이다.

或曰, 行人未有以說也, 乃道惠公以此人是[96]敗, 文公以此人是霸, 未見所以用人也。簡子未可以速去楯櫓也。嚴親[97]在圍, 輕犯矢石, 孝子之所愛親也。孝子愛親, 百數之一也。今以爲身處危而人尙可戰, 是以百族之了於上皆若孝子之愛親也, 是行人之誣也。好利惡害, 夫人之所有也。賞厚而信, 人輕敵矣, 刑重而必, 失[98]人不北[99]矣。長行[100]徇[101]上, 數百不一失[102]。喜利畏罪, 人莫不然。將[103]衆者不出乎莫不然之數[104], 而道乎百無一人之行, 行人未知用衆之道也。

1) 景公(경공): 춘추 시대 제(帝)나라의 군주. 영공(靈公)의 아들로 장공(莊公)의 이복동생이다. 이름은 저구(杵臼)이다. 최저(崔杼)가 장공을 죽이고 왕으로 세웠다. 궁궐을 짓는 것과 개와 말 기르는 것을 좋아하였으며, 과도한 세금을 걷고 형벌을 남용했지만 다행히도 안영의 보좌를 받아 나라를 위태롭게 하지는 않았다. B.C. 547년부터 B.C. 490년까지 57년간 재위했다.

2) 晏子(안자): 안영(晏嬰, B.C. ?~B.C. 500)으로 춘추 시대 제나라 이유(夷維, 지금의 산동성(山東省) 고밀현(高密縣)) 사람이다. 아버지를 이어 제나라의 재상이 되어 경공을 섬겼다. 웅대에 뛰어났으며 근검한 행동으로 당시에 이름을 날렸다.

3) 宮(궁): 거처하는 집을 말한다. 고대에는 신분의 귀천에 관계없이 거처하는 곳을 궁(宮)이라 했다.

4) 且(차): 금(今)의 의미다.

5) 習(습): 근(近)의 의미다.

6) 踴(용): 월형(刖刑)을 당한 사람이 신는 신발. 월형은 발꿈치를 베는 형벌이다.

7) 屨(구): 짚신이나 나막신 같은 신발.

8) 造然(조연): 놀라 두려워하는 모습.

9) 便辭(편사): 교묘하게 남의 비위를 맞추는 언사.

10) 如恐不勝(여공불승): 두려움을 이기지 못하는 모습. 형벌의 엄격함을 이르는 말이다.

11) 惜草茅(석초모): 풀과 띠, 즉 잡초를 아까워하여 제거하지 못하는 것을 말한다.

12) 齊桓公(제환공): 춘추 시대 제나라의 제후. 자는 소백(小白)으로 관중을 등용하여 재상으로 삼아, 춘추 시대 첫 번째의 패자(霸者)가 되었다.

13) 雪(설): 씻다. 더러움을 씻다. 치욕이나 누명을 벗다.

14) 倉囷(창균): 곡식을 저장하는 창고. 여기서는 창고에 저장되어 있는 곡식을 가리킨다.

15) 論(론): 살피다, 헤아리다.

16) 囹圄(령어): 감옥. 여기서는 감옥에 갇힌 죄인들의 죄상을 가리킨다.

17) 宿義(숙의): 마음속에 의를 지니고 있다.

18) 偸幸(투행): 요행.

19) 文王(문왕): 주(周)나라 문왕을 가리킨다.

20) 盂(우): 우(邘)의 가차자로 보인다. 『사기·주본기(周本紀)』에 "문왕이 기(耆)나라를 물리치고, 이듬해에는 우(邘)나라를 공격하였다(文王敗耆國, 明年伐邘)."라고 기록돼 있다. 우(邘)나라는 상(商)나라의 제후국으로, 지금의 하남성(河南省) 심양현(沁陽縣) 서북쪽의 우대진(邘臺鎭)이다.

21) 莒(거): 기(耆)나라로 보인다. 소증화(邵增樺)는 『한비자금주금역(韓非子今注今譯)』에서 소리가 가까워서 거(莒)로 쓴 것으로 보았다.

22) 豐(풍): 문왕이 만든 새로운 읍으로, 지금의 섬서성(陝西省) 호현(鄠縣) 동쪽이다.

23) 擧事(거사): 군사를 일으키다.

24) 紂(주): 상(商)나라의 마지막 임금으로 중국 역사상 유명한 폭군이다. 이름은 수신(受辛)으로, 술과 여색을 좋아하고 잔인하고 무도한 일을 행하다 주나라 무왕이 상나라를 멸망시키자 불 속에 뛰어들어 자살했다.

25) 洛西(낙서): 낙수(洛水)의 서쪽. 낙수는 황하의 지류 중 하나다.

26) 赤壤(적양): 옥토(沃土).

27) 炮烙之刑(포락지형): 상나라 주왕이 구리 기둥에 기름을 발라 숯불에 달군 후 그 위를 죄인이 걷게 한 혹형(酷刑).

28) 辟(피): 避(피).

29) 桎梏(질곡): 수갑과 족쇄.

30) 羑里(유리): 지금의 하남성(河南省)탕음현(湯陰縣) 북쪽으로 '유(羑)'는 유(牖)로 쓰기도 한다. 문왕이 주왕에 의해 이곳에 갇혔다.

31) 鄭長者(정장자): 전국 시대 정나라 사람으로 성명은 알려져 있지 않다. 『한서(漢書)·예문지(藝文志)』에 「정장자(鄭長者)」1편이 있다.

32) 制割(제할): 재단하다.

33) 賓胥無(빈서무): 춘추 시대 제나라 환공의 현신(賢臣).

34) 削縫(삭봉): 바느질하다.

35) 純緣(준연): 의복의 가장자리를 돌린 선.

36) 師曠(사광): 춘추 시대 진(晉)나라의 악사(樂師)로 자는 자야(子野)다.

37) 太師(태사): 악관의 우두머리.

38) 炮宰(포재): 요리사.

39) 之(지): 어(於)와 같은 용법이다.

40) 宮之奇(궁지기): 춘추 시대 우(虞)나라의 대부. 진(晉)나라 헌공(獻公)이 괵(虢)나라를 치려 하면서 벽옥과 준마로 우나라에게 길을 빌려줄 것을 요청했으나, 궁지기는 순망치한(脣亡齒寒)의 이치를 들어 거절한 것을 간언하였다. 우나라 군주가 듣지 않자 궁지기는 친족들과 우나라를 떠났고, 결과적으로 진나라는 괵나라를 멸망시킨 후에 우나라도 멸망시켰다.

41) 虞(우): 나라 이름으로 주(周)나라 태왕(太王)의 아들 우중(虞仲)의 후손이 세웠으며 무왕에 의해 분봉되었다. 춘추 시대에 진헌공에게 멸망당했다.

42) 僖負羈(희부기): 춘추 시대 조(曹)나라의 대부. 진(晉)나라 공자 중이(重耳)가 열국을 떠돌다 조나라에 머물게 되었다. 이때 군주였던 공공(共公)은 중이의 범상치 않은 모습을 보고 쫓아내려 했으나 희부기는 아내의 조언을 듣고 중이를 극진하게 대접했다. 후에 중이가 귀국하여 제후의 자리를 차지하여 문공(文公)이 된 후에 조를 공격해 공공을 포로로 잡았을 때 희부기 일족은 보호해 주라는 명령을 내려 그의 집은 무사할 수 있었다.

43) 曹(조): 주 무왕의 동생 진탁(振鐸)의 봉국(封國)으로 도구(陶丘)에 도읍하였다. 후에 송(宋)나라에게 멸망당했다. 오늘날 산동성(山東省) 정도현(定陶縣) 서북쪽에 위치했다.

44) 蹇叔(건숙): 춘추 시대 사람으로 백리해(百里奚)의 친구였다 한다. 백리해가 진(秦)나라 목공(穆公)에게 추천하여 목공이 그를 상대부(上大夫)로 삼았다. 태전방(太田方)은 『한비자익취(韓非子翼毳)』에서 건숙을 백리해의 오기라고 보았는데, 『여씨춘추』·『사기·회음후열전(淮陰侯列傳)』에도 모두 "百里奚處乎虞而虞亡, 處乎秦而秦霸。"라고 기록돼 있다.

45) 干(간): 우(虞)라고 보는 주석가도 다수 있다.

46) 臣(신): 여러 주석본에서 문맥상 군(君)이 되어야 자연스럽다 보고 있어 거기에 따르기로 한다.

47) 閭(려): 려(廬)와 통하여 거처를 말한다.

48) 御(어): 군주와 관계 있는 물건을 말하는데, 여기서는 제나라 환공이 여인들과 희롱하며 노닌 것을 말한다.

49) 豎刁(수조): 제나라 환공의 내시로 환공의 총애를 받았다. 환공이 죽자 역아(易牙)·개방(開方)와 함께 난을 일으켰다.

50) 尸(시): 왕선신은 호(戶)가 되어야 한다고 보았고, 여기서도 이를 따르기

로 한다.

51) 이에 대한 자세한 기록은 「십과(十過)」를 참고하기 바란다.

52) 且(차): 필(必)의 의미다.

53) 禮(예): 손님을 대접하는 예절을 말한다.

54) 優笑(우소): 남을 위해 흥을 돋워주거나 우스갯소리 등을 하는 배우.

55) 宰(재): 요리사.

56) 이 부분은「난일(難一)」"伊尹……道爲宰干湯"과 같은 의미다.

57) 百里奚(백리해): 춘추 시대 진(秦)나라 목공(穆公)의 재상이다. 자는 병백(幷伯)으로 원래 우(虞)나라 대부였다가 진(晉)나라 헌공(獻公)이 우나라를 멸망시키자 포로가 되었다. 그리고 헌공이 자신을 그 딸(秦나라 穆公 부인)의 잉신으로 삼으려 하자, 치욕을 못 이기고 완(宛) 땅으로 도망쳤다가 초(楚)나라 사람에게 잡혔다. 후에 진나라 목공이 그가 현명하다는 말을 듣고 다섯 장의 검은 양가죽을 주고 데려다가 정치를 맡겼는데, 재상이 된 지 7년 만에 목공을 패자가 되게 했다.

58) 이 부분은「난일(難一)」"百里奚……道爲虜干穆公"과 같은 의미다.

59) 陳(진): 늘어놓다, 벌여놓다.

60) 參(참): 참고하다, 헤아리다.

61) 收臣(수신): 신하를 장악하다.

62) 鮑叔(포숙): 포숙아(鮑叔牙)로, 춘추 시대 제나라 사람으로 관중의 친구다. 포숙은 공자 소백(小白)을 섬겼고, 관중은 공자 규(糾)를 섬겼는데, 왕위 다툼의 와중에 관중은 소백을 활로 쏴 허리띠를 맞혔다. 후에 소백이 즉위하여 환공이 되었고 포숙을 재상에 임명하였으나, 포숙은 자신이 관중만 못하다는 다섯 가지의 일을 들며 관중을 추천하여 그가 재상이 되게 하였다.

63) 周公旦(주공단): 주 문왕의 아들로 무왕의 동생이다. 무왕을 도와 은나라를 멸망시키고 노(魯)나라에 분봉되었다. 무왕이 죽자 어린 성왕(成王)을 섭정하며, 은나라의 후예인 무경(武庚)과 자신의 동생인 관숙(管叔)·채숙(蔡叔)과 연합하여 반란을 일으키자 이를 진압하였다. 그 후 섭정한 지 7년 만에 성왕에게 정권을 돌려주었다.

64) 假(가): 대리하다.

65) 成王(성왕): 주 무왕의 아들로 이름은 송(誦)이었다.

66) 取舍(취사): 사(舍)는 사(捨)와 같은 의미로 취사(取舍)는 '취하고 버리는 것을 선택한다'는 뜻이다.

67) 簡公(간공): 춘추 시대 제나라의 군주로 애공(哀公)의 아들이다. 재위 4년 만에 전상에게 피살됐다.

68) 闇主(암주): 어리석은 군주.

69) 李兌(이태):「외저설좌하(外儲說左下)」에 이극(李克)이 중산국(中山國)을 다스렸다는 기록이 있어, 여기서는 이에 따라 이극으로 보기로 한다. 이극은 전국 시대 초의 위(魏)나라 사람으로 자하(子夏)의 제자다. 위나라 문후(文侯)가 재상으로 삼아 많은 개혁을 주도하게 하였는데, 이때부터 위나라가 강성해졌다.

70) 苦陘(고경): 중산국에 속한 현의 이름이다. 지금의 하북성(河北省) 무극현(無極縣) 동북쪽에 있었다.

71) 令(령): 현의 관리를 말하는데, 큰 현은 영(令)이라 하였고, 작은 현은 장(長)이라 하였다.

72) 窕言(조언): 경박한 말. 내용이 없어 성실치 못한 말

73) 窕貨(조화): 출처가 온당치 못한 물건.

74) 蚤(조): 조(早)와 같은 뜻이다.

75) 倍入(배입): 배(倍)는 패(悖)와 같은 의미로 '정당치 못한 수입'을 말한다.

76) 擧事(거사): 농사일을 하다.

77) 愼(신): 따르다.

78) 織紝(직임): 직조(織造)와 같은 뜻으로 베 짜는 것을 말한다.

79) 六畜(육축): 말·소·양·닭·개·돼지.

80) 五穀(오곡): 일반적으로 쌀·보리·콩·조·기장을 말한다.

81) 趙簡子(조간자): 춘추 시대 진(晉)나라의 대부로 이름은 앙(鞅)이다. 범씨(范氏)와 중항씨(中行氏)를 죽이고 진나라의 대권을 장악하자 그 봉토가 제후에 비견할 정도가 되었다.

82) 衛(위): 주 무왕의 동생 강숙(康叔)의 봉국으로, 수도는 조가(朝歌, 지금의 하남성(河南省) 기현(淇縣) 동북쪽)였다.

83) 郛郭(부곽): 외성.

84) 楯(순): 방패로, 순(盾)과 통한다.

85) 櫓(노): 큰 방패.

86) 枹(포): 북채.

87) 數(삭): 부사로 사용되어 피곤한 정도를 나타낸다.

88) 燭過(촉과): 사람 이름으로, 행적은 불분명하다.

89) 免胄(면주): 투구를 벗는 것으로 군례(軍禮)의 하나다.

90) 亦有(역유): 단지, 다만.

91) 惠公(혜공): 헌공의 아들로 이름이 이오(夷吾)다. 헌공이 죽고 여러 아들들이 왕위 다툼을 벌일 때 이오가 하서 땅을 진(秦)나라에 뇌물로 바치자 진나라 목공(穆公)이 군대를 보내 이오가 왕위에 오르도록 도와주었는데, 이가 바로 혜공이다. 훗날 혜공이 약속을 어기고 거짓말을 일삼자 진(秦)나라와 진(晉)나라는 한원(韓原)에서 전쟁을 벌였고, 혜공은 포로가 되었지만 얼마 되지 않아 풀려나기도 하였다. B.C. 650년부터 B.C. 638년까지 13년간 재위하였다.

92) 絳(강): 진(晉)나라의 수도로, 지금의 산서성(山西省) 익성현(翼城縣) 동남쪽에 있었다.

93) 濮城之戰(성복지전): 주(周)나라 양왕(襄王) 20년(B.C. 632)에 일어난 전쟁으로 초나라 성왕(成王)이 송(宋)나라를 포위 공격하자 진나라 문공이 송나라를 돕기 위해 출병을 하여 성복(城濮, 지금의 하남성(河南省) 진류현(陳留縣))에서 초나라를 크게 격파했다.

94) 尊名(존명): 제후 중에 패자가 된 것을 말한다.

95) 革車(혁거): 가죽을 두른 수레, 전차를 말한다.

96) 是(시): 이(而)의 의미다.

97) 嚴親(엄친): 자신의 아버지.

98) 失(실): 부(夫)의 오기로 보인다.

99) 北(배): 달아나다.

100) 長行(장행): 고상한 성품.

101) 徇(순): 순(殉)과 통한다.

102) 失(실): 연자다.

103) 將(장): 거느리다.

104) 數(수): 술(術)과 통한다.

제38편 난삼(難三)

논박하라 제3편(編)

解題

앞 「난일(難一)」과 「난이(難二)」의 연속으로 역사적인 고사를 우선적으로 제시한 후에, 이를 거론하며 한비(韓非)의 입장에서 비판하였다. 논박의 성격이 농후하여 법가(法家)적인 논리가 강하게 반영되어 있다.
한비는 본 편에서 '목공(穆公)이 잘못을 알리지 않은 자사(子思)를 존중하고 잘못을 알린 여백(厲伯)은 경시했기 때문에 군주로서 협박을 당했던 사실'에 대해 비난하였고 '전과가 있는 신하를 제거하지 않고 군주자신이 스스로 덕을 지녔다고 운운하는 것은 후사를 단절하는 원인'으로 제공된 것에 대해 비판하였다. 또한 군주는 명철함으로 먼 곳의 간악함을 비추어 보고 작은 일도 간파하여 명령을 행할 수 있어야 변고가 없을 것이며, 은혜를 베푸는 통치는 법이 붕괴되는 가장 커다란 주범이라고 피력하고 있다. 뿐만 아니라 군주는 군신들을 다 간파하기에는 역부족이므로 타인에게 의존하여 간악한 것을 포착해야 한다고 주장하였다. 이외에도 "법술을 두고 말을 믿게 되면 당혹하게 된다." "다스리는 일은 맡은 직분을 넘지 말아야 하고, 비록 안다고 해도 말하지 말아야 한다." 등의 신불해(申不害) 주장을 거론하며 현명한 군주가 차질 없이 통치하는 관건은 바로 '권세'라고 강조하고 있다. 또 군주는 신하에게 좋고 싫음을 드러내지 말 것과 법(法)은 문서로 엮어 관청에 비치하고 술(術)은 마음에 숨기고 드러내지 말 것을 재차 당부하였다.

○ ○ ○

노(魯)나라 목공(穆公)이 자사(子思)에게 묻기를 "나는 방간씨(龐擱氏)의 자식이 불효하다고 들었는데, 그 행동이 어떠한가?"라고 하였다. 자사가 대답하기를 "군자는 현자를 존중하여 덕을 높이고, 선한 것을 들어 백성들에게 보입니다. 잘못한 행동에 대해서는 소인(小人)들이나 알려고 하는 것이어서, 신은 모릅니다."라고 하였다. 자사가 나가고 자복려백(子服厲伯)이 들어가 목공을 알현하였는데, 방간씨의 자식에 대해 묻자 자복려백이 대답하기를 "그 잘못은 세 가지가 있는데, 모두 주군께서 일찍이 듣지 못하신 것입니다."라고 하였다. 이후로 목공은 자사를 귀하게 대하고 자복려백을 천하게 대하였다.

魯穆公問於子思曰, "吾聞龐擱氏子之不孝, 其行奚如?" 子思對曰, "君子尊賢以崇德, 擧善以觀[1]民。若夫[2]過行, 是細人[3]之所識也, 臣不知也。" 子思出, 子服厲伯入見, 問龐擱氏子, 子服厲伯對曰, "其過三, 皆君之所未嘗聞。" 自是之後, 君貴子思而賤子服厲伯也。

○ ○ ○

어떤 사람이 말하기를 "노나라의 공실(公室)이 삼 대 동안 계씨(季氏)에게 위협을 당한 것은 정말로 마땅한 것이 아닌가! 현명한 군주는 선한 자를 찾아내 그를 상주고 간악한 자를 찾아내 그를 주살하는데, 장차 그들을 찾아내는 것은 같은 것이다. 그러므로 선을 군주에게 아뢰는 것은 선을 좋아하는 것으로써 군주와 함께하는 것이다. 간악을 군주에게 아뢰는 것은 간악을 미워하는 것으로써 군주와 함께하는 것이다. 이러하다면 상과 명예가 이르는 것은 마땅한 것이다. 간악을 알리지 않는 것은 군주와 함께하는 것이 아니며 아래로 간악한 자들과 결탁한 것으로, 이러하다면 비난과 벌이 이르는 것은 마땅한 것이다. 지금 자사(子思)는 잘못을 아뢰지 않았지만 목공(穆公)은 그를 귀하게 대하였다. 여백(厲伯)은 간악한 것을 아뢰었지만 목공은 그를 천하게 대하였다. 사람의 마음은 모두 귀하게 대접받는 것을 좋아하고 천하게 대접받는 것을 싫어하는데, 이 때문에 계씨의 반란이 이루어지고 있었지만 군주에게 알려지지 않았고, 이것이 노(魯)나라 군주가 위협을 받은 까닭이다. 또한 이는 패망한 왕의 풍속으로 추(鄒)나라와 노나라의 백성들은 자만에 빠지고, 목공만이 오직 자사를 귀하게 대한 까닭이니, 이는 정말로 잘못된 것이 아니겠는가?"라고 하였다.

或曰，魯之公室，三世[4]劫於季氏，不亦宜乎！明君求善而賞之，求姦而誅之，其得之一也。故以善聞之[5]者，以說善同於上者也。以姦聞之者，以惡姦同於上者也。此宜賞譽之所及也。不以姦聞，是異於上而下比周於姦者也，此宜毁罰之所及也。今子思不以過聞，而穆公貴之。厲伯以姦聞，而穆公賤之。人情皆喜貴而惡賤，故季氏之亂成而不上聞，此魯君之所以劫也。且此亡王之俗，取[6]魯之民所以自美，而穆公獨貴之，不亦倒乎！

○ ○ ○

문공(文公)이 도망가자 헌공(獻公)이 시인(寺人) 피(披)를 시켜 포성(蒲城)을 치게 하였는데, 피가 문공의 소맷자락만을 잘랐고 이에 문공은 적(翟) 땅으로 달아났다. 혜공(惠公)이 즉위하자 피로 하여금 또 혜두(惠竇)를 치게 하였지만 치지 못하였다. 문공이 진(晉)나라로 돌아오게 되었고, 피가 만나기를 청하자 문공이 묻기를 "포성의 사역(使役)에서 군주는 하룻밤에 치라고 하였지만 그대는 즉시 돌아왔다. 혜두의 난에서도 군주는 사흘 밤에 치라고 하였지만 그대는 하룻밤 만에 돌아왔는데 무엇 때문에 그렇게 서두른 것인가?"라고 하였다. 피가 대답하기를 "군주의 명은 어길 수 없습니다. 군주의 적을 제거하는 데 오로지 제 자신이 감당할 수 없는 것이 생길까 두려울 뿐입니다. 포성 지역의 사람이든 적 땅의 사람이든 제게 무슨 상관이 있겠습니까! 지금 공께서 즉위하셨지만 장차 포성 지역이니 적 땅에서 있었던 일이 다시 없다고 할 수 있겠습니까! 뿐만 아니라 환공(桓公)은 화살이 자신의 혁대를 적중했던 일이 있었음에도 불구하고 관중(管仲)을 재상으로 삼았습니다."라고 하였다. 마침내 군주가 그를 만났다.

文公出亡[7]，獻公使寺人[8]披攻之蒲城[9]，披斬其袪，文公奔翟[10]。惠公卽位，又使攻之惠竇，不得也。及文公反國，披求見，公曰，"蒲城之役，君令一宿，而汝卽至。惠竇[11]之難，君令三宿，而汝一宿，何其速也?"披對曰，"君令不二[12]。除君之惡[13]，惟恐不堪。蒲人翟人，余何有焉！今公卽位，其無蒲翟乎！且桓公置射鉤[14]而相管仲。"君乃見之。

○○○

어떤 이가 말하기를 "제(齊)나라와 진(晉)나라가 망한 것은 정말로 마땅한 것이 아닌가! 환공은 관중의 능력을 이용하기 위해, 관중이 쏜 화살이 자신의 혁대를 적중했던 원한을 잊었다. 문공(文公)은 시인(寺人) 피(披)의 말을 듣고, 그가 소맷자락을 잘랐던 죄를 저버릴 수 있었다. 이에 환공과 문공은 두 사람을 받아들일 수 있었다. 그러나 후세 군주들의 명철함은 두 공에 미치지 못하고, 후세 신하들의 현명함은 두 사람만 못하다. 충성스럽지 못한 신하가 명철하지 못한 군주를 섬기니, 군주가 알지 못하면 연조(燕操)[15]·자한(子罕)·전상(田常)과 같은 역적이 있게 되는데, 그러한 자들을 알아차리게 되면 그들은 관중이나 피(披)의 예로써 자신을 해명한다. 이러하면 군주는 반드시 주살하지 않고 스스로를 환공이나 문공의 덕을 갖추었다고 생각할 것인데, 이는 신하가 원수가 되어도 명철함이 빛날 수 없고, 오히려 군주의 권한을 내주어, 스스로 어질다고 생각하며 경계하지 않게 된다면, 비록 후사가 없다 해도 정말로 옳은 것이 아닌가! 뿐만 아니라 피(披)의 말은 단지 꾸며낸 것으로 군주의 말을 어길 수 없었다고 한 것은 군주에 대한 충정이기는 하다. 그러나 죽은 군주가 후에 살아나더라도 신하가 부끄럽지 않아야만 이후에 충정이 될 수 있다. 지금 혜공이 아침에 죽었는데 저녁에 문공을 섬기고 있으니, 피가 '어길 수 없었다.'라고 한 것은 어째서인가?"라고 하였다.

或曰, 齊、晉絶祀[16], 不亦宜乎! 桓公能用管仲之功, 而忘射鉤之怨。 文公能聽寺人之言, 而棄斬袪之罪。 桓公、文公能容二子者也。 後世之君明不及二公, 後世之臣賢不如二子。 以不忠之臣事不明之君, 君不知則有燕操、子罕、田常之賊, 知之則以管仲、寺人自解。君必不誅而自以爲有桓、文之德，是臣讐而明不能燭，多假之資[17]，自以爲賢而不戒，則雖無後嗣，不亦可乎！且寺人之言也，直飾君令而不貳者，則是貞於君也。死君後生臣不愧，而後爲貞。今惠公朝卒，而暮事文公，寺人之‘不貳’何如?

○○○

환공(桓公)에게 수수께끼를 낸 자가 있었는데, 그가 묻기를 "첫 번째 어려움, 두 번째 어려움, 세 번째 어려움이란 무엇일까요?"라고 하였다. 환공이 대답할 수 없어서 관중(管仲)에게 말하였다. 관중이 대답하기를 "첫 번째 어려움은 배우를 가까이하고 선비를 멀리하는 것입니다. 두 번째 어려움은 그 나라를 떠나 자주 바다로 가는 것입니다. 세 번째 어려움은 군주가 늙어 늦게 태자를 세우는 것입니다."라고 하였다. 환공이 말하기를 "훌륭하다."라고 하였고, 날을 택하지 않고 의례를 갖추어 태자를 세웠다.

人有設桓公隱[18]者，曰，"一難，二難，三難，何也?" 桓公不能射[19]，以告管仲。管仲對曰，"一難也，近優而遠士。二難也，去其國而數之[20]海。三難也，君老而晩置太子。" 桓公曰，"善。" 不擇日[21]而廟禮太子。

○○○

어떤 이가 말하기를 "관중(管仲)의 수수께끼에 대한 해석은 맞지 않다. 선비의 등용은 가까이하거나 멀리하거나에 있는 것이 아니고, 배우나 난쟁이들은 본래 군주가 그들과 더불어 즐기는 것이다. 따라서 배우를 가까이하고 선비를 멀리하더라도 잘 다스리게 되는 것은 장차 어려운 것이 아니다. 대저 권세를 가진 자리에 있으면서 자신이 가지고 있는 것을 쓸 수 없고 진실로 나라를 떠날 수 없다면, 이 때문에 한 사람의 힘으로 한 나라를 다스리게 된다. 한 사람의 힘으로 한 나라를 다스리는 자 중에 그것을 이겨낼 수 있는 자가 적다. 명철함으로 멀리 있는 간악함을 비추어 그 은밀하게 숨겨진 작은 것을 밝혀내서 반드시 명령을 실행하게 한다면, 비록 나라 안에서 멀리 나가 있어도 반드시 변고가 없을 것이다. 그렇다면 나라를 떠나 바다로 간다고 해도 위협을 당하거나 살해되지 않을 것이니, 장차 어려운 것이 아니다. 초(楚)나라 성왕(成王)은 상신(商臣)을 세워 태자로 삼았는데, 공자 작(職) 또한 태자로 세우려 했기 때문에 상신이 난을 일으켰고, 마침내 그가 성왕을 시해하였다. 공자 재(宰)는 주(周)나라의 태자였지만, 공자 근(根)이 총애를 받고 있자 결국 동주(東州)를 이용해 반란을 일으켜 두 나라로 나뉘었다. 이는 모두 태자를 늦게 세워 일어났던 환란이 아니다. 대저 권세를 나누어 둘로 하지 않고 서자가 비하되지 않으며 총애하는 자가 권세를 빌려주지 않는다면, 비록 군주가 늙었다 하더라도 태자를 늦게 세워도 괜찮다. 이러하다면 태자를 늦게 세워도 서자들이 난을 일으키지 않을 것이니, 이 또한 장차 어려운 것이 아니다. 사물 중에 이른바 어렵다고 하는 것 중에, 반드시 다른 사람에게 의지하여 권세를 이루게 되더라도 다른 이가 자신을 범하고 해치지 못하도록 하는 것이 첫 번째 어려움이라고 말할 수 있다. 첩을 귀하게 여기더라도 왕후와 나란히 하지 않게 하는 것이 두 번째 어려움이다. 서자를 사랑하더라도 적자의 지위를 위태롭게 하지 않고, 오로지 한 신하의 말만 듣더라도 그 신하가 감히 군주를 대적할 수 없도록 하는 것, 이것이 바로 세 번째 어려움이라고 말할 수 있다."라고 하였다.

或曰, 管仲之射隱[22]不得也。士之用不在近遠, 而俳優侏儒固人主之所與燕也。則近優而遠士而以爲治, 非其難者也。夫處勢而不能用其有, 而悖[23]不去國, 是以一人之力禁[24]一國。以一人之力禁一國者, 少能勝[25]之。明能照遠姦而見隱微, 必行之令, 雖遠於海內必無變。然則去國之海而不劫殺, 非其難者也。楚成王置商臣以爲太子, 又欲置公子職, 商臣作難, 遂弑成王。公子宰, 周太子也, 公子根有寵, 遂以東州反[26], 分而爲兩國。此皆非晩置太子之患也。夫分勢[27]不二, 庶孼[28]卑, 寵無藉[29], 雖處耄老[30], 晩置太子可也。然則晩置太子, 庶孼不亂, 又非其難也。物之所謂難者, 必借人成勢, 而勿使侵害己, 可謂一難也。貴妾不使二后[31], 二難也。愛孼不使危正適[32], 專聽一臣而不敢隅[33]君, 此則可謂三難也。

ㅇㅇㅇ

섭공(葉公) 자고(子高)가 중니(仲尼)에게 정치에 대해 묻자 중니가 말하기를 "정치라는 것은 가까운 곳에 있는 사람을 기쁘게 하고 먼 곳에 있는 사람을 오게 하는 데 있습니다."라고 하였다. 애공(哀公)이 중니에게 정치에 대해 묻자 중니가 말하기를 "정치라는 것은 현자를 등용하는 데 있습니다."라고 하였다. 제(齊)나라 경공(景公)이 중니에게 정치에 대해 묻자 중니가 말하기를 "정치라는 것은 재화를 아끼는 데 있습니다."라고 하였다. 섭공·애공·경공이 나가자 자공(子貢)이 묻기를 "세 공이 선생께 정치에 대해 물은 것은 같지만, 선생께서 그들에게 대답하신 것은 다른데 왜입니까?"라고 하였다. 중니가 답하기를 "섭공의 관할 구역은 크지만 나라는 작아서, 백성들이 모반할 마음을 가지고 있기 때문에 '정치라는 것은 가까운 곳에 있는 사람을 기쁘게 하고 먼 곳에 있는 사람을 오게 하는 데 있습니다.'라고 말한 것이다. 노(魯)나라 애공에게는 대신 세 사람이 있는데, 밖으로는 제후나 사방의 인사들을 가로막고 안으로는 작당하여 그 군주를 어리석게 만들고 있어, 종묘를 청소하지 못하게 하고 사직에서 제사를 지내지 못하게 하는 것은 반드시 이 세 사람 때문이다. 그래서 '정치라는 것은 현자를 등용하는 데 있습니다.'라고 말한 것이다. 제나라 경공은 옹문(雍門)을 쌓고 정전을 지었으며 하루아침에 삼백 승(乘)의 가읍에 주는 녹을 내린 일이 세 번이나 있었기 때문에 '정치라는 것은 재화를 아끼는 데 있습니다.'라고 말한 것이다."라고 하였다.

葉公[34]子高問政於仲尼, 仲尼曰, "政在悅近而來遠。" 哀公問政於仲尼, 仲尼曰, "政在選賢。" 齊景公問政於仲尼, 仲尼曰, "政在節財。" 三公出, 子貢問曰, "三公問夫子政一也, 夫子對之不同, 何也?" 仲尼曰, "葉都[35]大而國小, 民有背心, 故曰, '政在悅近而來遠。' 魯哀公有大臣三人, 外障距[36]諸侯四鄰之士, 內比周[37]而以愚其君, 使宗廟不掃除, 社稷不血食[38]者, 必是三臣也。 故曰, '政在選賢。' 齊景公築雍門[39], 爲路寢[40], 一朝而以三百乘之家[41]賜者三, 故曰, '政在節財'。"

○ ○ ○

어떤 이가 말하기를 "중니(仲尼)의 대답은 나라를 망하게 하는 말이다. 섭공(葉公)의 백성들이 모반할 마음을 가지고 있는데, 그들에게 정치라는 것은 '가까운 곳에 있는 사람을 기쁘게 하고 먼 곳에 있는 사람을 오게 하는 데 있습니다.'라고 말한다면, 이는 백성들에게 은혜를 바라도록 가르치는 것이다. 백성을 은혜롭게 하는 정치를 하면, 공이 없는 자가 상을 받고 죄를 가진 자가 그것을 면할 수 있게 되니, 이는 법이 무너지는 까닭이다. 법이 무너지면 정치가 어지럽게 되는데, 어지러운 정치로써 그릇된 백성을 다스리는 것은 아직 그것이 가능함을 보지 못하였다. 또한 백성이 모반할 마음을 가지고 있는 것은 군주의 명철함이 미치지 못하는 곳에 있다. 섭공의 명철함을 보태주지는 못하면서 그에게 가까운 곳에 있는 사람을 기쁘게 하고 먼 곳에 있는 사람을 오게 하라고 하는 것은 자신의 권세로 금할 수 있는 것을 버리고 그가 아랫사람과 함께하며 은혜를 베풀지 않음으로써 백성들을 다투게 하는 것이니, 그는 권세를 지닐 수 있는 자가 아니다. 대저 요(堯)의 현명함은 선왕 중에 으뜸이었지만, 순(舜)이 따르는 자들을 다 아울러 모두 품어주자 요는 세상을 잃게 되었다. 어떤 이가 술수로써 아랫사람을 금하지 않고 순이 했던 것처럼 해서 그 백성들을 잃지 않으려고 한다면, 참으로 술수가 없는 것이 아니겠는가! 명철한 군주는 소소한 데에서 작은 악을 발견하기 때문에 백성들에게 큰 모반이 없다. 미세한 데에서 작은 처벌을 단행하기 때문에 백성들에게 큰 난이 없다. 이를 가리켜 '쉬운 것에서 어려운 것을 도모한다.'라고 하고 '미세한 것에서 큰 것을 행한다.'라고 하는 것이다. 지금 공이 있는 자가 반드시 상을 받게 된다면, 상을 받는 자는 군자의 은혜를 얻었기 때문이 아니고 그 자신의 노력으로 이룬 것이다. 죄가 있는 자가 반드시 처벌을 받게 된다면, 벌을 받는 자는 군주를 원망하지 않게 될 것이니, 이는 그 자신의 죄에서 비롯되었기 때문이다. 백성들은 벌과 상이 모두 자기 자신으로부터 시작된다는 것을 알게 되고, 때문에 일에서 공과 이득을 거두려고 힘쓸 것이며, 군주에게서 하사받으려 하지 않을 것이다. '최상의 군주는 아랫사람들이 그가 있다는 것을 알게 할 뿐이다.'라고 한 이 말은 최상인 군주의 백성들은 달래지지 않는다는 것인데, 어찌 은혜를 그리워하는 백성들을 취하겠는가? 최상인 군주의 백성들은 이해의 타산이 없으니, '가까운 곳에 있는 사람을 기쁘게 하고 먼 곳에 있는 사람을 오게 한다.'라고 말한 것은 또한 버려야 하는 것이 옳지 않겠는가! 애공(哀公)에게 신하가 있었지만 밖으로는 제후나 사방의 인사들을 가로막고 안으로는 작당하여 그 군주를 어리석게 만들고 있는데도 '현자를 뽑아야만 한다.'고 말하였는데, 이는 그들의 공적이 계속되는 것에 대해 논하는 것이 아닌, 그 마음속의 이른바 현자를 뽑은 것이다. 만일 애공이 세 사람이 밖으로는 제후나 사방의 인사들을 가로막고 안으로는 작당하여 그 군주를 어리석게 만들고 있는 것을 알았다면, 세 사람은 하루도 조정에 설 수 없었을 것이다. 애공은 현자를 뽑아야 함을 알지 못하고, 그 마음속의 이른바 현자를 뽑았기 때문에 세 사람이 일을 맡을 수 있었다. 연(燕)나라의 자쾌(子噲)는 자지(子之)를 현자라 여기고 손경(孫卿)을 인정하지 않았기 때문에 자신은 죽고 모욕을 당하였다. 부차(夫差)는 태재비(太宰嚭)를 지혜롭게 여기고 자서(子胥)를 어리석게 여겼기 때문에 월(越)나라에게 망하였다. 노(魯)나라 군주가 결코 현자를 알아보지 못하는데도 '현자를 뽑아야만 한다.'고 말하고 있으니, 이는 애공에게 부차와 연나라의 자쾌가 당했던 환란을 안기는 것이다. 명철한 군주는 자신이 신하를 천거하지 않고 신하들이 서로 추천하게 한다. 또한 직접 힘쓰지 않고 공이 저절로 따르게 한다. 그 맡은 일에 대해 논하고, 일에 대해서 그들을 시험하며, 공을 가지고 그것들을 결정짓는다. 그러므로 군신들은 공정하고 사사로움이 없어 현자를 숨기지 않으며, 무능한 자는 앞으로 나아가지 못하게 된다. 그러하다면 군주가 어찌 현자를 뽑는 데 있어 고생을 하겠는가?

경공이 백승(百乘)의 가문에 주는 녹을 내린 일이 있었기 때문에 '정치라는 것은 재화를 아끼는 데 있습니다.'라고 말한 것은 경공에게 술(術)을 가지고 거나한 향락을 누리지 못하게 하고 유독 군주의 자리에서 검소하라고 하는 것이니, 그렇지 않다면 가난에서 면하지 못할 것이다. 어떤 군주가 천 리의 영토로 식솔들을 먹여 살린다면, 비록 걸왕(桀王)이나 주왕(紂王)이라 할지라도 그보다 사치스럽지는 않을 것이다. 제나라는 사방이 삼천 리인데 환공(桓公)이 그 반을 자신의 부양에 썼으니, 이는 걸왕이나 주왕보다 사치스러운 것이다. 그러하다 하더라도 오패 중에 으뜸이 될 수 있었던 것은 사치와 검소의 경계를 알았기 때문이다. 군주가 되어서 아랫사람을 금하지 못하고 스스로 금하는 것을 아랫사람에게 협박받는다고 이야기한다. 아랫사람을 바로잡지 못하고 스스로 바로잡는 것을 세상을 어지럽게 하는 것이라고 이야기한다. 아랫사람을 절약하게 하지 못하고 스스로 절약하는 것을 가리켜 가난하다고 이야기한다. 명철한 군주는 사람들이 사사로움을 가지지 못하게 하고 사사로운 것에 욕심을 부리지 못하게 하며 사기를 쳐서 먹고살지 못하도록 금한다. 일에 힘을 다하고, 이득을 군주에게 돌리는 자는 반드시 소문이 나게 되고, 소문이 난 자는 반드시 상을 받게 된다. 사욕을 위해 더러운 행동을 한 자는 반드시 알려지게 되고, 알려지게 된 자는 반드시 처벌을 받게 된다. 그러한 까닭에 충신은 공적인 일에 충성을 다하고 백성과 선비는 집안일에 힘을 다하며 백관들은 군주에게 정성을 다하게 되니, 경공보다 곱절이나 사치스럽다 해도 나라의 근심이 아닌 것이다. 그러므로 그에게 '정치라는 것은 재화를 아끼는 데 있습니다.'라고 말한 것은 급한 것이 아니었다. 대저 세 명의 공에게 대답했던 한마디의 말들로 세 사람의 근심을 없앨 수 있었을 것이니, 이는 무엇보다 아랫사람들을 잘 알고 하는 말이어야만 한다. 아랫사람을 잘 안다면 소소한 것에서 금할 수 있고, 소소한 것에서 금할 수 있다면 악이 쌓일 수 없으며, 악이 쌓일 수 없다면 모반할 수 없게 되고, 모반할 수 없게 되면 공과 사가 분명해지며, 공과 사가 분명해지면 붕당이 흩어지게 되고, 붕당이 흩어지게 되면 밖으로는 통치를 가로막고 것이 없게 되고 안으로는 작당하는 근심이 없게 된다. 아랫사람을 아는데 밝다면 보는 것이 명확하고, 보는 것이 명확하면 처벌과 포상이 명확해지며, 처벌과 포상이 명확해지면 나라가 가난하지 않을 것이다. 그러므로 '한마디의 대답으로 세 공들의 근심을 없애는 것은 아랫사람들을 잘 알고 하는 말이어야만 한다.'라고 말하였다."라고 하였다.

或曰, 仲尼之對, 亡國之言也。葉民有倍心, 而說之"悅近而來遠", 則是教民懷惠。惠之爲政, 無功者受賞, 則有罪者免, 此法之所以敗也。法敗而政亂, 以亂政治敗民, 未見其可也。且民有倍心者, 君上之明有所不及也。不紹[42]葉公之明, 而使之悅近而來遠, 是舍吾勢之所能禁而使與不行惠以爭民, 非能持勢者也。夫堯之賢, 六王[43]之冠也, 舜一徙而咸包, 而堯無天下矣。有人無術以禁下, 恃爲舜而不失其民, 不亦無術乎! 明君見小姦於微, 故民無大謀。行小誅[44]於細, 故民無大亂。此謂"圖難於其所易"也, "爲大者於其所細"也。今有功者必賞, 賞者不得君[45], 力之所致也。有罪者必誅, 誅者不怨上, 罪之所生也。民知誅賞之皆起於身也, 故疾[46]功利於業, 而不受賜於君。"太上, 下智有之。"此言太上之下民無說也, 安取懷惠之民? 上君之民無利害, 說以"悅近來遠", 亦可舍已! 哀公有臣外障距內比周以愚其君, 而說之以"選賢", 此非功伐[47]之論也, 選其心之所謂賢者也。使哀公知三子外障距內比周也, 則三子不一日立矣。哀公不知選賢, 選其心之所謂賢, 故三子得任事。燕子噲賢子之而非孫卿[48]，故身死爲僇[49]。夫差智太宰嚭而愚子胥，故滅於越。魯君不必知賢，而說以"選賢"，是使哀公有夫差、燕噲之患也。明君不自擧臣，臣相進[50]也。不自賢[51]，功自徇也。論之於任，試之於事，課之於功。故羣臣公正而無私，不隱賢，不進不肖。然則人主奚勞於選賢？景公以百乘之家賜，而說以"節財"，是使景公無術以享厚樂，而獨儉於上，未免於貧也。有君以千里養其口腹[52]，則雖桀、紂不侈焉[53]。齊國方三千里，而桓公以其半自養，是侈於桀、紂也。然而能爲五霸冠者，知侈儉之地也。爲君不能禁下而自禁者，謂之劫。不能飾下而自飾[54]者，謂之亂。不節下而自節者，謂之貧。明君使人無私，以詐而食者禁。力盡於事，歸利於上者必聞[55]，聞者必賞。汙穢[56]爲私者必知，知者必誅。然故忠臣盡忠於公，民士竭力於家，百官精剋[57]於上，侈倍景公，非國之患也。然則說之以"節財"，非其急者也。夫對三公一言而三公可以無患，知下[58]之謂也。知下明則禁於微，禁於微則姦無積，姦無積則無比周，無比周則公私分，公私分則朋黨散，朋黨散則無外障距內比周之患。知下明則見精沐[59]，見精沐則誅賞明，誅賞明則國不貧。故曰，"一對而三公無患，知下之謂也。"

○ ○ ○

정(鄭)나라의 자산(子産)이 새벽에 외출하여 동장(東匠) 거리의 마을을 지나는데, 어떤 부인의 울음소리를 듣고는 마부에게 수레를 멈추게 하고 그 소리를 들었다. 조금 있다가 관리를 보내 그 부인을 잡아 신문해보니, 직접 그 남편의 목을 졸라서 죽인 후였다. 다음 날 마부가 "대부께서는 어떻게 그것을 아셨습니까?"라고 물었다. 자산이 말하기를 "그 울음소리가 두려워하고 있었다. 무릇 사람들은 그가 친하고 아끼는 자에 대해 처음에 병이 걸리면 근심하고 죽음에 이르게 되면 두려워하며 이미 죽고 나면 슬퍼한다. 당시의 울음소리는 이미 죽었는데, 슬퍼하는 것이 아니고 두려워하고 있었기에 그가 간악하다는 것을 알았다."라고 하였다.

鄭子産晨出, 過東匠之閭, 聞婦人之哭, 撫[60]其御之手而聽之。有閒, 遣吏執而問之, 則手絞[61]其夫者也。異日, 其御問曰, "夫子何以知之?" 子産曰, "其聲懼。凡人於其親愛也, 始病而憂, 臨死而懼, 已死而哀。今哭已死, 不哀而懼, 是以知其有姦也。"

○ ○ ○

어떤 이가 말하기를 "자산의 다스림이 참으로 번잡하지 않은가! 간악함을 반드시 귀와 눈이 직접 확인하는 것을 기다렸다가 이후에 그것을 알아낸다면 정나라는 간악함을 잡아내는 것이 적을 것이다. 송사를 주관하는 관리에게 일을 맡기지 않고, 사실을 조사하고 증거를 대조하는 정치로 살피지 않으며, 법도를 명확히 하지 않고, 오로지 귀 밝고 눈 밝은 것만을 다해 지혜와 생각을 짜내어 간악함을 알아낸다면, 참으로 술수가 없는 것이 아니겠는가! 또한 사물은 많지만 지혜는 적으니, 적은 것은 많은 것을 이길 수 없고, 지혜는 사물을 두루 알기에 부족하기 때문에 사물로써 사물을 다스려야 한다. 아랫사람은 많고 윗사람은 적으니, 적은 것은 많은 것을 이길 수 없고, 군주는 신하를 두루 알기에 부족하기 때문에 사람으로 사람을 알아내야 한다. 그러므로 몸을 수고롭게 하지 않고도 일이 다스려지고, 지혜와 사고를 쓰지 않고도 간악함이 잡힌다. 그러므로 송나라 사람들이 말하기를 '참새 한 마리가 예(羿)의 위를 지날 때마다 예가 반드시 그것을 잡았다면, 이는 예가 거짓말을 하는 것이다. 세상을 그의 그물로 삼는다면, 참새는 놓치지 않을 것이다.'라고 하였다. 대저 간악함을 알아내는 것 역시 큰 그물을 가지고 하나라도 놓치지 않게 할 따름이다. 그 이치를 깨닫지 못하고 자신의 짐작으로 화살을 삼는다면, 이는 자산이 거짓말을 하는 것이다. 노자(老子)가 말하기를 '지혜로 나라를 다스리면, 나라가 해를 입게 된다.'라고 하였는데, 이는 자산에 대한 말이다."라고 하였다.

或曰, 子產之治, 不亦多事[62]乎! 姦必待耳目之所及[63]而後知之, 則鄭國之得姦者寡矣。不任典成[64]之吏, 不察參伍[65]之政, 不明度量, 恃盡聰明勞智慮, 而以知姦, 不亦無術乎! 且夫物衆而智寡, 寡不勝衆, 智不足以徧知物, 故因物以治物。下衆而上寡, 寡不勝衆者, 言君不足以徧知臣也, 故因人以知人。是以形體不勞而事治, 智慮不用而姦得。故宋人語曰, "一雀過羿, 羿必得之, 則羿誣矣。以天下爲之羅, 則雀不失矣。" 夫知姦亦有大羅, 不失其一而已矣。不修[66]其理, 而以己之胸察[67]爲之弓矢, 則子產誣矣。老子曰, "以智治國, 國之賊[68]也。"[69] 其子產之謂矣。

○○○

진(秦)나라 소왕(昭王)이 좌우의 사람들에게 묻기를 "지금 한(韓)나라와 위(魏)나라가 처음에 강했을 때와 비교한다면 어떠한가?"라고 하였다. 좌우의 사람들이 대답하기를 "처음보다는 약합니다."라고 하였다. "지금의 여이(如耳)와 위제(魏齊)는 이전의 맹상(孟常)과 망묘(芒卯)와 비교한다면 어떠한가?"라고 물으니 "미치지 못합니다."라고 대답하였다. 왕이 말하기를 "맹상과 망묘가 강한 한나라와 위나라의 군사를 이끌고 온다고 해도 오히려 나를 어떻게 하지는 못할 것이리라!"라고 하였다. 좌우의 사람들이 대답하기를 "그렇습니다."라고 하였다. 중기(中期)가 거문고에 기대며 대답하기를 "왕께서는 세상의 정세를 잘못 헤아리고 계십니다. 대저 육진(六晉)시대에는 지씨(知氏)가 가장 강성하여, 범(范)과 중항(中行)을 멸하고, 또 한나라와 위나라의 군사를 통솔하여 조나라를 칠 때는 진수(晉水)로 물을 대니 성에서 잠기지 않았던 곳은 여섯 자 정도뿐이었습니다. 지백(知伯)이 나가보니, 위나라 선자(宣子)가 말을 부리고, 한나라 강자(康子)가 곁에 타고 있었는데, 지백이 말하기를 '처음에는 내가 물로 다른 사람의 나라를 망하게 할 수 있다는 것을 알지 못했는데, 나는 마침내 지금 그것을 알았다. 분수(汾水)로 안읍(安邑)을 잠기게 할 수 있고, 강수(絳水)로 평양(平陽)을 잠기게 할 수 있겠다.'라고 하였습니다. 이 말을 듣고 위나라의 선자는 한나라의 강자를 끌어당기고, 강자는 선자의 발을 밟으며, 수레 위에서 팔과 다리를 서로 가까이 하고 있었는데도, 지씨는 진양(晉陽) 땅의 아래지역을 분할해갔습니다. 지금 주군께서 비록 강하다고는 하지만 지씨에 미치지는 못하며, 한나라와 위나라가 비록 약하다고는 하지만 진양 땅의 아래지역과 같은 형편에 이른 것은 아닙니다. 이에 지금 세상은 팔과 다리를 이용하여 서로 가까이 해야 할 시기 같으니, 왕께서는 그것을 쉽게 여기지 마시기 바랍니다."라고 하였다.

秦昭王問於左右曰, "今時韓、魏孰與[70]始强?" 左右對曰, "弱於始也。" "今之如耳[71]、魏齊[72]孰與曩之孟常、芒卯[73]?" 對曰, "不及也。" 王曰, "孟常、芒卯率强韓、魏猶無奈寡人何也!" 左右對曰, "甚然。" 中期[74]伏瑟而對曰, "王之料天下過[75]矣。 夫六晉[76]之時,知氏最强， 滅范、中行， 又率韓、魏之兵以伐趙， 灌以晉水[77]， 城之未沈者三板[78]。知伯出， 魏宣子御， 韓康子爲驂乘， 知伯曰， ‘始吾不知水可以滅人之國， 吾乃今知之。 汾水可以灌安邑[79]， 絳水可以灌平陽[80]。’ 魏宣子肘[81]韓康子， 康子踐[82]宣子之足， 肘足接[83]乎車上而知氏分於晉陽之下。今足下[84]雖强， 未若知氏， 韓、魏雖弱， 未至如其晉陽之下也。此天下方用肘足之時， 願王勿易之也。”

○ ○ ○

어떤 이가 말하기를 “소왕의 질문에도 놓친 것이 있고, 좌우 사람들과 중기의 대답에도 잘못이 있다. 무릇 현명한 군수는 나라를 다스리는 데 있어, 그 권세에 맡겨버린다. 권세가 해를 입을 수 없는 것이라면, 비록 강한 나라의 제후라도 어찌할 수 없으니, 하물며 맹상·망묘·한나라·위나라가 나를 어찌할 수 있으랴! 그 권세가 해를 입을 수 있는 것이라면, 여제·위제 및 한나라·위나라 같은 못난 것들이 오히려 나를 해칠 수 있을 것이다. 따라서 해를 입거나 침해당하지 않는 것은 자신의 힘에 의존할 따름인데, 어찌 묻는 것인가? 스스로 그 침해당하지 않는 것에 의지한다면, 강한 것이나 약한 것이나 어찌 장차 가리겠는가? 무릇 스스로가 의지할 수 없어서, 그것을 어찌할까에 대해 묻는다면, 그것이 침해당하지 않은 것이 요행인 것이다. 신자(申子)가 말하기를 ‘술수를 버리고 말에서 믿음을 구하니, 의심스럽다.’라고 하였다. 그것은 소왕을 이른 것이다. 지백은 법술을 이해하지 못해, 한나라 강자와 위나라 선자를 따라서 물을 대 그들의 나라를 멸하려고 하였는데, 이는 지백이 나라를 망하게 하고 자신을 죽게 한 까닭이며, 그의 두개골로 잔을 만들어 마시게 된 이유이다. 지금 소왕이 이에 처음 강했을 때와 비교하여 어떤가라고 물은 것은 다른 사람이 물을 가지고 칠 것에 대한 근심을 가진 것이 아니다. 비록 좌우의 사람들이 있더라도 한나라와 위나라의 두 사람은 아닌데, 어찌 팔과 다리를 가까이 하는 일이 있겠는가? 그러나 중기가 말하기를 '쉽게 여기지 마십시오.'라고 말하였으니, 이는 헛된 말이다. 또한 중기가 맡고 있는 것은 거문고이다. 줄을 고르지 않았거나 연주하는 소리가 맑지 않다면, 중기의 책임인데, 이것은 중기가 소왕을 섬기는 소임인 것이다. 중기가 그 소임을 잘 받든다 해도 소왕을 흡족하게 하지 못할 것인데, 알지 못한 것까지 말하고 있으니, 어찌 망령되지 않은가! 좌우의 사람들이 대답하기를 '처음보다 약합니다.'라고 하든지 '미치지 못합니다.'라고 한다면 되지만 그들이 말하기를 '매우 그렇습니다.'라고 한다면 아첨인 것이다. 신자가 말하기를 '직무를 행하면서 자신이 소임을 넘지 말고, 비록 알더라도 말하지 말아야 한다.'라고 하였다. 지금 중기는 알지도 못하면서 오히려 그것에 대해 말하고 있으니, 그러므로 소왕의 질문에도 놓친 것이 있고, 좌우 사람들과 중기의 대답에도 잘못이 있다고 말하는 것이다."라고 하였다.

或曰, 昭王之問也有失, 左右、中期之對也有過。凡明主之治國也, 任其勢。勢不可害, 則雖强天下[85]無奈何也, 而況孟常、芒卯、韓、魏能奈我何! 其勢可害也, 則不肖如如耳、魏齊及韓、魏猶能害之。然則害與不侵, 在自恃而已矣, 奚問乎? 自恃其不可侵, 則强與弱奚其擇焉? 夫不能自恃, 而問其奈何也, 其不侵也幸矣! 申子[86]曰, "失之數[87]而求之信, 則疑矣。" 其昭王之謂也。知伯無度[88], 從韓康、魏宣而圖以水灌滅其國, 此知伯之所以國亡而身死, 頭爲飮杯[89]之故也。今昭王乃問孰與始强, 其未有水人之患[90]也。雖有左右, 非韓、魏之二子也, 安有肘足之事? 而中期曰, "勿易", 此虛言也。

且中期之所官，琴瑟也。絃不調，弄[91]不明，中期之任也，此中期所以事昭王者也。中期善承其任，未慊[92]昭王也，而爲所不知，豈不妄哉！左右對之曰，“弱於始”與“不及”則可矣，其曰，“甚然”則諛也。申子曰，“治不踰官[93]，雖知不言。”今中期不知而尙言之，故曰，昭王之問有失，左右、中期之對皆有過也。

○○○

관자(管子)가 말하기를 “그것이 옳다고 본다면, 그것을 좋아하는 증거가 있어야 한다. 그것이 옳지 않다고 본다면, 그것을 싫어하는 형태가 있어야 한다. 보이는 것에서 상과 벌에 대한 신뢰를 가지고 있다면, 비록 보이지 않는 것이라 하더라도 장차 그것을 감히 행하겠는가? 그것이 옳다고 보는데도 그것을 좋아하는 것에 대한 증거가 없다. 또한 그것을 옳지 않다고 보는데도 그것을 싫어하는 형태가 없다. 이러하다면 보이는 것에서 상과 벌에 대한 신뢰를 가지고 있지 않는데, 보이지 않는 밖의 것을 구한다 하더라도 얻을 수가 없는 것이다.”라고 하였다.

管子曰，“見其可，說之有證[94]。見其不可，惡之有形[95]。賞罰信於所見，雖所不見，其敢爲之乎？見其可，說之無證。見其不可，惡之無形。賞罰不信於所見，而求所不見之外，不可得也。”

○ ○ ○

어떤 이가 말하기를 "넓은 궁정이나 삼엄한 저택은 많은 사람들이 숙연해하는 곳이다. 편안한 집이나 홀로 있는 거처는 증자(曾子)나 사추(史鰌)라도 느긋하게 지내는 곳이다. 사람들이 숙연해하는 것을 살펴본다고 해도 그들의 행동과 일치되는 마음은 아니다. 또한 군주는 신하들이 꾸며서 행동하는 대상이다. 군주가 좋아하고 싫어하는 것을 드러낸다면, 신하들은 간악한 일을 만들어 내서 그 군주를 반드시 어리석게 만들 것이다. 명철함으로 먼 곳에 있는 간악함을 밝혀내지 못하고 숨겨진 작은 일을 볼 수 없어, 그들이 꾸민 행동만을 보고 믿고 상과 벌을 정한다면, 또한 잘못된 것이 아니겠는가!"라고 하였다.

或曰, 廣廷[96]嚴居[97], 衆人之所肅也。 宴室[98]獨處[99], 曾[100]、史[101]之所優也。 觀人之所肅, 非行情也。 且君上者, 臣下之所爲飾也。 好惡在所見[102], 臣下之飾姦物[103]以愚其君必也。 明不能燭遠姦、見隱微, 而待[104]之以觀飾行、定賞罰, 不亦弊[105]乎!

○ ○ ○

관자가 말하기를 "방에서 말을 하면 방에 가득하고, 대청에서 말을 하면 대청에 가득하니, 이를 이르러 세상의 왕이라고 한다."라고 하였다.

管子曰, "言於室滿於室, 言於堂滿於堂, 是謂天下王。"

○○○

어떤 이가 말하기를 "관중이 말한 '방에서 말을 하면 방에 가득하고, 대청에서 말을 하면 대청에 가득하다.'라고 한 것은 단지 노는 것이나 먹는 것에 대한 말이 아니라 반드시 큰일을 가리켜 이른 것이다. 군주에게 있어서의 큰일은 법(法) 아니면 술수(術)이다. 법이라는 것은 문서로 그것을 엮어, 관청에 비치하고, 백성들에게 그것을 공포하는 것이다. 술수라는 것은 마음속에 그것을 감추어 두고, 여러 단서들과 맞추어 보면서, 군신들을 암암리에 부리는 것이다. 그러므로 법은 드러내는 것보다 좋은 것이 없고, 술수는 드러내려하지 말아야 한다. 이 때문에 명철한 군주가 법을 말하게 되면, 나라 안의 비천한 자들까지 듣고 알게 될 것이니, 오직 대청에만 가득하지는 않을 것이다. 술수를 쓴다면, 친하고 아끼는 측근들조차도 듣고 알 수 없을 것이니, 방에 가득할 수가 없다. 그러니 관자는 '방에서 말을 하면 방에 가득하고, 대청에서 말을 하면 대청에 가득하다.'라고 하였으니 법과 술수에 부합하는 말이 아니다."라고 하였다.

或曰, 管仲之所謂言室滿室、言堂滿堂者, 非特[106]謂遊戲飮食之言也, 必謂大物[107]也。人主之大物, 非法則術也。法者, 編著之圖籍[108], 設[109]之於官府[110], 而布之於百姓者也。術者, 藏之於胸中, 以偶衆端[111], 而潛御羣臣者也。故法莫如顯, 而術不欲見。是以明主言法, 則境內卑賤莫不聞知也, 不獨滿於堂。用術, 則親愛近習[112]莫之得聞也, 不得滿室。而管子猶曰 "言於室滿室, 言於堂滿堂", 非法術之言[113]也。

1) 觀(관): 시(示)의 의미다.

2) 若夫(야부): 발어사로 '……에 대해서는' 또는 '……과 같은 것은'으로 쓰인다.

3) 細人(세인): 식견이 좁은 소인(小人).

4) 三世(삼세): 소공(昭公)·정공(定公)·애공(哀公) 삼대(三代)를 말한다.

5) 聞之(문지): 지(之)는 대명사로 군주를 의미한다. 따라서 문지(聞之)는 군주에게 알려지는 것이다.

6) 取(취): 추(鄒)와 통용된다.

7) 文公出亡(문공출망): 진(晉)나라 문공(文公)이 중이(重耳)가 공자일 때 여희(驪姬) 때문에 도성 밖으로 도망친 일.

8) 寺人(시인): 고대 궁중에서 잡용(雜用)을 맡았던 소관(小官)으로 후세의 환관(宦官)에 해당한다.

9) 蒲城(포성): 중이의 봉지로 지금의 산서성(山西省) 습현(隰縣)이다.

10) 翟(적): 이민족인 적(狄)이 살던 곳으로 지금의 산서성(山西省) 북쪽이다.

11) 惠竇(혜두): 두(竇)는 독(瀆)과 통하여 혜두(惠竇)는 위수(渭水)의 물가를 말한다.

12) 不二(불이): 이(二)는 이(貳)의 의미로 배(背)와 통하여 불이(不二)는 '어기지 못함'을 의미한다.

13) 君之惡(군지악): 군주의 적.

14) 置射鉤(치사구): 혁대 고리를 쏘아 맞추었던 일에 대해 개의치 않았음을 가리킨다.

15) 연조(燕操): 연(燕)나라의 장수 공손조(公孫操)로 연나라의 왕을 죽였다.

16) 絶祀(절사): 종묘의 제사를 지내야 할 후사(後嗣)가 끊긴 것으로 나라가 망했음을 의미한다.

17) 假之資(가지자): 군주의 권한을 빌려주는 것을 말한다.

18) 隱(은): 은어(隱語)로 수수께끼를 말한다.

19) 射(사): 적중하다는 뜻으로, 여기서는 '질문을 맞히다, 대답하다'의 의미로 쓰였다.

20) 數之(삭지): 자주 가다.

21) 不擇日(불택일): 날을 가려 받지 않고 서두르는 것.

22) 射隱(사은): 수수께끼의 뜻을 바르게 해석하는 것.

23) 悖(패): 시(恃)의 뜻으로 '진실로'의 의미다.

24) 禁(금): 다스리다.

25) 勝(승): 이겨내다.

26) 以東州反(이동주반): 주(州)는 주(周) 지역으로 동주(東周)를 근거지로 삼아 반란을 일으킨 것을 가리킨다.

27) 分勢(분세): 권력을 분산시키다.

28) 庶孼(서얼): 서자(庶子).

29) 藉(자): 권세를 남에게 빌려주는 것.

30) 處耄老(처모로): 군주가 늙었음을 말한다.

31) 二后(이후): 왕후(王后)와 나란히 맞먹다.

32) 正適(정적): 대를 잇게 될 적자(嫡子)

33) 隅(우): 우(偶)의 의미로 '짝하다', '대적하다'의 뜻이다.

34) 葉公(섭공): 현재 하남성 섭현지역의 원로였던 심제량(沈諸梁)으로 자(字)가 자고(子高).

35) 都(도): 원로가 관할하는 행정구역.

36) 障距(장거): 거(距)는 거(拒)와 통하여 장거(障距)는 '방해하고 막는 것'을 말한다.

37) 比周(비주): 떼를 짓고 작당하는 것.

38) 血食(혈식): 희생 제물을 바치는 것으로 제사지내는 것을 의미한다.

39) 雍門(옹문): 제나라 도성의 서쪽에 있는 문.

40) 路寢(노침): 천자나 제후의 정전(正殿).

41) 百乘之家(백승지가): 상비 병력으로 전차 백 대 보유가 가능한 대부의 가읍.

42) 紹(소): 계(繼)의 의미로 더해주고 보충해주는 것.

43) 六王(육왕): 선왕(先王)으로 요(堯)·순(舜)·우(禹)·탕(湯)·문왕(文王)·무왕(武王) 여섯 왕을 말한다.

44) 小誅(소주): 작은 처벌.

45) 得君(득군): 군주의 은혜를 입는 것.

46) 疾(질): 무(務)와 통하여 '힘쓰다'의 의미다.

47) 功伐(공벌): 벌(伐)은 속(續)과 통하여 공벌(功伐)은 공이 계속되는 것을 말한다.

48) 孫卿(손경): 이름은 황(況)으로 순자(荀子)를 가리킨다.

49) 爲僇(위륙): 륙(僇)은 륙(戮)과 통하여 위륙(爲僇)은 죽음을 당하고 모욕을 당하는 것.

50) 相進(상진): 서로 추천을 거쳐 승진하는 것.

51) 賢(현): 로(勞)와 통한다.

52) 養其口腹(양기구복): 자신의 식솔들을 먹여 살리는 것.

53) 焉(언): 비교격의 용법으로 어(於)와 같은 의미.

54) 飾(칙): 칙(飭)과 통하며 정(正) 또는 정(整)의 뜻이다.

55) 必聞(필문): 반드시 소문이 나서 보고되는 것.

56) 汙穢(오예): 더러운 행동을 하다.

57) 精剋(정극): 극(剋)은 려(勵)와 통하여 정극(精剋)은 정성을 다해 힘쓰는 것을 말한다.

58) 知下(지하): 아랫사람, 즉 신하들을 잘 살펴서 정확한 상황을 아는 것이다.

59) 精沐(정목): 정(精)은 청(淸)와 통하고 목(沐)은 세(洗)와 통하여 정목(精沐)은 명료함을 뜻한다.

60) 撫(무): '억(抑)'과 통하여 수레를 멈추라고 손을 누른 것.

61) 手絞(수교): 직접 목을 졸라 죽이다.

62) 多事(다사): 일이 많아서 번잡한 것.

63) 所及(소급): 직접 확인하는 것.

64) 典成(전성): 송사(訟事)를 주관하다.

65) 參伍(삼오): 사실을 조사하고 증거를 대조하다.

66) 修(수): 깨달다.

67) 胸察(흉찰): 짐작(斟酌)이나 심증(心證)을 말한다.

68) 賊(적): 해를 입거나 손해를 보는 것.

69) 『노자』65장.

70) 與(여): 비교하다.

71) 如耳(여이): 위(魏)나라 사람으로 한(韓)나라를 섬겼던 대부(大夫).

72) 魏齊(위제): 위(魏)나라의 재상(宰相).

73) 芒卯(망묘): 위(魏)나라의 장수.

74) 中期(중기): 진(秦)나라의 악사인 종기(鍾期).

75) 料天下過(요천하과): 세상의 징세를 잘못 헤아리는 것.

76) 六晉(육진): 진(晉)을 약화시킨 육경(六卿)으로 지(知)·범(范)·중항(中行)·한(韓)·위(魏)·조(趙)를 말한다.

77) 灌以晉水(관이진수): 분수(汾水)의 지류인 진수(晉水)의 제방을 터서 그 물로 수공(水攻)을 꾀한 일.

78) 板(판): 성벽을 쌓는 판축(版築)으로 널판 폭이 두 자 길이다.

79) 安邑(안읍): 위나라 선자(宣子)의 봉읍으로 산서성(山西省) 하현(夏縣)의 서북지역.

80) 平陽(평양): 한나라 강자(康子)의 봉읍으로 산서성(山西省) 임분(臨汾) 지역.

81) 肘(주): 끌어당기다.

82) 踐(천): 발을 밟다.

83) 肘足接(주족접): 팔과 다리를 서로 가까이 하고 있는 것.

84) 足下(족하): 군주에 대한 호칭으로 여기서는 소왕을 가리킨다.

85) 强天下(강천하): 강한 나라의 제후들.

86) 申子(신자): 신불해(申不害).

87) 失之數(실지수): 술수(術數)를 놓치는 것.

88) 無度(무도): 법술(法術)을 이해하지 못하다.

89) 頭爲飮杯(두위음배): 사람을 죽여 그 두개골로 잔을 만들어 술을 마시는 것.

90) 水人之患(수인지환): 다른 사람이 물을 가지고 칠 것에 대한 걱정.

91) 弄(농): 연주하다.

92) 慊(겸): 포(飽)의 의미,

93) 治不踰官(치불유관): 직무수행에 있어 자신의 맡은 소임을 넘어 월권(越

權)을 행하지 않는 것.

94) 有證(유증): 증거가 있는 것으로 여기서는 상을 주어야 함을 말한다.

95) 有形(유형): 형태가 있는 것으로 여기서는 벌을 내려야 함을 말한다.

96) 廣廷(광정): 넓은 궁정.

97) 嚴居(엄거): 삼엄한 저택.

98) 宴室(연실): 편안한 집.

99) 獨處(독처): 혼자만의 거처.

100) 曾(증): 공자의 제자 증삼(曾參)으로 효행과 정직으로 상징되는 인물이다.

101) 史(사): 공자의 제자 사추(史鰌)로 근엄함으로 상징되는 인물이다.

102) 好惡在所見(호오재소견): 호불호가 드러나 있는 것으로 군주가 호불호를 드러내는 것을 말한다.

103) 飾姦物(식간물): 간악한 일을 꾸며내는 것.

104) 待(대): 시(恃)와 통용되어 '믿다'의 뜻.

105) 弊(폐): 폐(蔽)와 통한다.

106) 特(특): 단(但)의 뜻.

107) 大物(대물): 물(物)은 사(事)로 대물(大物)은 큰일 또는 중요한 일이다.

108) 圖籍(도적): 도(圖)는 도판(圖版)한 것이고 적(籍)은 죽간을 책으로 철(綴)한 것.

109) 設(설): 여기서는 비치(備置)하는 것.

110) 官府(관부): 관청(官廳).

111) 偶衆端(우중단): 많은 단서나 증거를 맞추어보면서 살피는 것.

112) 親愛近習(친애근습): 친하고 아끼는 측근들.

113) 法術之言(법술지언): 법과 술에 부합하는 말.

제39편 난사(難四)

논박하라 제4편(編)

解題

이 편은 4개의 부분으로 나누어 볼 수 있다. 첫째 단락에서는 군주와 신하는 반드시 각자 본분을 지켜야함을 말하고 있다. 둘째 단락에서는 군주는 은밀한 것까지 알아내는 명철함과 용서하지 않는 엄격함이 있어야 한다고 하였다. 셋째 단락에서는 군주는 죄에 합당한 화를 내며 벌을 내릴 때도 인심을 거스려서는 안된다고 하였다. 넷째 단락에서는 군주가 사람을 쓸 때에 총애하여 현명하지 못한 이를 등용하는 것을 조심해야 한다고 하였다.

위(衛)나라 손문자(孫文子)가 노(魯)나라를 방문하였는데, 양공(襄公)이 계단을 오르면 또한 함께 올랐다. 숙손목자(叔孫穆子)가 종종걸음으로 나아가 말하기를 "제후들의 회맹(會盟)에서 우리 군주가 위나라 군주의 뒤에 선 일은 일찍이 없었습니다. 지금 그대는 우리 군주에게서 한 계단도 뒤에 서려 하지 않으나 우리 군주께서는 잘못됐다는 것을 알지 못하십니다. 그대는 조금만 천천히 오르십시오."라고 하였다. 손문자는 대답을 하지 않았고 또한 고치려고도 하지 않았다. 숙손목자가 물러나 다른 사람에게 알려 말하기를 "손문자는 반드시 망할 것이다. 신하된 본분을 잊고 군주의 뒤에 서려 하지 않고, 잘못을 하고도 고치려 하지 않는 것이 망하는 근본이다."라고 하였다.

衛[1]孫文子[2]聘[3]於魯, 公[4]登亦登。 叔孫穆子[5]趨進曰, "諸侯之會, 寡君[6]未嘗後衛君也。 今子不後寡君一等, 寡君未知所過也。 子其少安[7]。" 孫子無辭, 亦無悛容[8]。穆子退而告人曰, "孫子必亡。亡臣[9]而不後君, 過而不悛, 亡之本也。"

○ ○ ○

어떤 사람이 말하기를 "천자가 도를 잃으면 제후가 그를 정벌하였기 때문에 탕왕(湯王)과 무왕(武王)이 있는 것이다. 제후가 도를 잃으면 대부가 그를 정벌하였기 때문에 제(齊)나라와 진(晉)나라가 있는 것이다. 신하로서 임금을 정벌한 자가 반드시 망한다고 하면 탕왕과 무왕은 왕 노릇을 하지 못했을 것이고, 진나라와 제나라는 세워지지 않았을 것이다. 손문자(孫文子)가 위(衛)나라에서 군주에 버금갔기 때문에 후에 노(魯)나라에서 신하의 예를 취하지 않았으니 신하가 군주 노릇을 한 것이다. 군주가 잘못이 있었기 때문에 신하가 그 지위를 얻은 것이다. 잘못이 있는 군주에게 망할 것이라고 말하지 않고, 오히려 지위를 얻은 신하에게 망할 것이라고 말하는 것은 사정을 잘 살피지 않은 것이다. 노나라가 위나라 대부를 징벌할 수 없었고, 위나라 군주의 명철함은 잘못을 고칠 줄 모르는 신하를 알아보지는 못하였으니, 손문자가 비록 이 두 가지 잘못이 있었다 하더라고 어찌 망할 수 있겠는가? 신하된 본문을 잊고, 그 신하된 예를 잃어 버렸기 때문에 군주에 버금감을 얻을 수 있었다."라고 하였다.

或曰, 天子失道, 諸侯伐之, 故有湯、武。諸侯失道, 大夫伐之, 故有齊、晉[10]。臣而伐君者必亡, 則是湯、武不王, 晉、齊不立也。孫子君於衛, 而後不臣於魯, 臣之君也。君有失也, 故臣有得也。不命[11]亡於有失之君, 而命亡於有得之臣, 不察。魯不得誅衛大夫, 而衛君之明不知不悛之臣, 孫子雖有是二[12]也, 臣[13]以亡? 其所以亡, 其失所以得君也。

○○○

어떤 사람이 말하기를 "신하와 군주의 마땅함은 각자 본분을 지키는 것이다. 신하가 군주의 자리를 빼앗을 수 있다는 것은 상대방을 무너뜨릴 수 있는 요인을 얻었다는 뜻이다. 그러므로 자기의 본분에 맞지 않게 취하면 백성들이 다시 그것을 빼앗을 것이다. 자기의 본분에 맞게 사양하면서 취하면 백성들이 그것을 줄 것이다. 이런 까닭으로 걸왕(桀王)이 민산(岷山)의 여인을 강제로 취하고, 주왕(紂王)이 비간(比干)의 심장을 요구하자 천하 민심이 떨어져나갔다. 탕왕(湯王)은 스스로 이름을 바꾸고, 무왕(武王)은 스스로 꾸짖는 말을 받아들이자 온 천하의 백성들이 복종하게 되었다. 조선(趙宣)이 산으로 도망가고, 전성(田成)이 제(齊)나라를 떠나 노복이 되자 제나라와 진나라 백성들이 따랐다. 탕왕과 무왕이 왕 노릇할 수 있었던 이유와 제나라와 진나라가 세워질 수 있었던 이유는 반드시 그 군주 때문이 아니다. 오히려 그들은 백성의 마음을 얻은 이후에 군주의 자리에 앉게 된 것이다. 지금은 아직 군주의 지위를 얻을 만하지 못했는데도 그 자리에 있는 것같이 행동을 하니, 이것은 의를 저버리고 덕을 거스리는 것이다. 의를 저버리면 일이 실패하는 까닭이 되고, 덕을 거스르면 원망이 모이는 이유가 된다. 망하는 이유를 살피지 않는 것은 무엇 때문인가?"라고 하였다.

或曰, 臣主之施, 分也。臣能奪君者, 以得相踦[14]也。故非其分而取者, 衆之所奪也。辭其分而取者, 民之所予也。是以桀索嶓山之女[15], 紂求比干之心, 而天下離。湯身易名[16], 武身受詈[17], 而海內服。趙咺走山[18], 田外僕[19], 而齊、晉從。則湯、武之所以王, 齊、晉之所以立, 非必以其君也, 彼得之而後以君處之也。今未有其所以得, 而行其所以處, 是倒義而逆德也。倒義, 則事之所以敗也, 逆德, 則怨之所以聚也。敗亡之不察, 何也?

○○○

노나라 양호(陽虎)가 삼환(三桓)을 공격하려 하였는데 실패하자 제(齊)나라로 도망갔고, 경공(景公)이 그를 예우하였다. 포문자(鮑文子)가 간언하기를 "안 됩니다. 양호는 계씨(季氏)의 총애를 받으면서 계손(季孫)을 치려고 하였으니, 그 재부(財富)를 탐한 것입니다. 지금 주군께서는 계손보다 부유하며 제나라는 노나라보다 크니 양호가 속임수를 쓰려는 것입니다."라고 하였다. 경공이 이에 양호를 잡아 가두었다.

魯陽虎[20]欲攻三桓[21], 不尅而奔齊, 景公[22]禮之。鮑文子[23]諫曰, "不可。陽虎有寵於季氏而欲伐於季孫, 貪其富也。今君富於季孫, 而齊大於魯, 陽虎所以盡詐也。" 景公乃囚陽虎。

○ ○ ○

어떤 사람이 말하기를 "부유한 집은 그 자식이 어질지 못한데, 사람들이 이익을 취하는 것에만 너무 서둘렀기 때문이다. 환공(桓公)은 오패 가운데 으뜸으로 나라를 차지하기 위하여 그 형을 죽였는데, 이는 이익이 컸기 때문이다. 신하와 군주 사이에는 형제 같은 친밀함이 없고, 협박하여 죽인 공만이 만승(萬乘)의 나라를 다스려 큰 이익을 누릴 수 있으니 뭇 신하 중 누가 양호(陽虎)와 같이 되고 싶지 않겠는가? 일이란 은밀하고 교묘하게 해야 성공하고 소홀하고 졸렬하게 하면 실패한다. 뭇 신하들이 아직 난을 일으키지 않은 것은 준비가 아직 다 갖추어지지 않아서이다. 뭇 신하들이 모두 양호와 같은 마음을 가지고 있는데, 군주가 알아차리지 못한다면 이는 은밀하고 교묘한 것이다. 양호가 천하를 탐하려 군주를 공격하려 하였는데 이는 소홀하고 졸렬한 것이다. 경공(景公)이 제나라의 교묘한 신하를 죽이도록 하지 않고 졸렬한 양호를 죽이도록 하였는데, 이는 포문자(鮑文子)의 말이 틀린 것이다. 신하가 충성을 다할 것인가 간악해질 것인가의 여부는 군주의 행동에 달려 있다. 군주가 명철하고 엄격하면 뭇 신하들은 충성을 다하고, 군주가 나약하고 아둔하면 뭇 신하들은 그를 속일 것이다. 은밀한 것을 아는 것을 명철하다 하고, 용서하지 않는 것은 엄격하다고 한다. 제(齊)나라의 교묘한 신하는 알아내지 못하고 노(魯)나라를 어지럽힌 사람만을 죽인 것은 참으로 터무니없는 짓이 아닌가!"라고 하였다.

或曰, 千金之家[24], 其子不仁, 人之急利甚也。桓公, 五伯之上也, 爭國而殺其兄[25], 其利大也。臣主之間, 非兄弟之親也, 劫殺之功, 制萬乘而享大利, 則羣臣孰非陽虎也。事以微巧成, 以疏拙敗。羣臣之未起難[26]也, 其備未具也。羣臣皆有陽虎之心, 而君上不知, 微而巧也。陽虎貪於天下以欲攻上, 是疏而拙也。不使景公加誅於拙虎[27], 是鮑文子之說反也。臣之忠詐, 在君所行也。君明而嚴則羣臣忠, 君懦而闇[28]則羣臣詐。知微之謂明, 無赦之謂嚴。不知齊之巧臣, 而誅魯之成亂, 不亦妄乎!

○ ○ ○

어떤 사람이 말하기를 "어짐과 탐욕은 같은 마음이 아니다. 그래서 공자 목이(目夷)가 송(宋)나라 군주의 자리를 사양하였고, 초(楚)나라 상신(商臣)이 그 아버지를 죽인 것이다. 정(鄭)나라의 거질(去疾)은 이복형에게 제후의 자리를 양보했지만, 노(魯)나라 환공(桓公)은 그 형을 죽였다. 춘추오패가 다른 나라를 겸병(兼幷)한 것은 제(齊)나라 환공(桓公)의 행위를 다른 사람을 판단하는 표준으로 삼은 것으로, 이는 모두 바르고 깨끗한 것은 아니다. 또한 군주가 명철하고 엄격하면 뭇 신하들이 충성을 다할 것이다. 양호(陽虎)는 노나라에서 난을 일으켰다가 성공하지 못하고 도망을 가 제나라에 이르렀는데 죽이지 않았으니, 이는 그가 일으킨 난을 인정한 것이다. 군주가 명철하다면 그를 죽임으로써 양호의 경우를 알게 해 난을 그치게 할 수 있다는 것으로, 이것은 은밀한 일을 드러내는 것이다. 옛말에 이르기를 '제후는 자기의 나라를 사랑한다.'라고 하였다. 군주가 엄격하다면 양호의 죄를 놓아둘 수가 없는 것이니, 이것이 실제로 용서하지 않는 것이다. 곧 양호를 죽이는 것이 뭇 신하들이 충성을 다하게 하는 것이다. 제나라의 간교한 신하들을 알아내지 못하면서 분명하게 난을 일으킨 자를 벌주는 것을 그만두고, 아직 일어나지 않은 일을 책망하면서 분명한 죄를 처벌하지 않으니, 이것은 터무니없는 것이다. 지금 노나라에서 난을 일으킨 자를 처벌하여 뭇 신하 중 간악한 마음을 가진 자를 위협한다면, 계손·맹손·숙손씨와의 우호를 얻을 수 있을 것이니, 포문자의 말이 무엇이 틀렸는가?"라고 하였다.

或曰, 仁貪不同心。故公子目夷辭宋[29], 而楚商臣弑父[30]。鄭去疾予弟[31], 而魯桓弑兄[32]。五伯兼幷, 而以桓律人, 則是皆無貞廉也。且君明而嚴, 則羣臣忠。陽虎爲亂於魯, 不成而走, 入齊而不誅, 是承爲亂也。君明則誅, 知陽虎之可以濟亂[33]也, 此見微之情也。語曰, "諸侯以國爲親。" 君嚴則陽虎之罪不可失, 此無赦之實也。則誅陽虎, 所以使羣臣忠也。未知齊之巧臣而廢明亂之罰, 責於未然而不誅昭昭之罪, 此則妄矣。今誅魯之罪亂, 以威羣臣之有姦心者, 而可以得季、孟、叔孫之親, 鮑文之說, 何以爲反?

○ ○ ○

정나라(鄭) 장공(莊公)이 고거미(高渠彌)를 경(卿)으로 삼으려 하자, 소공(昭公)이 그를 미워하여 극력 간언하였지만 듣지 않았다. 이에 소공이 즉위하자 고거미는 자기가 죽음을 당할까 두려워 신묘일에 소공을 죽이고 자단(子亶)을 군주로 세웠다. 군자가 말하기를 "소공은 미워해야 할 것을 안 것이다."라고 하였다. 공자 어(圉)가 말하기를 "고거미는 아마 살해될 것인데 미움을 갚는 것이 너무 심했기 때문이다."라고 하였다.

鄭伯[34]將以高渠彌[35]爲卿, 昭公[36]惡之, 固諫不聽。及昭公卽位, 懼其殺己也, 辛卯, 弑昭公而立子亶[37]也。君子曰, "昭公知所惡矣。" 公子圉[38]曰, "高伯[39]其[40]爲戮乎, 報惡已甚矣!"

○ ○ ○

어떤 사람이 말하기를 "공자 어(圉)의 말은 참으로 틀린 것이 아닌가! 소공(昭公)이 재난에 이른 것은 미움을 갚는 것이 늦었기 때문이다. 그렇다면 고거미가 늦게 죽은 것도 미움을 갚는 것이 심했기 때문이다. 현명한 군주는 노여움을 드러낸 채로만 두지 않는데, 노여움을 드러낸 채로만 두면 신하들이 죄를 지어 경거망동하며 계책을 실행할 것이니 군주가 위태롭게 된다. 그러므로 영대(靈臺)의 주연(酒宴)에서 위(衛)나라 출공(出公)은 노하였으면서도 저사(楮師)를 처벌하지 않았기 때문에 그가 난을 일으켰다. 자라국을 먹을 때 정(鄭)나라 영공(靈公)은 화가 났으면서도 자공(子公)을 처벌하지 않았기 때문에 그가 군주를 시해하였다. 군자가 '(소공은) 미워해야 할 것을 안 것이다.' 라고 칭찬한 것은 지나친 것이 아니다. 아는 것이 이와 같이 분명했다고 알려졌지만 처벌을 행하지 않아서 죽음에 이르렀기 때문에 '미워해야 할 것은 안 것'은 그에게 권모술수가 없었음을 보여주는 것이다. 군주는 재난을 예견할 능력이 부족할 뿐만 아니라 때로는 결단을 내릴 능력도 부족하다. 지금 소공이 미워하는 것을 드러내 보이면서도 죄를 그대로 두고 처벌을 하지 않아, 오히려 고거미(高渠彌)를 원한을 품게 하고 죽을까 두려워하게 만들어 요행을 바라게 하였기 때문에 소공이 죽음을 면치 못한 것이다. 이것은 소공이 미움을 갚는 것이 심하지 않았기 때문이다."라고 하였다.

或曰, 公子圉之言也, 不亦反乎! 昭公之及於難者, 報惡晚也。然則高伯之晚於死[41]者, 報惡甚也。明君不懸怒[42], 懸怒則臣罪, 輕擧以行計, 則人主危。故靈臺[43]之飮, 衛侯[44]怒而不誅, 故褚師[45]作難。食黿[46]之羹, 鄭君[47]怒而不誅, 故子公[48]殺君。君子之擧"知所惡", 非甚之也, 曰知之若是其明也, 而不行誅焉, 以及於死, 故"知所惡", 以見其無權也。人君非獨不足於見難而已, 或不足於斷制。今昭公見惡稽罪[49]而不誅, 使渠彌含憎懼死以徼幸, 故不免於殺, 是昭公之報惡不甚也。

○ ○ ○

어떤 사람이 말하기를 "미움을 갚는 것이 심하다는 것은 큰 처벌로 작은 죄를 갚는 것을 가리킨다. 큰 처벌로 작은 죄를 갚는 것은 형벌이 매우 엄중한 것이다. 형벌의 근심은 진실로 처벌받을 이유가 있는 사람에게 있는 것이 아니라, 처벌이 공평치 못하다고 원망하는 사람들이 많은 것에 있다. 이런 까닭으로 진(晉)나라 여공(厲公)이 극기(郤錡)·극주(郤犨)·극지(郤至)를 죽이자 난서(欒書)와 중항언(中行偃)이 반란을 일으켰고, 정(鄭)나라 자도(子都)가 백훤(伯咺)을 죽인 것은 정(鼎)으로 향응을 베풂에 의지해서 재난을 조성한 것이며, 오(吳)나라 왕 부차(夫差)가 오자서(伍子胥)를 죽였기 때문에 월(越)나라 왕 구천(句踐)이 패업을 이룰 수 있었다. 위(衛)나라 출공(出公)이 쫓겨나고 정나라 영공이 시해된 것은 저사(褚師)를 죽이지 않고 자공(子公)을 처벌하지 않았기 때문이 아니라, 화를 낼 수 없으면서 화가 난 기색을 보이고, 처벌할 수 없으면서 처벌하려는 마음이 있었기 때문이다. 화를 내는 것이 그 죄에 합당하여 처벌이 사람들의 마음을 거스르지 않는다면 비록 잠시 노여운 기색만 드러낸다 하더라도 무슨 해가 있겠는가? 군주의 자리에 오르기 전에 죄를 지은 자가 군주의 자리에 오른 후에 이전의 죄를 가지고 처벌을 한다면, 이것은 제나라 호공(胡公)이 멸망한 까닭이 된다. 군주가 신하에게 이처럼 행하여도 후환이 있을 수 있는데, 하물며 신하 된 자가 군주에게 이처럼 행하겠는가? 처벌이 합당하지 않은데도 처벌을 하겠다고 마음먹는다면 이것은 천하와 원수가 되는 것이다. 비록 죽음을 당한다 하더라도 참으로 옳은 것이 아닌가."라고 하였다.

或曰，報惡甚者，大誅報小罪。大誅報小罪也者，獄[50]之至也。獄之患，故[51]非在所以誅也，以讎之衆也。是以晉厲公[52]滅三郤[53]而欒[54]、中行[55]作難，鄭子都[56]殺伯咺[57]而食鼎[58]起禍[59]，吳王誅子胥而越句踐成霸。則衛侯之逐，鄭靈之弑，不以褚師之不死而子公之不誅也，以未可以怒而有怒之色，未可誅而有誅之心。怒之當罪，而誅不逆人心，雖懸奚害？夫未立有罪，卽位之後，宿罪而誅[60]，齊胡[61]之所以滅也。君行之臣，猶有後患，況爲臣而行之君乎？誅旣不當，而以盡爲心，是與天下爲讎也。則雖爲戮，不亦可乎！

○ ○ ○

위(衛)나라 영공(靈公) 때에 미자하(彌子瑕)가 총애를 받았다. 난쟁이가 영공을 뵙고 말하기를 "저의 꿈이 맞았습니다."라고 하였다. 영공이 "무슨 꿈인가?"라고 물었다. "꿈에 아궁이를 보았는데, 정말로 주군을 뵙게 되었습니다." 영공이 화를 내며 묻기를 "내 듣기에 주군을 만나려는 사람은 꿈에 해를 본다고 했는데, 어찌 과인을 만나보려 하면서 꿈에 아궁이를 보았다는 것이냐?"라고 하였다. 난쟁이가 답하기를 "무릇 해는 천하를 두루 비추므로 하나의 사물도 가릴 수가 없습니다. 군주는 한 나라를 두루 비추므로 한 사람도 가로막을 수가 없습니다. 그러므로 군주를 만나려고 하면 꿈에 해를 보아야 한다는 것입니다. 무릇 아궁이는 한 사람이 불을 쬐면 뒷사람은 가려져서 보지 못합니다. 혹시 한 사람이 주군 앞에서 불을 쬐고 있습니까? 제가 비록 꿈에 아궁이를 보았다고 하더라도 참으로 옳은 것이 아닙니까?"라고 하였다. 영공이 "옳다."라고 말하였다. 그리하여 영공이 옹서(雍鉏)를 멀리하고 미자하를 물리쳤으며 사공구(司空狗)를 등용하였다.

衛靈公[62]之時, 彌子瑕有寵於衛國。侏儒有見公者曰, "臣之夢踐[63]矣。" 公曰, "奚夢?" "夢見竈[64]者, 爲見公也。" 公怒曰, "吾聞見人主者夢見日, 奚爲見寡人而夢見竈乎?" 侏儒曰, "夫日兼照天下, 一物不能當[65]也。人君兼照一國, 一人不能壅[66]也。故將見人主而夢日也。夫竈, 一人煬焉, 則後人無從見矣。或者一人煬君邪? 則臣雖夢竈不亦可乎?" 公曰, "善。" 遂去雍鉏[67], 退彌子瑕, 而用司空狗[68]。

○ ○ ○

어떤 사람이 말하기를 "난쟁이는 꿈을 빌려 군주의 도를 보였으나, 영공(靈公)은 난쟁이의 말을 이해하지 못했다. '(영공이) 옹서(雍鉏)를 멀리하고 미자하(彌子瑕)를 물리쳤으며 사공구(司空狗)를 등용했다'는 것은 총애하는 자를 쫓아내고 현명한 자를 등용한 것이다. 정(鄭)나라의 자도(子都)는 경건(慶建)이 현명하다고 여겼지만 그에 의해 가려지게 되었고, 연(燕)나라의 자쾌(子噲)는 자지(子之)를 현명하다고 여겼지만 그에 의해 가려지게 되었다. 무릇 총애하는 자를 쫓아내고 현명한 자를 등용하는 것은 한 사람이 자기 앞에서 불을 쬐게 하는 것을 면하지 못한다. 어리석은 자가 군주 앞에서 불을 쬔다면 자신의 총명을 해치기에는 부족하다. 지금 아는 것을 더하지 않으면서 어진 사람을 자기 앞에서 불 쬐게 한다면 반드시 위험할 것이다."라고 하였다.

或曰, 侏儒善假於夢以見主道矣, 然靈公不知侏儒之言也。"去雍鉏, 退彌子瑕, 而用司空狗"者, 是去所愛而用所賢也。鄭子都賢慶建[69]而壅焉, 燕子噲[70]賢子之[71]而壅焉。夫去所愛而用所賢, 未免使一人煬己也。不肖者煬主, 不足以害明, 今不加知而使賢者煬己, 則必危矣。

○○○

어떤 사람이 말하기를 "굴도(屈到)는 마름풀을 좋아하였고 문왕(文王)은 창포 절임을 좋아하였는데, 모두 맛있는 것은 아니었는데도 현자가 그것을 좋아했으니 맛있다고 여겨지는 것이 반드시 맛있는 것은 아니다. 진(晉)나라 영공(靈公)은 삼무휼(參無恤)을 좋아하였고, 연(燕)나라 왕 쾌(噲)는 자지(子之)를 현명하다고 여겼지만, 모두 현명한 선비가 아니었는데도 두 군주가 그들을 존중했으니 현명하다고 여겨지는 사람이 반드시 현명한 것은 아니다. 현명하지 못한데 현명하다고 여겨 그를 등용하는 것은, 총애하여서 그를 등용하는 것과 같은 것이다. 현명한 사람이 정말로 현명해서 등용되는 것은 총애해서 등용되는 것과 상황이 다른 것이다. 그러므로 초(楚)나라 장왕(莊王)은 손숙오(孫叔敖)를 등용해서 패업을 이루었다. 상신(商辛)은 비중(費仲)을 등용해서 멸망하였는데, 이들은 모두 현명하다고 여긴 사람을 등용했지만 일의 결과는 반대로 되었다. 연나라 왕 쾌는 현명하다고 여긴 사람을 등용했지만 총애한 사람을 등용한 것과 마찬가지가 되었으니, 위(衛)나라가 어찌 그렇게 할 수 있었겠는가! 난쟁이가 이미 뵙기 전에 군주가 가려졌는데, 그 가려진 것을 모른 것이다. 뵌 후에는 그 가려진 것을 알았기 때문에 가린 신하를 물리쳤으니, 이것은 아는 것이 더하여진 것이다. '아는 것을 더하지 않으면서 어진 사람을 자기 앞에서 불을 쬐게 한다면 반드시 위험할 것이다.'라고 하였는데, 이제는 아는 것이 더하여졌으니 자기 앞에서 불을 쬐더라도 반드시 위험해지지 않을 것이다."라고 하였다.

或曰屈到[72]嗜芰, 文王嗜菖蒲菹[73], 非正味[74]也, 而二賢尙之, 所味不必美。晉靈侯[75]說參無恤[76], 燕噲賢子之, 非正士[77]也, 而二君尊之, 所賢不必賢也。非賢而賢用之, 與愛而用之同。賢誠賢而擧之, 與用所愛異狀。故楚莊[78]擧叔孫[79]而霸。商辛[80]用費仲[81]而滅, 此皆用所賢而事相反也。燕噲雖擧所賢, 而同於用所愛, 衛奚距然哉! 則侏儒之未見也, 君壅而不知其壅也。已見之後而知其壅也, 故退壅臣, 是加知之也。曰 "不加知而使賢者煬己, 則必危", 而今以加知矣, 則雖煬己, 必不危矣。

1) 衛(위): 주(周)나라 무왕(武王)의 동생 강숙(康叔)이 분봉 받은 나라로 지금의 하남성(河南省) 북부와 하북성(河北省) 남부 일대에 자리 잡고 있었다.

2) 孫文子(손문자): 춘추 시대 위(衛)나라의 대부로 이름은 임부(林父)였다. 노(魯)나라 양공(襄公) 14년에 위나라 헌공(獻公)을 몰아내고 상공(殤公)을 옹립하였다.

3) 聘(빙): 방문하다. 위나라 손문자가 노나라를 방문한 일은 『좌전·양공칠년(襄公七年)』에 보인다.

4) 公(공): 노나라의 양공(襄公)으로 B.C. 572년에서 B.C. 542년까지 31년간 재위하였다.

5) 叔孫穆子(숙손목자): 노나라의 대부로 이름이 표(豹)이고 시호가 목자(穆子)였다.

6) 寡君(과군): 다른 나라 사람에게 자기 나라 군주를 겸손하게 칭하는 말이다.

7) 少安(소안): 소(少)는 초(稍)와 통해 천천히 걷는 것을 말한다.

8) 悛容(전용): 고치려는 모습.

9) 亡臣(망신): 왕선신은 『한비자집해』에서 망(亡)을 망(忘)으로 보아 '신하된 본분을 잊다'라는 뜻으로 보아야 한다고 했다. 한편 망(亡) 자가 없는 판본도 있다.

10) 齊晉(제진): 전씨(田氏)가 찬탈한 것과 조(趙)·위(魏)·한(韓) 3가(家)가 진나라를 분할한 것을 말한다.

11) 命(명): 말하다.

12) 是二(시이): 신하 노릇을 하지 않는 것과 잘못을 고치지 않는 것을 말한다.

13) 臣(신): 거(巨) 자가 되어야 하며 거(巨)는 '어찌'라는 의미로 반어문을 만든다.

14) 踦(기): 절뚝발이. 여기서는 세력이 한쪽으로 기울어진 것을 말한다.

15) 岷山之女(민산지녀): 『급총기년(汲冢紀年)』에 의하면 걸왕이 민산을 정벌하고 완(琬)과 염(琰) 두 여자를 취하고는 그들을 총애하여 그들의 이름을 옥판 위에 새겼다고 한다.

16) 易名(역명): 하나라 걸왕의 이름이 이계(履癸)였는데, 탕왕 또한 이름이 이계(履癸)여서 피휘(避諱)하여 을(乙)이라 하였다고 한다.(일인(日人) 오

오다 젠세이(太田全齋), 『한비자익취(韓非子翼毳)』)

17) 受詈(수리): 리(詈)는 기(羈)의 의미로 '갇히다'의 뜻이다. 무왕이 왕문(王門)에서 갇혔던 일을 말한다. 고형(高亨)은 『한비자보전(韓非子補箋)』에서 『여씨춘추』·『전국책』·『시자(尸子)』·『죽서기년(竹書紀年』에는 모두 기(羈)로 되어 있는데, 『한비자』에서만 리(詈)로 되어 있으니, 기(羈)의 의미로 보아야 할 것이라 했다. 한편「유로편(喻老篇)」에 "문왕견리어왕문(文王見詈於王門)"이라는 말이 있어 리(詈)가 기(羈)의 오자라고 보는 견해도 있다.

18) 趙咺走山(조훤주산): 훤(咺)은 선(宣)이 되어야 한다. 조선(趙宣)은 조둔(趙盾)으로 춘추 시대 진(晉)나라의 대부로 영공(靈公)을 섬겼다. 영공이 무도하여 조둔을 죽이려 하자 근처 산으로 달아났다. 조천(趙穿)이 영공을 시해했으나 조둔은 산 속에서 나오려 하지 않다가 마침내 조정으로 돌아와 성공(成公)을 세웠다. 시호는 선자(宣子)다.

19) 田外僕(전외복): 왕선신은 전(田) 다음에 성(成) 자가 있어야 한다고 보았다. 전성은 전상(田常)으로, 춘추 시대 제나라의 대부였으며 간공(簡公)을 죽이고 평공(平公)을 세웠다. 시호가 성자(成子)다.

20) 陽虎(양호): 자(字)가 화(貨)로 춘추 시대 노나라 계손씨(季孫氏)의 가신이었다가 후에 계손씨의 대권을 장악하고는 계손씨·숙손씨(叔孫氏)·맹손씨(孟孫氏)를 제거하려 했으나 실패하고 제나라도 도망갔다. 이 기록은 『좌전·정공8년(定公八年)』에 보인다.

21) 三桓(삼환): 맹손씨(孟孫氏)·숙손씨(叔孫氏)·계손씨(季孫氏). 춘추 시대 노나라의 대부로 노나라의 정권을 장악했다. 노나라 환공(桓公)의 아들의 후예였기 때문에 삼환이라 불렸다.

22) 景公(경공): 춘추 시대 제나라의 군주. 영공(靈公)의 아들로 장공(莊公)의 배다른 동생이다. 이름이 저구(杵臼)로 최저(崔杼)가 장공을 시해하고 저구를 제후로 세웠는데, 이 사람이 경공이다. 궁실 건축과 개와 말 기르는 것을 좋아하여 무거운 세금을 징수하고 형벌을 남용했다. 다행히도 안영(晏嬰)의 보좌를 받아 나라를 위기에 이르게 하지는 않고 58년간(B.C. 547~B.C. 490) 재위하였다.

23) 鮑文子(포문자): 춘추 시대 제나라의 대부로 포국(鮑國)이라고도 하였다.

24) 千金之家(천금지가): 부유한 집을 말한다. 천금은 일천 근 혹은 일천 일(鎰)의 금을 말한다. 금은 고대 중국의 화폐 단위였다. 진(秦)나라는 금 한 일(鎰)을 일금(一金)으로 삼았고, 한나라는 금 한 근을 일금(一金)으로 삼았으며, 후대에는 은 두 냥을 일금으로 삼았다.

25) 爭國而殺其兄(쟁국이살기형): 환공이 이복형이었던 공자 규(糾)와 제후의 자리를 다투다가 즉위한 후에 노나라를 압박하여 공자 규를 죽인 것을 말한다.

26) 難(난): 난(亂)의 의미다.

27) 왕선신은 고광기의 말을 인용해 주(誅) 다음에 빠진 글자가 있다고 보았다. 따라서 이 구는 다음 구에 '부지저지교신(不知齊之巧臣)'이 있는 것으로 보아 '불사경공가주어저지교신, 이사가주어졸호(不使景公加誅於齊之巧臣, 而使加誅於拙虎).'가 되어야 한다고 했다. 여기서는 이 설을 따르도록 한다.

28) 闇(암): 어둡고 무지하다.

29) 公子目夷辭宋(공자목이사송): 『좌전·희공8년(僖公八年)』에 보이는 사건으로, 송(宋)나라 환공(桓公)이 중병이 들자 태자 자부(玆父)가 환공에게 이복형인 목이(目夷)에게 군주의 자리를 물려줄 것을 청하였으나, 목이가 거절하자 자부가 즉위하여 양공(襄公)이 되었다.

30) 楚商臣弑父(초상신시부): 『좌전·문공원년(文公元年)』에 보이는 사건으로 초(楚)나라 성왕(成王)의 아들이었던 상신(商臣)이 그 아버지를 죽이고 임금의 자리에 올라 목왕(穆王)이 되어 12년간(B.C. 625~B.C. 614)재위한 것을 말한다.

31) 鄭去疾予弟(정거질여제): 『좌전·선공4년(宣公四年)』에 보이는 사건으로 정(鄭)나라 영공(靈公)이 피살당하자, 정나라 사람들이 영공의 이복동생이었던 거질(去疾)을 군주로 삼으로 했지만, 거질은 그의 이복형 공자 견(堅)에게 양보하였고, 이에 견이 즉위하여 양공(襄公)이 되었다. 따라서 '여제(予弟)'는 오류다.

32) 魯桓弑兄(노환시형): 노나라 환공(桓公)이 형 은공(隱公)을 죽이고 제후가 된 것을 말한다. 『좌전·은공11년(隱公十一年)』에 보인다. 환공은 이름이 궤(軌)로 혜공(惠公)의 아들이며 은공의 동생이었다. 공자 휘(翬)와 음모를 꾸며 은공을 죽이고 제후가 되어 18년간(B.C. 711~B.C. 694) 재위하다 제나라 사람에게 피살되었다.

33) 濟亂(제난): 제(濟)는 지(止)의 의미로 난을 끝낸다는 뜻이다.

34) 鄭伯(정백): 춘추 시대 정(鄭)나라 장공(莊公)이다. 무공(武公)의 아들로 이름은 오생(寤生)이었다. B.C. 743년부터 B.C. 701년까지 43년간 재위하였다.

35) 高渠彌(고거미): 춘추 시대 정나라의 대부로 장공을 섬겼다. 장공 37년

(B.C. 707)에 주나라 환왕(桓王)이 정나라를 침략하자 고거미가 이를 막아내 경(卿)이 되었다.

36) 昭公(소공): 정나라 장공의 태자로 이름이 홀(忽)이었다. 후에 장공을 계승해 소공이 되었다. 재위 2년 만에(B.C. 696~B.C. 695) 고거미에게 피살되었다.

37) 子亶(자단): 『좌전』에는 자미(子亹)로 되어 있다. 소공의 동생으로 고거미가 소공을 시해하고 그를 제후로 세웠다. 재위 1년 만에 세나라에게 피살되었다.

38) 公子圉(공자어): 『좌전』에는 공자달(公子達)로 되어 있다. 두예(杜預)는 노나라의 대부라고 하였다.

39) 高伯(고백): 고거미를 가리킨다.

40) 其(기): 추측을 나타내는 용법으로 쓰였다.

41) 晩於死(만어사): 제명대로 살다가 죽은 것을 말하는 것으로 보인다.

42) 懸怒(현노): 노여운 기색을 드러내 보이면서 처벌은 하지 않고 그대로 놓아두는 것이다.

43) 靈臺(영대): 위(衛)나라 출공(出公)이 지은 건축물의 이름.

44) 衛侯(위후): 위나라 출공(出公)을 가리킨다. 그는 춘추 시대 위(衛)나라 영공(靈公)의 손자이며 괴외(蒯聵)의 아들로, 이름은 첩(輒)이었다. 12년간(B.C. 492~B.C. 481) 재위하다가 쫓겨나 유랑했다.

45) 褚師(저사): 저사비(褚師比) 또는 저사성자(褚師聲子)라고도 한다. 일찍이 괴외를 치려 하다가 성공하지 못하고 송(宋)나라로 도주했다. 『좌전·애공25년(哀公二十五年)』의 기록에 의하면 위나라 출공이 영대에서 주연을 베풀었는데, 저사가 자리로 오르면서 신발을 벗지 않는 무례를 범하자 출공이 화를 냈다. 저사가 다리가 아파서 그랬다고 변명해도 출공의 화는 풀리지 않았다. 저사가 물러날 때 출공은 그의 다리를 잘라버릴 것이라고 말했다. 후에 저사가 반란을 일으키자 출공은 송나라로 도망갔다.

46) 黿(원): 자라.

47) 鄭君(정군): 정나라 영공(靈公)을 가리킨다. 그는 정나라 목공(穆公)이 아들이었으며 이름은 자이(子夷)였다. 채 1년(B.C. 603)도 재위하지 못하고 피살되었다.

48) 子公(자공): 공자 송(宋)으로 자가(子家)와 함께 군주를 시해했다. 『좌전·선공4년(宣公四年)』의 기록에 의하면 초나라에서 보내온 자라로 끓인 국

을 자신들에게 주지 않자 솥 안에 손가락을 넣어 맛을 보고는 도망가자 영공이 화가 나 죽이려고 했지만 오히려 그들이 영공을 시해했다고 한다.

49) 稽罪(계죄): 계(稽)는 지(止)의 뜻으로 죄에 대한 처리를 유보하는 것이다.

50) 獄(옥): 형벌.

51) 故(고): 고(固)와 통하여 '참으로', '진실로'의 의미다.

52) 晉厲公(진여공): 춘추 시대 진(晉)나라의 군주로 경공(景公)의 아들이었다. 이름은 수만(壽曼)으로 8년간(B.C. 580~B.C. 573) 재위했다. 성정이 포악했으며, 서동(胥童)·장어교(長魚矯) 등을 총애해 삼극(三郤)을 죽이고, 난서(欒書)와 중항언(中行偃)을 죽이려 하다가 오히려 이들에게 죽임을 당했다. 『좌전·성공17년(成公十七年)』, 『사기(史記)·진세가(晉世家)』 그리고 본서 「내저설하(內儲說下)」에 이 사건이 보인다.

53) 三郤(삼극): 진나라 대부였던 극기(郤錡)·극주(郤犨)·극지(郤至)를 말한다.

54) 欒(난): 진나라 대부 난서(欒書)를 가리킨다. 일찍이 군사를 거느리고 안(鞍)에서 제나라를 물리쳤으며 언릉(鄢陵)에서 초나라를 물리쳤다. 시호는 무자(武子)다.

55) 中行(중항): 진나라 대부 중항언(中行偃)을 가리킨다. 진나라 군제에는 상(上)·중(中)·하(下) 삼군(三軍)이 있었고, 또 우(右)·중(中)·좌(左) 삼항(三行)이 있었다. 중항언의 원래 성은 순(荀)으로 할아버지 순림보(荀林父)가 중항의 사령관을 지내 관직으로 씨(氏)를 삼았다.

56) 鄭子都(정자도): 정(鄭)나라 여공(厲公)의 이름이다.

57) 伯咺(백훤): 『사기·정세가(鄭世家)』의 백부원(伯父遠)으로 『좌전』에는 원번(原繁)으로 되어 있다. 정나라 여공이 다시 귀국해서 자신이 망명했을 때 도와주지 않았다고 꾸짖자 자결했다.

58) 鼎(정): 본문 제32장 각주 35번 참조

59) 食鼎起禍(식정기화): 의미가 분명치 않다.

60) 宿罪而誅(숙죄이주): 진계천(陳啓天)은 『한비자교석(韓非子校釋)』에서 주(誅) 앞에 부(不)이 빠진 것처럼 보인다고 했다. 그 이유는 실제로 제나라 호공이 멸망한 이유가 죄에 대한 처리를 유보하고 처벌하지 않았기 때문이라는 것이다. 숙죄(宿罪)는 앞의 계죄(稽罪)와 같은 의미다.

61) 齊胡(제호): 제(齊)나라 군주로 호공(胡公)으로 이름은 정(靜)이었으며 애

공(哀公)의 동생이었다. 『사기·제태공세가(齊太公世家)』에 의하면 주(周)나라 이왕(夷王)이 애공을 폐하고 그 동생 정을 제후로 세웠는데, 이가 바로 호공이다. 그런데 애공의 동복동생 산(山)이 호공을 원망해 죽이고는 스스로 제후가 되었고, 이가 헌공(獻公)이라고 한다. 한편 『국어·초어(楚語)』의 기록에 의하면 제나라 호공이 대부였던 추마(騶馬) 수(繻)를 학대하자 그가 호공을 죽여 패수(貝水)에 던졌다고 한다.

62) 衛靈公(위령공): 춘추 시대 위(衛)나라의 군주. 양공(襄公)의 아들로 이름은 원(元)이었으며 42년간(B.C. 534~B.C. 493) 재위했다.

63) 踐(천): 실현되다, 맞았다.

64) 竈(조): 아궁이

65) 當(당): 폐(蔽)와 같은 의미로 '가린다'는 뜻이다.

66) 壅(옹): 막다.

67) 雍鉏(옹서): 옹거(雍渠)라고도 한다. 춘추 시대 위나라의 환관이었다. 공자가 위나라에 갔을 때 영공과 부인 남자(南子)가 같은 수레에 타고 옹거가 이들을 모시면서 공자를 다른 수레에 타게 하자 공자가 수치심을 느껴 위나라를 떠났다고 한다. 『전국책·조책(趙策)』에는 옹저(雍疽), 『맹자』에는 옹저(癰疽), 『설원·지공(至公)』에는 옹저(雍睢)라고 돼 있다.

68) 司空狗(사공구): 사구(史狗)로 사조(史朝)의 아들이다.

69) 慶建(경건): 사람 이름으로 사적은 불분명하다.

70) 子噲(자쾌): 연(燕)나라 왕 쾌(噲)를 말한다. 이왕(易王)의 아들로 소대(蘇代)와 녹모수(鹿毛壽)의 말을 듣고 재상 자지(子之)에게 나라를 넘겨주어 혼란을 초래했다. 제나라가 침공해 크게 패하였고 그때 죽음을 당하였다.

71) 子之(자지): 전국 시대 연나라 왕 쾌(噲)의 재상. 소대(蘇代)와 녹모수(鹿毛壽)를 이용하여 쾌가 자신에게 나라를 양위하도록 했다. 3년 후에 제나라가 침공해 오자 포로가 되어 육장(肉醬)을 당하였다.

72) 屈到(굴도): 춘추 시대 초(楚)나라의 대부로 굴탕(屈蕩)의 아들이다. 초나라의 정사를 담당하였고 마름풀을 좋아하여 죽을 때에 가족들에게 마름풀로 제사를 지내달라고 부탁했다고 한다. 『국어·초어』에 보인다.

73) 菹(저): 채소 같은 것을 절이다.

74) 正味(정미): 미미(美味)와 같은 의미로 맛있는 것을 가리킨다.

75) 晉靈侯(진영후): 진(晉)나라 영공(靈公). 진나라의 작위가 후(侯)였기 때문에 『춘추』의 예에 따라 진후라고 한 것이다.

76) 參無恤(참무휼): 진기유(陳奇猷)는 『한비자집석(韓非子集釋)』에서 『사기』·『좌전』에 근거해서 범무휼(范無恤)이라 했다.

77) 正士(정사): 현사(賢士)의 의미다.

78) 楚莊(초장): 춘추 시대 초나라의 군주였던 장왕(莊王)이다. 목왕(穆王)의 아들로 춘추오패 중의 한 명이었으며 23년간(B.C. 613~B.C. 591) 재위하였다.

79) 叔孫(숙손): 초나라의 재상이었던 손숙오(孫叔敖)이다. 장왕을 보좌하여 패업을 이루게 하였다.

80) 商辛(상신): 상(商)나라의 주왕(紂王)이다.

81) 費仲(비중): 상나라 주왕 때의 간신이다.

제40편 난세(難勢)

권력의 중요성을 변론하다

解題

'난(難)'은 앞 편인 난일(難一), 난이(難二), 난삼(難三), 난사(難四)의 경우와 마찬가지로 논난(論難) 또는 문난(問難)의 뜻으로서 논박(論駁)을 가한다는 뜻이다. '세(勢)'는 한비자의 법가에 있어서 법(法)·술(術)과 함께 중심이 되는 사상으로서 법과 술을 지지하고 추진해가는 수단으로 객관적이며 강제적인 성격을 지닌다. 권세(權勢), 위세(威勢), 세위(勢位), 세중(勢重) 등의 어휘에 쓰이고 있다.

신자(愼子)가 말하기를 "용은 구름에 올라 날고 뱀은 안개를 타고 노닌다. 구름이 걷히고 안개가 개면, 용이나 뱀도 지렁이나 개미와 마찬가지가 되는 것은 그들이 의지해야 할 것을 잃었기 때문이다. 현명한 자라도 어리석은 이에게 눌리는 것은 권세가 약하고 지위가 낮기 때문이다. 어리석으면서 현명한 자를 부리는 것은 권세가 있고 지위가 높기 때문이다. 요(堯)임금이 평범한 남자였다면 세 사람도 다스리지 못했을 것이며, 걸(桀)이 천자였기 때문에 세상을 어지럽힐 수 있었던 것이다. 이로써 나는 권세와 지위가 믿을 만한 것이지, 현명하고 지혜로운 것은 흠모하기에 부족한 것이라는 것을 안다. 무릇 쇠뇌가 약한데도 화살이 높이 날아가는 것은 강한 바람을 탔기 때문이다. 몸은 어리석은데 그의 명령이 실행되는 것은 뭇 사람들의 도움을 얻었기 때문이다. 요임금이 비천한 처지에서 가르침을 내렸다면 백성들은 따르지 않았을 것인데, 임금의 자리에 올라서 세상의 왕이 되니, 명령하면 실행이 되고 금지하면 멈추게 되었다. 이것으로 보자면 현명하고 지혜로운 것으로는 백성들을 따르게 할 수 없고, 권세와 지위가 현명한 자도 굴복시킬 수 있는 것이다."라고 하였다.

愼子曰, "飛龍乘雲, 騰蛇遊霧, 雲罷霧霽, 而龍蛇與螾螘同矣, 則失其所乘也。賢人而詘於不肖者, 則權輕位卑也。不肖而能服於賢者, 則權重位尊也。堯爲匹夫不能治三人, 而桀爲天子能亂天下。吾以此知勢位之足恃, 而賢智之不足慕也。夫弩弱而矢高者, 激於風也。身不肖而令行者, 得助於衆也。堯教於隸屬而民不聽, 至於南面而王天下, 令則行, 禁則止。由此觀之, 賢智未足以服衆, 而勢位足以缶賢者也。"

○ ○ ○

신자(愼子)에게 대답하기를 "용은 구름에 올라 날고 뱀은 안개를 타고 노니는 것이라고 하는데, 나는 용과 뱀이 구름과 안개의 힘에 의지하지 않는다고 여기는 것이 아니다. 그렇기는 하지만 현명함을 버려두고 오로지 권세만 믿는다면 다스릴 수가 있겠는가? 나는 그런 경우를 보지 못했다. 무릇 구름과 안개의 힘이 있더라도 거기에 올라타 노니는 것은 용과 뱀의 재주가 뛰어나서이다. 지금 구름이 뭉게뭉게 피어 있는데도 지렁이는 타고 날지 못하며, 안개가 자욱하게 깔려 있더라도 개미는 노닐지 못한다. 무릇 왕성한 구름과 짙은 안개가 깔려 있어도 그들이 올라타서 노닐지 못하는 것은 지렁이와 개미의 재주가 보잘것없기 때문이다. 지금 걸(桀)이나 주(紂) 같은 이가 왕의 자리에 올라 세상에서 왕 노릇을 한다고 하며, 천자의 위엄이 구름과 안개 같다고 해도 세상이 크게 어지러운 꼴을 벗어나지 못하는 것은 걸과 주 같은 이들이 자질이 보잘 것 없기 때문이다. 또 그 사람이 요임금의 권세를 가지고 세상을 잘 다스렸다고 하는데, 그 권세가 세상을 어지럽힌 걸왕의 권세와 무엇이 다른가?"라고 하였다.

應愼子曰, "飛龍乘雲, 騰蛇遊霧, 吾不以龍蛇爲不託於雲霧之勢也。雖然, 夫釋賢而專任勢, 足以爲治乎? 則吾未得見也。夫有雲霧之勢而能乘遊之者, 龍蛇之材美之也。今雲盛而螾弗能乘也, 霧醲而蟻不能遊也, 夫有盛雲醲霧之勢而不能乘遊者, 螾螘之材薄也。今桀、紂南面而王天下, 以天子之威爲之雲霧, 而天下不免乎大亂者, 桀、紂之材薄也。且其人以堯之勢以治天下也, 其勢何以異桀之勢也[1]亂天下者也。"

○○○

무릇 권세라는 것은 반드시 현명한 이가 그 자신에게 쓰게 할 수 있는 것이 아니며, 어리석은 자에게는 그 자신에게 쓰지 않게 할 수 있는 것이 아니다. 현명한 이가 그것을 쓰면 세상이 잘 다스려지고, 어리석은 이가 그것을 쓰면 세상이 어지러워진다. 사람들에게 타고 나는 것이, 현자는 적고 어리석은 이는 많으니, 위세의 이로움으로 어지러운 세상의 어리석은 이를 잘 다스린다 하더라도 권세로 세상을 어지럽히는 이는 많고, 권세로 세상을 잘 다스리는 이는 드물다. 무릇 권세라는 것은 다스리는 것을 수월하게 하지만, 어지럽게 하는 데에도 작용을 한다. 그러므로 『주서(周書)』에서 "호랑이에게 날개를 달아주지 마라. 곧 마을로 들어가 사람을 골라 잡아먹을 것이다."라고 하였다. 어리석은 이에게 권세를 보태준다면 이것은 호랑이에게 날개를 달아주는 것이다. 걸과 주는 높은 대를 쌓고 깊은 못을 파느라 백성들을 혹사시켰고, 포락의 형벌을 내려서 백성들의 심성까지도 다치게 하였다. 걸과 주가 자리를 믿고 멋대로 군 것은 천자의 지위가 그렇게 할 수 있도록 한 것이다. 가령 걸(桀)과 주(紂)가 평범한 남자였다면, 애당초 그 가운데 하나라도 시작하기 전에 몸은 죽음을 면치 못했을 것이다. 권세라는 것은 호랑이와 이리의 마음을 키워 그것들이 난폭해짐으로써 세상이 어지러워지는 것이니, 이것이 세상의 큰 환란이다.

夫勢者，非能必使賢者用己，而不肖者不用己也。賢者用之則天下治，不肖者用之則天下亂。人之情性賢者寡而不肖者衆，而以威勢之利濟亂世之不肖人，則是以勢亂天下者多矣，以勢治天下者寡矣。夫勢者，便治而利亂者也。故周書曰，"毋爲虎傅翼，將飛入邑，擇人而食之。”[2] 夫乘不肖人於勢，是爲虎傅翼也。桀、紂爲高臺深池以盡民力，爲炮烙以傷民性，桀、紂得乘四行者[3]，南面之威爲之翼也。使桀、紂爲匹夫，未始行一而身在刑戮矣。勢者，養虎狼之心，而成暴亂之事者也，此天下之大患也。

○○○

권세가 세상을 다스리게 하는지 아니면 어지럽게 하는지는 본래 정해진 것이 없다. 신자(愼子)의 말에서 권세만 있다면 세상을 잘 다스릴 수 있다고 전적으로 말하는 것은 그의 지혜가 미천하기 때문이다. 무릇 훌륭한 말과 튼튼한 수레를 매우 천한 자가 몰게 한다면 사람들의 비웃음을 살 것이지만, 왕량(王良) 같이 뛰어난 자가 몰게 한다면 하루에 천 리라도 달릴 수 있을 것이다. 수레와 말은 달라지지 않았는데, 누구는 천 리에 다다르게 하고 누구는 사람들의 비웃음을 사는 것은 마부의 기교가 크게 차이가 나기 때문이다. 지금 나라의 지위는 수레와 같고, 권세는 말과 같고, 호령하는 것은 고삐와 같고, 형벌은 채찍과 같은 것이니, 요와 순 같은 이에게 몰게 한다면 세상은 잘 다스려질 것이고, 걸(桀)과 주(紂)같은 이에게 몰게 한다면 세상은 어지러워질 것이다. 이것은 재주가 있고 없음의 차이가 매우 크기 때문이다. 무릇 빨리 그리고 멀리 다다르고자 하면서 왕량 같은 이를 쓸 줄 모르고, 이로움에 나아가고 해로움을 제거하고자 하면서 현명하고 능력이 있는 이를 쓸 줄 모르는 것은, 사물을 미루어 볼 줄 몰라서 생기는 근심과도 같은 것이다. 무릇 요(堯)와 순(舜)은 백성을 다스리는 데에 있어서 왕량과 같은 사람이다.

勢之於治亂，本末[4]有位也，而語專言勢之足以治天下者，則其智之所至者淺矣。夫良馬固車[5]，使臧獲[6]御之則爲人笑，王良[7]御之而日取千里。車馬非異也，或至乎千里，或爲人笑，則巧拙相去遠矣。今以國位爲車，以勢爲馬，以號令爲轡，以刑罰爲鞭筴，使堯、舜御之則天下治，桀、紂御之則天下亂，則賢不肖相去遠矣。夫欲追速致遠不知任王良。欲進利除害不知任賢能，此則不知類之患也。夫堯、舜亦治民之王良也。

○○○

또 다른 이가 대답하여 이르기를 "신자(愼子)는 권세로 관리들을 다스릴 수 있다고 여기고, 객은 '반드시 재능이 있은 다음에야 다스릴 수 있다.'라고 하는데, 이는 그렇지 않다. 무릇 권세라는 것은 이름이 하나지만 변형은 무수하여, 여러 모습이다. 권세가 반드시 그 스스로 생겨난다면 권세에 대하여 말할 것이 없을 것이다. 내가 말하는 권세는 사람들이 지어낸 것이다. 지금 '요(堯)와 순(舜) 같은 이가 권세를 얻으면 잘 다스려지고, 걸(桀)과 주(紂) 같은 이가 권세를 얻으면 어지러워진다.'라고 말하는데, 나는 요나 순 때문에 그렇게 되는 것이 아니라고 여기는 것은 아니다. 그렇다 하더라도 사람들이 만들어낸 것은 아니다. 무릇 요나 순 같은 이가 나타나서 임금 자리에 있으면 비록 걸과 주 같은 이가 열 명이 있더라도 세상을 어지럽히지 못하는 것은 권세로 잘 다스려졌기 때문이다. 걸이나 주 같은 이가 나타나서 임금 자리에 있으면 비록 요나 순과 같은 이가 열 명이 있더라도 세상을 잘 다스리지 못하는 것은 권세로 세상을 어지럽혔기 때문이다. 그러므로 '권세로 세상을 잘 다스리면 어지럽힐 수 없고, 권세로 세상을 어지럽히면 잘 다스릴 수 없다.'라고 하는 것이다. 이것은 자연스러운 권세를 말하는 것으로 사람들이 그렇게 만들 수 있는 것이 아니다. 객이 말하는 것은 사람들이 만들어내는 것을 말하는 것이다. 내가 말하는 것은 사람들이 권세를 얻을 수 있을 따름으로 현명한 자는 어찌 그리할 수 있을까? 어찌하여 그러한 줄 아는가? 객이 말하기를 "창과 방패를 파는 사람이 있었는데, 그가 말하길 그 방패의 견고함을 칭찬하며 '어느 것도 뚫을 수 없다.'라고 하였다. 조금 있다가 또 그의 창을 칭찬하면서 '내 창의 날카로움은 어느 것도 뚫지 못하는 것이 없다.'라고 하였다. 어떤 사람이 묻기를, '그대의 창으로 그대의 방패를 찌르면 어찌 되는가?'라고 하였다. 그 사람은 대답할 수 없었다."라고 하였다. 뚫을 수 없는 방패와 뚫지 못하는 것이 없는 창은 명목상 둘이 존재할 수 없다. 무릇 현명한 것은 권세로도 막을 수 있는 것이 아니고, 권세라는 것은 원칙적으로 막을 수 없으니, 막을 수 없는 현명함이 막지 못하는 것이 없는 권세와 함께한다는 것은 모순된 말이다. 무릇 현명함과 권세가 서로 용납하지 못하는 것 역시 분명하다.

復應之曰, "其人以勢爲足恃以治官。 客曰, '必待賢乃治' 則不然矣。 夫勢者, 名一而變無數者也。 勢必於自然, 則無爲言於勢矣。吾所爲言勢者, 言人之所設也。今曰, '堯、舜得勢而治, 桀、紂得勢而亂。' 吾非以堯、舜爲不然也。雖然, 非人之所得設也。夫堯、舜生而在上位, 雖有十桀、紂不能亂者, 則勢治也。桀、紂亦生而在上位, 雖有十堯、舜而亦不能治者, 則勢亂也。 故曰, '勢治者則不可亂, 而勢亂者則不可治也。' 此自然之勢也, 非人之所得設也。若吾所言[8], 謂人之所得設也。 若吾所言, 謂人之所得勢也而已矣。 賢何事焉! 何以明其然也? 客曰, "人有鬻矛與楯者, 譽其楯之堅, '物莫能陷也', 俄而又譽其矛曰, '吾矛之利, 物無不陷也。' 人應之曰,

‘以子之矛，陷子之楯，何如?’其人弗能應也。”以爲不可陷之楯與無不陷之矛，爲名不可兩立也。夫賢之爲勢不可禁，而勢之爲道也無不禁，以不可禁之賢與無不禁之勢[9]，此矛楯之說也。夫賢勢之不相容亦明矣。

○○○

또 요순(堯舜)이나 걸주(桀紂) 같은 이는 천 세대에나 한 번 나는 자들인데, 이들은 연이어 태어났다. 세상을 다스리는 이가 중간에 끊이지 않았으니, 내가 말하는 권세는 가운데 정도 되는 자들에 관한 것이다. 가운데 정도 되는 이는, 위로는 요임금과 순임금에 미치지 못하고 아래로는 역시 걸왕이나 주왕과 같지는 않다. 법에 의거하고 권세를 잘 지키면 세상이 다스려지고, 법을 위반하고 권세를 잃으면 세상이 어지러워진다. 지금 권세를 저버리고 법을 위반하면서 요순 같은 이를 기대하기도 하는데, 요순 같은 이가 오면 잘 다스려지겠지만, 이것은 천 세대 동안 어지럽다가 한 세대만 잘 다스려지는 것이다. 법에 의거하고 권세를 잘 지키면서 걸주 같은 이를 맞기도 하는데, 걸주 같은 이가 오면 어지러워지겠지만 그래도 이것은 천 세대 동안 잘 다스려지다가 한 세대 동안 어지러워지는 것에 불과하다.

且夫堯、舜、桀、紂千世而一出，是比肩隨踵[10]而生也。世之治者不絶於中，吾所以爲言勢者中[11]也。中者，上不及堯、舜而下亦不爲桀、紂。抱法處勢則治，背法去勢則亂。今廢勢背法而待堯、舜，堯、舜至乃治，是千世亂而一治也。抱法處勢而待桀、紂，桀、紂至乃亂，是千世治而一亂也。

○ ○ ○

또한 무릇 천 세대 동안 잘 다스려지다가 한 세대 동안 어지러워지는 것과 한 세대 동안 잘 다스려지다가 천 세대 동안 어지러워지는 것은, 마치 기(驥)와 이(駬) 같은 천리마를 타고 반대로 내달려서 서로의 거리가 더욱 멀어지는 것과 같은 것이다. 무릇 도지개의 법도를 저버리고 측량도구의 치수를 사용하지 않는다면, 해중(奚仲) 같은 장인이라 할지라도 수레 한 대를 만들 수 없을 것이다. 포상으로 장려하거나 형벌로 위엄을 내세우지 않고, 권세를 내버려 두고 법도를 저버리면, 요나 순이 집집마다 설득하고 다니며 사람들에게 일러주어도 세 집조차 제대로 다스리지 못할 것이다. 무릇 권세를 잘 써야 한다는 것은 분명한 것이지만, 반드시 현명한 이를 맞아야 한다고 말하는데, 역시 그렇지 않다.

且夫治千而亂一， 與治一而亂千也， 是猶乘驥駬而分馳[12]也， 相去亦遠矣。 夫棄隱栝[13]之法， 去度量之數， 使奚仲[14]爲車， 不能成一輪。 無慶賞之勸， 刑罰之威， 釋勢委法， 堯、舜戶說而人辯之， 不能治三家。 夫勢之足用亦明矣， 而曰 ‘必待賢’ 則亦不然矣。

○ ○ ○

또 무릇 백 일 동안 먹지 않으면서 기장밥과 고기를 기대한다면, 배고픈 이는 살지 못한다. 지금 요(堯)임금나 순(舜)임금 같은 현인이 오늘날 백성을 다스리기를 기대한다는 것은 마치 기장밥과 고기를 기대하면서 배고픈 자를 구해내고자 한다는 말과 같다. 무릇 '훌륭한 말과 튼튼한 수레를 재주 없는 노비가 몬다면 사람들의 웃음거리가 되겠지만, 왕량(王良) 같은 이가 수레를 몰면 하루에 천 리를 달릴 것이다.'라고 하는데, 나는 그렇게 생각하지 않는다. 무릇 월(越)나라 사람 가운데 바다에서 헤엄을 잘 치는 자를 기다렸다가 중원에서 물에 빠진 이를 구하려 한다면 월나라 사람이 아무리 헤엄을 잘 쳐도 중원에서 물에 빠진 이를 구할 수 없는 것이다. 무릇 옛날의 왕량이 지금의 말을 몰 것을 기대한다는 것은 역시 월(越)나라 사람이 중원에서 물에 빠진 사람을 구한다는 말과 같은 것이니, 이러한 사실 역시 정말 분명하지 아니한가.

且夫百日不食以待粱肉, 餓者不活。今待堯、舜之賢乃治當世之民, 是猶待粱肉而救餓之說也。夫曰 '良馬固車, 臧獲御之則爲人笑, 王良御之則日取乎千里', 吾不以爲然。夫待越人之善海游者, 以救中國之溺人, 越人善游矣, 而溺者不濟矣。夫待古之王良以馭今之馬, 亦猶越人救溺之說也, 不可亦明矣。

○ ○ ○

무릇 좋은 말과 튼튼한 수레를 오십 리마다 하나씩 설치해둔다면, 설령 보통 수준의 마부가 그것을 몬다고 해도 빨리 그리고 멀리 내달릴 수 있어서 목적지에 다다를 수 있을 것이니, 천 리라고 해도 하루에 다다를 수 있다. 어찌 꼭 왕량(王良) 같은 이에게만 기대할 것인가! 또한 수레 모는 것을 왕량 같은 이에게 시키지 않으면 반드시 재주 없는 노비 같은 이에게 맡기게 되어 잘못되는 것이라고 한다거나, 정치를 요순(堯舜) 같은 이에게 시키지 않으면 반드시 걸주(桀紂) 같은 이에게 시키게 되어 세상이 어지러워진다고 한다. 이것은 맛에는 엿과 꿀 같은 단맛이 아니면, 반드시 두루미냉이 같이 쓴 나물만 있다고 여기는 것과 같다. 이는 변명하려고 말을 늘어놓거나 논리적인 방도를 놓쳐서 잃은 것으로 형평성 없는 두 극단의 의론일 뿐이니, 이것으로 어찌 저 이치에 맞는 말을 따질 수 있겠는가? 객의 의론은 이러한 내 논의에 미치지 못하는 것이다.

夫良馬固車, 五十里而一置, 使中手御之, 追速致遠, 可以及也, 而千里可日至也, 何必待古之王良乎! 且御非使王良也, 則必使臧獲敗之, 治非使堯、舜也, 則必使桀、紂亂之。此味非飴蜜[15]也, 必苦菜亭歷[16]也。此則積辯累辭、離理失術、兩末之議[17]也, 奚可以難夫道理之言乎哉? 客[18]議未及此論也。

1) 也(야): 도장본(道藏本)이나 원본(元本) 등에는 이 글자가 빠져 있다.

2) 『일주서(逸周書)』 오경편(寤儆篇)에 나온다.

3) 사(四)는 방자할 사(肆)로 고쳐서 풀었다.

4) 왕선신은 '미(未)' 자의 잘못이라고 했다.

5) 固車(고거): 튼튼한 수레.

6) 藏獲(장획): 매우 비천한 자를 일컫는 비유의 말.

7) 王良(왕량): 춘추 시대 진(晉)나라 조양자(趙襄子)를 모셨던 이름난 마부.

8) 若吾所言(약오소언): 여기에서 오(吾)는 왕선신의 주석을 따라 객(客)으로 풀이했다.

9) 건도본(乾道本)과 도장본(道藏本)에는 '以不可禁之勢' 로 되어 있는데, 뜻이 통하지 않기에 대개의 판본에 따라 고쳤다.

10) 比肩隨踵(비견수종): 어깨를 나란히 하고 발뒤꿈치를 따른다는 뜻으로 여기에서는 연속된다는 뜻이다.

11) 中(중): 여기에서는 보통의 재주를 가졌다는 뜻이다.

12) 分馳(분치): 거꾸로 달린다는 뜻이다.

13) 隱栝(은괄): 은(隱)은 은(檃)의 뜻으로 구부러진 활을 바르게 잡는 도지개이고, 괄(栝) 역시 활이나 구부러진 물건을 바로잡는 틀이다.

14) 奚仲(해중): 옛날에 수레 만드는 장인으로 이름이 난 자이다.

15) 飴蜜(이밀): 엿과 꿀.

16) 亭歷(정력): 정력(葶藶)으로서 두루미냉이를 말한다.

17) 兩末之議(량미지의): 미(未)는 말(末)의 잘못이며, 여기에서는 중도를 잃은 극단적인 논의를 말한다.

18) 客(객): 의미상 유자(儒者)들 부류라고 할 수 있다.

제41편 문변(問辯)

변론에 대해 묻다

解題

문변(問辯)은 변론에 대해 묻는 것이다. 이 글은 문답의 형식을 통해 백가쟁명(百家爭鳴)이 출현한 원인 및 쟁론을 저지하는 방법을 천명하였고, 사상 이론을 통제해야 한다는 한비의 주장을 집중적으로 반영하였다.

한비는, 변론은 군주가 현명하지 않은 "난세(亂世)"에 생겨난다고 보았다. 왜냐하면 "현명한 군주가 다스리는 나라[明主之國]"에서는, "말을 하고 일을 처리하는 데 있어 법률과 명령을 따르지 않는 것은 반드시 금지[言行而不軌於法令者必禁]"하고, "말이 실효에 맞으면 후한 상이 있고, 말이 실효에 맞지 않으면 무거운 벌이 있어[言當則有大利, 不當則有重罪]", 어리석은 사람은 벌 받을 것이 두려워 감히 말을 하지 못하고, 똑똑한 사람도 단지 법령과 동일한 말만 할 것이므로 변론이 생겨나지 않기 때문이다. 정치가 혼란한 사회에서는, 군주가 말을 청취할 때 "실제 효용을 판단 기준으로 삼지 않고

[不以功用爲之的彀]", 심지어 법령을 방치하여 돌보지 않으며, "난해[難知]" 하고 "널리 인용하고 문채가 풍부한[博文]" 말들을 좋아하는데, 이렇게 하여 변론이 성행하게 된다.

사상 이론에 있어 백가쟁명의 국면을 끝내고, 군주의 명령을 지고지상의 준칙으로 삼아 사람들의 언행을 규범화할 것을 요구하는 한비의 전제주의(專制主義) 책략은, 통일된 전제 제국(帝國)을 건립하는 데 매우 필요하였고, 따라서 그것은 2천여 년 이래 줄곧 중국 전제 제국의 사상 통치 원칙이 되었다.

○○○

어떤 사람이 묻기를 "변론은 어떻게 생겨나는가?"라고 하였다. 대답하기를 "군주가 현명하지 않아서 생겨난다."라고 하였다. 묻는 사람이 말하기를 "군주가 현명하지 않아서, 변론이 생겨나는 것은, 무엇 때문인가?"라고 하였다. 대답하기를 "현명한 군주가 다스리는 나라에서는, 군주의 명령이, 말 가운데 가장 존귀한 것이다. 나라의 법률이, 정사(政事) 가운데 가장 따라야 하는 준칙이다. 말에는 두 가지 존귀한 것이 없고, 법률은 두 가지를 따르지 않으니, 그러므로 말을 하고 일을 처리하는 데 있어 법률과 명령을 따르지 않는 것은 반드시 금지한다. 의거하는 법령은 없지만 사기(詐欺)에 대처하고 일의 변화에 적응하며, 이익을 내고 일을 예측하는 데에 쓰일 수 있는 신민(臣民)의 말은, 군주가 반드시 그들의 말을 받아들여 그것의 실제 효과를 요구하는데, 말이 실효에 맞으면 후한 상이 있고, 말이 실효에 맞지 않으면 무거운 벌이 있어, 이 때문에 어리석은 사람은 벌 받을 것이 두려워 감히 말을 하지 못하고, 똑똑한 사람은 논쟁할 것이 없으니, 이것이 변론이 없는 까닭이다. 난세에는 이렇지 않아, 군주가 명령을 내리면 사람들은 고대의 문헌경전을 이용하여 그것을 비난하고, 관부에서 법률을 공포하면 사람들은 몇몇 개인의 품행을 이용하여 그것을 위배하는데, 군주는 도리어 자기의 법령을 묻어버리고 학자의 지혜와 품행을 존중하니, 이것이 세상에서 문헌경전이 많아진 원인이다. 대저 말과 행동은, 실제 효용을 그것의 판단 기준으로 삼는다. 대저 사냥용의 날카로운 화살을 갈아서 그것을 가지고 마구 쏘면, 화살 끝은 짐승의 가을 터럭같이 미세한 것을 반드시 맞히지 못하는 것은 아니다. 그렇지만 활을 잘 쏜다고 말할 수 없는 것은, 고정된 과녁이 없기 때문이다. 직경 다섯 치의 과녁을 설치하여, 열 걸음 떨어진 곳에서 활을 당겨도, 예(羿)와 방몽(逢蒙)이 아니라면 반드시 다 맞힐 수는 없는 것은, 고정된 과녁이 있기 때문이다. 그러므로 고정된 과녁이 있으면 예와 방몽은 직경 다섯 치의 과녁을 맞혔기 때문에 기술이 뛰어난 것으로 간주되고, 고정된 과녁이 없으면 사람들은 마구 화살을 쏘다가 짐승의 가을 터럭처럼 미세한 것을 맞히는 것을 기술이 서투르다고 여긴다. 지금 말을 청취하고 행위를 관찰하는 데 있어, 실제 효용을 판단 기준으로 삼지 않으면, 말이 비록 지극히 똑똑히 살피고, 행위가 비록 지극히 단호해도, 마구 화살을 쏘는 것에 대해 말한 상황과 같다. 이 때문에 난세에는 사람들이 말을 청취할 때, 난해한 것을 똑똑히 살핀다고 여기고, 널리 인용하고 문채가 풍부한 것을 설득력 있다고 여긴다. 사람들이 행위를 관찰할 때, 보통 사람과 다른 것을 현능하다고 여기고, 군주를 범하는 것을 강직하다고 여긴다. 군주가 '설득력 있고' '똑똑히 살피는' 말을 좋아하고, '현능하고' '강직한' 행위를 존중하니, 그런 까닭에 법술(法術)을 제정하는 저 사람들이, 해야 되고 해서는 안 되는 행위의 표준을 세우고, 논쟁의 판정기준을 분명히 밝혀도, 그것 때문에 바로잡히는 이가 아무도 없다. 이 때문에 유생(儒生)의 복장을 하는 선생과 칼을 차는 협객은 많아지고, 농경과 전쟁에 종사하는 사람은 적어지며, '견백(堅白)'과 '무후(無厚)'의 변론은 성행하고, 법률과 정령의 규범은 없어진다. 그러므로 '군주가 현명하지 않으면 변론이 생겨난다.'라고 말하는 것이다."라고 하였다.

或問曰, "辯安生乎?" 對曰, "生於上之不明也。" 問者曰, "上之不明, 因生辯也, 何哉?" 對曰, "明主之國, 令者, 言最貴者也。法者, 事最適者也。言無二貴[1], 法不兩適, 故言行而不軌於法令者必禁。若其無法令[2]而可以接[3]詐應變、生利揣事者, 上必采其言而責[4]其實[5], 言當則有大利[6], 不當則有重罪, 是以愚者畏罪而不敢言, 智者無以訟, 此所以無辯之故也。亂世則不然, 主上有令, 而民以文學[7]非之, 官府有法民以私行矯[8]之, 人主顧[9]漸[10]其法令而尊學者之智行, 此世之所以多文學也。夫言行者, 以功用爲之的彀[11]者也。夫砥礪殺矢而以妄發, 其端未嘗不中秋毫也, 然而不可謂善射者, 無常[12]儀的[13]也。設五寸之的, 引十步之遠, 非羿、逢蒙不能必中者, 有常也[14]。故有常則羿、逢蒙以五寸的爲巧, 無常則以妄發之中秋毫爲拙。今聽言觀行, 不以功用爲之的彀, 言雖至察, 行雖至堅, 則妄發之說也。是以亂世之聽言也, 以難知爲察, 以博文爲辯。其觀行也, 以離羣爲賢, 以犯上爲抗[15]。人主者說[16]辯察之言, 尊賢抗之行, 故夫[17]作法術之人, 立取舍之行, 別辭爭之論, 而莫爲之正。是以儒服帶劍者衆, 而耕戰之士寡, 堅白[18]無厚[19]之詞章[20], 而憲令之法息。故曰, '上不明則辯生焉。'"

1) 言無二貴(언무이귀): 말에는 동시에 존중되는 두 가지가 없다, 다시 말하면 다만 군주의 명령을 존중할 수 있을 뿐이라는 의미이다.

2) 無法令(무법령): 의거하는 법령이 없음을 가리킨다.

3) 接(접): 응(應).

4) 責(책): 요구하다.

5) 實(실): 실효(實效).

6) 大利(대리): 후한 상(賞)을 가리킨다.

7) 文學(문학): 고대의 문헌경전,

8) 矯(교): 위배하다.

9) 顧(고): 오히려, 도리어.

10) 漸(점): 조용현(趙用賢)은 '몰(沒)'의 뜻이고, 음은 '첨(尖)'이라고 하였다(『한비자집해』).

11) 的彀(적구): 화살의 과녁.

12) 常(상): 고정되다.

13) 儀的(의적): 화살의 과녁.

14) 有常也(유상야): 상삭은 '상(常)'자 다음은 앞의 문장과 이어져 '의적(儀的)' 두 자가 생략되었고, 다음의 두 문장도 같다고 하였다. 왕선신·진기유 등이 탈문(脫文)으로 본 것은 온당하지 않다고 하였다(『한비자교소』).

15) 抗(항): '항(亢)'과 통한다. 굳세다, 강직하다.

16) 說(열): '열(悅)'과 통한다. 좋아하다.

17) 夫(부): 지시대명사, '피(彼)'와 같다.

18) 堅白(견백): 돌의 '견(堅)'과 '백(白)' 두 가지 속성을 가리킨다. 양자의 관계에 관한 문제는, 일찍이 전국 시대에 광범위한 학술적 논쟁을 불러 일으켰다. 명가(名家) 공손룡(公孫龍)을 대표로 하는 '이견백(離堅白)'론은 '견(堅)'과 '백(白)' 두 가지 속성은 돌을 떠나 독립적으로 존재할 수 있다고 보았다. 후기 묵가(墨家)는 '견백상영(堅白相盈)'을 주장하고, '견(堅)'과 '백(白)'은 구체적인 돌을 떠나 독립적으로 존재할 수 없다고 보았다.

19) 無厚(무후): 전국 시대 명가(名家) 혜시(惠施)가 제기한 철학 명제. 그는 "두께가 없어 쌓을 수 없지만, 그 크기는 천리에 이른다.(無厚不可積也, 其大千里。)"라고 하면서, 평면은 면적만 있고 체적이 없으므로, 두께(체적)로 말하자면 없지만, 면적은 여전히 천리에 이를 만큼 클 수 있다고 보

았다. 이는 형식논리에서 논증되는 것이다. 『장자(莊子)·천하(天下)』편에 보인다.

20) 章(장): '창(彰)'과 통한다.

제42편 문전(問田)

국가를 통치하는 데에 법술의 필요성

解題

첫째 구의 “徐渠問田鳩曰”에서 제목을 취하였다. 본편의 내용이 법가의 사상에 부합하고 있지만, 두번 째 단에서 한비를 한자(韓子)라고 칭한 것으로 보아 한비가 쓴 것이 아닌 것 같다. 그리고 당계공(堂谿公)의 한(韓)나라 소후(昭侯) 시절 사람으로 한비보다 생년이 빨라 한비와 본문과 같은 문답을 나누었을지도 의심스럽다. 따라서 본 편은 한비의 제자가 쓴 것으로 보는 것이 옳을 듯하다. 본편의 주제가 한비자의 사상에 부합하고, 또한 글 속에서 한비자를 언급하고 있기 때문에, 후세 사람들이 본서에 편찬한 것 같다. 본 편의 주지는 법술(法術)이 국가를 다스리는 데에 충분하다는 것을 설명하고 있다. 전편은 두 개의 단락으로 나뉘어지는데, 첫째 단은 군주가 법술이 있어야 재상과 장군 등이 모두 낮은 자리에서부터 시작하게 된다는 것을 말하고 있다. 둘째 단은 군주가 법술을 세우고 표준을 만들어야 함을 설명하며 이것이 백성을 이롭게 하고 많은 사람을 편안하게 하는 방법이라고 말하고 있다.

○ ○ ○

서거(徐渠)가 전구(田鳩)에게 묻기를 "내 듣기에 지혜로운 사람은 하급 관리부터 오르지 않아도 군주의 중용을 얻고, 성인은 공적을 드러내지 않아도 군주의 가까운 자리에 이른다고 합니다. 지금 양성의거(陽成義渠)는 명장인데도 둔백(屯伯)의 자리에 두었고, 공손단회(公孫亶回)는 훌륭한 재상이었는데도 주부(州部)에서부터 관직을 시작하게 한 것은 무슨 까닭입니까?"라고 하였다. 전구가 답하기를 "이것은 다른 이유가 있어서가 아니라, 군주가 법도와 통치술이 있었기 때문입니다. 또한 초(楚)나라가 송고(宋觚)를 장수로 삼아 그 정치를 그르치고, 위(魏)나라가 풍리(馮離)를 재상으로 삼아 그 나라를 망쳤다는 말을 귀하께서만 듣지 못하셨습니까? 두 나라의 군주가 신하들의 듣기 좋은 말에 치우치고 변설(辯說)에 현혹되어 둔백의 자리로 시험해보지 않고 주부에서 관직을 시작하게 하지 않았기 때문에, 정치를 그르치고 나라를 망치는 재앙이 있었던 것입니다. 이로부터 보건대, 둔백의 시험과 주부에서의 시작이 없다면 어찌 현명한 군주가 될 준비가 되었다고 하겠습니까?"라고 하였다.

徐渠[1]問田鳩[2]曰, "臣聞智士不襲下[3]而遇君, 聖人不見功而接上。今陽成義渠[4]明將也, 而措於毛伯[5], 公孫亶回[6]聖相也, 而關[7]於州部[8], 何哉?" 田鳩曰, "此無他故異物, 主有度, 上有術之故也。且足下獨不聞楚將宋觚[9]而失其政, 魏相馮離[10]而亡其國? 二君者, 驅於聲詞, 眩乎辯說, 不試於毛伯, 不關乎州部, 故有失政亡國之患。由是觀之，夫無毛伯之試，州部之關，豈明主之備哉!”

○ ○ ○

당계공(堂谿公)이 한자(韓子)에게 말하기를 “제가 듣기에 예를 행하고 다른 사람에게 양보하는 것이 몸을 온전히 하는 처세술이며, 행동을 수양하고 지혜를 숨기는 것이 명예를 얻는 길이라 하였습니다. 선생께서는 법술(法術)을 세우고 법도를 만드셨는데 저는 그것이 자신을 위험하게 하고 몸을 위태롭게 한다고 생각합니다. 이를 어떻게 증명할까요? 선생께서 말씀하시길 ‘초(楚)나라는 오기(吳起)를 등용하지 않아서 나라의 영토가 줄고 혼란스러워졌으며, 진(秦)나라는 상군(商君)의 법을 시행해서 부강해졌다. 두 사람의 말은 모두 합당했지만 오기는 사지가 찢겼고 상군은 거열을 당했는데, 이는 바른 세상을 만나지 못하고 명철한 군주를 만나지 못한 재앙이다.’라고 하셨습니다. 바른 세상과 명철한 군주가 아직 만나지 못했을 때에, 재앙은 피할 수 없는 것이 됩니다. 선생께서는 무릇 몸을 온전히 하고 명예를 얻는 길을 버리고, 위험하고 위태롭게 하는 행동을 거리낌 없이 하시는데 그래서는 안 된다고 저는 생각합니다.”라고 하였다. 한자가 말하기를 “저는 선생님의 말씀을 잘 이해하였습니다. 무릇 천하를 다스리는 권세와 백성을 다스리는 법도는 다루기가 매우 어렵습니다. 그러나 선생의 가르침을 받아들이지 않고 제가 취한 것을 행하려는 까닭은, 제 생각에 법술을 세우고 법도를 만드는 것이 백성을 이롭게 하고 많은 사람을 편안하게 하는 길이기 때문입니다. 그러므로 난세의 우매한 군주로 인한 재앙을 꺼리지 않고 반드시 백성의 이익만을 고르게 하는 것을 생각함은 어질고 지혜 있는 자의 행동인 것입니다.

난세의 우매한 군주로 인한 재앙을 꺼려서 죽음의 재앙만을 피하고자 하여 자신만을 알고 백성의 이익을 살피지 않는 것은 욕심 많고 비루한 행동입니다. 저는 차마 욕심 많고 비루한 행동을 할 의향이 없고, 감히 어짐과 지혜로운 행동을 손상시키지 못하겠습니다. 선생께서는 저를 아끼시는 의도를 지니고 계시지만 실제로는 저를 크게 해치는 것입니다."라고 하였다.

堂谿公[11]謂韓子[12]曰, "臣聞服禮辭讓, 全之術也, 修行退智, 遂[13]之道也。今先生立法術, 設度數, 臣竊以爲危於身而殆於軀。何以效[14]之? 所聞先生術[15]曰, '楚不用吳起而削亂, 秦行商君[16]而富疆。二子之言已當矣, 然而吳起支解[17]而商君車裂者, 不逢世遇主之患也。' 逢遇不可必也, 患禍不可斥也。夫舍乎全遂之道而肆乎危殆之行, 竊爲先生無取焉。" 韓子曰, "臣明先生之言矣。夫治天下之柄, 齊民萌[18]之度, 甚未易處也。然所以廢先王[19]之敎, 而行賤臣之所取者, 竊以爲立法術, 設度數, 所以利民萌, 便衆庶之道也。故不憚亂主闇上之患禍, 而必思以齊民萌之資利者, 仁智之行也。憚亂主闇上之患禍, 而避乎死亡之害, 知明夫身而不見民萌之資利者, 貪鄙之爲也。臣不忍嚮貪鄙之爲, 不敢傷仁智之行, 先王有幸臣之意, 然有大傷臣之實。"

1) 徐渠(서거): 사람 이름. 생애와 행적은 불분명하다.

2) 田鳩(전구): 묵가(墨家)의 문도로 제(齊)나라 사람이다. 진(秦)나라 혜왕(惠王)과 동시대인으로 『한서(漢書)·예문지(藝文志)』의 묵가서 중에 『전구자(田俅子)』가 있는데, 전구자가 전구인 듯하다.

3) 襲下(습하): 하급 관리에서부터 승진하다.

4) 陽成義渠(양성의거): 사람 이름. 『여씨춘추·애사(愛士)』에 조(趙)나라 간자(簡子)와 동시대 인물로 양성서거(陽城胥渠)가 나오는데, 동일 인물인 것 같다.

5) 毛伯(모백): 왕선신의 『한비자집해』를 비롯한 대부분의 주석본에 의하면 모(毛)는 둔(屯)이 되어야 한다고 하였다. 둔백(屯伯)은 군대가 주둔하는 지역의 우두머리를 말한다.

6) 公孫亶回(공손단회): 사람 이름. 생애와 행적은 불분명하다.

7) 關(관): 유(由)의 의미다.

8) 州部(주부): 지방의 관리를 말한다.

9) 宋觚(송고): 사람 이름. 생애와 행적은 불분명하다.

10) 馮離(풍리): 사람 이름. 생애와 행적은 불분명하다.

11) 堂谿公(당계공): 한(韓)나라 소후(昭侯) 때의 사람이다.

12) 韓子(한자): 한비(韓非)를 말한다.

13) 遂(수): 명예를 얻다.

14) 効(효): 증명하다.

15) 術(술): 술(述)과 통하여 '진술하다'의 뜻이다.

16) 商君(상군): 상앙(商鞅)이라고도 하며 전국 시대 위(衛)나라 사람으로 성은 공손(公孫), 이름이 앙(鞅)이다.

17) 支解(지해): 지해(肢解)와 같은 의미로 사람의 사지를 찌는 고대의 형벌 중의 하나다.

18) 民萌(민맹): 맹(萌)은 맹(氓)의 통가자로 백성이라는 뜻이다.

19) 先王(선왕): 왕선신은 『한비자집해』에서 왕위(王渭)의 말을 인용해서 선생(先生)이 되어야 한다고 보았다.

제43편 정법(定法)

법을 정립하다

解題

정법이란 '법을 확립한다.'라는 의미로 법가의 이론을 심화시켜 종합하고 있다. 한비(韓非)는 본 편을 통해 입법의 이념과 방향을 제시하고 있는데, 법(法)과 술(術)이 구비되어 합체되어야만 그 최대의 효용을 기대할 수 있다고 주장하였다. 예를 들어 '법'은 있는데 '술'이 없다면, 이를 통치에 운용하기에 부족한 상태이기 때문에 군주가 큰 대업을 이룰 수 없다고 피력하고 있다. 또한 이와는 반대로 '법'은 없는데 '술'만 있다면 나라는 혼란한 상태에 이를 것이라고 경고하였다.

뿐만 아니라 신불해(申不害)의 '술'과 상앙(商鞅)의 '법'을 비판적으로 계승하였으며, 신도(愼到)의 세(勢)를 첨삭하고 체계화하고 있다. 이와 같은 자신의 논리를 전개하는 방식이 문답의 과정으로 처리되어 있어, 한비의 통치철학이 더욱 명쾌하게 제시되었다.

묻는 사람이 말하기를 "신해(申不害)와 공손앙(公孫鞅) 이 두 사람의 말 중에 누구의 말이 나라에 요긴합니까?"라고 하였다.

問者曰, "申不害、公孫鞅, 此二家之言孰急[1]於國?"

○○○

그에게 대답하기를 "이는 헤아릴 수 없습니다. 사람이 먹지 않으면 열흘 만에 죽습니다. 큰 추위가 한창일 때는 입지 않아도 죽습니다. 이를 말하며, 입는 것과 먹는 것 중 어느 것이 사람에게 요긴하냐고 하면, 이는 둘 중 하나라도 없어서는 안 되는 것으로 모두 살아가기 위해 갖추어야 하는 것입니다. 지금 신불해(申不害)는 술(術)에 대해 말하고 있고, 공손앙(公孫鞅)은 법(法)에 대해 말하고 있습니다. 술이라는 것은 감당할 수 있는 것에 따라 관직을 주고 명분대로 실적을 꾸짖으며 죽이고 살리는 권력을 가지고, 여러 신하 들의 능력을 시험하는 것으로 이것은 군주가 쥐고 있어야 하는 것입니다. 법이라는 것은 명령이 관부에 드러나고 형벌이 백성의 마음에 분명히 각인되어, 상은 법에 신중한 자에게 주어지게 되고 벌은 명령을 어기는 자에게 가해지게 되는 것으로 이것은 신하가 모범으로 삼아야 하는 것입니다. 군주에게 술이 없으면 위에서 이목이 가려지게 되고 신하에게 법이 없으면 아래에서 혼란해지니, 이는 하나라도 없어서는 안 되는 것으로 모두 제왕이 갖추어야 하는 것입니다."라고 하였다.

應之曰, "是不可程也。人不食, 十日則死。大寒之隆, 不衣亦死。謂之衣食孰急於人, 則是不可一無也, 皆養生之具[2]也。今申不害言術, 而公孫鞅爲法。術者, 因任[3]而授官, 循名[4]而責實, 操殺生之柄, 課羣臣之能者也, 此人主之所執也。法者, 憲令[5]著於官府,刑罰必[6]於民心, 賞存乎愼法, 而罰加乎姦[7]令者也, 此臣之所師也。君無術則弊[8]於上, 臣無法則亂於下, 此不可一無, 皆帝王之具也。"

○○○

묻는 사람이 말하기를 "술(術)만 있고 법이 없든지 법만 있고 술이 없으면 안된다고 하는데 왜입니까?"라고 하였다.
問者曰, "徒術而無法, 徒法而無術, 其不可何哉?"

○○○

대답하기를 "신불해(申不害)는 한(韓)나라 소후(昭侯)의 보좌관이었습니다. 한나라는 진(晉)나라에서 갈라져 나온 나라입니다. 진나라의 옛 법이 아직 폐지되지도 않았는데, 한나라의 신법이 또 생겼습니다. 이전 군주의 명령이 아직 거두어지지도 않았는데, 지금 군주의 명령이 또 내려졌습니다. 신불해가 그 법을 장악하지 못하고 그 명령을 통일하지 못하자, 많은 간악한 이들이 이익이 옛 법과 이전의 명령에 있으면 그것을 따르고, 이익이 신법과 지금의 명령에 있으면 그것을 따랐습니다. 이익은 옛것과 새것이 상반되고, 이전 것과 지금 것이 서로 어긋나, 신불해가 비록 열 차례나 소후에게 술(術)을 쓰도록 했음에도 불구하고, 간신들에게는 여전히 그 말을 속일 수 있는 곳이 있었습니다. 그러므로 만승의 강국이었던 한나라에 십칠 년이나 의탁하면서도 패왕의 자리에 이르도록 하지 못한 것은 비록 군주에게 술을 쓰도록 했지만, 법으로 관리들을 힘써 바로잡지 못했던 우환이었던 것입니다. 공손앙(公孫鞅)이 진(秦)나라를 다스릴 때 서로 감시해 고발하는 제도를 만들어 실상을 문책하고, 열 또는 다섯 집을 연좌시켜 그 죄를 함께 물어, 상은 후하면서도 확실하였고 형은 무거우면서도 분명하였습니다. 이 때문에 그 백성들은 힘을 쓰다가 피로해도 쉬지 않았고 적을 쫓다가 위태로워도 물러서지 않아, 그 나라가 부유해지고 군대가 강해졌습니다. 그러나 술로 간신을 알아내지 못했기 때문에 그 부강함으로 신하를 보태주는 데에 그칠 뿐이었습니다. 효공(孝公)과 상군(商君)이 죽고 혜왕(惠王)이 즉위하자, 진(秦)나라의 법이 아직 폐지되지도 않았는데, 장의(張儀)가 진나라의 법으로 한나라와 위(魏)나라로부터 이득을 얻었습니다. 혜왕이 죽고 무왕(武王)이 즉위하자, 감무(甘茂)가 진나라의 법으로 주(周)나라로부터 이득을 얻었습니다. 무왕이 죽고 소양왕(昭襄王)이 즉위하자, 양후(穰侯)가 한나라와 위나라를 넘어 동쪽으로 제나라를 공격하여, 오 년이 지나도록 진나라는 조금의 땅도 늘리지 못했지만 마침내 도읍(陶邑)에 봉하여졌습니다. 응후(應侯)도 한나라를 공격한지 팔 년 만에 여남(汝南)에 봉하여졌습니다. 이때부터 진나라에 등용된 여러 사람들은 모두 응후와 양후 같은 부류였습니다. 그러므로 싸워서 이기면 대신들의 지위가 높아지고, 땅이 늘어나면 사적인 봉지가 되어버린 것은 군주가 술로 간신을 알아내지 못했기 때문인 것입니다. 상군은 비록 열 차례나 법을 바로잡았지만 신하들은 이를 오히려 자신들의 재물로 이용하였습니다. 따라서 강한 진나라의 밑천을 가지고도 수십 년이 지나도록 제왕에 이르지 못한 것은 법으로 관리들을 힘써 바로잡지 못한 것도 있지만, 군주가 위에서 술을 쓰지 못했던 우환인 것입니다."라고 하였다.

對曰, "申不害, 韓昭侯之佐也。韓者, 晉之別國[9]也。晉之故法未息，而韓之新法又生。先君之令未收，而後君[10]之令又下。申不害不擅[11]其法，不一[12]其憲令，則姦多，故利在故法前令則道之，利在新法後令則道之。利在故新相反，前後相悖，則申不害雖十使昭侯用術，而姦臣猶有所譎[13]其辭矣。故託万乘之勁[14]韓，七十年而不至於霸王者，雖用術於上，法不勤飾[15]於官之患也。公孫鞅之治秦也，設告相坐[16]而責[17]其實，連什伍[18]而同其罪，賞厚而信，刑重而必。是以其民用力勞[19]而不休，逐敵危[20]而不卻，故其國富而兵强。然而無術以知姦，則以其富强也資人臣而已矣。及孝公、商君死，惠王卽位，秦法未敗也，而張儀以秦殉[21]韓、魏。惠王死，武王卽位，甘茂以秦殉周。武王死，昭襄王卽位，穰侯[22]越韓、魏而東攻齊，五年而秦不益一尺之地[23]，乃成其陶邑之封。應侯[24]攻韓八年，成其汝南之封。自是以來，諸用秦者，皆應、穰之類也。故戰勝則大臣尊，益地則私封立，主無術以知姦也。商君雖十飾其法，人臣反用其資。故乘强秦之資，數十年而不至於帝王者，法不勤飾於官，主無術於上之患也。”

○○○

묻는 사람이 말하기를 "군주가 신자(申子)의 술을 쓰고, 관리가 상군(商君)의 법을 행하면 괜찮을까요?"라고 하였다.
問者曰，“主用申子之術，而官行商君之法，可乎?”

○○○

대답하기를 "신자(申子)는 술에 있어 미진하고, 상군(商君)은 법에 있어 미진합니다. 신자는 '일을 처리할 때 자신의 관직을 넘어서는 안 되므로 비록 알아도 말하지 말아야 한다.'라고 말했습니다. '일을 처리할 때 자신의 관직을 넘어서는 안 된다는 것'은 직분을 지켜야 하는 것이니 괜찮습니다. 그러나 '알아도 말하지 말아야 한다는 것'은 잘못된 것이라고 말할 수 있습니다. 군주는 한 나라의 눈으로만 보기 때문에 보는 것이 명확하지 못합니다. 한 나라의 귀로만 듣기 때문에 듣는 것이 밝지 못합니다. 지금 알아도 말하지 않는다면, 군주는 어찌 보고 듣는 것을 빌릴 수 있겠습니까! 상군의 법에서는 '머리 하나를 베어온 자에게 작위를 한 등급 주고, 관리가 되기를 원하면 오십 섬의 관직을 준다. 머리 두 개를 베어온 자에게는 작위를 두 등급을 올려주고, 관리가 되기를 원하면 백 섬의 관직을 준다.'라고 하였습니다. 관작의 이동과 머리를 베어온 공이 서로 같다고 보는 것입니다. 지금의 법에서는 '머리를 베어온 자는 의원(醫員)이나 장인(匠人)이 되도록 하겠다.'라고 하였는데, 만약 이러하다면 집은 지어지지 않고 병은 고쳐지지 않을 것입니다. 무릇 장인은 손재주를 가진 자이며, 의원은 약을 짓는 자입니다. 그런데 머리를 베어온 공으로 그러한 자리를 준다면 그들의 능력에 맞지 않는 것입니다. 지금 관리를 다스리는 것은 지적인 능력입니다. 머리를 베어오는 것은 용기와 힘이 더해져야 하는 것입니다. 용기와 힘이 더해져야 하는 것으로 지적인 능력이 필요한 관리를 다스리도록 했기 때문에, 머리를 베어온 공으로 의원이나 장인이 된 것입니다. 따라서 '두 사람이 법과 술(術)을 모두 잘 부리는 데에 미진하였다.'라고 말하는 것입니다."라고 하였다.

對曰, "申子未盡於法也[25]。申子言, '治不踰官[26], 雖知弗言。' '治不踰官', 謂之守職也可。'知而弗言', 是謂過也。人主以一國目視, 故視莫明焉。以一國耳聽, 故聽莫聰焉。今知而弗言, 則人主尚安假借[27]矣！ 商君之法曰, ‘斬一首者爵一級, 欲爲官者爲五十石之官。斬二首者爵二級, 欲爲官者爲百石之官。’ 官爵之遷與斬首之功相稱[28]也。今有法曰, ‘斬首者令爲醫匠。’ 則屋不成而病不已。夫匠者手巧也, 而醫者齊[29]藥也。而以斬首之功爲之, 則不當其能。今治官者, 智能也。今斬首者, 勇力之所加也。以勇力之所加而治智能之官, 是以斬首之功爲醫匠也。故曰, ‘二子之於法術皆未盡善也。’”

1) 急(급): 요긴(要緊)하다.

2) 養生之具(양생지구): 섭생을 위해 갖추어야 하는 것.

3) 因任(인임): 감당할 수 있는 것에 맞추다.

4) 循名(순명): 하겠다고 한 말대로 결과를 따지는 것.

5) 憲令(헌령): 명령.

6) 必(필): 동사로 쓰여 '분명히 각인되는 것'을 말한다.

7) 姦(간): 어기다.

8) 弊(폐): 폐(蔽)와 통하여 '가려지다'는 뜻이다.

9) 別國(별국): 갈라져 나와 독립된 나라.

10) 後君(후군): 선군(先君)의 반대 의미로 지금의 군주를 말한다.

11) 擅(천): 장악하다.

12) 一(일): 통일하다.

13) 譎(휼): 속임수를 쓰다.

14) 萬乘之勁(만승지경): 만승의 강국(强國).

15) 勤飾(근식): 힘써 바로잡다.

16) 設告相坐(설고상좌): 상(相)은 연문(衍文)이다. 설고좌(設告坐)는 감시해 고발하는 제도를 설치한 것.

17) 責(책): 문책하다.

18) 連什伍(연십오): 열 또는 다섯 집을 연결하여 연대 책임을 지도록 한 것.

19) 用力勞(용력로): 힘을 쓰다 피로해지다.

20) 逐敵危(축적위): 적을 쫓다 위태로워지다.

21) 殉(순): 희생시켜 이득을 구하다.

22) 穰侯(양후): 진나라 소양왕 때 재상이었던 위염(魏冉)이다.

23) 一尺之地(일척지지): 얼마 안 되는 작은 땅.

24) 應侯(응후): 양후의 뒤를 이어 진나라의 재상이 된 범수(范睢)를 가리킨다.

25) 申子未盡於法也(신자미진어법야): "신자미진어술, 상군미진어법야(申子未盡於術, 商君未盡於法也)."에서 6개의 글자가 누락되었다.

26) 治不踰官(치불유관): 일을 처리하는 데 있어 자신의 직책을 넘어 월권(越權)하는 것.

27) 假借(가차): 선정(善政)을 펴기 위해서 보고 들어야 하는 것을 빌리다.

28) 相稱(상칭): 서로 균형이 맞아 같다.

29) 齊(제): 제(劑)와 통한다.

제44편 설의(說疑)

난제(難題)를 해설하다

解題

설의(說疑)는 난제(難題)를 해설하는 것이다. 이 글은 군주가 식별하기 어려운 신하의 각종 행위, 특히 군주를 쉽게 현혹시키는 간신의 행위를 상세하게 분석하여, 군주로 하여금 신하를 식별하게 하는 방법을 제시하고 있다. 이것은 한비의 저작 중 신하를 다스리고 간사함을 방지하는 문제를 논술한 중요한 문장이다.

문장은 먼저, 정치에서 중요한 일은 "상벌이 타당한가[賞罰之當]"에 있는 것이 아니라, 우선은 "사악함을 금지하는[禁姦]" 데 있다고 지적하였다. 사악함을 금지하는 방법으로, "최상은 사악한 사상을 금지하고, 그 다음은 사악한 언론을 금지하고, 그 다음은 사악한 행위를 금지하는[太上禁其心, 其次禁其言, 其次禁其事]" 것이며, "인애와 도의를 멀리하고, 지혜와 현능을 버리며, 법제를 이용하여 신민(臣民)을 굴복시키는[遠仁義, 去智能, 服之以法]"

것이라고 하였다. 한비는 이렇게 "법(法)"을 이용하여 신민의 사상을 통일할 것을 주장하였다.

간사함을 금지하려면, 간사함의 정황을 알아야 하므로, 한비는 역사상의 "나라를 망하게 한 신하[亡國之臣]", "(군주가) 부릴 수 없는 사람[不令之民]", "전력을 다해 간언한[强諫]" 신하, "군주를 도모한[謀上]" 신하, "패자가 되고 제왕이 되는 사업을 이루는 보조자[霸王之佐]", "아첨하는 신하[諂諛之臣]"를 열거하고 그들의 행위를 분석하여, 군주가 참고하도록 하였다.

다음으로, 한비는 군주에게 사람을 쓰는 원칙을 명시하였다. "나라에 해를 끼치고 백성을 상하게 하고 법제를 파괴하는[害國傷民敗法]" 사람은, 설령 "부자와 형제의 관계가 있는 친족[父兄子弟之親]"이라고 해도, "그들 본인을 죽이거나 유배하고 그들의 집안을 파괴[殺亡其身殘破其家]"해야 하고, "법제를 밝히고, 나라를 이롭게 하고 백성을 이롭게 하는[明法, 便國利民]" 사람은 설령 "비천(卑賤)"하더라도 등용해야 한다고 하였다.

한비는 또한 지금의 "간신(姦臣)"이 "조정 안에서는 당여(黨與)를 맺고, 조정 밖에서는 이웃 및 친척과 결탁하여[內構黨與外接巷族]" "위로는 군주를 억압하고, 아래로는 치안을 교란시키는[上禁君, 下撓治]" 죄악 행위를 분석하였고, 아울러 간신이 목적을 달성하는 원인은 "어리석은 군주[亂主]"가 "신하를 임용하는 데 있어 현명하지 못하기[不明於用臣]" 때문임을 지적하였다. 그러므로 군주는 "술치[術]"와 "방법[數]"을 가지고 "자기의 신하를 헤아려[度其臣]", "다섯 가지의 사악한 행위[五姦]"를 금지하고, "네 가지의 필적하는 현상[四擬]"을 제거하며, 엄격하게 등급 제도를 지켜야 한다고 하였다. 그렇게 하면, "군신과 백관의 반란[君(羣)臣百官之亂]"과 "제후와 이웃 나라로부터의 환난[諸侯鄰國之患]"이 없을 것이고, "설령 늘 짐승을 잡고 새를 쏘며 말을 타고 달리고, 종(鐘)을 연주하며 여자들로 하여금 춤을 추게 하여도, 나라는 여전히 존재할 것[雖單弋馳騁, 撞鐘舞女, 國猶且存也]"이라고 하였다.

○ ○ ○

무릇 정치에서 가장 중요한 일은, 그 상벌이 타당한가를 가리키는 것이 아니다. 공로가 없는 사람을 포상하고, 잘못이 없는 사람을 처벌하는 것은, 이른바 똑똑히 살피는 것이 아니다. 공로가 있는 사람을 포상하고, 잘못이 있는 사람을 처벌하며, 해당되는 사람을 빠뜨리지 않는 것은, 그 작용이 단지 상과 벌을 받는 사람에게 국한될 뿐이지, 그것이 새로운 공로를 생기게 하고 새로운 과오를 금지할 수 있는 것은 아니다. 그러므로 사악함을 금지하는 방법 가운데, 최상은 사악한 사상을 금지하고, 그 다음은 사악한 언론을 금지하고, 그 다음은 사악한 행위를 금지하는 것이다. 지금 세상에서 모두 말하기를 "군주의 지위를 높이고 나라를 안정시키려면, 반드시 인애(仁愛)와 도의(道義)와 지혜(智慧)와 현능(賢能)에 의지해야 한다."라고 하지만, 군주의 지위를 낮추고 나라를 위태롭게 한 것은 반드시 인애와 도의와 지혜와 현능에 의지했기 때문임은 알지 못한다. 그러므로 통치술을 장악한 군주는, 인애와 도의를 멀리하고, 지혜와 현능을 버리며, 법제를 이용하여 신민(臣民)을 굴복시킨다. 따라서 그들이 폭넓은 찬양을 받고 명성이 자자하며, 신민이 다스려지고 나라가 안정되는 것은, 신민을 다스리는 방법을 알고 있기 때문이다. 무릇 술치(術治)라는 것은, 군주가 장악하는 것이다. 법제(法制)라는 것은, 관리들이 따르는 것이다. 그리하여 낭중(郎中)으로 하여금 날마다 법치의 도리를 낭문(廊門) 밖으로 전달하게 하여, 국경 안에서 날마다 법령을 알 수 있게 하는 것은, 또한 어려운 일이 아니다.

凡治之大者， 非謂其賞罰之當也。 賞無功之人， 罰不辜之民， 非所謂明也。 賞有功， 罰有罪， 而不失其人， 方[1]在於人者也， 非能生功止過者也。是故禁姦之法，太上禁其心[2]，其次禁其言，其次禁其事。今世皆曰"尊主安國者，必以仁義智能"，而不知卑主危國者之必以仁義智能也。故有道之主，遠仁義，去智能，服之以法。是以譽廣而名威，民治而國安，知用民之法也。凡術也者，主之所以執也。法也者，官之所以師[3]也。然使郞中日聞[4]道[5]於郞門[6]之外，以至於境內日見法，又非其難者也。

○○○

옛날 유호씨(有扈氏) 부락에는 실도(失度)가 있었고, 환두씨(讙兜氏) 부락에는 고남(孤男)이 있었고, 삼묘(三苗) 부락에는 성구(成駒)가 있었고, 걸왕(桀王)에게는 후치(侯侈)가 있었고, 주왕(紂王)에게는 숭후호(崇侯虎)가 있었고, 진(晉)나라에는 우시(優施)가 있었는데, 이 여섯 사람은 나라를 망하게 한 신하이다. 그들은 맞는 것을 마치 틀린 것처럼 말하고, 틀린 것을 마치 맞는 것처럼 말하였다. 속은 음험하고 잔인한데, 그들의 겉모습은 소심하고 근신하여, 이로써 자기의 선량함을 표명하였다. 옛날의 일을 칭송함으로써, 훌륭한 일을 그르치게 하였다. 자기의 군주를 잘 제어하여, 이로써 군주의 은밀한 생각을 수집하고, 군주가 좋아하는 것에 영합함으로써 군주를 어지럽혔으니, 이들이 바로 저 낭중(郞中)과 근신(近臣) 같은 사람들이다. 예전의 군주 가운데는, 신하를 얻어 자신이 편안하고 나라가 보존되는 이가 있었고, 신하를 얻어 자신이 위태롭고 나라가 망하는 이가 있었다. 신하를 얻었다는 평판은 같지만, 이로움과 해로움이 서로 천만 배 차이가 나니, 그러므로 군주가 측근의 신하를 골라서 쓰는 것은 신중하지 않으면 안 된다. 군주 된 이가 진실로 신하가 하는 말을 똑똑히 관찰할 수 있으면, 덕과 재능이 뛰어난 사람과 덕과 재능이 모자란 사람을 판별하는 것이 마치 검은 것과 흰 것을 판별하는 것처럼 분명해질 것이다.

昔者有扈氏[7]有失度[8], 讙兜氏[9]有孤男[10], 三苗[11]有成駒[12], 桀有侯侈[13], 紂有崇侯虎[14], 晉有優施[15], 此六人者, 亡國之臣也。言是如非, 言非如是。內險以賊, 其外小謹, 以徵[16]其善。稱道往古, 使良事沮。善禪[17]其主, 以集精微, 亂之以其所好, 此夫[18]郎中左右之類者也。往世之主, 有得人而身安國存者, 有得人而身危國亡者。得人之名一也, 而利害相千万也, 故人主左右不可不愼也。爲人主者誠明於臣之所言, 則別賢[19]不肖[20]如黑白矣。

○○○

저 허유(許由)·속아(續牙)·진백양(晉伯陽)·진전힐(秦顚頡)·위교여(衛僑如)·호불계(狐不稽)·중명(重明)·동불식(董不識)·변수(卞隨)·무광(務光)·백이(伯夷)·숙제(叔齊)로 말하면, 이 열두 사람은, 모두 위로는 이로움을 보고도 기뻐하지 않고, 아래로는 위난(危難)을 만나도 두려워하지 않았고, 어떤 이는 그에게 천하를 주어도 받지 않았으며, 만약 고달프고 굴욕적인 평판이 있으면, 관리가 되어 봉록을 누리는 이로움을 즐겁게 여기지 않았다. 이런 종류의 사람은 이로움을 보아도 기뻐하지 않으니, 군주가 비록 후한 포상을 세워도 그들을 격려할 수 없다. 위난을 만나도 두려워하지 않으니, 군주가 비록 엄한 형벌을 세워도 그들을 위협할 수 없다. 이를 일컬어 부릴 수 없는 사람이라고 한다. 이 열두 사람은, 어떤 이는 동굴에서 은거하다 죽었고, 어떤 이는 숲 속에서 말라 죽었고, 어떤 이는 산골짜기에서 굶주려 죽었고, 어떤 이는 물속에 빠져 죽었다. 만약 이와 같은 사람이 있게 되면, 옛날의 성왕(聖王)도 모두 그들을 부릴 수 없는데, 지금의 시대에, 어떻게 그들을 쓸 수 있겠는가?

若夫許由[21]、續牙[22]、晉伯陽[23]、秦顚頡[24]、衛僑如[25]、狐不稽[26]、重明[27]、董不識[28]、卞隨、務光[29]、伯夷、叔齊[30]，此十二人者，皆上見利不喜，下臨難不恐，或與之天下而不取，有[31]萃[32]辱之名，則不樂食穀[33]之利。夫見利不喜，上雖厚賞無以勸[34]之。臨難不恐，上雖嚴刑無以威之。此之謂不令之民也。此十二人者，或伏死於窟穴，或槁死於草木，或飢餓於山谷，或沈溺於水泉。有民如此，先古聖王皆不能臣，當今之世，將安用之?

○○○

저 관룡방(關龍逄)·왕자비간(王子比干)·수(隨)나라의 계량(季梁)·진(陳)나라의 설야(泄冶)·초(楚)나라의 태보(太葆) 신(申)·오(吳)나라의 오자서(伍子胥)로 말하면, 이 여섯 사람은, 모두 격렬하게 논쟁하고 전력을 다해 간언함으로써 자기의 군주를 이기려고 하였다. 그들의 말이 군주에게 받아들여지고 그들이 하려는 일이 실행되면, 그들과 군주 간은 마치 스승과 제자 간의 정황과 같았다. 그들의 한마디 말이 군주에게 받아들여지지 않고, 그들이 하려는 하나의 일이 실행되지 않으면, 그들은 강경한 말로써 그들의 군주를 침범하여 모욕을 주고, 자기의 목숨을 내걸고 군주의 처리를 기다리니, 비록 자신이 죽고 집안이 망하고, 허리와 목이 이어지지 않고, 손과 발이 다른 곳으로 해체되어도, 어려워하지 않았다. 이러한 신하는, 예전의 성왕(聖王)도 모두 용인할 수 없는데, 지금의 시대에, 어떻게 그들을 쓸 수 있겠는가?

若夫關龍逢、王子比干、隨[35]季梁[36]、陳泄冶[37]、楚申胥[38]、吳子胥, 此六人者, 皆疾[39]爭强[40]諫以勝其君。言聽事行, 則如師徒之勢。一言而不聽, 一事而不行, 則陵[41]其主以語, 從之以威, 雖身死家破, 要[42]領不屬[43], 手足異處, 不難爲也。如此臣者, 先古聖王皆不能忍也, 當今之時, 將安用之?

○○○

저 제(齊)나라의 전상(田常)·송(宋)나라의 자한(子罕)·노(魯)나라의 계손의여(季孫意如)·숙손교여(叔孫僑如)·위(衛)나라의 자남경(子南勁)·정(鄭)나라의 태재(太宰) 흔(欣)·초(楚)나라의 백공승(白公勝)·주(周)나라의 선도(單荼)·연(燕)나라의 자지(子之)로 말하면, 이 아홉 사람의 그 신하됨은, 모두 작당하여 사리사욕을 꾀하며 그들의 군주를 섬기고, 올바른 치국의 법술(法術)을 숨기고 사리를 꾀하는 사도(邪道)를 대대적으로 행하고, 위로는 군주를 협박하고, 아래로는 치안을 어지럽히고, 외국의 힘을 인용하여 내정을 교란하고, 아랫사람을 농락하여 군주를 도모하였는데, 이러한 일들을 그들은 어려워하지 않았다. 이러한 신하는, 오직 성왕(聖王)과 지혜로운 군주만이 그들을 금지할 수 있으니, 저 어리석은 군주가, 그들을 알아볼 수 있겠는가?

若夫齊田恆[44]、宋子罕[45]、魯季孫意如[46]、晉[47]僑如[48]、衛子南勁[49]、鄭太宰欣[50]、楚白公、周單荼[51]、燕子之, 此九人者之爲其臣也, 皆朋黨比周[52]以事其君, 隱正道而行私曲[53], 上逼君, 下亂治, 援外以撓內, 親下以謀上, 不難爲也。如此臣者, 唯聖王智主能禁之, 若夫昏亂之君, 能見之乎?

○○○

저 후직(后稷)·고요(皐陶)·이윤(伊尹)·주공단(周公旦)·태공망(太公望)·관중(管仲)·습붕(隰朋)·백리해(百里奚)·건숙(蹇叔)·호언(狐偃)·조쇠(趙衰)·범려(范蠡)·대부(大夫) 문종(文種)·방동(逢同)·화등(華登)으로 말하면, 이 열다섯 사람의 그 신하됨은, 모두 아침 일찍 일어나 밤늦게 자고, 자신을 비천한 지위에 놓고, 마음을 공손하게 하고 포부를 담백하게 하였다. 형법을 밝히고, 공직을 잘 처리하여 자기의 군주를 섬겼다. 좋은 의견을 올리고, 법술(法術)에 정통하지만 자기의 뛰어남을 감히 자랑하지 않았다. 성취한 공적과 건립한 사업이 있어도, 자기의 공로를 감히 과시하지 않았다. 나라를 이롭게 하기 위해 가산을 탕진하는 것을 어려워하지 않고, 군주를 안정시키기 위해 목숨을 희생하는 것을 어려워하지 않았다. 자기의 군주를 높은 하늘 및 태산(泰山)과 같은 존귀함으로 여기고, 자신은 산골짜기 및 부수(滏水)·유수(洧水)와 같은 비천함으로 여겼다. 군주가 영명하다는 명성과 폭넓은 칭찬을 나라 안에서 향유해도, 그들 자신은 산골짜기 및 부수·유수와 같은 비천한 지위를 견디어내기를 어려워하지 않았다. 이러한 신하는, 비록 어리석은 군주를 만나도, 공적을 이룰 수 있거늘, 하물며 현명한 군주를 만남에 있어서야? 이러한 신하들은 패자(霸者)가 되고 제왕(帝王)이 되는 사업을 이루는 보조자라고 부를 수 있다.

若夫后稷、皐陶[54]、伊尹、周公旦、太公望、管仲、隰朋、百里奚、蹇叔、舅犯、趙衰[55]、範蠡、大夫種、逢同[56]、華登[57]，此十五人者爲其臣也，皆夙興夜寐，卑身賤體[58]，竦心白意[59]。明刑辟[60]，治官職以事其君。進善言，通道法而不敢矜[61]其善。有成功立事[62]，而不敢伐[63]其勞。不難破家以便國，殺身以安主。以其主爲高天泰山之尊，而以其身爲壑谷[64]䄂[65]洧[66]之卑。 主有明名廣譽於國， 而身不難受壑谷䄂洧之卑。如此臣者， 雖當昏亂之主， 尙可致功， 况於顯明之主乎? 此謂霸王之佐也。

○ ○ ○

저 서주국(西周國)의 활지(滑之)·정(鄭)나라의 왕손신(王孫申)·진(陳)나라의 공손녕(公孫寧)·의행보(儀行父)·초(楚)나라의 우윤(芋尹) 신해(申亥)·수(隨)나라의 소사(少師)·월(越)나라의 종(種)·간(干)·오(吳)나라의 왕손락(王孫雒)·진(晉)나라의 양성설(陽成泄)·제(齊)나라의 수조(豎刁)·역아(易牙)로 말하면, 이 열두 사람의 그 신하됨은, 모두 작은 이익을 생각하며 법기(法紀)의 준칙을 망각하고, 임용되면 우수한 인재를 매몰시켜 그들의 군주를 우매하게 하고, 강등되면 백관(百官)을 선동하고 미혹시켜 화난(禍難)을 일으키고, 모두 자신의 군주를 보좌하면서, 군주의 욕망을 최대한 만족시키는데, 군주로부터 약간의 환심을 얻을 수 있다면, 비록 나라를 망치고 많은 사람을 죽이는 것도 어려워하지 않았다. 이와 같은 신하가 있으면, 비록 성왕(聖王)을 만나도, 그들이 군권을 빼앗을까 두렵거늘, 하물며 어리석은 군주임에야, 과실이 없을 수 있겠는가? 이와 같은 신하가 있으면, 군주는 모두 자신은 죽고 나라는 망해, 천하 사람들의 웃음거리가 된다. 그러므로 서주(西周) 위공(威公)은 살해되고, 나라는 둘로 나뉘었다. 정(鄭)나라 자양(子陽)은 살해되고, 봉지(封地)는 셋으로 나뉘었다. 진(陳)나라 영공(靈公)은 하징서(夏徵舒)의 손에 죽었다. 초(楚)나라 영왕(靈王)은 건계(乾谿)에서 죽었다. 수(隨)나라는 초(楚)나라에 의해 멸망되었다. 오(吳)나라는 월(越)나라에 병합되었다. 지백(智伯)은 진양성(晉陽城) 아래에서 멸망되었다. 제(齊)나라 환공(桓公)은 죽은 지 칠 일이 되어도 시신이 거두어지지 않았다. 그러므로 말하기를 "아첨하는 신하는, 오직 성왕(聖王)만이 그들을 알아본다. 그런데 어리석은 군주는 그들을 가까이하니, 그러므로 자신은 죽고 나라는 망하는 지경에 이른다."라고 하는 것이다.

若夫周滑之[67]、鄭王孫申[68]、陳公孫寧、儀行父[69]、荊芋尹[70]申亥[71]、隨少師[72]、越種干[73]、吳王孫頟[74]、晉陽成泄[75]、齊豎刁、易牙, 此十二人者之爲其臣也, 皆思小利而忘法義, 進則揜蔽[76]賢良以陰闇其主, 退則撓亂百官而爲禍難, 皆輔其君, 共[77]其欲, 苟得一說[78]於主, 雖破國殺衆不難爲也。有臣如此, 雖當聖王, 尙恐奪之, 而況昏亂之君, 其能無失乎? 有臣如此者, 皆身死國亡, 爲天下笑。故周威公[79]身殺, 國分爲二[80]。鄭子陽[81]身殺, 國分爲三。陳靈公[82]身死於夏徵舒[83]氏。荊靈王死於乾谿之上。隨亡於荊。吳幷於越。智伯滅於晉陽之下。桓公身死七日不收[84]。故曰, "諂諛之臣, 唯聖王知之。而亂主近之, 故至身死國亡。"

○ ○ ○

현명한 군주는 그렇지 않으니, 가족 내의 사람을 발탁할 때 자기의 친족을 회피하지 않고, 남을 발탁할 때 자기의 원수를 회피하지 않는다. 올바른 언행이 있으면 그 사람을 발탁하고, 잘못된 언행이 있으면 그 사람을 처벌한다. 이로써 현능하고 우수한 사람이 추천 임용되고 사악한 신하가 파면되어, 그러므로 일거에 제후를 복종시킬 수 있다. 이러한 일은 사적(史籍)의 기록에 이르기를 "요(堯)임금에게는 단주(丹朱)가 있었고, 순(舜)임금에게는 상균(商均)이 있었고, 계(啓)에게는 오관(五觀)이 있었고, 상(商)나라에는 태갑(太甲)이 있었고, 무왕(武王)에게는 관숙(管叔)과 채숙(蔡叔)이 있었다."라고 하였다. 이 다섯 왕이 처벌한 자들은, 모두 부자(父子)와 형제의 관계가 있는 친족인데, 그들 본인을 죽이거나 유배하고 그들의 집안을 파괴한 이유는 무엇인가? 그들이 나라에 해를 끼치고 백성을 상하게 하고 법제를 파괴하는 부류였기 때문이다. 이러한 왕들이 발탁한 사람을 보면, 어떤 이는 산림과 습지와 동굴 사이에 있었고, 어떤 이는 감옥과 밧줄에 묶인 상황에 있었고, 어떤 이는 도살하고 요리하고 방목하고 소를 먹이는 일을 하였다. 그렇지만 영명한 군주는 그들의 비천함을 싫어하지 않고, 그들의 재능은, 법제를 밝히고, 나라를 이롭게 하고 백성을 이롭게 하는 데 쓸 수 있다고 여기고, 이리하여 그들을 발탁하니, 군주는 몸이 편안하고 명망이 높다.

聖王明君則不然， 內擧不避親， 外擧不避讐。是在焉從而擧之， 非在焉從而罰之。是以賢良遂進[85]而姦邪并[86]退， 故一擧而能服諸侯。其在記曰， "堯有丹朱[87]， 而舜有商均[88]， 啓有五觀[89]， 商有太甲[90]， 武王有管、蔡[91]。" 五王之所誅者， 皆父兄子弟之親也， 而所殺亡其身殘破其家者何也? 以其害國傷民敗法類也。 觀其所擧， 或在山林藪澤[92]巖穴之間， 或在囹圄[93]緤紲纏索[94]之中， 或在割烹芻牧飯牛之事。 然明主不羞[95]其卑賤也， 以其能， 爲可以明法， 便國利民， 從而擧之， 身安名尊。

○ ○ ○

어리석은 군주는 그렇지 않으니, 그들은 자기 신하의 생각과 품행을 알지도 못하면서, 그들에게 나라를 맡긴다. 그러므로 작게는 군주의 명성이 땅에 떨어지고 국토가 깎이고, 크게는 나라가 망하고 군주가 죽는데, 이것은 신하를 임용하는 데 있어 현명하지 못하기 때문이다. 자기의 신하를 헤아리는 방법이 없으면, 반드시 그 주위 사람들의 의론에 의해 그를 판단하게 된다. 모두가 칭찬하는 사람은, 군주도 따라서 그를 좋아한다. 모두가 비난하는 사람은, 군주도 따라서 그를 싫어한다. 그러므로 신하 된 자는, 가산(家産)을 써가며, 조정 안에서는 당여(黨與)를 맺고, 조정 밖에서는 이웃 및 친척과 결탁하여 자기의 명성을 만들고, 은밀히 맹약을 맺고 하나로 뭉쳐 자기의 지위를 공고히 하고, 당여와 이웃 및 친척에게 작위와 봉록을 주겠다고 헛되이 약속하여 자기를 위해 힘쓰도록 그들을 격려한다. "나를 따르는 사람은 그를 이롭게 할 것이고, 나를 따르지 않는 사람은 그를 해롭게 할 것이다."라고 말하는데, 많은 사람들은 이 권간(權奸)이 주는 이익을 탐내고, 또 그의 위세에 강요된다. 그가 진실로 자기를 좋아하면 자기를 이롭게 할 수 있고, 그가 자기를 증오하고 분노하면 자기를 해롭게 할 수 있다. 많은 사람이 그에게 귀의하고 백성들이 그에게 모여, 그의 명성이 나라에 가득하여, 군주에게 전해진다. 군주는 그 실정을 분별하지 못하고, 그리하여 그를 덕과 재능이 뛰어난 사람이라고 여긴다. 그는 또 교활하고 간사한 사람을 사주하여, 겉으로는 다른 나라의 제후가 총애하는 사신임을 가장하고, 그에게 수레와 말을 빌려주고, 서옥(瑞玉)과 부절(符節)로써 사실인 듯 그를 꾸미고, 외교사령(外交辭令)을 가르쳐 그를 위엄 있어 보이게 하고, 견직물 등 귀중한 예물로 그를 돕고, 다른 나라 제후로부터 사신 온 듯 가장하여 감언이설로 자기의 군주에게 유세하게 하고, 암암리에는 권간을 대변하는 사심을 품고 겉으로는 군주를 위하여 나라의 일을 의론하게 한다. 누구를 위하여 사신이 되는가 하면, 다른 나라의 군주이다. 누구를 위하여 말을 하는가 하면, 군주 주위의 저 권간이다. 군주는 그의 말을 좋아하고 그의 언사가 분명하다고 여기며, 그가 칭찬하는 이 권간을 천하의 현사(賢士)라고 여긴다. 나라의 안과 밖에서 군주 주위의 그 권간에 대하여, 넌지시 의론하는 것도 일치하고 공개적으로 말하는 것도 같으니, 이구동성으로 권간에 대해 좋게 말한다. 이리하여 군주는 이 권간에 대해 크게는 자기의 신분을 낮추고 자기의 지위를 억누르며 그의 아래에 처하기를 어려워하지 않고, 작게는 높은 작위와 후한 봉록으로써 그를 포상한다. 저 권간의 작위가 높고 봉록이 후해지고 당여가 많아지며, 또한 사악한 마음이 있으면, 그 수하의 간신이 더욱 군주를 배반하며 이 권간에게 권유하는데, 말하기를 "고대의 이른바 현명한 군주는, 어린 나이에서 장성한 뒤 아버지가 아들에게 전하고 형이 동생에게 전하는 것으로써 왕위 계승의 순서를 삼지 않았습니다. 조정 안에서는 당여를 맺고, 조정 밖에서는 이웃 및 친척을 모아, 임금을 핍박하거나 군주를 시해하여 자기의 이익을 추구하였습니다."라고 한다. 그 권간이 말하기를 "그들이 이렇다는 것을 어떻게 아는가?"라고 한다. 간신들이 이에 말하기를 "순(舜)이 요(堯)를 핍박하였고, 우(禹)가 순을 핍박하였고, 상탕(商湯)이 하걸(夏桀)을 유배하였고, 주(周)나라 무왕(武王)이 상(商)나라 주왕(紂王)을 정벌하였는데, 이 네 명의 왕은, 신하로서 자기의 군주를 시해한 사람이지만, 천하 사람들은 그들을 칭찬하였습니다. 네 왕의 진정을 살펴보면, 그것은 다른 사람을 도모하는 야심이었습니다. 그들의 행동을 헤아리면, 그것은 포악하고 어지러운 전쟁이었습니다. 그렇지만 네 명의 왕은 스스로 많은 안배를 하여 자기의 세력을 확장하였는데, 천하 사람들은 그들이 위대하다고 칭찬하였습니다. 그들은 스스로 자기의 명성을 과시하였는데, 천하 사람들은 그들이 영명(英明)

하다고 칭송하였습니다. 그런즉 위세가 천하를 통치할 수 있고, 탐욕이 온 세상을 압도할 수 있으니, 천하 사람들이 그들을 따르게 됩니다."라고 한다. 간신들은 또한 말하기를 "지금 들리는 바에 의하면, 전상(田常)이 제(齊)나라의 정권을 찬탈하였고, 사성(司城) 자한(子罕)이 송(宋)나라의 정권을 찬탈하였고, 태재(太宰) 흔(欣)이 정(鄭)나라의 정권을 찬탈하였고, 선도(單荼)가 주국(周國)의 정권을 찬탈하였고, 자남경(子南勁)이 위(衛)나라의 정권을 찬탈하였고, 한건(韓虔)·위사(魏斯)·조적(趙籍) 세 사람이 진(晉)나라를 분할하였는데, 이 여덟 사람은, 신하로서 자기의 군주를 시해한 자들입니다."라고 한다. 권간은 이 말을 듣고, 급히 귀를 세우고 옳다고 여긴다. 그리하여 그는 조정 안에서는 당여를 맺고, 조정 밖에서는 이웃 및 친척을 안배하여, 때를 엿보고 사변을 일으켜, 일거에 나라의 정권을 빼앗는다. 더구나 나라 안으로는 당여를 이용하여 자기의 군주를 협박 시해하고, 나라 밖으로는 제후의 권세에 기대어 자기 나라의 정권을 전복하고, 올바른 치국의 법술(法術)을 은폐하고, 사리를 꾀하는 사도(邪道)를 대대적으로 행하고, 위로는 군주를 억압하고, 아래로는 치안을 교란시키는 권간은, 이루 헤아릴 수 없다. 이것은 무엇 때문인가? 군주가 신하를 선택하는 데 현명하지 못하기 때문이다. 사적의 기록에 이르기를 "주(周)나라 선왕(宣王) 이래로, 멸망한 나라가 수십 개인데, 그 중 신하가 자기의 군주를 시해하고 나라의 정권을 빼앗은 것이 이미 많다."라고 하였다. 그런즉 재난이 나라 안에서 발생한 것과 나라 밖에서 발생한 것이, 서로 반이다. 자기 백성의 힘을 통일하여 내란의 발생을 힘써 저지할 줄 알았지만, 나라가 파괴되고 자신이 살해된 자는, 그래도 모두 덕과 재능이 있는 군주이다. 자기의 법도를 바꾸고 신하와 자리를 바꾸는 것으로 말하면, 비록 많은 사람을 보전하였지만 나라를 다른 사람에게 주었으니, 이는 가장 덕과 재능이 없는 것이다.

亂主則不然, 不知其臣之意行, 而任之以國。故小之名卑地削, 大之國亡身死, 不明於用臣也。無數[96]以度[97]其臣者, 必以其衆人之口斷之。衆之所譽, 從而說之。衆之所非, 從而憎之。故爲人臣者, 破家殘賥[98], 內構黨與[99]、外接巷族[100]以爲譽, 從陰約結以相固也, 虛相與爵祿以相勸也[101]。曰, "與[102]我者將利之, 不與我者將害之。" 衆貪其利, 劫其威。彼誠喜則能利己, 忌怒則能害己。衆歸而民留之, 以譽盈於國, 發聞[103]於主。主不能理其情, 因以爲賢。彼又使譎詐之士, 外假爲諸侯之寵使, 假之以輿馬, 信之以瑞節[104], 鎭[105]之以辭令, 資之以幣帛[106], 使諸侯[107]淫說[108]其主, 微挾私而公議[109]。所爲使者, 異國之主也。所爲談者, 左右之人也。主說[110]其言而辯[111]其辭, 以此人者天下之賢士也。內外之於左右, 其諷[112]一而語同。大者不難卑身尊[113]位以下之, 小者高爵重祿以利[114]之。夫姦人之爵祿重而黨與彌衆, 又有姦邪之意, 則姦臣愈反而說之, 曰, "古之所謂聖君明王者, 非長幼弱[115]也及[116]以次序也。以其搆黨與, 聚巷族, 偪上弑君而求其利也。" 彼曰, "何知其然也?" 因曰, "舜偪堯[117], 禹偪舜[118], 湯放桀,[119] 武王伐紂, 此四王者, 人臣弑其君者也, 而天下譽之。察四王之情, 貪得人之意[120]也。度其行, 暴亂之兵也。然四王自廣措[121]也, 而天下稱大焉。自顯名[122]也, 而天下稱明焉。則威足以臨天下, 利[123]足以蓋世[124], 天下從之。" 又曰, "以今時之所聞, 田成子取齊, 司城子罕取宋, 太宰欣取鄭, 單氏取周, 易牙之取衛[125], 韓、魏、趙三子分晉[126], 此六[127]人, 臣之弑其君者也。" 姦臣聞此, 蹷然[128]擧耳以爲是也。故內搆黨與, 外攄[129]巷族, 觀時發事, 一擧而取國家。且夫內以黨與劫弑其君, 外以諸侯之權矯易[130]其國, 隱正道, 持私曲, 上禁君, 下撓治者，不可勝數也。是何也？則[131]不明於擇臣也。記曰，“周宣王[132]以來，亡國數十，其臣弑其君而取國者衆矣。”然則難之從內起與從外作者，相半也。能一盡其民力，破國殺身者，尙皆賢主也。若夫轉身法[133]易位，全衆傅[134]國，最其病[135]也。

○○○

군주 된 자가, 진실로 신하가 하는 말을 똑똑히 관찰할 수 있으면, 설령 늘 짐승을 잡고 새를 쏘며 말을 타고 달리고, 종(鐘)을 연주하며 여자들로 하여금 춤을 추게 하여도, 나라는 여전히 존재할 것이다. 신하가 하는 말을 똑똑히 관찰하지 않으면, 설령 절약하고 부지런하며, 베옷을 입고 거친 음식을 먹어도, 나라는 여전히 멸망할 것이다. 조(趙)나라의 선군(先君) 경후(敬侯)는, 덕행을 닦지 않고 제멋대로 하기를 좋아하여, 몸의 안락함과, 눈과 귀의 즐거움을 따랐다. 겨울에는 짐승을 잡고 새를 쏘고, 여름에는 배를 띄워 놀았고, 문과 창문을 닫고 등불과 촛불을 켜는 긴 밤을 인위적으로 만들어, 여러 날 동안 그치지 않고 술잔을 사용하여 술을 마셨고, 술을 마실 줄 모르는 자는 대나무 통으로 그 입에다 술을 부었고, 행동거지가 엄숙하지 않고, 대답하는 것이 공경하지 않은 자는 눈앞에서 참수하였다. 경후는 처세하고 먹고 마시며 즐기는 것이 이처럼 절제하지 못했고, 형벌을 단행하여 신민(臣民)을 살육하는 것이 이처럼 법도가 없었다. 그러나 경후는 수십 년 재위하면서, 군대는 적국에게 패하지 않았고, 영토는 사방의 이웃 나라에게 점령되지 않았고, 나라 안으로는 군신(羣臣)과 백관(百官)의 반란이 없었고, 나라 밖으로는 제후와 이웃 나라로부터의 환난도 없었는데, 이것은 어떻게 신하를 임용하는지 알았기 때문이다. 연(燕)나라 군주 자쾌(子噲)는, 소공석(邵公奭)의 후예이다. 국토가 사방 수천 리에, 군대가 수십만이었는데, 아름다운 소녀의 즐거움에 빠지지 않았고, 종과 경석(磬石)의 소리를 듣지 않았고, 궁 안에서는 흙산을 쌓거나 못을 파거나 누대와 정자를 짓거나 하지 않았고, 궁 밖에서는 짐승을 잡고 새를 쏘거나 교외로 나가 사냥하지 않았고, 또한 친히 쟁기와 괭이를 들고 경작지를 정돈하였다. 자쾌가 자신을 수고로이하면서 백성을 걱정함이 이와 같이 대단하였으니, 비록 옛날의 이른바 성왕(聖王)과 명군(明君)도, 그들이 자신을 수고롭게 하고 세상을 걱정함이 그보다 심하지 않았다. 그러나 자쾌는 자신이 살해되고 나라의 정권을 잃어, 자지(子之)에게 빼앗기고, 천하 사람들이 그를 비웃었으니, 이것은 무슨 까닭인가? 그는 어떻게 신하를 임용하는지 알지 못했기 때문이다.

爲人臣[136]者, 誠明於臣之所言, 則雖畢弋[137]馳騁[138], 撞鐘舞女, 國猶自存也。不明臣之所言, 雖節儉勤勞, 布衣惡食[139], 國猶自亡也。趙之先君敬侯[140], 不修德行而好縱慾, 適[141]身體之所安, 耳目之所樂。冬日畢弋, 夏浮淫[142], 爲長夜[143], 數日不廢御[144]觴, 不能飮者以筩[145]灌其口, 進退不肅、應對不恭者斬於前。故[146]居處飮食如此其不節也, 制[147]刑殺戮如此其無度也。然敬侯享國數十年[148], 兵不頓[149]於敵國, 地不虧[150]於四鄰, 內無君[151]臣百官之亂, 外無諸侯鄰國之患, 明於所以任臣也。燕君子噲, 邵公奭之後也[152]。地方數千里, 持戟[153]數十萬, 不安子女[154]之樂, 不聽鍾石之聲, 內不湮[155]汙池[156]臺榭[157], 外不畢弋田獵[158], 又親操耒耨以修畎畝[159]。子噲之苦身以憂民如此其甚也, 雖古之所謂聖王明君者, 其勤身而憂世不甚於此矣。然而子噲身死國亡, 奪於子之, 而天下笑之, 此其何故也? 不明乎所以任臣也。

○○○

그러므로 내가 말하건대, 신하에게는 다섯 가지의 사악한 행위가 있는데 보통의 군주는 알지 못한다. 신하 된 자 가운데는, 재물을 남용하고 뇌물을 주어 개인의 명예를 얻는 자가 있고, 상을 주고 베푸는 것에 힘씀으로써 많은 사람을 끌어들이는 자가 있고, 붕당을 만들고 지혜 있는 사람에게 순종하고 선비를 높이는 것에 힘씀으로써 권력을 독점하고 제멋대로 하는 자가 있고, 세금과 요역을 면제해주고 형벌을 사면하는 데에 힘씀으로써 자기의 위세를 조성하는 자가 있고, 백성에게 영합하며 시비곡직(是非曲直)을 전도하고 괴상한 말을 하고 기이한 복장을 하고 특이한 칭호를 내거는 데에 힘씀으로써 백성의 눈과 귀를 어지럽히는 자가 있다. 이 다섯 부류의 신하는 영명한 군주가 의심하고, 현명한 군주가 금지하는 바이다. 이 다섯 부류의 신하를 제거하면, 교묘한 말을 늘어놓는 사람이 감히 조정에서 북면(北面)하고 유세하지 못하게 된다. 감언이설은 많고, 실제 행동은 적으면서도 법령에 따라 일을 처리하지 않는 자가, 감히 사실의 진상을 왜곡하여 허튼 소리를 하지 못하게 된다. 이 때문에 신하들이 집에 거하면 자기의 인품과 덕행을 높일 것이고, 군주를 위하여 일을 하면 온 힘을 다할 것이고, 군주의 명령이 아니면 감히 함부로 일을 하거나 비난하거나 사실을 날조하지 못할 것이니, 이것이 현명한 군주가 신하를 다스릴 수 있는 까닭이다. 저 현명한 군주들은 다섯 가지의 의심스러운 사악한 행위에 의거하여 자기의 신하를 관찰하지는 않지만, 다섯 가지의 의심스러운 사악한 행위를 보고도 추궁하지 않는 현명한 군주는, 천하에 드물다.

故曰, 人臣有五姦而主不知也。爲人臣者, 有侈用財貨賂以取譽者,有務慶賞賜予以移衆者，有務朋黨狥[160]智尊士以擅逞者，有務解免赦罪獄以事威者，有務奉[161]下直曲[162]、怪言、偉[163]服、瑰[164]稱以眩民耳目者。此五者明君之所疑也，而聖主之所禁也。去此五者，則譟[165]詐[166]之人不敢北面談立[167]。文[168]言多，實行寡而不當法者，不敢誣情以談說。是以羣臣居則修身[169]，動則任力[170]，非上之令不敢擅作疾言[171]誣事，此聖王之所以牧臣下也。彼聖主明君不適[172]疑物以闚其臣也，見疑物[173]而無反[174]者，天下鮮[175]矣。

○○○

그러므로 말하기를, 서자(庶子) 가운데 적자(嫡子)와 견줄 만한 아들이 있고, 배우자 가운데 아내와 견줄 만한 첩이 있고, 조정에서 재상과 견줄 만한 대신(大臣)이 있고, 신하 중에 군주와 견줄 만한 총신(寵臣)이 있으면, 이 네 가지 경우는, 나라가 위태로워지는 근원이다. 그러므로 말하기를, 내궁(內宮)의 총애 받는 비첩(妃妾)이 황후와 나란히 하고, 외조(外朝)의 총애 받는 신하가 집권하는 정경(正卿)에 필적하고, 서자가 적자와 짝하고, 대신(大臣)이 군주에 견주어지는 것은, 변란이 발생하는 원인이다. 그러므로 『주기(周記)』에 이르기를 "첩을 높이어 아내를 낮추지 말고, 적자를 서자로 대우하여 서자를 높이지 말고, 총애하는 신하를 높이어 상경(上卿)에 필적하게 하지 말고, 대신(大臣)을 높이어 자기의 군주와 견주게 하지 말라."라고 하였다. 네 가지 필적하는 현상이 제거되면, 군주는 의심스러운 신하가 없고, 신하는 못된 짓을 하여 혼란을 일으키는 언행이 없을 것이다. 네 가지 필적하는 현상이 제거되지 않으면, 군주는 자신을 죽이고 나라를 멸망시킬 것이다.

故曰，孽[176]有擬[177]適[178]之子，配有擬妻之妾，廷有擬相之臣，臣有擬主之寵，此四者國之所危也。故曰，內寵並后，外寵貳[179]政[180]，枝子[181]配適，大臣擬主，亂之道也。故『周記』[182]曰，“無尊妾而卑妻，無孽適子而尊小枝，无尊嬖臣[183]而匹上卿[184]，無尊大臣以擬其主也。”四擬者破，則上無意[185]，下無怪也。四擬不破，則隕[186]身滅國矣。

1) 方(방): 단지. 다만.

2) 心(심): 사상(思想)을 가리킨다.

3) 師(사): 따르다.

4) 聞(문): 전달하다.

5) 道(도): 법치의 도리.

6) 郞門(랑문): '낭문(廊門)'과 통한다. 전당(殿堂) 앞에 있는 낭무(廊廡)의 문을 가리키며, 관원이 출입하고 시종이 지키는 곳이다.

7) 有扈氏(유호씨): 하대(夏代)의 한 부락으로 하나라 계왕(啓王)에 의해 멸망되었다. 그 지역은 지금의 섬서성(陝西省) 호현(戶縣) 북쪽에 있었다.

8) 失度(실도): 유호씨(有扈氏)의 보좌 대신(大臣).

9) 讙兜氏(환두씨): 전설 속 황제(黃帝)의 후예이며, 요·순 시대의 한 부락으로, 지금의 강남(江南) 일대에 거주하였다.

10) 孤男(고남): 환두씨의 총신(寵臣).

11) 三苗(삼묘): '유묘(有苗)'라고도 하며, 요·순 시대의 한 부락으로, 원래는 지금의 장강 중류 동정호(洞庭湖)와 파양호(鄱陽湖) 일대에 거주하였는데, 후에 삼위(三危: 지금의 甘肅省 敦煌市 동남에 있었음)로 옮겨졌다.

12) 成駒(성구): 인명, 사적은 분명하지 않다.

13) 侯侈(후치): 하(夏)나라 걸왕(桀王)의 보좌 대신.

14) 崇侯虎(숭후호): 상(商)나라 주왕(紂王)의 보좌 대신.

15) 優施(우시): 춘추 시대 진(晉)나라 헌공(獻公)의 배우(俳優), 이름이 시(施).

16) 徵(징): 밝히다

17) 禪(선): '천(擅)'과 통한다. 독점하다, 제어하다.

18) 夫(부): 지시대명사, 여기서는 한정어로 쓰였다.

19) 賢(현): 덕과 재능이 뛰어난 사람.

20) 不肖(불초): 덕과 재능이 모자란 사람.

21) 許由(허유): 요(堯)임금 때의 은사(隱士).

22) 續牙(속아): '속신(續身)'이라고도 하며, 순(舜)의 칠우(七友) 중 한 명.

23) 晉伯陽(진백양): '백양(柏陽)'이라고도 하며, 순(舜)의 칠우(七友) 중 한

명.

24) 秦顚頡(진전힐): '진불허(秦不虛)'라고도 하며, 순(舜)의 칠우(七友) 중 한 명.

25) 衛僑如(위교여): '방회(方回)'라고도 하며, 순(舜)의 칠우(七友) 중 한 명.

26) 狐不稽(호불계): '호불해(狐不偕)'라고도 하며, 옛 현인(賢人).

27) 重明(중명): '영보(靈甫)'라고도 하며, 순(舜)의 칠우(七友) 중 한 명.

28) 董不識(동불식): '동부자(東不訾)'라고도 하며. 순(舜)의 칠우(七友) 중 한 명. 속아·진백양·진전힐·위교여·호불계·중명·동불식 등 일곱 사람은 허유 다음에 놓였으므로, 당연히 모두 순(舜)이 재위하던 때의 현인(賢人)이다.

29) 卞隨、務光(변수·무광): 하조(夏朝) 말년의 은사(隱士).

30) 伯夷、叔齊(백이·숙제): 상조(商朝) 말년의 은사(隱士).

31) 有(유): 가설의 단어, '만약 …이 있으면'으로 풀이할 수 있다. 다음 문장 '유민여차(有民如此)'의 '유(有)'도 같다.

32) 萃(췌): '췌(瘁)'와 통한다. 피로하다, 지치다.

33) 穀(곡): 양식, 봉록(俸祿)을 가리킨다.

34) 勸(권): 면려하다, 격려하다.

35) 隨(수): '수(隋)'라고도 하며, 서주(西周) 초에 분봉한 제후국, 희성(姬姓), 옛 성터는 지금의 호북성(湖北省) 수주시(隨州市) 남쪽에 있으며, 춘추 후기에 초(楚)나라의 속국이 되었다.

36) 季梁(계량): 춘추 시대 수(隨)나라의 현신(賢臣). 『좌전(左傳)』에 기재하기를, 노(魯)나라 환공(桓公) 6년(B.C.706년)에 초(楚)나라 무왕(武王)이 수나라를 침략하였고, 수나라는 소사(少師: 관직명)로 하여금 담판하러 가게 하였다. 소사가 돌아와 초나라 군대를 추격할 것을 요청하자, 계량은 이를 저지하였고, 수후(隨侯)가 정치를 깨끗하게 하니, 초나라는 감히 정벌하지 못했다. 노나라 환공 8년(B.C.704년)에 초나라 무왕이 수나라를 정벌하자, 계량은 수후에게 초나라 왕과 정면에서 교전하지 말고 비주력 부대를 공격할 것을 권하였다. 당시 소사가 총애를 받았는데, 그는 수후에게 초나라 왕과 자웅을 가릴 것을 권하였다. 수후는 계량을 따르지 않고 소사를 따랐고, 그 결과 수나라의 군대는 대패하고, 수후는 도주하였고, 소사는 초나라에 붙잡혔다.

37) 泄冶(설야): 춘추 시대 진(陳)나라의 현신(賢臣), 진(陳)나라 영공(靈公)에

게 간언하다가 살해되었다.

38) 申胥(신서): 고광기는 '보신(葆申)'이 되어야 하며, 『여씨춘추』고유(高誘)의 주를 인용하여, 보(葆)는 태보(太葆)로 관직이고, 이름이 신(申)이라고 하였다(『한비자집해』). 초(楚)나라 문왕(文王) 때의 현신(賢臣)으로, 초나라 문왕에게 극력 간언하였다.

39) 疾(질): 격렬하다.

40) 強(강): 진력하다.

41) 陵(릉): 침범하여 모욕을 주다.

42) 要(요): '요(腰)'와 같다.

43) 屬(촉): 잇닿다.

44) 田恆(전항): 즉 전상(田常).

45) 子罕(자한): 황희(皇喜)를 가리킨다.

46) 季孫意如(계손의여): 즉 계평자(季平子), 춘추 말 노(魯)나라의 정권을 잡은 경(卿), B.C.517년에 노나라 소공(昭公)을 몰아내고 노나라의 정권을 장악하였다.

47) 晉(진): 연문(衍文)이다.

48) 僑如(교여): 노(魯)나라의 숙손교여(叔孫僑如), 일찍이 노나라 성공(成公)의 모친 목강(穆姜)과 사통하였고, 계씨(季氏)와 맹씨(孟氏)를 제거하려고 하였으나, 성공하지 못하고 제(齊)나라로 도망갔다.

49) 子南勁(자남경): 춘추 시대 위(衛)나라 장군 문자(文子) 자남미모(子南彌牟)의 후손, 그는 위(魏)나라에 몸을 의탁하여 후(侯)로 봉해졌다.

50) 欣(흔): 정(鄭)나라의 태재(太宰), 사적은 분명하지 않다.

51) 單荼(선도): 인명, 사적은 분명하지 않다.

52) 朋黨比周(붕당비주): 작당하여 사리사욕을 꾀하다.

53) 私曲(사곡): 사리(私利)를 꾀하는 사도(邪道)

54) 皐陶(고요): 구요(咎繇)라고도 하며, 성은 언(偃)이다. 일찍이 순(舜)에 의해 형벌을 담당하는 사법대신(司法大臣)에 임명되었고, 후에는 우(禹)에 의해 후계자로 선택되었는데, 일찍 죽어 왕위를 계승하지 못했다. 춘추 시대 영(英)·육(六) 등의 나라가 그의 후손이다.

55) 趙衰(조최): 춘추 시대 진(晉)나라의 경(卿), 조순(趙盾)의 아버지, 자는 자여(子餘)이다. B.C.622년에 죽었고, 시호가 성(成)이므로 조성자(趙成子)

라고도 부른다. 그는 일찍이 공자(公子) 중이(重耳: 즉 晉文公)를 수행하여 19년간 외국을 유랑하며 중이가 귀국하여 즉위하도록 도왔고, 귀국한 뒤에는 또 선진(先軫)·난지(欒枝) 등을 추천하여, 문공이 패업(霸業)을 창건하도록 도왔다.

56) 逢同(방동): '부동(扶同)'이라고도 하며, 춘추 말기 월(越)나라 대부(大夫)이고, 구천(勾踐)의 신하이다.

57) 華登(화등): 송(宋)나라 사마(司馬) 화비수(華費遂)의 아들, 후에 오(吳)나라 대부(大夫)가 되었다.

58) 卑身賤體(비신천체): '비(卑)'와 '천(賤)'은 사동(使動) 용법으로, …로 하여금 비천한 지위에 처하게 하다의 뜻이다.

59) 竦心白意(송심백의): '송(竦)'은 …로 하여금 공손하게 하다의 뜻이고, '백(白)'은 …로 하여금 담백하게 하다의 뜻이다. 모두 사동(使動) 용법이다.

60) 辟(벽): 법(法).

61) 矜(긍): 스스로 자랑하다.

62) 成功立事(성공립사): 이룩한 공적과 건립한 사업, '성(成)'과 '입(立)'은 여기서 한정어로 쓰였다.

63) 伐(벌): 자기를 과시하다

64) 壑谷(학곡): 산골짜기.

65) 釜(부): '부(釜)'와 같고, 부수(釜水)를 가리키며, '부수(滏水)'라고도 한다. 지금의 하북성(河北省) 자현(磁縣) 경내의 부양하(滏陽河)로, 자현 서북의 고산(鼓山)에서 발원하여, 동남쪽으로 흐르다 지금의 임장현(臨漳縣) 서남에 이르러 장하(漳河)에 들어갔다. 명대(明代) 이후 하류(下流)의 물길이 바뀌어 동북으로 흘러, 더는 장하에 유입되지 않는다.

66) 洧(유): 유수(洧水), 즉 지금의 하남성(河南省) 쌍계하(雙洎河)이다. 양성산(陽城山: 지금의 등봉시(登封市) 동북에 있음)에서 발원하여, 동쪽으로 흘러 지금의 신정시(新鄭市)에 이르고, 지금의 장갈시(長葛市) 동쪽 옛 장갈진(長葛鎮) 이하부터, 그 옛길은 원래 지금의 언릉(鄢陵)과 부구(扶溝) 두 현의 남쪽을 지나, 지금의 서화현(西華縣) 서쪽에 이르러 영수(潁水)에 흘러들었다. 북송(北宋) 때 옛 장갈진에서 유수(洧水)를 끌어 언릉과 부구 두 현의 북동쪽을 지나 채하(蔡河)에 모여들었고, 원(元) 때 채하가 황하(黃河)에 침탈되었고, 유수는 물길이 바뀌어 가로하(賈魯河)에 흘러들었다. 명(明) 때에 쌍개하(雙洎河)로 개명하였다.

67) 滑之(활지): 원래의 활(滑)나라 군주인 '활백(滑伯)'의 후손, 전국 시대 서

주(西周) 위공(威公)의 총신(寵臣). 활(滑)은 희성(姬姓)의 소국(小國)이며, 옛 성터는 지금의 하남성(河南省) 언사시(偃師市) 남쪽의 구씨진(緱氏鎭)에 있다.

68) 王孫申(왕손신): 전국 시대 정(鄭)나라 자양(子陽)의 총신(寵臣).

69) 公孫寧、儀行父(공손녕·의행보): 모두 춘추 시대 진(陳)나라의 대부(大夫), 일찍이 진나라 영공(靈公)과 함께 하희(夏姬)와 사통하였다.

70) 芋尹(우윤): 춘추 시대 초(楚)나라의 관직명.

71) 申亥(신해): 초(楚)나라 대부(大夫) 신무자(申無字)의 아들, 초나라 영왕(靈王)의 신하.

72) 隨少師(수소사): 춘추 시대 수(隨)나라의 소사(少師), 그의 이름은 사서(史書)에 기록이 없다. 소사(少師)는 춘추 시대 수(隨)·위(衛)·초(楚) 등의 제후국이 설치한 관직이다.

73) 種干(종간): 전인(前人)은 모두 한 사람의 이름으로 보았지만, 장각은 다음 문장에서 '차십이인자(此十二人者)'라고 했으므로, 당연히 두 사람의 이름이라고 하였다. 이 열두 명은 모두 주군(主君)의 '신사국망(身死國亡)'과 관련되는데, 『사기(史記)·월왕구천세가(越王句踐世家)』에 의하면, 월나라 왕 무강(無彊)이 초(楚)나라를 정벌하였으나, 초나라 위왕(威王)이 월나라를 크게 무찌르고, 무강을 살해하였으며, 옛 오(吳)나라 지역을 다 차지하고, 절강(浙江)에까지 이르렀다. 이것에 의하면, 종(種)과 간(干)은 전국 시대 월나라 왕 무강의 신하이다(『한비자교소』).

74) 王孫頟(왕손액): 왕손락(王孫雒)이 되어야 한다. 왕손락(王孫駱)이라고도 하며, 춘추 시대 오(吳)나라 사마(司馬)이다. 오나라 왕 부차(夫差)는 오자서(伍子胥)를 살해한 뒤, 군대를 일으켜 북쪽을 정벌하여 진(晉)나라 군주와 황지(黃池)에서 회맹(會盟)하였다. 이에 월(越)나라가 허점을 노려 오나라를 공격하였다. 이때 오와 진이 맹주를 다투는 일이 아직 완성되지 않았고, 오나라의 초병은 이미 위급함을 알려왔다. 오나라 왕이 두려워 대부(大夫)를 소집하여 상의하였는데, 왕손락은 진나라와 패권을 다툰 다음 회군할 것을 단호하게 주장하였고, 부차는 그를 따랐다. 그 결과 월나라는 기회를 틈타 대대적으로 진격하여 오나라의 멸망을 가속시켰다.

75) 陽成泄(양성설): 춘추 말기 진(晉)나라 지백(智伯)의 가신(家臣).

76) 揜蔽(엄폐): 가리다, 매몰하다.

77) 共(공): 옛 '공(供)'자, 공급하다, 만족시키다.

78) 說(열): '열(悅)'과 통한다.

79) 周威公(주위공): '주(周)'는 전국 시대 소국(小國) 서주(西周)를 가리킨다. '위공(威公)'은 서주 환공 희게(姬揭)의 아들로, 이름은 조(竈)이다.

80) 國分爲二(국분위이): B.C.367년 서주(西周)로부터 동주(東周)가 분열한 것을 가리킨다.

81) 子陽(자양): 『사기(史記)·정세가(鄭世家)』에 기재하기를, 유공(繻公) 25년(B.C.398년)에 "정(鄭)나라 군주가 그의 상국 자양을 살해하였다. 27년, 자양의 도당이 함께 유공(繻公) 태(駘)를 시해하고, 유공(幽公)의 동생 을(乙)을 군주로 세우니, 그가 정나라 군주가 되었다(鄭君殺其相子陽。二十七年, 子陽之黨共弑繻公駘而立幽公弟乙爲君, 是爲鄭君)."라고 하였다. 『사기·육국연표』에 "정나라 군주가 그의 상국 사자양을 살해하였다(鄭殺其相駟子陽)."라고 하였다. 이에 의하면, 자양은 전국 시대 정나라 유공(繻公)의 상국이고, 씨는 사(駟)이며, 이름은 자양이다. 자양의 '국(國)'은 제후의 봉지(封地)가 아니라 상국의 봉지를 가리킨다.

82) 陳靈公(진령공): 성은 규(嬀), 이름은 평국(平國), 춘추 시대 진(陳)나라 군주로, B.C.613년~B.C.599년 재위하였다.

83) 夏徵舒(하징서): 하희(夏姬)의 아들. 진(陳)나라 대부(大夫). 진나라 영공(靈公)의 모욕을 견딜 수 없어 B.C.599년에 진나라 영공을 살해하고, 진후(陳侯)로 자립하였다. 이듬해, 초(楚)나라 장왕(莊王)이 그를 정벌하여 살해되었다.

84) 桓公身死七日不收(환공신사칠일불수): 도홍경(陶鴻慶)은 『좌씨춘추경전(左氏春秋經典)』에 의하면 '칠일(七日)'은 '육십칠일(六十七日)'이 되어야 하며, 이는 『관자(管子)·계편(戒篇)』 '칠일불렴(七日不斂)'을 답습해서 생긴 오류라고 하였다(『한비자교소』). 『사기(史記)·제태공세가(齊太公世家)』에도 '육십칠일'로 되어 있다. 본서 「십과편(十過篇)」에는 '신사삼월불수(身死三月不收)'로 되어 있어, 기록이 같지 않다.

85) 遂進(수진): 추천 임용하다.

86) 幷(병): '병(屛)'과 통한다.

87) 丹朱(단주): 요(堯)의 아들, 이름은 주(朱: 絑라고도 함), 단(丹: 지금의 河南省 淅川縣 서남 丹江 북쪽가에 있었음)에 봉해졌으므로, 단주라고 불렀다. 그는 오만 방탕하였고, 요는 그가 불초하여 천하를 물려줄 수 없음을 알고, 정권을 순(舜)에게 넘겨주었다.

88) 商均(상균): 순(舜)의 아들, 여영(女英: 순의 아내, 요의 차녀) 소생, 이름은 균(均), 상(商: 지금의 河南省 商丘市 睢陽區 城南에 있었음)에 봉해졌으므로 상균이라고 불렀다. 순은 그가 불초함을 알고, 정권을 우(禹)에게

넘겨주었다.

89) 五觀(오관): 계(啓)의 막내아들 무관(武觀). 그는 태강(太康)의 다섯 번째 동생이고, 관국(觀國: 지금의 河南省 淸豊縣 서쪽에 있었음)에 봉해졌으므로 '오관(五觀)'이라고 불렀으며, 계왕 15년에 반란을 일으켰다.

90) 太甲(태갑): 상탕(商湯)의 손자, 아버지 태정(太丁)이 죽은 뒤, 이윤(伊尹)이 그를 군주로 세웠으나, 포학무도하여 이윤이 그를 동궁(桐宮: 지금의 河南省 虞城縣 동북에 위치)으로 유배하였다.

91) 管、蔡(관·채): 주(周)나라 무왕(武王) 희발(姬發)의 동생인 숙선(叔鮮)과 숙도(叔度)를 가리킨다. 무왕이 상(商)을 멸망시킨 뒤, 각각 관(管: 지금의 河南省 鄭州市에 위치)과 채(蔡: 지금의 河南省 上蔡縣 서남에 위치)에 봉해졌으므로, 역사에서는 관숙(管叔)과 채숙(蔡叔)으로 부른다. 당시 주나라 무왕은 상주(商紂)의 아들 무경(武庚)도 은(殷: 지금의 河南省 淇縣)에 봉하여 은의 유민을 다스리고 은의 제사를 잇게 하였다. 동시에, 방비를 강화하기 위하여, 동생 관숙을 은의 수도 동쪽의 위국(衛國: 지금의 河南省 滑縣에 있었음)에, 채숙을 은의 수도 서쪽의 용국(鄘國: 지금의 河南省 新鄭市 서북에 있었음)에, 곽숙(霍叔)을 은의 수도 북쪽의 패국(邶國: 지금의 河南省 湯陰縣 동남에 있었음)에 거주시켜 은민(殷民)을 감독하게 하고, 삼감(三監)이라고 불렀다. 무왕이 죽은 뒤, 왕위를 계승한 성왕(成王)이 어려, 주공단(周公旦)이 섭정하였는데, 삼감이 불복하고 무경과 연합하여 회이(淮夷)와 함께 모반을 일으켰다. 이에 주공단이 동쪽을 정벌하여 반란을 평정하고, 무경과 관숙을 죽이고, 채숙을 추방하여 감금하고, 곽숙을 서인(庶人)으로 강등시켰다.

92) 藪澤(수택): 풀이 무성한 호수와 늪.

93) 囹圄(령어): 감옥.

94) 緤紲(설설): 밧줄.

95) 羞(수): 싫어하다.

96) 數(수): 왕선신은 술수(術數)라고 하였다(『한비자집해』). 방법.

97) 度(탁): 헤아리다.

98) 破家殘賥(파가잔수): 가산(家産)을 쓰다. '수(賥)'는 재물, 재산.

99) 黨與(당여): 같은 당파에 속한 사람.

100) 巷族(항족): 동네 이웃과 종족 친척.

101) 虛相與爵祿以相勸也(허상여작록이상권야): 두 개의 '상(相)'자는 모두 지

대성부사(指代性副詞: 동사 앞에서 대신 지칭하는 작용을 하는 부사)로, '당여(黨與)'·'항족(巷族)' 한쪽만 가리킨다.

102) 與(여): 가까이 달라붙다, 순종하다.

103) 發聞(발문): 보내다, 상달(上達)하다.

104) 瑞節(서절): 사자(使者)가 지니는 증거물, 서(瑞)는 옥으로 만들고, 절(節)은 대나무로 만든다.

105) 鎮(진): 무겁다, 장중하다.

106) 幣帛(폐백): 고대에 증정에 쓰이는 예물.

107) 使諸侯(사제후): 즉 '사어제후(使於諸侯)'로, '제후(諸侯)' 앞에 '어(於)'자가 생략되었다. 다른 나라 제후로부터 사신 온다는 뜻이다.

108) 淫(음): 미혹시키다.

109) 微挾私而公議(미협사이공의): 『한비자』속의 '사(私)'와 '공(公)'은 상대적으로 말한 것이다. '사(私)'는 신하와 개인을 가리키며, '가(家)'와 '신(臣)'에 상응한다. '공(公)'은 국가와 군주를 가리키며, '국(國)'과 '군(君)'에 상응한다. 대부(大夫) 이하 신하의 가정을 '사가(私家)'라고 부르고, 군주의 가정을 '공실(公室)'이라고 불렀다.

110) 說(열): '열(悅)'과 통한다.

111) 辯(변): '변(辯)'은 의동용법(意動用法: 형용사나 명사가 동사로 쓰여 술어가 될 때 그 동작이 주관적인 감각과 평가에 속하는 것), 분명하다고 여기다.

112) 諷(풍): 풍유하다, 완곡한 의론.

113) 尊(존): '준(撙)'이 되어야 한다. 억누르다.

114) 利(리): 상을 주다.

115) 幼弱(유약): 고대에는 열 살을 '유(幼)'라고 하고, 스무 살을 '약(弱)'이라고 하였다.

116) 也及(야급): '세급(世及)'의 잘못, 아버지가 아들에게 왕위를 물려주는 것을 '세(世)'라고 하고, 형이 동생에게 왕위를 물려주는 것을 '급(及)'이라고 한다.

117) 舜偪堯(순핍요): 『사기(史記)·오제본기(五帝本紀)』에 "요가 붕어하였다(堯崩)"고 하였고, 『정의(正義)』는 『죽서(竹書)』를 인용하여 "옛날 요가 덕이 쇠하여, 순에게 수감되었다.(昔堯德衰, 爲舜所囚也。)"라고 하였다.

유지기(劉知幾)는 『사통(史通)·외편(外篇)·의고(疑古)』에서, 『급총쇄어(汲冢瑣語)』에 "순이 요를 평양으로 내쫓았다.(舜放堯於平陽。)"라고 하였고, 어느 곳에 성(城)이 있는데 이름을 '수요(囚堯)'라고 했다는 기록이 있음을 들어, 요가 순에게 제위를 물려주었다는 사실을 의심하였다.

118) 禹偪舜(우핍순): 유지기(劉知幾)는 『사통(史通)·외편(外篇)·의고(疑古)』에서, 『우서(虞書)·순전(舜典)』에 "순은 즉위 후 오십년 만에, 순행 길에 나섰다가 죽었다.(五十載, 陟方乃死。)"라고 하였고, 주(注)에 "창오의 들판에서 죽어, 그곳에서 장례를 지냈다.(死蒼梧之野, 因葬焉。)"라고 하였는데, 순(舜)이 죽음을 앞둔 나이에 불모지인 창오(蒼梧)의 땅을 가려고 했을 리가 없다며, 순이 남방의 순행 길에 나섰다가 죽게 된 것은 우(禹)의 뜻일 것이라고 의심하였다.

119) 湯放桀(탕방걸): 상탕(商湯)이 하(夏)나라를 멸망시킨 후, 하걸(夏桀)을 남소(南巢: 지금의 安徽省 巢湖市에 있었음)로 유배하였다.

120) 意(의): 여기서는 야심(野心)을 가리킨다.

121) 自廣措(자광조): 스스로 많은 안배를 하다, 세력을 확장하는 것을 가리킨다.

122) 自顯名(자현명): 스스로 명성을 과시하다.

123) 利(리): 탐(貪).

124) 蓋世(개세): 온 세상을 압도하다.

125) 易牙之取衛(역아지취위): '자남경취위(子南勁取衛)'가 되어야 한다. 역아(易牙)는 제(齊)나라 사람이지 위(衛)나라 사람이 아니며, '첨유지신(諂諛之臣)'에 속하지 '시기군자(弑其君者)'에 속하지 않는다.

126) 韓魏趙三子分晉(한위조삼자분진): 주(周)나라 위열왕(威烈王) 23년(B.C.403년), 주나라 천자가 위사(魏斯)·조적(趙籍)·한건(韓虔)을 제후(諸侯)로 승인하였다. 주나라 안왕(安王) 26년(B.C.376년), 위(魏)나라 무후(武侯)·한(韓)나라 애후(哀侯)·조(趙)나라 경후(敬侯)가 진후(晉侯)를 멸망시키고 그 땅을 삼분하였는데, 역사에서는 이를 '삼가분진(三家分晉)'이라고 부른다.

127) 六(륙): '상팔(上八)'이 되어야 한다. 고문(古文)에 '상(上)'은 '二'로 되어 있는데, '上八'을 세로로 이어 쓰다가 잘못되어 '六'이 되었다.

128) 蹷然(궐연): 급한 모양.

129) 攄(터): 펴다, 안배하다.

130) 矯易(교역): 바꾸다, 파생하여 '전복하다'의 뜻이다.

131) 則(즉): 마치 '이(以)'와 같다. 원인을 끌어내는 데 쓰인다.

132) 周宣王(주선왕): 서주(西周)의 천자, 여왕(厲王)의 아들, 성은 희(姬), 이름은 정(靜: 靖이라고도 함), B.C.827년~B.C.782년 재위하였다. 선왕은 중산보(仲山甫)·윤길보(尹吉甫)·방숙(方叔)·소호(召虎) 등을 임용하고, 문왕(文王)·무왕(武王)·성왕(成王)·강왕(康王) 때의 정치 풍기를 본받아, 제후들이 이로 인해 다시 주(周) 왕조를 받들었는데, 역사에서는 이를 중흥(中興)이라고 부른다.

133) 身法(신법): 자기의 법도(法度).

134) 傅(부): '전(傳)'이 되어야 한다.

135) 病(병): '최기병야(最其病也)'는 앞의 '상개현주(尙皆賢主)'와 서로 대립되므로, '병(病)'은 '불현(不賢)'으로 해석해야 한다.

136) 臣(신): '주(主)'의 잘못.

137) 畢弋(필익): '필(畢)'은 꿩이나 토끼를 잡는 그물, 여기서는 동사로 쓰여 그물로 새나 토끼 등 작은 짐승을 잡는 것을 나타낸다. '익(弋)'은 주살로 쏘다, 일반적으로 사냥하는 것을 가리킨다.

138) 馳騁(치빙): 말을 타고 질주하다.

139) 惡食(악식): 나쁜 음식.

140) 敬侯(경후): 조(趙)나라 경후(敬侯), 전국 시대 조(趙)나라 군주, 조나라 열후(烈侯)의 아들로, 이름은 장(章)이고, B.C.386년~B.C.375년 재위하였다.

141) 適(적): 순종하다, 영합하다.

142) 浮淫(부음): 배를 타고 놀다. '음(淫)'은 놀다.

143) 長夜(장야): 긴 밤. 문과 창문을 닫고, 등불과 촛불을 켜, 낮을 밤으로 삼는 것을 가리킨다.

144) 御(어): 천자(天子)에게 올리다.

145) 筩(통): 대나무 통.

146) 故(고): 마치 '부(夫)'와 같다.

147) 制(제): 단(斷).

148) 數十年(수십년): 『사기(史記)·조세가(趙世家)』에 의하면, 경후(敬侯)는 12년 동안 재위하였고, 여기에서 '수십년(數十年)'이라고 한 것은 과장된

표현이다.

149) 頓(돈): 곤궁하다, 좌절시키다.

150) 虧(휴): 결손나다, 파생하여 '점령하다'의 뜻이다.

151) 君(군): '군(羣)'의 잘못.

152) 邵公奭(소공석): '소공석(召公奭)'이라고도 하고, '소강공(召康公)'이라고도 부른다. 성은 희(姬), 이름은 석(奭), 봉지(封地)가 소(召: 지금의 陝西省 岐山縣 서남에 있었음)에 있어서 '소공(召公)' 또는 '소백(召伯)'이라고 부른다. 주(周)나라 무왕(武王)이 상(商)을 멸하도록 도왔고, 공적이 있어 연(燕: 지금의 北京市 서남에 있었음)에 봉해져, 연(燕)나라의 시조가 되었다. 주나라 성왕(成王) 때 태보(太保)를 맡았고, 주공단(周公旦)과 섬(陝: 지금의 河南省 陝縣에 있었음)을 나누어 다스렸다. 주공이 섬 이동을 다스렸고, 소공이 섬 이서를 다스렸는데, 크게 민심을 얻었다.

153) 持戟(지극): 군대를 가리킨다. '극(戟)'은 미늘창, 긴 자루에 끝에는 창끝이 달려있고, 옆에는 초승달 모양의 날이 붙어있다.

154) 子女(자녀): 용모가 아름다운 소녀.

155) 湮(인): '인(堙)'의 잘못, 흙산. 여기서는 '오지(汙池)', '대사(臺榭)'와 함께 동사로 사용되었다.

156) 汗池(한지): '오지(汙池)'의 잘못, 물이 쌓인 못. 흐르지 않는 물을 '오(汙)'라고 한다.

157) 臺榭(대사): '대(臺)'는 흙으로 쌓아 올린 높은 대. '사(榭)'는 흙으로 쌓아 올린 높은 대 위의 건물.

158) 田獵(전렵): 봄과 여름에 교외로 나가 사냥하다.

159) 畎畝(견묘): 경작지. '견(畎)'은 경작지 중간의 도랑.

160) 狥(순): '순(徇)'과 같다. 순종하다.

161) 奉(봉): 영합하다.

162) 直曲(직곡): 굽은 것을 곧은 것이라고 하다, 즉 시비곡직(是非曲直)을 전도하다.

163) 偉(위): 기(奇).

164) 瑰(괴): 기(奇).

165) 譟(조): 말이 많다.

166) 詐(사): 교언(巧言).

167) 談立(담립): '입담(立談)'이 되어야 한다.

168) 文(문): 마치 '미(美)'와 같다.

169) 修身(수신): 자기의 인품과 덕성을 높이다.

170) 任力(임력): 온 힘을 다하다.

171) 疾言(질언): 비난하다.

172) 適(적): 따르다, 의거하다.

173) 疑物(의물): 앞에서 말한 군주가 의심하는 '오간(五姦)'을 가리킨다.

174) 反(반): 추궁하다.

175) 鮮(선): 드물다.

176) 孼(얼): 서자(庶子).

177) 擬(의): 견주다, 필적하다.

178) 適(적): '적(嫡)'과 통한다.

179) 貳(이): 앞뒤 문장의 '병(並)'·'배(配)'·'의(擬)'·'필(匹)'과 같은 의미이다.

180) 政(정): 집권하는 경(卿)을 가리키며, 즉 앞 문장의 '상(相)'과 다음 문장의 '상경(上卿)'이다.

181) 枝子(지자): 서자.

182) 『周記(주기)』: 『주서(周書)』, 즉 『일주서(逸周書)』.

183) 嬖臣(폐신): 군주가 가까이하고 총애하는 신하.

184) 上卿(상경): 주조(周朝)의 관제(官制)에 의하면, 종주(宗周) 및 제후(諸侯)는 모두 경(卿)을 설치하고, 상·중·하 3등급으로 나누는데, 상경(上卿)은 제후국에서 가장 존귀한 대신(大臣)이다.

185) 意(의): 의심하다.

186) 隕(운): '운(殞)'과 통한다. 사망하다.

제45편 궤사(詭使)

군주다운 정치와 어그러져

解 題

'궤(詭)'는 '속이다', '거짓되다', '상반되다'의 뜻이며, '사(使)'는 백성들을 '부리다'의 뜻으로서 여기에서는 '통치하다'의 의미인데, 이 편에서는 당시 군주들이 백성들을 통치하는 데에 있어서 가장 중시해야 하는 것과, 백성들이 바라는 것이 실제 정치와는 어긋난다는 점을 지적하고 있다.

성인(聖人)이 세상을 다스리는 방법은 세 가지이다. 첫째는 이익이고, 두 번째는 위세이고, 세 번째는 명분이다. 무릇 이익이란 백성들을 얻게 할 수 있는 것이고, 위세는 명령을 실행할 수 있게 하는 것이고, 명분은 윗사람과 아랫사람이 함께할 수 있는 것이다. 이 세 가지 이외에는 비록 있다고 하더라도 급하지 않을 것이다. 지금은 이익이 없는 것은 아닌데 백성들은 윗사람에게 감화받지 못한다. 위세가 없는 것은 아닌데 아랫사람들은 따르지 않는다. 관가에는 법이 없는 것이 아닌데 다스리는 명분에 맞지 않는다. 세 가지가 없는 것은 아닌데, 세상이 잘 다스려지기도 하고 어지러워지기도 하는 것은 어째서인가? 무릇 윗사람들이 귀하게 여기는 것과 그들이 다스리는 것이 서로 어긋나기 때문이다.

聖人之所以爲治道者三。一曰利， 二曰威， 三曰名。夫利者所以得民也， 威者所以行令也， 名者上下之所同道也。非此三者， 雖有不急矣。今利非無有也， 而民不化上。威非不存也， 而下不聽從。官非無法也， 而治不當名。三者非不存也， 而世一治一亂者何也？ 夫上之所貴與其所以爲治相反也。

○○○

무릇 관직의 이름을 짓는 것은 그 사람을 존중하기 위한 것이다. 오늘날 이름을 천시하고 실질을 경시하는 것을 세상에서는 고상하다고 일컫는다. 관직의 지위를 두는 것은 귀하고 천하게 여기는 기준을 세우기 위한 것인데, 군주를 얕보고 알현하려고도 하지 않는 것을 세상에서는 현명하다고 일컫는다. 권위와 이익은 명령이 실행되게 하기 위한 것인데, 이익을 업신여기고 권위를 가벼이 여기는 것을 세상에서는 진중(鎭重)하다고 일컫는다. 법령은 세상을 다스리기 위한 것인데, 법령을 따르지 않고 사사로이 선함을 가장하는 것을 세상에서는 충성스럽다고 일컫는다. 관작은 백성들을 권면하기 위한 것인데, 명분만 좋아하고 관직에 나아가지 않는 이를 세상에서는 열사(烈士)라고 일컫는다. 형벌은 권위를 떨치게 하기 위한 것인데, 법을 가벼이 여기고 죽을죄를 짓는 것을 꺼리지 않는 이를 세상에서는 용감한 사내라고 일컫는다. 백성들은 명분에 급급하며 몹시도 이익을 추구한다. 이처럼 하면 선비가 배를 곯고 궁핍하게 되는 것인데, 어찌 산에 숨어 살아서 몸을 괴롭히며 세상에서 명분을 다투는 일이 없을 수 있겠는가? 그러므로 세상이 다스려지지 않는 것은 백성들의 잘못이 아니라 군주들이 제 도리를 잃었기 때문이다. 늘 세상을 어지럽히는 데에만 힘쓰고, 세상 다스리는 것은 하찮게 여긴다. 이 때문에 백성들이 하고자 하는 것은 늘 군주들이 세상 다스리고자 하는 것과 어긋난다.

夫立名號所以爲尊也， 今有賤名輕實者， 世謂之高。設爵位所以爲賤貴基也， 而簡上不求見者， 世謂之賢。威利所以行令也， 而無利輕威者， 世謂之重。法令所以爲治也， 而不從法令爲私善者， 世謂之忠。官爵所以勸民也， 而好名義不進仕者， 世謂之烈士。刑罰所以擅威也， 而輕法不避刑戮死亡之罪者， 世謂之勇夫。民之急名也， 甚其求利也。如此， 則士之飢餓乏絶者， 焉得無巖居[1]苦身以爭名於天下哉! 故世之所以不治者， 非下之罪， 上失其道也。常貴其所以亂而賤其所以治， 是故下之所欲常與上之所以爲治相詭也。

○ ○ ○

오늘날은 백성들이 윗사람의 말을 따르는 것을 군주가 가장 시급히 여기는 것인데, 독실하고 성실하며, 순수하고 믿음이 있으며, 법을 준수하고자 힘쓰는 것을 궁벽하다고 일컫는다. 법을 굳건히 지키고 명령을 세심히 따르면 어리석다고 일컫는다. 윗사람을 공경하고 죄를 두려워하면 겁쟁이라고 일컫는다. 말이 시의적절하고 행동이 도리에 맞으면 모자라다고 일컫는다. 사사로이 다른 마음을 갖지 않고 관리의 가르침을 듣고 따르면 비루하다고 일컫는다.

今下而聽其上，上之所急也。而惇愨[2]純信，用心怯言，則謂之窶[3]。守法固，聽令審，則謂之愚。敬上畏罪，則謂之怯。言時節，行中適，則謂之不肖。無二心私學，聽吏從教者，則謂之陋。

○ ○ ○

군주가 불러도 가기 어렵다고 하는 것을 바르다고 일컫고, 상을 내려도 받으려 하지 않는 것을 청렴하다고 일컫고, 하지 말라는 명령을 지키기 어렵다고 하는 것을 굳건하다고 일컫는다. 명령을 내려도 따르지 않는 것을 용감하다고 일컫고, 윗사람을 이롭게 하는 것이 없는 것을 신중하다고 일컫는다. 널리 은혜롭고 덕을 베푸는 것을 어질다고 일컫고, 중후하고 스스로 존중할 줄 아는 이를 어른이라고 일컫는다. 사사로이 가르치려고 무리를 모아서는 스승과 제자라고 일컫고, 조용하고 한가로이 지내는 것을 생각이 많다고 일컫고, 어짊을 해치고 이익을 좇는 것을 재빠르다고 일컫는다. 간사하게 말을 하며 가벼이 행동하는 것을 지혜롭다고 일컫고, 먼저 다른 사람을 위하고 다음에 스스로를 위한다고 하고, 칭호를 다 비슷하다고 여기며, 널리 세상을 아끼는 것을 성스럽다고 일컫는다. 말이 지나쳐서 적절하지 못해 쓸모가 없고 행동은 세상 이치와는 어긋나는 것을 대인이라고 일컫는다. 작록을 무시하고 윗사람에게 굴복하지 않는 이를 호걸이라고 일컫는다. 아랫사람들이 점차 이처럼 행동하니, 안으로는 백성들을 어지럽히고 밖으로는 명령을 해도 따르지 않는다. 윗사람은 마땅히 백성들의 욕구를 막고 그들이 그렇게 하려고 하는 의도도 없애야 하는데, 막지도 못한다. 또 그들에게 좇아가서 높여만 주고 아랫사람들에게 윗사람을 어지럽히도록 가르쳐놓고는 잘 다스렸다고 여긴다.

難致謂之正。難予謂之廉。難禁謂之齊[4]。有令不聽從謂之勇。無利於上謂之愿[5]。寬惠行德謂之仁。重厚自尊謂之長者。私學成羣謂之師徒。閒靜安居謂之有思。損仁逐利謂之疾。險躁[6]佻[7]反覆謂之智。先爲人而後自爲，類名號言，汎愛天下，謂之聖。言大本稱[8]而不可用，行而乖於世者，謂之大人。賤爵祿不撓上者，謂之傑。下漸行如此，入則亂民，出則不便[9]也。上宜禁其欲、滅其迹而不止也。又從而尊之，是教下亂上以爲治也。

○○○

무릇 군주가 나라를 다스리는 방법은 형벌이다. 오늘날 사사로이 의로움을 행했다고 해서 존중받고 사직(社稷)이 유지될 수 있는 것은 안정되기 때문인데, 떠들썩하고 위험스럽고 아첨하는 이가 신임을 받는다. 나라 안에서 사람들이 믿고 따르는 것은 신의와 덕성 때문인데, 사고가 편벽되고 행동이 자주 바뀌는 이를 관리로 삼는다. 명령이 실행되고 권위가 서는 것은 공손하고 검소하게 윗사람을 따르기 때문인데, 산림에 은거하여 세상에 있지도 않은 이가 영예를 얻는다. 창고가 가득한 것은 농사짓는 일에 힘썼기 때문인데, 예쁜 비단을 짜거나 비단에 자수를 놓거나 조각이나 그림을 그리는 하찮은 일을 하는 이가 부자가 된다. 명성을 이루고 나라 영토를 넓히는 이는 전사들이다. 오늘날 그들이 길에서 외로이 굶주려 죽는데, 익살 부리며 군주 곁에서 술을 마시는 광대의 무리들은 수레를 타고 비단옷을 입는다. 상과 봉록은 백성들이 힘껏 싸우다가 죽을 각오를 하는 이들을 위한 것이다. 오늘날 전쟁에서 승리를 얻은 병사들은 수고롭기만 하고 상은 받지도 못한다. 점을 치고 손금이나 보며 군주 앞에서 여우 같은 짓을 하는 하찮은 자들은 매일 상을 받는다. 윗자리에 있는 이가 법도를 장악하여 신하를 살리고 죽이는 권한을 마음대로 해야 하는 것이다. 오늘날 법도를 지키고 자신의 역량을 바치는 이들은 충성스러워도 군주를 뵙지 못하고, 교묘한 말과 간악한 행동으로 세상을 훔치려고 하는 자들이 늘 곁에서 군주를 모신다. 법에 의거하여 바른 말을 하며, 이름과 실제가 서로 들어맞고, 기준에 따르며, 간사한 자를 주살하는 것은 윗사람이 세상을 다스리는 방법인데도, 군주와의 사이를 더욱 멀어지게 한다. 군주의 비위나 맞추며 아부하여 세상을 위태롭게 하는 이들이 오히려 군주를 가까이 모신다. 조세를 거두고 백성으로 하여금 힘을 다하도록 하는 것은 어려운 때를 대비하여 창고를 충실히 함인데도, 사졸들이 도망쳐서 숨거나 권세 있는 자들에게 빌붙어서 조세와 요역을 피해도 윗사람이 어찌 할 수 없는 경우가 매우 많다. 무릇 좋은 농토와 편안한 집을 마련해주는 것은 병사들을 격려하는 것이지만, 머리가 잘리고 배가 터져서 들판에 뼈가 묻히는 이들은 몸을 의지할 집도 없이 몸은 죽어 들판에 버려진다. 젊고 예쁜 여인들이나 주변의 대신들은 공이 없는 데도 집을 골라 받고, 농지를 골라 받아먹는다. 포상을 오직 군주만이 내리게 한 것은 잘 헤아려 내리라고 한 것인데, 갑옷 입은 병사들은 제 직분을 얻지 못하고, 한가로이 지내는 선비들만 존귀하게 세상에 드러난다. 군주가 이처럼 교화를 펴니, 명분이 어찌 떨어지지 않겠으며, 지위가 어찌 위태롭지 않을 수 있겠는가? 무릇 비천한 명분과 위태로운 지위는 반드시 백성들이 법령을 따르지 않게 되고 다른 마음을 먹고 사사로이 배움에 힘쓰게 한다. 세상에 반역하게 되는 것이다. 그런데 그들의 행동을 막지 않고 그들의 무리를 깨서 흐트러뜨리지 않고 또 그들을 좇아 존중하니, 이것은 직무를 맡은 이들의 잘못이다. 군주가 염치를 내세우는 것은 아랫사람들을 다독이기 위한 것이다. 오늘날 사대부들은 더럽고 추한 진흙탕 속에서도 부끄러운 줄 모르고 관직을 수행하고, 군주의 젊은 여인들과 사사로이 연을 맺은 자들은 절차를 어기고 관직을 맡는다. 상을 내리는 것은 그들을 부귀하게 만들기 위함인데, 싸움에 나아가 전공(戰功)이 있는 병사들은 가난하고 비천하며, 측근의 신하나 배우의 무리들은 분에 넘치는 대우를 받는다. 관작의 이름과 호칭이 진실로 미더워야 위엄이 통하는 것인데, 군주의 안목이 가려져서 군주의 측근과 여인들이 멋대로 굴며, 뭇 관리들이 관직을 함부로 내리니, 이것은 그들을 부리는 이의 잘못이다. 대신이나 관리들은 우선 그들 부하와 두루 모의하니 법령이 실행되지 않고, 권위가 신하에게 있으면 군주는 비천해지고 대신의 권위가 막중해진다.

凡上所治者刑罰也, 今有私行義者尊。社稷之所以立者安靜也, 而譟險讒諛者任。四封之內所以聽從者信與德也, 而陂知傾覆者使。令之所以行, 威之所以立者恭儉聽上。而巖居非世者顯。倉廩之所以實者，耕農之本務也。而綦組[10]錦繡[11]刻畫爲末作者富。名之所以成，城池[12]之所以廣者戰士也。今死之孤飢餓乞於道，而優笑酒徒[13]之屬乘車衣絲。賞祿所以盡民力，易下死也。今戰勝攻取之士勞而賞不霑，而卜筮視手理狐蟲爲順辭於前者日賜。上握度量，所以擅生殺之柄也。今守度奉量之士，欲以忠嬰[14]上而不得見，巧言利辭行姦軌[15]以倖偷世者數御。據法直言，名刑相當，循繩墨[16]誅姦人，所以爲上治也而愈疏遠。諂施順意從欲以危世者近習[17]。悉租稅，專民力，所以備難，充倉府也，而士卒之逃事狀匿，附託有威之門以避徭賦，而上不得者萬數。夫陳善田利宅，所以厲戰士也。而斷頭裂腹，播骨乎平原野者，無宅容身，死田畝，而女妹[18]有色，大臣左右無功者，擇宅而受，擇田而食。賞利一從上出，所以善制[19]下也。而戰介之士不得職，而閒居之士尊顯。上以此爲教，名安得無卑，位安得無危！夫卑名危位者，必下之不從法令，有二心無[20]私學，反逆世者也，而不禁其行，不破其羣，以散其黨，又從而尊之，用事者過矣。上之所以立廉恥者，所以屬下也。今士大夫不羞汙泥醜辱而宦，女妹私義之門不待次而宦。賞賜所以爲重也。而戰鬪有功之士貧賤，而便辟[21]優徒超級。名號誠信所以通威也，而主揜障[22]。近習女謁[23]並行，百官主爵遷人，用事者過矣。大臣官人與下先謀比周[24]，雖不法行[25]，威利在下，則主卑而大臣重矣。

○○○

무릇 법령을 제정하는 것은 사사로움을 없애기 위함이다. 법령이 행해지면 사사로운 도리가 없어지게 된다. 사사로움이 법을 어지럽히는 것이니, 선비가 딴마음을 품고 사사로이 학문을 추종하거나, 산속에 은둔하여 깊이 사색하게 되면, 크게는 세상을 비난하게 되고 작게는 백성들을 미혹되게 한다. 군주가 이것을 금지하지 못하고, 또 좇아가서 존중하고 명성을 보태주어 실제로 있는 것처럼 만들면, 이것은 공이 없는데도 높이 드러내주는 것이다. 이것은 애쓰지 않았는데도 부자가 되는 것과 같다. 이와 같다면, 선비가 딴마음을 먹고 사사로이 배우게 되니, 어찌 깊이 궁리하며 지혜를 동원하여 사람들을 속이고 법령을 훼방하여 세상일과 서로 어긋나려고 애쓰는 일이 없을 수 있겠는가? 무릇 군주를 어지럽히고 세상을 거역하는 것에는, 항상 선비들 가운데 딴마음을 먹고 사사로이 학문을 하는 자들이 있기 마련이다. 그러므로 『본언(本言)』에는 "세상이 잘 다스려지게 하는 것은 법이고, 세상을 어지럽게 하는 것은 사사로움이다. 법이 서면 사사로움이 없어지게 된다."라고 하였다. 따라서 "사사로움을 따르면 세상이 어지러워지고, 법을 따르면 세상이 잘 다스려진다."라고 한다. 군주에게 법도가 없으면, 지혜롭다고 하는 자는 사사로운 논의를 밝히고 현자라는 자들은 사적인 뜻을 내세운다. 군주는 사사로운 은혜를 내리고 백성은 사사로운 욕심을 가지게 된다. 뛰어난 지혜를 가졌다는 자들은 무리를 지어 말만 앞세우고 군주와 불법적으로 맞서려고 한다. 군주는 그들을 막지 못하고 또 그들을 따르고 높여주니, 이것은 백성들에게 군주의 말을 듣지 않게 하거나 법을 따르지 않게 하는 것이다. 이 때문에 현자라는 이는 이름만 높이고는 숨어 들어가 살고, 간사한 자들은 상을 받아내서 부자가 된다. 현자라는 이가 이름만 높이고는 숨어 들어가 살고, 간사한 자들은 상을 받아내서 부자가 되었으니, 이 때문에 군주는 백성들을 제압할 수 없는 것이다.

夫立法令者以廢私也， 法令行而私道廢矣。私者， 所以亂法也。而士有二心私學，巖居窞路[26]，託伏深慮，大者非世，細者惑下。上不禁，又從而尊之，以名，化之以實，是無功而顯，無勞而富也。如此，則士之有二心私學者，焉得無深慮，勉知詐[27]與誹謗法令，以求索與世相反者也！凡亂上反世者，常士有二心私學者也。故本言[28]曰。“所以治者，法也。所以亂者，私也。法立，則莫得爲私矣。”故曰，“道[29]私者亂，道法者治。”上無其道，則智者有私詞，賢者有私意。上有私惠，下有私欲，聖智成羣，造言作辭，以非法措於上。上不禁塞，又從而尊之，是教下不聽上，不從法也。是以賢者顯名而居，姦人賴賞而富。賢者顯名而居，姦人賴賞而富，是以上不勝下也。

1) 巖居(암거): 속세를 떠나 산야에 은거하여 살다.

2) 惇愨(돈각): 바르고 성실하는 뜻이다.

3) 窶(구): '가난하다', '위축되다'의 뜻이다.

4) 齊(제): 본래 '가지런하다'의 뜻인데, 여기에서는 '굳건하다'의 뜻으로 풀었다.

5) 원(愿): '신중하다'의 뜻이다.

6) 險躁(험조): 험(險)은 섬(憸)과 통하며, 조(躁)는 조(譟)와 통한다. 험조(險躁)는 '간사한 말로 떠들어댄다'는 뜻이다.

7) 佻(조): '방정맞다'의 뜻이다.

8) 言大本稱(언대본칭): 본(本)은 뜻이 통하지 않아서 불(不) 자라고 한 조본(趙本)을 따랐다.

9) 不便(불변): 우평본(于評本)에 불사(不使)라고 된 것을 따라서 '명령을 해도 다르지 않다'는 의미로 풀었다.

10) 綦組(기조): 기(綦)는 연두빛 비단을 짠다는 뜻이다.

11) 錦繡(금수): 수놓은 비단.

12) 城池(성지): 지(池)를 지(地)로 고쳐서 풀었다.

13) 優笑酒徒(우소주도): 익살을 부리는 배우와 군주를 모시는 자.

14) 嬰(영): '접촉하다', '잇다'의 뜻이다.

15) 姦軌(간궤): 거짓된 길.

16) 繩墨(승묵): 직선을 긋는 먹인데, 여기에서는 기준의 의미로 풀었다.

17) 近習(근습): 군주의 총애를 받는 신하.

18) 女妹(녀매): 본래 여동생이라는 뜻인데, 여기에서는 어린 여자라는 의미다.

19) 剬(단): '판단하다', '다스리다'의 뜻이다.

20) 無(무): 연문(衍文)으로 보거나, 무(務)로 바꾸어야 한다.

21) 便辟(편벽): 군주의 곁에서 모시는 자.

22) 揜障(엄장): '가리다', '막는다'는 뜻이다.

23) 女謁(녀알): 군주의 총애를 받는 여인들을 통해 알선을 부탁하는 것.

24) 比周(비주): 무리를 지어 사사로이 이익을 도모하는 것.

25) 雖不法行(수불법행): 이 구문에서 수(雖)의 의미가 통하지 않으며, 다른 판본에서도 대개 수(雖)가 빠져 없으므로 여기에서도 빼고 풀이했다.

26) 巖居窞路(암거담로): 로(路)는 처(處)의 잘못이다. 암거(巖居)와 담처(窞處)는 구석진 곳에 묻혀 지내는 것을 말한다.

27) 勉知詐(면지사): 힘써 지혜를 발휘하여 남들을 속인다는 뜻이다.

28) 本言(본언): 한비자가 본 옛날 책일 터인데, 어떤 책의 내용인지 자세하지 않다.

29) 道(도): '말미암다', '따르다'의 뜻이다.

제46편 육반(六反)

여섯 가지의 비정상적인 현상

解題

육반(六反)은 여섯 가지의 비정상적인 현상이다. 즉 비방을 받아야 할 여섯 부류의 "사악하고 거짓되며 나라에 무익한 사람[姦僞無益之民]"은 세속의 칭찬을 받고, 칭찬을 받아야 할 여섯 부류의 "경작하고 전쟁하며 나라에 유익한 사람[耕戰有益之民]"은 세속의 비방을 받는 현상을 말한다. 전체 문장의 내용은 물론 이것에 한정되지 않고 관련되는 부분이 광범위하다. 「육반(六反)」은 사실상 세속의 관념과 유가(儒家)의 학설을 비판하는 한 편의 정론문(政論文)이다.

한비는 먼저 세상에 존재하는 "육반(六反)" 현상을 비판하면서 여러 부류의 인물을 평가하였고, 나아가 백성은 "사사로운 이익[私利]"과 "사사로운 손해[私害]"에서 출발하여 각종 인물을 비방하고 칭찬하므로, 군주가 세속의 여론에 가려지면, 상벌이 마땅함을 잃어 나라를 "부강(富强)"하게 할 수 없을 것이라고 지적하였다.

한비는 이어서 유가 "학자(學者)"의 각종 논조를 다음의 세 가지 측면에서 비판하였다.

첫째, 공리주의(功利主義) 및 위엄(威嚴)은 사람을 복종시킬 수 있다는 관점에서 출발하여, 한비는 "학자"의 "이익을 추구하는 마음을 버리고, 서로를 아끼는 원칙에서 출발[去求利之心, 出相愛之道]"하라는 주장을 비판하였다. 그는 "부모가 자식을 대해서도, 계산하는 마음으로 그들을 대하는데[父母之於子也, 猶用計算之心以相待]", "아버지와 아들의 은택이 없는[無父子之澤]" 군주는, 당연히 이러한 공허한 설교를 받아들일 수 없다고 하였다. 그는 "군주의 가장 큰 이익[人主之大利]"은 "패자가 되고 제왕이 되는 것[霸王]"이고, "신하의 가장 큰 이익[人臣之大利]"은 "부귀(富貴)"이므로, 군주와 신하가 자기의 큰 이익에서 출발하여, 군주는 "상과 벌을 반드시 시행[必於賞罰]"하고, 신하는 "힘을 다해 필사적으로[盡力致死]" 공로를 세우고 작위와 봉록을 받는다면, 부국강병(富國强兵)과 "패자가 되고 제왕이 되는 대업[霸王之業]"을 이룰 수 있다고 하였다. 그는 또 "어머니가 사랑을 쌓아도 명령이 통하지 않고, 관리가 위엄을 이용하면 백성은 듣고 따르는[母積愛而令窮, 吏用威嚴而民聽從]" 사실에서 출발하여, 군주는 "은혜와 사랑의 마음을 기르지 않고, 위엄의 권세를 강화[不養恩愛之心, 而增威嚴之勢]"해야 백성으로 하여금 자기를 위해 목숨을 걸고 힘을 다하게 할 수 있다고 하였다.

둘째, "공을 세우는 것을 권장하고 범죄를 금지하는[勸禁]" 상벌의 작용에서 출발하여, 한비는 "형벌을 가볍게 하라[輕刑]"는 "학자"의 주장을 비판하였다. 그는 상벌의 목적은, 공이 있는 사람을 장려하고 죄가 있는 사람을 처벌하는 데 있는 것이 아니라, 상벌을 통해서 백성을 격려하고 간사함을 그치게 하는 작용에 있다고 보였다. 이러한 작용을 강화하기 위해서는, 반드시 "후상(厚賞)"과 "중벌(重罰)"을 시행해야 한다고 하였다.

셋째, 인성(人性)은 탐욕스럽고 사악하며 만족시키기 어렵다는 관점에서 출발하여, “백성을 아끼고[愛民]” “백성을 풍족하게[足民]” 하라는 “학자”의 주장을 비판하였다. 한비는 백성을 아끼면, 사람들로 하여금 “교만하고 방종하여[驕恣]” “제멋대로 못된 짓을 저지르게[肆於爲非]” 할 것이고, 백성을 풍족하게 하면, 사람들로 하여금 “사치가 심하여[侈泰]” “힘써 일하는 데 게으르게[墮於用力]” 할 것이라고 하였다. 그러므로 군주는 “그 천시(天時)와 인사(人事)에 맞추고[適其時事]”, “그 세금의 징수 비율을 토론하고 확정하고[論其稅賦]”, “그 작위와 봉록을 후하게 하고[厚其爵祿]”, “그 형벌을 무겁게 하여[重其刑罰]” 나라를 다스려야 하며, 이것이 바로 “제왕의 정치[帝王之政]”라고 하였다.

문장은 끝으로 상술한 유가 학자의 논조가 성행하는 원인을 밝혔는데, 이것은 “당대의 군주[世主]”가 “그의 의견을 청취하지 않고[不聽其言]” “그 본인을 임용하지 않기[不任其身]” 때문이다. 그러므로 군주가 “그의 의견을 청취하고 그것이 사실과 부합되는지를 요구하고, 그 본인을 임용하고 그가 일을 처리한 효과를 요구하면, 학식이 없고 재능이 없는 사람은 궁지에 몰리게 된다[聽其言而求其當, 任其身而責其功, 則無術不肖者窮矣]”. 즉 한비는 실제적 공리(功利)만이 사람들의 언행을 검증하는 유일한 표준이라고 생각하였다.

○ ○ ○

죽음을 두려워하고 위난(危難)을 회피하는 것은, 전쟁터에서 투항하고 패배하는 사람인데, 세상에서는 그들을 “생명을 소중히 여기는 고사(高士)”라고 존칭한다. 고대 제왕의 도(道)를 배우고 자기의 학설을 세우는 것은, 법도를 위배하는 사람인데, 세상에서는 그들을 “고대문헌을 연구하는 학사(學士)"라고 존칭한다. 각지를 유세하고 다니면서 후한 봉양을 받는 것은, 남의 음식을 빼앗는 사람인데, 세상에서는 그들을 "재능 있는 현사(賢士)"라고 존칭한다. 궤변을 늘어놓으면 제법 총명해 보이는 것은, 거짓되고 교활한 사람인데, 세상에서는 그들을 "설득력 있고 총명한 모사(謀士)"라고 존칭한다. 칼을 사용하여 공격하고 살해하는 것은, 흉악하고 위험을 무릅쓰는 사람인데, 세상에서는 그들을 "강직하고 용감한 투사(鬪士)"라고 존칭한다. 도적을 살려주고 사악한 사람을 숨겨주는 것은, 사형에 처해야 마땅한 사람인데, 세상에서는 그들을 "보증하고 변호해 주는 의사(義士)"라고 존칭한다. 이 여섯 부류의 사람은, 세상에서 칭찬하는 대상이다. 국가의 위난에 뛰어들어 군주를 위하여 충성을 다해 몸을 바치는 것은, 절개를 위하여 죽는 사람인데, 세상에서는 그들을 "계산할 줄 모르는 인간"이라고 폄하한다. 쓸데없는 말을 적게 듣고 군주의 명령에 복종하는 것은, 법을 지키는 사람인데, 세상에서는 그들을 "천박하고 우매한 인간"이라고 폄하한다. 힘써 경작하여 먹고사는 것은, 이익을 만들어내는 사람인데, 세상에서는 그들을 "무능한 인간"이라고 폄하한다. 선량하고 너그럽고 단순하고 질박한 것은, 정직하고 성실한 사람인데, 세상에서는 그들을 "어리석고 고지식한 인간"이라고 폄하한다. 명령을 중시하고 나라의 일에 신중한 것은, 군주를 존중하는 사람인데, 세상에서는 그들을 "겁이 많고 두려워하는 인간"이라고 폄하한다. 도적을 무찌르고 사악한 이를 막는 것은, 군주로 하여금 똑똑히 관찰하게 하는 사람인데, 세상에서는 그들을 "아첨하고 남을 헐뜯는 인간"이라고 폄하한다. 이 여섯 부류의 사람은, 세상에서 비방하는 대상이다. 사악하고 거짓되며 나라에 무익한 사람이 여섯 부류가 있는데도 세상에서 그들을 칭찬하는 것이 저와 같고, 경작하고 전쟁하며 나라에 유익한 사람이 여섯 부류가 있는데도 세상에서 그들을 비방하는 것이 이와 같다. 이것을 '여섯 가지의 비정상[六反]'이라고 부른다. 평민 백성은 사사로운 이익에 따라 나라에 무익한 사람들을 칭찬하고, 당대의 군주는 거짓된 명성을 듣고서 그들을 예우하니, 군주가 예우하는 사람은, 포상의 이익이 반드시 그들에게 가해진다. 평민 백성은 사사로운 손해에 따라 나라에 유익한 사람들을 헐뜯고, 당대의 군주는 세속의 편견에 가려져 그들을 천시하니, 군주가 천시하는 사람은, 형벌의 재앙이 반드시 그들에게 가해진다. 그런 까닭에 명예와 포상이 사적으로 나쁜 짓을 하여 처벌을 받아야 하는 사람에게 주어지고, 비방과 형벌이 나라를 위하여 좋은 일을 하여 포상을 받아야 하는 사람에게 주어지니, 이렇다면 나라의 부강을 바라는 것이, 불가능하다.

畏死遠[1]難[2], 降北之民也, 而世[3]尊之曰“貴生之士”。學道立方[4], 離[5]法之民也, 而世尊之曰“文學之士”。遊[6]居厚養, 牟[7]食之民也, 而世尊之曰“有能之士”。語曲[8]牟知[9], 僞詐之民也, 而世尊之曰“辯智之士”。行劍[10]攻殺, 暴憿之民[11]也, 而世尊之曰“磏[12]勇之士”。活賊匿姦, 當死之民也, 而世尊之曰“任[13]譽[14]之士”。此六民者, 世之所譽也。赴險殉誠, 死節之民[15], 而世少[16]之曰“失計[17]之民”也。寡聞從令, 全法之民也, 而世少之曰“樸陋[18]之民”也。力作而食, 生利之民也, 而世少之曰“寡能之民”也。嘉厚純粹, 整穀[19]之民也, 而世少之曰“愚戇[20]之民”也。重命畏事[21], 尊上之民也, 而世少之曰“怯懾之民”也。挫賊遏姦, 明上之民也, 而世少之曰“諂[22]讒之民”也。此六者, 世之所毀也。姦僞無益之民六而世譽之如彼, 耕戰有益之民六而世毀之如此, 此之謂六反。布衣[23]循私利而譽之, 世主聽虛聲而禮之, 禮之所在, 利必加焉。

百姓[24]循私害而訾[25]之，世主壅[26]於俗而賤之，賤之所在，害必加焉。故名賞在乎私惡當罪之民，而毁害在乎公善宜賞之士，索[27]國之富强，不可得也。

○ ○ ○

옛 속담에 이르기를 "나라를 다스리는 것은 머리를 감는 것과 같으니, 비록 빠지는 머리카락이 있어도 반드시 감아야 한다."라고 하였다. 머리카락이 빠지는 손실을 아까워하여, 머리를 감는 것은 머리카락이 자라도록 해준다는 이로움을 잊는 것은, 이해득실을 가늠할 줄 모르는 사람이다.

古者有諺[28]曰，"爲政猶沐[29]也，雖有棄髮[30]必爲之。" 愛[31]棄髮之費[32]，而忘長髮之利，不知權[33]者也。

○ ○ ○

대저 돌침으로 종기를 찔러 절개하면 고통스럽고, 약을 마시면 쓰지만, 쓰고 고통스럽다는 이유로 종기를 찔러 절개하지 않고 약을 마시지 않으면, 몸이 살 수 없고 병이 치유되지 않는다.

夫彈[34]痤[35]者痛，飮藥者苦，爲苦憊[36]之故不彈痤飮藥，則身不活，病不已[37]矣。

○ ○ ○

오늘날 군주와 신하 사이의 교제는 아버지와 아들 사이 같은 은택이 없는데도, 군주가 덕행(德行)과 도의(道義)로써 신하를 통제하려고 하면, 교류하는 데 있어 반드시 간극이 생긴다. 게다가 부모가 자식에 대해서는, 아들을 낳으면 아들을 축하하고, 딸을 낳으면 딸을 박대한다. 이들은 모두 부모의 품 안에서 나왔으나, 아들은 축하를 받고, 딸은 박대를 받는 것은, 부모가 자기의 훗날의 이득을 고려하고, 장구한 이익을 계산하기 때문이다. 그리하여 부모가 자식을 대해서도, 계산하는 마음으로 그들을 대하는데, 하물며 아버지와 아들의 은택이 없는 경우에 있어서야!

今上下之接[38]無子父之澤, 而欲以行義[39]禁下, 則交必有郄[40]矣。且父母之於子也, 產男則相賀, 產女則殺[41]之。此俱出父母之懷衽[42], 然男子受賀, 女子殺之者, 慮其後便[43], 計之長利也。故父母之於子也, 猶用計算之心以相待也, 而况無父子之澤乎!

○ ○ ○

오늘날 학자들이 군주에게 유세하는 것은, 모두 이익을 추구하는 마음을 버리고, 서로를 아끼는 원칙에서 출발하라고 하는데, 이는 군주에게 부모를 넘어서는 친근함을 요구하는 것이고, 이는 은혜를 논하는 것을 잘 알지 못하여 속이고 꾸며내는 말이니, 그러므로 현명한 군주는 받아들이지 않는다. 성인(聖人)의 다스림은, 법률과 금령을 명확히 제정하여, 법률과 금령이 명백해지면 관아에서 법에 따라 일을 처리할 수 있다. 상과 벌을 반드시 시행하여, 상과 벌이 치우치지 않으면 백성은 관아를 위해 힘을 다할 수 있다. 관료 기구가 다스려지면 나라가 부유해지고, 나라가 부유하면 병력이 강해지고, 패자(霸者)가 되고 제왕(帝王)이 되는 대업이 이루어진다. 패자가 되고 제왕이 되는 것은, 군주의 가장 큰 이익이다. 군주가 큰 이익을 얻을 희망을 품고 나라를 다스리므로, 그가 관리를 임용할 때는 상당한 재능을 갖출 것을 요구하고, 그가 상벌을 시행할 때는 사사로움이 없다. 전사(戰士)와 백성으로 하여금 이것을 명백히 알고 힘을 다해 필사적으로 하게 하면, 공로를 세울 수 있고 작위와 봉록을 얻을 수 있으니, 작위와 봉록을 얻게 되면 부귀(富貴)의 사업은 이루어진다. 부귀라는 것은, 신하의 가장 큰 이익이다. 신하가 큰 이익을 얻을 희망을 품고 일을 하므로, 그들의 행동이 위태롭더라도 죽을 때까지 견지하고, 그들의 힘이 다하여도 원망함이 없다. 이것을 일컬어 군주가 어질지 않고, 신하가 충성하지 않아도, 패자가 되고 제왕이 될 수 있다고 하는 것이다.

今學者之說[44]人主也， 皆去求利之心， 出相愛之道， 是求人主之過於父母之親也， 此不熟於論恩， 詐而誣也， 故明主不受也[45]。聖人之治也， 審[46]於法禁， 法禁明著則官法。必於賞罰， 賞罰不阿[47]則民用。 官官治則國富[48]， 國富則兵强， 而霸王之業成矣。 霸王者， 人主之大利也。 人主挾大利以聽治[49]， 故其任官者當能， 其賞罰無私。使士民明焉盡力致死[50]， 則功伐[51]可立而爵祿可致[52]， 爵祿致而富貴之業成矣。 富貴者， 人臣之大利也。 人臣挾大利以從事， 故其行危至死， 其力盡而不望[53]。 此謂君不仁， 臣不忠， 則不可以[54]霸王矣。

○○○

대저 나쁜 짓을 하여, 반드시 발각되면 경계하게 되고, 반드시 처벌되면 그만두게 된다. 발각되지 않으면 제멋대로 하게 되고, 처벌되지 않으면 마음대로 하게 된다. 대저 값싼 물건을 은폐된 곳에 늘어놓으면, 비록 증삼(曾參)·사어(史魚)와 같이 청렴결백한 사람이라고 해도 가져갈 것이라고 의심받는다. 백금(百金)을 시장에 걸어놓으면, 비록 큰 도둑이라고 해도 훔쳐가지 않는다. 발각되지 않으면, 증삼·사어와 같이 청렴결백한 사람도 은폐된 곳에서 가져갈 것이라고 의심받는다. 반드시 발각되면, 큰 도둑이라도 시장에 걸어 놓은 황금을 훔쳐가지 않는다. 그러므로 현명한 군주가 나라를 다스리는 것은, 사악한 자에 대한 방비 조치를 많이 취하고 사악한 자에 대한 처벌을 무겁게 하며, 백성으로 하여금 엄격한 법령에 의해 구속을 받게 하지 그들의 청렴결백한 품성에 기대어 나쁜 짓을 그만두게 하지 않는다. 어머니가 자식을 사랑하는 것은 아버지의 두 배이지만, 아버지의 명령이 자식에게 행하여지는 것은 어머니의 열 배이다. 관리는 백성에게 사랑이 없어도, 그들의 명령이 백성에게 행하여지는 것은 아버지의 만 배이다. 어머니가 사랑을 쌓아도 명령이 통하지 않고, 관리가 위엄을 이용하면 백성은 듣고 따르니, 위엄을 채택할지 사랑을 채택할지 하는 책략 또한 결정할 수 있다. 게다가 부모가 자식에게 바라는 것은, 행동함에 있어 그들이 안전하고 이롭기를 원하고, 처신함에 있어 그들이 죄를 멀리하기를 원한다. 군주는 백성에 대해, 환난이 있으면 그들이 자기를 위해 죽는 것을 이용하고, 안정되고 태평하면 그들로 하여금 자기를 위해 힘을 다하게 한다. 부모가 깊은 사랑으로 자식을 안전하고 이로운 환경 속에 두어도 자식은 그들을 따르지 않지만, 군주가 사랑과 이로움 없이 백성에게 죽을힘을 다하기를 요구해도 명령이 집행된다. 현명한 군주는 이것을 알기에, 은혜와 사랑의 마음을 기르지 않고, 위엄의 권세를 강화한다. 그러므로 어머니가 깊은 사랑으로써 대하면, 자식은 대부분 망쳐지니, 이는 사랑을 행하였기 때문이다. 아버지가 담담한 사랑으로써 매질로 가르치면, 자식은 대부분 선량하게 되니, 이는 위엄을 이용하였기 때문이다.

夫姦, 必知則備, 必誅[55]則止。不知則肆, 不誅則行。夫陳輕貨[56]於幽隱[57], 雖曾、史[58]可疑也。懸百金[59]於市, 雖大盜不取也。不知, 則曾、史可疑於幽隱。必知, 則大盜不取懸金於市。故明主之治國也, 衆其守而重其罪, 使民以法禁而不以廉止。母之愛子也倍父, 父令之行於子者十母。吏之於民無愛, 令之行於民也萬父母[60]。父母[61]積愛而令窮[62], 吏用威嚴而民聽從, 嚴愛之筴[63]亦可決矣。且父母之所以求於子也, 動作[64]則欲其安利也, 行身[65]則欲其遠罪也。君上之於民也, 有難則用其死, 安平則盡其力。親以厚愛關[66]子於安利而不聽, 君以無愛利求民之死力而令行。明主知之, 故不養恩愛之心, 而增威嚴之勢。故母厚愛處[67], 子多敗, 推[68]愛也。父薄愛教笞[69], 子多善, 用嚴也。

○ ○ ○

지금 일반 백성이 가산(家産)을 관리할 때, 가장이 굶주림과 추위를 견디는 것으로써 가족의 욕망을 억제하고, 괴로움과 고통을 견디는 것으로써 가족을 격려한다면, 전쟁의 재난과 흉년의 재앙을 만나더라도, 따뜻한 옷을 입고 맛있는 음식을 먹는 것은 반드시 이 집안일 것이다. 가장이 풍족한 옷과 음식으로써 가족을 어여삐 여기고, 안일과 향락으로써 가족을 사랑한다면, 자연재해로 인한 흉년을 만나면, 아내를 시집보내고 자식을 파는 것은 반드시 이 집안일 것이다. 그러므로 법치(法治)를 나라를 다스리는 원칙으로 삼으면, 처음에는 고달파도 장구한 이익이 있다. 인애(仁愛)를 나라를 다스리는 원칙으로 삼으면, 일시적인 쾌락을 얻더라도 나중에는 곤궁해진다. 현명한 군주는 이 두 가지 원칙의 이해득실을 헤아려, 자기의 큰 이익으로부터 출발하므로, 백성에 대한 법치의 강제적인 작용을 이용하고, 백성에 대한 어진 이의 사랑을 버린다. 학자들의 말은, 모두 형벌을 가볍게 하라고 하는데, 이것은 나라를 어지럽히고 망하게 하는 조치이다. 무릇 상벌을 반드시 행하는 것은, 공을 세우는 것을 권장하고 범죄를 금지하기 위해서이다. 포상이 후하면 군주가 바라는 것을 빨리 얻게 되고, 형벌이 무거우면 군주가 싫어하는 것을 속히 금지할 수 있다. 대저 이익을 얻고자 하는 사람은 반드시 손해를 싫어하니, 손해는 이익의 반대이기 때문이며, 바라는 것에 상반되니, 어찌 싫어하지 않을 수 있겠는가. 나라를 잘 다스리려고 하는 사람은 반드시 혼란함을 싫어하니, 혼란함은 다스려짐의 반대이며, 이런 까닭에 절실히 나라를 잘 다스리려고 하는 사람은 그의 포상이 반드시 후하고, 혼란함을 몹시 싫어하는 사람은 그의 형벌이 반드시 무겁다. 지금 형벌을 가볍게 할 것을 주장하는 사람은, 혼란함에 대한 그의 증오가 깊지 않고, 나라를 잘 다스리려고 하는 데 대한 그의 욕망 또한 강렬하지 않다. 이런 사람은 단지 나라를 다스리는 책략이 없을 뿐만 아니라, 또한 법제(法制)에 부합하는 행위도 없다. 이런 까닭에 한 사람이 덕과 재능이 좋은지 나쁜지 어리석은지 지혜로운지를 판단하는 표준은, 그가 주는 상벌의 경중에 달려 있다. 더구나 대저 형벌을 무겁게 하는 것은, 사람을 처벌하기 위해서가 아니며, 현명한 군주의 법률은 사람들의 행위를 헤아리는 준칙이다. 도적을 처벌하는 것은 단지 법률로 헤아린 죄인을 처벌하기 위해서만이 아니니, 단지 법률로 헤아린 죄인을 처벌하기 위해서라면, 이는 죽은 사람을 처벌하는 것일 뿐이다. 도둑을 처벌하는 것은 단지 판결을 받은 도둑을 처벌하기 위해서만이 아니니, 단지 판결을 받은 도둑을 처벌하기 위해서라면, 이는 죄수를 처벌하는 것일 뿐이다. 그러므로 말하기를 "나쁜 사람 하나에 대한 처벌을 무겁게 하여 나라 안의 사악함을 그치게 하니, 이것이 처벌을 시행하는 목적이다."라고 하는 것이다. 무겁게 처벌받는 것은 도둑과 도적이고, 두려워하는 것은 선량한 백성인데, 나라를 잘 다스리려고 하는 사람이 어찌 무거운 형벌을 의심하겠는가! 후하게 포상하는 것은, 단지 공이 있는 사람을 포상하기 위해서만이 아니라, 또한 온 나라 사람을 격려하기 위해서이다. 포상을 받은 사람은 기꺼이 이익을 얻고, 포상을 받지 못한 사람은 상 받은 사람의 가산(家産)을 부러워하니, 이는 한 사람의 공로를 보상하여 나라 안 많은 사람을 권장하는 것이니, 나라를 잘 다스리려고 하는 사람이 어찌 후한 포상을 의심하겠는가! 지금 나라를 다스리는 것을 알지 못하는 사람들은 모두 말하기를 "무거운 형벌은 백성을 손상시키고, 가벼운 형벌은 그것으로써 사악함을 금지할 수 있는데, 무엇 때문에 반드시 무거운 형벌을 사용해야 하는가!"라고 한다. 이는 나라를 다스리는 이치를 알지 못하는 말이다. 대저 무거운 형벌을 사용하여 저지할 수 있는 것은, 가벼운 형벌을 사용하여 반드시 저지할 수 있는 것은 아니다. 가벼운 형벌을 사용하여 저지할 수 있는 것은, 무거운 형벌을 사용하여 반드시 저지할 수 있다. 그러므로 군주가 무거운 형벌을 세우면 사악함이 모두 금지되고, 사악함이 모두 금지된다면 이것이 백성에게 무슨 손상이 있겠는가! 이른바 무거운 형벌이란, 사악한 자가 얻는 이익은 작고, 군주가 그들에게 가하는 죄명은 큰 것이다. 사람들은 조그마한 이익 때문에 커다란 죄명을 뒤집어쓰려고 하지 않을 것이고, 그러므로 사악함이 반드시 그친다. 이른바 가벼운 형벌이란, 사악한 자가 얻는 이익은 크고, 군주가 그들에게 가하는 죄명은 작은 것이다. 사람들은 그 이익을 부러워하여 그 죄명을 대수롭지 않게 여기니, 그러므로 사악함이 그치지 않는 것이다. 그러므로 이전의 성인(聖人)에게는 다음과 같은 속담이 있었으니 "사람은 산에 걸려 넘어지지 않아도, 작은 흙더미에 걸려 넘어진다."라고 하였다. 산은 크므로, 사람들은 그것에 신중하다. 흙더미는 작으므로, 사람들은 그것을 쉽게 여긴다. 지금 형벌을 가볍게 하면, 백성들은 반드시 그것을 쉽게 여길 것이다. 백성이 죄를 범해도 처벌하지 않으면, 이는 나라를 다스리는 동시에 그것을 버리는 것이다. 백성이 죄를 범하여 그들을 처벌하면, 이는 백성에게 함정을 설치하는 것이다. 이런 까닭에 가벼운 처벌은, 백성의 작은 흙더미이다. 그러므로 가벼운 형벌을 백성을 다스리는 원칙으로 삼음은, 나라를 어지럽히지 않으면, 백성에게 함정을 설치하는 것이니, 이것이야말로 백성을 손상시키는 것이라고 이를 만하다.

今家人[70]之治産也, 相[71]忍[72]以飢寒, 相强[73]以勞苦, 雖犯[74]軍旅[75]之難, 饑饉[76]之患, 溫衣美食者必是家也。相憐以衣食, 相惠[77]以佚樂, 天饑歲荒[78], 嫁妻賣子者必是家也。故法之爲道[79], 前苦而長利。仁之爲道, 偸樂[80]而後窮。聖人[81]權其輕重, 出[82]其大利, 故用法之相忍, 而棄仁人之相憐也。學者之言, 皆曰輕刑, 此亂亡之術也。凡賞罰之必者, 勸禁也。賞厚則所欲之得也疾, 罰重則所惡之禁也急。夫欲利者必惡害, 害者利之反也, 反於所欲, 焉得無惡。欲治者必惡亂, 亂者治之反也, 是故欲治甚者其賞必厚矣, 其惡亂甚者其罰必重矣。今取於輕刑者, 其惡亂不甚也, 其欲治又不甚也。此非特無術[83]也, 又乃無行[84]。是故決[85]賢不肖[86]愚知[87]之美[88], 在賞罰之輕重。且夫重刑者, 非爲罪人也, 明主之法揆[89]也。治[90]賊非治所揆也, 所揆也者[91], 是治死人也。刑盜非治所刑也, 治所刑也者, 是治胥靡[92]也。故曰, 重一姦之罪而止境內之邪,此所以爲治也。重罰者盜賊也，而悼懼[93]者良民也，欲治者奚疑於重刑！若夫厚賞者，非獨賞功也，又勸一國。受賞者甘利，未賞者慕業，是報一人之功而勸境內之衆也，欲治者何疑於厚賞！今不知治者皆曰，"重刑傷民，輕刑可以止姦，何必於重哉!" 此不察於治者也。夫以重止者，未必以輕止也。以輕止者，必以重止矣。是以上設重刑者而姦盡止，姦盡止則此奚傷於民也！所謂重刑者，姦之所利者細，而上之所加焉者大也。民不以小利蒙大罪，故姦必止者也。所謂輕刑者，姦之所利者大，上之所加焉者小也。民慕其利而傲[94]其罪，故姦不止也。故先聖有諺曰，"不躓[95]於山，而躓於垤[96]。" 山者大，故人順[97]之，垤微小，故人易之也。今輕刑罰，民必易之。犯而不誅，是驅國[98]而棄之也。犯而誅之，是爲民設陷也。是故輕罪者，民之垤也。是以輕罪之爲民道也，非亂國也，則設民陷也，此則可謂傷民矣。

○○○

지금 학자들은 모두 전적(典籍) 속의 공적과 은덕을 찬양하는 공론(空論)을 인용하면서도, 지금 세상의 실제 상황은 잘 알지 못하는데, 말하기를 "군주가 백성을 아끼지 않고, 세금의 징수가 늘 무거우면, 백성들은 재화(財貨)가 부족하여 군주를 원망하니, 그러므로 천하가 크게 어지러워진다."라고 한다. 이는 백성의 재화를 풍족하게 함으로써 백성에게 사랑을 가하면, 비록 형벌을 가볍게 해도 나라를 잘 다스릴 수 있다고 여기는 것이다. 이 말은 옳지 않다. 무릇 군주가 후한 상과 무거운 벌을 채택하는 것은, 본래 백성들을 이미 풍족하게 한 뒤의 일이다. 비록 백성의 재화가 풍족하게 된 뒤에 그들을 깊이 아끼더라도, 형벌을 가볍게 하면 여전히 사람들로 하여금 소란을 피우게 할 것이다. 저 가산을 주관하는 가장이 자식을 대단히 아껴서, 자식들의 재화가 쓰기에 풍족한데, 재화가 쓰기에 풍족하면 가볍게 함부로 쓰게 되고, 가볍게 함부로 쓰면 사치가 심하게 된다. 가장은 그들을 아껴서 차마 단속하지 못하고, 차마 단속하지 못하면 그들은 교만하고 방종해진다. 사치가 심하면 집안이 가난해지고, 교만하고 방종하면 행동이 포학(暴虐)해지니, 이는 비록 재화가 풍족하고 사랑이 두터워도, 처벌을 가볍게 한 재앙이다. 무릇 사람의 천성은, 재화가 풍족해지면 힘써 일하는 데 게으르고, 군주의 다스림이 유약하면 제멋대로 못된 짓을 저지른다. 재화가 풍족한데도 힘써 일한 이는 신농(神農)이고, 군주의 다스림이 유약한데도 행위가 훌륭했던 이는 증삼(曾參)과 사어(史魚)이니, 대저 백성이 신농·증삼·사어에 미치지 못하는 것 또한 이미 명백하다.

今學者皆道書筴[99]之頌語, 不察當世之實事, 曰, "上不愛民, 賦斂常重, 則用[100]不足而下恐[101]上, 故天下大亂。" 此以爲足其財用以加愛焉, 雖輕刑罰, 可以治也。此言不然矣。凡人之[102]取重賞罰, 固已足之之後也。雖財用足而厚愛之[103], 然而輕刑猶之[104]亂也。夫富[105]家之愛子, 財貨足用, 財貨足用則輕用, 輕用則侈泰。親愛之則不忍, 不忍則驕恣[106]。侈泰則家貧, 驕恣則行暴, 此雖財用足而愛厚, 輕利[107]之患也。凡人之生[108]也, 財用足則隳[109]於用力, 上治懦則肆於爲非。財用足而力作者神農[110]也, 上治懦而行修[111]者曾、史也, 夫民之不及神農、曾、史亦已明矣。

○○○

노담(老聃)이 이르기를 "만족함을 알면 욕되지 않고, 적당한 정도에서 그칠 줄 알면 위태롭지 않다."라고 하였다. 대저 위태롭고 욕된 이유 때문에 충분한 것 이외에 이익을 구하지 않은 이는, 노담이다. 지금 백성들을 풍족하게 하면 나라를 잘 다스릴 수 있다고 여기는데, 이는 백성들을 모두 노담 같은 사람으로 여기는 것이다. 저 걸왕(桀王)은 존귀하기가 천자의 지위에 있었으나 자기 지위의 존귀함에 만족하지 않았고, 부유하기가 천하를 소유하고 있었지만 이미 가지고 있는 재물에 만족하지 않았다. 군주가 설령 백성을 풍족하게 하여도, 그들로 하여금 천자가 되도록 풍족하게 할 수는 없으며, 걸왕과 같은 사람은 반드시 천자가 되는 것을 풍족하다고 여기는 것은 아니니, 그렇다면 비록 백성을 풍족하게 하더라도 어찌 그것으로써 나라를 다스릴 수 있겠는가! 그러므로 현명한 군주가 나라를 다스릴 때는, 그 천시(天時)와 인사(人事)에 맞추어 재물을 얻고, 그 세금의 징수 비율을 토론하고 확정하여 빈부를 조절하고, 그 작위와 봉록을 후하게 하여 사람들로 하여금 재능을 다하게 하고, 그 형벌을 무겁게 하여 사악함을 금지한다. 백성으로 하여금 힘을 다함으로써 재부(財富)를 얻게 하고, 나라를 위해 일을 함으로써 존귀함을 얻게 하고, 잘못이 있음으로써 처벌을 받게 하고, 공을 세움으로써 포상을 얻되 군주의 인자하고 은혜로운 하사(下賜)를 바라지 않게 하니, 이것이 제왕의 정치이다.

老聃有言曰[112], "知足不辱, 知止不殆。" 夫以殆辱之故而不求於足之外者, 老聃也。今以爲足民而可以治, 是以民爲皆如老聃也。故[113]桀貴在天子而不足於尊[114], 富有四海之內而不足於寶。君人者[115]雖足民, 不能足使爲天子[116], 而桀未必以天子爲足也, 則雖足民何可以爲治也! 故明主之治國也, 適其時事以致財物, 論[117]其稅賦以均貧富，厚其爵祿以盡賢能，重其刑罰以禁姦邪。使民以力得富，以事致貴，以過受罪，以功致賞而不念慈惠之賜，此帝王之政也。

○ ○ ○

사람들이 모두 잠들면 장님은 발견되지 않을 것이고, 모두 침묵하면 벙어리는 발견되지 않을 것이다. 깨어나면 그들로 하여금 눈을 떠 사물을 보게 하고, 문제를 제기하여 그들로 하여금 대답하게 하면, 벙어리와 장님은 궁지에 몰리게 된다. 그의 의견을 청취하지 않으면 설령 학식이 없는 사람이라도 발견되지 않을 것이고, 그 본인을 임용하지 않으면 설령 재능이 없는 사람일지라도 발견되지 않을 것이다. 그의 의견을 청취하고 그것이 사실과 부합되는지를 요구하고, 그 본인을 임용하고 그가 일을 처리한 효과를 요구하면, 학식이 없고 재능이 없는 사람은 궁지에 몰리게 된다. 대저 힘센 장사를 얻으려고 하는데 그의 자기소개만 들으면, 설령 평범하고 무능한 사람일지라도 상사 오획(烏獲)과 구별할 수 없다. 그들에게 큰 솥을 주어 들게 하면, 누가 허약한지 누가 강건한지 분명해진다. 대저 관직이라는 것은, 현능한 사람을 살피는 '큰 솥'이니, 그들에게 일을 맡기면 누가 어리석고 누가 총명한지 분명해진다. 그러므로 학식이 없는 사람은 군주가 그의 의견을 청취하지 않기 때문에 뜻을 이루고, 재능이 없는 사람은 군주가 그 본인을 임용하지 않기 때문에 뜻을 이룬다. 그들의 의견이 채택되지 않았는데도 말재주가 있다고 스스로 꾸미고, 그들 본인이 임용되지 않았는데도 고상하다고 스스로 꾸미니, 당대의 군주는 그들의 말재주에 현혹되고 그들의 고상함을 탐내어 그들을 존중하는데, 이는 그들이 사물을 보는 것을 기다리지도 않고 그들이 시력이 좋다고 확정하는 것이고, 그들이 문제에 대답하는 것을 기다리지도 않고 그들이 말재주가 좋다고 확정하는 것이니, 벙어리와 장님 같은 사람은 발견되지 않을 것이다. 현명한 군주는 그들의 의견을 청취할 때 반드시 그것의 실제 효용을 요구하고, 그들의 행위를 관찰할 때 반드시 그것의 효과를 요구하니, 이렇게 되면 공허하고 진부한 학설이 선양되지 않을 것이고, 자화자찬하고 허위로 날조하는 행위가 감추어지지 못하게 된다.

人皆寐則盲者不知，皆嘿[118]則喑[119]者不知。覺而使之視，問而使之對，則喑盲者窮[120]矣。不聽其言也則無術者不知，不任其身也則不肖者不知。聽其言而求其當，任其身而責其功，則無術不肖者窮矣。夫欲得力士而聽其自言，雖庸人與烏獲[121]不可別也。授之以鼎俎[122]，則罷[123]健[124]效[125]矣。故[126]官職者，能士之鼎俎也，任之以事而愚智分矣。故無術者得[127]於[128]不用[129]，不肖者得於不任。言不用而自文[130]以爲辯[131]，身不任而自飾以爲高，世主眩[132]其辯，濫[133]其高而尊貴之，是不須[134]視而定明也，不待對而定辯也，喑盲者不得矣。明主聽其言必責其用，觀其行必求其功，然則虛舊之學不談，矜誣之行不飾矣。

1) 遠(원): 멀리하다, 도피하다.

2) 難(난): 위난(危難).

3) 世(세): 세간. 여기서는 사회의 여론을 가리킨다.

4) 立方(립방): '문학지사(文學之士)'가 유가경전에 의거하여 '이법(離法)'의 설(說)을 세우는 것을 가리킨다.

5) 離(리): 저촉되다, 위반하다.

6) 遊(유): 유세(遊說)하다.

7) 牟(모): 탐내다, 빼앗다.

8) 語曲(어곡): 궤변을 늘어놓다.

9) 牟知(모지): 대지(大智). '모(牟)'는 대(大)이다. '지(知)'는 '지(智)'와 통한다.

10) 行劍(행검): 칼을 사용하다.

11) 暴憿之民(포요지민): 흉악하고 위험을 무릅쓰는 사람. '요(憿)'는 '요(僥)'의 본자(本字), 요행.

12) 磏(렴): 숫돌, 파생하여 사람의 행위가 방정(方正)하고 날카로움이 있음을 가리킨다.

13) 任(임): 보증하다. 담보하다.

14) 譽(예): 찬미하다, 여기서는 변호하는 것을 나타낸다.

15) 死節之民(사절지민): 왕선신은 앞뒤 문맥에 의거하면 '민(民)' 다음에 '야(也)'자가 있어야 한다고 하였다(『한비자집해』).

16) 少(소): 경시하다, 폄하하다.

17) 失計(실계): 오산(誤算)하다, 계산을 잘하지 못하다.

18) 樸陋(박루): 천박하고 우매하다.

19) 整穀(정곡): '정(整)'은 '정(正)'이다. '곡(穀)'은 '각(愨)'과 통한다. 성실하다.

20) 戇(당): 강직하고 어리석다, 경솔하다.

21) 畏事(외사): 나라의 공무를 신중하게 대하다. '외(畏)'는 경외하다, 조심스럽고 신중하다.

22) 讇(첨): '첨(諂)'과 같다. 아첨하다.

23) 布衣(포의): 평민.

24) 百姓(백성): 평민.

25) 訾(자): 헐뜯다.

26) 壅(옹): 가리다. 감추다.

27) 索(색): 추구하다, 도모하다.

28) 諺(언): 속담.

29) 沐(목): 머리를 감다.

30) 棄髮(기발): 빠지는 머리카락.

31) 愛(애): 아끼다, 소중히 여기다.

32) 費(비): 소모, 손실.

33) 權(권): 저울추, 가늠하다.

34) 彈(탄): 옥석을 갈아 만든 돌침[砭]으로 병을 치료하다.

35) 痤(좌): 종기.

36) 憊(비): '통(痛)'이 되어야 한다.

37) 已(이): 치유하다.

38) 接(접): 교제하다.

39) 行義(행의): 덕행(德行)과 도의(道義).

40) 郄(극): '극(隙)'과 통한다. 틈.

41) 殺(쇄): 박대하다.

42) 懷衽(회임): 품. '임(衽)'은 옷섶.

43) 便(편): 이익, 이득.

44) 說(세): 유세하다.

45) 故明主不受也(고명주불수야): 한비는 사람은 모두 이익을 추구하는 마음을 가지고 있고 군주도 마찬가지이므로, 군주에게 이익을 추구하지 말라고 권하는 것은 실제에 맞지 않는 일종의 공론(空論)이며, 따라서 현명한 군주는 이러한 설교를 받아들이지 않을 것이라고 여겼다.

46) 審(심): 명(明).

47) 阿(아): 사적인 정에 치우치다.

48) 官官治則國富(관관치즉국부): 앞의 '관(官)'은 앞 문장 '민용(民用)' 뒤에 이어져야 한다. 다시 말해 '상벌불아즉민용관. 관치즉국부(賞罰不阿則民

用官。官治則國富)'가 되어야 한다.

49) 聽治(청치): 다스리다.

50) 致死(치사): 목숨을 내던지다, 필사적으로 하다.

51) 功伐(공벌): 공로.

52) 致(치): 획득하다.

53) 望(망): 원망하다.

54) 不可以(불가이): 고광기는 '불(不)'자는 연문이라고 하였다(『한비자집해』).

55) 誅(주): 처벌하다.

56) 輕貨(경화): 값싼 물품.

57) 幽隱(유은): 눈에 띄지 않고 은폐된 곳.

58) 曾、史(증·사): 증삼(曾參)과 사어(史魚).

59) 金(금): 고대의 무게 단위, 즉 '일(鎰)'. 선진(先秦)에서는 황금 20량(兩) 또는 24량을 일일(一鎰)이라고 했고, 일금(一金)이라고도 불렀다.

60) 父母(부모): '부(父)'가 되어야 한다.

61) 父母(부모): '모(母)'가 되어야 한다.

62) 窮(궁): 통하지 않다.

63) 筴(책): '책(策)'과 같다. 책략, 모략.

64) 動作(동작): 행동하다.

65) 行身(행신): 입신(立身), 처신하는 것을 가리킨다.

66) 關(관): 안치하다, 안배하다.

67) 處(처): 처리하다, 대우하다.

68) 推(추): 행하다.

69) 笞(태): 대나무 판으로 시행하는 체벌의 일종.

70) 家人(가인): 평민, 백성.

71) 相(상): 대신 가리키는 성격을 지닌 부사로, 여기서는 가족 구성원을 가리키며, 이하 동일하다.

72) 忍(인): 억제하다, 단속하다.

73) 强(강): 격려하다.

74) 犯(범): 만나다, 당하다.

75) 軍旅(군려): 군대, 여기서는 전쟁을 가리킨다.

76) 饑饉(기근): 흉년.

77) 惠(혜): 사랑하다.

78) 天饑歲荒(천기세황): 자연재해로 인하여 겪는 흉년.

79) 道(도): 원칙.

80) 偷樂(투락): 잠시의 쾌락. '투(偷)'는 눈앞의 일만 돌보다.

81) 聖人(성인): 이상 속에서 법치를 실행하는 군주를 가리킨다.

82) 出(출): …로부터 출발하다.

83) 術(술): 책략, 수단.

84) 行(행): 여기서는 정의로우며 도덕과 법제에 부합하는 행위를 가리킨다.

85) 決(결): 판단하다.

86) 賢不肖(현불초): '현(賢)'은 덕과 재능이 좋다. '불초(不肖)'는 덕과 재능이 좋지 않다.

87) 知(지): '지(智)'와 통한다.

88) 美(미): 유월(俞樾)은 '책(筴)'자의 잘못이라고 하였다(『한비자집해』). '책(筴)'은 '책(策)'과 같다. 모략.

89) 揆(규): 헤아리다

90) 治(치): 처벌하다.

91) 所揆也者(소규야자): 앞에 '치(治)'자가 있어야 한다.

92) 胥靡(서미): 죄수.

93) 悼懼(도구): 두려워하다.

94) 傲(오): 경시하다.

95) 躓(지): 걸려 넘어지다.

96) 垤(질): 작은 흙더미.

97) 順(순): '신(愼)'과 통한다.

98) 驅國(구국): 거마(車馬)를 모는 것을 나라를 다스리는 것에 비유하였다.

‘구(驅)’는 몰다.

99) 書筴(서책): 전적(典籍). ‘책(筴)’은 ‘책(冊)’과 통하며, 글씨를 쓰는 죽간(竹簡)이다.

100) 用(용): 재물, 재화.

101) 恐(공): 노문초는 ‘원(怨)’으로 의심하였고, 왕선신은 ‘애(愛)’와 ‘원(怨)’은 서로 대립되므로 노문초의 설이 맞는다고 하였다(『한비자집해』).

102) 之(지): 장각은 다음의 ‘족지(足之)’·‘후애(厚愛)’ 등의 말로 살펴보면, 이 몇 문장의 주어는 ‘인주(人主)’이므로, ‘지(之)’는 ‘주(主)’가 되어야 하며, ‘지(之)’와 ‘주(主)’는 음이 비슷해서 생긴 잘못이라고 하였다(『한비자교소』).

103) 雖財用足而厚愛之(수재용족이후애지): 건도본(乾道本)에는 ‘후(厚)’ 앞에 ‘후(侯)’자가 있는데, 왕선신은 조용현(趙用賢) 본에 의거하여 삭제하였다(『한비자집해』). 장각은 이 ‘후(後)’는 ‘족지지후(足之之後)’를 이어서 말한 것이므로, ‘후(後)’자를 삭제한 것은 온당하지 않다고 하였다(『한비자교소』).

104) 猶之(유지): 여전히.

105) 富(부): 건도본(乾道本)에는 ‘당(當)’으로 되어 있는데, 왕선신은 노문초의 『군서습보(羣書拾補)』에 의거하여 ‘부(富)’자로 고쳤으니(『한비자집해』), 잘못이다.

106) 驕恣(교자): 교만하고 방종하다.

107) 利(리): ‘형(刑)’이 되어야 한다.

108) 生(생): 본성, 천성.

109) 隳(타): ‘타(惰)’와 통한다. 게으르다.

110) 神農(신농): 전설 속의 고대 제왕(帝王), 쟁기[耒]와 보습[耜]을 처음 만들어 사람들에게 농업생산을 가르쳤고, 온갖 풀을 맛보고 약재를 발견하여 사람들에게 병을 치료하는 것을 가르쳤다고 전해지므로 신농(神農)으로 불렸다.

111) 行修(행수): 행위가 훌륭하다.

112) 老聃有言曰(로담유언왈): 이하 인용문은 『노자(老子)』 제44장(章)에 보인다.

113) 故(고): 마치 ‘부(夫)’와 같다.

114) 故桀貴在天子而不足於尊(고걸귀재천자이불족어존): 왕선신은 '자(子)' 다음에 '지위(之位)' 두 자가 누락된 것으로 의심하였다(『한비자집해』).

115) 君人者(군인자): 통치자, 군주.

116) 不能足使爲天子(불능족사위천자): '족(足)'과 '사(使)' 다음에 모두 '지(之)' 자가 생략되었다.

117) 論(론): 토론하다, 확정하다.

118) 嘿(묵): '묵(默)'과 통한다. 침묵하다.

119) 喑(음): 벙어리.

120) 窮(궁): 어찌 할 수 없다, 궁지에 몰리다.

121) 烏獲(오획): 전국(戰國) 진(秦)나라 무왕(武王) 때의 힘센 장사.

122) 鼎俎(정조): 단지 '정(鼎)'만을 의미한다. '조(俎)'는 '정(鼎)' 때문에 연이어진 단어일 뿐, 실제적 의미가 없다. 고광기는 '조(俎)'를 연문으로 보았는데(『한비자집해』), 잘못이다. 고대에 청동으로 만든 정(鼎)은 어떤 것은 비교적 무거워, 사람들은 흔히 이것을 드는 것으로써 힘을 겨루었다.

123) 罷(피): '피(疲)'와 통한다. 허약하다.

124) 健(건): 힘이 세다.

125) 效(효): 분명하다.

126) 故(고): 마치 '부(夫)'와 같다.

127) 得(득): 뜻을 이루다, 관직·작록·하사품 등을 받는 것을 가리킨다.

128) 於(어): …때문에.

129) 不用(불용): 앞의 '불청기언(不聽其言)'을 가리킨다. '용(用)'은 '청취하다'의 뜻을 나타낸다.

130) 文(문): 꾸미다, 가장하다.

131) 辯(변): 말재주가 있다.

132) 眩(현): 현혹되다.

133) 濫(람): '남(婪)'과 통한다. 탐내다.

134) 須(수): 기다리다.

제47편 팔설(八說)

사적인 이익을 추구하는 여덟 종류의 사람

解題

군주가 등용하지 말아야 할 사적인 이익을 추구하는 여덟 종류의 사람에 대해서 이야기하고 있는 작품이다. '팔설(八說)'이란 제목도 이에 따른 것이다. 이 작품은 크게 네 단락으로 나눌 수 있다. 제1단은 처음부터 '索國之富强, 不可得也'까지로 군주가 사람을 임용할 때는 반드시 정확한 방법이 있어야 한다는 것을 설명하고 있다. 제2단은 '搢笏干戚'부터 '而務必知之術也'까지로 법률을 만들 대는 반드시 변화의 이치에 통달해야 함을 설명하고 있다. 제3단은 '慈母之於弱子也'부터 '明主不受也'까지로 군주가 인애(仁愛)로 나라를 다스릴 수 없다는 것을 설명하고 있다. 제4단은 '書約而弟子辯'부터 끝까지로 군주가 권력을 총신이나 중신에게 주어서는 안된다는 것을 설명하고 있다. 이 작품은 사상적으로는 한비자의 작품임이 틀림없으나 각 단락의 의미가 그리 크게 연관되지 않아 잡론의 성격이 짙다.

오래된 친구를 위해 사적인 이익을 꾀하면 이를 일컬어 버리지 않는다고 하고, 공공의 재물을 나누어서 베풀면 이를 일컬어 어진 사람이라 하며, 봉록을 경시하고 자신의 신조를 소중히 여기면 이를 일컬어 군자라 한다. 법을 어기고 친한 사람에게 치우치면 이를 일컬어 의를 행함이 있다고 하고, 관직을 버리고 사귐을 중히 여기면 이를 일컬어 협기(俠氣)가 있다고 하며, 세속을 떠나 군주를 피하면 이를 일컬어 고결하다고 한다. 군주와 서로 다투면서 명령을 어기면 이를 일컬어 강건한 인재라 하며, 은혜를 베풀어 대중을 모으면 이를 일컬어 민심을 얻었다고 한다. 버리지 않는 자란 관리로서 간악함이 있는 자이고, 어진 사람이란 공공의 재물을 손상시키는 자이며, 군자란 백성 가운데 부리기 어려운 자이다. 의를 행함이 있는 자란 법률을 훼손시키는 자이며, 협기가 있는 자란 관직을 소홀히 하는 자이다. 고결한 자란 나라의 일을 맡지 않으려는 자이며, 강건한 인재란 명령을 실행하지 않는 자이고, 민심을 얻은 자란 군주를 고립시키는 자이다. 이 여덟 가지는 백성에게는 개인적인 영예가 되나 군주에게는 큰 해악이 된다. 이 여덟 가지와 상반되게 행한다면 평민에게는 개인적인 훼손이 되지만 군주에게는 공적인 이익이 된다. 군주가 사직의 이해를 살피지 않고, 백성의 사적인 영예만을 중용하면서 나라의 위기가 없기를 바라더라도 이를 이루기는 어렵다.

爲故人[1]行私[2]謂之不棄, 以公財分施謂之仁人, 輕祿重身[3]謂之君子, 枉法[4]曲親[5]謂之有行, 棄官寵交[6]謂之有俠, 離世遁上謂之高傲[7], 交爭逆令謂之剛材, 行惠取衆謂之得民。不棄者, 吏有姦也, 仁人者, 公財損也, 君子者, 民難使也, 有行者, 法制毁也, 有俠者, 官職曠[8]也, 高傲者, 民不事[9]也, 剛材者, 令不行也, 得民者, 君上孤也。此八者, 匹夫之私譽, 人主之大敗也。反此八者,匹夫之私毁，人主之公利也。人主不察社稷之利害，而用匹夫之私譽，索國之無危亂，不可得矣。

○○○

사람을 임용해서 나라 일을 처리하는 것은 나라의 존망과 치란(治亂)의 관건이다. 정확한 방법이 없는데도 사람을 임용하면 맡겨서 실패하지 않은 적이 없다. 군주가 임용하는 사람은 말을 잘하고 지혜가 있는 사람이 아니면 몸가짐이 단정하고 깨끗한 사람이다. 사람을 임용한다는 것은 그 사람이 권세를 갖도록 하는 것이다. 지혜로운 사람이 반드시 믿음이 가는 것이 아닌 것은 그 지혜만을 중시하여 그 믿음을 의심받게 만들기 때문이다. 지혜로운 사람이 계책을 가지고 권세를 이용하는 자리에 있는 것에 의지해서 개인적인 급한 일을 처리한다면 군주는 반드시 기만을 당할 것이다. 지혜 있는 자를 믿을 수 없기 때문에 몸가짐이 단정한 사람에게 맡겨서 그가 일을 처리하도록 한다. 몸가짐이 단정한 사람이 반드시 지혜로운 것이 아닌 것은 그 몸을 깨끗하게 하기 위해 그 지혜를 의심받게 만들기 때문이다. 어리석은 사람의 어리석음으로 나라의 일을 처리하는 관직에 있게 하여 그가 옳다고 여기는 방법대로 일을 처리하도록 한다면 일은 반드시 어지러워질 것이다. 그러므로 정확한 방법이 없는데도 사람을 임용하면서 지혜가 있다고 맡기면 군주가 기만을 당하고, 몸가짐이 단정하다고 맡기면 일이 어지럽게 되니, 이것은 정확한 방법이 없어서 생긴 폐단이다. 현명한 군주의 방법은 낮은 지위의 관리가 높은 지위의 관리를 고발할 수 있게 하고, 아랫사람도 반드시 윗사람에 연좌시키며, 많은 정보를 보고 들어서 진상을 파악하며, 한 사람의 신하가 전하는 진언에만 의지하지 않았기 때문에 지혜로운 자가 그를 속일 수 없게 하는 것이다. 공적을 헤아려서 상을 주고, 재능을 따져서 일을 맡기며, 일의 실마리를 살펴서 잘못을 파악하여 잘못이 있는 자는 처벌받고 능력이 있는 자는 발탁되기 때문에 어리석은 자가 일을 맡을 수가 없게 된다. 지혜 있는 자가 감히 속이지 못하고 어리석은 자가 감히 나라 일을 처리할 수 없게 되면 일에 실수가 없게 된다.

任人以事，存亡治亂之機也。無術以任人，無所任而不敗。人君之所任，非辯智[10]則修潔[11]也。任人者，使有勢[12]也。智士者未必信也，爲多[13]其智，因惑其信也。以智士之計，處乘勢之資[14]而爲其私急，則君必欺焉。爲智者之不可信也，故任修士者，使斷事[15]也。修士者未必智，爲潔其身，因惑其智，以愚人之所惛[16]，處治事之官而爲其所然[17]，則事必亂矣。故無術以用人，任智則君欺，任修則君[18]事亂，此無術之患也。明君之道，賤德義貴[19]，下必坐上[20]，決誠以參[21]，聽無門戶[22]，故智者不得詐欺。計功而行賞，程能[23]而授事，察端[24]而觀失，有過者罪，有能者得[25]，故愚者不任事。智者不敢欺，愚者不得斷[26]，則事無失矣。

○○○

통찰력이 있는 사람이 된 연후에야 알 수 있는 것을 명령으로 삼을 수 없는 것은 백성이 모두 통찰력이 있지는 않기 때문이다. 현명한 사람이 된 연후에야 행할 수 있는 것을 법으로 삼을 수 없는 것은 백성이 다 현명하지는 않기 때문이다. 양주(楊朱)와 묵적(墨翟)은 천하 사람들이 통찰력이 있다고 인정하여 세상의 혼란에 간여하였지만 끝내 해결할 수 없었으니, 비록 통찰력이 있다 해도 관직의 우두머리는 될 수 없었던 것이다. 포초(鮑焦)와 화각(華角)은 천하 사람들이 현명하다고 인정하였지만, 포초는 고목처럼 말라서 죽고 화각은 강에 투신하여 죽었으니 비록 현명하다 하더라도 농부와 전사가 될 수는 없는 것이다. 그러므로 군주가 통찰력이 있다는 것은 지혜로운 자가 그 변설(辨說)을 다하게 함에 있고, 군주가 존중해야 하는 것은 현명한 사람의 행동을 다하게 함에 있다. 지금 세상의 군주는 쓸모없는 변설을 살피고, 공적이 없는 행동을 높이고 있으면서 나라를 부강하게 하는 방법을 찾고 있지만 그것은 얻을 수 없는 것이다. 박학다식하고 변설과 지혜가 공자(孔子)나 묵적과 같더라도, 공자와 묵적 같은 자가 밭 갈고 김매지 않는다면 나라에 무슨 이득이 있겠는가? 효를 행하고 욕심이 없음이 증삼(曾參)이나 사추(史鰌) 같더라도, 증삼이나 사추 같은 이가 전쟁에 나아가지 않는다면 나라에 무슨 이익이 되겠는가? 백성은 사적인 이익을 취하려고 하며 군주는 공적인 이익을 취하려고 한다. 일을 하지 않아도 봉양하기에 충분하며 벼슬을 하지 않아도 명예를 드러내는 것이 사적인 이익이다. 문헌이나 경전을 공부하는 것을 폐하고 법도를 밝히면서 사적인 이익을 금하고 오로지 공로를 세우는 데에만 힘쓰는 것이 공적인 이익이다. 법을 시행함으로 백성을 이끌면서 또한 문헌이나 경전을 공부하는 것을 중시한다면 백성은 법을 지키는 것에 대해 회의하게 될 것이다. 공로로 상을 내려 백성을 고무시키면서 또한 덕행을 숭상한다면 백성은 이익을 만들어 내는 데에 게으를 것이다. 문헌이나 경전을 공부하는 것을 중시하면서 법률을 의심하고, 덕행을 숭상하며 공로에 따라 상을 주지 않으면서 나라가 부강하기를 바라는 것은 이룰 수 없는 것이다.

察士[27]然後能知之, 不可以爲令, 夫民不盡察。賢者然後能行之,不可以爲法，夫民不盡賢。楊朱[28]、墨翟[29]，天下之所察也，干世亂而卒不決，雖察而不可以爲官職之令[30]。鮑焦[31]、華角[32]，天下之所賢也，鮑焦木枯，華角赴河，雖賢不可以爲耕戰之士。故人主之所察，智士盡其辯焉，人主之所尊，能士[33]盡其行焉。今世主察無用之辯，尊遠功之行，索國之富强，不可得也。博習辯智如孔、墨，孔、墨不耕耨[34]，則國何得焉？修孝寡欲如曾、史，曾、史不戰攻，則國何利焉？匹夫有私便[35]，人主有公利。不作而養足，不仕而名顯，此私便也。息文學[36]而明法度，塞私便而一功勞，此公利也。錯法[37]以道[38]民也，而又貴文學，則民之所師法[39]也疑。賞功以勸民也，而又尊行修，則民之産利[40]也惰。夫貴文學以疑法，尊行修以貳功[41]，索國之富强，不可得也。

○○○

홀(笏)을 대대(大帶)에 꽂고 조정에 나가거나 간척(干戚)을 들고 춤을 추는 것은 방패와 쇠작살을 들고 싸우는 것을 감당하지 못한다. 당(堂) 위를 오르내리며 왔다 가다 하면서 예의를 행하는 것은 무예를 연습하는 것에 미치지 못한다. 「이수(狸首)」를 부르면서 활쏘기를 연습하는 것은 전쟁터에서 강한 쇠뇌를 빠르게 발사하는 것을 감당하지 못한다. 방패와 성으로 돌진하는 전차를 막는 것은 지하 통로를 뚫거나 불을 사용해서 적의 공격을 막는 것만 못하다. 옛사람은 덕을 중시했고, 춘추 시대에는 지모(智謀)를 추구했으며, 지금은 힘을 겨루고 있다. 옛날에는 일이 적어서 도구가 간단했으며, 질박하고 보잘것없어 정밀하지 못하였기 때문에 조개껍데기로 만든 호미와 통나무로 바퀴를 만든 거친 수레만이 있었다. 옛날에는 사람이 적어서 서로 친밀하였으며, 물산이 풍부하여 이익을 경시하고 쉽게 양보하였기 때문에 선양(禪讓)하여 천하를 다른 사람에게 전해주는 사람이 있었다. 그러한즉 선양을 실행하고, 자애로운 은혜를 숭상하고 어질고 후덕함을 찬양하는 것은 모두 소박한 정치인 것이다. 일이 많은 시대에 살면서 쓰이는 용도가 적은 도구를 사용하는 것은 지혜로운 자의 준비가 아니다. 크게 다투는 시대를 맞아서 선양의 법도를 따른다는 것은 성인의 다스림이 아니다. 그러므로 지혜로운 자는 상고(上古) 시대의 통나무로 만든 거친 수레를 타지 않으며, 성인은 상고 시대의 질박한 정치를 행하지 않는다.

搢笏[42]干戚[43], 不適[44]有方[45]鐵銛[46], 登降周旋[47], 不逮日中奏百[48], 狸首[49]射侯[50], 不當强弩趨發[51], 干城距衝[52], 不若堙穴[53]伏櫜[54]。古人[55]亟於德, 中世[56]逐於智, 當今爭於力。古者寡事而備簡, 樸陋而不盡[57], 故有珧銚[58]而推車[59]者。古者人寡而相親, 物多而輕利易讓, 故有揖讓[60]而傳天下者。然則行揖讓, 高[61]慈惠而道仁厚, 皆推政[62]也。處多事之時, 用寡事之器, 非智者之備也。當大爭之世, 而循揖讓之軌, 非聖人之治也。故智者不乘推車, 聖人不行推政也。

○ ○ ○

법은 일을 제재하는 데 쓰이고, 일은 공적을 드러내는 데 쓰인다. 법률이 만들어서 어려움이 있더라도 그 어려움을 헤아려서 일이 이뤄진다면 그 법률을 만들어야 한다. 일이 이루어져서 피해가 있더라도 그 피해를 헤아려서 성과가 많다면 그 일을 해야 한다. 어려움이 없는 법과 피해가 없는 성과는 천하에 있을 수 없는 것이다. 그러므로 천 장(丈) 길이의 도성을 빼앗고, 십만의 군대를 쳐부술 때 사상자가 군사의 삼 분의 일이나 되고, 갑옷과 무기가 훼손되고 병사들이 죽거나 다치더라도 전쟁에 이겨 땅을 빼앗은 것을 기뻐하는 것은, 작은 손해가 나더라도 큰 이득을 얻은 것으로 생각하기 때문이다. 머리를 감을 때에 버려지는 머리카락이 있고, 몸에 난 상처를 치료할 때에는 피와 살이 상하기 마련이다. 사람이 어려움을 보고 그 일을 그만두려 한다면 이는 방법이 없는 일인 것이다. 옛날에 성인이 이르기를 "그림쇠를 오래 쓰면 닳아 없어질 수 있고, 물이 바람을 만나면 물결이 일 수 있는데, 내가 그것을 바꾸려 했으나 어찌할 수 없었다."라고 하였다. 이것은 변화의 이치에 통달한 말이다. 그러므로 말이 분명히 세워지더라도 실제에 부합하지 않을 수가 있고, 말이 졸렬하더라도 절실한 필요가 있는 것이 있기 때문에 성인은 피해가 없는 말을 구하지 않고 변함이 없는 일에만 힘쓴다. 사람들이 저울질이나 마질(곡식이나 가루 따위를 말로 되어 헤아리는 일)의 도움을 구하지 않는 것은 정직하고 청렴하여 이득을 멀리해서가 아니라, 마질이 사람에 따라 많게나 적게 할 수 없고 저울질이 사람에 따라 가볍거나 무겁게 할 수 없어서 바라더라도 이룰 수가 없는 까닭에 도움을 구하지 않는 것이다. 현명한 군주의 나라는 고위 관리가 감히 법을 어기지 않고 하급 관리가 감히 사사로운 이익을 꾀하지 않아 뇌물이 횡행하지 않으니, 이것은 나라 안의 일이 모두 저울질이나 마질과 같기 때문이다. 이처럼 신하들 중에 간사한 일을 한 자가 있으면 반드시 알려지게 되고 알려지게 되면 반드시 처벌을 받았다. 그러므로 통치의 도를 터득한 군주는 청렴한 관리를 구하지 않고 사악함을 반드시 알아내는 방법을 터득하는 데에 힘을 썼다.

法所以制事[63]，事所以名功[64]也。法立而有難，權其難而事成則立之。事成而有害，權其害而功多則爲之。無難之法，無害之功，天下無有也。是以拔千丈之都[65]，敗十萬之衆，死傷者軍之乘[66]，甲兵折挫，士卒死傷，而賀戰勝得地者，出其小害計其大利也。夫沐者有棄髮，除[67]者傷血肉。爲人見其難，因釋其業，是無術之事也。先聖有言曰，“規有摩[68]而水有波，我欲更之，無奈之何。”此通權[69]之言也。是以說有必立而曠於實[70]者，言有辭拙而急於用者，故聖人不求無害之言，而務無易之事[71]。人不事[72]衡石[73]者，非貞廉而遠利也，石不能爲人多少，衡不能爲人輕重，求索不能得，故人不事也。明主之國，官不敢枉法[74]，吏不敢爲私，貨賂不行，是境內之事盡如衡石也。此其臣有姦者必知，知者必誅。是以有道之主不求淸潔之吏，而務必知之術也。

○○○

자애로운 어머니가 어린 자식에 대하여 사랑하는 것만 가지고 좋은 길로 이끌 수 없다. 그래서 어린 아들이 사악한 행동을 하면 스승을 따르게 하였고, 나쁜 병이 있으면 의원에게 치료를 받게 하였다. 스승을 따르지 않으면 형벌을 받을지도 모르고 의원에게 병을 치료받지 않으면 죽을지도 모른다. 자애로운 어머니가 비록 사랑한다 할지라도 형벌을 면하고 죽음을 피하는 데에는 도움이 되지 않으니, 자식을 온존케 하는 것은 사랑이 아니다. 자식과 어머니의 본성은 사랑이고, 신하와 군주의 권력은 책략이다. 어머니가 사랑만으로 가정을 보존할 수 없는데, 군주가 어찌 사랑만으로 나라를 지탱할 수 있겠는가? 현명한 군주가 나라를 부강하는 방법에 통달하면 바라는 것을 얻을 수 있다. 그러므로 정무를 신중하게 처리하는 것이 나라를 부강하게 하는 방법이다. 법제와 금령을 분명히 하고 책모와 계략을 잘 살핀다. 법제와 금령이 분명하면 나라 안에 변란이 일어날 근심이 없으며, 계책이 합당하면 나라 밖에서 피살되거나 포로로 잡히는 재앙이 없을 것이다. 그러므로 나라를 온존케 하는 것은 인의(仁義)가 아니다. 인이라는 것은 자애로운 은혜를 베풀고 재물을 가볍게 여기는 것이며, 난폭하다는 것은 마음이 잔인하여 쉽게 죽이는 것이다. 자애로운 은혜를 베풀면 차마 잔인한 일을 하지 못하고 재물을 가볍게 여기면 남에게 주기를 좋아할 것이다. 마음이 잔인하면 증오심이 아랫사람에게 드러날 것이며, 쉽게 죽인다면 다른 사람들을 함부로 죽이게 될 것이다. 차마 잔인한 일을 하지 못하면 처벌에 사면이 많아질 것이고, 주는 것을 좋아하면 공이 없는 사람에게 상이 많아질 것이다. 증오심이 드러나면 아랫사람이 군주를 원망하고, 쉽게 죽이면 백성이 배반할 것이다. 그러므로 어진 사람이 군주의 자리에 있으면 아랫사람이 방자해져 금령과 법제를 쉽게 어기며 요행을 탐내어 윗사람에게 바랄 것이다. 난폭한 사람이 군주의 자리에 있으면 법령을 함부로 사용하여 군주와 신하 사이가 어그러지고 백성이 원망하며 반란을 일으키려는 마음이 생겨나게 될 것이다. 그러므로 말하기를 "어짐과 난폭은 모두 나라를 망치는 것이다."라고 한 것이다.

慈母之於弱子也, 愛不可爲前[75]。 然而弱子有僻行[76], 使之隨師, 有惡病, 使之事醫。不隨師則陷於刑, 不事醫則疑於死。 慈母雖愛無益於振[77]刑救死, 則存子者非愛也。 子母之性, 愛也, 臣主之權, 筴[78]也。母不能以愛存家, 君安能以愛持國? 明主者通於富强, 則可以得欲矣。 故謹於聽治, 富强之法也。 明其法禁, 察其謀計。法明則內無變亂之患, 計得則外無死虜之禍[79]。 故存國者, 非仁義也。仁者, 慈惠而輕財者也, 暴者, 心毅[80]而易誅者也。 慈惠則不忍， 輕財則好與。心毅則憎心見於下， 易誅則妄殺加於人。不忍則罰多宥赦[81)]， 好與則賞多無功。憎心見則下怨其上， 妄誅則民將背叛。故仁人在位， 下肆而輕犯禁法， 偸幸而望於上， 暴人在位， 則法令妄而臣主乖， 民怨而亂心生。故曰，“仁暴者， 皆亡國者也。”

○ ○ ○

맛있는 음식을 갖추어놓을 수 없으면서 굶주린 사람에게 먹으라고 권한다면, 굶주린 사람을 살릴 수 없는 것이다. 황무지를 개간해서 곡식을 생산할 수 없으면서 남에게 베풀어주고 상을 내리라고 권한다면, 백성을 부유하게 할 수 없는 것이다. 지금 학자가 하는 말은 근본이 되는 일에 힘쓰게 하지 않고, 말단의 일만을 좋아하게 하여 공허한 성인의 말만 이야기하여 백성을 기쁘게 하는 것만을 알고 있으니, 이것은 굶주린 이에게 밥 먹으라고 권하는 말인 것이다. 밥 먹으라고 권하는 말은 현명한 군주가 받아들일 수 없는 것이다.

不能具美食而勸餓人飯， 不爲能活餓者也， 不能辟草[82)]生粟而勸貸施[83)]賞賜， 不爲能富民者也。 今學者之言也， 不務本作[84)]而好末事[85)]， 知道虛聖以說民， 此勸飯之說。勸飯之說， 明主不受也。

○ ○ ○

책의 내용이 간략하면 제자들이 논쟁을 벌이게 되고, 법의 내용이 소략하면 백성들은 소송을 하게 된다. 그러므로 성인의 책은 반드시 논설이 분명하여야 하며, 현명한 군주의 법은 반드시 사례가 상세해야 한다. 생각을 다하여 시비(是非)와 성패(成敗)를 헤아린다는 것은 지혜로운 사람에게도 어려운 것이다. 생각을 하지 않고 이전의 말을 가져다가 뒤의 성과를 요구하는 것은 어리석인 사람에게도 쉬운 것이다. 현명한 군주는 어리석은 사람이 쉽다는 것만 생각하고 지혜로운 사람이 어렵다는 것은 받아들이지 않았기 때문에, 지혜와 생각을 쓰지 않고도 나라를 잘 다스릴 수 있었다.

書約而弟子辯, 法省而民訟簡[86], 是以聖人之書必著論[87], 明主之法必詳事[88]。盡思慮, 揣得失[89], 智者之所難也, 無思無慮, 挈[90]前言而責[91]後功, 愚者之所易也。明主慮愚者之所易, 以[92]責智者之所難, 故智慮不用而國治也。

○ ○ ○

시고 달고 짜고 싱거운 맛을 자신의 입으로 판단하지 않고 재윤(宰尹)에게 결정하게 하면 주방 사람들이 군주를 가벼이 여기고 재윤을 중히 여길 것이다. 음악의 높고 낮음과 맑고 탁함을 자신의 귀로 판단하지 않고 악정(樂正)에게 결정하게 하면 악사들이 군주를 가벼이 여기고 악정을 중히 여길 것이다. 나라를 다스리는 데에 있어 옳고 그름을 자신이 통치술로 판단하지 않고 총애하는 사람에게 결정하게 하면 신하들이 군주를 가벼이 여기고 총애하는 사람을 중히 여길 것이다. 군주가 친히 보고 듣지 않고 아랫사람에게 결정하게 한다면 나라에 생활을 의탁하는 것이다.

酸甘鹹淡, 不以口斷而決於宰尹[93], 則廚人輕君而重於宰尹矣。上下清濁[94], 不以耳斷而決於樂正[95], 則瞽工[96]輕君而重於樂正矣。治國是非, 不以術斷而決於寵人, 則臣下輕君而重於寵人矣。人主不親觀聽, 而制斷[97]在下, 託食[98]於國者也。

○ ○ ○

만약 사람이 입지 않고 먹지 않더라도 배고프지 않고 춥지 않으며 또한 죽음을 싫어하지 않는다면 군주를 섬길 생각이 없을 것이다. 군주에게 제어받고 싶지 않아 한다면 그를 부릴 수 없을 것이다. 지금 살리고 죽이는 권력이 대신들에게 있는데도 군주의 명령이 실행될 수 있었던 적은 아직까지 없었다. 호랑이와 표범이 절대로 발톱과 이빨을 사용하지 않는다면 위세가 생쥐와 같을 것이다. 만금의 재산을 가진 집이 절대로 그 부유함을 사용하지 않는다면 재력이 문지기와 같을 것이다. 영토를 가진 군주가 사람을 좋아하면서 이롭게 할 수 없고, 사람을 미워하면서 해롭게 할 수 없으면서, 사람이 자기를 두려워하고 존중하기를 바라는 것은 얻을 수 없는 것이다.

使人不衣不食而不飢不寒, 又不惡死, 則無事上之意。意欲不宰[99]於君, 則不可使也。今生殺之柄在大臣, 而主令得行者, 未嘗有也。虎豹必不用其爪牙, 而[100]與鼷鼠[101]同威, 萬金之家必不用其富厚, 而與監門[102]同資[103]。有土之君, 說人不能利, 惡人不能害, 索人欲畏重己, 不可得也。

○ ○ ○

신하가 제멋대로 바라는 것을 펼쳐내는 것을 '협(俠)'이라 하고, 군주가 마음대로 바라는 것을 펼쳐내는 것은 '난(亂)'이라 하며, 신하가 군주를 가벼이 여기는 것을 '고(驕)'라고 하고, 군주가 아랫사람을 가벼이 여기는 것을 '폭(暴)'이라 한다. 행위와 도리가 실질적으로 서로 같으면 아랫사람은 칭찬을 받지만 군주는 비방을 받는다. 신하는 얻는 것이 크지만 군주는 잃는 것이 많다. 현명한 군주의 나라는 귀신(貴臣)은 있어도 중신(重臣)은 없다. 귀신은 작위가 존귀하고 관직이 높은 자이고, 중신은 말이 받아들여지고 권력이 큰 자이다. 현명한 군주의 나라는 승진이 관직의 등급을 따르고 관직과 작위를 공적이 있는 사람에게 주기 때문에 귀신이 있는 것이다. 말에 있어 반드시 실행을 헤아려서 거짓이 있으면 반드시 처벌을 했기 때문에 중신(重臣)이 없는 것이다.

人臣肆意陳欲曰俠, 人主肆意陳欲曰亂, 人臣輕上曰驕[104], 人主輕下曰暴。行理同實, 下以受譽, 上以得非。人臣大得, 人主大亡。明主之國, 有貴臣, 無重臣。貴臣者, 爵尊而官大也, 重臣者, 言聽而力多者也。明主之國, 遷官襲級[105], 官爵受功, 故有貴臣。言不[106]度行, 而有僞必誅, 故無重臣也。

1) 故人(고인): 친구.

2) 行私(행사): 사적인 이익을 꾀하다.

3) 重身(중신): 자신의 신조를 중히 여기다.

4) 枉法(왕법): 법을 어기다.

5) 曲親(곡친): 자신과 친한 사람에게 치우치다.

6) 寵交(총교): 총(寵)은 존중한다는 의미로 총교(寵交)는 교유를 중시한다는 뜻이다.

7) 高傲(고오): 고결하다.

8) 曠(광): 등한시하다, 소홀히 하다.

9) 事(사): 나랏일을 맡다.

10) 辯智(변지): 말을 잘하고 지혜가 있다.

11) 修潔(수결): 몸가짐이 단정하고 세속에 물들지 않고 깨끗하다.

12) 有勢(유세): 권세가 있다.

13) 多(다): 중시하다.

14) 資(자): ~에 의지하다.

15) 斷事(단사): 일을 판단해 처리하다.

16) 惛(혼): 혼(惛)과 같은 글자로 '어리석다', '어지럽다'의 의미다.

17) 爲其所然(위기소연): 자기 자신의 옳다고 여기는 대로 일을 하다.

18) 君(군): 왕선신은 『한비자집해』에서 왕선겸(王先謙)의 말을 인용해 군(君)을 연자(衍字)로 보았다.

19) 賤德義貴(천덕의귀): 왕선신은 고광기의 의견을 따라 덕의(德義)가 득의(得議)가 되어야 한다고 보았다. 천득의귀(賤得議貴)는 낮은 지위의 관리가 높은 지위의 관리의 잘못을 고발하는 것이다.

20) 下必坐上(하필좌상): 윗사람이 죄가 있는데, 부하가 고발하지 않으면 연좌시키고 또 고발 내용이 부실하여도 연좌시키는 것을 말한다.

21) 決誠以參(결성이삼): 많은 정보를 보고 들어서 사실의 진상을 파악하다. 성(誠)은 사실의 진상을 가리킨다. 삼(參)은 삼(三)과 통하여 많이 보고 많이 듣는 것을 말한다.

22) 聽無門戶(청무문호): 신하의 진언을 들을 때 반드시 한 사람이 전달하는 것에만 의지하지 않는 것을 말한다.

23) 程能(정능): 재능을 따지다.

24) 察端(찰단): 일의 실마리를 살피다.

25) 得(득): 임용되다, 발탁되다.

26) 不得斷(부득단): 나랏일을 결정할 수 없다.

27) 察士(찰사): 이지적이고 통찰력이 뛰어난 사람

28) 楊朱(양주): 전국 시대 위(衛)나라 사람으로 자는 자거(子居)였으며, 양자(楊子) 또는 양자(陽子)라고 칭해진다. 묵자(墨子) 이후 맹자(孟子) 이전에 태어난 것으로 보인다. 그의 저작은 후대에 전해지지 않고 『맹자(孟子)』·『회남자(淮南子)』·『열자(列子)』등에 그의 어록이 산발적으로 보일 뿐이다. 위아(爲我)·중생(重生)·귀기(貴己) 등의 학설을 주장하여 묵자의 사상과 대립되었다.

29) 墨翟(묵적): 묵가(墨家)의 창시자. 저서로 『묵자(墨子)』가 전해지고 있다.

30) 令(령): 수장, 우두머리.

31) 鮑焦(포초): 주(周)나라 때의 은자. 스스로 밭을 갈아 먹었고, 우물을 파서 마셨으며, 아내가 직접 지은 옷만을 입었다. 그러다 끝내는 고목처럼 서서 죽었다고 한다.

32) 華角(화각): 누구인지 분명치 않으나, 일반적으로 『열사전(列士傳)』의 양각(羊角)일 것으로 보고 있다.

33) 能士(능사): 앞의 문장을 참고하여 볼 때 현사(賢士)를 가리키는 것 같다.

34) 耨(누): 김매다.

35) 私便(사편): 사사로운 이익, 사적인 이익.

36) 文學(문학): 문헌이나 경전을 공부하는 학문을 가리킨다.

37) 錯法(조법): 조(錯)은 조(措)와 통하여 시행하다의 의미다. 즉 조법(錯法)은 '법률을 시행하다'라는 뜻이다.

38) 道(도): 도(導)와 통하여 '이끌다'의 뜻이다.

39) 師法(사법): 사(師)는 '준수하다'의 뜻이다.

40) 産利(산리): 이익을 만들어내다.

41) 貳功(이공): 공적에 따라 상을 내리지 않다.

42) 搢笏(진홀): 홀(笏)을 조복(朝服)의 대대(大帶)에 꽂다. 홀(笏)은 천자 이하 공경사대부(公卿士大夫)가 조복을 입었을 때 띠에 끼고 다니던 것으로 군명(君命)을 받으면 여기에 기록해두었다고 한다. 옥·상아·대나무 등

으로 만들었다.

43) 干戚(간척): 방패와 도끼로 고대의 악무(樂舞)에는 문무(文舞)와 무무(武舞)가 있었는데, 문무는 우약(羽籥)이라 하여 피리를 불고 깃을 모아 묶은 것을 들고 추었다고 하며, 무무는 간척을 들고 춤을 추었다고 한다.

44) 適(적): 적(敵)과 통하여 '감당하다'의 의미다.

45) 有方(유방): 방(方)은 순(楯)으로 방패를 말한다고 한다. 한편으로는 유방(有方)이 고대의 무기인 추모(酋矛)를 말한다고 하는 설이 있는데, 그 이유는 유(有)와 추(酋)가 소리가 가깝고, 방(方)과 모(矛)가 형태가 비슷하기 때문이다.

46) 鐵銛(철섬): 작살 같은 일종의 무기다.

47) 登降周旋(등강주선): 예를 행할 때의 거동을 말한다. 등강(登降)은 당(堂) 위를 오르내리는 것이다. 주선(周旋)은 왔다 갔다 하는 것이다.

48) 日中奏百(일중주백): 아침부터 점심 때가지 백리를 간다는 의미로, 주(奏)는 주(走)의 가차자다.

49) 貍首(이수): 일시(逸詩)의 제목으로 모두 2장으로 되어 있다. 제후가 활쏘기 예를 행할 때에 이 노래를 불러 활쏘기의 절도로 삼았다고 한다.

50) 射侯(사후): 활쏘기를 연습하는 것이다. 후(侯)는 과녁이다.

51) 趨發(추발): 급히 화살을 발사하다.

52) 距衝(거충): 거(距)는 거(拒)와 통하여 '막는다'는 의미다. 충(衝)은 충거(衝車)로 적진을 향해 돌진하는 전차를 말한다.

53) 堙穴(인혈): 적군의 습격을 막기 위한 지하 통로.

54) 伏橐(복고): 고(橐)는 풀무로, 복고(伏橐)는 불을 이용해 적의 공격을 막는 것을 말한다.

55) 古人(고인): 요(堯)·순(舜)·우(禹)·탕왕(湯王)·문왕(文王)·무왕(武王)를 가리킨다.

56) 中世(중세): 춘추 시대를 가리킨다.

57) 不盡(부진): 정밀하지 못하다.

58) 珧銚(요요): 조개껍데기로 만든 호미.

59) 推車(추거): 추거(椎車). 통나무로 바퀴를 만든 상고 시대의 거친 수레.

60) 揖讓(읍양): 읍(揖)하여 겸손의 뜻을 표시함. 천자의 지위를 서로 양위하는 일.

61) 高(고): 숭상하다.

62) 推政(추정): 추정(椎政)과 통하여 상고 시대의 질박한 정치를 말한다.

63) 制事(제사): 일을 제재하다.

64) 名功(공명): 공적을 드러내다.

65) 千丈之都(천장지도): 제후의 큰 성을 가리킨다. 옛날에 성의 규모를 계산할 때 높이와 길이가 각각 일장(一丈)이면 일도(一堵)라 했다. 천장지도(千丈之都)는 천도(千堵)의 성을 말한다.

66) 乘(승) 삼 분의 일.

67) 除(제): 몸에 난 상처나 종기 등을 치료하다.

68) 摩(마): 마(磨)와 통하여 '닳아 없어지다'의 의미다.

69) 通權(통권): 변화의 이치에 통달하다.

70) 曠於實(광어실): 실제에 맞지 않다.

71) 而務無易之事(이무무역지사): 진기유(陳奇猷)는 무(務) 앞에 '불(不)' 자가 있어야 한다고 보았다. 그런 경우 힘쓰지 않았다는 의미가 된다.

72) 事(사): 구하다, 바라다.

73) 衡石(형석): 형(衡)은 무게를 다는 도구이고, 석(石)은 부피를 재는 도구다.

74) 枉法(왕법): 법을 어기다.

75) 愛不可爲前(애부가위전): 사랑만으로 그 자녀들의 심신의 발달을 이끌 수 없다.

76) 僻行(벽행): 사악한 행동.

77) 振(진): 구제받다, 면하다.

78) 筴(협): 책(策)과 통하여 '계책', '책략'의 의미다.

79) 死虜之禍(사노지화): 피살되거나 포로로 잡히는 재앙.

80) 毅(의): 잔혹하다, 잔인하다.

81) 宥赦(유사): 죄를 용서하다, 사면하다.

82) 辟草(벽초): 황무지를 개간하다.

83) 貸施(대시): 베풀다.

84) 本作(본작): 근본이 되는 일로, 여기서는 정무를 신중히 처리하고, 법제와

금령을 분명히 하며, 책모와 계략을 잘 살피는 것을 말한다.

85) 末事(말사): 사소한 일로, 여기서는 자애로운 은혜를 베풀고, 다른 사람에게 베풀며, 상을 내리는 것을 말한다.

86) 民訟簡(민송간): 왕선신은 『한비자집해』에서 고광기의 말을 인용해 민맹송(民萌訟)이 되어야 한다고 하였다. 맹(萌)은 맹(氓)의 가차자로 민맹(民氓)은 백성이라는 의미다.

87) 著論(저론): 논설이 분명하다.

88) 詳事(상사): 법률이 판단하는 사례가 상세하다.

89) 揣得失(췌득실): 시비와 성패를 헤아리다.

90) 挈(설): 지(持)와 통해 '손에 들다', '가져오다'의 의미다.

91) 責(책): 요구하다의 의미다.

92) 以(이): 왕선신은 『한비자집해』에서 고광기의 말을 인용해 '불(不)'이 되어야 한다고 했는데, 이를 따르도록 한다.

93) 宰尹(재윤): 궁중의 주방장.

94) 上下清濁(상하청탁): 음악의 높고 낮음과 맑고 탁함.

95) 樂正(악정): 음악을 관장하는 관리.

96) 瞽工(고공): 악사. 옛날에는 악사들이 대부분 눈 먼 사람들이었기 때문에 붙여진 이름이다.

97) 制斷(제단): 결정하다.

98) 託食(탁식): 기식(寄食)하다. 다른 사람에게 생활을 의지하다.

99) 宰(재): 주관하다, 다스리다, 제어하다.

100) 而(이): 즉(則)의 의미다.

101) 鼷鼠(혜서): 생쥐.

102) 監門(감문): 문지기, 미천한 자.

103) 資(자): 재력.

104) 驕(교): 교(撟)와 통하여 '강하고 억세다'의 의미다.

105) 遷官襲級(천관습급): 승진이 관직의 등급을 따르다.

106) 不(불): 왕선신은 『한비자집해』에서 필(必)이 되어야 한다고 하였다. 이를 따르도록 한다.

제48편 팔경(八經)

여덟 가지의 통치 본질

解題

각 장의 제목은 원문의 후반에 위치하고 있다. '경(經)'은 상도(常道)로 사물의 본질을 의미한다. 이 장은 군주론에 대한 것으로 앞부분에서 이미 언급한 내용들을 종합하여, 통치자가 염두 해야만 하는 여덟 가지의 통치 원칙에 대해 말하고 있다.

「인정(因情)」에서는 '권병(權柄)은 통치의 근본'이고 '권세(權勢)는 대중을 이기는 저력'임을 피력하였다. 「주도(主道)」에서는 고수인 군주는 일이 발생하였을 때 여러 사람의 지혜를 모아 공론에 부쳐야함을 제의하였다. 「기란(起亂)」에서는 신하와 군주의 이득이 다름을 아는 자는 왕이 되고 이득이 같다고 여기는 자는 위협을 받게 되며 신하와 함께 모종의 일을 도모하는 자는 살해당할 것이라는 것을 단언하면서, 현명한 군주라면 공과 사를 구분하고 이득과 손해를 살펴 간신이 개입할 여지를 주지 말 것을 당부하였다. 「입도

(入道)」에서는 증거를 맞추어 반드시 확인하고 증거를 헤아려 반드시 추궁해야 하는데, 추궁하지 않으면 신하들이 군주를 만만하게 여기게 되고 또한 서로 작당하게 된다고 강한 논조로 언급하고 있다. 「유병(類柄)」에서는 현명한 군주라면 반드시 비밀을 철저하게 지킬 것을 주장하였다. 「참언(參言)」에서는 도를 체득한 군주는 신하의 말을 듣고 그 실용을 추궁하며 공적을 계산해 모든 공적이 산출되면 상벌을 시행하게 되므로 실용성이 결여된 변설자는 조정에서 버틸 수 없다고 역설하고 있다. 「청법(聽法)」에서는 군주가 우둔하면 관리가 전횡하게 되니, 현명한 군주라면 그 포상이 반드시 공공의 이익에서 출발하고 그 명예가 반드시 군주를 위하는 데 있게 해야 한다고 강조하고 있다. 「행의(行義)」에서는 도의(道議)를 노출하게 되면 군주의 권위가 갈리게 되고 인자하게 들어주면 법제가 무너지게 되니, 이를 경계할 것을 권면하고 있다.

○ ○ ○

일(一). 인정(因情)

무릇 세상을 다스리는 데 있어서는 반드시 세상의 물정에 따라야 한다. 인정에는 좋아함과 싫어함이 있어 이를 상과 벌로 이용할 수 있다. 상과 벌로 이용할 수 있다면 법령과 명령은 확립되어, 다스리는 방법이 갖추어진다. 군주는 권력을 잡아 세력이 있는 자리를 차지하므로 명령을 내리면 행해지고 법령을 잘 발휘하면 그치게 된다. 권력이라는 것은 죽일 수도 있고 살릴 수도 있는 제어의 수단이다. 세력이라는 것은 많은 사람의 무리를 이길 수 있는 원천이다. 면직과 임직에 법도가 없으면 권세가 더럽혀지고, 상과 벌을 아랫사람과 함께 의논해서 내리면 위엄이 나뉘게 된다. 이 때문에 명철한 군주는 사랑하는 마음을 품지 않고서 듣고, 기뻐하는 마음을 남기기 않고서 도모한다. 그러므로 말을 듣고 헤아리지 않으면 권세가 간악한 자들에게 분산되고, 지력을 쓰지 않으면 군주가 신하로 인해 궁지에 처하게 된다. 따라서 명철한 군주는 제어 수단을 실행하는 것도 하늘처럼 하고, 장차 사람을 쓰는 것도 귀신처럼 한다. 하늘처럼 하면 비난받지 않고, 귀신처럼 하면 곤란하지 않다. 세력이 행해지고 가르침이 엄하면, 어기기는 하지만 위반하지 않고, 나무라는 것과 칭찬하는 것이 일단 집행되기만 하면 묻거나 따지지 않는다. 그러므로 능력 있는 자를 상 주고 난폭한 자를 벌하는 것은 선을 가장 잘 드러내는 것이며, 난폭한 자를 상 주고 어진 자를 벌하는 것은 악을 가장 잘 드러내는 것이니, 이에 이것과 함께하는 자는 상 주고 이것과 달리하는 자는 벌한다고 말하는 것이다. 상은 후하게 주는 것이 가장 좋으니, 백성들이 그것을 이득으로 여기기 때문이다. 칭찬은 좋게 하는 것이 가장 좋으니, 백성들이 그것을 영광으로 여기기 때문이다. 벌은 무겁게 내리는 것이 가장 좋으니, 백성들이 그것을 두려워하기 때문이다. 나무라는 것은 싫어하게할 만큼 하는 것이 가장 좋으니, 백성들이 그것을 수치스러워 하기 때문이다. 이러한 연후에 그 법을 일정하게 집행하면서, 경(卿)이나 대부(大夫)들에 대한 사심을 배제하고 벌한다면 해가 없을 것이다. 공과 죄 그리고 상과 벌을 내릴 때는 이치가 이러하다는 것을 알아야 하는데, 이것을 안다면 방법을 모두 다한 것이다.

凡治天下, 必因人情。人情者有好惡, 故賞罰可用。賞罰可用則禁令[1]可立, 而治道具矣。君執柄[2]以處勢, 故令行禁止。柄者, 殺生之制[3]也。勢者, 勝衆之資也。廢置[4]無度則權瀆[5], 賞罰下共[6]則威分。是以明主不懷愛而聽, 不留說而計。故聽言不參[7]則權分乎姦,智力不用則君窮乎臣。故明主之行制也天[8]，其用人也鬼[9]。天則不非，鬼則不困。勢行教嚴，逆而不違，毁譽一行而不議[10]。故賞賢罰暴擧善之至者也，賞暴罰賢擧惡之至者也，是謂賞同罰異。賞莫如厚，使民利之。譽莫如美，使民榮之。誅莫如重，使民畏之。毁莫如惡，使民恥之。然後一行其法，禁誅於私家[11]，不害。功罪賞罰必知之，知之，道盡[12]矣。

○○○

이(二). 주도(主道)

군주 한 사람의 힘으로는 많은 사람을 대적할 수 없고, 군주 한 사람의 지혜로는 사물을 모두 알 수 없다. 군주 한 사람을 쓰는 것보다 온 나라를 쓰는 것이 낫다. 그러므로 군주 한 사람의 지혜와 힘으로 대적한다면 세상의 많은 무리가 이기게 되는데, 군주 한 사람의 계략이 적중했다면 한 사람만 수고한 것이고, 적중하지 않았다면 그 한 사람만이 잘못을 책임져야 한다. 통치술이 낮은 군주는 자신의 능력을 다 쓰고, 통치술이 중간인 군주는 다른 사람의 힘을 다 쓰며, 통치술이 높은 군주는 다른 이의 지혜를 다 쓴다. 이 때문에 일이 벌어지면 지혜를 결집해, 한 사람 한 사람의 말을 듣고 공적인 모임에서 논의해야 한다. 한 사람 한 사람의 말을 듣지 않으면 뒷말이 앞말과 어긋나게 되고, 뒷말이 앞말과 어긋나게 되면 어리석은 자와 지혜로운 자가 구분되지 않는다. 공적인 모임에서 논의하지 않으면 머뭇거리다가 결단을 내리지 못하고, 결단을 내리지 못하면 일이 지체된다. 군주가 스스로 여러 말을 듣고 나서 하나를 택하게 되면 나락으로 떨어지는 화는 없을 것이니, 이에 그들에게 진언하도록 하고, 그 진언이 정해진 후에는 책임을 지도록 한다. 따라서 진언한 날은 반드시 기록이 되어 있어야 하는데, 지혜를 결집할 때 일이 시작되면 그것이 징표가 될 수 있고, 능력을 결집할 때도 성과가 드러날 것 같으면 그것이 모의하는 데 있어 성공과 실패에 증거가 될 수 있으므로 상벌도 이에 근거해야 한다. 일이 성공하면 군주는 그 공을 거두어들이고, 일이 실패하면 신하가 그 죄를 떠안는다. 군주는 부절을 맞추는 일도 직접 하지 않는데, 하물며 힘든 일에 있어서랴! 지혜를 쓰는 일도 직접 하지 않는데, 하물며 마음을 쓰는 일에 있어서랴! 그러므로 사람을 쓸 때에도 같은 의견을 취하지 않는데, 같은 의견을 쓰게 되면 군주가 책임을 져야 한다. 사람들이 서로 다른 의견을 제시해 쓰도록 하면 군주는 신명스럽게 되고, 군주가 신명스러우면 아래까지 힘을 미칠 수 있다. 아래까지 힘이 미치게 되면 신하는 군주 한 사람에게만 의존하지 않게 되어 군주의 도가 온전하게 된다.

力不敵衆， 智不盡物。與其用一人， 不如用一國。故智力敵而羣物勝， 揣中[13]則私勞， 不中則在過[14]。下君[15]盡己之能， 中君盡人之力， 上君盡人之智。是以事至[16]而結智， 一聽而公會[17]。聽不一則後悖於前， 後悖於前則愚智不分。不公會則猶豫而不斷， 不斷則事留。自取一聽[18]， 則毋隨墮壑之累， 故使之諷[19]， 諷定而怒[20]。是以言陳之日必有筴籍[21]， 結智者事發而驗[22]， 結能者功見而謀， 成敗有徵， 賞罰隨之。事成則君收其功， 規敗則臣任其罪。君人者合符[23]猶不親[24]， 而況於力乎? 事智猶不親， 而況於懸[25]乎? 故非[26]用人也不取同， 同則君怒。使人相用則君神， 君神則下盡。下盡下[27]則臣上不因君而主道畢矣。

○ ○ ○

삼(三). 기난(起亂)

신하와 군주의 이익이 다르다는 것을 아는 자는 왕이 되고, 같다고 생각하는 자는 위협을 받으며, 신하와 함께 상벌의 일에 대해 의논하는 자는 살해당한다. 따라서 명철한 군주는 공과 사의 구분을 살피고 이해의 처지를 살펴서, 간신들이 틈탈 여지를 주지 않는다. 난이 일어나는 것은 여섯 가지 경우로, 왕후와 후비, 후손과 형제, 중신과 현자들이 그렇게 한다. 그러나 관리를 엄격하게 임명하고 신하에게 책임을 지게 하면, 왕후가 멋대로 하지 못한다. 예를 시행하면서 등급을 다르게 하면, 후비들은 의심하지 않는다. 세력을 나누어 양립시키지 않으면, 서출과 적자는 싸우지 않는다. 권세 있는 지위를 잃지 않으면, 형제들이 침범하지 않는다. 아랫사람을 한 가문으로 모이지 못하게 하면, 중신이 군주를 옹폐하지 못한다. 법령과 포상이 반드시 시행되면, 세상에 드러나는 현자들이 없게 된다. 신하들이 세상을 어지럽히는 데는 두 가지 원인이 있는데, 밖의 것과 안의 것을 말한다. 밖의 것이라는 것은 두려움을 뜻하고, 안의 것이라는 것은 총애함을 뜻한다. 두려워하고 있는 데서 하는 요구도 받아주게 되고, 총애하고 있는 데서 하는 말도 들어주게 되니, 이것이 신하들이 세상을 어지럽히는 원인이 되는 것이다. 다른 나라의 압력이나 청탁에 의해 임명하게 되는 모든 관리의 경우, 친인척이나 처자들까지 엄중히 죄를 물어 처벌한다면, 밖에 의존하지 못할 것이다. 작록을 공적에 따라 주고 청탁하는 자를 같이 벌하면, 안에 의존하지 못할 것이다. 밖에 의존하지 못하고 안에 의존하지 못하면, 간악한 것을 막을 수 있다. 관리 중 등급을 거듭하여 승진해, 큰일을 맡는 데에 이를 수 있으면 그는 지혜를 가진 자이다. 그 높은 지위에 이르러 큰일을 맡길 수 있는 자는 세 가지의 법도로 그를 데리고 있어야만 하는데, 인질을 삼는 것과 눌러두는 것과 단단히 하는 것이 그것이다. 친척과 처자를 볼모로 하는 것이 인질을 삼는 것이다. 작록을 후하게 반드시 내리는 것이 눌러두는 것이다. 뒤섞인 것에 대해 책임을 추궁하는 것이 단단히 하는 것이다. 현자는 인질을 삼는 것으로 누를 수 있고, 탐욕은 눌러두는 것으로 고칠 수 있으며, 간악은 단단히 하는 것으로 막을 수 있다. 차마 누르지 못하게 되면 아랫사람이 위로 올라오게 되는데, 작은 것도 없애버리지 못하면 큰 벌을 주되, 명분과 실질이 부합하면 그것을 실행한다. 살려서 일에 해를 끼치고 죽여서 명분을 잃게 되면, 독약을 먹인다. 그렇게 하지 못할 것 같으면 원수에게 넘긴다. 이를 '드러내지 않고 악을 제거하는 것'이라고 말한다. 은폐하는 것을 속임수라고 말하고, 속임수는 변칙이라고 말한다. 공이 드러나 상을 주고 죄가 드러나 벌을 주면, 속임수는 곧 멈추게 된다. 옳고 그른 판단이 누설되지 않고 간언한 것이 외부와 통하지 않으면, 변칙도 이내 쓰지 못한다. 부형(父兄)과 어질고 뛰어난 자들이 망명하도록 하는 것을 '화를 돌아다니게 한다.'라고 말하니, 그 해로움은 이웃의 적국에게 많은 도움을 준다. 형을 받고 불구가 된 자를 측근으로 삼는 것을 '역적과 친숙히 지낸다.'라고 말하니, 그 해로움은 그들의 격분과 굴욕감을 낳게 한다. 분노를 감추고 죄를 잡고도 들추지 않는 것을 '난을 늘린다.'라고 말하니, 그 해로움은 요행을 바라고 경거망동하는 자를 나오게 한다. 두 대신의 권세를 저울질하여 기울지 않는 것을 '화에 말려든다.'라고 말하니, 그 해로움은 가세를 일으켜 살인을 하는 난을 일으키게 한다. 가볍게 처신해 신중하지 못한 것을 '권력을 퉁겨버린다.'라고 말하니, 그 해로움은 역적이 독살하는 난을 일으키게 한다. 이 다섯 가지의 해로움을 군주가 알지 못하면, 시해되는 일이 있게 될 것이다. 임명과 해임하는 일이 안에서 생기면 다스려지고, 밖에서 생기면 어지러워진다. 이 때문에 명철한 군주는 안에서는 공을 가지고 논하고 밖에서는 이득을 가지고 돕게 되니, 이에 나라는 다스려지고 적은 어지러워진다. 곧바로 난을 일으키는 방법은 신하가 미움을 받아 현혹된 것처럼 밖에서 물의를 일으키게 하거나 신하가 총애를 받아 독약처럼 안에서 물의를 일으키게 하는 것이다.

知臣主之異利者王，以爲同者劫，與共事者殺。故明主審公私之分，審利害之地，姦乃無所乘。亂之所生六也，主母[28]，后姬[29]，子姓[30]，弟兄，大臣，顯賢[31]。任吏責臣，主母不放。禮施異等，后姬不疑。分勢不貳[32]，庶適[33]不爭。權籍[34]不失，兄弟不侵。下不一門[35]，大臣不擁[36]。禁賞必行，顯賢不。亂臣有二因，謂外內也。外曰畏，內曰愛。所畏之求得，所愛之言聽，此亂臣之所因也。外國之置[37]諸吏者，結誅[38]親曙[39]重帑[40]，則外不籍矣。爵祿循功，請者俱罪，則內不因矣。外不籍內不因，則姦宄[41]塞矣。官襲節[42]而進，以至大任，智也。其位至而任大者，以三節[43]持之，曰質，曰鎭，曰固。親戚妻子，質也。爵祿厚而必，鎭也。參伍[44]責帑[45]，固也。賢者止於質，貪饕化於鎭，姦邪窮於固。忍不制則下上[46]，小不除則大誅，而名實當則徑[47]之。生害事，死傷名，則行飮食[48]。不然，而與其讎。此謂除陰姦[49]也。翳[50]曰詭，詭曰易[51]。見功而賞，見罪而罰，而詭乃止。是非不泄，說諫不通，而易乃不用。父兄賢良[52]播出[53]曰遊禍，其患鄰敵多資。僇辱之人[54]近習曰狎賊，其患發忿疑辱之心生。藏怒持罪而不發曰增亂，其患徼幸妄擧之人起。大臣兩重提衡而不踦曰卷禍，其患家隆劫殺之難作。脫易[55]不自神曰彈威，其患賊夫酖毒之亂起。此五患者人主之不知，則有劫殺之事。廢置之事生於內則治，生於外則亂。是以明主以功論之[56]內，而以利資之外，故其國治而敵亂。卽亂之道，臣憎則起外若眩，臣愛則起內若藥[57]。

○○○

사(四). **입도**(立道)

검증하는 방법은 증거에 맞추어 공이 많은가를 재고, 정도를 헤아려 과실을 묻는 것이다. 증거를 맞추어 반드시 명백히 밝히고, 증거를 헤아려 반드시 추궁한다. 명백히 밝히지 않으면 윗사람을 능멸하고, 추궁하지 않으면 패거리끼리 서로 화합한다. 명백하게 밝히면 충분히 많고 적음을 알 수 있고, 추궁하는 것을 먼저 하게 된다면 패거리들이 화합하는 데에 이르지 않게 된다. 보고 들은 형세로 보아, 그 증거가 견주어야만 하는 무리들에게 있다면 상은 다른 이에게 주고, 이를 알리지 않은 자를 주살하면서 죄도 같이 물어야 한다. 말에 있어 많은 단서를 모은 후에, 반드시 지형으로 그것을 헤아리고, 천시로 그것을 도모하며, 사물로 그것을 증험하고, 사람으로 그것을 맞춘다. 이 네 가지의 증거가 부합하면, 이에 바르게 볼 수 있다. 말을 맞추면 그 진실을 알 수 있는데, 시각을 바꿔 군신에게 보이는 가식적인 태도를 고치고, 드러난 것을 잡아내서 일상이 아니었던 것을 살피며, 한 가지만을 이용해 숙달될 수 있도록 힘쓰게 하고, 말을 거듭하여 멀리 사신으로 떠난 자를 두렵게 하며, 지난 일을 들춰 앞으로의 일을 상세하게 규정하고, 가까이하여 그 내면을 알아내고 외무를 맡겨 그 행동을 살핀다. 분명한 것을 파악하여 모호한 것을 묻고, 거짓으로 속여 버릇없이 넘보지 못하게 하며, 말을 뒤집어 의심스러운 것을 확인하고, 반론을 펴서 음흉한 것과 간악한 것을 살피며, 간관(諫官)을 설치하여 멋대로 하는 것을 단속하고, 상벌을 법대로 시행하여 간악한 행동을 관찰하며, 분명히 설명하여 잘못을 피할 수 있게 하고, 자신을 낮추고 상대의 비위를 맞추어 정직과 아첨을 살피며, 소문을 퍼서 아직 드러나지 않은 것을 알아내고, 싸움을 만들어 무리를 흩어지게 하며, 한 가지를 깊게 따져 많은 사람들이 경계하게 하고, 다른 말을 누설하여 그 생각을 바꾸도록 한다. 비슷하면 증거를 맞대보고, 잘못을 진술하면 원인을 규명하며, 알게 되면 죄를 벌주어 위세를 누르고, 은밀하게 사람을 시켜 수시로 순찰하게 하여 그 기세가 약해지는가를 살피며, 점차 기세를 바꾸어가면서 한 통속이 된 무리들을 떼어놓고, 아래부터 단속하여 위까지 미치게 해야 하는데, 재상은 그 조정의 신하들을 단속하고, 조정의 신하들은 지방 관아의 아전과 하인들을 단속하며, 병사들은 하급 관리를 단속하고, 사절은 그 수행하는 자들을 단속하며, 현령은 관리를 단속하고, 낭중은 그 측근을 단속하며, 후비는 그 궁의 나인들을 단속한다. 이것을 '조달(條達)하는 방법'이라 말하는데, 말이 뚫리고 일이 새나가면 술(術)은 행해지지 못하게 된다.

參伍[58]之道, 行參以謀多, 揆伍[59]以責失。行參必折[60], 揆伍必怒[61]。不折則瀆[62]上, 不怒則相和[63]。折之微足以知多寡, 怒之前不及其衆。觀聽之勢, 其徵在比周而賞異也, 誅毋謁而罪同。言會衆端, 必揆之以地, 謀之以天, 驗之以物, 參之以人。四徵者符, 乃可以觀矣。參言以知其誠, 易視以改其澤[64], 執見以得非常, 一用[65]以務近習, 重言以懼遠使, 擧往以悉[66]其前, 卽邇以知其內, 疏置[67]以知其外。握明以問所闇, 詭使[68]以絶黷泄[69], 倒言以嘗[70]所疑，論反以得陰姦，設諫以綱獨爲，擧錯[71]以觀姦動，明說以誘避過，卑適[72]以觀直諂，宣聞以通未見，作鬬以散朋黨，深一以警[73]衆心，泄異以易其慮。似類則合其參，陳過則明其固[74]，知辟罪[75]以止威，陰使時循以省衰[76]，漸更以離通比，下約以侵其上，相室約其廷臣，廷臣約其官屬[77]，兵士約其軍吏[78]，遣使約其行介[79]，縣令約其辟吏[80]，郎中約其左右，后姬約其宮媛。此之謂條達[81]之道，言通事泄則術不行。

○○○

오(五). 참언(參言)

명철한 군주가 힘써야 하는 것은 주도면밀함에 있다. 이 때문에 좋아하는 것이 드러나면 덕으로 보상받게 되고, 노여워하는 것이 드러나면 권위가 흩어지게 된다. 그러므로 명철한 군주의 말은 막혀 있어 뚫리지 않고, 주도면밀하지만 드러나지 않는다. 따라서 하나를 가지고 열을 얻는 것은 상책의 방법이며, 열을 가지고 하나를 얻는 것은 하책의 방법이다. 명철한 군주는 상책과 하책을 모두 행하기 때문에 간악을 놓치는 것이 없다. 관리들이 연계하여 이웃하면서, 잘못을 알리면 상주고 잘못하면 주살한다. 상급 관리가 하급 관리에게, 하급 관리가 상급 관리에게, 또한 그렇게 하도록 한다. 이 때문에 지위가 높든 낮든 귀하든 천하든, 법으로 서로 경계하도록 하고 화합으로 서로 가르치도록 한다. 백성의 성향은 삶의 실질에 있고 삶의 명분에 있다. 군주가 된 자는 어질게 다스린다는 명분을 가지면서, 상벌이라는 실질을 가지고 있다. 명분과 실질이 모두 갖추어지게 되니, 이에 복되고 좋은 소리가 반드시 들려올 것이다.

明主，其務在周密[82]。是以喜見則德償[83]，怒見則威分。故明主之言隔塞而不通，周密而不見。故以一得十者下[84]道也，以十得一者上[85]道也。明主兼行上下，故姦無所失。伍官[86]連縣而鄰，謁過賞，失[87]過誅。上之於下，下之於上，亦然。是故上下貴賤相畏[88]以法，相誨[89]以和。民之性有生之實，有生之名。爲君者有賢知[90]之名，有賞罰之實。名實俱至，故福善必聞矣。

○○○

육(六). 청법(聽法)

들은 후에 맞추어보지 않는다면 아랫사람을 꾸짖을 수 없고, 하는 말에 대해 그 쓰임을 살펴보지 않는다면 사악한 말들이 윗사람을 가릴 수 있다. 말이라고 하는 것은 많이 하면 믿게 되는데, 진실하지 못한 것에 대해 열 명의 사람이라면 의심스럽다고 말할 수 있지만, 백 명의 사람이라면 그렇구나하 게 되고, 천 명의 사람이라면 완전히 믿게 된다. 말이 어눌한 자가 그 것을 말하면 의심하고, 말을 잘하는 자가 그것을 말하면 믿는다. 간악한 자가 윗사람을 좀먹으면, 그 간악한 자가 여러 사람들의 도움을 받고 변론에 믿음을 주어 비슷한 사례로 그 사사로움을 꾸며 댄다. 군주가 분을 참지 않거나 증거가 부합되는 것을 기다리지 못하면, 그 형세가 아랫사람을 도와주게 될 것이다. 방법을 체득한 군주는 말을 들으면 그 용도를 추궁하고 그 공적을 평가하는데, 공적이 평가되고 나면 상벌이 드러나게 된다. 그러므로 용도가 없는 말을 한 자는 조정에 머물지 못한다. 일을 맡긴 자라 할지라도 지혜가 부족하여 직무를 처리하지 못하면 추방하고 관직은 거두어야 한다. 말이 크고 과장되었다면 끝까지 추궁하여, 이에 간악함을 알아내고 화를 낸다. 무고하게 말한 것과 성과가 부합하지 않으면 거짓을 저지른 것이기 때문에 거짓을 저질렀다면 죄지은 신하가 되는 것이다. 말에는 반드시 결과가 있으므로 한 말에 대해서는 반드시 용도를 추궁해야 하며, 따라서 패거리들의 말은 윗사람에게 들리지 않게 된다. 무릇 진언을 들어주는 방법은 신하가 떠도는 간악함을 충성스럽게 고할 때, 고하는 많은 것 중에 하나만을 받아들인다. 군주가 지혜롭지 못하면 간악한 자들이 개입한다. 명철한 군주의 통치 방법은 이미 자신을 기쁘게 하는 것이 있으면 그 받아들이려고 하는 것을 물어보고, 이미 자신을 화나게 하는 것이 있으면 그 꾸미려고 하는 것을 살펴보아, 마음이 평정된 후에 말하면서 방해와 칭찬 및 공적인 것과 사적인 것의 증거를 잡아낸다. 많은 이들이 교묘한 지혜로 간하는 것은 군주 자신으로 하여금 그 하나를 취하도록 하여 죄를 피하려고 하는 것이다. 그러므로 여러 사람들이 간하게 된다면, 실패하게 되더라도 군주가 취한 것이 된다. 윗사람에게 말을 덧붙이고 앞으로의 일을 대비하지 못하게 하며, 지금에 한 말이 이후에 부합하는지를 보아 거짓과 진실을 알아낸다. 명철한 군주의 통치 방법은 신하에게 두 가지를 간할 수 없도록 하고 반드시 그 한 가지를 책임지도록 한다. 이미 한 말에 대해서 제멋대로 행할 수 없게 하고, 반드시 그 증거와 부합하도록 한다. 이에 간악함은 퍼져나갈 곳이 없게 된다.

聽不參則無以責下, 言不督乎用則邪說當[91]上。 言之爲物也以多信, 不然之物[92]十人云疑, 百人然乎, 千人不可解[93]也。吶者言之疑, 辯者言之信。 姦之食上也, 取資乎衆, 籍信[94]乎辯, 而以類飾其私。 人主不饜忿[95]而待合參, 其勢資下也。 有道之主[96], 聽言督其用, 課其功, 功課而賞罰生焉。 故無用之辯[97]不留朝。 任事者知不足以治職則放官收。說大而誇則窮端，故姦得而怒。無故而不當[98]爲誣，誣而罪臣。言必有報，說必責用也，故朋黨之言不上聞。凡聽之道[99]，人臣忠論以聞姦，博論以內[100]一。人主不智，則姦得資[101]。明主之道，己喜則求其所納，己怒則察其所構，論於已變之後[102]以得毀譽公私之徵。衆諫以效智[103]，使君自取一以避罪。故衆之諫也，敗君之取也。無副言於上以設將然[104]，今符言於後以知謾誠語。明主之道，臣不得也兩諫，必任其一。語不得擅行，必合其參。故姦無道進矣。

○○○

칠(七). **유병**(類柄)

관리의 권한이 막중한 것은 법이 무시되기 때문이다. 법의 기능이 멈춘 것은 군주가 통치에 어둡기 때문이다. 군주가 통치에 어둡고 절도가 없으면 관리가 제멋대로 행하게 되고, 관리가 제멋대로 행하게 되면 이에 봉록이 전 같지 않게 후하게 되는데, 봉록이 전 같지 않게 후해지면 세금이 많아지고, 세금이 많아지면 부유해진다. 관리가 부유해지고 권한이 막중해지면, 그것은 정사를 어지럽히는 원인이 된다. 명철한 군주의 통치 방법은 등용할 자를 취하고, 집행할 자를 드러내며, 공로가 있는 자를 상 준다. 말이 격식에 맞고 군주가 기뻐하면 모두에게 반드시 이득이 되지만, 말이 격식에 맞지 않고 군주가 노하면 모두에게 반드시 해가 되니, 사람들은 부형을 사사롭게 하지 않을 것이고 그 원수에게라도 나아갈 것이다. 권세가 법을 행하기에 충분하고, 봉록이 일에 힘쓰기에 충분하다면, 사사로운 마음이 생길 수 없고, 그러므로 백성이 수고스럽다 해도 관리의 위압을 느끼지 못하게 된다. 일을 맡기더라도 막중하지 않고, 총애가 반드시 작록에 있도록 해야 한다. 관직에 처한 자가 사사로움이 없도록 하고, 그 이로움이 반드시 봉록에 있게 한다. 그러므로 백성들이 작위를 존중하고 봉록을 중시하게 된다. 작위와 봉록은 상을 내리는 방법인데, 백성에게 상 내리는 방법을 중시하면 나라가 다스려진다. 형벌이 번거로운 것은 명분이 잘못된 것으로 상과 명예가 일치하지 않으면 백성들이 의문을 품게 되는데, 백성들이 명분을 중시하고 상을 중시하는 것과 같은 것이다. 상을 받을 사람이 비난을 받으면 그것을 권면할 수 없고, 죄를 받을 사람이 칭찬을 받으면 그것을 금지할 수 없다. 명철한 군주의 통치 방법은 상을 내릴 때는 것은 반드시 공공의 이로움에서부터 나오도록 하고, 그 명분은 반드시 군주를 위하는 데에 있도록 한다. 포상과 칭찬은 기준을 동일하게 하고, 비난과 처벌은 함께 행한다. 이러하다면 백성들은 포상을 받기 전에는 영예가 없다. 무거운 죄를 짓는 자는 반드시 악명이 있기 때문에 백성들은 두려워한다. 형벌은 금지하려고 하는 것이기 때문에, 백성들이 금지하는 것을 두려워하면, 나라는 다스려지게 된다.

官之重也, 毋法也。法之息也, 上闇也。上闇無度則官擅爲, 官擅爲故奉重無前, 奉重無前則徵多, 徵多故富。官之富重也, 亂功[105]之所生也。明主之道, 取於任, 賢[106]於官, 賞於功。言程[107]、主喜俱必利, 不當、主怒俱必害, 則人不私父兄而進其仇讎。勢足以行法, 奉足以給事[108], 而私無所生, 故民勞苦而輕官[109]。任事者毋重, 使其寵必在爵。處官者毋私, 使其利必在祿。故民尊爵而重祿。爵祿所以賞也, 民重所以賞也則國治。刑之煩也, 名之繆也, 賞譽不當則民疑, 民之重名與其重賞也均。賞者有誹焉不足以勸, 罰者有譽焉不足以禁。明主之道, 賞必出乎公利, 名必在乎爲上。賞譽同軌，非誅俱行。然則民無榮於賞之內。有重罰者必有惡名，故民畏。罰所以禁也，民畏所以禁則國治矣。

○○○

팔(八). 주위(主威)

도의를 보이게 되면 군주의 권위가 나누어지고, 인자하게 들어주게 되면 법제가 무너진다. 백성은 제재 때문에 윗사람을 두려워하고, 군주는 권세(勢)를 가지고 있어 아랫사람을 얕볼 수 있으므로, 이 때문에 아랫사람들이 멋대로 굴며 법을 저촉하고 군주를 경시하는 풍속이 만연하다면, 군주의 권위는 나뉘게 된다. 백성은 법 때문에 윗사람 범하는 것을 어려워하고, 윗사람은 법을 가지고 인자한 마음을 휘저어놓을 수 있는 것이어서, 이 때문에 아랫사람들이 분명하게 감정을 드러내며 뇌물정치에 힘쓴다면, 이 때문에 법령은 무너지게 된다. 사사로운 행동이 존중되면 군주의 권위가 갈리게 되고, 뇌물정치가 행해지면 법에 의문을 품게 된다. 이러한 것들을 들어준다 해도 정치를 혼란하게 할 것이고, 들어주지 않는다 해도 군주를 비방할 것인데, 이에 군주는 그 제위를 경시당하고, 법은 관리들에게 혼란을 가져다줄 것이며, 이를 '일정한 원칙이 없는 나라'라고 이른다. 명철한 군주의 통치 방법은 신하가 도의를 가지고 영화를 이룰 수 없게 하고, 가문의 이득을 가지고 공적을 삼을 수 없게 한다. 공적과 명성이 나올 때는 반드시 관의 법에서 기인해야 할 것이다. 법의 영역 밖이라면, 비록 어렵게 행한 것이 있다 해도 드러낼 수 없기 때문에, 백성들은 사사로운 명분을 이용하지 못할 것이다. 법도를 마련하여 백성을 통제하고, 상벌을 확실히 하여 능력을 다하게 하며, 비방과 칭찬을 명확히 하여 권면하거나 저지한다. 명예·상벌·법령 이 세 가지가 어우러지게 된다면, 이에 대신들은 행한 것이 있기만 하면 군주를 존중하는 것이고, 백성들은 공적이 있기만 하면 군주를 이롭게 하게 것으로 이를 '법도가 있는 나라'라고 일컫는다.

行義[110]示則主威分, 慈仁聽則法制毁。民以制畏上, 而上以勢卑下, 故下肆很觸[111]而榮於輕君之俗, 則主威分。民以法難犯上, 而上以法撓[112]慈仁, 故下明愛施[113]而務賕紋[114]之政, 是以法令隳[115]。尊私行以貳主威, 行賕紋以疑法。聽之則亂治, 不聽則謗主, 故君輕乎位, 而法亂乎官, 此之謂無常[116]之國。明主之道, 臣不得以行義成榮, 不得以家利爲功。功名所生, 必出於官法。法之所外, 雖有難行, 不以顯焉, 故民無以私名。設法度以齊民, 信賞罰以盡能, 明誹譽以勸沮[117]。名號[118]、賞罰、法令三隅[119], 故大臣有行則尊君, 百姓有功則利上, 此之謂有道之國也。

1) 禁令(금령): 금(禁)은 금제(禁制)로 어떤 행위를 하지 말라고 하는 법규이고, 영(令)은 명령(命令)으로 어떤 행위를 하게 하는 내용이다.

2) 柄(병): 권병(權柄)으로 권력을 좌우할 수 있는 힘.

3) 制(제): 제어할 수 있는 수단.

4) 廢置(폐치): 자리를 폐하고 마련해주는 것으로 면직과 임직을 말한다.

5) 瀆(독): 더러워지다.

6) 賞罰下共(상벌하공): 상벌의 대상과 내용을 아랫사람과 함께 의논해서 내리는 것.

7) 參(참): 헤아리다.

8) 天(천): 하늘처럼 공평하게 하는 것을 의미한다.

9) 鬼(귀): 귀신처럼 보이지 않게 감시하는 것을 의미한다.

10) 不議(불의): 이러저러한 사항을 묻거나 따지지 않는 것.

11) 私家(사가): 경(卿) 또는 대부(大夫)들에 대한 사적인 감정.

12) 盡(진): 다 보여서 훤하다.

13) 揣中(췌중): 췌(揣)는 추(推)의 의미로 췌중(揣中)은 추측(계략)이 적중함을 말한다.

14) 在過(재과): 잘못을 책임지다.

15) 下君(하군): 통치술이 낮은 군주.

16) 事至(사지): 일이 벌어지다.

17) 公會(공회): 공적으로 모임을 가져 문제를 논의하다.

18) 取一聽(취일청): 여러 말을 듣고 하나를 택하다.

19) 諷(풍): 진언하다.

20) 怒(노): 책(責)의 의미로 책임을 지도록 하게 하는 것을 말한다.

21) 筴籍(협적): 증거로 삼기 위한 기록.

22) 驗(험): 징표로 삼다.

23) 合符(합부): 부절을 맞추다.

24) 親(친): 직접 하지 않다.

25) 懸(현): 괘(掛)의 의미로 '마음에 걸리다'는 뜻이다.

26) 非(비): 연문(衍文)이다.

27) 下(하): 연문(衍文)이다.

28) 主母(주모): 후첩이 본처를 이르는 말.

29) 后姬(후희): 후비 또는 후첩.

30) 子姓(자성): 후손.

31) 顯賢(현현): 세상에 드러난 현자(賢者).

32) 不貳(불이): 둘을 양립시키거나 대립시키지 않는 것.

33) 庶適(서적): 서출(庶出)과 적자(嫡子).

34) 權籍(권자): 권세 있는 자리.

35) 一門(일문): 특정 사가(私家)를 중심으로 작당(作黨)하는 것.

36) 擁(옹): 군주를 옹폐(擁蔽)하다.

37) 外國之置(외국지치): 다른 나라의 압력이나 청탁에 의해 관리로 임명하는 것.

38) 結誅(결주): 결(結)은 힐(詰)의 의미로 죄를 엄중히 물어 처벌하는 것이다.

39) 親曬(친닐): 친척과 친한 사람으로 친인척을 말한다.

40) 帑(탕): 처자와 자손.

41) 姦宄(간귀): 간악한 것.

42) 襲節(습절): 습(襲)은 겹치는 것이고, 절(節)은 등급으로, 등급의 차례가 거듭되는 것을 말한다.

43) 節(절): 구속력을 가진 법도.

44) 參伍(참오): 뒤섞이다.

45) 貴帑(귀탕): 귀(貴)는 책(責)의 오기이고 탕(帑)은 노(怒)의 오기로 책망하며 꾸짖는 것.

46) 下上(하상): 아랫사람이 위로 올라오다.

47) 徑(경): 실행하다.

48) 行飮食(행음식): 음식에 독약을 넣는 것.

49) 陰姦(음간): 표면적으로 죽일 명분이 충분하지 않은 죄악.

50) 翳(예): 눈을 가리고 은폐하는 것.

51) 易(역): 변개(變改)의 의미로 변칙을 말한다.

52) 賢良(현량): 어질고 뛰어난 인재.

53) 播出(파출): 파월(播越)의 의미로 국외로 망명하도록 하는 것.

54) 僇辱之人(육욕지인): 여기서는 환관(宦官)으로 형을 받아 불구가 된 자를 말한다.

55) 脫易(탈이): 들떠 가볍게 행동하는 것.

56) 之(지): 어(於)의 용법.

57) 藥(약): 짐독(酖毒)으로 독극물을 가리킨다.

58) 參伍(참오): 이것저것 헤아려 증거를 대서 검증하는 것.

59) 揆伍(규오): 규도(揆度)의 의미로 정도를 헤아리는 것.

60) 折(절): 석(析)의 의미로 명백하게 밝히는 것.

61) 怒(노): 화를 내며 추궁하는 것.

62) 瀆(독): 더럽히는 것으로 '능멸하다'는 뜻이다.

63) 相和(상화): 같은 패끼리 서로 화합하는 것.

64) 澤(택): 식(飾)과 통하여 군주가 군신에게 드러내는 가시적인 태도를 말한다.

65) 一用(일용): 하나의 직종에만 힘쓰도록 하는 것.

66) 悉(실): 상세히 규정하다.

67) 疏置(소치): 외무를 맡기다.

68) 詭使(궤사): 일부러 속이다.

69) 黷泄(독설): 버릇없이 구는 것.

70) 嘗(상): 시(試)와 통하여 시험해 확인하는 것을 말한다.

71) 擧錯(거착): 거조(擧措)로 법이 정한대로 상벌을 시행하는 것.

72) 卑適(비적): 자신을 낮추어 상대에게 영합하다.

73) 警(경): 경계심을 가지게 하다.

74) 明其固(명기고): 고(固)는 고(故)의 의미로 원인을 밝히는 것을 말한다.

75) 辟罪(벽죄): 벽(辟)은 형(刑)의 의미로 죄를 벌하는 것을 말한다.

76) 省衰(생쇠): 기세가 약해지는가를 살피다.

77) 官屬(관속): 지방관아의 아전과 하인.

78) 軍吏(군리): 군관.

79) 行介(행개): 사절의 행령을 수행하는 사람.

80) 辟吏(벽리): 지방의 관장이 직접 임용한 관리.

81) 條達(조달): 나뭇가지가 퍼져나가듯이 통제가 잘 이루어지는 것.

82) 周密(주밀): 주도면밀(周到綿密)하다.

83) 德償(덕상): 덕으로 보상받는 것으로 여기서는 은덕이 팔리는 것을 말한다.

84) 下(하): 왕선신은 상(上)이 바뀐 것으로 보았다.

85) 上(상): 왕선신은 하(下)가 바뀐 것으로 보았다.

86) 伍官(오관): 고대의 편제 단위로 여기서는 관리다.

87) 失(실): 연문(衍文)이다.

88) 相畏(상외): 외(畏)는 계(戒)의 의미로 '서로 경계하는 것'을 말한다.

89) 相誨(상회): 서로 가르치다.

90) 賢知(현지); 어질게 다스리다.

91) 當(당): 폐(蔽)의 의미다.

92) 不然之物(불연지물): 그러하지 않은 사물로 진실하지 못한 사물이나 말을 가리킨다.

93) 不可解(불가해): 따지려 하지 않다.

94) 籍信(자신): 신용에 의지하는 것으로 믿음을 준다는 의미다.

95) 饜忿(염분): 분노와 화를 누르다.

96) 有道之主(유도지주): 방법을 체득한 군주.

97) 無用之辯(무용지변): 용도가 없는 말을 한 자.

98) 不當(부당): 말한 것과 성과가 일치하지 못함을 말한다.

99) 聽之道(청지도): 진언을 들어주는 방법.

100) 內(납): 납(納)과 통하여 '받아들이다'는 뜻이다.

101) 姦得資(간득자): 간악한 자들이 도움을 얻는 것으로, 간악한 자들이 개입하는 것을 의미한다.

102) 已變之後(이변지후): 이미 마음이 변한 이후로, 마음이 평정을 찾은 이후를 말한다,

103) 效智(효지): 지혜를 모방하는 것으로 교묘한 지혜를 의미한다.

104) 設將然(설장연): 장차 그러할 수 있다는 것을 대비하다.

105) 亂功(난공): 공(功)은 사(事)로 '정사(政事)를 어지럽히다'는 의미다.

106) 賢(현): 현(現)과 통한다.

107) 言程(언정): 말이 격식에 맞는 것.

108) 給事(급사): 일에 힘쓰다.

109) 輕官(경관): 관리의 위압을 느끼지 못하다.

110) 行義(행의): 행(行)은 도(道)와 통하여, 행의(行義)는 도의(道義)를 말한다.

111) 很觸(흔촉): 흔(很)은 한(狠)이다. 한촉(狠觸)은 법에 저촉되는 것을 의미한다.

112) 撓(요): 어지럽히다. 휘젓다.

113) 愛施(애시): 은애를 베푸는 것이다. 여기서는 노골적으로 원하는 감정을 드러내는 것이다.

114) 賕紋(구문): 문(紋)은 납(納)의 잘못이다. 장물을 들여놓는 것, 뇌물로 홍정하는 것을 말한다.

115) 隳(휴): 무너지다.

116) 無常(무상): 일정한 원칙이나 방향이 없는 것.

117) 勸沮(권저): 선을 권면하고 악을 저지하다.

118) 名號(명호): 명예.

119) 隅(우): 우(偶)와 통하여 '만나다'의 의미다.

제49편 오두(五蠹)

다섯 좀벌레

解題

오두(五蠹)의 '두(蠹)'는 나무의 좀벌레인데, 여기에서는 나라에 기생하여 살면서 나라를 좀먹는 해충이라는 뜻으로 쓰였다. 이 편에서 그렇듯 나라를 해치는 다섯 부류로서 학자(學者), 언담자(言談者), 대검자(帶劒者), 환어자(患御者, 병역에 복무하는 것을 두려워하는 자), 상공민(商工民)을 들고 있다. 여기에서 한비자는 진화론적인 역사관과 사회경제관을 펴고 있으며, 유가(儒家)와 묵가(墨家)의 비현실성을 비판하면서 법률의 필요성을 강조하였고, 공리적(公利的)인 정치관 등을 주창하고 있다.

아주 먼 옛날에 사람은 적고 짐승은 많았다. 사람은 짐승, 해충이나 뱀을 이기지 못한다. 성인이 나타나셔서 나무를 엮어서 둥지를 만들어 뭇 피해를 막으시자 백성들이 기뻐하였고, 세상을 다스리게 하셨으니 그를 일컬어서 유소씨(有巢氏)라고 하였다. 백성들은 나무나 풀의 열매, 조개, 비리고 누린내 나는 것, 악취 나는 것을 먹어서 배가 아프게 되어 질병에 시달리는 일이 많았다. 성인이 나셔서 나무를 뚫어 불을 지펴서 비리고 누린 것을 익히자 백성들이 기뻐하였고, 세상을 다스리게 하셨으니 그를 일컬어서 수인씨(燧人氏)라고 하였다. 중고(中古)의 시대에는 세상에 큰물이 나자, 곤(鯀)과 우(禹) 두 부자가 도랑을 팠다. 근고(近古)의 시대에는 걸(桀)과 주(紂)가 포악스레 난리를 일으키자, 탕왕(湯王)과 무왕(武王)이 정벌하였다. 지금 우왕(禹王)의 시대에 나무를 엮어 집을 만들거나 나무를 비벼 불을 지피는 이가 있다면, 반드시 곤(鯀)이나 우(禹)의 웃음거리가 될 것이다. 은(殷)과 주(周)나라 시대에 도랑을 파려고 하는 자가 있다면, 반드시 탕왕(湯王)과 무왕(武王)의 웃음거리가 될 것이다. 그러니 지금 요(堯)임금·순(舜)임금·탕왕·무왕·우왕의 도리를 오늘날에도 훌륭하다고 찬미하는 자가 있다면, 반드시 새로 나시는 성인의 웃음거리가 될 것이다. 그러므로 성인은 옛것을 닦는 것에만 기약하지 않으시며, 항상 옳다는 것을 법으로 삼지는 않으시며, 세상의 일을 잘 논의하시고 그에 따른 대비를 하신다. 송(宋) 지방 사람 가운데 밭을 가는 이가 있었고, 밭에는 나무 밑동이 있었는데 토끼가 달려와 그곳에 머리를 박아 목이 부러져 죽었다. 그래서 쟁기질을 그만두고 나무 밑동을 지키며 다시 토끼를 잡을까 싶어서 기다렸는데 토끼는 다시 잡을 수 없었고, 그 자신은 송(宋)나라 사람들의 웃음거리가 되었다. 오늘날 선왕이 정치하는 법으로써 지금 세상의 백성들을 다스리고자 한다면,

모두 수주대토(守株待兎)의 어리석은 짓을 하는 부류가 될 것이다.

上古之世，人民少而禽獸衆，人民不勝禽獸蟲蛇。有聖人作，搆木爲巢，以避羣害，而民悅之，使王天下，號之曰有巢氏。民食果蓏[1]蚌蛤[2]，腥臊[3]惡臭而傷害腹胃，民多疾病。有聖人作，鑽燧取火，以化腥臊，而民說之，使王天下，號之曰燧人氏。中古之世，天下大水，而鯀、禹決瀆。近古之世，桀、紂暴亂，而湯、武征伐。今有搆木鑽燧於夏后氏[4]之世者，必爲鯀、禹笑矣。有決瀆於殷、周之世者，必爲湯、武笑矣。然則今有美堯、舜、湯、武、禹之道於當今之世者，必爲新聖笑矣。是以聖人不期修古，不法常可，論世之事，因爲之備。宋人有耕者，田中有株，兎走觸株，折頸而死，因釋其耒而守株，冀復得免，兎不可復得，而身爲宋國笑。今欲以先王之政，治當世之民，皆守株之類也。

○○○

옛날에는 남자들이 밭을 갈지 않아도 나무나 풀의 과실이 먹기에 풍족하였다. 부인네들이 옷감을 짜지 않아도 짐승의 가죽으로 옷을 지어 입기가 풍족했다. 힘을 쓰지 않아도 먹고 지내기가 풍족하였고, 사람들이 적고 재물은 넉넉하여서 백성들은 다투지 않았다. 그러므로 상을 넉넉히 내리지 않아도, 무거운 벌을 쓰지 않아도 백성들은 스스로 잘 다스려졌다. 오늘날에는 다섯 아들도 많지 않다고 여기고, 아들마다 또 다섯을 두니, 할아버지가 죽기 전에 스물다섯의 손자가 있게 된다. 그러므로 백성은 많아지고 재물은 적게 된 것이며 힘들여서 일해도 먹고 살기에 부족하니, 백성들이 싸우게 되었다. 비록 상을 두 배로 주고 벌을 가혹하게 내려도 세상이 어지러워지게 마련이다.

古者丈夫不耕, 草木之實足食也。婦人不織, 禽獸之皮足衣也。不事力而養足, 人民少而財有餘, 故民不爭。是以厚賞不行, 重罰不用, 而民自治。今人有五子不爲多, 子又有五子, 大父[5]未死而有二十五孫。是以人民衆而貨財寡, 事力勞而供養薄, 故民爭, 雖倍賞累罰而不免於亂。

○ ○ ○

요(堯)임금이 세상에서 왕 노릇을 하던 때에는 집을 지을 때 띠풀과 가시나무를 가지런히 자르지도 않았고 상수리나무나 서까래나무를 깎지도 않았다. 현미와 기장을 먹고 명아주와 콩잎으로 국을 끓였다. 겨울에는 사슴새끼 가죽을 입고 여름에는 베옷을 입었다. 비록 문지기일지라도 먹고 지내는 것이 이보다 못하지 않았다. 우(禹)가 왕이 되어서는, 몸소 쟁기와 가래를 지는 것을 백성들보다 먼저 하다 보니 넓적다리에 잔털조차 없었다. 정강이에는 털이 나지도 않았으니, 비록 노비처럼 애써 일하더라도 이보다 더 고되지는 않았다. 그러므로 말하자면, 저 옛날에 천자의 자리는 양보할 줄 알면서 문지기를 배불리 먹이지는 못했으니, 이처럼 노비들이 고생하는 것을 어쩌지 못했다면, 그 옛날에 세상을 물려주었다는 사실만으로는 훌륭하다고 할 수 없는 것이다. 오늘날 현령(縣令)들이 하루 일하다가 죽어도 그의 자손들은 대대로 수레를 타고 다니니, 사람들이 그것을 중시한다. 그러므로 사람들이 남에게 건네주는 것에 있어서 옛날에는 천자의 자리도 사양하기를 가볍게 여겼는데 지금은 현령 자리도 자르기 어려운 것이니, 중시하고 가벼이 여기는 일이 진실로 달라졌다. 대체로 산에 살면서 계곡에서 물을 길어다가 먹는 이들은 2월이나 12월에 제사를 지낼 때에는 물을 서로 귀하게 주고받는다. 물이 많이 나는 지역에서 물이 범람하여 고생하는 이들은 사람을 고용해서라도 물길을 판다. 그러므로 굶주리는 시기인 봄에는 어린아이들에게는 먹이지 못했다. 풍족한 시기인 가을에는 잘 모르는 길손들도 꼭 먹인다. 이것은 골육을 소원하게 여기고 지나가는 손을 아끼기 때문이 아니라 수확한 곡식이 많고 적은 차이 때문이다. 그러므로 옛날에 재물을 가벼이 여기던 것은 어진 마음 때문이 아니라 재물이 많았기 때문이다. 오늘날 서로 싸우며 빼앗는 것은 마음이 야박해서가 아니라 재물이 모자라기 때문이다. 천자의 자리를 가벼이 내놓는 것은 성격이 고상해서가 아니라 세력이 미약하기 때문이다. 사람들이 서로 다투며 임금에게 관리로 나아가 몸을 의탁하고자 하는 것은 그들의 성격이 저급해서가 아니라 권세가 중요하기 때문이다. 그러므로 성인은 재물이 많고 적음, 관직이 무겁고 가벼움을 잘 논의하여서 정치를 해야 한다. 그렇게 되면 벌이 가볍더라도 자애로운 것이 아니며, 처단한 것이 엄정하더라도 잔인한 것이 아니라 세상의 실정에 따라서 행해진 것이 된다. 그러므로 하는 일들은 시대에 따라 맞고, 대비책은 일마다 합당하게 된다.

堯之王天下也, 茅茨[6]不翦, 采椽[7]不斲。糲粢[8]之食, 藜藿[9]之羹。冬日麑裘[10], 夏日葛衣, 雖監門之服養不虧於此矣。禹之王天下也, 身執耒臿[11], 以爲民先, 股無胈[12]。脛[13]不生毛, 雖臣虜之勞不苦於此矣。以是言之, 夫古之讓天子者, 是去監門之養而離臣虜之勞也, 古傳天下而不足多也。今之縣令, 一日身死, 子孫累世絜駕, 故人重之。是以人之於讓也, 輕辭古之天子, 難去今之縣令者, 薄厚之實異也。夫山居而谷汲者, 膢[14]臘[15]而相遺以水。澤居苦水者,買庸而決竇[16]。故饑歲之春，幼弟不饟[17]。穰[18]歲之秋，疏客必食。非疏骨肉，愛過客也，多少之心異也。是以古之易財，非仁也，財多也。今之爭奪，非鄙也，財寡也。輕辭天子，非高也，勢薄也。重爭士橐[19]，非下也，權重也。故聖人議多少、論薄厚爲之政。故罰薄不爲慈，誅嚴不爲戾，稱俗而行也。故事因於世，而備適於事。

○○○

옛날에 문왕(文王)이 풍(豊)과 호(鎬) 지역에 자리 잡았을 때 땅이 사방으로 백 리였는데, 인의(仁義)를 행하고 사방의 오랑캐들을 아우르니 마침내 세상을 차지하게 되었다. 서(徐)의 언왕(偃王)은 한수(漢水) 동쪽에 자리하였는데 땅이 사방 오백 리나 되었고, 인의를 행하니 땅을 떼어서 조공하는 이가 서른 하고도 여섯 지역이나 되었다. 초(楚)의 문왕(文王)은 서의 언왕이 자기를 해칠까봐 걱정하여서 군대를 일으켜 서를 정벌하여 끝내 멸하였다. 그러므로 주(周) 문왕은 인의를 행하여 세상을 차지하였지만 서의 언왕은 인의를 행하여 그 나라를 잃었으니, 이것이 인의는 옛날에나 쓰던 것이지 지금 세상에서는 쓸 것이 못 된다는 뜻이다. 그러므로 세상이 달라지면 일도 달라지는 것이라고 말하는 것이다. 순임금 시절에 유묘(有苗)씨가 복종하지 않자 우(禹)가 정벌하려고 하였다. 순이 “안 된다. 윗사람의 덕이 두텁지 못하여 무력을 행사한다면 도리에 어긋난다.”라고 하였다. 그리하여 삼 년 동안 교화에 힘쓰니, 방패와 큰 도끼를 잡고 무무(武舞)를 출 만큼 예의를 알게 되자 유묘씨가 이내 복종하였다. 공공(共工)과 싸울 때에는 긴 쇠작살을 적에게 겨누었고, 견고하지 않은 투구와 갑옷을 걸쳐서 몸에 상처를 입기까지 하였다. 이것은 방패와 큰 도끼를 들고 춤추게 하는 교화는 옛날에나 쓰는 것이지 지금 세상에서는 쓰지 못한다는 뜻이다. 그러므로 세상일이 달라지면 대비책도 변하는 것이라고 말하는 것이다. 상고(上古) 시대에는 도덕 방면에 힘쓰라고 했고, 중세(中世)에는 지혜를 도모하는 데에 정신을 집중하였고, 지금 시대에는 힘을 다투어야 하는 것이다. 제(齊)나라가 노(魯)나라를 치려 하자 노나라에서는 자공(子貢)을 보내서 설득하려고 하였다. 제나라 사람이 "그대가 말한 것이 논리에 맞지 않는 것은 아니네. 내가 바라는 것은 땅이지, 그대가 말하는 것은 아니네."라고 하였다. 마침내 병사를 일으켜 노나라를 쳐서 성문에서 십여 리 밖에 국경을 그었다. 그러므로 언왕이 어질고 의리가 있었지만 서나라가 망했고, 자공이 논변을 잘했지만 노나라의 국토가 깎였다. 이로써 말하자면, 인의, 논변, 지혜로는 나라를 지키지 못하는 것이다. 언왕의 쓸데없는 인을 버리고, 자공의 지혜를 그만두고, 서(徐)나라나 노나라가 힘을 길러서 만승의 대국에 대적하게 한다면 제나라나 초나라도 이 두 나라를 마음대로 하지는 못할 것이다.

古者文王處豐、鎬[20]之間，地方百里，行仁義而懷西戎，遂王天下。徐[21]偃王[22]處漢東，地方五百里，行仁義割地而朝者三十有六國。荊文王[23]恐其害己也，擧兵伐徐，遂滅之。故文王行仁義而王天下，偃王行仁義而喪其國，是仁義用於古而不用於今也。故曰，"世異則事異。"當舜之時，有苗[24]不服，禹將伐之。舜曰"不可。上德不厚而行武，非道也。"乃修教三年，執干戚舞，有苗乃服。共工[25]之戰，鐵銛短者[26]及乎敵，鎧甲[27]不堅者傷乎體。是干戚用於古不用於今也。故曰，"事異則備變。"上古競於道德，中世逐於智謀，當今爭於氣力。齊將攻魯，魯使子貢[28]說之。齊人曰，"子言非不辯也，吾所欲者土地也，非斯言所謂也。"遂擧兵伐魯，去門十里以爲界。故偃王仁義而徐亡, 子貢辯智而魯削。以是言之, 夫仁義辯智非所以持國也。去偃王之仁, 息子貢之智, 循[29]徐、魯之力, 使敵萬乘, 則齊、荊之欲不得行於二國矣。

○ ○ ○

대체로 옛날과 지금의 풍속이 다르니 요즘과 예전 시대의 대비책이 다르다. 만약에 관대하고 느슨한 정치로써 오늘날과 같은 급한 세상의 백성들을 다스린다면 말고삐 없이 사나운 말을 모는 것과 같다. 이것이 세상 물정을 모르는 환난인 것이다. 오늘날 유가(儒家)와 묵가(墨家) 들은 모두 선왕들이 세상을 두루 사랑하라고 하였다는데, 그러면 백성들을 마치 제 부모처럼 여기라는 것이니 어떻게 그러한 이치를 설명하겠는가? "형벌을 담당하는 사구(司寇)가 형벌을 거행하면 임금이 그 때문에 음악을 연주하지 못하고, 사형을 집행했다는 보고를 들으면 임금은 눈물을 흘린다."라고 말한다. 이것은 선왕을 칭송하는 것이다. 대개 임금과 신하의 관계를 아비와 자식처럼 한다면 반드시 잘 다스려지는데, 이것으로 미루어 말하자면 사이가 나쁜 부모 자식은 없다는 것이다. 인간의 정서로는 부모보다 앞서는 것은 없으며, 부모는 모두 자식에게 사랑을 베풀지만 반드시 좋은 관계가 되는 것은 아니듯이, 임금이 비록 백성을 두터이 아낀다고 하더라도 어찌 갑자기 사이가 좋아지겠는가? 오늘날 선왕들이 백성들을 아낀다고 하더라도 부모가 그의 자식을 아끼는 것만은 못할 것이며, 자녀와 반드시 사이가 좋아지는 것이 아니듯이 백성들을 어찌 갑자기 잘 다스릴 수 있겠는가? 그리고 또 법으로 형벌을 집행하였는데 임금이 그 때문에 눈물을 흘렸다는 것은 어진 마음을 보이는 것이지, 정치를 행한 것은 아니다. 대개는 눈물을 흘리며 처벌하지 않으려는 것을 어질다고 한다. 그러나 어쩔 수 없어서 형벌을 내리는 것이 법이다. 선왕들이 그 법을 잘 헤아리고 눈물 흘리는 것에는 귀 기울이지 않았으니, 어질다는 것으로는 다스리지 못한다는 것 역시 분명하다.

夫古今異俗， 新故異備。 如欲以寬緩之政治急世之民， 猶無轡策而御馯[30]馬， 此不知之患也。 今儒、墨皆稱 "先王兼愛天下"， 則視民如父母。 何以明其然也? 曰， "司寇[31]行刑， 君爲之不擧樂。 聞死刑之報， 君爲流涕"。 此所擧先王也。 夫以君臣爲如父子則必治， 推是言之， 是無亂父子也。 人之情性莫先於父母， 父母皆見愛而未必治也， 君雖厚愛， 奚遽不亂? 今先王之愛民， 不過父母之愛子， 子未必不亂也。 則民奚遽治哉? 且夫以法行刑而君爲之流涕， 此以效[32]仁， 非以爲治也。 夫垂泣不欲刑者， 仁也。 然而不可不刑者， 法也。 先王勝其法不聽其泣， 則仁之不可以爲治亦明矣。

○ ○ ○

아울러서 백성들은 본디 권세에 복종하게 되어 있으며 의리에 충실할 수 있는 이는 적다. 중니(仲尼)는 세상에 으뜸가는 성인으로서 수행하여 도를 밝히려고 세상을 돌아다녔는데, 세상 사람들 가운데 그의 인(仁)의 학설에 기뻐하고, 그의 의리를 훌륭하다고 하면서 따르는 이가 칠십 명이었다. 대개 인을 귀히 여기는 이는 적고, 의로울 수 있는 이는 찾아보기 어렵다. 그러므로 세상은 넓지만 그를 따르는 이는 칠십 명이라고 해도 인의(仁義)를 행한 이는 한 명 정도다. 노(魯)나라 애공(哀公)은 자질이 모자란 임금이었지만, 임금의 자리에 앉아 나라의 군주 노릇을 하면 나라 안의 백성 가운데 복종하지 않는 이가 없었다. 백성이란 본디 권세에 복종하는 것이니, 권세는 진정 사람들을 쉽게 복종시키는 것이다. 그러므로 중니가 거꾸로 신하였고 애공이 도리어 임금이었을 뿐이다. 중니는 애공에게 의리를 가졌던 것이 아니라 그의 권세에 복종했던 것이다. 그러므로 의리로서는 중니가 애공에게 복종한 것이 아니며, 권세를 빌미로 하여 애공이 중니를 신하로 삼았던 것이다. 오늘날 학자들이 임금에게 유세하여 반드시 남을 이기는 권세에 의지하지 말고 인의를 행하는 데 힘쓰면 세상의 왕노릇을 할 수 있다고 하는데, 이것은 임금들에게 반드시 중니처럼 되고, 세상의 모든 백성들에게 중니의 제자가 되라고 강요하는 것이니, 이는 반드시 취해서는 안 되는 도리다.

且民者固服於勢， 寡能懷於義。 仲尼天下聖人也， 修行明道以遊海內， 海內說其仁美其義， 而爲服役者七十人。 蓋貴仁者寡， 能義者難也。 故以天下之大， 而爲服役者七十人， 而仁義者一人。 魯哀公下主也， 南面君國， 境內之民莫敢不臣， 民者固服於勢。 勢誠易以服人， 故仲尼反爲臣， 而哀公顧[33]爲君。 仲尼非懷其義， 服其勢也。 故以義則仲尼不服於哀公， 乘勢則哀公臣仲尼。 今學者之說人主也， 不乘必勝之勢， 而務行仁義則可以王。 是求人主之必及仲尼， 而以世之凡民皆如列徒， 此必不得之數也。

○ ○ ○

지금 여기에 성품이 못된 아들이 한 놈 있다. 부모가 화를 내도 고칠 줄 모르고, 마을 사람들이 꾸짖어도 꿈쩍하지도 않고, 선생이나 웃어른이 가르쳐도 변할 줄 몰랐다. 대개는 부모의 사랑, 마을 사람들의 지도, 선생님의 지혜로운 가르침과 같은 세 가지의 좋은 뜻으로 그를 일깨워도 끝내는 꿈쩍 않고 털끝 만치도 고쳐지지 않았다. 지방의 행정 관리가 관가의 병사를 이끌고 공법을 선포하여 간악한 사람을 잡아내겠다고 하자, 그제서야 두려워하며 자기의 태도를 바꾸고 행동을 고쳤다. 그러므로 부모의 사랑으로는 아들을 가르칠 수 없으며 반드시 관리의 엄격한 형벌이 있어야 하는 것이니, 백성들은 본디 부모의 사랑은 아무렇지 않게 여기지만, 권세에는 꼼짝 못하기 때문이다. 그러므로 십 인(仞) 정도 높이의 성을 누계(樓季)같이 날랜 이도 뛰어넘지 못하는 것은, 그것이 가파라서이다. 천 인 정도 높이의 산에서 절뚝이는 암컷 양조차도 손쉽게 풀을 뜯는 것은 그것이 완만해서이다. 그러므로 훌륭한 임금은 법을 분명히 하고 형벌을 엄격히 한다. 얼마 안 되는 길이의 베나 비단이라도 보통 사람들은 그냥 내버려두지 않는다. 끓고 있는 금은 아무리 많은 양이라도 도척(盜跖) 같은 이조차도 집어가지 못한다. 꼭 해롭지만 않다면 아무리 사소해도 내버려두지 않는 것이고, 손이 다치게 된다면 아무리 많은 양이라도 반드시 걷어가지 못하는 것이다. 따라서 훌륭한 임금은 죄지은 이를 반드시 처벌한다. 그러므로 상은 넉넉히 그리고 반드시 내려 백성들을 이롭게 하는 것보다 나은 것이 없다. 벌은 무겁게 그리고 반드시 내려 백성들을 두렵게 하는 것보다 나은 것이 없다. 법은 일정하게 하고 원칙대로 지켜서 백성들이 그것을 잘 이해하게 하는 것보다 나은 것이 없다. 그러므로 임금은 상 내리는 것에 일정해야 하며, 벌 내리는 것에 봐주는 일이 있어서는 안 된다. 칭찬을 상 내리는 데에 곁들이거나, 야단치는 것을 벌 내리는 것과 함께하면 능력이 있는 자나 없는 자도 모두 자기의 능력을 다할 것이다.

今有不才之子, 父母怒之弗爲改, 鄕人譙[34]之弗爲動, 師長敎之弗爲變。夫以父母之愛, 鄕人之行, 師長之智, 三美加焉而終不動,其脛[35]毛不改。州部[36]之吏，操官兵，推公法而求索姦人，然後恐懼，變其節，易其行矣。故父母之愛不足以教子，必待州部之嚴刑者，民固驕於愛聽於威矣。故十仞[37]之城，樓季[38]弗能踰者，峭[39]也。千仞之山，跛牂易牧者，夷[40]也。故明主峭其法而嚴其刑也。布帛尋常[41]，庸人不釋。鑠金[42]百溢[43]，盜跖不掇。不必害則不釋尋常。必害手則不掇百溢。故明主必其誅也。是以賞莫如厚而信，使民利之。罰莫如重而必，使民畏之。法莫如一而固，使民知之。故主施賞不遷，行誅無赦。譽輔其賞，毁隨其罰，則賢不肖俱盡其力矣。

○ ○ ○

오늘날은 그렇지가 않다. 공이 있으면 관작을 주는데도 세상에서는 관리가 되는 것을 우습게 본다. 농사를 잘 지으면 상을 내리는데도 세상에서는 그것을 가업으로 삼는 이가 드물다. 임금이 거두어서 주지도 않고 멀리 내치고자 하는데도, 세상 일을 우습게 보는 것을 높이 친다. 범죄를 저질러서 벌을 주려 해도 세상은 그가 용감하다고 칭찬을 한다. 칭찬하고 야단치거나, 상이나 벌을 내리는 것이 서로 어그러져 있기 때문에 법령으로 금하는 일이 무너지고 백성들은 더욱 혼란스러워졌다. 오늘날 형제가 다른 사람에게 얻어맞기라도 한다면 반드시 가서 보복하는 것을 '바르다[廉]'고 한다. 잘 아는 벗이 다른 이에게 모욕을 당하면 좇아가서 복수하는 것을 '곧다[貞]'라고 한다. 바르고 곧은 행동을 마구 해대면 임금의 법을 해치게 된다. 세상의 임금들이 바르고 곧은 행동이라고 존중하고, 그것이 법령을 어기는 죄라는 것을 잊고 있어서 백성들은 함부로 용기를 드러내니, 관리들은 그들을 마음껏 처리할 수 없게 된다. 힘들여 일하지 않고 먹고사는 것을 사람들은 능력이 있다고 말한다. 전쟁에 나아가 싸워 공을 세우지도 못했는데도 존중을 받는 것을 훌륭하다고 말한다. 이런 능력과 훌륭한 행동이 세상에 퍼지면 군대는 약해지고 땅은 황폐해진다. 세상의 임금들이 이것을 능력 있고 훌륭한 행동이라고 기뻐하면 군대가 약해지고 땅이 황폐해지는 재난을 잊는 것이니, 사사로운 행동이 난무하고 공공의 이익이 흐트러질 것이다.

今則不然。其有功也爵之，而卑其士官也。以其耕作也賞之，而少其家業也。以其不收也外之，而高其輕世也。以其犯禁也罪之，而多其有勇也。毁譽賞罰之所加者相與悖繆也，故法禁壞而民愈亂。今兄弟被侵必攻者廉也。知友被辱隨仇者貞也。廉貞之行成，而君上之法犯矣。人主尊貞廉之行而忘犯禁之罪，故民程於勇而吏不能勝也。不事力而衣食則謂之能，不戰功而尊則謂之賢。賢能之行成，而兵弱而地荒矣。人主說賢能之行，而忘兵弱地荒之禍，則私行立而公利滅矣。

○ ○ ○

유자(儒者)들은 학문을 가지고 법을 어지럽히고, 유협(遊俠)의 무리들은 무력을 가지고 법령을 범하는데, 군주는 그들을 똑같이 예우하니 이것이 세상이 어지러워지게 된 이유이다. 무릇 법에 걸려든 자는 죄를 지은 것인데 유자의 선생이라는 자들은 학문만을 취하고, 법령을 범하는 이들은 죽어야 하는 것인데 유협의 무리들은 사사로이 검술을 익혀 살아간다. 그러므로 법에서 옳지 못하다고 하는 것을 군주가 채택하고 있는 것이며, 관리들은 주살하려고 하는 것을 임금은 거두어 먹이는 꼴이다. 법으로는 그른데 군주는 취하고, 아래에서 관리들은 주살하려는데 위에서 군주는 살려주려고 하는 이런 네 가지 일들은 서로 어그러진 것으로 일정함이 없는 것이니, 비록 황제 열 명이 나와도 잘 해결할 수 없을 것이다. 그러므로 인의(仁義)를 행한다는 자를 칭찬해서는 안 되는 것인데 훌륭하다고 하니, 이는 공적이 있는 자를 해치게 되는 것이다. 유가의 학문을 잘 닦았다고 하는 자를 써서는 안 되는 것인데 그들을 기용하니, 법을 어지럽게 하는 것이다. 초나라에 직궁(直躬)이라는 자가 있었는데 그의 아비가 양을 훔치자, 이 사실을 관리에게 고발하였다. 재상은 "그를 사형에 처하라!"라고 하였다. 이것은 군주에게는 정직한 것이지만 아비에게는 도리에 어긋난 것이니, 판결하여 죄로 인정한 것이다. 이것으로 보건대, 대체로 임금에게 곧은 신하는 아비에게는 난폭한 자식이 된다. 노(魯)나라 사람 가운데 군주를 따라 전쟁에 나섰다가 세 번 싸워 세 번 다 패주한 자가 있었다. 중니가 그 이유를 묻자 그가 대답하기를 "제게는 늙은 아비가 있는데 제가 죽으면 모실 자가 아무도 없습니다."라고 하였다. 중니는 그의 효성이 지극하다고 여겨서 천거하여 자리를 높여주었다. 이것으로 보건대, 대체로 아비에게 효성스런 자는 군주에게는 등지는 신하가 된다. 그러므로 초(楚)나라 재상이 직궁 같은 이를 처벌하니 초나라에서는 잘못된 일이 군주에게는 알려지지 않게 되었으며, 중니가 전쟁에서 도망치는 이를 칭찬하니 노나라 백성들이 쉽게 항복하고 달아나게 되었다. 윗사람과 아랫사람이 이롭게 여기는 것이 이처럼 다른데, 군주가 보통 백성의 사사로운 행동을 두루 열거하면서 나라 사직이 복(福)되기를 추구한다는 것은 분명히 가당치 못한 것이다.

儒以文[44]亂法, 俠以武犯禁, 而人主兼禮之, 此所以亂也。夫離[45]

法者罪，而諸先生以文學取。犯禁者誅，而羣俠以私劍養。故法之所非，君之所取，吏之所誅，上之所養也。法趣上下[46]四相反也，而無所定，雖有十黃帝[47]不能治也。故行仁義者非所譽，譽之則害功。工文學者非所用，用之則亂法。楚之有直躬[48]，其父竊羊而謁[49]之吏。令尹[50]曰，“殺之!”以爲直於君而曲於父，報[51]而罪之。以是觀之，夫君之直臣，父之暴子也。魯人[52]從君戰，三戰三北[53]。仲尼問其故，對曰，“吾有老父，身死，莫之養也。”仲尼以爲孝，擧而上之。以是觀之，夫父之孝子，君之背臣也。故令尹誅而楚姦[54]不上聞，仲尼賞而魯民易降北。上下之利若是其異也，而人主兼擧匹夫之行，而求致社稷之福，必不幾[55]矣。

○○○

옛날에 창힐(蒼頡)이 글자를 만들었는데, 직접 동그라미를 그려서는 사사롭다는 뜻의 사(厶)라고 일컫고, 사사롭다는 뜻의 상반되는 뜻을 공(公)이라고 했다. 공과 사가 상반된다는 것을 바로 창힐도 본래 알고 있었던 것이다. 지금은 이를 이로움을 함께한다는 뜻으로 여기는 것은 제대로 살피지 못한 잘못이다. 그러니 보통 남자의 입장에서 따져보아도 사사로이 의로움을 수행하고 학문이라는 것을 닦는 것 만한 것이 없다. 사사로이라도 의로움을 닦으면 군주의 신임을 받고, 신임을 받으면 직무를 맡게 된다. 학문이라는 것을 익히면 훌륭한 스승이 되고, 훌륭한 스승이 되면 영광스럽게 되니, 이것은 보통 남자로서는 아주 잘되는 것이다. 그런데 아무 공이 없이 직무를 받거나 작위도 없이 영광스럽게 되기도 하니, 정치가 이렇게 된다면 나라는 반드시 혼란스러워지고 군주는 반드시 위험해질 것이다. 그러므로 서로 용납될 수 없는 것은 함께 세우는 것이 아니다. 적의 목을 벤 자는 상을 받지만, 군주는 오히려 자혜로운 행위를 훌륭하다고 여긴다. 성을 함락시킨 자는 작위를 받지만, 군주는 오히려 두루 사랑하라는 설을 깊이 믿는다. 군대를 굳세게 하고 병기를 날카롭게 하여 전란에 대비해야 하는데, 군주는 높은 벼슬아치들의 장식을 아름답게 해준다. 나라를 부강하게 하는 것은 농민들에게 의지하고 적국을 막는 것은 병사들에게 맡겨야 하는데, 학문이라는 것을 닦은 학자들을 귀하게 여긴다. 윗사람을 공경하고 법을 두려워할 줄 아는 백성을 내쳐야 하는데, 유협의 무리들이 사사로이 검을 휘두르는 것을 거두어준다. 정치를 이처럼 하면 나라를 강하게 다스릴 수 없다. 나라가 평온할 때는 유자와 유협의 무리를 양성하다가 전란이 닥쳐서야 군대를 쓰고자 하니, 이로운 이는 등용하지 않고 등용한 이는 이롭지 않은 꼴이다. 이 때문에 직무를 맡은 이는 자신의 일을 소홀히 하고, 유협이나 학문을 익히는 자는 날로 늘어난다. 이것이 세상이 어지러워지는 이유이다.

古者蒼頡[56]之作書也，自環者謂之私[57]，背私謂之公，公私之相背也，乃蒼頡固以知之矣。今以爲同利者，不察之患也。然則爲匹夫計者，莫如脩行義而習文學。行義脩則見信，見信則受事。文學習則爲明師，爲明師則顯榮。此匹夫之美也。然則無功而受事，無爵而顯榮，有政如此，則國必亂主必危矣。故不相容之事不兩立也。斬敵者受賞，而高慈惠之行。拔城者受爵祿，而信廉[58]愛之說。堅甲厲[59]兵以備難，而美薦紳[60]之飾。富國以農，距敵恃卒，而貴文學之士。廢敬上畏法之民，而養遊俠私劍之屬。擧行如此，治强不可得也。國平養儒俠，難至用介[61]士，所利非所用，所用非所利。是故服事者簡其業，而游學者日衆，是世之所以亂也。

○ ○ ○

또 세상에서 훌륭하다고 하는 이는 바르고 미더운 행동을 한다. 이른바 총명한 자들은 심오한 말을 잘한다. 심오한 말을 잘하면, 매우 총명한 자들도 그것을 이해하기 어렵다. 오늘날 많은 사람들이 지켜야 하는 법을 만드는데, 총명한 자들조차 이해하기 어렵다면 백성들은 알 도리가 없다. 그러므로 술지게미조차 배불리 못 먹는 이들은 기장이나 고기는 엄두도 못 내고, 낮은 신분의 관리들이 입는 하찮은 옷조차 제대로 갖추어 입지 못하는 자는 화려하게 수놓은 옷은 기대도 못하는 것이다. 대개 나라를 다스리는 일에 있어서 긴급한 것을 할 수 없다면, 느긋한 일은 힘쓸 것이 아니다. 지금 행해지는 정치 가운데 민간에서 일어나는 일에 대하여 보통 사람들이 잘 알고 있는 것은 쓰지 않고, 지식이 있는 이들의 논의만 따르려 한다면, 거꾸로 다스리는 것이나 다름없다. 그러므로 심오한 말을 해대는 것을 백성들이 힘쓸 것은 아니다. 저 어질고 선량하며 바르고 미더운 행동을 하는 이는 반드시 남을 속이지 않는 선비를 귀히 여길 것이다. 남을 속이지 않는 선비를 귀히 여기는 이는 역시 남에게 속지 않는 기술도 없다. 세상의 보통 백성들이 서로 어울릴 때에는 부귀하지 않아도 서로 이롭게 해주며, 권세가 없어도 무서워할 줄 안다. 그러므로 남을 속이지 않는 선비를 찾는 것이다. 오늘날 군주가 사람들을 지배하는 권세를 차지하고 온 나라의 부귀함을 장악하고 있는데, 상 내리는 것을 엄중히 하고 처형 내리기를 엄하게 하고 권력의 핵심을 장악해, 뛰어난 기술로 진실을 밝힐 수 있다면 비록 전상(田常)이나 자한(子罕)같이 군주를 속여 권력을 찬탈하려는 신하가 있더라도 감히 속일 수 없을 것이니, 어찌 남을 속이지 않는 신하가 나타나기만 기다릴 것인가? 오늘날 바르고 미더운 선비는 열 명도 되지 못한다. 나라 안의 관직은 백 명이나 헤아릴 정도지만, 바르고 미더운 자라도 신임을 반드시 받아야 한다면 사람들이 다 관직에 나아갈 수 없는 것이다. 사람들이 관리가 될 수 없으면, 다스리는 이는 많고 어지럽히는 자 또한 많게 된다. 그러므로 훌륭한 군주의 도는 법을 일정하게 하며 지식 같은 것은 추구하지도 않는다. 통치술을 견고히 하며 신의를 흠모하지 않는다. 그러므로 법은 흐트러지지 않고, 뭇 관리들은 못되고 속이는 짓을 하지 않게 된다.

且世之所謂賢者, 貞信之行也。所謂智者, 微妙之言也。微妙之言, 上智之所難知也。今爲衆人法, 而以上智之所難知, 則民無從識之矣。故糟糠不飽者不務粱肉, 短褐[62]不完者不待文繡。夫治世之事, 急者不得, 則緩者非所務也。今所治之政, 民間之事, 夫婦所明知者不用, 而慕上知之論, 則其於治反矣。故微妙之言, 非民務也。若夫賢良貞信之行者, 必將貴不欺之士。貴不欺之士者, 亦無不欺之術也。布衣相與交, 無富厚以相利, 無威勢以相懼也, 故求不欺之士。今人主處制人之勢, 有一國之厚, 重賞嚴誅得操其柄, 以修明術之所燭, 雖有田常、子罕[63]之臣, 不敢欺也, 奚待於不欺之士! 今貞信之士不盈於十, 而境內之官以百數, 必任貞信之士則人不足官, 人不足官則治者寡而亂者衆矣。故明主之道, 一法而不求智, 固術而不慕信, 故法不敗而羣官無姦詐矣。

○ ○ ○

오늘날 군주가 신하의 말을 들을 때, 그의 언변에는 기뻐하면서 그 타당성은 따지지 않는다. 군주가 신하의 행동을 볼 때, 그의 명성은 훌륭하다고 하면서 그가 공적이 있는지는 따지지 않는다. 그러므로 세상의 무리들이 말을 하는 데에는 언변에는 힘쓰지만 실용적인 쓸모에는 주의를 기울이지 않는다. 그러므로 선왕을 들먹이고 인의를 입에 올리는 자가 조정에 가득하니, 정사는 어지럽기만 하다. 처신하는 것이 고상한 척만 하고, 공적에는 맞지도 않는다. 그러므로 지식이 있더라도 동굴에 묻혀 지내고 봉록을 내려도 받지 못하니, 군대는 약해빠졌고, 정사는 어지럽기만 하니 이것은 무슨 이유인가? 백성들이 받들거나 군주가 예우하는 것이 나라를 어지럽히는 것들이다. 오늘날 나라의 백성들이 모두 정사를 논하고, 상앙(商鞅)과 관중(管仲)의 법을 집집마다 모셔두고 있는데도 나라는 가난하기만 한 것은 농사짓는 법을 말하는 자는 많지만, 직접 쟁기를 잡고 일하는 자는 적기 때문이다. 나라의 백성들이 모두 군사의 일을 말하면서 손자(孫子)와 오자(吳子)의 병서는 집집마다 간직하고 있지만 군대는 나날이 약해지는 것은 전쟁에 관한 논의는 많이 하면서 직접 갑옷을 입고 전쟁에 나서는 이가 적어서이다. 그러므로 훌륭한 군주는 힘이 있는 자를 쓰며, 말을 앞세우지 않는다. 공이 있는 자에게 상을 내리며, 쓸모없는 이는 결코 기용하지 않는다. 그러므로 백성들은 죽을 힘을 다하여 군주를 따르게 된다. 대개 밭을 힘껏 가느라 힘이 들지만, 백성들은 그렇게 하면서 "부자가 될 수 있기 때문이다."라고 한다. 전쟁에 나아가 싸우는 일이 위험스럽지만, 백성들은 그렇게 하면서 "높은 자리에 오를 수 있기 때문이다."라고 한다. 오늘날 학문이라는 것을 닦고 언변을 잘 구사하면 힘들여서 농사를 짓지 않아도 대단한 부자가 되기도 하고, 위험스레 전쟁에 나아가지 않아도 존귀한 지위에 오르니, 어떤 사람이 그렇게 하지 않겠는가? 그러므로 백 사람은 지식이라는 것에 매달리고 한 사람만 힘을 쓰는 꼴이다. 지식 쌓는 자가 많아지면 법은 망가진다. 직접 힘을 들여 일하는 자가 적으면 나라는 가난해지는 것이니, 이것이 세상이 어지러워진 이유이다.

今人主之於言也, 說其辯而不求其當焉。其用於行也, 美其聲而不責其功焉。是以天下之衆, 其談言者務爲辯而不周於用, 故擧先王言仁義者盈廷, 而政不免於亂。行身者競於爲高而不合於功, 故智士退處巖穴, 歸祿不受, 而兵不免於弱, 政不免於亂, 此其故何也? 民之所譽, 上之所禮, 亂國之術也。今境內之民皆言治, 藏商、管之法者家有之, 而國愈貧, 言耕者衆, 執耒者寡也。境內皆言兵, 藏孫、吳之書者家有之, 而兵愈弱, 言戰者多, 被甲者少也。故明主用其力不聽其言, 賞其功必禁無用, 故民盡死力以從其上。夫耕之用力也勞, 而民爲之者, 曰, "可得以富也。"戰之爲事也危, 而民爲之者, 曰, "可得以貴也。"今修文學, 習言談, 則無耕之勞而有富之實, 無戰之危而有貴之尊, 則人孰不爲也! 是以百人事智而一人用力。事智者衆則法敗。用力者寡則國貧, 此世之所以亂也。

○○○

그러므로 훌륭한 군주의 나라에는 죽간에 문서나 올리는 일은 없이 법으로써 가르침을 삼는다. 선왕의 말은 하는 이가 없고 관리를 스승으로 삼는다. 사사로이 검을 휘두르는 것을 용맹하다고 하지 않고, 전쟁에서 목을 베어오는 것을 용감하다고 한다. 이리하여 나라의 백성들은 말만 앞세우는 자는 법으로 목을 베고, 직접 힘써 공을 쌓는 자는 상을 내리고, 용맹한 자는 모두 군대로 보낸다. 그러므로 평화로울 때에는 나라가 부유하고, 전쟁이 나면 군사들이 용맹하니, 이것이 천하를 통일할 자산이라고 하는 것이다. 이미 천하 통일의 자산을 기르고 적국의 허점을 노리고, 오제(五帝)의 업적을 뛰어넘어 삼왕(三王)과 어깨를 나란히 하는 방법은 반드시 법으로 해야 하는 것이다.

故明主之國，無書簡之文，以法爲教。無先王之語，以吏爲師。無私劍之捍[64]，以斬首爲勇。是境內之民，其言談者必軌於法，動作者歸之於功，爲勇者盡之於軍。是故無事則國富，有事則兵强，此之謂王資。旣畜王資而承敵國之釁[65]，超五帝[66]侔三王[67]者，必此法也。

○○○

오늘날 시정은 그렇지 않다. 사대부나 백성들은 나라 안에서 멋대로 굴고, 말 좀 하는 자들은 나라 밖에서 세력을 끌어들여, 안팎으로 나쁜 일만 들먹이며 강한 외적을 맞으려 하니 어찌 위험스럽지 않겠는가? 그러므로 뭇 신하들 가운데 외교를 논하는 자들은 합종(合縱)과 연횡(連橫)의 당파로 나뉘어 있지 않으면 서로 원수가 되어 으르렁대는 마음으로 나라에 힘을 의지하려고만 한다. 합종을 하는 자들은 힘이 약한 여러 무리를 규합하여 강한 진(秦)나라 하나를 치려 한다. 그리고 연횡을 하려는 자들은 강한 진나라 하나를 받들어서 여러 약한 무리를 치려고 한다. 이것은 모두 나라를 지키는 방책이 아니다. 오늘날 신하 된 자들 가운데 연횡을 하자고 말하는 자들은 모두 "큰 나라를 섬기지 않으면 적에게 화를 입는 일을 당할 것이다."라고 말한다. 강한 진나라를 섬겨도 실제로 도움이 되지 않는다면, 나라의 지도를 가져다가 건네주거나 옥새를 바쳐 구원병을 청하게 될 것이다. 지도를 바치면 나라의 땅을 빼앗기고 옥새를 바치면 명예를 실추하는 것이다. 땅을 빼앗기면 나라가 위태롭고 명예가 실추되면 정치가 혼란스러워질 것이다. 큰 나라를 섬겨 연횡 정책을 써서 잘된 것을 본 적이 없으니, 나라의 땅을 빼앗기고 정치가 혼란스러워질 뿐이다. 신하 된 자 가운데 합종을 하자고 말하는 자들은 모두 "여섯 작은 나라를 구하고 강한 진나라를 치지 않는다면 천하를 잃을 것이다. 천하를 잃으면 작은 나라도 위태로워지니, 나라들이 위태로워지면 군주도 비천해질 것이다."라고 말한다. 작은 나라를 구하는 것이 반드시 실효가 없으면 군대를 일으켜서 큰 나라와 맞서게 될 것이다. 작은 나라를 구한다 해도 생존할 수 없고, 큰 나라와 맞서면 다른 나라와 반드시 소원해지지 않는 것도 아닐 것이다. 소원해지게 되면 강한 나라에 제압당할 것이니. 군대를 출동시켜도 패할 것이고, 물러서 방어만 한다고 해도 성이 함락될 것이다. 작은 나라를 구하려고 합종을 한다고 해도 그 이로운 점을 보지 못했으니, 나라의 땅을 잃고 군대는 지고 말 것이다. 그러므로 강한 것을 섬기는 것은 외부의 권력을 끌어들여서 나라 안에 관직을 세우려는 것이다. 작은 나라를 구하려고 하는 것은, 국내의 권력을 가지고 나라 밖에서 이익을 취하려는 것이다. 나라의 이익이 아직 얻어지지 않았더라도 봉토와 높은 작록을 많이 내려야 한다. 이렇게 되면 군주는 비록 지위가 낮아져도 신하들은 존귀해진다. 나라의 땅은 깎여도 권력가의 집안은 부유해진다. 그 정책이 성공하면 그의 권세가 오래도록 존중받고, 정책이 실패하더라도 재력을 가지고 물러나 편히 지낼 수 있을 것이다. 임금이 신하가 올리는 말을 듣고 있는데, 신하의 입장에서는 계략이 아직 성공하지 못했더라도 작록은 이미 존귀해지는 것이다. 계략이 실패하더라도 처형하지 않으면, 유세하는 책사 가운데 누가 빈 하늘에 주살로 새를 쏘아 우연히 맞추는 것 같은 허황된 진언을 하더라도 뒷날이 온전하기를 요행히 바라지 않겠는가? 그러므로 나라를 망치고 군주를 죽이게 되는 것은 언론을 담당한 자들의 근거 없는 말을 듣기 때문이다. 이것은 어떤 연고에서 그러한가? 이는 군주가 공적인 것과 사적인 이로움을 구분하지 못하고, 마땅히 해야 할 것과 말아야 할 것을 살피지 않고, 일이 잘못되면 다음에 반드시 처벌하는 것을 실시하지도 않아서이다. 그러고는 "외교의 일이라는 것이 잘하면 왕 노릇을 하게 되고, 못하더라도 편안해지기는 할 수 있다."라고 말한다. 무릇 왕 된 이는 다른 나라를 칠 수 있어야 한다. 그런데 나라가 안정되어 있으면 공격할 수 없다. 나라가 강하면 다른 나라를 칠 수 있는 것이다. 그런데 잘 다스려진 곳은 칠 수 없다. 나라를 강하게 잘 다스리는 것은 나라 밖에서 구하는 것이 아니라 국내에서 정치를 잘해야 하는 것이다. 지금 나라 안에 법술이 행해지지 않고, 나라 밖에서 지혜로운 정책을 받아쓰려고 한다면, 나라가 강하게 다스려지는 것을 이루지 못할 것이다.

今則不然, 士民縱恣於內, 言談者爲勢於外, 外內稱惡, 以待强敵, 不亦殆乎! 故羣臣之言外事者, 非有分於從衡[68]之黨, 則有讐讎之忠[69], 而借力於國也。從者, 合衆弱以攻一强也。而衡者, 事一强以攻衆弱也。皆非所以持國也。今人臣之言衡者, 皆曰, "不事大則遇敵受禍矣。" 事大未必有實, 則擧圖而委, 效[70]璽而請兵矣。獻圖則地削, 效璽則名卑。地削則國削, 名卑則政亂矣。事大爲衡未見其利也, 而亡地亂政矣。人臣之言從者, 皆曰, "不救小而伐大則失天下, 失天下則國危, 國危而主卑。" 救小未必有實, 則起兵而敵大矣。救小未必能存, 而交大未必不有疏, 有疏則爲强國制矣。出兵則軍敗, 退守則城拔。救小爲從未見其利, 而亡地敗軍矣。是故事强則以外權士官於內。救小則以內重[71]求利於外。國利未立, 封土厚祿至矣。主上雖卑，人臣尊矣。國地雖削，私家富矣。事成則以權長重。事敗則以富退處。人主之聽說於其臣，事未成則爵祿已尊矣。事敗而弗誅，則游說之士孰不爲用矰繳之說[72]而僥倖其後?故破國亡主以聽言談者之浮說，此其故何也? 是人君不明乎公私之利，不察當否之言，而誅罰不必其後也。皆曰，“外事，大可以王，小可以安。”夫王者，能攻人者也。而安，則不可攻也。强，則能攻人者也。治，則不可攻也。治强不可責於外，內政之有也。今不行法術於內，而事智於外，則不至於治强矣。

○○○

속담에 “소매가 길면 춤을 잘 추고, 돈이 많으면 장사를 잘하기 마련이다.”라는 말이 있다. 이 말은 자본이 많으면 장사를 쉽게 잘할 수 있다는 것이다. 그러므로 나라가 강하게 잘 다스려져 있으면 정책을 도모하기 쉽고, 나라가 약하고 어지러우면 계책을 세우기 어렵게 된다. 그러므로 진(秦)나라에서 기용된 자들은 책략이 열 번이나 바뀌더라도 계획대로 안 되는 경우가 드물다. 연(燕)나라에서 기용된 자들은 책략이 한 번만 바뀌더라도 계획대로 되는 경우가 드물다. 이것은 진나라에서 기용된 자들이 반드시 지혜롭거나, 연나라에서 기용되는 자들이 반드시 어리석어서 그런 것이 아니다. 대개 나라가 잘 다스려져 있는지 아닌지 하는 바탕의 차이일 뿐이다. 그러므로 주(周)나라는 진으로부터 떨어져 나와 합종을 하였다가 일 년 만에 합병이 되었고, 위(衛)나라는 위(魏)로부터 떨어져 나와 연횡을 하였다가 반 년 만에 망했다. 이것이 바로 주나라는 합종했다가 멸망하였고, 위는 연횡을 하였다가 망한 이야기이다.가령 주나라와 위나라가 합종과 연횡의 계략은 느슨하게 하고, 나라 안 다스리는 것을 엄중히 하여 법령을 밝혀 상과 벌 내리는 것을 반드시 하고, 농업의 생산을 극대화하여 작물을 많이 비축하고, 백성들이 목숨을 바쳐 그 성을 굳건히 지켰다면 천하의 다른 나라들이 그 나라의 땅을 차지하려 해도 그들이 얻어가는 이익은 적었을 것이고, 그 나라를 공격하려 한다면 그 해로움은 컸을 것이다. 만승의 대국 가운데 감히 남의 굳건한 성 밑에서 스스로 꺾여서는 강한 적에게 자신의 약점을 제압당하려고 하는 나라는 아무도 없을 것이다. 이것이 절대로 망하지 않을 방도이다. 결코 망하지 않을 방도를 저버리고 반드시 멸망당할 정책을 말한다면, 나라 다스리는 이의 잘못이다. 지혜롭다고 하는 정책이 나라 밖에서 궁핍해지고, 나라 안으로는 정치가 혼란스러워진다면, 망하는 것은 어쩔 수 없게 될 것이다.

鄙諺曰, "長袖善舞, 多錢善賈。" 此言多資之易爲工也。 故治强易爲謀, 弱亂難爲計。 故用於秦者十變而謀希失, 用於燕者一變而計希得, 非用於秦者必智, 用於燕者必愚也, 蓋治亂之資異也。 故周去秦爲從, 期年而擧[73]。 衛離魏爲衡, 半歲而亡[74]。 是周滅於從, 衛亡於衡也。 使周、衛緩其從衡之計, 而嚴其境內之治, 明其法禁, 必其賞罰, 盡其地力, 以多其積。 致其民死以堅其城守, 天下得其地則其利少, 攻其國則其傷大。 萬乘之國莫敢自頓於堅城之下, 而使强敵裁其弊也, 此必不亡之術也。 舍必不亡之術而道必滅之事, 治國者之過也。 智困於內而政亂於外,[75] 則亡不可振也。

○ ○ ○

백성들이 생각하는 정책과 계획은 모두 안전과 이익을 추구하고,

위험하고 궁핍한 것은 피하고자 하는 것이다. 오늘날 백성들에게 공격하여 싸우라고 하는데, 진격했다가는 적에게 죽고 물러섰다가는 처형을 받아 죽으니, 위험하기만 한 것이다. 자기 집안일은 접어두고 죽을힘을 다하여도 집안은 곤궁해지는데 윗사람들은 공을 인정해 주지 않으니, 궁핍하기만 한 것이다. 위험하고 궁핍한 곳에 처하게 되어 있으니, 백성들에게 어찌 피하지 말라고 할 수 있겠는가? 그러므로 사사로이 세력가를 섬겨서 노역에서 완전히 면제를 받으려고 하고, 완전히 면제를 받으면 전쟁에 나가는 일은 안 하려고 하고, 전쟁에 나가는 일을 안 하면 안전하다고 여길 것이다. 뇌물을 써서 권세 있는 자에게 빌붙게 되면 얻고자 하는 것을 얻게 될 것이고, 얻고자 하는 것을 얻게 되면 스스로 편안하다고 여길 것이고, 스스로 편안하다고 여기면 자신에게는 이롭게 되는 것이니, 어떻게 그리로 나아가지 말라고 할 수 있겠는가? 그러므로 나라에서 시키는 노역에 복무하려는 공민(公民)은 적고, 사사로이 세력가에게 빌붙는 사인(私人)들만 많아지게 된다.

民之政計， 皆就安利如辟危窮[76]。今爲之攻戰， 進則死於敵， 退則死於誅， 則危矣。棄私家之事而必汗馬之勞[77]， 家困而上弗論[78]， 則窮矣。窮危之所在也， 民安得勿避？ 故事私門[79]而完解舍[80]， 解舍完則遠戰， 遠戰則安。行貨賂[81]而襲當塗者[82]則求得， 求得則私安， 私安則利之所在， 安得勿就？ 是以公民少而私人衆矣[83]。

○ ○ ○

무릇 지혜로운 왕이 나라를 다스리는 정치는, 장사치나 기술자, 그리고 놀고먹는 자들을 없게 하고, 그들의 신분을 낮게 만들며, 농사짓고 전쟁에 나아가는 것에 힘쓰게 하고, 상공업을 추구하지 못하게 해야 한다. 오늘날 군주의 곁에서 모시는 가까운 신하들이 사사로이 하는 청탁을 들어주면 관직들을 사고팔게 되고, 관직을 사고팔면 장사치나 기술자들의 신분도 비천하지 않게 된다. 법에 어긋나는 재물로 시장에서 장사를 하게 하면 장사치들이 많아진다. 사사로이 이익을 취하는 것이 농사짓는 것보다 이익이 배가 되고 사회적으로 존중받게 되어 농사짓고 전쟁에 나아가는 백성들보다 많아지면, 농사짓고 전쟁이 나아가는 백성은 적게 되고 장사치들은 많아지게 된다.

夫明王治國之政， 使其商工游食之民少而名卑， 以寡趣本務而趨末作[84]。 今世近習[85]之請行則官爵可買， 官爵可買則商工不卑也矣。 姦財貨賈得用於市， 則商人不少矣。 聚斂[86]倍農而致尊過耕戰之士， 則耿介之士[87]寡而高價之民多矣。

○ ○ ○

그러므로 나라를 어지럽히는 습속을 살펴보건대, 학자라고 하는 이들은 선왕의 도리를 일컬으며, 어질고 바르다는 것만 쌓고, 용모와 복장을 잘 갖추어서 말만 번지르르 꾸며 그 시대의 법을 의심하게 하고, 군주의 생각을 어지럽힌다. 언론을 담당하는 자들은 거짓된 말을 하여 외세를 끌어들여 사사로이 이익을 취하고 나라의 이익은 저버린다. 칼을 차고 다니는 무리들은 패거리를 모으고 절개를 세워서 명예를 돌본다고 하지만, 나라의 관청에서 금하는 것들을 범한다. 사사로이 권세가에게 빌붙는 자는 세력가에게 가까이 의지해서 뇌물을 바치고 권력자에게 청탁을 넣기만 하고, 전쟁에 나아가 목숨 바쳐 싸우는 일은 하지 않는다. 상공업에 종사하는 백성들은 쓸모없는 그릇을 정교하게 만들고, 사치스러운 재물을 모아서 쌓아두었다가 값이 오르는 시기까지 기다려서는 농부들의 이익을 마구 가로챈다. 이 다섯 부류는 나라의 좀벌레와 같은 이들이다. 군주가 이 좀벌레 같은 백성들을 없애지 않고 뜻이 굳건한 인사들을 양성하지 않으면, 이 세상에서 나라가 멸망하거나 조정이 무너진다고 해도 역시 이상히 여기지 말아야 할 것이다.

是故亂國之俗, 其學者, 則稱先王之道以籍仁義, 盛容服而飾辯說, 以疑當世之法而貳人主之心。其言古者[88], 爲設詐稱, 借於外力, 以成其私而遺社稷之利。其帶劍者, 聚徒屬, 立節操, 以顯其名而犯五官之禁[89]。其患御者[90], 積於私門, 盡貨賂而用重人之謁[91], 退汗馬之勞。其商工之民, 修治苦窳之器[92], 聚弗靡之財[93], 蓄積待時而侔[94]農夫之利。此五者, 邦之蠹也。人主不除此五蠹之民, 不養耿介之士, 則海內雖有破亡之國, 削滅之朝, 亦勿怪矣。

1) 果蓏(과라): 나무나 풀의 열매.

2) 蚌蛤(방합): 민물조개와 대합조개.

3) 腥臊(성조): 비리고 누린내 나는 것.

4) 夏后氏(하후씨): 우왕(禹王)을 가리킨다.

5) 大父(대부): 할아버지.

6) 茅茨(모자): 띠와 가시나무.

7) 采椽(채연): 채(采)는 상수리나무[櫟]이고, 연(椽)은 서까래나무.

8) 糲粢(려자): 현미와 기장.

9) 藜藿(려곽): 명아주와 콩잎.

10) 麑裘(예구): 사슴새끼 가죽.

11) 耒臿(뢰삽): 쟁기와 가래.

12) 胈(발): 몸에 난 잔털.

13) 脛(경): 정강이.

14) 膢(루): 『설문해자(說文解字)』에 의하면, 초(楚)나라 풍습에서 2월에 음식을 올려 지내는 제사라고 한다.

15) 臘(랍): 『설문해자』에 의하면, 동지(冬至) 이후 세 번째 술일(戌日)에 온갖 귀신에게 제사를 지내는 것이라고 한다.

16) 竇(두): 물길, 구멍,

17) 饟(량): 먹이다.

18) 穰(량): 풍족하다.

19) 士橐(사탁): 사(士)는 본래 토(土)로 되어 있지만, 왕선신 등의 주석에 의거해 고쳤다. 탁(橐)은 자루나 그릇의 뜻인데, 여기에서는 탁(託)과 뜻이 통한다. 사탁(士橐)은 임금에게 관리로 나아가서는 몸을 의탁한다는 뜻이다.

20) 豊鎬(풍호): 지금의 섬서성 서안의 서쪽 지역. 풍(豊)은 악현의 동쪽이고, 호(鎬)는 장안현의 서남쪽이다. 문왕이 기산(岐山)에서 풍(豊)으로 도읍을 옮겼고, 무왕(武王)이 풍에서 호(鎬)로 도읍을 옮겼다.

21) 徐(서): 본래 한수(漢水) 동쪽에 자리했던 대국이었는데, 『사기』에 의하면 주(周) 목왕(穆王) 때 난을 일으키자 조보(造父)가 목왕(穆王) 군대의 선두에 서서 정벌했다고 한다.

22) 偃王(언왕): 『사기집해(史記集解)』에 언왕은 근육은 있었는데, 뼈가 없어서 늘 엎드려 있었기 때문에 지어진 이름이라고 한다.

23) 荊文王(형문왕): B.C. 689년~B.C. 675년까지 재위하여 주(周) 목왕(穆王)이 서(徐)를 정벌한 시기와는 맞지 않는다.

24) 有苗(유묘): 중국 서남쪽에 있던 소수민족, 유(有)는 접두사이며, 삼묘(三苗)라고 불리기도 한다.

25) 共工(공공): 물과 땅을 관리하던 민족.

26) 鐵銛短者(철섬단자): 철섬(鐵銛)은 쇠로 된 작살이고, 단(短)은 구(矩)의 오기로 보인다. 구(矩)는 거(鉅) 또는 거(巨)의 뜻으로 여기에서는 '크다'는 뜻이다.

27) 鎧甲(개갑): 갑옷.

28) 子貢(자공): 변설과 재지(才智)에 능하다고 알려진 공자의 제자.

29) 遁(둔): 옛날에는 수(修) 자와 혼용하여 쓰는 경우가 많았다.

30) 䮧(한): 사납다.

31) 司寇(사구): 형벌을 담당하는 관리.

32) 效(효): 보이다, 밝히다.

33) 顧(고): 도리어.

34) 譙(초): 꾸짖다.

35) 脛(경): 정강이.

36) 州部(주부): 지방의 행정단위.

37) 仞(인): 높이의 단위로서 7척(尺), 즉 150cm 정도이다.

38) 樓季(누계): 『사기집해(史記集解)』에 누계는 위(魏) 문후(文侯)의 동생으로 발이 매우 민첩하다고 했다.

39) 峭(초): 가파르다, 선명하다.

40) 夷(이): 평평하다.

41) 尋常(심상): 얼마 안 되는 길이. 심(尋)은 길이의 단위로서 8척(尺), 즉 170cm 정도다. 상(常)은 심(尋)의 두 배 정도이다.

42) 鑠金(삭금): 제련(製鍊)이 되어 아름답게 다듬은 금.

43) 溢(일): 무게의 단위로서 20~30량(兩) 정도라고 하는데, 대략 300~400그램이다. 백일(百溢)은 '많은 양'이라는 뜻이다.

44) 文(문): 여기에서는 문학(文學)의 의미인데, 이때 문학이란 시서(詩書) 같은 고전의 학문(學問)을 말한다.

45) 離(리): 리(罹)와 통하여 '걸리다 '는 뜻이다.

46) 法趣上下(법취상하): 취(趣)는 취(取)의 뜻이다. 벌취상하(法取上下)에서 법(法)은 앞의 네 가지 가운데 '법지소비(法之所非)' 이고, 취(取)는 '군지소취(君之所取)'이고, 상(上)은 '상지소양(上之所養)'이고, 하(下)는 '이지소주(吏之所誅)'를 의미한다.

47) 黃帝(황제): 중국 신화에 나오는 제왕(帝王). 법가에서는 도가(道家)의 법술을 처음 연 이라고 본다.

48) 直躬(직궁): 『논어』 자로(子路)편 등에 나오는 사람인데, 이름이 '정직한 몸 혹은 행동'이라는 뜻.

49) 謁(알): 『논어』에는 증(證)으로 되어 있다.

50) 令尹(영윤): 초(楚)나라의 재상.

51) 保(보): 여기에서는 '죄에 판결을 내리다'의 뜻으로 쓰였다.

52) 魯人(노인): 『한시외전(韓詩外傳)』 권10, 『신서(新序)』 「의용(義勇)」편에 나오는 이로 변장자(卞莊子)라는 사람이다.

53) 北(배): 달아나다.

54) 姦(간): 나쁘다.

55) 幾(기): 성취하다, 바라다, 살피다.

56) 蒼頡(창힐): 황제(黃帝) 때의 사관(史官)으로 문자를 만들었다고 전해지는 전설상의 인물.

57) 『설문해자』에는 "창힐이 글자를 만들었으니, 스스로 동그라미를 그려서 厶라고 하였다.(蒼頡作字, 自營爲厶)"이라 되어 있다.

58) 廉(염): 兼(겸)의 뜻으로 고쳐 해석했다.

59) 厲(려): 날카롭다.

60) 薦紳(천신) : 진신(搢紳). '홀(笏)을 큰 띠에 꽂는다'는 뜻으로 높은 벼슬아치나 행동이 점잖고 지위가 높은 사람을 일컫는다.

61) 介(개): 갑옷.

62) 短褐(단갈): 단(短)은 소사(召史)들이 입는 베옷. 갈(褐)은 낮은 관리들이 입는 털옷.

63) 田常子罕(전상자한): 전상은 춘추 시대 말기 제(齊) 간공(簡公)의 대신인 진항(陳恒)을 말하고, 자한은 전국 시대 송(宋) 환후(桓侯)의 대신인 황희(皇喜)다. 이들은 각기 군주를 속여서 권력을 찬탈한 자들이다.

64) 捍(한): 사납다.

65) 釁(흔): 틈, 허점.

66) 五帝(오제): 중국의 신화에 나오는 다섯 명, 황제(黃帝), 전욱(顓頊), 제곡(帝嚳), 요(堯), 순(舜).

67) 侔三王(모삼왕): 모(牟)는 '가지런히 하다'의 뜻. 삼왕은 하(夏) 우왕(禹王), 은(殷) 탕왕(湯王), 주(周) 문왕(文王)과 무왕(武王).

68) 從衡(종형): 종횡(縱橫), 종횡(從橫)이라고도 쓴다. 전국 시대의 합종연횡(合縱連橫) 활동을 말한다. 종(從)은 종(縱)과 통용. 소진(蘇秦)은 제(齊)·초(楚)·연(燕)·한(韓)·조(趙)·위(魏) 여섯 나라가 연맹을 맺어 진(秦)나라에 대항할 것을 주장했는데, 여섯 나라의 위치가 남북방향이므로 '합종(合縱)'이라 부른다. 진(秦)나라는 합종에 대항하기 위해 장의(張儀)의 주장을 채택하여 여섯 나라와 각기 연맹을 맺어 각개격파했다. 진나라가 여섯 나라의 서쪽에 있어 동서로 연합했으므로 연횡(連橫)이라 부른다.

69) 忠(충): 여기에서는 중(中)의 가차(假借)로서 마음 심(心)의 뜻으로 쓰였다.

70) 效(효): 바치다.

71) 內重(내중): 국내의 권력.

72) 矰繳之說(증격지설): 증(矰)은 짧은 화살, 격(繳)은 화살에 달린 줄. 증격(矰繳)은 주살로 새를 포획한다는 뜻이고, 증격지설은 공명심에 허황된 말을 하는 것을 뜻한다.

73) 『사기·주본기(周本紀)』에 의하면 서주(西周)의 난왕(赧王)은 B.C. 256년에 진(秦)을 등지고 합종책을 따랐다가 진(秦)의 소양왕(昭襄王)의 공격을 받아 읍(邑)을 모두 바치고 7년 후에 망했다.

74) 『사기·위강숙세가(衛康叔世家)』에 의하면 위(衛)나라는 말기에 위(魏)의 속국이 되었는데, 진시황 6년에 5국이 진나라를 치자 진(秦)은 위(魏)나라의 조가(朝歌)를 함락시켰지만, 위(衛)나라는 위(魏)나라를 돕지 않고 도읍을 복양(濮陽)에서 서쪽의 야왕(野王)으로 옮겨 유명무실한 채로 있다가 진(秦) 이세(二世) 황제 때에는 제사도 끊어지게 되었다.

75) 내용 전개상 내외(內外)를 서로 바꿔서 풀어야 한다.

76) 就安利如辟危窮(취안리여벽위궁): 여(如)는 고본(古本)에서 이(而)와 통용되었고, 벽(辟)은 피(避)와 통용했다.

77) 汗馬之勞(한마지로): 전투에서 목숨을 바쳐 싸우는 노고.

78) 論(논): 논공행상(論功行賞)의 뜻.

79) 私門(사문): 사문은 권력가의 집안이고, 사가(私家)는 일반 백성들의 집을 말함.

80) 解舍(해사): 노역에서 면제를 받다.

81) 行貨賂(행화뢰): 뇌물을 주다.

82) 襲當塗者(습당도자) : 습(襲)은 인(因)의 뜻으로 '의지하다'라는 의미이고, 당도자(當塗者)는 '권력의 요로에 있는 자'이다.

83) 公民(공민), 私人(사인): 공민은 군주와 나라에 복속이 되어 노역에 복무하는 자를 말하고 사인은 권력가의 비호를 받아 나라에서 시키는 노역에 복무하지 않는 자를 말한다.

84) 以寡趣本務而趨末作(이과취본무이추말작): 과(寡)는 앞 문장을 옮겨서 '과소이명비(寡少而名卑)'로 짝을 맞추어야 말이 통하고, 추(趨)는 이(移)의 잘못이며, 본무(本務)는 농사짓고 싸우는 것이며, 말작(末作)은 상공업을 말한다.

85) 近習(근습): 군주 곁에서 가까이 모시는 신하.

86) 歛(검): 염(斂)과 통용해 '거두다'는 뜻이다.

87) 耿介之士(경개지사): 경개(耿介)는 '덕이 빛나고 크다'는 뜻으로, 여기에서는 굳건히 지킨다는 의미로서 농사짓고 전쟁이 참여하는 백성을 일컫는다.

88) 言古者(언고자): 언담자(言談者)로 풀어야 자연스럽다.

89) 五官(오관): 오관(五官)은『예기(禮記)·곡례(曲禮)』에 나오는 천자의 오관인 사도(司徒), 사마(司馬), 사공(司空), 사사(司士), 사구(司寇)로서 옛날의 중앙 관청을 말한다.

90) 患御者(환어자): 환(患)은 관(串)의 뜻이고, 어(御)는 관(官)이나 환(宦)과 같다. 환어자는 사사로이 권세를 누리는 자에게 빌붙은 자를 말한다.

91) 重人之謁(중인지알): 중인(重人)은 권력가이고, 알(謁)은 청탁의 의미다.

92) 苦窳之器(고유지기): 고(苦)는 '조악하다'는 뜻이고, 유(窳)는 '미약하다'는 뜻이다. 고유지기(苦窳之器)는 볼품없는 그릇을 말한다.

93) 弗靡之財(불미지재): 불(弗)은 비(沸)와 통하는 글자로서 비미(沸靡)는 '사치스럽다'는 뜻이다.

94) 侔(모) : 마구 가져가다.

제50편 현학(顯學)

드러내 보이며 부각되고 있는 학문

解題

본 편에서는 당시에 부각된 유가와 묵가의 주장과 실태에 대해 고발하였다. 주관적이고 심증적인 덕치와 객관적이고 실증적인 법치의 논리적인 대결을 전개하고 있어 한비의 중심 사상이 명확하게 드러나고 있다.

특히 군주가 유가와 묵가를 예우하는 것에 대해 비판하고 있는데, 현명한 군주라면 우둔하고 사기성이 농후한 학설과 번잡하고 천박한 행동을 수용해서는 안 된다는 것을 주장하고 있다. 이에 묵가의 장례와 유가의 장례를 거론하며, 검소한 묵자의 장례가 옳다면 공자의 사치가 잘못된 것이고, 공자의 효행이 옳다면 묵자의 박정이 잘못된 것임을 피력하여 두 사상의 모순점을 지적하였다. 또한 옳은데도 쓰지 않고 그른데도 끊어내지 않는다면, 이는 곧 망국의 길이라고 강력하게 언급하고 있다. 이외에도 공을 세운 자가 반드시 포상을 받게 되면 그 작록이 후할수록 더욱 자신의 힘을 다하게 될 것이니, 관직을 옮겨 승진을 한다면 관직이 클수록 더욱 잘 다스려지게 될 것임을 단언하였다. 또한 인재를 등용할 때 현자와 지자를 찾고 통치하면서 백성의 마음에 부합하려고 하는 것은 모두 민란을 유도하는 발단이 되므로 이를 경계할 것을 당부하고 있다. 현명한 군주는 실용적인 주장을 경청하고 쓸모없는 논리에 휩쓸리지 않으며 인의(仁義)를 언급하지 않아야 한다고 주장하며, 학자와 협객의 심각성을 역설하였다.

○ ○ ○

세상에 드러난 학파는 유가(儒家)와 묵가(墨家)이다. 유가에서 경지에 이른 자는 공구(孔丘)이다. 묵가에서 경지에 이른 자는 묵적(墨翟)이다. 공자(孔子)가 죽은 이후부터는 자장(子張)의 유가가 있고, 자사(子思)의 유가가 있고, 안씨(顔氏)의 유가가 있고, 맹씨(孟氏)의 유가가 있고, 칠조씨(漆雕氏)의 유가가 있고, 중량씨(仲良氏)의 유가가 있고, 손씨(孫氏)의 유가가 있고, 악정씨(樂正氏)의 유가가 있다. 묵자(墨子)가 죽은 이후부터는 상리씨(相里氏)의 묵가가 있고, 상부씨(相夫氏)의 묵가가 있고, 등릉씨(鄧陵氏)의 묵가가 있다. 그러므로 공자·묵자 이후로는 유가가 여덟 가지로 나뉘게 되고 묵가는 세 가지로 분리되어 그 옳고 그름을 가리는 주장이 서로 달랐지만, 모두가 스스로를 정통 공자·묵자라고 불렀다. 공자·묵자가 부활할 수 없는데, 장차 누가 후세의 학설을 판정하게 할 수 있겠는가? 공자·묵자가 다 요(堯)·순(舜)을 말하지만 그 옳고 그름을 가리는 주장이 달라서, 모두 스스로를 정통 요·순이라 불렀다. 요·순이 부활할 수 없는데, 장차 누가 유가·묵가의 진실을 판정하게 할 수 있겠는가? 은(殷)나라·주(周)나라가 칠백여 년이 되고, 우(虞)나라·하(夏)나라가 이천여 년이 되었다고 해도, 유가·묵가의 정통성을 판정할 수 없는데, 지금 바로 삼천여 년 전 요·순의 도를 살피고자 하니 아마 결코 그렇게 할 수 없을 것이다. 증거도 없으면서 반드시 그렇다고 단정 짓는 것은 어리석은 것이다. 반드시 그렇게 할 수 없으면서 그것을 근거로 삼는 것은 속이는 것이다. 그러므로 선왕을 근거로 해서 밝히거나 반드시 요·순을 단정하는 자는 어리석은 것이 아니면 남을 속이는 것이다. 어리석고 속이는 학설과 잡다한 행동에 대해 명철한 군주는 받아들이지 않는다.

世之顯學, 儒、墨也。儒之所至, 孔丘也。墨之所至, 墨翟也。自孔子之死也, 有子張之儒, 有子思之儒, 有顔氏之儒, 有孟氏之儒, 有漆雕氏之儒, 有仲良氏之儒, 有孫氏之儒, 有樂正氏之儒。自墨子之死也, 有相里氏之墨, 有相夫氏之墨, 有鄧陵氏之墨。故孔、墨之後, 儒分爲八, 墨離爲三, 取舍[1]相反不同, 而皆自謂眞孔、墨。孔、墨不可復生, 將誰使定後世之學乎? 孔子、墨子俱道堯、舜, 而取舍不同, 皆自謂眞堯、舜。堯、舜不復生, 將誰使定儒、墨之誠乎? 殷、周七百餘歲, 虞、夏二千餘歲, 而不能定儒、墨之眞, 今乃欲審堯、舜之道於三千歲之前, 意者[2]其不可必乎! 無參驗[3]而必之者, 愚也。弗能必而據之者, 誣也。故明據先王, 必定堯、舜者, 非愚則誣也。愚誣之學, 雜反[4]之行, 明主弗受也。

○○○

묵가의 장례는 시신에 겨울철에는 겨울옷을 입히고 여름철에는 여름옷을 입혀, 관 두께가 세 치밖에 안 되는 오동나무 관을 쓰고 석 달 동안 상복을 입었는데, 세상의 군주가 검소하다고 여겨 그들을 예우했다. 유가는 집안을 파산시킬 정도로 장례를 치르고 삼 년 동안 상복을 입어, 쇠약해져 지팡이를 짚게 되었는데도 세상의 군주가 이를 효행이라고 여겨 그들을 예우하는데, 무릇 묵자의 검소함이 옳은 것이라면, 공자의 사치는 잘못된 것이다. 공자의 효행이 옳은 것이라면, 묵자의 박정함은 잘못된 것이다. 지금 효행과 박정 그리고 사치와 검소가 유가와 묵가에 함께 있는데도 군주는 이들을 모두 예우한다. 칠조(漆雕)는 강론하면서, 낯빛도 꺾이지 않고, 눈도 깜빡하지 않으며, 행동하는 것이 바르지 않을 때는 노예들조차도 피하고, 행동하는 것이 경직될 때는 제후에게도 화를 내는 데도, 세상의 군주가 그를 곧고 바르다고 여겨 예우한다. 송영자(宋榮子)는 강론하면서, 논리를 펼치며 다투지 않고, 보복하지 않는 자세를 취하며, 감옥에 갇히는 것을 부끄러워하지 않고, 모욕을 당해도 수치스럽게 생각하지 않는데도, 세상의 군주는 그를 관대하다고 여겨 예우한다. 무릇 칠조의 청렴함이 옳다면, 송영의 용서가 그른 것이 될 것이다. 송영의 관대함이 옳다면, 칠조의 난폭함이 그른 것이 될 것이다. 지금 관대함과 청렴함 용서와 난폭함이 두 사람에게 있는데도 군주는 그들을 모두 예우하고 있다. 어리석고 속이는 학설과 복잡하고 모순되는 말들이 다투기 시작하면서부터 군주가 그것을 다 들어주고 있어, 세상 사람들은 말에 정해진 원칙이 없고, 행동에 일정한 기준이 없다. 무릇 얼음과 숯불은 같은 그릇에 오래 있지 못하고, 추위와 더위는 같은 때에 함께 이르지 못하며, 복잡하고 모순되는 학설은 양립하여 다루지 못한다. 지금 복잡하고 그릇된 행동을 같거나 다른 말들과 함께 듣고 있으니, 어찌 어지럽지 않을 수 있겠는가! 듣고 행함이 이와 같으니, 사람을 다스림에 있어서도 또한 반드시 그러할 것이다.

墨者之葬也, 冬日冬服, 夏日夏服, 桐棺三寸[5], 服喪三月, 世主以爲儉而禮之。 儒者破家而葬, 服喪三年, 大毁[6]扶杖, 世主以爲孝而禮之，夫是墨子之儉，將非孔子之侈也。是孔子之孝，將非墨子之戾[7]也。今孝戾侈儉俱在儒•墨，而上兼禮之。漆雕之議，不色撓[8]，不目逃[9]，行曲則違於臧獲，行直則怒於諸侯，世主以爲廉而禮之。宋榮子[10]之議，設不鬪爭，取不隨仇，不羞囹圄，見侮不辱，世主以爲寬而禮之。夫是漆雕之廉，將非宋榮之恕也。是宋榮之寬，將非漆雕之暴也。今寬廉恕暴俱在二子，人主兼而禮之。自愚誣之學、雜反之辭爭，而人主俱聽之，故海內之士言無定術[11]，行無常議[12]。夫冰炭不同器而久，寒暑不兼時而至，雜反之學不兩立而治。今兼聽雜學繆行[13]同異之辭，安得無亂乎！聽行如此，其於治人，又必然矣。

○○○

지금 세상의 학자로서 정치를 이야기하는 자들은 대부분이 "빈궁한 자에게 토지를 주어 없는 자산을 채워야 한다."라고 말한다. 지금 무릇 다른 사람과 처지가 서로 같고, 풍년이나 부수입의 이득도 없으면서, 홀로 자급자족하는 것은 노력한 것이 아니면 검소한 것이다. 다른 사람과 처지가 서로 같고, 기근·질병이나 화(禍)·벌(罰)과 같은 재앙이 없는데도 홀로 빈궁한 것은 사치스러운 것이 아니면 게으른 것이다. 사치하고 게으른 자는 가난하고, 노력하고 검약한 자는 부유하다. 지금 군주가 부자들에게 거두어 가난한 집에게 베푼다면, 이는 노력한 것과 검소한 것을 빼앗아 사치하고 게으른 자에게 주는 것이니, 이에 백성이 힘써 일하고 절약해 쓰는 것을 찾으려 해도 찾을 수가 없을 것이다.

今世之學士語治者，多曰，"與貧窮地以實無資。" 今夫與人相若[14]

也，無豐年旁入[15]之利，而獨以完給[16]者，非力則儉也。與人相若也，無饑饉疾疚禍罪之殃，獨以貧窮者，非侈則惰也。侈而惰者貧，而力而儉者富。今上徵斂於富人以布施於貧家，是奪力儉而與侈惰也，而欲索民之疾作而節用，不可得也。

○○○

지금 여기에 어떤 사람이 있는데, 그의 뜻이 위험한 성에 들어가려 하지도 않고, 전쟁에도 참여하려 하지 않으며, 천하의 큰 이득 때문에 정강이의 털 하나라도 뽑지 않으려 하지 않지만, 세상의 군주들은 반드시 그를 좇아 예를 다하며, 그의 지혜를 귀히 여기고 그의 행동을 높게 여겨, 그가 사물을 가볍게 보고 생명을 중히 여기는 사람으로 생각할 것이다. 무릇 군주가 좋은 밭과 큰 집을 늘어놓고 작록을 베푸는 것은 이런 까닭에서 백성의 죽은 생명과 바꾸는 것이나. 지금 군주가 사물에 얽매이지 않고 생명을 중히 여기는 사람을 존귀하게 여기면서, 백성들로 하여금 목숨을 던지고 군주의 일을 위해 죽는 것을 소중히 하라고 하는 것은 있을 수 없는 것이다. 책을 소장하고 담론을 익히고 제자를 모아서 학문을 닦고 논설하게 하면, 세상의 군주들은 반드시 그를 좇아 예를 다하며 "현자를 존경하는 것은 선왕의 도이다."라고 말한다. 무릇 관리가 세금을 징수하는 곳은 농사짓는 자에게서이다. 그러나 군주가 기르는 것은 학문하는 자들이다. 농사짓는 자들에게는 세금을 무겁게 하고 학문하는 자들에게는 상을 많이 주면서, 백성들에게 힘껏 일하고 말은 적게 하라고 하는 것은 있을 수 없는 것이다. 절개를 내세워 이름을 날리고, 지조를 지키며 남들로부터 자신을 침해받지 않고 살면서, 그를 원망하는 말이 자신의 귀에 들린다고 하여, 반드시 칼을 가지고 자신을 원망하는 자를 대응하려 한다고 해도, 세상의 군주들은 반드시 그를 좇아 예를 다하며 그를 자존심이 강한 사람으로 여길 것이다. 무릇 적의 목을 벤 수고에 대해서는 상을 주지 않고, 집안 간에 다투는 용기는 드러내면서, 백성들이 힘껏 싸워 적을 물리치고 사사로운 다툼이 없기를 바라는 것은 있을 수 없는 것이다. 나라가 평안할 때는 유자(儒者)나 협객을 기르다가, 어려움이 이르면 병사를 쓰려 하니, 기른 것은 쓰이는 곳이 없고, 써야 하는 것은 기른 것이 없으니, 이것이 어려워지게 되는 까닭이다. 또한 무릇 군주가 학자들에게 들음에 있어, 만약 그의 말이 옳다면, 그것을 관직에서 펴도록 그를 등용해야 한다. 만약 그의 말이 옳지 않다면, 그 자신 그를 제거하여 그 실마리를 끊어야 한다. 지금 옳다고 여기면서도 관직에 등용하지 못하고, 그르다고 여기면서도 실마리를 끊지 못하고 있다. 옳으면서도 쓰지 않고, 그르면서도 끊지 않는 것은 세상이 어지러워지고 망하게 되는 길이다.

今有人於此， 義不入危城， 不處軍旅， 不以天下大利易其脛一毛， 世主必從而禮之， 貴其智而高其行， 以爲輕物重生之士也。夫上所以陳良田大宅， 設爵祿， 所以易民死命也。今上尊貴輕物重生之士， 而索民之出死而重殉上事， 不可得也。藏書策， 習談論， 聚徒役[17]， 服文學[18]而議說， 世主必從而禮之， 曰，“敬賢士， 先王之道也。” 夫吏之所稅， 耕者也。而上之所養， 學士也。耕者則重稅， 學士則多賞， 而索民之疾作而少言談， 不可得也。立節參民[19]， 執操不侵， 怨言過於耳， 必隨之以劍， 世主必從而禮之， 以爲自好[20]之士。夫斬首之勞不賞， 而家鬬之勇尊顯， 而索民之疾戰距敵而無私鬬， 不可得也。國平則養儒俠， 難至則用介士[21]， 所養者非所用， 所用者非所養，此所以亂也。且夫人主於聽學也，若是其言，宜布之官而用其身。若非其言，宜去其身而息其端。今以爲是也而弗布於官，以爲非也而不息其端。是而不用，非而不息，亂亡之道也。

○ ○ ○

첨대자우(澹臺子羽)는 군자의 용모를 가지고 있어 공자(孔子)가 그에게 기대를 하고 함께하였으나, 같이 오랫동안 있어보니 그의 행동이 용모와 같지 않았다. 재여(宰予)는 언사가 뛰어나 공자가 그에게 기대를 하고 함께하였으나, 같이 있어보니 지혜가 그 언변에 미치지 못하였다. 이에 공자가 "용모로 사람을 취했는데 자우를 잘못 취했고, 언변으로 사람을 취했는데 재여를 잘못 취했다."라고 말하였다. 이 때문에 공자의 지혜로도 인물의 실체를 잘못 취했다는 소리가 들리는데, 지금의 새로운 변론은 재여보다 함부로 말하고, 세상 군수들의 듣는 귀는 공자보다 어두우니, 그 말을 듣고 기쁘다 해서 이에 그를 임용한다면, 어찌 잘못 취했다 말하지 않을 수 있겠는가? 이 때문에 위(魏)가 맹묘(孟卯)의 언변을 믿어 화하(華下)의 환란이 있었고, 조(趙)가 마복(馬服)의 언변을 믿어 장평(長平)의 재앙이 있었다. 이 두 가지는 언변만을 믿고 사람을 잘못 취한 경우이다. 무릇 불에 달구어져 두드린 주석을 보는 데 있어 푸르고 누르스름한 색깔을 살피는 것만으로는 구야(區冶)라도 능히 검을 판정할 수 없을 것이다. 그러나 물속에서 고니와 기러기를 치게 하고 뭍에서 망아지와 말을 자르게 한다면, 이를 행한 자가 노예라고 해도 검의 무디고 예리함에 의문은 없을 것이다. 이빨과 입술을 벌린 모양만으로는 백락(伯樂)이라도 능히 말을 판정할 수 없을 것이다. 그러나 수레를 주어 나아가 타보게 하여 말이 달리는 길을 보게 한다면, 이를 행한 자가 노예라고 해도 말의 둔하고 민첩함에 의문이 없을 것이다. 용모와 복장을 보고 언변을 듣는 것만으로는 공자라도 능히 사람을 판정할 수 없을 것이다. 그러나 관직으로 시험하고 공적을 매긴다면, 우둔하고 변변치 못한 사람일지라도 어리석고 지혜로운 것에 의문이 없을 것이다. 그러므로 명철한 군주의 관리란 재상이라면 반드시 지방관에서 시작하고, 용맹한 장수라면 반드시 병졸의 대오에서 출발한다. 무릇 공이 있는 자가 반드시 상을 받는다면, 작록이 후할수록 더욱 근면할 것이다. 벼슬이 높아지고 등급이 올라간다면, 관직이 클수록 더욱 다스려질 것이다. 무릇 작록을 크게 하여 관직을 다스리는 것이 왕의 도리이다.

澹臺子羽[22]，君子之容也，仲尼幾[23]而取之，與處久而行不稱其貌。宰予[24]之辭，雅而文也，仲尼幾而取之，與處而智不充[25]其辯。故孔子曰，"以容取人乎，失之子羽。以言取人乎，失之宰予。"故以仲尼之智而有失實之聲。今之新辯濫乎宰予，而世主之聽眩乎仲尼，爲悅其言，因任其身，則焉得無失乎? 是以魏任孟卯之辯而有華下之患，趙任馬服之辯而有長平之禍。此二者任辯之失也。夫視鍛[26]錫而察青黃，區冶[27]不能以必劍。水擊鵠雁，陸斷駒馬，則臧獲不疑鈍利。發齒吻形容，伯樂不能以必馬。授車就駕而觀其末塗[28]，則臧獲不疑駑良。觀容服，聽辭言，仲尼不能以必士。試之官職，課其功伐[29]，則庸人不疑於愚智。故明主之吏，宰相必起於州部，猛將必發於卒伍。夫有功者必賞，則爵祿厚而愈勸。遷官襲級[30]，則官職大而愈治。夫爵祿大而官職治，王之道也。

○ ○ ○

큰 돌이 깔린 땅만 천 리라면 부자라고 말할 수 없다. 허수아비만 백만이라면 강하다고 말할 수 없다. 돌이 크지 않은 것이 아니고, 수가 많지 않은 것은 아니지만, 부유하고 강하다고 말할 수 없는 것은 돌은 곡식을 생산하지 못하고, 허수아비는 적을 물리치게 할 수 없기 때문이다. 지금 장사하는 자와 관리, 또 기술과 재주를 가진 자들은 힘써 농사를 짓지 않고 먹고사는데, 이는 땅에서 농사를 지을 수 없는 것으로 큰 돌과 같다. 유자와 협객들이 병사들과 같은 노고도 없이 이름을 드러내고 영화를 누리게 된다면 백성을 부릴 수 없을 것이니, 이는 허수아비를 부리는 것과 같은 일이다. 무릇 큰 돌과 허수아비가 화(禍)라는 것은 알지만, 장사하는 자와 관리, 또 유자와 협객이 농사지을 수 없는 땅과 부릴 수 없는 백성과 같은 화라는 것은 알지 못하니, 이는 이들의 성질이 같다는 것을 모르는 것이다.

磐石[31]千里, 不可謂富。象人[32]百萬, 不可謂强。石非不大, 數非不衆也, 而不可謂富强者, 磐不生粟, 象人不可使忠距敵也。今商官技藝之士, 亦不墾而食, 是地不墾與磐石一貫也。儒俠毋軍勞顯而榮者, 則民不使, 與象人同事也。夫禍知磐石象人, 而不知禍商官儒俠爲不墾之地、不使之民, 不知事類者也。

○ ○ ○

그러므로 적국의 군주들은 비록 내 뜻을 좋아하더라도 내가 조공을 바치며 신하가 될 수는 없다. 기내(畿內)의 제후들은 비록 내 행동을 비난하면서도, 나에게 반드시 조공으로서 예물을 바치라고 한다.

즉 군주의 힘이 강하면 다른 이들이 조공을 가지고 온다. 힘이 부족하면 다른 사람에게 조공을 바치게 되므로 명철한 군주는 애써 힘을 기른다. 무릇 엄한 집안에는 포악한 종이 없고, 자혜로운 어머니에게는 망가진 자식이 있으니, 나는 이로써 위세가 포악함을 금할 수 있다는 것과 덕이 후한 것으로는 난을 막기에는 부족하다는 것을 아는 것이다.

故敵國之君王雖說吾義, 吾弗入貢而臣。關內之侯[33]雖非吾行, 吾必使執禽[34]而朝。是故力多則人朝, 力寡則朝於人, 故明君務力。夫嚴家無悍虜, 而慈母有敗子, 吾以此知威勢之可以禁暴, 而德厚之不足以止亂也。

○○○

무릇 성인은 나라를 다스리는 데 있어, 남들이 나를 위해 선하기를 바라지 않고, 대신 그들이 그릇된 행동을 할 수 없게 하는 방법을 쓴다. 남들이 나를 위해 선하기를 바란다면, 나라 안에 그러한 자는 열 명도 없을 것이다. 그러나 사람들이 그릇된 행동을 할 수 없게 하는 방법을 쓴다면, 온 나라를 가지런하게 할 수 있다. 다스리는 자는 많은 이를 통치하는 수단을 쓰고 적은 이를 통치하는 수단을 버리니, 덕에 힘쓰지 않고 법에 힘쓴다. 무릇 저절로 곧은 화살만을 기필코 바란다면, 백 년이 되어도 화살은 없을 것이다. 또한 저절로 둥근 나무를 바란다면, 천 년이 되어도 바퀴는 없을 것이다. 저절로 곧은 화살이나 저절로 둥근 나무는 백 년에 하나도 없는데, 그렇지만 세상 사람들이 다 수레를 타고 짐승을 쏠 수 있게 된 것은 어째서인가? 도지개를 이용하는 방법을 쓰기 때문이다. 비록 도지개에 의지하지 않고 저절로 곧은 화살이나 저절로 둥근 나무도 있을 수 있겠지만, 훌륭한 기술자는 이를 귀하게 여기지 않는다. 왜인가? 수레를 타는 자는 한 사람이 아니고, 활을 쏘는 것도 한 발이 아니기 때문이다. 상벌에 의지하지 않고 저절로 선한 것에 의지하는 백성을 명철한 군주는 귀하게 여기지 않는다. 왜인가? 나라의 법은 효력을 잃게 할 수 없고, 다스려야 하는 자도 한 사람이 아니기 때문이다. 그러므로 술수를 가지고 있는 군주는 우연한 선함을 따르지 않고, 기필코 그렇게 되는 방법을 행한다.

夫聖人之治國， 不恃人之爲吾善也， 而用其不得爲非也。 恃人之爲吾善也， 境內不什數。 用人不得爲非， 一國可使齊。 爲治者用衆[35]而舍寡[36]， 故不務德而務法。 夫必恃自直之箭， 百世無矢。 恃自圜之木， 千世無輪矣。 自直之箭， 自圜之木， 百世無有一， 然而世皆乘車射禽者何也? 隱栝[37]之道用也。 雖有不恃隱栝而有自直之箭、自圜之木， 良工弗貴也。 何則? 乘者非一人， 射者非一發也。 不恃賞罰而恃自善之民， 明主弗貴也。 何則? 國法不可失， 而所治非一人也。 故有術之君， 不隨適然[38]之善， 而行必然之道。

○ ○ ○

지금 어떤 이가 다른 사람에게 "그대를 기필코 지혜롭게 하고 장수하도록 하겠다."라고 말한다면, 세상 사람들은 반드시 미쳤다고 생각할 것이다. 무릇 지혜로움은 천성이다. 목숨은 천명이다. 천성과 천명은 남들에게 배우는 것이 아닌데, 사람이 할 수 없는 것을 가지고 남을 달래니, 이것이 세상 사람들이 그를 미쳤다고 하는 이유이다. 할 수 없는 것을 말하니, 이는 아첨이다. 무릇 아첨은 천성이 아니다. 인의로 사람을 가르치는 것은 지혜로움과 목숨으로 다른 사람을 달래는 것이니, 법도를 가지고 있는 군주는 인의 따위로 사람을 가르친다는 주장을 받아들이지 않는다. 그러므로 훌륭한 모장(毛嗇)과 서시(西施)의 아름다움이라도 자신의 얼굴에는 도움이 안 된다. 지택과 분대 같은 화장품을 쓴다 해도 처음 모습의 두 배 정도에 그칠 것이다. 선왕의 인의를 말하는 것은 다스림에 도움이 안 된다. 자신의 법도를 밝히고, 자신의 상법을 반드시 행하는 것이 또한 나라의 지택과 분대이다. 그러므로 명철한 군주는 도움이 되는 것은 급히 하고 칭송은 천천히 하기 때문에 인의를 말하지 않는다.

今或謂人曰, "使子必智而壽。" 則世必以爲狂。 夫智, 性也。 壽, 命也。 性命者, 非所學於人也, 而以人之所不能爲說[39]人, 此世之所以謂之爲狂也。 謂之不能然, 則是諭[40]也。 夫諭, 性[41]也。 以仁義教人, 是以智與壽說人也, 有度之主弗受也。 故善毛嗇、西施[42]之美, 無益吾面。 用脂澤[43]粉黛[44], 則倍其初。 言先王之仁義, 無益於治。 明吾法度, 必吾賞罰者, 亦國之脂澤粉黛也。 故明主急其助而緩其頌, 故不道仁義。

○ ○ ○

지금 무당이 남들에게 "당신을 천년만년 장수하도록 하겠습니다."라고 기원한다면, 천년만년이라는 소리가 귀를 요란하게는 하지만, 단 하루의 목숨도 다른 사람에게 검증해낼 수 없으니, 이것이 사람들이 무당을 경시하는 이유이다. 지금 세상의 유가들은 군주를 달래며, 지금 세상을 다스릴 수 있는 방법은 말하지 않고, 이미 다스려진 공로만을 말하고 있다. 공무나 법에 대한 일은 살피지 않고 간악한 사정도 조사하지 않으면서, 모두가 상고 시대로부터 전해져 내려오는 것과 당시에 기렸던 것만을 말하고, 선왕이 이루었던 공만을 말하고 있다. 유가들은 "내 말을 들으면 패왕이 될 수 있다."라고 꾸며서 말한다. 이렇게 달래는 자들은 무당과 같은 사람들로 법도를 가진 군주라면 이를 받아들이지 않는다. 그러므로 명철한 군주는 사실은 드러내고, 쓸모없는 것은 버리며, 인의에 대한 일은 말하지 않고, 학자들의 말은 듣지 않는다.

今巫祝之祝人曰, "使若千秋萬歲。" 千秋萬歲之聲聒耳[45], 而一日之壽無徵於人, 此人所以簡巫祝也。今世儒者之說人主, 不言今之所以爲治, 而語已治之功。不審官法之事, 不察姦邪之情, 而皆道上古之傳譽, 先王之成功。儒者飾辭曰, "聽吾言則可以霸王。" 此說者之巫祝, 有度之主不受也。故明主擧實事, 去無用, 不道仁義故[46], 不聽學者之言。

○○○

지금은 다스리는 것을 모르는 사람이라 해도 반드시 "백성의 마음을 얻어야 합니다."라고 말할 것이다. 백성의 마음을 얻어 그것으로 다스릴 수 있다고 한다면, 이윤(伊尹)과 관중(管仲)도 필요 없을 것이며, 장차 백성의 말을 잘 들으면 될 뿐이다. 백성의 지혜로움을 쓸 수 없다는 것은 마치 백성의 마음은 어린아이의 마음과 같기 때문이다. 무릇 어린아이들은 머리카락을 깎지 않으면 배가 아프고, 종기를 째지 않으면 점점 심해진다고 믿는다. 머리카락을 자르거나 종기를 째으려면 반드시 한 사람이 아이를 안고 자혜로운 엄마가 그것을 해야 하는데, 그럼에도 울음소리가 그치지 않는 것은 어린아이는 작은 고통을 참으면 커다란 이득이 오게 됨을 모르기 때문이다. 지금 군주가 경작과 개간을 다그쳐 백성의 생산이 후해지더라도 그들은 군주를 가혹하다고 생각할 것이다. 형벌에 관한 법을 고쳐 죄를 무겁게 하는 것은 사악함을 금하기 위한 것이지만, 그들은 군주를 엄하다고 생각할 것이다. 돈과 곡식을 거두어들여 창고를 채우게 하는 것은 장차 기근을 구하고 전쟁을 대비하기 위한 것이지만, 그들은 군주를 탐욕스럽다고 생각할 것이다. 나라 안에서는 반드시 군복으로 무장하고 사적인 면제가 없음을 알리고 힘껏 싸우도록 하는 것은 적을 사로잡기 위한 것이지만, 그들은 군주를 난폭하다고 생각할 것이다. 이 네 가지는 편안히 다스리기 위한 것이지만, 백성은 기뻐할 줄 모른다. 무릇 밝게 통달한 자를 구하는 데 백성의 지혜로움을 스승 삼아 쓰기에는 부족하기 때문이다. 옛날에 우(禹)가 강둑을 트고 물 바닥을 파내는데 백성들은 자갈을 모았다. 자산(子産)이 밭을 넓히고 뽕나무를 심는데 정(鄭)나라 사람들은 이를 비난하였다. 우가 세상을 이롭게 하고, 자산이 정나라를 존속시켰으나 모두 이 때문에 비방을 받았다. 무릇 백성의 지혜로움은 쓰기에 부족함이 확실하다. 그러므로 사람을 천거하면서 현명함과 지혜로움을 구하고 정치를 하면서 백성의 마음에 맞추기를 기대하는 것은 모두 난의 발단이 되니, 더불어 정치를 할 수 없는 것이다.

今不知治者必曰, "得民之心。" 欲得民之心而可以爲治, 則是伊尹、管仲無所用也, 將聽民而已矣。民智之不可用, 猶嬰兒之心也。夫嬰兒不剔首則腹痛[47], 不揊痤則寖益。剔首、揊痤必一人抱之, 慈母治之, 然猶啼呼不止, 嬰兒子不知犯其所小苦, 致其所大利也。今上急耕田墾草以厚民産也, 而以上爲酷。修刑重罰以爲禁邪也, 而以上爲嚴。徵賦錢粟以實倉庫, 且以救饑饉、備軍旅也, 而以上爲貪。境內必知介[48]而無私解[49]，幷力疾鬬，所以禽虜也，而以上爲暴。此四者所以治安也，而民不知悅也。夫求聖通[50]之士者，爲民知之不足師用。昔禹決江濬河[51]，而民聚瓦石。子産開畝樹桑，鄭人謗訾。禹利天下，子産存鄭，皆以受謗，夫民智之不足用亦明矣。故擧士而求賢智，爲政而期適民，皆亂之端，未可與爲治也。

1) 取舍(취사): 취하고 버리는 것으로 주장이나 주의 같이 옳고 그른 것을 가리는 내용을 말한다.

2) 意者(의자): 의(意)는 억(抑)과 통한다.

3) 參驗(삼험): 증거.

4) 雜反(잡반): 여러 학설이 잡다하고 일정하지 않아 서로 대립되는 것.

5) 桐棺三寸(동관삼촌): 관 두께가 세 치밖에 안 되는 값싸고 썩기 쉬운 오동나무 관.

6) 大毁(대훼): 상주가 오랫동안 상을 치러 쇠약해진 것을 말한다.

7) 戾(려): 인정에 어그러진 것으로 박정함을 말한다.

8) 色撓(색요): 요(撓)는 굴(屈)의 의미로 '낯빛이 일그러진다'는 뜻이다.

9) 目逃(목도): 도(逃)는 순(瞬)의 의미로 '눈을 깜빡이는 것'을 가리킨다.

10) 宋榮子(송영자): 전국 시대 중기의 사상가로 비전론(非戰論)을 주장했던 송경(宋牼)을 말한다.

11) 定術(정술): 술(術)은 도(道)의 의미로 정술(定術)은 고정된 원리를 말한다.

12) 常議(상의): 불변의 주장.

13) 繆行(무행): 어긋난 행동.

14) 相若(상약): 처지나 조건이 서로 같은 것.

15) 旁入(방입): 곁수입, 부수입.

16) 完給(완급): 완전하게 다 채우는 것으로 자급자족을 말한다.

17) 徒役(도역): 본래 노동에 종사하는 무리라는 의미지만 여기서는 문인을 가리킨다.

18) 服文學(복문학): 학문에 종사하여 고전을 몸에 익히는 것으로, 학문을 닦는 것을 가리킨다.

19) 參民(삼민): 민(民)은 명(名)의 잘못된 표기로 참명(參名)은 이름을 날리는 것이다.

20) 自好(자호): 자존심 강한 것을 소중히 하는 것.

21) 介士(개사): 전쟁에 참가하는 병사.

22) 澹臺子羽(첨대자우): 공자의 제자로 성이 첨대(澹臺), 이름이 멸명(滅明), 자가 자우(子羽)다.

23) 幾(기): 기(期)와 통하여 '기대하다'의 의미다.

24) 宰予(재여): 공자의 제자로 자는 자아(子我)다. 말을 잘한다고 알려져 있다.

25) 不充(불충): 차지 못하는 것으로, 미치지 못함을 말한다.

26) 鍛(단): 쇠붙이를 불에 달구어 두드려 단단히 하는 것.

27) 區冶(구야): 월(越)나라 사람으로 도검(刀劍)을 만드는 명장이다.

28) 末塗(말도): 말이 달리는 주행(走行) 길.

29) 功伐(공벌): 공적(功績).

30) 遷官襲級(천관습급): 관직이 높아지고 등급이 올라가는 것.

31) 磐石(반석): 큰 돌이 넓게 깔린 땅.

32) 象人(상인): 우인(偶人)으로 허수아비를 말한다.

33) 關內之侯(관내지후): 봉호(封號)만 받고 봉토(封土) 없이 기내(畿內)에 머물고 있는 제후.

34) 執禽(집금): 신하가 군주를 처음 알현할 때 예물로 가지고 가는 새.

35) 衆(중): 많은 이를 통치하는 수단.

36) 寡(과): 적은 이를 통치하는 수단.

37) 隱栝(은괄): 은(隱)은 은(檃)이다. 은괄(隱栝)은 도지개로 굽은 나무나 뒤틀린 활을 바로 잡는 틀이다

38) 適然(적연): 우연히 만난 것.

39) 說(세): 달래다.

40) 諭(유): 유(諭)는 유(諛)로 '아첨하다'의 의미다.

41) 性(성): 앞에 비(非)가 누락돼 있다.

42) 毛嗇·西施(모장, 서시): 모장은 모장(毛廧)으로 둘 모두 월(越)나라 미인이다.

43) 脂澤(지택): 입술과 두발을 윤기 나게 하는 화장품.

44) 粉黛(분대): 흰 분과 눈썹을 그리는 검푸른 물감.

45) 聒耳(괄이): 귀를 요란하게 하다.

46) 故(고): 사(事).

47) 嬰兒不剔首則腹痛(영아불척수칙복통): 머리카락을 기르면 복부가 차가

워져 아프게 된다는 미신.

48) 介(개): 개주(介冑)로 갑옷과 투구를 쓴 것이다. 즉 군복 차림을 말한다.

49) 私解(사해): 사적으로 노역을 면제하는 것.

50) 聖通(성통): 명통(明通)의 의미로 훤히 통달한 것.

51) 決江濬河(결강준하): 장강(長江)의 둑을 터서 물길을 돌리고 황하(黃河) 바닥의 모래를 깊게 파다.

제51편 충효(忠孝)

충성과 효도

解 題

충효(忠孝)는 군주에게 충성하고 부모에게 효도하는 것이다. 문장은 신하는 반드시 "법을 지키고[守法]" "군주를 섬기며[事君]", 아들은 반드시 "부모를 봉양하고[養親]" "아버지를 섬겨야[事父]" 한다는 충효관(忠孝觀)을 천명하였다. 한비는 유가(儒家)가 선양하는 요(堯)·순(舜)·탕(湯)·무(武)의 행위는 충효에 어긋나고, 고금(古今)의 "절의를 지킨 선비[烈士]"는 불충불효(不忠不孝)하다고 지적하면서, 그들을 칭송하는 것은 "민심을 어지럽히는 학설[亂術]"이라고 비판하였다.

한비는 천하 사람들이 충효의 도덕 준칙을 존숭하지만, 그들이 존숭하는 현신(賢臣)과 명군(明君)은 도리어 불충불효한 행위가 많았다고 보았다. 그는 요·순·탕·무는 "군주와 신하 사이의 도덕 준칙을 위반하여, 후세의 교화를 어지럽힌 장본인[反君臣之義, 亂後世之敎者]"이라고 비판하였다. 또한

"신하가 군주를 섬기고, 아들이 아버지를 섬기고, 아내가 남편을 섬기는[臣事君, 子事父, 妻事夫]" 것은 "천하를 다스리는 불변의 법칙[天下之常道]"임을 강조하였고, "법도를 받들어 지켜야 하며 현능함을 숭상해서는 안 된다[上法而不上賢]"고 주장하였다. 그는 "사람이 세상에 살면서 반드시 군주를 섬기고 부모를 봉양해야[人生必事君養親]" 하는데, "충신(忠臣)"과 "현능한 신하[賢臣]"는 반드시 "법도를 밝히고 자기의 직무를 충실히 이행하여, 자기의 군주를 떠받들고[明法辟治官職, 以戴其君者]" "온 힘을 다해 법을 지키고, 온 마음을 기울여 군주를 섬겨야[盡力守法, 專心於事主]" 하며, "군주의 정권을 다투어 빼앗으면[競取君之國]" 안 된다고 하였다. 또 "효자(孝子)"와 "현능한 아들[賢子]"은 반드시 "아버지를 돕고[爲父]", "집안이 가난하면 집안을 부유하게 하고, 아버지가 괴로우면 아버지를 즐겁게 해야[家貧則富之, 父苦則樂之]" 하며, "아버지의 가산을 다투어 빼앗으면[競取父之家]" 안 된다고 하였다. 이것이 바로 한비의 충효관이다. 한비의 충효관은 군주와 아버지의 이익을 목적으로 하는 것이며, 그래서 그는 탕(湯)·무(武) 혁명을 부정하고 그것을 일종의 불충(不忠)한 행위로 보았다.

그는 "옛날 절의를 지킨 선비[古之烈士]"는 "조정에 나아가서는 군주에게 신복(臣服)하지 않고, 집에 돌아와서는 가정을 위하여 힘쓰지 않았고[進不臣君, 退不爲家]", 지금의 "절의를 지키는 선비[烈士]"는 "청정하고 담박하여 명리(名利)를 갈망하지 않는 학문[恬淡之學]"을 하고 "어렴풋하고 모호하여 종잡을 수 없는 말[恍惚之言]"을 연구한다고 지적하고, 그들의 도덕 준칙과 학문은 모두 "민심을 어지럽히는 학설[亂術]"이며 "민심을 현혹하는 학설[惑術]"이라고 비판하였다. 동시에 그는 "지금의 백성은 약삭빠르고 영리하며 또 똑똑하여, 자기의 이익만 생각하고, 군주에게 복종하지 않으므로[今民儇詗智慧, 欲自用, 不聽上]" 반드시 상벌을 시행해야, 그들로 하여금 군주에게 충성을 다하고, 군주를 위해 힘쓰게 할 수 있다고 하였다. 이밖에, 문장

끝부분에서는 종횡가(縱橫家)를 비판하며, 패자(霸者)가 되고 제왕(帝王)이 되는 대업을 성취하기 위해서는, 오직 "나라 안을 잘 다스림으로써 천하를 제재[治內以裁外]"해야 한다고 지적하였다.

○ ○ ○

천하 사람들은 모두 부모에게 효도하고 윗사람을 공경하고 군주에게 충성하고 남편에게 순종하는 도덕 준칙을 옳다고 여기지만, 아무도 효도하고 공경하고 충성하고 순종하는 도덕 준칙을 살피고 그것을 신중하게 실행할 줄을 모르니, 이 때문에 천하가 어지럽다. 천하 사람들은 모두 요(堯)와 순(舜)의 방법을 옳다고 여겨 그것을 본받으니, 이 때문에 군주를 시해하는 자가 있고, 아버지를 배반하는 자가 있다. 요·순·탕왕(湯王)·무왕(武王)은 아마도 군주와 신하 사이의 도덕 준칙을 위반하여, 후세의 교화를 어지럽힌 장본인일 것이다. 요(堯)는 군주임에도 자기의 신하 순(舜)을 군주로 받들었고, 순은 신하임에도 자기의 군주 요를 신하로 삼았으며, 탕왕과 무왕은 신하임에도 자기의 군주를 시해하고 군주의 시체를 절단하였는데, 그럼에도 천하 사람들은 그들을 칭찬하니, 이것이 천하가 지금에 이르기까지 다스려지지 않는 까닭이다. 대저 이른바 현명한 군주는, 자기의 신하를 순종하게 할 수 있는 사람이다. 이른바 현능한 신하는, 법도를 밝히고 자기의 직무를 충실히 이행하여, 자기의 군주를 떠받들 수 있는 사람이다. 지금 요(堯)는 스스로 현명하다고 여기면서도 그것을 가지고 순(舜)을 순종하게 하지 못했고, 순은 스스로 현능하다고 여기면서도 그것을 가지고 요를 떠받들지 못했고, 탕왕과 무왕은 스스로 의롭다고 여기면서도 자기의 군주를 시해하였으니, 이것이 바로 한편으로는 스스로 현명하다고 여기는 군주들이 흔히 권력을 내주고 다른 한편으로는 스스로 현능하다고 여기는 신하들이 흔히 권력을 빼앗는 경우이다. 그러므로 지금에 이르기까지 아들 된 이로서 아버지의 가산을 빼앗는 자가 있고, 신하 된 이로서 군주의 정권을 빼앗는 자가 있게 된 것이다. 아버지가 가산을 아들에게 넘겨주고, 군주가 정권을 신하에게 넘겨주니, 이것은 명위(名位)를 확정하고 교화를 통일하는 데 쓰이는 방도가 아니다.

天下皆以孝悌忠順之道爲是也， 而莫知察孝悌忠順之道而審[1]行之，是以天下亂。 皆以堯、舜之道爲是而法[2]之， 是以有弑君[3]， 有曲父[4]。 堯、舜、湯、武或反君臣之義， 亂後世之教[5]者也。 堯爲人君而君其臣， 舜爲人臣而臣其君[6]， 湯、武爲人臣而弑其主、刑其尸[7]， 而天下譽之， 此天下所以至今不治者也。 夫所謂明君者， 能畜[8]其臣者也。 所謂賢臣者， 能明法辟[9]、治官職， 以戴其君者也。 今堯自以爲明而不能以畜舜， 舜自以爲賢而不能以戴堯， 湯、武自以爲義而弑其君長， 此明君且常與而賢臣且[10]常取也。 故至今爲人子者有取其父之家， 爲人臣者有取其君之國者矣。 父而讓子， 君而讓臣， 此非所以定位[11]一教[12]之道也。

○○○

내가 들은 바에 이르기를 "신하가 군주를 섬기고, 아들이 아버지를 섬기고, 아내가 남편을 섬기는데, 이 세 가지 질서를 따르면 천하가 잘 다스려지고, 이 세 가지 질서를 거스르면 천하가 어지럽다. 이것은 천하를 다스리는 불변의 법칙[常道]이니, 현명한 제왕과 현능한 신하라고 해도 바꾸지 못한다."라고 하였다. 그런즉 군주가 설령 덕과 재능이 없더라도, 신하가 감히 그를 침해하지 못한다. 지금 대저 현능한 사람을 존숭하고 지혜로운 사람을 임용하면서도 이 불변의 정치 법칙을 따르지 않으니, 실로 시대의 흐름에 역행하는 조치이다. 그러나 천하의 군주는 늘 이것을 나라를 다스리는 방법으로 삼으니, 이런 까닭에 전씨(田氏)가 제(齊)나라에서 여씨(呂氏)의 정권을 빼앗았고, 대씨(戴氏)가 송(宋)나라에서 자씨(子氏)의 정권을 빼앗았다. 이 신하들은 모두 현능하고 또한 지혜로웠지, 설마 어리석고 또한 무능했겠는가? 이렇게 보면 불변의 정치 원칙을 버리고 현능한 사람을 존숭하면 나라가 어지럽고, 법도를 버리고 지혜로운 사람을 임용하면 군주가 위태롭다. 그러므로 말하기를 "법도를 받들어 지켜야 하며 현능함을 숭상해서는 안 된다."라고 하는 것이다.

臣[13]之所聞曰, "臣事君, 子事父, 妻事夫, 三者順則天下治, 三者逆則天下亂。此天下之常道也, 明王賢臣而弗易也。" 則人主雖不肖, 臣不敢侵也。今夫上[14]賢任智無常, 逆道也。而天下常以爲治, 是故田氏奪呂氏於齊[15], 戴氏奪子氏於宋[16]。此皆賢且智也, 豈愚且不肖乎? 是廢常、上賢則亂, 舍法、任智則危。故曰, "上法而不上賢。"

○○○

전적(典籍)에 이르기를 "순(舜)은 아버지 고수(瞽瞍)가 자기를 조현(朝見)하러 오는 것을 보면, 그의 안색이 불안하였다."라고 하였다. 공자(孔子)가 이르기를 "이 때에는, 위태로웠다! 천하가 위태로우니, 순처럼 도덕이 있는 사람은, 그의 아버지가 본래 그를 아들로서 대할 수 없고, 그의 군주가 본래 그를 신하로서 대할 수 없다."라고 하였다. 내가 말하건대, 공자는 본래 부모에게 효도하고 윗사람을 공경하고 군주에게 충성하고 남편에게 순종하는 도덕 준칙을 알지 못하였다. 그의 말대로라면 도덕이 있는 사람은 조정에 나아가서는 군주의 신하가 될 수 없고, 집에 돌아와서는 아버지의 아들이 될 수 없다는 것인가? 아버지가 현능한 아들이 있기를 바라는 것은, 집안이 가난하면 그들에 의지하여 집안을 부유하게 할 수 있고, 아버지가 괴로우면 그들에 의지하여 아버지를 즐겁게 할 수 있기 때문이다. 군주가 현능한 신하가 있기를 바라는 것은, 나라가 혼란하면 그들에 의지하여 나라를 잘 다스릴 수 있고, 군주가 비천하면 그들에 의지하여 군주를 존귀하게 할 수 있기 때문이다. 지금 현능한 아들이 있어도 아버지를 돕지 않으면, 아버지가 집에 살면서 괴롭다. 현능한 신하가 있어도 군주를 보좌하지 않으면, 군주가 지위에 있으면서 위태롭다. 그렇다면 아버지에게 현능한 아들이 있고, 군주에게 현능한 신하가 있는 것은, 단지 그것으로써 재난을 초래할 수 있을 뿐, 어찌 그들로부터 이득을 얻겠는가! 이른바 충신은 자기의 군주를 위태롭게 하지 않아야 하고, 효자는 자기의 부모를 거스르지 않아야 하는데, 지금 순은 현능함에 기대어 군주의 대권을 탈취하였고, 탕왕과 무왕은 도의(道義)에 의거하여 자기의 군주를 추방하고 시해하였으니, 이들은 모두 현능함을 빙자하여 군주를 위태롭게 한 사람인데, 그럼에도 천하 사람들은 그들을 현능하다고 여긴다.

記[17]曰, “舜見瞽瞍[18], 其容造焉[19]。” 孔子曰, “當是時也, 危哉! 天下岌岌[20], 有道者[21], 父固[22]不得而子, 君固不得而臣也。” 臣曰, 孔子本未知孝悌忠順之道也。 然[23]則有道者進不得爲臣主[24], 退不得爲父子耶? 父之所以欲[25]有賢子者, 家貧則富之, 父苦則樂之。 君之所以欲有賢臣者, 國亂則治之, 主卑則尊之。 今有賢子而不爲

[26]父，則父之處家也苦。有賢臣而不爲君，則君之處位也危。然則父有賢子，君有賢臣，適[27]足以爲害耳，豈得利焉[28]哉！所謂忠臣不危其君，孝子不非[29]其親，今舜以賢取君之國，而湯、武以義放弑其君，此皆以賢而危主者也，而天下賢之。

○○○

옛날 이른바 '절의를 지킨 선비'는, 조정에 나아가서는 군주에게 신복(臣服)하지 않고, 집에 돌아와서는 가정을 위하여 힘쓰지 않았는데, 이들은 조정에서는 자기의 군주를 배반하고, 집에서는 자기의 부모를 배반한 사람이다. 게다가 대저 조정에서 군주에게 신복하지 않고, 집에서 가정을 위하여 힘쓰지 않는 것은, 세상을 어지럽히고 자손 후대를 끊는 방법이다. 그러므로 요(堯)·순(舜)·탕왕(湯王)·무왕(武王)을 칭송하고 절의를 지킨 선비를 옳다고 여기는 것은, 세상에서 민심을 어지럽히는 학설이다. 고수(瞽瞍)는 순(舜)의 아버지인데도 순은 그를 추방하였고, 상(象)은 순의 동생인데도 순은 그를 죽였다. 순이 아버지를 추방하고 동생을 죽인 것은, 어질다고 말할 수 없다. 요(堯)의 두 딸을 아내로 삼고 천하를 빼앗은 것은, 의롭다고 말할 수 없다. 어짊과 의로움이 없는 것은, 현명하다고 말할 수 없다. 『시(詩)』에 이르기를 "하늘 아래, 왕의 땅이 아닌 것이 없고, 사해(四海) 안에, 왕의 신하가 아닌 자가 없다."라고 하였다. 진실로 『시』에서 말하는 것과 같다면, 순은 조정에 나아가서는 자기의 군주를 신하로 삼고, 집에 들어와서는 자기의 아버지를 신복(臣僕)으로 삼고, 자기의 어머니를 노비로 삼고, 자기 군주의 딸을 아내로 삼아야 한다. 그러므로 절의를 지킨 선비는 집 안에서는 가정을 위하지 힘쓰지 않고, 세상을 어지럽히고 자손 후대를 끊어버렸다. 그리고 집 밖에서는 군주와 대립하여, 자기의 썩어 문드러진 유골이, 들판에 뿌려지고, 하천과 협곡에 떠다녀도, 끓는 물과 타는 불에 뛰어들기를 피하지 않았으니, 만약 천하 사람들로 하여금 따라서 그들을 본받게 한다면, 천하는 도처에 죽은 사람이 생길 것이고 모두들 요절하기를 바랄 것이니, 이들은 모두 세상을 내버려 둔 채 다스리려고 노력하지 않은 사람이다.

古之烈士[30], 進不臣君[31], 退不爲家, 是進則非其君, 退則非其親者也。且夫進不臣君, 退不爲家, 亂世絶嗣[32]之道也。是故賢堯、舜、湯、武而是[33]烈士, 天下之亂術[34]也。瞽瞍爲舜父而舜放之[35], 象爲舜弟而殺之[36]。放父殺弟, 不可謂仁。妻帝二女[37]而取天下, 不可謂義。仁義無有, 不可謂明。詩云, "普天之下, 莫非王土, 率土之濱[38], 莫非王臣[39]。" 信[40]若『詩』之言也, 是舜出則臣其君, 入則臣其父, 妾[41]其母, 妻其主女也。故烈士內不爲家, 亂世絶嗣。而外矯[42]於君, 朽骨爛肉, 施[43]於土地, 流於川谷, 不避蹈水火, 使天下從而效之, 是天下徧死而願夭也, 此皆釋世而不治是[44]也。

○ ○ ○

세상의 이른바 절의를 지키는 선비는, 민중을 벗어나 독단적으로 행동하고, 특별한 주장을 하여 남들과 다름을 나타내고, 청정하고 담박하여 명리(名利)를 갈망하지 않는 학문을 하고, 어렴풋하고 모호하여 종잡을 수 없는 말을 연구한다. 나는 청정하고 담박한 것은, 쓸모없는 설교이고, 어렴풋하고 모호한 것은, 법도가 없는 말이라고 생각한다. 말을 하면 법도가 없고 설교를 하면 쓸모가 없는 사람을, 세상에서는 오히려 그들이 똑똑히 살핀다고 말한다. 나는 사람이 세상에 살면서 반드시 군주를 섬기고 부모를 봉양해야 하는데, 군주를 섬기고 부모를 봉양함에 있어서 청정하고 담박해서는 안 되고, 민중을 다스리면서 반드시 법술에 충실한 말에 의지해야 하는데, 법술에 충실한 말이 어렴풋하고 모호해서는 안 된다고 생각한다. 어렴풋하고 모호한 말과, 청정하고 담박한 학문은, 세상에서 민심을 현혹하는 학설이다. 효자가 아버지를 섬기는 것은, 아버지의 가산을 다투어 빼앗기 위해서가 아니다. 충신이 군주를 섬기는 것은, 군주의 정권을 다투어 빼앗기 위해서가 아니다. 대저 아들 된 이가 늘 다른 사람의 아버지를 칭찬하여 말하기를 "아무개의 아버지는, 밤늦게 자고 아침 일찍 일어나, 힘써 재산을 만들어서, 자손과 노비를 부양한다."라고 한다면, 이는 자기의 아버지를 비방하는 아들이다. 신하 된 이가 늘 고대 제왕의 덕행이 두텁다고 예찬하면서 그들을 앙모(仰慕)한다면, 이는 자기의 군주를 비방하는 신하이다. 자기의 아버지를 비난하는 사람에 대해서, 사람들은 그들이 불효하다고 말할 줄 안다. 그러나 자기의 군주를 비난하는 사람에 대해서, 천하 사람들은 그들이 현능하다고 여긴다. 이것이 세상이 어지럽게 된 까닭이다. 그러므로 신하 가운데 요(堯)와 순(舜)의 현명함을 칭송하지 않고, 탕왕(湯王)과 무왕(武王)의 정벌을 예찬하지 않고, 절의를 지키는 선비의 고상함을 선양하지 않으며, 온 힘을 다해 법을 지키고, 온 마음을 기울여 군주를 섬기는 사람이야말로 충신이다.

世之所爲[45]烈士者, 雖[46]衆獨行, 取異於人, 爲恬淡[47]之學, 而理[48]恍惚[49]之言。臣以爲恬淡, 無用之教也, 恍惚, 無法之言也。言出於無法, 教出於無用者, 天下謂之察。臣以爲人生必事君養親, 事君養親不可以恬淡, 之人[50]必以言論忠信法術, 言論忠信法術不可以恍惚。恍惚之言，恬淡之學，天下之惑術也。孝子之事父也，非競取父之家也。忠臣之事君也，非競取君之國也。夫爲人子而常譽他人之親曰，“某子之親，夜寢早起，强力生財，以養子孫臣妾[51]。” 是誹謗其親者也。爲人臣常譽先王之德厚而願[52]之，是誹謗其君者也。非其親者，知謂之不孝。而非其君者，天下賢之。此所以亂也。故人臣毋[53]稱堯、舜之賢，毋譽湯、武之伐，毋言烈士之高，盡力守法，專心於事主者爲忠臣。

○○○

옛날의 백성은 애써 노고를 견디고 또 우매했기 때문에, 공허한 명성으로도 그들을 쟁취할 수 있었다. 지금의 백성은 약삭빠르고 영리하며 또 똑똑하여, 자기의 이익만 생각하고, 군주에게 복종하지 않는다. 군주는 반드시 포상으로써 그들을 격려해야 하니, 그런 다음에야 그들로 하여금 앞으로 나아가게 할 수 있다. 또한 반드시 형벌로써 그들을 두렵게 해야 하니, 그런 다음에야 그들로 하여금 감히 뒤로 물러나지 못하게 할 수 있다. 그러나 세상 사람은 모두 말하기를 “허유(許由)는 천하를 사양하였으니, 포상은 사람을 격려하는 데 사용할 수 없다. 도척(盜跖)은 형법을 위반하고 위난(危難)한 지경으로 나아갔으니, 형벌은 사람을 제약하는 데 사용할 수 없다.”라고 한다. 내가 말하건대, 천하를 갖지 못했고 또한 천하를 목적에 두지 않고 일을 한 사람은, 허유가 그렇다. 이미 천하를 가졌고 또한 천하를 목적에 두지 않고 일을 한 사람은, 요(堯)와 순(舜)이 그렇다. 청렴함을 손상시키며 부(富)를 도모하고, 형법을 위반하며 사사로운 이익을 추구하고, 자기의 죽음을 도외시한 사람은, 도척이 그렇다. 허유와 도척이 두 사람의 상황은, 모두 위험한 일이다. 나라를 다스리고 백성을 쓰는 방법은, 이 두 가지의 극단적인 상황을 가지고 생각해서는 안 된다. 이른바 다스린다는 것은, 일반적인 백성을 다스리는 것을 가리킨다. 이른바 방법이라는 것은, 통상적인 상황을 다스리는 방법을 가리킨다. 위험하고 극단적인 일과 현묘하여 헤아릴 수 없는 말은, 모두 나라를 다스리는 데 해가 되는 것이다. 천하의 가장 높은 경지의 사람은, 포상으로써 그들을 격려할 수 없다. 천하의 가장 낮은 경지의 사람은, 형벌로써 그들을 금지할 수 없다. 그렇지만 가장 높은 경지의 사람 때문에 포상을 제정하지 않고, 가장 낮은 경지의 사람 때문에 형벌을 제정하지 않는다면, 나라를 다스리고 백성을 쓰는 방법을 상실하게 된다.

古者黔首[54]悗密[55]蠢愚, 故可以虛名取也。今民儇詗[56]智慧, 欲自用[57], 不聽上。上必且勸之以賞, 然後可進,。又且畏之以罰, 然後不敢退。而世皆曰, "許由讓天下, 賞不足以勸。盜跖犯刑赴難, 罰不足以禁。" 臣曰, 未有天下而無以天下爲[58]者, 許由是也。已有天下而無以天下爲者, 堯、舜是也。毀廉求財, 犯刑趨利, 忘身之死者, 盜跖是也。此二者, 殆物[59]也。治國用民之道也, 不以此二者爲量。治也者, 治常者也。道也者, 道[60]常者也。殆物妙言, 治之害也。天下太平[61]之士, 不可以賞勸也。天下太平[62]之士, 不可以刑禁也。然爲太上士不設賞, 爲太下士不設刑, 則治國用民之道失矣。

○ ○ ○

지금 세상 사람들은 대부분 나라의 법치를 말하지 않고 합종연횡(合從連橫)을 말한다. 제후 각 나라에서 합종을 주장하는 사람은 "합종이 성공하면 반드시 천하의 패자(霸者)가 될 수 있다"고 말하고, 연횡을 주장하는 사람은 "연횡이 성공하면 반드시 천하의 제왕(帝王)이 될 수 있다."고 말한다. 효산(崤山) 동쪽 제(齊)·초(楚)·연(燕)·한(韓)·조(趙)·위(魏) 등 여섯 나라에서 합종연횡을 논의하는 것이 하루도 그친 적이 없는데, 그럼에도 공명(功名)이 이루어지지 않고, 패자가 되고 제왕이 되는 대업이 세워지지 않은 것은, 공론(空論)은 나라를 다스리는 데 있어 성과를 거두게 하는 방법이 아니기 때문이다. 왕(王)이라는 칭호는 독자적으로 일을 수행할 수 있어서 그를 왕이라고 부르는데, 그러므로 삼왕(三王)은 연합과 분열을 꾀하지 않고도 천하를 바로잡을 수 있었고, 오패(五霸)는 연합과 분열에 기대지 않고도 천하의 정치를 맑고 깨끗하게 할 수 있었으니, 나라 안을 잘 다스림으로써 천하를 제재하였을 뿐이다.

故[63]世人多不言國法而言從橫。諸侯言從者曰"從成必霸", 而言橫者曰"橫成必王"。山東[64]之言從橫未嘗一日而止也, 然而功名不成, 霸王不立者, 虛言非所以成治也。王者獨行謂之王, 是以三王不務離合, 而止五霸不待從橫, 察治內以裁外而已矣[65]。

1) 審(심): 신중하다.

2) 法(법): 본받다.

3) 弑君(시군): 진기유는 '시(弑)' 다음에 '기(其)'자가 누락되었으며, 다음 문장의 '곡어부(曲於父)'는 순(舜)을 가리키고, 여기서의 '시기군(弑其君)'은 요(堯)를 가리킨다고 하였다. 『사기(史記)·오제기(五帝紀)』에 "지(摯)임금이 즉위하여, 정사를 잘 돌보지 못했고, 붕어하자, 동생 방훈이 즉위했는데, 그가 요임금이다.(帝摯立, 不善, 崩, 而弟放勳立, 是爲帝堯。)"라고 했는데, 이른바 '불선(不善)'은 지임금이 무도(無道)하다는 것이며, 무도해서 죽었으니 아마도 신하에게 살해되었을 것이고, 지임금을 살해한 것은 요임금의 혐의가 가장 크므로, 이 문장에서 요가 자기의 군주를 시해했다고 한 것은 반드시 근거가 있다고 하였다(『한비자신교주』).

4) 곡부(曲父): 건도본(乾道本)에는 '부(父)' 앞에 '어(於)'자가 있다. 고광기는 금본(今本: 즉 趙用賢 본)에 '어(於)'자가 없는 것은 잘못이라고 하였다. 왕선신은 '시군(弑君)'과 '곡부(曲父)'는 서로 대립되므로 '어(於)'자가 있으면 안 된다며 삭제하였는데(『한비자집해』), 잘못이다. '곡(曲)'은 곧지 않다, 바르지 않다, 여기서는 부도덕하며 배반하고 불효하는 것을 가리킨다. '어(於)'는 '동사목적어구조' 속의 조사(助詞)로서, '곡어부(曲於父)'는 '곡부(曲父)'와 같으며, 본서에는 이러한 용법으로 쓰인 '어(於)'자가 적지 않다(『한비자교소』). '곡어부(曲於父)'는 다음 문장에서 말하는 '고수위순부이순방지(瞽瞍爲舜父而舜放之)'이다.

5) 敎(교): 교화(敎化).

6) 堯爲人君而君其臣, 舜爲人臣而臣其君(요위인군이군기신, 순위인신이신기군): 진기유는 『사기(史記)·오제기(五帝紀)』에 "요는 제위에 오른 지 칠십 년 만에, 순을 얻었고, 이십 년 뒤에 퇴위하여, 순에게 천자의 정치를 대행하게 하여, 그를 하늘에 천거하였고, 요는 군주의 지위에서 물러난 지 이십팔 년 만에 붕어하였다.(堯立七十年, 得舜, 二十年而老, 令舜攝行天子之政, 薦之於天, 堯辟位凡二十八年而崩。)"고 했으므로, 요는 죽기 이전 여전히 군주였으나, 자기의 신하인 순을 군주로 삼았고, 순은 이때 신하로서 천자의 정치를 대행하였으니, 이는 자기의 군주인 요를 신하로 삼은 것이라고 하였다(『한비자신교주』).

7) 湯、武爲人臣而弑其主、刑其尸(탕·무위인신이시기주·형기시): 진기유는 『사기(史記)·하본기(夏本紀)』"탕이 군대를 이끌고 걸왕을 토벌하자, 걸왕은 명조(鳴條)로 도주하였고, 결국은 추방되어 죽었다.(湯率兵伐桀, 桀走鳴條, 遂放而死。)"와 「은본기(殷本紀)」"주나라 무왕이 제후를 이끌고 주왕을 토벌하니, 주왕의 군대는 패하였고, 주왕은 성(城)으로 도망쳐들어

가 녹대(鹿臺)에 올라, 보석이 박힌 옷을 입고, 불길에 뛰어들어 타죽었는데, 주나라 무왕은 주왕의 머리를 베어, 그것을 백기에 걸었다.(周武王率諸侯伐紂, 紂兵敗, 入登鹿臺, 衣其寶衣, 赴火而死, 周武王遂斬紂頭, 縣之白旗。)"를 인용하여, 이것이 군주를 시해하고 시체를 절단한 것이라고 하였다(『한비자신교주』). '형기시(刑其尸)'는 주나라 무왕이 주왕(紂王)의 시체를 참수한 것을 가리킨다.

8) 畜(휵): 순종하게 하다.

9) 辟(벽): 법(法).

10) 且…且…(차)…(차)…: 한편으로는 …하고, 한편으로는 …하다.

11) 定位(정위): 명위(名位)를 확정하다, 즉 봉건적 등급 관계를 확정하다.

12) 一教(일교): 교화를 통일하다.

13) 臣(신): 한비(韓非)의 자칭.

14) 上(상): '상(尙)'과 통한다. 존숭하다.

15) 田氏奪呂氏於齊(전씨탈려씨어제): 서주(西周) 초에 주(周)나라 무왕(武王)은 제(齊)나라를 강태공(姜太公) 여상(呂尙)에게 분봉하였고 이후 여상의 후손이 세습하였으므로 제나라는 여씨(呂氏)의 나라였다. 춘추 말년에 군권이 점차 전씨(田氏)에 의해 탈취되었다. 제나라 간공(簡公) 4년(B.C.481년), 전상(田常)이 제나라 간공 여임(呂壬)을 살해하고 평공(平公)을 옹립하였고 스스로 상국(相國)을 담당하니 이로써 제나라의 정권은 완전히 전씨에 의해 통제되었다. 제나라 강공(康公) 19년(B.C.386년)에 이르러, 전상의 증손 전화(田和)가 주나라 안왕(安王)에 의해 제후로 세워지고 제나라 강공 여대(呂貸)를 바닷가로 옮기니, 여씨는 이로부터 군위 계승권이 끊겨 여씨의 제나라는 멸망하고, 제나라는 전씨(田氏)의 소유가 되었는데, 역사에서는 전제(田齊)라고 부른다.

16) 戴氏奪子氏於宋(대씨탈자씨어송): 춘추 전국 시대에 송(宋)나라에는 두 명의 자한(子罕)이 있었는데, 여기서는 전국 시대의 황희(皇喜)를 가리키며, 대(戴)씨이고, 이름은 황희(皇喜), 자는 자한(子罕)이다. 그는 송나라의 사성(司城: 즉 사공(司空), 송나라 무공(武公)의 휘를 피하여 바꿈. 나라의 토목건축 공사를 주관하는 최고의 장관)을 맡았기 때문에 어떤 책에서는 '척성(剔成)'·'역성간(易成肝)'으로도 쓰여 있다('剔成'과 '易成'은 '司城'과 모양이 비슷하고, '肝'은 '罕'과 소리가 비슷함). 그는 B.C.370년 송나라 환후(桓侯: 성은 자(子), 이름은 병(兵) 또는 '벽병(璧兵)'·'벽병(辟兵)'·'벽(璧)'이라고도 함)를 살해하고, 송나라의 정권을 탈취하였다.

17) 記(기): 한비가 인용한 말은 『묵자(墨子)·비유하(非儒下)』와 『맹자(孟子)·만장상(萬章上)』에 보이며, 여기서의 '기(記)'는 제자서(諸子書)를 널리 가리킨다.

18) 瞽瞍(고수): '고수(瞽叟)'라고도 하며, 순(舜)의 아버지이다. 눈이 있어도 좋고 나쁨을 분간하지 못하므로, 사람들은 그를 고수(瞽瞍: 장님)라고 불렀다.

19) 造焉(조언): 즉 '조연(慥然)', 놀라고 두려워 불안한 모양.

20) 岌岌(급급): 위험한 모양.

21) 有道者(유도자): 도덕이 있는 사람, 여기서는 순(舜)을 가리킨다.

22) 固(고): 본래.

23) 然(연): 이렇다, 상술한 공자(孔子)의 논조를 가리킨다.

24) 臣主(신주): 왕선신은 '주신(主臣)'이 되어야 한다고 하였다(『한비자집해』).

25) 欲(욕): 바라다, 희망하다.

26) 爲(위): 돕다.

27) 適(적): '이(耳)'자와 상응하며, '지(只)'·'근(僅)'의 뜻이다.

28) 焉(언): 어지(於之), '지(之)'는 '현자(賢子)'와 '현신(賢臣)'을 가리킨다.

29) 非(비): 거스르다, 어기다.

30) 烈士(렬사): 절의를 중시하는 사람. 여기서는 폄하하는 뜻으로 사용되었다.

31) 臣君(신군): 군주에게 신복(臣服)하다.

32) 嗣(사): 자손.

33) 是(시): 긍정하다, 옳다고 여기다.

34) 術(술): 학설, 주장.

35) 瞽瞍爲舜父而舜放之(고수위순부이순방지): 전해지는 말에 의하면 고수(瞽瞍)는 후처의 이간에 넘어가 여러 차례 순(舜)을 박해했지만, 순은 요(堯)로부터 군주의 지위를 계승한 뒤에도 여전히 고수를 섬기며 효도에 어긋나지 않았다고 한다. 한비는 여기에서 순이 고수를 추방했다는 또 다른 설을 제기하고 있다.

36) 象爲舜弟而殺之(상위순제이살지): 상(象)은 고수(瞽瞍)의 후처가 낳은 아

들로 순(舜)의 배다른 동생이다. 그는 고수를 대신해 계획을 꾸며 여러 차례 순을 모해했지만, 순은 나중에 그를 책망하지 않고 오히려 영토를 분봉해주었다고 전해진다. 한비는 여기에서 순이 상을 살해했다고 했는데, 이는『맹자』·『사기』등의 기록과 다르다.

37) 帝二女(제이녀): 요(堯)의 두 딸, 장녀는 이름이 아황(娥皇)이고, 차녀는 이름이 여영(女英)이다.

38) 率土之濱(솔토지빈): 육지의 물가를 따르다. 옛사람은 중국의 사면이 모두 바다라고 여겼으므로, 육지 사면의 바닷가를 따라 둘러싼다는 것으로 즉 전체 중국을 가리켜 말한 것이며, '사해지내(四海之內)'와 같다.

39) 臣(신): '왕(王)'과 서로 대립이 되며, 관리와 민중의 총칭이다. '보천지하(普天之下)' 이하 4구의 시는『시경(詩經)·소아(小雅)·북산(北山)』에 보인다.

40) 信(신): 진실로.

41) 妾(첩): 계집종, 여기서는 동사로 쓰였다.

42) 矯(교): 위배하다.

43) 施(시): 흩뜨리다, 뿌리다.

44) 是(시): 마치 '자(者)'와 같다.

45) 爲(위): '위(謂)'와 통한다.

46) 雖(수): 왕위(王渭)는 '이(離)'가 되어야 한다고 하였다(『한비자집해』).

47) 恬淡(념담): 청정담박(淸靜淡泊)하여 명리(名利)를 갈망하지 않다.

48) 理(리): 연구하다.

49) 恍惚(황홀): 어렴풋하여 종잡을 수 없다.

50) 之人(지인): 진기유는 '치인(治人)'이 되어야 한다고 하였다(『한비자신교주』).

51) 臣妾(신첩): 노비.

52) 願(원): 앙모(仰慕)하다.

53) 毋(무): 여기서는 금지의 부정사가 아니라, 일반적 부정사인 '불(不)'로 쓰였다.

54) 黔首(검수): 백성. 옛날 일반 백성들은 검은 수건으로 머리를 싸매고 있었으므로 그들을 이렇게 불렀다.

55) 悗密(문밀): '문(悗)'은 '면(勉)'과 통한다. '문밀(悗密)'은 '밀밀(密密)', '민면(黽勉)', '민문(僶悗)', '면면(勉勉)' 등과 더불어 모두 한 단어를 다르게 쓴 쌍성연면사(雙聲聯緜詞)로서, 열심히 노력하고 애써 노고를 견디는 모양을 나타낸다.

56) 儇譋(현형): '현(儇)'은 약삭빠르다. '형(譋)'은 염탐하다, 파생하여 '영리하다'는 뜻이다.

57) 自用(자용): '자위(自爲)'와 같다. 자기의 이익을 위해 생각하다.

58) 無以天下爲(무이천하위): 천하를 목적에 두지 않고 일하다.

59) 殆物(태물): 위험한 일. 여기서는 극단적인 상황을 가리키는데, 격려하는 데 포상을 사용할 수 없고, 금지하는 데 형벌을 사용할 수 없는 두 가지 극단적인 상황에서는, 백성을 부릴 수 없으므로 위험하다고 한 것이다.

60) 道(도): 방법. 여기서는 동사로 쓰였다.

61) 平(평): 고광기는 '상(上)'이 되어야 한다고 하였다(『한비자집해』). '태상지사(太上之士)'는 허유와 같은 부류이다.

62) 平(평): 고광기는 '하(下)'가 되어야 한다고 하였다(『한비자집해』). '태하지사(太下之士)'는 도척과 같은 부류이다.

63) 故(고): '금(今)'의 뜻이다.

64) 山東(산동): 전국 시대에 효산(崤山: 지금의 하남성(河南省) 낙녕현(洛寧縣) 서북에 있음) 또는 화산(華山) 동쪽을 '산동(山東)'이라고 불렀는데, 여기서는 제(齊)·초(楚)·연(燕)·한(韓)·조(趙)·위(魏) 여섯 나라를 가리킨다.

65) 是以三王不務離合(시이삼왕불무리합) 3구: 왕선신은 조용현 판본은 '지(止)'가 '정(正)'으로 되어 있고, '횡(横)' 다음에 '이(而)'자가 있으며 구두법 또한 다르다고 하였다(『한비자집해』). 유문전(劉文典)은 조용현 판본에는 '시이삼왕불무리합이정(구두)오패부대종횡이찰(구두)치내이재외이이의(是以三王不務離合而正(句)五霸不待從横而察(句)治內以裁外而已矣)'로 되어 있으며, 이것에 따라야 한다고 하였다(『한비자신교주』). '찰(察)'은 정치가 맑고 깨끗하다는 뜻인데, 여기서는 사역동사로 쓰였다.

제52편 인주(人主)

군주가 지녀야하는 도리

解題

첫 두 글자를 따서 편명으로 삼은 것과 동시에 내용상에서도 군주가 지녀야하는 도리에 대해 이야기하고 있다. 본 편은 크게 두 단락으로 나눌 수 있다. 첫째 단락에서는 군주가 권력을 잃으면 그것이 신하의 수중으로 들어가 마침내는 군주가 목숨을 잃을 수도 있다는 것을 설명하고 있다. 두 번째 단락에서는 법술을 가진 신하와 권력을 가진 신하는 서로 받아들이지를 않아, 군주가 권신이나 측근에 의해 가려져 법술을 가진 신하를 등용하지 못하는 것이 나라가 어지러워지는 원인이라고 설명하고 있다. 본편은 대체적으로 「애신(愛臣)」·「이병(二柄)」·「고분(孤憤)」·「오두(五蠹)」·「화씨(和氏)」·「비내(備內)」등과 내용이 비슷하다.

군주가 자신을 위태롭게 하고 나라를 멸망하게 하는 원인은 대신(大臣)이 너무 존귀하고 근신(近臣)이 너무 위세를 부리기 때문이다. 존귀하다는 것은 법을 무시하고 제멋대로 행동하면서 나라의 권력을 쥐고 사적인 이익을 꾀하는 것이다. 위세라는 것은 권세를 제멋대로 부리면서 마음대로 일을 처리하는 것이다. 이 두 가지는 꼭 살피지 않을 수 없다. 말이 무거운 물건을 지고 수레를 끌어 먼 길을 갈 수 있는 까닭은 근력 때문이다. 만승의 큰 나라의 군주나 천승의 작은 나라 군주가 천하를 제압하고 제후들을 정복할 수 있는 것은 위세 때문이다. 위세라는 것은 군주의 근력이다. 지금 대신들이 위세를 얻고 근신들이 권세를 제멋대로 부린다면 이는 군주가 힘을 잃는 것이다. 군주가 힘을 잃고도 나라를 보전할 수 있었던 자는 천 명 중에 한 명도 없다. 호랑이와 표범이 사람을 이기고 온갖 짐승을 잡을 수 있는 까닭은 발톱과 이빨 때문이다. 만일 호랑이와 표범이 그 발톱과 이빨을 잃어버린다면 사람이 반드시 그것들을 제압할 것이다. 지금 권세가 강하다는 것은 군주에게 발톱과 이빨이 있음을 뜻한다. 군주가 그 발톱과 이빨을 잃는다면 호랑이와 표범이 발톱과 이빨을 잃어버리는 것과 같이 되는 것이다. 송(宋)나라의 군주는 자한(子罕)에게 그 발톱과 이빨을 잃어버렸고, 간공(簡公)은 전상(田常)에게 그 발톱과 이빨을 잃어버렸는데, 빨리 그것을 빼앗지 못했기 때문에 자신은 죽고 나라는 망했다. 지금 통치술을 터득하지 못한 군주는 모두 송나라 군주와 간공이 입은 화를 분명히 알고 있으면서 그 잘못을 깨닫지 못한 것이니 그 일이 같다는 것을 살피지 못한 것이다.

人主之所以身危國亡者，大臣太貴，左右太威也。所謂貴者，無法而擅行，操國柄而便私者也。所謂威者，擅權勢而輕重[1]者也。此二者，不可不察也。夫馬之所以能任重引車致遠道者，以筋力也。萬乘之主、千乘之君[2]所以制天下而征諸侯者, 以其威勢也。威勢者, 人主之筋力也。今大臣得威, 左右擅勢, 是人主失力。人主失力而能有國者, 千無一人。虎豹之所以能勝人執百獸者, 以其爪牙也, 當使[3]虎豹失其爪牙, 則人必制之矣。今勢重者, 人主之爪牙也, 君人而失其爪牙, 虎豹之類也。宋君失其爪牙於子罕[4], 簡公失其爪牙於田常, 而不蚤[5]奪之, 故身死國亡。今無術之主, 皆明知宋、簡之過[6]也, 而不悟其失, 不察其事類者也。

○ ○ ○

법술을 아는 인사와 권세를 지닌 신하들은 서로 받아들이지 못한다. 무엇으로써 그것을 밝힐 것인가? 군주에게 법술을 아는 인사가 있으면, 대신들이 독단을 할 수가 없고, 근신이 감히 권세를 농단할 수가 없게 된다. 대신과 근신들의 권세가 없어지게 되면, 군주의 치도(治道)가 드러나게 된다. 지금은 그렇지 않아서 권세를 지닌 신하들이 세를 얻어 일을 마음대로 처리하며 자신의 이익만을 꾀하고, 근신들은 작당을 하여 패거리를 만들어 신참 신하들을 억누른다면, 법술을 아는 인사가 어느 때에 나아가 쓰일 수가 있으며 군주가 어느 때에 국가의 일을 스스로 결정할 수 있을 것인가? 그러므로 법술을 아는 인사는 반드시 등용되지는 못하고, 대신과 근신 두 세력은 양립할 수 없으니, 법술을 아는 인사가 어찌 위험해지지 않을 수 있겠는가? 군주 된 자가 대신들의 의론을 물리칠 수 없고 근신들의 논쟁을 배제할 수 없으면서 단지 이치에 맞는 말에 동의만 한다면 법술을 아는 인사가 어찌 죽을 위험을 무릅쓰고 나아가 의견을 말할 수 있겠는가? 이것이 세상이 잘 다스려지지 않는 까닭이다.

且法術之士與當途[7]之臣不相容也。何以明之? 主有術士, 則大臣不得制斷, 近習不敢賣重[8], 大臣左右權勢息, 則人主之道明矣。今則不然, 其當途之臣得勢擅事以環[9]其私, 左右近習朋黨比周以制疏遠[10], 則法術之士奚時得進用, 人主奚時得論裁[11]? 故有術不必用, 而勢不兩立, 法術之士焉得無危! 故君人者非能退大臣之議而背左右之訟, 獨合乎道言也, 則法術之士安能蒙死亡之危而進說乎! 此世之所以不治也。

○ ○ ○

현명한 군주는 공적을 따져서 작록을 주고 능력을 고려하여서 관직을 맡기므로, 발탁된 자는 반드시 현명하고 등용된 자는 반드시 능력이 있게 되니, 현명하고 능력 있는 인사가 관직에 나아가게 된다면 권세 있는 집안의 청탁이 없어지게 될 것이다. 공적이 있는 자가 후한 작록을 받고 능력있는 자가 높은 관직에 있게 된다면, 협객이 어찌 사사로운 용맹을 버리고 적을 막는 데에 힘쓰지 않을 수가 있겠으며, 유세가들이 어찌 대신들을 피하면서 청렴함을 지키는 것에 힘쓰지 않을 수 있겠는가? 이것이 현명하고 유능한 인사를 모아서 권세 있는 가문의 무리를 해산시키는 방법이다. 지금 근신들이 반드시 지혜로운 것이 아닌데도, 군주가 사람을 대할 때에 때로는 지혜 있는 자를 발견하고 그의 말을 듣고는, 궁궐 안에 들어가서 근신들과 그 말에 대해서 논의하는데 근신들이 듣고는 지혜롭지 않다고 따르지 않는다면 이것은 어리석은 사람과 지혜를 논한 것이다. 권세가 있는 신하가 반드시 현명한 것은 아닌데, 군주가 사람을 대할 때에 현명한 사람을 발견하고 예로 그를 대하고자 안에 들어가서 권세 있는 신하들과 그 행위를 논의할 때에, 그 말을 듣고 현명한 사람을 등용하지 않는다면, 이는 못난 사람들과 현명한 사람을 논한 것이다. 그러므로 지혜로운 사람의 계책이 어리석은 사람에 의해 결정되고, 현명한 사람이 못난 사람에게 행동을 평가받는다면, 현명하고 지혜로운 사람이 어느 때에 등용될 수 있겠는가? 그래서 군주의 밝음이 막혀버리는 것이다. 옛날에 관룡방(關龍逄)은 걸왕(桀王)을 설득하다가 사지가 상하였고, 왕자 비간(比干)은 주왕(紂王)에게 간언하다가 심장이 도려내어 졌으며, 오자서(伍子胥)는 부차(夫差)에게 충심으로 간하다가 촉루(屬鏤)로 자결하게 되었다. 이 세 사람은 신하로서 충성을 다하지 않은 것도 아니고, 간언한 말이 합당치 않은 것도 아니었으나, 죽음의 재앙을 면하지 못한 것은 군주가 현명하고 지혜로운 자들의 말을 살피지 않고 어리석고 못난 사람들에게 가려졌기 때문이다. 지금 군주가 법술이 있는 인사들을 중용하려 하지 않고 어리석고 못난 신하들의 말을 들으려고 한다면 현명하고 지혜로운 인사들 중 누가 감히 위의 세 사람과 같은 위험을 감당하면서 그 지혜와 능력을 바치려고 할 것인가? 이것이 세상이 어지러워지는 까닭이다.

明主者推功而爵祿，稱[12]能而官事，所擧者必有賢，所用者必有能，賢能之士進，則私門[13]之請止矣。夫有功者受重祿，有能者處大官，則私劍之士[14]安得無離於私勇而疾距[15]敵，游宦之士[16]焉得無撓[17]於私門而務於淸潔矣。此所以聚賢能之士，而散私門之屬也。今近習者不必智，人主之於人也或有所知而聽之，入因[18]與近習論其言，聽近習而不計其智，是與愚論智也。其當途者不必賢，人主之於人或有所賢而禮之，入因與當途者論其行，聽其言而不用賢，是與不肖論賢也。故智者決策於愚人，賢士程行[19]於不肖，則賢智之士奚時得用，而人主之明塞矣。昔關龍逄[20]說桀而傷其四肢，王子比干

[21]諫紂而剖其心, 子胥[22]忠直夫差而誅於屬鏤[23]。 此三子者, 爲人臣非不忠, 而說非不當也, 然不免於死亡之患者, 主不察賢智之言, 而蔽於愚不肖之患也。今人主非肯[24]用法術之士, 聽愚不肖之臣, 則賢智之士孰敢當三子之危而進其智能者乎? 此世之所以亂也。

1) 輕重(경중): 사람이나 사물을 가볍게 만들거나 무겁게 만든다는 뜻으로, 통치자가 전횡한다는 의미다.

2) 萬乘之主·千乘之君(만승지주, 천승지군): 주나라의 제도에 의하면 천자는 천리의 땅과 만승의 병거를 가지고 있었으며, 제후는 백리의 땅과 천승의 병거를 가지고 있었다. 전국 시대에 이르러 큰 나라가 만승의 병거를 소유하게 되었다. 승(乘)은 수레를 세는 단위다.

3) 當使(당사): 만약, 만일.

4) 子罕(자한): 송(宋)나라의 대부 황희(皇喜)인 것 같다.「내저설하(內儲說下)」에 황희가 대환(戴驩)과 함께 권력을 다투다 그 군주를 죽이고 정권을 탈취했다는 내용이 있다.

5) 蚤(조): 조(早)와 같은 글자다.

6) 過(과): 화(禍)와 같은 뜻으로 쓰였다.

7) 當途(당도): 당권(當權)과 같은 뜻으로 '권세를 지니다'의 의미다.

8) 賣重(매중): 권세를 농단하다. 중(重)은 권세의 의미다.

9) 環(환): 영(營)의 의미로 꾀하다, 도모하다의 뜻이다.

10) 疏遠(소원): 새로 등용된 신하라는 의미로 쓰였다.

11) 論裁(논재): 국가의 일을 결재하다.

12) 衡(형): 가늠하다, 평가하다.

13) 私門(사문): 권세 있는 대신의 집안.

14) 私劍之士(사검지사): 협기, 협객.

15) 距敵(거적): 거(距)는 거(拒)와 통하여 적을 막는다는 의미다.

16) 游宦之士(유환지사): 유세가

17) 撓(요): 물러나 피하다.

18) 因(인): 이(而)의 의미다.

19) 程行(정행): 행동을 평가받다

20) 關龍逢(관룡방): 하(夏)나라의 현신으로 걸왕(桀王)이 포악을 행하자 이에 대해 극력으로 간언하다 피살당했다.

21) 比干(비간): 상(商)나라 주왕(紂王)의 숙부. 비(比) 땅에 봉하여져 비간이라 칭한다. 주왕이 포악을 행하자 간언하다 주왕에 의해 죽음을 당하고 심장을 도려내는 형벌을 받았다.

22) 子胥(자서): 오자서(伍子胥). 아버지 오사(伍奢)와 형 오상(伍尙)이 초(楚)나라 평왕(平王)에게 피살되자 오(吳)나라로 도망가 오왕(吳王) 합려(闔廬)와 부차(夫差)를 도와 초나라와 월(越)나라와의 전쟁에서 승리하였다. 부차가 월나라와 화친하려는 것과 제(齊)나라를 공격하려는 것에 극력으로 반대했는데, 부차가 백비(伯嚭)의 참언을 믿고 촉루검을 내려 자결토록 하였다.

23) 屬鏤(촉루): 칼의 이름.

24) 非肯(비긍): 불긍(不肯)의 의미다.

제53편 칙령(飭令)

법령을 구비하다

解題

칙령(飭令)이란 법령(法令)을 엄격하게 구비한다는 의미이다. 본 편에서는 상앙(商鞅)의 법(法) 사상을 추앙하며, 명령을 견고히 하고 법을 확립하면 정치가 안정될 것이라고 주장하고 있다.

공적을 따져 관직에 임명하고 작위를 수여하면 군주는 수고가 줄고 백성은 말이 적게 될 것이지만, 말을 잘한다고 해서 관직을 주고 작위를 내리면 군주는 번거롭게 되고 백성은 말이 많게 될 것이라고 역설하며, 아울러 법의 시행은 신속해야 함을 강조하였다. 또한 '술(術)로 다스리는 정치'를 펼치게 되면, 군신들이 조정의 일은 사소한 것이라도 어기지 않게 되고, 직접 공적을 쌓아 관직을 얻게 되면 간혹 사리에 맞지 않는 견해가 있다고 하더라도 그것을 서로가 범할 수 없는 구조를 조성할 수 있게 되는데, 힘으로 치는 군주는 하나를 쓰고도 열을 얻지만 말로 치는 군주는 열을 쓰고도 백을 잃게 된다고 피력하였다. 이에 현명한 군주는 군신들 간에 서로를 범하지 못하게 하여 분쟁을 없애고, 신하들에게 겸직을 못하게 하여 기능을 늘리고 신하들이 같은 공적을 가지고 다투지 못하게 하니, 결국에는 갈등과 분쟁이 해소될 것이라고 단언하고 있다.

○ ○ ○

법령을 엄격하게 갖추면 법은 바뀌지 않게 되고, 법이 공평하면 관리들이 간악하지 않게 된다. 법이 이미 정해졌으면 감언이설로 법을 해칠 수 없다. 공에 따라서 일을 맡기면 백성들이 말을 적게 하고, 감언이설에 따라서 일을 맡기면 백성들이 말을 많이 한다. 법을 시행하는 데에는 가장 작은 마을 단위로 신속하게 내려져야 하는데, 사방 오(五) 리만 한 지역에서 신속하게 결단할 수 있는 자는 왕이 되고, 사방 구(九) 리 되는 지역에서 신속하게 결단할 수 있는 자는 강한 왕이 될 수 있지만, 하루만 지체하여 처리해도 어긋나버리게 된다.

飭令[1]則法不遷， 法平則吏無姦。法已定矣， 不以善言[2]售法[3]。任功則民少言， 任善4則民多言。行法曲斷[5]， 以五里斷者王， 以九里斷者强， 宿治[6]者削。

○ ○ ○

형벌로 다스리고 상으로 싸우게 한다. 후한 녹으로 술을 부리면, 나라 안에 간악한 백성이 없어진다. 또 이렇게 되면 도성 안에 간악한 거래가 없어진다. 사치스런 물건이 많고 장인이 많으며, 농민이 해이하고 간악한 상인이 기승하면, 나라는 반드시 축이 나게 된다. 백성들에게 남은 곡식이 있어 그 곡식으로 작위를 내게 한다면, 반드시 그 온 힘을 써서 진작되고 나태하지 않을 것이다. 세 치의 대롱도 바닥이 뚫려 있으면 가득 채울 수 없다. 관직과 작위를 주고 이로운 녹을 내는 데 있어 공적으로 하지 않는다면, 이는 바닥이 없는 것과 같다. 나라가 공적으로 관직과 작위를 주면, 이를 이르러 왕성한 지혜로 도모하고 위엄 있는 용기로 싸우게 되어 그 나라에는 적이 없다고 한다. 나라가 공적으로 관직과 작위를 주면, 다스리는 자는 적어지고 말을 하는 데에도 막힘이 있게 되니, 이를 이르러 다스리는 것을 가지고 다스리는 것을 없애고 말을 가지고 말을 없앤다고 하니, 나라가 공적으로 관직과 작위를 주게 되면, 이에 나라는 힘이 강해지고 세상이 그 나라를 침범할 수 없게 된다. 군대가 출동하게 되면 반드시 무엇인가를 빼앗고, 빼앗으면 반드시 그것을 가질 수 있게 된다. 전쟁을 멈추고 상대를 치지 않으면 반드시 부유해진다. 조정의 일은 작은 것이라도 어그러뜨리지 않고, 공을 다하면 관직과 작위를 얻을 수 있게 하며, 조정에서 비록 사리에 어긋난 말을 하더라도 서로 범할 수 없게 한다면, 이를 이르러 술수로써 다스린다고 하는 것이다. 힘으로 공격하는 자는 하나를 내어 열을 얻지만, 말로 공격하는 자는 열을 내어도 백을 잃게 된다. 나라가 힘 쓰기를 좋아하면 이를 이르러 공격하기가 어렵다고 한다. 나라가 말하기만을 좋아하면 이를 이르러 공격하기가 쉽다고 한다.

以刑治, 以賞戰。厚祿以周術[7], 國無姦民。則都無姦市[8]。物[9]多末[10]衆, 農弛姦勝, 則國必削。民有餘食, 使以粟出爵, 必以其力, 則震不怠。三寸之管毋當[11], 不可滿也。授官爵出利祿不以功, 是無當也。國以功授官與爵, 此謂以成[12]智謀, 以威勇戰, 其國無敵。國以功授官與爵, 則治者省, 言有塞, 此謂以治去治, 以言去言,以功與爵者也，故國多力而天下莫之能侵也。兵出必取，取必能有之。案兵[13]不攻必富。朝廷之事，小者不毁，效功取官爵，廷雖有辟言[14]，不得以相干也，是謂以數治[15]。以力攻者，出一取十。以言攻者，出十喪百。國好力，此謂以難攻。國好言，此謂以易攻。

○○○

그가 할 수 있는 능력이 그가 해를 끼치는 것보다 뛰어나고, 그가 맡은 것이 가볍더라도 남은 힘을 다하면, 겸직에 대한 책임을 군주에게 지우는 자가 없으니, 나라 안에 원망을 품는 자가 없게 되는데, 현명한 자들이 서로 범할 수 없게 되어, 이에 논쟁하지 않게 된다. 사람들에게 관직을 겸하지 못하게 하니 효율이 향상된다. 사람들에게 공을 같게 하지 않으니 다투지 않는다. 이를 이르러 다스리기 쉽다고 하는 것이다.

其能勝其害，輕其任，而道壞[16]餘力於心，莫負乘宮[17]之責於君，內無伏怨[18]，使明者不相干，故莫訟。使士不兼官，故技長。使人不同功，故莫爭。言此謂易攻[19]。

○○○

형벌을 무겁게 하고 상 내리는 것을 적게 하는 것은 군주가 백성을 아끼기 때문인데, 백성은 상을 받기 위해 죽을힘을 다한다. 상 내리는 것을 많게 하고 형벌을 가볍게 하는 것은 군주가 백성을 아끼지 않기 때문인데, 백성은 상을 받기 위해 죽을힘을 다하지 않는다. 이로움이 한 개의 출로에서 나오게 되면, 그 나라에는 적이 없다. 이로움이 두 개의 출로에서 나오게 되면, 그 군대의 힘을 절반만 쓸 수 있다. 이로움이 여러 출로에서 나오게 되면, 백성은 어찌할 바를 모르게 된다. 형벌을 무겁게 하여 백성을 밝게 하고 법제를 분명히 하여 사람을 부린다면, 군주는 이롭게 된다. 형벌을 집행하면서 그 가벼운 것을 무겁게 하면, 가벼운 것도 처리할 수 없고 무거운 것도 처리할 수 없으니, 이를 이르러 형벌로 형벌을 대체한다고 한다. 죄가 무거운데 형벌이 가벼우면, 사단이 생긴다. 이를 이르러 형벌로 형벌을 부른다고 하는 것이니, 그 나라는 반드시 축이 날 것이다.

重刑少賞，上愛民，民死賞。多賞輕刑，上不愛民，民不死賞。利出一空[20]者，其國無敵。利出二空者，其兵半用。利出十空者，民不守。重刑明民，大制[21]使人，則上利。行刑重其輕者，輕者不至，重者不來，此謂以刑去刑。罪重而刑輕，刑輕[22]則事生，此謂以刑致刑，其國必削。

1) 飭令(칙령): 칙(飭)은 칙(勅)으로 '바르게 하다'의 의미다. 따라서 칙령(飭令)은 사안에 따라 법령을 엄격하게 갖추는 것을 뜻한다.

2) 善言(선언): 훌륭한 말로 여기서는 인의(仁義)와 같은 감언이설을 가리킨다.

3) 售法(수법): 수(售)는 행하는 것으로 수법(售法)은 법에 행하는 것, 즉 법을 해치는 것을 말한다.

4) 善(선): 앞의 선언(善言)을 의미한다.

5) 曲斷(곡단): 곡(曲)은 범위가 가장 좁은 행정구역의 단위로 곡단(曲斷)은 가장 작은 마을 단위로 신속하게 잘라서 법령을 내리는 것이다.

6) 宿治(숙치): 숙(宿)은 하루를 묵는 것이고 치(治)는 리(理)의 의미로 숙치(宿治)는 하루를 지체하고 처리되는 것을 뜻한다.

7) 周術(주술): 술수를 부리다.

8) 市(불): 거래.

9) 物(물): 사치스러운 물건.

10) 末(말): 인간 말종으로 여기서는 물건 만드는 장인을 말한다.

11) 毋當(무당): 당(當)은 저(底)의 의미로 무당(毋當)은 밑바닥이 없는 것.

12) 成(성): 성(盛)의 의미.

13) 案兵(안병): 안(案)은 안(按)의 의미로 안병(案兵)은 전쟁을 그만두는 것을 말한다.

14) 辟言(벽언): 사리에 어긋난 말.

15) 數治(수치): 술수(術數)로 다스리다.

16) 道壞(도괴): 막회(莫懷)의 의미다.

17) 乘宮(승궁): 겸관(兼官)의 의미다.

18) 伏怨(복원): 원망을 품다.

19) 言此謂易攻(언차위역공): 연문(衍文)이다.

20) 空(공): 공(孔)으로 출로를 말한다.

21) 大制(대제): 법제를 분명히 제정하다.

22) 刑輕(형경): 연문(衍文)이다.

제54편 심도(心度)

백성의 심리를 알아야

解 題

심도(心度)는 '마음의 척도'라는 뜻으로 이 편의 내용은 세상을 어지럽히기를 좋아하고 힘쓰기를 싫어하는 인간의 본성에 근거하여서 그러한 마음이 생기지 못하게 할 것이며, 이익을 추구하고자 하는 백성의 심리를 군주가 잘 살펴서 엄밀한 상벌(賞罰) 가운데에서 특히 엄격한 형벌을 시행함으로써 백성들을 다스려야 한다는 취지를 담고 있다.

인은 백성을 다스림에 있어서 근본을 잘 헤아려 그들의 욕망대로 따르지 못하게 하여서 백성을 이롭게 하고자 할 따름이다. 그러므로 백성들에게 형벌을 내리는 것은 그들을 미워하는 것이 아니라 아끼는 근본이다. 형벌을 엄중히 하면 백성들은 안정되며, 상을 번다하게 내리면 간사함이 생겨난다. 그러므로 백성을 다스리는 것에는 형벌을 엄중히 하는 것이 다스림의 으뜸이어야 한다. 상을 번다하게 내리는 것은 세상을 어지럽히는 근본이다. 무릇 백성들의 본성은 세상 어지럽히기를 좋아하고 법을 가까이하지 않는다. 그러므로 훌륭한 군주가 나라를 다스리는 데에 있어서 상을 분명히 하면 백성들이 서로 공 세우기를 권유하고, 형벌을 엄중하게 하면 백성들은 법을 가까이하게 된다. 공 세우기를 권유하면 공적인 일들이 침해당하지 않게 되고, 법을 가까이하게 되면 간사함이 돋아날 겨를이 없게 된다. 그러므로 백성을 다스리는 데에는 간사함이 돋아나기 전에 금지할 것이며, 병사를 부리는 데에는 백성에게 기꺼이 싸우고자 하는 마음이 생기게 될 것이다. 금지하는 법령에는 그 근본을 우선하면 잘 다스려지고, 병사의 일에는 그 마음을 전쟁에 전념하면 승리한다. 성인이 백성을 다스리는 데에는 앞서 다스리는 이는 강하고, 앞서 미리 싸우는 이는 승리한다. 무릇 나랏일은 앞서 하는 것에 힘쓰고 백성의 마음을 하나로 하며, 오로지 공적인 일을 거론하며 사사로운 것은 좇지 않는다. 잘못을 고한 자에게 상을 내리면 간악한 일이 생기지 않고, 법령을 분명히 하면 다스리는 일이 번다하지 않게 된다. 이 네 가지를 실천하는 이는 강해지고, 이 네 가지를 실천할 수 없는 이는 약해진다. 무릇 나라가 강해지는 것은 정치에 달려 있고, 군주가 존엄해지는 것은 권력이 있기 때문이다. 그러므로 뛰어난 군주는 권력도 있고 정치도 장악하고 있으며, 혼미한 군주 역시 권력과 정치를 장악하였더라도 집중된 정도가 같지는 않아서 그들의 입지 역시 다른 것이다. 그러므로 뛰어난 군주는 권력을 장악하여 더욱 존귀해지고 정치도 하나가 되니, 나라가 잘 다스려진다. 이 때문에 법은 군주의 근본이고, 형벌은 백성을 사랑하는 근원이다.

聖人之治民, 度於本, 不從其欲, 期於利民而已。故其與之刑, 非所以惡民, 愛之本也。刑勝而民靜, 賞繁而姦生。故治民者, 刑勝治之首也, 賞繁亂之本也。夫民之性, 喜其亂而不親其法。故明主之治國也, 明賞則民勸功, 嚴刑則民親法。勸功則公事不犯, 親法則姦無所萌。故治民者, 禁姦於未萌, 而用兵者, 服戰於民心[1)]。禁先其本者治, 兵戰其心者勝。聖人之治民也, 先治者强, 先戰者勝。夫國事務先而一民心, 專擧公而私不從, 賞告而姦不生, 明法而治不煩。能用四者强, 不能用四者弱。夫國之所以强者, 政也, 主之所以尊者, 權也。故明君有權有政, 亂君亦有權有政, 積而不同, 其所以立異也。故明君操權而上重, 一政而國治。故法者, 王之者[2)]也, 刑者, 愛之自也。

○ ○ ○

무릇 백성의 본성은 힘든 것을 싫어하고 편해지기를 즐기기 마련이니, 편해지기만 하면 게으르게 되고, 게으르게 되면 일을 망치게 된다. 일을 망치면 세상일이 어그러지게 되고, 상과 형벌이 세상에 제대로 시행되지 않으면, 세상일이 반드시 틀어막히게 될 것이다. 그러므로 큰 공을 세우고자 하면서 최선을 다해 힘을 쓰지 않으면 큰 공을 이루는 것은 바랄 수도 없다. 나라의 법을 잘 다스리고자 하면서 옛것을 변화시키기를 어려워한다면, 백성들이 어지러워져 잘 다스리는 것을 기대할 수 없다. 그러므로 백성을 다스리는 것에 일정한 법도는 없으니, 오로지 다스리기를 법으로써 해야 한다. 법이 시대에 따라서 변화할 줄 알면 세상이 잘 다스려지고, 다스리는 것이 세상 이치에 들어맞으면 공적이 생긴다.

그러므로 백성들이 순박할 경우에는 명분만으로 금지시켜도 세상이 잘 다스려지지만, 세상 사람들이 지혜로울 때에는 오직 형벌로만이 따르게 할 수 있다. 시대가 변하는데, 다스리는 것이 달라지지 않으면 세상이 어지러워지고, 백성들을 잘 다스릴 수 있더라도 금지하는 법령이 변하지 않는다면, 나라의 영토가 사그라질 것이다. 그러므로 성인이 백성을 잘 다스리는 것은, 법이 세상과 더불어서 바뀌고, 금지하는 법령도 함께 변할 수 있기 때문이다.

夫民之性惡勞而樂佚， 佚則荒， 荒則不治， 不治則亂， 而賞刑不行於天下者必塞。故欲擧大功而難致而力者， 大功不可幾[3]而擧也， 欲治其法而難變其故者， 民亂不可幾而治也。故治民無常， 唯治爲法。法與時轉則治， 治與世宜則有功。故民樸而禁之以名則治， 世知維之以刑則從。時移而治不易者亂， 能治衆而禁不變者削。故聖人之治民治， 法與時移而禁與能變。

○ ○ ○

농사일에 최선을 다할 수 있으면 부자가 될 수 있을 것이고, 적국에 힘을 쏟을 수 있으면 강해질 것이다. 이처럼 강함이 거듭되면 세상에 왕 노릇을 할 수 있을 것이다. 그러므로 군주의 도리는 신하의 상소를 잘 듣는 것과 신하의 나쁜 짓을 잘 틀어막는 데에 달려 있으니, 그 간사함을 잘 틀어막으면 반드시 왕 노릇을 잘할 수 있다. 그러므로 왕 노릇하는 방법은 외국에서 분란을 일으키지 않기를 바랄 것이 아니라 그들이 분란을 일으킬 수 없도록 해야 한다. 외국이 분란을 일으키지 않기를 바라면서 나라를 다스리는 경우에는 나라가 사그라질 것이며, 분란을 일으킬 수 없도록 기대하면서 법을 시행한다면 나라가 흥성할 것이다.

그러므로 뛰어난 군주가 나라를 다스리는 것은, 외국이 분란을 일으킬 수 없도록 하는 방법에 적합하다. 작위를 중시하면, 군주는 존중받는다. 그러므로 공이 있는 자에게 상을 내리고 임무를 수행한 자에게 작위를 내리면 간악함이 끼어들 수 없게 된다. 일마다 최선을 다한 이들은 작위가 존귀해질 것이고, 작위가 존귀해지면 군주도 존중받고, 군주가 존중받으면 반드시 왕 노릇을 잘할 것이다. 나라 백성들은 힘써 노력하지 않고, 사사로이 학업을 일으킨 자들에게 의지하면 그 작위를 천시하게 되고, 그 작위가 천시받으면 군주도 비천해질 것이니, 군주가 비천해지면 나라 영토가 사그라질 것이다. 그러므로 나라를 세우고 백성을 부리는 방도로서 나라 밖의 분란을 잘 막고, 사사로운 법도를 틀어막고, 군주가 스스로를 잘 믿을 수 있다면, 왕다운 정치 업적을 이룰 수 있을 것이다.

能起力於地者富， 能起力於敵者强， 强不塞者王。 故王道在所聞， 在所塞， 塞其姦者必王。 故王術不恃外之不亂也， 恃其不可亂也。 恃外不亂而治立者削， 恃其不可亂而行法者興。 故賢君之治國也， 適於不亂之術。 貴爵則上重， 故賞功爵任[4]而邪無所關。 好力者其爵貴， 爵貴則上尊， 上尊則必王。 國不事力而恃私學者， 其爵賤， 爵賤則上卑， 上卑者必削。 故立國用民之道也， 能閉外塞私而上自恃者， 王可致也。

1) 服戰於民心(복전어민심): 복(服)은 '복종하다', '따르다'의 뜻으로 백성들이 마음으로 전쟁을 기꺼이 수행하고자 한다는 뜻으로 볼 수 있다.

2) 者(자): 고광기는 본(本)이 되어야 한다고 했는데, 이를 따르기로 한다.

3) 幾(기): 여기에서는 '바랄 기(期)'와 통한다.

4) 爵任(작임): 능력이 있어서 임무를 맡긴 자에게 작위를 내린다는 뜻이다.

제55편 제분(制分)

법대로 구분하다

解題

분(分)이란 상벌의 구분이다. 본 편에는 상앙(商鞅)의 법(法) 사상 영향이 농후하게 드러난다. 한비는 상을 좋아하고 벌을 싫어하는 백성들의 기본 정서를 이용하여, 법을 제정할 때는 이를 명확히 구분해야 한다고 주장하고 있다.

간악한 것을 추방하고 제어하는 일은 통치의 중요한 목표가 되며, 따라서 한비는 고발이나 연좌와 같은 구체적인 방법들을 제시하며, 상벌의 효과를 기대해야 한다고 피력하였다. 군주가 작위를 구분하고 봉록을 결정할 때는 반드시 법을 엄중히 해야 하는데, 나라가 잘 다스려지면 백성은 안정되지만 일이 어지러우면 나라가 위기에 당면하게 됨을 강조하고 있다. 따라서 어지러운 국면을 통치하는 기본원리는 형벌과 포상을 명확히 구분하는 것으로 나라를 다스리면서 법을 엄격히 적용하지 않을 수 없음을 역설하며, 술(術)을 가진 현명한 군주라면 말을 없애고 철저히 법에 맡겨야함을 주장하였다.

○○○

무릇 나라의 영토가 넓고 군주의 지위가 높을 때면 일찍이 법이 무겁지 않은 적이 없어, 세상에 법령이 실행됨으로써 간악한 행위를 금지할 수 있었다. 이 때문에 군주가 된 자는 작위를 나누고 봉록을 정할 때, 법은 그것에 대해 엄하고 무거워야 한다. 무릇 나라가 다스려지면 백성이 안정되고, 일이 어지러우면 나라가 위태하다. 법이 무거운 것은 인정에는 부합하지만 금령이 가벼운 것은 사실과 맞지 않다. 또한 죽을힘을 다하는 사력이라는 것은 백성들이 가지고 있는 것으로 사람의 마음이란 죽을힘을 다해야 그가 바라는 것에 이르게 된다. 그러나 좋아하고 싫어하는 것은 군주가 제어하는 것으로 백성은 이로운 봉록을 좋아하고 형벌은 싫어한다. 군주가 좋아하고 싫어하는 것을 장악하여 백성의 힘을 제어하면, 사실은 마땅히 맞지 않을 수 없을 것이지만, 금령이 가볍다면 사실이 맞지 않아 형벌과 상은 맞지 않을 것이다. 장차 백성을 다스리는 데 법을 손에 들지 않고 도의적인 선으로 다스려 이와 같다면, 이는 법이 없는 것이다.

夫凡國博君尊者, 未嘗非法重而可以至乎令行禁止於天下者也。是以君人者分爵制祿, 則法必嚴以重之。夫國治則民安, 事亂則邦危。法重者得人情, 禁輕者失事實。且夫死力者民之所有者也, 情莫不出其死力以致其所欲。而好惡者上之所制也, 民者好利祿而惡刑罰。上掌好惡以御民力, 事實不宜失矣, 然而禁輕事失者, 刑賞失也。其治民不秉法爲善[1]也, 如是, 則是無法也。

○○○

그러므로 어지러움을 다스리는 이치는 마땅히 형벌과 상을 힘써 구분하는 것을 서둘러야 하는 데 있다. 나라를 다스리는 데 법이 없는 것은 아니지만 존속하는 나라가 있고 패망하는 나라가 있다. 패망한 나라는 형벌과 상을 제어하는 데 구분이 없다. 나라를 다스리는 것은 형벌과 상에 구분이 없을 수 없는데, 특이한 것을 가지고 구분으로 삼는다면, 이를 구분이라 말할 수 없다. 명철한 군주의 구분이어야만 독자적인 구분인 것이다. 이 때문에 장차 백성이 법을 중히 여기고 금령을 두려워한다면, 죄에 저촉되지 않기만을 바라며 감히 상을 기다리지 않는다. 그러므로 말하기를 "형벌과 상에 의지하지 않고도 백성은 자신의 일에 충실하게 된다."라고 한다.

故治亂之理, 宜務分刑賞爲急。治國者莫不有法, 然而有存有亡。亡者, 其制刑賞不分也。治國者, 其刑賞莫不有分, 有持異以爲分, 不可謂分。至於察君之分, 獨分也。是以其民重法而畏禁, 願毋抵罪而不敢胥賞[2]。故曰, "不待刑賞而民從事矣。"

○○○

이 때문에 잘 다스려지는 나라는 간악함을 막는 것에 힘쓰게 되는데, 이는 왜인가? 그 법이라는 것은 인정과 통하고 다스리는 이치에 관여하기 때문이다. 그렇다면 작은 간악함을 없애는 것은 어떻게 해야 하는가? 그것은 법령으로 그 상황을 서로 살피는데에 힘쓰도록 해야 하는 것이다. 그렇다면 서로 살피도록 하는 것은 어떻게 해야 하는가? "모든 마을을 서로 얽어매야 할 따름이다."라고 하였다. 금령이 혹시 자신과 관련되어 있다면, 모든 마을 사람들은 서로 살피지 않을 수 없고, 오로지 죄를 면하지 못할 것을 두려워하게 된다.

간악한 마음을 가진 자가 그 뜻을 얻을 수 없게 하는 것은 살피는 자가 많기 때문이다. 이와 같다면, 사람들이 자신을 신중히 하고 남들을 살피며 간악의 은밀함을 들춰낼 것이다. 잘못을 알리는 자는 죄를 면하고 상을 받으며, 간악함을 지나쳐버린 자는 형벌에 연루되어 반드시 죽게 된다. 이와 같다면, 간악함은 드러난다. 간악함은 미세하더라도 받아들여서는 안 되는데, 사적인 고발과 연좌에 따라서 그렇게 해야 한다.

是故夫至治[3]之國， 善以止姦爲務， 是何也? 其法通乎人情， 關乎治理也。 然則去微姦之奈何? 其務令之相規[4]其情者也。 則使相闚奈何? "曰， 蓋[5]里相坐而已。" 禁尚[6]有連於己者， 理[7]不得不相闚， 惟恐不得免。 有姦心者不令得忘， 闚者多也。 如此， 則愼己而闚彼， 發姦之密。 告過者免罪受賞， 失姦者必誅連刑。 如此， 則姦類發矣。 姦不容細， 私告任坐使然也。

○○○

무릇 다스리는 법에 지극히 밝은 자는 술수에 맡기지 사람에 맡기지 않는다. 이 때문에 술수를 가진 나라는 칭찬이라는 것을 쓰지 않아 적이 없으며, 나라 안이 다스려지는 것은 술수에 맡겨서이다. 망하는 나라는 군사들에게 그 땅을 공공연히 다니게 해보아도 막지 못하는데, 이는 사람에게만 맡기고 술수가 없어서이다. 자신을 치는 것은 남이고, 남을 치는 것은 술수이다. 그러므로 술수를 가진 나라는 말에 의지하지 않고 법에 맡긴다.

夫治法之至明者， 任數不任人。 是以有術之國， 不用譽則毋過[8]， 境內必治， 任數也。 亡國使兵公行[9]乎其地， 而弗能圉禁者， 任人而無數也。自攻者人也，攻人者數也。故有術之國，去言而任法。

○○○

무릇 헛된 공적이 약정한 것과 부합할 경우에 이러한 사실을 알기가 어렵고, 잘못된 형벌이 말에 가려질 경우에는 그 실체를 보기가 어려운데, 이 때문에 형벌과 상이 둘로 나뉘어 의심스럽게 된다. 이른바 약정한 것과 부합하지만 알기가 어렵다는 것은 간악한 공적이다. 신하의 잘못이 보기가 어렵다는 것은 잘못의 근원이다. 이치에 따르더라도 헛된 공적을 보아내지 못하고, 상황을 헤아리더라도 간악함의 근원에 속는다면, 두 곳에 어찌 양쪽으로 실수를 범하지 않을 수 있겠는가! 이러한 까닭에 실없는 사람이 안으로 이름을 날리고, 말만 하는 자들은 밖으로 책략을 짜는데, 이에 어리석은 자와 겁많은 자, 또 협객과 약삭빠른 자가 서로 연이어 공허한 이치로 속인과 무리지어 세상에 받아들여지고 있으니, 그러므로 법이 쓰이지 않고 형벌이 죄인에게 가해지지 않는다. 이와 같다면, 형벌과 상에 대해 어찌 그 두 가지를 받아들이지 않을 수 있겠는가! 사실과 거짓이 드러남에 있어, 법의 이치가 그 헤아림을 잃게 된다. 헤아림을 잃게 되는 것은 법이 없어 그러한 것인데, 법이 정해지더라도 지혜에 맡기기 때문이다. 법을 버리고 지혜에 맡긴다면, 일을 맡은 자가 어찌 그 힘을 다할 수 있겠는가! 힘을 다하더라도 사실과 서로 맞지 않는다면, 법이 어찌 그릇되지 않을 수 있으며, 형벌이 어찌 번거롭지 않을 수 있겠는가! 이 때문에 상과 벌이 요란해지고, 나라의 도가 들쭉날쭉 차이가 있게 되니, 이는 형벌과 상이 명백히 구분되지 않아서이다.

凡畸功[10]之循約者難知，過刑之於言者難見也，是以刑賞惑乎貳。

所謂循約難知者，姦功也。臣過之難見者，失根也。循理不見虛功，度情詭乎姦根，則二者安得無兩失也！是以虛士立名於內，而談者爲略於外，故愚[11]怯[12]勇[13]慧[14]相連，而以虛道屬俗而容乎世，故其法不用，而刑罰不加乎僇人[15]。如此，則刑賞安得不容其二！實故[16]有所至，而理失其量。量之失，非法使然也，法定而任慧也。釋法而任慧者，則受事者安得其務！務不與事相得，則法安得無失，而刑安得無煩！是以賞罰擾亂，邦道差誤，刑賞之不分白也。

1) 善(선): 법과 대치되는 것으로 도의적인 선(善)을 말한다.

2) 胥賞(서상): 상 받기를 기다리다.

3) 至治(지치): 잘 다스려지는 것.

4) 相規(상규): 서로 사찰(伺察)하다.

5) 蓋(개): 모두.

6) 尙(상): 당(倘)의 의미로 '혹시'를 뜻한다.

7) 理(리): 리(里)로 '마을사람'을 뜻한다.

8) 過(과): 적(敵)의 의미.

9) 公行(공행): 공공연하게 위세를 부리며 다니다.

10) 畸功(기공): 기(畸)는 불구(不具)의 의미로 기공(畸功)은 '헛된 공로'를 뜻한다.

11) 愚(우): 유가(儒家).

12) 怯(겁): 양주(楊朱).

13) 勇(용): 협객(俠客).

14) 慧(혜): 변지(辯智)로 약삭빠르게 대처하는 자.

15) 僇人(륙인): 죄인.

16) 實故(실고): 사실과 거짓.

한비자
제왕학의 창시자

초판 인쇄	2016년 2월 22일
초판 발행	2016년 2월 28일

옮긴이	김현주 · 문승용 · 이우용 · 정호준 · 홍병혜
발행인	김인철
기 획	장지호 Director, University Press
편집장	신선호 Executive Knowledge Contents Creator
도서편집	김민정 Contents Creator
도서·전자책편집	최인우 e-Contents Creator
마케팅	곽용창 Chief Marketing Creator
재무관리	권미경 Chief Managing Creator
발행처	한국외국어대학교 지식출판원 02450 서울특별시 동대문구 이문로 107 전화 02)2173-2493~7 팩스 02)2173-3363 홈페이지 http://press.hufs.ac.kr 전자우편 press@hufs.ac.kr 출판등록 제6-6호(1969. 4. 30)
디자인 · 편집	(주)이환디앤비 02)2254-4301
인쇄 · 제본	네오프린텍 02)718-3111

ISBN 979-11-5901-042-2 03140 정가 30,000원

*잘못된 책은 교환하여 드립니다.

HUINE은 한국외국어대학교 지식출판원의 어학 및 사회과학도서 Sub Brand이다. 한국외대의 영문명인 HUFS, 현명한 국제전문가 양성의(International+Intelligent)의 의미를 담고 있으며, 휴인(携引)의 뜻인 '이끌다, 끌고 나가다'라는 의미처럼 출판계를 이끄는 리더로서, 혁신의 이미지를 담고 있다.